国家出版基金项目
NATIONAL PUBLICATION FOUNDATION

国家重点图书出版规划项目

20世纪
中国知名科学家
学术成就概览

总 主 编　钱伟长

本卷主编　汝　信

哲 学 卷

第三分册

科 学 出 版 社
北 京

内 容 简 介

国家重点图书出版规划项目《20世纪中国知名科学家学术成就概览》，以纪传文体记述中国20世纪在各学术专业领域取得突出成就的数千位华人科学技术和人文社会科学专家学者，展示他们的求学经历、学术成就、治学方略和价值观念，彰显他们为促进中国和世界科技发展、经济和社会进步所做出的贡献。

全书按学科分别结集卷册，并于卷首简要回顾学科发展简史，卷末另附学科发展大事记。这与传文两相映照，从而反映出中国各学术专业领域的百年发展脉络。

书中着力勾画出这些知名专家学者的研究路径和学术生涯，力求对学界同行的学术探索有所镜鉴，对青年学生的学术成长有所启迪。

《20世纪中国知名科学家学术成就概览·哲学卷》记述了百余位哲学家，分别见于三个分册。其中，第三分册收录了54位哲学家。

图书在版编目(CIP)数据

20世纪中国知名科学家学术成就概览·哲学卷·第三分册/钱伟长主编；汝信本卷主编. —北京：科学出版社，2014.8

国家重点图书出版规划项目. 国家出版基金项目

ISBN 978-7-03-041768-8

Ⅰ.①2… Ⅱ.①钱… ②汝… Ⅲ.①哲学-社会学家-列传-中国-20世纪 ②哲学-技术发展-成就-中国-20世纪 Ⅳ.①K826.1 ②N12

中国版本图书馆CIP数据核字（2014）第201870号

责任编辑：梁 琪/责任校对：彭 涛 刘亚琦

责任印制：钱玉芬/封面设计：黄华斌

科学出版社 出版

北京东黄城根北街16号

邮政编码：100717

http://www.sciencep.com

中国科学院印刷厂 印刷

科学出版社发行 各地新华书店经销

*

2014年8月第 一 版 开本：889×1194 1/16

2014年8月第一次印刷 印张：47

字数：866 000

定价：229.00元

（如有印装质量问题，我社负责调换）

《20世纪中国知名科学家学术成就概览》
哲学卷编辑委员会

《20世纪中国知名科学家学术成就概览》

总　　序

记得早在21世纪的新世纪之初，中国科学院、中国工程院和中国社会科学院的一些老同志给我写信，邀我来牵头一起编一套书，书名就叫《20世纪中国知名科学家学术成就概览》（以下简称《概览》）。主要目的就是以此来记录近代中国科技历史、铭记新中国科技成就，同时也使之成为科技创新的基础人文平台，传承老一辈科技工作者爱国奉献、不断创新、追求卓越的精神，并以此激励后人。中国是一个高速发展中的大国，世界上的影响力不断增强，编写出版这样一套史料性文献，可以总结中华民族对人类科技、文化、经济与社会所做出的巨大成就与贡献，从而最广泛地凝聚民族精神与所有炎黄子孙的"中华魂"，让中国的科技工作者能团结奋进，为共建和谐的祖国多做贡献，更可以激发年轻一代奋发图强，积极投身祖国"科教兴国"战略的伟大实践中。

在党和政府的高度重视和长期大力支持下，酝酿已久的《概览》项目终于被列为国家重点图书出版规划项目，并由科学出版社承担实施。

《概览》总体工程包括纸书出版、资料数据库与光盘、网络传播三大部分。全套纸书计划由数学、力学、天文学、物理学、化学、地学、生物学、农学、医学、机械与运载工程、信息与电子工程、化工冶金与材料工程、能源与矿业工程、环境与轻纺工程、土木水利与建筑工程，以及哲学、法学、考古学、历史学、经济学、管理学和索引等卷组成。

《概览》纸书预计收录数千名海内外知名华人科学技术和人文社会科学专家学者，展示他们的求学经历、学术成就、治学方略、价值观念，彰显他们为促进中国和世界科技发展、经济和社会进步所做出的贡献，秉承他们在百年内忧外患中坚韧不拔、追求真理的科学精神和执著、赤诚的爱国传统，激励后人见贤思齐、知耻后勇，在新世纪的大繁荣、大发展时期，为中华民族的伟大复兴和全人类的知识创新而奋发有为。

在搜集整理和研究利用已有各类学术人物传记资料的基础上，《概览》以突出对学术成就的归纳和总结为主要特色。在整理传主所取得的学术成就的基础上，分析并总结他们所以取得这些学术成就的情境和他们得以取得这些学术成就的路径，如实评介这些学术成就对学术发展的承前启后的贡献和影响，以及这些学术成就给人类社会所带来的改变。从知识发生、发展的脉络上揭示他们创造、创新的过程，从而给当前的教育界在培养创新型人才方面，以及给年轻科技工作者自我成长方面有诸多启示。同时，《概览》还力求剖析这些海内外知名华人科学技术和人文社会科学专家学者之所以成才成家的内外促因，提供他们对当前科技和学术后继人才培养的独到见解，试图得出在科学史和方法论方面具有普遍性意义的结论，进而对后学诸生的个人成长和科技人才培育体系的优化完善有所裨益。

在世纪转型的战略机遇期，编写出版《概览》图书，可以荟萃知名专家学者宝贵的治学思想、学术轨迹和具有整体性的科技史料，为科研、教学、生产建设、科研管理和人才培养等提供一个精要的蓝本。

他们的英名和成就将光耀中华，垂范青史。

钱伟长

2009 年 1 月 9 日

《20世纪中国知名科学家学术成就概览·哲学卷》

前　言

《20世纪中国知名科学家成就概览·哲学卷》经本卷编委会和哲学界诸位同仁的共同努力和辛勤劳作，即将与读者见面了。本书以20世纪中国哲学研究领域内工作的知名学者个人传略的形式，从一个侧面展示这一历史时期内中国哲学研究的风貌和取得的成就。

哲学是理论形态的世界观，又是方法论。它是人们从总体上把握世界的智慧，是关于自然、社会和人类思维及其发展的最一般规律的学问。人们自觉或不自觉地在一定世界观的影响和指引下形成对外部世界的看法，它关系到人在参与社会生活中对待生活的根本态度，决定人生道路的方向和目标，树立人在生活中追求的理想和价值。因此，哲学的语言虽然比较抽象，却有现实的内容，包括人们的自然观、人生观、价值观、历史观等，与社会生活有着紧密的联系。根据马克思主义观点，哲学属于社会意识形态，是社会上层建筑中最高、最抽象的理论思想形式。哲学既适应于并归根到底决定于社会经济基础，又反过来为经济基础服务，对整个社会的发展能起巨大的反作用。正因为哲学作为特定社会的意识形态的性质，所以它不能不受该社会所处的时代的各种条件的制约；同时，哲学以其对时代面临的重大问题的深入思考和探究，透过现象揭示本质，往往能预见历史前进的趋向，为社会发展提供思想动力。所以说，哲学是时代精神的精华。

中华民族是富有哲学智慧的民族。中国哲学源远流长，早在先秦时期，哲学就达到高度繁荣，以后历经两千多年的创新和发展，形成了富有中国特色的哲学传统，成为中华文明中的宝贵精神财富。但是，从19世纪中叶起，中国社会开始发生巨变。延续千百年的封建专制统治已走向末路，在帝国主义列强的侵略下，中华民族到了生死存亡的危急关头。为了救亡图存，当时一些先进的中国人开始向西方国家寻找真理，出现了各种新思潮。到了20世纪，无论中国还是整个世界都发生了翻天覆地的变化，这些都在中国的哲学思想的发展中得到反映。就中国来说，从辛亥革命、五四运动到中国革命的胜利和新中国的诞生，从中国社会主义建设的成功和经历的曲折道路到改革开放后中华民族的振兴和繁荣发展，都对中国的哲学带来巨大而深刻的变化，推动了哲学的发展。如今，随着中国特色社会主义建设的胜利进行，中国的哲学也进入了它的最好的发展时期。在马克思主义的指导下，我们正创造着有中国特色的现代哲学新文化，它植根于中国的土壤，批判地继承和发展优秀的哲学传统，又以博大的胸怀和宽广的眼界，充分吸收和借鉴世界哲学的一切优秀成果。收入本卷的那些学者的传略，正是中国哲学在 20 世纪走过的历程的一个缩影。

关于本卷的内容，有必要说明以下几点：

（一）按《20 世纪中国知名科学家学术成就概览》全书的体例，本卷所选的人物范围仅限于专门从事哲学研究和教学工作的学者。就哲学而论，我国党和国家的历代领导人对马克思主义哲学的发展和传播，尤其是对马克思主义哲学的中国化及其在实践中的运用都做出了极其重大的贡献。这是有待于认真研究的重要课题，非本书所能承担，建议以后作专门论述。

（二）我国有些著名学者学识渊博，著作等身，在诸多学科研究中均有重要贡献，按《20 世纪中国知名科学家学术成就概览》全书规定，原则上一位学者只收入其主要研究领域的学科卷，不重复收入其他学科卷（例如，已收入史学卷的学者不再收入哲学卷），但对其学术贡献和成就应作较全面的阐述。因此，对某些哲学研究方面有贡献但未收入本卷的学者，可查阅可能收入的其他学科卷。

（三）本卷入选的学者名单是经哲学卷编委会集体讨论后投票决定的，编委们来自各研究单位和高等院校、出版部门，在决定名单时尽可能考虑全面，但因哲学分支学科多，涉及面广，入选学者名单挂一漏万，恐在所难免，疏漏之处，容后修订补充。有一些入选学者，因一时难以物色到合适的撰稿人，还有个别学者目前尚不拟发表本人传略，为尊重其个人意愿，只得暂付阙如，留待以后补充。

为有助于读者更全面地了解 20 世纪中国哲学研究概况，本卷编委会特委托中国社会科学院哲学研究所所长谢地坤负责组织有关研究人员编写“20 世纪中国哲学学科发展史”全面叙述哲学各分支学科发展史，以及“20 世纪中国哲学大事记”，分别置于本卷卷首和卷末，供读者参考。

在本卷策划和组织编写过程中，编委们和哲学界许多同仁做了大量工作，他们参与讨论、设计并担任撰稿、审稿及编辑加工，特别是科学出版社的领导和编辑们为本卷的出版花费了许多精力，在本卷出版之际，谨向他们表示衷心感谢和敬意。

汝信

2014 年 3 月 26 日

目　录

20 世纪中国哲学学科发展史

引　言

哲学是一门既古老又年轻的学科，它是在人类文明发展到一定程度上必然发生的一种以理论形态表现出的文化自觉，是关于自然、社会和思维及其发展最一般规律的学问。除此之外，哲学还包含着信仰信念、知行关系、道德伦理、审美思维和社会实践等诸多内容，所以，哲学也是教人如何在这个世界上安身立命的学问。

哲学的起源最早可以追寻到人类的史前时代，那时人们关心的主要是生死、灵魂、自然现象等问题。如果说这些关心还是不自觉、蒙昧的，那么，在人类进入文明时代后，伴随着认识能力的提高和认识范围的扩大，这些关心和思考开始摆脱原始的狭隘和愚昧，逐步发展为对世界的本原和存在形式、人的本质及人的思维和认识能力、精神与物质的关系、人类社会发展的一般规律等问题的考察和探讨。随着这种考察和探讨的知识化、系统化，就形成了哲学这门既有深刻理论思维、又有强烈实践动机的学问。同时还因为任何一门哲学都不是从天上掉下来的，都是一定时代的产物，虽然哲学的阐述方式通常都比较曲折和深奥，与经济活动、法律制度、行政管理、日常生活等表现出一定的独立性，但归根到底，哲学是以其思想的深邃和理论的凝练之特长来集中地表达时代内容，所以，哲学是时代精神的精华。随着人类文明的持续演进，哲学研究的内容和方法在不断丰富，哲学研究的对象、主题和范式在不断变化，每一个时代的哲学既是对前人智慧的总结，也是结合时代的内容予以突破和创新。正是在这个意义上说，哲学是人类智慧的总结和体现，它不仅要为人类社会的存在提供理论支撑，而且还力图从总体观念上为人类社会的今后发展指明方向。

中华民族有着悠久而灿烂的文明史，中国古代有着丰富的哲学思想和学说，过去常常被称为“道”、“道学”、“玄学”、“理学”等。一般而言，中国哲学的形成和最初的繁盛发生于春秋战国的诸子百家时期。西汉时开始的“罢黜百家，独尊儒术”，使得儒学两千多年来在中国占据特殊地位。佛学的传入和道家文化的产生发展，丰富了中国文化的内涵，儒释道三家的观点呼应、彼此论辩又互相吸收，为后来的魏晋玄学、宋明理学的产生创造了条件。中国传统哲学研究中的一些主题，如天人之际、名实之辩、知行关系、形神关系、古今变通等问题的探讨及成果，在世界哲学史上占有不可或缺的地位。

但是，我们今天所说的“哲学”，并不是指我们传统的哲学思想及其学说，而是专指我们在 20 世纪之初受西方哲学的影响，按照西方学科体制建立的现代哲学学科。中国本无“哲学”这个名词，19 世纪的日本学者西周取汉字“哲”、“学”二字翻译西文“philosophia”，用以表达西方哲学学说。中国晚清的学者黄遵宪将这一术语介绍到中国后，经过康有为、梁启超等人的应用，逐步得到中国学术界的认可，此后，“哲学”二字就作为专门表述这门学科的名词沿用至今。这方面最具有标志性意义的事件，是 1912 年北京大学正式建立“哲学门”，1913 年南京民国政府正式将中国哲学史和西洋哲学史明确规定为中国大学哲学系的课程设置，从此，哲学作为一门学科置入现代中国的大学体系之中，并由此产生了一批职业哲学家，一些既有国学功底、又在西方留学的名家开始担任大学的哲学教授，如胡适、张君劢、张颐、金岳霖、冯友兰、贺麟等。与此同时，李大钊、陈独秀、瞿秋白等人则努力从事马克思主义的宣传，传播辩证唯物主义和历史唯物主义的基本原理，受到青年知识分子的欢迎。此后的数十年，虽然风云变幻，但中国哲学工作者筚路蓝缕、殚精竭虑，经过数代人的努力奋斗，以自己的创造性的劳动推动了中国哲学事业的进步，我们的文化开始自觉与不自觉地融入世界文化之林。

特别是“文化大革命”结束以后，哲学界开展的关于真理标准的大讨论，不仅促进了全社会的思想解放，为改革开放的政策奠定了思想理论基础，推动了全中国经济和社会的大发展，同时也给哲学学科本身带来了巨大而深刻的变化。可以说，中国哲学界在最近 30 多年间获得了新的生命力，进入了一个新的发展时期。现在，不论是就哲学学科的从业人数、专业杂志和业已出版的著作、译著和论文及其影响来说，还是从哲学观念的更新、哲学研究对象的转换、哲学研究范式的进步来看，都是近半个世纪以来发展最富有成果的时期。哲学作为一门统摄社会科学和自然科学的基础性学科，一方面既有推动理论建设的任务，另一方面又关涉世界观、人生观、历史观、价值观，担当着提高全民族的思想理论水平、道德修养的重任，对现当代中国人已经并正在发挥日益重要的影响。相信再经过若干年的奋斗，中国哲学一定会在世界哲学图景中写出浓墨重彩的一章。由此来看，20 世纪是哲学作为一门独立的学科在中国发生、发展的最关键的一百年，这个世纪的哲学家们所作的贡献值得我们专门记载。

由于哲学研究对象及其广泛，有关哲学学科的内容及其领域的讨论自古以来就众说纷纭，极不统一，从古代的亚里士多德，到近代的黑格尔，再到现代的克罗齐，对哲学研究的对象、内容、范围都有不同的阐述。我国哲学界对此也没有一致看法，新中国成立以后，我们对哲学的研究对象和范围也是时有争议。这种状况影响了对这个学科的二级学科的划分，不同主管部门对此都是按照自己的理解予以界定。最近几年，国务院学位委员会、教育部和国家社科基金对哲学一级学科下面的二级学科的划分也都不一样。我们参考上述部门对哲学学科的划分，并根据哲学界对这一学科的理解，着重对马克思主义哲学、中国哲学史、西方哲学、东方哲学、逻辑学、伦理学、美学、科学技术哲学、宗教学等9个二级学科在20世纪近百年的发展历程予以专门介绍，仅供有关方面参考。

一、马克思主义哲学研究

马克思主义哲学作为科学的世界观和方法论产生于19世纪40年代，它是马克思主义的理论基础和重要组成部分，随着马克思主义在中国的传入和传播而被介绍到中国来。马克思主义哲学在中国传播和发展的历史头绪纷繁，要全面、系统地反映马克思主义哲学在20世纪中国的发展史，需要密切联系中国革命和建设的实践，在对马克思主义哲学与各种非马克思主义和反马克思主义的哲学思潮做斗争的历史进程的考察中，阐明毛泽东哲学思想、中国特色社会主义理论的形成和发展过程，明确马克思主义哲学中国化的理论成果在马克思主义哲学史上的重要地位。20世纪中国马克思主义哲学的发展与整个社会的变革紧密相关，具体来说，可以分为四个阶段，即：第一个阶段是马克思主义哲学在中国的最初译介和传播，约从19世纪末20世纪初到新文化运动；第二个阶段是从中国共产党成立到新中国成立，为马克思主义及其哲学与中国革命实践相结合并最终指导新民主主义革命取得胜利的时期；第三个阶段是新中国成立后的近30年，大体上是从1949年到1976年，是马克思主义哲学取得空前威信及普及、发展到“文化大革命”遭到扭曲的阶段；第四个阶段是自中国改革开放以来的繁荣和发展。

（一）马克思主义哲学的最初译介和传播（1900～1921）

1899年，《大同书》面世后，中国开始了本国学者介绍、传播马克思主义及其哲学的历史。这一时期，马克思主义在中国传播的主要内容，侧重点在唯物史观方面，主要介绍的是阶级斗争和社会革命理论，辩证唯物主义则较少涉及。其中，维新派代表人物梁启超是第一位在中国人自己撰写的著作中提到马克思名字的人。1902年9月，梁启超在《新民丛报》第18号上发表的《进化论革命者颉德之学说》

一文中，对马克思做了简要介绍。1903 年出版的日本学者福井准造著、赵必振翻译的《近世社会主义》一书是在中国较为系统地介绍马克思、恩格斯生平及其社会主义学说的著作。当时，已有学者初步认识到马克思主义所倡导的是历史唯物论，马君武曾于 1903 年指出："马克司者，以唯物论解历史学之人也。"1907 年，世界社出版的《近世六十名人》一书中，刊登了马克思 1875 年在英国伦敦拍摄的肖像，这是中国最早见到的马克思的肖像。至五四运动爆发前，中国的志士仁人还对马克思主义著作进行了早期介绍和译述。

1917 年，俄国十月革命的胜利，引起中国先进分子对马克思列宁主义的热烈向往，特别是五四运动爆发之后，马克思主义学说在中国的传播成为新文化运动的主流，马克思主义著作的翻译出版、马克思主义及其哲学思想的宣传、介绍呈现出繁荣景象。当时，陈独秀、李达、毛泽东、蔡和森等人都曾以十月革命的胜利为客观依据，热情讴歌马克思列宁主义是颠扑不破的真理，为扩大马克思列宁主义在中国的传播做出了重要贡献。第一个认识到马克思列宁主义的真理性及其改造社会巨大威力的是革命先驱者李大钊，他是中国倡导唯物史观第一人，连续发表了《法俄革命之比较观》、《庶民的胜利》、《布尔什维克主义的胜利》等文章，热情讴歌马克思主义，其《我的马克思主义观》一文是第一篇系统阐述马克思主义唯物史观基本理论的著作。当时《新青年》杂志发挥了巨大作用，《晨报》、《国民》也积极刊发马克思主义文章。1919 年 5 月，陈博贤翻译的河上肇的《马克思的唯物史观》一文出版，这是中国介绍唯物史观的重要文章。1920 年 8 月，陈望道翻译出版《共产党宣言》，掀起翻译马克思主义著作的高潮。

五四时期还出现了三次大论争，即关于问题与主义的论争、关于社会主义问题的论争、关于无政府主义的论争。关于问题与主义的论争由胡适于 1919 年 7 月发起，他发表了《多研究些问题，少谈些主义》一文，向马克思主义发起攻击，李大钊等人进行了反驳，并于 1920 年 3 月在北京大学组织了"以研究马克斯派的著述为目的"的马克思学说研究会，扩大马克思主义在中国的影响。这一争论一直延续到 1921 年 7 月在南京召开的少年中国学会会员大会上。关于社会主义问题的论争开始于 1920 年 11 月，研究系的张东荪、梁启超等人借英国哲学家罗素来华演讲的机会，抛出了反对社会主义的观点，受到李大钊、李达等人的反驳。关于无政府主义的论争，其实质是中国要不要走社会主义道路的论争，通过论争，马克思主义唯物史观的基本原理更充分地展现在中国人民面前。经过三次论争，不但宣传了马克思主义基本原理，也促进了马克思主义更为广泛和深入的传播，为马克思主义中国化奠定了初步基础。

中国早期马克思主义者的成长，是马克思主义及其哲学思想在五四时期广泛传播的一个重要体现。在这一过程中，毛泽东实现了世界观的根本转变，在观念形态上以高度浓缩的形式反映了中国近代社会发展的历史进程，为他以后创立毛泽东思想奠定了思想基础。

（二）马克思主义哲学的广泛传播与毛泽东哲学思想的创立(1921～1949)

1. 中国共产党的创立和大革命时期（1921～1927）

1921 年中国共产党成立后，马克思主义很快在中国广泛传播开来，在短短几年内，马克思主义的唯物史观已在中国革命中取得指导地位。李大钊、陈独秀、瞿秋白、李达在这一过程中做出了重要贡献。1912 年，北京大学创设哲学门，1914 年开始招生，1919 年更名为“哲学系”，是中国最早的哲学科系，也是马克思主义哲学介绍引进和学习研究的基地。当时，陈独秀和李大钊率先在哲学系开设了历史唯物主义的课程。1920 年，哲学系的学生邓中夏、刘仁静和罗章龙等发起成立了马克思学说研究会，并进而成为了北京共产主义小组的成员。瞿秋白的《社会科学概论》和李达的《现代社会学》是当时中国马克思主义哲学的代表作。瞿秋白在其著作中比较全面地介绍了辩证唯物主义和历史唯物主义，成为中国把辩证唯物主义和历史唯物主义作为一个整体进行宣传的第一人。

在中国共产党的创立和大革命时期，中国思想界发生了三次影响较大的论战：科学与人生观的论战、批判国家主义、批判戴季陶主义。马克思主义者均参与了这三次论战，在科学与人生观的论战中，陈独秀、瞿秋白批判了张君劢的唯意志论、胡适的实用主义和丁文江的马赫主义，为科学解决人生观问题指出了正确的方向。在大革命时期，中国的马克思主义者批判了国家主义和戴季陶主义，扩大了马克思主义的阵地和影响。毛泽东写出了《中国社会各阶级的分析》和《湖南农民运动考察报告》，是当时马克思主义理论与中国实际相结合的最重要的理论成果，也标志着毛泽东哲学思想的萌芽。

2. 土地革命战争时期（1927～1937）

土地革命战争时期，中国共产党人和广大进步的哲学社会科学工作者，广泛深入地宣传、研究和普及马克思主义哲学，并努力将马克思列宁主义普遍原理同中国革命具体实践相结合。1927 年以后，马克思主义的经典著作和苏联等国哲学家著作大量翻译出版，至 1932 年，马克思主义哲学的重要经典著作都有了较完整的中译本，使马克思主义哲学在中国的传播进入一个新阶段。此时，阐述和介绍唯物辩证法的哲学书籍占有较大比重。1930 年 5 月，中国社会科学家联盟成立，为马克思主义哲学在中国的传播做出了杰出贡献。其中不得不提的是，艾思奇《大众哲学》的出版和马克思主义哲学的大众化运动。哲学的大众化是 20 世纪 30 年代中国哲学工作者提出的一个口号，艾思奇首先尝试了将马克思主义哲学进行大众化传播。从 1934 年 11 月至 1935 年 7 月，艾思奇在《读书生活》上先后发表了 24 篇哲学讲话；1936 年 1 月，这 24 篇哲学讲话结集出版，1936 年印行第四版的时候，艾思奇将其定名为《大众哲学》。《大众哲学》全书共 4 章 24 节，十几万字，主要从本体论、认识论、方法论和辩证法等方面阐述了辩证唯物论。《大众哲学》的阐述方式，贴近大众生活实际，主要是通过日常谈话的体裁，通俗易懂的语言讲述哲学问题，将哲学糅合在喜闻乐见的普通故事里，更便于为大众所理解和掌握，也通过这种方式扩大了马克思主义哲学在中国的传播范围。《大众哲学》结合普通大众所关心的实际问题宣传马克思主义哲学，是马克思主义哲学大众化的最成功范例之一。

20 世纪 30 年代后期，是中国化的马克思主义哲学体系的形成时期。这一时期，艾思奇的《大众哲学》、李达的《社会学大纲》、毛泽东的《实践论》和《矛盾论》，代表了中国马克思主义哲学家对马克思主义哲学体系的阐释与建构，他们力图将马克思主义哲学主要内容与中国哲学传统有机结合起来，从而赋予马克思主义哲学以鲜明的中国性格，这成为马克思主义哲学中国化运动的十分重要的内容。1937 年 5 月，李达的《社会学大纲》一书出版，它集当时在中国传播马克思主义哲学的著作、教材之大成，从唯物论、辩证法、认识论、唯物史观等方面，比较系统、全面地阐述了马克思主义哲学，构建了一个完整的马克思主义哲学的教材体系，系统地阐述了马克思主义哲学的辩证唯物主义和历史唯物主义的范畴和原理，发挥了马克思主义哲学的一些重要观点，被毛泽东誉为“中国人自己写的第一本马克思主义哲学教科书”。

30 年代中后期，中国革命逐步地由国内战争转向抗日民族解放战争，毛泽东创造性地运用马克思列宁主义，结合本国实际，于 1937 年写出了《实践论》和《矛盾论》(合称“两论”)，用中国的语言和思维形式通俗系统而又深刻地阐明了辩证唯物主义的认识论和对立统一的规律学说，并在许多方面进行了理论上的创造和发挥，丰富和发展了马克思主义哲学。“两论”是毛泽东哲学思想形成和系统化的主要标志，在马克思主义哲学史和中国现代哲学史上占有极其重要的地位。而“两论”的写作同当时中国哲学、思想理论战线上发生的论战和研究成果又有着一定的联系。

当时发生的主要论战有：中国社会性质问题的论争、唯物辩证法问题的论争、关于“哲学到何处去”等问题的论争、辩证法和形式逻辑的论争。特别是始于1935年的关于“哲学到何处去”等问题的论争作为马克思主义哲学与假马克思主义哲学的论争，影响甚为深远，它在1936年达到高潮。

3. 抗日战争时期（1937～1945）

这是马克思主义哲学中国化的重要时期。之所以提出马克思主义（哲学）中国化问题，这与当时的国内外形势紧密相关，1937年以后，国内盛行文化民族主义思潮，学术界、思想界十分强调中国化和民族性问题，以现代新儒家为代表的文化保守主义得到空前发展。1938年4月，艾思奇在《哲学的现状与任务》中最早提出马克思主义哲学中国化问题，1938年10月，毛泽东在中共六届六中全会的政治报告《论新阶段》中最早阐述了马克思主义中国化。1938年至1939年，毛泽东在延安组织了一个哲学小组，共有6人参加，除毛泽东外，还有艾思奇、何思敬、何培源、杨超、陈伯达。1938年10月，毛泽东在党的六届六中全会的报告中，强调要系统地而不是零碎地，实际地而不是空洞地学习马克思列宁主义理论，号召全党开展一个学习竞赛。1939年，在毛泽东的积极倡导和推动下，新哲学会在延安成立，由艾思奇、何思敬主持，1940年6月21日，毛泽东出席该会第一届年会并讲话。新哲学会在学习和宣传马克思主义哲学方面做出了巨大贡献。

在这一阶段，毛泽东哲学思想在多方面展开，丰富和发展了马克思主义哲学。具体表现在：深刻揭示了抗日战争的发展规律，论述了战争中人的自觉能动性和客观物质条件的辩证关系，阐述了战争与政治、战争与革命以及人民战争战略战术的辩证法，论述了兵民是胜利之本，人民群众是战争力量的源泉，从而形成了军事辩证法的科学体系；在抗日民族统一战线问题上，制定了既联合又斗争的政治策略原则，正确地解决各种矛盾，丰富和发展了统一战线的辩证法；深刻阐明了辩证唯物主义的思想路线，指出实事求是和主观主义是两条根本对立的思想路线，强调调查研究是克服主观主义，达到实事求是的根本方法；揭示了中国革命发展的基本规律，阐明了文化与政治、经济的辩证关系，民主革命和社会主义革命的关系，创立了新民主主义革命的理论，丰富了历史唯物主义；阐明了文艺要为人民大众，首先要为工农兵服务，强调生活实践是文艺创作的唯一源泉，文艺工作者要深入生活，学习马克思列宁主义和学习社会，深化了马克思主义的美学理论；论述了共产主义的道德核心和原则，阐明了道德评价问题上的动机和效果以及道德的批判和继承的辩证关系，为马克思主义的伦理思想增加了新内容；把马克思主义哲学具体化为党的工作方法和领导方法，坚持了世界观和方法论的一致性；抗日战争时期以毛泽东为代表的中国共产党人把马克思列宁主义普遍原理和中国革命具体实践进一步结合，从世界观方法论的高度上系统地总结了中国革命的独创性经验，从而使毛泽东哲学思想得到多方面展开。

4. 解放战争时期（1945～1949）

抗日战争结束后，中国革命进入了新的历史时期，和平与战争、民主与独裁的斗争成为国内形势的主要特点。在此背景下，马克思主义哲学得到出色运用，毛泽东的哲学思想得到丰富和发展。1945 年 8 月 13 日，毛泽东在延安干部会议上作了《抗日战争胜利后的时局和我们的方针》的演讲，运用历史唯物主义的阶级分析方法，分析了新时期的阶级关系、国共两党的关系。1946 年 8 月，毛泽东在《和美国记者安娜 · 路易斯 · 斯特朗的谈话》中，明确提出“一切反动派都是纸老虎”的科学论断，含有深刻的哲理。1947 年 12 月，在《目前形势和我们的任务》中，阐明了党在人民解放战争时期的政治纲领、经济纲领，提出了十大军事原则，丰富和发展了历史唯物主义和军事辩证法。在 1949 年的《论人民民主专政》中，创立了具有中国革命特色的人民民主专政理论，发展了马克思主义的国家学说，阐明了中国革命胜利的历史必然性，宣告了唯心史观的破产和唯物史观的胜利。

在这一时期，中国共产党非常重视马克思主义理论特别是马克思主义哲学的学习、研究和传播。1946 年 3 月和 4 月，张如心发表了一系列文章阐述了介绍了毛泽东对马克思主义哲学的运用和发展。1946 年 5 月 1 日，为纪念马克思诞辰，《北方文化》特辟专栏，刊发介绍马克思生平和学说及其在中国的运用和发展的文章。1946 年年底，梅林著、罗稷南译的《马克思传》出版，受到读者热烈欢迎。中国学者还撰写了大量马克思主义哲学论著，如 1946 年，侯外庐、罗克汀的《新哲学教程》是一部重要的马克思主义哲学教科书；胡绳的《思想方法论》、沈志远的《近代辩证法史》也于同年出版；1947 年，博古编译的《辩证唯物论与历史唯物论基本问题》（共四册）出版发行，成为重要的参考读物；1948 年，吴恩裕著的《唯物史观精义》出版，阐述了马克思唯物史观的基本内涵；1949 年，胡明主编的《新哲学社会学解释词典》出版，是一本学习新哲学的重要工具书。同时，一些外国学者撰写的马克思主义哲学著作也翻译出版，有罗森塔尔的《辩证认识论》、《唯物辩证法》，米丁的《论群众哲学》，列昂诺夫的《马列主义论科学的预见》等，对促进马克思主义哲学的学习和宣传起到了良好作用。

新中国成立前夕，全国各地的哲学工作者发起组织中国新哲学研究会（简称中国哲学会)。1949年7月8日，在北平召开发起人会议，讨论了筹备会组织章程和暂行草案，推选出李达、艾思奇、何思敬、金岳霖、张东荪、汤用彤、郑昕、何干之、马特、胡绳、夏康农等11人为筹备会常务委员会委员，并推选李达为主席，艾思奇、郑昕为副主席，胡绳、马仲扬为秘书。同年秋冬，中国新哲学研究会在北京每周组织一次部分哲学工作者的讨论会，学习讨论马克思主义哲学，宣传马克思主义哲学的基本理论，开展对各种唯心论和形而上学思想的批判，并努力改造世界观，探讨改进教学和研究方法。这对于马克思主义哲学的学习和宣传起到了重要作用，为新中国成立后马克思主义哲学的发展提供了良好基础。

（三）马克思主义哲学的应用和曲折历程（1949～1977）

1. 新民主主义向社会主义转变时期（1949～1957）

这是马克思列宁主义哲学进一步传播和发展的时期，在中国现代哲学史上做出了重大贡献，也存在一些失误。新中国的成立改变了马克思主义哲学在中国的社会地位，它从革命人民的哲学上升为国家的指导哲学思想，不仅成为各大学最热门的学科之一，而且变成了全社会推崇的对象。此时，毛泽东不仅自己继续研究哲学，而且多次号召广大干部、群众学习哲学，这样，全国各地出现了学习和宣传马克思主义哲学的热潮，使马克思主义哲学的地位空前提高。这一方面推进了马克思主义哲学在中国的传播和发展，另一方面由于片面强调了哲学的意识形态性而忽视了它的科学性和学术性，也使学科建设受到削弱。

各地的哲学理论学习，一般都是以社会发展史作为第一步学习的主要内容，通过学习社会发展史去掌握历史唯物主义的基本原理。1949年下半年，艾思奇在全国总工会干部学校等单位宣讲“历史唯物论、社会发展史”，他的《历史唯物论、社会发展史讲义》于1950年在中央人民广播电台播讲，其《社会发展简史》成为各单位学习马克思主义哲学的教材。各高等院校都开设了包括辩证唯物主义与历史唯物主义的政治课，各地还以举办工人培训班等形式对工人中的积极分子进行社会发展史、历史唯物主义的教育。

1955年之后，在中国的哲学专业理论工作者队伍的组织方面以及中国的马克思主义哲学的整个研究工作方面，进入了一个新阶段。1954年12月，中国科学院院务会议决定成立哲学研究所筹备委员会，1955年11月，哲学研究所正式成立，是中国最高的哲学研究机构，所长为潘梓年。1955年3月，《哲学研究》出版创刊号，当时成立的“《哲学研究》编辑委员会”中，潘梓年为召集人，成员有李达、艾思奇、杨献珍、冯定、胡绳等，这个编辑委员会实际上成为哲学界学术上的核心。1956年3月，马克思主义哲学学科有了正式的科研规划；1956年，多所大学成立哲学系（武汉大学哲学系得以恢复、中国人民大学哲学系和复旦大学哲学系相继成立）。1958年中山大学恢复哲学系，东北人民大学（今吉林大学）成立哲学系，1962年南开大学恢复哲学系。1950年成立人民出版社，1953年成立中共中央编译局，使马列主义著作和其他学术著作的翻译、编辑出版工作有了专门的机构，《斯大林全集》、《列宁全集》、《马克思恩格斯全集》相继编译出版。

新中国成立初期，许多哲学工作者包括李达、艾思奇、杨献珍、冯定等，对马克思主义哲学的研究和宣传做了大量工作。1957年3月，艾思奇的《辩证唯物主义讲课提纲》由人民出版社出版，成为新中国成立初期很有影响的一本哲学原理教科书，对大学哲学原理教科书的改革起到了重大作用。杨献珍的《什么是唯物主义》一书是他1955年给中央党校普通班学员上课时的讲稿，是一本关于马克思主义认识论的著作。冯定的《平凡的真理》由中国青年出版社于1955年10月出版，是既带有通俗化、群众化的特点，又具有完备体系和精辟阐述的学术著作。中国学术界呈现出的这种新活力，促使广大理论工作者对一些重大哲学理论问题展开了热烈的讨论，如关于中国民族资产阶级问题、关于经济基础和上层建筑问题、关于真理问题、关于美学问题等。

在这一时期，中国共产党将马克思主义的唯物辩证法出色地运用于中国社会历史性转变的工作，制定了过渡时期总路线；运用对立统一规律科学提出了社会主义社会基本矛盾的理论；在开展对资产阶级唯心主义思想和反对实际工作中的唯心主义和形而上学的斗争中，积累了宝贵经验，开创了马克思主义哲学和毛泽东哲学思想在历史上的新篇章。

2. 全面开展社会主义建设时期（1957～1966）

1957～1966年是中国开始全面建设社会主义的10年。10年间，社会主义建设经历了曲折的发展过程，作为这一过程在理论上的反映的中国马克思主义哲学，也经历了曲折的发展过程。毛泽东和党中央在领导社会主义建设的过程中，特别是在总结经验教训的过程中，发展了马克思主义认识论、辩证法和历史唯物主义，为马列主义、毛泽东思想宝库增添了新的内容；但是，也产生了一些“左”的偏差和错误观点，需要我们进行实事求是的总结和评价。

在辩证法方面，1957年，毛泽东在《关于正确处理人民内部矛盾的问题》一文中，提出了区分两类不同性质的矛盾和用不同方法处理的观点，这是毛泽东辩证法的一个重要思想。1959 年 12 月至 1960 年 2 月，在读《苏联政治经济学》(教科书)的谈话中，毛泽东提出和详细论证了部分质变原理。1965 年，毛泽东在李达著的《马克思主义哲学大纲》一书上写的一个批语中，提出了辩证法规律一元化的思想。在认识论方面，主要探讨了由“大跃进”和人民公社化运动中脱离实际、片面夸大人的主观能动性的失误引发的思考，开始重提实事求是、大兴调查研究之风，开始思考自由与必然的关系，并在《人的正确思想是从哪里来的?》一文中提出物质可以变精神，精神可以变物质的新概括。在历史唯物主义方面，中国共产党对知识分子的阶级属性和地位作用问题、科学及其在社会主义现代化建设中的作用问题等进行了重新思考。

在马克思主义哲学的宣传教育方面，党中央、毛泽东多次提出广大干部群众多读书的建议，并继续进行马克思主义经典著作的翻译工作，在 1957 年至 1966 年，出版了许多重要的哲学著作，仅《马克思恩格斯全集》就出版了 20 卷，约 1000 万字。广大哲学工作者也取得了一定成果，其中，1961 年，艾思奇主编的《辩证唯物主义历史唯物主义》教科书正式出版，这是新中国成立后第一本中国人自己编写的马克思主义哲学教科书。尽管这一时期出版的哲学教科书都是以苏联 20 世纪 30 年代初的哲学体系作为理论框架的，但也不同程度地吸收了中国传统哲学的精华，特别是添加了毛泽东对马克思主义哲学的理论贡献，从而对苏联的哲学体系有所突破，有所发展，开始显现出鲜明的中国特色。1965 年，李达主编的《唯物辩证法大纲(上册)》在陶德麟的辅助下完成，概括地论述了马克思主义哲学的产生、发展和辩证唯物主义的基本原理及毛泽东对它的主要贡献，紧密联系当时思想战线的实际，批判了各种错误思潮，同时结合我国社会主义革命和建设的实际，从方法论上论述了学习和运用马克思主义哲学的重要意义，是一部优秀的马克思主义哲学专著。

在这一时期，我国哲学界对马克思主义哲学及哲学各个分支学科的一些基础理论问题进行了讨论，如关于主观能动性和客观规律性问题的争论、关于思维与存在同一性的争论、关于“一分为二”与“合二为一”问题的讨论、关于生产力问题的讨论、关于划分阶级的标准问题的讨论、关于中国哲学史问题的讨论、关于道德问题的讨论、关于逻辑问题的讨论等，对于促进马克思主义哲学的发展产生了一定的推动作用。但是这一时期“左”的思想已开始抬头，并日益严重。在这些讨论中，也都充分暴露出来。

3.“文化大革命”时期（1966～1976）

“文化大革命”是我们国家历史上的一个非常时期。正如《关于建国以来党的若干历史问题的决议》指出，“文化大革命”是一场由领导者错误发动，被反革命集团利用，给党、国家和各族人民带来严重灾难的内乱。林彪、江青两个反革命集团为了给他们制造和加剧这场内乱寻找哲学根据，对马克思主义哲学的基本理论进行了全面的歪曲和篡改，最突出的表现是三个方面。第一，宣扬唯心论的先验论，反对马克思主义的实践论。他们鼓吹天才论、“顶峰”论、“绝对权威”论，鼓吹“大树特树”，制造个人迷信，以利用这种迷信造成的狂热性去实现他们的政治目的。他们把唯物论和辩证法对立起来，借口反对形而上学而否定客观第一、主观第二的唯物论，主观第一、理论至上、精神万能一类的东西充斥了他们控制的报纸和刊物，从根本上否定、毁坏了中国共产党的实事求是的思想路线。第二，鼓吹“斗争哲学”，全面篡改马克思主义的对立统一学说。在对立面的同一和斗争这两个方面中，他们只讲斗争，不讲同一，宣扬“一切矛盾着的对立面都是对着干”、“斗争就是政策”；宣扬“斗则进，不斗则退”，认为只有斗争才是事物前进发展的动力，一切对于斗争的限制都是对于事物发展的限制，主张无限制的斗争、不停顿的“革命”，为他们挑起“全面内战”、煽动“打倒一切”制造舆论。第三，宣扬上层建筑决定论，全面篡改马克思主义的历史唯物论。他们批判所谓“唯生产力论”，否定生产力在社会发展中起决定作用的原理，叫喊“八亿人民主要是抓上层建筑”；他们把阶级斗争理论同生产力在社会发展中起决定作用的原理割裂开来，反对从社会物质生产的状况、从社会物质生活的矛盾和运动去说明阶级的产生消灭，说明阶级关系的变动，说明阶级斗争的根源和历史作用等，而是单从上层建筑方面去说明这一切，鼓吹唯心论的阶级斗争观，为他们蓄意制造“阶级斗争”提供哲学根据。他们的所谓上层建筑决定一切，核心是“领导权”决定一切。权力意志决定论是他们的整个世界观的核心。

对于林彪、江青两个反革命集团宣扬的哲学观点及这些哲学观点所支持的极“左”思潮，许多干部、群众和理论工作者有过不同程度、不同形式的抵制。林彪反革命集团覆灭后，对他们的唯心主义先验论和唯心主义历史观进行过初步的批判。“文化大革命”结束后，广大理论工作者在哲学上拨乱反正，对林彪、江青反革命集团散布的哲学观点进行了系统的清理和批判，并以此为契机，推进了马克思主义哲学的研究和发展。

（四）新时期马克思主义哲学的繁荣发展（1976～2000）

1976年以后，特别是1978年以来，伴随着社会主义改革开放的进程，中国的马克思主义哲学逐步摆脱“左”的束缚，走向活跃，思想僵化的局面被打破。实践是检验真理的唯一标准的大讨论之后，尘封已久的学术园地重新获得了生机和活力。

这一阶段，马克思主义哲学的发展主要在两个方面全面展开，一是中国共产党人对马克思主义哲学形态的创新和发展，二是学术领域对马克思主义哲学基础理论研究的深化。关于真理标准问题的大讨论成为马克思主义哲学重新走向繁荣的标志性事件。1978年5月11日，《光明日报》发表由胡福明执笔、其他同志参与修改补充的《实践是检验真理的唯一标准》一文引起了全国性大讨论，冲破了“两个凡是”对理论界的思想禁锢。此前，邓小平已有几次重要谈话，批评“两个凡是”，成为真理标准问题讨论的先导。1978年12月13日，邓小平在《解放思想，实事求是，团结一致向前看》的讲话中，明确支持关于真理标准问题的讨论，从理论和实践的结合上阐明了只有解放思想、冲破禁区，才能回到实事求是的思想路线上来。这为十一届三中全会的召开做了理论准备。1978年年底，党的十一届三中全会的召开对于实现历史性的伟大转变具有深远的历史意义。它从根本上冲破了长期“左”倾错误的严重束缚，重新确立了以实事求是为核心的思想路线。1986年邓小平提出发展是硬道理，发展成为当代中国马克思主义哲学的主题。

邓小平哲学思想是改革开放后马克思主义哲学发展的最重大成果，以邓小平哲学思想为标志，马克思主义哲学的发展在中国进入了一个新阶段。对毛泽东哲学思想的研究也逐渐活跃起来，1981年10月，在桂林召开了全国毛泽东哲学思想学术讨论会；1983年12月，在长沙举行纪念毛泽东诞辰九十周年全国毛泽东哲学思想学术讨论会；1986年10月，在四川成都举行了第三次全国毛泽东哲学思想学术讨论会，并在中国马克思主义哲学史学会的倡议下，成立了全国性的毛泽东哲学思想研究会；1987年8月，在北京召开全国毛泽东哲学思想第四次学术讨论会，会议提出“毛泽东哲学思想的研究要面向现代化、面向未来、面向世界”的口号。

马克思主义哲学史的研究和宣传，长期没有引起哲学界的重视，更没有把它当作一门学科来研究。十一届三中全会后，我国开始对马克思主义哲学史进行专门地、系统地、深入地研究。20世纪80年代，马克思主义哲学史学科发展进入一个黄金时代。1979年1月，在教育部组织下，全国第一次马克思主义哲学史研讨会在桂林召开，会议就编写马克思主义哲学史教材的指导思想、基本内容和基本方法进行了广泛的研究和讨论。同年10月，全国马克思主义哲学史研究会创立（厦门会议），这标志着我国的马克思主义哲学史学科正式成立。1980年10月22日～11月4日，由教育部主持的《马克思主义哲学原理》（辩证唯物主义部分）和《马克思主义哲学发展史》教材审稿会议在昆明召开。此后，研究成果相继出版，其中高等学校的文科教材，有一卷本的《马克思主义哲学史稿》，三卷本的《马克思主义哲学史》等；工具书有《中国大百科全书·哲学》中的马克思主义哲学史部分；资料书有三卷本的《马克思主义哲学史教学资料选编》。其中，1981 年 10 月，由中山大学哲学系作为主编单位、人民出版社出版的《马克思主义哲学史稿》是我国第一本马克思主义哲学史的新编教材，这部教材由全国主要重点大学的专家参加，历时 4 年完成，凝结了中国老一代马克思主义哲学史学者的集体智慧。由黄枬森、庄福龄、林利主编的《马克思主义哲学史》(8 卷本) 作为国家“六五”和“七五”哲学社会科学规划重点项目，全面、详细、系统地阐述了马克思主义哲学萌芽、创立、发展和演变的历史，共计 410 万字，作者几乎囊括了我国马克思主义哲学史教学和科研工作第一线的全部专家学者。这部巨著的出版，对于推动马克思主义哲学在中国的进一步传播产生了重要影响，代表了当时马克思主义哲学史学界的整体水平。

在马克思主义哲学基础理论的研究方面取得了许多重要的成果，如黄枬森的马克思主义哲学体系研究，陶德麟等人的认识论研究，邢贲思的关于真理标准问题讨论，汝信的关于人道主义和异化问题研究，陈先达、王锐生等人的唯物史观研究，萧前、夏甄陶、杨春贵的唯物主义辩证法研究、陈晏清的社会发展理论的研究等。在这一阶段，马克思主义哲学工作者对一些重要哲学问题展开了讨论。讨论的主要问题有：

(1) 关于真理标准问题和实践唯物主义的讨论。关于真理标准问题的讨论是“两个凡是”和“实践是检验真理的唯一标准”两种思想的交锋，它的首要意义是冲破教条主义和个人崇拜的思想束缚，恢复和确立解放思想、实事求是的思想路线，因而成为中国改革开放的先导。同时随着讨论的深入在学术层面上关于实践标准本身的一些理论问题的研究也有所深化。关于实践唯物主义问题的讨论是直接由马克思主义哲学体系改革的讨论引发的，它同真理标准问题的讨论也有明显的联系。这场讨论的积极意义也是在于确立实践观点在马克思主义哲学中的地位。1988 年年初，在天津召开的国家社科规划重点课题“马克思主义哲学原理体系改革”的课题组扩大会议上，关于实践唯物主义的问题作为哲学体系改革的一个总体性问题，各种观点进行了初步的对话和讨论。同年 9 月，在北京召开的全国实践唯物主义讨论会，则把这一研究大大深化了。

(2) 关于人道主义和异化问题的讨论。这次讨论由对“文化大革命”的历史反思发端，以 1983 年纪念马克思逝世一百周年学术讨论会为契机而达到高潮，全国共出版讨论文集 20 余种，发表文章近千篇，1984 年年初，胡乔木发表《关于人道主义和异化问题》，讨论进入尾声。比较有代表性的文章有：邢贲思的《怎样识别人道主义》、汝信的《人道主义就是修正主义吗?》和王若水的《人是马克思的出发点》。经过讨论，全盘否定人道主义的观点被否定，但在如何评价上发生了分歧，一种观点认为人道主义是马克思主义的重要内容，马克思主义即是现代的科学的人道主义；另一种观点认为马克思主义包括作为伦理原则的人道主义，却否定了作为历史观的人道主义，因为这种人道主义是唯心史观的。这场关于人道主义和异化问题的争论平息之后，在“哲学现代化”和“哲学体系改革”的旗帜下，对人的哲学研究再度兴起，20 世纪 80 年代末，提出了建立一门相对独立的“人学”学科的任务。

（3）哲学教科书改革。随着教学和研究的深入开展，改造和完善马克思主义哲学教科书体系的问题被提了出来，许多哲学工作者做了有益的探索，并取得了一定的成果。1981 年和 1983 年，萧前、李秀林、汪永祥主编的《辩证唯物主义原理》和《历史唯物主义原理》先后出版。这两部教科书是“文化大革命”刚刚结束之后这一特殊历史时期的产物，在实现哲学理论的拨乱反正、恢复正常的哲学教育方面发挥了特殊的历史作用，是哲学教科书改革的开始。1985 年高清海主编的《马克思主义哲学基础》出版。该书力图把世界观、认识论、方法论统一起来，打破前苏联教科书的“两个主义”（辩证唯物主义、历史唯物主义）和“四大块”（唯物论、辩证法、认识论、历史观）的各个部分相互分离的框架结构，是哲学教科书体系改革的重要尝试。这部教科书从体系上进行改革的改革精神和改革方向大大地鼓舞了哲学界。80 年代中期以后，哲学教科书体系改革形成热潮，1985 年国家教委设立了“马克思主义哲学原理体系改革”的重点课题，翌年又被提升为国家哲学社会科学规划的重点课题，由全国高校马克思主义哲学专业博士点共同承担，课题组由萧前、黄枬森主持。课题的最终成果《马克思主义哲学原理》（由萧前任主编，黄枬森、陈晏清任副主编）于 1994 年由中国人民大学出版社出版。该书明确了实践是整个哲学体系的核心范畴，实践的观点不仅是认识论的首要的、基本的观点，而且是整个马克思主义哲学的首要的、基本的观点，对马克思主义哲学的实践论和主体性思想作了较为深入的发掘和阐述。这部教科书表达的一些马克思主义哲学的基本观念、基本原则，不仅把这一个重要时期中国哲学改革发展的许多重要成果以教科书的形式肯定了下来，而且为哲学的进一步发展做了重要的开拓。这对于帮助人们摆脱前苏联教科书哲学的束缚具有积极的作用。

（4）关于价值问题的讨论。价值论问题的提出为马克思主义哲学研究开辟了新领域，弥补了学科建设的空缺，特别是对建立社会主义市场经济体制、追求社会效益和经济效益具有重要的指导意义。1980～1984 年，是价值问题研究的起始阶段，此时学界将价值问题引入认识论，提出价值范畴是认识论要研究的重要议题。1985～1986年，重点研究了价值与真理的关系。1986 年 5 月 20～24 日，在杭州召开了认识与价值问题的专题学术讨论会，使价值问题的研究进入一个新阶段。

20 世纪 90 年代以来，随着国际上发生的东欧剧变和中国改革开放的深化，中国马克思主义哲学研究的内外部条件发生了重大而深刻的变化。1992 年邓小平的南方谈话重新强调坚持改革开放并进一步明确了市场化取向的经济体制改革的方向。中国社会加快进入了由社会主义市场经济的发展所推动的社会转型时期。在这种大背景下，中国的马克思主义哲学研究适应这种变化，研究工作以中国社会转型过程中提出的哲学问题为中心，实现了从体系意识到问题意识的范式转换，其中最重要的表现就是领域哲学的兴起。即通过对自然、社会、人、历史、文化、经济、政治、法律、道德、宗教、艺术、教育、管理，甚至日常生活等人类生活某个领域或侧面的关注，而形成了自然哲学、社会哲学、人的哲学、历史哲学、文化哲学、经济哲学、政治哲学、法哲学、道德哲学、宗教哲学、艺术哲学、教育哲学、管理哲学、日常生活哲学等。其中，社会哲学、人的哲学、文化哲学是影响比较大的几个领域。

社会哲学研究是由改革开放后中国社会巨大发展、变迁所催生的。发展是当今时代的重要主题，随着发展进程的加速，发展中所产生的各种矛盾也逐渐暴露出来，90 年代以来社会发展理论的研究一直是人们关注的热点之一。在此基础上，社会哲学应运而生。其中，陈晏清的《当代中国社会哲学》是比较早的著作之一，而他主编的“社会哲学研究丛书”（共 10 本）于 1998 年、1999 年由山西教育出版社出版，成为当时最具系统性的社会哲学著作，初步奠定了我国社会哲学研究的规模。

人的哲学也就是“人学”，孕育于 80 年代初关于人道主义的讨论，90 年代以后逐渐发展为一个相对独立的研究领域。许多学者系统整理和研究了马克思主义经典作家关于人学的论述，推出了一批重要著作，这一时期人学研究的关注点主要集中在人的主体性上，并致力于构建中国的人学理论体系。

文化哲学研究是 90 年代中国哲学界最具影响力的研究领域之一。文化哲学研究的内容包括对文化的界定、文化的结构、文化的功能、文化哲学的对象、文化哲学的主题、文化哲学的建构原则、传统文化及其批判、文化转型、文化体制等众多问题。2000 年 10 月，中国社会科学院文化研究中心成立，主要从事对策性研究，而哲学界则力图通过基础理论研究来引导和促进当代中国的文化变革。

二、中国哲学史研究

20 世纪初期，在西学东渐和社会转型的背景下，中国的教育体制和学术格局发生了巨大变化。“中国哲学史”学科依照西方学术体系的划分标准应运而生。在其后的发展过程中，由于“中国哲学”的固有传统、话语体系、问题意识都来源于传统的经学、史学和子学，导致了在中国哲学的主体性和西方“哲学”范式之间始终存在着张力。20世纪是作为一门学科的“中国哲学”在“转型”与“重建”中形成和发展的时期，也是作为一种思想文化传统的“中国哲学”在“继承”和“创新”中脱离古典形态走向现代化和世界化进程的历史时期。

（一）20世纪初至20世纪20年代：准备时期与学科初创时期

1. 清末民初时期：西学东渐与传统经学的解体

中国传统哲学主要是在注解和诠释经学的基础上发展和推进的。20世纪初，学者仍然依托经学来阐发思想，但时代的变化使此时的经学具备了启蒙性质。康有为举起“今文经学”的旗帜，先后著成《新学伪经考》和《孔子改制考》，以“托古改制”的名义改造儒学，为戊戌变法确立理论根据。他认为人性由人欲、仁义和智组成，反对传统的性善论，并根据《春秋公羊传》提出新的“三世说”——据乱世、升平世和太平世，表达了人类社会是不断进化的观点。他的《大同书》表达了新的乌托邦理想。这些思想均受到西学影响，但又体现出文化和政治保守主义倾向。章太炎主编《民报》，提出俱分进化论思想，出版了《訄书》、《儒学真论》等著作。他提倡“古文经学”，认为六经皆史，《春秋》为史官之书，其贡献在于“攘夷狄，扞种姓”。这与公羊派的“为汉制法”和“托古改制”不同。尽管两人经学主张不同，但都为他们的政治主张服务，前者主张渐进的改良，后者主张激烈的革命。

孙中山吸收了西方的进化论思想，认为“世界万物皆由进化而成”，物质是世界的本源，民生是社会进化的重心，社会进化是历史的中心，提出了民生史观的思想。他扩充和改造了传统哲学中的知行关系，提出了对认识论卓有贡献的“知难行易说”，认为“行”（包括道德修养、革命实践和科学实验）是认识的唯一来源，“知”分为“偶能然”与“知其当然与所以然”两个阶段，这些研究为中国的革命和建设提供了思想指导。

这一阶段的中国哲学史研究尚未从传统的学术思想史中分化出来，尚未突破所谓“国学”的框架。蔡元培的《中国伦理学史》是采用西方学术观点和方法整理传统伦理思想的著作，反映了中国哲学史的一个侧面。其他著作如章太炎的《诸子学略说》、《国故论衡》、《馗书》等，梁启超的《先秦政治思想史》、《清代学术概论》、《近三百年学术变迁大势论》等也蕴含了丰富的中国哲学史素材。由于这些学者的话语体系、研究方法和思维方式都不同程度地受到西学影响，这些论著客观上为中国哲学史学科的形成奠定了基础。

2. 五四运动与科玄论战时期：中西文化的碰撞和现代中国哲学的孕育

民族危机促使有识之士寻求救国之路，认真解答中国的历史走向和如何对待传统文化问题。一方面，他们大力译介西方学术思想，斯宾塞的社会达尔文主义、孔德的实证主义、尼采和叔本华的唯意志论、柏格森的生命哲学、马克思的历史唯物论、实用主义、马赫主义等思潮被传播到中国。另一方面，他们审视和反思传统文化的优劣与国家兴衰之关系。这样在 20 世纪初期逐渐形成了“提倡科学，反对迷信；提倡民主，反对独裁；提倡白话文，反对文言文”的文化革新和文化启蒙运动。1915 年 9 月 15 日《青年杂志》在上海创刊，1916 年 9 月迁往北京，改名为《新青年》，成为新文化运动的主要阵地。《新青年》由陈独秀任主编，李大钊、胡适为编辑和主要撰稿人，他们倡导新思想、新文化、新道德，“所谓新者就是外来之西洋文化，所谓旧者就是中国固有之文化”，明确主张以西方文化来取代传统文化。

新文化运动时期，学界围绕中国文化在世界文化中的地位和价值问题产生了论战。《东方杂志》主编杜亚泉从 1916 年开始发表文章来阐发和弘扬中国固有的文明，认为东西方文明“乃性质之异，而非程度之差”，中国文明可以救西洋之弊。1918 年，梁启超所著《欧游心影录》认为欧洲物质文明高度发展带来了许多灾难，解决西方世界的社会危机需要依靠中国的古老文明。1919 年，章士钊开始宣扬中西文化“调和论”。梁漱溟于 1921 年出版了《东西文化及其哲学》，认为西方文化的路已经走到了尽头，紧接着“便是中国文化复兴成为世界文化的时代”。对此，新文化派起而应战。胡适阐述了中西文化的对立与全盘西化的主张，指出“全盘西化”的基本含义是指“充分世界化和充分现代化”，认为将来中国和印度一定会走科学化与民主化的道路。李大钊、瞿秋白等人开始运用马克思主义理论参与论战。李大钊从唯物史观角度分析了新文化必然取代旧文化而不是与之调和的客观必然性。瞿秋白认为西方文化已经发展到帝国主义阶段，而东方文化还停滞于封建的宗法社会阶段，只有无产阶级革命才能使文化得到真正发展。论战文章大多发表在《新青年》、《新潮》、《民锋》、《每周评论》等杂志上。

随着民主、科学观念的深入人心，学界还出现了科玄论战。1923 年 2 月，张君劢发表讲演，认为科学在解决人生观问题方面无能为力。4 月，丁文江发表《玄学与科学》一文表示反对。其后双方各发表文章进行辩论。张君劢强调人生观是主观的、直觉的、综合的、自由意志的、单一的，科学是客观的、论理的、分析的、因果律的、统一的。林宰平、张东荪、瞿菊农等人发表文章批评科学派，而基本赞同丁文江的有胡适、唐钺、王星拱。梁启超主张双方“各有偏宕之处”，认为人生大部分问题是可以而必要用科学解决的，但小部分和最重要的部分是超科学的，情感是生活的原动力，“爱”和“美”是神圣不受约束的。科学派吴稚晖公开提出“漆黑一团”的宇宙观及“人欲横流”的人生观；胡适提出了所谓“自然主义人生观”。陈独秀和瞿秋白也发表文章，运用马克思主义理论对双方的观点都进行了一定批判。此后，论战文章被结集为《科学与人生观》出版，由陈独秀和胡适作序；泰东书局也出版了论文集《人生观之论战》，由张君劢作序，序言实质上代表了科学派、早期马克思主义者和玄学派对论战的总结。

3. 中国哲学学科的初步建立

(1) 哲学系及中国哲学史专业的建立

1912 年，京师大学堂更名为北京大学，严复任首任校长，设中国哲学门，取代了以前的经学科。1914 年，中国哲学门开始招收学生，标志着中国现代大学哲学教育的开启。1917 年，胡适继任陈黻宸讲授“中国哲学史”课程，出版了《中国哲学史大纲》等教材。1919 年，中国哲学门改名哲学系。这意味着经学时代的终结和“哲学”学科正式成为中国现代大学教育体系中的一个门类。

1910～1920 年，中国大学中出现了第一批哲学系。武昌私立中华大学于 1915 年设立中国哲学门，这是在中国南方最早出现的现代大学哲学系。接下来，南开大学哲学系于 1919 年，东南大学哲学系（今南京大学哲学系前身）于 1920 年，武昌高等师范学校教育哲学系（今武汉大学哲学系前身）于 1922 年，中山大学哲学系于 1924 年，清华大学哲学系于 1926 年，相继设立。自 20 年代起中国才有了近代大学标准意义上的哲学系，才开始出版哲学专业刊物。这对于 20 世纪中国哲学的开展具有重大意义。

(2) 中国哲学史著作及教材的出版

20 世纪初至 20 世纪 30 年代，由中国学者自己撰写的哲学教材开始问世。这推进了现代哲学教育制度的完善，反映了中国哲学研究的新开展。1916 年，谢无量撰《中国哲学史》一书出版，为中国哲学史学科的创建与形成做出了历史性贡献。他把中国哲学史分为上古、中古和近世三个阶段，吸收了近代哲学观念，将哲学区分为形而上学、认识论、伦理学三部分，提出了具有中国思想特色的阴阳论、人性论、修养论等内容，对中国哲学史做了较为完整的梳理。他尝试运用现代哲学观念来解释中国哲学中的阴阳、道等范畴，具备了初步的中西比较意识。

1919 年，胡适所著《中国哲学史大纲》上卷出版。书中对哲学和哲学史做了明确的界定，凡研究人生切要问题的学问叫做哲学，哲学史的目的在于“明变”、“求因”、“评判”。他将史料区分为“原料”和“副料”，并用“校勘”、“训诂”等方法审查史料真伪，把史料考辨和对思想家的学说体系、学术流派、社会条件等的分析结合起来，是运用近代学术方法写成的哲学史著作。胡适还宣传实用主义和功利主义，把科学实验的方法运用到哲学史研究领域，重视逻辑分析和历史考证，代表了科学主义思潮。这些努力对于转变传统经学的诠释方法起了很大作用。

1923年，陆懋德所作《东周哲学史》一书认为中国哲学史研究应以“无所谓中西，但取其长而求其是”为宗旨，对胡适以西方式的逻辑方法整理中国哲学的做法提出批评，认为那样会抹杀中国哲学的特点，使中国哲学史学科失去独立性。1929年钟泰撰写的《中国哲学史》一书就是运用中国传统话语体系，以同情了解的态度论述诸子思想的著作，但此书已经有了明确的方法论意识，他认为“中西学术，各有系统，强为比附，转失本真”，其研究对于西方哲学观念和方法不予采纳，使中国哲学的话语方式与近代学术隔绝，不符合时代潮流和理论的发展趋势。

（二）20世纪30至40年代：重建时期和学科奠基时期

20世纪30年代初，日本加快侵华步伐并最终演变为中日战争，民族危机空前严重。一批爱国学者力图回答共同的时代课题，深入反思传统文化并建立了各自的哲学体系，取得重要成果。1935年4月，中国哲学会成立并举行第一届年会，“中国哲学界才开始有自创哲学理论自创哲学系统的尝试”。年会宣读了一批哲学家的新著，实质上成为20世纪中国哲学划时代的界碑。

1. 主要思想体系简介

这一时期，一些具有深厚学养的学者在吸收和借鉴西方哲学思想和方法的基础上对传统哲学加以改造，重新进行阐释，建构了现代中国哲学的新体系，以梁漱溟的文化哲学、熊十力的“新唯识论”、冯友兰的“新理学”、贺麟的“新心学”和金岳霖的新道学和知识论为重要代表。

梁漱溟（1893～1988）早在20年代就发表了《唯识述义》、《印度哲学概论》和《东西文化及其哲学》，后来又出版了《中国文化要义》。他认为整个宇宙是人的生活、意欲不断得到满足的过程，人类文化可以划分为西洋、印度和中国三种类型，“文化是人类生活的样法”，“中国文化是以意欲自为调和、持中为其根本精神的”，与意欲向前的西方文化和意欲反身向后要求的印度文化路向不同，三种路向的文化是世界文化发展的三个阶段。中国文化以孔子为代表，以儒家学说为根本，以伦理为本位，是人类文化的理想归宿。

熊十力（1885～1968）先后出版了《新唯识论》文言文本和语体文本。新唯识论的主旨是“体用不二”、“翕辟成变”。“体用不二”是说世界是即本体即现象的整体或实体，“夫体之为名，待用而彰，无用即体不立，无体即用不成。体者，一真绝待之称，用者，万变无穷之目。”“体”是整个宇宙的整体，或者说表征一切万象的实体，它是无待的大全，既是现象的根源，也是现象整体自身。“吾所云用，原依本体之流行而说，如澈悟真性流行，是为即体成用，即用呈体，则体用，虽不妨分说，而实际上，毕竟不可分。”翕辟是实体的两种功能，“翕”是摄聚成物的能力，“辟”是主动刚健的运化能力。这两种能力遍布于一切物体之中，相互作用，从而构成了事物的运动变化。

冯友兰（1895～1990）在这一时期先后出版了贞元六书：《新理学》、《新世训》、《新事论》、《新原人》、《新原道》、《新知言》，创立了新理学思想体系。冯友兰把世界划分为“实际”与“真际”两个层面，“有实者必有真，但有真者不必有实”。“理”和“大全”组成的本体界称为真际，由具体事物组成的现象界为实际。真际在逻辑上是先于实际的，是实际的根据和主宰。“理”是指决定某种事物之所以为某种事物的原因或根据，也是这种事物的共相。“气”是使理得以实现、使事物成为实际事物的材料，是“无极”。理是“极”，大全是众理的全体，也称为“太极”。

贺麟（1902～1992）先后发表了《近代唯心论简释》和《儒家思想的新开展》，出版了《当代中国哲学》和《文化与人生》。贺麟哲学的出发点是“心”，“此心乃经验的统摄者、行为的主宰者、知识的组织者、价值的评价者。自然与人生之可以理解，之所以有意义、条理与价值，皆出于此‘心即理也’之心。”可见，他试图把西方哲学中的知识系统之心和中国哲学的道德行为与评价之心结合起来。在哲学方法论上，他提出了直觉和理智互补的观点。他认为儒家思想包含三方面：格物穷理、寻求智慧的理学；磨炼意志、规范行为的礼教；陶养性灵、美化生活的诗教。新儒家思想的开展将循艺术化、宗教化、哲学化的途径迈进。

金岳霖（1895～1984）的思想主要体现在《论道》和《知识论》两书中。《论道》提出以“道”、“式”、“能”为基本范畴的本体论学说体系。认为“道是哲学上最上的概念或最高的境界”，万事万物都是“道”的表现形式。“道是式——能”。“能”是构成事物的质料因、动力因；“式”是构成事物的形式因，“式”与“能”相结合形成事物的过程和规律就是“道”。“居式由能，莫不为道”。他的《知识论》认为外界事物呈现在认识者面前的是“所与”，认识者从所与的殊相中抽象出共相以形成“意念”，用意念和概念去摹状和规范所与的结果就是“经验”。事实是所与和意念的结合，意念接受所与形成事实的过程遵循归纳原则，这些思想构建了比较完整的知识论体系。

此外，一批传统知识分子在这段时期也做出了突出成就。虽然他们并未有明确的“哲学”学科研究范式。如马一浮、钱穆、汤用彤、方东美、张君劢、蒙文通、张东荪等人。

马一浮在20世纪20年代中期前主儒佛并重，之后完全归宗儒学，他的“六艺赅摄一切学术”论就是把儒学作为中国文化乃至世界文化的高峰，古代的和西方的一切学术都可统摄于六艺。他的思想体现出以佛证儒的特点，主要包括理气一元、知行合一、性修不二、理事双融、体用一源等内容。

钱穆自谓著述以文化传统、民族性和历史实证为原则，坚持以儒学为中心的传统文化立场，提出了以中国文化为本的本位主义和儒学是中国文化主要骨干的儒学主干论。其著作成书者约80多种，主要有《王守仁》、《国学概论》、《先秦诸子系年》、《中国近三百年学术史》、《中国思想史》、《宋明理学概述》、《朱子新学案》等。

方东美早年的代表作有《生命情调与美感》、《生命悲剧二重奏》、《科学哲学与人生》、《哲学三慧》，他依据生命哲学和周易“生生之德”的观念，提出“机体主义”的生命观，中国哲学把宇宙视为生命流行的境界，它以“生命为中心”，沉淀了中国人的生命精神。儒、道、佛汇合融通形成了中国文化的“共命慧”，主张从各家的思想会通处把握中国文化的价值，以宗教精神和哲学智慧应对现代世界的高度物质化，“拯救”现代人类。

张君劢于1936年出版《明日之中国文化》，提出：“以精神自由为基础之民族文化，乃吾族今后政治学术艺术方向之总原则”。次年出版的《民族复兴之学术基础》一书把民族主义作为立国的基本原则；他早年与张东荪等召开“国家社会党”筹建会，宣传“国家社会主义”，哲学上受生命哲学的影响。他撰写了《新儒家哲学发展史》，系统梳理宋明理学的发展史，是推动儒学复兴活动的重要著作。张东荪是尝试创建现代新哲学体系的学者之一。他融合了康德哲学、新实在论、实用主义、新创化论、柏格森哲学等学说，初步建构了一套哲学体系，主要内容包括“主客交互作用”的认识论、“架构主义”和“层创进化”的宇宙观和“主智的”、“创造的”、“化欲的”人生观。

2. 中国哲学学科的发展

30年代，冯友兰出版了两卷本《中国哲学史》。他认为，中国哲学没有形式上的系统而有实质上的系统。受西方新实在论的影响，他运用所接受的西方近现代历史观和逻辑方法来分析中国固有的哲学范畴，梳理中国哲学的历史发展和精神义理，力图重构中国哲学实际内蕴的思想体系。这样既适应了“哲学”学科创建的时代需要，又没有失去中国哲学的主体性和特殊性。该书所确立的中国哲学史教科书体系的基本架构，诸如历史线索、基本派别、代表人物、核心观念、基本论断等具有“典范”意义，现在仍被学术界沿袭，是中国哲学史学科的奠基之作。

汤用彤撰写的《汉魏两晋南北朝佛教史》一书体现了现代哲学观念与研究方法，不但为中国佛教哲学史研究奠定了基础，也对一般中国哲学史的研究产生了深远影响。

张岱年的《中国哲学大纲》提出，以“中国哲学问题史”来建构中国哲学史学科，其方法是“审其基本倾向”、“析其辞命意谓”、“察其条理系统”、“辨其发展源流”，他将中国传统哲学的问题分为宇宙论、人生论、致知论、修养论、政治论五个部分。其中宇宙论复分为本根论和大化论，人生论复分为天人关系论、人性论、人生理想论和人生问题论，致知论复分为知论和方法论。他将中国哲学的特点归纳为“一天人”、“同真善”，其哲学史研究做到了形式系统和实质系统、民族性和现代性的统一，产生了很大影响。后来90年代方立天出版的《中国古代哲学问题发展史》便是对这部著作的继承和发展。

李石岑所著《中国哲学十讲》一书首次尝试运用辩证唯物主义与历史唯物主义方法论对中国哲学进行阐述和评价。范寿康所著《中国哲学史通论》一书认为各种学派、学说的产生都与当时的社会历史背景息息相关，并用较大篇幅介绍了历史唯物论思想，把它称为是“解释历史上所应采用的新观点”。这类著作还有赵纪彬的《中国哲学史纲要》，郭沫若的《十批判书》，蒋维乔和杨大膺的《中国哲学史纲要》上、中、下卷（1934～1935）。对中国哲学史学科建设贡献最大的代表作是由侯外庐、杜国庠、赵纪彬等人合著的《中国思想通史》五卷本。自1937年起，侯外庐先后出版了《中国近世思想学说史》、《中国古代社会史论》、《中国封建社会史论》等著作。《中国思想通史》从20世纪40年代开始撰写和出版，在内容上以哲学思想为基本线索，以唯物史观为主要的研究方法，分析了产生各种思想的社会经济背景。

（三）20世纪50～70年代：分化与转型时期

1949年以后，港台地区和大陆学界的中国哲学史研究处于不同的社会环境中，呈现出两地分化现象。大陆学者受到马克思主义哲学的强势影响，港台学者则致力于传统哲学的现代化。

1. 大陆：马克思主义思想指导下的中国哲学史研究

这一时期开展了一系列的社会运动，包括思想改造运动和对胡适、梁漱溟等人的政治批判等。学界普遍学习马克思主义的哲学史观与方法论，力图用历史唯物主义立场、观点和方法来指导并研究中国哲学史。受社会形势影响，一些著名学者开始批判自己的哲学。

学界开展了多次热烈的学术讨论会。1957年，北大哲学系召开了中国哲学史座谈会，这是一次名家荟萃、老中青学者参与、气氛活跃、畅所欲言又向全社会广泛传播的学术会议，会议讨论了中国哲学的遗产继承问题、中国哲学史的特点、如何对待唯心主义、中国哲学史研究的范围及方法等重要问题，是一次具有启蒙意义的对话平台。会后，重要报刊发表相关报道，编辑出版了《中国哲学史问题讨论专辑》，收录了45人撰写的55篇文章，均表达了摆脱教条主义束缚的愿望。此外还举办了许多专题性研讨会，如关于《周易》和老子、孔子、庄子、董仲舒思想的讨论会等。冯友兰、金景芳、蔡尚思关于孔子思想的研究，任继愈关于汉唐佛教哲学的研究，关锋关于以庄子为核心的先秦哲学的研究，受到学界的广泛关注。

冯友兰所著《中国哲学史新编》是这一时期研究成果的主要代表。书中认为“哲学史的一般规律，是唯物主义和唯心主义、辩证法观和形而上学观这些对立面的斗争和转化”，并把这一规律运用于中国哲学史研究中，是按照历史唯物主义的基本立场和诠释模式来进行的。

任继愈主编的《中国哲学史》四卷本按照社会发展的历史阶段分篇叙述，按照历史与逻辑相一致的原则，注意社会经济发展、阶级斗争和思想斗争的关系。作为全国高等学校教材，此部著作产生了广泛而深刻的影响，直到90年代，人民出版社仍在继续重印。60年代任继愈就已经提出少数民族哲学思想的研究问题，70年代在《中国哲学史》基础上改写成为《中国哲学史简编》，印数很大，对于中国哲学的宣传、普及起了积极作用。

侯外庐等人主编的《中国思想通史》五卷共六册的出版是新中国成立以后前30年中国哲学研究的重大成果，揭示了哲学和政治、经济、文化的密切联系，是新中国成立以后第一部马克思主义的中国思想通史，在很长的时间里，成为研究思想史、哲学史的权威著作。之后又出版了《宋明理学史》两卷本，有助于人们了解哲学的时代背景和社会根源，成为20世纪中国思想史研究领域最有影响的马克思主义学派之一。

杨荣国的《中国古代思想史》于1954年出版，1962年出版了《简明中国思想史》，1972年出版了《简明中国哲学史》，对中国哲学的研究与宣传起到了正面作用。石峻、任继愈和朱伯崑合著的《中国近代思想史讲授提纲》是第一部“中国近代哲学史”。洪谦、朱伯崑等6人合撰的《哲学史简编》不但包括西方哲学史和马克思主义哲学史，而且对中国哲学从先秦至近代的发展也做了简明论述。

在学术史料的整理方面取得重要成绩。中国科学院哲学研究所中国哲学史组和北京大学哲学系中国哲学史教研室合编了《中国历代哲学文选》，于1962年由中华书局出版。该套资料分为四个分册：先秦分册（上、下）、两汉隋唐分册（上、下）、宋元明分册、清代近代分册。1973年，中华书局将该套资料更名为《中国哲学史资料简编》重新印行。中国社会科学院哲学研究所中国哲学教研室以冯友兰牵头，以中国哲学史研究室为中心，协调组织中国哲学史的优秀专家，如顾颉刚、侯外庐、郭沫若等参与其中，编著了《中国哲学史资料选辑》，内容包括史料的选编、点校、注释和先秦部分的白话翻译等。40年代的许多研究成果，经过重新整理和修订后陆续出版或再版，为新的研究提供了文献基础。

2. 港台：当代中国哲学研究的新进展

20世纪后半期，港台地区的中国哲学研究主要体现在现代新儒学研究的推进上，以唐君毅、牟宗三和徐复观为代表，后以杜维明、成中英等为代表，其研究是重新诠释宋明新儒家心性之学的现代价值，力图借助西方哲学思想和研究方法把儒学现代化。

唐君毅（1909～1978）的著作丰富，所著《中国哲学原论》可以看作一部中国哲学范畴史或问题史，采用了"即哲学史以言哲学，本哲学之言哲学史"的方法，对中国哲学史上的一些基本范畴和重要问题的发生、演变、义理、旨趣，进行了系统的考察研究。他还写作了大量"评论中西文化、重建人文精神人文学术，以疏通当前时代之社会政治问题的一般性论文"。代表作《生命存在与心灵境界》表达了心通九境的思想。

牟宗三（1909～1995）主要著有《才性与玄理》、《中国哲学的特质》、《心体与性体》、《佛性与般若》上下等。他主要通过吸收和改造康德哲学来重构陆王心学，用"道德的形上学"来概括儒家的精神，认为通过"智的直觉"，世界可以呈现为一个真、善统一的形上实体。他提出了"良知坎陷"说、"识心之知"，力图把知识系统纳入到儒学中来。此外，他还提出了儒家的三期发展说（先秦、宋明和当代）和儒家的三统说（道统、学统和政统）。

徐复观（1903～1982）在香港创办的政治学术理论刊物《民主评论》致力于宣扬新儒家的学说，是20世纪50至60年代港台地区现代新儒家的主要舆论阵地。他力图揭示历史上个人主义与专制政体、道德与政治的对立和冲突，认为中国文化在道德精神和艺术精神方面体现了独特的人文精神。主要代表作有《中国人性论史

(先秦篇)》、《两汉思想史》、《学术与政治(甲、乙集)》、《徐复观杂文》六集、《中国艺术精神》、《中国思想史论集》及续集等。

此外,刘述先所著《朱子哲学思想的发展与完成》,劳思光所著《新编中国哲学史》在港台地区也有较大影响。

道家研究以陈鼓应和杨汝舟为代表。陈鼓应主张中国文化"道家主干"说,曾主编《道家文化研究》集刊,其思想主要集中在《老庄新论》一书中。杨汝舟创立老庄学会、国际道家学会,首倡"当代新道家",主要代表作有《道家起源及其发展》、《道家思想与西方哲学》等。

(四) 20 世纪 80 年代至 20 世纪末:多元化研究时期

"文化大革命"结束以后,思想禁区被打破,西方思潮和研究方法被引进和运用,研究局面不断活跃起来,呈现多元化趋势。1979 年,中国哲学史学会正式成立。下属的二级学会有冯友兰哲学专业委员会、现代哲学专业委员会、中医哲学专业委员会、张岱年哲学专业委员会、朱熹哲学专业委员会等。此外还成立了中国少数民族哲学及社会思想史学会。80 年代成立了全国性儒学研究组织中国孔子基金会和中华孔子学会,在这些学会的推动下,中国哲学史界先后围绕"哲学史方法论"、"范畴研究"、"文化哲学研究"、"现代新儒家研究"、"新出土简帛文献研究"以及中国传统哲学的思维方式与价值观念、中国哲学合法性等问题展开热烈讨论和深入研究。中国哲学的通史、断代史、专史研究、学派研究、人物研究、专书研究、思潮研究、比较研究等以及资料整理、辞书编纂等方面都有大量成果问世,取得了令国内外学界瞩目的成绩。

70 年代在美国成立的"国际中国哲学会",其宗旨就是推动中国哲学的现代化和世界化。1998 年"国际儒学联合会"在北京成立,这是一个面向世界的儒学研究中心。1998 年北京大学举办了一次世界性的国际汉学会议,同年在北京创办了《世界汉学》杂志。70 年代末到 80 年代初,启动了由国家支持的学者出国访学计划,使学者能够通过较长时间在国外访问研究来了解国外同行的研究成果和研究方式,加强学术交流,中国哲学的研究越来越受到关注,呈现世界化的趋势。

1. 研究主题的多样性

中国哲学研究方法论的反思。"文化大革命"结束后,学者对"唯物主义与唯心主义"、"辩证法与形而上学"、"哲学基本问题"等教条主义框架下做的削足适履的研究早已不满。中国哲学史研究新局面的开展以方法论的探讨为契机。1979 年,全国中国哲学史学会成立大会在山西太原举行。期间，与会代表围绕“中国哲学史方法论”问题展开热烈讨论，会后出版了《中国哲学史方法论讨论集》。此后不久，张岱年出版了《中国哲学史方法论发凡》，围绕中国哲学史方法论问题进行了系统研究。该书是一部关于中国哲学史方法论的系统专著，对哲学与哲学史、哲学思想的阶级分析方法、理论分析方法、历史与逻辑相统一的方法、批判继承法、史料整理方法等，都提出了自己的见解。刘文英认为应将中国传统哲学的汉学的方法和宋学的方法、马克思主义哲学的历史方法与逻辑方法，以及语义分析方法、结构分析方法、解释学方法与比较方法等加以整合。此外，还有陈修斋、萧萐父合编的论文集《哲学史方法论研究》。还有学者针对50年代冯友兰提出的哲学史“抽象继承法”进行了重新评价。

1983年11月，首届全国中国思想史学术讨论会在西安举行。来自全国87个单位的学者提交论文60多篇，会议重要议题之一是哲学史和思想史的关系问题。《哲学研究》配合这次讨论发表了一组文章。汤一介、张岂之、周继旨、李锦全等阐发了己见。会议大致形成了一个认识：哲学史、思想史、文化史，是研究范围由小到大的三个相互联系的概念和领域。会议对于中国哲学研究的“纯化”和“泛化”问题进行了反思，具有积极意义。这种方法论反思还体现范畴研究、文化哲学研究、思潮研究、合法性讨论等很多方面。

中国哲学史范畴研究取得重要成果。汤一介发表的《论中国传统哲学范畴体系的诸问题》引起学界的普遍关注。1983年11月在西安举行了全国性的“中国哲学范畴讨论会”。会后出版了论文集《中国哲学范畴集》。

80年代的“文化热”思潮推动了中国哲学研究的视野拓展和多元化发展趋势。学者围绕传统文化的内涵、基本精神及其评价问题、传统文化与现代化、民族性与时代性关系、中西哲学与文化比较等方面展开研讨。关于文化的理论形态，大多数学者坚持儒家核心说，另有道家主干说、儒释道三位一体说、儒道互补说等。关于传统文化的基本精神，主要有人文精神、和谐意识、伦理本位以及整体思维等。中西文明对话广泛涉及生态、性别、人权、宗教、普世伦理等诸多领域。在传统文化与现代化的关系方面，有“全盘西化论”、“儒学复兴论”、“西体中用论”、“返本开新说”，还有“创造性建设”、“创造性的转换”、“宏观继承”、“批判的继承与创造的发展”等提法，以张岱年的综合创新论影响最大。

现代新儒学研究的推进。1986年11月，“现代新儒学思潮研究”被确立为国家社会科学基金“七五”规划重点课题，1992年被列为“八五”规划重点课题。方克立和李锦全主持的课题组先后出版了《现代新儒家学案》3册，“现代新儒学研究丛书”(共 24 种),《现代新儒学研究论集》2 卷,课题组主要成员 20 余人遍布国内重点科研院校。方克立还主编了“现代新儒学辑要丛书”(共 15 册),黄克剑编著出版了《当代新儒家八大家集》。

新出土简帛文献的研究取得显著成绩。1993 年在湖北省荆门市出土了郭店楚简,其中有《老子》甲、乙、丙三组、《太一生水》等道家著作,《缁衣》、《五行》、《成之闻之》等儒家著作。大多数学者认同其年代介于孔子与孟子之间。1998 年文物出版社出版了包含照片和释文的《郭店楚墓竹简》。1994 年,上海博物馆又从香港和海外收集到 1200 余枚战国竹简,其中有不少儒家典籍的残篇,包括《周易》、《孔子诗论》、《情性论》、《缁衣》等 80 余种。此外,20 世纪 70 年代出土的山东临沂银雀山汉简、湖南长沙马王堆汉简与帛书、河北定州八角廊汉简。这些文献对于了解、把握先秦哲学的演化、变迁,提供了重要的原始资料,其中,关于孔门七十子、战国儒道等诸子百家的资料弥足珍贵,如《孔子诗论》就记载了不见于世传的孔子言论和一些不见于《诗经》的古诗。学者从文献考证、理论思考、思想源流的追溯、学派关系的辨析等方面开展研究,已经出版专著数十部。通过对出土文献的考察,关于先秦思想某些侧面的理解显得更为丰富,学派之间关系的复杂性也得到了详细探讨。

以《周易》为代表的经学研究。1984 年,在武汉大学举办了“中国周易学术讨论会”,与会的 200 余名学者来自十几个国家和地区。周易研究肇源于 80 年代的“文化热”思潮,在 90 年代形成高潮,成立了一级学会“中国周易学会”,创办了核心期刊《周易研究》,此外还成立了“国际易学联合会”。除去周易与预测学、命相、风水等非学术研究内容来看,取得的重要成果有朱伯崑的《易学哲学史》,该书把经学作为中国哲学思维发展的本来途径,开辟了哲学史与经学史研究结合的新途径。此外,礼学、四书学的研究逐步成为热点。

关于儒家与宗教的关系,任继愈率先提出了“儒教是宗教”的命题,李申秉承师说并出版《中国儒教史》加以论证。

关于道家与道教研究包括:老子、庄子、列子、文子、稷下道家、战国与汉代黄老道家及《淮南子》的文本诠释与哲学解读,竹简本、帛书本与传世本《老子》、《文子》研究,马王堆帛书《黄帝四经》研究等,尤其是关于道家形上学、自然哲学、修养论与政治哲学的研究不断深化。道教各教派、道教全史及断代史或著名人物的系统研究逐步展开。魏晋玄学、全真道教等引起人们的普遍关注,学者还从学科交叉和实际应用的层面上展开研究。1996 年由中国道教协会,中国社会科学院道家道教研究中心和华夏出版社共同发起编修的《中华道藏》,被列为“十五国家重点出版规划项目”。

对于佛教研究，1982年由任继愈担任负责人的《中华大藏经》出版工程启动，于1994年年底编纂完成，共收经籍1939种，分106册。这一时期，有关中国佛教及其重要流派（如唯识、天台、华严、禅、三论、净土等）的通史或断代史研究、有关佛教重要思想人物的研究、佛教经典及诠释史、佛教哲学理论与组织制度、中印佛学比较、佛教中国化过程、佛教人生哲学与伦理学、佛学与中国文化及现代生活世界的关系研究都取得了相关成果。

关于宋明理学研究，学者广泛论及宋明理学的范畴、哲学体系、理论特色、学术人物与学术群体、地域、派别、师承谱系和学术流变等，此外还从历史角度探讨宋元明学术与理学的关系，宋学与汉学和清学的关系，以及宋明理学与社会政事、教育师道的关系，理学的民间化及其与书院史、乡约的关系，宋明理学与佛家、道家、经史文学、科学、商业、社会、政治、法律等的相互联系多重视角展开研究，宋明理学在朝鲜、日本、越南等东亚国家或地区的影响及当地朱子学、阳明学及其后学的复杂性等，都已成为重要的考察对象。

中国哲学合法性也是研究热点之一。“哲学”学科的设立源于了解西方学术和引进西方教育体制的考虑，但中国古代的义理之学与西方哲学所讨论的问题及论述方式并不相同。因此，合法性问题与“哲学观”密不可分。围绕此主题，国内已经主办过多次专题讨论会，发表相关论文逾百篇。论题涉及：中国哲学有没有不同于西方哲学的哲学问题，中国哲学与西方哲学的论述方式的不同有何意义？如何了解中国哲学的形态和特性？如何理解和处理哲学史写作与中国传统思想的原生态之间的关系？全球化与后殖民主义话语背景下的中国哲学、中国思想文化的主体性等，进而延伸至对什么是“中国哲学”，什么是“哲学”的追问。多数学者认为“哲学”一词不应当是西方传统的特殊意义上的专有概念，而应当是世界多元文化中富有包容性的普遍概念。

研究性大型学术文化丛书的编写出版。儒佛道藏等经典的资料整理工作深入展开，重要哲学家的全集、资料长编、年谱、学案等陆续整理出版。张岱年主编了《国学丛书》，匡亚明主编了《中国思想家评传丛书》。北京大学哲学系中国哲学教研室整理出《中国哲学史教学参考资料（上、下）》，方克立等人整理出《中国哲学史论文索引》，辛冠洁、蒙登进等主编的《中国古代著名哲学家评传》及续编、《中国近代著名哲学家评传》等，这些均产生了广泛影响。李宗桂主编的《大思想家与中国文化》丛书，是国家“八五”、“九五”重点出版图书，人民出版社出版了《中国大哲学家研究系列》。贵州人民出版社推出“中国历代名著全译丛书”（50种），被列为中国古籍整理出版十年规划和“八五”计划重点书目。此外。学界还编写一些辞书，除《中国大百科全书·哲学》外，其他还有《哲学百科小辞典》、《中外哲学人物辞典》、《中国哲学大辞典》、《20世纪中国哲学著作大辞典》、《二十世纪中国哲学》、《东西方哲学大辞典》。一些专业集刊成为发表高质量成果的主要发表园地，如1979年创刊《中国哲学》、《道家文化研究》等。

2. 学科发展的新进展

1978年中国恢复了研究生招考制度，1980年中国颁布了学位制度，这为中国哲学学科奠定了良好的发展基础，提供了牢固的制度保证。学位制度对促进青年学人接受系统专业的训练，迅速进入学科前沿具有重要作用。博士学位论文注意收集研究资料和学术文献，注重开辟新的研究课题，重视学术规范，强调专深研究，促进了研究的专业化的发展，由学位论文改写的专著已经成为研究成果的重要组成部分，专著数量大大增加。冯友兰、张岱年、朱伯崑、汤一介、侯外庐、任继愈、王明、石峻、冯契、孙叔平、萧萐父等对中国哲学队伍的成长作出了重要贡献。

冯友兰重新撰成的7册《中国哲学史新编》是他独立完成的第三部中国哲学通史。《中国哲学史新编》运用唯物史观，联系每一时代的政治、经济背景来讲哲学史，一直写到现代，写了蔡元培、胡适之、陈独秀、梁漱溟、金岳霖等。20世纪40年代末期他用英文写作的《中国哲学简史》也翻译出版。冯友兰还出版了中国哲学史史料学的奠基之作《中国哲学史史料学初稿》，张岱年先后推出了《中国哲学发微》、《中国哲学史史料学》、《中国哲学史方法论发凡》、《玄儒评林》、《中国古典哲学范畴要论》等著作，刘建国出版了《中国哲学史史料学概论》，侯外庐主编了《中国近代哲学史》和《宋明理学史》上下卷。任继愈主编的《中国哲学发展史》7卷本，是一部大型的中国哲学通史性著作，把中国哲学史看作中华民族的认识史，注重中国哲学发展的轮廓和轨迹的描述与分析，着眼于中国哲学逻辑的发展过程，由他主编的《中国佛教史》和《中国道教史》也影响广泛。冯契撰写的3卷本《中国古代哲学的逻辑发展》和《中国近代哲学的革命进程》体现了“哲学是哲学史的总结，哲学史是哲学的展开”的观点，对其哲学史研究方法和中国古代哲学思维历史发展的逻辑演变做了论证。冯契主编的《中国历代哲学文选》上下册（1991），石峻主编的《英汉对照中国哲学名著选读》，王明的《道家和道教思想研究》（1984），李泽厚的《中国古代思想史论》、《中国近代思想史论》和《中国现代思想史论》，孙叔平的《中国哲学史稿》上下册，萧萐父和李锦全主编的《中国哲学史》上下册等都为中国哲学史研究做出了贡献。

三、西方哲学研究

在 17 世纪明末清初以来“西学东渐”的整个进程中，西方文化对中国的影响，经由器物之变到制度之变最终进入观念文化、哲学层面，大致经历了三个历史时期：明末清初的中西文化的碰撞、清末民初的中西对话和从五四运动至今的中西文化融合。在第一次西学东渐时期，西方哲学只是西学在中国的传播的一小部分，中西融合的成果也十分有限。尽管如此，中国人开始接触了西方以逻辑为核心的理性思维。在第二次西学东渐时期，先进的思想家无论是洋务派、维新派，还是革命派都以启蒙反对封建专制主义和弥补中国文化的先天缺陷，梁启超和严复等人是推动这次浪潮的杰出代表。第三次西学东渐的高潮发生于五四运动至 20 世纪 40 年代的中西哲学之融合和马克思主义在中国由传播走向胜利的年代。这个时期的中西哲学和文化的会通融合达到前所未有的高度，尝试用西方理性分析方法去探索和研究中国的哲学问题，取得的成果既深刻又富有创造性。

回顾西学东渐的百年历史，中国的知识分子始终是怀着强烈的文化自觉意识，有针对性和选择性地将西方哲学引进来，西方哲学不仅被中国人以自己的思维方式、价值旨趣、学术立场和表达方式所影响和改造，而且西方哲学也影响和改造着中国的传统哲学，这对于推进马、中、西哲学的对话融通与开拓中国哲学发展繁荣的新局面具有至关重要的意义。

（一）从戊戌维新运动到五四新文化运动之前的启蒙介绍时期

在维新变法和辛亥革命起义的推动下，在逐步兴起的思想解放运动的浪潮中，从译书机构的创立、近代期刊和报纸的出现、新型学堂的建立到留学风潮的兴起，从物质条件到人才培养，从资料的搜集到论著的发表都为西方哲学全面东渐做好了准备，以启蒙为宗旨西方哲学开始进入中国。

从 19 世纪末开始，立足社会变革的现实需要，以严复、梁启超、王国维、蔡元培、马君武等为主要代表的一批哲学社会科学翻译家第一次把科学方法论和西方社会科学理论介绍到中国，主要特点是宣传维新，改良政治，反对传统风俗习惯，推动了我国资产阶级民主革命的发展，在中国近代翻译史上开创了新纪元。其中传播进化论的作品，包括严复的《天演论》，实际上是对原著的改写与再创作。严复的这部译著鲜明而突出地介绍了达尔文的进化论，阐明了时代的一个中心问题：中国如能顺应“天演”的规律进行维新变法，就会由弱变强，否则将亡国而被淘汰。除此还有梁启超的《天演论初祖达尔文之学说及传略》等。这一时期，专题性的研究文章屈指可数，例如在20世纪初到20世纪20年代，关于康德、黑格尔哲学的专题文章只有三篇。以影响而论，微乎其微，直到20年代，中国人还普遍地不知道国外有黑格尔；以学术价值而论，这些文章虽或多或少地有一些中肯的见解，但与此同时，或失之偏颇，或不乏纰缪，或以中国哲学、佛学去牵强附会西方哲学，真伪间杂，泥沙俱下。由于语言上的障碍，科学文化背景方面的差异，加之中国传统思想的束缚，在旧中国对西方哲学史的研究走着非常曲折的道路。值得一提的是，在这些思想家介绍、翻译和传播西方哲学的过程中，已有明显的“中学为体、西学为用”的主体意识。

总体来说，在19世纪90年代至20世纪初的维新运动—辛亥革命时期，西方哲学传入中国是适应中国社会走出封建社会，迈向现代化的需要发生的，是与中国社会的进步事业连在一起的。在这一阶段，西方近代哲学的主要思潮，如经验论哲学和大陆理性主义哲学等，都已经传播与介绍到中国。但这一阶段中国知识分子的觉醒主要是政治制度的变革，对西方哲学的传播与研究尚处在浅层次的阶段上，整个中国学术界对西方哲学的理解还比较肤浅，虽有一定的积极意义，但作用终究有限。这种局面，直到五四运动时才有了改变。

（二）五四运动至20世纪40年代，引介与自创并举期

从五四运动开始，各种西方哲学思想和思潮纷纷引进，特别是大力引进了马克思主义哲学思想，形成了中西哲学之融合的西学东渐的第三次高潮。五四运动提倡科学与民主以克服封建文化传统的阻力，使得引进西方哲学成为向西方学习的主要内容。这个时期是中华民族生死存亡的年代，广大知识分子通过大量刊载西方各种哲学派别的原著节选或文章，把西方哲学引进来，使得这个时期的中西文化，尤其在西方哲学上达到前所未有的会通融合。因而，从20年代开始，专题性的研究文章明显增多，已不局限于对个别思想家的介绍，涌现出许多对某一历史阶段或某一思想学派的整体性研究，从古希腊哲学到德国古典哲学，特别是包括马克思主义哲学在内的现代西方哲学流派研究均有涉猎，突出了对科学知识的追求和人的个性解放的高扬。至20世纪40年代末，关于培根、笛卡儿哲学的文章各有10余篇，关于亚里士多德、斯宾诺莎、休谟、卢梭哲学的文章各有10余篇，关于柏拉图哲学的文章有30余篇，关于康德、黑格尔哲学的文章各有70余篇。康德、黑格尔、罗素等人的一些著作陆续被翻译过来，这些都促进了中国人对西方哲学的深入了解。

1. 来华讲学的西方哲学家及活动

第一，杜威来华及其影响。实用主义是现代西方哲学中的一个重要流派，早在新文化运动之前，实用主义已在中国传播，只是在思想界并没有掀起大的波澜。1919 年 5 月杜威应邀来到中国讲学，他在中国共住了 2 年 2 个月，演讲遍布十几个省市，胡适陪同并翻译。杜威全面地在中国传播了西方文化与哲学，特别是系统地阐明了实用主义哲学、政治学、教育学与伦理学的观点，受到当时中国知识界一部分人的欢迎，反映了他们对西方科学、民主等价值理想与伦理精神的追求。

第二，罗素来华及其分析哲学的传播。罗素是一位具有世界性影响的著名哲学家。1920 年 9 月，罗素应邀抵达上海，开始了他在中国 8 个多月的讲学活动。演讲报告不仅系统地阐明了由罗素开创的分析哲学理论与学说，还通俗地介绍了当时欧洲的一些新兴的科学理论，如爱因斯坦的相对论与各种社会思潮。其中最重要的是在北京的五大系列讲座，即："哲学问题"、"心的分析"、"物的分析"、"数学逻辑"与"社会结构学"，演讲内容强调了科学方法即逻辑分析法在哲学领域中的运用。

第三，杜里舒（Hans Driesch 1867～1941）来华及其生机哲学的传播。在杜威和罗素离开中国后不久，1922 年 10 月德国的生机哲学家杜里舒来华讲学。演说的内容除了宣传康德哲学之外，主要是系统介绍和论述他的生机论哲学体系。

无论在讲学时间还是在影响范围方面，杜威、罗素、杜里舒等西方哲学家的思想在 20 世纪中国哲学发展史上都是值得深入思考的。

2. 现代西方哲学的深入翻译传播

五四运动以来，中国开始仿照西方的大学模式在大学里建立哲学系，哲学作为一门学科或专业置入大学体系之中，大批留学生学成回国从事教学研究工作，使得西方哲学的传播进入了中国高等学府的课堂。从这个时期起，中国开始产生了职业哲学家，一批既有国学功底、又在西方留学的名家开始担任大学的哲学教授，如胡适、张君劢、张颐、金岳霖、冯友兰、贺麟、牟宗三等。20 年代国内大学陆续建立了哲学系，最早是 1912 年北京大学哲学门的创立，陆续开设了西洋哲学史课程。这一时期纷纷创办哲学专业刊物与成立哲学学术团体，大量出版西方哲学理论著作。1927 年《哲学评论》创刊，这是中国第一本专门性质的哲学刊物；1935 年 4 月中国哲学会成立，开始有组织地从事哲学理论和中西哲学史的研究；1941 年，中国哲学会西洋哲学名著编译委员会成立，国内对西方哲学的翻译有了更多的出版机会。西方哲学理论著作翻译有了较大的发展，主要集中于西方有影响的哲学家的经典著作上，翻译了罗素、杜威、柏格森、杜里舒、康德、尼采等哲学家的主要著作。

(1) 英法近代哲学翻译传播

20世纪30年代是中国大规模地引进现代西方哲学的重要时期。哲学界认为，现代西方文明是由崇尚“理性、自由”的近代西方主体性哲学发展而来的，不了解近代西方文明的兴起及其在观念上的变化，难以真正把握现代西方文明及其在哲学上提出的种种学说。这一时期研究者提出了既要学习西方近代的主体性哲学，又要避免这种哲学所带来的形而上学抽象性的主张。在这种历史要求的推动下，翻译介绍英法资产阶级革命时期的哲学被提上议事日程。相继出版了刘伯明的《近代西洋哲学史大纲》，英国木尔兹的《十九世纪欧洲思想史》，德国韦柏的《西洋哲学史》，全增嘏的《西洋哲学小史》等一批介绍与翻译英法近代哲学史著作。

(2) 关于黑格尔哲学的翻译传播

对于黑格尔哲学的翻译与传播，在中国比在西方英语世界国家及日本要晚得多。20世纪初，梁启超、马君武曾对黑格尔思想做过零星介绍，但一直未见黑格尔哲学原著的中译本。30年代情况发生了较大的变化，中译本开始出版，张颐与贺麟都是翻译和传播黑格尔哲学的先驱。张颐撰写的《黑氏伦理研究》是中国学者早期研究黑格尔的重要成果。此稿于1925年由商务印书馆正式出版。贺麟重视翻译工作，他一方面自己深入地探讨，同时在学术讨论中注意收集改进意见。他对康德、黑格尔哲学，尤其是黑格尔原著的翻译介绍做出了巨大的贡献。

(3) 现代西方哲学的翻译和研究

30年代以后，对现代西方哲学的翻译进入了全面吸收和整理时期，比较注重学习现代西方哲学的具体性和现实性。到了40年代，维也纳学派的学说由洪谦全面地传播到中国，1945年5月由商务印书馆出版了题名为《维也纳学派哲学》的著作。

总体来看，从五四运动至20世纪40年代，是西方哲学在中国传播的第二个阶段。这个阶段的特点是既介绍与引进西方哲学，又立足于中国哲学的“自创”，呈现出中西哲学融合的趋势。这一时期对西方哲学著作翻译的深度和广度都是空前的，西方哲学东渐的繁荣也促进了西方哲学的研究向学术化的趋势发展，对西方哲学的学理性研究开始加强，与海外的学术交流不断增加。所以，这个时期对西方哲学的学习和研究是全方位的，对西方哲学的主要领域均有涉及。同时，一些中国哲学家结合中国的文化特点和社会现实，开始创立与建构自己的哲学思想体系，力图开创一条新哲学、新文化的思路，使得中国哲学呈现出前所未有的希望。这一时期哲学思想非常活跃，呈现出多种哲学流派与风格。马克思主义哲学也是在这个时期传入中国的，正是马克思主义与中国的具体实践相结合才使得社会主义革命在中国获得全面胜利。客观地说，这个时期所选择的哲学发展道路是正确的。

（三）新中国成立到改革开放前西方哲学发展滞缓的30年

新中国成立后，尤其是在1957年之后，中国的西方哲学研究走了曲折发展的道路。对于西方哲学研究采取简单批判和否定的态度，这直接影响了中国哲学吸收和借鉴世界哲学的优秀成果，也直接影响了中国哲学自身的发展。后来由于“左”的错误的影响和“文化大革命”的发生，西方哲学研究处于停滞或半停滞状态。当时研究关注的对象主要是德国古典哲学，以及古希腊哲学、法国唯物主义哲学，尤其是黑格尔哲学和费尔巴哈哲学，原因在于它们构成马克思主义哲学的理论来源。同时，翻译、宣传和学习马克思主义的出版物占绝对多数。

1. 新中国成立初期的西方哲学翻译和研究（1949～1955）

新中国成立以后，中国与西方世界处于尖锐的政治对立之中。在此背景下，哲学作为意识形态的组成部分和思想理论的集中概括，为无产阶级政治和马克思主义理论需求服务。政府和文化教育管理部门加强了西方哲学工作的统一领导，号召和组织西方哲学研究工作者参加思想改造运动，系统学习马克思主义哲学，批判西方哲学中的唯心主义理论，普及辩证唯物主义和历史唯物主义知识。与新中国成立前相比外国哲学翻译发生了很大变化，译自苏联的读物居主流地位。同时，其他国家批判西方哲学流派的著作也相继在中国翻译出版。

2. 有组织、有计划地翻译哲学社会科学著作和进行哲学研究（1956～1966）

新中国成立初期，西方哲学研究的工作重点在于创建科研机构、搜集资料等基础性工作。中国科学院哲学研究所成立了以贺麟为组长的西方哲学史研究组，创办了《哲学研究》和《哲学译丛》，《红旗》杂志社创办《学习译丛》、上海创办《译文》杂志，着重翻译西方哲学界探讨马克思主义原理和评论西方哲学的论文。1963年，商务印书馆广泛征求中国科学院哲学社会科学部各研究所和各综合大学的教师、研究人员的建议，拟订了《翻译和出版外国哲学社会科学重要著作十年规划（1963—1972）》。把16～19世纪上半叶西方资本主义国家的重要学术著作，特别是马克思主义三个来源即德国古典哲学、英国政治经济学和法国空想社会主义三个方面的著作定为规划重点，力争提前译好出齐。1956～1966年是踏踏实实进行哲学社会科学理论翻译的10年，尽管这其间由于政治运动受到了冲击，但总的来说，出版社都认真执行了规划，经学者的共同努力，翻译成果十分显著，翻译西方哲学著作达129种之多。

这一时期，比较重视德国古典哲学和法国唯物主义哲学研究。同时，为了给大学哲学系提供教学资料，60年代初，北京大学的任华受教育部委托，参加全国高校统编教材工作，任《西方哲学史》一书主编。在60年代商务印书馆出版了中国社会科学院哲学研究所西方哲学史组编的《现代外国资产阶级哲学资料选辑》和北京大学哲学系外国哲学史教研室编译的《西方古典哲学原著选辑》，在相当一段时间里成为中国学者了解西方哲学的重要资料来源，为开展西方古典哲学研究奠定了基础。至于马克思主义产生以后的现代西方哲学，都被简单归结为与马克思主义哲学根本对立的反动哲学，对它们的研究就更加困难了。尽管北京大学哲学系集中了全国研究现代西方哲学的著名专家，但却无法开设现代西方哲学课程。当时全国各哲学系中只有复旦大学较系统地开设了这门课程，但不得不用“现代外国资产阶级哲学批判”的名义。

3. 空白期（1967～1976）

到了“文化大革命”，对西方古典哲学的研究范围步步收缩。起初，有的专家不得不弃撰著而退求翻译；后来连翻译也难以为继了。从1967年到1976年，以“批判资料”、“资产阶级哲学论著选集”为名有选择地翻译一些西方哲学著作。这个时期，有关西方哲学的研究基本是空白。据统计，到1974年前后，只有6种出版。所以，“文化大革命”结束后，研究西方哲学的学者们要求拨乱反正的呼声相当高。

在此期间，由于政治与意识形态的原因，中国哲学界中断了与西方哲学的交往。这时候，只有少许的德国古典哲学，如黑格尔的哲学思想，由于被视为马克思主义哲学的理论来源容许在大学讲授之外，其他任何西方哲学思想与学派的研究均遭到忽视，更没有得到应有的重视。

（四）改革开放以来西方哲学翻译研究的繁荣时期

1978年改革开放序幕拉开，在此背景下，西方哲学翻译和研究进入繁荣期，介绍与传播西学新知又成为学术界的亮点，中国迎来了西方哲学研究的高潮。1978年在安徽芜湖召开的西方哲学史研究会，为西方哲学史的研究奠定了良好的政治基础和学术氛围。芜湖会议在当代中国西方哲学研究史上具有里程碑的意义，它是中国西方哲学研究解放思想，打破教条主义束缚，走上健康发展道路的一个重要标志。

会议在强调德国古典哲学是马克思主义的直接理论来源之一的同时提出要全面系统地研究西方哲学史，批评了在西方哲学史中简单“贴标签”和“扣帽子”的作风。从此西方哲学史的研究步入了一个新的阶段。其特点可以概括为：由浅入深、由泛到专、由普及介绍到比较研究和重点研究的发展阶段。为了更好地开展原来几乎是空白的现代西方哲学研究，1979年11月17日在山西太原召开了全国西方哲学讨论会，会议不仅肯定了学习和研究现代西方哲学的意义，还为这方面的研究制定了规划，并在各主要单位和人员之间进行适当分工。

值得指出的是：在改革开放的大背景和高校哲学系广大教师的建议下，国家教育部正式确定现代西方哲学为大学哲学专业的主干课程之一，并委托北京大学、复旦大学和南京大学等多家单位于1979～1980年分别在保定、上海和南京举办现代西方哲学教师讲习班；还指定由复旦大学和南京大学牵头编写现代西方哲学教材，为课程的开设做了重要准备。

1.80年代初期的拨乱反正后的起步阶段

从20世纪80年代起，随着中国西哲界对西方哲学的基本理论和哲学史观的认识逐步深入，西方哲学的研究和教学发生了深刻变化。首要的成就是恢复和开展西方哲学的科研教学工作，1977年中国社会科学院成立后，哲学研究所恢复西方哲学史研究室和现代外国哲学研究室的工作，《哲学研究》和《哲学译丛》复刊，北京大学、中国人民大学、复旦大学、武汉大学等高校也重建西方哲学史研究室，开设西方哲学史和现代西方哲学课程。芜湖会议后，“中华外国哲学史学会”和“中国现代外国哲学学会”相继成立，每年召开一次或数次全国性的专题研讨会，推动了西方哲学领域的学术研究走向理论化、专业化和学科化。

80年代初期，西方哲学史研究虽然还处于拨乱反正后的起步阶段，但一些重要工作已开始进行。就马克思主义以前的西方哲学史说，“文化大革命”以前各大学哲学系这方面的教学和研究有时虽受干扰，但一直没有中断，各校都有较完整的讲义，对一些重要哲学家的研究也已有较好基础。“文化大革命”结束以后，不仅恢复了教学，而且大都有条件进一步推出正式的教材或专著。现代西方哲学的教学和研究由于原有基础较薄弱，不得不从编译资料和初步的介绍开始。中国社会科学院哲学研究所现代外国哲学组编译的四辑《当代美国资产阶级哲学资料》、北京大学外国哲学研究所编译的《外国哲学资料》当时应用得最广。杜任之主编的《现代西方著名哲学家述评》论述较为全面，增进了学界对现代西方哲学的了解。在60年代初，复旦大学全增嘏就曾开设“现代西方资产阶级哲学”课程，后由刘放桐继续担任，并有相对完整的讲义，因此在1981年得以出版《现代西方哲学》教材，这是新中国成立后中国学者编写的第一部较系统的现代西方哲学教材，在国内该学科尚无其他较系统的教材可供参考的情况下，它满足了广大读者的需要，特别是高校开设本学科课程的需要，由此受到较大欢迎。此书于1990年和2000年分别出版了修订本和新编本，共发行了约30万册，对现代西方哲学知识的普及起了较好的促进作用。

在人才培养方面，从20世纪80年代初我国开始派出一批中青年学者以访问学者身份到欧美进修访问学习，其后又派出本科生或研究生到国外攻读硕士或博士学位，这些措施为培养专业的西方哲学教学与科研人才做出了积极贡献。这一时期，西方哲学研究者积极参与国际的学术交流和合作，1983年我国首次派代表团出席国际哲学团体联合会在加拿大蒙特利尔召开的第17届世界哲学大会，受到国际哲学界的重视，其后相继参加每5年召开一次的世界哲学大会。1988年，中英合作的暑期哲学学院成立，90年代后澳美加入暑期学习班，培养了一批批西方哲学研究的专门人才。

2. 80年代中期开启的相对繁荣时期

80年代中期起，中国的西方哲学的教学和研究进入了一个相对繁荣的时期。这首先表现在高校本学科的教学更加完善，教材建设形成高潮。1983年，复旦大学的全增嘏和武汉大学的陈修斋、杨祖陶率先分别出版了《西方哲学史》和《欧洲哲学史稿》；1985年，南开大学冒从虎等的《欧洲哲学通史》接连问世。这三部教材都曾被教育部评为优秀教材。同年，南京大学夏基松的《现代西方哲学教程》出版，由于其表述清晰，曾被不少学校采用，并与刘放桐的《现代西方哲学》一并获得国家教委优秀教材奖一等奖。在80年代后半期，现代西方哲学教材如雨后春笋般出现。尽管它们不见得都有明显的创新，但编者们至少对现代西方哲学做过较为系统和全面的梳理，而这也意味着现代西方哲学的教学和研究的队伍空前壮大了，为在这方面做出有价值的成果创造了有利条件。

20世纪80年代，西方哲学在以人物、思想、学派和断代史的研究方面都取得了丰硕的成果。最引人注目的成果是由汝信、王树人、余丽嫦主编的10卷本《西方著名哲学家评传》和《西方著名哲学家传略》率先出版。为中国的西方哲学研究搭建了一个平台，为以后开展更深入、更系统的研究提供了一个参照系。参与这两套大型著作写作的有全国各单位的上百位学者，是当时中国学习和研究西方哲学所完成的最重大工程。直至今天，不少学者和研究生仍然把这两套书当作学习西方哲学的入门读物和参考书。除此之外，对西方哲学的研究得到了全面恢复，大批高质量研究成果面世。不仅接续了此前百来年的积累，而且以从未有过的广度、深度和速度对西方哲学展开了全方位研究。西方哲学的每一历史时期、各个学派、众多人物以及思想的专门史研究不断深入。1982 年，洪谦主编的《逻辑经验主义》由商务印书馆出版。这一时期发表论文和出版著作数量是西方哲学东渐一百年成果总数的十倍之多。从 20 世纪 80 年代中后期开始，对现代西方哲学的现象学和存在主义的研究受到重视，形成了当时所谓西学研究中的“显学”。从 90 年代中期开始，随着后现代主义思潮在西方的崛起，我们开始了追踪研究。这些热点既是学术研究有了一定深度的体现，又是当时社会群体的心态反映。

3.20 世纪 90 年代繁荣以来的相对冷清阶段

这一时期，随着许多大学里增设哲学系或哲学专业以及国内外大批博士毕业生参与工作，从事西方哲学的教学和研究的人员继续有所增长，他们的研究水平更是普遍得到了提高，尽管研究成果的出版相对困难，研究论文的发表和专著出版受到了较多限制，但总的数量还是稳中有升，这种形势更有利于西方哲学这门学科研究的深入。因为 80 年代初期所谓的“尼采热”、“弗洛伊德热”和“萨特热”等仍带有许多盲目接受西方社会思潮的不成熟因素，甚至还有对西方社会思潮的某种曲解。进入 90 年代后，这种盲目崇拜的“热度”在逐渐减退，代之以更深层次的学术研究。90 年代之后，西方哲学的研究进入了一个泛专结合、以专为主的阶段。普及性介绍还在继续进行（例如赵敦华的《西方哲学史简史》和《现代西方哲学新编》，张汝伦的《现代西方哲学十五讲》在青年读者中都很受欢迎），但研究者们的主要注意力大多集中于专题研究和比较研究，研究深度明显得到加强。研究领域包括西方哲学史（古希腊哲学、中世纪哲学、近代经验论与唯理论、德国古典哲学）和现代外国哲学（现代西方哲学和俄罗斯哲学）。现代西方哲学主要围绕分析哲学和欧洲大陆哲学两大流派。俄罗斯哲学的研究包括苏联哲学和当今的俄罗斯哲学。

这个时期西方哲学研究的工作成效主要表现在几个“结合”上。

第一，是由西方哲学研究的特点所决定的翻译与研究相结合。翻译西方哲学原著是为西方哲学研究提供第一手资料，因而翻译是西方哲学研究的前提条件和基础；反过来，在此基础上展开的研究对翻译的质量和数量会提出新要求，尤其是在概念的把握和提炼、语句的表述和文风等方面，哲学著作都必须坚持自己的严谨性、精确性、规范性等特点。这一时期西方哲学著作的翻译是“文化大革命”前的数十倍，商务印书馆、人民出版社、生活·读书·新知三联书店和全国各地的地方出版社出版了大量的西方哲学著作。这些年，除了翻译一些单本的经典著作外，还出版了一些重要哲学家的全集或选集。

此外，对西方哲学界比较有名的哲学通史、国别哲学史和断代史著作的翻译也受到重视，其中，有些已经出版，有些正在翻译或出版中。这种大规模地翻译西方哲学著作是前所未有的，它对我们借鉴西方学者的研究成果，认识和把握西方哲学的本质及其内在发展脉络，更好地开展西方哲学的研究具有重要的基础意义。

第二，是与多年来在西方哲学专题研究方面所取得的进步相关联的，通史研究与专题研究相结合。20 世纪 80 年代和 90 年代，在宽松的学术环境下，我们对西方哲学的各个历史时期的主要流派、人物及其代表性著作都有一定程度的涉猎，尤其是对德国古典哲学、希腊哲学、经验论和唯理论哲学、现象学和存在主义、分析哲学和语言哲学、西方马克思主义哲学等，进行了比较深入的研究，出现了一大批具有较高学术价值的专著。在古希腊哲学方面 80 年代之后主要围绕着苏格拉底、巴门尼德、柏拉图和亚里士多德等哲学家的观点及其哲学属性等问题进行研究。特别需要提出的是汪子嵩、范明生、陈村富、姚介厚诸学者历经 27 年艰苦卓绝的努力完成的 4 卷本《希腊哲学史》，全书近 500 万字，是迄今为止全世界第二部多卷本希腊哲学史著作。这部著作是以中国学术视野对绵延一千多年的古希腊哲学进行断代史研究的鸿篇巨制，对于加强希腊哲学史的教学与研究、加强西方哲学史学科建设具有重要意义，同时也是中国学术研究走向世界、可与国际一流水平进行对话的优秀成果。与此同时，我们对现代西方哲学，不管是欧洲大陆哲学，还是英美分析哲学，以及新近出现的后现代哲学，都以前所未有的重视程度加强了研究，几乎与现代西方哲学的变化发展保持同步。

从 90 年代后期开始，作为通史意义上的西方哲学史研究著作蓬勃涌现。其中在 2005 年，由叶秀山、王树人主持的中国社会科学院重点课题《西方哲学史》(共分 8 卷 11 册，近 600 万字）全部完稿并出版，实现了学界的夙愿。这是一部具有精神内涵的“哲学史”，这部著作着力突出了“中国学术特色”，并结合对国外学术界最新研究成果的理解，重视对哲学原著的阅读、理解和研究。复旦大学刘放桐、俞吾金主编的 10 卷本《西方哲学通史》（近 600 万字）是国家社会科学基金和教育部重点课题，从 2005 年起陆续出版了 9 卷。除了以经典原著为基础外，这套书力图打破国内外原有哲学通史的框架，并加大现代部分，将其与马克思主义哲学结合起来。这些著作虽出版于 21 世纪，但主要研究工作是在 20 世纪开始和进行的。

第三，西方哲学的研究与马克思主义哲学研究相结合。马克思的哲学产生在西方，以西方哲学、特别是德国古典哲学为重要理论来源。马克思主义哲学与现代西方哲学处于同一历史时代，具有共同的科学和文化背景，因此，尽管两者作为不同性质的哲学存在原则区别，但共同的时代背景又使两者必然存在重要的共同之处。因此现代西方哲学研究必须与马克思主义哲学研究结合起来。中国是一个把马克思主义当作一切事业的指导思想的社会主义国家，西方哲学研究以往遇到的困难和遭受的挫折，根本原因在于未能如实理解西方哲学与马克思主义哲学的关系，以及正确处理两者的关系。因此在新时期研究西方哲学要更加注意与研究马克思主义哲学结合起来。北京大学的朱德生、复旦大学的刘放桐在这方面做了较多的工作。刘放桐在 1997 年发表的《西方哲学的近现代转型与马克思主义哲学和当代中国哲学的发展道路》中提出：西方哲学从近代到现代的转化标志着西方哲学进入到了一个新的发展阶段，马克思主义哲学与现代西方哲学存在着原则区别，但在超越近代哲学的一系列局限性上有着重要的共同之处。与此同时，中国社会科学院的谢地坤、北京大学的赵敦华等西方哲学功底深厚的专家提出，中国的西方哲学研究承担着沟通马克思主义哲学与西方哲学的任务。为此，中国的西方哲学研究应在马克思主义指导下，进一步拓展马克思主义哲学的视野，既把马克思主义哲学放在西方古典哲学背景中来理解，也放在与现当代西方哲学、特别是西方马克思主义哲学的对话中来考察，使马克思主义哲学与西方哲学保持沟通与张力。许多马克思主义哲学家、特别是中青年专家也非常重视对西方哲学、尤其是现代西方哲学的研究，由此开阔了他们的眼界，提出许多有创意的观点。在一批中青年马克思主义哲学家的论著中，可以看到在坚持马克思主义原则立场的同时善于吸取西方哲学的积极成果。以往国内马克思主义研究中很少有人涉及文化哲学和价值哲学，而在现代西方哲学中有大量这方面的研究，近些年来一些马克思主义哲学家借鉴国外研究的成果，加强了这方面的研究。在马克思主义理论研究和建设工程重点教材《马克思主义哲学》一书中就设立了“文化在社会发展中的作用”和“价值和价值观”的专章。总的来说，关于这两种哲学的比较研究中的许多具体观点在哲学界尚有争议，但对于这种比较研究本身的重要性则是绝大多数人都认可的。值得一提的是：在全国高校哲学学科教学指导委员会的赞许下，2000 年 7 月在上海举行马克思主义哲学和现代西方哲学对话会，高校的这两个学科的主要专家大都参加了这次会议，并就这两种哲学的比较研究的一些重要问题取得共识。

第四，西方哲学的研究与中国传统哲学研究相结合。西方哲学的研究不只是为了还原西方哲学的本来面貌，更是要将其改造成符合中国人需要的中国化的西方哲学，主动地把西学研究与中国的文化、国情、现实结合起来，把中国视野和世界眼光有机地统一起来。在面对西方哲学这个异质文化的时候，学界经历了从最初的近似崇拜的接受、到新中国成立以后的意识形态的批判，再到如今的辨证看待及其相互融通的过程，体现了我们以主动的方式审视西方哲学的过程。在对待西方哲学与中国传统哲学之间的关系问题上，既不能“言必称希腊”、要求全盘西化，也不能一味地推崇所谓的“国学”而食古不化。其实这两种立场都是缺乏文化自信的表现，都可以归入文化保守主义的阵营。相反，应提倡以一种开放的文化批判主义的态度实现西方哲学与中国传统哲学的结合。对此，前辈们是有深刻认识的。王国维在20世纪初就提出“学无中西”的观念。李大钊则明确地说，东西文化各有所长，缺一不可，世界文明的今后发展将是两者互相融通，合为一体。冯友兰、金岳霖、熊十力、贺麟等，都是克服了这种非此即彼的两极模式，尝试用所把握的西方理性思维去探索、研究中国哲学问题，力图开创一条新哲学、新文化的理路，从而使得中国哲学呈现出前所未有的希望。

自西方工业革命以来各种文化的相互碰撞和交融已然成为不可回避的趋势，没有必要在全盘西化和食古不化的两极之间做出非此即彼的选择，与其摇摆不定，莫衷一是，不如主动地尝试将中华文明与西方文明结合在一起，敢于吸收世界上一切先进文化，并适应中国的和时代的要求，化为己有，使中国文化与世界文化接轨，把进入中国的西方哲学看作是中国文化建设的组成部分，对自己的文化自觉地加以批判和改造，走文化交流和融通的道路。这既是对外来文化的理论自觉，也是中华民族复兴的文化软实力的诉求。

四、东方哲学研究

东方哲学中的“东方”主要指中国、印度、日本、韩国、伊朗（波斯）等国家，也包括越南等东南亚国家和古埃及等西亚北非国家。虽然东方哲学内部自古以来相互影响、交流不断，但与“西方哲学”拥有较为统一的概念体系和历史传统相比，东方哲学并不成为一个哲学整体，而是东方国家（文化）各自独立的思想学说的统称。

在中国，现代意义上的东方哲学研究发端于20世纪初，而其从一开始就与中国特殊的社会政治、学术环境以及研究特色等相适应，即将“中国哲学”独立出去，主要关注印度、日本、韩国以及伊斯兰国家的哲学。所以，一般谈及中国的东方哲学研究主要指有关印度哲学、日本哲学、韩国哲学和伊斯兰哲学的研究。

新中国成立时，我国只在北京大学等一二所大学哲学系设置若干东方哲学专业(如印度哲学、日本哲学、伊斯兰哲学)，在有限的范围内进行一些基础研究。1958年，北京大学哲学系创办东方哲学教研室，开设印度、日本、伊斯兰哲学史等课程。

"文化大革命"期间，东方哲学与其他学科一样，教学、研究工作陷于中断，直到70年代末才重新开展起来。1984年，中国社会科学院哲学研究所成立了东方哲学研究室。1985年，北京大学哲学系恢复东方哲学教研室。其后，中国社会科学院南亚研究所和世界宗教研究所以及四川大学哲学系、山东大学哲学研究中心、延边大学朝鲜问题研究所等学术机构相继把东方哲学中的一个或几个分支列为研究对象。20世纪90年代，由于哲学各二级学科的重新整合，上述大学的东方哲学被合并到外国哲学或者宗教学之中，高校不再设置专门的东方哲学研究室，而至今仍保留的中国社会科学院哲学研究所东方哲学研究室成了国内唯一的东方哲学研究基地。

由于东方哲学内部各分支相对独立，下文将按照印度哲学、日本哲学、韩国哲学、伊斯兰哲学来分别叙述东方哲学在20世纪中国的研究发展历程。

（一）印度哲学

印度哲学历史悠久、思想深邃，一直以来是东方哲学的主体。但在20世纪之前，无论是中国还是日本等国，由于佛教的兴盛，都把印度哲学作为研究佛教的辅助学科来对待。到1917年，梁漱溟在蔡元培的积极支持下在北京大学首开印度哲学课程，这既标志着我国正式开始了对印度哲学的学术研究，也标志着东方哲学研究在中国的兴起。

梁漱溟在1918年出版了专著《印度哲学概论》，继而又出版了《东西文化及其哲学》。其后，有关印度哲学尤其是印度佛教学的著述不断产生，如黄忏华著《印度哲学史纲》、熊十力著《新唯识论》。汤用彤擅长佛学与印度哲学，出版多部论著，其主要的印度哲学研究著作为《印度哲学史略》。

总体而言，20世纪前半叶中国的印度哲学研究仍然还是以印度佛学为主，印度佛学研究在支那内学院和汉藏教理院的推动下取得了辉煌的成就。但中国学者对佛教以外的印度其他宗教哲学思想的研究，起步却较晚，成果也寥寥。而且由于政治上的原因，20世纪50～70年代是印度哲学研究的低谷时期，成果极少。直到70年代末80年代初，印度哲学才真正迎来了开展全面研究的春天，涌现出一批优秀的专著、译著和数量可观的学术论文。

吕澂的《印度佛学说源流略讲》是第一本系统论述印度佛教史的著作，该书依据汉、藏、梵、巴利等文献，对印度佛学的传译、典籍、师说、宗派、思想渊源等都作了全面系统的解说，开启了中国印度佛学研究的新时代。黄心川的《印度近代哲学家辨喜研究》则发端了中国学者研究印度近现代哲学。

20世纪80年代，徐梵澄的《五十奥义书》和张保胜的《薄伽梵歌》是翻译印度哲学梵文原典的代表作。徐梵澄多年潜心研究和翻译奥义书，1957 年曾在印度出版了汉译本《伊莎奥义》和《由谁奥义》，1984 年是中国第一次出版汉译奥义书，具有里程碑意义。张保胜则根据北京民族图书馆收藏的《薄伽梵歌》梵文写本（第 182 号）进行翻译，同时参照了提拉克、奥罗宾多和拉达克里希南三位印度近代哲学家校勘的梵本，极具学术价值。

80 年代有关印度哲学的论著颇丰，主要有季羡林的《中印文化关系史论文集》和金克木的《印度文化论集》，两书中收录的印度哲学论文是两位学者致力于印度哲学研究的经典作品。方广锠的《印度文化概论》一书对印度公元 13 世纪以前的文化及印度文化在古代世界的传播做了概要论述，重点探讨了印度的宗教哲学。黄心川的《印度哲学史》，将梵文文献与汉传印度哲学史料作对比，全面论述了印度哲学的发展状况，在重点研究古印度认识论的基础上，涵盖了印度哲学的所有部分，系统论述了印度整个古代和中世纪的哲学史。黄心川的《印度近现代哲学》，是《印度哲学史》的续编，论述了从 19 世纪初到 20 世纪中叶的印度主要哲学家和思想潮流。杨曾文的《佛教的起源》一书以汉译佛经《四阿含》为原始资料，考察了印度原始佛教和部派佛教的情况。

同时期，中国学者还翻译了不少国外有关印度哲学研究的专著，如黄宝生、郭良鋆译，印度学者恰托巴底亚耶著《印度哲学》；李荣熙译，英国学者查尔斯·埃利奥特著《印度教与佛教史纲》；王世安译，英国学者渥德尔著《印度佛教史》；以及张建木从藏文翻译的多罗那他著《印度佛教史》；杨曾文、姚长寿从日文翻译的佐佐木教悟著《印度佛教史概说》等。

此外，80 年代还有一系列学术论文发表，如高杨的《论早期胜论派的学说》比较了胜论派的主要经典《胜论经》与玄奘译的《胜宗十句义论》的异同。巫白慧的《印度古代辩证思维》考察了印度的逻辑学说。宫静的《谈汉文佛经中的印度哲学史料》分类介绍了汉译佛典中记载的印度哲学资料。80 年代中国印度哲学研究呈现欣欣向荣之景。

继 80 年代的丰硕成果之后，印度哲学研究在 90 年代向着更加深广的领域发展。其中，巫白慧的《印度哲学与佛教》，是一本用英文撰写的论文集，主要介绍了奥义书哲学、佛教哲学以及种姓制思想的起源等。姚卫群的《印度哲学》一书立足当时国际印度学界的最新研究成果，对印度哲学进行了比较全面的叙述。朱明忠的《奥罗宾多·高士》系统而全面地论述了印度现当代哲学家奥罗宾多的哲学思想。巫寿康使用数理逻辑的新方法来探讨因明学，撰写了《〈因明正理门论〉研究》一书。由宫静标点的汤用彤的《汉文佛经中的印度哲学史料》也于 1994 年出版。三卷本的

《虞愚文集》收集了虞愚一生最主要的有关因明学的著作和论文。宫静的《拉达克里希南》一书详细论述了印度哲学家拉达克里希南的神秘主义的直觉论等思想。江亦丽的《商羯罗》，是中国第一部全面研究商羯罗生平及思想的论著。

巫白慧翻译并作详细注解的印度吠檀多哲学的重要经典——乔荼波陀的《圣教论》先刊载于《东方哲学与文化》，后在商务印书馆出版，是90年代印度哲学界的一大喜事。巫白慧依据印度梵文专家月顶论师的精校本，使用中国古典“七言”形式，并借用了一些佛经用语，在翻译的过程中还做了大量注释，具有很高的学术价值。同时发表的孙晶的《圣教论研究》一文基于巫白慧的译本，从文献、历史、哲学等角度考察了《圣教论》在吠檀多哲学史上的发展变迁及其所处的地位，以及对商羯罗的影响等，是对汉译《圣教论》的一次重要解读。此外，朱明忠、姜敏翻译了印度学者拉尔的《印度现代哲学》，为中国学者了解印度现代哲学提供了良好的参考。

90年代有关印度哲学的学术论文以深入的专题研究为主。巫白慧的《因明学研究概述》详细回顾了因明学自7世纪传入西藏后在中国的研究发展状况。江亦丽的《中世纪信爱运动的大师——罗摩奴阇》与孙晶的《印度中世纪罗摩奴阇思想研究》两篇论文对罗摩奴阇所热心的“信爱”运动进行了评介，同时将其思想与商羯罗思想作了比较研究。此外，孙晶的《商羯罗基本哲学思想述评》和《商羯罗与〈示教千则〉》、江亦丽的《商羯罗对近现代印度哲学家的影响》等论文都是对印度吠檀多派思想家商羯罗的研究。姚卫群的《钵颠伽利与〈瑜伽经〉》则详细介绍了瑜伽派的根本经典《瑜伽经》的思想。

一个世纪以来，我国的印度哲学研究虽然与西方、日本学界有一定的差距，但是我国印度哲学研究的发展比较全面，研究成果涉及各个领域，包括梵文文献的翻译、哲学史的研究、正统派哲学和佛教哲学的比较研究、专题问题的探讨等。此外，北京大学、中国社会科学院等学术机构坚持培养印度哲学与梵文研究的人才，使濒临绝境的人才状况得到了有效改善，给即将成为“绝学”的印度哲学研究注入了新的希望。

（二）日本哲学

日本哲学深受中国儒家哲学的影响，近代以前的日本传统哲学可以说是中国传统儒家哲学的延伸和演变，近代以后的日本哲学则在欧美文化的强烈影响下成为东方哲学的先驱，对中国哲学的近代化和哲学学科的建立产生了诸多影响。然而，20世纪50年代以前，中国对日本哲学的研究较为零散，不成体系，成果也很少。1958

年北京大学成立东方哲学教研室，把日本哲学规定为开拓性学科之一，标志着日本哲学在中国全面、系统的研究的开始。

朱谦之和刘及辰是国内日本哲学、日本思想史研究的开拓者、奠基者。朱谦之在20世纪50～60年代相继出版了《日本的朱子学》、《日本的古学及阳明学》和《日本哲学史》三本专著。其中，《日本哲学史》一书整理出了日本古代神话传说中的哲学萌芽、佛教哲学、儒学与国学、独立学派、启蒙哲学、明治唯物论、西田哲学、日本马克思主义哲学这一日本哲学基本发展线索。此外，朱谦之还编著了两本日本哲学资料集。与朱谦之着重日本哲学史研究不同的是，刘及辰选择了现代日本最重要的哲学家西田几多郎的哲学研究作为起点，出版了《西田哲学》，并发表了多篇论文。《西田哲学》一书是非日本学者出版的第一部有关西田哲学的论著，以马克思主义哲学观分析了西田哲学中具有独创性特征的哲学范畴。

同时期我国学者也翻译了不少日本著名哲学家的经典作品，如群力翻译了福泽谕吉的《劝学篇》，何倩翻译了西田几多郎的《善的研究》，马采翻译了幸德秋水的《社会主义神髓》等。这一时期还出现了一系列有关日本哲学家安藤昌益的专题研究，如朱谦之发表了《安藤昌益——十八世纪日本反封建思想的先驱者》，黄心川发表了《安藤昌益与〈自然真营道〉》、马采发表了《十八世纪日本杰出农民思想家安藤昌益》等。

70年代，日本哲学研究处于停止状态。80年代以后，日本哲学研究中心开始从以朱谦之为代表的北京大学转移到以刘及辰为代表的中华全国日本哲学会。这一时期，刘及辰在前述西田哲学研究的基础上，对近代日本哲学展开了全面研究，陆续发表了有关日本哲学家西周、福泽谕吉、中江兆民、幸德秋水等的研究论文，继而又对昭和前期以西田几多郎为代表的京都学派哲学进行了系统研究。

80年代中后期的日本哲学研究成果丰硕，出版了多部专著：铃木正、卞崇道等著《日本近代十大哲学家》，王守华、卞崇道著《日本哲学史教程》，金熙德著《日本近代哲学史纲》，王家骅著《中日儒学比较》，崔世广著《近代启蒙思想与近代化——中日近代启蒙思想比较》等。其中，《日本哲学史教程》是日本哲学通史，在继承前人研究成果的基础上，论述了日本哲学思想的总体特征和一些具体的哲学问题。《日本近代哲学史纲》把日本近代哲学置于时代环境之中，对其历史根源、理论来源及其发展、演变以及各流派的不同历史地位和社会影响都展开了较为深入的论述。

这一时期还出现了有关马克思主义哲学在日本的传播与展开的研究高潮。除了召开一系列研讨会以探讨日本的马克思主义哲学状况外，1983年《东方哲学研究》

还编辑了“纪念马克思逝世一百周年专号”刊发了贾纯的《马克思主义哲学在日本战前的传播与发展》，华国学、张锡哲的《马克思主义哲学在日本的一个新进展》，李培新的《河上肇在日本马克思主义哲学史上的地位和作用》等一系列论文。与此同时，安藤昌益、西周等哲学家的专题研究依旧是热门话题。王守华在 1985 年 9 月日本出版的《安藤昌益全集》第一卷《月报》上发表了《中国的安藤昌益研究的发展》，在 1985 年的《中国哲学年鉴》上发表了《安藤昌益哲学思想研究近况》，在《东方文化集刊》（第 1 集）发表了《安藤昌益研究资料索引》等文章，全面介绍了我国关于安藤昌益研究的历程与成果。米庆余的《日本反封建思想家安藤昌益》，李梁的《试论安藤昌益的自然哲学及其社会思想》等一些文章重点评述了安藤昌益的唯物论哲学、辩证法思想及其社会哲学。此外，王守华的《西周哲学的性质及在日本哲学史上的地位》、赵乃章的《论西周哲学思想的成就》、崔新京的《论西周的哲学思想》是有关西周哲学研究的代表论文。

20 世纪 90 年代，中国对日本哲学的研究偏重于对日本儒学的研究。作为日本儒学鼎盛时期的江户时代儒学，即朱子学、阳明学和古学派的研究吸引了绝大多数中国学者的注意。其中，刘及辰著《京都学派哲学》以马克思主义为指导，分析了京都学派哲学的基本性质、形成、演变及其社会会功能，论述了西田几多郎、田边元、三木清和户坂润的哲学思想。王家骅的《儒家思想与日本的现代化》一书以儒学为切入点研究日本思想史，以实证材料证明儒学对日本政治、法律、道德、宗教、文学、史学及当代社会的影响，是当时日本哲学研究领域的代表性成果。90 年代出版的日本哲学研究著作还有方昌杰的《日本近代哲学思想史稿》、李威周的《中日哲学思想交流与比较》、卞崇道和加藤尚武编《当代日本哲学家》、李甦平的《圣人与武士——中日传统文化与现代化比较》。此外，这一时期发表在《日本学刊》、《日本研究》、《东方哲学研究》、《外国问题研究》等各类杂志上的日本哲学研究论文，每年多达 30 余篇。

半个多世纪以来，日本哲学的研究领域不断得到扩展，气象不断更新。90 年代以来，更有一些中国思想文化研究者开始涉足日本思想史研究领域，如葛兆光、陈来、汪晖等都发表了重要论著。随着中日两国交往的日益深入，日本哲学、日本思想史在中国思想界的影响逐渐增强。

（三）韩国哲学

中国对朝鲜半岛的认识可以追溯至南北朝，唐宋以来两国交往频繁，互通历史、文学、地理、制度、外交等领域的有无。但事实上，1979 年以前中国对韩国哲学的专门研究很少，除了崔凤翼于1957年在《哲学研究》发表了《十六世纪朝鲜卓越的唯物主义者徐敬德的哲学思想》一文之外，中国的韩国哲学研究基本上是空白。

1979年10月，延边大学成立了朝鲜问题研究所朝鲜哲学研究室，标志着我国正式建立了韩国哲学这一学科，并配备了专职研究人员。该所还先后创办了《东方哲学研究》、《朝鲜研究丛书》、《朝鲜学研究》等刊物，促进了韩国哲学研究的发展。

80年代，韩国哲学研究取得了长足的进步，尤其是朝鲜儒学、阳明学、汉学、实学、佛教、道教等方面的成果显著，共计发表论文100多篇。其中代表性论文有朱红星《试论元晓的佛教哲学——“一心说”》、李洪淳《儒学在朝鲜和日本的传播及其影响比较》、朱七星《论朴趾源的哲学思想》、张立文《李退溪哲学逻辑结构探析》等。此外，朱红星、李洪淳、朱七星参与撰写的《中国大百科全书·哲学》中韩国哲学史条目（33条）也是当时韩国哲学研究的重要成果。

1989年以后，韩国哲学研究的队伍空前壮大，成绩斐然，迎来了韩国哲学研究的繁荣时期。朱红星、李洪淳、朱七星撰写的《朝鲜哲学思想史》，是中国第一部有关韩国哲学的通史，对中国的韩国哲学研究具有开拓性的意义。张立文的《退溪节要》和《李退溪思想研究》，大大推动了中国对韩国退溪学的研究。朱七星、许能洙编写的《中国、朝鲜、日本传统哲学比较研究》是第一部系统论述中国、朝鲜、日本传统哲学并作纵横比较的哲学专著。李甦平的《中国、日本、朝鲜实学比较》一书，通过中、日、韩实学的比较研究，表明中韩哲学的多元性。

这一时期还频繁召开有关韩国哲学的国际学术会议。例如，1989年8月，延边大学召开了第一届朝鲜学国际学术讨论会，同年10月在北京召开了第十一届退溪学国际研讨会，1992年8月在延边大学召开了第三届朝鲜学国界学术讨论会，同年8月在北京召开了第四届朝鲜学国际学术讨论会等。在这些国际学术会议上，中国学者发表了50多篇有关韩国哲学的学术论文。此外，90年代在《朝鲜学研究》、《朝鲜研究丛书》、《东方哲学研究》以及韩国的《栗谷学》、《退溪学研究》、《退溪学报》、《茶山学报》等国内外学术刊物上发表的韩国哲学学术论文多达上百篇。

一直以来，中国学术界对韩国哲学的研究以韩国性理学为主要内容，并重视对实学的研究，还对中韩、中韩日哲学进行了广泛的比较研究，取得了在中韩学术界都受到高度评价的研究成果。但是，韩国哲学与东方哲学其他分支相比较，还是一个十分薄弱的研究空间，有待于在新的世纪展开更为深广的研究。

（四）伊斯兰哲学

伊斯兰哲学以《古兰经》和“圣训”为主要思想渊源，以伊斯兰教的基本信仰为前提，广泛吸纳古希腊等其他宗教哲学思想和自然科学成果，在探讨伊斯兰教教义问题的基础上，尝试协调信念与理性、宗教与哲学、神与人等之间的各种关系。

回族学者马坚是 20 世纪中国伊斯兰哲学研究的奠基者。除了最具影响的《古兰经》全译本外，马坚早在 20 世纪 30 年代就开始着手翻译埃及学者穆罕默德·阿布笃的《回教哲学》(又名《回教一神论大纲》)，该书是作者的授课讲稿，后根据学生笔记整理润色而成，阐述了伊斯兰教只信仰独一无偶的真主的一神论学说。其后，马坚翻译了荷兰学者第·博雅的《回教哲学史》，该书简明扼要地介绍了伊斯兰哲学的全貌，是迄今为止有关伊斯兰哲学史最为全面系统的译著。

20 世纪 50 年代至 70 年代末，中国的伊斯兰哲学研究处于半停滞状态，研究代表人物依旧是马坚。除了上文已经提到的《回教哲学史》改名《伊斯兰哲学史》再版之外，马坚还在《历史教学》上发表了《伊斯兰哲学对于中世纪时期欧洲经院哲学的影响》一文，讨论了伊斯兰哲学的价值、伊斯兰哲学之于世界哲学的关系等重要理论问题。马坚于 1979 年翻译出版的美国东方学家希提的《阿拉伯通史》中也涉及了不少伊斯兰哲学的内容。

80 年代，中国的伊斯兰哲学研究进入了一个崭新的发展阶段，越来越多的回、汉等各民族学者投入到伊斯兰哲学的学习与研究工作之中，涌现出一大批优秀的学术成果。据不完全统计，中国学者在《哲学研究》、《文史哲》、《哲学译丛》等 14 种哲学类期刊上发表的有关伊斯兰哲学的翻译、介绍或研究性论文近 70 篇。此外，还有阎瑞松翻译的德国学者赫伯特·戈特沙尔克的《震撼世界的伊斯兰教》等一些优秀译著。总的来说，20 世纪 70～80 年代的中国伊斯兰哲学研究主要关注铿迭、法拉比、伊本·西拿、伊本·路世德、伊本·赫勒敦等阿拉伯伊斯兰哲学家的个人思想，并对阿拉伯哲学与伊斯兰哲学的关系问题展开了深入持久的讨论。

进入 90 年代，伊斯兰哲学研究更加蓬勃发展，研究队伍不断扩大，除了专业工作者以外，其他社会人士也纷纷加入到伊斯兰哲学研究的行列。在国内近 40 种刊物上发表上百篇学术论文，并出版 10 余部专著。杨启辰主编的《〈古兰经〉哲学思想》一书，对《古兰经》所蕴含的包括宗教信仰、历史观、认识论、人生观在内的哲理提出了比较系统的见解。蔡德贵的《阿拉伯哲学史》，是第一部由中国学者撰写的阿拉伯伊斯兰哲学通史，作者收集了大量阿拉伯文原著资料，系统介绍并评述了自古代以来到近现代以前的伊斯兰哲学的基本情况。秦惠彬的《伊斯兰哲学百问》，采用 123 道问答题的方式介绍了伊斯兰哲学的主要流派、代表人物的生平思想等基本内容。沙宗平的《伊斯兰哲学史》与《伊斯兰哲学》，简明系统地介绍了伊斯兰教哲学的形成、演变及其在近现代的发展状况。金宜久的《伊斯兰教的苏非神秘主义》是中国第一部系统论述苏非主义的通俗读物，简要介绍了苏非主义的起源、历史沿革、教理主张、教团组织形式、重要代表人物及其著作等。陈中耀的《阿拉伯哲学》追溯了阿拉伯伊斯兰哲学从兴旺到衰落的历史，并设专章探讨真主与世界、人与外部世界、人际关系与人类社会等问题。李振中、王家瑛主编的《阿拉伯哲学史》详细介绍了阿拉伯伊斯兰哲学的发生、发展、演变及其在中国的情况。蔡德贵、仲跻昆主编的《阿拉伯近现代哲学》阐述了世纪之交原教旨主义思潮等近代以来的阿拉伯伊斯兰哲学，对了解阿拉伯伊斯兰文化在当今世界的地位与意义具有重要价值。

这一时期的伊斯兰哲学研究已经逐渐开始从原先零散的介绍进入到系统的研究，注意对阿拉伯伊斯兰哲学史的线索加以全面梳理，对各个时期、各个流派的哲学思想加以综合评析。

90年代还出现了一批重要的译著，主要有：秦惠彬翻译的日本学者井筒俊彦著《伊斯兰思想历程——凯拉姆·神秘主义·哲学》，陈中耀翻译的美籍阿拉伯学者马吉德·法赫里著《伊斯兰哲学史》，张文建、王培文翻译的伊拉克学者穆萨·穆萨威著《阿拉伯哲学——从铿迭到伊本·鲁西德》。

总的来说，20世纪中国的伊斯兰哲学研究取得了令人瞩目的成就，既有对伊斯兰哲学的总体研究，又有对《古兰经》哲学、伊斯兰哲学家个人思想学说的专题研究，同时还关注近现代及当代阿拉伯伊斯兰世界的哲学发展、伊斯兰哲学与中国传统文化的比较研究等。伊斯兰哲学研究在东方哲学诸分支中独具特色。

五、逻辑学研究

逻辑学是研究思维形式及其规律的科学，其主要内容包括概念、判断、推理和论证等，其中推理的有效性问题是逻辑学研究的核心问题。

逻辑思想的发源地主要有三个：古代中国、古印度和古希腊。早在公元前5世纪前后，古代中国、古印度和古希腊就产生了各具特色的逻辑学说。中国的名辩、印度的因明和西方的逻辑，三大逻辑源流各自独树一帜、自成体系，在世界逻辑史上鼎足而立、交相辉映。但是，秦汉之后，中国的名辩之学渐趋沉寂，没有大的创造性发展；公元10世纪之后，随着佛教在印度的衰落，因明也随之沉寂，几近消亡。只有古希腊的逻辑自亚里士多德创立之后，历经中世纪、文艺复兴和近现代科学革命，两千余年始终连绵不绝，获得了极为巨大的发展。今天，现代逻辑已经超越了西方的范围，在全世界范围内得到了非常广泛的传播，成为了全人类的共同财富。

根据联合国教科文组织发布的科学分类，逻辑学是与数学、天文学和天体物理学、地球科学和空间科学、物理学、化学、生命科学等并列的七大基础学科之一。它正广泛地渗透到其他科学技术领域，在自然科学技术、人文社会科学和思维科学发展的进程中不断地革新其内容，并开拓新的研究领域，日益彰显其重要的理论意义和应用价值。

中国的逻辑学研究始于 19 世纪末、20 世纪初的逻辑学第二次传入中国。20 世纪的中国逻辑学，其基本历程可分为三个阶段：第一阶段，19 世纪末至 20 世纪 40 年代，西方逻辑学传入中国，并得到初步发展；第二阶段，20 世纪 50 年代到 70 年代，中国逻辑的曲折发展时期；第三阶段，20 世纪 80 年代至 20 世纪末，中国逻辑学教学和科研的繁荣发展阶段。

（一）逻辑学的二次传入与初步发展

19 世纪末 20 世纪初，伴随着西学东渐，逻辑学第二次传入中国，由此开始了逻辑学在中国传播和发展的新历程。

1. 思想层面的深刻警醒

19 世纪末，中华民族正处于内忧外患之中。特别是 1894 年，中国在甲午战争中被日本战败后，中华民族处于空前的危机之中。这一时期，一大批仁人志士探求救亡图存之道，在此背景下，与明末清初的西学东渐不同，这一次更多的是主动地向西方学习，以期实现强国之梦。在这股向西方学习的热潮中，人们的认识在不断地深化发展，由器物层面的学习，到制度、文化层面的探究，最终深入到思想、方法层面的追寻。其中，严复、王国维、胡茂如、梁启超等人独具慧眼，以其远见卓识向国人昭示了挽救危亡的根本之法就是向西方学习其思想层面最为基本的方法——逻辑学。

严复在《穆勒名学》中引用培根的话说："是学（逻辑学）为一切法之法，一切学之学。"胡茂如在《论理学·序》中大声疾呼论理学之"输入尤为当务之急"。梁启超则在《墨经校释》中满怀感慨地说："欧洲之逻辑，创自亚里士多德，后墨子可百岁，然代有增损改作，日益光大，至今治百学者咸利赖之。《墨经》则秦汉以降，漫漫长夜，兹学既绝，则学者徒以空疏玄渺肤廓模棱破碎之说相高，而智识界之榛塞穷饿，乃极于今日。吁，可悲已。"王国维在《奏定经学科大学文学科大学章程书后》中慷慨陈词："今日所急者，在授世界最进步之学问之大略，使知研究方法。"其研究方法主要指的就是逻辑学。

2. 翻译、普及的高度自觉

光绪年间，清廷授意由总揽清税务司大权的赫德组织，总税务司司译、传教士迪谨·艾约瑟执笔，翻译了一套内容广泛的西学启蒙读物，共有16种，包括天文、地理、化学、动物、植物等学科。其中第13种为《辩学启蒙》，1896年出版，这是一本由英国逻辑学家耶方斯于1876年出版的逻辑入门读物。20世纪初，中国开始系统引进外国逻辑学著作和逻辑学教科书。著名的有严复翻译的S. 密尔《穆勒名学》、S. 耶方斯《名学浅说》，田吴炤翻译的十时弥《论理学纲要》，王国维翻译的S. 耶方斯《辩学》等。这些著作在中国逻辑学发展的起步阶段起到了重要的推动作用，在当时产生了巨大的影响，许多学者纷纷学习研究。这一时期，学者们不仅翻译、普及逻辑，还亲自编撰逻辑学普及读物，积极推进逻辑学在我国的传播。例如王延直在多次讲授的基础上，十易其稿，完成《普通应用论理学》。而且他非常明确地表达要利用逻辑来提高国民素质："吾国人欲程度增高，必自政、学两届始；而欲增高程度，又必自服从真理始；欲服从真理，又必自推求真理始；欲推求真理，又必自研究论理学始。"其他较有影响的有张子和的《新论理学》、屠孝实的《名学纲要》和章士钊的《逻辑指要》等。

3. 国民教育的大力推广

由于清末民初一批有识之士如梁启超、严复、王国维、胡适等人的深刻警醒和大声疾呼，人们已经普遍认识到了逻辑之于中国的重要性，因此，从民国伊始，提高国民的逻辑素质就受到了前所未有（直至今日也未有）的重视。这主要体现在如下几个方面：

（1）国民政府对逻辑素质教育非常重视，多次颁布法令规定大学、私立大学、高等师范学校、师范学校直至高级中学都开设逻辑学课程。

特别值得一提的是1935年6月21日国民政府教育部颁布《教育部公布修正中学规程》。其中第二十五条规定，高级中学之教学科目必须包括"论理"（即逻辑学）等课程。民国时期河南省教育厅编辑处出版的《河南教育月刊》第三卷第六期上刊登了《高级中学论理课程标准》，其中对教学目标、时间支配（于高中第三学年第二学期讲授，每周两小时）、教材大纲和实施方法概要等进行了明确、细致的规定和说明。

（2）逻辑学者们身体力行，编写了很多高质量的逻辑教材。据不完全统计，从1919年至1949年的30年间，共出版逻辑著作约80余种，其中有近20种是师范或中学教材，有些教材名噪一时。如朱兆萃的《论理学 ABC》连续发行了 9 次，王振瑄编写的作为高级中学师范教科书的《论理学》在 5 个月内就重印过 5 次。屠孝实编著的《名学纲要》是中国 20 年代最早的大学教材，其中还包含作者独立的研究成果。吴俊生编写的作为东南大学附中教学用书的《新高中论理学概论》也影响很大。沈有乾编写的作为师范学校教学用书的《论理学》和作为高中教学用书的《高中论理学》还在书中渗透了当时最新的数理逻辑的一些技术。

4. 研究工作的初步展开

19 世纪末，逻辑学的现代形式——数理逻辑诞生了。1920 年，罗素来华讲学，他在北京大学做了包括数理逻辑在内的五大演讲。这促进了数理逻辑在中国的传播。如商务印书馆出版了傅种孙、张邦铭译的《罗素算理哲学》等。1927 年，商务印书馆出版了汪奠基的著作《逻辑与数学逻辑论》，1937 年商务印书馆又出版了汪奠基的著作《现代逻辑》。对中国数理逻辑传播和发展起重要影响的还有金岳霖。1925 年，他从欧洲回国，在清华大学和北京大学讲授数理逻辑。从 30 年代开始，以沈有鼎等为代表的学者，在数理逻辑研究方面也取得了一些突破性进展。

这一时期，中国古代的名辩学研究得到了全面展开，以梁启超、章太炎、胡适等人为代表。梁启超对名辩学和西方逻辑学进行了许多开创性的比较研究，提出若干有深远影响的见解。章太炎在《原名》中比较系统地阐述了他的逻辑研究成果。胡适有两项学术成果是中西逻辑比较研究的力作，这两项成果就是他在美国哥伦比亚大学哲学系攻读博士学位时所撰写的论文《先秦名学史》和在此基础上扩充改写的《中国哲学史大纲》。

同期，因明研究复苏并逐步兴起。19 世纪末杨文会从日本觅集一些因明著作带回中国，并在金陵刻经处刻印发行，为因明研究提供了难得的研究资料。此后，由于欧阳渐等人的开创性工作，因明研究得以复兴。章太炎、吕徵、熊十力、陈大齐、虞愚等在因明研究方面均用力甚勤，他们在因明研究方面都取得了重要成果。

（二）逻辑学的曲折发展时期

新中国成立初期，中国的教育模式全面采用苏联的模式，高中和初等师范的逻辑学课程基本取消了。中国大学的普通逻辑教学全面学习苏联，以苏联的教材为范本。这一时期引进的有影响的苏联教材有斯特罗果维契的《逻辑》，高尔斯基、塔瓦涅茨的《逻辑》，高尔斯基的《逻辑学》以及一些苏联中等学校的教材，如维诺格拉道夫、库兹明的《逻辑学》。中国还聘请一些苏联专家来华讲授逻辑学。大部分教材和苏联专家的面授，内容只包括传统形式逻辑和古典归纳逻辑。由于这一时期深受苏联哲学界的影响，把辩证逻辑看作高等数学，把形式逻辑看作初等数学，并且十分盲目的排斥现代逻辑思想。这使得原本和国际逻辑前沿已经接轨的中国逻辑学研究出现了停滞甚至倒退。

受苏联逻辑学大讨论的影响，中国自20世纪50年代后期到60年代初期也开展了一次逻辑问题大讨论。讨论内容包括形式逻辑的对象、性质和作用问题，形式逻辑的客观基础问题，形式正确性和内容真实性的关系问题，什么是辩证逻辑及其和形式逻辑及辩证法的关系问题等。

1956年中国编制科技发展远景规划，其中包括数理逻辑发展规划。同年春节期间，毛泽东对金岳霖说，数理逻辑很重要。这样，1956～1957年报刊上发表了一批介绍数理逻辑的文章。其中，最重要的是胡世华的《数理逻辑的基本特征与科学意义》。由此数理逻辑的科研、学术交流、科研队伍的建设工作在中国顺利开展。这期间中国数理逻辑事业得到了快速的发展并取得了一些创新性成果。

在传统逻辑教学与研究领域，国内的学者出版了许多有重要影响的著作，这些书都对逻辑学在国内的发展起到了重要的推动作用。

新中国成立后到“文化大革命”前，中国有许多学者参与归纳逻辑的研究，他们关注的基本是古典归纳逻辑，讨论的是古典归纳逻辑的一些基本概念、归纳推理的结构、归纳推理的科学性质、归纳逻辑的历史发展等问题。

这一时期中国逻辑史研究也取得比较重要的进展。一是形成了一个有规模的、素质较高的科研队伍。二是在构建中国逻辑史学科方面有良好开端，开始创建完整的中国逻辑史学科。如汪奠基在20世纪60年代写成《中国逻辑思想简史》一书，受到较好评价。

这一时期还出现了不同的辩证逻辑学派。

1966～1976年，逻辑学的发展几乎停滞。改革开放以后，中国的逻辑教学和研究进入到一个新的时期。

（三）逻辑学的繁荣发展时期

改革开放以来的30年，是我国逻辑学研究取得长足发展的30年。

“文化大革命”结束以后，特别是1978年改革开放以来，我国逻辑学研究步入大发展时期。逻辑学研究的队伍被重新组织起来，并有一批又一批新生力量逐步加入进来。1978年、1979年由中国社会科学院哲学研究所等单位先后发起并召开了第一、二次全国逻辑讨论会，并在第二次全国逻辑讨论会上成立了中国逻辑学会。在这两次大会上，针对我国逻辑教学和研究水平远远落后于国际水平的实际状况，有些学者提出了逻辑教学与研究现代化的主张。此后进一步发展为中国逻辑学会提出的“全面实现我国逻辑教学和研究的现代化，与国际逻辑教学和研究水平全面接轨”的发展目标。围绕这个发展目标，我国广大逻辑工作者进行了不懈的努力。作为我国逻辑事业发展的主要组织者，中国逻辑学会及其下属的 12 个专业委员会坚持“理论与应用相结合”、“提高与普及相结合”的方针，开展了丰富多彩的学术活动，有力地推动了多层次逻辑教学与研究的发展。

1. 数理逻辑、哲学逻辑和逻辑哲学

我国数学界与计算机学界活跃着一支数理逻辑基础研究队伍，他们在老一代数理逻辑学家的带领下在逻辑演算与四论研究中取得了丰硕成果，有些成果获得了国家自然科学奖和何梁何利科学与技术进步奖。另有一批数学出身的学者加入到哲学社会科学界逻辑学研究队伍中来，也在逻辑基础研究上做出了许多独特贡献。

这些成果主要包括：创制了不用联结词符号和量词符号的一阶逻辑系统，对括号作了独到处理，使得括号能兼具联结词符号的作用也有替代量词符号的作用，这是继卢卡西维茨以后又一新的逻辑符号和记法系统。由于公理集合论中布尔值模型的应用、模糊数学中非布尔值逻辑的出现以及计算机科学中多值线路的探讨等，使得多值逻辑的研究有了更多的具体背景和客观需要。对于多值逻辑的一个方面——多值模型论，有的学者做了初步考察，把二值模型中一些基本结构推广到格值模型论中。在模型论方面，一些学者通过合作，为其中某些方法及其结论在其他数学分支中寻找新的应用事例做了一些尝试，并开创了格值模型论并将其发展为比较完整的理论体系。“t 可计算与 t 难于计算的实数”、“具有强蕴涵词的弗晰集合结构”、“弗晰集合论与布尔值集合论之间的联系”等成果，在国际会议上作了宣读。有的学者提出了计算模型间的相似性和计算时间与存储空间之间的对称性两个重要概念。还有学者证明了在一个固定计算类型下的所有合理的计算模型都是相似的。

90 年代之后，哲学逻辑与逻辑哲学逐步成为我国逻辑学界的主攻方向，发表了大量系统介绍国外研究进展的著作与文章，也出现了不少独立研究的成果。例如，将亨金的嵌入定理从经典逻辑推广到模态逻辑，并用超积方法证明了这个定理；首创一种“嫁接”方法，建立了一种新型模态逻辑语义框架即“嫁接框架”，从而得到刘易斯的 S_1 系统完全性的一个全新证明。

认知逻辑一直是国内逻辑学界的一个研究热点。有学者从语法角度构造了一种多主体的认知逻辑系统，据此讨论了少数服从多数的原则，给出该系统能推出的一

系列重要定理及其与直觉主义逻辑的联系。为刻画规范命题所体现的主观认识和客观事实二重性，构造了所谓的二重逻辑演算系统，这个系统不同于一般的认知逻辑系统，具有描述“认定”、“相信”、“知道”等语词共性的模态算子B及其相应的一组公理，颇有新意。有学者系统地探讨了理性的认知主体在自省能力、观察能力、记忆力、修正策略诸方面存在的多样性，说明如何在认知逻辑中表达主体的这种多样性，以建立能够表达主体的个体变化的动态认知逻辑。通过分析交流、学习的一些具体场景，进一步考察了不同类型主体在交往中交流、获取信息的特点及其逻辑处理方法。

近年来，道义悖论逐渐受到越来越多的非经典逻辑学者的关注。有专著对道义逻辑的发展历程作了介绍，并指出道义悖论从不同侧面、不同程度上揭示了绝对道义命题逻辑存在的问题。基于弗协调模态逻辑的研究，建构了弗协调真值模态逻辑系统，由以容忍道义二难，部分地避免道义悖论问题。

我国在时态逻辑方面也取得了一些国际领先的创新性成果。在异常型哲学逻辑方面，弗协调逻辑（亦称亚相容逻辑、次协调逻辑）的研究在20世纪80年代后逐渐兴起，与国际大趋势相一致，我国弗协调逻辑也取得一系列成果。相干逻辑方面我国学者尝试构造一种具有更精细结构的谓词逻辑。在条件句逻辑研究方面，我国学者构建了若干条件句系统。

有学者在总结逻辑系统的各种语义学的一般特征的基础上，建立了适合绝大多数命题逻辑的邻域语义学，开辟了一个新的研究领域，将各种逻辑中许多类型的问题、结果和方法，在邻域语义学中作统一处理，得出更多的一般性结果。又将这些结果应用到具体逻辑系统（直觉主义逻辑、相干逻辑、模态谓词逻辑等）中，建立它们的框架并讨论它们的完全性问题等。

我国在逻辑悖论研究方面成果丰硕。特别是有学者发现了“所有非-Z类的类的悖论”，这一悖论具有很强的概括力，概括了沈有鼎的“所有有根类的类的悖论”、罗素悖论和科里悖论等。

2. 归纳逻辑

20世纪80年代之前，归纳逻辑的研究在我国几乎是空白。从1981年开始，情况有所变化，有的学者发表论文，探讨归纳推理的类型、正确进行归纳推理的条件问题，有的学者评介了国外归纳逻辑。在非演绎的回溯推理、穆勒五法的推广、现代科学技术中的新归纳方法、各种类型的类比等方面，都有不少学者在探究。

1983年，北京市逻辑学会专门讨论了归纳问题，着重就归纳在逻辑中的地位、归纳推理与归纳方法与认知过程的关系等问题展开了讨论。1984 年，在大连召开了全国归纳与概率逻辑讨论会。80 年代末，除了继续介绍国外归纳逻辑研究进展之外，还对归纳法的具体模式进行了考察，探讨了归纳逻辑的发展方向，如概率论在归纳逻辑中的作用及发展趋势，用模糊数学的方法来探讨类比和归纳，模态逻辑的归纳演算，条件化的归纳逻辑等。

80 年代后期，出版了一批有关归纳逻辑的专著和论文。有的专著介绍了归纳逻辑的一些基本理论和新进展，其研究重点在介绍、分析归纳逻辑的基本理论和新进展，介绍、评述了凯恩斯和莱欣巴哈等逻辑学家关于概率逻辑的思想，继续研究探讨归纳逻辑和演绎逻辑的关系，探讨归纳在认识过程中的作用。1988 年至 1989 年间，归纳逻辑的研究有一个重要特点是在应用方面有所开拓。由于专家系统、知识工程与智能计算机研究的需要，经专家建议，在国家社会科学基金项目中建立了归纳逻辑与人工智能课题。90 年代之后，又有一批较有分量的归纳逻辑学术论文陆续发表，出版了归纳逻辑与概率逻辑的两部专著，使我国归纳逻辑的研究无论从广度还是从深度上都大大地超过了以往的研究。

现代归纳逻辑从 20 世纪 80 年代初传入我国，我国学者在改进著名的归纳逻辑体系、归纳与人工智能结合、归纳逻辑哲学问题研究等方面有不少成果。有学者对卡尔纳普的 λ 系统进行修正，建立了一个 θ 系统。我国学者还建立了一个概率演算的语法系统 I。

归纳逻辑的学者与计算机学者合作将科恩的相关变量法、伯克斯的归纳概率理论、凯恩斯的统计推理等进行改造，写成算法，在计算机上实现。这些工作大部分有论文发表。

中国学者对各种归纳悖论的研究也取得了一些成果。

3. 应用逻辑与逻辑应用

20 世纪 90 年代以来，我国逻辑学界出现了一股应用逻辑著作热，随之出现了对应用逻辑的本质和特征的探讨。进入新世纪，又有许多学者引入和评介了国外应用逻辑方面的前沿成果。

作为理论研究的应用逻辑，并非一般意义上的逻辑应用。有学者指出，应用逻辑是现代逻辑中一类大的学科群体，在哲学逻辑、非经典逻辑的概念提出之前，应用逻辑基本上涵盖了哲学逻辑和非经典逻辑的范围。应用逻辑是研究某一特殊的、或者是某一具体学科领域的推理理论，它是相对于纯逻辑是研究最一般的推理理论而言的。有学者指出，一般而言，只要是运用了逻辑原理的，都可视为逻辑应用，但只有将逻辑原理系统而非零散地应用于某一学科或领域，并且在应用中构建起逻辑系统，特别是形式系统或系统的应用方法论的才能称之为应用逻辑。

如何正确理解演绎逻辑与所谓非形式逻辑的关系也是讨论的热点问题。有学者认为，批判性思维与非形式逻辑密不可分，甚至可以交互使用。有学者通过分析批判性思维与形式逻辑、非形式逻辑的相互关联指出，批判性思维的逻辑既离不开非形式逻辑，也离不开形式逻辑，两者共同构成了批判性思维的逻辑基础。有学者明确指出，非形式逻辑是研究论证的科学，论证概念是包括非形式逻辑在内的论辩理论的核心。将论证理解为语义学概念还是语用学（辩证的）概念是非形式逻辑和经典逻辑的分水岭。近年来，非形式逻辑学家和人工智能专家开展了颇有成效的合作。我国学者在这方面也进行了有益的探索。

1979 年成立逻辑与语言研究会以来，我国语言逻辑学者陆续发表了一些论文和专著。1994 年，出版了关于《正确思维和有效交际的理论》的专著，这部专著把逻辑理解为正确思维和有效交际的理论，以现代逻辑、现代语言学和指号学为基础理论，重新体现了亚里士多德的逻辑构想，把逻辑、语法和修辞三者统一起来，形成了一个广义的逻辑理论。在问句逻辑方面，有学者建立了关于“抑或问题”和“哪个（哪些个）问题”的形式系统，深化了对问题的逻辑探讨。

4. 辩证逻辑

1980 年，第一届全国辩证逻辑讨论会召开，会上成立了辩证逻辑专业委员会。1981 年出版了我国第一部辩证逻辑的专著。至今公开出版的各类辩证逻辑著作达 50 多部，论文逾百篇。在新的历史时期，辩证逻辑也出现了多角度、多层面的研究。由于研究方法不同，对辩证逻辑的一些基本问题产生了许多不同的观点，形成了三大不同的研究方向：范畴理论方向、科学方法论方向和形式化方向。

5. 中西逻辑思想史与因明

(1) 中国逻辑史

20 世纪 80 年代后期，中国逻辑史研究课题被列为国家社科基金“六五”重点项目。1989 年出版了由中国逻辑史学者集体编写的五卷本中国逻辑史资料选与五卷本中国逻辑史专著，对 20 世纪中国逻辑史研究做了全面系统的总结，比较全面地阐述了中国古代逻辑思想的发端和发展的历史以及西方逻辑传入中国以后的发展史，这在中国逻辑史的研究史上是空前的。80 年代以来，中国逻辑史的对象有所纯化，基本上是挖掘、整理和阐述中国历史上有关传统逻辑的理论和学说；对秦以后逻辑思想的研究明显加强，否定了长达一千多年来所谓秦后名辩学“遂亡绝”的传统观点。之后，又有一批专著与教材争相付梓。

90 年代以来，中国逻辑史研究开始走向深入。许多学者更多关注对中国古代固有的名辩学的研究，而不是一般意义上的中国古代逻辑或外来逻辑在中国的传播和发展。

90 年代末开始，中国逻辑史研究的另一个热点是对中国近、现、当代的逻辑进行研究。对梁启超、胡适、金岳霖、冯友兰、沈有鼎、殷海光等人在逻辑学研究上的贡献，都有文章加以论述。

（2）西方逻辑史

我国的数理逻辑史研究工作始于 20 世纪 80 年代，首先有学者概述了数理逻辑的主要分支，包括逻辑演算、递归论、模型论、公理集合论和证明论初步建成的发展史，简明地勾画出数理逻辑理论、观念、方法发展的线索，对一些重要观念、理论等做了深入阐述和评论。80 年代也有学者考察了现代模态逻辑自建立至 20 世纪 60 年代的历史，指出了模态逻辑在以往发展中呈现的几个发展方向，包括用公理方法或自然推理方法构造出若干新模态系统；为避免严格蕴涵悖论修改严格蕴涵而建立的新模态命题演算；建立模态谓词逻辑；关于模态语义学的研究，建立代数语义学、关系语义学；非标准模态逻辑的研究等。此外，出版了几部关于西方逻辑史的论著。90 年代，出版了第一部全面系统论述数理逻辑发展的专著，对数理逻辑初创、奠基和发展的不同时期的逻辑思想及成就做了详细论述。

西方逻辑史研究不断在深度和广度上扩展，其深度表现为专题研究的开展，例如研究了亚里士多德的三段论、斯多葛的推理规则、多值逻辑的历史、专名理论、塔尔斯基的语义理论等。并在其中注重应用现代逻辑方法。广度表现在不仅研究西方逻辑史而且进行逻辑比较研究，不仅个人从事研究，而且建立学术联系，增进学术交流。西方逻辑史研究的一个重要方面是对其中重要人物逻辑思想的研究和评析。在这方面出版了多部著作和论文，包括对亚里士多德、弗雷格、哥德尔、莱布尼茨、蒯因、克里普克等逻辑学家逻辑思想的介绍和研究。

（3）因明研究

中国在因明发展史上具有重要地位。1981 年第一部因明专著问世，1982 年出版了一部全面反映我国近 30 年来因明研究成果的汇集，是 1949 后的第一部因明论文集。也是在 1982 年，逻辑学者指出，因明是世界优秀的文化遗产，也是中国的优秀文化遗产，因此，抢救和弘扬因明是汉藏各族学者的共同责任。

从因明的体系来说，印度因明先后传入中国内地和藏区，逐渐形成汉传因明和藏传因明。最初学者们主要关注汉传因明，就《因明正理门论》、《因明入正理论》中的推理性质和逻辑进行研究。近年来对藏传因明以及汉藏因明比较研究发展很快，出版了几部专著。除了汉文文献，另有藏文专著出版。汉藏学者正携起手来，共同推动汉藏因明的学术交流，当前特别要挖掘藏传因明在哲学和逻辑学领域的理论价值，推动我国因明研究的发展，保持我国在国际因明研究领域的领先地位。

纵观 20 世纪中国逻辑学发展史，通过几代逻辑工作者的不懈努力，我国逻辑学研究取得了历史性进步，初步改变了与国际逻辑学发展前沿长期脱节的状况，实现了逻辑研究的现代化，与国际逻辑研究水平初步接轨。中国逻辑学界已经拥有一批具有现代逻辑素养的逻辑学博士和硕士；有一批具有丰硕成果的中青年学术带头人和骨干；有一批出国深造留学归国的逻辑学者；有一批已经达到国际逻辑研究水平的成果；有一批能进行国际逻辑学术交流的学者。同样不可否认的是，我国逻辑学研究的整体水平仍然不高，在很多方面仍存在问题。例如，与国际逻辑学研究前沿相比，我们总体上仍处于学习跟进阶段。现代逻辑的基础地位是逻辑学界的共识，但在实际学习和研究中，对现代逻辑的掌握、应用以及深入探讨仍需进一步提高。

中国逻辑学会在新时期提出了“全面实现我国逻辑教学与研究的现代化，与国际逻辑教学与研究的水平全面接轨；实行‘理论研究与应用研究相结合’和‘提高与普及相结合’；弘扬‘团结、民主、严谨、创新’的学风”的三条方针，目前中国逻辑学者正在遵循这三条方针，为振兴中国的逻辑事业努力奋斗。

六、伦理学研究

中国伦理思想源远流长，中华民族是一个特别强调人伦关系以及个体道德修养的民族。形成于先秦时期的儒家文化是中国传统文化的核心，儒家伦理思想成为影响传统伦理规范的主要思想，自汉代“罢黜百家、独尊儒术”使儒家文化初步定型以来，儒家伦理思想成为维系社会秩序、调节人伦关系的主要规范。但是，从学科发展史的角度来看，真正拥有学理化、系统化的伦理学学科，严格说来是 20 世纪初期的事情，刘师培的《伦理教科书》标志着独立性、系统化的伦理学学科在中国的形成。

新中国成立后，中国伦理学得到了更大发展。从 1960 年中国人民大学组建伦理学教研室到 1979 年这一教研室重新恢复，从 1982 年罗国杰主编新中国第一部伦理学教科书的问世到 1995 年中国社会科学院应用伦理学研究中心的成立，中国伦理学发展的每一步都与中国社会发展不同阶段所面临的主要问题息息相关。中国的伦理学产生于社会生活实践，在时代背景下不断探索理论创新、追求学术进步，一方面增强了学科本身的活力和魅力，另一方面也彰显了伦理学学科的实践价值。

20 世纪中国伦理学的发展可以分为五个阶段：20 世纪初至“五四”运动前是中国伦理学的萌芽与形成时期；五四运动至新中国成立前是中国马克思主义伦理学的孕育与形成时期；新中国成立到“文化大革命”结束是新中国伦理学的曲折发展时期；改革开放以来至市场经济体制的建立是中国伦理学逐渐走向成熟的时期；1992 年以来是中国伦理学的蓬勃发展时期。

（一）中国伦理学的萌芽与形成时期（1900～1919）

19 世纪末 20 世纪初，经历了甲午战争的中华民族，面临空前的民族危机和社会危机，在这一具体历史条件下，救亡图存成为近代启蒙运动的真正动力和起点。当时，中国社会中的知识分子开始对传统信条进行深刻的反思。以失败而告终的维新运动对传统道德观念形成了有力冲击，带来了新的思想解放，主要表现为借鉴西方伦理学说代替“内圣外王”的传统儒家伦理，通过中西兼备的政治理论学说和伦理道德体系拯救民族危机、重塑国民素质；五四运动前，资产阶级改良派与革命派围绕着救亡图存道路、中西道德论争等问题展开了一系列的讨论，孙中山在对中华民族人格与国格分析的基础上，提出了“替众人服务”和“天下为公”的新的高尚道德价值观。这些讨论和探索表明，相当一部分有识之士已认识到伦理道德问题的重要性，西方伦理思想的引进推动了中国自己的系统化、理论化伦理学科的形成。1900 年至五四运动前成为中国伦理学萌芽与形成的重要阶段。

作为运用近代科学方法进行研究、具有学科形态的伦理学出现在 20 世纪初的中国，以刘师培、蔡元培、严复、杨昌济等人为代表。刘师培借鉴西方伦理学说对中国传统伦理思想进行了整理和改造，在中国伦理思想史上作出了独特的贡献。1906 年，他编著的《伦理教科书》从身心关系和个人与社会的关系入手，对个人伦理、家庭伦理、社会伦理、国家伦理等方面进行了阐述，形成了带有鲜明中国自身特色的近代伦理学体系，标志着独立、系统化的伦理学学科在中国的形成。1909 年，蔡元培翻译德国伦理学家包尔生的《伦理学体系》，并以《伦理学原理》为名出版，这种集功利主义与义务论为一身的实践道德哲学体系在中国产生了很大的影响，曾作为伦理学教材使用。其他还有杜亚泉的《伦理标准说》、蔡元培编著的《中学修身教科书》、谢蒙的《伦理学精义》等，它们成为中国伦理学学科形成时期的重要著作和论文。

蔡元培的伦理思想建立在思想自由和兼容并包的基础上，具有重要的理论意义和现实价值，尤其对新文化运动产生了积极影响。1910 年他出版的《中国伦理学史》一书，是中国第一部中国伦理思想史学术论著，对中国几千年的伦理思想进行了概括和论述，初步建立了中国伦理思想史的学科框架，标志着中国伦理学史这一学科的建立。1914 年，北京大学哲学门在招生之初就开设了伦理学课程。

辛亥革命推翻了延续两千多年的封建帝制，革命党人试图用西方的资产阶级社会政治观念重新审视封建的伦理道德观，将其看作是“伪道德”，这从某种程度上对一些旧的伦理道德产生了一定的冲击作用。但是这一时期的新旧道德交替并不彻底，此时兴起的国粹主义以“保种”、“爱国”为口号来宣传民族主义，至五四运动时期却成为反对马克思主义在中国传播的主要思潮；而复古主义派别则固守中国封建主义的文化传统，也成为维护封建国粹的重要力量。1915 年，陈独秀在上海创办《青年杂志》(第 2 期改名为《新青年》)，标志着新文化运动的兴起。不久，以陈独秀、李大钊等人为主力的《新青年》与杜亚泉任主编的《东方杂志》展开了一场关于东西方文化的论战。1917 年，俄国十月革命爆发，马克思列宁主义传入中国，中国的先进知识分子开始用无产阶级的宇宙观来思考中国道德和命运。这为下一步马克思主义伦理学在中国的孕育提供了契机。

（二）中国马克思主义伦理学的孕育与形成时期（1919～1949）

马克思列宁主义为中国一部分先进知识分子所接受，人们开始为建立一种超越于封建主义和资本主义道德之上的新道德而不断探索。新文化运动的旗手们完全继承了资产阶级革命派的彻底否定传统道德的伦理激进主义，批判和反对传统道德成为新文化运动的重要主题之一。

在东西方论战方兴未艾的情况下，新文化运动内部开始发生分化。1921 年梁漱溟出版了《东西方文化及其哲学》一书，公开倡导“新孔学”，这成为下一步的科学与人生观的论战序曲。1923 年 2 月，张君劢在清华大学做“人生观”的演讲，宣扬“人生观不受科学支配”的观点。4 月，丁文江在《努力周刊》上发表《玄学与科学》一文，打着科学的招牌向张君劢发起进攻，开始了“科学与人生观”(也称科学与玄学）的论战。不管是科学派还是玄学派，他们的最终目的是企图用主观唯心主义、不可知论和历史唯心主义来对抗马克思主义哲学。中国共产党人对这次论战的双方都进行了批判，进一步宣传了马克思主义伦理思想。与此同时，李大钊与胡适之间还展开了“问题与主义”的论战。1919 年 7 月，胡适发表《多研究些问题，少谈些主义》一文，宣扬资产阶级的改良主义，反对马克思主义在中国的传播；同年 8 月，李大钊发表《再论问题与主义》一文，对胡适的反对社会主义和革命的言论进行有力的回击。此后，中国伦理学界基本上形成了马克思主义、现代新儒家、自由主义的西化派三种思潮同时并存的格局。

20 世纪 30～40 年代，三大伦理思潮在中国内忧外患、民族存亡的关键时期，都自觉地将民族危机与文化危机、伦理危机结合起来进行思考，以实现振奋民族精神、增强民族自信心之目的。现代新儒家逐渐形成了以熊十力的“新唯识论”、冯友兰的“新理学”、贺麟的“新心学”等为主要代表的新儒学思想体系，系统地提出了伦理本位主义和复兴儒家伦理学说的主张，其中贺麟的《儒家思想的新开展》一文对于 20 世纪 40 年代前后的新儒学运动起到一定的导向作用。自由主义西化派以胡适为代表，认为中国的问题就是文化问题，他们一方面对中国传统文化进行批判，反对旧道德、反对旧传统，主张“文艺复兴”；另一方面，大量引入和翻译西方伦理学资料，主张用西方个人至上的本位主义取代中国传统道德文化。在中国传统道德文化面临转型的关键时期，中国共产党人用马克思主义对中国社会道德进行创造性的重建，对现代新儒家和自由主义西化派都进行了有的放矢的批判，提出并构建了符合中国国情的毛泽东伦理思想。1937 年 7 月，刘少奇发表了《论共产党员的修养》，对“慎独”这一概念进行了马克思主义的阐释；1939 年、1944 年毛泽东先后发表了《纪念白求恩》和《为人民服务》，这些都成为马克思主义伦理学的重要著作。毛泽东伦理思想强调道德的阶级性，集体主义是无产阶级道德的核心，其宗旨是全心全意为人民服务。这一社会主义道德观在新中国成立后成为构建良好社会道德风气的主流价值观。

这一时期，随着中西方伦理思想的交流与融合趋势逐步向深度和广度层面拓展，中国伦理学在专业研究方面取得重大进展，主要表现为张东荪的《道德哲学》和黄建中的《比较伦理学》的出版。前者主要按快乐论与功利论、克己论与直觉论、厌世主义与自立论、同情论与进化论、完全论与自我实现论，以及综合论分述了古希腊以来的各个学派的伦理思想；后者是中国第一部比较伦理学著作。而在中国伦理学史研究方面代表性成果主要有：杜儒的《中国伦理学史》、谢扶雅的《中国伦理思想述要》、陈安化的《中国先哲之伦理思想》、方乐天的《中国伦理政治大纲》等。

（三）新中国伦理学的萌芽时期（1949～1976）

中华人民共和国成立后，马克思主义作为意识形态的主导地位得以确立，以共产主义道德为核心的马克思主义伦理学在中国占据了主流伦理学的地位，从此，中国伦理学的发展也进入了一个新的阶段。

新中国成立初期，马克思主义伦理学的学科理论体系处于探索阶段。1952 年 6

月至9月，中国按照“苏联模式”的高等教育体系大规模调整了全国高等学校的院系设置，大力发展理工科，人文社会科学一度不被重视，哲学系失去了存在空间，伦理学学科被取缔。这一时期的伦理学研究主要体现在部分学者对共产主义道德的论述上。1950年1月，杨甫在《中国青年》第30期发表《人民的新道德观》一文，对新中国成立后人民的新道德观进行了论述。吴江的《共产主义道德问题》、江陵的《论共产主义道德教育》、周原冰的《培养青年的共产主义道德》等，阐明了什么是共产主义道德、共产主义道德的作用，以及培养共产主义道德的方法等问题，为日后马克思主义伦理学的学科理论体系的真正建立奠定了理论基础。

从学术研究角度来看，新中国成立之初至“文化大革命”前，冯友兰、张岱年、周辅成、李奇、周原冰、冯定、罗国杰、许启贤等哲学家和伦理学家在伦理学许多方面都进行了探讨，标志着伦理学研究或者更准确地说是道德科学研究也曾得到一定程度的发展，出现过短暂的繁荣。1956年，张岱年用马克思主义唯物史观写出《中国伦理思想发展规律的初步研究》一书，树立了用马克思主义的唯物史观研究中国古代伦理文化的范例，为构建马克思主义的中国伦理思想史学科奠定了基础。1958年，李奇撰写了《个人利益和个人主义》一文，提出了如何看待个人主义和个人利益的问题。1960年11月14日，李奇在《人民日报》上发表《建议开展伦理学的研究工作》，呼吁重视马克思主义伦理学的发展。后来，李奇又在《光明日报》、《文汇报》、《新建设》、《哲学研究》等报刊上发表了大量文章，系统阐发伦理学的一系列基本原理。在这一时期，李奇还在当时的中国科学院哲学研究所历史唯物主义研究室内建立了中国第一个伦理学研究小组，并和北京大学周辅成等一起成为中国第一批伦理学专业研究生导师。1964年秋，新中国第一批伦理学研究生刘启林、石毓彬等进入了哲学研究所的这个伦理学研究小组。与此同时，1960年，由罗国杰负责筹建的伦理学教研室在中国人民大学成立，这是新中国成立后中国第一个伦理学教研室。1961年，该教研室编写了《马克思主义伦理学教学大纲》和《马克思主义伦理学讲义》，从而为新中国的伦理学学科建设奠定了基础。同年，冯友兰在《新建设》第4期上发表《关于伦理学的基本问题》之后，“关于伦理学的基本问题究竟是什么”就成为伦理学研究中争论的热点问题。1964年，周辅成的《西方伦理学名著选辑》（上卷）出版，对资产阶级人性论、人道主义进行了介绍评析。总体而言，此时中国的伦理学研究范围比较广泛，也触及到不少基本的学科基础理论问题，但由于研究中的政治意识相当程度上冲淡了客观、公正而自由的学术讨论，其主要目的是为共产主义道德的宣传和教育服务。

“文化大革命”使伦理学研究遭受严重挫折，学术探讨完全被政治斗争所取代，不仅造成伦理学研究的停顿与扭曲，而且造成了整个社会的道德混乱、诚信缺失和道德危机，也中断了刚刚开始的教学和科研工作。

（四）新中国伦理学的形成时期（1976～1992）

"文化大革命"结束后，特别是十一届三中全会以来，新中国的伦理学学科建设和科研工作逐步恢复。1978 年，中国人民大学首先恢复了伦理学课程，北京大学正式成立了伦理学教研室，开始招收硕士研究生；1979 年，中国人民大学恢复并组建了伦理学教研室；之后，华东师范大学和中国社会科学院哲学研究所相继成立伦理学教研室和伦理学研究室；1980 年，东南大学也开设了伦理学课程；同年 6 月，李奇领导筹建的中国伦理学会在江苏无锡成立，李奇任第一届会长；1982 年 10 月，中国伦理学会和天津社会科学院合办的会刊《伦理学与精神文明》（1985 年更名为《道德与文明》）开始发行，是国内伦理学界最为重要的学术期刊；1985 年，李奇主持了中国第一版《中国大百科全书 · 哲学》中伦理学分卷的编写工作。这些都为改革开放后中国伦理学学科的建设和发展作出了重要贡献，为恢复伦理学的研究和展开伦理学的学术交流提供了广阔的平台。

在伦理学原理方面，学者们围绕伦理学的研究对象、基本问题、研究方法、道德的本质、伦理学的规范体系等问题进行研讨，逐步建立了马克思主义伦理学体系，为伦理学理论研究工作的顺利开展奠定了基础。1979 年，李奇的《道德科学初学集》出版，对于人们掌握马克思主义伦理学的基本理论，澄清"四人帮"的反动道德观产生了重要影响，是当时重要的马克思主义伦理学著作。1982 年，罗国杰主编的中国第一部伦理学教科书《马克思主义伦理学》出版；此后，周原冰撰写的《共产主义道德通论》和李奇主编的《道德学说》分别于 1986 年和 1989 年出版。这三本著作运用马克思主义的基本原理，系统阐述了有中国特色的马克思主义伦理学的基本原理，提出了一个以唯物史观为指导、以道德现象为对象和以利益与道德关系为基本问题、以集体主义为核心的道德规范体系。该体系得到了全国多数伦理学工作者的认同，其基本架构主导了中国伦理学的学科理论体系。与此同时，其他一些伦理学教科书也纷纷出版面世，包括唐凯麟主编的《简明马克思主义伦理学原理》，张善城编著的《伦理学基础》，魏英敏、金可溪合著的《伦理学简明教程》等。随后，罗国杰又编著了《伦理学教程》、《伦理学》等，对马克思主义伦理学的许多重大理论问题作出了新的分析和概括，全面提升了马克思主义伦理学的理论水平，使中国的马克思主义伦理学发展到了一个新的阶段。

改革开放后，中国伦理学史的研究作为伦理学研究的一个重要分支也渐趋活跃。

陈瑛、温克勤、唐凯麟、徐少锦、刘启林等编著的《中国伦理思想史》是新中国成立以来第一部用马克思主义的世界观和方法论撰写的中国伦理学通史；沈善洪、王凤贤合著的《中国伦理学说史》对中国伦理学史上的一些理论问题提出了创建，并有所突破，产生了重要而积极的影响；朱贻庭主编的《中国传统伦理思想史》、张锡勤等编著的《中国伦理思想通史》，均在马克思主义的指导下对中华民族数千年的伦理思想进行了全面、深刻、科学的研究，作出了各自独创性的贡献。在断代史和专题史方面，中国学者也出版了一批具有重要学术价值的著作。例如，朱伯崑的《先秦伦理学概论》、张锡勤等编著的《中国近现代伦理思想史》、张岱年的《中国伦理思想研究》等。

在外国伦理思想史研究方面，章海山的《西方伦理思想史》是新中国成立后 30 多年来学术界第一部关于西方伦理思想史方面的著作，对西方伦理思想的阶段和派别划分、一般规律的挖掘等作出了可贵的探索；1985～1988 年，罗国杰、宋希仁合作编著的《西方伦理思想史》对欧洲古希腊时期到德国古典哲学时期的道德思想的演变历程进行了全面阐述；黄伟合的《欧洲传统伦理思想史》则对欧洲传统伦理思想作了简明扼要的梳理。在断代伦理思想史方面，石毓彬、杨远合著的《二十世纪西方伦理学》是研究现代西方伦理思想史的第一本专著；万俊人的《现代西方伦理学史》全面、系统地介绍了自 19 世纪中叶以来，现代西方伦理学各种思潮和流派的发展脉络，至今仍是这一领域最重要的学术成果之一。此外，宋惠昌的《马克思恩格斯的伦理学》和章海山的《马克思主义伦理思想的发展历程》是研究马克思主义伦理思想的两本重要著作，尤其后者是中国第一部系统研究马克思主义伦理思想发展史的专著，揭示了马克思主义伦理思想的动态发展过程，具有开创性价值。陈瑛、廖申白主编的《现代伦理学》介绍和评述了中国、苏联、东方（包括日本、印度和阿拉伯)、现代西方（西欧、美国）等国家和地区第二次世界大战以来的伦理学派别、思潮和重要学者。王中田的《当代日本伦理学》则专门介绍、评述了当代日本的伦理思想。

应用伦理学在 20 世纪 80 年代逐渐兴起。其中，生命伦理学是在中国发展较早、也相对成熟的学科。1980 年，《医学与哲学》杂志在大连创刊；1988 年，《中国医学伦理学》杂志在西安问世。这些杂志围绕试管婴儿、器官移植等现代医学技术开展了一系列医学伦理和生命伦理学的讨论和研究。到了 80 年代下半叶，一些关于医学与生命伦理学、科技伦理学的著作也相继出版。其中邱仁宗的《生命伦理学》是这一领域的奠基性著作。作为中国第一部全面系统地论述生命伦理的学术专著，该书对性别选择、人工授精、代理母亲、无性生殖、重组 DNA、基因工程、器官移植、安乐死等问题作了深入的研究与论证，向国内伦理学界介绍了西方诸国在生命伦理学研究方面所取得的重大成果。另外，刘湘溶的《生态伦理学》、唐凯麟与龙肖合著的《超越危机的选择——人口道德》等也都是中国当代应用伦理学研究的重要著作，对中国应用伦理学的发展作出了一定的贡献。

伦理学的发展是通过对那些具有重大现实意义和理论意义的问题的讨论和争论来实现的。这一时期，伦理学研究主要围绕如下几个重要的热点问题展开了讨论：(1) 80 年代初，由"潘晓来信"引发的关于人生观和人性问题的讨论；(2) 关于社会主义道德和共产主义道德有无时代性以及二者关系的讨论；(3) 对民族虚无主义和全盘西化思潮的批判；(4) 如何认识社会主义和共产主义的道德本质及其道德原则；(5) 市场经济与道德关系的讨论等。

总之，这一时期，伦理学学科逐步形成了伦理学原理、中外伦理思想史等研究方向，并开始招收硕士生和博士生，学术研究队伍不断壮大，为伦理学今后的繁荣和勃兴奠定了基础。但从整体上看，这一阶段的伦理学研究主要集中在马克思主义伦理学，而且与反思"文化大革命"、拨乱反正，以及社会主义精神文明建设紧密联系在一起。

(五) 新中国伦理学的发展时期 (1992～2000)

1992 年，中国确立了社会主义市场经济体制，不断深入的改革开放和进一步的思想解放，使中国的现代化建设进入了一个新的时期，也推动了中国的伦理学研究。这一时期的伦理学研究主动适应时代和社会发展的要求，不断更新理论体系，确立了五大研究方向：伦理学原理、中国伦理思想史、西方伦理思想史、比较伦理学和应用伦理学。特别值得一提的是，应用伦理学研究后来居上，成为新时期伦理学发展的重要支柱。

1993 年，湖南师范大学成为继中国人民大学之后中国第二所具有伦理学专业博士学位授予权的高校。1999 年 12 月，中国人民大学伦理学与道德建设研究中心正式组建，2000 年被确定为教育部百所人文社会科学重点研究基地；同年，东南大学获得伦理学博士学位授予权。这些为推动中国伦理学专业教学和研究工作的发展奠定了坚实的基础。

这一时期，中国的伦理学得到了真正的发展和繁荣。无论是伦理学原理，还是中西伦理学史研究，都取得了突飞猛进的发展。伦理学研究的领域不仅持续扩大，而且在思想性和学术性方面都有了极大的提高。

在伦理学原理研究方面，自 20 世纪 90 年代初开始，随着国外一批伦理学文献及其研究成果陆续被引进，呈现出马克思主义话语体系和西方伦理学话语体系并存的局面。一方面，马克思主义伦理学研究的体系化、系统化趋势日益明显，出现了唐凯麟编著的《伦理学教程》、魏英敏主编的《新伦理学教程》等重要成果；另一方面，学者们借鉴中西方伦理学资源，在伦理学学科体系方面大胆创新，取得了突出成就。如何怀宏的《良心论》通过创造性地转化中国传统的良心理论，阐释了一种具有中国特色的"底线伦理学"。万俊人的《伦理学新论——走向现代伦理》以西方近现代伦理文明为参照，以中国伦理精神的内在发展逻辑为基础，初步构建了一个"人学价值论伦理学体系"。

在中国伦理思想史研究方面，樊浩的"中国伦理精神三部曲"（《中国伦理的精神》、《中国伦理精神的历史建构》、《中国伦理精神的现代建构》）以"伦理精神"为核心概念，分别从逻辑、历史、现实三个维度，系统地梳理中国伦理学史的发展历程，探讨如何实现中国伦理的现代转化，建构体现中国文明对人类独特贡献的伦理精神与伦理道德体系的问题。陈少峰的《中国伦理学史》以"德性伦理学和社会伦理学为基本主线"，详细梳理了中国传统伦理思想的演进脉络。

在国外伦理思想研究方面，比较有代表性的成果有包利民的《生命与逻各斯——希腊伦理思想史论》，该书是西方古典伦理思想研究中的一部力作，以独特的视角勾勒了希腊伦理思想发展的脉络。这一时期，中国伦理学者还推出了一系列西方伦理学的经典译著，比较有代表性的是中国社会科学出版社出版的罗国杰等主编的"外国伦理学名著译丛"，特别是罗尔斯和麦金泰尔相关著作的翻译出版，为推进中国伦理学研究水平的快速上升提供了重要的思想资源。

中国伦理学在20世纪90年代的发展以应用伦理学的繁荣为核心。1995年10月，中国社会科学院应用伦理学研究中心成立，是国内成立最早的应用伦理学研究机构之一，在应用伦理学基础理论、政治伦理、经济伦理、环境伦理、生命伦理、科技伦理、媒体伦理和婚姻家庭与性伦理等领域开展了一系列学术研究和交流活动，取得了丰硕成果，逐渐形成了一支在中国应用伦理学研究领域具有重要地位的学术团队；同年，复旦大学应用伦理学研究中心也正式成立。1999年11月，北京大学依托哲学系建成应用伦理学研究中心。此后，国内多家高校和科研院所都相继筹建了类似的学术研究机构。这标志着应用伦理学的研究已经成为中国伦理学科发展的一个重要趋向。在学术研究方面，无论是关于应用伦理学的基础理论研究，还是各专业领域的具体研究，都取得了丰硕的研究成果，其中以环境伦理学和经济伦理学研究最为突出。这一时期的环境伦理学研究主要围绕人类中心主义和非人类中心主义、自然的内在价值与权利展开讨论，对提高人们的环境意识作出了重要贡献。经济伦理学研究则主要围绕经济与伦理的关系、经济人与“看不见的手”的伦理含义、公平与效率的关系、分配正义、产权伦理、企业的社会责任等问题展开。其他领域，如教育伦理学、性伦理学、网络伦理、政治伦理等也受到学者们的广泛关注。陈瑛、丸本征雄主编的《应用伦理学的发轫》是国内出版的第一本应用伦理学论文集。

与此同时，一些学术活动也应运而生，如 1994 年召开的首届全国环境伦理学讨论会、1997 年由中国社会科学院哲学研究所等单位联合召开的北京国际企业伦理研讨会、2000 年 6 月由中国社会科学院应用伦理学研究中心、东南大学哲学与科学系、南京师范大学经济法政学院和无锡轻工业大学联合主办的“第一次全国应用伦理学讨论会”等，对推动中国应用伦理学的繁荣发展作出了重要贡献。

随着中国伦理学学科体系的逐渐完善，中国伦理学界的学者也积极融入到国际伦理学研究界，国际学术交流日益频繁，其中比较重要的有“中日实践伦理学讨论会”，该讨论会始于 1987 年，由中国社会科学院哲学研究所和日本法人伦理研究所共同举办。另外还有“中韩伦理学国际学术研讨会”，该研讨会始于 1993 年，由中国伦理学会与韩国国民伦理学会共同举办，每年一次，每隔一年分别在中国和韩国召开。

伦理学学科不断完善和发展的动力源于生活，它关注的是社会道德生活的实际，20 世纪中国伦理学的发展充分说明了这一点，应用伦理学在 90 年代的繁荣更是最为直接的例证。随着学科体系的不断完善，研究领域的不断深入，学科队伍的逐渐壮大，学术交流的日益广泛，中国伦理学在新的世纪必将逐渐发展为极具中国特色的崭新学科。

七、美学研究

20 世纪中国美学既是中国古代美学史的延续，又突破了古代史阶段。这主要是因为百年中国美学的思想来源既有自己的历史传统，又大量吸收了西方美学和西方文化的新观点、新方法。美学在中国，其诞生主要是 20 世纪初的西学东渐，其发展主要是中西学术文化与美学思想碰撞交融的成果。西方美学史上的各种美学观点、思潮都在 20 世纪中国美学研究中留下了自己的足迹，中国现代美学最大的理论特点是融合中西美学，马克思主义美学则是重要的理论立足点。以学科发展为视角，20 世纪中国美学的百年历程大体可以分为四个时期：20 世纪初至 20 世纪 20 年代末的美学启蒙及其学科创建时期；20 世纪 20 年代末至 40 年代末的中国现代美学奠基期；20 世纪 50 年代到 80 年代中期以讨论为特征的美学争鸣期，以及 20 世纪 90 年代以来的中国现代美学反思与发展并存期。总体来看，20 世纪中国美学的一个最突出的特点便是与一百年来时代风云的变幻处于息息相关的联系之中。

（一）20 世纪初到 20 年代末的美学启蒙及其学科创建时期

20 世纪中国美学的创立是与中国启蒙思想相伴随的。面对落后挨打的衰弱国势和救亡图存的社会变革理想，王国维、梁启超、蔡元培等启蒙美学家强调向西方学习先进技术的同时，还必须对广大民众进行思想启蒙。在他们看来，美学承担着改造与拯救国人的麻木的精神状态和僵化的思维方式的使命。20 世纪初，王国维把美学从西方介绍到中国，但并不照搬，而是加以传播和发挥，把中国传统哲学与西方美学思想加以融会贯通，实现了中国美学理论从自发到自觉状态的转型，中国人开始有意识地建设美学学科，开启了中国美学学科建设的历史。这样，伴随着“五四”新文化运动，美学被纳入现代化的思想文化启蒙的轨道，尤其是蔡元培对于美学学科的研究与介绍，与当时救亡图存的社会实践紧密结合。为此，中国美学承担起思想解放与文化启蒙的历史任务，美学的功能发生了明显的转向。

美学在中国以学科的形式出现是中国文化走向现代化的结果。现代化率先在西方崛起，并向全球扩张，把全球各文化都带入一个世界整体。清末民初，在走向现代化进行学术体系变革的过程中，中国大多借助日本经验移植西方学术体系以建立现代学术体系。因此，美学体系的引入与美学学科的名称翻译深受日本的影响。日本学人中江肇民用汉语“美学”一词创译了 Aesthetics，传入中国后，王国维使“美学”成为定译并被中国学人普遍接受，继而成为这一学科的正式名称进入中国的教育体制和学术体系。这一时期，中国不同层次院校的美学课程设置与建系活动、美学专业研究队伍和学术团体的创建发展标志着中国美学学科的初步形成。

1. 美学学科的初步建立与美学教学工作的展开

随着大学学科分立的制度建设，美学研究也逐渐作为一门独立学科发展起来。1904 年清政府颁布的“癸卯学制”，张之洞等组织制定了《奏定大学堂章程》，首次针对建筑专业的学生设置了“美学”课，规定“美学”为工科“建筑学门”的 24 门主课之一，这是“美学”正式进入中国大学课堂之始。1906 年年初，王国维在《奏定经学科文学科大学章程书后》中对课程体系提出了新的思考，建议在经学科、理学科、中国文学科和外国文学科里都列出美学科目。到 1918 年，多数美术学校都把“美学”作为基础理论课开设，而在 1920 年，当时国立六所高等师范学校都开设了美学课，在 1920 年以后，“美学”课已经成为综合性大学文科课程结构中不可缺少的一门重要课程，美学教育也受到了相应的重视。从教育体系的现实方面看，在20世纪20～30年代美学课程被纳入到当时的教育体系当中，对美学学科的建设具有重要意义。中国的国立综合性大学，如北京大学、清华大学、中山大学、武汉大学等纷纷响应教育部的《教育部公布大学规程》，在文科的“哲学门”、“文学门”开设“美学”课程。最早设立美学课程的大学是北京大学，1912年哲学门成立的时候就开设“美学”、“西方美术史”、“美学名著研究”等课程。

在美学学科建设和美学教育的普及上蔡元培做出了重要的历史贡献，被公认为中国现代学术史和教育史上提倡美学研究和美育的“唯一的中坚人物”。1901年，蔡元培在《哲学总论》一文中首次引入“美育”概念。1903年，蔡元培译的《哲学要领》一书最早介绍了“美学”的词源及其原初意义。1912年，时任教育总长的蔡元培将新式教育方针归纳为体智德美四个方面，这是有史以来第一次把美育提高到国家教育方针的地位。1917年，蔡元培提出“以美育代宗教”的思想，使美育在教育体系中占有基础地位，让“美”成为现代中国人的人生境界。蔡元培还亲自投身于美学的研究和教学中，1921年，蔡元培在北京大学哲学系亲自讲授美学，为美学学科建设和美学专业人才培养做出重大贡献。

20世纪初期，经过王国维、蔡元培以及诸多学者的努力，国人对西方美学的了解逐渐丰富和深入，中国美学学科已逐渐具有学科体系的雏形。到20世纪20年代，美学不仅成为了高等学校的重要课程，而且成为以哲学专业为主的普及课程，美学由最初从西方照搬渐渐过渡到对美学学科本质的把握与建设，这都对美学学科在中国获得稳固的地位起到了积极作用。

2. 美学教材的编撰与出版

在美学学科创立初始阶段，美学的传播过程受西方美学的影响强烈，模仿色彩浓厚，中国近代美学原创性的成果不多，在某种程度上甚至可以称其为“翻译美学”。1902年，王国维翻译出版桑木严翼的《哲学概论》，论述了作为哲学学科的“美学”。1915年，徐大纯在《东方杂志》上发表的《述美学》一文最早有意识地进行美学学科建构，这是国人集中译介的关于西方美学发展史的最翔实文字，是较早论述美学学科定位的重要论文。1916年，蔡元培以德国哲学家历希脱尔的《哲学大纲》为摹本，参照包尔生与冯德的《哲学入门》，并融合了自己的观点，补充编译了《哲学大纲》，将“美学”列入“价值论”领域。尽管蔡元培最终没有完成《美学通论》的写作，但在他已经写出的两章和《哲学大纲》、《哲学纲要》中美学的部分，我们还是能够看到一个比较完整的美学体系。除了王国维、蔡元培等，这一时期尚有不少知识分子对西方美学进行译介、传播，为美学教材的编定奠定了理论基础。1917年，萧公弼在《存心》杂志上发表了一系列的美学论文，这是站在国际美学前沿借助中国传统美学思想对美学进行的深入阐释。

从美学的体系建构的角度而言，20世纪20～30年代中国出版的美学概论类著作具有代表性的是，1923年商务印书馆出版了吕澂的《美学概论》，这是中国第一部美学概论。《美学概论》由绪说和五章内容组成，是吕澂在上海美术学校和专科师范学校讲授美学课程的讲稿。1927年，上海民智书局出版了陈望道的《美学概论》，这是一部系统的美学专著，曾被一些艺术学校选用为教材。在这部著作中，陈望道比较自觉地运用马克思主义的观点来研究美学的一些重大问题。尽管这种研究是初步的，也未能标举马克思的旗号，但他的贡献在中国马克思主义美学史上是开拓性的。同年，商务印书馆出版了范寿康的《美学概论》，这是作者在上海学艺大学教授美学的讲稿。范寿康认为，艺术的本质就是表现，从而否定艺术美与自然美的区分。这些著作都从各自不同的角度构建中国现代美学学科体系，是在中国本土出现的首批“美学原理体系”。

3. 专业研究团体与期刊的创立

20世纪初期，由于中西文化的交流，以及王国维、蔡元培等美学家的倡导，美学已经在思想界、教育界、文艺界引起了广泛的重视。1919年冬，由上海专科师范校长吴梦飞及教师刘质平、丰子恺等在上海发起成立“中华美育会”，会员中有刘海粟、吕澂、姜丹书、萧蜕、胡怀琛等，这是中国第一个美学学术团体，它的成立是中国美学发展史上的一个里程碑。1920年4月20日，中国第一本美育学术刊物《美育》杂志创刊，主张“美”是人生的一种积极的目的，美育是新时代必须做的一件事。专业性学术团体与期刊的创立是中国美学学科体制化最重要的标志，它标志着20世纪的美学研究从此步入规范化、独立化的轨道。同时，中华美育会的成立为美学、美育工作者搭建了个开展学术活动的平台，活跃了学术气氛，增进了国内外美学界的学术交流，中国美学界出现了繁荣局面。

这一时期，由于启蒙美学家的美学启蒙、倡导和影响，以及他们对西方美学的引进、译介和传播，在20世纪20年代，中国迎来了美学研究的第一次热潮，“美学”学科在中国的传播与发展已经具备一定的基础，从得到教育体系的认可到最终落实进课堂，从自发地选择到认识的自觉，从美学学科知识的翻译、介绍到专业教材的翻译与编写，美学和美育得到了相当程度的普及，出版了一批有关美学的学术著作，构建起初具规模的美学理论体系。

（二）20 年代末到新中国成立的中国现代美学奠基期

20 世纪 20 年代末至 40 年代末，对西方哲学与美学的大量翻译为中国美学体系建构准备了理论资源。而有民族特色的中国现代美学理论体系的确立，应以中国传统美学资源为根基，融汇西方美学思想和方法，汲取和发展马克思主义美学的核心内核。中国美学家在这三个方面均做出了努力。

1. 西方美学原著的引进

在 20 世纪初，西方美学大多是通过日本美学家的著作转译过来的，从 30 年代开始，则主要从西方美学原著翻译，主要翻译出版的美学著作有：沈起予 1931 年译法国埃尔克维兹的《艺术科学论》，陈介伯 1933 年译德国叔本华的《文学的艺术》，梵澄 1935 年译德国尼采的《启示艺术家与文学者的灵魂》，蔡慕晖 1937 年译法国格罗塞的《艺术的起源》，关琪桐 1941 年译德国康德的《优美感与崇高感》，周扬 1942 年译俄国车尔尼雪夫斯基的《生活与美学》，傅东华 1931 年译德国克罗齐的《美学原理》，沈起予 1949 年译法国泰勒的《艺术哲学》等。西方哲学与美学的大量翻译与初步介绍，为中国现代美学体系的建构提供了理论参考与借鉴资源。

2. 中国现代美学理论体系的初步确立

20 世纪 30～40 年代，研究中国古典美学的人数不多，代表人物是宗白华、朱光潜和邓以蛰，他们致力于中国古典美学的现代转型，为中国现代美学学科建设奠定了坚实的基础。朱光潜通过对西方近现代美学思想研究，建构了中国现代美学史上第一个具有自身特色的以美感经验论为核心的审美心理学体系。这一时期，宗白华关于中国古典美学研究的重要论文有《中国艺术的精神》、《中国艺术境界的诞生》等文章，他在中西哲学比较研究的基础上，以中国传统美学为根基，西方现代哲学为参照，创造性地诠释了中国传统哲学的宇宙观念和生命意识，初步建立起了他的生命美学观，并由此出发构建起中国艺术境界论，为中国传统美学的现代转换提供了范导性尝试。邓以蛰对中国美学的贡献主要体现在对中国画和中国书法的研究。由于受当时以救亡图存为主题的历史条件影响，以救亡图存的革命运动为内涵的马克思主义的美学观逐渐占据了主导地位，而致力于中国古典美学转型的理论始终没有成为 20 世纪中国美学的主流，一直处在话语权力的边缘。

1949 年中华人民共和国成立，马克思主义成为中国意识形态的指导思想，中国的知识分子自觉学习马克思主义，并试图用马克思主义的观点清理西方的美学思想，建立新的美学体系。马克思主义经典作家的著作、苏联以及西方研究马克思主义的重要著作基本都翻译出版。同时，继续翻译出版西方美学名著，尤其是黑格尔的《美学》三卷、康德的《批判力批判》上册，分别由朱光潜、宗白华翻译。需要指出的是，新中国成立后，尤其是在1957年之后，学术界展开关于美学问题的热烈讨论，中国的美学研究得到了进一步发展。

这一时期，苏联马克思主义美学思想的译介、传播和中国马克思主义美学的诞生、形成为中国现代美学的构建奠定了理论基石，并对20世纪后期中国美学研究的发展产生了重要的影响。中国马克思主义美学诞生的理论渊源，主要是苏联马克思主义文艺美学的思想与模式。鲁迅、瞿秋白、冯雪峰、周扬等人对卢那察尔斯基、普列汉诺夫、车尔尼雪夫斯基、列宁等人的文艺、美学思想的译介、传播与运用，为中国马克思主义美学的诞生做出了重要贡献。影响最大的是1942年毛泽东发表的《在延安文艺座谈会上的讲话》，标志着中国马克思主义美学的正式诞生。《在延安文艺座谈会上的讲话》作为无产阶级文艺运动的纲领性的文献，将马克思列宁主义与中国革命和文艺的具体实践紧密结合起来，为无产阶级文艺指明了方向，在相当长的历史时期内影响着中国文艺的创作、审美实践及其理论批评，为中国马克思主义美学的形成和发展奠定了坚实的基础。1946年蔡仪的《新美学》出版，此书从唯物主义认识论出发，考察了美学的基本问题，论述了美、美感、艺术与认识的关系，认为美是客观的，美即典型，客观的美是美的存在，美感是对美的认识，艺术就是美的创造。《新美学》标志着中国学者用马克思主义的立场、观点、方法对前人学术思想进行批判继承的基础上构建美学体系的开端。

（三）新中国成立到80年代中期以讨论为特征的美学争鸣期

1956年，学术文化形势发生了变化，中共中央总结了过去领导科学文化工作的经验教训，通过讨论“十大关系”，把“百花齐放，百家争鸣”作为科学和文化的重要方针确定下来，文学艺术界和学术界出现了一派繁荣景象，美学问题的大讨论就是在这个方针的引导下以抵制唯心主义美学观为开端的。另外受当时苏联美学问题讨论的影响，启发了中国学术界对一些美学问题做进一步的思考。

1.20世纪50年代中期至1964年的美学大讨论

20世纪50年代至1964年的“美学大讨论”是中国20世纪乃至整个中国美学史上极为重大的事件。这次大讨论的根本问题是，美的本质问题，即美是什么。论争的焦点是如何回答美学中的哲学基本问题，主要产生了以吕荧、高尔泰为代表的主观论美学；以蔡仪为代表的绝对客观论美学；以朱光潜为代表的主客观统一论美学；以李泽厚为代表的客观性与社会性统一论美学四大学派。无论哪一派的论争者，都争当唯物论者，即“美学大讨论”是以批判唯心主义为开端的。

以吕荧为代表的一派主张美是主观的。在大讨论前期，吕荧提出“美是人的一种观念，是物在人的主观中的反映”，随后又提出“美是人的社会意识”。为此，许多人不同意其观点而提出批评。蔡仪在批评中指出，“美的观念”的说法不符合现实生活的实际，也不符合马克思主义反映论的原则。蔡仪坚持美是客观的、美即典型的主张，坚定地捍卫其新美学的唯物主义认识论、反映论立场，与《新美学》的批判者展开了激烈的论证，对先前的美学观点做了进一步的阐释与补充。他指出，“物的形象是不依赖于鉴赏者的人而存在的”，“客观现实事物的美的根源在于客观事物本身，事物的美的形象关系于它作为客观事物的实在性质”。以朱光潜为代表的一派主张主观与客观统一论，他认为，客观事物本身没有美学意义上的美，只有美的条件，美必须是客观方面某些事物、性质和形态反映于人的意识的结果。它们交织在一起，成为完整形象的那种特质，才称得上是美。李泽厚认为美是客观的，但又离不开人类社会，美是客观的社会属性。客观性不是物的自然性，而是物的社会性，是客观存在社会生活之中的属性。社会生活本身是客观的，作为社会生活属性的美，既是社会的又是客观的，是统一的存在，否认其中任何一方面都是错误的。

1956年开始的美学大讨论，是新中国成立以来全国范围的一次美学普及教育，美学研究者和美学教育工作者的队伍不断扩大。1960年，北京大学哲学系成立了美学教研室，设置了美学专业，并开始招收研究生。1962年，高等教育部召开全国高等学校文科教材会议，决定在大专院校逐步开设美学课，组织编写美学教材。其中朱光潜负责编写的《西方美学史》上下卷于1963年、1964年相继出版。在大讨论期间，美学论著与国外译著也陆续出版，具有代表性的论著有，朱光潜的《美学批判论文集》，蔡仪的《唯心主义美学批判集》，吕荧的《美学书怀》，汝信和杨宇的《西方美学史论丛》等。这场美学问题大讨论虽然过分囿于哲学命题，而忽视了美学自身的品格，过多地强调政治意识形态，制约了真正学术性的发挥，后因“文化大革命”的爆发而中断。但却激发了更多人的美学兴趣，加强了美学学术研究，期间发表美学论文的数量之大，讨论时间之长，在中国美学史上是空前的，有力促进了中国现代美学的繁荣与发展。

2.“文化大革命”期间的美学停滞期

在这一历史阶段，中国现代美学作为“封、资、修”被彻底批判，中国现代美学的发展处于停滞状态，但依然存在一定的关于美学的“潜思考”与“潜写作”。

3.20世纪70年代末至80年代初的美学热潮的“深化期”

“文化大革命”后的中国，学术研究由停滞转而复苏，美学更是走在前面，于80年代初期形成了新中国成立后的第二次热潮，美学由高雅的殿堂走入广大民众之中。此次美学热潮的特点是，一方面对中国美学史的梳理研究；另一方面美学论证的广泛深入。中国美学出现了替代“反映论”的实践美学的转向，这既是20世纪50～60年代“美学大讨论”的学术积累的结果，又是对“文化大革命”荒原的人性解放和思想解放的深层契合。

1979年，中国社会科学院哲学研究所美学研究室编《美学》（俗称《大美学》）创刊，并由上海文艺出版社出版。1980年6月由中国社会科学院哲学研究所美学研究室筹备的第一次中国美学会议在昆明召开，历时8天。昆明会议通过了《中华全国美学学会简章》、《中华全国美学学会工作计划纲要》，成立了“中华全国美学学会”，并选出了第一届理事会，首任会长由朱光潜担任，此后由王朝闻、汝信担任第二、第三任会长。会上，中国美学史的研究被列为会议重要议题。这样，中国美学史如何撰写成为一个新的值得探索的问题。中华书局于1980年、1981年出版了由北京大学哲学系美学教研室编选的《中国美学史资料选编》上、下册。1984年由李泽厚、刘纲纪主编的《中国美学史》第一卷出版，1985年叶朗的《中国美学史大纲》出版，1987年敏泽的《中国美学史》三卷本出版。除了美学史类，还有一批论著性专著发表。

在此次美学热潮中，关于共同美的论争、关于马克思《1844年经济学哲学手稿》的论争、“主体性”问题及其大讨论、关于人性论和人道主义的论争等问题广泛而深入地展开。这一时期的论争形成了中国美学研究的重大成果，即以马克思的实践观点来建构美学本体论的共识。实践美学是这一时期哲学美学的最高水平，充分地显示了哲学美学的学术特征，展现了在较宽松的社会文化环境下学者较为自觉、独立进行美学思考的成果。《美学四讲》就是李泽厚实践论美学思想体系的集中体现和具体展开。此外，刘纲纪的马克思主义实践本体论美学思想体系，蒋孔阳的实践创造论美学思想体系，都“合”到马克思主义实践美学上。

（四）90年代以来的中国现代美学反思与发展并存期

进入20世纪90年代，随着社会主义市场经济体制的转型，以及西方现代主义、后现代主义文化思潮的传入与影响，大量国际性学术交流、外国美学名著的系统译介，以都市为根基的大众审美文化开始质疑实践美学的话语权，使得实践美学话语丧失了 80 年代独有的政治和文化批判功能。如何解决现实中人的生存问题，美学必须重新思考。正是这种时代语境使新一代年轻学者纷纷致力于反实践美学与超越实践美学，生命化美学的出现成为 20 世纪 90 年代中后期令人瞩目的思潮，生命美学、体验美学、超越美学、生存美学、否定美学、和合美学等纷纷出现。以“生存论本体”的明确建构彰显生命化美学的主题，整个美学的转型开始了，由原来的过多地关注美的本质而转向更为根本的涉及美学存在的合理化的美的本体问题。1991 年潘知常在《生命美学》中批判“美是人的本质力量的对象化”这一实践美学命题所导致的 20 世纪 80 年代后期中国当代美学研究的徘徊不前，并系统呈现了生命美学的思想。在 1993 年北京美学年会上，杨春时提出了“超越实践美学，建立超越美学”的新见解，这是中国当代美学的新气象。在海德格尔思想启发下，生命化美学思潮都以生存作为美学的逻辑起点，以生命取代实践，并将生命设置为美学的基石，因此被称为“后实践美学”。中国美学研究出现了“后实践美学”和实践美学之间的争辩。实际上，“后实践美学”与实践美学之间的争论是对实践论美学的反思，他们之间的论争与反思，对活跃和推进中国美学的研究与建设具有十分重要的意义，尽管双方均存在着批判有余而建构不足的理论缺陷。

同是 20 世纪 90 年代，中国学者提出了生态美学理论，曾繁仁、徐恒醇、陈望衡、刘成纪等开启了这一领域，并出版了《生态存在论美学论稿》、《生态美学》等专著。从生态美学产生的逻辑与动因而言，曾繁仁提出，生态美学是中西交流对话的产物。这意味着生态美学不但与世界主流思想相应合，也与中国发展带来的生态形势相关联，生态美学具有世界性与本土性双重维度。如果说，实践美学与后实践美学的对立是在人的社会整体性与个体自由性上的对立，从而都是一种以人为中心的美学，由人的审美活动而生出社会美、自然美、艺术美等美学领域和美学体系；那么，生态美学则是一种强调人与自然和谐相处的美学，生态需要人去敬畏、体察与关爱。因此，生态美学代表的是一种美学整体观念的转变。

1995 年，“国际美学美育会议”在深圳召开，这是中国内地举办的第一次国际美学研讨会，这意味着美学研究的国际化与全球化时代的到来。在全球化时代着眼于人类发展的现状与未来，中国现代美学的发展已呈现出多种不同的发展趋势，这种多元化的走向不同于实践美学的单一主导趋势，从而展现出中国美学研究的“多极而共生”的健康走势。

反省整个 20 世纪美学研究者的思考与观点，摆脱现有美学研究模式中的习惯思维方式，以新的勇气提出新的美学思想，以新的美学思想去确定新世纪的美学研究的对象已势在必行。首要的是构建具有中国特色、中国气派与中国风格的美学理论体系，从王国维引进西方人本主义美学创立中国美学开始，到朱光潜在译介和立足西方美学的基础上提出主客观统一说，李泽厚也是以西方美学理论为基点创立实践美学。所以，21 世纪的美学研究就必须冲出这一桎梏，中国现代美学的研究理论思维视野必须更加开阔，理论创新意识必须日益增强，必须以中国精神与中国方式去做新的美学研究。构建具有中国特色的美学体系必须从新时代的生活实际出发，以中国传统美学思想为根基，整合西方美学，才能建构起对本民族文化具有独特解释力的中国美学体系。

八、科学技术哲学研究

科学技术哲学属于哲学二级学科，其研究领域涵盖与科学技术相关的哲学、社会学、政治学、伦理学等议题。从思想来源上说，科技哲学是庞杂的，既包括德国古典哲学、马克思主义，也包括逻辑实证主义、大陆哲学。从学科属性上说，科技哲学是跨学科的，除哲学外大量借用伦理学、社会学、历史学、人类学等学科资源。从方法论上说，科技哲学是多元的，既从事先验反思、文化批判，也采取案例分析、计量学、经验描述等多种研究形式。

科技哲学的前身是自然辩证法，后者长期发挥着意识形态功能，这是由中国的特殊国情决定的。长期以来，自然辩证法是高校理工农医硕士研究生的政治必修课。在 20 世纪科技哲学的历史演进中，这一学术与政治之间的张力如影相随，它深刻影响着科技哲学研究者的学术水平、专业化程度以及教学模式。随着时间的推移，特别是进入新世纪，我国的科技哲学研究正沿着纯学术道路大踏步前进。

对科学技术的哲学反思有着悠久的历史。早在古希腊，思想家们业已开始探讨世界的始基、知识的本性等问题。近代科学革命以后，科学真正成为严肃的哲学主题。当时，由近代科学营造的新世界图景吸引了笛卡儿、莱布尼茨、康德等哲学家的浓厚兴趣，也促使他们不断思索其中隐藏的矛盾与冲突。19 世纪之后，随着科学技术的建制化以及“大科学”、“后学院科学”、“产业科学”的兴起，原先纯粹的哲学问题逐渐衍生为伦理学、社会学、经济学、政治学问题。如今，人们愈发意识到，理解科学技术本身尽管十分重要，但理解科学技术与生活世界之间的互动关系更加重要。

（一）两大学术来源

从思想谱系上看，我国的科学技术哲学主要有两大思想来源：马克思主义与英美科学哲学。

1. 马克思主义

作为科学技术哲学的前身，自然辩证法是马克思主义的重要组成部分。“自然辩证法”这一名称来自恩格斯未完成的手稿，该手稿于 1925 年在苏联出版。1932 年，杜畏之《自然辩证法》中文全译本出版。此前，该手稿的一些内容已经以论文的形式翻译进来。恩格斯的自然辩证法属于德国古典哲学传统。它反对机械自然观，坚持动态的、有机的、辩证的自然观。与 20 世纪英美科学哲学不同，自然辩证法注重思辩，带有强烈的黑格尔印迹和形而上学色彩。此外，《自然辩证法》内容丰富，涉及科学史、进化论、科学方法论以及具体的科学理论等。新中国成立以后，这部著作成为我国自然辩证法学科的基石和典范。

2. 英美科学哲学

肇始于维也纳学派的英美科学哲学是我国科技哲学研究的另一大思想来源。20 世纪 20 年代，杜威与罗素来华讲学，带来了西方最新的科学观念与哲学观念，对中国知识界产生了极大影响。1945 年，洪谦的《维也纳学派》由商务印书馆出版。改革开放之后，这一西学传统得到了强有力复兴，逻辑实证主义、批判理性主义、历史主义等被大规模介绍进来。与德国古典哲学不同，英美科学哲学反对形而上学思辨，注重语言和逻辑分析，坚持经验主义和实证原则。它的研究主题包括科学划界、经验证实、观察、知识合理性、实在论等。

如果说自然辩证法传统带有浓郁的政治色彩的话，科学哲学传统则充满学术自觉意识。这两种截然不同的学术来源使得我国的科技哲学长期徘徊于学术与政治之间，并且将科技哲学从业者分化为截然不同的阵营。20 世纪 90 年代以后，自然辩证法的影响日趋衰落，英美科学哲学则停滞不前。此时，我国科技哲学研究者开始积极寻求新的学术资源，包括科学论（science studies）、认知科学、现象学、女性主义、伦理学、后现代主义等，这已经远远超越了自然辩证法和英美科学哲学的涵盖范围。

（二）1949 年以前的奠基阶段

1. 西方科学与哲学的传播

清末民初，中国知识界怀着救亡图存和改造文化的雄心，开始大规模引入西方的科学思想、哲学思想和政治思想。五四运动前后，“民主”与“科学”成为知识界的旗帜，科学理论、科学方法和科学精神随之广为传播。早在1905年，严复便翻译出版了《穆勒名学》，成为译介西方科学精神和科学方法的先行者。1915年，中国科学社宣告成立，主要发起人为任鸿隽、秉志、周仁、胡明复、赵元任等，任鸿隽为首任社长。这是近代中国第一个民间学术团体，其宗旨是“提倡科学，鼓吹实业，审定名词，传播知识”。与此同时，由中国科学社主办的《科学》杂志开始发行。这是中国近现代思想史上具有里程碑意义的事件，为科学知识和科学精神的传播做出了不可磨灭的贡献。1918年，北京大学开设“科学概论”，是近代中国最早的科学哲学课程。1920年北京大学教授王星拱的《科学概论》上卷《科学方法论》出版，这是近代中国第一部科学哲学著作。1919～1921年，杜威和罗素相继来华讲学，使得中国知识分子有机会直接接触西方最新的科学与哲学成果，极大地推动了科技哲学在中国的传播。

1923年，科学与人生观论战爆发，亦可称为科玄论战。这场论战为学者们反思科学精神与科学方法的意义与限度提供了机遇。1923年2月，张君劢在清华大学作《人生观》的讲演，认为科学不足以解决人生观问题，因而是有限度的。同年4月，丁文江在《努力周刊》上发表《玄学与科学》作为回应，论战由此拉开序幕。先后介入其中的包括梁启超、胡适、张东荪等哲学家，丁文江、任鸿隽、王星拱等科学家，还有陈独秀、瞿秋白等政治活动家。这场论战涉及论题极为广泛，参与者就科学精神、科学方法以及科学与人生展开了全方位的探讨，大大深化了人们对西方科学技术的理解，标志着启蒙运动进入了自我反思阶段。

科玄论战并未放慢西方科学和哲学的传播步伐。翻译方面，先后涌现出许多科学哲学和科学方法论著作，涉及罗素、怀特海、汤姆生、彭加勒、卡尔纳普、普朗克、爱因斯坦等。此外，研究性成果也相继问世，尽管数量不多，但对后来的科技哲学建设起到了关键作用。其中，特别值得一提的是洪谦的《维也纳学派》和金岳霖的《知识论》。它们是国际一流水平的著作，为改革开放之后英美科学哲学的大规模引入奠定了基础。

2.《自然辩证法》的传播

作为马克思主义的重要组成部分，自然辩证法在20年代末30年代初开始进入中国。1928年，陆一远翻译的《马克思主义人种由来说》出版，这是《自然辩证法》的最早译文。1930年出版了《从猿到人》，该书收录了恩格斯的两篇文章。同年，《自然辩证法》导言全译本问世，题目是《辩证唯物论的宇宙观与现代自然科学之发展》。1932年，杜畏之翻译的《自然辩证法》全译本出版，为自然辩证法在中国的传播发挥了重要作用。与此同时，与自然辩证法密切相关的《反杜林论》、《费尔巴哈的提纲》以及《唯物主义与经验批判主义》等文本也被一一介绍进来。

在组织方面，1936年由艾思奇等发起，我国第一个自然辩证法研究团体——上海自然科学研究会成立，参与者包括孙克定、于光远等人。1938年，高士其、董纯才等延安自然科学家组建自然辩证法座谈会，这是我国第一个《自然辩证法》读书小组。1940年，陕甘宁边区自然科学研究会在延安成立。该研究会组织了一个自然辩证法研究小组，由延安自然科学院院长徐特立指导，研究会干事于光远主持。这些译介和研读工作为新中国成立以后自然辩证法的全面建制做了重要准备。

应当明确的是，与西方科学哲学思潮植根于我国主流知识界不同，自然辩证法从一开始就与革命工作息息相关。

（三）自然辩证法建制阶段（1949～1977）

新中国成立以后，马克思主义被确立为指导思想，自然辩证法随之得到了蓬勃发展。与此形成鲜明对照的是，此前引入的西方科学哲学在政治大环境中丧失了生存土壤，翻译和研究工作长期中断，除江天骥的《逻辑经验主义的认识论》外乏善可陈。

50年代，于光远任中共中央宣传部科学处处长，负责制定科学发展政策和科学家政策，《自然辩证法》成为指导性文献。1955年，于光远主持的《自然辩证法》新译本由人民出版社出版，艾思奇在《人民日报》发表《以辩证唯物主义武装自然科学——介绍恩格斯的〈自然辩证法〉》。与此同时，大学开始设立自然辩证法课程。1953年北京大学哲学系开始招收自然辩证法研究生，1955年开设“自然与自然发展史”课程。

对于自然辩证法学科来说，1956年是关键的一年。当时，国务院组织制定全国十二年（1956～1967）科学发展远景规划。自然辩证法研究规划作为哲学社会科学研究规划的一部分，由于光远主持。规划草案提出：“在哲学和自然科学之间是存在着这样一门科学，正像在哲学和社会科学之间存在着一门历史唯物主义一样。这门科学，我们暂定名为‘自然辩证法’，因为它是直接继承着恩格斯在《自然辩证法》一书中曾进行过的研究。”在规划指导下，当时实行了两项措施：第一，1956年6月在中国科学院哲学研究所成立自然辩证法研究组，于光远任组长，这是新中国第一个自然辩证法研究机构；第二，1956年10月创办《自然辩证法研究通讯》，由自然辩证法研究组主办，这是新中国第一份自然辩证法专业刊物。这两项措施使得自然辩证法步入建制化轨道。

此后，自然辩证法大规模进入大学，各高校纷纷设立自然辩证法教学和研究机构。1958 年，中央党校开设自然辩证法研究班，并集体撰写《自然辩证法提纲》，这是我国第一部自然辩证法总论性著作。1961 年，中国人民大学开始招收自然辩证法专业三年制研究生。1962 年，中国科学院哲学研究所与北京大学哲学系联合招收自然辩证法专业四年制研究生，导师为于光远和龚育之。1958 年之后，上海、广东、北京等地陆续成立自然辩证法研究会。在研究方面，科学方法论、科学认识论得到了快速发展。1962 年，龚育之在《人民日报》发表《对自然辩证法研究的一点意见》，强调资料整理和资料翻译的重要性。此后，普朗克、爱因斯坦、波尔、薛定谔、波姆等科学家的翻译著作相继问世。

1966 年以后，由于受到“文化大革命”的冲击，自然辩证法事业长期陷入停滞。

（四）20 世纪 70 年代末至 90 年代初科技哲学的快速发展期

1977 年以后，中国科技哲学进入快速发展期。除恢复和发展自然辩证法传统外，随着西方思潮的大规模涌入，中断已久的英美科学哲学得到了前所未有的振兴，科学学、技术哲学、科学社会学等一系列新兴研究路线大大开阔了科技哲学研究者的眼界。科技哲学学科逐渐淡化意识形态色彩，朝着学术化和国际化方向推进。

1977 年，国家制定了新的八年科学发展规划，“自然辩证法与科学技术史研究”被列为规划重点项目之一。《一九七八——一九八五年自然辩证法发展规划纲要（草案）》共拟定了九个主要项目，包括马克思主义经典著作研究、深入批判“四人帮”、编写自然辩证法综合性著作、科学方法论、科学技术史、自然科学中的哲学问题、总结运用自然辩证法解决实际问题的经验、科技教学中的哲学问题研究以及译介国外文献等。1978 年，邓小平批准成立中国自然辩证法研究会（筹备会）。1979 年，《自然辩证法通讯》创刊，由中国科学院主办，于光远任主编，李宝恒任副主编，1981 年由范岱年接任。1981 年，中国自然辩证法研究会成立大会暨首届学术年会在北京召开，于光远被推选为理事长，周培源、卢嘉锡、李昌、钱三强、钱学森、钟林为副理事长。1985 年，中国自然辩证法研究会创办《自然辩证法研究》杂志。

1981 年，教育部正式确定自然辩证法作为全国理工农医科研究生的政治必修课，大部分招收研究生的理工农医科高校都设立了自然辩证法教研室。同时，自然辩证法硕士和博士点纷纷建立起来，培养了一大批研究和教学人才。1978 年，由孙小礼主持、多个单位共同参与的《自然辩证法讲义》的编写工作正式展开，1979 年年底首印10万册，至1989年共发行35万册。这些举措为自然辩证法学科提供了强有力的体制保障。

80年代初，于光远把“自然辩证法”比喻为“大口袋”。这使得自然辩证法能够广泛吸收多学科的成果，并为接受新思潮创造了有利条件。从70年代末到90年代初，我国自然辩证法研究主要围绕以下几个方向展开。

第一，科学方法论。除继续研究各门自然科学的方法外，大规模引入控制论、系统论、信息论、耗散结构、突变论、协同学。这方面的代表性著作包括陈昌曙的《自然科学的发展与认识论》、魏宏森的《系统科学方法论导论》、林定夷的《科学研究方法概论》等。

第二，科学学与科学社会学。改革开放以后，科学技术开始参与经济建设，科技政策与社会学研究受到国家和学界的重视。于光远、龚育之、钱学森、钱三强等人多次呼吁建立具有中国特色的科学学体系。1982年，中国科学学与科技政策研究会宣告成立。国外科学学和科学社会学经典著作陆续翻译过来，其中包括贝尔纳的《科学的社会功能》、普赖斯的《小科学，大学科》等。80年代初，《自然辩证法通讯》杂志社组织召开了第一届全国科学社会学会议，翻译出版了默顿的《十七世纪英格兰的科学、技术和社会》。《科学与哲学》杂志推出科学社会学专辑，选译了默顿《科学社会学》的若干文章。这些译介工作大大拓展了自然辩证法的研究范围，社会学成为科技哲学学科的重要支柱。

第三，科学哲学。新中国成立以后长期中断的西方科学哲学得到了大发展，国内科学哲学研究被公认为“哲学领域的前沿学科”。石里克、卡尔纳普、波普尔、库恩、拉卡托斯、劳丹、费耶阿本德等哲学家的经典著作的中译本相继问世。《自然科学哲学问题》与《科学与哲学》杂志译介了大批科学哲学文章。同时，国内学者发表了一系列研究性著作，如江天骥的《当代西方科学哲学》、舒炜光与邱仁宗主编的《当代西方科学哲学家述评》。这个时期，我国科技哲学学科逐渐在学术话语、研究方式上与国际科学哲学界接轨。1987年，中国自然辩证法研究会加入国际科学哲学与科学史联合会科学哲学分会，查汝强当选为分会执行委员。1980年起，全国科学哲学学术议会每两年举办一次，几乎未曾中断。

第四，自然科学中的哲学问题研究。70年代末以后，自然辩证法延续着自然科学中的哲学问题研究路线，这一时期的成果包括：胡文耕的《分子生物学中的哲学问题》、傅世侠主编的《科学前沿的哲学探索》、中国社会科学院哲学研究所自然辩证法研究室编著的《现代自然科学的哲学问题》、洪定国的《物理学理论的结构与拓展》、郑毓信的《数学哲学新论》等。此外，技术哲学、环境哲学等也开始起步，相关著作包括：远德玉与陈昌曙合著的《论技术》、余谋昌的《当代社会与环境科学》。

特别值得一提的是，1976～1979年，由许良英、赵中立、范岱年、张宣三及李宝恒等编译的三卷本《爱因斯坦文集》由商务印书馆出版。这部约130万字的大型文集在我国科技哲学界产生了深远影响。

1990年10月，国务院发布了新的学科目录，将“自然辩证法”更名为“科学技术哲学（自然辩证法）”。对于科技哲学学科而言，这是具有历史意义的标志性事件。自此，科技哲学真正成为一门综合性的、跨学科的哲学二级学科。

（五）90年代以后的趋势

90年代以后，我国科学技术哲学出现了一些新趋势。80年代末90年代初，邓小平提出科学技术是第一生产力。1995年，中央提出科教兴国战略。这一系列举措使得科学技术与社会（STS）成为科技哲学的显学。同时，随着西方后现代主义、女性主义、后殖民主义和环境伦理学的涌入，对科学技术的批判性反思成为热门话题。此外，在西方科学哲学停滞不前的情况下，我国学者积极寻求新的学术资源，包括现象学、社会建构论、自然主义、认知科学等，技术哲学、工程哲学、伦理学等新兴领域也越来越受重视。

第一，STS研究。西方“科学、技术与社会”兴起于20世纪70年代。90年代以后，我国出现STS研究热潮。1992年，“中美STS讲习会”邀请美国学者米切姆、卡特克里夫等人来华讲学，这标志着STS正式进入中国。与此同时，国外STS文献翻译与国内学者的STS研究工作逐渐铺开。1992年，中国社会科学院哲学研究所自然辩证法研究室编译的《国外自然科学哲学问题》翻译了6篇STS论文。1994年，魏宏森发表《科技与社会（STS）——一门新兴的学科》，殷登祥发表《试论STS的对象、内容与意义》。另一方面，北京大学、清华大学、中国社会科学院、中国科协等高等教育和研究机构先后成立了STS研究部门，如1986年北京大学成立科学与社会研究中心，1993年清华大学成立科技与社会研究所，1993年中国社会科学院成立STS研究中心。多种形式的STS讨论会也全面铺开，如全国科技与社会研讨会。这一时期，在国家宏观政策以及西方思潮的联合推动下，STS成为我国科技哲学学科的显学。

第二，科学知识社会学（SSK）与科学技术论。20世纪70年代初，SSK在西方异军突起。90年代末，刘华杰等人率先将SSK引入国内，并发表《科学元勘中SSK学派的历史与方法论述评》等文章。随后，布鲁尔、拉图尔、科林斯、皮克林等人的著作被大量引进。进入21世纪，这一领域拓展为科学技术论，诸如科学的社会建构、技术的社会塑造、实验室研究、行动者网络理论、科学人类学均为国内学者不断涉及。这一领域与 STS 有重合之处，但带有强烈的认识论批判旨趣。

第三，大陆科技哲学。90 年代前后，现象学、解释学等现代大陆哲学传入中国，我国科技哲学研究者开始积极吸收相关资源。胡塞尔、海德格尔、伽达默尔、哈贝马斯等哲学家关于科学技术的反思为我国科技哲学输送了新鲜血液。早在 1993 年，宋祖良就出版了《海德格尔论新时代的技术》，这是一部较早介绍现象学科技哲学的著作。新世纪以来，大陆科技哲学研究得到了快速发展，并多次举办全国现象学科技哲学学术会议。

第四，自然主义与认知科学哲学。随着认知科学的迅猛发展，认识论的自然化成为国际哲学界的前沿。90 年代末期以后，国内大批科学哲学和分析哲学研究者转向了自然主义、物理主义、心理学、神经科学等。北京大学、清华大学、浙江大学、中山大学等高校纷纷成立认知科学研究机构，并多次召开全国性的认知科学哲学研讨会，如全国认知科学研讨会、心灵与机器研讨会。借用认知科学的研究成果来补充甚至替换哲学思辨，成为部分科学哲学和分析哲学研究的指导思想。

第五，其他进展。除上述趋势外，技术哲学、工程哲学、环境伦理学等也吸引了部分学者的兴趣。在技术哲学方面，陈昌曙出版了《技术哲学引论》，是国内较早的技术哲学专著。在工程哲学方面，李伯聪出版了《工程哲学引论》。此外，随着新兴技术的出现，如遗传工程，相关的伦理学研究越来越受重视。

（六）结语

纵览 20 世纪中国科技哲学学科发展史，它经历了一个学术与政治之间的否定之否定的辩证过程，这是由中国特殊的历史条件决定的。如今，作为严格的哲学二级学科，科技哲学因为历史原因在学术积累和学术训练上落后于其他学科。科技哲学学科在研究领域上过于分散，在研究方法上过于多元，在队伍建设上过于膨胀。但另一方面，科技哲学的优势在于，它始终能够面对科学技术本身，具有强烈的问题意识和现实意识。鉴于科学技术在当代社会发展中的重要性，我国科技哲学学科在 21 世纪将大有可为。

九、宗教学研究

宗教是人类的一种社会、历史和文化现象，也是一种社会意识、心理和行为。一般由共同信仰、道德规范、仪礼、教团组织等要素构成，有其自身发生、发展和演变的过程。宗教观念和行为受到社会历史条件的制约，同时也对特定历史时期的社会生活、政治结构、文化风尚和道德伦理发生影响。宗教学在世界学术史上是一门新兴学科，一般认为从英国学者缪勒 1870 年正式提出宗教科学的概念以来才正式成立。

20 世纪中国宗教学的发展与中国的政治环境、社会需要及西方宗教学理论在中国的传播密切相关。从 20 世纪初学者开始探讨“宗教是什么”、“中国有无宗教”，到 20 世纪末宗教史学、比较宗教学、宗教类型学、宗教人类学、宗教现象学、宗教社会学、宗教心理学等分支学科的出现及其专业化、系统化的良性发展，宗教学逐渐成为有理论、有方法、有体系的独立学科和 20 世纪中国人文科学的重要组成部分。

（一）20 世纪初至 1949 年：西学东渐与宗教学的兴起

1949 年以前，国内相继出现的一系列社会动荡引起了思想界的强烈回应与争鸣。宗教内部出现了回应社会变动的文化革新和学术活动。与此同时，西学东渐也给思想界提供了新的研究方法和研究视域。随着中国社会格局的历史性变迁和西方思潮的引进与传播，现代科学的研究方法如考古学、人类学、语言学和神话学等被用来研究宗教义理、宗教现象，逐渐兴起了现代意义上的宗教学术研究。

1. 宗教学的兴起

20 世纪初，先进的中国人意识到变革社会需要根除“君权神授”等封建思想，开始关注宗教问题的理论认识和历史研究。严复把中国人对天命的崇信和对鬼神的迷信视为社会“进步之阻力”，认识到批判传统宗教的必要性，应该发展科学、兴办教育、开展启蒙教育，清除“宗教之流毒”。孙中山认为应该消除与封建专制制度紧密相连的传统宗教观，如“神权、君权”等。章炳麟著《无神论》来批判宗教，他利用近代自然科学和哲学，试图从理论层面证明宗教有神论和宗教教义的自相矛盾。胡适认为自然科学、特别是达尔文进化论已经打倒了宗教。他否定了基督教的基本教义，并认为佛教传入中国是中国文化史上的一大不幸；李大钊认为宗教信仰具有排他性和阶级压迫的功能，宗教宣扬的博爱是要无产阶级放弃反抗资产阶级的斗争。

中国学界开始讨论“中国有无宗教”问题。夏曾佑在《中国古代史》中把各种有神论观念、原始信仰、民间崇拜等统称为“中国古代的宗教”。梁启超在《中国古代学术思想变迁史》中提出“中国无宗教”的观点，认为中国文化传统中佛教来自印度的外来宗教；道教以民俗为特色，宗教性不典型；儒家以人为本，与宗教相去甚远。蔡元培认为宗教与科学是对立的，科学理性的发展必将导致宗教信仰衰败，认为“中国历来在历史上与宗教没有什么深切的关系，也未尝感到非有宗教不可。”他先后发表《以美育代宗教说》、《关于宗教问题的谈话》，提出以美育代宗教的观点。陈独秀也有中国是“非宗教国”之论。五四时期学者大多把宗教视为外来之物加以贬低。梁漱溟曾坚持中国人乃世界上唯一对宗教兴趣不大的民族，是一个“非宗教的民族”。上述讨论涉及“儒教是否为宗教”的问题。梁启超率先坚持“儒教非教说”。20世纪末期，学者对这一问题又重新进行了讨论。

启蒙思潮的推进客观上要求学术界认真思考“宗教是什么”的问题。20世纪上半期，关于宗教基本理论的论著有简又文编《新宗教观》、汪秉刚著《宗教大纲》、黄景仁译《宗教概论》、张钦士编《国内近十年来宗教思潮》、谢颂羔著《宗教学ABC》、林超真译《宗教、哲学、社会主义》、邓毅译《唯物论与宗教》、钱亦石著《通俗宗教轮》、刘剑横著《唯物的宗教观》、蔡任渔著《几个宗教问题》、虚心著《宗教通论》、林伊文译《宗教本质讲演录》、慕奥译《什么是宗教》、王一鸣译《现代宗教论》、徐宗泽著《宗教研究概论》、陈金镛著《中国的宗教观》、赵景松译《宗教与近代思想》、大同著《宗教学》等。这些著作对宗教学学科的形成起到了重要作用。

2. 宗教史学的开创及发展

随着启蒙思潮的发展，一些学者开始着眼于对宗教的典籍、教理、发展演变进行哲学的分析和历史的研究，开创了以佛教史、道教史为中心的宗教史学。

佛教史方面以梁启超、陈寅恪、陈垣、汤用彤为代表。梁启超写了一系列有关中国佛教的论著，集为《佛学研究十八篇》，其中对《四十二章经》、《理惑论》做了辨伪，对《大乘起信论》做了考证，把中国佛学和佛教史的研究推进到新水平。陈寅恪通晓梵文、突厥文、西夏文等多种文字，对一些重要的佛教经典的传译与意蕴进行了研究，对佛、道与历代政治的关系以及佛教传入对中国文化和思想的影响等问题做了历史考证。陈垣写了一系列宗教史的专著，多为历史考证之作，涉及基督教、伊斯兰教、犹太教、祆教、摩尼教、佛教、道教等。他的《释氏疑年录》和《中国佛教史籍概论》是佛学研究的工具书。他的宗教史著作如《明季滇黔佛教考》和《南宋初河北新道教考》曲折地表达了自己的爱国情操和民族气节。汤用彤的《汉魏两晋南北朝佛教史》和《隋唐佛教史》是对汉唐阶段的中国佛教发展的系统把握，在佛教学术研究史上具有开创性。

道教史研究方面的主要著作有：许地山的《道教史》（上册）、《道教源流考》；

陈垣的《南宋初河北新道教考》、傅勤家的《道教史概论》、《中国道教史》等。这一时期的道藏研究取得了很大成就。20年代出版了线装涵芬楼本《道藏》，1923年至1926年又重印了明版《道藏》。刘师培的《读道藏记》、翁独健编的《道藏子目引得》、陈国符的《道藏源流考》、汤用彤的《读道藏札记》、傅勤家的《道藏源流续考》是研究道藏的重要成果。这一阶段关于道教学研究论文有200多篇，专著10多部。

伊斯兰教研究成果也主要集中在历史方面，如马以愚的《中国回教史鉴》、傅统先的《中国回教史》、白寿彝的《中国伊斯兰史纲要》、《中国回教小史》、金吉堂的《中国回教史研究》，马邻翼的《伊斯兰教概论》等。译著有马坚译的《回教哲学》、纳忠译的《伊斯兰教》、王静斋译的《伟嘎业》。

3. 宗教内部的文化革新和学术活动

民国初期，一批著名佛僧和居士企图重振佛教，建立具有现代意义的佛学体系和现代形式的宗教组织与宗教教育系统。杨文会设立金陵刻经处，出版发行大量佛经，创办了佛学研究会和佛教学堂“祇洹精舍”，对近代佛教的传播产生了重要影响。1936年，中国佛教协会成立佛教研究所。佛学院和研究机构提高了出家僧侣的文化素质，培养了佛学研究人才如太虚、圆瑛、欧阳渐、吕澂等。吕澂是欧阳渐的弟子和助手，他在佛教典籍上的辨伪和释义、佛教因明、中印佛教比较和西藏佛教等方面有突出贡献。20世纪上半叶全国的佛教出版物达数百种，其中著名者有民国元年的《佛学丛报》和《海潮音》月刊。

道教方面的活动以内丹人物蒋维乔和陈撄宁为代表。蒋维乔出版了《因是子静坐法》及续篇，研究内丹静坐之法和佛教止观静坐修行书。他还组织了静坐法研究团体，并翻译了一些日本静坐法的书籍。陈撄宁把近代科学精神引入道教养生术(内丹学)，回避传统道教的术数、祀神、符之类迷信成分，力图把内丹养生术与医学科学结合起来。

伊斯兰教内部产生了文化复兴运动。民国初年，北京先后成立了“清真学会”和“清真学社”。1925年，上海成立“中国回教学会”；1931年，南京成立“中国回教青年会”；山西、甘肃、青海、广西等地也成立了伊斯兰宗教组织。它们致力于经典的翻译、研究、宣传和出版事业。20年代出版了《古兰经》汉译本和一些阐述伊斯兰教教义和教史的书，涌现了一批学者如王宽、王静斋、白寿彝等，至40年代末，研究伊斯兰教的刊物先后发行不下百余种。

基督教在近代中国的传播受到抵制，民国时期，新旧两派都采取了新的传教策略。1919 年，罗马教皇批准中国教团重新进行“天主教中国化”运动。新教推行所谓“本色化”运动，其主要内容是寻找基督教与儒学的共同点。教会主要通过开办各种文化福利事业来争取中国人的信仰，利用“庚子赔款”在中国开办教育事业是其著名活动之一。据 1914 年统计，天主教会和基督教新教开办各类学校分别为 8034 所和 4100 所，培养的学生人数分别达到 13.2 万人和 11.3 万人，为我国基督教学术研究奠定了初步基础。

（二）1949 年至 1976 年：宗教研究在曲折中前进

1949 年，我国建立了社会主义制度。政治经济制度的变革也反映到宗教领域中来。教会中的帝国主义势力被清除后，天主教实行独立自主、自办教会的政策；基督教实行“自治、自养、自传”的方针。佛教、道教和伊斯兰教也经过了社会主义改造。宗教真正地成为个人信仰的私事。不信教群众和信仰不同宗教或教派的宗教徒在爱国主义旗帜下团结一致，相互尊重。

上述宗教状况和我国实行的宗教信仰自由政策分不开。政策规定，每个公民既有信仰宗教的自由，也有不信仰宗教的自由；有信仰这种宗教的自由，也有信仰那种宗教的自由；在同一宗教里，有信仰这个教派的自由，也有信仰那个教派的自由；有过去不信教而现在信教的自由，也有过去信教而现在不信教的自由。宗教信仰自由政策的实质，就是要使宗教信仰问题成为公民个人自由选择的问题和私事。社会主义国家政权既不推行某种宗教，也不禁止某种宗教。当然也不允许宗教干涉国家行政、司法、学校教育或社会公共教育。

实行宗教信仰自由政策根源于宗教自身的特点和社会条件：其一，在新社会中，宗教仍然具有长期性、复杂性、民族性、国际性和群众性特点。虽然宗教存在的阶级根源已经基本消失，但社会根源和人的认识、心理根源都还存在。其二，宗教具有同社会主义社会相协调的条件。把国家建设成为富强、民主、文明的社会主义现代化国家，是全国各族人民包括各宗教徒的共同愿望。广大教徒热爱祖国，遵纪守法，拥护社会主义制度；宗教提倡的某些思想和行为规范以及与宗教有关的有积极意义的传统道德和文化，都可以适应社会主义的要求。

这段时期的主要工作是对马克思主义宗教观的介绍和诠释。在宣传方面，开展马克思主义无神论的宣传教育、把宗教看作是唯心主义的世界观，其本质和作用是麻醉人民。在学术研究方面，1963 年毛泽东在宗教研究问题上进行了批示，强调研究者必须接受马克思主义历史唯物论的思想指导，研究工作与宣传无神论紧密相连。侯外庐主编的《中国思想通史》体现了这种指导思想，该书从唯物史观角度考察魏晋南北朝隋唐佛教的特殊功能和哲学观念，重视阶级分析和思想批判。另外，任继愈的中国哲学史研究等也体现了这一点，他注重对佛教哲学的宏观把握，讨论了佛教各宗派的哲学思想以及佛经翻译问题，并应用马克思主义理论分析各佛教宗派的经济基础（寺院经济）和阶级实质。

这一时期，道教最为显著的成果是王明的《太平经合校》、《抱朴子内篇校释》和陈国符的《道教源流考》。伊斯兰教研究比较薄弱，发表文章约有百余篇。在穆斯林较多省份的历史和调查资料汇编里有伊斯兰教的资料。著作有曹启文的《新疆宗教势力演变述要》，方思一的《伊斯兰教史话》。论文有白寿彝的《中国穆斯林的历史传统》，黄心川的《沙俄侵略新疆与伊斯兰教》等。基督教方面出版了一些译著：《基督教的起源》、《十字军东征》、《论原始基督教史》、《圣经是怎样一部书》等。佛教研究状况是：1950年，中国佛教协会创办了刊物《现代佛学》。1964年停刊，这段时期公开发表的佛学论文主要刊登在这个刊物上。1955年，一些学者为英文版《佛教百科全书》撰写有关中国佛教的条目，后来以《中国佛教》为名出版。吕澂在南京开办佛教班，并出版了《印度佛学源流略讲》和《中国佛学源流略讲》。

这一时期出现了关于有神论、宗教、迷信三者之间关系的讨论，无神论研究受到重视。早在五四运动，有识之士就提倡科学，反对封建迷信，提倡无神论，随后的革命时期，中国共产党承担宣传无神论的思想任务，新中国成立以后破除迷信活动有了更大规模。1954年，国家宗教局内部发行《更广泛地开展科学无神论的宣传》的小册子。1959～1964年，牙含章发表的文章引起游骧、刘俊望等人的回应，由此产生宗教是否为迷信、马列主义宗教观与资产阶级宗教学的区别何在的讨论。讨论文章以《无神论与宗教问题》为题结集出版。1963年，毛泽东批示要重视和开展宗教研究，批判神学。在毛泽东批示精神指引下，在中国科学院设立了世界宗教研究所。1979年，任继愈发表文章认为“马克思主义宗教学的本质就是科学无神论”，宣传无神论对于社会主义建设具有重要意义。

20世纪80年代后，中国无神论研究进入了一个新阶段，建立了第一个全国性的学术研究团体——中国无神论学会，召开多次全国性的会议，研究成果丰硕，先后出版无神论专著与论文集等多达一二十种，发表论文400余篇。1978年12月，中国无神论学术讨论会在南京举行，会后编成《中国无神论思想论文集》，于1980年2月由江苏人民出版社出版。1980年10月，在武汉举行中国无神论学术会议，会后编成《中国无神论文集》，由湖北人民出版社于1982年6月出版。1982年7月，南京大学学报编辑部出版一部《无神论论文集》，收入该学报《丛书》。1983年3月，中国无神论学会第三次年会暨学术讨论会在厦门大学举行，会议着重讨论

《中国无神论史》和《宗教学概论》的编写问题，讨论文章收入南京学报编辑部印行的《无神论与宗教研究论集》。1987 年 2 月，由中国无神论学会编，四川大学出版社出版《无神论与宗教研究论丛》，书后附有杨光文辑录无神论研究论文索引(1930—1985)。南京大学王友三 1977 年 12 月编印有《中国无神论资料选注与浅释》全 4 册，后分别在 1983 年和 1988 年由中华书局出版。他还编著《中国无神论史纲》、论文结集《中国无神论史论集》。此外还有牙含章、王友三主编的《中国无神论史研究》论文集。《中国无神论史》被列为国家“六五”社科重点项目，参加撰写的学者达 30 余位。1999 年，还创办了《科学与无神论》杂志。

（三）1976 年至 20 世纪末：宗教学学术研究的多元化发展

1979 年 2 月召开了全国宗教学研究规划会议，罗竹风在报告中提出宗教发展有其自身规律，要破除“左”倾思想，准确把握马克思主义宗教理论。随后，80 年代早期学界出现了关于如何理解马克思“宗教是人民的鸦片”之论断的争论，一方认为它概括了宗教的本质，说明了宗教的作用。另一方认为不能把这一论述看作马克思对宗教的定义或关于宗教的基本观点。论战有助于思想解放和全面理解宗教的社会功能。

1. 思想解放与多元化研究方法

1976 年以来，在解放思想、繁荣学术的环境之下，学者对宗教的起源、本质、发展和功能等方面进行研究，对宗教学的定义、方法、范畴和研究领域提出己见。学者的研究工作有不同层面，如：“客观性描述”和“主观性评价”、“描述性研究”与“规范性研究”、“狭义宗教学”与“广义宗教学”等。

学术界在对宗教本质的认识上和对宗教定义的研讨中，逐渐形成了以下代表性观点，吕大吉的宗教“四要素”说：宗教观念、宗教体验、宗教行为、宗教组织；牟钟鉴的宗教“四层次”说：宗教信仰、宗教理论、宗教实体、宗教文化；王雷泉的宗教“三层次”说：精神层面、社会层面、文化层面；段德智的“三要素”说：宗教意识、宗教行为和宗教制度。

这段时期涌现了许多宗教学基本理论著作，其中最有代表性的是吕大吉主编的《宗教学通论》，提出了宗教四要素说，宗教本质可以从三个层面理解，对宗教学的框架和体系建构产生重要影响。

2. 宗教学科的新发展

1978 年，世界宗教研究所恢复研究工作，南京大学成立了宗教研究所。这两家研究所还创办了宗教学刊物，并开始招生。1979 年成立了中国宗教学会，分散在全国不同部门的宗教学者自此有了明确的学术联络渠道。80 年代以后，一些大学与地方社会科学院等单位也开始设立宗教学专业和创办宗教研究所。1995 年，北京大学率先成立宗教学系。

1982 年，中共中央推出了《关于我国社会主义时期宗教问题的基本观点和基本政策》。学者开始从多个方面分析社会主义时期宗教长期存在的原因，探讨宗教与社会主义相协调的问题，如宗教在社会主义时期的积极和消极作用、宗教与社会主义意识形态是否冲突以及如何双向协调等问题。代表作有罗竹凤主编的《中国社会主义时期的宗教》，戴康生、彭耀著《社会主义与中国宗教》等。在研究马克思主义宗教理论中，学界开始侧重研究宗教的社会功能，逐渐把社会学的研究方法引进宗教学研究，如社会调查、问卷搜集、地区抽样、实地观察、统计分析等，形成了“宗教社会学”分支学科。

80 年代后期，受“文化研究”思潮的影响，宗教学界形成了“宗教是文化”的观点。1985 年，赵复三提出“一个民族的宗教是构成其民族文化的重要内容”。此后，学者比较重视从文明、文化的角度认识宗教，开始研究宗教与各种文化形态的关系，形成了“宗教文化学”研究领域。

3. 学术成果简介

佛教：任继愈主编的多卷本《中国佛教史》在观点论证和资料考订上取得重要成就。除了成果较多的汉魏两晋和隋唐的断代史之外，其他年代的断代史都有问世。世纪之交还出现了一批研究 20 世纪中国佛教史的著作。佛教哲学理论研究以方立天、赖永海、姚卫群等人为代表。方立天的《佛教哲学》以哲学问题为纲，对佛教哲学思想做了高度概括，认为缘起论是其理论基石，神秘直觉是其认识基础，善恶、净染、真假是其中心观念，追求解脱是其根本目的，并对佛教哲学的思维模式、总体特征和发展规律做了论证。

道教：在道教通史、断代史、专题史、人物史、地方史、教派史等道教史方面得到进一步的拓展性研究。在道教思想研究方面，道教与文化、儒释道三教关系、道德伦理思想、道教哲学、道教美学、神仙思想等方面的研究得到加强。道教经典研究主要包括《道藏》、《太平经》、《老子（道德经）》注以及其他经典的研究。此外，在道教礼仪和丹术的研究方面取得一定进展。任继愈主编的《中国道教史》和卿希泰主编的《中国道教史》是影响最大的通史著作。卿希泰的《中国道教思想史纲》两卷本，饶宗颐的《老子想尔注较笺》，王明的《周易参同契考证》，陈国符的

《道藏源流续考》等最具影响。

基督教：基督教历史研究包括中国基督教通史、断代史、全球传播史和区域发展史、修会和差会历史研究、基督宗教思想史研究等，涵盖了景教、也里可温教、天主教、中国近现代基督教等领域。基督教神学研究包括教义神学、信理神学、系统神学、宗教哲学等。基督教经典和重要文献研究、基督教现状研究和文化研究等。其中，取得较大研究进展的领域包括：以马丁·路德为重点的宗教改革家的思想；基督教理性主义思潮、浪漫主义神学以及启蒙运动宗教观；西方思辨哲学在基督教神学中的意义与地位；神学多元化发展的梳理。

伊斯兰教：在伊斯兰教史方面，金宜久主编的《伊斯兰教史》、李兴华等合著的《中国伊斯兰教史》影响较大。其他著作围绕着中国伊斯兰的分期问题、传入中国的时间、方式和路线问题展开。在伊斯兰哲学和教义研究方面，学者围绕宇宙发生论、认主学、属性论、伦理纲常、忠诚观等构建了教理体系，体现了主变和亲儒的特征。此外还有很多著作涉及伊斯兰教与政治经济文化法律等社会层面的关系，如教派门宦、寺院古迹、科技文化等，也有伊斯兰的资料整理与编纂、经著学说、教法研究等。另外还有世界伊斯兰教史、伊斯兰法学、苏非主义研究、当代伊斯兰教的复兴运动等。

其他宗教研究：自明末利玛窦提出“儒教非教”论以来，儒教是否为教的争论一直未得以解决。梁启超率先坚持“儒教非教说”。70 年代以前多数学者认为“儒教是教化之教，不是宗教之教”。1978 年年底，任继愈提出了“儒教是宗教”的观点并在《论儒教的形成》、《儒家与儒教》、《儒教的再评价》、《朱熹与宗教》等论文中做出论证。李申继承师说，认为“教化之教就是宗教之教”，并在所著两卷本《中国儒教史》和《中国儒教论》中做出论证。何光沪也从政教合一的角度阐明了儒教是国家宗教的观点。在中国宗教史研究上牟钟鉴和张践的《中国宗教通史》首次把宗法性传统宗教列入其中，对其内容和作用做了概括。中国民间宗教研究，这一研究与道教研究和民俗学联系密切，学者主要围绕白莲教、天理教、轩辕教、八卦教、黄崖教、天地会、红枪会等展开研究。犹太教研究侧重于历史、文本、教义教理教派、律法、礼仪等方面，也有对中国犹太人和犹太教的研究。20 世纪 20～30 年代翻译了《希伯来宗教史》、《以色列宗教进化史》，袁定安著《犹太教概论》影响较大。90 年代推出了两套丛书，“犹太文化丛书”和“汉译犹太文化名著丛书”。印度宗教的研究包括印度教、耆那教、锡克教、印度佛教等。汤用彤、季羡林、徐梵澄、金克木、巫白慧、黄心川等对印度宗教进行了深入的研究。摩尼教在中国学术界的研究始自 20 世纪初。陈垣的《摩尼教入中国考》颇有影响。此外，罗振玉、蒋斧、王国维、许地山、愚公谷、刘风五，方豪、牟润孙、苏北海等从文献、历史、民族关系等方面做了探讨。50 年代以后，随着考古发掘和文献收集的进展，摩尼教的研究更为深入和系统。

主要参考文献

马克思主义哲学研究部分

中山大学哲学系．1981. 马克思主义哲学史稿．北京：人民出版社．

黄枬森，庄福龄，林利．1996. 马克思主义哲学史．北京：北京出版社．

聂锦芳．1999. 中国马克思主义哲学研究的回顾和前瞻．学术月刊，(3)：29-35.

安启念．2006. 马克思主义哲学中国化研究．北京：中国人民大学出版社．

杨学功．2009. 学术回顾与反思：马克思主义哲学研究30年．中共天津市委党校学报．

中国哲学史研究部分

方克立，王其水．1995. 二十世纪中国哲学（第二卷）：人物志．北京：华夏出版社．

方克立．1996. 二十世纪中国哲学研究的回顾和展望．中国社会科学院研究生院学报，(5)：1-7.

冯友兰．1999. 中国现代哲学史．广州：广东人民出版社．

周桂钿．2000. 中国哲学研究一百年．东南学术，(4)：51-57.

刘文英．2001. 中国哲学史百年述评与展望．中国哲学史，(1)：29-38.

蒙培元．2001. 20世纪中国哲学的回顾与展望．泉州师范学院学报，(3)：1-10，15.

张岱年．2001. 二十世纪中国哲学史研究概况．南通师范学院学报，(4)：1-2.

李宗桂．2002. 二十世纪中国哲学研究的审视和新世纪的展望．学术界，(1)：254-268，(2)：256-267.

陈来．2008. 中国哲学研究三十年回顾（1978～2007）．天津社会科学，(1)：15-19，58.

张立文，段海宝．2008. 中国哲学三十年来的回顾与展望．社会科学战线，(3)：1-11.

秦平，郭齐勇．2008. 中国哲学研究30年的反思．哲学研究，(9)：60-65.

中国社会科学院科研局．2009. 人文社会科学100学科发展报告．北京：社会科学文献出版社．

李翔海．2009-1-6. 30年来中国哲学的研究．光明日报．

李维武．2009. 现代大学哲学系的出现与20世纪上半叶中国哲学的开展．学术月刊，(11)：38-48.

郭齐勇．2011. 当代中国哲学研究（1949—2009）．北京：中国社会科学出版社．

西方哲学研究部分

刘放桐．1996. 西方哲学的近现代转型与马克思主义哲学和当代中国哲学的发展道路（论纲）．天津社会科学，(3)：10-16.

叶秀山，王树人．2005. 西方哲学史·学术版．南京：江苏凤凰出版集团．

黄见德．2007. 西方哲学的传入与研究．福州：福建人民出版社．

黄见德，汤一介．2007. 20世纪西方哲学东渐史．北京：首都师范大学出版社．

谢地坤．2008. 西方哲学研究30年（1978—2008）的反思．安徽师范大学学报（人文社会科学版），(4)：

373-378.

谢地坤 . 2012. 再论西学东渐与现代中国哲学 . 哲学动态，(2)：5-13.

东方哲学研究部分

卞崇道 . 1990. 日本哲学研究四十年//中国日本学年鉴 . 北京：科学技术文献出版社 .

卞崇道 . 1992. 90 年代中国的日本哲学研究刍议 . 日本学刊，(5)：127-139.

朱七星 . 1995. 中国的韩国哲学研究概况及其特点 . 当代韩国，(2)：34-37.

孙晶 . 1996. 中国的印度哲学研究 . 哲学动态，(6)：40-43.

奥伦 . 1999. 备受瞩目的东方哲学研究 . 哲学动态，(11)：6-9.

钱黎勤 . 2002. 中国阿拉伯哲学研究概述 . 宁夏社会科学，(增刊) .

逻辑学研究部分

林夏水，张尚水 . 1983. 数理逻辑在中国 . 自然科学史研究，(2)：175-182.

郭湛波 . 1997. 近五十年中国思想史 . 济南：山东人民出版社 .

张家龙 . 1997-11-15. 中国逻辑学研究取得重要进展 . 人民日报 .

赵总宽 . 1999. 逻辑学百年 . 北京：北京出版社 .

宋文坚 . 2005. 逻辑学的传入与研究 . 福州：福建人民出版社 .

孙中原 . 2006. 中国逻辑研究 . 北京：商务印书馆 .

陈波 . 2009. 逻辑学读本 . 北京：中国人民大学出版社 .

夏素敏，张家龙 . 2009. 改革开放以来中国逻辑学研究的发展 . 社会科学战线 ，(1)：21-30.

伦理学研究部分

唐凯麟，王泽应 . 1998. 20 世纪中国伦理思潮问题 . 长沙：湖南教育出版社 .

王小锡等 . 2009. 中国伦理学 60 年 . 上海：上海人民出版社 .

王泽应 . 2008. 20 世纪中国马克思主义伦理思想研究 . 北京：人民出版社 .

美学研究部分

北京大学哲学系美学教研室 . 1980. 中国美学史资料选编（上下册）. 北京：中华书局 .

陈望衡 . 2005. 中国美学史 . 北京：人民出版社 .

中国社会科学院科研局 . 2009. 人文社会科学 100 学科发展报告 . 北京：社会科学文献出版社 .

刘悦笛，李修建 . 2011. 当代中国美学研究 . 北京：中国社会科学出版社 .

科学技术哲学研究部分

吴国盛 . 2001. 中国科学技术哲学的回顾与展望 . 自然辩证法通讯，(6)：80-84.

胡军 . 2002. 分析哲学在中国 . 北京：首都师范大学出版社 .

任元彪 . 2002. 20 世纪中国科学技术哲学简述 . 自然辩证法研究，(4)：19-22.

林德宏 . 2004. 科技哲学十五讲 . 北京：北京大学出版社 .

龚育之 . 2005. 自然辩证法在中国 . 北京：北京大学出版社 .

孟庆伟等 . 2006. 科学技术哲学 . 哈尔滨：哈尔滨工业大学出版社 .

范岱年 . 2006. 科学哲学和科学史研究 . 北京：科学出版社 .

吴国盛 . 2008. 中国科学技术哲学三十年 . 天津社会科学 . 2008，(1)：20-26.

段伟文 . 2008. 从追逐科学到反思科技：近 30 年中国科技哲学之理路述略 . 江海学刊，(5)：52-57.

刘大椿 . 2011. 科学技术哲学概论 . 北京：中国人民大学出版社 .

宗教学研究部分

中国大百科全书编委会 . 1988. 中国大百科全书 · 宗教 . 北京：中国大百科全书出版社 .

吕大吉 . 2002. 中国现代宗教学术研究一百年的回顾与展望 . 江苏社会科学，(3)：77-84.

何光沪 . 2003-3-18. 中国宗教学百年回顾 . 中国社会科学院院报 .

卓新平 . 2008. 改革开放三十年来的宗教学研究 . 中国宗教，(10)：39-40.

卓新平 . 2009. 20 世纪中国社会科学 · 宗教学卷 . 广州：广东教育出版社 .

中国社会科学院科研局 . 2009. 人文社会科学 100 学科发展报告 . 北京：社会科学文献出版社 .

陈卫平，吴广成 . 2009. 从“险学”到”显学”——新中国宗教学研究六十年 . 河北学刊，(6)：7-13.

《20 世纪中国知名科学家学术成就概览 · 哲学卷》

学科发展史和大事记编写组*

* 《20 世纪中国知名科学家学术成就概览 · 哲学卷》的学科发展史和大事记，经哲学卷编委会研究决定，在中国社会科学院哲学研究所的支持下成立了专门的编写组进行撰写，编写组组长为谢地坤。各部分撰写者：序言部分和统稿为谢地坤，马克思主义哲学研究部分为马新晶、李俊文，中国哲学史研究部分为周广友，西方哲学研究部分为李俊文，东方哲学研究部分为何欢欢，逻辑学研究部分为杜国平、路寻、张家龙，伦理学研究部分为马新晶、冯瑞梅，美学研究部分为李俊文，科学技术哲学研究部分为孟强、路寻，宗教学研究部分为周广友。在撰写过程中，编委召开了会议进行审议和讨论。在撰写和修改过程中得到了中国社会科学院哲学研究所各研究室和专家的支持和帮助。

20世纪
中国知名哲学家

高清海

高清海（1930～2004），黑龙江虎林人。哲学家，马克思主义哲学改革和哲学观念变革的有力的推动者。1950年毕业于东北行政学院（后改称东北人民大学）教育系，1952年毕业于中国人民大学哲学研究生班后，回东北人民大学（后改称吉林大学）任教。历任哲学教研室助教、讲师、副教授、教授，吉林大学哲学系副系主任、系主任，吉林大学副校长，吉林省社会科学界联合会副主席兼党组书记，吉林大学首批哲学社会科学资深教授。是国务院批准的首批博士生导师，首届国务院学位委员会学科评议组成员，中国辩证唯物主义研究会常务理事，吉林省哲学学会理事长、名誉理事长。著作曾获国家优秀教材奖、全国高校首届人文社会科学优秀成果奖一等奖，国家教委优秀著作奖一等奖等奖项。曾荣获吉林省优秀教师，吉林省中青年有特殊贡献人才，吉林省省管优秀专家等称号，享受国务院颁发的政府特殊津贴。多年从事哲学教学、研究工作，培养博士生48名，出版著作16部，发表学术论文200多篇。从事哲学内容体系改革，推动哲学观念变革和哲学理论发展的研究工作，主要代表著作有《哲学与主体自我意识》、《哲学的憧憬》、《马克思主义哲学基础》、《高清海哲学文存》（6卷本）、《高清海哲学文存续编》（3卷本）等。2004年10月14日，因病逝世。

一、简　　历

高清海，满族，祖籍辽宁义县，于1930年1月4日出生在乌苏里江畔黑龙江省虎林县。“九一八”事变后，其父高玉山任李杜领导的吉林自卫军战时自卫团第九大队少校大队长，后组织成立了东北国民救国军，任总司令。该部与日军浴血苦战于完达山下，乌苏里江畔。后因内无粮草，外无援军，作战失败，1934年1月，高玉山率部队退入苏联，转道西伯利亚、哈萨克斯坦进入新疆。留在国内的余部后来发展为东北抗日联军第七军。抗日英雄李学福、陈荣久，以及后来担任朝鲜民主主义人民共和国最高人民会议议长的崔庸健，均在高玉山部队战斗过，并先后担任抗联七军军长。高玉山率部队进入新疆伊犁地区，接受新疆军阀盛世才的领导，出任东北义勇军屯垦委员会委员长。1940 年高玉山调至迪化，出任督办公署中将顾问。1944 年秋，盛世才借逮捕陈潭秋、毛泽民等共产党人之机，将高玉山等东北义勇军将领以“阴谋暴动案”投入监狱，直到抗日战争胜利后才获释放。高玉山伤病交瘁，返回东北后，于 1947 年 8 月病逝于沈阳。新中国成立后，被人民政府追认为革命烈士。

高清海的童年和少年是在颠沛流离中度过的。他 4 岁时随家在战乱中颠沛流离；5 岁时随家避难异国；经过西伯利亚的狂风暴雪；饱尝过新疆军阀盛世才的暴虐。1935 年起在新疆读小学和中学，后来在新疆学院师资专修班学习历史。抗日战争胜利后，返回东北途中滞留兰州两年，学业中断。18 岁时丧父，他过早地担负起养家糊口的重担，当过小工，摆过烟摊。1948 年沈阳解放，高清海考入东北行政学院教育系学习，1950 年年末，作为优秀学生被保送到中国人民大学马列主义基础教研室读研究生，在苏联学者指导下学习逻辑学和哲学。

1952 年毕业后，高清海回到东北人民大学（1958 年改称吉林大学），在哲学教研室任助教，并兼任哲学系系主任刘丹岩的秘书。刘丹岩早年留学英国，参加过延安整风，十分讨厌对学术问题的教条主义态度。在和刘丹岩的学术交往中，他逐渐开始摆脱教条主义的影响。1954 年 6 月，晋升为讲师。1956 年，当时担任东北人民大学校长的匡亚明听说青年教师高清海讲课深受学生们的欢迎，便亲自去听课，听课后深深赞许这个青年哲学教师学识之渊博，逻辑之严密，以及对马克思主义哲学的领悟。不久，匡亚明又从学术刊物上读到高清海撰写的几篇论文，十分赏识其大胆创新的学术勇气和坚实的学术基础。他力排众议，将年仅 27 岁的高清海破格晋升为副教授。

1957 年他发表了《论辩证唯物主义与历史唯物主义的关系》一文，对苏联模式的马克思主义哲学理论体系提出了质疑。1959 年高清海被指斥宣扬修正主义观点，受到批判。1960 年被取消了讲授马克思主义哲学原理的资格。等到“文化大革命”来临，他被当成反动学术权威遭受批斗，全家被下放到农村劳动。

1978 年党的十一届三中全会后，高清海重新焕发了学术青春，在中国哲学界开展哲学观念变革与哲学体系改革，以理论的方式推进了当代中国的改革开放。1978 年，高清海担任哲学系副系主任，晋升为教授。1980 年 1 月，加入中国共产党。1981 年任哲学系系主任，成为首批博士生导师、首届国务院学位委员会学科评议组成员，全国高教自学考试指导委员会委员兼哲学专业委员会副主任，全国哲学规划委员会委员，中国辩证唯物主义研究会常务理事，中华全国外国哲学史学会常务理事，吉林省哲学学会理事长，1982 年任吉林大学副校长，1987 年任吉林省社会科学界联合会副主席兼党组书记，2003 年后任吉林省社会科学界联合会顾问、吉林大学哲学基础理论研究中心顾问，吉林大学首批哲学社会科学资深教授。

高清海的主要代表作《马克思主义哲学基础》、《哲学与主体自我意识》、《哲学的憧憬》等先后荣获国家级优秀教材奖一等奖、全国高校首届人文社会科学优秀成果奖一等奖、国家图书奖提名奖等奖励。1997 年出版的 6 卷本《高清海哲学文存》，以及 2004 年出版的 3 卷本《高清海哲学文存续编》。

高清海还是一位思想家和教育家，他出版著作 16 部，发表学术论文 200 多篇，其贡献和影响不限于哲学学科，其哲学和社会思想在整个人文社会科学领域都有广泛而深刻的影响。他先后荣获国务院颁发的政府特殊津贴，以及吉林省优秀教师、吉林省中青年有特殊贡献人才、吉林省省管优秀专家等称号，吉林省从事哲学社会科学研究工作 40 年突出成就奖励。高清海在担任吉林大学副校长和学术委员会主席期间，积极谋划人文社会科学和学校事业的发展，致力于创新务实严谨学风的养成，注重青年教师的培养和学科建设，为吉林大学优良学术传统的形成和高素质教师队伍的建设作出了历史贡献。

在半个世纪多的教学生涯中，高清海以“为人治学，其道一也”的实践和人格魅力影响、感召、教育学生，以独立思考的“笨想”、史论结合、理论和实际结合的方式培养学生，培养博士生 48 名，为中国哲学界和学术界培养了一大批知名的中青年学者。1995 年他获得香港伯宁顿（中国）教育基金会首届孺子牛金球奖。高清海是吉林大学哲学学科的创始人之一，吉林大学的马克思主义哲学学科 1981 年首批获得博士学位授予权，1988 年成为首批国家重点学科，哲学基础理论研究中心成为教育部人文社会科学重点研究基地，哲学学科获得一级学科博士学位授予权。

高清海是马克思主义哲学体系改革和哲学观念变革的最有力推动者之一。他以理论和学术的方式传播和深化马克思主义、参与改革开放和社会主义现代化建设的伟大事业。创造中华民族自己的哲学理论，是高清海毕生哲学理论研究的根本方向和目标，为探索创建当代中国自己的哲学理论作出了重要贡献。他生前发表的最后一篇文章是《中华民族的未来发展需要有自己的哲学理论》。

高清海视学术如生命，出任吉林大学副校长 2 年，因行政事务繁杂，干扰学术研究，便主动辞去领导职务。他指导博士生，方式独特。每周一次，举办家庭沙龙。事先布置读书任务，由一人主讲，大家评论，再由他最后总结。他本人及弟子的许多成果，都出自学术沙龙的讨论。他性情直率温和，作风民主，虚怀若谷，允许弟子反驳自己，乐于听取不同意见。他还常常遇到“编外学生”，那些从离休干部到中学生，从科学家到农民的哲学爱好者们，常常来信求教。他有问必答，对每封信都亲自回复。他酷爱生活，情趣丰富，善书法，喜摄影，爱旅游，长于烹饪。率弟子聚会，常亲自下厨。吸烟品茶，颇善饮酒，豪饮海量，极少喝醉，有哲学界酒神之誉。他喜好新事物，20世纪90年代初，年过六旬的他便学会电脑。《高清海哲学文存》（6卷本）洋洋200万字，是他自己一字一字在电脑上敲出来的。他的座右铭是：“为人治学，其道一也。”

2004年10月14日，高清海因病逝世，享年74岁。

二、主要研究领域和学术成就

20世纪50年代中期，高清海和刘丹岩在国内哲学界大胆提出马克思主义哲学是辩证唯物主义，历史唯物主义是马克思主义社会学理论的新颖观点，向马克思主义哲学的教条主义统治提出了挑战。70年代末，他率先突破传统的苏联教科书体系，揭开了创立符合马克思主义本来面目的哲学理论体系的序幕。80年代末，他又率先提出实现实践的思维方式变革，开始了探索适应当代中国社会发展需要的哲学理论的艰难旅程。90年代中期，他又提出了“类哲学理论”的观点，试图建立他自己的哲学理论。在56年的哲学生涯中，他做出了4次重大的理论创新努力。哲学的概念起源于论辩，没有争议的理论很难说是有创新的哲学。用他自己的话说：“哲学的生命就在于创新”。正是这种不懈的创新，使他在国内哲学界独树一帜，影响深远。

1. 挑战教条主义，碰撞“一整块钢铁”

在50年代初中期，那时绝大多数中国人理解的马克思主义，是经苏联哲学家们解释的马克思主义。很少有人去想苏联人的解释与马克思本人的思想是否有不一致的地方。

高清海的哲学生涯，恰恰是从经典的苏联模式哲学的熏陶下起步的。1950～1952年，他在中国人民大学攻读哲学研究生。他曾回忆说：“我读哲学研究生的时期，正值我国开始‘全面向苏联学习’，当时是在中国人民大学，指导我们学习的导师都是直接从苏联聘请来的专家。老师是苏联人，不用说，教材也是苏联带来的，包括教学培养的全套方法，都是‘苏制’或‘苏式’的。”但当他毕业回到吉林大学任教，遇到了哲学教研室主任刘丹岩，这一切开始发生变化。刘丹岩早年留学英国，参加过延安整风，十分讨厌对学术问题的教条主义态度。在和刘丹岩的学术交往中，他逐渐开始摆脱教条主义的影响，1957 年他在《东北人民大学人文科学学报》（《东北人民大学人文科学学报》创刊于 1955 年，1958 年随学校更名为《吉林大学人文科学学报》，现今为《吉林大学社会科学学报》）发表了《论辩证唯物主义与历史唯物主义的关系》一文，对苏联模式的马克思主义哲学理论体系提出了质疑。

苏联哲学界把辩证唯物主义与历史唯物主义解释为马克思主义哲学中两个平行的组成部分，两者的关系是“一整块钢铁铸成的”。高清海认为，辩证唯物主义是“关于自然界、人类社会和思维的运动和发展的普遍规律的科学”。（《马克思恩格斯全集》）历史唯物主义解决的是人类社会历史的发展规律。因此，辩证唯物主义是马克思主义的哲学，历史唯物主义是马克思主义的社会学。不能简单地把历史唯物主义也包括在哲学之内，其基本精神和方法对马克思主义哲学的产生起到了决定性的作用，与哲学有千丝万缕的联系，但是，其基本内容应该是独立的，是关于社会历史发展的科学。辩证唯物主义与历史唯物主义的统一并不在于它们是马克思主义哲学的两个平行的部分，而在于二者精神实质上的统一与一致，在于只有真正解决了人的本质、社会的本质，才能最终解决思维与存在的关系问题。从实践出发解决理论问题，从具体科学研究出发解决哲学问题，是马克思主义哲学理论与实践结合的特点的体现，是马克思主义哲学区别于旧哲学的显著特征。旧哲学没有真正解决思维与存在的关系问题，很大程度上在于旧哲学都是从抽象到抽象，没有把思维与存在的统一置于人的本质、社会的本质研究的基础之上。但这并不等于说，把用以解决哲学问题的研究也当成哲学本身。

他发表的《论辩证唯物主义与历史唯物主义的关系》的论文及同名著作，鲜明地表达了自己的观点。此说一出，学术界议论纷纷，很多人指责高清海的观点违背了列宁的“一整块钢铁”理论。高清海反驳道：“第一，科学永远是变化的……因此对于列宁关于三个组成部分的提法，必须历史的对待。第二，我们从马克思主义理论的定义的变化中，也可以看到马克思主义的发展。”

应当指出，这一表述发表于 1956 年。那时，要“历史地对待”革命导师，认为马克思主义应该有革命导师们以外的理解方法和新发展，是需要极大的理论勇气的。那时高清海只有 26 岁。他的观点，正如后来他自己所说：“思想观点有很大局限”。如何看待辩证唯物主义和历史唯物主义的关系，历史唯物主义的研究内容应属于哲学，还是社会学，这些问题的认识仍众说纷纭。但随时光流逝，高清海锐意创新的学术追求，孤身犯难的理论勇气，独立思考的治学态度，堪称当代中国哲学研究的典范。这种理论勇气和挑战经典的观点，直到进入了 20 世纪 80 年代，才陆续成为学术界的共识。

高清海对辩证唯物主义与历史唯物主义学术研究的另一理论价值，在于开创了突破苏联模式的马克思主义哲学研究的先河。这在“全盘苏化”的背景下分明有些另类，但却是中国马克思主义哲学学术研究探索中国自己的，而非苏联模式的哲学理论体系的一个难能可贵的尝试，为20多年后中国的马克思主义哲学理论体系改革埋下了伏笔。

2. 改革教科书体系，追求主客体统一

改革开放时代来临，哲学研究迎来了一个温暖的春天。人们在批判“文化大革命”极“左”思潮的同时，开始寻找极“左”思潮的哲学渊源。用毛泽东的话说，极“左”思潮的哲学表现，是“形而上学猖獗”。形而上学猖獗的哲学根源，在于苏联模式的哲学理论对马克思主义做了教条主义和机械唯物主义的理解。而时至20世纪80年代，这种具有浓厚机械唯物主义倾向，“见物不见人”的传统哲学观，仍然支配着我国的哲学教科书体系和哲学理论模式。

虽然经受了20多年的批判，高清海未改初衷，他在这20多年间潜心研读马克思主义哲学经典著作，并与西方哲学做了大量的比较研究。他沿着当年质疑“一整块钢铁”的道路继续前行，于80年代初，在国内率先提出了哲学理论体系改革的问题。这些观点先后于《论哲学科学的对象和体系》、《马克思主义哲学大纲》、《我对哲学专业教学改革的意见》等论文及《马克思主义哲学基础》上、下册（1985～1987）中体现。

他认为：“旧的哲学理论体系实质上是一种‘本体论’的哲学。‘本体论’是在历史上形成的哲学理论，它有其特定的历史涵义。它是在科学知识尚未完全分化、人类认识水平还很低下的条件下形成的哲学。它表现为或者与实证知识不分、越组代庖地去回答由实证科学解决的问题，或者超越科学之上、企图依靠纯粹思维去回答实证科学解决不了的‘形而上学’的问题。”这种本体论化了的哲学，尽管通篇引证马克思的哲学观点，但并未体现马克思哲学变革的实质，不是从实践出发认识世界，而是从所谓的“本体”出发认识世界。尽管不断声称“世界是物质的”，但这种“物质”与传统哲学那种抽象的本质没有实质区别，结果把马克思主义哲学机械唯物主义化了。

机械唯物主义的致命弱点是“见物不见人”。“把哲学搞成了纯本体论的理论，当然就没有人了，不可能讲人了。唯物史观本来是讲人类社会的历史发展的，但在教科书体系中，没有专门讲人的地方。人只是社会结构的产物，是实现某种社会关系的工具。”他认为：“人最为关心的就是人自己的问题，人所以要认识人以外的事

物，也是为了解决人自身的问题。人的全部活动，包括实践活动、认识活动、评价活动等在内，无非都是为了解决人自身及其与周围环境的矛盾关系问题。”

针对传统的哲学理论体系的缺陷，高清海在国内率先改革哲学理论体系，提出了一个以主客体关系为核心的马克思主义哲学理论体系。他把哲学问题归结为三大矛盾和六个基本范畴，即思维和存在、实践和认识、主体和客体的关系。

马克思说：“哲学家们只是用不同的方式解释世界，问题在于改变世界。”从主客体关系出发去认识哲学，就是试图体现马克思这一哲学宗旨。主体和客体的关系归根到底是实践关系。人是实践的主体，外部世界是实践的客体，主客体之间的关系是认识、改造、再重新统一的辩证关系。在主客体关系中，人是出发点，外部世界是活动对象，而不再是那种高高在上的，远在人之外的“本体”。外部世界是人的活动对象、环境，在实践活动的作用下不断被对象化、属人化、工具化；人是实践的活动主体，在实践中不断外化、物化、社会化、自主化，最终达到“全体的自由性”。主体和客体关系的矛盾运动，是主客体之间不断分化、统一的辩证过程，也是主体与客体不断获得新的独立性与更高级的统一的辩证过程。这一理论体系比之传统的哲学教科书体系，更加体现马克思主义哲学的精神实质，吸收了改革开放以来国内哲学研究的最新成果，借鉴了国外哲学的最新成果中的合理因素，也符合改革开放、思想解放的基本要求。

反映这一新体系的《马克思主义哲学基础》一书问世后，学术界反映强烈，《人民日报》、《光明日报》、《文汇报》、《文艺报》、《哲学年鉴》、《哲学动态》等学术刊物，纷纷发表评论和指导，给予了充分肯定。黄枬森说：“这是一本最有特色的书……本书在众多教科书中独树一帜，自成一家之言，是10年来哲学研究的可喜成果。”陶德麟则认为，此书是“我国第一部真正突破30年来传统教科书体系、令人耳目一新的著作，具有很高的理论价值……是我国哲学界自建国以来最优秀的成果之一”。该书于1988年荣获全国高等学校优秀教材奖。

诚然，对马克思主义哲学的理论体系，应该有多样化的理解，更何况有多少哲学家，就可能有多少种哲学。但是，高清海的创新之处在于，他是改革开放以来首次系统地推翻传统的哲学理论体系，提出有自己特点的系统哲学思想体系的第一人。此前，中国的马克思主义哲学研究大多处于总体上沿袭苏联模式，在具体观点上有些突破与创新的状态。“主客体关系”的哲学体系提出后，国内逐渐形成了“实践唯物主义”、“实践本体论”等哲学流派，进入了一个多样化诸家争鸣的哲学繁荣时代，以高清海为首，由他的一些同事和学生组成的“吉大学派”，也渐为学术界关注。独树一帜可贵，最先独树一帜更可贵。由于自己独树一帜而招来旌旗飞舞，则堪称最难能可贵。这是高清海对改革开放时代哲学所做的开创性贡献。

3. 力主实践思维方式，推动哲学观念更新

80年代中后期到90年代初，随着改革的深入，中国是继续坚持计划经济的模式，还是走市场经济的发展道路，在理论界和政界引发了激烈的争论。争论的实质是当代中国社会发展观的时代性变革。正是在这一时代背景下，高清海以哲学家的敏锐，及时把握时代精神的脉搏，提出了变革哲学观念、转变思维方式的哲学任务。

《马克思主义哲学基础》问世后，虽然赞誉之声不绝于耳，但批评和反对的意见也时有所闻。人们并不是都认为"本体论"哲学不符合马克思的哲学精神，不符合现时代发展的要求，甚至有人认为"本体论"哲学以外的一切对马克思主义的不同理解，都是离经叛道。一些人坚决反对马克思主义哲学是以人为本，以实践为本。高清海认为，哲学研究之所以是否定"本体论"模式，一个重要的原因是思维方式的单一化，而非多样化，导致人们不能适应社会的发展变革，不能适应由市场经济发展带来的多样化的社会。于是他先后发表了《论哲学观念的转变》、《论实践观念作为思维方式的意义》、《再论实践观念的超越性本质》等论文和《哲学与主体自我意识》等著作。

他认为："哲学理论最重大、最根本的变化是什么？人们习惯的说法叫做'世界观'的变革。世界观的改变，在我看来，在根本上也就是哲学思维方式的变革。"马克思实现的哲学变革首先和根本的是哲学思维方式的转变。传统哲学的思维方式是先验的思维方式，即从抽象的原则出发而非从现实的生活实际出发。马克思实现哲学变革的实质，在于用实践的思维方式突破了先验的思维方式。

实践活动具有主观和客观、主体和对象、认识和改造双重性质，从而要求我们必须从双重互动的关系出发去认识和改造世界，而不是从单一的、先验的、一成不变的永恒原则去认识和改造世界。从实践的观点出发去认识自然界，自然界就不是完全独立于人的活动之外的本体，而是人的活动对象，既能影响人也在接受人的影响。从实践的观点去认识人类社会，人性就不是"人所固有的抽象物"，而是一种在实践活动中形成的"一切社会关系的总和"（《马克思恩格斯选集》）。从传统哲学的先验的思维方式出发，一会偏离现实生活，不是原则适应生活，而是生活适应原则，就会导致实践的失误；二会使思维单一化、僵化、教条化，不接受矛盾的多样化，不断变化的现实。"姓社姓资"的问题，"这个矛盾本身就是由哲学造成的。我国本来没有多少资本主义，资本主义并非我国社会发展的主要障碍。我们的主要问题是贫穷、落后、社会不发展。那时我们却抛开我们的生活现实，不是从批判我们的旧

世界中去创造我们的新世界，而是从社会主义与资本主义抽象对立的原则出发，把西方的资本主义作为我们的主要批判目标，认为只要我们同资本主义断绝关系划清了界线，我们就会成为社会主义，哪怕那是一个贫穷和落后的社会主义。这里遵循的是什么？就是原则优先的先验思维逻辑。而当着生活现实迫使我们必须抛弃这些先验原则之时，主要的障碍还在这个思维模式……哲学思维方式的转换，关系着我们国家民族的命运和前途，现在和未来。”

高清海的分析是深刻而又十分现实的。解放思想，更新观念，需要改变人们对一些事物的认识，但是如果不上升到哲学层面的观念变革，思维方式不更新，人们认识事物的模式就不会根本改变。传统的思维方式就会像基因一样，不断复制出新的传统观念。改革开放20年来，我们的思想变迁过程恰恰就是思维方式不断复制的过程。先是“两个凡是”，然后是“姓社姓资”，继而是“姓国姓民”，虽然口号不同，实质却十分相同，都是原则先验的复制。哲学的思维方式变革，在实践上有助于从根本上实现观念更新，适应市场经济发展的需要；在理论上有助于从根本上改变哲学观，按照时代变革的要求去创造属于21世纪的我们自己的哲学理论和民族精神。

20世纪70年代末以来，实践问题成为备受人们关注的理论话题。从“实践是检验真理的唯一标准”，到“实践唯物主义”、“实践本体论”，哲学围绕着实践展开了种种争论。高清海的独特贡献和创新在于，在人们纷纷把实践作为人的本质、哲学理论的核心问题的同时，也把实践问题引入了思维方式变革和观念更新。从思维方式的角度深化了对马克思客观的哲学变革的理解，赋予了对实践理论最具哲学意义的独特阐述，同时，也孕育着一场新的哲学变革。

4. 重新认识人，探索“类哲学”

人们常说，哲学是人学。哲学的核心观念，就是对人的认识。当高清海呼吁变革思维方式，更新哲学观念的时候，他也十分清醒地意识到，哲学观念更新的结果，应该是新的哲学观念的形成。从90年代中期开始，他把研究的重点聚焦到探索人的奥秘上，进而提出了“类哲学”的哲学观。

他认为，人是哲学的奥秘。哲学表面上表达的是对外部世界的认识，实质是关于人自己的认识，哲学是人作为主体的自我意识。人认识对象的目的与结果，都是为了认识自己，因此，哲学的主体是“以人为本”。传统哲学观坚持“以物为本”，既不符合马克思主义的本意，也不符合哲学的本性。整个哲学的历史发展，就是不断由表及里，由浅入深，进入近现代，哲学才真正回归它的主题，把人作为哲学研究的主体和核心。

他进一步把人的本质理解为“类本质”。“人，按其本性来说，就是一种类存在物。人的类本性说明，人只能存在于同他人内在统一的一体性关系中，也只能存在于同外部世界即人的对象性存在的内在统一的一体性关系之中。”他所说的“类”，不是抽象的同一性、一体性，而是指人能够突破物种和个体的限制，不断把他人及其活动的一切对象转化为自身的不断发展的统一性。只有人具有这种统一性，所以类本质是人的本质特征。

根据马克思关于人的存在发展历史的理论，他把人的本质的发展过程概括为三个阶段，即自发性的“人的依赖关系”的群体阶段、“以物的依赖性为基础的人的独立性”的个体阶段和“适应在个人全面发展和他们共同的社会生产能力成为他们的社会财富这一基础上的自由本性”的类体阶段。（《马克思恩格斯全集》）他认为，市场经济的实质是由群体主体向个体主体转变的历史阶段。群体阶段的缺陷是人身依赖关系，市场经济打破了人身依赖关系，使个人之间建立了平等和彼此独立的关系。当前，全球化的实现预示着人类正走向类体为主的时代，也必然是人的主体性张扬的时代。

“类哲学”的观点，是在依据马克思的哲学理论的基础上，高清海个人的哲学观。这是国内哲学界鲜有的个人独立而系统的、又比较深刻成熟的哲学理论体系。高清海首先是一位马克思主义哲学家，他精通马克思主义哲学经典著作，为传播和深化马克思主义哲学不断追求，奋斗终生。同时，他又是一位锐意创新的哲学家。他深深钦佩马克思的哲学创造，但不安于对马克思哲学的诠释与复述。他虽年迈，但他的使命感不逊于少年壮志。他始终铭记马克思的名言：“任何真正的哲学都是自己时代精神的精华。”他以哲学家的敏锐感受到时代大潮的来临，他意识到时代正在呼唤属于21世纪中国的民族哲学。马克思主义哲学需要继承，更需要发展，需要创新。于是，他以70岁高龄开始了他哲学生涯的最后冲刺，尝试建立一种既符合马克思主义哲学基本精神，又体现当代时代要求，有他个人独到见解的哲学理论。

回顾高清海的学术生涯，一种浓烈的不断创新的精神时时在感召着我们。他是我们这个时代理论创新的楷模之一。面向21世纪的中国哲学应该做的是找寻属于自己时代的哲学——民族的哲学，以及有自己特色的哲学。正如高清海所说，“哲学的生命就在于创新”。

三、高清海主要论著

高清海，邹化政．1957．论辩证唯物主义与历史唯物主义的关系．东北人民大学人文科学学报，(1)：11-59.

高清海 . 1979. 欧洲哲学史纲 . 长春 . 吉林人民出版社 .

高清海 . 1985. 马克思主义哲学基础（上下册）. 北京：人民出版社 .

高清海 . 1985. 论马克思主义哲学的对象 . 哲学研究，(8)：16-26.

高清海 . 1987. 论哲学观念的转变——哲学探进断想之一 . 哲学研究，(10)：18-28.

高清海 . 1988. 哲学与主体自我意识 . 长春：吉林大学出版社 .

高清海 . 1988. 重新评价唯物论唯心论的对立 . 时代论评，创刊号 .

高清海 . 1989. 中国需要自己的社会发展理论——对十年改革的消化与思考 . 天津社会科学，(1)：3-9，26.

高清海 . 1993. 哲学的憧憬 . 长春：吉林大学出版社 .

高清海 . 1993. 人是哲学的奥秘——我对哲学如是说 . 哲学研究，(6)：26-36.

高清海 . 1994. 主体呼唤的历史根据和时代内涵 . 中国社会科学，(4)：90-98.

高清海 . 1995. 突破真理论的传统狭隘视界 . 哲学研究，(8)：13-18.

高清海 . 1997. 高清海哲学文存（6 卷本）. 长春：吉林人民出版社 .

高清海 . 1999. 社会发展哲学——中国现代化的理性思考 . 北京：高等教育出版社 .

高清海，余潇枫 . 1999. "类哲学"与人的现代化 . 中国社会科学，(1)：70-79.

高清海 . 2001. 从马克思走向未来、开创未来 . 中国社会科学，(5) .

Gao Q H. 2001. The Era of Revolution in Human Nature. Nature，Society，and Thought（美国，明尼苏达大学）.

高清海 . 2002. 中国传统哲学的思维特质及其价值 . 中国社会科学，(1)：52-55，206.

高清海 . 2004. 高清海哲学文存续编（3 卷本）. 哈尔滨：黑龙江教育出版社 .

高清海 . 2004. 中华民族的未来发展需要有自己的哲学理论 . 吉林大学社会科学学报，(2)：5-7.

主要参考文献

高清海 . 1997. 高清海哲学文存（6 卷本）. 长春：吉林人民出版社 .

高清海 . 2004. 高清海哲学文存续编（3 卷本）. 哈尔滨：黑龙江教育出版社 .

邴正 . 2005. 哲学的生命在于创新——论高清海教授的哲学思想及其理论创新 . 吉林大学社会科学学报，(4)：72-77.

邴正 . 2011. 吉林省社会科学学术名家传略 . 长春：吉林人民出版社 .

撰写者

邴正（1957～），吉林日报社社长，吉林大学哲学基础理论研究中心教授、博士生导师，中国社会学会副会长。1978～1990 年在高清海指导下获吉林大学哲学学士、硕士、博士学位。

邢贲思

邢贲思（1930～），出生于浙江省杭州市。1946年9月考入南通学院，1949年7月在上海参加隶属中央外事小组的北上外文大队。到北京后先在华北人民革命大学学习半年，后进入外国语学校俄文部学习。毕业后留校任马列主义课教员。1957年3月考取中国科学院哲学研究所副博士研究生。从此，在哲学研究所学习、工作31年。历任助理研究员、研究员、副所长、所长，中国社会科学院院务委员、院学术委员会委员，《哲学研究》杂志主编等职。1988年7月调入中央党校任副校长，1994年4月兼任《求是》杂志总编辑。1998年、2000年先后从《求是》杂志和中央党校退居二线。现任中央实施马克思主义理论研究和建设工程咨询委员、中央党校学术委员会副主任、《中国大百科全书》总编辑委员会委员、清华大学马克思主义学院院长。社会兼职有：中国国际战略学会高级顾问、中国期刊学会名誉会长、改革开放论坛顾问、马克思主义研究基金会顾问等。在哲学研究所学习工作期间，专业方向是历史唯物主义，重点研究唯物史观的形成过程、马克思恩格斯早期有关唯物史观形成的论著、西方人本主义及其历史发展、西方历史哲学等方面。后重点转向研究社会意识形态，偏重研究哲学和宗教的关系。“文化大革命”后，结合真理标准讨论，转而研究认识论，除学习了马克思列宁主义的有关经典著作外，还读了一些西方哲学中的知识论方面的著作。到中央党校后，结合教学工作需要，重点转向中国化马克思主义和现实中的哲学问题的研究。

一、我的学术经历

我走上哲学研究道路不是自己选择的结果。我在大学学的是外文，临毕业时，组织上告诉我留校当理论课老师，并送我到马列学院（中央党校前身）学习，我学的是哲学专业，在学校也是担任哲学课教师。1956年国家试行学位制，我考入了中国科学院哲学研究所（今中国社会科学院哲学研究所）当副博士研究生，师从李光灿。从此，我在哲学研究研究所学习、工作了30年。

初到哲学研究所，由于机会得来不易，在学习上我可以说是分秒必争，自问相当勤奋。导师李光灿一丝不苟，督责甚严。哲学研究所名师荟萃，潘梓年、金岳霖、冯友兰、贺麟、杨一之、沈有鼎、温锡增、梁启雄等都是各学科的一时之选，他们或亲自授课，或设讲座，使我们这些青年学子受益匪浅。由于有几年教学经验，且此前在马列学院学习过 2 年专业课程，加上到哲学研究所后这一段的“强化”学习，在学业上我有了较大进步。

不久，一场政治风暴开始了。反右派运动压得人喘不过气来，几乎所有的人都被卷入了这一政治旋涡中去。直至党中央提出了调整的方针，政治运动有所放松，使我们能够在夹缝中赢得一点时间，去从事弃置已久的专业工作。三年困难时期，对多数科研人员来说却是一个“黄金时期”，因为在这一时期干扰最少，物质生活虽清苦，但精力反而能得到集中。说来也奇怪，不少同志竟然在半饥饿状态下达到了精神生产的巅峰期。

这段时期对我来说也很重要。经过连续几年的政治运动之后，难得有一个暂时“休战”的机会，我就下决心去接触一些难点问题，进行一些深入研究。过去我虽也研究过一些问题，写过一些文章，但论题不集中，研究不系统。我感到要提高自己的学术水平，一定要克服泛而不深的毛病。办法就是从专题入手，抓住那些有相当纵深、可以从浅层次进入深层次进行长期研究的课题。如能循此前进，锲而不舍，经多年努力，必有长进。这种研究方法是很多前辈学者所采用、并被证明是行之有效的，我不过是追随于他们之后，想以此走出自己的一条路子。

从有纵深的专题开始，大处着眼，小处入手这一方法确定后，那么究竟选择从哪个专题切入呢？我考虑这个问题的着眼点有两个，一是必须和我原来的专业对接，否则多年的积累就白费了；二是必须和当前的现实相契合。基于这两点考虑，我选择了马克思主义历史观如何形成这一问题作为突破口。但这个问题还是太大，我又略作限制，着重研究马克思主义是怎样同人道主义历史观决裂而形成唯物史观的。当时，中国共产党和苏共已开始论战，其中一个重大理论问题即如何看待人道主义。为了应对这场论战，中央决定成立若干理论研究小组，人道主义研究小组是其中之一。该组组长是周扬，成员有洪禹、王若水、汝信、罗国杰等，我也参与其中。这一背景也是我选择人道主义问题作为研究切入点的重要原因。

为了进行人道主义研究，我阅读了大量中外文参考书，其中包括：文艺复兴和启蒙运动时期的部分著作；德国古典哲学特别是黑格尔和费尔巴哈的论著；从托马斯·莫尔到空想社会主义三大家的代表作；俄国革命民主主义代表人物的文集；西方马克思主义的有影响的作品。同时我还研究了马克思恩格斯早期著作以及围绕马克思的《1844 年经济学哲学手稿》所开展的争论，研究了部分西方资产阶级学者关于马克思主义和人道主义的关系的论述，研究了苏共的有关观点。结合这些阅读和研究，我写下了约60余万字的笔记和札记。我在这一时期发表的较有影响的文章有：《论费尔巴哈“人本学”的两重性》（《哲学研究》1963年第5期）、《圣西门、傅立叶的社会政治思想及其历史观》（《哲学研究》1964年第3期）、《费尔巴哈论神是人的本质的异化》（《哲学研究》1965年第1期）。其中，《圣西门、傅立叶的社会政治思想及其历史观》一文被译成英文，全文刊登在1965年美国檀香山大学出版的《中国哲学研究》杂志上。当时已写成而没有来得及发表的文章尚有：《文艺复兴和资产阶级人道主义的形成》、《欧文的人性论是其“新社会体系”的理论基础》、《费尔巴哈的认识论述评》、《费尔巴哈的伦理思想》、《孔德的“人道教”》、《文艺复兴和宗教改革》、《车尔尼雪夫斯基的人本主义》、《一种以人道说教为特征的“社会主义”——评“真正的社会主义”》、《存在主义的所谓“新人道主义”》、《法兰克福学派和人道主义》、《波墨的“人本学”》、《关于“异化”问题的札记》等。这些文章在粉碎“四人帮”之后才得以发表，那已是10多年以后的事了。由于这一时期的研究有了一定积累，我于1978年和1980年分别出版了《欧洲哲学史上的人道主义》和《费尔巴哈的人本主义》等2本专著。

为了弄清马克思主义同资产阶级人道主义的关系以找出唯物史观形成的契机，有一个问题回避不了，这就是“异化”问题。在阅读黑格尔和费尔巴哈的著作时，我发现其中都有“异化”一词。那么，黑格尔和费尔巴哈所说的“异化”，和马克思早期著作特别是《1844年经济学哲学手稿》中使用的“异化”一词的含义是否相同，就成了一个必须弄清的问题。经过研究，我明确了黑格尔、费尔巴哈和马克思的“异化”概念的区别。“异化”（Entfremdung）一词在黑格尔那里有两重含义：一重是绝对观念发展到一定阶段时派生出一种同前一阶段不同的表现形式，因此它具有派生、转化、外化（Entaüsserung）、对象化（Vergegenstandlichung）等含义；另一重则是绝对观念的这种新的表现形式同以前的表现形式处于对立的地位，成了一种异己的力量。费尔巴哈从黑格尔那里接受了“异化”的概念，不过他不是用来说明“绝对观念”这一类虚无缥缈的客观精神的演化，而是用以分析宗教这种社会现象，从而得出了“神是人的本质的异化”的结论。费尔巴哈认为，人把自己的本质对象化为一个独立的精神本质，从而创造了神。这种情形，费尔巴哈称之为“人和自己的分裂”（Die Entzweiung des Menschen mit sich Selbst），他认为这种分裂是宗教的起点。费尔巴哈还认为，人的本质对象化而形成的独立精神本体，同人处于对立地位，反过来成为钳制人、统治人的精神力量。就是说，人创造出了上帝，而人则成了自己的创造物的奴隶。费尔巴哈利用“异化”概念对宗教进行分析，是他较之其先驱18世纪法国唯物主义者的宗教观深刻的地方。费尔巴哈批判宗教最后得出的结论是，要使人从宗教异化的束缚下解放出来，使人自身成为最高本质而不是神的附庸。这就是费尔巴哈的“人是人的最高本质”的著名命题的由来，也是他的人本主义思想的核心。经过研究我认识到，费尔巴哈的宗教观虽有其深刻的一面，但毕竟过于偏重于思辨的分析，他的著作如同恩格斯所说，充满机智，但并未能击中宗教的要害，这个要害就是马克思指出的，必须把宗教的异化同社会的分裂联系起来考察。这也正是马克思的“异化观”同费尔巴哈的“异化观”的根本区别。包括费尔巴哈在内的所有资产阶级人道主义思想家，一个共同的弱点就是对人的问题的诠释仅仅停留在抽象的思辨的层面上，虽有时把人的地位提得很高（如文艺复兴时期有的思想家那样），但毕竟太空泛，不能对现实生活中的人有一个科学的界定，因而也就不能揭示社会的发展趋势和回答人的历史命运的问题。难怪马克思、恩格斯在创立唯物史观时，要同这种抽象的人道主义决裂。不这样，就不能帮助无产阶级认识资本主义必然灭亡的历史规律，帮助他们认清自己的历史使命以及树立依靠自己的力量解放自己的信念。

谈到“异化”概念在马克思早期著作中的历史地位问题，不能不提到20世纪30年代以来的一桩历史公案。其内容包括两方面：一是马克思的“异化”概念是否就是黑格尔和费尔巴哈的“异化”概念的简单重复；二是“异化”概念是不是马克思主义的基本概念。这两个问题都涉及马克思主义和人道主义的关系。国外有的学者认为，马克思的“异化”概念就是黑格尔和费尔巴哈（尤其是后者）的“异化”概念的翻版。他们认为马克思对劳动异化的分析，完全模仿费尔巴哈对宗教异化的分析。同时，不少学者认为，“异化”概念是马克思主义的基本概念。经过研究我认为，这两个结论都不正确。不可否认，马克思的早期著作特别是《1844年经济学哲学手稿》，受过黑格尔和费尔巴哈的影响，但是马克思对劳动异化的分析不仅不是黑格尔的思辨唯心主义观点所可比拟，也大大超越了费尔巴哈在人本主义基础上形成的宗教异化观。费尔巴哈从分析宗教异化入手，提出通过道德说教、爱的宣传和扬弃宗教异化，以改善人与人的关系的观点，而马克思则从分析劳动异化入手，提出通过工人解放的政治形式使人们从资本奴役制下解放出来的结论。马克思对劳动异化的剖析，已接触到了资本主义剥削的实质，他的这一观点是后来包含在《资本论》中的某些论点的萌芽。至于把马克思的“异化”概念说成是马克思主义的基本概念，对此我也持否定态度。因为马克思虽早期多次使用过“异化”概念，但后来经过对资本主义经济的长期深入研究，特别是撰写了《资本论》之后，他已用“剩余价值”这一更为科学的概念来代替劳动异化概念。当然也应看到，马克思的劳动异化概念虽总体上已超越了费尔巴哈人本主义的水平，但仍保留了它的某些痕迹。例如马克思在谈到劳动异化的第三个规定时，使用了这样一些提法：“人是类存在物”、“人的类本质”、“人同人的类本质相异化”等，这些提法带有费尔巴哈人本主义的印记。所以，认为马克思的“异化观”受过费尔巴哈人本主义的影响是正确的，而把二者完全等同则是错误的。

弄清围绕异化问题的种种观点之所以必要，是因为这涉及能不能区分马克思的“异化观”同黑格尔和费尔巴哈的“异化观”的差别，涉及能不能在马克思主义和人道主义的关系上理清一条基本线索。一些社会民主党人和西方学者，借着《1844年经济学哲学手稿》(以下简称《手稿》)于20世纪30年代全文披露之际，大肆宣扬马克思主义和费尔巴哈的人本主义没有原则区别，马克思主义就是人道主义。他们宣称，《手稿》是一部新被发现的马克思主义重要著作，从此，应对马克思主义作出重新评价，《手稿》是马克思主义的“启示录”，它告诉我们什么是真正的马克思主义。一时一股“回到青年马克思主义去”的浪潮几乎席卷欧洲。这股把马克思主义等同于人道主义的思潮在我国也有回应。其中一种典型的观点就是，认为历史唯物主义的出发点是人。这种观点和马克思的命题“人的本质是社会关系的总和”不同，是把人抽象化了。在现实社会中不存在抽象的人，人总是处在一定的社会关系中，所以马克思说，人是社会关系的人格化，人是社会关系的承担者。正是从这种观点出发，马克思揭露了资本主义社会关系的实质。他说：“资本家只是人格化的资本，他在生产过程中只是作为资本的承担者执行职能。”他又说：“工人本身，按其概念是贫民，是这种单独存在的、与物的条件相脱离的能力的化身和承担者。”在这里，马克思把问题说得十分透彻，他不仅指出应当怎样看待资本主义社会的资本家和工人，而且提出了历史唯物主义观察人、分析人的方法论原则，这就是应当从社会出发来说明人、人性、人的本质、人的价值、人的解放等，而不是相反，从抽象的人及其属性出发来说明社会。对待马克思主义和人道主义的关系问题不能简单化。马克思主义对文艺复兴和启蒙运动时期的人道主义作过高度评价，而且主张要把人道主义中的积极思想因素当作一项宝贵遗产继承下来，吸收到自己的学说中去。但吸取其合理因素是一回事，把二者完全等同是另一回事。如果认为马克思主义和人道主义是一回事，或者可以搞“合二为一”，那就完全不符合历史实际，就很难解释何以历史唯物主义是作为抽象的人性论、人道主义的对立面而出现这样一个基本事实。

选择马克思主义历史观的形成作为一个专题，把马克思主义和人道主义的关系作为一个环节，又从异化问题入手寻找突破口，这是20世纪60年代初我在专业方向上的一次探索。这一探索过程很艰辛，但我觉得很值得，不仅在马克思主义和人道主义的关系问题上使我有了较系统的认识，更重要的是初步摸索出了一条开展研究工作的路子。

以上是我在哲学研究所工作期间的一段值得记述的经历。另一段经历就是参与了真理标准讨论，以及围绕这一讨论开展的研究和写作。这完全是形势逼出来的。

“四人帮”被粉碎，标志着长达10年的“文化大革命”动乱终于宣告结束，一时全国人民沉浸在喜悦之中。研究所的不少同志开始考虑怎样把中断了长达10年之久的研究工作恢复起来，我也准备把马克思主义和人道主义的关系这个课题继续做下去，而且有了一个初步计划。但是，不久一场席卷全国的大讨论发生了，形势的突然变化使我面临对今后研究工作的一次重大抉择。

凡是经历过“文化大革命”的人，不管是否追随过那些错误的实践和理论，在“文化大革命”之后都会冷静下来进行思考，有人反思自己的言行，更有人反思“文化大革命”这场动乱本身，一个好端端的国家怎么会陷入“文化大革命”那样的疯狂局面。这种反思从表面进到深层，由朦胧转向明朗，不少人几乎得出同一个答案，这就是中国共产党作为执政党在路线、方针、政策上出现了偏差。“四人帮”的肆虐只是表面现象，根子在中国共产党自身。这一认识在今天已是普通人的常识，但在当时却是一个十分敏感的问题，甚至是一个禁区。但是人们的思想是禁锢不了的，不管有多大的压力，仍然阻止不了人们的深入思考。正当人们对“文化大革命”进行认真反思的时候，当时主持党中央工作的同志却抛出了“两个凡是”的口号，强调凡是毛主席作出的决策，凡是毛主席的指示，都要“坚决维护”，“始终不渝地遵循”。这就意味着不承认中国共产党过去犯了错误，还要把过去那条错误的道路继续走下去。这无异对满怀希望的广大群众是一个沉重打击。这就是真理标准问题大讨论的背景。作为一个党员，作为一个理论工作者，在这场关系到国家未来和民族命运的论战面前，我没有理由保持沉默，我终于积极投身到这场大讨论中去。

1978年4月8日我在《人民日报》上发表了参加论战的第一篇文章《哲学和宗教》。针对“两个凡是”把毛泽东思想不是当作科学而是当作神学教条的倾向，文章鲜明地提出要区分哲学和宗教，强调不能提倡信仰主义、愚民哲学，而要提倡独立思考、探求真理。这篇文章虽没有点名批评“两个凡是”，而是正面阐述应如何对待马列主义、毛泽东思想，但明眼人一眼就看出，这是针对“两个凡是”的。文章发表后，《人民日报》理论部收到不少信件，有赞扬、支持的，也有批评甚至谩骂的。这说明这篇文章在当时产生了较大反响。在差不多同时，《人民日报》理论部转来一批信件，不少读者提出，真理和真理的标准是否一回事，毛泽东思想是真理，但是不是真理的标准。对此形成了两种观点，一种认为毛泽东思想是真理的标准，一种则认为不是。《人民日报》理论部的汪子嵩要我写一篇文章作出回答，这就是我那篇《关于真理的标准问题》的文章发表的背景。这篇文章发表于1978年6月16日的《人民日报》，该文的发表后于以《光明日报》特约评论员名义发表的《实践是检验真理的唯一标准》，但早于以《解放军报》特约评论员名义发表的《马克思主义的一个最基本的原则》。《人民日报》把三篇文章合订成册，作为这场大讨论的参考材料，广为发行和传播。

为了深入研究这个问题，我对马克思主义认识论，对历史唯物主义关于个人在历史上的作用的理论，关于政党、领袖、群众的理论，关于权威的理论，进行了再学习、再认识。这段时期也是我创作较旺盛、成果较多的时期，我写下了几十万字的笔记，发表了几十篇文章，其中发表在《人民日报》上且较有影响的，除上面提到的《哲学与宗教》和《关于真理的标准问题》两篇文章外尚有：《哲学的启蒙和启蒙的哲学》、《真理有阶级性吗?》、《真理面前不应当人人平等吗?》、《恐右症的来历》、《评“有权即有理”》、《对当前思想解放运动的认识》、《关于脑力劳动和体力劳动的对立》等。发表在其他报刊上且较有影响的文章有：《为什么说只有实践才是检验真理的唯一标准?》、《“句句是真理”为什么是荒谬的?》、《真理和独断》、《哲学和政治》、《哲学战线上的一场大辩论》、《用科学态度对待马列主义、毛泽东思想》、《必须完整准确地把握毛泽东思想体系》、《就真理标准的讨论答某同志》、《生产斗争比阶级斗争更根本》、《记取离开经济建设搞政治运动的教训》、《抓住真理，所向披靡》、《批判“四人帮”的文化专制主义》等。这些文章在学术界和社会上之所以引起一定反响，并非文章有多少创见，而是联系了现实，说出了不少人的心声，因而在一定程度上引起了共鸣。

由于这一时期我发表的文章较多，引起一些单位的重视，邀请我作真理标准问题的报告的单位前后达几十家，解放军三总部、外交部、公安部、国防科工委、七机部、铁道部、中国科学院、高等军事学院、解放军政治学院等单位都对我发出邀请，我在这些单位以及其他一些单位共作了几十场报告。我在外交部作的报告被部党委印成文件发往各驻外使馆。铁道部召开了有10万人参加的电视会议，请我介绍关于真理标准问题的讨论。我还应邀在湖北、河北、甘肃、新疆等省区作报告。在新疆的报告分汉族干部和维吾尔族干部两场，为汉族干部作报告时，时任自治区党委书记汪锋亲自主持会议并发表讲话，号召当地干部深入学习。为作这些报告我付出了很多时间和精力，有时甚至带病上场，但我觉得很值得，对于一个党员、一个理论工作者来说，这是义不容辞、理所当然的。

为了推动真理标准问题讨论深入开展，哲学研究所和《哲学研究》杂志编辑部于 1978 年 6 月 20～21 日和 7 月 17～24 日分别召开了两次讨论会，我和时任《哲学研究》杂志编辑部主任的张岱共同主持了这两次会议。第一次会议规模较小，约 60 多人参加，主要议题是如何进一步深化真理标准问题的讨论，我在会上提出把这一讨论推向基层，得到与会同志的肯定。第二次会议议题较广泛，讨论较深入，规模也较大，参加者约 160 多人。不少同志在“文化大革命”中被长期审查甚至关押，此前不久才被解放，也都抱着很大热情参加会议。会议地点在某一区委党校，条件较差，时值盛夏，天气炎热，蚊蝇为虐，与会者不论级别高低，都二三人共处一室，晚间难以成眠。即使这样，没有一人抱怨，大家都以极大的政治热情参与讨论。虽时过境迁，会议的召开距今已 30 多年，但此情此景仍历历在目。

回顾这场讨论，不能不提到 1979 年 1 月召开的理论务虚会。为什么十一届三中全会刚结束，中央立即部署召开这次会议？原因是理论界对真理标准问题的讨论、对三中全会的认识还不一致，党中央为了统一全党、特别是党的理论工作者的认识，决定召开一次联系以往实践就理论问题进行深入讨论的会议。名为务虚，意思就是讨论议题不设限，有什么说什么，想说什么就说什么，对讨论中出现的各种意见，包括一些不很恰当的意见，可以评论、批评，但不戴帽子，不打棍子。会议在胡耀邦主持下，讨论自由，气氛热烈，是一次相当民主的党内讨论重大问题的会议。第一阶段会议与会者 166 人（第二阶段扩大了范围），分为五个组，我参加了第三组，召集人为周扬、王惠德和我。这次会议使我受到了很大教育，不仅使我对十一届三中全会的精神和邓小平在中央工作会议上所作的报告《解放思想，实事求是，团结一致向前看》有了进一步的体会，而且使我对亲自参与的真理标准问题讨论的意义也有了新的认识。这次会议使我感到，在党的“解放思想，实事求是”的思想路线指引下，在十一届三中全会精神的鼓舞下，很多同志的精神面貌发生了很大变化。党内一批在思想理论战线长期工作、战斗的同志认识统一了，团结加强了，这就为即将开始的改革开放打下了很好的思想基础。

在哲学研究所期间，我还接受了一项任务，就是协助胡绳组织编纂《中国大百科全书·哲学》。我作为编委会常务副主任主持日常工作，并且撰写了约 5 万字的概观性文章（相当于总序）。全书参加撰稿的专家 300 多人，按照胡乔木“由最合适的人写最合适的辞条”的要求，经过多方推荐、慎重遴选、反复审核，专家名单才确定下来。全书辞条数千，字数 300 多万字，经过全体专家共同努力，历时 5 年，终于 1986 年问世。据各方评估，在 70 多卷大百科全书中，哲学卷的质量属于上乘。在这 5 年中，我全力以赴参与编纂工作，个人研究计划只得暂时中断，研究成果发表也较少。但能参加这样一项对我国哲学学科建设乃至整个文化建设具有深远意义的重大项目，并取得一定成绩，既感到光荣，也感到欣慰。

1988年7月，我到中共中央党校任职，在担任领导职务的同时，还负责一部分教学和科研工作。1994年4月，经中央决定，我又兼任《求是》杂志总编辑。由于这两个单位的性质和工作需要，我的研究重点有所变化，从原来偏重于学理性研究，转为对中国化马克思主义和当前重大现实问题的研究。这一时期在进行教学和编务工作的同时，我在《人民日报》、《求是》杂志以及其他报刊发表了数十篇文章，其中有几篇文章的情况在这里作一说明。第一篇是《坚持马克思主义不动摇》，发表于1996年6月6日《人民日报》，约占一个版。这篇文章是根据江泽民在军委扩大会议上提出的划清七个界限的精神写的，先是应邀在国防大学作报告，后依据报告内容改写而成。文中我提出一个观点，即划清马克思主义与反马克思主义的界限，要以邓小平建设有中国特色社会主义的理论为坐标。该文得到中央主要领导同志的肯定和表扬，并由新华社发通稿，中央各大报、省级党委机关报均全文转载。第二篇文章是《马克思主义哲学还是主体性哲学?》，发表于《求是》杂志1996年第16期，约15000字。这篇文章的缘起是1996年6月中旬，中央主要领导同志电话指示，要对当时盛行的一些错误观点进行批评。该文从马克思主义哲学的角度剖析了一些错误观点的实质及其危害，得到了理论界不少同志的好评。第三篇文章是《百年沧桑话巨变》，发表于2004年8月10日《人民日报》，文章为纪念邓小平同志诞辰一百周年而写，文章回顾了近代中国百年屈辱史，讲到中国共产党领导的新民主主义革命、社会主义革命和建设，再讲到改革开放，约占《人民日报》一个整版。文章发表后产生一定影响。第四篇文章是《真理标准问题讨论及其启示》，发表于《求是》杂志2008年第11期。该文为纪念真理标准问题讨论30周年而写，在中共中央宣传部等中央七部委联合举行的理论讨论会上宣读，由《求是》杂志、《人民日报》同时刊登。第五篇文章是《改变当代中国命运的30年》，该文为纪念改革开放30周年而写，入选中共中央宣传部等中央七部委联合举行的理论讨论会文集，发表于《求是》杂志2008年第24期，其中主要部分为《人民日报》所转载。第六篇文章是《什么是马克思主义，怎样对待马克思主义?》发表于《求是》杂志2009年第5期。该文回顾党的历史、结合当前实际，强调马克思主义的精髓是理论联系实际，它的基本理论品格是与时俱进，只有从中国实际出发，在实践中进行理论创新，才能既推动实践发展，又推动马克思主义理论发展，一部马克思主义中国化的历史就是这样的历史。文章发表后引起一定反响，《新华文摘》全文转载，同时被中共中央宣传部下属学习出版社收入《学习活页文选》(供党委中心组学习用)。第七篇文章是《对建设马克思主义学习型政党的几点认识》，发表于《求是》杂志2010年第5期。这是根据党的十七届五中全会精神写的，文章强调建设学习型政党，要把学风建设放在突出位置，反对为学习而学习，反对形式主义走过场，反对理论不联系实际的教条主义。文章受到有关方面好评，被收入《学习活页文选》。第八篇文章是《正确处理新时期人民内部矛盾》，发表于《求是》杂志2010年第22期。文章重点分析了当前人民内部矛盾形成原因、表现形式和处理方法，强调新时期人民内部矛盾突出地表现为利益矛盾，要按照中央的要求，强化责任、创新机制、统筹兼顾、落实措施，加快推进以改善民生为重点的社会建设，依法保障人民权益，扎实做好化解社会矛盾的各项工作。文章发表后，《新华文摘》全文转载，多家刊物摘要刊登。第九篇文章是《牢牢把握中国共产党历史的主线》，该文为纪念中国共产党成立90周年而写，文章强调，学习中共党史必须把握主线，认为中共党史的主线简要地可概括为：实现三大革命转变，形成两大理论成果。三大革命转变为：从半封建、半殖民社会向新民主主义时期转变；从新民主主义时期向社会主义革命和建设时期转变；从社会主义革命和建设时期向建设中国特色社会主义时期转变。两大理论成果为：毛泽东思想和中国特色社会主义理论体系。该文在中共中央宣传部等8部委联合召开的纪念中国共产党成立90周年的理论讨论会上宣读，刊载于《求是》杂志2011年第13期。

二、邢贲思主要论著

邢贲思 . 1979. 欧洲哲学史上的人道主义 . 上海：上海人民出版社 .

邢贲思 . 1980. 哲学和启蒙 . 北京：人民出版社 .

邢贲思 . 1981. 费尔巴哈的人本主义 . 上海：上海人民出版社 .

邢贲思 . 1984. 哲学与时代 . 武汉：湖北人民出版社 .

邢贲思 . 1992. 在思想战线上 . 北京：中央党校出版社 .

邢贲思 . 1998. 邢贲思文集（四卷）. 西安：陕西人民出版社 .

邢贲思 . 2002. 与时俱进的马克思主义 . 郑州：河南人民出版社 .

邢贲思 . 2002. 邢贲思自选集 . 北京：学习出版社 .

邢贲思 . 2002. 哲人之路 . 杭州：浙江人民出版社 .

撰写者

邢贲思

蔡仁厚

蔡仁厚（1930～），江西于都人。历任高中教师，“中国文化大学”讲师、副教授、教授，东海大学哲学系教授、哲学研究所所长。他一生追随牟宗三。从青年时期起，便专志一念，以复兴儒学与中国文化为职志。他一方面承续师学而多有述引发挥，另一方面在落实儒家之人文教化以及因应时势之专题论述上，也获得丰硕之成果。他的专业重点有三：一是先秦儒家，二是宋明理学，三是中国哲学史，皆各有专书出版。尤其是中国哲学史之分期（分卷），最能看出他对中国哲学思想开合演变之关节，已呈显出前所罕见的精当相应。因而也证实了以儒家为主的中国文化并非一个封闭系统，而是一条与时俱进、日新月益的文化生命之大河。他曾任“中国哲学会”（台湾地区）理事、常务监事，国际儒学联合会理事、顾问。70岁退休之后，又荣膺东海大学荣誉教授（终身职）。他在三方面奠定了他的学术地位：一，他对牟宗三师门之学的诠释最为深入而相应，体现了先儒讲习的古风；二，他出席国际学术会议的论文，与专题演讲的讲词，已先后辑印为七种论集出版；三，他80岁完成的《中国哲学史》上下册，依循当代新儒家的学术方向，贯穿数千年的思想，而书中的诠解与论议，亦皆本乎义理，务期勿限于偏私。故此书更可视为他学术成就的标志。

一、成长经历

1. 城乡学习的回忆

蔡仁厚1930年1月28日出生，早年在农村成长，性情浑朴诚笃，平和恒毅。为学处世，常因“己不若人”之感怀，而引发“舜何人也”之愤悱。故平生境遇非顺，而奋励之志不衰。

他是农家子弟，身为长子长孙，父叔都钟爱他。在卢沟桥事变前半年，他被送到固院中心小学上学，成绩很好。小学没毕业，他便受教导主任鼓励以同等学力报考于都中学，获得录取。初三下学期，日军侵入赣州，学校疏散到50里外之山区禾丰乡上课。初中毕业后，他考上高中部，三年高中教育，以言知识传授，其条件实欠充分。但就人文陶冶而言，则质朴自然之中，实有深醇之意存焉。

高二时，蔡仁厚与学友数人合组文垒社，并在《于都新闻报》辟栏编“文垒”副刊，每期三五篇文字，皆由社友撰稿，共出刊六七期。后来竟以笔墨文字引发一场司法官司。虽经化解而归于无事，但“文垒”竟因此停刊。少年文事，已如“春梦了无痕”矣。

1948 年 6 月，蔡仁厚以第一名高中毕业，由江西教育厅保送广州大学。初，消息传来，原谓保送北平师大。当时他已抵南昌，闻讯甚喜。及保送书寄到，乃为广州大学。私立大学费用昂贵，父亲深以为虑。唯三叔深爱他，特与父亲商同，函促赴粤入学。

次年，局势动荡，他在时代之大风浪中飘落台海。孑然一身，天涯寄迹，遭逢时艰，多所磨炼。那时营养不良，又罹疟痢诸疾，身体羸弱。更有一次跌落火车轨沟，伤及右额和背部。种种灾难，诸多不顺。所幸质朴混沌，也知好学。后遇机缘，得从游于牟宗三之师门，故终能踏入学问之轨辙。今兹回思，殊深庆幸。

2. 从游牟宗三，励志奋发

蔡仁厚师从牟宗三，乃是他生命中的大事。他做梦也没有想到自己有缘师从这位学思精深、气性高狂、英气圭角、刚毅威严的当代哲儒。他从学于牟宗三，不是学校听课，而是校外从游。而且，他之从师，是怀着生命理想之向往的，也是抱着“从师求道”的心情，而投入牟门。他这份心情，自始至终，无所改变。

他回思师尊的垂教，都是随机而发，并无定格。牟宗三出版那么多的著作，当然希望弟子们仔细阅读，而能步步接上，不脱节、不滑落。他深体牟宗三的心意，所以随时随地都承袭儒者“重视讲习”的老传统，而多有契应与体会。讲习的方式，可以用口讲，也可以用笔写。他觉得自己讲习师门之学，正是古人“讲习意识”的落实。如果自己在讲习师门之学这件事上真有若干成绩，也不过是体现儒家原先的轨辙而已。

他师从牟宗三的时间，超过 40 年。他讲习师门之学的成绩，主要有三方面：

第一，1978 年，他主编《牟宗三先生的哲学与著作》，除了写文介述《心体与性体》的义理纲脉，他还特别分为五个阶段（大学时期、40 岁以前、40 岁以后、50 岁以后、60 岁以后），以表述牟宗三的哲学与著作。这是一篇 46000 字的长文。因为综述得宜，所以深得牟宗三之赞赏。其回函有云：“文稿已看过，叙述得如此相契，甚为不易。将来弘法者盖非棣莫属也。”（那一年，蔡仁厚升等为正教授。）

第二，把他自己解读牟宗三著作的心得，写成文章写成书，使青年学子可以通过他的诠释，进而阅读牟宗三的原典。例如《心体与性体》初出之时，号称难读，而通过蔡仁厚的《宋明理学（北宋篇·南宋篇）》以及他所发表的专题论文，便可以逐步得到一个理路，走进牟宗三的学术殿堂。

第三，在牟宗三的著作里，常有他自创的学术新词，很不容易读懂。蔡仁厚细心记下，一一加以疏解，以消解读者理解上的滞碍。例如，1998年，第五届当代新儒学国际会议在山东济南召开，他在会上宣读《牟宗三先生铸造学术新词之意涵述解》一文，一口气疏通了10多个新词语的意涵。又如，同一年，他在北京大学百周年的扩大汉学会议上，宣读《牟宗三先生的学术贡献》。文之第三节，分五点以表述牟宗三在学术上的重大贡献：①表述心性义理，使三教智慧系统焕然复明于世。②发挥外王新义，解答中国文化中政道与事功的问题。③疏通中国哲学，畅通中国哲学史演进发展的关节。④译注三大批判，融摄康德哲学。⑤会通中西哲学，疏导中西哲学会通的道路。

二、主要研究领域和学术成就

1. 学术思想，归宗于儒

蔡仁厚的思想，归宗于儒，是当代新儒家的成员之一。1995年，南开大学出版《现代新儒家人物与著作》一书，介绍当代新儒家具有代表性的学者16人：梁漱溟、熊十力、马一浮、张君劢（以上4人为第一代）。冯友兰、贺麟、钱穆、方东美（以上4人介于第一代与第二代之间）。唐君毅、牟宗三、徐复观（以上3人为第二代）。杜维明、刘述先、蔡仁厚、成中英、余英时（以上5人为第三代）。

其实，和第三代同时前后，还有很多研究儒家思想、弘扬儒家学术的同道，共同为复兴儒学而奋斗。这一群师友，只服从理性以明是非，辨真伪；而根本厌恶门户之相吹捧、相标榜。

从文化学术的比论中，可以看出当代新儒家（尤其第二代）确实做出了超越前贤的成绩。包括：①厘清中国哲学演进发展的思想脉络；②分判中国哲学异同分合的义理系统；③阐释中国哲学的基本义旨与价值；④对西方哲学的融摄会通。这些，都已开出了纲领性的义理规路。它显发的影响，不但由海外而回转大陆，而且必将为中国哲学的现代化与世界化，开出平正通达的道路。

蔡仁厚曾经一方面提揭四义："仁智双彰、天人合德、因革损益、据理造势"，以见儒家义理在人类世界中所涵具的普遍而永恒的价值。另一方面又提出四目："伦理的实践、政治的开新、经济的发展、学术的推进"，以申述儒家对现代社会所能昭显的时代意义，以及宽平融通的适应功能。他还曾指出，传统儒家的重要贡献，可以分为四点，录列如下：①儒家开发了“人性本善的道德动源”与“天人合德的超越企向”。②儒家建立了“孝弟仁爱的伦理道德”与“情理交融的生活规范”。③儒家体认了“生于忧患、死于安乐的生死智慧”与“因革损益、日新又新的历史原则”。④儒家提揭了“修齐治平、以民为本的政治哲学”与“内圣外王、天下为公的文化理想”。

从这四点八端，可以看出儒家哲学的中心义旨，全都是具有普遍性的道理，既可以作为“人类生活的基本原理”，又可以作为“人类文化的共同基础”。

对于中国文化与儒家学术，蔡仁厚是以全部生命投契其中的。情既随理而日益深切，理亦因情而日益庄穆。情文相生，理气充盈，一直是他运用文字的期许和准则。他已做到多少，则有待客观之评判。

2. 教学历程与著作出版

蔡仁厚在当兵的时候，也仍然像个读书人。这就难怪牟宗三要发感慨了，他说：“这个时代真是糟蹋人，像蔡仁厚那样的人，怎么适合做军人!”实际上，蔡仁厚的确欠缺军人的气质，因而也不曾沾染军中的习气。他一直想做一个老师。有一段时间，“教育部”承认高考及格可以教初中，后来又不行了。于是他去参加中学教师检定考试，也及格了。所谓“皇天不负苦心人”，他终于退伍教书了。

他在做中学教师之前，便已连年在香港《人生杂志》发表文章，后来并辑为《家国时代与历史文化》，由人生出版社出版（唐君毅题签，牟宗三作序）。所以在他担任中学教师之前，便已是一位有著作出版的人了。在基隆市一中教了半年初中，又受推荐转到台中一中教高中国文。

在台中一中任教之时，他仍然不断发表文章，并发愤写成《孔门弟子志行考述》一书，1968年由台北商务印书馆出版。次年，便应聘到“中国文化大学”哲学系为专任讲师。当时，中国哲学师资奇缺。他一接聘，便约定担任“孔孟荀哲学”、“宋明理学”、“墨家哲学”3门课程。(3年后，又安排他让出“墨家哲学”，而改教“中国哲学史”。)

这些，都是重量级的课程，蔡仁厚感到压力很大。而偏偏台北坊间又缺乏适当之书做教本。当时，牟宗三的《心体与性体》第一册已出版，但学生读不懂。于是，3门课都要编写讲义，由学校印发学生使用。在“中国文化大学”任教期间，生活艰困不说，而“台中—台北”每周往返奔波，实在非常辛苦。但蔡仁厚回想起来，倒觉得这9年时间，是他人生最奋励上进的关头。约略计算一下，这9年时间，他发表于各期刊的文章，竟多达 50 多篇。另外还出版著作 4 种：1971 年《儒家哲学与文化真理》，1974 年《王阳明哲学》，1977 年《宋明理学·北宋篇》，1978 年《墨家哲学》。另外，他还先后完成了副教授与正教授的升等审查。

1979 年，蔡仁厚转到东海大学为哲学系创系教授。担任的课程，仍然是"中国哲学史"、"孔孟荀哲学"、"宋明理学"。前 5 年，他先后出席国际学术会议如下：1979，台北台湾师范大学近世儒学与退溪学国际会议，所提论文为《性理的全义与偏义》。同年，台北辅仁大学国际哲学会议，所提论文为《儒家精神与道德宗教》。1980，汉城檀国大学东洋学国际会议，所提论文为《朱子学的纲脉与朝鲜前期之朱子学》。1982，夏威夷大学国际朱熹会议，所提论文为《朱子学的新反省与新评价》。1984，台中东海大学世界哲学会议，所提论文为《从前瞻性的观点看儒家哲学的价值及其贡献》。另外，5 年中出版的著作也有 4 种：1980 年的《宋明理学·南宋篇》和《中国哲学史讲义》，1982 年《新儒家的精神方向》，1984 年《孔孟荀哲学》。

1983 年，东海大学成立哲学研究所。蔡仁厚先后担任的课程，包括下列 3 个范围："先秦儒家"、"宋明理学"、"中国哲学史专题研究"。1985 年，东海哲学研究所又增设博士班。他适逢休假，并应聘到新加坡东方哲学研究所担任高级研究员。研究题目为"荀子与朱子心论之比较研究"。半年后完稿并通过开会审查，列为该所研究成果出版。

此后之教学、研究、著作出版，以及出席国内外学术会议之论文，皆将于下两节综合说明，不再分阶段引述。

3. 学术研究的重点

(1) 综述先秦儒家哲学

主要是对孔子、孟子、荀子三家学术之基本纲领及其义理分际，作一统括性之疏导说明。在综述的态度上，①不以专深为上，而以通义为本。②不以精奇为美，而以明达为贵。③不以立异为高，而以平正为归。这 3 点，也可以说就是蔡仁厚很基本的学术性格。如此看来，他倒真是天生的儒家。

(2) 疏通宋明理学

从北宋，到南宋，再到明代的阳明学，蔡仁厚皆有专著加以讲论。总的纲领架构，大体依循牟宗三《心体与性体》的轨辙。而自己的研修所得，则随时写成论文发表。凡有关理论纲脉之提揭、思想异同之辨析、系统架构之厘定，以及义理图表之勾画，有的"照着讲"，有的"接着讲"，自谓皆有一得之愚。

（3）儒家学术与中国现代化

儒家既然是中国文化的主流，其未来之发展必将与中国现代化相关联。无论从儒家“民本、民贵”之思想，落实于民主之体制；或循儒家“开物成务”、“格物致知”之古训以发展科学；皆是相顺之发展，并无相逆之牴触，也没有思想观念上之扞格。数十年中，蔡仁厚发表有关中国现代化之论文，不下一二十篇，分别编入他的论集之中。

（4）中国哲学史之讲论与撰著

在半个世纪的教学过程中，凡是有关中国哲学之“源流”、“特性”，与中国哲学史之“分期”及其“研究方法、资料简别、文献引用、思想诠释、概念运用、系统分判、发展方向”，他都有所论列。当年为教学之需而编写的讲义，也以中国哲学史“大纲”的形式先行交付出版，而完整的《中国哲学史》上下两册，则在80岁以前完稿，交由台湾学生书局印行。

蔡仁厚原先计划在退休之后，要依循他五阶段的分期法，分为五大册来完成一部详尽的“中国哲学史”。无奈精力就衰，视力减弱，不得已简约为上下两册。不过，中国哲学史之纲领条脉，已大体有所表述，其相关之文献资料，坊间也多有辑印，可供参阅。如此，则此书未及详赡之遗憾，亦不难弥补耳。

三、余　言

在此，还要对蔡仁厚指导研究生写学位论文这件事稍作说明。他没有留洋，也没有高学位。这是形式条件上的一种欠缺，也是以西式教育的学制为准，才有这样的说法。但“学历”与“学力”，各有估量。在中国传统中，学问器识的培养，都是从师问学，自我进益而有成。蔡仁厚就是这个时代罕见的例子。

他指导的研究生，先后完成硕士学位的有26人，完成博士学位的有20人，其中韩国来的学生都很优秀。因为韩国李朝以儒教立国，奉朱子学为治国之理念。所谓“遗风余韵，泽及于远”，岂不然哉！

四、蔡仁厚主要论著

蔡仁厚．1967. 孔门弟子志行考述．台北：台湾学生书局．

蔡仁厚．1974. 王阳明哲学．台北：三民书局．

蔡仁厚．1977. 宋明理学·北宋篇．台北：台湾学生书局．

蔡仁厚．1978. 墨家哲学．台北：东大图书公司．

蔡仁厚 . 1980. 宋明理学 · 南宋篇 . 台北：台湾学生书局 .

蔡仁厚 . 1982. 新儒家的精神方向 . 台北：台湾学生书局 .

蔡仁厚 . 1984. 孔孟荀哲学 . 台北：台湾学生书局 .

蔡仁厚 . 1987. 儒家思想的现代意义 . 台北：文津出版社 .

蔡仁厚 . 1988. 中国哲学史大纲 . 台北：台湾学生书局 .

蔡仁厚 . 1990. 儒家心性之学论要 . 台北：文津出版社 .

蔡仁厚 . 1990. 儒学的常与变 . 台北：东大图书公司 .

蔡仁厚 . 1994. 中国哲学的反省与新生 . 台北：正中书局 .

蔡仁厚 . 1996. 牟宗三先生学思年谱 . 台北：台湾学生书局 .

蔡仁厚 . 1998. 孔子的生命境界 . 台北：台湾学生书局 .

蔡仁厚 . 2001. 哲学史与儒学评论 . 台北：台湾学生书局 .

蔡仁厚 . 2005. 新儒家与新世纪 . 台北：台湾学生书局 .

蔡仁厚 . 2006. 王学流衍：江右王门思想研究 . 北京：人民出版社 .

蔡仁厚 . 2009. 中国哲学史上下册 . 台北：台湾学生书局 .

蔡仁厚 . 2010. 儒学传统与时代 . 石家庄：河北人民出版社 .

主要参考文献

蔡仁厚 . 1999. 学行著述年表//蔡仁厚教授七十寿庆集（甲编，自出生至 69 岁）. 台北：台湾学生书局：3-117.

蔡仁厚 . 2009. 自订学行著述年表（初续卷，自 70 岁至 79 岁）. 台中：晨星出版公司：4-68.

蔡仁厚 . 2013. 学行年表//蔡仁厚教授书序辑录（二续卷，自 80 岁至 83 岁）. 台中：晨星出版公司：180-208.

撰写者

蔡仁厚

吴元丰，台中科技大学兼任助理教授，2005～2009 年于东海大学在蔡仁厚指导下研究先秦儒家乐义思想，获哲学博士学位。

李泽厚

李泽厚（1930～），湖南长沙人。哲学家、思想家与美学家，中国实践论美学的奠基人与当代美学的主要推动者。中国社会科学院哲学研究所研究员、博士生导师，巴黎国际哲学院院士、美国科罗拉多学院荣誉人文学博士，任德国图宾根大学、美国密歇根大学、威斯康星大学等多所大学客座教授，任中华全国美学学会副会长与顾问。在哲学的各个领域都有非常重要的建树，早年从事美学与近代思想史研究，中年对外国哲学、中国哲学与思想史着力颇深，晚年在伦理学与认识论上又有新见。出版专著50余部，被翻译成多国文字，发表中英文论文百余篇。代表作有《批判哲学的批判》、《美的历程》、《中国古代思想史论》、《哲学纲要》等。在哲学上坚持“人类学历史本体论”的立场，在美学上引领了“实践美学”的思潮，以富有个性化的研究方式提出了“积淀说”、“文化心理结构”、“西体中用”、“巫史传统”、“儒学四期”、“情本体”等一系列具有重大社会影响的思想观念。

一、成长经历

李泽厚于1930年6月13日出生于湖北汉口，祖籍湖南长沙。他的父亲名为李进，母亲名为陶懋枬，“李”为赐姓，祖上姓王，高祖父曾是江南水师提督，在《清史稿》上有传。他在3岁时随家迁回湖南长沙，在乡下度过了少年岁月。12岁遂有了“精神危机”，废学三日思考死亡难题，其哲学也始终不离人生问题，孤苦的成长环境塑造了他独立的思辨能力和丰富的感受能力。1942年父亲早逝，家境顿陷困境而使他深知人间冷暖。1943年他就读于湖南宁乡靳江中学，1945年秋他初中毕业后考取了著名的湖南省立一中，因家贫改入公费的湖南省立第一师范。

在第一师范就读期间，李泽厚经常到城里书店阅读哲学社会科学方面的新书，并在大量阅读和比较中选择了马克思主义并接受了其基本思想，他喜爱《西行漫记》与《历史哲学教程》之类的“左倾”读物。1948年夏他从第一师范毕业，临别赠言给同学“不是血淋淋的斗争，就是死亡”。因其思想激进，毕业后，经历了失学与失业的艰苦过程，1949年新中国成立前夕才到湖南宁乡道林麟峰完小做历史教师。同年，他深爱的母亲去世。

1950 年，李泽厚同时考上北京大学和武汉大学的哲学系，选择了前者，但由于拿不起路费，开学已近两个月后才到校注册。到校后方知他在哲学系成绩第一，并由于成绩突出而免修英文和国文。在北大求学期间，由于他患有肺病，基本上没怎么上课，主要是利用图书馆的丰富藏书而自修与研读，所以他从大学一二年级就开始独立研究工作，选取了谭嗣同作为研究对象，并开启了中国近代思想史的研究，并大量研读马列原著和西方哲学原典，特别是康德与黑格尔对其影响尤甚。1951 年李泽厚撰写的文章《关于党性与阶级性》刊于《新建设》第 6 期，1952 年他转向康有为研究，1954 年他撰写《关于中国古代抒情诗中的人民性问题》一文刊于《光明日报》。1954 年秋李泽厚毕业，被分配到上海高教局，后因病被退回北京。1955 年 2 月，李泽厚正式被分配到中国科学院哲学研究所工作，任实习研究员，后进入《哲学研究》编辑部工作，其工作证号是 001。他直至退休仍为哲学研究所研究人员。

从 1955 年开始，李泽厚正式进行了科研工作，近代思想史与美学平行进行，发表了《论康有为的“大同书”》、《评古典文学研究中的一些错误观点》、《论谭嗣同的哲学思想和社会政治观点》等论文，这是其学术生涯的关键一年。这年他作为“胡风分子”而挨批，调查一年后结论是与胡风无关而只属“思想问题”。1956 年，李泽厚 26 岁，他不仅撰写了大量的关于孙中山思想的论文，更重要的是，他参与到《文艺报》、《人民日报》、《哲学研究》等参与的著名的“美学大讨论”当中，对于朱光潜的批判颇为被认同。美学大讨论在 1956～1962 年持续数年，参加者甚众，最终形成了美学三大流派，以朱光潜为代表的“主客观统一论”、以蔡仪为代表的“客观论”和以李泽厚为代表的“客观社会论”，客观社会论是后来“实践美学”的先导。

1956 年前后，李泽厚在美学与思想界两个领域新作频呈，获得了极大的声誉从而改变了生活的窘困，但期间的精神压力却在逐渐增大。1957 年他仍发表了以《美的客观性和社会性》、《“意境”杂谈》为代表的美学文章，以《论康有为的哲学思想》、《关于谭嗣同哲学思想的研究》为代表的思想史文章，1957 年年初他前往甘肃敦煌考察，幸运地躲过了被打成右派的厄运，当年年底第一次下放到河北省赞皇县黄连沟劳动。在学术专著方面，12 万字的处女作《门外集》由长江文艺出版社出版，收录论文 7 篇，成为了结集出版文集的青年美学家。次年，17 万字的《康有为谭嗣同思想研究》由上海人民出版社出版，收录论文 7 篇。

从 1958 年到 1959 年，李泽厚陆续发表《论美是生活及其他》、《试论形象思维》、《山水花鸟的美》等重要文章，直到 1960 年第二次下放到山东劳动而只能暂时搁笔。从 1961 年冬到 1964 年，他参加王朝闻主编的《美学概论》编写工作，负责现当代西方美学资料的搜集整理，并撰写了“审美对象”一章的初稿，其于 1964 年所撰《美英现代美学述略》刊于 1979 年出版的《美学》创刊号上。李泽厚从 1962 年到 1964 年都有论文发表，1963 年结婚并两次参加“四清”，1964 年与同学赵宋光讨论并撰写《人类起源提纲》等，正式开启了整体哲学的思考。

随着“文化大革命”的开始，李泽厚基本结束了研究与写作工作，但在三次下放劳动期间仍未放弃读书，特别是对于康德著作的英文版进行了深入研读。直到 1972 年，由干校返京后他才正式开始了《批判哲学的批判》的写作工作，次年他儿子出生，并开始了诸如拜访朱光潜等学术活动，并于 1974 年修订了《试论人类起源（提纲）》。

1976 年，《批判哲学的批判》终于完稿，这是李泽厚的以研究康德为主、同时建构自己思想的第一部代表作，直到 1979 年才正式出版。1977 年，他将《论严复》一文刊于《历史研究》第 2 期，同年任新成立的美学研究室副主任，并开始主编《美学》杂志，俗称“大美学”，这个杂志在中国美学界的影响巨大。1978 年以《形象思维的解放》、《形象思维续谈》与《关于形象思维》诸文推动了“形象思维”讨论，“美学热”在中国悄然兴起。

1979 年，李泽厚晋升为研究员，他的研究工作也向多方面展开。《二十世纪初资产阶级革命派思想论纲》刊于《历史研究》第 6 期，《梁启超王国维简论》刊于《历史研究》第 7 期，《康德的美学思想》刊于《美学》第 1 期。是年，《美的历程》完稿，35 万字的《中国近代思想史论》由人民出版社出版，收录 50 年代以来的相关研究论著 10 篇，引起了极大的反响。

1980 年，李泽厚当选为中华全国美学学会副会长，42 万字的《美学论集》由上海文艺出版社出版，收录 50 年代以来的美学论著 25 篇。这一年是美学翻译与著作大量出现的一年，李泽厚撰写其所主编的“美学译文丛书”、“美学丛书”两套丛书总序，“美学译文丛书”是新时期中国大陆最早编辑出版的一套大型丛书，影响相当深远。同年，他担任《中国大百科全书·哲学》编委会委员和美学学科主编，撰写了其中《美学》条目。这一年所撰写的《康德哲学与建立主体性论纲》一文，收于《论康德黑格尔哲学》一书，由上海人民出版社 1981 年出版，此文开启了 80 年代的“主体性”思潮的先河。

1981 年，15 万字的《美的历程》由文物出版社出版，这本书在李泽厚著作当中流传最广也影响最大，持续到今天仍在热销。《美的历程》不仅在海内外的知识界引起了强烈反响，而且一时洛阳纸贵得到民众的喜爱，同时也给李泽厚带了巨大的声誉。是年，李泽厚被聘为国务院学位委员会哲学评议组成员（1981～1991），任中国社会科学院博士生导师，随中国社会科学院代表团访问日本，参加第一次全国美学大会。同年发表了《走我自己的路》、《宋明理学片论》等论文。1982年，以访问学者身份赴美，在威斯康星大学、哥伦比亚大学讲学，到夏威夷大学参加“朱熹国际学术会议”并作大会发言，1983年6月回国。

1983年，李泽厚当选为巴黎国际哲学院院士。从1983年到1984年，他陆续发表了《中国美学及其他》、《秦汉思想简议》、《孙老韩合说》、《墨子论稿》等多篇论文。1985年，34万字的《李泽厚哲学美学文选》由湖南人民出版社出版，收录主体性哲学、中国思想史、美学等方面的论著21篇。同年，22万字的《中国古代思想史论》由人民出版社出版，精选相关论著9篇，对于中国大陆80年代的“文化热”的兴起起到了推动作用，提出了“乐感文化”、“实用理性”、“文化心理结构”等若干新的观念。是年，当选中国作协第四届理事。1986年，在复旦大学中国文化学术讨论会上作《“西体中用”简释》发言，后刊于《中国文化报》。同年，《启蒙与救亡的双重变奏》刊于《走向未来》创刊号，该文在思想与文化界引起了巨大的争议与影响。除外，《庄子美学札记》刊于《中国文化与中国哲学》创刊号，《略论现代新儒家》刊于《文化：中国与世界》第3期。是年，他当选为全国技术美学学会会长。

1987年，《中国现代思想史论》由东方出版社出版。1988年，《华夏美学》由新加坡东亚哲学研究所与中国香港三联书店出版，该书是受新加坡东亚哲学研究所之邀写就的，次年在内地由中外文化出版公司出版。1989年，《美学四讲》由三联书店出版。1991之后，旅居美国，在美国密歇根大学、威斯康星大学等多所大学任教，后到科罗拉多学院教授中国思想史与美学等课程，直至1999年荣休，并于1998年获得科罗拉多学院荣誉人文学博士学位。1996年，李泽厚论著集（10册）由台北三民书局出版，同年，36万字的《论语今读》、42万字的《世纪新梦》由安徽文艺出版社出版，前者是在美国大学教授《论语》后致力于儒家思想阐释的成果，后者则收录近年文稿与访谈27篇，并发表了《初读“郭店楚墓竹简”印象记要》等文章。

1999年，《美学三书》、《李泽厚哲学文存》、《中国思想史论》由安徽文艺出版社出版。《美学三书》收《美的历程》、《华夏美学》、《美学四讲》；《李泽厚哲学文存》上册《批判哲学的批判》，下册收文13篇；《中国思想史论》上册《中国古代思想史论》、中册《中国近代思想史论》、下册《中国现代思想史论》。同年，16万字的《波斋新说》由香港天地图书有限公司出版，《己卯五说》由中国电影出版社出版，为《波斋新说》大陆中文简体字版。2000年，学术思想片断结集为《探寻语碎》由上海文艺出版社出版。从 2001 年到 2002 年，在香港城市大学作《由巫到礼》、《阴阳五行：中国人的宇宙观》、《中国现代民粹主义思想》、《中国传统文化与马克思主义》、《文化传统与毛泽东》、《道德重整与人性问题》、《中国文化的源头符号》、《孔子、〈论语〉和儒学》、《老子、道家和法家》、《庄子和禅宗》、《中国传统美学》的讲座。

2002 年，8 万字的《历史本体论》由北京生活·读书·新知三联书店出版。2004 年，在美国伯克利会议上作"思想史的意义"发言。2005 年，45 万字的《实用理性与乐感文化》由北京生活·读书·新知三联书店出版，收录新作《实用理性与乐感文化》、哲学答问、主体性提纲等论著 14 篇。2006 年，《美学》杂志复刊，李泽厚任名誉主编，复刊第 1 期刊载李泽厚《度与个体创造》、《实践美学短记》、《实践美学会议发言摘要》。同年，《马克思主义在中国》由香港明报出版社出版，收录相关论著 8 篇；25 万字的《李泽厚近年答问录》由天津社会科学出版社出版，收录 2004 年到 2006 年发表的各类答问 25 篇；《美学四讲》英文版出版。

2008 年，《李泽厚集》由北京生活·读书·新知三联书店整体出版，包括《中国古代思想史论》、《中国近代思想史论》、《中国现代思想史论》《华夏美学·美学四讲（增订本）》、《论语今读》、《实用理性与乐感文化》、《历史本体论·己卯五说（增订本）》、《杂著集》，此前一年，《李泽厚集》之《批判哲学的批判》（三十周年修订第六版）出版，次年《李泽厚集》之《美的历程》出版，《李泽厚集》出齐。2010 年，18 万字的《伦理学纲要》由人民日报出版社出版，同年，《诺顿理论与批评选》收入《美学四讲》节选"形式层与原始积淀"。

2011 年，《哲学纲要》由北京大学出版社出版，其中的认识论部分有许多新见，该书被李泽厚本人视为与《中国思想史论》同为代表性著作，被认为是"李泽厚告别人生、谢幕学术、留作纪念的一部集大成之作。它由《伦理学纲要》、《认识论纲要》、《存在论纲要》组成，三位一体，对应真、善、美，自成一家之言。"

二、主要研究领域和学术成就

李泽厚的主要的学术贡献，在四个方面，分别是哲学、美学、思想史与社会理论，本文主要聚焦于哲学研究方面。在哲学方面，李泽厚独树一帜地提出了"人类学历史本体论"，晚年又将这一哲学思想向伦理学与认识论领域加以拓展。在美学方面，李泽厚从"美学大讨论"时代就萌生出"实践美学"的思想，并对于中国美学进行了深入的探索。在思想史方面，李泽厚从近代思想史出发，对于古代与现代思想史都进行了思想性的阐发。在社会理论方面，他以“主体性”思想配合了“文化大革命”之后的思想解放运动，并提出了“启蒙与救亡”、“西体中用”等一系列的真知灼见。

在李泽厚2011年编撰的具有总结意义的《哲学纲要》中，自称他的哲学为“中国传统情本体的人类学历史本体论哲学”，力求将自己的思想深植于本土传统之中，从而将早期的人类学与晚期的情本体思想贯通为一。实际上，“人类学历史本体论”才是更被广为接受的名称，而在20世纪80年代则被称为“人类学本体论”或者“主体性实践哲学”。

一般认为，“人类学本体论”或者“主体性实践哲学”是李泽厚立足于马克思的思想，通过批判康德“三大批判”而获得的思想成果，主要是通过《批判哲学的批判》一书来完成的。晚年李泽厚却反思说，《批判哲学的批判》一书的思想线索表面上是从康德、黑格尔到马克思，但是实际上则是从马克思到康德，也就是从“人类如何可能”来论“认识如此可能”。在这种哲学建构里面有三个关键词：一是“人类学”，此人类学并非指的文化人类学意义上的人类学而是指“人类总体”，李泽厚的哲学更趋近于一种哲学化的人类学；二是“主体性”，这一概念来自康德却又有新意，“主体性”有两个双重内涵：一方面是（外在的）“工艺—社会结构”面，另一方面则是（内在的）“文化—心理结构”面；一方面是人类群体的性质，另一方面则是个体身心的性质。三是实践，即人类总体所进行的具有宏大“历史性”的“社会实践活动”，在李泽厚那里，最基本的实践活动仍是“物质生产实践”。

从20世纪80年代形成的“主体性”思想出发，李泽厚在90年代之后更多地发展出了一种“双本体论”的思想。主体性所包含的两个方面，一是客观方面（社会存在方面），二是主观方面（社会意识方面），前者的工艺—社会结构被进而定为“工具本体”，后者的文化心理结构被进而定为“心理本体”。李泽厚认为，人类通过历史性的物质生产实践，既构成了社会存在的本体，又形成了人的心理本体，所以如何寻找与发现由历史所形成的人类文化—心理结构，如何从工具本体到心理本体，就成为了哲学的基本任务。实际上，《批判哲学的批判》六经注我式的哲学表述只是李泽厚哲学成熟的标志，但他的哲学思想早在60年代就已经成型了，在新近发现的“60年代残稿”里面他提出“实践论是人类学的唯物主义”，这就开启了他后来的人类学历史本体论的先河。

李泽厚在60年代所形成的“实践论”的思想核心基础上，引领了80年代的“主体性”启蒙的思潮并有力配合了思想解放的进程，并在90年代逐步走向了本体论的层面，从而形成了“工具本体”、“心理本体”、“度本体”、“情本体”的多重本体论，形成了所谓的“本体差序”格局。李泽厚并没有在西学的 ontology 意义上使用本体的意义，他所用的本体更多取其“根本”之义，因而，他的众多本体就形成了相互区分又彼此勾连的错综关联，构成了既有空间层次差别又有时间先后次序的复杂结构。从整体来看，“工具本体”与“心理本体”基本上形成了李泽厚本体思想的两个序列：属于前者的有实践本体、工具本体，属于后者的则有心理本体与情本体，前者是第一本体序列，而后者则是第二本体序列，第一本体序列针对第二本体序列的本源关系所以，李泽厚前后期思想发展的历程就是，从实践的一元本体再到“工具—心理”双本体，还有“度本体”作为广义方法论而在其中存在，所以李泽厚后来更精确地称之为“度的本体性”。

《哲学纲要》这部哲学的“集大成之作”，被李泽厚本人认为更全面而清晰地显示了他的哲学思想格局。这部《哲学纲要》由“伦理学纲要”、“认识论纲要”与“存在论纲要”组成。李泽厚的“三纲”分别对应着善、真、美的古典哲学构架。按照他早期的理解，自然界本身的规律叫做“真”，人类实践主体的根本性质叫做“善”，真与善的统一即是美，“真与善、合规律性和合目的性的这种统一”才是美的本质和根源。李泽厚内在的真正哲学逻辑结构仍是“美——善——真——美”，从而形成了他的哲学思想内在的圜圆结构，也就是从美出发，经过善与真的环节，最终达于美的境界，这也是一种更高层面对于美的回归，所以晚期李泽厚才进而提出“美学是第一哲学”，从而区别于法国哲学家列维纳斯所说的“伦理学作为第一哲学”。

“自然的人化”的观念，是从前期到后期的李泽厚始终坚持的基本实践观念。在实践论哲学的坚实基础上，早期李泽厚在接受了青年马克思《1844 年经济学哲学手稿》观点的同时，继续推导出自己的哲学与美学观：“自然人化说正是马克思主义实践哲学在美学上（实际上也不只是在美学上）的一种具体的表现或落实。就是说，美的本质、根源来于实践。”由此可见，李泽厚的思想历程，并非是只是“从美学到哲学”，而始终是“从哲学出发”推导出其一系列的美学观、伦理观、认识论和存在论的。在这个意义上说，李泽厚的哲学和美学始终都是“为人类而思考”的。

李泽厚从“自然的人化”的基点出发，进而提出了“人化的自然”的观点，到了晚年又提出了“人的自然化”的崭新命题：“人自然化是建立在自然人化的基础之上，否则，人本是动物，无所谓‘自然化’。正是由于自然人化，人才可能自然化。”从早期对“社会性”的关注，到后来走向“实践观”，李泽厚本人通过列表来看待主客之间的互动与互化，并展现出“双本体论”的内在结构：

• 人的社会化——工具、语言、工具本体

• 社会的人化——主体性、偶然性

• 自然的人化——积淀、心理本体

• 人的自然化——新的天人合一、自由

李泽厚这被广为接受的“自然的人化”与“人的自然化”的观念，既被视为是对马克思主义关于人化学说的“自觉继承”，也被看作是对中国传统思想的“综合与发展”。其中，“人的自然化”成为了李泽厚更具创造力的思想，李泽厚不仅要自觉地认同于外在的自然，从而强调了人类实践的儒家根源，而且，更要回复到人的内在的自然状态，这就直接通向了庄禅的境界，从而合成为人的存在的整体图景。

“情本体”是李泽厚晚期提出的重要思想，也是他所认为的“该中国哲学登场了”里面的中国化的哲学，这是一种直接植根于本土传统的思想。前期的李泽厚关注实践、人化与主体，后期的李泽厚关注立命、心理与情本。李泽厚整个哲学思想历程，就是从“人化实践”的启蒙哲学走向了“人性情本”的立命哲学，这又构成了另一种“启蒙与立命”的双重变奏。这种既具有“世界眼光”又具有“本体积淀”的情本体论当中的“情”，既是生物性的又是超生物的，他最终把人性情感本身当作“最后的实在”和“人道的本性”。

从更高层面来看，李泽厚哲学基本上就是两个维度——“人性”与“人文”，内在的是“人性”，外在的是“人文”，而这两个方面都需要充分加以展开。如果一定说李泽厚也是位“后新儒家”的话，那么，他的人性观根源于仁论，而人文论则来源于礼学，李泽厚就是这样一位试图“化传统”同时又为“传统化”的当代中国思想家，这也就是他本人所常说的“转化性的创造”。

“积淀说”是李泽厚最具原创性的思想，它也被称为理解李泽厚理论的秘密所在。这个理论在逻辑上最初是要解决所谓“美感二重性”的矛盾。早期李泽厚认为，美感必然具有双重属性：一方面是感性的、直观的和非功利的，另一方面则是超感性的、理性的和社会功利的，那么，理性的、社会的、历史的东西，究竟在如何出现在感性、个体与心理当中呢？这种历史化的中介形式，就是所谓的“积淀”。在李泽厚的成名之作《美的历程》里面，李泽厚从审美的历史发展的角度，纯熟地运用了“积淀说”，对于华夏古典审美的早期形成史进行了新的解说。

2010年西方世界最权威的文艺理论选集《诺顿文学理论与批评选集》，这是一部从柏拉图时代至当代跨度两千五百年的文论选，李泽厚的《美学四讲》的选文是其中唯一的中国人的文论。选定的部分正是《美学四讲》当中“形式层与原始积淀”那个部分。“积淀”这个词第一次出现是在“60年代残稿”当中用作宏观地论述人的实践的历史过程：“主体所以能够认识世界，是以长期的历史实践为基础，从上述原始人类的社会意识活动开始，逐渐将自然客观规律移入而化为即积淀（积累沉淀）为主体自身的逻辑－心理结构。主体凭这套结构去认识外物掌握外物，就是纯粹理性。”由此可见，所谓“积淀”就是——“积累沉淀”——的缩写语，李泽厚的本意还是以实践论来消解先验论并论证人类实践的宏观生成过程。

从“积淀说”直接引发出了“新感性”的概念，李泽厚认为美感即是建立“新感性”的问题，因为，自然的人化又被分为了“外在自然的人化”和“内在自然的人化”两个方面，前者指的是人类通过劳动改造自然的历史成果，后者指人自身的情感、欲望以至器官的人化，亦即人性的塑造。“新感性”就是内在自然的人化的成果，“积淀”同样是通过社会实践所达成的结果，“指社会的、理性的、历史的东西累积沉淀成了一种个体的、感性的、直观的东西，它是通过‘自然的人化’的过程来实现的。”李泽厚的哲学与美学体系是围绕自然的人化，并通过对自然的人化的多层次阐释而达成的。

从哲学的角度来看，正如李泽厚在《批判哲学的批判》当中所指明：感性与理性、规律与目的、必然与自由，只有在“自然的人化”与“人化的自然”的意义上，才能获得真正的矛盾统一，而通过这种真正的渗透与交融，理性积淀于感性，内容积淀于形式，“自然的形式”才能成为“自由的形式”，“美”才能由此出场。总归为一句话：“真、善的统一表现为客体自然的感性自由形式是美”。这就通过积淀的历史中介环节，发展出了一整套关于真、善、美的人类学本体论的哲学。

在李泽厚那里，对于“美”也有着自己的明确界定——“美是自由的形式”，这就关系到真、善、美之间的基本关联。从表面上看，美似乎成为了联通真与善的中介，这显然是来自于康德“第三批判”作为纯粹理性与实践理性两大批判的桥梁的思想，但是李泽厚却给出了实践论的解答：美的本质作为真与善的统一，实际上就是自然规律与社会实践、客观必然与主观自由的统一。在这个意义上，李泽厚已将传统认识论意义上的“真”视为自然界本身的客观规律，亦即“合规律性”，而把人类实践的符合人性的根本性质视为“善”，亦即“合目的性”，而美则被视为“合规律性”与“合目的性”的统一。

自参与“美学大讨论”并于1962年写作的《美学三题议》始，李泽厚对美的本质和根源的解答可谓一以贯之的。李泽厚认定，美是客观存在于现实生活中的、事物本身所具有的“社会性与自然性的统一”。李泽厚既反对到“自然性”当中去寻美，反对美与人无关的“见物不见人”的观点，也反对那种将美等同于美感的论点，反对美只与人的心理活动、社会意识相关的论点。美就是包含社会发展的本质、规律和理想而有具体可感形态的“现实生活现象”，简言之，美是蕴藏着真正的“社会深度”和“人生真理”的生活形象，这种现象既包括“社会形象”又包括“自然形象”，这是李泽厚早期的美学观念。

李泽厚最终认定，美的本质和根源来于实践，来于自然的人化。在这种哲学建构的基础上，李泽厚明确将美及其相关问题皆归之于人类的实践活动本身，这种美学思想无疑是“实践论哲学”的某种理论延伸。尽管李泽厚早在20世纪50～60年代也曾使用过受到黑格尔化影响的“人的本质对象化”的说法，但是他所指的仍是（以劳动生产为主的）物质性的现实实践活动，后来到了80年代，李泽厚继续从“自然的人化”推出“人化的自然”的观点，并视其为人类历史发展的整个成果，他一方面强调了实践在其中的直接现实性，另一方面又强调了实践的人类普遍性，从而最终认定：人类总体的社会历史实践的本质力量创造了美。

此外，在社会思想方面，李泽厚也多有建树，他在近代史研究上，提出了“启蒙压倒救亡”的思想，强调救亡图存的任务压倒了启蒙重任的双重变奏；在文化建设发展上，提出“西体中用”的思想，反对“中体西用”与“全盘西化”，而强调以人民大众的衣食住行、日常生活作为体；在社会发展理论上，提出了从“经济发展”、“个人自由”、“社会正义”到“政治民主”的中国社会发展的四个顺序，这些都产生了重要的社会影响。

三、李泽厚主要论著

李泽厚.1979. 批判哲学的批判.北京：人民出版社.

李泽厚.1979. 中国近代思想史论.北京：人民出版社.

李泽厚.1981. 美的历程.北京：文物出版社.

李泽厚.1985. 中国古代思想史论.北京：人民出版社.

李泽厚.1987. 中国现代思想史论.北京：东方出版社.

李泽厚.1988. 华夏美学.香港：三联书店（香港）有限公司.

Li Z H. 1988. Path of Beauty：A Study of Chinese Aesthetics（《美的历程：中国美学研究》）. Oxford：Oxford University Press.

李泽厚.1989. 美学四讲.北京：生活·读书·新知三联书店.

李泽厚.1996. 李泽厚论著集（10册）.台北：三民书局.

李泽厚.1998. 世纪新梦.合肥：安徽文艺出版社.

李泽厚.1998. 论语今读.合肥：安徽文艺出版社.

李泽厚.1999. 己卯五说.北京：中国电影出版社.

李泽厚.2002. 历史本体论.北京：生活·读书·新知三联书店.

李泽厚.2005. 实用理性与乐感文化.北京：生活·读书·新知三联书店.

李泽厚.2006. 马克思主义在中国.香港：明报出版社.

Li Z H，Jane Cauvel. 2006. Four Essays on Aesthetics：Toward a Global Perspective.（《美学四讲：通向全球视角》）. Lanham，Md. ：Lexington Books Publication.

李泽厚 . 2008. 李泽厚集（10 册 12 本），北京：生活・读书・新知三联书店 .

Li Z H. 2009. The Chinese Aesthetic Tradition.（《华夏美学》）. Honolulu：University of Hawaii Press.

李泽厚 . 2010. 伦理学纲要 . 北京：人民日报出版社 .

李泽厚 . 2011. 哲学纲要 . 北京：北京大学出版社 .

主要参考文献

刘再复 . 2009. 李泽厚美学概论 . 北京：生活・读书・新知三联书店 .

刘悦笛，李修建 . 2011. 当代中国美学研究（1949～2009）. 北京：中国社会科学出版社 .

赵士林 . 2012. 李泽厚思想评析 . 上海：上海译文出版社 .

撰写者

刘悦笛（1974～），副研究员，供职于中国社会科学院哲学研究所，为李泽厚的友人。

孙伯鍨

孙伯鍨（1930～2003），江苏泰兴人。哲学家，中国马克思主义哲学史研究的开创者之一。1958 年毕业于北京大学历史系，毕业后任北京大学哲学系教师，1975 年后执教于南京大学哲学系，任教授、博士生导师。曾任中国马克思主义哲学史学会副会长、江苏省哲学学会会长、国家社科规划委员会哲学组成员。在哲学的多个领域都有深厚的学术造诣，谙熟马克思主义哲学，尤其在马克思恩格斯早期哲学思想史、马克思主义哲学的科学方法论、马克思主义哲学与西方哲学的比较研究等领域成果卓著。出版和主编著作 10 多部、发表学术论文 60 多篇。代表作有《探索者道路的探索》、《卢卡奇与马克思》、《走进马克思》等。科研成果获得过教育部人文社科优秀成果奖二等奖、江苏省哲学社会科学优秀成果奖一等奖（2 次）等奖励。在学术思想上，他强调马克思主义的立场和方法论原则在马克思主义哲学研究中的重要性，在马克思恩格斯早期哲学思想史的研究中提出了“两次转变、两条逻辑”的观点，并对马克思在《资本论》中的科学方法论进行了深刻的解读，在中国的马克思主义哲学界产生了重要的影响。他在马克思主义哲学的特质、马克思主义哲学与西方哲学的学术对话等领域内的成果对中国马克思主义哲学的研究也起到了重要的推动作用。2003 年 2 月 23 日，他因病逝世。

一、成长经历

孙伯鍨于 1930 年 6 月 14 日出生于江苏省泰兴县一个较为富裕的农家。他有 3 个姐姐。他的父母因为年过 40 岁才得子，因此对他格外的关爱，这使他比 3 个姐姐获得了更多的上学机会。在高中毕业的时候，因为成绩优秀、表现突出，他被所在的泰兴县中学确定为留校工作。然而，出于对知识的渴求，孙伯鍨尽管与泰兴县中学有留校的协议，但他还是在高中毕业那年报考了上海交通大学物理系，并成功地被该校录取。尽管如此，其结果是可想而知的：他没有被同意去上大学。

后来，他被泰兴县中学保送到上海华东团校第五期进行学习，并在毕业后留在华东团工委机关工作。在此期间，孙伯鍨除了完成机关的日常工作外，还在工作之余抽时间认真阅读了一些重要的哲学著作，如马克思的《资本论》第1卷、列宁的《唯物主义和经验批判主义》、斯大林的《论列宁主义基础》、《苏联社会主义经济问题》、普列汉诺夫的《论一元论历史观的发展》以及《毛泽东选集》第1-3卷等。在认真阅读的同时，他还对其中的一些著作做了详细的摘要。应该说，这一时期对哲学著作的阅读，使孙伯鍨对哲学理论产生了眷恋和进一步思考的冲动。

1954年，孙伯鍨考入北京大学历史系，开始了他梦寐以求的大学生活。这一时期他尽管所学的不是哲学专业，但始终未放弃对哲学的喜好。据他后来回忆说，他之所以选择学习历史学，就是想通过对历史知识的了解来拓展哲学思考的知识基础。虽然从总体上说，孙伯鍨此时对哲学尤其是马克思主义哲学的了解只是处在兴趣培养的阶段，但我们不能否认，四年严格的历史学专业学习，对他以后的哲学思考与研究实际上是产生重要影响的。他在马克思主义哲学史研究领域提出的“深层历史解读法”，无疑跟他这一段的历史学训练有直接的关系。

1958年，孙伯鍨毕业留校工作，担任北京大学政治理论教研室教师，1959年改任哲学系辩证唯物唯物主义教研室教师。1958年下半年的“大跃进”使教学工作受到了影响。1959年上半年开始北京大学恢复了正常的教学秩序，孙伯鍨起初担任原子能物理系四年级哲学课程的授课工作，讲授唯物论、辩证法、认识论等三部分内容，教学效果得到了学生们的高度评价。后来，他在哲学系还担任了《德意志意识形态》等马克思恩格斯早期哲学著作的讲授工作。据他本人后来回忆说，从1958年到1978年的20年时间中，由于受到外部环境的影响，他除了担任日常教学工作之外，并没有时间进行独立的理论研究，这期间他总共发表了五六篇论文。不过，尽管如此，孙伯鍨并没有虚度这一段时间。他充分利用北京大学独特的学术氛围，聆听了许多哲学家所开设的课程，其中有冯定、艾思奇等讲授的马克思主义哲学课程，贺麟、郑昕、任华等讲授的西方哲学课程，张岱年、任继愈等讲授的中国哲学史专题讲座。同时，他还大量地阅读了马克思主义哲学和中、西方哲学家的经典名著，尤其是对马克思主义哲学家的经典著作进行了反复的阅读，并写下了数十万字的讲稿、摘要和笔记。把大学期间积累起来的历史知识和通过阅读及广泛的听课所积累起来的哲学知识在一个更高的层面即哲学方法论的层面融会贯通起来，为以后的哲学研究及教学工作打下坚实的基础，是孙伯鍨在这20年中所做工作的意义之所在。

“文化大革命”后期即1975年，因家属工作调动问题长期未能解决，孙伯鍨调到南京大学哲学系任教，历任副教授、教授、博士生导师，并先后担任马克思主义哲学史教研室主任、哲学系副系主任、马克思主义理论研究中心主任、江苏省哲学学会会长、中国马克思主义哲学史学会副会长、国家社科规划委员会哲学组成员等职。在担任马克思主义哲学史教研室主任时期，孙伯鍨就开始筹划开设马克思主义哲学史课程，并在1978年成功开出了100多课时的“马克思主义哲学史”，他自己亲自承担马克思阶段的讲授工作。在紧张的教学工作之余，他抓紧时间把自己长期以来在马克思主义哲学史研究方面的心得以文字的形式总结出来。经过努力，到1979年秋，他完成了40余万字的马克思恩格斯早期哲学思想的讲稿。

1981年，孙伯鍨利用业余时间受邀去安徽大学哲学系讲授马克思主义哲学史。1982年，他与任吉悌、金隆德等合作，在山西人民出版社出版了《马克思主义哲学史》第1卷，并随后在1984年出版了第2卷。此书是国内学界在马克思主义哲学史领域最早出版的学术专著之一，对当时马克思主义哲学史学科的发展起到了重要的开创作用。

1985年，孙伯鍨在总结新的研究心得的基础上，对他的那部关于马克思恩格斯早期哲学思想的讲稿进行了认真的修改，并在安徽人民出版社单独出版了《探索者道路的探索》一书。此书因深厚的学术功底、崭新的学术观点、严谨的逻辑思路而在国内学界产生了非常重要的影响，对于推动我国马克思主义哲学史学科的发展起到了重要的作用。

1981年至2001年的20年，是孙伯鍨在学术生涯中成果卓著、效果重大的20年。他不仅先后出版了《探索者道路的探索》、《马克思主义哲学的历史与现状》、《卢卡奇与马克思》、《走进马克思》等10余种著作，在《中国社会科学》、《哲学研究》等期刊发表了60余篇学术论文，而且还获得过教育部人文社科优秀成果奖二等奖、江苏省哲学社会科学优秀成果奖一等奖（2次）、全国优秀教师奖等多项奖励。在做好科研工作的同时，他作为马克思主义哲学的学科带头人，还积极带动学科所有教师共同推动学科的整体发展。南京大学的马克思主义哲学学科目前作为国家重点学科，在学界具有重要的学术影响，这跟孙伯鍨所作出的贡献是分不开的。与此同时，他还全身心地投入教学工作，培养了博士生和硕士生共40多名。孙伯鍨在南京大学哲学系一直工作到2000年退休。2003年2月23日因病逝世。

二、主要研究领域和学术成就

孙伯鍨学识渊博，治学严谨，在哲学、历史学等多个领域内都有广博的知识和独到的见解。他谙熟马克思主义哲学，尤其在马克思主义哲学史、马克思主义哲学的科学方法论、马克思主义哲学与西方哲学的比较研究等领域贡献卓著。他主张在研究马克思主义哲学时应注意以下两个方面：一、必须站在马克思主义哲学的立场上来研究马克思主义哲学。也就是说，不仅要充分认识到马克思主义哲学是科学社会主义的理论基础，而且还要认识到对马克思主义哲学的研究本身是科学社会主义事业的一部分，是党的事业的一部分；二、必须运用历史主义发生学的方法来研究马克思主义哲学史。也就是说，必须深入到经典作家的每个文本中，去梳理出经典作家哲学思想史的发展脉络，而不应该直接以领袖人物甚至经典作家本身的一些提法为依据来解读马克思主义哲学史。上述这两个方面其实是相通的，只要认识到马克思主义哲学的政治使命，就一定会严肃认真地对待马克思主义哲学史的研究工作，以期为党的事业提供真正科学上的依据；同时，也只有真正把马克思主义哲学的深层本质挖掘出来并研究清楚，才可能真正为科学社会主义事业提供理论支撑。否则，只能是本本主义的说教。

1. 深度研究马克思恩格斯早期哲学思想史，是中国马克思主义哲学史学科的主要开创者之一

孙伯鍨长期从事马克思恩格斯早期哲学思想的研究。早在1962年，他就开始在北京大学哲学系讲授《德意志意识形态》，并取得了很好的教学效果。“文化大革命”结束之后，他在南京大学哲学系继续推进此项研究工作。在这一领域，苏联学者的如下观点很有影响力：马克思早期哲学思想的发展是“一次转变论”，即他在《德法年鉴》时期就完成了从唯心主义向唯物主义的彻底转变，并以此转变而创立了历史唯物主义。孙伯鍨凭借自己扎实的文本研究，在方法和观点两个方面明确地提出了与苏联学者不同的原创性学术观点。这主要体现在他的《探索者道路的探索》、《马克思主义哲学的历史与现状》等著作中。

在研究方法上，他提出了“深层历史解读法”，明确地提出了在马克思恩格斯早期哲学思想史的研究中，必须运用历史主义发生学的方法，深入到经典作家不同阶段的每一个文本中去，找出每一个重要概念、每一种解决问题的逻辑框架的具体内涵及前后变化，从中发现马克思恩格斯哲学思想的深层变化历程，并以此来深入理解马克思主义哲学革命的实质。孙伯鍨认为，如果不从思想发展过程的角度来理解概念或术语的内涵，而是停留在术语的字面含义上，那就会看不到不同阶段的文本中同一个术语所包含的不同的含义，并凸显着不同的哲学思路。譬如，同一个“社会”或“实践”的概念，在马克思不同的文本中是具有不同的含义的。《1844年经济学哲学手稿》中的“社会”是在费尔巴哈的“类”的意义上来凸显其内涵的，而《德意志意识形态》中的“社会”所指称的则是一种具体历史性的现实社会。前者还带有很重的费尔巴哈哲学人本学的痕迹，而后者则已经是历史唯物主义的新范畴了。因此，是否能够运用“深层历史解读法”，关系到能否看出马克思主义哲学变革的实

质这一关键的问题。

在具体观点上，孙伯鍨提出了“两次转变、两条逻辑”的观点。他认为，苏联学者所说的马克思在《德法年鉴》时期所完成的那次思想转变，其实只是马克思早期哲学思想发展中的第一次转变。马克思通过这次转变所完成的，是对黑格尔思辨哲学的摆脱，并基本过渡到了费尔巴哈人本学唯物主义的理论立场上，其标志性成果是《1844 年经济学哲学手稿》。但必须看到的是，在这之后马克思的思想还发生了第二次转变，即从人本学唯物主义的立场转变到了历史唯物主义的理论立场上。而且，就这两次理论转变的难度来说，第一次转变相对来说要容易得多，因为费尔巴哈在马克思之前已经做了很多打通道路的工作。而第二次转变无疑是马克思恩格斯独立完成的，因而理论难度也要大得多。这要有赖于马克思能够在社会历史观的层面上把生产关系和生产力概念单独抽象出来，并以此来为揭示社会发展的一般规律奠定最重要的概念基础。而这项工件的完成，除了要继续推进对德国古典哲学及青年黑格尔派哲学的批判性研究之外，还需要对以亚当·斯密为代表的英国古典经济学及以李斯特为代表的德国资产阶级经济学进行深入的批判性研究。马克思恩格斯是在《关于费尔巴哈的提纲》和《德意志意识形态》中完成上述第二次转变的。

与此同时，孙伯鍨指出，就马克思早期哲学思想发展的理论逻辑来看，并不是像苏联学者所说的那样，自《德法年鉴》之后就一条逻辑（即历史唯物主义逻辑）贯穿到底了。当然，也不是像法国结构主义马克思主义者阿尔都塞所说的那样，以 1845 年为界线，前后存在着“认识论的断裂”。阿尔都塞尽管承认马克思的哲学发展历程中存在着人道主义和科学这两条不同的逻辑线索，但就青年马克思特定的思想阶段如 1844 年阶段而言，他其实也是认为只存在一条单一的逻辑线索即抽象人道主义的线索的。孙伯鍨认为，这两种观点都没能准确把握住马克思早期哲学思想发展的真实历程。为此，他提出了“两条逻辑”的观点，并以《1844 年经济学哲学手稿》为例，深刻地说明了这一观点。在他看来，在这一文本中，以抽象人性为出发点的思辨逻辑和从现实的经济事实出发的科学逻辑是并存的，尽管必须看到前一条逻辑在整个文本中占据主导地位，而后一条逻辑在此文本中仍处于次要的、有待进一步发展的地位。这种“两条逻辑”的观点突破了马克思早期思想研究中的单一性解读模式，引入了复调论的解读思路，为推进此领域的学术研究作出了重要贡献。在孙伯鍨看来，马克思后来走向历史唯物主义的思想历程，就是后一条理论逻辑不断发展出来并取代前一条逻辑的思想过程。从本质上说，“两条逻辑”论和“两次转变”论是相互呼应的，正是因为马克思早期哲学思想发展中存在着复杂的两次转变，所以，在这两次转变的过程中尤其是第一次转变与第二次转变之间的思想阶段，一定存在着十分复杂的思想发展历程。这就是“两条逻辑”论所要研究的东西。

2. 立足学术前沿，从方法论的视角引领和推进对马克思主义哲学本质的研究

孙伯鍨早在20世纪80年代初就已经注重对马克思主义哲学方法论的研究了。他在《探索者道路的探索》一书中之所以能够提出“两次转变、两条逻辑”的观点，是跟他对马克思主义哲学研究的方法论维度的重视分不开的。他认为，苏联学者的“一次转变”论其实是建立在把历史唯物主义当作自然唯物主义在社会历史领域中的推广和延伸的观点之基础上的。因此，当他们发现马克思在《德法年鉴》时期就已经开始研究市民社会等客观现实的时候，就理所当然地认为此时的马克思已经具有历史唯物主义思想了。然而，马克思主义哲学史的事实却无法证明这种观点，因为当马克思恩格斯运用辩证的唯物主义研究人类历史和社会生活的本质的时候，他们对旧唯物主义自然观的批判和改造实际上还没有正式开始呢。事实上，马克思恩格斯是在对社会历史过程的研究中开始运用作为哲学方法的辩证唯物主义的。孙伯鍨的“两次转变”论正是基于这一解读思路而提出来的，这里的两次转变不是研究对象上的两次转变，而是研究方法上的两次转变，即从唯心主义转向一般唯物主义、从一般唯物主义转向历史唯物主义。也只有从这一角度入手，我们才能更好地理解马克思恩格斯的哲学研究与无产阶级解放运动之间的内在联系，这种联系就是前者为后者提供科学的方法论指导。

孙伯鍨认为，如果说马克思恩格斯在早期的社会历史研究中开始了唯物辩证法（即作为哲学方法的辩证唯物主义）的运用的话，那么，这种方法论运用的成熟或完成是在马克思对资本主义经济现实及资产阶级政治经济学的批判中实现的。正因为如此，《资本论》可以说是马克思运用唯物辩证法深刻解读一个特定的社会经济形态的光辉典范。孙伯鍨对《资本论》的科学方法论的研究始于20世纪80年代下半叶，其代表作是《马克思主义哲学史》（第2卷）的第三章（他与姚顺良合作撰写）。在这一文本中，作为《资本论》中科学方法论概括的从抽象上升到具体的方法得到了深刻的、详尽的阐述。这一方法被置放在马克思主义哲学的根本方法的层面上来加以界定，并通过对列宁所说的在《资本论》中逻辑学、辩证法和唯物主义的认识论都应用于同一门科学的观点的解读，深刻地指出了这一方法就是唯物辩证法的具体体现。也就是说，在马克思的政治经济学批判中，唯物辩证法依然是最根本的方法。

20世纪90年代末，孙伯鍨对马克思主义哲学方法论的研究又提升到马克思主义哲学的体系与方法的关系的层面上，并明确地提出了马克思主义哲学的本质不是体系架构，而是革命的科学的方法论的观点。这具体体现在1997～2001年发表的

《体系哲学还是科学的革命的方法论》、《体系哲学和马克思主义哲学》、《再论马克思主义哲学的体系与方法》、《作为方法的历史唯物主义》等论文中（部分论文是与他人合作的）。这些论文在当时的学界产生了重要的学术影响，并对学界关于马克思主义哲学的体系与方法的争论起到了积极的推动作用。孙伯鍨指出，强调马克思主义哲学的特质是方法，决非是为了排斥体系，而是因为根据过去的经验教训，只有强调马克思主义哲学的方法论维度才可能真正做到对马克思主义哲学的坚持和发展。如果一开始就咬定了马克思主义哲学的体系维度，那么，所能做的就只能是把经典作家的观点拼凑进这一体系之中，从而把这种体系变成事实上具有固定模式的理论体系。这种作法显然不利于对马克思主义哲学本质的越来越深刻的挖掘与研究。孙伯鍨认为，对方法论的强调实际上也会带来对理论体系的重视，但不同的是，这种体系是敞开的、发展的，而不是固化的。实际上，方法论本身就是一种理论观点，譬如实践的方法当然也是实践的观点。因此，在马克思主义哲学的发展过程中，重要的是以唯物辩证法为核心来构建理论体系，而不是以固定的理论体系来裁剪经典作家的观点。如果没有唯物辩证法这一核心，那么，任何的哲学体系都不可能是马克思主义的。孙伯鍨的这些观点在他逝世前一年发表的《马克思主义哲学的开放性与党性原则》一文中又一次得到了精彩的概括。

3. 通过与西方哲学思想的“有原则的对话”，推动在当代语境中对马克思主义哲学的坚持和发展

孙伯鍨的马克思主义哲学研究既具有坚定的方法论立场，又具有宽广的理论视野。他从20世纪80年代初开始，就十分注重在研究过程中与西方学者进行学术对话。当然，这种对话不是无原则性的，不是把各种不同的观点甚至术语简单地拿过来，并拼凑出越来越新潮的理论体系，而是要坚定地站在马克思主义哲学的立场和方法论原则之上，通过指出西方学者对马克思主义哲学的误读或其本身的逻辑困境，来开拓马克思主义哲学的当代发展路径。

孙伯鍨曾说过，在《探索者道路的探索》一书中，他就已经具有了与西方学术思潮进行对话的理论自觉。如果说此时的对话还处在间接状态的话，那么，他与西方学者的第一次直接的“有原则的对话”发生在《西方“马克思学”》（1992）一书中。这是与西方“马克思学”学者的对话。他指出，在马克思著作的解读和马克思主义哲学的研究上，我们与西方“马克思学”学者之间存在着很多的分歧。这些分歧的关键不是表现在具体的学术结论上，也不是表现在文化背景的差异和解读视角的不同上，而是表现在世界观和方法论的差异上。西方“马克思学”学者制造马克思与恩格斯的对立论，无非是为了把马克思主义推向人本主义的轨道。他们对自然辩证法的否定及

对反映论的拒绝，都是建立在对马克思实践概念的误读之基础上的。马克思所讲的“实践”不是自由选择的个体实践，而是社会的实践。从这一角度入手，我们就可以很好地理解制约这种实践的客观条件（自然物质条件、社会历史条件等）所具有的鲜明特性，即它们不是消极的存在物，而是具有自身的运动、变化和发展规律的。这就是自然辩证法的理论基础。同时，对客观社会实践过程的认识一定要与对人的主观意识的认识区别开来。在社会历史过程中，意识的确发挥了很大的作用，但意识在任何时候都只能是被意识到了的存在。这就是唯物主义反映论的理论基础。

孙伯鍨与西方学者的第二次“有原则的对话”发生在《卢卡奇与马克思》（1999）一书中。这是与西方马克思主义代表人物卢卡奇之间的对话。他深入地分析了卢卡奇的两部代表性著作即《历史与阶级意识》和《关于社会存在的本体论》之间的学术关系，指出《历史与阶级意识》虽然开启了西方马克思主义社会批判理论的序幕，但它偏离了唯物主义的理论方向，因而体现出了较为明显的人本主义文化批判理论的特征。而在《关于社会存在的本体论》中，卢卡奇已经比较自觉地把唯物辩证法运用于对社会存在本体论的研究之中，把自然唯物主义视为研究社会存在本体论的一般前提和最基本的出发点。他把哲学研究的范围拓展到整个外部世界，包括人类史和自然史在内，这使他能够更加全面和完整地研究人类社会的历史过程及发展方向。正因为如此，这一次转变代表了卢卡奇一生中最重要的思想转变，同时也标志着他的哲学立场离马克思的立场已经很近了。

孙伯鍨与西方学者的第三次“有原则的对话”发生了2002年前后的一系列论文中，如《存在范畴与马克思主义哲学的本体论问题》、《“存在论转向”与方法论革命》等。这是与海德格尔等当代西方哲学家之间的对话。针对近现代西方哲学所发生的所谓从认识论向存在论转变的观点，他指出，这种说法是不确切的。严格地说，真正完成从近代认识论哲学向存在论哲学转变的是马克思主义哲学，只不过马克思主义哲学所讲的存在论，不是基于个体主义的存在论，而是基于现实实践活动的社会存在论。马克思恩格斯的社会存在论关心的是工人阶级的生存境遇及其解放路径，在他们看来，个人从来就不是孤独的。个人所感受到的孤独感无非是具有内在矛盾的社会现实在人的观念层面上的反映而已。因此，对存在论的研究，关键是要通过对社会实践过程的解读，找到解决社会矛盾的钥匙，而不是一味地去指出人是孤独的。孙伯鍨的这种观点显然具有他一贯坚持的马克思主义哲学的立场和方法论原则，应该说，这是我们在思考马克思主义哲学的当代发展问题时应时刻谨记的。

最后，可用一句话来概括孙伯鍨的学术人生：用马克思主义的立场和方法来促进对马克思主义哲学的研究，同时又用马克思主义哲学的研究来证明坚持马克思主义的立场和方法的正确性和重要性。

三、孙伯鍨主要论著

孙伯鍨 . 1985. 探索者道路的探索 . 合肥：安徽人民出版社 .

孙伯鍨，侯惠勤 . 1988. 马克思主义哲学的历史与现状（第 1 卷）. 南京：南京大学出版社 .

庄福龄，孙伯鍨 . 1991. 马克思主义哲学史（第 2 卷）. 北京：北京出版社 .

孙伯鍨，曹幼华等 . 1992. 西方“马克思学”. 南京：江苏人民出版社 .

孙伯鍨 . 1994. 邓小平哲学思想的核心是坚定的唯物主义 . 南京大学学报（4）：1-8，31.

孙伯鍨 . 1995. 唯物主义和实事求是——为纪念恩格斯逝世 100 周年而作 . 江苏社会科学，(4)：83-88.

孙伯鍨 . 1995. 马克思的实践概念——纪念《关于费尔巴哈的提纲》写作 150 周年 . 哲学研究，(12)：5-12.

孙伯鍨 . 1997. 历史辩证法研究的新思路——读《马克思历史辩证法的主体向度》. 哲学研究，(2)：79-81.

孙伯鍨 . 1997. 运用“两论”思想研究当前的社会矛盾——纪念《实践论》《矛盾论》发表 60 周年 . 高校理论战线，(7)：15-19.

孙伯鍨 . 1998. 谈谈“类”与“社会”. 南京大学学报（哲学 . 人文科学 . 社会科学版），(1)：12-15.

孙伯鍨 . 1999. 卢卡奇与马克思 . 南京：南京大学出版社 .

孙伯鍨，张一兵等 . 2000. 体系哲学和马克思主义哲学 . 江苏社会科学，(1)：59-65.

孙伯鍨，张一兵等 . 2000. 历史之谜的历史性剥离与马克思哲学的深层内涵 . 南京大学学报（哲学 . 人文科学 . 社会科学版），(1)：5-12.

孙伯鍨，张一兵 . 2001. 走进马克思 . 南京：江苏人民出版社 .

孙伯鍨 . 2001. 再论马克思主义哲学的体系与方法 . 江海学刊，(2)：80-82.

孙伯鍨 . 2002. 存在范畴与马克思主义哲学的本体论问题 . 南京大学学报（哲学 . 人文科学 . 社会科学版），(3)：55-62.

孙伯鍨 . 2002. 马克思主义哲学的开放性与党性原则 . 学术月刊，(6)：15-17.

孙伯鍨，刘怀玉 . 2002. “存在论转向”与方法论革命——关于马克思主义哲学本体论研究中的几个问题 . 中国社会科学，(5)：14-24，203.

主要参考文献

胡大平 . 2001. 孙伯鍨教授哲学思想访谈录 . 高校理论战线，(10)：22-32.

张异宾，唐正东 . 2004. 探索与反思——哲学家孙伯鍨 . 南京：南京大学出版社 .

孙伯鍨 . 2010. 孙伯鍨哲学文存（1-4 卷）. 南京：江苏人民出版社 .

孙伯鍨 . 2013. 历史、实践与社会 . 南京：江苏人民出版社 .

撰写者

唐正东（1967～），教授，1987～1990 年以及 1994～1997 年在孙伯鍨指导下研究马克思主义哲学，分别获得哲学硕士和哲学博士学位。

徐崇温

徐崇温（1930～）江苏无锡人。中国社会科学院荣誉学部委员。1952年毕业于上海东吴大学法学院，现任中国社会科学院哲学研究所研究员、博士生导师、马克思主义研究院特聘研究员，中国中共文献研究会名誉理事，中国科学社会主义学会顾问，北京市中国特色社会主义理论体系研究中心学术顾问。适应于对外开放的需要，从20世纪70年代末开始研究"西方马克思主义"思潮，从作报告介绍情况，组织翻译主要原著，发表论文阐释怎样认识这一思潮，到出版研究这一思潮及其理论的专著，被媒体称为"中国研究'西马'第一人"。20世纪90年代以后，把重点转向研究当代中国面对的重大理论和现实问题，先后致力于评析"民主社会主义"思潮，调查研究当代资本主义新变化，特别是阐释中国特色社会主义的理论和实践。从1991年起享受国务院颁发的政府特殊津贴，曾三次获中共中央宣传部精神文明建设"五个一"工程奖，第三届中国出版政府奖图书奖提名奖，首届、第二届、第三届中华优秀出版物（图书）奖，国家社会科学基金项目优秀成果奖，两部专著入选国家新闻出版总署第二、三届"三个一百"原创图书出版工程，中国社会科学院1977～1991年首届优秀科研成果奖。

一、简　　历

1930年7月3日，我出生在江苏省无锡市。从上小学开始，因为想躲避、减轻日军侵略所带来的影响，我随着家庭从城里到乡下、从无锡到上海来回地迁徙，有时甚至一年内要换上两三个学校，直到抗日胜利、考入辅仁中学以后，才在那里读到高中毕业。那时，我和选择读理工科的大多数同学不同，因对国际公法发生兴趣，所以报考了上海东吴大学法学院。在大学毕业时，因当时正在进行的司法改革、清理积案的需要，我被分配到了上海市大场区人民法院去当审判员。一段时间以后，又因为在全国范围内建立检察机关的需要，我又被调到山东省淄博市人民检察院去当检察员。在那里，我心无旁骛地一心扑在建立正规检察制度的试验上，所办的几件典型案件得到了最高人民检察院的肯定和通报。1990年出版《淄博检察志（部门志）》说：由于通过这些案件所进行的“试点工作比较早，收效大，经验好，对促进全省全国检察工作的开展起了一定的作用”。但因在工作中碰到了怎样判断在刑事案件中因果关系的中断还是连续的问题，激发了我对哲学的兴趣，于是就在业余时间读了一些哲学书籍，刚好那时全国正掀起向科学进军的热潮，报纸上又刊载了国务院关于中国科学院招收副博士研究生的决定，于是我决定去报名应试，就这样由基层司法机关走进了中国哲学社会科学研究的最高殿堂。

二、主要研究领域和学术成就

在这半个多世纪里，我的学术研究工作主要涉及以下几个问题。

1. 关于“资产阶级权利”问题的讨论

我到哲学研究所当研究生的时候，正值所里号召青年研究人员“打好基础”，我是研究生，又是非哲学专业出身，所以，导师李光灿特别嘱咐我说，打基础，首先要在学习马克思主义经典著作方面打好基础。正是从那时开始，我比较系统地认真研读了马克思主义的几十部最重要的经典著作，逐渐养成了这样一种思维习惯：遇到问题时先考虑一下马克思主义经典作家对这个问题怎么看的，我所接触到的种种看法哪些与此相符合、哪些与此相背离？新提法出现的背景和根据又是什么，应当怎样判断是非、决定取舍？应该说这种启蒙训练对我尔后的学术生涯起了至关重要的作用，因为它使我在学术研究领域里漫游时始终牢记要把握好这个指南针，不断地检验自己的想法，对的就坚持，错了就纠正，不要弄到偏离方向、走到斜路上去的地步，同时又密切关注着创新和发展。

我们那时读经典所采取的并不是“两耳不闻窗外事”的办法，而是密切关注着现实问题、特别是学术界的讨论，而且一直有着要用所读过的经典、所学到的理论去联系讨论中的问题的强烈冲动。这就使我卷入到当时正在学术界热烈进行的关于资产阶级权利问题的讨论中去。事情的起因是，1958年时由“大跃进”刮起来的冒进风、“共产风”影响到了理论界，使有些人借口马克思曾在《哥达纲领批判》中说过按劳分配所体现的“平等的权利按原则仍然是资产阶级权利”，对此进行望文生义的随意发挥，把它同资本主义社会中的分配原则等同起来，否认它的社会主义性质和在社会主义社会的积极作用，并制造尽早削除、取消这种资产阶级权利的舆论。鼓吹这种舆论的代表人物，南有张春桥、北有郑季翘，当时，他们都是省、市委一级的领导干部。但我在对照他们的观点反复研读了马克思的《哥达纲领批判》，思考了现实生活中的实际情况之后，觉得他们对马克思的理解是片面的，他们的见解要是付诸实践是有害的，因此就“初生牛犊不怕虎”似的，在1958年第12期的《新建设》杂志上发表了《论社会主义社会中的资产阶级法权残余——关于按劳取酬原则的性质、作用及历史过程》一文，批评郑季翘所谓在资本主义社会，劳动力也是等价交换的，因而，“做多少事，给多少钱”就成为这个社会特别显著的特征的说法，是不正确的；批评张春桥把按劳取酬原则说成是“钱能通神”、“不是刺激起了生产积极性”等说法是片面的，指出他的文章使人觉得，似乎按劳取酬原则是由于“资产阶级为了保护不平等的资产阶级法权”才被采用的，认为这显然是不符合事实的片面看法。接着，在1959年9月，我又在上海人民出版社出版了《论按劳分配的性质》一书，这是我涉足学术研究领域后发表的第一本著作，其中有针对性地论述了按劳分配是由社会主义所有制决定其实行的可能性和必要性的，因而是社会主义性质的，资本主义社会不可能有什么按劳分配；在按劳分配中虽然仍然通行着资产阶级式的权利，并造成事实上的不平等，但这两者都与资本主义社会的情况有本质的不同。就是说，在社会主义社会的个人消费品分配领域里通行着等量劳动相交换原则，因而使劳动能力和家庭负担各不相同的各个劳动者在富裕程度乃至贫富上存在不平等，但这同在资本主义社会中，在劳动力买卖中实行“等价交换”，从而使劳动者遭到资本家剥削的情况，无论在性质上还是在造成的结果上，都是两件完全不同的、不容混淆的事情。这本著作是出版社约我写的稿，而且在交稿80多天后就出书了，还是作为上海人民出版社向国庆十周年献礼的两本书之一出版的。虽然因为我在这个问题上点名批评了张春桥，后来在“文化大革命”中被指责为“炮打无产阶级司令部”，但中国共产党《关于建国以来党的若干历史问题的决议》中有关“资产阶级权利”问题的论述，却证明我的观点是正确的，是有助用马克思主义澄清这个问题上的理论是非的。

2. 开拓我国的“西方马克思主义”研究

我到哲学研究所以后，开始是在历史唯物主义研究室工作的，但在20世纪60年代初，中央决定要加强对国外问题的研究以后，组织上就来动员我转到新成立的现代外国哲学研究室去工作，专业方向是研究美国实用主义，特别是悉尼·胡克用来解释马克思主义的实用主义。为此，我研读了皮尔士、詹姆斯、杜威、胡克等人的基本著作，还翻译了胡克按实用主义精神解释马克思主义的《对卡尔·马克思的理解》、《从黑格尔到马克思》（部分）、《理性、社会神话和民主》（部分）等著作，但接踵而来的去农村参加“整社”、“四清”、“滚泥巴”，特别是“文化大革命”，使我对美国实用主义的研究断断续续地搁置了10多年。到了“文化大革命”结束，我国进入改革开放和社会主义现代化建设的新时期，我们面临的形势和任务已经发生了很大变化，在这种情况下我的专业方向要不要有所调整呢？

刚好在这时，在1977～1978年，胡乔木到中国社会科学院来主持工作不久，中央领导同志要他让中国社会科学院提供一份有关“西方马克思主义”的材料。但当时国内没有多少人了解这一思潮，在这个领域的研究更是一片空白，任务布置不下去。于是，当时正在现场的哲学研究所现代外国哲学研究室主任杜任之，就向胡乔木反映了他在我的文稿中看到过涉及这方面信息的情况，胡乔木当即要我系统地整理出一份这方面的材料来供中央领导同志参考。我花了几个月的时间整理了一份6000字的材料来交他上报中央。鉴于当时事属保密，又想适应在精神文明建设领域也要贯彻对外开放方针的形势，尽可能让更多的人了解这方面的情况，所科研处的同志就要我在哲学研究所的一个小范围内介绍一下情况，谁知这个信息很快传到了院外，第二天，中联部西欧局的同志就来邀我去讲葛兰西，随后是高教部邀我去他们在上海、哈尔滨等地举办的高校暑期政治教师讲习班讲“西方马克思主义”，接着是许多高校、党校、社会科学研究机构以及一些临时性的研讨班、讲习班也相继邀我去介绍“西方马克思主义”的情况，这就促使我把对“西方马克思主义”的研究逐步深入地开展起来，把临时性的政治任务变成了我在此后10多年时间内的研究专业。

我对“西方马克思主义”思潮的认识经历了一个发展过程：开始时，我也是习惯性地按苏联模式的观点去看这种思潮的，但随着研究的深入，我感到它对苏联模式的批评不但事出有因，而且有一些是有道理的，我必须重新确定观察和评价“西方马克思主义”思潮的理论坐标，这就是说，不能再以苏联模式、而必须以马克思的“新唯物主义”世界观为指针去研究问题。在这种世界观的指导下，我认识到“西方马克思主义”是西方社会的一种左翼激进主义思潮，一方面，它的许多代表在主观上希望发展马克思主义，但却从一开始就用西方形形色色的唯心主义流派的精神去解释、发挥、补充和“结合”马克思主义，把不同哲学世界观的折衷混合奉为指导思想；另一方面，它又冲破了苏联模式教条主义的束缚，考察了当代资本主义社会的一些新情况和新问题，揭露和批评了苏联模式社会主义的一些缺陷和弊端。因此，我们既不能简单化地把它和马克思主义等量齐观，认为这就是马克思主义，又必须把它看作是我们重新认识资本主义和社会主义，坚持和发展马克思主义时必须认真研究和参考的重要思想资料。根据这样的认识，1982年，我在天津人民出版社出版了题为《西方马克思主义》的专著，该书在1985年10月，被国家教委文科教材办公室确定为高校文科教材；在中国台湾地区被翻印多次、广泛流传，并被一些高校相关专业列为研究生必读丛书；1993 年 12 月，该书获中国社会科学院1977～1991年首届优秀科研成果奖。

在以后一段时期内，在开拓我国的“西方马克思主义”研究方面，我一是深化了对它的一些流派的哲学基础的研究，除此前发表的《法兰克福学派述评》之外，还出版了《萨特及其存在主义》（合著）、《存在主义哲学》（主编）、《结构主义和后结构主义》、《阿图色》以及《西方马克思主义理论研究》（主编）等著作。《西方马克思主义理论研究》一书获中共中央宣传部第八届精神文明建设“五个一”工程奖；二是为便于大家根据“西方马克思主义”的本来面貌去认识它，我主编了“国外马克思主义和社会主义研究丛书”42 种，其中绝大部分是“西方马克思主义”各派代表的主要原著的翻译；三是围绕着究竟应该怎样认识“西方马克思主义”思潮的问题，我积极参加了学术界的讨论和论战，发表了大约 30 多篇从原则到具体地揭示“西方马克思主义”各派及其主要代表的思想特征的论文。2012 年，我鉴于学术界不断有人出现对这一思潮在认识上的疑虑，出版了《怎样认识“西方马克思主义”》一书。

3. 探索马克思的“新唯物主义”世界观的内涵和特征

在我开拓我国的“西方马克思主义”研究的时候，我国哲学界正在讨论哲学体系的改革问题。在这个过程中，提出了马克思的哲学世界观到底是什么的问题。一种意见认为要从自然本体论的角度去理解，认为这才能坚持唯物主义；另一种意见则主张从实践本体论的角度去理解，认为实践包容一切、统摄一切，实践是自然、社会和思维三位一体的实际状态，是事物的唯一源泉，根本就不存在游离于实践之外的自然。由于这个问题直接涉及我正在调整和重新确立的观察和评析“西方马克思主义”思潮的理论坐标，因此引起了我格外的关注。但在联系争论双方的观点，反复研读马克思的原著、特别是首次表述其“新世界观天才萌芽”的《关于费尔巴哈的提纲》和一些相关论著以后，我觉得这两种见解都离开了马克思《关于费尔巴哈的提纲》论述的原文去建构的他们自己设想的马克思的世界观，因此解决争端的根本途径显然在于首先要弄清楚马克思本人对世界到底是怎么看的，然后才谈得上以此去统一认识。马克思早在 1845 年的《关于费尔巴哈的提纲》中就表明他对世界的看法既不同于旧唯物主义，又不同于唯心主义，是“新唯物主义”；在《德意志意识形态》中，马克思进一步展开了他的基本观点，并提到“实践的唯物主义者”这个名称；而在《资本论》及其几个手稿中，在《哥达纲领批判》中，马克思又再三论证了他的“新唯物主义”的这些基本观点。

归结起来，可以说马克思的新唯物主义世界观包含有两个基本点：一是确认人类连续不断的感性劳动和创造是现存感性世界的基础，从而把实践提升到世界观的高度，要求人们也从主体方面把对象、现实、感性当作感性的人的活动，当作实践去理解；二是强调劳动还是受自然的制约的，强调即使在上述那种情况下，自然界的优先地位仍然保持着。从新唯物主义的这种内涵来看，马克思这种“新唯物主义”世界观的特征，就既不是自然本体论，也不是实践本体论，而是一种“物质－实践本体论”。但这种“物质－实践本体论”又并不是一种二元本体论，因为它并不把实践看作是独立于物质之外的、另一个世界本原，而是认为实践必须同物质相结合，必须物化在自然物质上面才能成为世界的物质－实践本原。站在这样的高度，就可以看出，苏联模式的哲学虽然强调了马克思哲学世界观的第二个基本点，即外部自然界的优先地位，却忽略了它的第一个基本点，即也要从主体方面把事物当作实践去理解，从而很难同旧唯物主义完全划清界限，它充其量只是一种片面化的马克思主义哲学；反之，“西方马克思主义”人本主义各派虽然突出了马克思哲学世界观的第一个基本点，却又忽略乃至否定了它的第二个基本点，所以，尽管它们再三声称要纠正苏联模式哲学的缺陷，但在事实上，却只是对马克思的哲学世界观作了和苏联模式哲学方向相反的歪曲，从而陷入了唯心主义。

在现实生活中，把握了马克思的这种“新唯物主义”世界观，既可以更加突出人类劳动和无产阶级革命实践所具有的创造财富、改造世界的伟大历史作用，从而满怀信心地走向未来，又深刻理解劳动所受的自然制约性和人们自己行动的限度，努力实现发展的均衡性和可持续性。

我把上述认识发表在《用马克思主义统一对实践唯物主义的认识》（1989 年第 12 期《哲学研究》）、《要牢牢把握马克思的基本思想》（1991 年第 6 期《人文杂志》）、《关于马克思的新唯物主义》（1996 年第 1 期《南京社会科学》）等 17 篇论文中。在中共中央宣传部等单位召开的纪念党的十一届三中全会十周年的理论研讨会上，我的这个方面的论文还曾入选获奖。

4. 评析民主社会主义思潮

在东欧剧变、苏联解体的过程中，民主社会主义思潮既使戈尔巴乔夫改旗易帜，又为西方资本主义发动的和平演变攻势推波助澜，而有一些人却竭力模糊乃至抹杀它同科学社会主义之间的原则界限，这就把用马克思主义去评析民主社会主义思潮的历史任务提上了哲学社会科学研究的日程。在 1991 年当我从英国访问考察回国时，组织上就给我下达了写一篇论述民主社会主义的思想渊源的文章的任务，在完成这一任务的过程中，我深感从各方面深入研究这一思潮的迫切和重要，因此，就在接下来的两年多的时间里，系统地研究了这一思潮的相关文献，写成了《民主社会主义评析》一书，在1995年由重庆出版社出版。

《民主社会主义评析》一书从评析民主社会主义的来龙去脉入手，分别剖析了它的政治、经济和思想纲领，它的样板和橱窗——瑞典模式，以及它在东欧剧变、苏联解体中所起的作用。经过研究和思索，该书提出了如下一些主要思想。

一是针对有一些人把它说成和科学社会主义同“根”、同“源”，同样渊源于马克思的误解与讹传，论证民主社会主义的思想渊源不是马克思主义，而是蒲鲁东主义、工联主义、费边社的改良主义、拉萨尔主义、伯恩施坦主义、考茨基主义。

二是在民主社会主义的演变上，指出它来源于第二次世界大战前的社会民主主义。它最初是一种小资产阶级的社会主义，与马克思恩格斯的无产阶级共产主义相对立。在巴黎公社以后，由于许多社会民主党人都信奉马克思主义，马克思恩格斯就暂时容忍了社会民主主义这个词。但在1895年恩格斯逝世以后，第二国际的中派和右派又在伯恩施坦主义的影响下，把社会民主主义变成了社会改良主义。被1951年社会党国际第一次代表大会的《法兰克福宣言》作为其思想体系的名称而宣布的“民主社会主义”，就是由把这种社会民主主义颠倒形容词和名词而成的。

三是指出在东欧剧变以后，社会民主党人又把自己思想体系的名称再颠倒成社会民主主义，结果离社会主义越来越远：第二次世界大战以后，《法兰克福宣言》之所以要把社会民主主义颠倒成民主社会主义，是因为社会民主党人已经由战前的把资产阶级民主当作争取和达到社会主义目标的唯一方法、道路和手段，变成第二次世界大战以后的把资产阶级民主当作社会主义目标的根本实质，进而认为他们跟共产党人的分歧，已经由战前的为实现同一个社会主义目标而实践的两条不同道路之间的分歧，发展成战后两种根本不同的社会主义目标之间的分歧了：他们主张“民主”的社会主义，而共产党人主张无产阶级“专政”的社会主义；东欧剧变以后社会民主党人之所以又把民主社会主义颠倒成社会民主主义，是因为在东欧剧变以后，西方的右翼势力对社会民主党人的“社会主义”也提出了质疑，为避免自己同已被西方资产阶级妖魔化了的“社会主义”的牵连，社会民主党人就把自己的思想体系改称“（社会）民主主义”，以表明自己是一种“民主主义”；同时，社会民主党人还认为，在东欧剧变以后，不应再把新时代的社会主义视为制度、目标，从而要求从资本主义过渡到社会主义，也不应再追求对资本主义的超越，而应把资本主义视为一种有效的进程，把社会主义看作是对存在局限、矛盾和不平衡的历史进程的不断改革。

如英国的吉登斯就把他所鼓吹的“第三条道路”，视为在一个“资本主义已经无可取代”的世界上，一种“告别社会主义”的东西。

四是指出在考察民主社会主义在资本主义社会中所起作用时，既要看到它“同资本主义共同生存”、充当“资本主义病床边的医生”的基本功能，又要看到它所推行的相关政策，确实在一定程度上改善了当代西方国家劳动人民的物质生活状况、推进资本主义的社会生活进一步民主化等方面所做出的一些成绩；然而，在把资本主义社会改造成社会主义社会的问题上，却没有、也不可能取得什么成就。而在社会主义社会，民主社会主义就只是像在东欧剧变中那样，竭力为西方资本主义演变社会主义国家的图谋效劳，而没有、也不可能发挥什么积极作用。

五是要明确划清科学社会主义同民主社会主义在对待马克思主义、资本主义和社会主义问题上的原则界限。

2007年，当着有人出来公开鼓吹什么“只有民主社会主义才能救中国”、“中国特色社会主义一系列新政策属于民主社会主义”，“马克思恩格斯晚年是民主社会主义者”，“民主社会主义是马克思主义的正统”，“伯恩施坦只是重复恩格斯的话”，“列宁才是最大的修正主义者”等论调时，我当即一鼓作气地撰写和发表了《中国特色社会主义与民主社会主义的不同含义和原则界限》、《社会民主主义与民主社会主义——历史、理论和现状》、《正确理解马克思恩格斯的晚年著作》、《列宁对伯恩施坦：到底是谁修正了马克思主义?》、《瑞典模式的发展历程和经验教训》等一系列文章，逐条加以批驳。并把这些文章集合成“澄清民主社会主义问题上的理论是非”，作为新的一章列入《民主社会主义评析》一书的2007年增订版中。该书出版以后，获第二届中华优秀出版物（图书）奖，并在2009年的法兰克福国际书展时，由出版社售出了该书的英文和土耳其两种文字的版权。在这个过程中，中央文献研究室等单位还邀请我去讲民主社会主义的情况，他们主办的《文献与研究》杂志2007年第37期转载了我的相关论文。

5. 调查研究当代资本主义的新变化

邓小平关于要吸取包括资本主义在内的人类社会创造的文明成果，建设优于资本主义的社会主义的思想，使我萌生了要深入了解当代资本主义社会及其发展变化的动机。在1995年以后的几年里，我参加中国社会科学院代表团，数度到西欧、北美、北欧的一些发达资本主义国家的工厂企业、科研机构、高等院校去访问考察，同那里的一些专家学者进行座谈讨论，了解了有关当代资本主义新变化的大量具体情况。2000年6月28日，江泽民在中央思想政治工作会议上的讲话中，把包括“如何认识资本主义发展的历史进程”在内的“四个如何认识”，作为“需要全党同志深入研究”和“正确回答的大问题”提了出来。我应邀参加了中共中央党校就此举办的研究班，并当面聆听了胡锦涛在研究班开班式上发表的讲话，他强调这是“直接关系到新的历史条件下坚持和发展马克思主义的大问题”，要求党的理论工作者“自觉地肩负运用理论推动实际问题解决的历史任务”。在这些重要讲话的鼓舞和鞭策下，我在2001年申请国家社会科学基金“十五”重点项目获准立项以后，集中了几年时间，在2004年完成了《当代资本主义新变化》一书的撰写和出版。

《当代资本主义的新变化》一书主要涉及六个方面的问题：

一是考察当代资本主义社会发生新变化的时代背景和国际环境，讨论经济全球化、科学技术革命迅猛发展和政治格局多极化的影响，以及这些变化在美国、德国和日本这三种主要的资本主义模式中的不同的表现形态。

二是紧紧抓住马克思所揭示的“资本的趋势是赋予生产以科学的性质”这一重要特征，全面展开科技革命在当代资本主义发展进程中所起作用的研究。

三是从生产资料所有制、企业治理制度、社会福利制度、社会经济运行机制等四个角度，阐述国家调节在推动当代资本主义新变化中所起作用。

四是从实际出发全面系统地考察当代资本主义新变化对其阶级结构和阶级斗争形式的影响，以及对其经济危机的影响。

五是从理论上剖析社会主义历史必然性思想在150年来所遭到的三次大的冲击，从实践中回顾社会主义必然性思想在20世纪实现的情况，在此基础上进一步论证和重申社会主义代替资本主义的历史必然性。

六是从理论到实际地讨论我在研究当代资本主义新变化过程中逐渐形成的一系列方法论思考。

《当代资本主义新变化》一书在2005年被国家社会科学规划办公室鉴定为“优秀”等级；在2006年获首届中华优秀出版物（图书）奖。

6. 学习、研究和阐释中国特色社会主义理论和实践

我对中国特色社会主义事业的理论兴趣，是随着对马克思主义中国化的重要性的认识而不断加深的。翻开国际共产主义运动的历史，不难看到：在原来只是一个半封建半殖民地国家的中国，工人阶级及其先锋队共产党在开始时在国际上并不属于比较强的“突击队”行列；在大革命时期，斯大林在中国所看好的也并不是中国共产党，但为什么在一段时期的曲折发展和长期的艰苦奋斗以后，中国共产党却能

够领导亿万群众夺取了新民主主义革命的伟大胜利，建立了社会主义制度，从而在世界各国共产党的行列中脱颖而出呢？为什么在尔后，在世界社会主义运动又因为东欧剧变而陷于低潮谷底的时刻，中国共产党反倒能够领导和指挥着中国特色社会主义这艘航船乘风破浪，取得举世瞩目的伟大成就，使我国的社会生产力和综合国力大幅跃升，现在成为世界第二大经济体呢？在这里显然可以举出很多条理由和原因，但我觉得最有决定性的还是：中国共产党敢于打破一段时期内在国际共产主义运动中和中国共产党内盛行的把马克思主义教条化、把共产国际决议和苏联经验神圣化的错误倾向，坚持把马克思主义同中国的具体实际结合起来，使马克思主义中国化。从这样的角度来看问题，马克思主义中国化和在这个过程中形成的中国化的马克思主义，它的重要意义就一下子凸现出来了。正是在这种认识的指引下，大体上说来，在1993年学习新出版的《邓小平文选》第3卷以后，我开始不断加大了学习和研究中国特色社会主义理论的力度。

我主要是从以下几个角度展开对中国特色社会主义理论和实践的学习与研究的：

一是从党的思想路线的角度。在这方面，我在1998年第3期《马克思主义研究》上发表《真理标准和邓小平理论》一文；在1998年第3期《中共中央党校学报》上发表《解放思想，实事求是，不断开拓马克思主义的新境界》一文，此文入选中共中央宣传部纪念党的十一届三中全会20周年理论研讨会，并获中共中央宣传部第七届精神文明建设“五个一”工程奖。

二是从中国特色社会主义与世界社会主义运动相互联结的角度。为此，我与江流一起，主编出版了在组织数十位相关学科专家深入座谈讨论的基础上形成的《20-21世纪：社会主义的回顾与展望》文集；在1997年，又完成了国家社会科学基金“八五”增补重点课题“当代社会主义的若干问题——世界社会主义的历史经验和中国特色社会主义”，该成果在重庆出版社出版后，获中共中央宣传部第七届精神文明建设“五个一”工程奖。以后，我又发表了《东欧剧变后国外社会主义研究的热点问题》、《东欧剧变后国外马克思主义研究的新动向》、《国外左翼学者对马克思主义的新探讨》等论文，2007年在中共中央党校出版社出版了《当代外国主要思潮流派的社会主义观》一书，2008年，该书入选国家新闻出版总署第二届“三个一百”原创出版工程。

三是从中国特色社会主义的发展历程的角度。在这方面，我发表了《不断深化对中国特色社会主义理论体系的研究和探索》、《关于中国特色社会主义理论体系的起点》、《毛泽东对适合中国国情的社会主义建设道路的先行探索》、《邓小平对中国特色社会主义新道路的开辟》等4篇论文，力图在这个重大的理论和实际问题上为人们解疑释惑。

四是从中国特色社会主义创造性地探索和回答了四个基本问题的角度。如在“什么是马克思主义、怎样对待马克思主义”问题上，发表《中国特色社会主义理论体系形成和发展的思想前提》、《划清马克思主义和反马克思主义的界限》等4篇文章；在“什么是社会主义、怎样建设社会主义”问题上，发表《邓小平怎样理解社会主义》、《论邓小平的社会主义观》等2篇文章，《一切都要从社会主义初级阶段的实际出发》、《不发达国家建设社会主义的世纪性难题》等4篇，《邓小平社会主义本质论的时代特色》、《关于社会主义本质的研究——从社会主义本质论到人的全面发展论》、《社会和谐是社会主义的本质属性》等3篇，《改革开放是发展中国特色社会主义的必由之路》、《我国改革开放“十个结合”的宝贵经验》等4篇，《社会主义市场经济论对科学社会主义的重大发展》等2篇；在“建设什么样的党、怎样建设党”问题上，发表《从“三个代表”到“三个代表重要思想”的发展》、《先进性是马克思主义政党的生命所系、力量所在》、《坚持不懈地推进马克思主义的中国化、时代化、大众化》等7篇文章；在“实现什么样的发展、怎样发展”问题上，发表《科学发展观推进了人类发展理论的创新发展》、《把解放思想作为贯彻落实科学发展观的锐利武器》等4篇文章。在这些文章中，我力图刻画出中国共产党怎样从实际出发不断地推进着理论创新，从而创造性地回答这四个基本问题的轨迹。

五是从中国和平发展道路是中国特色社会主义理论和实践的重要组成部分的角度。在这方面，先是我强调和平发展不仅是我国的国际战略，而且首先是中国特色社会主义贯穿内外的标志性特征的论文《和平发展是中国特色社会主义的显著特征》一文，在2007年第11期《求是》杂志上作为重点文章发表，随后，重庆出版社在2009年出版了我经过两年半的努力写成的《中国的和平发展道路》一书，该书在《光明日报》等报刊上被评价为“填补空白的理论原创”和“国家战略的精辟阐释”，在2010年获第三届中华优秀出版物（图书）奖，2011年又入选新闻出版总署第三届“三个一百”原创出版工程。

六是从马克思主义中国化的角度。在这方面，我发表了《中国特色社会主义是马克思主义中国化的最新成果》、《从世界的视野看马克思主义中国化的基本理念》、《马克思主义中国化的若干国外理解辨析》等三篇文章。

七是从中国道路体现了中国特色社会主义的角度。在这方面，我（以中国社会科学院中国特色社会主义理论体系研究中心的名义）在2010年第24期《求是》杂志上发表《中国道路坚持和发展了社会主义》一文，当即被2011年1月下半月的

《新华月报》所转载。

在此基础上，我于2011年2月在重庆出版社出版了《中国特色社会主义理论体系研究》一书，迎接中国共产党的90岁寿诞。该书被列入“十二五”国家重点出版规划项目，中共中央宣传部、新闻出版总署纪念党90周年重点出版物。2012年，该书获第25届全国城市出版社优秀图书奖一等奖；2013年，该书获国家新闻出版广电总局颁发的第三届中国出版政府奖图书奖提名奖。

回顾半个多世纪以来在学术研究领域中漫游时留下的足迹，我一方面为自己在党的领导下，在意识形态工作中竭尽了绵薄之力感到一丝欣慰，另一方面，面对着要把坚持马克思主义的基本理论和坚持推进马克思主义中国化结合起来的进一步要求，又自觉相差甚远，我要永远朝着这个目标的实现，毫不懈怠地奋力前进，力求在运用理论推动实际问题的解决、为群众解疑释惑、为马克思主义学科的研究和建设多做一点事情。

三、徐崇温主要论著

徐崇温．1959. 论按劳分配的性质．上海：上海人民出版社．

徐崇温．1980. 法兰克福学派述评．北京：生活·读书·新知三联书店．

徐崇温．1982. “西方马克思主义”．天津：天津人民出版社．

徐崇温，刘放桐，王克千等．1982. 萨特及其存在主义．北京：人民出版社．

徐崇温．1986. 存在主义哲学．北京：中国社会科学出版社．

徐崇温．1986. 结构主义与后结构主义．沈阳：辽宁人民出版社．

徐崇温．1986. 全球问题和“人类困境”．沈阳：辽宁人民出版社．

徐崇温．1990. 用马克思主义评析西方思潮．重庆：重庆出版社．

徐崇温．1994. 当代中国的马克思主义．北京：中国青年出版社．

徐崇温．1995. 民主社会主义评析．重庆：重庆出版社（2007年增订再版）．

徐崇温，江流．1995. 20-21世纪社会主义的回顾和展望．北京：中国社会科学出版社．

徐崇温，江流．1997. 当代社会主义的若干问题——国际社会主义的历史经验和中国特色社会主义》．重庆：重庆出版社．

徐崇温．1999. 徐崇温自选集．重庆：重庆出版社．

徐崇温．1999. 阿图色（世界哲学家丛书之一）．台北：台湾东大图书公司．

徐崇温．2000. 西方马克思主义理论研究．海口：海南出版社．

徐崇温．2002. 世纪之交的社会主义与资本主义．郑州：河南人民出版社．

徐崇温．2004. 当代资本主义新变化．重庆：重庆出版社．

徐崇温．2007. 当代外国主要思潮流派的社会主义观．北京：中共中央党校出版社．

徐崇温．2009. 中国的和平发展道路．重庆：重庆出版社．

徐崇温．2011．中国特色社会主义理论体系研究．重庆：重庆出版社．
徐崇温．2012．怎样认识“西方马克思主义”．重庆：重庆出版社．
徐崇温．2013．中国特色社会主义研究．北京：中国社会科学出版社．

撰写者

徐崇温

赵凤岐

赵凤岐（1930～），辽宁彰武人。中国社会科学院研究员、博士生导师、荣誉学部委员。曾任国务院学位委员会学科评议组成员、国家社会科学基金哲学评审组成员。学术专业方向为辩证唯物主义、辩证法。主要论著有《辩证法论集》、《历史经验的哲学反思——中国特色社会主义·哲学篇》、《辩证法·范畴与现实》、《论绝对与相对》、《论事物的两重性》、《实践第一的观点与实践一元论》、《关于一般与个别两个命题的考察》、《论统一性和多样性》、《实践的正面效应与负面效应》、《发展与发展观》、《科学发展观：具有时代标志的理论成果》等。

一、简　　历

赵凤岐，1947 年参加工作，1956 年考入中国科学院辩证唯物主义专业副博士研究生，1960 年毕业后留哲学研究所工作至今。历任中国社会科学院哲学研究所辩证唯物主义研究室主任（辩证唯物主义研究室与历史唯物主义研究室合并时亦任该研究室主任），哲学研究所学术委员会委员，《哲学研究》编委，中国社会科学院学位委员会委员，国务院学位委员会学科评议组成员，国家哲学社会科学研究规划小组成员，国家社会科学基金哲学评审组成员，《中国大百科全书·哲学》总论及辩证唯物主义部分副主编，中国社会科学院研究生院教授、博士生导师，中国辩证唯物主义研究会会长（之一），清华大学、北京航空航天大学等院校兼职教授，北京市委政策研究室特邀研究员，首都社会经济发展研究中心（所）特邀研究员，中国社会科学院马克思主义研究院特聘研究员，中国社会科学院首批荣誉学部委员等职。学术专长为辩证唯物主义、辩证法。1991 年起享受国务院颁发的政府特殊津贴。

二、主要研究领域和学术成就

赵凤岐长期以来从事马克思主义哲学的研究，研究专业为辩证唯物主义，侧重于辩证法与现实问题的研究。从 20 世纪 50 年代中期起至“文化大革命”前，共发表辩证法、认识论方面的学术论著百余万字。用过的笔名有：卞正、林霏、边正竹、亦凡等。“文化大革命”结束后，赵凤岐继续从事辩证法一些基本理论和范畴的研究。

1. 关于个别与一般、共相与殊相相互关系的研究

在这个问题上，有一个情况现在可以“解密”了。“文化大革命”结束以后，在研究生入学考试和中国社会科学院从社会上招考社会科学人员时，赵凤岐奉命负责辩证唯物主义专业的考题。在这个过程中，他曾不止一次出了这样的考题：“谈谈你对下述两个命题及其相互关系的理解：命题一：任何个别都不能完全进入一般之中；命题二：一般、普遍体现了个别的、特殊的东西的全部丰富性。”这是辩证唯物主义专业的一个大题，按当时的百分制计，每个命题各占 10 分，两者的关系占 20 分。而答卷的结果竟然是，百分之八十以上的考生都丢掉了 30 分，第一个命题一般都能解释，得 10 分，第二个命题许多考生不能解释，有的甚至认为第二个命题是“完全错误的”而加以批判，丢了 10 分。由于对第二个命题不能正确解释，因而两个命题之关系的 20 分也丢了。这门专业课，40 分的考题，许多人失去了 30 分，而且有些考生还是哲学系大学本科毕业生。这种情况令人震惊，发人深省。后来赵凤岐在阅读高校多部教科书时还发现，一些教本中在讲到个别与一般关系时，经常引用的是第一个命题，而对第二个命题在其视野所及的 20 多本教科书中都没有引用。这两个命题看上去似乎是相互“冲突”的，既说任何个别都不能完全地进入一般之中，又说一般、普遍体现了个别的、特殊的东西的全部丰富性，这岂不是相互否定么？其实，这两个命题又都是辩证法的。两个命题见之于列宁的《哲学笔记》，又都来自黑格尔的《逻辑学》。这个问题本身有一定难度，哲学史上诸多哲学家在个别与一般、共相与殊相问题上做过探讨，提出过不少有价值的见解，但失误者也不少。就连亚里士多德这样的大家，在个别与一般的问题上做出过重要贡献的人也出现过失误。列宁说这个人就是“弄不清”一般与个别的辩证法，有时竟然“陷入幼稚的混乱状态，陷入毫无办法的困窘的混乱状态。”

众多考生的失误，问题本身的难度，特别是多年来我们把“一般”绝对化，把普遍的东西绝对化，切断它与丰富多彩的实际生活的联系，不懂得一般、普遍体现个别的特殊的东西的丰富性的道理而导致的实践中的失误，促使赵凤岐对这个问题进行反复思考和研究。赵凤岐在《辩证法论集》中的有关部分、《关于个别与一般问题上两个命题的考察》等论著中，系统阐述了自己的见解。

在以往的哲学史上，人们往往把概念仅仅看成是抽象的，认为它所概括的只是

一些事物的共同点，而并不涉及事物的特殊性、个性，因而认为愈高的概念其内容也就愈贫乏。针对这种情况，黑格尔提出“具体概念”与之相对立。认为概念不只是抽象的，而且也是具体的，即体现着特殊东西的全部丰富性的，因而愈高的概念其内容也就愈丰富。列宁对“不只是抽象的普遍，而且是自身体现着特殊的个别的东西的全部丰富性”的“这种普遍”极为重视，认为这是“绝妙的公式”，“好极了”。

一般说来，人们对于个别不能完全进入一般之中这层意思还易于理解，而对于上述第二个命题的理解则情况不同，关键在于对“一般”、“普遍”内涵的把握上。

黑格尔曾说：“一般乃是一个贫乏的规定，每个人都知道一般，但却不知道作为本质的一般。”列宁提示要注意这个“本质的一般”。一般或普遍是对个别、特殊东西的概括，是经过比较而抽象出来的，是自身同一的，不同一的东西就不是普遍、一般。但是作为本质的一般，又是把差别包含于自身的，同一的东西本身就包含着差别。

把差别包含于自身，是“本质的一般”的一个特性。作为本质的一般，它高于任何个别，它是“灵魂”，具有稳定性的特点，比个别深刻。同时，一般的这种稳定性也是相对的，即可变动的。并且，一般、普遍只有通过个别、特殊的变化发展的无限过程才能不断提高它以前的全部内容，而使自己不断丰富和充实起来。这个过程也就是一般、普遍不断地体现个别、特殊东西之丰富性的过程。可以说，上述关于一般把差别包含于自身和这里所说的过程的变动性，是理解第二个命题的关节点。

两个命题都是讲一般与个别的关系，但侧重点有所不同。第一个命题，是在一般与个别的有机统一中着重从两者的区别上来规定“一般”的。命题之二则是从一般与个别的统一中着重从两者的内在联结上和过程无限发展的角度来规定“一般”的。只有对两个命题作统一的理解，才有可能弄清什么叫“作为本质的一般”或“这种普遍”。

由于任何个别都不能“完全进入”，这就使一般获得了比较纯粹的形式，又由于一般的内在差别和过程的不断展开，又使一般不是那么纯粹。“一般的含义是矛盾的：它是僵死的，它是不纯粹的，不完全的，等等，而且它也只是认识具体事物的一个阶段……”正因为一般是对诸多个别的共同的本质的概括，所以它对所有的个别都有指导意义；又因为一般的含义是矛盾的，有其“不纯粹”、“僵死”、“不完全”的特性，所以又不能把一般原则套用于个别，即使是正确的原则也不能套用。

两个命题的侧重点虽有所不同，但都是在通过个别与一般的联系和区别中，强调不能把一般绝对化，不能把普遍抽象化。

2. 关于统一性和多样性问题研究

统一性和多样性，是个具有普遍意义的哲学范畴，从人们的日常生活到一个民族、地区、国家大事的处理，乃至对整个宇宙无限发展的观察和审视，都同统一性和多样性问题密切相关。

恩格斯关于世界的统一性在于物质性，它又不是魔术师的三两句话所能证明，而是由哲学和自然科学的“长期的持续的发展来证明”的论断是众所周知的。这个论断表明，在马克思主义哲学体系中，世界的统一性和世界的物质性是密切相关联而在内容上又是一致的。“统一性”所回答的是世界的本源归根到底是一个还是多个的问题；“物质性”所回答的是世界的本源是什么——世界上多种多样的事物和现象是在什么基础上统一起来的。可见，对世界统一性问题的回答是同如何解决哲学基本问题直接联系在一起的。恩格斯的论断对捍卫、贯彻哲学唯物主义路线的历史作用不能低估，而关于这种物质性要由“哲学和自然科学长期、持续的发展来证明”的内涵也不能忽视，特别是对其中所蕴含的对多样性事物的确认更不能不重视。

提出把统一性和多样性作为唯物辩证法基本范畴的主张，固然与上述“忽视”、“不重视”的背景有关，但更重要的是基于实践发展中出现的诸多新事物、丰富多彩的多样性现实。一是这个问题与我们正在进行的改革开放和现代化建设密切相关。社会结构、所有制形式和分配方式、思想文化领域等多样性的问题日益突出，如何处理统一性与多样性的关系显得十分迫切。二是所有走上社会主义道路的国家都遇到过这个问题，而且在如何处理统一性和多样性的问题上几乎都出现过失误。东欧剧变、社会主义严重受挫和失败，固然有多方面的原因，而不能正确处理统一性与多样性的关系，则是思想领域上的一个重要原因。经验教训很多，值得总结。三是当今世界国际风云变幻无常，统一性和多样性无论在经济、政治和文化等各个领域，都需要正确的加以应对。

赵凤岐认为，所谓统一性，是指事物在发展中那种常住的具有主导、统摄、包容一切的性质的哲学范畴，是各种现象及其相互关系得以展开和显现的基础。与统一性相联系的多样性，则是表征事物在形式、结构、层次、发展过程、阶段等方面的差别性的哲学范畴，是指区别物自身以及区别物之间的关系。

统一性和多样性具有内在的相互规定、相互关联的性质，各在对方映现自身。统一性使不同的事物联结起来，呈现出根源于统一的有规律的运动过程。多样性又使相互联结的事物区别开来，世界呈现为丰富多彩、千变万化的面貌。只有坚持统一性和多样性相统一的观点才是辩证法的观点。

只讲多样性，不讲统一性，或者离开统一性而言多样性，事物就会出现混乱，现象之间就会发生不正常的相互干扰，就会影响到各个事物（或要素）——乃至全局的正常发展。

只讲统一性，不讲多样性，或者离开多样性而言统一性，事物就会僵化、死板、单调，就会失去生机和活力，就没有生动活泼的面貌，就会因缺乏内在的差别和搏动而死气沉沉。统一性本身就内含着发展的多样性，而多样性则预示着不可逆的时光使万象更新。赵凤岐说，人们可以从过去和现实推导出未来发展的一般情景，但未来的一切并没有完全包含于过去之中。

特点是：提出把统一性和多样性作为唯物辩证法的一对基本范畴，有现实根据和理论价值。

3. 对绝对与相对范畴进行了深入探索和阐述

在《论绝对与相对》这部专著中，赵凤岐研究了中、西哲学史上的相关资料，有分析地吸纳了其中的一些合理因素，并结合生活实践中的现实问题对相对与绝对这对范畴作了系统的论述。言简意赅，有相当的可读性。思想水平和学术水平都达到了一定的高度。该书出版后，《中国哲学年鉴》和一些报刊都作了专门介绍。而且这样一本讲相对与绝对“干巴巴”哲学概念的小书，竟然一版再版，这也是不多见的。

书中关于绝对和相对是有区别的，运动是绝对的，静止是相对的，但是运动的绝对性和静止的相对性的区别也是相对的见解，是有针对性和现实意义的。绝对与相对是唯物辩证法中的一对重要范畴，也是我国哲学界研究得较少的哲学范畴。能否正确地领会和运用绝对与相对的原理，不仅在理论上，而且在革命、建设和改革的实践中都具有重要意义。《论绝对与相对》这部专著充分阐述了绝对与相对范畴的基本理论内容，探索了人们的认识、实践和真理中绝对与相对的辩证关系，并对割裂和歪曲绝对与相对的绝对主义、相对主义进行了深入的分析和评论。该书全文被收入《中国年鉴全文数据库》，《中国哲学年鉴》（1983 年版）等作了专门介绍。

4. 对发展与发展观问题进行了深入研究

赵凤岐还注重对社会发展问题，尤其是发展与发展观问题的研究。辩证法是研究发展观的，辩证法本身就是发展观。因此赵凤岐这些年来的学术生涯可以说是辩证法专题研究在新形势下的继续。

赵凤岐应邀到一些单位去讲学，着重讲了社会发展与发展观问题。1997 年第 2

期《学术研究》发表了赵凤岐的《发展与发展观》一文（该文在2005年获中国社会科学院科研成果优秀论文奖）。1996年，国家经济体制改革委员会主办的《中国改革》杂志社听了赵凤岐的几次讲演后派记者专访他，以《发展与发展观——访著名哲学家赵凤岐研究员》为题在该刊1996年第3期发表了访谈文章。之后该刊主编还再次登门访谈，称赵凤岐的一些见解对他们拟议中的文件和推动工作“帮助很大”。

赵凤岐2005年发表的论文《科学发展观：具有时代标志的理论成果》，被十多家报刊媒体转载。如《社会科学管理与评论》、《哲学研究》、《当代思潮》、中共中央党校出版社出版的《论和谐社会》、成思危与汝信主编的《中国学术年鉴》、《中国社会科学院哲学研究所建所50周年论文选集》、中国社会科学院科研局网站、人民网、搜狐网、国家行政学院主编的大型丛书《科学发展观理论研究》以及其他一些报刊等。除《中国社会科学院院报》因篇幅所限发了压缩稿外，其他书刊媒体均是全文录用。据悉，国家行政学院还给赵凤岐颁发了重点文章“入选证书”，特邀赵凤岐为其大型丛书的“特邀编委”。

赵凤岐在研究工作中，从发展与发展观的高度，探讨经济发展与社会发展的关系，社会发展和自然环境的关系，社会发展和人的价值观念的关系，以及“可持续发展”等问题。赵凤岐认为，从“经济增长论”到“增长极限论”，再由“综合发展论”到“可持续发展论”，以及相伴而行的“以人为中心的发展观”等，大体上反映了人们所走过的历史发展进程，反映了人们在不同条件下对于影响发展的诸多因素及其相互关系的认识程度。认为发展的观念在历史长河中是不断进步的，但在历史间断性、前进性的同时也存在着连续性、互补性。这是发展理念在历史演进中的一个重要特征。

关于科学发展观的研究，赵凤岐系统考察了当代发展理论的来龙去脉，对他们各自的特点及利弊得失给出了具体分析，阐明“相互吸收，辩证扬弃”是发展理论在发展中的一个重要特征。阐明把“以人为本”纳入发展观，无论在提法和含义上均有新意。认为一种发展理论在不同国家和地区的确立、推广和运用，必须以那里的具体国情、具体条件为转移。对我国发展历程的反思和对现实实践发展需要的理解，是我们牢固树立科学发展观的基础。强调了发展经济的重要性，同时说明了发展还包括社会状况的改善和体制的进步，包括经济增长、政治民主、社会转型、文化变迁、自然协调、生态平衡等多种因素的综合。“以人为本”的科学发展观，与时代发展的潮流相一致，反映了我国人民的共同愿望，是发展理论的重大进展，是具有时代特征的理论成果。

赵凤岐在《中国社会科学院院报》和中国社会科学院网站上发表了关于《科学

发展观与中华文明》、《构建社会主义和谐社会与中华文明》等文章。《当代中国论坛》于2006年第12期发表了赵凤岐的《视野宽广、求真务实——谈科学发展观的特点》一文，对科学发展观的形成和发展作了系统考察，对其特点作了有见地的分析。

关于科学发展观的特点，赵凤岐认为面向世界、面向未来的宽广视野和立足当代中国实际的求真务实精神，是科学发展观形成过程中显现的明显的思路轨迹。这一科学发展观不仅有统领全局、促进发展的战略品格，而且在各方面表现出一些特点。赵凤岐从“与实践的紧密关联性是科学发展观的重要特点”、“科学发展观吸收了当代发展理论的积极成果”、“科学发展观突出了以人为本的根本理念”、“科学发展观以中华文明为丰富思想资源和深厚历史底蕴”几个方面论述了科学发展观的特点，阐明了它是以全面、协调、可持续发展为基础，以促进经济社会全面进步和人的全面发展为目标的统一完整的科学理论体系，是具有普遍性的关于发展的根本理念。赵凤岐对为什么和怎样吸取当代发展理论的积极成果给出了具体分析，对以人为本在科学发展观中所处的地位作了论述，指出把“以人为本”作为科学发展的核心理念和重要原则，是理论上的创新。认为中华文明中的思想精华，如“民为邦本”的民本思想，“和而不同”的哲学思想，“天人合一”、人与自然和谐相处的哲学理念，“己所不欲，勿施于人”的社会伦理思想，以及与别人友好相处、“协和万邦”的政治理念，“自强不息，厚德载物”的经典名言等，都表明古老的中华文明源远流长，博大精深，有着深厚的历史根基、丰富的内容、强固的承续力量和持久的功能。这种中华文明是科学发展观的一个重要思想来源。以中华文明为丰富思想资源和深厚历史底蕴的科学发展观，是时代的，也是民族的，是具有中国气魄、中国品位的科学发展观。

关于发展与发展观的研究，赵凤岐对战后各种发展理论作了系统的考察，提出了一些有分析、有见地的见解。赵凤岐在论述可持续发展时，强调了人与自然、人与社会和谐相处，建立新的和谐、统一关系的重要性。提出了“社会——经济——自然复合生态系统”的概念，分析了传统价值观在强化复合生态系统中经济子系统的同时，削弱了社会、自然两个子系统的功能及其必然导致的结果，提出要实现可持续发展，必须更新传统观念，树立和强化社会效益、经济效益、生态效益相统一的新观念。赵凤岐把发展战略、发展模式提到“发展观”的高度加以研究，试图从根本理念上来回应现实发展中的一些问题，提出并论述了上述一系列见解。

赵凤岐的这些论断在当今发展理论研究中确有精到之处。可以说，发展与发展观的研究，是赵凤岐多年来研究辩证法规律的系统总结与深化，是对马克思主义辩证法发展观研究领域的新开拓。

5. 在1978年关于真理标准的大讨论中做出了重要贡献

1978年5月11日，《光明日报》发表了《实践是检验真理的唯一标准》一文，文章发表后引起强烈反响，一场全社会规模的大讨论开始了。这场讨论意义重大，实际是向新时期过渡的思想理论先导，是哲学战线上一次大动作，此前的历次哲学论争都无可比拟。赵凤岐和研究室的同志积极投入了关于真理标准问题的讨论。发表了《让实践第一的观点广泛传播》、《马克思主义哲学是完整的科学体系》等文章，在关于《马克思主义哲学是完整的科学体系》的这篇文章中，赵凤岐强调了马克思主义哲学是"一整块钢铁"的思想，分析了哲学体系中的各个原理和范畴之间都有着紧密联系、相互制约的关联性，因此必须完整地加以理解、把握和运用。此文发表在1978年4月25日，《光明日报》给了一版的篇幅。这对于当时破除"两个凡是"，推动思想解放起了积极作用。赵凤岐还对来自于社会的一些疑难问题作了有说服力的回应，为《哲学研究》所设置的专栏提供文章，例如《正确的理论是否可以作为检验真理的标准?》、《肯定实践是检验真理的唯一标准，是不是会否定理论的指导作用?》等文章，专栏中凡署名"卞正"者都是他写的。赵凤岐还率领研究室集体编写了《实践是检验真理的唯一标准》一书。该书发行2300余万册，获新华出版社优秀著作奖。值得一提的是，《光明日报》5月11日《实践是检验真理的唯一标准》一文发表后，随着大讨论的展开，北京及外地的许多报刊都积极参与，陆续表明了态度，而作为党的机关刊物的《红旗》却迟迟不参加讨论，自己不发表文章，也拒绝转载其他报刊的文章。拖了很长时间，人们既感到不满，又迷惑不解。但很久之后终于有一天消息来了，说《红旗》写了一篇大文章，有两万多字，已打出清样，说近期发表。这时中国社会科学院哲学研究所收到了一篇文章清样，题目是《重温实践论》，要求在最短时间内把对文章的意见反馈回去，要求对《重温实践论》一文作出评价，并对该文是否达到了发表水平写出明确意见。中国社会科学院哲学研究所党委把这个任务落实到赵凤岐头上，他用了两天时间阅读了该文，写出了《对〈重温实践论〉的六点意见》。后来才在报刊上看到，当时中央领导也正在考虑《重温实践论》一文的发表问题，叶剑英当时是中共中央政治局常委，让他的属下工作人员到社会上听听意见，看看大家对该文的评价。刚好有"六点意见"上报，又是"中国社会科学院哲学研究所"的评价，自然受到相当重视。

赵凤岐参与组织了关于实践标准问题的一系列全国性大、中、小型讨论会，包括在左家庄党校举办的有170余人参加的全国性大型讨论会。赵凤岐是专业对口

(认识论、马克思主义哲学）研究室主任，又是中国辩证唯物主义研究会会长，所以，当时中国社会科学院领导和中国社会科学院哲学研究所领导常常把任务落实到辩证唯物主义研究室，赵凤岐率领全研究室同志全力投入了这项任务，除撰写文章、编写相关著作外，还同另外两位会长萧前、韩树英通力合作，通过研究会系统组织了一些省、地区的讨论会，起了推动作用，受到各地党政领导的支持和赞扬，产生了广泛的社会影响。

赵凤岐在相关著作中对马克思主义哲学一系列问题及其基本内容作了全面考察，认为马克思主义哲学是一个完整开放的科学体系。赵凤岐对中国特色社会主义进行了哲学思考，提出了社会主义是一个发展系统，应该在稳定的社会环境中实现发展，在发展中不断满足人民群众的期盼和要求，让改革的成果使所有社会成员共享，"以人为本"说到底就是让人民的日子过得越来越好。这样，中国特色社会主义事业会日益兴旺，改革的生机和活力会从千百万群众那里源源而来。国家富强、民族振兴、人民幸福的中国梦要靠中国共产党领导下的中华儿女的共同奋斗得以实现。

多年来，赵凤岐刻苦钻研，笔耕不止，有大量的论著问世，这反映了赵凤岐马克思主义的坚定信念和对我国哲学事业发展的关注及使命感。从上述赵凤岐关于个别与一般、共相与殊相、统一性与多样性、绝对与相对、社会主义社会基本矛盾、发展与发展观，以及其论著中关于同一与差别、抽象与具体等问题的研究和论述中可以看到，赵凤岐辩证法研究这条主线非常明显，形成了自己的研究领域及敢于接触难点、敢于提出问题和勇于探索的理论特色，在一系列问题上先生均有较深入、较系统的见解，有些见解具有独到之处，在学术界产生了广泛影响。

赵凤岐做人、做事、做学问的原则、操守和风范，令学生深有感慨。赵凤岐在哲学领域做出卓越贡献当选中国社会科学院首批荣誉学部委员，但他却依然淡泊自守，重事业，轻名利，过着十分简朴的生活，年复一年地刻苦做学问，直到现在，依然勤奋地写作。虽年事已高，但记忆力之好、反应之灵敏，实在令人惊异，也许是长期的哲学生涯铸就了他令人羡慕的精神素质和逻辑思维功底。

赵凤岐将"淡泊致远"作为自己终生的追求，要在有生之年再多作一些事情，造福祖国，造福人民，而不是想着自己能得到什么利益。赵凤岐以自己的实践印证了，淡泊是奋进者的抉择，是奉献者的抉择，也是致远者的抉择。

综观赵凤岐走过的科研之路，苦在其中，乐亦在其中。他有感人至深的敬业精神和敢于担当的风范。本文仅从几个方面展示赵凤岐的学术成就和学者风范。赵凤岐素以坦诚待人著称，有"厚德载物"的气度，对青年尤以宽容、关怀、鼓励为准则。他能赢得众多学子的由衷敬佩绝不是偶然的。

三、赵凤岐主要论著

赵凤岐．1959. 十年来马克思主义哲学在中国的胜利．哲学研究，(10)．

赵凤岐．1961. 把矛盾的斗争性寓于同一性之中的原理贯彻到度——关于事物质变阶段同一性问题的商榷．哲学研究，(1)：53-61.

赵凤岐．1961. 论事物的两重性．新建设，(2)，(3)．

赵凤岐．1978-4-25. 马克思主义哲学是完整的科学体系．光明日报．

赵凤岐，桉苗．1982. 论绝对与相对．南京：江苏人民出版社．

赵凤岐．1982. 辩证唯物主义论丛（第1辑）．福州：福建人民出版社．（第2、3辑分别在1983年、1984年出版）

赵凤岐．1985. 实践第一的观点与实践一元论（上、下）．人文杂志，(5)：4-8，101，(6)：54-58.

赵凤岐．1986. 社会主义制度的自我完善与辩证发展论．北京航空学院学报，(2)．

赵凤岐．1986. 关于一般与个别两个命题的考察．天津社会科学，(4)：7-11，34.

赵凤岐．1986. 关于马克思主义哲学与“三论”的几个问题．探索与争鸣，(5)：13-17.

赵凤岐．1987. 辩证法论集．呼和浩特：内蒙古人民出版社．

赵凤岐．1991. 马克思主义哲学基本问题．杭州：浙江人民出版社．

赵凤岐．1991. 论统一性和多样性．浙江学刊，(增刊)．

赵凤岐．1991. 实践的正面效应与负面效应．广东社会科学，(5)．

赵凤岐．1993. 历史经验的哲学反思——中国特色社会主义·哲学篇．北京：中国社会科学出版社．

赵凤岐．1995. 邓小平对毛泽东哲学思想的继承和发展．马克思主义研究，(1)：77-81.

赵凤岐．1997. 发展与发展观．学术研究，(2)．

赵凤岐．2002. 科学发展观：具有时代标志的理论成果．社会科学管理与评论，(2)：18-25.

赵凤岐．2006. 视野宽广、求真务实——谈科学发展观的特点．今日中国论坛，(12)：31-35.

赵凤岐．2013. 辩证法·范畴与现实．北京：中国社会科学出版社．

撰写者

高岸起（1965～），山东莱西人。中国社会科学院哲学研究所副研究员，新疆社会科学院院长助理。偏重马克思主义哲学的研究。在山东师范大学获文学学士学位、四川大学获哲学硕士学位、南京大学获哲学博士学位、中国人民大学获哲学博士后。出版个人学术专著5部，合著和合编著作10余部，译及合译学术著作3部，发表学术论文、短论150余篇。

陈先达

陈先达（1930～），江西鄱阳人。哲学家、教育家。1950年鄱阳中学高中毕业。1953年毕业于复旦大学历史系，1956年从中国人民大学哲学研究班毕业后留校任教。曾任中国人民大学哲学系系主任、第三届国务院学科评议组成员、北京市哲学学会会长、中国历史唯物主义学会会长。现任全国哲学社会科学规划哲学组组长、北京市社科联顾问、中国历史唯物主义学会名誉会长、教育部社会科学委员会委员等职。从1991年起，享受国务院颁发的政府特殊津贴。主要从事马克思主义哲学、马克思哲学史、文化哲学等领域的研究。在历史唯物主义与辩证唯物主义某些重要原理、关于人道主义和异化问题、关于真理标准、传统文化与马克思主义哲学、哲学如何关注现实等方面研究提出了诸多影响深远的观点。代表作有《走向历史的深处——马克思历史观研究》、《陈先达文集》（6卷本）、《被肢解的马克思》、《处于夹缝中的哲学——走向21世纪的马克思主义哲学》、《信仰与探索》以及《陈先达哲学随笔》（6卷本）等。曾两次获中共中央宣传部“五个一”工程奖、北京市哲学社会科学特等奖和两次吴玉章著作奖等多种奖项。

一、成长经历

陈先达1930年12月30日出生在江西鄱阳县一个普通商人家庭。鄱阳出过不少名人，如宋代著名的词家姜夔和洪迈兄弟。陈家祖祖辈辈都是渔民，在鄱阳湖的风浪里以捕鱼为生。“渔舟唱晚，响穷彭蠡之滨”，“落霞与孤鹜齐飞，秋水共长天一色”，那是诗人眼中的鄱阳湖，可对渔民来说，无风不起浪，葬身鱼腹的危险时时存在。陈先达的父亲自幼贫困，没读多少书，完全依靠自己的努力奋斗，从学徒挣扎到一个老板的地位，成为当地商界有头有脸的人物。他头脑清楚，生活朴素，懂得中医，能开药方，家人有点小病，总是父亲自己开个方抓点药。父亲幻想儿子能继承他的事业，可是陈先达却以读书为乐。

陈先达是家里第一位大学生，也可以说是陈氏家族最早的一名大学生。1950年，从鄱阳中学高中以优异成绩毕业，参加高考，有两所大学同时录取了他：复旦大学历史系和南昌大学文史系。对于从小生活在小县城的陈先达来说，期待到更大的世界去看看，且复旦大学录取在先，最终，他选择了上海，选择了历史，虽然文学的吸引力也是那么诱人。

1953年从复旦大学历史系毕业后，陈先达被分配到中国人民大学马克思列宁主义研究班学习哲学。1956年毕业留中国人民大学哲学系任教。1964年调入新成立的中国人民大学马克思主义发展史研究所工作。

1970年，中国人民大学停办，陈先达在江西余江干校3年，在五连菜班。作为普通教员，陈先达生活相对自由一些。回京后，他分配到一所著名高校，从事教学。1978年中国人民大学复校，回到中国人民大学马克思主义发展史研究所。1987年，陈先达任命为哲学系系主任，此后一直在哲学系工作。1992年，任北京市哲学社会科学规划组成员。1996年，任北京市哲学会会长、北京市社科联常委、国家教委哲学指导委员会成员。1997年，任国家教委人文学科教学研究咨询委员会成员、两课教学咨询委员会委员、全国历史唯物主义学会会长。现任全国哲学社会科学规划哲学组组长、北京市社科联顾问、中国历史唯物主义学会名誉会长、教育部社会科学委员会委员等职。

陈先达多年来参与北京市和国家社会科学研究项目的规划，也亲自主持了许多省部级和国家级重大课题。参加马克思主义理论研究和建设工程，主持教育部攻关课题《马克思主义基础理论若干重大问题研究》和《坚持马克思主义在意识形态领域指导地位研究》，并任马克思主义理论研究和建设工程《马克思哲学原理》教材课题组主要成员。

陈先达的著述多次获奖，如：《马克思早期思想研究》和《马克思恩格斯思想史》获中国人民大学优秀科研成果奖（1985），《评资产阶级人道主义的出发点》获中国社会科学院哲学研究所优秀论文奖一等奖（1984）和中国人民大学优秀论文奖（1986），《马克思在历史观上的伟大变革》获《红旗》杂志优秀理论文章奖（1986），《评西方马克思主义的新发现》获北京市哲学社会科学优秀论文奖二等奖（1986），《走向历史的深处——马克思历史观研究》获中国人民大学优秀著作奖（1988）、北京市哲学社会科学特等奖（1994）、国家教委优秀科研成果奖一等奖（1995），《关于文化研究中的几个问题》获北京市哲学社会科学优秀论文奖二等奖（1996）、国家教委哲学社会科学奖一等奖（1995），《被肢解的马克思》获第二届吴玉章奖一等奖（1993），《漫步遐思》获北京市哲学社会科学奖一等奖（1998），《人文学科在社会主义文化建设中的地位》获中共中央宣传部第七届“五个一”工程奖（1999），《静园夜语》获北京市哲学社会科学奖二等奖（2000），《有中国特色社会主义文化研究》

（主编之一，并执笔）获北京市哲学社会科学奖一等奖（2000）和吴玉章奖一等奖（2000），《马克思和马克思主义》获中共中央宣传部第九届“五个一”工程奖（2003）等。

陈先达 1987 年开始招收博士生。至今已培养博士生数十名，不少人是马克思主义研究和教学方面的专家和骨干。他指导的学生张康之的论文获教育部第一届优秀博士论文。

鉴于陈先达为中国马克思主义哲学发展做出的突出贡献，他从 1991 年起，获国务院颁发的政府特殊津贴。

二、主要研究领域和学术成就

1. 立足现实，由史入论

1963 年，陈先达发表《实践检验和逻辑证明》一文，就真理验证标准问题上实践检验与逻辑证明的关系，进行了有益的探索，明确得出“实践是检验真理的唯一标准”的结论，还对逻辑证明在验证真理方面的作用和界限予以解说。这是目前所知我国学术界最早探讨这一问题的文章。

“文化大革命”对中国学术界来说差不多等于空白期，陈先达真正从容地从事学术研究，是从 80 年代初开始。随着理论界对“文化大革命”反思的深入，马克思早期的异化理论和人道主义思想引起普遍关注，风潮涌动。陈先达投身于这场思想讨论，1981 年，在《哲学研究》第 8 期发表《评费尔巴哈在马克思早期思想中的地位和作用》，对其时流行的用抽象人道主义解读马克思的观点提出异议。1982 年，在《中国社会科学》第 2 期发表《马克思异化理论的两次转折》，提出马克思异化理论经历了“从异化到异化劳动”、“从个体与类的矛盾到发现生产力和生产关系的冲突”两次转折。

1982 年，陈先达作为主要撰稿人和统编者的《马克思恩格斯思想史》出版，这是国内第一部关于马克思主义史的专著。以前人们对马克思主义的形成和发展做过专题的研究，多从不同方面进行断代的研究，而像《马克思恩格斯思想史》这样，把马克思主义作为一个整体来探讨，研究其出发点，剖析其内在结构，探求其基本线索，在我国尚属首次，填补了我国马克思主义史研究的一项空白。

1983 年，陈先达和靳辉明共同撰写的《马克思早期思想研究》一书，由北京出版社出版。该书提出：“只有把马克思思想发展看成是一个充满矛盾的、变动的活生生的过程，只有辩证地理解这一过程中旧哲学影响和新生的理论现象的关系，并全力捕捉对马克思这一时期思想发生决定性影响的新的思想萌芽，才能科学地揭示马克思思想的形成过程，以及这一过程中各阶段之间的有机联系。”如果不从马克思思想的整体有机联系中考察，而把某一阶段游离、割裂开来，势必造成对马克思思想的误解与歪曲，如西方“马克思学”的惯用手段之一就是将马克思思想发展的不同阶段对立起来，形成所谓“青年马克思”与“老年马克思”、“人道主义的马克思”与“唯物主义的马克思”的对立；又如20世纪20年代苏联曾出现的“三阶段论”：马克思开始是彻底的黑格尔派，继而是彻底的费尔巴哈派，最后是二者的“综合”等。

1984年，陈先达在《中国社会科学》第1期发表《评西方马克思学的“新发现”》，对西方马克思学家种种曲解马克思异化思想的观点予以剖析。

1987年，陈先达推出《走向历史的深处——马克思历史观研究》一书。该书突破了传统的单线、纵向的研究方法，不限于就哲学史谈哲学史，而是突出了对马克思历史观的综合性研究，论证了马克思的经济学研究、历史学研究、政治学研究对其历史观的深刻影响，描绘出马克思历史观形成与发展的立体图景，揭示了马克思走向历史深处的道路。由于在哲学和社会科学理论界的重大影响，获得多个奖项，1996年由中国人民大学出版社再版，2006年收入《陈先达文集》第一卷，2010年收入“当代中国人文大系”，由中国人民大学出版社再次印行。《学习时报》最近在回顾和总结当代中国马克思主义哲学研究成就时，以“《走向历史的深处》：马克思唯物史观的学术寻根”为题，将其与另外5部著作一起，作为反映改革开放以来中国马克思主义哲学研究领域“学术进展和学术成就”的“最重要影响”的“哲学论著”。

1990年，陈先达领衔撰写的《被肢解的马克思》出版。该书叙述和研究相结合，通过考察马克思主义在西方思潮中的遭遇和变形，从不同侧面对马克思主义的历史命运进行了思考，进一步揭示了马克思主义的理论本质，阐述了马克思思想发展的不同阶段及其内在统一性，捍卫了马克思主义的整体性和科学性。

上述论著主要涉及马克思主义史上的一些焦点问题，如马恩关系、异化理论的评价、“巴黎手稿”的主题思想及历史地位、人道主义和人本主义在马克思主义中的地位等，提出了富有高度和力度的观点，如：在马克思主义的创立过程中，马恩是“共创互补”的关系；马克思关于异化劳动的理论是动态的而非静止的，复合的而非单一的；“巴黎手稿”的主题不是关于异化和人道主义的抽象思辨，而不是关于无产阶级的阶级地位和人类解放道路的论述；“巴黎手稿”标志着马克思从《莱茵报》开始的两个转变的基本结束，又是进一步创立包括三个组成部分在内的马克思主义思想体系的开端；唯物史观是马克思主义的真正理论精髓；马克思主义理论包含着丰富的人道主义思想，但从历史观的角度看，马克思主义是和资产阶级的人道主义思想相对立的，社会主义的人道主义不同于资产阶级的人道主义。

2. 澄清原理，旗帜鲜明

如何正确解读辩证唯物主义和历史唯物主义？如何评价历史唯物主义的五形态说？实践唯物主义与辩证唯物主义、历史唯物主义之间的关系怎样？应怎样理解生活世界？如何理解马克思主义中国化？20世纪80年代以来，陈先达对这些问题予以一以贯之而不断深入的思考，有一系列发人深省的论断，并在具体的教学和教材编写中体现出来。陈先达主编过《马克思主义基本原理教程》、《历史唯物主义新探》、《马克思主义经典著作提要》和《马克思主义哲学原理》等教学用书。

陈先达一直使用辩证唯物主义和历史唯物主义来称呼马克思主义哲学，这不仅是因为中国共产党的正式文件至今仍这样使用，更主要的，是陈先达认为这个名称正确地表达了马克思主义哲学的本质特征。把辩证唯物主义和历史唯物主义说成两大块，完全是从形式上看问题，没有把握住马克思主义哲学的本质。那种认为历史唯物主义是辩证唯物主义在社会领域中推广和运用的简单化的观点是需要批评的，但决不能由此否定历史唯物主义中所包含的唯物主义和辩证法原则。运用说、推广说是一回事，辩证唯物主义和历史唯物主义基本观点的相互支撑、相互渗透是另一回事。历史唯物主义作为一种新唯物主义学说，不能返回到一般唯物主义和辩证法，但应包括唯物主义和辩证法某些为人类实践和常识证实的原则。决不能由于着重历史唯物主义的变革意义，而贬低人类哲学思想中唯物主义和辩证法对历史唯物主义形成的作用和意义。

把马克思主义哲学视作实践唯物主义，认为辩证唯物主义是伪造的，这是西方一些学者多年来为制造“马恩对立论”的重要论据。陈先达从不反对使用实践唯物主义，他认为关于实践唯物主义的讨论是有益的。就其对《辩证唯物主义和历史唯物主义》教科书的编写，对马克思主义哲学某些重要原理的加深理解，对扩展马克思主义哲学研究者的理论视域，都有积极意义。但是，如果以实践唯物主义来对抗辩证唯物主义和历史唯物主义，就会带来理论上的混乱，尤其会使哲学专业的学生无所适从。按照陈先达的理解，实践唯物主义不仅是一种高度重视实践在哲学中重要意义的理论观点，而且是一种强调把唯物主义付诸实践的革命行为。实践观点的重要性同样应该是辩证唯物主义应有之义。

历史有无规律这一问题事关如何理解和看待社会主义历史命运。陈先达分析了马克思主义的社会决定论的客观依据以及内涵，具体剖析了选择论的内在缺陷，提出人们的任何选择都是相对的而非绝对的，每一代人面临的既成事实都是无可选择的，人不能自由地选择生产力、生产关系和文化传统。把社会规律论视作宿命论，是混淆了机械决定论和辩证决定论的区别。针对反对历史唯物主义五形态学说的观点，陈先达强调，五形态说不是思辨的历史哲学，而是以世界人类历史为依据的。没有一个马克思主义经典作家认为五形态是各个国家必须依次更替的具体的现实形态。五形态是人类社会发展的总规律，而不是说每个民族都经历一模一样的历史发展进程。但它既然是人类历史总规律，就必然对各民族历史进程中社会形态更替的先后具有支配作用。

关于马克思主义哲学在中国如何发展的问题，陈先达提出要树立三个意识，即问题意识、结合意识和真理意识。他反对把马克思主义发展划分为三种形态：原生态，即马克思恩格斯创立的马克思主义；次生态，亦即列宁主义；再生态，亦即马克思主义的当代形态。他认为，这种称谓和划分并不能表明马克思主义发展的真实本质和历程，只能引起混乱。从马克思主义基本原理来说，这种划分难以成立。当代中国马克思主义之所以属于马克思主义，就在于它在当代依然坚持马克思主义的基本原理。马克思和恩格斯创立的马克思主义不是与当代中国马克思主义完全不同的原生态马克思主义。陈先达强调，当代中国马克思主义的本质是马克思主义与中国实际相结合。马克思主义中国化不等同于马克思主义在中国，关键是“化”。“化”就是改变中国，就是通过马克思主义与中国实际相结合，运用马克思主义世界观和方法论来解决中国革命、建设和改革中的重大现实问题。既然马克思主义中国化是化“中国”，立足点和出发点都是中国，这就必然要求从中国实际出发，必然要求实事求是，而不能从马克思主义的书本上引出中国应该如何做的结论。

马克思主义当代性的问题从根本上说，是马克思主义基本原理是否会过时或已经过时。在陈先达看来，马克思恩格斯的文本具有时代特性，它的写作年代就是它的时间限定，但它的基本原理与文本不同，包含有超越文本时间限定的某种普遍性。超出的时间越长，学术和思想价值就愈大。马克思主义的当代价值，突出的表现在它观察当代问题和解决当代问题的立场、观点和方法的价值。马克思主义不可战胜的力量，不在于它包含有所有问题的现成答案，而在于它提供的寻找答案的基本理论和方法。

3. 哲学向度，文化关切

马克思主义哲学是陈先达的专业，但他对一般的哲学与文化有普遍的关怀。自

90年代以来，围绕哲学与文化展开了系列思考，哲学、马克思主义哲学和文化可谓是他思想的三个关键词。

关于哲学的本质问题，有“人学”、“类哲学”、“自我意识”之说，众所纷纭。陈先达认为之所以出现这种争论，是因为人们混淆了哲学问题和哲学本质。哲学问题与哲学的本质是两回事，每一时代都有该时代的哲学问题，哲学史就是哲学问题史，哲学的本质则是对哲学本质特征的定位。哲学的问题可以随着时代而改变，哲学的本质则是稳定的。每一个新问题的提出和解答，都意味着一种新的哲学体系的出现，但哲学不能归结为任何一个哲学问题或某一种哲学体系，哲学就其本质来说是世界观。把哲学归结为某一具体问题的探讨，它就不再是哲学，而成了具体科学。

随着市场经济的发展，哲学陷入“困境”的说法弥漫开来。对此，陈先达精辟地指出，哲学面临的困境具有世界性，不是中国特有的问题，在西方发达国家，与科学技术的迅速发展和对科学技术人才的需求相比，哲学也是受冷落的。总的说来，这是科技与人文关系失衡的局部表现。为了有力地回应所谓的“哲学困境”，陈先达在《论哲学和马克思主义哲学》、《哲学三论》、《我对哲学的几点浅见》等文章中，阐述了自己对哲学的一般性思考和认识。他指出，我国哲学界关于哲学问题的争论，大多与如何理解哲学，如何理解马克思主义哲学有关。哲学存在是多元的，它并没有唯一的标准样板，从这个基本的观点出发，陈先达阐述了哲学的时代性、民族性，并强调哲学还是个体化的存在。

陈先达强调，马克思主义哲学应当面对群众，宣传群众，这是由它的本性决定的，是马克思恩格斯在创立自己的学说时就确定了的原则。如果割断马克思主义哲学和群众的联系，把它从实际活动和科研活动中排挤出去，就是把它变为无用之物，最多也不过是“偶像”而已。马克思主义哲学的群众性决定了它必须面对群众，即用马克思主义哲学来教育干部、知识分子和青年一代，马克思主义哲学的实践性则决定了它必须面对实际，走理论联系实际的道路。需要有人专门从事所谓纯哲学的研究，但即使是这种研究，也必须结合人们实践和科研中提出的问题，而不能置中国社会主义建设与改革的实践于不顾，走上背对现实的经院哲学之路。

作为从教50余年的老教师，陈先达指出，应该区分马克思主义哲学的教学体系和它的基本原理，斯大林的《辩证唯物主义和历史唯物主义》是教学体系，是为对苏共党员进行马克思主义哲学基本常识教育的目的服务的。它起过积极作用，但也存在某些不足。它的结构、体系和某些论述不是不可改变的。坚持辩证唯物主义和历史唯物主义，绝不是照本宣科，讲条条背概念，把课讲得干巴巴的。只要立足当代，面对现实，基本原理同样可以讲得有深度、有条理、有兴趣。

陈先达提出，在哲学各学科的互动中坚持马克思主义哲学，关键是马克思主义哲学自身的发展，究竟什么是马克思主义哲学的创新，需要深入研究，但决不能离开马克思主义哲学的特点来谈创新。在追求学术水平的同时，必须坚守思想阵地。在中国特色社会主义实践中会不断提出问题，其中包括哲学问题，或者最后会上升为哲学问题，哲学工作者应当有为社会实践服务的哲学意识和使命感。实践标准讨论的意义为哲学发展指出了一条正确道路，中国哲学发展的道路，仍然是马克思主义与中国实际相结合的道路，它的本质是马克思主义中国化，创造性地推进马克思主义。马克思主义哲学应该走时代化、民族化和大众化的道路。

社会越发展，哲学社会科学越重要。陈先达从历史的经验和现实的要求出发，阐述了哲学社会科学的作用和作用方式，提出社会科学“科学化”的任务，至今尚未完成。如何在各门社会科学的研究中，真正运用马克思的立场、观点、方法，真正以事实为依据，以规律为对象，以实践为标准，推进哲学社会科学和学科的建设，仍然需要全体哲学社会科学工作者共同努力。“我们越是重视哲学社会科学学科建设，越能凸显它与自然科学同样重要的地位”。

中国社会主义建设的伟大成就、东亚儒家文化圈和地区的经济飞速发展，把以儒家为主体的中国传统文化推到世界文化舞台的前列。陈先达注意到这一现象，具体地予以阐述分析。他坚持从社会结构的角度考察文化，把文化视作“由生产方式决定的观念形态的东西”，是“由特定的符号（语言和象征）传达的，是人类在实践中创造的各种思想观念、社会生活和行为规范的总和”。他认为“文化就是人化”的定义有其合理性，它强调了文化是人创造的，但却没能真正解释文化的社会本性，也没能解释文化个性的形成问题。他还反对“泛文化化”，认为把人类创造的一切都称之为文化，势必混淆物质生产和精神生产的界限，使整个社会结构模糊不清，难以分辨。

针对西方现代化过程中出现的种种弊端，西方某些学者希望通过中国传统文化有所裨益，陈先生认为，对东西方交往而言，中国传统文化发挥的是文化交流的作用，而对东亚儒家文化圈的国家和地区则不同，它已深入社会的政策层面，成为对民众进行道德教化的内容。对我们自己而言，中国传统文化的当代价值表现为它是社会主义文化建设的宝贵资源。中华民族的传统道德、特别是儒家道德，在一定程度上是中国人民、包括散居在世界各地的炎黄子孙彼此认同的思想文化纽带，弘扬道德中的优秀传统，有利于增强中华民族的凝聚力和全球华人的身份认同。至于中国传统文化未来在世界文化格局中的地位，取决于中国在世界上的地位，取决于中国社会主义现代化的建设成就。

在文化建设中，要正确地处理时代性和民族性的关系，传统与当代的关系。陈先达认为，这不是一个单纯的文化问题，而是一个现实问题，要正视传统与进步的关系的双重性。他特别强调，中国优秀的传统道德之所以具有当代价值，根本原因在于我们的经济和政治制度，其中包括我们确立的市场经济的社会主义性质。在市场经济条件下，如何坚持先进文化，会遇到许多困难。譬如，市场经济的利益导向与先进文化的价值原则，高雅文化与大众文化，人文文化与科技文化等，都存在一定的矛盾，这就要求我们在建设中国特色社会主义文化的过程中，要始终坚持先进文化的前进方向，有效地防止和坚决抵制腐朽文化和各种错误思潮观点对人们的侵蚀，这是时代赋予马克思主义哲学理论工作者的历史使命。

基于对哲学和文化问题的深入研究，陈先达阐述了自己对人生观的独到见解。人生问题是个哲学问题，人生观问题离不开世界观和历史观，要真正解决青年学生在人生观方面的问题，就必须学习哲学特别是辩证唯物主义和历史唯物主义。马克思主义哲学教学改革的一个重要目标，是针对大学生人才的素质培养，哲学与政治素质、文化素质和身心素质有直接的关联，为避免当代过分专业化的局限和狭隘眼界，必须认真进行哲学教育，教给学生善于观察世界、分析问题的唯物辩证的思维方法。陈先达关于失败、后悔和命运，关于个人生命有限性与认识无限性、精神境界提高的无限性、社会发展无限性、文明积累无限性等矛盾的论述，形式上类似古代哲人的人生妙论，内容上则是从马克思主义哲学的基本理论出发，对人生中面临的种种问题的具体阐述。

4. 漫步遐思，散文人生

陈先达历来主张文章要通俗易懂，不要用生僻的词语，不要让人如读天书、捉摸不透。他有过一个有趣的比喻："不能流通的货币，票面价值再高也是近乎废纸。"1997年12月，陈先达的系列小品文结集为《漫步遐思——哲学随想录》（简称《漫步遐思》）出版，实现了自己"写得通俗点、活泼点"的追求。该书涉及哲学、人学、历史观、文化、辩证法、认识论等400个问题，其中许多是长期争论的难点、疑点和热点问题，是一部厚积薄发的著作，是多年积累研究的成果。把"哲学的深沉、文学的优美、历史的丰富"结合在一起，因而拥有了更为广泛的读者群，好评如潮。这些"小品文"，是宣传和坚持马克思主义的一种"新式武器"。

在花甲之年后，陈先达愈来愈自由而奔放，因而愈来愈喜欢并习惯于随笔这种文体了。在谈到自己的随笔写作时，他着重强调的是"自己在说话，是说我自己的话"。他喜欢这些文字，仿佛"老年得子"般偏爱。1998年，陈先达推出了第二本随笔，题为《静园夜语》。显示出更加蓬勃的思想力量，思考的范围更广，力度更强，足足36万字。该书具有两个特点，一是立足现实，关注现实，把理论研究和建设有中国特色社会主义的伟大事业紧密联系起来；二是文史结合，中西贯通，把抽象思辨的哲学道理融汇在丰富生动的文史知识中进行阐释。书中许多寓含格言与警句，如："我们要站着读书，不要跪着读书"、"不实是史学自我埋葬的坟场"、"除了眼泪以外一无所有的人道主义，往往沦为自作多情的空话"、"历史是零存整取算总账的"等。

2007年，《哲学心语》出版。2008年，《回归生活》出版。

《漫步遐思》出版后，赢得"切近生活，没有教条气、经院气，深入浅出"的好评。从"哲学家应该关注生活世界"，到"切近生活"再到"回归生活"，反映了陈先达在思想的道路上也已达至返璞归真的境界。

由于良好的社会反响，由《漫步遐思》、《静园夜语》、《哲学心语》、《回归生活》、《宜园杂论》和《史论拾遗》组成的6卷本《陈先达哲学随笔》，由北京师范大学出版社出版。在后记中，他"把这几本书的写作比喻为农家盖房子，木料、砖瓦，平时有点积累，不过堆在院子里，即写在笔记本上，当积累到一定时期需要盖房子时，再一样一样清理出来"。把写作喻为"农家盖房子"，不啻是一个轻巧的比方，而是表明了回到生活的基本态度。

陈先达的哲学随笔，在两个线索中都有重要的贡献：一是哲学特别是马克思主义哲学通俗化、大众化的线索，就此而言，他是在延续艾思奇以降的写作风格，践行毛泽东关于马克思主义哲学中国化的要求，为当前马克思主义哲学的中国化、时代化、大众化做出了可贵的表率。二是20世纪以来现代散文的诞生与发育的线索，从文学散文到学者散文，从文学随笔到学术随笔，其中蕴含了中国现代性的风范，陈先达的哲学随笔理当在这样的线索中获得崇高的位置。

少壮青丝暮白头，倚马才情空自踌。
晚年多病寻常事，懒寻旧梦少回眸。
为文喜读风雷笔，结交最敬雨同舟。
书生老矣难荷戟，闻道犹能以身求。

这是陈先达在一次住院时诗作中的一首。"闻道犹能以身求"，不仅表现他壮心未已的情怀，也是他长期追求马克思主义哲学真理的真实写照。

陈先达在哲学上的成就不仅显示在他的学术论著中，也表现在他的诗词中。陈先达的诗和哲学一样有着很深的造诣。他特别擅长格律诗，他的诗既有表达其信仰的政治性很强的诗，也有关于做人的人生体悟的诗。前者如在苏联解体时他写的一首诗：

问君此刻意如何？长夜无眠且放歌。
西风残照红旗落，北国英灵涕泪多。
无边战骨埋荒草，连片别墅阔人窝。
水行地底静寂寂，俯身侧耳有洪波。

后者如他在《难得明白》一诗中，所表达出来的淡泊名利，安于坐冷板凳的平常心：

人到老年吊唁多，生生息息可奈何。
莫为虚名伤身体，切忌争利失人和。
长生无药心有药，恬淡宁静少病魔。
年过六旬方悟得，明白原是处世歌。

在一次生病卧床之际，作为一个哲学家，他对生死问题又进行一次具有诗意的哲学思考：

智者何须忧死生，世间无物可永存。
寿数岂独长为贵，体用不二最上乘。
王勃早逝名千古，庾信文章老更成。
休嗟枝头春色杳，落花尚可香泥尘。

在哲学中有诗的意境，在诗中有哲学的探索。陈先达的哲学研究融科学家的理智与诗人的悟性于一体，其诗词创作兼具文学的审美情趣和哲学的批判精神。哲学如诗，诗中有哲学，二者相映成趣，构成了陈先达的哲学品格的重要方面。

5. 原则坚定，富于创造

作为马克思主义哲学家，陈先达善于把马克思主义原则的坚定性和理论研究的创造性有机地结合起来，在捍卫马克思主义的过程中大胆地探索和开拓马克思主义研究的新领域。因而，他坚信马克思主义，并不把马克思主义经典中的每句话都视作绝对真理，而是力求区分马克思主义基本原理和个别论断，从实际问题出发来研究马克思主义，反对脱离中国现实来谈论马克思主义。这，就是陈先达的思想特质所在。近年来，陈先达在一些重大的理论问题和现实问题上，都表达出深刻而鲜明的见解。

在《哲学中的问题与问题中的哲学》中，陈先达探讨了哲学的变革与哲学“终结”，区分了哲学中的问题和问题中的哲学，强调马克思主义哲学既是哲学的变革又是变革中的哲学，它不仅重视哲学中的问题，更重视问题中的哲学。该文最大的学术价值和现实意义，在于提出了哲学中的问题和问题中的哲学的辩证关系问题，把马克思主义哲学的研究牢牢地建立在现实的问题基础上。它有利于充分发挥马克思主义哲学在中国特色社会主义建设特色中的指导地位，又有利于克服当前马克思主义哲学中存在的某种经院化、贵族化、脱离实际、脱离群众的不良倾向。

在《马克思主义哲学关注现实的方式》中，陈先达指出，马克思主义哲学要面对现实，就必须走出单纯哲学对话的领域，倡导哲学、经济学与科学社会主义学说之间的对话，以强化马克思主义哲学与现实的联系。社会生活中具有基础性与决定性的现实是经济现实，是在一定物质生产方式基础上确立的政治和意识的结构，如果不理解当代中国社会的经济结构，不理解以经济为依据的社会分层，就无法理解当代中国社会思潮的多元性，不能理解社会现象的本质。马克思主义哲学可以在加强哲学对话中走出自我放逐和自我边缘化的困境。

在《论普世价值与价值共识》中，陈先达明确指出，讨论普世价值问题的最重要意义，就在于由此明确中国特色社会主义的方向和指导原则，坚持社会主义核心价值体系，重视人类文明进步和文化交流中形成的以普遍形式出现的“价值共识”，但拒绝西方中心论的普世价值观，特别要揭穿它的西化和分化的政治图谋。

在《当代中国文化研究中的一个重大问题》中，陈先达指出，在当代中国文化建设中，马克思主义的指导地位表现为世界观和方法论的指导。马克思主义来自西方，中国化的马克思主义则属于中国文化，是当代中国文化的重要构成。中华民族文化复兴的实质，就是以马克思主义为指导，吸收中华民族传统文化和西方先进文化的积极成果，建设社会主义先进文化。这种文化是科学的（就指导思想来说），是社会主义的（就社会形态的性质来说），又是中华民族的（就民族特点来说），从而是大众的（人民大众是民族的主体）。只有以历史唯物主义为指导，才能捕捉社会主义文化建设中的问题，指明社会主义先进文化建设的方向，立足当代，背靠传统，面向世界和未来，正确处理马克思主义和传统文化的关系。

在《一直值得商榷的哲学命题——关于“合规律与合目的”问题质疑》中，陈先达指出，社会发展有规律无目的，人的活动有目的但不一定合乎规律。社会发展是人类活动不断减少自发性增强自觉性，减少盲目性增强规律性的过程，是把客观规律转化为主体自由的过程。人类社会至今仍处在由必然向自由过渡的过程中。科学发展观的重大理论和现实意义，正在于它是人类以社会发展规律为依据，对社会总体性发展及其方向的自觉规划。

三、陈先达主要论著

陈先达等. 1982. 马克思恩格斯思想史. 上海：上海人民出版社.

陈先达，靳辉明. 1983. 马克思早期思想研究. 北京：北京出版社.

陈先达. 1987. 走向历史的深处——马克思历史观研究. 上海：上海人民出版社.
陈先达等. 1990. 被肢解的马克思. 上海：上海人民出版社.
陈先达. 2004. 处在夹缝中的哲学——走向21世纪的马克思主义哲学. 北京：北京师范大学出版社.
陈先达. 2006. 哲学中的问题与问题中的哲学. 中国社会科学，6（2）：4-10.
陈先达. 2006. 马克思主义的社会形态理论与和谐社会的构建. 马克思主义研究，12（9）：5-12.
陈先达. 2007. 陈先达自选集. 北京：理论学习出版社.
陈先达. 2007. 马克思主义哲学的当代性与文本解读. 中国社会科学，6（5）：30-34.
陈先达. 2008. 中国特色社会主义理论与历史周期率问题. 马克思主义研究，12（1）：5-13.
陈先达. 2008. 陈先达哲学随笔（6卷本）. 北京：北京师范大学出版社.
陈先达. 2008. 马克思主义哲学关注现实的方式. 中国社会科学，6（6）：44-54.
陈先达. 2009. 论传统文化研究中的一个重要问题. 哲学研究，12（2）：15-22.
陈先达. 2009. 论马克思主义基本原理及其当代价值. 马克思主义研究，12（3）：35-45.
陈先达. 2009. 论普世价值与价值共识. 哲学研究，12（4）：3-9.
陈先达. 2009. 信仰与探索. 北京：首都师范大学出版社.
陈先达等. 2009. 马克思主义基础理论若干重大问题研究. 北京：经济科学出版社.
陈先达. 2010. 历史唯物主义：是什么 为什么 怎么用. 马克思主义研究，12（7）：20-30.
陈先达. 2010. 历史唯物主义视野中的财富观. 哲学研究，12（10）：24-31.
陈先达. 2011. 历史唯物主义的史学功能. 中国社会科学，6（2）：42-52.

主要参考文献

杨耕. 1990. 哲学家——陈先达. 中国人民大学学报，（1）：127-128.
王哲. 2001. 闻道犹能以身求——陈先达的哲学追求. 高校理论战线，（9）：29-39.
陈先达. 2007. 哲学心语——我的哲学人生. 北京师范大学出版社.
陈先达. 2008. 回归生活——哲学闲思录. 北京师范大学出版社.
张立波. 2011. 从走向历史的深处到回归生活——陈先达哲学著作的意义与地位. 哲学动态，（1）：11-17.

撰写者

张立波（1968～），山西闻喜人。中国人民大学哲学院教授。在陈先达指导下，2000年获得哲学博士学位。

沈江平（1980～），江西樟树人。中国人民大学马克思主义学院讲师，中国人民大学2009级博士生，导师为陈先达。

李秀林

李秀林（1931～1986），山西襄汾人。马克思主义哲学家。1953年毕业于山西大学教育系。1955年毕业于中国人民大学马列主义研究班，留校工作，历任中国人民大学哲学系助教、讲师、副教授、教授、博士生导师。曾任中国人民大学研究生院副院长、中国辩证唯物主义研究会理事、北京市哲学会常务理事、《中国大百科全书·哲学》历史唯物主义编写组副主编。李秀林主要从事马克思主义哲学基本理论及其现实应用的研究，对于辩证唯物主义在当代科学进步中的发展、历史唯物主义与中国社会主义现代化、马克思主义哲学教科书编写和马克思主义哲学教学方法等问题，均有深刻的富于创新精神的见解和丰硕的研究成果。李秀林与萧前、汪永祥共同主编的哲学专业教材《辩证唯物主义原理》、《历史唯物主义原理》，与王于、李淮春共同主编的高校文科教材《辩证唯物主义和历史唯物主义原理》，均获国家教委优秀教材奖。李秀林主持的国家重点科研项目的最终成果《中国现代化之哲学探讨》，获中国图书奖提名。李秀林与郭湛合作的《论人心所向》，获《光明日报》优秀理论文章奖二等奖。

一、哲学教学与研究历程

李秀林，山西襄汾人，曾用名李文辉，笔名裘麟、蔺晖、修林等。1931年2月25日，李秀林诞生于山西襄汾汾河岸边襄陵镇一个贫苦农民兼船夫的家庭里。少年时代的李秀林聪敏好学，力求上进。1947年年初中毕业，先后就读于临汾中学（高中）和临汾师范学校。1949年8月，李秀林以优异成绩考入山西大学教育系。在此期间，他表现出多方面的才能，很快成为学校中开展各项活动的先进分子和全面发展的优秀学生。1950年1月，他加入新民主主义青年团（共青团前身）。他担任校团委领导职务和山西省学联副主席，并代表学联参加省政协会议，出席过在北京召开的全国学生代表会议，是当时山西省学生界的领袖人物之一。

1953年8月，李秀林于山西大学教育系毕业，被选送到中国人民大学马列主义研究班哲学分班深造。1954年7月，李秀林加入中国共产党。在研究班学习期间，他担任团支部委员和学习班长，学习和工作成绩斐然，并开始在报刊上发表一些知识性、普及性的哲学文章。他发表的第一篇文章，内容是解释何为形而上学，刊登在北京一家报纸上。李秀林的文章以其深邃的理解、明晰的思路、严谨的逻辑、饱满的热情和优美的文字，开始引起人们的注意。

1955年8月，中国人民大学筹备建立哲学系，李秀林提前一年毕业，到教研室任教。1956年8月，中国人民大学哲学系正式建立。李秀林和萧前、陈先达等一起担负了研究班的教学工作，并担任班主任。他学习刻苦，工作勤奋，在积极完成教学任务的同时开始了学术研究活动。1957年，他参加编写的《哲学名词简明解释》一书，由河北人民出版社出版。

1958年的“大跃进”和“人民公社化”中出现的问题，引起了李秀林的深思。他十分关心中国现实社会的发展，力求使自己成为一个能够紧密联系实际的理论工作者。针对当时人们认识和实践中的种种问题，李秀林应《政治学习》杂志之约，撰写了一组论划清界限的文章，1959年陆续发表。后来这组文章经过作者修改和补充，收入天津人民出版社出版的《你能划清这些界限吗?》及其“续集”中。与此同时，他还与萧前合写了《主观能动性和客观规律》一文，发表在《哲学研究》杂志上。这些文章表明，李秀林在当时看到了现实生活中表面轰轰烈烈背后存在的违反客观规律的问题，并力求从理论上有所说明和澄清。

从1959年年底开始，李秀林先后参加了中国人民大学组织编写的《马克思主义哲学原理》，中国人民大学、北京大学合编的《辩证唯物主义》与《历史唯物主义》，艾思奇主编的《辩证唯物主义历史唯物主义》。在参加编写教科书的过程中，李秀林虚心向理论界前辈学习，深入、系统地钻研马克思主义哲学原理中的一些重大问题，理论水平显著提高，开始形成自己一些独到的见解。

在参加教材编写的同时，李秀林在校内担负着繁重的教学任务，包括本系的研究生班和本科生的课，以及外系的公共理论课。他态度认真，方法得当，能把编写教科书和学术研究中的成果及时用于教学，并善于理论联系实际生动活泼地讲授，获得普遍的好评。他的学生们常常说：“听李老师讲课是一种精神上的享受!”20世纪60年代初，他的教学经验曾在全校总结推广，成为青年教师的优秀代表。

艾思奇主编的哲学教科书《辩证唯物主义历史唯物主义》出版后，《教学与研究》杂志开辟辅导学习的专栏，李秀林是该专栏的主要作者之一。1962年至1964年，他陆续发表了辅导哲学原理教学的文章10余篇，对提高我国高校哲学教学水平起了积极的推动作用。

1964年秋，中国人民大学哲学系本科一年级进行半工半读试点，李秀林参加了为此而专门组织的教学组，担负该班哲学原理课的教学。在一年多的时间里，他和同学们先后到北京第一机床厂和京郊农村，边教学边劳动边搞社会调查，取得了可喜的成果。他和其他教师一起总结半工半读经验，还在《哲学研究》上发表了题为《在改造世界的实践中不断地实现从必然向自由的飞跃》的论文。

1966年夏季，“文化大革命”的风暴袭来。1971年，中国人民大学被解散。1973年，李秀林和哲学系一些教师合并到北京师范大学，曾担任哲学教研组负责人。1978年春，中国人民大学复校，李秀林回到哲学系任教。他积极参加了关于实践是检验真理的唯一标准的讨论，与丁叶来、郑杭生合作撰写并发表了《实践标准与理论指导》、《真理不能有阶级性》、《没有剥削阶级的阶级斗争》等论文。

1980年，李秀林被评为副教授，任中国人民大学哲学系哲学原理教研室副主任、主任。1983年，李秀林开始任教授、博士生导师，不久又担任中国人民大学研究生院副院长。这时，他的思想已逐渐从对教材建设的关注转向对社会主义建设重大现实问题的哲学思考。他最关心的问题是如何使哲学适应时代要求，反映时代精神，深入探索中国社会主义现代化建设的逻辑，为改革和建设有中国特色的社会主义作系统的理论论证。1983年至1986年，他主持了国家“六五”哲学社会科学重点研究项目“马克思主义哲学和中国社会主义现代化建设”。该项目最终成果《中国现代化之哲学探讨》，获中国图书奖提名。李秀林与郭湛合作的《论人心所向》，获《光明日报》优秀理论文章奖二等奖。

二、主要研究领域与学术成就

从1979年开始，李秀林受教育部委托担负编写新的哲学原理教学大纲和教材的任务，任哲学专业原理教材、文科公共理论课哲学教材的主编之一和教学大纲编写组组长。不久，由他主持编写的《辩证唯物主义和历史唯物主义教学大纲》和关于使用这个大纲的参考意见出版。1981年，萧前、李秀林、汪永祥主编的《辩证唯物主义原理》由人民出版社出版。1982年，李秀林、王于、李淮春主编的《辩证唯物主义和历史唯物主义原理》（高校文科教材）由中国人民大学出版社出版。1983年，萧前、李秀林、汪永祥主编的《历史唯物主义原理》由人民出版社出版。上述《辩证唯物主义原理》、《历史唯物主义原理》及《辩证唯物主义和历史唯物主义原理》，均获国家教委优秀教材奖。

《辩证唯物主义原理》和《历史唯物主义原理》这两部哲学专业教科书，深入总结了当时学界的研究成果，系统阐述了辩证唯物主义和历史唯物主义基本原理，代表了当时马克思主义哲学原理研究的前沿水平。《辩证唯物主义原理》一书贯彻了辩证法、认识论和逻辑学三者统一的原理，对当时哲学界所瞩目的一些问题，如辩证逻辑的问题、感性认识的各种形式以及向理性认识飞跃的各种思维方法，特别是对哲学的基本问题和马克思主义实践范畴，提出了独到的见解，回答了国内哲学界长期争论的一些理论难题。该书还引用了大量中外哲学史、自然科学史和现代科学资料来说明辩证唯物主义的基本观点，并尝试对现代科学的一些最新成果进行概括和总结。《历史唯物主义原理》全书贯穿着辩证唯物主义和历史唯物主义在实践基础上统一的思想原则，对人类社会有机体、生产力与生产关系、经济基础与上层建筑、社会意识以及人和科学在社会历史中的地位和作用等历史唯物主义基本原理，都作了全面、深刻并富有特色的阐述。

李秀林还为辅导哲学原理教学和在干部队伍中普及马克思主义哲学做了大量工作。人民出版社1978年出版了他与吴树青、郑杭生合著的《〈论十大关系〉中的辩证法》。北京出版社1979年出版、1981年修订再版了他撰写的《什么是哲学》一书。他在《教学与研究》、《自修大学》等刊物上发表辅导哲学原理教学的文章多篇，并指导编辑了《辩证唯物主义原理辅导》一书，1983年由中国人民大学出版社出版。对于《历史唯物主义原理辅导》一书的编辑提纲和书稿，他也提出了有益的意见。与此同时，他还参加了北京和山西等地举办的电视讲座，辅导党政干部学习马克思主义哲学。

从1983年起，李秀林参与了《中国大百科全书·哲学》一书的编写，担任历史唯物主义部分的副主编，并撰写了《人类社会》、《社会与自然》、《劳动创造人》、《社会物质生活条件》、《地理环境》、《社会发展的人口因素》、《人的全面发展》、《人类解放》等条目。

20世纪80年代是李秀林理论创作的旺盛时期，在多年研究的基础上就一系列哲学理论问题提出了独到的见解。根据他自己的总结，这些研究领域和理论成就主要包括以下几方面：

第一，哲学是自然知识、社会知识和思维知识的概括和总结。在哲学基本问题中，思维和存在、精神和物质何者为第一性的问题，或简称世界本质“是什么”的问题，是高于其他一切哲学问题的最高问题。哲学是关于世界观的理论体系。哲学从总体上来研究世界，要对世界的一般问题作出回答。关于现实世界（包括自然、人类社会和人的思想）的一般问题可以列举很多，但有一个首要的或最高的问题，这就是世界的本原究竟是什么的问题。世界本原是什么的问题，也就是物质和精神、存在和思维何者为第一性的问题。哲学最高问题之所以最高，正在于它是划分哲学基本派别的基本标准、唯一标准。哲学最高问题作为专门的哲学用语、重要的哲学范畴，应当具有特定的内容、确切的含义，应当精确化、规范化。李秀林认为，应该使哲学的最高问题进一步一元化，只把世界本原是什么的问题，即思维和存在关系的“第一方面”规定为哲学的最高问题；不再把思维和存在关系的“第二方面”，即思维能否认识世界的问题包括在哲学最高问题之中。哲学中的最高问题同其他问题的关系主要是：其他问题的解决，影响、制约着最高问题的解决；而对最高问题的回答，则是解决其他问题的前提，并规定了解决其他问题的方向。世界“是什么”和“可知否”虽然都是思维和存在关系的一个方面，但前者更为根本，只有它才是“全部哲学的最高问题”。这一看法对原有关于哲学基本问题或最高问题就是思维和存在的关系问题的理解提出质疑，论证了只有世界本原问题才是哲学的最高问题，思维能否认识世界的问题是一个重要问题，是从属于哲学最高问题的。而哲学的最高问题，同时也是实践中、实际工作中最根本的问题。

第二，唯物辩证法是关于自然、社会和思维普遍联系和永恒发展的学说。联系的观点和发展的观点，是唯物辩证法的总特征。李秀林指出，现代科学的发展极大地发展了辩证联系的思想。科学发展史不断证实了关于事物普遍联系的辩证思想，而关于普遍联系的思想和寻求事物、现象间真实联系的努力则又推动着科学的进步。科学的基本任务之一，在于揭示事物、现象间所固有的联系，科学理论说明的联系越多、越普遍、越深刻、越精确，它的科学价值就越高，理论力量就越强。如果说普遍联系本来为人类辩证思维所固有的话，那么它就更是现代科学思维、科学方法的一个显著特征。唯物辩证法把普遍联系和发展看作是物质世界中一切事物、现象的辩证本性。在哲学中，联系是一个普遍概念，概括了事物或现象之间、事物内部因素之间一切相互联结、相互依赖、相互渗透、相互作用和相互转化等的共性。普遍联系是一切事物、现象的客观本性。世界的相互联系、相互作用所构成的运动，在本质上是发展的。发展即前进的变化或进化，是对客观世界运动变化的普遍趋势和本质特征的哲学概括。而联系和运动、发展又是不可分割的，甚至可以说是合二而一的。联系是从事物之间、事物内部各要素之间的关系来考察的运动，而运动则是展开为过程的联系。正是由于事物之间的相互联系、相互作用，才构成了事物合乎规律的运动、变化和发展。唯物辩证法以对立统一为核心的基本规律和诸范畴，都是联系和发展的观点在各个方面的展开和深化。只有既坚持联系的观点，又坚持发展的观点，并把二者统一起来，才能揭示唯物辩证法的总特征。

第三，真理是指人们认识中同客观事物及其规律相符合的客观内容，它本身是没有阶级性的。所谓客观真理，最根本的是指它的内容是客观的。客观真理的一个本质的含义，正在于它是不依赖于任何阶级、不以任何阶级为转移的真理。如果把依赖于阶级的含义加之于它，那就恰恰同客观真理或真理客观性背道而驰。客观真理的其次一个基本含义是，检验真理的标准也是客观的。要坚持真理内容和真理标准的客观性，并把这个观点贯彻到底，必然要否定真理的阶级性；相反如果承认真理的阶级性，就得在真理的客观内容之外又加上阶级的内容，在真理的实践标准之外另立个阶级标准，这势必同真理问题上的唯物主义一元论相抵触。真理没有也不可能有阶级性。人们在真理面前应该是平等的，“阶级的真理”论是错误的。实践是真理的源泉，自由探索和争鸣是发展真理的条件，创新是真理发展的要求。上述三者之间有这样的内在联系：实践越发展，理论研究对它发掘得越全面和深刻，学术研究越摆脱束缚，理论就越会得到创新，真理就越能得到发展。实践、自由、创新三者成比例变化，这是真理本身的发展规律。

第四，“社会有机体”应作为历史唯物主义的一个基本范畴来加以研究和作出科学规定。历史唯物主义应在理论上再现社会有机体及其一般结构和发展规律。李秀林提出“社会有机体是历史唯物主义的重要范畴”，认为历史唯物主义也可以表述为从整体上研究社会有机体及其发展的一门科学。社会有机体是同自然界既相联系又相区别的特殊的物质运动形态，是一切社会要素相互联系的统一整体，是活动着、变化发展着的辩证过程。社会有机体虽由有意识、有目的地活动着的人所组成，但它的产生、存在和发展同自然界一样也是客观的、不依人的意志为转移的，是遵循着自己所固有的客观规律的。历史唯物主义同时就是历史辩证法。而社会有机体范畴所表达的，正是社会历史既唯物又辩证的性质。社会有机体至少包括：①社会生活各个领域相互作用所形成的“社会场”，以及这种作用借以发生的中介形式；②人及其各类各级人群共同体之间的联系，以及这种联系的形式和中介；③以上社会生活领域的序列与社会主体形态的序列之间的联系及其形式和中介。社会有机体分析以全部社会生活为对象，其着重点在于：①全部社会生活的系统性；②社会生活的活性和活力；③社会生活各方面的相互作用，作用形式和中介。针对社会有机体的特点，其研究方法要求从系统整体制约的角度考察社会及其各要素，从解剖社会整体结构中认识或设计某一社会功能，在充分自动反馈的动态过程中谋求功能的实现；而这一切考虑、设计或谋求，都必须充分注意到人的社会实践这个动力和中介。这对于正确认识和处理复杂的社会关系和建设和谐社会，具有重要的理论意义和实践意义。

第五，在物质和意识、实践和认识、生产力和生产关系、经济基础和上层建筑等相互关系上，从根源和最终结局上讲，只能是前者决定后者，而不是相反。实践的观点是辩证唯物主义认识论的首要的、基本的观点，马克思主义哲学是“实践的唯物主义”。人类社会从自然界中分化出来，是不同于自然界的特殊领域，但又是不能脱离自然界的。实践首先是物质生产实践。人们只有毫不间断地实现同自然界之间的物质和能量的变换，即从事谋取物质生活资料的生产劳动，才能有人类社会的生存和发展。以物质生产为主要内容的社会经济生活是全部社会生活的基础。人们在历史活动中的相互制约，归根到底体现着一定的经济关系即物质利益关系，而这种相互制约产生的社会力量也就贯穿着经济的必然性。人类社会的发展是一个由物质生活的生产方式所决定的自然历史过程。社会基本矛盾包括生产力和生产关系的矛盾、经济基础和上层建筑的矛盾，这两对矛盾相互制约，其中生产力和生产关系的矛盾具有更根本的性质。同生产力的一定发展阶段相适应的生产关系的总和构成社会的经济基础，上层建筑包括政治上层建筑和思想上层建筑，涉及社会的政治生活和精神生活。物质生活的生产方式制约着整个社会生活、政治生活和精神生活的过程。关于社会基本矛盾的原理是历史唯物主义最基本的原理。揭示社会基本矛盾运动的规律，即生产关系一定要适合生产力状况的规律和上层建筑一定要适合经济基础状况的规律，构成历史唯物主义理论体系的主干。对于唯物论和辩证法、物质论和意识论、社会存在和社会意识、生产力和生产关系、经济基础和上层建筑、群众和领导等，既要讲清它们相互渗透、相互制约的关系，又要在这种相互关系中找到一元的决定的东西。在物质和意识、实践和认识、生产力和生产关系、经济基础和上层建筑等相互关系上，归根结底前者决定后者，后者反作用于前者。这种决定作用和反作用的关系不能任意颠倒，否则就会重犯历史上的“唯意志论”、“生产关系决定论”和“上层建筑决定论”的错误。

第六，在历史唯物主义中，“阶级”是一个经济范畴，划分阶级只能以经济关系为标准。而“阶级斗争”才是一个广泛的社会范畴，表现于经济、政治和思想文化等各个方面。阶级之所以为阶级，只决定于经济，而不决定于政治和思想。阶级的存在固然要在各个方面表现出来，但它本身则是一个经济实体。之所以说阶级本身是一个经济范畴，而阶级斗争才是一个广泛的社会范畴，是因为每个阶级为了维护本阶级的利益和生存，不能不在各个方面进行斗争。现在我国的剥削阶级作为阶级已经消灭，阶级斗争在一定范围内仍然存在。这个事实表明阶级和阶级斗争是既有联系、又有区别的。正是从这一事实出发，试图在理论上对阶级和阶级斗争的范畴作一些区分，目的是要说明，作为经济实体的剥削阶级的消灭，不等于广泛意义上的阶级斗争也随之熄灭。此观点对当时流行的模糊观念提出质疑，主张把阶级和阶级斗争两个范畴加以区分，明确提出我国现状是存在着“没有剥削阶级的阶级斗争”，意在避免将阶级斗争扩大化。

第七，人心，即人民群众的社会心理，是社会发展中不容忽视的重要因素。人心所向是历史发展规律的直接体现，是党的路线、方针的一个重要依据。在工人阶级政党领导的革命和建设的过程中，人心具有更为突出的作用。人心所向是历史发展客观规律的直接体现。历史是人民群众创造的，而人民群众的意志和愿望即人心之所向，作为人民群众创造历史的精神动因，是积极参与社会运动的客观过程的因素或成分，又能动地反映并反作用于这个客观过程。在复杂的社会历史链条中，人心是其中的一个不可缺少的环节。社会过程和规律与人心之间存在着内在的必然的联系。社会发展的客观过程及其规律反映到人心中来，而人心又通过人民群众的历史活动体现社会发展的规律，并实现社会发展的必然过程。顺人民群众之心，既为反映、认识和把握历史规律、历史潮流所必需，更为按照历史规律去推动历史潮流所必需。社会主义、共产主义事业体现了社会进步的潮流和趋势，因而从根本上说它是人心之所向。但又不能满足于只在宏观上、总体上、全局上体现人民的意志和愿望，还要力求在微观上，在我们的事业的各方面、各阶段中，都能够顺乎人心。

第八，需要对中国现代化建设进行哲学思考，即把中国社会主义现代化建设作为哲学研究的客体，探索其内在的逻辑。其目的在于推进中国现代化事业的发展，并丰富和发展马克思主义哲学。对中国现代化建设进行哲学思考，就是把中国社会主义现代化建设作为哲学研究的客体，运用唯物辩证的理论思维把握它的本质和规律，对它进行分析、论证、概括和总结，进而借助同其他各门科学的密切配合，探索中国现代化建设未来的发展，以此来发挥马克思主义哲学世界观、方法论的功能。中国社会主义现代化建设，是一个各种因素、各项内容、各种结果在特定时空范围内存在并交互影响的动态发展过程。作为社会系统工程的“现代化”，是一个多层次、多极的有机结构。“现代化”所概括的是社会发展中多种制约因素有机联系的整体，因而是一个历史性、综合性的范畴。为了整体地把握现代化这一动态系统，就既要从纵的、时间方面追踪其全过程，又要从横的、空间方面总览其全局。从纵的方面考察现代化的实在运动，可以看到一定的现代化总要与一定的历史条件相联系，因而所谓“现代化”是一个历史范畴。“现代化”的标准完全是一个历史的尺度。从横的方面考察社会的现代化，它首先是一个经济概念，但又不仅仅是个经济概念。现代化全面表现于社会生活各个领域中，因而是一个综合范畴。社会主义现代化是经济、政治、国防、科技、思想、文化等全面的现代化，是国家之富强、民主和文明的三位一体。从哲学角度对中国现代化建设进行思考，就要把它作为系统整体来把握，即把社会当作一个发展着的活的有机体来把握，把社会主义现代化建设实践当作一个多层次的有机结构来把握，把建设有中国特色的社会主义当作一个统一的辩证发展过程来把握。现代化需要哲学，哲学更加需要现代化。

第九，为了满足现代化的需要，哲学应当多方面地发挥自己的功能。其中的一个重要方面，就是要促进人们思维方式的科学化、现代化。社会生活的现代化本质上即社会生活的科学化，而反映社会生活的思维方式的现代化，实质上也是思维方式的科学化。思维方式是“定型化了的思想方法”，其构成成分包括知识、观念、方法、习惯等诸因素。现代化的科学的思维方式，首先要求我们具有科学的整体观念、计划观念、人才观念和效率观念。中国现代化的客观情况要求我们目光远大，总览全局，系统地、全面地考虑现代化建设问题。不仅负责全局领导工作的干部，而且从事局部工作的干部和群众，都需要有科学的整体观念。人的自觉活动具有一定的目的，目的包含在计划中并在计划中得以具体化和找到由观念转化为现实的中介。现代化建设要求行动的人们有更科学的计划，像进行工程设计那样，科学地规划和安排包括生产、流通、消费以及其他活动在内的整个社会生活。自觉的人是具有能动创造力量的现代化建设主体。要从现代化建设全局和长远需要出发，考虑人才的教育、考察、使用和流动，实行科学的计划和管理。充分发挥每个人的积极性和创造性，才能使我们的社会理想变为现实，使人本身获得全面的发展。科学的效率观念是上述三个观念的进一步体现和综合。现代化建设实践要求有较高的效率，即在较短的时间内以较少的消耗获得较大的效果。为此，就要珍惜时间，讲究速度，注意质量，节约成本，注重效益。时代要求马克思主义哲学担负起促进人们思维方式现代化的任务，并在执行这个任务的同时使自身在内容上不断丰富、形式上不断更新。走在历史的前头，反映不断前进的时代精神，会使马克思主义哲学保持青春的活力，永远不愧为“时代精神的精华”。

李秀林的学术思想和学术活动，为当代中国马克思主义哲学的发展作出了重大贡献。他在自己的学术道路上努力把教学与研究紧密结合起来，把理论与实践紧密结合起来，形成了鲜明的理论和学术特色。作为新中国成立后成长起来的新一代马克思主义哲学家和教育家，李秀林的影响是广泛而又深远的。

三、李秀林主要论著

李秀林，吴树青，郑杭生．1978.《论十大关系》中的辩证法．北京：人民出版社．

李秀林．1979. 什么是哲学．北京：北京出版社．

萧前，李秀林，汪永祥．1981. 辩证唯物主义原理．北京：人民出版社．

李秀林，王于，李淮春．1982. 辩证唯物主义和历史唯物主义原理．北京：中国人民大学出版社．

萧前，李秀林，汪永祥．1983. 历史唯物主义原理．北京：人民出版社．

李秀林.1987. 时代精神的哲学反思. 北京：中国人民大学出版社.

李秀林.1988. 辩证唯物主义新探. 北京：中国人民大学出版社.

李秀林，李淮春，陈晏清等.1990. 中国现代化之哲学探讨. 北京：人民出版社.

李秀林.2007. 李秀林文存. 北京：中国人民大学出版社.

主要参考文献

汝信.2001. 中国当代社科精华（哲学卷）. 哈尔滨：黑龙江教育出版社.

北京市社会科学联合会.2010. 北京市哲学社会科学优秀成果集萃（上下卷）. 北京：北京出版社.

撰写者

郭湛（1945～），哲学博士，中国人民大学哲学院教授。

车文博

车文博（1931～），原名车士儒，吉林扶余（现吉林省松原市）人。哲学家，心理学家，中国理论心理学的奠基人之一。1952 年北京师范大学研究生毕业。长期执教于吉林大学哲学社会学院哲学系、社会心理学系，任教授、科学技术哲学专业博士生导师。他推进心理学元理论的建构和“类心理学”的开拓；突破单一文化心理学知识史或学科史的研究，开创多元文化（东西方文化）心理学比较思想史学科的建构；开拓中国潜意识的哲学心理学研究，被誉为中国“给弗洛伊德‘平反’的第一人”，是中国学术界公认的弗洛伊德研究权威。曾任吉林省心理学会理事长，中国心理学会理论心理学与心理学史专业委员会主任，中国心理学会第五、六届副理事长，《心理学报》编委，《心理学探新》顾问、名誉主编，台湾大学《本土心理学》杂志顾问编辑，美国心理学会外籍会员，美国中美精神心理学研究所顾问，中华心理咨询国际学会名誉理事长，华人心理分析联合会名誉会长。出版著作、译著 70 余部，发表论文 200 余篇。代表作有《意识与无意识》、《西方哲学心理学史》、《弗洛伊德主义》等，主编《中外心理学比较思想史》（3 卷）、《弗洛伊德主义论评》、《弗洛伊德主义新论》（3 卷）等。获中国心理学会终身成就奖（2003）、第六届高等学校科学研究优秀成果奖（人文社会科学）一等奖（2013）及其他奖项 10 余项。

一、成长经历

车文博 1931 年 2 月 28 日出生于东北松花江畔的吉林省扶余县，在那里读小学和中师，他聪明、勤奋，学习一直名列前茅。因立志学有所成，尽管他没有家庭经济来源，还是在长春、沈阳半工半读，艰苦地读完高中。1948 年考入东北行政学院（后更名为东北人民大学、吉林大学）教育系，后被推荐到中国人民大学攻读研究生，院系调整又转入北京师范大学。由苏联专家直接培养，学的是教育学专业，但当时许多课程与心理学、哲学专业研究生是相同的。学习有三个注重：注重自学，讲授为辅；注重理论学习，精读经典原著；注重“习明纳尔”（讨论），提倡独立思考。研究生学习是他人生发展中的一个重要里程碑，他专长于心理学哲学和中国人民大学的教育有直接关系。

1952年北京师范大学研究生毕业后返回吉林大学，因教育系院系调整被撤销，他被借调东北师范大学教育系任研究生班主任，并担任6个系教育学课。两年中他深感心理学是教育学的主要科学基础。要想真正精通教育学务必深入教育实践，加深心理学的素养。此时，心理学史专家杨清是他的同事、挚友和老师，对他攻读西方心理学流派和巴甫洛夫高级神经活动学说给他终生难忘的教益。从此车文博科学研究的重点逐渐由教育学转至心理学和心理学哲学的方向。1954年他又调回吉林大学，既为数学系等3个系讲授教育学，又为哲学系讲授心理学。心理学史表明，哲学是心理学的父亲，生理学是心理学的母亲。他除到白求恩医科大学进修一年生理解剖学外，还特别钻研了苏联专家彼得鲁舍夫斯基的《心理学的哲学基础与自然科学基础》、斯米尔诺夫的《心理学》、彼得罗夫斯基的《普通心理学》等著作。在此基础上他编撰了《普通心理学讲义》，后来还主编了综合大学统编教材《心理学原理》。在同辈青年教师中，教学和科研均较突出。20世纪50年代在《东北人大学报》（社科版）一、二期连续发表文章，先后还在《光明日报》、《文汇报》、《人民教育》等刊物也发表多篇论文。1954年他是吉林大学首批提升的8个讲师之一。1956年湖北人民出版社出版他第一部著作《教学原则浅说》。同年，被评为长春市向科学进军的积极分子。尽管如此，他仍觉得自己在教学上缺乏己见，严重脱离中国实际，在科研上紧跟形势，搞大批判，缺乏说理，真有点空虚感和提高自我的紧迫感。

车文博特别幸运的是半个多世纪工作在全国著名哲学基地——吉林大学哲学系的学术氛围中。他深深感谢恩师刘丹岩调他到哲学系工作，多年来直接聆听到刘丹岩许多在书本上看不到的真知灼见，对他为人治学启迪颇深。几十年来，一直在这个哲学重镇工作，后来有机会参与同窗高清海受教育部委托主编的《马克思主义哲学基础》以及《欧洲哲学史纲》（合著）等书的撰著，使他在哲学理论和哲学史观改革上获益匪浅，并且日益自觉地将哲学作为方法论应用于自己有关理论心理学和西方心理学史的研究，进而创建中国心理学哲学。在他跨学科研究的学术道路上，辩证唯物主义哲学使他站得高，看得远，有了整体的视角和理论沉思，比只重实证性研究上了一个更高的新台阶。当别人提起车文博的学术成就时，他还无比怀念与感恩潘菽、高觉敷、朱智贤三位大师的栽培与教诲。

车文博在“文化大革命”之前长期担任吉林大学哲学系教学秘书，哲学系委会常委，校学术委员会委员、校学位委员会委员，哲学系学术委员会和学位委员会副主任，改革开放后，首批晋升副教授（1978）、教授（1983），1981年2月至1987年5月又任哲学系副系主任（常务），吉林大学国家文科基础学科人才培养和科学研究基地副主任。1990 年被国家评为科学技术哲学（自然辩证法）博士生导师。舒炜光去世后，他在创建吉林大学社会心理学系的同时，长期任科学技术哲学博士点的学术带头人。培养科学技术哲学心理学哲学方向的博士生 41 名，硕士生 40 余人。

车文博是国内，理论心理学与西方心理学史的代表人物。他三次担任国家级优秀奖评委（一次哲学学科评委，两次教育学科召集人），还是 1987 年教育部首届哲学学科教改会议北方（东北、华北）组召集人，1999 年应邀为浙江大学人文学科高级专家咨询会议哲学组成员，汝信总主编的国家“九五”重点图书项目“学科思想史丛书”分卷《心理学思想史》主编。先后任南开大学、北京师范大学发展心理研究所、南京师范大学、东北师范大学、湖南师范大学、辽宁师范大学、河南大学、山西大学等 10 余所高等院校客座教授或兼职研究员。1990 年获吉林省首届优秀教学成果奖，1991 年获吉林省具有突出贡献专业技术人才称号，1992 年享受国务院颁发的政府特殊津贴，1993 年获吉林省政府授予吉林英才奖章，1995 年获中国首届高等学校人文社会科学优秀成果奖二等奖，1999 年获中国第二届教育科学优秀成果奖二等奖，2001 年被评为吉林省荣誉省管优秀专家，2003 年获中国心理学会终身成就奖，2004 年荣任中国心理学会创始会士，2004 年获吉林省政府社会科学优秀成果奖一等奖，2007 年获美国中美精神心理学研究所人本主义心理学成就奖杯，2012 年获国际华人医学家心理学家联合会（IACMSP）授予首届国际莫尼卡终身成就奖，2013 年获中国第六届高等学校科学研究优秀成果奖（人文社会科学）一等奖。被收入英国剑桥名人传记中心《国际名人词典》第 24 卷。应邀到美国、日本、澳大利亚、韩国等国家和中国台湾、香港等地区参加国际学术会议，进行学术交流或演讲。

二、主要研究领域和学术成就

车文博信仰天道酬勤的人生哲理，富于开拓创新的精神和勇气，更有坚守“科学良心”的学者的骨气。他的学术实践及其成就，诠释着并实现了他的名字所隐含的人格追求和思想境界：学富五车，文心博大。他以“博约相依，贵在创新”为信条，在心理学、哲学、欧洲哲学史和教育学诸领域均有重要建树，特别是他采取跨学科研究方法，从理论（潜意识论）、历史（精神分析学的生成与发展）和应用（现代医学模式的转换）三个方面突破了中国对西方现代哲学和心理学重要学派——弗洛伊德主义的研究和西方心理学史的“三史”的研究，开拓了中国“元心理学”、“类心理学”、“心理学哲学”的新领域。

1. 推进心理学元理论建构，开拓类心理学研究

早在20世纪70年代，车文博就强调，加强心理学基本理论（即心理学元理论或称心理学哲学）的研究，认为这是关系中国心理学发展全局的根本大计，具有战略性的意义。心理学作为一门独立科学，于19世纪下半叶诞生于德国，20世纪后主要在美国得到繁荣和发展，由此构成西方心理学的主流。西方心理学的主要特征是强调实证研究，但缺乏统一的指导思想，易于陷入各种形式的二元论和形而上学的陷阱。心理学在中国的发展相对落后。新中国成立之前的心理学研究步西方心理学的后尘而不够系统化；新中国成立后到改革开放前，心理学虽有短暂的繁荣，但总体而言步履维艰、难逃厄运。只是在改革开放后，中国心理学才走上健康发展之路。其中，最为重要的是，中国心理学家借鉴西方心理学历史发展的经验教训，特别重视心理学的基本理论研究，确立了辩证唯物主义和历史唯物主义作为心理学世界观和方法论的基本指导原则。正是在这个大背景下，车文博先后发表《人类心理学思想史上的伟大变革——学习马克思心理学思想札记》、《加强苏联心理学研究的重要意义》、《透视西方心理学》、《中国理论心理学》、《中国理论心理学三十年》、《心理学的过去、现在和未来》、《中国改革开放理论心理学与心理学史三十年》等一系列论著，既阐明了马克思主义及其作为心理学基本指导原则的真理性，又揭示了西方心理学的“潜在危机”的实质。也正是他对心理学基本理论研究的突出贡献，车文博深得潘菽的赏识，并与潘菽、高觉敷一起，共同奠定了中国理论心理学的基础，成为第二代中国理论心理学的引领者。

在这个过程中，车文博还以统领全局的战略眼光，结合中国心理学的现状，对心理学的研究对象、心理学的科学性质、心理学的方法论、心理的实质、心理学与巴甫洛夫学说的关系、人的心理发展动力、心理与活动及实践的关系、心理活动基本范畴的划分、意识与无意识、人格（个性）等十大问题进行系统梳理和论证，并获得如下指导性的结论：①在理论研究中继续坚持辩证唯物主义的指导，既要反对盲从西方思想，更要时刻注意防止思想僵化，努力改革基本理论研究工作，进一步提高基本理论研究的水平。②基本理论研究要解放思想、破除迷信、面向社会、深入实际，坚持理论联系实际的学风，加强同分支学科、相关学科的联系与协作，把理论心理学与应用心理学的研究很好地结合起来，努力为中国社会主义的物质文明、精神文明、政治文明、生态文明建设服务。③大力加强中国本土心理学研究，进一步挖掘中国古代心理学思想的宝藏，为本土化研究上升至中国本土科学心理学提供理论框架和范畴体系，力争做到现代西方心理学的本土化与中国本土心理学国际化

的统一。④在外国心理学研究中，继续坚持博采众长、洋为中用的方针，既要有分析地大胆吸收西方心理学一切有益的科学成果，又要紧密地结合在中国社会生活中的实际影响开展对精神分析、人本主义和存在主义等心理学派的科学研究，切实克服外国心理学研究中的盲目性、一点论和简单化的倾向。⑤加强辩证唯物主义哲学的修养，拓宽专业基础和相关学科的知识，注意熟悉一些主要心理学分支的新成果与新动向，掌握科学的方法论与先进的研究方法，进一步提高基本理论工作者的素质，搞好基本理论研究队伍的建设。

上述基本原理若不与心理学的科学内容相结合而高高在上，便流于形式而失之空洞，如康德所说的那样，概念无直观则空。事实上，车文博关于心理学元理论的思考，是紧密地与他关于西方心理学史的研究交织在一起的。他于 20 世纪 80 年代就提出关于心理学元理论建构的设想，意欲以上述基本原理为立足点，在批判地反思西方心理学史的同时，为中国心理学提供理论框架和范畴体系，并阐明心理学的科学哲学基础。这个努力方向，在 20 世纪最后 10 年和 21 世纪最初 10 年，相继以大心理学观和类心理学的范畴，不断推进中国理论心理学的进展。

综观西方心理学史，在科学观问题上贯穿着以科学主义为导向的客观实验范式和以人文主义为导向的主观经验范式的对立。正是在对西方心理学史的精湛研究的基础上，车文博深刻地洞察到，必须超越西方心理学的客观实验范式和主观经验范式及其对立，实现客观实验范式和主观经验范式的统合，认为统合主客观两种心理学范式、构建中国大心理学观，不仅关系着心理学如何进行改革和体系建构的问题，而且还关系着心理科学如何优化和提高人的心理生活质量、促进我国社会发展和进步的问题。20 世纪 90 年代中期，车文博连续发表《二十世纪西方心理学发展的轨迹及其未来走向》、《统合主客观心理学范式 构建中国大心理学体系》、《客观实验范式与主观经验范式的整合——当代西方心理学理论范式发展的走向》等重要论著，系统论证了统合和建构的必要性和可行性，并阐明了大心理学观的内涵、特征、意义等，为中国心理学的未来发展指明了方向。

如果说大心理学观思想是在否定的意义上对西方心理学的超越，那么，类心理学思想则在肯定的意义上充分体现了中国智慧的气魄。类心理学思想是车文博于 21 世纪初先展示在《人本主义心理学的方法论、人性观、价值观》以及《超个人心理学》（精神心理学）之中，后在编著《中外心理学比较思想史》的过程中生成的，这部著作也因此而达到一个全新的高度。类心理学思想是一个巨大的思想空间，其主旨是阐发人由自我走向超我的天人合一的理想，因而也体现了一个中国心理学家的文化自信和学术远见。这是一个超越人类多元文化范式的心理学规划，其中，不同文化范式的差异已经不再重要，而人作为一个“类”的存在而表现出来的心理学规律才是不同文化范式的共同主题；也只有在类心理学的规划中，不同文化范式才有了对话的可能。因此，类心理学思想是一个真正的元理论范式，是心理学理论走向东西方文化融合和主客观心理学范式统一的深层基础。在 2010 年出版的 10 卷本《车文博文集》中，类心理学思想不仅得到进一步深化，而且构成《车文博文集》编辑工作的指导思想之一，从而展现了车文博作为心理学家个人的成就对心理学理论跃升的贡献。

2. 突破单一文化心理学知识史或学科史研究，开创多元文化心理学比较思想史学科的建构

任何一门学科，都是思想性的历史与历史性的思想的统一。离开历史性的思想，就构不成思想性的历史；离开思想性的历史，也无法形成具有时代内涵的历史性的思想。前面在评述车文博理论心理学的成就和贡献时，曾借用康德的话说，概念无直观则空。反过来也一样，关于西方心理学史的研究，若没有正确而深厚的理论做指导，则必然陷入材料的堆砌，亦如康德所说的那样，直观无概念则盲。在车文博的学术研究中，理论思考和历史研究是紧密相关、互相促进的。事实上，他对心理学史半个多世纪的研究热情，取决于他的这样一个总的学术理念，即心理学史乃是现实地承载着心理学学科统一性的学术部门，所以，他关于心理学史的专门研究，实质上是以他关于心理学作为统一整体的科学关照为背景的，并体现了他作为思想家的博大胸怀。惟其如此，无论是理论研究还是历史研究，他都能站得高、看得远、思得深，从而成就了他大家的风范。

车文博在心理学史领域的研究成果，无论就广度还是深度而言，都是令人惊异的。可以从“评冯”运动开始说起。1979 年，经过“文化大革命”10 年萧条的中国心理学，以纪念冯特创立心理学 100 周年为重获新生的契机，开展“评冯”运动。车文博是这场“评冯”运动的重要参与者和推动者。他从冯特的“直接经验”、“心理元素”、“内省法”和马赫的“经验论”、“要素论”、“内在化”的关系进行系统探讨，完整地阐述了冯特心理学与马赫主义的关系，批判地指出冯特心理学特别是构造主义心理学派的主要哲学基础是马赫主义，又肯定了冯特的三大贡献：一是开辟了科学的一个新领域，使心理学成为一门独立科学；二是建立了世界上第一个心理实验室，开展大量的实验心理学研究；三是培养了一支国际心理学家队伍，建立了第一个国际性的心理学派。他的这个研究结论现已成为国内同行的共识和定论，并成为当代教科书的经典内容。

1979 年，受老一代心理学史专家高觉敷的器重和邀请，车文博担任教育部委托编写的《西方近代心理学史》一书的副主编。因为高觉敷年事已高，身体违和，便让车文博具体负责书稿讨论并统合全书，于 1982 年由人民教育出版社出版。本书是中国自主编写的第一部心理学史教材，不仅在当时代表了中国心理学史研究的最高水平，而且至今仍然是很受欢迎的西方心理学史教材之一。美国心理学家 Brozek 曾在美国撰文给予很高的评价。1988 年，本书荣获首届国家级优秀教材奖。

长期以来，车文博从人物、学派、国别、文化传统、哲学基础等多角度、多层次入手，潜心研究西方心理学史，力图揭示西方心理学思想的起源、形成、演变、发展和走向的规律，以达到鉴古知今、继往开来的目的，并提出很多创新性的观点。他把现代西方科学心理学思想的发展总结为：①一个主导思想，即科学主义；②两条基本线索，即两种文化、两种哲学、两种逻辑的对立、斗争与融合；③三次较大的分化与整合，即从哲学之中、学派之间和两大范式间的分化与整合；④四次革命，即行为主义革命、精神分析革命、认知心理学革命和人本心理学革命；⑤五大理论取向，即行为论、认知论、精神分析论、现象论和生物论；⑥六大争论，即内容心理学与意动心理学之争、构造心理学与机能心理学之争、说明心理学与理解心理学之争、意识心理学与潜意识心理学之争、元素心理学与整体心理学之争、客观心理学与主观心理学之争。这些研究成果及创新思想成为新一代心理学家在这一领域内继续前行的坚实的基石和导引。

20 世纪 90 年代初，车文博应台湾学者张春兴的邀请，为他总主编的“世纪心理学丛书”撰著《西方心理学史》和《人本主义心理学》，他是唯一受邀写 2 部著作的作者。其中，《西方心理学史》既是他长期研究西方心理学史的思想的结晶，又在其中孕育了新的思想空间，为下一步关于心理学思想史和中外心理学比较思想史研究奠定了坚实的基础。本书气势恢宏、内涵丰厚、高屋建瓴、思想深邃，不仅精准地刻画了现代西方心理学的基本线索和主要趋势，而且深刻地洞察到了现代西方心理学历史发展的内在逻辑，还科学地预测了心理学的未来方向。他把西方心理学史的内在逻辑高度概括为以下五个过渡：①由内向研究过渡到外向研究；②由分析性研究过渡到整体性研究；③由表层研究过渡到深层研究；④由静态研究过渡到动态研究；⑤由上到下研究过渡到由下到上研究。又把未来心理学的发展趋势概括为：①树立大心理学观，开展心理学改革；②开展心理学本土化研究，建立科学本土心理学；③心理学研究取向的多元与综合，促进统一的心理学理论模式的建构；④强化理论研究和理论建构，提高心理学的理论水平；⑤面向社会，参与生活，大力加强应用心理学研究。

《人本主义心理学》是中国第一部完整研究人本主义心理学的专著，他史论紧密结合地深刻解析了人本主义心理学的代表人物、内在逻辑及其方法论、人性观、教育观、价值观、科学观等元理论问题，科学地评价了人本主义心理学的历史贡献和理论局限，并预测了人本主义心理学的未来走向。所以，有学者评价说，车文博是中国人本主义心理学研究的集大成者；如果说《西方心理学史》反映了中国当前研究西方心理学史的最高水平，将在相当长时间内会居于国内领先地位，那么，《人本主义心理学》则是一部具有重大学术价值、填补国内空白的开拓创新之作。

车文博追求真理、开拓创新的感人至深的一个方面，是他从不满足于已经取得的成就，而是把过去的成就当做新的起点。如果说《西方心理学史》和《人本主义心理学》属于学科史的范畴，并在这个领域内成为中国20世纪心理学的名著和制高点，那么，进入21世纪后，他在学科史研究的基础上，开创心理学的思想史研究，于2007年出版《西方心理学思想史》，特别是突破单一文化心理学知识史或学科史研究，开创多元文化心理学比较思想史学科的建构，于2009年出版3卷本的《中外心理学比较思想史》，更是在中国心理学界竖起了必将在相当长的时间内难以逾越的两座高峰。无论对他自己而言，还是对中国的西方心理学史研究而言，《西方心理学思想史》都是一次自我超越和理论升华，因为"思想"史必然是对"学科"史背后深层的"观念"及其运动规律的揭示，所以一方面要以学科史为基础，另一方面又是对学科史的超越和升华。在这部著作中，车文博在中外心理学史学界第一次明确提出，西方心理学思想史的基本线索，是围绕广义的机能主义与构造主义或人文主义与科学主义的对立、争论、融合而展开的，并深刻地阐述了二者在不同历史阶段的表现形式及其历史演变的轨迹，将西方心理学思想史细分为以下四个时期：发轫-孕育期；创建-纷争期；嬗变-通融期；多元-整合期。

如果说《西方心理学史》和《西方心理学思想史》是在单一文化背景中对世界范围内作为心理学主流形态的西方心理学的层层递进、不断深入的考察，那么，《中外比较心理学思想史》则实现了对单一文化视角的突破，开创了多元文化心理学的比较研究，在学科建设的意义上是一个创举。在这部著作中，车文博用"四方"文化定位代替传统的"东西方"文化分野，将古代中国文明、古代印度文明、古代阿拉伯文明和古代希腊文明置于平等的位置加以比较，从而得以洞察到，"四方"文明是关于"人-世界"关系的四种理论模型，即四种古代心理学研究范式。他还具体地论证了，古代中国文明是一种整体性的理性哲学模型，古代印度文明是一种整体性的神学模型，古代希腊文明是一种分析性的理性模型，古代阿拉伯文明是一种分析性的神学模型。这个突破不仅体现了一种公正的文化价值观，而且为超越单一文化视角而达到类心理学思想的高度提供了逻辑的可能性和必要性，也是车文博实现关于科学心理学本土化和本土心理学世界化相统一的理想的一个成功的范例。

3. 开拓中国潜意识的哲学心理学研究，树立对弗洛伊德主义理论、历史、应用相统一研究的典范

在当代中国，无论从哪个角度、在哪个层次讨论潜（无）意识、精神分析或弗洛伊德主义，都不能绕开一个名字：车文博，他几乎就是弗洛伊德或精神分析的代名词，是中国弗洛伊德研究的权威。车文博通过对作为全部精神分析理论大厦之基础概念的潜意识的批判的反思和深刻的阐释，超越了弗洛伊德主义；他之所以能够超越弗洛伊德主义，既决定于他的理论的高度，也因为他长期以来对精神分析运动史的深入细致的考察；同时，通过精神分析研究，车文博还对中国应用心理学、特别是心理咨询和心理治疗事业做出了开创性的贡献，从而实现了他学以致用的科学理想。

20 世纪 80 年代初，当精神分析作为现代西方社会思潮涌入中国时，不仅在学术界、理论界及思想界产生了一股强烈的冲击波，而且以各种形式渗透、弥漫于广泛的社会生活、特别是年轻的大学生群体中，被视为洪水猛兽和精神污染。面对这个复杂而混乱的局面，车文博以思想家的高度、科学家的态度和心理学家的社会责任感敏锐地指出，对弗洛伊德主义的正确评价和科学批判，不仅是必要的，而且是急需的。1982 年，他就著文为弗洛伊德“平反”，使中国人重新认识了弗洛伊德的正形象及其伟大贡献。他坚持以辩证唯物主义观点来理解潜意识的实质，并在这一问题上同弗洛伊德主义划清界限。提出这样的任务，不仅需要学术的眼界，更需要政治的魄力和理论的自信。于是，他先后在《吉林大学学报》、《心理学探新》、《外国心理学》、《光明日报》、《世界科学》、《新华文摘》等报刊发表一系列重要论著，后又汇集出版《意识与无意识》，开拓了中国关于潜意识的哲学心理学研究，拉开了中国关于精神分析的系统理论研究的序幕。通过这些论证，车文博在关于潜意识问题的研究中获得了如下突破性的进展：①主张人的潜意识是一个多水平、多层次的系统，其中既有低级潜意识，又有高级潜意识，它往往是未被意识到的认识，即意识阈限下的认识，相当于下意识；②认为潜意识和意识是人的心理活动两个方面对立统一的整体，从一定意义上说，意识是以潜意识的存在为前提、基础和条件，而潜意识又是以意识为主导、受意识的制约，二者辩证的统一，构成人的精神生活的一幅丰富多彩的图画；③意识与潜意识之间并没有不可逾越的鸿沟，二者总是处于相互依存、相互转化之中，并首次科学地阐释了二者相互转化的五个条件；④揭示

了关于潜意识研究的重大价值，认为它有助于丰富辩证法，扩大心理学科学的研究领域，深化精神科学的内涵，提高人学的理论价值。这些研究结论，不仅开创了中国潜意识心理学理论研究的先河，丰富了中国心理学研究的理论内涵，而且奠定了中国潜意识心理学研究的理论基础，为中国弗洛伊德主义研究提供了基本指导方向，所以普遍受到高度的评价。朱智贤指出，车文博关于意识与无意识的研究，“具有高度的理论性、科学性、针对性和实践意义，为我国心理学基本理论研究做出了重要贡献”；苏富忠认为，“在我国当代心理学家中，在意识和无意识问题研究中最有成就的是车文博教授。”近年来，台湾地区学者黄光国称车文博是“中国精神分析学的泰斗”。

无疑，车文博在理论上关于潜意识哲学心理学的探索，是以他对精神分析运动史的深入细致的考察为基础的；他对精神分析思潮及其历史的评论、批判和超越，决定于他在潜意识问题上的理论探索所获得的高度和深度。1988年，车文博出版2卷本的《弗洛伊德主义原著选辑》，在当时第一手资料极度匮乏的情况下为中国弗洛伊德主义研究提供了较系统、权威的原始文献。1992年，他出版近百万字的《弗洛伊德主义论评》，既客观地刻画了弗洛伊德主义的全貌，又科学地评价了弗洛伊德主义的理论贡献和历史局限，同时奠定了中国弗洛伊德主义研究的理论基调。本书也因此获得国内外学者的高度评价，刘纲纪认为，本书是中国“弗洛伊德主义的百科全书”；国外学者则评价本书为“迄今中国学者研究弗洛伊德主义的最高成果”。1998年，车文博编辑出版5卷本的《弗洛伊德文集》。这是中国最系统、最权威的弗洛伊德原典，为中国弗洛伊德主义研究提供了据以工作的最值得信赖的历史文献，在汉语学术界引起巨大反响，并分别于2000年在台湾出版繁体字版（11卷）、2004年大陆出版修订版（8卷）。2012年，车文博完成作为国家社科基金后期资助项目的3卷本的《弗洛伊德主义新论》，也即将出版面世。

关于弗洛伊德主义的研究，车文博获得如下结论或观点：①认为弗洛伊德主义并不是科学真理，不值得人们去迷恋信仰，但它也有一定的合理因素，有值得借鉴和吸收之处。②首次提出在潜意识问题上与弗洛伊德主义划清四点理论界线：潜意识不是作为本能冲动的无条件反射的锁链，而是同意识相联系着的条件反射现象；潜意识不是同外部世界绝缘的精神实体，而是对客观现实的一种特殊反映；潜意识不是人的心理活动的核心和根本动力，而是整个心理活动的必要补充和辅助成分；潜意识与意识之间不是互不相容的对抗关系，而是相辅相成的依存关系。杨治良认为，国内外有关内隐学习、内隐记忆以及内隐社会认知的实证研究成果对车文博早在20世纪80年代提出的“四个区别”的理念也给予了特别关注和有力印证。③对弗洛伊德的性本能论不能简单地否定，它具有反封建的正面意义和开拓性科学研究的学术价值。④公正地阐明了弗洛伊德主义对人类心理学史的重大贡献：打破了理性主义传统，肯定了非理性因素在行为中的作用，开辟了人的“半个精神世界”的巨大潜能——潜意识心理学研究的新领域；把需要、动机、人格的研究提到首位，开创了动力心理学、人格心理学、变态心理学和自我心理学等新领域；突出了心理治疗的价值，奠定了新的生物-心理-社会医学模式。⑤深刻地揭示了弗洛伊德主义的错误实质在于，把人的东西自然化、把心理的东西生物学化、把社会的东西心理学化，从机械主义、生物主义陷入心理主义。⑥对中国出现的“弗洛伊德热”，从学术历史、国际背景、国内根源等多方面给以客观、冷静、合理的分析，从而澄清了混乱思想、引导了正确方向。

人是生理的、心理的和伦理的存在。精神分析作为临床心理治疗理论，其中蕴含着对传统生物医学模式的突破和向生物-心理-社会医学模式的转轨。随着对精神分析研究的深入，车文博敏锐地洞察到了这一转轨的重大实践意义，并指出，在这一转轨的过程中，研究和开展心理咨询、心理治疗是一项意义重大的开创性工作。于是，他将关于意识和潜意识的理论研究及关于弗洛伊德主义的历史研究，与心理咨询和心理治疗的应用研究有机结合起来，以实现理论研究和历史研究的实践价值。1990 年，车文博出版《心理治疗指南》，是中国第一部心理学界和精神医学界专家、学者协作全面系统地研究心理治疗的巨著，并分别于 2000 年和 2009 年修订再版。1991 年，车文博又出版《心理咨询百科全书》，并分别于 1993 年在台湾出版繁体字版、2001 年大陆出增补修订版。这两部著作融权威性、创新性、知识性、科学性、教育性和实用性于一体，填补了中国心理咨询与心理治疗领域的空白，推动了中国心理咨询和心理治疗学科的建设与发展，并对增进人民心身健康的社会实践做出了实实在在的贡献。

三、车文博主要论著

车文博．1987．意识与无意识．沈阳：辽宁人民出版社．

车文博．1988．弗洛伊德主义原著选辑（上下卷）．沈阳：辽宁人民出版社．

车文博．1992．弗洛伊德主义论评．长春：吉林教育出版社．

车文博．1996．西方心理学史（繁体字版）．台北：东华书局．

车文博．1998．弗洛伊德文集．长春：长春出版社．

车文博．2001．人本主义心理学（繁体字版）．台北：东华书局．

车文博．2004．心理学大辞典·外国心理学卷．上海：上海教育出版社．

车文博．2007．透视西方心理学（当代中国心理学家文库之一）．北京：北京师范大学出版社．

车文博.2007. 心理学思想史（2卷）. 长沙：湖南教育出版社.

车文博.2009. 中外心理学比较思想史（3卷）. 上海：上海教育出版社.

车文博.2010. 中国理论心理学. 车文博文集（第1卷）. 北京：首都师范大学出版社.

车文博.2010. 西方哲学心理学史. 车文博文集（第2卷）. 北京：首都师范大学出版社.

车文博.2010. 西方哲学心理学思想史. 车文博文集（第3卷）. 北京：首都师范大学出版社.

车文博.2010. 中外哲学心理学比较思想史. 车文博文集（第4卷）. 北京：首都师范大学出版社.

车文博.2010. 西方科学心理学史. 车文博文集（第5卷）. 北京：首都师范大学出版社.

车文博.2010. 弗洛伊德主义. 车文博文集（第6卷）. 北京：首都师范大学出版社.

车文博.2010. 人本主义心理学大师论评. 车文博文集（第7卷）. 北京：首都师范大学出版社.

车文博.2010. 人本主义心理学元理论. 车文博文集（第8卷）. 北京：首都师范大学出版社.

车文博.2010. 东方心理学. 车文博文集（第9卷）. 北京：首都师范大学出版社.

车文博.2010. 教学原则原理及其实施策略. 车文博文集（第10卷）. 北京：首都师范大学出版社.

主要参考文献

吉林大学社会科学研究处.1996. 我的学术思想.

国务院学位委员会办公室.1997. 中国社会科学家自述. 上海：上海教育出版社.

林崇德等.2004. 心理学大辞典（上下卷）. 上海：上海教育出版社.

彭运石.2011. 探索与感悟——车文博心理学思想探析. 长春：吉林人民出版社.

撰写者

高申春（1966～），教授，博士生导师，1995～2000年在车文博指导下研究心理学哲学，获哲学博士学位。

夏甄陶

夏甄陶（1931～），湖南安化人。哲学家，中国马克思主义认识论研究的主要开拓者和奠基者之一。中国人民大学首批荣誉一级教授，曾任中国辩证唯物主义研究会常务理事兼秘书长、副会长、认识论分会会长，中国人学学会副会长。1952年毕业于北京大学哲学系，1954年毕业于北京大学马列主义研究班。1988年获得国家有突出贡献专家称号，1992年起享受国务院颁发的政府特殊津贴。他在中国哲学、马克思主义哲学、认识论和人学等领域取得了丰硕成果。20世纪80年代初，率先对实践的涵义、结构、要素和特性进行重新思考和阐述，第一次明确提出“目的是实践的一个要素”的观点。这一观点的提出和论证，不仅将关于实践标准的讨论引向深入，而且为马克思主义哲学研究的转向和拓展提供了重要的思想前提。此后，他以科学的实践观为理论基石和出发点，以认识的主客体关系为分析框架，构建了系统的、科学的认识论思想体系。20世纪80～90年代，他以阐释实践的唯物主义为基础，提出建构马克思主义哲学新体系的设想。20世纪90年代至21世纪初，他把人放在人的自觉自为的实践活动所表现出来的人与世界的关系中来考察，对马克思主义人学作了实践的唯物主义的阐释。

一、成长经历

夏甄陶，字谡波，笔名耶冰，1931年4月1日出生于湖南省安化县二都乡（今羊角塘镇）符竹村。这是一个交通闭塞、贫穷落后的小山村，很多孩子都念不起书。夏甄陶小时候家境并不富裕，但还算“书香门第”，因为他的父亲是一位小学老师，曾任村小学的校长，这使他能够从小接触到书本。5岁时，祖父送他到村私塾接受启蒙教育。1938年，他进入符竹村小学学习，新式教育使他感到身心愉悦，后来他顺利考入二都乡文昌庙中心小学（高小）。1944年春，他考入安化东坪镇的私立英江初级中学，1947年毕业并考入位于安化后乡鸦雀坪的湖南省立第五中学（高中），于1950年1月毕业。安化县由于交通闭塞，躲过了日本帝国主义的侵略，也成为很多人的避风港。一些沦陷区的学校包括省立第五中学都迁入这里，许多知识分子包括长沙和武汉的大学老师也都来到这里任教。因此，虽然生活条件艰苦，但这里的学习环境比较好，师资水平和教学质量比较高，夏甄陶非常幸运地接受了良好的基础教育。在中学期间，他被一些看似玄奥的问题所吸引，对哲学产生了兴趣。

1950 年 1 月夏甄陶高中毕业后，做了半年山村小学教师。同年 7 月，他第一次走出自己的家乡，到长沙参加新中国成立后第一次高考。因家庭贫困，加上交通不便、路途遥远，他的高考旅程非常艰难。没钱住旅店，晚上就睡在湖南大学的教室里。没钱吃饭，只在每天早晨晚上吃一碗米粉。没钱买返回的船票，就到湖南省教育厅开证明免费。走完水路，还要步行 90 千米的山路才能到家。由于对哲学非常感兴趣，夏甄陶报考了武汉大学和北京大学两所著名高校的哲学系。尽管没有做充足考前准备，但凭借扎实的知识功底，他同时被这两个学校录取。因为家庭非常困难，为节省开支，夏甄陶选择了离家较近的武汉大学。在武汉大学，他没有钱买学习用品和生活用品，经常捡别人的旧鞋和旧衣服穿。幸好，他住在鹦鹉洲的一个远房叔叔和一些老师时常接济他，在一定程度上缓解了他生活上的窘迫。学习上，由于抗美援朝初期的参军运动、肃反运动、“三反”“五反”运动、知识分子思想改造运动、土地改革运动等政治运动频繁，正规的教学活动时常被打断，直到大学二年级，他连一些基础性的哲学课程都没有完整地学过。

1952 年 8 月，由于院系调整，武汉大学哲学系被合并到北京大学哲学系，夏甄陶来到北京大学。当时，北京大学哲学系群星璀璨，聚集了金岳霖、汤用彤、冯友兰、贺麟等哲学教授，夏甄陶求知的欲望被激发得更加强烈，对未来的学习生活充满期待。但是，新学期一开始，他就被教育部抽调提前毕业，到北京地质学院政治教研室工作。因为有了工资，生活上的困难基本得到解决，但是在北京大学的学习计划被打断了。幸运的是，1952 年 12 月，他被保送到北京大学马列主义研究部读研究生，系统学习马列主义基本理论。当时主要学习联共（布）党史，完全由苏联专家讲授，同时他还系统地学习了政治理论课，包括中国革命史、政治经济学、辩证唯物主义和历史唯物主义等。1954 年，夏甄陶以全优的成绩毕业，回到北京地质学院政治教研室讲授马列主义基础和辩证唯物主义等课程，并于 1956 年加入中国共产党。

在工作期间，夏甄陶大量补学哲学理论知识，努力学习马克思主义哲学的经典著作、中国哲学史和其他哲学家的原著。他时常利用业余时间到北京大学旁听哲学大师们的课程，如金岳霖讲授的罗素哲学，贺麟讲授的黑格尔哲学，以及张岱年讲授的中国哲学史。同时，他还积极撰写文章，利用自己学到的理论知识分析现实中的一些热点问题，但却被批评为“不务正业”，“走白专道路”。1957 年秋季，他被下放到京郊十三陵农村劳动。庐山会议后，全国开展反右倾机会主义运动，夏甄陶被单位批判为“走白专道路”的典型。“文化大革命”期间，他又被下放到地质部江西“五七干校”劳动。1973 年 3 月，他被调到国家计委地质总局政治部工作。由于眷恋哲学研究事业，1975 年 9 月，他申请调到了中国科学院哲学社会科学部哲学研究所工作。1976 年“四人帮”倒台，科学研究逐步走上正轨，他从此开始了自己热爱的学术事业。

在哲学研究所，夏甄陶本来希望研究中国哲学史，却被领导安排到辩证唯物主义研究室，后又被研究室领导分在认识论研究组。1978 年哲学研究所招收首批研究生，他就负责指导认识论方向的研究生，从此也就把研究方向定在了认识论领域。由于工作成绩突出，1982 年他被任命为中国社会科学院研究生院哲学系主任、研究生院院务委员和学位委员，1983 年又被评为研究员，1984 年被评为全国第二批博士生导师。1985 年夏甄陶调入中国人民大学哲学系任教授、博士生导师，继续从事认识论研究。凭借丰富的学术成果，夏甄陶很快脱颖而出，成为中国认识论研究领域中的一个重要代表人物。20 世纪 80 年代末期，他的研究领域又拓展到人学领域，并取得突出成就。夏甄陶长期兼任中国辩证唯物主义研究会秘书长、副会长、认识论分会会长，中国人学学会副会长等职务。

二、主要研究领域和学术成就

1. 重新审视实践的涵义，提出实践的一般结构理论

1978 年 5 月 11 日《光明日报》刊发特约评论员文章《实践是检验真理的唯一标准》，引发关于真理标准的大讨论。1979 年年底，关于真理标准问题的讨论在学术界更深入地进行，并引起学者们对实践涵义、要素等问题的探讨。《哲学研究》1980 年第 5 期发表了夏甄陶的文章《实践的要素、特性与真理的标准》。此文提出“目的是实践的一个要素”的观点，率先对实践涵义和要素进行重新审视，引起学界高度关注。《哲学研究》在同期刊发了评论员文章《深入开展实践标准的理论研究》，指出实践理论的研究具有重大的现实意义和理论价值，需要继续深入研究实践范畴、实践诸因素的作用、实践如何检验真理、实践检验与逻辑检验的关系等问题。由此，关于实践理论的研究在学界迅速展开。此后，夏甄陶又先后撰写并发表《什么是实践》、《再谈实践的涵义和要素》、《论目的》等重要文章，更加详细阐述了他对于马克思主义实践理论的理解。

夏甄陶指出，实践即主体和客体两种物质力量之间的相互作用的动态过程，目

的、手段、结果是实践的基本要素。他第一次明确提出“目的是实践的一个要素”，并深入分析了目的在实践过程中的作用和发生机制。在当时的社会条件下，厘清实践概念是关于实践标准大讨论继续深入的需要，为进一步解放思想扫清了理论上的一大障碍。一些学者受改革开放前唯心主义和唯物主义两条思想路线斗争的观念的影响，认为把目的作为实践的一个要素将导致实践观上的“二元论”，并最终导致唯心主义，因此应当把目的因素从实践概念中排除，对实践观进行唯物主义的“净化”，使其成为纯粹客观的物质活动过程。然而，剔除实践的目的要素，实践的主体性将被消解，实际上是混淆了实践概念与物质概念。

夏甄陶对目的范畴和实践理论的阐释，在当时哲学思想领域的拨乱反正中具有重大意义，为破除那种机械唯物主义的狭隘思想观念，实现学术界在哲学思维方面更好地解放思想作出了重大贡献。实践的观点是马克思主义哲学的一块基石，夏甄陶关于实践一般结构的理论阐述，是我国马克思主义哲学走向学术化研究的重要一步。自此，我国哲学界不再局限于传统框架下宣讲和解读马克思主义经典作家的文本和思想，而是开始独立思考，对马克思主义哲学的范畴、思想、体系作客观、正确的审视和解读。

2. 开拓和引领我国认识论研究，建构系统、深刻的认识论思想体系

20世纪整个80年代，认识论一直是中国马克思主义哲学甚至整个哲学领域关注的核心问题，是当时我国哲学研究无可争议的热点。中国认识论研究的兴起和繁荣有深刻的社会历史原因，它根源于我国社会主义现代化建设实践的需要。改革开放前，我国社会主义建设实践屡屡受挫，迫使我们从认识上查找原因，继而解放自己的思想，重新认识社会主义建设中的一些基本理论问题。这一重大的思想变革和历史进程转换必然需要科学的认识论理论作指导，因此，以真理标准问题的大讨论为标志，认识论研究自然而然地兴起。

夏甄陶是最早投入认识论研究的学者之一。虽然很多学者在一些认识论问题上都提出了颇具见地的观点，但无论在成果的数量、质量上，还是在成果的系统性、开创性和影响力上，夏甄陶都独占鳌头。夏甄陶为新时期我国认识论的兴起和繁荣做出了贡献，是新时期我国马克思主义认识论研究的主要奠基者、开拓者和引领者之一。

从内容上讲，夏甄陶认识论思想最为全面、系统，它史与论结合，既有对认识论原理的创新，又有对认识论思想史的梳理，涵盖了新时期我国认识论研究讨论的几乎所有重要问题。

1986 年，夏甄陶完成《认识论引论》，这是我国改革开放后最早的学术性的认识论专著兼教科书。1991 年，此著作获北京市第二届哲学社会科学优秀成果奖一等奖。在书中，夏甄陶把认识描述为以主客体关系为结构骨架的动态系统，并把认识的本质、认识的发生、认识实现的形式和方法、认识的过程、认识的观念目的和实践目的等有关认识论的基本问题放到这一动态系统中来思考和解决，揭示出认识自己构成自己的道路。此著作为夏甄陶系统地从事认识论研究描绘了清晰蓝图，也为整个学术界的认识论研究开拓了问题域，指明了方向，将认识论引入学术研究轨道。

夏甄陶认为，认识论不只是研究已经形成的现成的认识，还要研究认识的发生，探索和揭示人类认识系统起源和发生的前提条件、基础、机制和过程。1982 年，他提出并主持了研究认识发生的课题，于 1991 年出版《认识发生论》一书。夏甄陶等人采用“人体解剖对于猴体解剖是一把钥匙”的认识方法，先对高级认识形态的构成因素及其结构进行研究，在此基础上往回探索它们在低级的原始认识形态甚至前认识形态中所表露的征兆和萌芽，由对现成认识形态的反思往回追溯其原始起源、发生和建构过程。认识的发生是认识论研究中一个重要课题，在当时学术界刚刚开始。此著作是我国第一部专门研究认识发生问题的专著，在当代中国马克思主义认识论研究中具有很高的理论价值。

在进行认识论原理研究的同时，夏甄陶还非常重视对认识论思想史的梳理。他不仅与纪虎民等合译了英国哲学家 D. W. 海姆伦的《西方认识论简史》，还默默耕耘十余载，以人与世界的关系为线索发掘中国传统哲学，以马克思主义认识论思想为参照，对中国历史上 50 多位思想家的认识论思想进行了总结和梳理，完成了《中国认识论思想史稿》上、下卷，此著作 1998 年获教育部第三届人文社会科学研究成果奖二等奖。中国传统思想中的天人关系、主客关系、形神关系、名实关系、言意关系、学思关系、知行关系等，虽然不都是直接论述认识论问题，但已经包含对现代认识论研究具有启发意义的征兆、胚胎和萌芽，已经涉及认识的本质、条件和来源，认识的过程、方法和目的，认识的内容和形式，认识的检验和评价等认识论问题。夏甄陶将其挖掘出来，不仅利于我们理解和掌握中国传统认识论思想，还为我们建构新的认识论原理提供了十分重要的理论资源。当时，学术界很多学者认为中国传统思想中没有认识论思想，夏甄陶以这部大部头论著予以反驳，填补了中国认识论史研究的一大空白。

思维是很多学科研究的对象，也是马克思主义认识论应当予以关注的内容。1992 年，夏甄陶与李淮春、郭湛合作主编了《思维世界导论——关于思维的认识论考察》，从认识论的角度把思维纳入认识过程加以考察，深入分析了思维的发生、思维的结构和功能、思维的本质、思维的活动和方法、思维世界和人工智能、思维世界的发展等问题。该成果学术价值很高，2004 年获北京市哲学社会科学优秀成果奖一等奖，2005 年获国家教委人文社会科学研究优秀成果奖一等奖。

以主客体关系为骨架的认识系统结构是夏甄陶认识论研究的核心问题，贯穿他的认识论研究的整个历程。20 世纪 80 年代末，他先后发表了《论认识系统》、《论主体的认知定势》、《试论认识系统中的主—客体相关律》、《论认识的主体性的客体性基础》、《人在对象性活动中的主体地位和主体性》等论文，并于 1996 年最终完成专著《认识的主—客体相关原理》。夏甄陶将实践的一般结构理论引入认识论，以主体、客体和中介为基本要素组成的系统作为认识的基本结构，深入分析了主体、客体、中介三个子系统各自的涵义、内容和重要性，并从辩证法的角度剖析了三个子系统之间的相关联性和内在联系，把认识描述为一个动态的不断发展的过程。

受苏联教科书影响，我国传统的认识论研究由于未能理解和重视实践范畴在马克思主义哲学中的地位，而从物质、客观性出发解释人的认识，将实践作为认识的一个外在环节来理解，没有将实践作为理解人的认识的基础和出发点。夏甄陶将科学的实践观纳入认识论，深入剖析认识的本质及相关原理，不仅恢复了马克思创立的关于认识论的概括性原则，而且立足当代社会实践，对马克思主义认识论进行阐释和再创造，建构了系统的认识论思想体系，填补了长期以来我国马克思主义认识论研究中的很多理论空白，为中国当代马克思主义认识论研究作出了重大贡献。

3. 揭示实践唯物主义的丰富内涵，提出新的哲学教科书体系方案

20 世纪 80～90 年代，中国马克思主义哲学教材的改革成为学术界一个热点问题，学者们围绕这一问题对马克思主义哲学的实质、形态、体系、结构、功能和历史命运等问题展开热烈讨论，其中关于实践唯物主义的争论成为焦点。夏甄陶根据马克思等经典作家的基本思想，以近现代哲学发展的历史坐标为参照，认为正是以科学的实践观作为建立新的哲学的基础，马克思、恩格斯才实现了人类哲学史上的革命，因此，实践的唯物主义是马克思主义哲学的本质特征。夏甄陶以主客体为框架，以人与世界的关系为内容，对“实践的唯物主义”做出了自己的规定和阐释。

关于真理标准大讨论展开后，夏甄陶率先打破对实践概念的机械唯物主义的理解，主张将目的作为实践的一个要素，对实践的涵义、要素和特征重新阐释，恢复了实践概念的辩证唯物主义的能动性和主体性原则。后来，他又从整个马克思主义哲学宏观层面对实践概念进行反思，认为实践是人与外部世界进行物质、能量和信

息交换的最基本的方式，实践是人的内在本质力量的对象性表现和确证。它不仅是人作为社会存在物而存在的基本形式，而且是这种存在的基本内容，是人的普遍性的最现实的表现，是人与外部世界的关系的活化状态。

关于实践的唯物主义的讨论涉及是否以实践为整个马克思主义哲学的基石，我国传统的马克思主义哲学教科书体系是否需要改革等一些重大理论问题。夏甄陶以人与世界的关系为维度，对实践的唯物主义的研究对象、研究方法、发展方向和任务作出了自己的理解和阐述。他提出，实践的唯物主义表明了马克思主义哲学的产生基础、本质特征和科学生命力，它是包含着本体论、认识论、实践论、价值论、方法论等基本内容的一个有机整体。马克思主义哲学以实践为基础理解人、人的世界和人与世界的关系及其时代特点，从实践的角度理解人的现存感性世界的存在及其运动，完成对唯心主义和机械唯物主义的超越，实现哲学史的变革。20 世纪 90 年代末，在天津举行的马克思主义哲学原理体系改革的会议上，夏甄陶以对实践的唯物主义的阐释为基础，提出一个实践的唯物主义的马克思主义哲学体系，成为体系改革的四个方案之一（其他三个方案分别由萧前、高清海、黄枬森提出）。

4. 开展人学研究，丰富马克思主义哲学人学思想

20 世纪 80 年代后期，针对马克思主义哲学“见物不见人”的曲解，夏甄陶投入了人学研究并取得丰硕成果。他与北京大学黄枬森、陈志尚合作主编了《人学词典》，参与写作了由陈志尚主持的《人学原理》，为学术界开展人学研究做了大量基础性工作。此外，他还独立完成了《人是什么》、《人：关系 活动 发展》等人学方面的著述。

夏甄陶认为，马克思、恩格斯是以现实的人为根本出发点考察和分析客观世界和人类历史的，是以人的解放为理论旨归的，马克思主义哲学内在地包含着丰富的人学思想。他从人作为自然存在物、作为社会存在物、作为有意识的存在物和作为从事活动的存在物等方面，对人的本质进行了全面透彻的探究和分析。这些研究从关系、活动、发展的视角剖析人的新型发展方式、人的价值和理想、人的普遍性和以人为本等，提出很多具有理论价值和学术影响力的观点，在我国人学研究领域中贡献卓著。他不仅丰富了马克思主义哲学人学思想，更是从人学角度对马克思主义作了更加透彻系统的阐释。人学研究是夏甄陶整个哲学研究的前提，这一研究也使夏甄陶整个哲学研究更加完整。

三、哲学研究特点

在长期的哲学研究中，夏甄陶坚持独立思考，形成了自己独特的治学方法。

1. 从存在的关系出发思考问题

夏甄陶反对以实体为出发点的哲学，认为这种实体化思维方式和本体论思维方式最终必然导致机械论的世界观和神秘的创世说。他主张从存在的关系即人与世界的关系出发进行哲学思考，这也是整个夏甄陶哲学思想一以贯之的一个特点。他说："人与世界的大关系不仅是哲学应该关注和研究的总课题，而且也是哲学地思考和解决不同领域的问题的总的参照系。"从人与世界的关系出发，他不仅坚持了马克思主义的人学前提和历史唯物主义，而且坚持了马克思主义的唯物辩证法。正是由于坚持从关系出发，他批评了将实践等同于客观实在性的机械唯物主义的认识，正确理解了实践的涵义；正是由于从存在的关系出发，他超越了仅仅在认识和意识内进行认识论研究的误区，将实践引入认识论研究，建构了动态的认识系统；正是由于从关系、活动、发展的角度来考察，他描绘了活生生的人，而不是将人作为抽象的研究对象。

2. 从实践的观点出发

只有从关系出发，才能正确理解实践概念；同样，只有从实践的观点出发，才能坚持从关系出发。改革开放后，夏甄陶的哲学研究是从实践理论开始的，他重新发现并强调了实践的目的要素，率先确立和阐发了科学的实践观。后来，他又系统地阐释了实践的唯物主义，并以实践概念和实践的唯物主义为基础，实现了认识论和人学研究的思路转变，完成了对认识论和人学具体问题和范畴的深度剖析和系统研究。可以说，他从一开始并自始至终都是从实践的观点出发展开哲学理论研究的，从一开始就抓住了马克思主义哲学的核心范畴和本质内涵。正是基于对马克思主义哲学核心范畴和本质内涵的正确理解和把握，他才能始终把握我国哲学研究的前沿问题，成为当代中国马克思主义哲学发展中独树一帜的哲学家。

3. 将中国哲学、西方哲学和马克思主义哲学融会贯通

当前我国哲学发展遇到一个困境，即哲学研究在走向专业化的过程中发生专业之间的疏离，中国哲学、西方哲学、马克思主义哲学之间的交流和融合很不够。各

个专业领域走向对话和融合，成为哲学界众多学者的一个基本共识，只有将上述三个领域相结合，我国哲学发展才会有新的突破。夏甄陶之所以取得丰硕的学术成果，得益于他对中国哲学、西方哲学和马克思主义哲学都有很深的研究并融会贯通。他虽然主攻马克思主义哲学，但是中国哲学、西方哲学的功底也非常扎实。他从小接受中国传统文化的熏陶，大学毕业后，对中国古代哲学表现出极大兴趣，对荀子哲学以及中国西周历史问题进行了研究。更值得赞许的是，改革开放后他系统研究和解读了中国古代认识论思想史。在西方哲学方面，他研读了大量西方哲学经典著作，并主持翻译了英国哲学家 D. W. 海姆伦写的《西方认识论简史》。他熟练掌握康德、黑格尔、费尔巴哈等德国古典哲学家的思想，理论思维和表达富于思辨性，被学术界称为“中国当代的黑格尔”。夏甄陶这样的哲学素养秉承了冯友兰、张岱年等前辈的治学传统，融贯中西，有很强的哲学史学功底，成为其思如泉涌、思想迸发的深厚基础和不竭之源。

4. 哲学思维逻辑性强

夏甄陶具有深厚的西方哲学思维的理论素养，特别是受黑格尔影响比较大，因此他的哲学思想中概念界定、命题表述和推理展开的逻辑性十分鲜明。在整个哲学研究中，他特别注重概念、范畴的提炼和抽象，并能细致入微地厘清它们之间的逻辑关系。如对实践涵义和要素的分析，他不仅提炼出目的、手段和结果等实践要素，还将它们作为哲学范畴进行抽象和阐释，并揭示出它们之间的逻辑关系。他将本来是一个哲学范畴的目的写成一部著作，令很多学者惊讶和敬佩，鲜明地反映了他的这个特点。夏甄陶哲学思想的严密性和逻辑性，还体现在语言的严密性和逻辑性上。在文章中他有时使用带有很多定语的长句子，力图准确说明事物之间的复杂关系，这从一个侧面体现了夏甄陶作为一位哲学家所具有的思辨能力和杰出的哲学素养。

四、低调谦和、淡泊名利的做人哲学

夏甄陶在学术上取得光彩照人的哲学成就，根源于其一心为学术的做人哲学。他胸怀祖国，志存高远，为人谦虚，做事低调，治学严谨，坚持不懈，关爱学生，诲人不倦。夏甄陶淡泊名利的纯洁人格和务实求真的严谨学风成为当今学人学习的榜样。

哲学不同于具体学科，不研究生产生活中的具体问题。但哲学并不脱离现实，作为时代精神的精华，它总是动态地、概括地反映现实，潜移默化地影响和引导现实。夏甄陶哲学思想成果反映了他对新中国社会发展特别是改革开放的现实关怀，对当代中国社会思潮变动的关注，也反映出他对国家和民族的忧患意识和对中华民族复兴的责任意识。他志存高远，在长期的理论研究中铸就了执著的学术信念和远大的学术抱负，养成了学术独立、思想自由的学人品格。生活的贫寒，求学道路的艰难，政治运动的干扰，“走白专道路”的批判，“从观点到语言，黑格尔的气息太浓厚了”的批评等，都没有阻碍他追逐学术梦想的勇气和脚步。

在生活中，夏甄陶朴实简单，为人谦和，从不计较私利，即使是自己的学生管理后勤工作，也从不开口要求解决生活上的问题。夏甄陶心中装着国家和民族，他克服各种困难，著书立说，大胆地发出自己的声音，在自己的研究领域勇攀学术高峰。他为人低调，甘愿默默耕耘，不为功名利禄所束缚。在词作《渔父·严子陵钓台》中，他写道：“遥想当年严子陵，富春江畔作渔翁。轻利禄，贱功名，一根钓竿寄娱情。”他为学孜孜以求、当仁不让，为人低调谦和、淡泊名利的品格，在现代社会浮躁喧嚣的生活场景中尤为难能可贵。

夏甄陶喜欢恬静闲雅、怡然自得的生活。他文学功底深厚，时常在与大自然美景的交融中作诗吟词，抒发感情：“造化神工弄巧，引我渊思遐想，情绪涌如泉”（《水调歌头·索溪峪黄龙洞》）；他乐于在自然风光中享受天然的乐趣和真切：“鸟语丛林声切切，鱼嬉浅底乐融融，天然世界见天真”（《浣溪沙·张家界金鞭溪》）；在自然的幽静中达至心静澄明：“竹海幽深声细细，剑池寒润气森森，神闲心静觉澄明”（《浣溪沙·莫干山》）；在物我交融中寻找天人合一的超凡感觉：“乾坤广袤无垠，形神表里澄明，境我天人合一，无声胜似有声”（《清平乐·平湖秋月》）。

夏甄陶高尚的人格和睿智的思想吸引许多学子投奔其门下。他关爱学生，学业上倾心指导，生活上关心照顾。在他的精心培育和指导下，学生们都勤奋刻苦，努力成才，在不同行业特别是学术领域崭露头角，争芳斗艳。老师对学生的关爱和学生对老师的敬仰铸就了师生间深厚的情谊。在“当代中国认识论与人学的走向——《夏甄陶文集》出版座谈会”上，夏甄陶很多弟子都前来祝贺，整个会场情谊浓浓。中国社会科学院研究员李景源在回忆自己当年与老师夏甄陶在一起的难忘的生活场景时，禁不住潸然泪下，令在场的人感动不已。

对夏甄陶为人、为学、为师的最好的总结，莫过于夏甄陶自己：“我本湘中山水郎，生来愚钝带疏狂。少年不识乾坤大，老大方知学问长。研典籍，著文章，几曾闲里度时光。虽因鲁质无佳品，却喜门前桃李芳”（《鹧鸪天·自嘲》）。

五、夏甄陶主要论著

（英）D. W. 海姆伦 . 1987. 西方认识论简史 . 夏甄陶，纪虎民等译 . 北京：中国人民大学出版社 .

黄枬森，夏甄陶，陈志尚 . 1990. 人学词典 . 北京：中国国际广播出版社 .

夏甄陶 . 1991. 认识发生论 . 北京：人民出版社 .

夏甄陶，李淮春，郭湛 . 1992. 思维世界导论 . 北京：中国人民大学出版社 .

夏甄陶 . 2006. 莪菠词 . 太原：山西人民出版社 .

夏甄陶 . 2011. 人：关系 活动 发展 . 郑州：河南人民出版社 .

夏甄陶 . 2011. 夏甄陶文集（第 1-6 卷）. 北京：中国人民大学出版社 .

撰写者

朱华彬（1981～），河南西华人。哲学博士，中国社会科学出版社编辑。

梁存秀

梁存秀（1931～），山西定襄人。毕业于北京大学哲学系。中国社会科学院研究员、荣誉学部委员；国际费希特研究协作会（慕尼黑）理事、欧洲文化研究会（耶拿）理事。主要著作有：《费希特青年时期的哲学创作》、《费希特耶拿时期的思想体系》、《费希特柏林时期的体系演变》、《论黑格尔的自然哲学》和《自由之路——梁存秀文选》。主要译著有：费希特《试评一切天启》、《伦理学体系》（合译）、《对德意志民族的演讲》（合译）、谢林《先验唯心论体系》（合译）、黑格尔《逻辑学——哲学全书第一部分》、《自然哲学》（合译）、《宗教哲学》（合译）；克劳斯《从哲学看控制论》。所译《逻辑学》与《自然哲学》获中国社会科学院优秀成果奖。1986～2000 年编译中文版《费希特著作选集》（五卷本）；从 2006 年开始，主持中国社会科学院黑格尔课题组，翻译历史考订版《黑格尔全集》。

一、青少年时代

我叫梁存秀，别名梁志学，1931 年 6 月 4 日出生于山西定襄县前高蒋村。父亲梁俊德原初是给老板干活的店员工人，经过多年自习，后来当了会计，但英年早逝；母亲韩芝青是小学毕业的农村劳动妇女，抗日战争时期当过八年妇救会主任。我的家乡在晋察冀边区西部与沦陷区交错的地方，我的童年是在战火中度过的。学习环境很不安定，听到日军出发的消息，老师就带领我们这批学童逃离村庄。课程时断时续，我 1937 年入学，到 1945 年才小学毕业。我的学习劲头很大，一方面是因为自己参加农业劳动，深知此中之艰苦，另一方面是因为我的母亲来自县城，那里有些知书识礼的文人，例如老同盟会员牛诚修、原中学校长兰琛山和新民小学教员乔芝生，他们的谈吐和风度实在令我羡慕不已。所以，我就暗自打定了主意，那就是必须好好学习，也做一个有用的读书人。

抗日战争胜利后，我考进了可供学生全公费就读的忻县农业技术中学初中部；1948 年改考了正规中学，1951 年毕业于山西省立太原中学高中部，考入北京大学哲学系。关于我上中学的情况，我想说明两点，它们都构成我是否还能按部就班学习的关键。第一点是：1946 年夏季解放军围攻忻县县城，我跑回定襄解放区，不仅参加了按照中共中央“五四指示”开展的土地改革运动，分到了胜利果实，而且参加了县政治部组织的学习活动。在学习结束时，我返回了原校。第二点是：我参加了学生运动，并且秘密地阅读了《共产党宣言》、《政治经济学批判》“导言”与《西行漫记》，经太行区派出的地下工作者白忠俊介绍加入共产党；1949 年 6 月经太原地下工作人员处理委员会负责人王成旺批准，进入太原中学继续学习。

二、在北京大学奠定基础

还在上初中一年级时，班主任任象贤就勉励我，说我将来会考到北大。我为此奋斗了六年，梦想实现了，心里有说不出的喜悦。可是，我的衣着土里土气，我的言谈满腔山西口音；这些都不要紧，我很快就改过来了。最难办的是我的英语发音，连自己都觉得难听，怎么办呢？每次下课，我都拉着张祥保老师，请她听我念一段，纠正我读错的字句。经过两个多月的练习，她发现我颇有进步，还表扬了我。这是一个教训，使我在后来学习德语时，一开始就重视发音的准确性。

我在北京大学哲学系学习了五年，前半段在本科，后半段在研究生班。在本系学了四门必修科。第一门是艾思奇讲的辩证唯物主义与历史唯物主义。他讲课从来不念讲稿，而是结合具体科学与现实生活中的相关哲学问题，把道理讲得很透彻，这对于我们树立正确的世界观与思维方式极有帮助。他在讲原始公社过渡到奴隶制社会时，我递了一个署名的小纸条，问他怎么解释从无剥削到有剥削是一种进步？他用史实说明，这种过渡是由原始公社的生产力与生产关系的矛盾促成的，奴隶制社会的确有违背人性的属性，但在当时体现了生产力的提高和人类文明的进步，是一个必经的社会形态；他指出，我们考察社会的发展，要抛弃菩萨心肠，采取科学的客观态度，并且很善意地说，“提这个问题的同志也许是共产党员，但他思想深处仍然是用人性解释社会发展的唯心史观”。这件往事已经过去 60 年，但我每当看到现代资本主义全球化中发生的问题时，都回忆起他给予我的教诲。

第二门是中国哲学史，冯友兰讲先秦宋明部分，张岱年讲两汉部分，任继愈讲魏晋隋唐部分，最后由石峻讲辛亥革命；与授课进程相配合，朱伯崑承担了史料选读辅导课。这门课程内容极其丰富，对我影响最大的，当推老子的那种超凡脱俗的境界和辩证思维的方式，我后来那么喜欢德国思辨哲学也与此不无关系。

第三门是欧洲哲学史，由苏联专家萨波什尼柯夫讲授，他依据的是苏联科学院哲学研究所按照日丹诺夫的哲学史定义编写的教材，让人听过以后，莫不感到枯燥无味。为了补救这个缺陷，班里特请任华补讲古希腊哲学，齐良骥补讲康德哲学，贺麟补讲黑格尔哲学。贺麟讲了6次，详细评述了这位德国古典哲学集大成者的思想来源、形成过程和整个体系，使我对研究黑格尔发生了浓厚兴趣。

第四门是逻辑学，由王宪钧讲授，前一学期讲的是传统逻辑，后一学期讲的是数理逻辑；我虽然没有走上研究逻辑学的道路，但我从中学到的公理化方法给我后来深入理解费希特的知识学体系提供了入门的钥匙。

北京大学哲学系参照莫斯科大学哲学系的教学计划，请其他系给不同的哲学专业开设了必修科目。作为研究自然科学哲学问题的专业的学生，我学了数学系刘世泽讲的斯米尔诺夫编《高等数学》、物理系郭敦仁讲的弗里斯编《普通物理学》、生物系陈祯和张宗炳相继讲的达尔文主义基础、经济系赵靖讲的政治经济学以及历史系邓广铭与杨人楩分别讲的中国通史与世界通史。这些系的领导也像哲学系的领导一样，把本系最好的教员推举到讲坛上，给青年学子传授基础知识，这是当时各个大学普遍坚持的原则。我在北京大学哲学系和其他系学习了这些课程，给我尔后在学术事业上的发展创造了良好的前提条件。

我升入的研究生班以培养辩证唯物主义与历史唯物主义的教学人员为宗旨，导师萨波什尼柯夫指导我们钻研马克思主义哲学原著和撰写毕业论文。在前一方面，我用了一年半的时间，仔细阅读和推敲《费尔巴哈与德国古典哲学的终结》、《反杜林论》、《自然辩证法》和《唯物主义与经验批判主义》等重要著作。导师抓得很紧，定期进行检查，解答问题和给予指点。由于我学得比较扎实，系里在1955年下半年派我到专门为教员开设的马克思主义夜大学的物理系学习班，主持辩证唯物主义讨论会。1956年上半年，我被派往这个大学的附属中学学习班，讲授辩证唯物主义，由于我的任务完成得不错，负责这个学习班的数学教员兼党支部书记张克文成了我的挚友，而且我们的友谊维持至今。

在后一方面，萨波什尼柯夫特别强调为党的路线服务。我的论文题目定为“我国从新民主主义到社会主义的飞跃形式”。在1954年冬季，我对照着1953年中共中央宣传部关于社会主义总路线的宣传提纲和1954年刘少奇关于制定宪法的政治报告，写出了这篇文章，约4万字。向导师汇报时，他批评我讲的和平过渡是布哈林思想。我将这个情况向系领导汪子嵩写了报告。中共中央办公厅很快下达批示：不要与苏联专家争执，他们不了解中国国情，中央将向他们作出解释。在答辩前，论文的主体部分经过压缩，发表于1955年5月《文史哲》；论文的导言部分，在答辩后发表于1956年6月13日《光明日报》“哲学副刊”。在答辩会上，质辩人借用恩格斯评价费尔巴哈的措词，说这篇文章写得“机智而不深刻”。我并不认为这个评语是在贬低我个人，因为在这个理论领域里既不可能详细占有原始资料，也不可能进行独立思考，怎么会写出真正具有学术价值的研究作品呢？

毕业前一年，我的专业定为研究黑格尔。作出这个决定的根据是：向往德国古典哲学家那种为真理而真理的治学精神；要不断地进行探索，把普遍有效的辩证法真理与一个具体的考察对象结合起来，仅仅停留在前一个领域是空洞的，仅仅探索着后一个领域是盲目的，唯有两者的结合才能创造出有价值的学术成果。贺麟大力支持了我的决定的实施，他与西语系系主任冯至谈妥，允许我去听外籍教师托姆·玛丽开的大学一年级德语课。不仅如此，他还指导我钻研他翻译的《小逻辑》。这本书是黑格尔思辨体系的第一哲学，其中充满了光辉的辩证法思想，但很晦涩难懂。我定期到贺麟家里汇报阅读心得，并提出问题，请他解答，给予指教。就这么努力钻研了半年，总算读完了这本在欧洲哲学史中最重要的古典著作。

1956 年 8 月党支部组委谢龙拿着要人单位的名单，询问大家的意向时，我选择到中国科学院哲学研究所，到前一年调入这个研究所的贺麟身边。

三、担任国际哲学战线上的哨兵

1956 年，报刊都在宣传百家争鸣、百花齐放的学术方针，并且由此主张开放唯心主义。此时中国人民大学哲学系系主任何思敬聘请郑昕讲康德，聘请贺麟讲黑格尔，我当了他们的助教，与钱广华合作，给郑昕整理讲课记录，与叶秀山分工，给贺麟整理讲课记录，这就使我得到了进一步研读《纯粹理性批判》和《小逻辑》的良好机会。与此同时，贺麟为了培养研究德国古典哲学的人才，经哲学研究所领导同意，请来了外籍教员威廉·蔡思克给我们讲德语。这位德语老师用英语编写教材，给我们讲授语法，并且从歌德等人的文学作品和梅林等人的哲学作品中选取了供我们学习的篇章。他不像托姆·玛丽那样偏向于口语训练，而是把重点放在分析疑难语句；他从语形学的角度帮助我们了解这类语句的结构，从语义学的角度给我们指明这类语句表达的思想。我当时把大部分精力都用到了学习德文上。在 1957 年年底这个学习班结束以后，我从民主德国《建设》杂志上译出《牛顿、马克思与爱因斯坦》一文，对时空问题有研究的杨一之把译文拿去校改以后对我说，“我改的不多，你能在短期内达到这个水平，可嘉！”

哲学研究所有一位很有学术眼光、专心致志研究黑格尔的老干部，他叫姜丕之，担任领导小组成员。1957 年 7 月，我由于过去在政治上发表异议而被揪出来，挨了一周批判，做了能过关的检讨。他这时保护了我，使我立即恢复了党内组织生活。

在“反右斗争”告终，“拔白旗插红旗”尚未提上日程之际，他请贺麟用英译本给他组织的学习小组讲解《精神现象学》，还特别要我参加。但我在1958年2月被划成了“右派”，并且随后被送到太行山区接受监督劳动。临行前，他私下对我说，“带些书下去，不要荒废学业，过两年回来搞黑格尔”。其实不到一年，他就设法把我调回研究组，以边干边学、边学边干的方式协助杨一之翻译黑格尔《大逻辑》上卷。

1960年召开中国科学院哲学社会科学部会议，提出了加强批判现代资产阶级哲学、准备批判现代修正主义哲学的任务。随着这种形势的变化，我的专业从德国古典哲学转向了现代外国哲学流派。在准备这届会议时，我与李德齐编写了一份介绍新康德主义、新黑格尔主义、存在主义、逻辑实证主义与新托马斯主义的资料，扼要说明它们的历史发展、基本观点、重要代表人物和代表著作；会后在历史博物馆举办书展，我又参加了给那些代表著作编写内容提要的工作。哲学研究所当年组建了现代外国哲学研究组（最初称为编译组），我被调入这个组。组长杜任之是20年代末参加中共地下党的老革命，又是在德国留过学的山西大学教授。他尊重科学，崇尚民主，不仅保护我，而且重用我，让我长期担任《哲学译丛》“现代外国资产阶级哲学栏”责任编辑。

在现代外国哲学领域里，从中共中央宣传部到哲学研究所的领导都经常强调，我们的职责是做国际哲学战线上的哨兵，我和我的同事们一样，认为这是一项光荣任务。直到“文化大革命”开始，我都遵照组里布置，定期查阅新到外文书刊，以确定我们从事编译的选题。我所做过的工作是：第一，在《哲学译丛》上发表过一百多篇译文和书评，其中有些比较重要，例如庇护十二世的《从现代自然科学来看上帝存在的证明》、克罗纳的《今日黑格尔》和海德格尔的《回归形而上学的基础》，近来还被编入相关的论文集。第二，给中共中央提供国外哲学动态。例如，我从联邦德国《东方集团与发展中国家》杂志摘译出《毛泽东的辩证法——从中苏分歧来看》一文，毛泽东看到后觉得很有趣，时任中共中央宣传部出版处处长鲍之静特来学部，要求我和裘辉将全文译出呈送。又如，我在控制论哲学问题研讨会上作了关于民主德国克劳斯研究这个问题的成果的发言，陈伯达从龚育之那里知道以后，要求我写出这个长篇发言上报给他。再如，在准备1963年召开的哲学社会科学部会议时，我参加了我们研究组编译国外人道主义与异化问题言论选辑的工作，这份选辑为周杨在这次会议上所作的报告提供了丰富的资料。第三，在1963年中共中央宣传部组织撰写“十评”（即“评赫鲁晓夫的世界观”）的人马时，我被借调到那里，做王玖兴的帮手，翻译和校订考茨基的《唯物主义历史观》。年迈的吴剑西给王玖兴和我校对了译稿；他是共产国际早期的翻译，水平高，经验多，给我的指导使我获益匪浅。第四，与范岱年、许醇仁合作，编译了《外国自然科学哲学问题资料选辑》第4辑，控制论部分，展示了苏联与东欧马克思主义哲学家从反对控制论到研究其中哲学问题的历程。

在这个领域里，我做过编译工作七年，看了西方国家的不少哲学书刊，深深地感到，正像物理学从牛顿力学发展到爱因斯坦相对论一样，马克思主义哲学也应当从它的古典阶段发展到现代阶段，辩证发展的对应原理对它同样有效。

我这个“摘帽右派”在“文化大革命”期间，没有受到冲击，没有参加哪派组织。但我不是无所事事的逍遥派。做什么呢？我的另一位恩师洪谦写信提醒我，“即使你一天只有半个钟头的闲暇，也要阅读德文书刊”。在工军宣队进驻以前，我是这么做的；进驻以后，我把《毛主席语录》和《共产党宣言》德文版，把德国造反派编的《红旗》杂志装入提包，即使他们看到我在阅读，也无可奈何。1972年8月我们从河南“干校”回北京以后，工军宣队已经难以管教我们。我与薛华合作，在商务印书馆高崧的支持下，经过三年努力，译出谢林《先验唯心论体系》；同时，我研读了谢林代表作，参考国外研究作品，写出了这部古典著作的译者序言，向读者介绍了谢林哲学思想的演变过程。尽管军宣队在大会上批评我走“危险的白专道路”，我也不予理睬，而是与我的夫人沈真合作，参照俄译本，译出了洪谦送给我的费希特《论学者的使命》；接着，1976年6月与薛华、沈真、钱广华合作，着手翻译黑格尔《自然哲学》。由于我对谢林有初步研究，后来编写《中国大百科全书》时，谢林条目全都包揽给了我。费希特的那本书很受年轻人的欢迎，迄今已经出过3版，印刷了12次。

四、研究和翻译德国古典哲学著作

1977年中国科学院哲学社会科学部分离出来，成立了中国社会科学院，我们都对此感到欢欣鼓舞。此后不久，我的“右派”问题得到了改正。我满以为自己可以从此专心从事德国古典哲学的研究和翻译工作了，但世界上的直路往往是通过弯路走出来的；我想回到西方哲学史研究室的请求未能获准，而不得不到自然辩证法研究室安家立业。在这个研究室里，我一方面补习物理学、生物学与自然科学史的知识，负责编辑《自然科学哲学问题丛刊》和编辑《中国大百科全书·哲学》自然辩证法条目，并且修订此前译出的克劳斯《从哲学看控制论》，另一方面我也没有放弃原定的专业方向，做了三件工作。

第一，在室内有关同志们的帮助下，完成了自己在黑格尔《自然哲学》中承担的校对工作，广泛查阅参考资料，编写出译者注释，审读和推敲了全部译稿，最后写出译者序言。黑格尔的这本书虽然不像他的逻辑学，有那么丰富的内容，但作为一门应用逻辑却总是闪烁着辩证法的光辉。他把整个自然界理解为一个从低级到高级的、进化与退化统一的变化过程，以思辨的语言预言了后来由自然科学揭示的内在联系。为了批判地对待这份哲学遗产，我经过多次讲解，最后写成了《论黑格尔的自然哲学》一书。

第二，贺麟要我协助他修订《小逻辑》第19-130节译文，对我完成的这件工作表示满意，并且在中国科学院研究生院邀请他讲解这部名著，而他感到精力不济时，把我推荐给了他们。正是经过贺麟的提携，我才开始在大学里走上讲授此书的讲坛，在准确把握、深入研讨此书方面又进入了一个新的阶段。

第三，为了弄清费希特被赶出耶拿大学以后的思想演变，我和我的夫人沈真再次合作，参照英译本与俄译本，重新翻译了费希特的《人的使命》。这项工作对于我后来理解费希特的知识学如何从主观唯心论的形态转变为客观唯心论的形态，具有很重要的意义。

这个方面的工作一直在向前推进。1981年8月在北京成立了一个以王子野为主任委员、以汝信为第一副主任委员的黑格尔全集编译委员会，编委会作出决定，由我修订贺麟所译的《小逻辑》首先出版。过了几个月，开会讨论我的试改稿，由于意见分歧，编委会又决定：贺译本入全集，我译个单行本，另外出版。此后我将工作转到了考虑编译《费希特著作选集》。恰恰在这个时候，德国巴伐利亚科学院《费希特全集》主编赖·劳特访问北京，他大力支持我实现这个计划。我不仅从他那里得到编辑这套全集的信息资料和新近问世的费希特著作，而且接受了他给我提出的建议。在王玖兴和薛华的鼎力协助下，我与合作者于1986年3月建立了费希特课题组，本着翻译基础上研究，研究指导下翻译的原则，将它的任务规定为：第一，从科学院版《费希特全集》选出费希特在世时发表的著作第一版，按发表的时间顺序编译为五卷，并在各卷正文之后附上译者注释；这项任务要在15年内完成。第二，开展对于知识学以及建立在知识学基础上的法权哲学、道德哲学和宗教哲学的研究；这项任务的完成时间应适当延长。为了统领全组工作，在完成第一项任务时我把精力放在校改译稿，在完成第二项任务时将自己的课题定为费希特在青年时期的哲学创作、在耶拿时期的思想体系和在柏林时期的体系演变。

我们课题组的工作是有历史意义和现实意义的。就历史意义讲，马克思把费希特称为思想泰斗，恩格斯说过，德国社会主义者也为继承了费希特而感到骄傲。我与沈真在1995年《中国社会科学》上发表过《费希特与马克思》一文，曾经还引起了国外读者的注意。那种在讲马克思主义哲学的思想来源时，只看到黑格尔和费尔巴哈的人，显然视野狭隘。就现实意义讲，谁要读懂了《全部知识学的基础》，谁才会懂得什么是哲学上的创新体系，因为这位康德先验哲学继承者是作为“哲学中的欧几里得”靠古典公理化方法创建严密的知识学的。从实践哲学来看，我认为有两本著作最值得注意。一本是他早期匿名发表的《向欧洲各国君主索回思想自由》，它以社会发展的两种质变形式、即逐渐改革与暴力革命为论据，劝说专制君主开放思想自由和言论自由，确实进行改良，而不要把民众推向犹如洪水暴发的暴力革命。另一本是他在拿破仑军队还驻扎在柏林的时期，冒着生命危险发表的《对德意志民族的演讲》，它以走世界文明大道的普遍性与热爱祖国的特殊性的辩证统一为前提，提出了从改革教育入手，由恶贯满盈的社会过渡到理性统治的社会的民族复兴蓝图。这种现实意义现在已经被国内有识之士逐渐知晓，例如，中央电视台在编制《大国崛起》德国部分时就要求我们予以支持。

我们课题组的工作并不是一帆风顺地进行的，也遇到一些难题。不过，课题组的成员都抱有强烈的社会责任感，能发扬艰苦奋斗的精神，并不把那些难题视为不可克服的。所以，我们每个成员在翻译自己决定翻译的论著时都是全神贯注、肯下工夫和不怕麻烦，如李理讲的，“我的字典用破了好几本”，而没有那种精力分散、害怕劳累和浮皮潦草的表现。在分配任务时，我尽量把短篇著作留给自己；在最后定稿时，我承担了全部遗留的工作。就是这样，我们不断地努力，如期完成了第一项任务，以致劳特对他的同事说，我们如此有计划地进行工作，他表示赞赏。但我必须承认，在开始编译时，由于对费希特的全貌了解得不够深透，研究工作尚未全面展开，《费希特著作选集》卷一与卷二中出现一些纰漏，这个问题将于修订时加以解决。

我们课题组的研究工作也是有计划地开展的。我随着编译工作的进展，写过三本书，即《费希特青年时期的哲学创作》、《费希特耶拿时期的思想体系》和《费希特柏林时期的体系演变》。第一本的主要内容是：生活在欧洲各国从封建主义过渡到资本主义的时代的费希特，积极地参与了由康德掀起的德国哲学革命，真诚地肯定了由启蒙造成的法国政治革命，把两者结合到一起，进行了一系列哲学创作，最后走向创建一个自由的体系，而这个体系就是为自由而自由，正像法兰西民族使人摆脱了外在枷锁一样，要在德国使人摆脱自在之物的束缚，把人确立为一个既能进行严密的逻辑思维，又能创造合理的现实事物的能动理性自我。第二本书的主要内容是：费希特把这个只能由理智直观加以把握的自我确立为早期知识学的起点，建构起各条原理和定理，构成一个“一本万殊，万殊归一”的科学体系，据此推出了反对封建专制、主张民主共和的法权哲学和反对感性思维方式、主张伦理思维方式的道德哲学。第三本的主要内容是：他的知识学发生演变，其开端不再是自我，而是绝对，即柏拉图的理念，自我则是一个由绝对派生的、但又由绝对借以创造万物的中间环节；以这个体系为依据的历史哲学，把世界史解释为经过理性与反理性的反复斗争，实现上帝的宇宙蓝图，即塑造人间的合理关系的历史；以这个体系为依据的宗教哲学，与《新约全书》“约翰福音”结合起来，把绝对解释为上帝，把绝对的显现解释为道或基督，否定了不真的假像生活，阐明对绝对或上帝的渴求才是通向极乐世界的本真生活。这三本书也许可以说是我们课题组的整个研究工作的绪论，其他各本专著则都分门别类地拓宽了视域，推进了深度，包括谢地坤写的《费希特的宗教哲学》、李文堂写的《真理之光——费希特与海德格尔论 Sein》、郭大为写的《费希特的伦理学思想》和最后由张东辉写的《费希特的法权哲学》。当然我们仍有缺陷，没有来得及研究有助于界定现时代的历史哲学和提倡培养全面发展的人的教育哲学。

我们课题组的全部工作都是放眼世界，在国外同行的支持下，或在与他们的交流中进行的。德国《费希特全集》编委会一直给予我们编译《费希特著作选集》以多方面的协助。我们的各本研究作品都是借鉴国外最新研究成果写成。德国费希特研究家赖·劳特与曼·布尔不止一次地来北京访问，做相关的学术报告，而我们也先后竭力走出去。就我个人来说，我出国 5 次。每次出去，一是参加会议，二是与同行交流，三是进图书馆复印绝版书。我写过 5 篇文章，在国际费希特会议上宣读。有些文章还受到好评，例如，美国肯塔基大学教授尼·布里采尔评论我 1989 年 6 月在波兰克拉科夫“先验哲学与辩证法”会议上宣读的《青年费希特的人际关系理论》时说，它“特别光辉夺目，给我们如何把古典哲学与当代现实联系起来，提供了一个卓越范例”。我复印回来的绝版书，诸如赖因霍尔德的《康德哲学通信》（1790）、舒尔策的《埃奈西德穆》（1792）和雷贝格的《法国革命研究》（1793）等，都是我们必须拥有的。我在少则 2 周、多则 6 周的出访期间，主要是了解国外费希特研究的动态。在我们课题组里把这种动态介绍得最翔实的是沈真编译的《费希特在当代各国》。

我们课题组的全部工作都是一个出成果、出人才的过程，大家通过边干边学，都有很大提高和进步。德国语言与文学系出身的李理补习了必备的哲学知识，已经成为众人称赞的翻译人才。对于三位在读的博士生，即谢地坤、李文堂和郭大为，我没有采取“放羊”的办法，而是采用贺麟的“手把手”（王太庆用语）的方式，首先给他们讲授未曾翻译的德国古典哲学原著，然后给他们分配适当的原著去翻译，并仔细校改了他们的译文，最后才让他们进入自己研究的领域，搜集和钻研相关文献，写出研究费希特的博士论文。即使对于没有参加课题组，但能写出研究康德的卓越博士论文《建构与范导》的陈嘉明，我也是采取这种办法。在教学相长的过程中，他们向我提出各种问题和不同意见，都令我感到自己的不足之处。对于具有关键意义的问题，我都组织过多次讨论会，以利于钻研原著。在第一次讨论“从康德到费希特”时，还请了北京大学教授齐良骥与王太庆前来参加。这几位博士生跟着我，吃过不少的苦头。举例说，谢地坤译《自然法权基础》，每两周一万字，既不能多译，以免粗制滥造，也不能少译，以免耽误计划；他前边译，我后边校，整整进行了一年。他 40 岁时在一次座谈会上说，“我跟着梁老师干了三年半，是我有生以来最艰苦的时期”。他们后来继续努力，已经成为既能独立翻译古典哲学著作，又能拿出像样研究成果的学术骨干。每当我看到他们发表的作品时，我内心的喜悦总是不禁溢于言表。

我们课题组的全部工作给国内各大学讲西方哲学史提供了一项支持。老师们在讲费希特时要看我们译的和写的，许多学生在学习时也是如此。在张慎主编的《德国古典哲学》中，还注明了讲这位古典哲学家的篇章“参考和吸收了费希特课题组的翻译和研究成果”。我向一位哲学爱好者解释说，我们的工作就是给别人盖房添砖加瓦，他们吸收得越多越好，因为这就使我们工作的成果得到了广泛的传播；如果他们在引用时还能发现我们的差错，那就对我们帮助更大了。不是立志做有用的读书人么？我为自己发挥了这种作用而感到欣慰。

费希特课题组工作结束以后，我修订了以前译出的黑格尔《逻辑学——哲学全书第一部分》，许多同志这时希望我继续从事翻译这位德国古典哲学家的著作。经过多方磋商，建立了以原班人马为基础的课题组，于 2005 年在中国社会科学院立项，获得资助人民币 100 万元。但到目前为止，我们黑格尔课题组只完成所译《黑格尔全集》历史考订版第 10 卷《纽伦堡高级中学哲学教程与讲话》、第 17 卷《宗教哲学》和第 27 卷第 1 分册《世界史哲学讲演录》，研究工作还处于酝酿阶段。进展如此缓慢，有两个原因。第一，对难度估计不足，尤其是我想译那些未曾译为中文、往往缺少标点断句的手稿，这就需要不断地向德文编者求教。第二，在一个有很多诱惑的环境里，很难做到死心塌地，专心致志，这就需要做细心的思想工作。当然也有一些外来障碍。例如，缺少一间办公室，图书资料完全寄存在不便查阅的地点，要商讨问题往往是在楼道里。又如，力量薄弱，后继无人，想招研究生，资格早已被取消。但是，请哺育我的祖国人民放心，我一定会与我的合作者精诚团结，克服困难，把我们在《黑格尔全集》历史考订版里选定的第一批作品译成中文，让寄希望于我们的广大读者感到满意。

五、梁存秀主要论著

梁存秀 . 1955. 关于从资本主义过渡到社会主义的飞跃形式问题 . 文史哲，(6) .

梁存秀 . 1956-6-13. 试论质变的两种形式：爆发与渐进飞跃 . 光明日报，哲学副刊 .

梁存秀 . 1961. 卢卡奇《理性的毁灭》简介 . 哲学资料，(3) .

梁存秀 . 1963. 克劳斯论控制论中的哲学问题 . 自然辩证法研究通讯，(2) .

谢林 . 1978. 先验唯心论体系 . 梁存秀，石泉译 . 北京：商务印书馆 .

黑格尔 . 1980. 自然哲学 . 梁存秀，薛华，钱广华，沈真译 . 北京：商务印书馆 .

克劳斯 . 1981. 从哲学看控制论 . 梁存秀译 . 北京：中国社会科学出版社 .

费希特 . 1984. 论人的使命·学者的使命 . 梁存秀，沈真译 . 北京：商务印书馆 .

马赫 . 1984. 感觉的分析 . 梁存秀，洪谦，唐钺译 . 北京：商务印书馆 .

梁存秀 . 1986. 论黑格尔的自然哲学 . 上海：上海人民出版社 .

费希特，1990. 试评一切天启 . 梁存秀译 . 北京：商务印书馆 .

梁存秀 . 1991. 费希特青年时期的哲学创作 . 北京：中国社会科学出版社 .

梁存秀 . 1995. 费希特耶拿时期的思想体系 . 北京：中国社会科学出版社 .

费希特 . 1995. 伦理学体系 . 梁存秀，李理译 . 北京：中国社会科学出版社 .

费希特 . 1998. 现时代的根本特点 . 梁存秀，沈真译 . 沈阳：辽宁教育出版社 .

梁存秀 . 2002. 费希特柏林时期的体系演变 . 北京：中国社会科学出版社 .

黑格尔 . 2002. 逻辑学——哲学全书第一部分 . 梁存秀译 . 北京：人民出版社 .

费希特 . 2003. 对德意志民族的演讲 . 梁存秀，沈真，李理译 . 沈阳：辽宁教育出版社 .

黑格尔 . 2012. 宗教哲学 . 梁存秀，李理译 . 北京：商务印书馆 .

梁存秀 . 2013. 自由之路——梁存秀文选 . 北京：商务印书馆 .

撰写者

梁存秀

汝　信

汝信（1931～），江苏吴江人。1949 年毕业于圣约翰大学，1957 年考入中国科学院哲学研究所当副博士研究生。后在哲学研究所从事研究工作。曾任中国社会科学院哲学研究所研究员、副所长、所长，中国社会科学院副院长等职，兼任国务院学位委员会副主任委员、国际哲学和人文科学理事会副主席、中华全国美学学会会长等职。长期从事哲学和美学研究，著有《汝信自选集》、《论西方美学与艺术》、《美的找寻》，合著有《马克思主义的三个来源》、《黑格尔研究范畴批判》，译著有《尼·加·车尔尼雪夫斯基》、《普列汉诺夫哲学著作选集》等。

一、我从事哲学研究的经历

我于 1931 年 8 月生于上海，童年和青少年时期是在战乱中度过的，抗战胜利后考入上海圣约翰大学，主修政治学，副修经济学。后来从事哲学研究工作完全是半路出家，在大学期间没有系统地学过哲学，听徐怀启讲的“哲学与宗教”课程，就是我所受的唯一正规的哲学训练了。因为参加中共地下党领导的读书会和学生运动，开始接触马克思主义，读了一些哲学普及读物，但从来没有想过会去做专门的哲学研究工作，以后怎么会走上这条路，或许是出于所谓“历史的误会”吧。关于这段往事，我曾在一篇带自述性的文章里有所叙述：

“1950 年冬，我参加中国人民志愿军赴朝作战，在冰天雪地里正好赶上了第二次战役，然后又南下参加了第五次战役，从长津湖一直前进到三八线。在艰苦的行军和敌机轰炸中几乎把随身用品丢个精光，成了彻底的‘无产者’，战役结束转移到后方，却意外地发现，在出发前轻装留下的物品中还保存着一本俄文的《车尔尼雪夫斯基选集》，它是我出国途经沈阳时在国际书店买的，就成为我当时在朝鲜战场能用来提高俄语水平的唯一工具。这样，由于偶然的机会，我开始接触到西方哲学和美学。我学俄语不久，要读懂车尔尼雪夫斯基的著作，其困难是可想而知的。在防空洞里微弱的烛光下，我逐字逐句地啃，翻来覆去地琢磨车尔尼雪夫斯基的意思，有的简直是猜。这样硬啃生吞的结果，不仅逐渐增加了我对这位‘俄国的普罗米修斯'的理解并油然产生了崇敬之情，而且越来越使我对哲学和美学发生了兴趣……现在回忆起来，在朝鲜战场上度过的几年实在是我的学习生活中最美好的时光。"

1955年我从朝鲜回北京，转业到中国科学院干部培养部工作，当时由钱伟长担任部主任，该部的任务是组织科研人员的政治理论学习、派遣留学人员和实施新颁布的副博士研究生条例。理论学习的主要内容是由艾思奇等哲学家讲授辩证唯物论与历史唯物论，我作为年轻的工作人员参与了学习，这是我较系统地了解马克思主义哲学的开始。1956年我有幸随中国科学院代表团赴苏联科学院商谈派遣研究生协议并考察苏联培养研究生的实况。那时正值中苏关系"蜜月"期，我代表团受到极其周到的盛情接待。我们在苏联访问的两个月内参观考察了科学院的不少研究所和科学设施，旁听了几次副博士和博士的学位论文答辩，对如何正规培养研究生、实施学位制度有了初步的了解，给我留下深刻印象。在当时中国共产党发出向科学进军的号召下，我也萌发了想从事科学研究工作的强烈愿望。凭着年轻人的勇气，我利用业余时间开始搞研究和翻译工作，以前我除了在《学习》杂志发表过一篇关于我国过渡时期经济规律的讨论文章外，还没有写过哲学文章。抱着试一试的心情，我写了《车尔尼雪夫斯基的社会政治观点》一文寄给《文史哲》杂志，这篇习作居然承蒙采用，这就增强了我研究哲学的信心。为了提高自己的理论水平，1956年我决定离职投考副博士研究生。按过去在大学里所学专业，我本来打算投考经济研究所的政治经济学专业，但有鉴于列宁所说："不钻研和不理解黑格尔的全部逻辑学，就不能完全理解马克思的《资本论》"，觉得还是应该先学习掌握辨证的方法，因此下决心到哲学研究所跟贺麟学习黑格尔哲学。贺麟收下了我这个哲学根基很差的学生，要我系统地从头补课，阅读从古希腊到近代的西方哲学史上的重要原著，当然更着重指导我读黑格尔的一些主要著作，特别是《精神现象学》、《小逻辑》和《美学》。贺麟治学主张广泛地阅读和重点精读相结合，如《精神现象学》的著名序言由他逐字逐句向我们讲解，使我得益颇多。在他的指导下，我写了《论车尔尼雪夫斯基对黑格尔美学的批判》一文，于1958年发表于《哲学研究》杂志，这是我的第一篇研究黑格尔哲学和西方美学史的论文，以后我对西方哲学和美学的研究就是从此开始的。贺麟还重视翻译工作，认为翻译是加深对原作的理解和提高外文水平的好办法，在他的鼓励和支持下，我从俄文翻译了普列汉诺夫、瓦尔加等人的不少哲学和国际问题著作，所以有同志认为我是由翻译转行非科班出身的研究工作者。

我结束研究生学习后，留在哲学研究所西方哲学史研究组工作，这时我已放弃了原先打算回过头来研究经济学的念头，一心想学习和研究西方哲学史和美学史。从古希腊的赫拉克利特、柏拉图到德国古典哲学以至杜威的实用主义，都曾是我研究探讨的题目，不过我的主要兴趣还是在黑格尔哲学及其与马克思主义的关系。1961 年出版的《黑格尔范畴论批判》一书和当时在报刊上发表的不少文章是姜丕之和我合作写成的，他是长期在理论宣传和新闻战线上工作、富有革命经验的老同志，却放弃领导职务转行到哲学研究所从事学术研究，他的那种刻苦钻研的毅力和坚持用马克思主义立场、观点和方法去研究问题的精神使我深受教益。在研究西方哲学史的时候，这些哲学家们的美学思想也引起我的浓厚兴趣，那时除了朱光潜、宗白华两位学术界老前辈外，国内研究西方美学史的人不多，还缺乏足够的资料和参考书。在相当困难的条件下我陆续写了一些论述西方美学家的文章，得到朱光潜和宗白华的热情指教和鼓励，后来把这些文章编成《西方美学史论丛》和《西方美学史论丛续编》两本论文集。说实在，在 50～60 年代，政治运动不断，从事专业学习和研究的时间得不到保证，一些文章都是利用运动间隙挤时间完成的，有的是未经深入研究的急就章，而且不可避免地带有时代的烙印，特别是参加当时几次哲学论争和“批修”所写的文章，明显地表现出受“左”的思潮的影响，把学术见解提到政治高度加以批判，混淆了学术和政治的界限，这是自己应该反省，从中吸取深刻教训的。

20 世纪 50～60 年代可以说是我在哲学研究生涯中的学徒时期。寒窗十载，似乎刚刚摸到一些门道，就迎来了史无前例的“文化大革命”，研究工作陷入停顿，一切研究成果遭到全盘否定。我们这些研究人员先是挨批斗，关“牛棚”，后又下干校劳动，白白浪费了最宝贵的年华。“文化大革命”后期，哲学研究所人员奉命回京听候处理，世界宗教研究所所长任继愈接受任务编写《中国哲学史简编》，他指名调我参加该书编写组，该组成员都是多年从事中国哲学史研究的专家，只有我是地道的外行。在任继愈的指导下，我埋头补课，认真研读自先秦诸子至近代的中国哲学的一些重要典籍，后来我写的有关儒学、韩非以及讨论中国哲学史上若干问题的一些文章还是在那时打下初步基础的。此外，我还和哲学研究所同志合作，编写出版了一部普及性读物《马克思主义的三个来源》，在整个“文化大革命”期间，也就做了这么一些区区小事。

“文化大革命”的结束使我们这些哲学社会科学工作者从噩梦中醒来，解放思想、实事求是的思想路线，帮助我们挣脱长期以来禁锢着人们头脑的思想枷锁，看到展现在科学研究面前的大片新天地，真有如获新生之感。我首先想到的是要进行反思，为拨乱反正做一点事。应《红旗》杂志之约，我写的第一篇文章是为车尔尼雪夫斯基平反，清扫“四人帮”泼在他头上的污垢。另一篇文章试图对国内历来受批判的人道主义作重新评价，在《人民日报》刊登后虽得了奖，却引起了争论。在西方哲学史的研究方面，我又重新拣起了黑格尔。受贺麟的启发和鼓励，我把青年黑格尔的思想作为研究重点，完成了《青年黑格尔的社会政治思想》这篇长文和关于青年黑格尔论劳动和异化的几篇论文。随着改革开放的进行，研究的视野更开阔了。过去我们一直把注意力集中在探索从康德、黑格尔经过费尔巴哈到马克思的思想发展上，对黑格尔以后西方哲学发展的另一些思想线索则注意不够，特别是以尼采、克尔凯郭尔为代表的以突出个人为特征的社会哲学思潮，在国内缺乏研究。80年代初，我有机会作为中国社会科学院首批获富布赖特奖金的访问学者之一，去美国哈佛大学哲学系从事一年研究，那时哈佛大学哲学系可说是名家荟萃，蒯因虽已退休，但仍常来校讲课，罗尔斯和普特南正当盛年。哈佛大学指定普特南负责和我联系，我原先报的研究课题是美国哲学史，他颇不以为然，说根本就没有美国的哲学史，建议我充分利用哈佛大学的学术环境和条件做自己感兴趣的研究。可是不知为什么当代美国哲学总是引不起我的兴趣，于是把研究方向转向克尔凯郭尔和尼采。当时国内的尼采研究已停顿30多年，一片荒芜，而克尔凯郭尔则几乎无人问津，连他的著作也不易找到，还是有待开垦的处女地。我利用怀德纳图书馆的丰富藏书，读了克尔凯郭尔的一些主要著作以及近年来西方学者研究尼采和克尔凯郭尔的一些新著，又补了一课，然而哈佛并非研究这两位哲学家的合适的地方，难以找人请教和交流，回国后虽然写出了一些论文，总觉得研究不够深入。值得欣慰的是，我的几位博士生在这一学术领域内辛勤耕耘，取得很好成绩，发表了多部专著，富有新意和创见，为填补我国的西方哲学史研究的这一重要空白作出了贡献。

关于研究西方美学，我的思想也发生了变化，过去我特别赞赏德国古典哲学的杰出代表们所精心营造的美学体系，后来却越来越感到其局限性，因为它们并不能真正解决我们现实生活中的许多美学问题，只是停留于抽象思辨的王国，当我们面向无限丰富多彩的现实和人类艺术创造时，形形色色的理论体系却往往显得如此苍白无力。我领悟到，研究美学还是要从实际出发，不能单从哲学家的书本中去讨生活。这就促使我尝试用另一种方式去研究美学，那就是直接面对一些人类伟大艺术作品，结合亲自鉴赏的体验去进行美学的探索。我利用改革开放后出国交流的机会，参观了不少世界著名的文化遗址、博物馆、美术展览和一些文艺团体的高水平演出，使我大开眼界，陆续写了一些论西方艺术和艺术家的文字，以美学散记的形式编成《美的找寻》一书。我以为，对具体问题做具体分析是辩证法的灵魂，也是对艺术辩证法的基本要求，美学研究要走向生活，不妨从剖析人类的艺术创造开始。

以上是我在20世纪下半期学习和研究哲学的经历，实际上，在80年代我“不务正业”担任中国社会科学院的行政管理工作后，专门从事哲学和美学研究的时间很少，特别是后来我又把兴趣转到世界不同文明的比较研究这一新领域，离哲学越来越疏远了。虽然也杂七杂八地写过不少文章和政论，主编过几套丛书和刊物，却谈不上有什么学术建树，实在愧对师辈。如果要问多年来学习和研究哲学有什么体会，那么我觉得最大的收获就是终于领教了这门学问的艰深，懂得“哲学是难的”。

二、我在哲学研究方面所做的工作

半个多世纪以来，我在哲学和美学领域内做了一些研究，但是有价值的学术成果不多，主要做了以下工作：

（1）在西方哲学史方面，我的研究重点是黑格尔哲学，对他的一些重要著作如《精神现象学》、《逻辑学》和《美学》作过较深入的探讨，试图阐明黑格尔的辩证方法、逻辑范畴的推演以及辩证法在美学中的具体运用，并从马克思主义观点予以评价和批判。此外，对当时我国学者很少涉猎的黑格尔早期思想和著作也初步作了较全面的研究，进一步弄清楚黑格尔辩证法产生的时代背景、思想渊源和社会政治涵义，用具体的历史资料批驳了苏联哲学界流行的把德国古典哲学说成是德国贵族对于法国革命的一种反动的错误论断，论证了青年黑格尔是当时德国新兴资产阶级的思想代表，他的辩证法反映了资本主义上升时期资产阶级的愿望和要求。关于黑格尔的劳动和异化理论的形成和发展，过去国内也缺乏系统的研究，我在这方面的探讨多少填补了研究的空白。特别是与马克思主义的诞生密切相关的黑格尔学派的分裂和演变过程的研究，也是亟须加强的薄弱环节，我虽做了一些研究，但因第一手资料不足，研究是不够深入的。对现代西方学者关于黑格尔的研究也有所论及（如科热夫和依波利特关于《精神现象学》的研究，卢卡契关于青年黑格尔的研究，克罗齐对黑格尔哲学的论述等），肯定其积极的研究成果，同时对其错误的观点和不足之处提出了批评。

除黑格尔哲学外，我曾把兴趣转向尼采和克尔凯郭尔。在哲学史上，尼采历来是有争议的人物，过去在我国长期受漠视和简单粗暴的批判。我不主张为他辩护或翻案，提出要真正理解和重新解释尼采，而不要被一时的“尼采热”所迷惑。至于克尔凯郭尔哲学的研究，在我国还需从头开始，首先要弄清楚他是一个什么样的人，在众多著作中传播的是一种什么样的思想。我在这方面只是做了一些起步的基础性研究工作。

（2）在中国哲学史方面，我虽然发表过一些文章，在一些国际学术会议和交流活动中做过讲演和提供论文，就某些问题阐明中国哲学思想家们的看法，但只是对先秦法家的最大代表人物韩非学说作过较全面深入的探讨。由于“文化大革命”时期盛行的对法家的别有用心的吹捧，有必要实事求是地对韩非作全面的客观的重新评价。按我的看法，韩非在自然观、认识论方面采取唯物主义立场，在社会历史观方面注重物质利益，强调社会进化，反对“是古非今”，这些是应予肯定的积极因素，为中国古代唯物主义哲学作出了贡献。可是，在韩非学说中，最重要的还是他的政治哲学，他所倡导的封建君主专制主义理论在当时历史条件下虽然适应了中国统一的封建专制帝国的需要，但对以后两千多年的中国政治产生了极其深远的有害影响，对其流毒必须予以深入的揭露和批判。这就打破了过去一个时期内习惯套用的哲学唯物主义等于政治上进步这样一个简单机械的公式，恢复历史人物的本来面目并正确评价其在历史上所起的作用。

（3）西方美学史是我花费精力较多的另一个研究领域，涉及从古希腊至近、现代西方美学的一些主要代表人物。我试图用马克思主义的观点和方法去重新审视历史上西方美学思想的发展过程，联系各个不同时代的社会历史发展背景和精神文化状况，从哲学的角度去探索各种美学理论的产生、成长和相互更替。在古代美学中，我曾对柏拉图作过较全面、深入的研究，把柏拉图美学思想放在他的整个哲学体系中联系其宇宙观、认识论、伦理学说和社会政治思想等进行考察，并审视了亚里士多德对柏拉图的批评，从而对柏拉图美学整体上作出了新的评价。我还对新柏拉图主义的重要代表普罗提诺的美学论著进行评论和剖析，多少弥补了当时我国的西方美学史研究的一个空白。在近代西方美学中，我的研究重点是德国近代美学，除了康德、谢林和黑格尔这些德国古典哲学的大师外，还兼及对他们曾有巨大影响的德国启蒙运动的代表莱辛和其他人物。莱辛不愿接受现成的真理而宁愿自己努力去探求真理的那种理论勇气，十分令人敬佩，我研读了他的《拉奥孔》和《汉堡剧评》后对这两部著作进行了评析。我更赞赏黑格尔的《美学》，它启示我们的是美学理论研究必须有广阔的历史感和社会生活视野，必须重视历史和人类艺术实践，根据大量实际材料说话，否则就容易沦为空谈。我就黑格尔《美学》中的某些问题写了论文，《黑格尔的悲剧论》一文是我比较满意的，似乎以前我国学术界对此还很少进行专门深入的研究。我感兴趣的另一研究领域是从别林斯基、车尔尼雪夫斯基到普列汉诺夫的俄国哲学和美学思想的发展，这一发展过程基本上是同德国古典哲学经过费尔巴哈而走向马克思主义的历程相呼应的。我认为，别林斯基美学思想是在德国古典哲学的强烈影响下形成的，又与当时俄国的现实密切结合而具有俄国特色，而别林斯基事业的继承者车尔尼雪夫斯基则进一步以费尔巴哈哲学为依据全面地批判了黑格尔美学，对创立俄国唯物主义美学作出了贡献。最后，普列汉诺夫用马克思主义观点完成了对这份丰富的美学思想遗产的批判继承，把俄国美学思想的发展推向新的高峰。我的这一看法和当时苏联学术界通常的论断是不同的，我还特意翻译了普列汉诺夫的名著《尼·加·车尔尼雪夫斯基》一书以印证我的观点。

（4）用哲学和美学的观点来进行艺术评论，这是我在研究工作中的一个新尝试。《永恒性的追求——尼罗河流域古埃及文化艺术遗址考察纪行》这篇长文，是根据实地参观考察的感受并参考历史资料和有关学术著作而写成的，试图用历史唯物论观点从古埃及独特的地理环境以及由此制约的社会生产力和政治经济结构的长期停滞不变，去解释古埃及艺术的本质特征，即把对永恒性的向往和追求奉为艺术理想，无论是金字塔、神庙、地宫以及许多雕刻和绘画都莫不如此。其次是阐明了古埃及艺术与宗教和政治的紧密联系，具有强烈的功利性和实用性目的，从而证明所谓艺术无利害关系之说并非普遍适用的真理。此外，还具体分析了埃及艺术所采用的独特的表现方法，它历经许多世纪而基本不变，成为固定的创作规则，使埃及艺术具有自己的特色，但也因缺乏创新而导致停滞和衰落。当时在我国用这种宏观的方法在总体上对埃及艺术作哲学和美学评论的尚不多见。在艺术评论方面，我涉猎较多的还是西欧文学艺术，从古希腊的著名雕塑到文艺复兴时期的大师米开朗琪罗和近代巨匠罗丹的作品，从印象派绘画到凡高等印象派之后画家以至现代西方绘画艺术的杰出代表毕加索和克列，从莎士比亚的悲剧到理查德·施特劳斯的歌剧，我都在观赏之余进行思考和探索，根据自己的感受和理解从哲学和美学角度提出自己的解读。像毕加索那样影响极大的 20 世纪西方艺术大师，过去我国学术界对他还缺乏系统深入的研究，我从他的早期作品着手，对他的各个时期乃至晚年的作品作一梳理。毕加索一生创作了大量作品，从内容到形式丰富多彩，变化无穷，风格各异，对研究者来说成为一个难解之谜。我尝试用马克思的异化理论去解读毕加索艺术，具体剖析了其中三种不同的异化的表现，即客观世界的异化、人的异化和艺术与艺术家自身的异化，指出毕加索艺术的伟大就在于表达了他的时代中最本质的东西，因为在他所生活的西方发达资本主义社会里，异化乃是最普遍、最基本的现实，几乎已成了人难以摆脱的宿命。所以我得出结论说，在社会学的意义上，毕加索是现代西方社会的一面镜子。当然，对任何一个伟大的艺术家或艺术作品，可以有而且必然会有不同的解读，我所提出的只是对毕加索艺术的一种可能的新解读而已。

三、汝信主要论著

汝信.1956. 车尔尼雪夫斯基的社会政治观点. 文史哲，(1)：24-31，12.
汝信.1958. 论车尔尼雪夫斯基对黑格尔美学的批判. 哲学研究，(1)：90-107.
姜丕之，汝信.1961. 黑格尔范畴论批判. 上海：上海人民出版社.
汝信，杨宇.1962. 黑格尔的悲剧论. 哲学研究，(5)：48-60.
汝信等.1963. 西方美学史论丛. 上海：上海人民出版社.
普列汉诺夫.1974. 普列汉诺夫哲学著作选集（第4卷）. 汝信等译. 北京：生活·读书·新知三联书店
中国社会科学院哲学研究所西方哲学史组.1978. 马克思主义的三个来源. 北京：人民出版社.
汝信.1978. 青年黑格尔的社会政治思想//中国社会科学院哲学研究所西方哲学史研究室. 外国哲学史研究集刊（第一集）. 上海：上海人民出版社.
普列汉诺夫.1981. 尼·加·车尔尼雪夫斯基. 汝信译. 上海：上海译文出版社.
汝信等.1983. 西方美学史论丛续编. 上海：上海人民出版社.
汝信.1985. 外国美学. 北京：商务印书馆.
汝信.1987. 西方的哲学与美学. 太原：山西人民出版社.
汝信.1988. 关于历史哲学两个问题的思考. 世界历史，(2)：1-12.
李泽厚，汝信.1990. 美学百科全书. 北京：社会科学文献出版社.
汝信.1992. 美的找寻. 北京：中国社会科学出版社.
汝信.1997. 论西方美学与艺术. 桂林：广西师范大学出版社.
汝信.1999. 世界文明大系（12卷）. 北京：中国社会科学出版社.
汝信.2005. 西方美学史（4卷）. 北京：中国社会科学出版社.
汝信.2005. 汝信自选集. 北京：学习出版社.
汝信.2005. 汝信文集. 上海：上海辞书出版社.
汝信.2008. 看哪，克尔凯廓尔这个人. 开封：河南大学出版社.

撰写者

汝信

吕大吉

吕大吉（1931～2012），四川达县人。1957年毕业于北京大学哲学系。曾任中国社会科学院荣誉学部委员，世界宗教学研究所研究员、博士生导师。长期从事哲学和宗教学的教学与研究。主要著作有《洛克物性理论研究》、《宗教学通论》（主编和主笔）、《人道与神道——宗教伦理学导论》、《西方宗教学说史》、《宗教学通论新编》、《宗教学纲要》、《中国宗教与中国文化》（与余敦康、牟钟鉴、张践合作）、《从哲学到宗教学》，《中国各民族原始宗教资料集成》、《马克思主义宗教理论研究》。译著有休谟的《人类理智研究》、夏普的《比较宗教史》（与何光沪、徐大建合译）。2012年6月28日因病逝世。

一

80年前的四川省达县万年镇（现称达州市桥湾乡）是一个只有十来户人家的小山村。地处大巴山系南麓纵横起伏的群山之中，山高路险，远离城市都会，也远离近代文明。时代的新风，很难穿越群山吹到这偏远的僻壤。山里人世世代代过的是一种耕田而食、织布而衣的生活，普遍迷信鬼神，敬天安命。万年镇背靠大山，面临巴河，是个青山绿水，风光秀丽的地方。就在这个地方，一位终身献身于哲学与宗教学，创建中国宗教学理论体系的人文学者——吕大吉出生了，时在1931年9月17日。

吕大吉的父亲吕安之本是个地道的农民，中年经商挣了些钱，买了田产，发家成为收租纳佃的地主。他幼年就读私塾，粗通文字，能阅读《三国演义》、《东周列国志》之类历史小说。20世纪30年代，他一度担任万年镇乡的联保主任（相当于乡长）。当时，乡里办起了新式的四年制初级小学，校址就在他家的门口。当年吕大吉刚5岁出头，在他妈妈的严厉督促下入学读书，开始了他的读书生涯。说来也真幸运，这位校长兼教员竟是一位颇有新思想的知识青年。他在课堂上除教学生读书识字以外，还经常讲些应该相信科学、世界上没有鬼神之类的新知识。课余还带领一批学生娃娃到附近寺庙搞推倒泥塑神像，捣毁土地堂之类的活动。吕大吉至今仍认为这位小学老师是在他幼小心灵中播下第一粒宗教启蒙思想种子的导师。可惜他现在已记不起这位可敬的启蒙老师的名字了。

吕大吉常说，他之所以能走上读书致学之路，端赖他父亲母亲的教养。母亲梅树玉虽没有多少文化，但她极其重视对儿子的文化教育。每日晚上，她陪着儿子在油灯下复习功课朗诵课文。假日里，也不许他由着性子贪玩。每过两三天，就要他背诵课文。背不出来，就得罚跪挨板子。七八岁时，就让他读杂七杂八的书，她和长辈经常给他讲故事。妈妈的严教，使吕大吉逐渐消解了顽皮贪玩的天性，养成好学读书的习惯。打从那时，他就喜欢读各种小说。他天资聪慧，长于记诵。看过的书，听过的故事，都能给乡亲长辈们有头有尾地讲出来。在那个文化落后、民智低下的深山小镇里，吕大吉的这种表现确显得与众不凡。众乡亲交口称赞，远近驰名。吕大吉在儿童教育问题上有句口头禅："好孩子是夸出来的。"这是他从自己的童年经历中悟出来的。乡亲长辈越是夸他聪明好学，他就越是乐于好学读书，终于一步一步地走到今天。父亲吕安之也看出他的这种聪明好学的天赋，对他极为钟爱。下决心倾全家之力让他逐级升学，把他培养成个有出息的读书人。当时家乡的青少年一般只读几年私塾，或在新式小学读到初小毕业，识得几个字，就辍学务农。只有吕家兄弟从小学而中学，从初中而高中。1949 年 12 月，解放军进军四川达县，吕大吉高中毕业。在新中国成立以前，在万年镇的漫长岁月里出现高中毕业生，他是第一人。这是他人生命运的第一次突破。此后数十年，每当他和我忆及往事，他总是满怀深情谈及他的父亲母亲对他的养育之恩和教育之德；尤其对他的母亲更是充满感恩之情。他认为，他的母亲既是慈母，也是严师。正是母亲对他在童年时代的严格教育，才培养起了他读书好学的习惯，使他摆脱了偏僻山村世世代代形成的文化落后、愚昧无知的状态，走上了学者之路。

中学时代的吕大吉喜爱读各种文史哲书籍和乱七八糟的古今小说，而武侠小说，更是他的最爱。他博闻强记，知识积累颇为厚实。写作是他的强项，国文老师命题作文，他略加思索，下笔成章。他还主动练习创作小说和诗词歌赋之类，所有这些爱好和知识积累，为他一生的学术创作打下了文化基础。由于时代的进步，他在中学时就能读到"五四"新文化运动的各种书籍。各种新思潮、新文化在他心中发酵。他痛恨国民党政府的专制与腐败，憧憬起自由、平等、民主的理想社会。达县于1950 年元月解放，不到一个月，他就于 1950 年 2 月打起背包，步行 500 里，投奔中国共产党在南充市创办的川北人民革命大学（校长是胡耀邦）。用当时流行的术语，这就叫"参加革命"。这所名为"人民革命大学"的办校宗旨是让学员学点马列常识，改造世界观，培养革命干部。两个多月后，分配到胡耀邦为主任的川北行政公署工作。1952年秋，四川四个行政公署合并为四川省。川北行政区撤销后，吕大吉在1953年以“调干生”的名义，先在复旦大学干部补习班，补习已经荒废的中学课程，三个月后，考入北京大学哲学系。这是他人生命运的一大转折点。从此开始了他此后一生立志献身哲学和宗教学研究的学术旅程。

二

1953年的北京大学哲学系，是1952年全国高等学校院系调整之后建立的独一无二的哲学系。全国著名的哲学家和哲学教授们差不多都集中到这里。冯友兰、金岳霖（时任系主任）、贺麟、洪谦、熊十力、张岱年、朱光潜、宗白华等以及汪子嵩、张世英、江天骥、陈修斋、朱伯崑等均云集北大哲学系从事著述，甚至亲自登坛执教。哲学研究风气之浓，学术水平之高，臻于鼎盛，俨然形成中国史上首屈一指的“哲学王国”。在这个王国里，吕大吉如仰高山，如坐春风，竟也做起了“哲学家”之梦，在北大哲学系学习那几年，他勤奋苦读，沉醉在中外古今的哲学经典之中。他似乎颇有哲学思维的天赋。敏于思考，长于论辩。一方面广泛吸取先贤前辈的智慧，另一方面又总想提出新的问题，进行新的探索，走出属于自己的新路。从大学二年级起，他就尝试进行哲学问题的探讨和写作。在1956～1957年的短短一年期间，他连续在《哲学研究》和《光明日报》哲学副刊发表了4篇论文，就一些哲学和中西哲学史上富有学术意义、但在政治上颇显敏感的问题，发表了挑战性的论文，并与当时一些学界名家展开论战。1956年发表了《关于王充认识论的一个问题——与吴泽先生商榷》，这篇论文是他一生正式发表的第一篇哲学论文。吴泽当时已是史学界的名家，吕大吉当时不过是一个大学三年级的学生。他敢于在《光明日报》哲学副刊上与他“商榷”，不仅需要理论上的“勇气”，更需要学术上的“底气”。他的这篇论文用史学考据的方法和严格的哲学分析纠正了吴泽因断句错误而把王充反对谶纬神学先验论的认识论贬为“不可知论”的观点（侯外庐在其论著中肯定了吕大吉的观点）。这是他在哲学研究征途上的处女之作，1957年，他又在《光明日报》哲学副刊上连续发表了《论不可知论的实质》的两篇论战性文章，尖锐而明确地反对把不可知论等同于唯心主义的“正统”理论（实质沿袭自苏联哲学界），笔锋直接指向斯大林在《论辩证唯物主义和历史唯物主义》中的论述。这次“挑战”正统，立即引来一大批反对他的文章，其中有人更明确指出吕大吉的观点与斯大林的论述对立者。幸运的是，这场论战基本上限制在学术探讨领域，未在政治上发展下去。

吕大吉大学时代在学术探讨中最有价值的成果当推《破坏的哲学，精巧的神学——巴克莱主观唯心主义批判》一文。这本是他大学三年级时的一篇学年论文。洪谦、郑昕、齐良骥对这篇论文的学术质量和作者的才华给予了很高的评价。先是在1956年北京大学“五四”校庆日大学生论文比赛中获得一等奖，随后又由洪谦、郑昕推荐到《哲学研究》，很快就在该刊1957年第3期上全文发表（全文长达约3万字）。《哲学研究》是全国最高水平。当时也是唯一的一家发表哲学论文的期刊，一般都是哲学界的名家发表论文的地方。一个大学生的长篇论文竟能在其上全文刊出，实属不易。论文对巴克莱哲学之基本精神的理解，对相关原始资料的把握以及逻辑论证的严密性，都达到一个专业哲学工作者的高水平。现今国内专门研究巴克莱哲学的专家学者仍称赞它的学术水准。

以研究巴克莱哲学为开端，吕大吉进一步把视野扩展到17～18世纪的英国经验派。1957年，他选择洛克哲学作为毕业论文的题目。从此以后，在相当长的一段时期内，洛克哲学成了他研究和著述的中心。

大学毕业后，吕大吉到中央民族学院从事西方哲学史的教学工作。教学之余，继续进行哲学和哲学史的研究，重点是洛克哲学，连续发表了多篇论文。其中，对学界产生了重要影响的，是他对洛克的物性理论，特别是第二性质学说所作的新评价。

新中国成立以来对苏“一边倒”路线，使学术界的各个领域也以苏为师。苏联关于哲学和哲学史的观点一下子成了我们只能照抄，不得超越的“正统”。按照苏联人的说法，洛克关于两种性质学说是一种典型的机械论，形而上学，而第二性质学说（认为色声香味之类在物中并无真正的存在，它们不过是物的某种能力在人的感官中产生的感觉）则是一种唯心论，是巴克莱主观唯心主义的滥觞。早在1956年写成的批判巴克莱哲学的论文中，吕大吉即已对这个被视为“正统”的说法提出异议。1960年后，《光明日报》哲学副刊连续刊出三篇文章对吕大吉的这些“异议”进行批判，这就迫使吕大吉为自己作出辩护。1960年发表了《为洛克第二性质学说所作的辩护》一文（刊于《光明日报》哲学副刊）。1963年他又写了一篇长达5万余字的论文，把研究的范围从哲学史推向哲学，从肯定洛克第二性质学说推向由此而引起的自然观和认识论问题，题目是《关于洛克第二性质学说的评价和辩证唯物主义的一些问题》。由于此文涉及哲学中最深层的问题，立即引起哲学界的深切关注。北京市哲学会在1963年专门为此组织了一次学术讨论会。工作在北京的哲学工作者几乎都来与会，真可谓“群贤毕至，少长咸集”的盛会。会上发言和参与讨论的文章均反对吕大吉的观点，斥之为“康德式的唯心主义”。尽管吕大吉处境孤立，但他仍坚持自己的理念。但论文却无法刊出。随之而来的“文化大革命”把一切学术研究打入“地狱”，而吕大吉则因此文未发表而幸免于“大批判”之剑。只是在“文化大革命”结束之后，趁着1979年三中全会思想解放的东风，这篇论文才得以在《外国哲学史研究集刊》（第二辑）发表（部分）。接着，吕大吉扩大并深化这一研究，写出了一部专著：《洛克物性理论研究》。随着本书的问世，吕大吉完成了这项研究，也使这一次跨越“文化大革命”，长达20年的论争基本上告一段落。这次论争的意义在于他提出了一系列哲学和哲学史的重大问题，并给予自己的回答。

洛克关于第一性质和第二性质的联系及其区别的物性理论是对从古代希腊原子唯物主义到17世纪机械唯物主义和自然科学的自然观所做的哲学概括，其基本精神是用物质微粒组合为物时的空间排列、数量关系和运动形式来说明自然物的一切外部特性，体现了“以量来说明质”的辩证法，构成近代自然科学的理论基础，至今仍具有科学性，不能否定。

通过对洛克原著的考证性研究，充分证明所谓洛克否认第二性质客观存在的说法，乃是哲学史上对洛克的一大误解。因为洛克所理解的“第二性质”乃是物体中由于“第一性质”的变状而产生的能引起人们的色声香味之类感觉的“能力”，而不是色声香味之类本身；对于色声香味之类，洛克确实是把它们视为人的主观感觉而从物体的客观存在中否定了，但作为产生此类感觉之客观能力的“第二性质”，洛克是坚决承认其在物体中的客观存在的。

近代物理学和感官生理学的发展证明了洛克第二性质学说的科学性。

从古代希腊到近现代，各种形态的唯物主义哲学都把色声香味之类排除于自然界本然世界之外，都认为自然界的本来面貌是无色、无声、无味的，但这并不等于把自然界视为没有质的多样性的黑暗世界。关键在于科学的哲学世界观应该对物体的“质”有一个符合于科学事实的规定。苏联式的所谓马克思主义哲学的自然观和本体论必须推倒重建。

洛克否定第二性感觉与产生它们的第二性质完全不相似，这彻底否定了庸俗唯物论的“反映”观。“反映”不是主体对客体的被动地简单再现，而是主体与客体的矛盾统一；感觉是通过“主体的变化”来反映外物的作用的，其不相似于客体是必然的，我们只有在这一科学事实基础上来划清唯物主义和唯心主义与不可知主义的界限。

吕大吉提出的这些问题涉及哲学的根本，历史上各派哲学家差不多都是因对这些问题有不同的回答从而构建了不同的哲学体系。在20世纪60～70年代的中国哲学界，在那用平板玻璃式的眼睛去理解自然界的本来面貌，解决哲学和认识论上一切复杂问题的“庸俗反映论”被视为马列哲学之“正统”的时候，吕大吉的提问，无疑起到了“打破禁区、思想开放”的作用。1978年以后进入哲学领域的年轻一代的研究生们对此是感到新奇和兴奋的。当时一批一批的年轻人到家来访问吕大吉，同他探讨由此引发的各种哲学问题。时至今日，不管哲学学者们对吕大吉的答案可能有多少不同意见，但色声香味之类乃是外物在我们感官上产生的感觉这一论断，似乎已逐渐被哲学界承认为无需争论的科学事实。新时代的哲学探索者们在此科学事实基础上构想哲学自然观和认识论的深层问题时，再也无需像60～70年代那样时刻警惕那些冒充“正统”的庸俗唯物论的“大棒”了。

哲学史家梯利说：“没有一个哲学家比洛克的思想更加深刻地影响了人类的精神和制度。”也正是因为这个缘故，吕大吉对洛克哲学情有偏好，认为现代的中国人应该对洛克思想有更多的了解。他为此对洛克思想做了多方面的研究，；论著涉及哲学、政治、宗教等各个领域。除了见诸各种刊物的十余篇专题论文外，《中国大百科全书·哲学》中有关洛克哲学的全部条目（其中包括第一性质和第二性质学说）都出自吕大吉的手笔。这说明，“文化大革命”之前一直被视为违反“正统”马列主义哲学的吕大吉有关“物性理论”的一系列新思想、新观念，在改革开放年代“解放”了，俨然成了新时代“哲学思想大解放”的一个标志和象征。时至今日，吕大吉自认为他对洛克哲学，特别是对洛克物性理论的研究，不仅是他前半生全部哲学研究的聚焦点，《洛克物性理论研究》一书则是他个人学术生涯中达到“最高水平”的代表作。

三

1975年“文化大革命”后期，邓小平复出时，重新启动了哲学社会科学的建设。吕大吉精神为之一振，抱着一腔希望，奉调中国社会科学院世界宗教研究所，这是他学术征途上又一个转折点，也是他学术生涯新的起点。他逐渐从前半生孜孜以求的哲学和哲学史的研究，转向中国宗教基础理论和学科体系的建设。宗教学这门学科，在西方，从19世纪下半叶，就已从宗教神学和哲学的附庸独立出来，发展为名家辈出，文化影响深远，学术地位显赫的人文学科。而新中国成立以来，却在我国被打成“资产阶级伪科学”，成为无人敢于问津的荒芜之地。即使马克思主义的宗教理论，也没有人做过稍微系统的研究。文史哲学者的论著凡提及宗教时，差不多皆斥之为历史上反动统治阶级用以麻醉人民革命意志，维护其统治秩序的精神鸦片烟，把宗教学术研究政治化为单纯的无神论宣传。就在这“千山鸟飞绝，万径人踪灭”的学术环境下，吕大吉开始了他后半生倾心以赴的宗教学术研究并获得了一系列学术成就。择其具有开创意义者，大体上可以概括为以下 5 个方面。

1. 开创了对马克思主义宗教理论进行系统全面的学术研究和相关的资料建设

党和国家一贯提倡在宗教研究中要以马克思主义宗教观为指导思想。但要贯彻这一点，首要条件是必须弄清楚马克思、恩格斯、列宁在宗教问题上写了些什么？说了些什么？“文化大革命”之前的 30 年间，中国事实上没有一个专业学者从事这方面的资料收集与整理。既没有这方面的基本知识，当然就谈不上对马克思主义宗教理论的学术研究。在这种情况下，所谓马克思主义对宗教学术研究的“指导”，势必流为一句空话。吕大吉调入世界宗教研究所后，立即投入当时宗教所全体成员（当时全所共有十余位研究人员）正在进行的从马、恩、列、斯的全集中摘抄收集有关宗教的论断这一工作之中。1976 年，由吕大吉、谢雨春、雷镇阊组成的小组负责编辑成书，书名《马克思、恩格斯、列宁、斯大林论宗教》（征求意见稿）。3 年之后，在收集各方面意见的基础上，任继愈责成吕大吉独立重编，1979 年 7 月由中国社会科学出版社正式出版。全书分“语录”和“文选”两大部分。“语录”内容分为 8 章：宗教的本质、宗教存在的根源、宗教的起源和发展、宗教的社会作用、宗教消亡是历史发展的规律、无产阶级对待宗教问题的态度和政策、对神学信条和宗教世界观的批判、关于历史上的无神论思想。“文选”部分则集中选辑了马、恩、列关于宗教的论著的原文。事实上，本书不仅第一次为中国从事宗教实际工作的宗教事务工作者提供认识和研究马克思主义宗教观的基本资料，它的章节安排也合乎逻辑地展示了马克思主义宗教理论的理论框架。时任中国社会科学院副院长于光远和周扬也对此书做了相当高的评价，认为他的资料收集完整，编辑的逻辑结构也严谨合理。后来从事马克思主义宗教理论研究的专业学者和宗教实际工作者一般都承认这本书不仅为他们的学术研究和实际工作提供了最基本的资料和知识，也使马克思主义宗教理论在学术实践中起真正的“指导作用”成为可能。吕大吉本人则在此基础上写出了一系列探讨马克思主义宗教观的理论和历史的专题论文。在中国关于这一领域的学术研究史上，他的这一系列论文事实上起了“开路先锋”的作用，推动了马克思主义宗教理论研究在中国宗教学术领域的普及与发展。

30 年来，专业学者不断涌现，论文和专著更大批问世。对马克思主义宗教理论的理解更加深入，更加全面。与此同时，也出现了理解和诠释上的分歧和论争。随着改革开放的进程，西方的宗教思潮大量涌进，加上“文化大革命”及其之前极“左”宗教政策的失败必然引起的反弹，社会和宗教学术界也出现了对马克思主义宗教理论和党的宗教政策的各种质疑和挑战。所有这些，也不断引起吕大吉的关注和反思。2006年，中国社会科学院领导把“马克思主义宗教理论研究”列为“十一五”期间的重大科研项目，并委托吕大吉为这个项目的主持人。吕大吉他结合当代社会宗教学术领域的现实情况，重新对马克思主义宗教观的基本理论及其历史发展进行了更深入、更系统的探索和思考。在高师宁协作下，吕大吉于2010年完成了书稿的写作，2011年5月正式出版问世。从1975年他开始编辑《马克思、恩格斯、列宁、斯大林论宗教》到本书的问世，中间历时36年。本书可说是吕大吉后半生研究马克思主义宗教理论的最后总结，集中展现了他在这方面的基本心得。本书在理论和方法上的基本特点可概括为两个方面和四条原则。所谓“两个方面”是“一方面坚持展现马克思主义宗教理论中那些正确的、有生命力的科学内容；另一方面，又不把它绝对化、神圣化为宗教式的信条”。所谓“四条原则”，就是在学习和研究马恩列毛的论著时，要分清“四个哪些”：①哪些是必须长期坚持的马克思主义基本原理；②哪些是需要结合新的实际丰富和发展的理论判断；③哪些是必须破除的教条式理解；④哪些是必须澄清的附加在马克思名下的错误观点。吕大吉在写作本书时努力贯彻这四条原则，使本书的理论分析具有了与众不同的新的面貌。书稿在由当代我国宗教学术界权威学者组成的评审会上被评为“优秀”之作，中国社会科学出版社把它列入《中国社会科学院重点研究课题成果文库》，编辑部评论说：“全书贯彻了唯物主义的批判精神，还原了马克思主义的宗教学说在历史情境中的发生史，是一部理论功底深厚、历史感强、秉持真正的历史唯物主义态度的厚重的学术著作。”

2. 宗教学理论体系的构建

20世纪80年代初，国家授命吕大吉承担两项任务：第一，1983年在福州召开的全国第一届哲学社会科学规划会议，决定把研究和编写《宗教学》一书列为第六个五年计划期间国家重点科研项目，并委托吕大吉为这个课题的主持人；第二，与此同时，中国社会科学院世界宗教研究所与北京大学合作，创办了中国第一个宗教学专业（附设在北京大学哲学系）。有关领导决定开设“宗教学原理”和“西方宗教学说史”这两门全新的基础理论课程，委任吕大吉来主讲这两个讲席。受此重任，他内心甚是惶恐不安。因为，从旧中国到当时的新中国，几乎没有一个专业学者进入过这两个领域，留下可资借鉴的遗产。这两大学术领域几乎是一片空白。他在后来写成的《西方宗教学说史》的“自序”中有一段自白：“说句老实话，我当时对‘宗教学’和‘西方宗教学说史’究竟是个什么性质的学问，它们作为独立的人文学科应该包含什么样的内容……这样一些学科建设上的基本问题，认识上还是相当之模糊和混乱的。自己还弄不清楚，又怎能编写出教材，向大学生们开讲。但任务下来，推脱不掉，只有横下一条心，从头学起。”但有一点基本事实，他心里还是有数的：“宗教学”作为一门独立的人文学科，是在西方建立和发展起来的。它在中国虽然还是未被认识和发展的“新”事物，但在西方却是名家辈出的显赫之学。要在中国建设和发展宗教学，决不能脱离这门学问已经走过的历史轨迹和已经取得的学术成就。一个不知绘画为何物的人，要在一张白纸上画出最新最美的图画，就好比在沙滩上建摩天大楼一样，无非是不切实际的空想。必须在马克思主义唯物史观和宗教观的指导下，广泛吸收前人和别人的科学成果，作为建设自己的宗教学理论体系的借鉴。基于这样的认识，他首先比较系统地研究了西方宗教学说的历史以及古今中外各种宗教的发展史，由此入手去构建中国特色的宗教学的理论体系。那几年，吕大吉为完成国家任务，殚精竭智，全力以赴，几乎达到废寝忘食、日以继夜的程度。他广泛阅读、翻译中外各国有关文献，掌握了近代西方比较宗教学各流派、西方宗教学说史和世界宗教史等大量知识和资料。在此基础上，以他前半生积累和训练出来的哲学素养和马克思主义的历史唯物主义世界观和宗教观，对之进行深入的比较分析，终于克服了自己在此领域的知识空白，形成了自己的宗教学理论范畴体系，找到了建设具有中国特色的宗教学和宗教学说史的新路。1986 年，他主笔和主编写成了《宗教学通论》（以下简称《通论》）。1998 年，他又对《通论》进行了大量的修改和补充，充实了《通论》的内容，进一步完善了《通论》的理论体系和逻辑结构，独立写成了《宗教学通论新编》（以下简称《新编》）。2003 年，他又应高等教育出版社之约，在他多年指导培养出来的几位研究生（金泽、龚学增、魏琪和何其敏）的协助下，以《宗教学通论新编》为蓝本，集其精要，改编为适用于高校教学所需的教科书性质的《宗教学纲要》。这几部著作的出版，标志着以马克思主义唯物史观为指导的独具特色的中国宗教学基础理论和学科建设的建立和基本完成。

《宗教学通论》是一部奠基性学术专著，填补了我国宗教学理论研究的空白。该书体系恢宏，逻辑严谨、资料翔实、论述精到。它以马克思主义为指导，批判地吸取前人的研究成果，博采众长，自成体系。它所提出的理论框架，从纵横两个方面，即各种宗教现象、宗教要素的结构、排列和组合及宗教在其历史发展中展现出来的历史形态，列出了宗教总的发展图示，形成一套井然有序而又囊括万有的时空框架，科学地、实事求是地反映了宗教演变的过程，并从社会政治经济的演变揭示宗教演变的内在根据，从中总结出规律性的东西。这一理论体系是目前所能构成的最好框架。宗教四要素说，是该书又一重要的理论创新，它科学地揭示了宗教的本质特征，完善了马克思主义关于宗教的定义。该书还注重中国宗教史及其特征的研究，是一部具有中国特色的宗教学理论著作。该书提出的方法论，不仅对今后的研究工作有理论指导意义，对政府有关部门的工作也有现实指导意义。宗教学在我国是一门年轻的学科，在此书之前，我国还没有一部把宗教作为整体进行宗教研究的专著，有一些“概论”之类的著作，或失之于偏颇，或流于肤浅。西方的宗教学研究已有百余年历史，受实证主义思潮影响，注重现象的调查搜集与研究，而忽视对宗教本质的理论探索。《宗教学通论》建构的理论体系，代表了当前我国宗教学研究的最高水平。

由于《通论》和《新编》对中国宗教学重大贡献和广泛影响，出版以来先后4次获国家级学术大奖：1990年获第四届中国图书奖一等奖；1992年获第一届国家图书奖提名奖（新中国成立以来第一届）；1993年获中国社会科学院1977～1991年优秀成果奖；1999年获国家哲学社会科学基金项目优秀成果奖一等奖。

吕大吉一直主张宗教学的理论体系应该包括宗教与政治、宗教与道德、宗教与文学艺术、宗教与科学、宗教与哲学等等问题的研究（《通论》和《新编》都有专章论述），通过这些问题的专门研究，可以构成宗教学的许多分支科学，如宗教政治学、宗教伦理学、宗教文化学、宗教与科学和哲学的关系学等。作为按此方向前行的第一步，1992年，他写成了《人道与神道——宗教伦理学导论》（上海人民出版社出版），这部学术专著也很快得到社会和学界的赞誉，并获当年的华东区优秀著作奖二等奖。

3.《西方宗教学说史》作为宗教学基础理论体系的独立学科的探索与创建

如上所说，《西方宗教学说史》（以下简称《学说史》）与《宗教学通论》本来是同胞生下的双胞胎，而且《学说史》初稿写成在先。原计划是将其列为《通论》的第一篇。但出版时，吕大吉发现这部分出稿篇幅过大，内容也尚欠成熟，于是将其撤下，立志将其发展为一门自成体系的独立学科。其后，他倾数年之力，回过头来重新对西方宗教学说史进行更为系统深入的研究，于1993年始告完成，并于次年正式出版。这时，它已和《通论》一样都成了超过70万字的大部头了。它的命运也和《通论》一样，问世不久，就受到社会和学界的肯定和欢迎。

《学说史》的论述对象从古代希腊罗马开始，一直写到第二次世界大战结束。上下贯穿两千余年，涉及难以计数的众多宗教思想家和哲学家。重要的著作和文献浩如烟海。吕大吉在系统研究之后，把各历史时期的具有代表性的宗教学说按其理论表现形式概括为：古希腊罗马时期的启蒙宗教观；中世纪的异端神学；文艺复兴时期人文主义宗教观；17～18 世纪的自然神观思潮；17 世纪的机械论自然哲学宗教观；17～18 世纪自然神论思潮；18 世纪的法国启蒙运动；18～19 世纪的不可知主义或怀疑主义宗教观；19 世纪德国的宗教批判运动和费尔巴哈的人本主义宗教观；马克思主义的历史唯物主义宗教观；19 世纪中后期以来的比较宗教学（包括宗教人类学、宗教史学、宗教社会学、宗教心理学、宗教现象学、宗教哲学等）。按照《学说史》的阐述，所有这些宗教学说，其本质内容都是用科学或理性的哲学揭示神学的虚妄，使理性摆脱信仰主义的控制，使人摆脱神的压制。人文主义宗教观提高人的地位，用“人中心”替代“神中心”，迎来人性和理性的解放；泛神论把基督教那个超自然的上帝化为自然界本身；自然神论则把上帝说成是自然法则的服从者；法国启蒙思潮根本否定神的存在；德国人本主义哲学则公开宣布不是神或宗教创造人，而是人创造神或宗教；马克思主义更进一步，证明人之所以造神是源于社会的异化，颠倒的世界观的基础是颠倒的世界。因此，对天国的批判应转化为对尘世的批判。历史上的启蒙宗教观最后发展为社会主义的革命理论。至于近现代的比较宗教学则继承了西方宗教学说史的传统，用比较研究的方法对宗教进行更精细的实证性研究。但无论是人类学的方法，还是社会学、心理学、现象学、历史学、语言学的方法，其最终结论仍是用全部人类宗教的史实证明神性是人性的赋予，神是人的创造。《学说史》展现了西方宗教学说史从古及今，从发生到发展的历史轨迹以及各种宗教学说的内在逻辑。在这漫长的历史场景中，社会在变，出场人物在变，宗教学说的内容和形式也在变；但所有这些变化，都围绕一个中心轴，服从一个内在的秩序和逻辑，也表现了历史本身的秩序和逻辑。这种理论逻辑与历史逻辑的一致，证明这部著作的理论体系是健全的，《西方宗教学说史》作为一门独立的人文学科是可以在此理论体系的基础上建立起来的。学界认为《西方宗教学说史》标志着这门人文学科在中国的创立，国内不少大学宗教学专业以此书为基本教材，设立为独立学科。中国社会科学出版社授予该书 1993～1994 年度优秀著作奖一等奖。

4. 中国各民族原始宗教的资料建设与学术研究

1986 年在北京召开的“七五”期间哲学社会科学规划会议上，把研究中国原始宗教，收集整理中国各民族原始宗教的原始资料列为国家重点科研项目，再次委托吕大吉为课题主持人。他深知这一科研项目的学术意义，从研究并写作《宗教学通论》和《西方宗教学说史》的过程中，他深刻地认识到原始人的宗教信仰，不但是整个人类宗教的发端，在一定意义上，也是人类社会各种文化形式的源泉。各种人文学者如果想了解人类宗教和其他文化形式的本质与奥秘，就得探索他们得以产生和发展的根据，对之进行追根溯源的研究。正是如此，中外的宗教学家、人类学家、民族学家、社会学家、历史学家都像探索金矿的淘金者一样，重视对原始宗教的研究，特别是通过田野调查收集实证资料。

研究人类宗教的起源与发展，不仅是近现代比较宗教学开创时的聚焦点，更是此后长盛不衰的热点。宗教学的早期奠基人麦克斯·缪勒、泰勒、弗雷泽、马雷特、施米特·马林洛夫斯基以及杜尔凯姆等的宗教学著作都是以原始宗教为中心而写成的。而这些著作基本上都是以原始宗教的调查资料为实证基础。吕大吉由此认识到中国宗教学和中国宗教史的研究也必须走这样的道路，把对中国各民族原始宗教作为理论研究的起点，把有关的实证性调查资料作为资料基础。基于这样的认识，他构思了编辑巨型多卷本《中国各民族原始宗教资料集成》（以下简称《集成》）的宏大计划。他跑遍全国各民族地区，拜访和聚集有志于此的宗教学者、民族学者和社会学者，组成了近百人的团队，确定了各分卷的主编，采取分卷主编负责制，最后则由吕大吉和何耀华两位总主编按统一的规范审定而总其成。由于本课题涉及全国56个民族的原始宗教的田野调查以及古今文献资料的收集整理，规模宏大，任务之艰巨复杂可想而知。吕大吉以其在学术研究上一贯的严肃认真、负责的态度，凡事亲力亲为，从1987年到1999年，已编成并正式出版发行了6册（包括《考古卷》和27个民族分卷，总计约800余万字，附图1000余幅）。其后，又陆续完成了20余个民族分卷书稿。这个巨大的学术工程，是中国各民族自古以来所信仰的原始性宗教大规模、全视野的资料集结。

《集成》陆续出版以来，国内外学术界热情欢迎，给予高度评价。学界普遍认为《集成》作为“大型资料库”型的工具书，其适用范围远不止于中国原始宗教研究，众多人文学科都可以从《集成》提供的资料探索其最初的源头，进一步弄清其发展的历史进程。

5. 关于宗教与文化之关系的哲理性研究和《中国宗教与中国文化》的完成

中国宗教学术研究在“文化大革命”及其之前完全被政治化，变质为单纯的无神论宣传，几乎没有什么理论性探讨，也没有中外宗教史的著作。可是，改革开放带来了思想的大解放和社会经济文化的大发展。在文化艺术领域，宗教学术研究异军突起，由过去的“万马齐喑”很快形成了真正繁荣的新局面。吕大吉在其长篇论文《现代宗教学术研究一百年的回顾与展望》对这种颇具突发性的转变进行了深入的探讨，对个中奥秘用一句话做了概括性回答："回顾 1949 年以来宗教学术研究走过的路，大概可以这样说，没有一种理论或观念，像'宗教即反动政治'那样束缚宗教学者的思想：也没有任何一种理论或观念，像'宗教是文化'那样，对宗教学者起了那么大的解放作用。"这就是说，改革开放以来宗教学术的繁荣，其深层原因是观念上的革新。具体地说，承认"宗教是文化"起到了思想解放的作用。

在新时代，在把"宗教是文化"这个老生常谈的口号变成深入人心的学术原理方面，吕大吉在基本理论上作出了独特的贡献：

第一、他在《宗教学通论新编》中为"宗教"提出了一个崭新的定义："宗教是关于超人间、超自然力量的一种社会意识，以及由此而对之表示信仰和崇拜的行为，是综合这种意识和行为并使之规范化、体制化的社会文化体系。"这个定义有两大特点：一是以他自己创立的"宗教四要素说"为理论基础，二是把宗教最后定性和定位为"社会文化体系"。这个定义从文字到精神上都是古今中外一切宗教论著从来没有见到过的，它成了《新编》构建的整个宗教理论体系的认识论和方法论。这个定义规定似乎已为中国宗教学界普遍承认为最好的定义。他从理论上巩固和普及化了"宗教是文化"的社会认同感。

第二、吕大吉不满足于把"宗教是文化"当做一句即兴而发的口号。而是为此写出了不止一篇的论文和专著对此口号进行系统深入的哲理上的论证。这可证之于《中国各民族原始宗教资料集成》的"总序"；《宗教是什么？——宗教的本质、基本要素及其逻辑结构》（连载于 1996～1997 年的台湾地区刊物《宗教哲学》，《世界宗教研究》也于 1998 年第 2 期刊出此文）；《宗教学通论新编》（1998）；《宗教是一种社会文化形式》（《中国民族报》2004 年 8 月 24 日）；《宗教学纲要》（2003）等论著的长篇论述之中。1996 年，全国哲学社会学科规划委员会和中国社会科学院相继把《中国宗教和中国文化》定为国家重点科研项目，并委托吕大吉为项目主持人。吕大吉与他的挚友余敦康、牟钟鉴和张践等 4 人共同完成了这个国内外从来无人涉足的重大科研课题，并于 2005 年于中国社会科学出版社正式出版（2006 年 11 月又连续出版发行第 2 版）。全书共分 4 卷：第 1 卷《概括中国宗教与传统文化》（吕大吉、牟钟鉴合著）、第 2 卷《宗教·哲学·伦理》（余敦康著）、第 3 卷《宗教·文艺·民俗》（牟钟鉴著）、第 4 卷《宗教·政治·民族》（张践著）。全书作为国家评审的优秀成果遴选为国家社科规划委员会亲自主编之《国家社科基金成果文库》。

之所以在此特别提到这 4 卷本著作的学术成就，主要原因是因为吕大吉在第 1

卷上篇中集中论证了宗教与文化之一般关系的一系列基础理论。其主要内容是通过深层次的哲理分析，从理论和历史事实上证明“宗教是一种社会文化”；宗教赖以组成的基本要素（宗教观念、宗教体验、宗教行为、宗教体制）对于哲学、科学、文化艺术、伦理道德、社会制度、行为规划、价值准则的发生产生有深远的影响。同时，通过世界三大轴心文化的实质的分析，对流行于世的“宗教决定文化”、“宗教是一切文化的本体与核心”之类学说提出质疑。他根据考古发现和文化人类学的实证史实，证明宗教不是文化的开端，而是文化发展到一定阶段的产物；因而，不是宗教决定文化，而是文化决定宗教；在方法论上，应该从文化去说明宗教，而不应该用宗教来说明文化。在此前提下，吕大吉提出了关于中国文化的主根乃是儒家的宗法伦理思想，而宗教、哲学等文化形成则是它的表现形式。儒家是两汉以后的国家哲学，本身不是宗教，但它的思想成了国家宗教（宗法性伦理宗教）的中心教义。儒家教人以“忠君孝亲”之义，国家宗教则行之以“崇天祭祖”之仪。这一系列论点事实上构成指导全书各卷在论述中国传统宗教与传统文化各个方面之间关系时的基础理论。吕大吉作为课题主持人完成的这套4卷本《中国宗教与中国文化》之所以能获得学术界和官方的高度赞誉，与他提出的这一系列具有开创性的理论观念是分不开的。

总结吕大吉后半生30余年在宗教学术领域的学术成就，就其主要内容而言，大体上可概括为上述5个方面。由于他的主要学术著作几乎都是由中国社会科学出版社出版发行的，为此，2008年10月，在该社成立30周年庆典上，从数以千计的著者中，评选出刘国光、汝信、吕大吉等五人授予“优秀作者奖”，并颁发“荣誉证书”。

四、吕大吉主要论著

吕大吉 . 1982. 洛克物性理论研究 . 北京：中国社会科学出版社 .

吕大吉 . 1989. 宗教学通论 . 北京：中国社会科学出版社 .

吕大吉 . 1992. 人道与神道——宗教伦理学导论 . 上海：上海人民出版社 .

吕大吉 . 1994. 西方宗教学说史 . 北京：中国社会科学出版社 .

吕大吉等 . 1996. 中国各民族原始宗教资料集成 . 北京：中国社会科学出版社 .

吕大吉 . 1998. 宗教学通论新编 . 北京：中国社会科学出版社 .

吕大吉等 . 1998. 比较宗教学说史 . 上海：上海人民出版社 .

吕大吉 . 1999. 人类理智研究 . 北京：商务印书馆 .

吕大吉 . 2002. 从哲学到宗教学——吕大吉学术论文选集 . 北京：宗教文化出版社 .

吕大吉 . 2003. 宗教学纲要 . 北京：高等教育出版社 .

吕大吉，余郭康，牟钟鉴等.2005. 中国宗教与中国文化. 北京：中国社会科学出版社.
吕大吉，高师宁.2008. 当代中国宗教研究精选丛书：宗教学理论卷. 北京：民族出版社.
吕大吉.2010. 马克思主义宗教理论研究. 北京：中国社会科学出版社.

撰写者

杨嘉琼（1931～），吕大吉之妻。中央民族大学高级讲师，长期从事对外汉语教学及科研工作。

陶德麟

陶德麟（1931～），字佛元，笔名茀原，湖北黄冈人。哲学家。武汉大学人文社会科学资深教授。1953 年毕业于武汉大学经济系并留校任教，历任哲学系助教、讲师、副教授、教授，哲学系系主任，武汉大学研究生院院长、校长。先后兼任《中国大百科全书·哲学》总论和辩证唯物主义部分副主编、国务院学位委员会哲学学科评议组召集人、国家教委普通高等学校哲学教学指导委员会首届主任委员、教育部社会科学委员会委员和哲学学部召集人、国家社会科学规划哲学学科评审组副组长、全国博士后管理委员会哲学专家组召集人、中国社会科学院马克思主义研究院顾问、中国马克思主义研究基金会顾问、湖北省社会科学联合会主席、美国依阿华大学亚太研究中心国际顾问等职。1984 年由国家人事部授予首批有突出贡献的中青年专家称号，1995 年由池田大作授予日本创价大学最高荣誉奖。其论著获国家教委首届普通高校优秀教材奖一等奖、国家教委首届全国高等学校人文社会科学研究优秀成果奖一等奖、教育部第六届高等学校科学研究（人文社会科学）优秀成果奖一等奖、中共中央宣传部第八届“五个一”工程奖、第十二届中国图书奖等多种学术奖励，入选国家新闻出版总署“三个一百”原创出版工程人文社科类图书和《国家哲学社会科学成果文库》。

一、成长经历

陶德麟 1931 年 10 月 31 日生于上海，祖籍湖北黄冈。他出生于一个读书人的家庭。祖父懋兰先生是清末儒生，曾在家乡开办私塾，家境清寒。父亲季贤先生幼承家学，国学功底深厚，少年投身辛亥革命，毕业于保定军校第六期，曾任孙中山大本营参谋等职，参加过北伐战争，因大革命时期在家中藏匿保护共产党人袁熙之、张惟聪等五人，又因抗战时期力主国共合作，故被当局冠以“通共”罪名并遭到迫害，50 岁即被迫赋闲，1947 年愤而退出国民党，以中将军衔“退役”，但一直拒领退休金，于 1949 年病逝。湖北诗人朱峙三赠联盛赞他是“李谪仙欲以千金裘换酒，陶彭泽不为五斗米折腰”；“不肯低头同草莽，又能落笔生云烟”。学者王葆心盛赞他的诗文“高浑沉雄，壁立万仞”，“有士如此，我中国不亡矣”。母亲黄鉴文毕业于湖北省立女子师范学校，曾任中小学国文、数学、音乐教师。

陶德麟幼年未上小学，在家由父母教授国、英、数诸科知识，并由父亲的挚友、学者陈炳文和杨相霖业余授课，学习了“四书”、《诗经》、《古文观止》，学会了文言文和旧体诗词写作，表现出过人的天赋。1943 年在战时湖北省会恩施以高分考入实验中学。他兴趣广泛，爱好文学艺术和自然科学，擅长京剧。他 16 岁时就能写一手老练的文言文和古典诗词，写过《孟荀论性平议》、《评墨子兼爱》、《说“事因于世而备适于事”》、《儒家思想与民主政治》等作文，老师在批语中称赞他“文如斲轮老手，无懈可击，而情韵悠扬，令人神往”，“论允理足”，“所评极抑扬之能事”。这些作品至今还保存着。1948 年陶德麟在武汉听过胡适和张君劢的讲学，不满于他们的观点，而又深感没有分析批评的能力。他与同学组织读书会，开始研读艾思奇的《大众哲学》和武汉大学中共地下党秘密印刷的毛泽东《辩证法唯物论提纲》等书，开始接触马克思主义，在“周记”中抨击社会的黑暗。新中国成立前夕，他高中毕业，报考清华大学外文系、武汉大学经济系和华中大学外文系，以优异成绩同时被三校录取，入武汉大学经济系学习。他还选修了哲学、物理学、数学分析、形式逻辑、文艺学、中国通史、西洋通史等课程，自学了《资本论》第 1 卷。他积极参加土地改革等校内外社会实践活动，担任校刊《新武大》编辑组组长。

1953 年 2 月，李达就任武汉大学校长，在学生中发现了陶德麟，选定他为学术助手。李达以父辈的深情约他长谈，讲了马克思主义对人类和中国人民解放事业的伟大作用，也讲了自己为传播马克思主义而长期奋斗的历程，强调培养新一代马克思主义理论家的深远意义，还介绍了自己的一批学生通过学习马克思主义而成为坚定的革命家的经历，鼓励他献身于马克思主义哲学事业。李达满腔热情的肺腑之言使他深为感动和折服，决定了他后来的人生道路。几十年后他谈到自己的经历时说：“李达老师是我的恩师和引路人。”

陶德麟 1953 年毕业留校后勤奋钻研马克思主义哲学。1956 年李达重建武大哲学系时，他任助教，为哲学系本科生授课，深受欢迎，成为学校最“叫座”的教师之一。学生评价他的授课“字字珠玑，出神入化”。1961 年他又为全校研究生讲授马克思主义哲学，并应湖北省委之聘为省市地干部讲授《实践论》和《矛盾论》，并印发了《实践论浅释》的讲义，听众多达十万人。1955 年，24 岁的陶德麟撰文批评当时被视为权威著作的苏联罗森塔尔、尤金所著《简明哲学辞典》，指出其中的“同一性”条目释文的错误。此文在《哲学研究》1956 年第 2 期发表后受到国内外学术界的重视，《简明哲学辞典》接受了批评并作了改正。毛泽东在次年1月7日在省市自治区党委书记会议上的讲话中肯定了本文的观点。1965年6月24日毛泽东又邀集一些学者谈论过此文。在此后10年中，陶德麟先后在《红旗》、《人民日报》、《哲学研究》、《新建设》等刊物上发表了30篇哲学论文，已在学术界崭露头角。

1961年8月，毛泽东在庐山约李达畅谈理论问题，再次赞誉李达在20世纪30年代发表的《社会学大纲》是“中国人自己写的第一本马克思主义哲学教科书”，委托他再撰写一部哲学教科书，打破苏联教科书的“一统天下”。李达接受委托，主编《马克思主义哲学大纲》，指定陶德麟执笔。在李达指导下，经过4年的努力，他于1965年冬完成了38万字的上卷《唯物辩证法》送审稿。这部书稿系统阐发了唯物辩证法在中国的新发展，力图概括当代科学的成就，注重论述毛泽东对唯物辩证法的独特贡献，很有特色。但是，正当他继续编撰下卷《唯物史观》时，“文化大革命”突然到来，李达被诬陷为“武大三家村黑帮头子”并于1966年8月惨遭迫害致死，编写工作被迫中断。35岁的陶德麟也被打成“黑帮分子”，受到残酷批斗，次年又因“为李达翻案”的罪名被送到农村“劳动改造”达8年之久，受尽各种肉体摧残、精神折磨和人格侮辱，九死一生。1974年李达的冤案初步平反，陶德麟才得到不彻底的“解放”回到教师队伍。在逆境中，他也曾悲观过，迷惘过，但他对马克思主义的根本信念始终没有动摇，坚信马克思主义的真理必将克服党的失误。在那些不堪回首的年代里，他以超常的意志，克服一般人无法想象的各种困难，重新研读马克思主义的原著，学习历史和外文，不停息地思考着党和国家的前途和命运。他相信国家不会就此沉沦，错误总有一天会得到纠正。他当时偷偷地写下的一首小诗就是他这种心理的写照：“临歧自古易彷徨，我到歧前不自伤。心境常随天上月，如环如玦总清光。”

陶德麟在35岁的盛年失去了自由，10多年的青春被“文化大革命”及其后遗症所消耗；步入知天命之年以后，他又相继担任系、校主要领导职务长达14年，把人文学者最宝贵的年华奉献给了武汉大学的建设和发展。就是在这样的情况下，凭着爱智忧民的情怀和奋力求索的精神，陶德麟在学术研究上卓有建树。他继承发扬了李达注重对马克思主义理论的整体性研究和理论联系实际的优良学风，把主要研究领域放在马克思主义哲学基础理论和马克思主义哲学中国化方面，对一系列重大理论和现实问题进行了创造性的探索，实现了多方面的理论创新。有的学者致函陶德麟说：“杜甫的诗，是‘诗史’，您的文集，可以说是现当代哲学史，不仅有理论价值，而且有历史的价值。”

二、主要研究领域和学术成就

1. 对编撰马克思主义哲学教科书的新探索

李达主编的《马克思主义哲学大纲》上卷送审稿于1965年完成，后因“文化大革命”爆发而未能出版。1978年，陶德麟受人民出版社的委托，遵照李达12年前的嘱托对它作了全面修订，以《唯物辩证法大纲》的书名出版。这是“文化大革命”结束后出版的第一部马克思主义哲学教科书。该书除保留了1937年正式出版的《社会学大纲》的独特优点外，还对当代自然科学的新成就及中国革命和建设的经验作了哲学概括，比较系统地阐述了作为马克思主义哲学中国化之思想结晶的毛泽东哲学思想，论述了中国共产党人在中国革命与建设实践中对唯物辩证法的运用和发展。该书出版后受到理论界的高度评价，被认为代表了当时中国马克思主义哲学教科书达到的最高水平，并于1985年获国家教委第一届全国普通高校优秀教材奖一等奖。

2. 对李达思想研究的推进

1978年，陶德麟与李其驹、熊崇善、段启咸、曾勉之共同编纂了《李达文集》(四卷本)，由人民出版社陆续出版。《李达文集》收集了李达的主要代表性论著，首次为学术界研究这位中国现代思想史和中国马克思主义史上的重要人物提供了比较完整的第一手材料。在编纂过程中，陶德麟在《红旗》、《中国哲学年鉴》等刊物上发表了《建党前后的李达同志》、《杰出的马克思主义理论家李达同志》、《李达传略》等十余篇论文，较系统地探讨了李达在传播马克思主义理论和马克思主义中国化事业中的杰出贡献，阐述了李达先生许多鲜为人知的理论成就，澄清了若干长期被淹没或歪曲了的史实，把李达思想研究推进了一大步。

3. 对真理标准问题的探讨

“文化大革命”结束后，“两个凡是”的戒律成为阻碍拨乱反正的政治栅栏，“文化大革命”的理论基础并没有被触动，中国向何处去的问题仍然没有解决。1977年，陶德麟应邀赴北京参加纪念《实践论》和《矛盾论》发表40周年的理论讨论会时与理论界的一批同志达成了一个重要共识：“文化大革命”的悲剧能持续10年之久，主要是由于有一套蛊惑人心的理论，这套理论的哲学基础就是在真理标准问题上以“语录标准”和“权力标准”取代实践标准。不彻底摧毁这一哲学基础，恢复

“实践是检验真理的唯一标准”的根本原理、实现拨乱反正将寸步难移，变相重演“文化大革命”悲剧的危险也不能被消除。这批理论家决心冲破罗网。《光明日报》评论员文章率先鸣炮之后，1978年7月中国社会科学院召开了全国性的“理论与实践问题研讨会”，开始了真理标准大讨论。陶德麟应邀作专题发言。他克服重重阻力参加了此会，做了题为《关于真理标准的几个问题》的大会发言，以极大的理论勇气旗帜鲜明地批驳了“两个凡是”的错误，论证了实践是检验真理的唯一标准，并在《哲学研究》1978年第10期发表了同名文章。会议期间，他还向《哲学研究》编辑部提供了50年代毛泽东致李达三封信的复印件，经中国社会科学院报请党中央批准，在同年《哲学研究》第12期发表，全国各大报刊转载，对于破除“两个凡是”、澄清理论是非起了重大的促进作用。参加真理标准讨论归来，他感到如同从囚笼走向了旷野，情不自禁地挥毫写了一首《西江月》：

山外骄阳暗下，林间好月初悬。微风过处听鸣蝉，一派清光如鉴。

回首人间颠倒，消磨多少华年。凭他沧海起狂澜，我自冰心一片！

当时有些学者虽然也反对“两个凡是”，但在理论上对“实践是检验真理的唯一标准”的命题尚存有疑虑。有的认为逻辑证明也是检验真理的标准，有的认为真理标准应当是认识的对象而不是实践。这使陶德麟深感“实践是检验真理的唯一标准”并不是“常识”，而是需要从学理上周密论证的命题。为此，他又连续发表了4篇论文。

在《逻辑证明与真理标准》一文中，为了避免因名词涵义歧异而产生的假争论，陶德麟首先界定了此次讨论中的三个关键词即“真理”、“逻辑”和“逻辑证明”：“真理”是指认识与对象的符合；“逻辑”是指由前提、推理形式和结论三个因素组成的演绎推理；“逻辑证明”是演绎推理的一种运用。由此，他首先明确了所要讨论的问题是“作为演绎推理的逻辑证明是不是判定认识与对象符合的标准”，然后论证了如下观点：①作为前提的命题无论是公理、定理、定义还是经验命题，它们的真理性都不可能由逻辑来证明。②推理形式的正确性即有效性也不可能由逻辑来证明，因为这种证明本身不能不运用推理形式，而这种推理形式的正确性同样又需要证明，结果只能是循环证明或无穷后退。③正确的推理形式可以归结为蕴涵式的重言式即永真式（tautology），它能“管”的只是前提与结论之间的逻辑蕴涵关系，而不是前提和结论是否与对象符合。数学推导所证明的也是公理与定理、定理与定理间的逻辑关系，而公理和定理是否符合客观对象恰恰是数学推导不能证明的。④由真前提合乎逻辑地推出真结论也不能说明逻辑证明是检验真理的标准，因为前提的真只是一定范围内的真，而当实践超出了这一范围时结论就未必真，这在科学史上是极为常见的。⑤逻辑证明在提供新知识、组织实践检验、确定实践结果的意义等方面有不可缺少和不可代替的作用，但在确定认识与对象是否符合这一点上，“判决”者并不是逻辑而是实践。《中国哲学年鉴》（1982 年卷）介绍此文时说：“逻辑证明为什么不能作为检验真理的标准？这是真理标准讨论中遇到的一个问题。尽管有不少人就此发表了意见，但是论证充分、说服力强的文章却不多。而这篇文章恰恰在这方面具有鲜明的特色。”该文在《哲学研究》上发表 14 年后获得了国家教委首届人文社会科学优秀成果奖一等奖。

在《认识的对象是检验真理的标准吗?》一文中，他以对话体的形式细致地论证了如下论点：①以认识对象为检验真理的标准，等于说“要判定认识与对象是否符合，就看认识与对象是否符合”，因而不过是同义语反复。②以认识对象为检验认识的标准无法操作，因为认识无法直接与客观对象相对照。如果通过观察去“对照”，就等于把原来的认识过程重演一遍，仍然不能解决认识与对象是否符合的问题。③要检验某一认识与对象是否符合，只能根据这一认识设计某种方案，设定预期的结果，然后付诸实践，造成一定的客观结果，再把这一结果与预期的结果相对照，如果两者符合，这一认识与它所反映的对象相符合才得到了证实，因此，检验真理的标准并不是认识对象本身，而是实践的结果。

在《实践怎样检验认识》一文中，他以科学史为背景，把命题区分为“逻辑命题”和“实在命题”两大类（前者可分为分析命题和矛盾命题，后者则可分为知觉命题和普遍命题），对如何检验各类命题的逻辑机理做了模型化的分析，使马克思主义的真理标准原理进一步精确化并具有了可操作性。

在《真理阶级性讨论中的一个方法问题》一文中，他认为，虽然批驳“一切真理都有阶级性”的说法完全必要，但如何批驳才能击中要害却有一个方法问题，为此，首先应当弄清“一切真理都有阶级性”这句话中“真理”一词的所指。“真理”是 Truth 的汉译，它有两种不同的涵义：涵义Ⅰ是指“理论的真”；涵义Ⅱ则是指“真的理论”。这两种涵义不可混同，正如不可把“石的坚”与“坚的石”混为一谈一样。如果取涵义Ⅰ，则“真”和“阶级性”是理论的不同属性，不能说一种属性具有另一种属性，正如可以说“石是坚的”和“石是白的”，却不能说“坚是白的”或“白是坚的”一样。在这种涵义上，无论断言真理有没有阶级性都是没有意义的伪命题。如果取涵义Ⅱ，则“一切真理都有阶级性”和“一切真理都没有阶级性”都是假命题。有的文章为了批驳“一切真理都有阶级性”，就肯定“一切真理都没有阶级性”，在方法上是不当的。正确的做法应当是首先指出“文化大革命”中流行的“一切真理都有阶级性”的命题指的是“真”有阶级性、它是一个伪命题，再来揭露这个伪命题在群众中的蛊惑作用。

4. 对“双百”方针理论基础的反思

“双百”方针是思想文化领域的根本方针，是坚持真理问题上的实践标准必须遵循的方针。但陶德麟认为，在拨乱反正中仅仅强调“恢复”“双百”方针是不能解决问题的，还必须对“双百”方针的理论基础进行反思。他认为：“‘双百’方针提出的初衷虽然完全正确，可是后来由于对社会主义改造基本完成后的社会主要矛盾的估计发生了原则性的偏差，这个方针的理论基础实际上被修改了。它的理论基础主要的已经不是马克思主义关于认识发展规律和文化发展规律的理论，而是被扭曲了、变形了的‘阶级斗争’理论，因而它的主要内容与繁荣社会主义文化的目的是无法统一的。”为了解决这个问题，他先后在《光明日报》和《求是》杂志等报刊上发表了《百家争鸣与“两家”争鸣》、《不能用专政的办法解决精神世界的问题》、《“双百方针”的理论基础应当重新解释》等一系列论文，以确凿的事实、细致的分析和犀利的语言论证了这样一些重要观点：①把“百家”归结为无产阶级与资产阶级“两家”，把一切科学艺术的不同见解和争论都归结为阶级斗争，不符合思想史的事实，在理论上也是错误的。②精神世界的问题不可能用“专政”的办法解决。暴力至多只能使人屈服，但不能解决人的思想问题，正如暴力可能造成婚姻而不可能造成爱情一样。即使确是思想领域的阶级斗争，也必须遵循思想斗争的特殊规律，即必须用说理的方法而不能用强制的办法。“无产阶级在文化领域对资产阶级专政”是完全错误的口号，这一口号不能为马克思主义赢得寸土，只能导致对马克思主义的歪曲和败坏。③要正确地贯彻“双百”方针，就必须以认识发展规律和文化发展规律的理论（当然也包括意识形态的理论）为基础，对这一方针作重新解释。只有经过重新解释的“双百”方针才能真正成为促进科学艺术进步和文化繁荣的方针。他还对今后如何切实贯彻“双百”方针的问题提出了一系列重要的建议。正是由于抓住了问题的症结，他关于“双百”方针的系列文章在理论界产生了强烈的反响，既有力地批驳了在真理面前“无产阶级”与“资产阶级”没有平等可言的哲学教条，又维护了“双百”方针应有的科学涵义，为新时期社会主义文化事业的繁荣作了极具意义的开路工作。

5. 对坚持和发展马克思主义哲学若干问题的论析

改革开放初期，否定马克思主义哲学的思潮一度以各种形式出现。陶德麟从20世纪80年代初到90年代末发表了《坚持和发展马克思主义哲学》、《马克思主义哲学与改革》、《对于发展马克思主义哲学的几点看法》等10多篇论文，就坚持和发展马克思主义哲学问题提出了自己的见解。他指出，有些人“把我们过去对马克思主义哲学的理解、研究和宣传上的失误统统记在马克思主义哲学的账上，甚至把‘文化大革命’的灾难也记在马克思主义哲学的账上，对马克思主义哲学大加非难。有人把马克思主义哲学说成我们失误的理论根源，进行种种讽刺和嘲笑；有人直截了当地认为今天的四化建设只需要具体的科学技术，只需要直接带来‘经济效益’的学问，而马克思主义哲学这种‘有害无益’的‘空谈’根本可以取消；有人则认为马克思主义哲学早已‘过时’，必须‘引进’现代西方哲学来代替马克思主义哲学。”这些看法都是“完全错误的”。他说：“我坚信哲学对一个民族至关重要。它既是民族精神的升华物，又是民族精神的铸造者。它是一个民族在自己的时代中所处的位置的最集中的标志。没有自己的哲学的民族是没有独立灵魂的民族，是没有脊梁的民族，是不能在世界文明史上留下伟大足迹的民族。然而，并非任何哲学都能给民族带来生机与智慧。我们需要的是能够抓住事物的根本、与当代亿万人民的实践血肉相连、站在人类智慧的窗口不断地回答当代生活的重大问题并指明人类发展远景的哲学。只有马克思主义哲学是当之无愧的。抛弃了马克思主义哲学就等于抛弃了我们整个民族赖以自立于世界民族之林的精神支柱，就等于抛弃了观察处理当代一切复杂问题的最科学的方法。这不是‘创新’和‘前进’，恰恰是非常愚蠢的倒退。当然，我们需要的不是僵化封闭的‘马克思主义哲学’，而是在马克思主义经典作家奠定的理论基础上不断容纳当代人类思维的一切积极成果、充满批判精神和探索精神的发展着的马克思主义哲学。”他认为，坚持马克思主义哲学与发展马克思主义哲学不可分离，离开了坚持谈不上发展，离开了发展也不是真正的坚持；要坚持和发展马克思主义哲学，就得在马克思主义哲学根本原理原则的指导下研究新问题，特别是中国社会发展中提出的新问题，把这些问题上升到哲学的高度给以创造性的解释，从而丰富马克思主义哲学。他强调说，“哲学的高度抽象性并不说明它与现实生活无关，恰恰相反，它终究是源于生活而又高于生活的智慧，是高耸云霄而又普照现实的阳光。”他不赞成沉浸在与现实生活脱节的虚玄莫测的问题中，“根本不理睬现实生活，什么现实问题也不触及，什么经验事实也不分析，热心于建构新体系，用一大串涵义不明的‘新’名词、‘新’说法来作推演，弄出一套又大又空的理论，使人读了莫测高深，不懂作者究竟想说明什么问题，甚至不懂作者在说什么”。他认为，哲学的世界性和民族性是统一的，只强调哲学没有国界是不全面的，没有民族特色的哲学不能在本民族生根，也很难以独特的姿态为世界哲学宝库作出贡献。他主张立足中国，放眼世界，以广阔的胸怀放手吸取世界文明大道上一切有价值的思想成果，特别是中国传统哲学和现代西方哲学的成果，为我所用，发展中国化的马克思主义哲学。

6. 对生产力标准、“三个有利于”标准及其与实践标准关系的阐释

在真理标准大讨论10年之后，邓小平提出了“生产力标准”的论断，1992年又提出了“三个有利于”标准的论断。对于这几个“标准”之间的关系，理论界有不同的解读。从1987年起，陶德麟先后发表了《关于生产力标准的几个理论问题》、《三个标准的历史意义》、《从建国50年的历程看哲学的作用》、《哲学在社会变革中的先导作用》等论文，就此阐述了精辟的见解。①三个“标准”的提出是我国改革开放过程中矛盾运动的产物，是哲学概括现实而又指导现实的体现。②实践标准问题解决之后人们对什么是社会主义和如何建设社会主义的问题仍有重大分歧，是因为实践标准并没有回答实践本身是否合理的功能。实践标准判定的是认识的真理性问题，生产力标准判定的是实践的合理性问题。虽然解决前一问题是解决后一问题的前提，但解决了前一问题并不等于解决了后一问题。以某一真理性的认识为依据引出的实践方案可以是多种多样、甚至截然相反的。如果以实践为标准去检验何种实践合理，则不仅是同义语反复，而且会得出无论什么实践都合理的荒谬结论。例如，根据对某些科学技术的真理性认识，既可以制造治病救人的药品，也可以制造害人杀人的毒药。如果用实践去检验，这两种方案都可以“实现预期的目的”，因而都算得上是“合理”的。可见，检验实践的合理性需要另一种标准，这种标准取决于人们的价值取向。追求的目的不同，实践合理性的界说和判定标准也就不同。马克思主义以是否有利于生产力的发展作为检验实践合理性的标准，首先需要有对社会发展客观规律的真理性的认识，同时还需要确立以解放全人类为最高理想的价值观，如果仅有前者而无后者是提不出这个标准的。必定有人按照他们的价值观始终不同意这个标准，那也不必强求。只要绝大多数人认同这个标准，社会就会形成比较一致的价值取向，社会主义建设就会顺利得多。③“实事求是”的原则应当是真理与价值的统一，它不仅要求认识符合客观实际，还要求从中引出的实践方案有合理的价值取向。只有同时做到了这两条，才算是贯彻了实事求是的原则。这就是在实践标准讨论之后还必须开展生产力标准讨论的理论原因。④不能把生产力标准归结为经济效益标准。经济效益有局部和整体之分，有眼前和长远之分；社会主义建设也不只需要讲求经济效益，更重要的是要讲求社会效益。把生产力标准归结为经济效益标准，在理论上不准确，在实践上必然导致消极后果，最终会导致对生产力本身的破坏。⑤“三个有利于”标准并不是实践标准和生产力标准之外的另一套标

准，但又不是对两者的复述或迭加，而是对两者的综合和发展。它是把认识的真理性原则和实践的合理性原则统一起来、把马克思主义的全部原理作为整体贯通起来并与国际国内的具体形势结合起来的一种高度浓缩的表述。实践标准和生产力标准是“三个有利于”标准的理论基础，没有这两个标准就没有根据提出“三个有利于”标准，不能以为有了“三个有利于”标准就不需要再讲前两个标准。然而，“三个有利于”标准又确实比前两个标准更进了一步，运用在改革实践中更好操作，更便于检查落实。此外，陶德麟还对这三个“标准”与精神生产、道德原则以及社会主义市场经济体制的关系作了深刻的分析。

7. 对人道主义问题的辨察

在20世纪80年代关于人道主义问题的讨论中，陶德麟认为，“文化大革命”前和“文化大革命”中一些人把人道主义视为资产阶级专有的旗帜不加分析地全盘否定，在理论上是错误的，在实践上也导致了严重的消极后果。为人道主义正名乃至辩护都是必要的，但必须给予科学的解释。不加分析地把马克思主义归结为人道主义，或者用人道主义代替马克思主义也同样不正确。1984年，他发表了《对两种历史观的一点理解》和《关于两种伦理原则的几个问题》等2篇论文，提出了自己的一系列见解：①人道主义是从一定的历史观基础上引申出来的伦理原则。从文艺复兴开始的人道主义是以抽象的人性论为哲学基础的。抽象人性论的根本缺点在于它把人性视为脱离社会关系和历史发展的一成不变的东西，在于它不是用历史来解释人性而是用人性来解释历史。这种抽象的人性论实际上是把资产阶级的要求说成普遍人性，由此引申出来的人道主义原则也是资产阶级要求的反映。把这种人道主义界定为资产阶级人道主义是符合实际的。②从马克思主义的唯物史观也可以引申出人道主义原则，这是无产阶级的或社会主义的人道主义。这种人道主义与资产阶级人道主义的区别表现在四个方面：资产阶级人道主义以不触犯资本主义制度为界限，无产阶级人道主义则与消灭一切剥削制度、实现共产主义的理想相一致；资产阶级人道主义用无差别的“人类之爱”来掩盖事实上的阶级矛盾，无产阶级人道主义则以承认阶级矛盾并以最终消灭阶级差别为归宿；资产阶级人道主义以个人主义为核心，无产阶级人道主义则以集体主义为核心；资产阶级人道主义有很大的虚伪性，不可能彻底实行，无产阶级人道主义则是现实的，可以彻底实行。③分清两种人道主义的哲学基础不等于否认“共同人性”的存在。人类有利益差别乃至利益冲突，也有共同利益；有共同利益就有共同人性，它并不是空洞的概念。但共同人性只能寓于由社会关系决定的具体人性之中，是具体人性的共同点，不能脱离具体人性而独立存在，正如“水果”不能脱离桃杏梅梨等而独立存在一样。不能把资产阶级一个阶级的特殊要求全部说成全人类的“共同人性”。④分清两种人道主义的哲学基础绝不等于否定资产阶级人道主义在反对封建主义、反对法西斯主义的斗争中巨大的历史进步性，也不等于否定它在当前实际生活中的积极作用。在实际生活中，人道主义的行为无论出于何种世界观，都应当受到肯定和褒扬。⑤马克思主义者也必须举起人道主义的旗帜并给予科学的解释，使之落到实处。

8. 对现阶段道德原则问题的思索

针对改革开放中人们在道德原则上的困惑，陶德麟在20世纪80年代中期发表了《道德观念要适应经济体制改革的要求》等论文，系统地提出了自己的见解。他认为，“马克思主义从来不承认有什么不依赖于物质生活条件的先天的抽象的道德原则，道德原则归根到底是从现实经济关系中吸取得来的。当然，由于社会发展是世代绵延的过程，因而每一时代的道德原则中都既有历史的积淀，又有未来的憧憬，既有本民族本地区文化传统的延伸，又有各民族各地区文化交融的影响，包含着极其复杂的内容，表现为千差万别的形式。但是，发展生产力的要求，以及由此决定的现实的经济关系，仍然是最深层、最顽强的左右道德原则的力量。一切其他因素或迟或早都不免要经过现实经济关系的筛选、过滤、折光、重组，被熔铸成与现实经济关系相适应的整体。”“不是发展生产力的要求应当服从某种道德原则，而是一切道德原则或迟或早都不得不适应生产力发展的要求。”他认为，根据我国的社会性质、经济关系和发展生产力的要求，无产阶级的道德原则仍然应当在全社会占主导地位，但要从理论上厘清几个问题：①要科学地规定无产阶级道德的内容。对长期以来作为无产阶级道德原则来宣传的东西要进行分析清理。有些确实是无产阶级道德原则应有的内容，现在也还要坚持；也有些是脱离实际的假大空的东西，甚至是封建意识或小生产者意识的变形，现在就应当摈弃。如果把过去宣传的道德原则不加分析地作为衡量是非善恶的尺度，“势必把大量的改革措施判定为违背无产阶级道德的行为，而把符合传统习惯的某些阻碍改革的东西视为坚持无产阶级道德的模范”。②无产阶级道德的一般原则在不同的国度、不同的历史阶段、不同的具体处境中都有其具体的内容，不能把一般概念当作公式往具体情况上套。③无产阶级道德本身内部还有层次之分。要区分对大多数人的要求和对少数先进分子的要求，对先进分子也要区分一般情况下的要求和特殊情况下的要求。④无产阶级道德并不是现阶段唯一适应生产力发展要求的道德，全人类的公共道德和其他阶级道德中的积极成分也是适应现阶段生产力发展的要求的。⑤道德的阶级性和时代性并不意味着不同阶级和不同时代的道德毫无共同之点，并不排斥继承和借鉴的可能性和必要性。无产阶级道德必须批判地吸取古今中外一切优秀的道德遗产，以丰富自己的内容。特别是中国几千年的道德遗产中有大量的优秀成分，应该成为建设社会主义道德体系的宝贵资源。

9. 对马克思主义中国化方法论问题的研究

推进马克思主义的中国化是陶德麟学术研究的根本致思旨趣，他的学术探讨无不是这一致思旨趣的体现。他认为，虽然马克思主义中国化早已是客观事实，但国内外对这一事实的理解仍然歧见很大，必须从学理上予以澄清。为此，他在 20 世纪 90 年代以后特别重视对马克思主义中国化方法论问题的研究，出版了《马克思主义哲学中国化：历史与反思》、《马克思主义哲学中国化的理论与历史研究》等著作，发表了《马克思主义哲学中国化研究的方法论问题》、《马克思主义中国化是哲学社会科学的重大课题》、《马克思主义哲学中国化的两个前提性问题》、《对马克思主义中国化研究中两个问题的理解》、《关于马克思主义大众化问题》等论文。在这些论著中，他着重探讨了以下问题：①马克思主义中国化的可能性。在这一问题上，他大处落墨，逐一分析和批驳了否认马克思主义中国化的可能性的若干有代表性的观点，如认为中国人学到的“马克思主义”其实并不是“真正的”马克思主义、中国人几乎不可能读懂马克思主义的文本、即使中国人读懂了马克思主义的文本也不可能使马克思主义中国化等，深刻论证了马克思主义中国化的可能性。针对“中国化必定使马克思主义变形走样”的说法，他指出，如果认为只有与马克思本人的著作不爽毫厘才算不“走样”，那么马克思主义中国化确实会使马克思主义“走样”。但有两种不同性质的“走样”：一种是从根本上背离马克思主义的根本原理，另一种是坚持马克思主义的根本原理而又有所前进。不允许后一种“走样”就等于禁止马克思主义随着实践的发展而发展，把马克思主义变成教条。马克思本人就常常根据实践和认识的发展做一些“走样”的事情，他的后继者当然也必须这样做。②马克思主义中国化的必要性。他指出，否认马克思主义中国化的必要性的观点不过是几十年前的老调重弹。这种观点曾以马克思主义不适合中国国情为理由而甚嚣尘上，现在又以时代特征和中国国情起了变化为理由再度出现。这种观点一再强调时代和国情，可是它的谬误恰恰在于无视或曲解了时代和国情。马克思主义中国化的必要性正是由时代和中国国情决定的，过去如此，今天同样如此。③马克思主义中国化成功与否的检验标准。他认为，检验马克思主义中国化的成败得失不能用汉儒和清代朴学家注经的办法，以某个论断与某个文本是否符合为标准，而只能以实践的结果与实践方案的预期目的是否符合为标准，一句话，应当坚持实践标准而不是文本标准。这也是马克思主义与教条主义的根本区别。④总结马克思主义中国化经验的历史主义原则。他强调说，总结马克思主义中国化的经验，一定要把它放到当时当地的历史环境中进行具体分析。只有这样，马克思主义中国化的经验才能得到正确理解，也才能从中提炼出具有规律性、普适性的认识。⑤马克思主义中国化研究的视角和视野。他认为，对马克思主义中国化的研究可以从不同的角度进行，关键是要处理好世界化与本土化的关系。当前研究马克思主义中国化问题，首要的是要有鲜明的当代意识。其次，还要避免把马克思主义中国化的过程简单化、线性化的毛病，要看到这个过程是马克思主义与各种其他外来思潮以及中国传统思想相互碰撞、相互激荡、相互斗争而又相互吸取的过程。再次，在考察马克思主义中国化成就时，也要放宽视阈，不仅要看到体现在著作中的理论成果，还要看到中国化的马克思主义对整个民族的思维方式、价值观念、理想情操、行为方式等的多方面多层次的实际影响，看到它对重铸中华民族精神的实际作用。此外，还应关注对马克思主义中国化史的研究和对其他国家马克思主义本土化问题的研究。⑥马克思主义中国化、时代化、大众化的关系。他认为，它们是相互联系的统一整体，三者缺一不可，而它们的地位又不是平列的。中国化是统领一切的总问题，它逻辑地蕴涵着其他两个方面。但其他两个方面有相对独立的意义，也需要作为问题来探讨。他还对大众化的内容、对象、方法等问题作了系统的论述，指出中国的马克思主义者应当对现时代的中国大众"说中国话"，应当"教给马克思主义说中国话"，"让马克思主义说中国话"，要"做好马克思主义中国化、时代化和大众化这篇大文章"，"这正是中国的马克思主义者的责任，也只有中国的马克思主义者才可能担当起这个责任。"

三、为学、为师和为人

陶德麟认为，"为天地立心，为生民立命，为往圣继绝学，为万世开太平"是中国哲学的优秀传统。尽管事实上不可能有一劳永逸地"为万世开太平"的哲学，但哲学家不可无此情怀。他说："爱智求真与忧国忧民的统一，是我为之神往而不敢不勉的箴言。"为此，他十分重视为人、为学和为文的统一。他在为《荆楚青年人文学者文丛》写的序言中表达对青年学者的厚望时首先说到为人："余意为学之道，首在为人；为人之道，首在立志。志之所在，学之所归也。""学者当有忧国忧民之热忱，关怀人类之激情，追求真理之渴望，然后始克有恢弘气象，高尚人格，卓尔独立，涅而不淄。苟汲汲于一己之私，乃至曲学阿世，虽胸罗万卷，亦不过假寇以兵，资盗以粮，殊无足取。我中华民族之血泪史断不可忘，立吾国于当代之志断不可夺。为学之鹄，舍此无他。”在说到为学时，他写道：“学贵创新，非创新不足以言学。口耳之学，辗转传抄，拾人牙慧，是稗贩之技，非为学之道也。学者意必自立，言必己出，见人之所未见，发人之所未发，是谓创新。然创新当以求实为本。若夫虚玄不实之大言，耸人听闻之诡论，虽或能博喝彩于一时，终无益于国计民生，亦无助于人类智慧，其将如泡沫之湮灭也必矣。”“时下浮躁之风孔炽，‘突破’也，‘开创’也，‘填补空白’也，其声不绝于耳，乃至有以论著字数论成就者，余窃为之惴惴焉。恳望诸君勿为所动。”说到为文时，他写道：“文事之难，在以简洁晓畅之词语，达深刻繁难之思想，而非反是。当今青年作者文字佳者固不为不多，然亦有中西混杂，佶屈聱牙，读之不知其为西语抑为汉语，以示深奥者；有百字足以达意，而必拉成千言，以炫渊博者。窃以为此风不可长。”他也常常用这些话来警示自己。

陶德麟也是一位教育家。他强调“不拘一格育人才”。在他看来，为人的大“格”必须恪守，但个性不能压抑；人才不是工业产品，不能像流水线那样生产，必须使他们各有特点，各展所长，千姿百态，群星灿烂。在教育实践中，他既精心授业解惑，又倾力传道育人，注重因材施教、循循善诱，与学生共同探讨，虚心听取不同意见，从不强加于人。数十年来，他培养了大量德才兼备的高层次创造性人才。他在学术上坚持马克思主义，但反对各种褊狭态度，主张海纳百川，充分吸纳中国传统哲学和各种外域哲学的合理思想。为人处世，他淡泊名利，谦和仁厚，平易近人，甘为人梯，精心呵护和不遗余力地扶掖中青年学者的成长。他爱智求真、爱才惜贤、乃至以德报怨的许多事例已在学界传为美谈。

陶德麟的学术成就和人格魅力受到学术界的高度赞誉，被称为我国哲学界“拨乱反正和思想解放的领路人之一”、“新时代马克思主义哲学中国化的杰出代表”和“我国马克思主义研究领域最前沿的、最有影响的前辈学人之一”。但他本人却谦逊地认为自己只是一个“在荆棘丛生的小路上蹒跚前进”的“平庸的探求者”。他在答谢哲学界祝贺他八十寿辰的诗中说：“浮生能得几回春？八秩难抛赤子心。樗栎自惭非‘壮士’，河山只盼有才人。莫愁险隘常横路，且喜繁枝渐满林。我愿天公重抖擞，云开万里月华新。”他引以自励的座右铭是：求是拓新，积厚发薄，言必己出，过勿惮改。

四、陶德麟主要论著

陶德麟．1956．对“矛盾同一性”的一点意见．哲学研究，(2)：131-133.

陶德麟．1978．关于真理标准的几个问题．哲学研究，(10)：12-13.

李其驹，陶德麟，熊崇善．1979. 建党前后的李达同志．历史研究，(8)：15-31.

陶德麟．1979-10-24. 不能用专政的办法解决精神世界的问题．光明日报．

陶德麟．1980. 辩证唯物主义与历史唯物主义．武汉：湖北人民出版社．

陶德麟．1981. 逻辑证明与真理标准．哲学研究，(1)：21-29.

陶德麟．1988. "双百方针"的理论基础应当重新解释．求是，(12)．

陶德麟．1989. 中国当代哲学问题探索．武汉：武汉大学出版社．

陶德麟．1999. 三个"标准"提出的历史意义．求是，(5)．

陶德麟．1999. 社会稳定论．济南：山东人民出版社．

陶德麟．2001. 怎样看待和对待改革实践对人们的思想影响．求是，(11)：26-29.

陶德麟．2005. 全面准确地理解以人为本的科学涵义．求是，(7)．

陶德麟．2005. 哲学的现实与现实的哲学．北京：北京师范大学出版社．

陶德麟．2005. 马克思主义哲学的当代论域．北京：人民出版社．

陶德麟．2007. 陶德麟文集．武汉：武汉大学出版社．

陶德麟．2007. 马克思主义哲学中国化：历史与反思．北京：北京师范大学出版社．

陶德麟．2009. 对马克思主义中国化研究中两个问题的理解．中国社会科学，(1)：4-16，204.

陶德麟．2009. 略论辩证法与和谐问题．哲学研究，(6)：3-8，128.

陶德麟．2011. 马克思主义哲学中国化的理论与历史研究．北京：北京师范大学出版社．

陶德麟．2012. 陶德麟自选集．北京：学习出版社．

主要参考文献

陶佳珞．2001. 陶德麟与中国现实哲学问题研究//中国当代社科精华·哲学卷．哈尔滨：黑龙江教育出版社．

姜锡润．2001. 陶德麟学术成就与哲学思想简论．高校理论战线，(8)：26-34.

2008. 陶德麟学术成就简介．江汉论坛，(11)：176.

汪信砚．2010. 陶德麟的学术人生．武汉：武汉大学出版社．

汪信砚，陈祖亮．2010. 陶德麟80华诞暨新中国马克思主义哲学研究60年学术研讨会文集．武汉：武汉大学出版社．

撰写者

汪信砚（1961～），教育部"长江学者特聘教授"、武汉大学哲学学院教授、博士生导师，1985～1988年师从陶德麟攻读博士学位。

舒炜光

舒炜光（1932～1988），曾用名舒光，笔名黟山，安徽黟县人。马克思主义哲学家、科学哲学家。在哲学诸多领域有创新性建树与贡献，特别是在马克思主义哲学基础理论、科学哲学、自然辩证法和马克思主义科学认识论等研究领域。他长期执教于吉林大学哲学系，任教授、博士生导师。曾任中国辩证唯物主义研究会理事、中国现代外国哲学学会吉林省分会理事长、中国自然辩证法吉林省分会理事长、国家教委哲学重点学科通讯评议组成员、《中国大百科全书·哲学》撰稿人之一。出版著作32部、论文70多篇，其中有部分译为英、俄、日文出版。译著7部，译文3篇。代表性著作有《中国社会主义革命和平过渡的飞跃形式》、《维特根斯坦哲学述评》、《自然辩证法原理》、《科学哲学简论》、《科学认识论》（5卷）等。

一、成长历程

舒炜光，1932年2月27日出生于皖南黄山脚下风景秀丽布满古民居的舒村。父亲舒瑞庭是店员，家有薄田数亩，母亲王鸾生在家务农。他们一家共有兄弟姐妹8人，他排行第二。8岁时他不幸丧母，继母体弱多病。这种家境让他自幼养成独立生活能力和坚强而有主见的性格。他虽非出身书香门第，但其家风却也崇尚文化，父辈们知书达理。祖父写得一手好字，常为乡里书匾写联，父亲是一丝不苟的严父，对他要求严格，除了学校的课程之外还要给他布置许多习字学文的作业，每次都要认真检查，久而久之培养了他学习认真、刻苦上进的好习惯。

舒炜光5岁上私塾，6岁入屏山小学。1944年他小学毕业，是年以全县第一名的榜次考入公立黟县初中。初中3年里他的成绩均为优秀，尤其爱好数学和语文，深得老师们的赞赏。1947年夏，他初中毕业考入省立休宁高中，因家境贫寒，他必须努力学习取得好成绩以获得奖学金。1950年他高中毕业，此时父亲失业在家，家境更加困难。父亲要求他留在乡里做个小学教师以养家糊口，但他一心想要上大学继续学习。正在他无奈之际，新中国公布了助学金条例。他拿到乡里各级政府开的家庭经济困难证明，赶赴上海参加高考并顺利入校。但招生的同志动员他去东北，因那里有的学校减免学杂费和食宿费，还给困难的学生发放冬季棉衣和生活补助金。于是他奔赴东北，转入东北财经学院财政计划系。在大学里，他接受全新的苏联各科教材，开始学习俄语而且仍不忘记演示他喜欢的数学难题，这既锻炼了他的思维能力、想象力和毅力，又培养了他学习上知难而进、败而不馁的进取精神。

1953年舒炜光大学毕业分配到东北人民大学（现吉林大学）。不久得到教育部通知，他和几位同时分进来的同学被推荐给吉林大学哲学教研室主任刘丹岩做研究生，主攻马克思主义哲学。刘丹岩20世纪30年代曾赴英国学习，延安时期在抗大任教，是一位思想深邃、坚持原则、治学严谨、富于创新又具有特别教育方式的导师。在这位导师的严格教育和人格熏陶下，舒炜光学习马克思主义哲学的热情和兴趣极为高涨。他勤奋刻苦学习，取得了突出成绩并表现出与众不同的才华。研究生第二年，他便开始广泛阅读，收集资料酝酿开展课题研究。他利用自己的俄语优势涉猎当时苏联哲学界一些马克思主义哲学的出版物，选择性地翻译并有意识地介绍到中国来，先后出版了几本译著。这极大地提高了他对马克思主义哲学研究的志趣和自信。于是他研究的中心开始由译别人之所述向论自己之所思发展。就在此时，一个重大的问题进入他的研究视野，引发了他头脑中的问题意识。他联系在中国共产党关于过渡时期总路线指引下对农业、手工业和资本主义工商业进行的社会主义和平改造的生动事实，以及当时我国思想理论界对和平过渡的某些议论，进行了深入的思考与质疑后形成了他的第一篇论文——《中国过渡时期的飞跃形式》他将此文投给了尚未出世的杂志《哲学研究》，不久在该杂志创刊号（1955年3月）上发表。实现了他从译作到创作、从译文到论文的志向，在真正意义上进入了理论学术研究的殿堂。此后，舒炜光用了近3年的时间专心致志地研究马克思主义哲学唯物辩证法尤其是关于矛盾类型及其飞跃形式的部分，先后出版了这方面的几部专著与多篇论文，对他的第一篇论文做了进一步论证，赢得了中国哲学界名家们的关注。于是在研制中国哲学发展第一个长期规划时舒炜光被邀请承担其中一项选题和研究任务，即“我国社会主义革命和平过渡的飞跃形式”。后舒炜光于1958年完成课题并出版同名专著。

舒炜光对他自己的学术历程曾有如下评价：“在学术研究的旅途上，我起程得较早，‘冒尖’较快，‘摔倒’也早、也快。”他所指的“摔倒”是指反右倾以后至“文化大革命”他在政治上遭受的浩劫。那时他被剥夺了教学权、写作权、出版权，后又遭到“批判”甚至“清理出队伍”。但他虽“被摔”却“未倒”。无论处于何种境遇，他都利用一切可用的时间采取一切可能的方式学习、思考。重病缠身、病痛折磨都没能终止他的研究。在逆境中他志不衰气不馁，腹稿笔耕思不止，博积待发、兼蓄备远。后果然天道酬勤，当春风吹遍中国大地时，他也迎来了他学术研究进程的第二次高潮。他把20世纪60年代以来研究维特根斯坦前期哲学的书稿投给出版社。出版社建议修改加篇，“前期”和“后期”合一，他所著的《维特根斯坦哲学述评》终于在1982年出版。此时距第一次高潮最后一书出版相隔已20余年了。对此他为该书写了“校后记”，可见此书对其学术历程的特殊意义与分量。此时舒炜光的健康状况由于5次手术已经下降到空前未有过的状态，生命受着威胁。他对自己提出要“拯救机体还要拯救自己的学术思想”。这意味着他意识到自己的学术研究时间的紧迫，这既是一种学术担当的勇气更是一种学术使命。于是，他在教学与科研两方面加倍工作发挥他自己提出的“生命强度”到了极致。在教学方面，他在做了一条声带切除手术，发声极困难下承担了繁重的教学任务，讲授课程达10门之多。教学组织方面他创建了当时中国独一无二的自然辩证法本科班，招收硕士生并争取到国家学位委员会批准吉林大学为全国高校第一个自然辩证法专业博士学位授予点，舒炜光成为该专业全国大学第一位博士生导师。

这期间舒炜光积极参加国内外组织的学术活动并组建了国内10余所综合性大学教师担负某些协作项目的“共同体”。他还应邀赴各地大学和专门组织做学术报告和学术演讲。1986年应邀赴奥地利维也纳参加“维特根斯坦哲学国际讨论会”，在大会上宣读《论游戏图式——维特根斯坦哲学的综合研究》论文。1987年应邀赴莫斯科参加“第八届国际逻辑学科学方法和科学哲学大会”，在会上宣读了论文《论人的新进化》。科研方面其学术著述更是硕果累累，这段时间出版专著5部，论文64篇，译著（包括合译第一译者或校者）2部，译文3篇，洋洋200余万字。涵盖马克思主义哲学、科学哲学、自然辩证法、科学认识论以及新兴学科和时代性课题。

1954年一个年仅22岁的年轻人登堂入室，进入马克思主义哲学研究的殿堂，历经35个春秋走过坎坷曲折之路、历经荣辱悲欢之境。在这个过程中，舒炜光激流勇进永居潮头，创造了属于他自己也属于中国哲学的学术辉煌，显示了他学术生命之顽强、学术意识之强烈、学术担当之自觉。虽英年早逝，但他于马克思主义哲学研究的日日夜夜年复一年的默默奉献之中，高潮而起高潮而终。

二、主要研究领域和学术成就

舒炜光的理论学术成就主要在马克思主义哲学领域。当然由于他对时代和新课题出现的敏感曾使其个人的学术兴趣出现转移，但对马克思主义哲学这个研究大方向他始终如一，其成果主要体现在马克思主义哲学基础理论、科学哲学、自然辩证法和科学认识论的研究中。

1. 中国马克思主义哲学的理论家和宣传员

舒炜光运用马克思主义哲学矛盾论的根本观点，深入揭示飞跃形式与矛盾类型、斗争形式的辩证关系，阐明中国社会主义革命和平过渡飞跃形式的重要理论和实践意义，并对矛盾理论的相关问题做了深入的诠释和辨析。

舒炜光在《中国社会主义革命和平渡过的飞跃形式》一书中指出，中国社会主义革命和平渡过飞跃是世界无产阶级社会主义革命史上的一个伟大创举，它赋予理论以新的生命力，构成它生长、发展的滋养料。这是对马克思主义哲学飞跃理论的发展和创新，他把这一理论系统称为飞跃原理，其基本观点是：①和平过渡是渐进式飞跃的具体形式，是通过新质要素逐渐积累和旧质要素逐渐衰亡实现的飞跃形式。它不同于事物矛盾质变的爆发式的飞跃形式。这里“渐进”、“渐进性”概念的含义所指不同于事物整个发展过程中量变形式。②飞跃形式与矛盾类型的关系。飞跃形式与矛盾类型即矛盾性质（根本性质）有着密切关系。但飞跃形式与矛盾类型又非直接的、决定性的、必然的相适应，即对抗性矛盾必然采取对抗性形式来解决或者说对抗性矛盾直接决定对抗形式。其理论根据即矛盾的普遍性与矛盾的特殊性及其关系这一矛盾问题的“精髓”。其实践根据即不同社会的经济的、政治的、历史的和现实的实际。③飞跃形式和矛盾斗争。事物的飞跃形式属于哪一种，不决定矛盾斗争的有无。相反，飞跃形式形形色色，但不外乎对抗和非对抗，不能把矛盾斗争形式上的对抗和非对抗与矛盾类型即矛盾性质上的对抗性和非对抗性相混淆。飞跃形式直接取决于矛盾类型的观点，其错误在于没有分清事物矛盾内容中矛盾双方采取怎样的斗争形式尤其是矛盾发展质变即飞跃中的矛盾斗争形式。④大飞跃和小飞跃。事物的质变过程中，它的质的一部分或质变要素发生了变化。把这种变化加以比较可以看到：一方面，它们都标志着质变、飞跃，这是其共同的方面；另一方面它们所涉及的范围彼此之间又有所不同。有的飞跃范围大些，有的飞跃范围则小些，有的质变、飞跃带有全体性，有的质变飞跃却是局部的。把全体性的质变所经历的飞跃区分开来考察，可把前者称之为大飞跃，而把后者称之为小飞跃。这样在事物整个质变的飞跃中便显示出它处于许多环套即“圆套圆”关系的飞跃中。其飞跃有的表现为爆发式，有的表现为渐进式，这种不同可以说明是诸小飞跃结合成大飞跃的形式不同。这就把对飞跃的认识细化、对辩证法关于整体和部分的哲学范畴予以丰富和发展。具有更精准的认识事物整体与部分联系的认识论意义。⑤对矛盾学说几个问题的辨析。20世纪50年代中期，舒炜光发表在《学术月刊》上的论文《论对立统一即矛盾》引起了与胡曲园的讨论商榷。为此，不久他发表了《二论对立统一即矛盾》，其后不久他又先后在《光明日报》和《新建设》上发表了《矛盾的统一性和斗争性在事物发展中的作用》、《矛盾斗争的绝对性和矛盾统一的相对性》。1958年又将上述文章集结成为一书《关于矛盾学说的几个问题》对上述讨论商榷的问题及相联系的问题作了总括。包括有在矛盾经典本真意义上的辨析，批评那种把“矛盾”等同于“对立”的解释或概念上的模糊混淆。列宁曾说“可以把辩证法简要地确定为关于对立面统一的学说。这样就会抓住辩证法的核心，可是这需要说明和发挥”，这里“需要说明和发挥”不能作“任意”的歪曲理解，它是有辩证法的原则和规定性的。他对矛盾统一性与斗争性在事物发展中作用的两种提法与矛盾斗争性的绝对性的一种理解作了澄清与阐释，指出事物的质变状态中决不能没有丝毫的统一性，否则这时也不能有无条件的绝对的斗争性了。他对基本矛盾（一定意义上的根本矛盾）与非基本矛盾及其关系，和矛盾的基本方面与矛盾的非基本方面及其关系在理论阐释上作了补充。他指出在中国马克思主义哲学的研究、阐释和传播中，对《矛盾论》中相关思想观点不应忽视。

2. 中国马克思主义科学哲学研究的开拓者之一

舒炜光以马克思主义哲学为指导，20世纪60年代在中国率先评述维特根斯坦哲学，70～80年代展开对现代西方科学哲学总体的研究与评述，推动了中国科学哲学的学科建设和发展。

舒炜光科学哲学的研究成果主要在两个方面：一是以马克思主义哲学为指导，对现代西方科学哲学的述评；二是对建立马克思主义科学哲学学科的思考。正如他所说的，科学哲学狭义上说是“指一个哲学运动或一种哲学思潮”，是“西方哲学发展一定阶段上和科学相当发展的背景上出现的”。广义上说是“以科学为研究对象的一个学科”，“这个领域向各式各样观点的哲学家开放”。因此，应有马克思主义的科学哲学存在，“加强学科建设，并抵制实证主义、批判理性主义和历史学派的影响。在这个学科领域里，我们有光荣的建设任务和艰巨的批判使命。”

舒炜光认为，可以毫不夸大地说，不了解维特根斯坦就不能深刻地理解英美现代哲学和西方科学哲学。不仅如此，其实维特根斯坦哲学与海德格尔存在主义的微妙关系对研究现代欧洲哲学就有重要意义。

维特根斯坦哲学的发展全程大致可分为两阶段：前期和后期。与此相适应他有两部名著：《逻辑哲学论》和《哲学研究》。前者以逻辑为中心，后者以语言为中心。《逻辑哲学论》的基本任务是对命题进行逻辑分析，划分有意义的命题与无意义的命题，划分“可说的”与“不可说的”为思维及其表示画一界限。其实质即哲学逻辑化，即以逻辑代替或吞没哲学。《哲学研究》的基本任务则是“澄清”语言，“看一下我们语言的作用，或者说使单词从它们的形而上学用法回到它们的日常用法中去”，其实质是把一切哲学视为“语言的批判”，是从前期“我们的语言”的逻辑角度改为“语言的日常用法”的角度，即把哲学归结为语义哲学。舒炜光认为维特根斯坦哲学发展阶段上的差别，主要是罗素哲学与摩尔哲学之间差别的一种反射或缩影。实际上归根结底始终是贝克莱——休谟——马赫的哲学路线的继续。它是20世纪形成的逻辑实证主义的一个重要来源。

舒炜光指出维特根斯坦哲学前后转变的原因及其哲学思想不变的本质就在于前期和后期所用的方法有重大不同，而方法上的不同带来哲学思想的不同。《逻辑哲学论》中存在的困难导致他前期哲学被他自己所否弃，所有困难的根源存在于语言理论之中。前期，他重视逻辑语言；后期他注重普通语言。但研究理想语言不能不从理论上着手，研究普通语言不能不从经验着手，经验主义传统方法对维特根斯坦有着影响。

维特根斯坦为其哲学观点找了许多“论据”，拟制了一整套理论并把它们密切不可分地融合在自己的哲学体系之中。舒炜光把它称之为“哲学上的变戏法”。他在其《维特根斯坦哲学述评》一书中，根据维特根斯坦前期和后期代表作中的内容作了“归结”，并对这些观点分别作了批判性的述评和分期点评。

舒炜光在评述现代西方科学哲学中指出：从实证主义开始的科学哲学，其引人注目之处正在于它改变了对哲学本身的看法，把科学哲学夸张作哲学整体并有自己的主线即科学与哲学的关系。从而把哲学归结成科学哲学，即以科学为对象的哲学，并在哲学史上掀起科学主义思潮。但是科学哲学又是一个学科，是把科学作为对象，对科学进行哲学研究的学科。科学哲学的学科性质是哲学的，即属于一个哲学分支。并且，舒炜光从现代西方科学哲学的演变中，提升出三个主要特征：①从科学的哲学到科学哲学。其实质在于重点由前期科学哲学家强调科学与哲学在性质上的关系即偏重于科学及其方法手段而以哲学观为中心进行研究，转向到科学观，即强调科学作为科学哲学的对象和范围。由此科学观和科学方法论的地位突显出来，这是从批判理性主义开始科学哲学表现出的倾向。②从逻辑实证主义转向逻辑经验主义。其实质在于：这种科学哲学思潮把原来用实证主义观点来限制规定自己，逐渐放宽到经验主义这个更大的框架为界限了。与传统的经验主义比较，科学哲学更为突出了逻辑方法的特点。③从实证主义到反实证主义。其标志有二，一是波普尔哲学的广泛影响；二是库恩哲学的兴起和产生的影响。从库恩开始逐渐出现与逻辑实证主义相对立的社会历史学派，它明显表现反实证主义倾向。从实证主义转向反实证主义有其根源且往往伴随着非理性主义。上述三种动向有其联系，实质在于科学哲学本质特征有了减弱。这在一定意义上是某些方面以特殊方式向传统形而上学的复归。此外，科学哲学从 20 世纪 80 年代开始，向应用方向延伸和发展。

舒炜光对建立马克思主义科学哲学的思考，实际上是从怎样建立马克思主义科学哲学，以及建立马克思主义科学哲学的意义这两方面来展开的。①他认为现代西方科学哲学既是一门学科又是一种思潮。故他把科学哲学视为“一个大可开发的领域”，“就研究领域来论，无疑马克思主义要有自己的科学哲学”。②他对中国研究科学哲学的观点是“决不能局限于介绍西方科学哲学思想，也不能满足于对西方科学哲学观点的评论或批判，要把这种评论或批判同马克思主义的科学哲学的学科建设密切联系起来。”③他对马克思主义科学哲学的建构和体系框架在有生之年未来得及直白说明。但他在他的两部著作《科学哲学简论》和《科学哲学导论》的论述框架中，给我们提供了有启示性的两种模式或两种模式的结合。

3. 以科学认识论为中心的自然辩证法理论体系的创立者

舒炜光遵循马克思主义哲学基本观点与当代自然科学最新成就相结合的基本原则，沿着“人和自然——科学实践——理论——实践——自然界的主人”这条主线展开自然辩证法原理内容，构筑了以科学认识论为中心的自然辩证法理论体系。

舒炜光在自然辩证法领域的学术贡献主要是他主编的《自然辩证法原理》一书。该书 1985 年由国家教委作为推荐教材，并于次年获得国家教委优秀教材奖。

舒炜光在《自然辩证法原理》中确定自然辩证法作为一门独立的学科，它是研究自然科学的辩证法并由此揭示自然界的辩证法的普遍理论。也就是说：①自然辩证法是关于自然科学和自然界的一种普遍理论，自然科学和自然界都是它的研究对象；②自然辩证法是直接面对自然科学，研究自然科学的辩证法，总结和概括自然科学研究及其成果的一般规律性；③自然辩证法以自然科学为中介，通过自然科学揭示自然界的辩证法，从认识特殊的自然规律上升到认识自然界的普遍规律。如自然辩证法脱离研究自然科学的辩证法，那自然辩证法势必变得没有科学依据，从而被禁锢在直觉或思辨中。如研究自然科学的辩证法而脱离研究自然界的辩证法，那自然辩证法就会变得没有客观基础。这是恩格斯开创的自然辩证法理论与历史上的辩证自然观的重大区别之一。

舒炜光在《自然辩证法原理》中提出了自然辩证法学科内容的选择原则：①取决于研究对象和性质；②取决于与其相近学科之间的区别；③阐明和发掘马克思主

义经典著作中有关自然辩证法的论点和精神实质；④要结合自然科学的新成就，把握当代自然科学作为时代特征提出的总要求。他指出恩格斯《自然辩证法》的任务是“只想表明辩证法的规律是自然界的实在的发展规律，因而对理论自然科学也是有效的”，这两个任务中确立辩证自然观居首要地位。20世纪自然科学新成就表明，在确认自然界永恒运动的前提下，如何使人类能更有效地支配自然界，并因而把注意力转向作为新自然观支持证据的科学本身，这要求自然辩证法依据现代自然科学对科学的本质、合理性、可靠性和科学的价值予以理论说明。而科学的价值问题实质是科学对解决人和自然界的矛盾的有效性问题。因此，站在现代自然科学重大成就的高度上，就要围绕这两个问题来选择和确定自然辩证法的现代内容。

舒炜光主编的《自然辩证法原理》以人和自然界的矛盾及科学理论和科学实践的关系为主线，形成全书的内容的逻辑结构。此书以人和自然作为逻辑起点。人从事生产实践才使自然界分化出人，自然界通过人才能认识它自己，因此从自然界开始实质是从人和自然的关系开始。科学实践是从生产实践分化出来，它存在着微观结构和宏观结构。理论包括辩证科学观及辩证自然观。实践包括生产实践和科学实践，表明理论向实践复归的实际价值，并通过技术实现对自然界的变革，使自然科学随实践的发展而发展，自然辩证法理论随着自然科学的发展而发展。“自然界的主人”表明人依据自然科学和自然辩证法理论指导的实践不断地解决人和自然界的关系，使人成为科学化的人，实现从“必然王国”向“自由王国”的飞跃和人与自然的和谐发展。

舒炜光的《自然辩证法原理的逻辑》一文中指出《自然辩证法原理》包含着5个“圆圈”：“人和自然——人和自然关系的展开——自然界的主人”、“科学实践——科学实践的要素—— 科学实践”、“科学实践——理论——实践”、“自然科学——自然辩证法的范畴和原理——自然科学”和“理论——实践——理论”。它们具有相对的稳定性，对《自然辩证法原理》起理论支撑作用，连接起来则构成《自然辩证法原理》的理论框架，表现出自然辩证法理论的逻辑合理性。自然辩证法作为一门建设和发展中的学科，它的理论结构形式是多样的。但是每一个理论框架的建构都要遵循某些原则，并组成理论框架设计的目标，又成为判定理论框架合理性的标准。《自然辩证法原理》概念框架的构建遵循的主要原则是：逻辑和历史的统一原则，自然辩证法和历史辩证法的统一原则，实践论和认识论的统一原则，科学的辩证法和自然界的辩证法的统一原则，自然观、科学观、方法论和价值论的统一原则。这些“统一原则”贯彻在《自然辩证法原理》概念框架的逻辑主线中，并通过《自然辩证法原理》的5个“圆圈”充分表现出来，从而使《自然辩证法原理》内容框架结构的合理性是可判定的。

4. 中国研究马克思主义科学认识论的奠基者

舒炜光以马克思主义哲学基本观点为指引，研究一种新的认识方式——科学认识作为对象的科学认识论，构建起科学认识导论、科学认识发生论、科学认识形成论、科学认识发展论和科学认识价值论。

舒炜光主编的《科学认识论》(5 卷)，是在他生命最后耗尽其心血的一部遗著。1997 年获第三届国家图书奖提名奖，1999 年获中国首届国家社会科学基金项目优秀成果奖。这一著作全面系统地论述了研究科学认识论的方法论以及科学认识的本质、特点和科学认识的发生、形成、发展和价值的规律性。

舒炜光指出《科学认识论导论》的主要任务是把唯物主义和辩证法彻底贯彻到哲学命题和认识论原则之中，为科学认识论的研究提供正确的逻辑前提。这就需要从逻辑的历史的和现实的方面论述科学认识论的兴起和背景，为阐明科学认识论是认识论发展的新标志提供依据。回答什么是科学认识，科学认识论的历史轮廓是怎样的，科学认识论的现代科学背景是怎样的这样一些逻辑前提性问题。从哲学原则和方法论入手，澄清哲学尤其是认识论中几个关键性问题。使依据的前提观念表现出其合理性和说服力，为立论提供逻辑上的可靠性。遵循理论整体内部的自洽性和一致性的逻辑要求，追踪结论在理论整体中引起的相关变化和要求，解决前提问题的疑难。从作为科学认识研究的整体理论出发，预测科学认识论研究的发展趋势。

舒炜光在《科学认识发生论》中指明科学认识论像任何其他研究一样，必须要有研究对象，就是说科学认识的存在、或可能存在、或假设存在是一个先决前提。本卷解决的主要问题从逻辑上说，就是科学认识怎样成为存在的，即科学认识是怎样起源的。从历史的观点看，科学认识作为一个过程，它的发生就是一个初始环节。主要观点是：探讨前科学时期的认识主体、工具和活动的特征，从认识史上考察科学认识的主体、工具和科学认识活动的发生过程及来源。论述科学认识发生的背景、标志和特点，系统发生与个体发生，关键性问题在于区别两种发生并要把握它们之间的联系。科学认识的系统发生在认识史是一次性的，不可重复的，但个体发生却可以是多次的。论述科学认识发生起作用的因素和途径以及科学认识发生机制的核心和科学认识发生的一般程序。阐明科学认识发生论的认识史、认识论和方法论的意义。

舒炜光主编的《科学认识形成论》确立科学认识形成以科学研究的成果及其所具有的真理性为标志。作为成果的科学事实、科学概念、科学定律和科学理论等又以科学理论表征科学认识成果的基本单元。这一卷的主要目的是运用回溯式的研究方式，从科学认识成果出发，揭示科学认识形成的原因、过程及其规律性。主要论述了科学认识或其个体的形成，它们的表述形式和所采取的科学语言及其形成的规律。特别是科学理论场概念的提出有助于科学认识形成动力的解决。阐述了科学认识或其个体的确立。科学认识产生出来并非等于它的确立，还必须经受检验又要得到承认。检验是得以确立的必要条件，而承认实质上是一个评价问题。科学认识作为评价对象，提供可接受性，但可接受性又由多种因素决定。评价主体受利害关系的影响。科学认识的形成核心问题在于探求真理。科学认识形成论对研究科学认识、科学认识活动和正确评价西方科学哲学具有重要的价值意义。

舒炜光在《科学认识发展论》中提出科学认识的发展其研究方式的突出特点是展望式的，具有预测性或预见性。研究科学认识发展的重点是在真理性的基础上进一步求美，解决的主要问题是科学认识的发展规律和机制问题，揭示科学认识由现存状态演变为未来状态的必然趋势或统计趋势以及基本程序、主要特点和作用因素。并且把生产实践作为科学产生和发展的重要原因，社会因素作为科学发展的重要条件，从科学理论自身、科学理论和科学实践及科学问题的相互作用中，揭示科学认识的发展动力。从科学认识自身的各个层面和各种相互关系中，探讨科学认识发展的主要特征，即科学认识发展的自主性、历史性、尝试性和臻美性以及科学认识发展中发现和发明的特点。在分析科学理论之间、科学理论与科学观察、科学认识活动与科学规范之间相互关系的基础上，提出科学认识发展的结构式以及科学认识发展的渗透律、重心律、加速律、和谐律和优化律等发展规律。

舒炜光主编的《科学认识价值论》把科学认识价值作为一种新的特殊的价值形态，考察它的内涵、性质和特点，揭示它的发生、形成、实现、转移、增值和再生产的运动规律，探讨它的评价与计量的一般原则和方法，是对作为真、善、美三者统一的科学认识在其求真、求美的基础上，进一步求善的必然结果。同时又是对科学认识求善过程中其丰富内容的逻辑展开。主要观点是：从科学认识的本质属性与价值属性的剖析中，揭示科学认识价值的规律性，它的性质、特点及其思维的历史演变。考察科学认识价值的发生、动因、基础和理想形式，它的条件、过程和标志以及科学认识价值的实现的过程、方式和条件。对科学认识价值的存在方式，即科学认识的认识价值、伦理价值、审美价值和物质价值的含义、内容和地位问题，作了系统论述。阐明科学认识价值的评价、计量和价值法则，探讨评价的原则、程序和一般方法，计量的特点和量度以及法则的表现形式和意义。论证科学认识的价值转移和价值增值的表现形式和意义以及科学认识价值再生产的过程和意义。

舒炜光主编的《科学认识论》（5卷）的学术价值其创新点、突破点和理论建树集中表现在：这一研究成果开创了认识论研究的一个新阶段，体现了认识论发展的新标志，是认识论研究中一次具有独创性的重大突破，表明哲学认识论的研究已进入一个以科学认识论为主要标志的新时代。而它的实践意义就在于发展马克思主义认识论的分支学科，回应当代西方科学哲学所提出的认识论问题，具有哲学革命的意义。此书为建设和发展马克思主义科学认识论作出了贡献，为捍卫、推进和丰富马克思主义哲学、认识论和科学技术哲学做出了贡献，为科学的研究活动和科学技术进步提供科学观、科学认识论和科学方法论的指引。使它在中国特色社会主义现代化建设和改革开放的伟大事业中发挥理论的指导作用。

三、舒炜光主要论著

舒炜光．1955．中国过渡时期的飞跃形式．哲学研究，（创刊号）．

舒炜光．1956．关于飞跃形式和矛盾类型、矛盾斗争形势的关系问题．哲学研究，（4）：128-136．

舒炜光．1956．辩证唯物主义的飞跃原理．北京：学习生活出版社．

舒炜光．1957．论基本矛盾和矛盾的基本方面．哲学研究，（4）．

舒炜光．1958．中国社会主义革命和平过渡的飞跃形式．北京：科学出版社．

舒炜光．1959．达尔文学说与哲学．上海：上海人民出版社．

舒炜光．1982．维特根斯坦哲学述评．北京：生活·读书·新知三联出版社．

舒炜光．1983．爱因斯坦问答．沈阳：辽宁人民出版社．

舒炜光．1984．自然辩证法原理．长春：吉林人民出版社．

舒炜光．1984．科学哲学的演变．吉林大学社会科学学报，（6）：1-9．

舒炜光．1985．科学哲学简论．太原：山西人民出版社．

舒炜光．1985．科学与理性问题——论拉卡托斯和费耶阿本德的哲学思想．中国社会科学，（4）：77-92．

舒炜光等．1986．马克思主义哲学基础（上下册）．北京：人民出版社．

舒炜光．1986．当代西方科学哲学述评．北京：人民出版社．

舒炜光．1986．马克思主义哲学认识世界的方式和作用世界的方式．吉林大学社会科学学报，（1）：7-10．

舒炜光．1986．客观主义知识论．中国社会科学，（6）：197-210．

舒炜光．1987．论人的新进化——从科学技术的发展看人．哲学研究，（12）：31-35．

舒炜光．1988．论游戏图式—维特根斯坦哲学的综合研究//现代外国哲学编辑组．现代外国哲学（11）．北京：人民出版社．

舒炜光．1994．科学哲学导论．台北：五南图书出版有限公司．

舒炜光．1996．科学认识论（5卷）．长春：吉林人民出版社．

主要参考文献

舒炜光．1978．自然科学和哲学的相互关系．吉林大学学报，（5），（6）．

舒炜光．1984．自然辩证法原理的逻辑．社会科学辑刊，(2)．

舒炜光．1994．科学认识论的总体设计．长春：吉林人民出版社．

舒炜光．1999．简评维特根斯坦哲学//《哲学研究》编辑部．外国哲学史论文集（第一辑）．济南：山东人民出版社．

2009．舒炜光教授逝世二十周年纪念文集．长春：吉林人民出版社．

撰写者

刘猷桓（1935～），教授，博士生导师，吉林大学哲学社会学院，舒炜光的同事．

李秉平（1931～），教授，吉林大学马克思主义学院，舒炜光的同事．

申瓒如（1932～），副教授，吉林省社会科学院，舒炜光的遗孀．

孙小礼

孙小礼（1932～），浙江杭州人。科学哲学家。1953年北京大学数学力学系毕业留校，先后在数学系微分方程教研室和物理系理论物理教研室任教。1958年10月到中央党校自然辩证法研究班学习，1960年10月回北京大学为理科五、六年级开设自然辩证法课。1961年任北大哲学系自然辩证法教研组组长，为哲学系学生和马列主义夜大学的理科教师讲自然辩证法课。1977年受教育部委托，主持编写高等院校自然辩证法教材。1986年任北京大学科学与社会研究中心主任、教授，在数学文化、科学方法论、科学与哲学、科学与社会等方面取得诸多有影响的科研成果。作为学术带头人，曾被选为中国自然辩证法研究会常务理事、副理事长。

一、成长历程

孙小礼于1932年7月在北平出生。因日军侵占东北，华北吃紧，父亲供职的交通部从北平迁至南京，她不到半岁就随家南迁。抗日战争爆发，上海沦陷，她们全家从南京逃难至重庆，又为躲避日机轰炸而逃至重庆的乡下——柏溪。柏溪没有小学，她只能在家里学字认字。她念的第一本书是《抗战识字课本》，她最先学写的字是“打倒日本帝国主义”。

抗战时期，柏溪是中央大学分校所在地，1939年秋办起了中央大学柏溪分校附属小学。学校的房屋很简陋，只有三间茅草房作为教室，但三位老师（顾心瑜、方志坚、孔昭铣）的水平都很高，分别给一、二年级，三、四年级和五、六年级学生上课。孙小礼本应读一年级，但开学时她跟随邻居女孩走进了三、四年级的教室，就成为三年级学生了。起初，她学习有些困难，后来学习成绩逐渐名列前茅。

1943年，孙小礼考进重庆南开中学。她在这里初中毕业，受到了全面、扎实的基础教育。她至今十分赞赏张伯苓校长提出的南开校训：“允公允能 日新月异”，要学生一心为“公”，有为国为公的牺牲精神；要有“能”，不断增进为国家为社会服务的能力。

抗战胜利以后，孙小礼于1946年秋到杭州，就读于浙江大学附属中学高一，各门课程都学得很好，尤其喜欢张生春老师讲的数学课。

因父母已回北平，孙小礼于高二时转学到北平贝满女中。目睹国民党的专制腐败，她积极参加学生运动，并到北京大学参加读书会，学习社会发展史，开始接触马克思主义理论，思想很受启发。她阅读了艾思奇的《大众哲学》、胡绳的《唯物辩证法入门》等哲学书籍，对辩证法很感兴趣。在高三时，学校按照学生的志趣分班，对文理都有兴趣的在甲班，喜欢文的在乙班，喜欢理的在丙班。孙小礼对文理都喜欢，分到了甲班。

1949年夏，孙小礼从贝满女中高中毕业，调到新政治协商会议筹备会秘书处，参与筹备新中国成立的事务工作。中央人民政府成立以后，领导建议她继续升学，以便参加新中国的建设。1950年，她考入清华大学数学系。1952年全国高等学校院系调整时，清华大学文、理科全体师生并入北京大学。

孙小礼于1953年毕业于北大数学力学系，留在微分方程教研室当助教，同时进修数学物理方程。1955年她转到物理系理论物理教研室，协助郭敦仁从事数学物理方法的教学工作，并在王竹溪指导下进修物理课程。1956年，她响应党中央向科学进军的号召，在数学物理方法这个数学和物理交叉的领域勤奋地学习和钻研。

1958年，时任北京大学副校长陆平向中央党校建议：办一个自然辩证法研究班，为高校培养既懂马克思主义哲学又懂自然科学的业务骨干。这个建议被采纳了，北大理科每个系派一名党员教师去这个班学习，孙小礼是从物理系派去的。从此，她开始了在自然辩证法这个科学与哲学交叉领域从事研究的学术生涯。

在党校，孙小礼聆听了老一辈哲学家杨献珍、艾思奇的讲课；阅读了《资本论》(第1卷)、《哥达纲领批判》、《反杜林论》、《自然辩证法》、《唯物主义与经验批判主义》、《哲学笔记》等著作；聆听了钱学森、马大猷、关肇直等科学家对科学前沿知识的介绍。最后，这个班集体编写了一本《自然辩证法提纲》作为学习和研究的总结。

1960年10月，孙小礼回到北京大学为理科五、六年级学生开设自然辩证法课。1961年，她参加校党委冯定领导的“双百方针”调研组，分工了解理科1958～1960年学术思想批判中的问题。从调研中了解到许多混淆政治与学术的界限、颠倒哲学与科学的关系的实际情况，是对她前2年哲学学习的重要补充，也是她此后进行自然辩证法的教学和研究工作的一些实际背景材料。

1961年春，北大哲学系成立自然辩证法教研组，任命孙小礼为组长。教研组承担了哲学系、全校研究生，以及理科教师夜大学的自然辩证法教学任务，同时开始了与科学史相结合的科研工作，并着手在北大建立科学家与哲学家的联盟，以推进自然辩证法事业。然而，自1964年起，孙小礼下乡“四清”2年，接着“文化大革命”开始，教研组解散了，原来的科研计划被迫中止。

1977年，教育部组织力量编写高等学校的自然辩证法教材，孙小礼主持了这项工作，并是作者之一。编写这样的著作是一种探索性和开创性的尝试，无蓝本可依，难度是相当大的，自1977年至1982年，她全身心地投入了这项工作。

1983年秋，她因患眼疾而右眼视力丧失，以后只靠左眼继续教学，继续研究，继续写作。

1986年春，在时任北京大学校长丁石孙的支持下，孙小礼创办了北京大学科学与社会研究中心。她主编了《北京大学科学与社会丛书》（14种）、《自然辩证法通论》等著作，主持和参与研究“自然科学研究方法与社会科学研究方法的比较研究”（1986～1990）、“科学前沿的哲学问题探讨”（1986～1993）、“科学技术与当代社会发展问题研究”（1992～1996）、“科学与哲学的相互关系研究”（1994～1997）、“科学方法论的范畴研究”（2001～2004）等课题，都取得了在学界有影响的成果。

孙小礼作为自然辩证法学科的一位学术带头人，之所以能取得许多创新性的成就，是与她具有自然科学和哲学两方面的基础和勤奋的学习与思考分不开的。她的一些有分量的文章和著作，常常是经过数年、十数年乃至二三十年的积累和思索才写出来的。

二、主要研究领域和学术成就

1. 主持编写中国第一部全面论述自然辩证法的著作——《自然辩证法讲义》

《自然辩证法讲义》（以下简称《讲义》）全书分为总论和分论两大部分，总论是《讲义》的主体，包括自然观、自然科学观和自然科学方法论；分论包括科学分类和各门科学的辩证法。

总论第一篇是自然观，阐述人类自然观的历史发展，说明自然观的产生和演变是同自然科学的发展密切联系着的，并根据现代科学成就描绘了自然界辩证发展的规律和图景；第二篇是自然科学观，从整体上考察和分析自然科学的性质和特点，它在社会中的地位、作用和发展的规律性，并对科学与哲学、理论与实践的关系等问题进行了探讨；第三篇是自然科学方法论，作为本书的重点内容，所用篇幅最多，是在中国第一次运用辩证唯物主义观点对自然科学方法所作的系统论述，强调了研究科学方法论的重要意义，说明它是联结哲学与自然科学的桥梁和纽带；不但对自然科学中经过长期实践检验的各种行之有效的基本方法，如观察、实验、科学抽象、逻辑方法、数学方法、科学假说和理论等一一做了论述，而且对过去很少讲述的理想化方法、非逻辑性的创造性思维，以及第二次世界大战以后兴起的控制论、信息论和系统论做了初步介绍。

《讲义》的写作有针对性地清算了“文化大革命”期间“四人帮”所散播的种种谬论，如自然科学“有阶级性”、“是上层建筑”，用自然辩证法的一般原理代替自然科学的基础理论等；也认真澄清了历次政治运动中对自然科学的种种错误批判，例如，一些本来应该按照“双百方针”对其展开学术讨论的学派、学说被扣上了“反动的”、“资产阶级的”政治帽子；一些本来是很有科学意义的研究课题，却当作“脱离实际”的典型而被迫中断下马；一些本来是正确的理论和科学的方法却当作历史的“糟粕”而被撵出课堂；一些自然科学中的最基本的概念、语言和方法都当作“唯心主义”的、“形而上学”的东西被“打倒”，并“扫地出门”。《讲义》根据自然科学发展的历史事实，运用马克思主义的基本观点，实事求是地正面地分析了有关的各种问题，使人们能正确地理解和对待自然科学，使青年学生能自觉地学习和懂得自然科学。所以，这一著作的出版在理论上起到了“拨乱反正”的历史作用。

《自然辩证法讲义》总结和概括了自1949～1979年的30年间中国自然辩证法界的已有研究成果，同时也努力参阅了一些外国的文献资料和一些世界著名科学家的思想见解。所以，这部书大体上体现了20世纪70年代末中国自然辩证法的研究水平，为自然辩证法工作者提供了比较系统的理论框架和新的研究起点，为高校的自然辩证法课程提供了一部适时的教学参考书。学界公认，这本书为中国自然辩证法的学科建设做出了重要的历史贡献，对学科的发展起到了积极的推动作用。

《自然辩证法讲义》全书12册，近120万字，于1983年全部出齐。1979年年底，《自然辩证法讲义》（总论）首印10万册，至1989年连续加印过13次，发行35万余册。《讲义》的十个分册是：《工程技术科学的若干辩证内容》、《农学辩证法的若干问题》、《医学中的一些辩证法问题》、《科学分类问题》、《数学若干辩证内容简析》、《天文学史和天体史概述》、《地球科学的辩证法问题》、《物理学辩证内容概述》、《化学辩证法问题初探》、《生物学中几个辩证关系问题》。后来接受一些老师的建议，配合《讲义》的总论部分又出版《名词简释》一册。各分册的发行量至少在万册以上，而且大多重印不止一次。从当年的发行情况，可以看出这部书的广泛影响。此书总论《自然辩证法讲义》于1983年获“中国自然辩证法研究会优秀著作奖”、1987年获“1978年以来北京市哲学社会科学优秀著作奖一等奖”。

2. 从数学哲学到数学文化的探讨

孙小礼于1957年参与翻译《数学，它的内容、方法和意义》一书，这是由苏联A·亚历山大洛夫等一批数学家撰写的有世界影响的名著，1958年在中国大陆出版了中译本，引起广大读者的兴趣，此后曾多次重印。孙小礼从这一著作中获益良多，从此开始关注数学史和数学哲学，尤其为数学中丰富多彩的辩证内容所吸引，她曾给北大哲学系高年级学生讲述过“数学中的辩证法”，撰写过文章《哲学教学要从数学中吸取辩证法思想》。在1978年中国数学会的代表大会上，她倡议并主持了一次关于数学史和数学哲学的座谈会，许多数学家踊跃参加，讨论热烈，之后，她对会议内容写了详细报道，刊登在《自然辩证法通信》上，以求推动对于数学史和数学哲学的研究。

在数学史方面，孙小礼曾对微积分的产生、微分方程定性理论的诞生，祖冲之对圆周率的贡献，以及微积分发明权之争等专题，撰写过有启示性的论文。

孙小礼曾以“数学的对象、特点和作用”作为自己的一个研究课题，发表过一些探讨性的论文，在《自然辩证法讲义》中，撰写了《数学方法》这一章。1988年出版了她的论文集《数学·科学·哲学》。

由于研究数学对于科学发展和社会进步的作用，使孙小礼深深领悟到数学是人类文化的重要力量。她从多种角度阐述了这一思想：论证数学是科学的语言，数学是思维的工具，数学是理性的艺术，数学促进人的思想解放；科学历史表明数学从来是打开科学大门的钥匙；世界历史表明：经济强国和科技强国必然也是数学强国。1989年她与北大数学系教授邓东皋合作编辑的《数学与文化》一书，出版以后，引起学界对数学文化的关注。

3. 不断加深和开拓科学方法论的研究

自从进入自然辩证法领域，科学方法论始终是孙小礼最感兴趣的研究方向。她一方面在《自然辩证法讲义》的基础上，更加深入系统地钻研自然科学方法论，一方面把方法论的研究不断加以扩展：从自然科学方法论研究到自然科学方法与社会科学方法的比较研究，进而寻求自然科学与社会科学共同的方法论。

1982年起，孙小礼作为《自然辩证法百科全书》编委和自然科学方法论分支的主编，她深感由于中国在学术上闭关锁国多年，又遭受“文化大革命”的冲击和破坏，在方法论研究方面与外国有很大的差距。为了急起直追，努力赶上国际水准，需要了解外国的方法论研究成果。配合这一分支的编写工作，她和韩增禄等人查阅了大量外国资料，从20世纪70年代以后出版的苏联、美国、德国、日本的10种百科全书和哲学辞典中选出200多个有关条目，以及一些外国刊物中有关专题文章和外国书籍中的某些章节，组织力量进行翻译。译文经校订后，自1985年起，陆续在各有关的刊物上发表。《科学与哲学》杂志出了科学方法论的专辑（1985年第4期）。大部分译文（约70多万字）编成《科学方法》（上、下册）由知识出版社于1990年正式出版。这部译文集作为编写《自然辩证法百科全书》自然科学方法论分支（共50个条目）的副产物，是很有价值的一批参考资料。

孙小礼认为，要深入研究和向前发展科学方法论，应该考察科学方法论的历史，而科学方法的沿革和创新，既与科学成就结合在一起，又与哲学思想紧密联系，因此，必须同时打开两个窗口——科学史和哲学史，才能对科学方法论的发展线索和历史全貌看得比较清楚。在中国尚缺乏这种著作的情况下，她花费了一番工夫，把分别寓于科学史中和哲学史中的有关材料结合起来，选取那些对科学方法论的发展影响最大的代表人物的观点、代表性著作，或者某一时期的总的代表性的思想方法，把它们串联起来进行整体分析，从而对科学方法论的历史做出了梗概的论述。《科学方法论史纲》于1988年出版。

1987年，孙小礼承担了国家教委的一个课题：主编一部新的自然辩证法的研究性著作。她把书名定为《自然辩证法通论》（共三卷：《自然论》、《方法论》和《科学论》），并着力主编了其中的《方法论》。在北大讲授科学方法论课程和连续为研究生举办方法论讨论班的基础上，对方法论她逐步形成了一个新的理论体系。她把科学认识活动视为一个由主体、客体和工具三个要素组成的系统，提炼出这一系统中的若干重要问题加以研究，就构成了方法论的主要内容。在《方法论》一书中她特别对“语言——科学思维的工具”、“模型——科学方法的核心”、“创造——科学研究的灵魂”作了具有独创性的论述。这部书于1993年由高等教育出版社出版，博得许多读者的好评，也引起一些社会科学工作者的兴趣，北大社会学系曾把它作为研究生学习“社会学方法论”课程的必读参考书。《方法论》于1995年获得北京市第三届哲学社会科学优秀科研成果奖二等奖。

1987年，孙小礼还提出了一个新的课题：自然科学方法与社会科学方法的比较研究，目的是想通过这种比较研究，以促进自然科学方法与社会科学方法的相互借鉴和结合。经过认真比较和分析自然科学理论的实验检验和社会科学理论的实践检验的异同，她撰写了一篇有相当深度的论文《从判决性实验引起的思考——实践检验真理的若干问题》，此文在1988年12月获“纪念十一届三中全会召开十周年理论讨论会”入选论文奖。1989年以孙小礼为首的课题组汇集一批作者的初步研究成果，编辑成《方法的比较——研究自然与研究社会》，期望此书能对这方面的研究，起到抛砖引玉的作用。

孙小礼很重视科学家们对于研究方法的经验体会。数学家江泽涵在读了《资本论》第1卷以后，曾经深有感慨地说："马克思研究资本主义社会的论证方法同我们研究数学的论证方法是一样的，都是严密地从逻辑上一步步推理和展开，无懈可击，令人信服。"而王竹溪、周光召等物理学家都认为"去粗取精、去伪存真、由此及彼、由表及里"这十六个字精辟地概括了科学的思想方法和研究方法的精华。这些经验体会正是表达了自然科学和社会科学的共同的思考方法和研究方法。孙小礼读了张岱年的《中国哲学史方法论发凡》一书，书中论述了哲学的理论分析方法，特别强调要注意分析哲学的概念范畴，所谓范畴，就是指基本概念。她从张岱年的这一论点获得启示，从哲学层面和认识论层面上，探讨自然科学和社会科学共同关心的方法论问题时，要存异求同，认真地从自然科学家和社会科学家的科研实践经验中提炼出一些共同的基本概念，运用哲学的范畴思维来概括、提升和表达自然科学和社会科学的共同的方法论。顺着这一思路，她列出了自然科学和社会科学研究都需要面对和处理的一系列对立的范畴：主体和客体、已知和未知、部分和整体、具体和抽象、经验和理论、模型和原型、定性和定量、精确和模糊、简单和复杂、有限和无限、连续和离散、确定和随机、分析和综合，归纳和演绎、学习和创造、成功和失败、正确和错误、相对和绝对等。

她曾把对某些范畴的思考和心得在课堂上给北大的研究生们讲过，也写成某些专题文章发表过，有的专题（如模型和原型等）提交过有关的国际学术会议。从一些学生的反映和国内外学者的来信中可以看出，这样的研究引起了许多学人的共鸣和兴趣，其中有自然科学工作者，也有社会科学工作者。经过很长时间的酝酿和一些初步的探讨，孙小礼提出了"方法论的范畴研究"的设想，确认这样的研究有现实意义也有理论意义，有益于自然科学也有益于社会科学。课题组研究了上述系列范畴中颇具普适性的十对范畴，把研究成果编写成《科学方法中的十大关系》一书，于2004年出版。

4. 对哲学与科学关系的考察

孙小礼认为，哲学作为研究最普遍规律的学问，必须以各门具体科学为基础；同时，哲学作为时代思想的精华，又是各个领域的科学工作者所需要的精神食粮。哲学和科学，理应相互学习，相互促进。然而，在人类文化发展史上，既有过哲学与科学的融合，也曾有过哲学与科学的远离、背离，乃至粗暴的敌对。她对近代科学产生以后 4 个世纪（即 17～20 世纪）中哲学与科学的关系，从不同的视角作了一些独到的考察，展示了自己的见解。

作为科学史的范例，孙小礼对 5 位有杰出贡献的科学家——牛顿、莱布尼茨、傅立叶、马赫、庞加莱的代表性的哲学思想作了认真的考察和分析，结合他们的成就论证他们正是在自己的科学工作中把科学和哲学融合起来的先驱。

孙小礼认为在 19 世纪 40 年代以后，在自然科学取得一系列重大成就的基础上，在欧洲出现了两种在世界范围有深远影响的哲学，即辩证唯物主义哲学和实证主义哲学。前者重视自然科学的辩证法内容，后者强调自然科学的实证性。两者在 20 世纪都各自有所发展。

20 世纪 40 年代，苏联在自然科学领域以批判资产阶级思想为名对科学理论进行的政治批判运动，是举世震惊的严重事件。孙小礼对事件经过做了一番认真的考察和记述，希望人们在处理哲学和科学的关系时记取这一沉痛的历史教训。

孙小礼根据著名哲学家和科学家的经验体会和深刻认识撰文论证：哲学需要科学，科学需要哲学。她特别强调和希望在 21 世纪哲学家和科学家必须相互尊重和携手合作。

5. 促进文理交融和“科学、技术与社会”研究

自 1985 年起，孙小礼开始关注和思考自然科学和社会科学相互作用和相互结合问题。那年 4 月，钱三强在全国交叉科学学术会议上预料：“20 世纪末到 21 世纪初将是一个交叉科学时代。”她理解，将要到来的这个交叉科学时代，不只是自然科学内部各学科之间的交叉，而应该是以自然科学与社会科学相结合、或者说以文理交融为特征的交叉科学时代。这也正是蔡元培任北京大学校长期间，于 1918 年提出并一再论述和强调的一个主张和理想：“融通文理”。

1989 年年初，中国蔡元培研究会决定要编辑出版《蔡元培集》，孙小礼作为编辑委员会委员，负责编辑《蔡元培论科学技术》专卷。为此，她查阅和研读了 200 多篇蔡元培述及科学技术的文章、演讲、题词、日记和信函，对蔡元培的科学观有了全面系统的了解，虽然有其历史局限，但其中确有卓识远见，例如他提出的融通文理等，至今仍是我们要争取达到的目标。

为促进文理交融，迎接交叉科学时代，孙小礼曾撰写多篇文章，既呼吁努力实现蔡元培的理想，更从科学发展的形式、规律和趋势，社会问题的研究和社会发展的需要，以及 21 世纪的人才培养等多个方面论证交叉科学的重要性和必然性。她指明，可持续发展观的形成就是自然科学和社会科学相结合的产物，可持续社会的实

现更要依靠自然科学家和社会科学家的合作。

1996 年，孙小礼曾专文论述“科学、技术与社会”这一文理交融的研究领域的现实意义，在学界颇受重视。2003 年出版了著作《文理交融——21 世纪的科学潮流》，在该书前言中她写道：“我十多年来，通过对科学技术与社会发展的关系的研究所获得的一个规律性的认识是：在社会中，科学技术从来不是孤立的独自起作用的因素，必须与政治、经济、文化、教育、法律、道德等诸种社会因素协同配合，才能显现出科学技术的重要作用，有时甚至是决定性的作用。科学技术不可能孤立地独自前进，只有获得了社会多方面的协同支撑，在比较良好的社会政治环境、比较优厚的物质资金投入和比较自由的思想文化氛围中，才能健康顺利发展，才能有效地造福于人类。”

6. 对数学家、思想家莱布尼茨的研究

早在 1962 年，孙小礼就对历史上那场由莱布尼茨挑起的关于运动量度的争论作过一番考察。1982 年起，她看到一些报刊上说：莱布尼茨是受到中国《周易》“八卦”的影响才发明了二进制算术，但不知道根据何在？同时也有人提出否定的看法，她很想搞清楚这个问题。

1986 年是莱布尼茨诞生 340 年和逝世 270 年，应北大数学系系主任邓东皋之邀，孙小礼在数学系作了一个介绍莱布尼茨生平事迹的报告。为准备这个报告，她在北大图书馆和北京图书馆查找到许多有关的文献资料，从此，阅读和研究莱布尼茨，就成为她的一项爱好。1992 年，她和张祖贵合写的莱布尼茨传记收入吴文俊主编的《世界著名科学家传记》，1997 年又合作出版了一本更为详细的传记《超越时代——哲人科学家莱布尼茨》。

莱布尼茨从弱冠起，到古稀逝世，50 年间始终不渝地关注、研究和推崇中国文化，孙小礼写过《莱布尼茨与中西文化交流》等文章。2000 年她曾专程到德国汉诺威市访问了莱布尼茨档案馆。在 20 多年资料积累、思考分析的基础上，她将自己的研究成果写成《莱布尼茨与中国文化》一书。她以确凿的历史文献为根据，阐明莱布尼茨先发明二进制算术，后来研究中国的易图符号时，发现了伏羲六十四卦和他的二进制数的一致性。

最后还要提到，孙小礼从 1975 年起，协助于光远编辑《马克思、恩格斯、列宁论自然辩证法与科学技术》一书，于 1988 年率北大一批研究生完成了编辑工作。由于在编辑过程中比较认真地阅读了马克思、恩格斯、列宁的有关原著，她认为马克思主义的诞生与自然科学有血缘关系，从而得出一个新颖的论断：自然科学也是马

克思主义的一个来源。

三、孙小礼主要论著

孙小礼. 1963-1-11. 从关于运动量度的争论看辩证思维的积极意义. 北京：光明日报，哲学专刊.

孙小礼等. 1979. 自然辩证法讲义. 北京：人民教育出版社.

孙小礼. 1988. 数学·科学·哲学. 北京：光明日报出版社.

孙小礼. 1988. 科学方法论史纲. 北京：北京出版社.

孙小礼. 1988. 从判决性实验引起的思考——实践检验真理的若干问题. 哲学研究，(12)：23-29.

孙小礼. 1988. 人·自然·社会. 北京：北京大学出版社.

孙小礼等. 1990. 数学与文化. 北京：北京大学出版社.

孙小礼等. 1990. 科学方法. 北京：知识出版社.

孙小礼，李慎. 1991. 方法的比较——研究自然与研究社会. 北京：北京大学出版社.

孙小礼. 1992. 自然辩证法通论. 北京：高等教育出版社.

孙小礼. 1993. 数学：人类文化的重要力量. 北京大学学报（哲学社会科学版），(1)：76-80.

孙小礼. 1995. 可续发展与科学技术. 自然辩证法研究，(3).

孙小礼. 1996. 现代科学的哲学争论. 北京大学出版社.

孙小礼. 1997. 科学技术与世纪之交的中国. 北京：人民出版社.

孙小礼，张祖贵. 1997. 超越时代——哲人科学家莱布尼茨. 福州：福建教育出版社.

孙小礼，冯国瑞. 2000. 信息科学技术与当代社会. 北京：高等教育出版社.

孙小礼. 2000. 数字地球与数字中国. 科学学研究，(4)：20-24.

孙小礼. 2003. 文理交融——21世纪的科学潮流. 北京大学出版社.

孙小礼. 2004. 科学方法中的十大关系. 上海：学林出版社.

孙小礼. 2005. 自然科学方法与社会科学方法的相互借鉴和结合. 清华大学学报（哲学社会科学版），(1)：76-80.

孙小礼. 2006. 莱布尼茨与中国文化. 北京：首都师范大学出版社.

撰写者

孙小礼

陈昌曙

陈昌曙（1932～2011），湖南常德人。哲学家，中国技术哲学研究的奠基人之一。1950年毕业于江苏苏州中学，同年考入东北工学院电机系，后转入采矿系，1954年被选派到中国人民大学马列主义研究班学习，1956年毕业。1985年晋升为教授，1986年被国务院学位委员会批准为“科学技术哲学”专业博士生导师。1985年获辽宁省和沈阳市优秀教师称号，1986年被评为全国冶金教育先进工作者，1991年起享受国务院颁发的政府特殊津贴。历任东北大学马列主义教研室主任、技术与社会研究所所长、东北大学研究生院副院长，国务院学位委员会哲学学科评议组成员（第二、三、四届），教育部马克思主义理论课教学指导委员会委员、中国自然辩证法研究会副理事长及技术哲学专业委员会主任，清华大学、大连理工大学兼职教授，辽宁省委和省政府咨询委员，沈阳市哲学社会科学联合会副主席。

一、学术经历

陈昌曙1932年7月7日生于上海。父亲陈华松是一位很有才华的电气工程师，20世纪20年代毕业于上海交通大学电机系，曾为天津的工业电网建设做出重要贡献。母亲吕宜萱是苏州人，毕业于上海著名的教会学校禅文女中。1946年陈松华不幸突患肝癌英年早逝，天津工商界鉴于他的突出贡献，为他的遗孤捐赠了一笔生活费用，但因为时值通货膨胀，这笔钱很快贬值。父亲去世后，母子在天津无亲无靠，遂投奔到母亲的苏州老家，当时陈昌曙只有14岁，是家里的长子，下面还有两个弟弟（一个5岁、一个1岁）和母亲腹中的遗腹子。因为无力抚养，这个遗腹子刚生下来，母亲就让作为长子的陈昌曙将她送到苏州育婴堂的大抽屉中，除了知道是个女孩外，没有留下任何标记，这成为陈昌曙和他母亲的终身遗憾。

父亲在世时重视对陈昌曙的早期智力开发和电气技能等培养，少年时期的陈昌曙就表现出超常的技术天赋，组装收音机是他一直以来的爱好，从矿石式、电子管式到晶体管、半导体式，直到改革开放前，他家里都是用自己组装的收音机，这也许是他后来出于对技术的兴趣，从哲学角度研究技术的重要因素。除了天生喜欢与技术打交道，陈昌曙还酷爱音乐，吹奏口琴达到相当高的水平，能模拟小提琴等乐器。通过口琴吹奏更爱上古典音乐，成为学校歌咏团的活跃成员。由于他辨音能力强，常担任合唱团的指挥。

1950年春，在辽宁抚顺煤矿专科学校、鞍山工业专科学校等基础上刚刚组建的东北工业大学（后更名为东北工学院）在江南抢先招考应届高中毕业生。陈昌曙继承父辈的愿望，考取该校的电机系，告别母亲和弟弟到了东北的煤都抚顺，而后又响应国家号召，舍弃他酷爱的电气技术转入采矿系。

在读大学期间，他酷爱自己的专业，但也表现出很高的哲学素养，大学二年级他自学了恩格斯的《自然辩证法》，并结合自己的物理学课程学习写了《恩格斯与物理》一文，得到当时院长的好评。他爱思考，也很爱和同学辩论，从不人云亦云。然而到大学三年级的时候，由于家里已经没有任何生活来源，为了供养母亲和两个弟弟，他不得不申请退学，离开自己喜欢的工程技术专业。学校考虑到他的情况安排他在马列主义教研室任办事员，从此，陈昌曙与哲学，确切地说与马克思主义哲学，结下了不解之缘。

当时任东北工学院副院长的郝屏奋讲授马列主义理论课，他发现了陈昌曙的天分，选他做自己的助教，这给了陈昌曙一个施展才华的机会。陈昌曙有着极强的记忆力，又勤奋刻苦，几乎可以将联共（布）党史、毛泽东的《实践论》、《矛盾论》中的经典语句随时背出。由于工作出色，1953年他光荣加入中国共产党。

1954年，学校选派他到中国人民大学哲学研究班学习。这是他哲学研究的真正开始。在此期间，他有幸成为萧前的学生，其哲学才华逐渐展露。1955～1957年，陈昌曙在《哲学研究》发表《关于唯物辩证法的两对范畴》《唯物辩证法的范畴——本质与现象》《唯物辩证法的范畴——形式与内容》等文章，出版了《唯物辩证法的主要范畴》和《唯物辩证法的范畴——必然性和偶然性》两部著作。

1956年，陈昌曙从中国人民大学研究班毕业。为了报效母校东北工学院，他主动放弃了留在中国人民大学等单位工作的机会，回到沈阳，同年与他在采矿系的同班同学罗蒨结婚。

1958年，正当陈昌曙风华正茂、踌躇满志地展示哲学才华，为学校的哲学教学及研究努力工作的时候，却被扣上“白专道路”的帽子，并以“莫须有”的罪名被批判，受到留党察看两年、下放农村劳动的不公正待遇，直到1962年后才回到马列主义教研室做资料工作。1963年，随着中苏论战的加剧，陈昌曙被中共中央宣传部调去参加编写九评苏共中央的公开信（简称“九评”）。

尽管学术研究的环境越来越不尽如人意，但陈昌曙从来也没有放弃自己的哲学研究。1961～1965年，他开始将自己关于认识论的研究与自然科学知识结合起来，研究自然科学方法论问题，这为他日后成为技术哲学家提供了丰厚的学术积淀。但好景不长，1966年他又一次作为“反动学术权威、漏网大右派”被打倒。从1966年到1973年他一直被批斗、关押和在农村、学校劳动。在那样恶劣环境中，没有办法继续自己的哲学研究，他就拾起了旧时的爱好，重新迷上了技术。在劳动中，他“干一行、爱一行、钻研一行”。在水泥厂时，他对那里的磨矿技术作了许多研究；在自控系拖动实验室当采购员时，他能记住几百种电子元件，组装出控制器，陈昌曙对电气技术的了解和掌握令实验室的同事们既吃惊又佩服。

1978年中国终于结束了极“左”路线的错误，中国的知识分子也迎来了自己的春天，陈昌曙也和千千万万的中国知识分子一样满怀着热情迎接这来之不易的科学的春天。陈昌曙参加了由邓小平主持的全国科学大会，备受“科学技术是第一生产力”思想的鼓舞。就是从这个时候起，他除了继续进行认识论和科学方法论的研究，也开始思考技术哲学的一些理论问题。

1982年陈昌曙开始为中国技术哲学学科的建制化发展做准备，这一年，他所在的东北工学院开始招收自然辩证法专业硕士研究生，1984年首批自然辩证法硕士研究生毕业。1985年在他的努力下，《工程师论坛》杂志创刊，1988年更名为《中国工程师》。1986年陈昌曙被聘为国务院学位委员会第二届学科评议组成员（后被续聘为第三、四届成员）。

1986年国家教委批准东北工学院成立研究生院，陈昌曙担任研究生院的副院长，他以极大的热情投入到建立研究生院的工作。在此期间，他广泛了解从采矿到电子，从化工到自控各系的专业特点，接触了各系的教授、讲师，仔细考察大家的研究工作、项目、研究过程和成果等，深化了对工程技术学科的认识和对工程技术人员的思维方法和研究方法的理解，为他从事技术哲学的研究奠定了更坚实的基础。

1992年，陈昌曙突发脑血栓。初步痊愈后，他辞去了研究生院副院长的工作，全力投入到学科建设和培养研究生。在此期间，陈昌曙带领他的学术团队开始致力于中国的技术哲学学科建设，其理论探索从日本技术论的研究开始，进而提出人工自然理论；辨析科学与技术的差异；探讨技术本质、技术体系结构；关注东北老工业基地技术改造中的技术哲学和社会学问题；开创技术创新研究的哲学思考；构筑技术哲学研究纲领，确立技术哲学研究的基本问题；阐述可持续发展视域中的技术，逐渐形成了技术哲学研究的“东北学派”，还为中国技术哲学研究培养大量的专业人才。陈昌曙为中国技术哲学研究的兴起与发展做出了巨大贡献。

2002年，陈昌曙从工作岗位上退下来。退休后，尽管身体每况愈下，但陈昌曙始终没有放弃自己钟爱的哲学研究。2005年他主持翻译的《技术史》出版。2009年又出版了《通俗哲学简编》，这部著作在2011年中共中央宣传部、新闻出版总署组织开展的“第三届优秀通俗理论读物”中，经过网上投票和专家论证，被评选为优秀通俗理论读物。

二、主要研究领域和学术成就

1. 开创工程传统的中国技术哲学研究方向

1877年德国人E. Kapp在《技术哲学纲要》一书中提出“技术哲学”的概念，标志着技术哲学的诞生。从此以后技术哲学研究在美日等国得到迅速发展，一百多年来取得了长足进步，已经成为哲学谱系中重要的分支。而在世界技术哲学领域中，中国技术哲学研究有着特殊的重要地位。2008年，美国技术哲学家C. Mitcham所做的世界著名技术哲学家访谈，就将陈昌曙作为中国技术哲学的主要奠基人列在其中。陈昌曙开创了工程传统的中国技术哲学研究方向，逐渐形成了中国技术哲学的“东北学派”。

从1980年到2001年，陈昌曙先后发表60余篇文章探讨技术哲学问题，内容涉及技术哲学得以成立的基本前提、技术哲学的研究对象、历史演进、学科性质、学科体系、基本内容，技术的本质与要素，技术与生产，技术与工程的关系，技术与社会的关系、产业与产业技术，以及可持续发展等问题。经过20余年的努力，陈昌曙为工程传统的中国技术哲学发展绘制了清晰的学术图谱，在国内外学术界产生了广泛的影响。

1984年出版的《中国哲学年鉴》在“研究状况和进展”栏目介绍“技术哲学研究简况”中提到，中国较系统地研究技术哲学始于1982年，其标志是同年10月1日陈昌曙在《光明日报》发表了第一篇严格意义上的技术哲学论文——《科学与技术的统一和差异》，之后又陆续发表了《技术是哲学的研究对象》、《试谈对“人工自然”的研究》、《科学技术的发展要求我们做些什么——谈自然辩证法工作中的几个关系》等论文，中国技术哲学学科的创建就此拉开序幕。

在学科创建之初，陈昌曙遇到的问题首先是要建立什么样的中国技术哲学。受多年的辩证唯物主义和历史唯物主义学术思想浸染，又在辩证法认识论方面有很深学术造诣的陈昌曙，一开始就将中国的技术哲学研究定位在以马克思主义为指导，结合中国工程技术发展的实际，开展技术哲学研究。他指出：“我们不赞成把国外的技术哲学或技术论原原本本地搬到中国来，把它抬高到不适当的高度。西方技术哲学和日本的技术论当然是值得借鉴的，其中也包括有益的资料和合理的思想，有的还试图用历史唯物主义的观点探讨问题，但同时也要注意到，无论是德国或是美国的技术哲学，或者是日本的技术论，都处在形成的过程中，对工程技术界和学术理论界的影响都不甚大，而且，国外的技术哲学终究不是针对我们所面临的问题，在提出问题和解决问题的观点方法上也需要有分析批评之处。”技术哲学是否在中国有开展的必要，重要的是要看现实生活的需要，因此，中国的技术哲学应该紧紧围绕技术活动的实际问题。他从科学与技术的关系，技术的先进性标准与适用性标准的区别与联系，技术发展的内部关系，技术研究的体系，技术发展的条件，技术科学与工程技术研究的方法论，技术、自然与人的协调等方面，对中国技术哲学要研究的实际问题给出了说明。

中国的技术哲学要研究中国工程技术的实际问题，要实现人文学者和工程技术人员的对话，中国的技术哲学应该是让工程师听得懂的技术哲学，这是陈昌曙对中国技术哲学研究的基本要求。从这一点上看，中国的技术哲学从一开始就是工程传统的。与西方工程传统的技术哲学代表人物如卡普、德韶尔等不同，陈昌曙尽管十分喜欢技术，但他本人并不是一个职业工程师，相反，他是一位有着卓越哲学思维的哲学家。他早年从事认识论的研究，在唯物辩证法方面颇有建树，发表过《关于“必然性与偶然性”以及“可能性与现实性”两对范畴》、《唯物辩证法的范畴——本质与现象》、《唯物辩证法范畴的相互关系问题》、《试论归纳和演绎的辩证统一》、《唯物辩证法的范畴——形式与内容》、《试论判明现象间因果联系的逻辑方法》、《自然科学方法论研究的意义》等论文，出版了《唯物辩证法的主要范畴》、《自然科学的发展与认识论》等专著。深厚的哲学研究底蕴，使陈昌曙的技术哲学跳出了工程师的职业视角，从一个哲学家的角度来反思工程技术，这使得他的技术哲学尽管具有浓重的工程传统色彩，但同时还体现了人文主义的反思倾向，这在他撰写的《技术哲学引论》中关于“人工自然”和“可持续发展”问题的讨论中表现得尤为突出。

中国的技术哲学研究也应该有自己的学派。作为工程传统的中国技术哲学研究的开创者，陈昌曙明确地意识到，仅靠他个人的力量，虽然也能干一点事，但是不能干大事，成不了大气候，必须有一帮志同道合者一起向着共同的目标奋斗，才能干出一番事业。陈昌曙一进入技术哲学领域，就找到了一位志同道合的“战友”远德玉。远德玉也毕业于东北工学院采矿系。他为人豁达、大度，也是个技术迷，当时主要研究科技史和工程技术的一般规律。他们二人在学术上并肩作战了20多年，共同借鉴日本的技术论研究，与日本的技术论学者星野芳郎展开学术交流。1986年，陈昌曙和远德玉合著的《论技术》出版，书中对“什么是技术”作了详细的叙述和介绍，并明确提出了技术过程论的观点。这部著作主要是远德玉撰写的，获得了教育部学术著作奖。1986～1989年，他和远德玉带领东北工学院技术哲学研究团队同日本学者星野芳郎、林武开展了“中日技术发展与辽宁技术改造战略思想研究”。1990年4月，陈昌曙与远德玉共同完成《技术选择论》一书。在此期间他们对辽宁的工业企业进行了大量调查分析，从过程论的视角分析了技术的本质和属性。继与远德玉合作之后，陈昌曙又吸引哈尔滨工业大学、大连理工大学的许多学者加入技术哲学研究，其中的关士续、刘则渊等都相继成为中国技术哲学研究的知名学者，形成了中国技术哲学研究的“东北学派”。1982年，陈昌曙在东北工学院（现东北大学）成立了全国第一个以技术哲学为研究方向的研究所——技术与社会研究所。这个研究所的成立标志着中国技术哲学研究开始走向建制化，它是我国技术哲学研究的重要基地，也是陈昌曙传播其技术哲学思想、实现其研究纲领的学术田园，为中国技术哲学的发展培养了大批人才。陈昌曙以这个研究所为基地，团结东北三省的高校，特别是哈尔滨工业大学、大连理工大学的学者，共同培植技术哲学的幼苗，收获技术哲学的果实。

2. 通过技术哲学研究促进当代中国科学与技术的协调发展

技术哲学的研究要以技术的相对独立性为前提，其中特别重要的是要明确技术与科学之间的关系——如果技术与科学乃是一个东西，技术只是科学的应用或者只是“应用科学”，技术哲学就难以成为一门有自己特色的学科。1982年10月1日陈昌曙在《光明日报》发表了《科学与技术的统一和差异》，这篇文章明确提出技术与科学之间具有重要的、本质的五个方面差异，分别为两类范畴、两种价值、两个革命、两路创新、两层管理。这个问题在当时具有重要的现实意义。那时很多人把科学和技术混为一谈，抹杀了它们之间的差异，因而妨碍了我国制订和执行正确的科技政策。

80年代初，中国在拨乱反正中恢复了“科学技术是第一生产力”的观点，但一些人把科学是生产力理解为科学就是直接的、现实的生产力，而不强调科学技术是生产力，不强调科学需要经过转化才能成为生产力。陈昌曙1985年在《工程师论坛》上发表《科学必须经过技术才能转化为生产力》，分析了“科学是生产力”与“科学技术是生产力”两个命题的关系，对“科学是直接生产力”的观点作了分析，进一步思考了科学与技术的关系尤其是二者的区别。他指出，技术是连接科学与生产的中介，科学知识必须由生产技术人员掌握，并与他们的生产技术知识、经验、技能结合起来起作用，科学知识必须物化为技术手段和生产手段，才能对生产力起作用，科学转化为生产力需要广大科技工作者、工人、教师、管理干部的共同努力，需要科学院、研究所、工矿企业、学校、领导机关的共同努力。缺少哪一个环节，这种转化都不会实现或顺利实现。这可能是中国最早关于官、产、学、研合作的论述。1994年，在《哲学研究》上，陈昌曙发表了《从哲学的观点看科学向技术的转化》，这是他十几年思考科学技术关系的一个小结，从本体论、价值论和认识论等方面审视科学与技术的区别，从哲学上确认科学与技术的原则性差异，即科学是对客观过程的反映和陈述，技术是对人工过程的创造和控制；科学是解释因果性、揭示可能性，技术是设定目的性、造成现实性；科学力求全面、正确、精确、真理性标准，技术力求合理、有效、功利性标准；科学是对假说、猜测的证伪与证实，是实验、定律、原理的提出，技术是对设计、方案的选择与优化，是对试验、规则、程序的确定；科学从特殊到普遍、从具体到抽象，从整体到分析，技术是从普遍到特殊、从抽象到具体，从要素到总和；科学是一元的，通用性的，技术是多样的、专有性的。在对科学与技术具有原则性差别论述的基础上，陈昌曙指出了科学向技术转化的三个方面，即从因果性到目的性的转化、从真理性到功利性的转化、从一元性到多样化的转化。

作为对科学与技术差别研究的深化，陈昌曙在1999年出版的《技术哲学引论》中又进一步论述了科学方法与技术方法的不同，这也是对他早年关于科学方法论研究的一次升华和总结。从陈昌曙的哲学研究历程来看，尽管其主要研究领域是技术哲学，但从20世纪50年代开始，他致力于唯物辩证法基本范畴研究；到60年代，他着眼于对自然科学方法论的研究。这些研究工作为陈昌曙系统提出科学方法与技术方法的差别提供了坚实的哲学基础。在《技术哲学引论》中，他列举了科学方法与技术方法的八种不同。

从学理上阐明科学与技术的区别，对于20世纪80年代的中国，不仅是建立技术哲学学科的需要，更是中国当时科学技术发展实践的要求。1978年是中国发展史上具有里程碑意义的一年，科学的春天来到了。邓小平提出的“科学技术是第一生产力”的论断成为被思想界所接受的理论观点。但当时科学研究与经济发展“两层皮”的问题一直是困扰中国科技发展实践的关键问题，对科学如何才能转化为生产力还缺乏理论上的研究。陈昌曙从中国当时的科技发展实践出发，对科学与技术进行了哲学上的分析，从马克思主义观点出发提出技术是科学转化为生产力的中介的重要思想，为中国科学技术尽快长入经济，实现科学技术的生产力功能提供了理论基础，为注重基础科学研究同时要大力加强应用研究的科技政策的制定提供了科学依据，促进了当代中国科学与技术的协调发展。

3. 建构有中国特色的“人工自然”理论

中国的技术哲学要面向中国的工程技术实践，但作为哲学重要组成部分的技术哲学一定要在解决人类总体性和根本性问题上有自己独特的话语。哲学是从总体上教导人们善于处理和驾驭自己同外部世界的关系的学问，对此可以理解为：“哲学的内容是从总体上讨论人与外部世界的关系，人的外部世界首先和根本上乃是自然界，人与自然界的关系乃是哲学的根本问题，至少是根本问题之一”。如果以人与自然界的关系作为哲学的中心内容和根本问题，哲学又可分为三个方面即狭义的自然哲学、科学哲学、技术哲学。

技术哲学以人与自然界关系作为哲学的中心内容和根本问题，那么，它是以怎样的形式来反映这样的内容的？陈昌曙认为技术哲学就是自然改造论，或者说陈昌曙的技术哲学就是自然改造论的技术哲学。关于自然改造论的技术哲学，陈昌曙认为包括如下的内容：人类怎样从自然界中分化出来？又怎样成为自然的“对立面”？人与自然的关系包括哪些方面？人与自然的关系经历了哪些阶段，人与自然的关系中有什么中介环节？技术作为人们能动地改造自然的中介和手段，在本质上是什么？人们利用技术和天然自然创造人工自然或第二自然，与天然自然相比，人工自然有哪些特点？人工自然的形成和发展有什么特殊的规律性？人与自然界的关系，怎样规定、制约着人们的相互关系或社会关系？人类改造自然，或技术的发展和应用，需要什么样的社会支持系统？怎样看待和对待人类改造自然带来的消极后果，或技术的负面作用？怎样实现人与自然的可持续发展。在廓定了作为自然改造论的技术哲学的基本内容的基础上，陈昌曙明确指出：“技术哲学能否成为一门相对独立的分支学科，是否具有理论价值和实际意义，在很大程度上取决于它是否具有其特有的范畴和原理。”他指出：“人工自然”就是自然改造论的一个基本概念，是技术哲学的逻辑起点。

与国外学者从存在论的角度来定义技术不同，陈昌曙创造性地借鉴了马克思关于人工自然的思想，提出了自己的“人工自然”理论。1985年，在《哲学研究》上，陈昌曙发表了《试谈人工自然的研究》，在这篇论文中，他首先将人工自然界定为与天然自然相对而言的第二自然，同时通过严密的哲学分析给出了天然自然与人工自然的区别，指出人与自然界关系的几个层次。第一，在人与自然界之间存在着可以设想、推断，但不能影响或直接影响的关系；第二，在人与自然界之间存在着发生影响，但不能控制或未能控制的关系；第三，在人与自然界之间存在着控制、变革、改造、创建和加工的关系。在对人工自然进行界定的基础上，陈昌曙对人工自然的性质和机制作了重点研究。他论述了人工自然的自然属性和社会属性，人工自然与人类劳动的关系，特别是对人工自然的特殊规律性以及人化自然概念进行了深刻剖析。尤其可贵的是，在这篇论文的结尾，他以哲学家特有的反思批判精神提到了人类对自然的破坏，警醒人们要与自然界"和睦相处"。他指出："我们不能只是把天然自然作为我们要去征服和战胜的对象，不能只是想去支配、改造自然，还要做到与自然界（天然自然）'和睦相处'，这样人类自身和自然协调才能长期共存。"在 20 世纪 80 年代，在效率优先兼顾公平的社会氛围中，这种深刻思考尤为可贵。

从 20 世纪 80 年代开始对"人工自然"理论的提出，到 20 世纪末《技术哲学引论》的出版，陈昌曙提出的具有中国特色的"人工自然"理论已经日趋成熟。在这部代表其技术哲学研究成就的学术著作中，他用大量的篇幅阐发"人工自然"的理论。他从人与自然的分化、自然界的人工化、人工自然的特点及意义、人工自然创造的基础、加工在人工自然创造中的作用、人工自然创造中的控制、创造人工自然的保障等多方面，系统论证创造人工自然的技术领域，指出人工自然的创造取决于技术的手段和方法，自然界的人工化就是技术化，人工自然的范围等同于技术圈，讨论人工自然与考察技术过程是不可分割的，或本质上是一回事。

4. 提出引导中国技术哲学发展的基本问题

从陈昌曙一踏进技术哲学研究的领域开始，他就在思考中国技术哲学发展的基本问题，包括对工程传统的中国技术哲学研究方向的选择，对自然改造论的技术哲学的定位，以及对技术与社会关系的思考、技术与产业技术关系的阐释和技术创新的哲学反思、可持续发展问题的哲学透析等。如同恩格斯通过讨论"哲学的基本问题"引导辩证唯物主义哲学的发展一样，在技术哲学领域，提炼其基本问题也具有构建研究纲领的意义和价值。陈昌曙一直在通过提出基本问题引导着中国技术哲学的研究方向。

20 世纪 80 年代，陈昌曙在其《技术是哲学的研究对象》一文中就初步构建了技术哲学的研究框架，从宏观上、整体上对技术哲学的研究方向作了初步探索。2000 年前，陈昌曙一直没有公开讨论或构建中国技术哲学的基本问题，不愿意构建宏大体系。2000 年以后，他开始意识到提炼中国特色的技术哲学研究基本问题的时机已经成熟。2000 年 10 月 14 日，他出席了在清华大学召开的"第八届全国技术哲学研讨会"，会上提交了《技术哲学基础研究的 35 个问题》这篇带有研究纲领性的论文。中山大学的张华夏、张志林提交了《从科学与技术的划界来看技术哲学的研究纲领》一文，由于其二人平时的研究在科学哲学领域，而这次探讨的却是技术哲学的纲领，这就给技术哲学界带来很大的震动。会上，就技术哲学的研究纲领问题展开了广泛、激烈的论争。之后，以《自然辩证法研究》为争论阵地，陈昌曙和远德玉发表了《也谈技术哲学研究纲领——兼与张华夏、张志林教授商谈》，从技术与科学的划界及技术哲学与科学哲学的划界，探讨了技术哲学的研究纲领，对把技术看作是知识体系，把技术知识论和技术逻辑作为技术哲学研究核心内容的观点提出了不同意见。

在《技术哲学基础研究的35个问题》一文中，陈昌曙首先指出技术哲学作为一门学科存在的可能和具有的水平，取决于它是否具备学科特色，取决于在基本理论上回答的问题。对技术哲学来说，没有特色就没有地位，没有基础就没有水平，没有应用就没有前途。技术哲学的研究要有生命力和现实意义，必须立足于自己的学科特色，依靠高水平的基础研究，加强应用研究。在这篇文章中，他与陈红兵以问题的形式提出自己的技术哲学研究纲领，就技术哲学的学科定位和性质、技术哲学研究的理论意义、技术哲学的本质、科学与技术的关系、技术的价值、技术发展的规律性等六个方面提出了35个至关重要的问题。就如同20世纪德国数学家希尔伯特提出的23个数学问题，一直指导着整个20世纪世界数学研究一样，陈昌曙的《技术哲学基础研究的35个问题》，对中国今后的技术哲学研究也将产生历史性的深远影响。

三、陈昌曙主要论著

陈昌曙．1955. 唯物辩证法的范畴——必然性与偶然性．哲学研究，(3)．

陈昌曙．1956. 唯物辩证法的范畴——本质与现象．哲学研究，(5)：25-42.

陈昌曙．1957. 唯物辩证法的范畴——形式与内容．哲学研究，(2)：109-121.

陈昌曙．1957. 唯物辩证法的主要范畴．北京：人民出版社．

陈昌曙．1957. 唯物辩证法的范畴——必然性与偶然性．武汉：湖北人民出版社．

陈昌曙．1961. 试论判明现象间因果联系的逻辑方法．哲学研究，(6)：88-96.

陈昌曙．1962. 试论归纳与演绎的辩证统一．哲学研究，(2)：15-23.

陈昌曙．1963. 自然科学史研究的哲学意义．哲学研究，(4)：19-24.

陈昌曙．1980. 科学劳动的特点．红旗，(12)

陈昌曙．1982-10-1. 科学与技术的统一和差异．光明日报．

陈昌曙．1983. 自然科学的发展与认识论．北京：人民出版社．

陈昌曙．1984. 自然科学发展简史．辽宁科学技术出版社．

陈昌曙．1983. 简论技术哲学的研究．东北工学院学报，(1)：39-48.

陈昌曙．1985．技术是哲学的研究对象．自然辩证法通讯，(3)：5-11.

陈昌曙．1985．试谈对“人工自然”的研究．哲学研究，(1)：40-46.

陈昌曙，远德玉．1991．技术选择论．沈阳：辽宁人民出版社．

陈昌曙．1999．技术哲学引论．北京：科学出版社．

陈昌曙．2000．哲学视野中的可持续发展．北京：中国社会科学出版社．

陈昌曙．2001．弘扬崇尚真实的科学精神．求是，(12)：45-47.

陈昌曙．2010．通俗哲学简编．沈阳：辽宁人民出版社．

撰写者

陈凡（1954～），教授、博士生导师。主要研究方向为技术哲学、科技与社会（STS）。现任东北大学文法学院副院长兼哲学系系主任，科学技术哲学研究中心主任。曾获全国优秀科技工作者，国务院颁发的政府特殊津贴等。在《中国社会科学》，《哲学研究》等多个期刊上发表200多篇论文，出版《解析技术》，《技术社会化引论》、《科学技术社会论》、《自然辩证法概论》等多部著作。

邱仁宗

邱仁宗（1932～），江苏苏州人。科学哲学家和生命伦理学家，中国生命伦理学的开拓者与倡导者。2002 年当选为国际哲学研究院院士。1952 年毕业于清华大学外语系。曾任中国社会科学院哲学研究所研究员、科学技术哲学研究室主任，中国医学科学院生命伦理学研究中心教授、学术委员会主任，中国自然辩证法研究会副理事长等职；兼任卫生部卫生政策和管理专家委员会委员、卫生部医学论理专家委员会副主任委员、联合国教科文组织国际生命伦理学委员会委员，亚洲生命伦理学联合会会长等职。1987 年他的《生命伦理学》一书出版，标志着中国生命伦理学的诞生，后获中国图书荣誉奖。他长期致力于中国临床、生物医学研究以及公共卫生中伦理问题的研究，并努力将研究成果转化为政策和管理，他倡导生命伦理学研究从问题出发的实践进路；倡导以权利为基础的生物-心理-社会模型，实现健康公平；坚持科学与人文价值的融合，倡导在科学技术的创新中维护人的尊严和权利；倡导生命伦理学的体制化；运用硬核和外周理论，为解决国际准则与本土文化二者之间的张力提供指南。他对生命伦理学研究以实践中的问题为中心、以维护病人、受试者和公众的权益为终极责任的进路，不仅对生命伦理学，而且对若干与实践联系密切的人文、社会学科的发展具有重要启发性意义。曾获世界技术网络伦理学奖，联合国教科文组织阿维森纳科学伦理学奖，美国 Henry Knowles Beecher 生命伦理学奖，中国自然辩证法研究会终身成就奖等奖项。

一、成长历程

邱仁宗 1932 年 11 月 5 日出生于江苏苏州一个当时比较贫困的家庭。其父亲和祖父被称为由两代寡妇抚养起来的“独苗”。邱家是苏州状元陆润庠的姻亲，太平天国后家道衰落。父亲邱受山念的是私塾，年轻时在布店做学徒，他喜欢新鲜事物，虽然不喜欢读书，但几乎天天读报。对于新的产品、新的机器尤其感兴趣，津津乐道。他对邱仁宗除了要他好好读书，从来没有其他要求，完全由他自由选择、自由发展。有时邱仁宗受到母亲的严厉对待时，他会对她说，孩子大了，自己知道该怎么做。

邱仁宗的母亲时云珍是来自贫困家庭的一位非常能干而有个性的妇女。她的父亲是一位裁缝，全家住在苏州一位地主家的门房里，兼做他们的看门人，这样就不需要缴纳房租。她从未上过学，一直到新中国成立后才扫盲，但她觉得，她再困难也一定要她儿子念完大学，虽然她对念完大学干什么并没有清晰的概念。后来在她晚年，对邱仁宗的成就很满意，有一次对邱仁宗说：你跟我讲讲，科学哲学是什么？他的母亲虽然没有读过“圣贤之书”，但有非常明确的做人道理。例如宁可人家亏我，不要让我亏人家；对自己家里人要严，对邻居或他人要宽。她是一个对他人的需要很敏感、会及时作出反应，也是会照顾人的人，对比她穷苦的人有强烈的同情心。她也曾经是一位虔诚的佛教徒。

父母的为人以及所建立的家庭为邱仁宗的成长营造了一个比较宽松、可自由发展的环境。他小时候的行为不大像是一个好动的男孩，比较文静，比较内向，容易害羞。奇怪的是，与他父母两边的家人不同，他从小就喜欢念书，喜欢上学。他觉得读书让他走进了一个崭新的、迷人的世界。可家里没有书，只有黄历、戏考（他父亲喜欢京戏），还有一本考试指南，他就读这些“书”。念第一个小学时有个王老师，给他改了名字，他原名“邱承忠”，改为“仁宗”。学校的课给他印象最深的，一辈子难忘的是那张列强瓜分中国的图。他除了喜欢读书，就是喜欢想问题。他小时就问自己：我为什么来到这个世界上？这个问题至今困扰着他。

后来因搬家邱仁宗转往纱缎小学。这个小学是纱缎业同业公会办的儒家小学，每星期一早上周会拜孔子，《论语》和《孟子》是必读课。虽然邱仁宗读不太懂，但他感到一辈子受益。在他念小学和初中的时候日本占领苏州，他们全家逃难到乡下。日本占领苏州时要求老百姓进出城门都要给日本军官鞠躬，有一次他父亲忘了，被日本人掮了两个耳光，父亲非常生气。2008 年举行第 8 届世界生命伦理学大会时日本学者反对人的尊严这一概念，他就用他父亲被日本军官掮耳光的例子告诉日本学者，这就是对的人的尊严的违犯。后来邱仁宗念初中时日本教官来军训，动不动要学生去欢迎敌伪要人或日本人来苏州视察，使他无法忍受。他宣告，如果日本还在苏州，他将不再念书。父母对他很同情。不久，日本投降了，他本指望可以全心全意念书了。但是国民党接收大员令人失望，贪污腐化盛行，对老百姓的生活困苦无动于衷、漠不关心，却忙于搜捕进步学生和人士。中国人为什么老是受欺侮？为什么那么多穷人摆脱不了悲惨的命运？科学技术能不能救国？教育能不能救国？面对当时情况，少年时的邱仁宗产生了一系列问题。由于他喜欢读书，他参加了有进步倾向的文心图书馆，先是借书看，后来成为义务馆员。这个时期他从阅读巴金、鲁迅、郭沫若、茅盾，欧美各国经典小说，尤其是俄罗斯和苏联的小说，到阅读马克思主义书籍，扩大了视野，认识到“科学技术救国”、“教育救国”不行，中国问题的关键是社会、经济和政治制度的变革。而他认为“国家兴亡，匹夫有责”。因此，高考志愿从“理科”改为“文科”。

他是新中国的第一届大学生。1949年4月苏州解放，他开始准备高考，考试录取的有：清华大学历史系、北京大学哲学系、南开大学经济系和复旦大学新闻系。最后他进了清华大学历史系，那时吴晗已经当了北京市副市长，不再在清华授课，但仍然关心组织历史系的新生参观天桥和故宫，使他受益匪浅。尽管上了中国史、世界史等课，但他觉得不满足。第二年邱仁宗转到了外语系的俄语组，同时选修了法语和英语。在清华大学读书期间，当时开展的许多运动，如土改、肃反、三反、抗美援朝等，使他对社会有了更好的理解，同时他也抓紧时间上课、读书，避免影响学业。当时的党内活动非常民主，当时的党总支书记是何东昌，副书记是彭珮云，宣传部长是艾知生，每到改选（每年改选一次）晚上在同仁堂开党员大会，对前一届委员会工作的批评，对候选人的提问、批评和评论，大家真正做到了知无不言，言无不尽，畅所欲言，往往会开到清晨两三点，第二天大家还要上课，但第二天晚饭后大家仍精神饱满地接着开会。这是他至今难忘的民主洗礼。1952年院系改革，清华大学想把文法学院的骨干留下来，他也是其中之一。但不久北京协和医学院需要人，将他调去。他先做政治理论课（哲学、政治经济学、联共党史、中共党史）的助教工作。1959年北京协和医学院成立马克思主义教研室，他任主任、讲师，当时他主要从事自然辩证法和医学辩证法的教学研究工作。“文化大革命”中他陷入两派冲突，无法再工作下去。1973年邱仁宗从“五七干校”回京，被分配到人民卫生出版社印刷厂劳动，1976年他被调到中国医学科学院劳动卫生研究所《卫生研究》杂志社做编辑，其间接触到很多环境问题方面的文献，对后来研究环境与健康的关系有很大帮助。“文化大革命”结束后，1978年他调到中国社会科学院哲学研究所。

到了哲学研究所，他面临着科研方向的重要抉择。他决定选择科学哲学和生命伦理学作为他今后科研的主要方向。由于闭关多年，人们对世界科学哲学的长足发展一无所知，对波普尔、库恩等科学哲学家的学术成就一无所知，对新出现的生命伦理学这一新领域也一无所知。当时，中国社会科学院副院长汝信在《人民日报》发表了一篇文章，要求哲学家重视对科学技术和人的研究，给哲学研究指出了方向。他到哲学研究所后的工作就是在科学哲学和生命伦理学两个领域内开展研究，后来由于生命伦理学问题的紧迫性，他差不多主要精力放在生命伦理学上。但科学哲学的研究对他后来的工作很重要，即培养出进行哲学分析、论证的能力。他在科学哲学方面的工作，体现在他的《科学方法和科学动力学》、《科学发现的模式》等著作中，第一本书后来成为一些大学科学哲学课的教科书。他是中国重点研究卡尔·波普尔的第一人，发表多篇有关波普尔的论文，并与波普尔本人在他家里交谈 6 个小时，也曾在库恩家里与库恩交谈过。他于 1983 年秋季访问伦敦经济学院科学方法和哲学系，1989 年先后在乔治敦大学和威斯康星大学作访问教授，开设中国哲学和科学哲学专题课，1990 年他在英国学士院做访问教授。他在 1994 年组织了中国历史上的第一届国际科学哲学学术会议。他曾多年担任中国科学哲学学会理事长，并曾担任国际逻辑学、方法论和科学哲学联合会执行委员会委员。

从 1993 年起，他研究的重点逐渐向生命伦理学转移。1979 年是中国生命伦理学发展的起点，他在当年 12 月在广州医学辩证法会议上作了 70 年代国际医学哲学综述。1987 年他出版了《生命伦理学》一书，1988 年便在香港地区和台湾地区翻印出版。

二、主要研究领域和学术成就

1. 倡导生命伦理学研究从问题出发的实践进路

生命伦理学在中国一产生就存在两条路线的争论：生命伦理学研究应该从理论出发还是应该从实践中的问题出发。邱仁宗认为，与哲学伦理学不同，生命伦理学是一门具有规范性的实践哲学，它与生命科学、生物技术、生物医学、临床医学和公共卫生领域的科学研究和临床、预防实践密不可分。因此，企图将生命伦理学束缚于学院之内是令人可笑的。另一方面生命伦理学是理性事业，它的任何结论必须经过伦理学的论证和辩护。国内外一些学者认为，只要发明一个完备的伦理学理论体系，世界上所有问题就可迎刃而解；或者只要从他喜爱的伦理学理论出发，通过演绎就可以找到所有伦理问题的答案。他反对这种看法，称这种从事生命伦理学研究的进路为“放风筝”模型。生物医学、生物技术、医疗卫生中伦理问题多种多样，怎能靠一个理论去解决？他说，世界上不存在万能的猫，能把过去、现在和未来的老鼠（伦理问题）都抓住。他提出了“任何一个伦理问题都是‘定域的’”这一命题，强调伦理问题发生在特定的社会文化情境内，伦理问题的解决，必须是在利益攸关者的价值和利益之间进行权衡的结果，伦理学理论不是伦理推理的出发点，而是对结论进行论证和辩护的工具，他将这种进路称之为“骑单车”模型。

邱仁宗反对国外有人将生命伦理学定义为“生物医学、生物技术、医疗卫生的哲学、伦理学、社会学、法学、心理学、管理学和政策学的研究”，这个定义模糊了生命伦理学的规范性。因此他建议将生命伦理学定义为，运用伦理学的理论和方法，对生物医学、生物技术和医疗卫生中的伦理问题（包括应该做什么的实质伦理学问题和应该如何做的程序伦理学问题）进行研究的领域或分支学科。在2010年7月新加坡举行的第十届世界生命伦理学大会上，他在特邀报告中提出生命伦理学的4个要素：①鉴定问题：在临床、科研和公共卫生实践中产生或提出的伦理问题；②伦理探究：运用伦理学的理论和方法对伦理问题进行分析，对涉及的利益攸关者的价值进行权衡，找到伦理问题解决办法，并进行伦理学的论证或辩护；③转化行动：伦理学探究的结果应尽可能快地转化为行动，在行动中体制化非常关键；④终极目的：生命伦理学的目的是维护病人、受试者和公众的权利和福利，善待动物和保护生态。他认为，这目的是具有根本性的，生命伦理学的成就应该用它是否有效地保护人民的权利和福利来衡量，而不是以发表多少篇文章、出版多少书籍来衡量。

2. 倡导以权利为基础的生物-心理-社会模型，实现健康公平

为什么有人可以在肝癌晚期仍然可以先后移植两个肝，而农村来的年轻人却因负担不起而死亡？他认为在患病率、死亡率和预期寿命上中国不同人群之间的差距不但是“健康不平等”，而且是“健康不公平”，因为这是完全可以避免的，是政策、制度、法律不完善所致。但是我们占支配地位的医学模型或卫生政策模型是生物医学模型，将健康和疾病完全归结为生物学因素决定，即“生物决定论”。他强调人生来就是不平等的，人一开始他所处的社会、经济和政治地位就是不同的，这使他在卫生资源和卫生服务的可及，维护或恢复健康的能力以及达到健康的结局方面是不平等和不公平的。在医疗卫生工作中，尤其在公共卫生事业中，预防疾病和促进健康的工作与实现社会正义以及落实人权是息息相关的。他常常引用马丁·路德·金的话，人类历史之弧是弯向公正的。因此，必须有差异的卫生政策，才能实现人人有健康。他在中国最早提出医学的生物-心理-社会模型，第一次提出在艾滋病防治中在保护公众健康的同时必须维护个人的权利（1993年第一届全国艾滋病防治学术会议上），第一次在中国提出“病人的权利”（1996年《病人的权利》）。

首先，不实现男女平等的权利，妇女也就不可能获得生殖健康。他也是在中国首批倡导进行女性主义研究的人，妇女学研究的学者曾经把他和一批女性主义学者进行妇女问题研究称作“邱仁宗现象”。1992年他开始研究艾滋病防治中的伦理问题。中国艾滋病防治最初阶段试图采取寻常的公共卫生进路，对艾滋病进行围堵策略，将防治艾滋病政治化，把它当作社会主义精神文明建设的一部分，将艾滋病防治与禁娼禁毒挂起钩来。他强烈批判这一做法。艾滋病涉及长期存在的同性恋、性

工作、精神药品使用等社会问题，但这是两个不同的问题：同性恋行为、商业性行为、服用精神药品行为不一定都导致感染艾滋病，如果采取安全措施或服用代用品的话。因此说唯有打击卖淫嫖娼、打击使用毒品才能控制艾滋病，既是不符合事实的，也是错误的。不符合事实是因为许多国家并没有禁娼禁毒，一样控制住了艾滋病，而禁娼禁毒的我国艾滋病仍然没有控制住。更不能将艾滋病与社会主义精神文明建设混为一谈。艾滋病是一种疾病，感染病毒、患病本身与道德无关，与被认为"不道德"、"非法"的行为应该分开。得病、治病、防病是医学问题，与"主义"无关。将艾滋病防治政治化或意识形态化，只能向公众传达一个错误的信息，导致对艾滋病病人和抗体阳性者以及脆弱易感人群的进一步歧视。

他在与同性恋者接触后说，"同性恋不就是性的少数民族吗?"正如左撇子一样，没有理由因性取向不同，就在医学上认为他们有病，在道德地位上认为他们低人一等，并在法律上加以限制或禁止。他反对中国法律上"聚众淫乱"罪以及2010年南京案件的判决，因为这条法律和这个案件的判决背后有着危险的预设：即使性行为在成人之间，是自愿同意的，在私密场合（没有公共效应）下进行的，也可能定罪（例如给同性恋行为定罪）。在辩论中有人不理解他的立场，认为他支持"聚众淫乱"。他说，我反对将这个行为定罪并不等于支持这个行为。他组织了6个城市的女性性工作者的调查，结论是，她们之所以从事商业性行为不是个人道德堕落的结果，而是由于社会结构性的原因，她们是贫困、性别不平等以及在社会变迁过程中未能保护脆弱人群的政策导致的受害者。而对于中国精神药品使用者的政策，他多次给予了批判。他强调，药瘾是疾病（慢性脑部疾病），不是罪行，他们是病人（药瘾发作失去自主性），不是罪犯，最有效的治疗方法是药物，不是强制和教育。因此他一直努力在中国法律中改变将性工作者和药瘾者都视为违法者的规定。

他建议的政策，一是例外主义，艾滋病不是寻常的公共卫生问题，它的特点是传播力不那么强，仅通过血、性、母婴垂直传播途径，一般接触和飞沫不能传染，而致死率高，一旦感染就终身感染。由于艾滋病感染者和易感人群处于脆弱的、边缘的和无权的地位，受到污名化和歧视，因此不能用寻常的公共卫生措施，例如隔离、接触追踪等办法，否则他们就会走入地下，一旦高危人群走入地下，就无法对他们进行检测、咨询、教育、治疗、关怀和支持，那就谈不上什么防控。2006年他在加拿大多伦多世界艾滋病大会上批驳了要求将艾滋病防治"常规化"的论点，提出唯有人们对艾滋病不采取例外化的态度时，才能将艾滋病防治常态化。二是采取"降低伤害"的策略。我们可以将有关同性恋、性工作、精神药品使用等社会问题的争论撇在一边，即使这些行为仍然存在我们也可以采取降低伤害的办法，例如使用避孕套、使用清洁的针具、使用美沙酮代替等办法有效防治他们感染艾滋病或将艾滋病传播给他人。

他指出，中国对艾滋病的防治主要采取技术的进路，即生物医学的进路，即认为科学技术能解决艾滋病防治问题。在理论上艾滋病不难防治，例如如果让所有可能的阳性者都得到检测、咨询、治疗、关怀、支持，即做到普遍可及，那么艾滋病的传播就可以迅速得到控制。科学技术提供给我们越来越有效的检测、治疗手段，我国的资源也足以使目前估计隐藏着的数十万人得到检测和治疗。问题是，如何能做到普遍可及，让40万潜在的阳性者走出来接受检测、治疗呢？如果对他们的歧视得不到解决，如果一旦检出阳性，他们的基本人权就会丧失，他们能够走出来接受检测和治疗吗？科学技术是防治艾滋病的必要条件，但不是充分条件，只有反对歧视，保障基本人权，才能满足这充分条件。但现在一手硬（科学技术），一手软（反歧视、保障人权），这是中国目前防治艾滋病的关键问题所在。

在这些工作中他提出了将脆弱性作为一项伦理学原则。人一生病就处于脆弱地位，从社会学上说处于权力不平衡的地位，医生有责任关怀病人，为病人着想，同时病人的脆弱地位也使医生有为自己谋利的可能。后来他把这种脆弱地位扩展到社会其他人群，比如同性恋者、女性性工作者、精神药品使用者、艾滋病患者和感染者等，进一步扩展到动物和生态。

3. 坚持科学与人文价值的融合，倡导在科学技术的创新中维护人的尊严和权利

他从小就喜欢科学技术，尤其对科学技术前沿研究的突破，往往激动不已。但随着他对生命伦理学研究的深入，也对在市场化、商品化大环境下科学家或医生越来越不能自律，感到遗憾。例如中国纳米技术发展迅速，但是对在纳米实验室工作的研究人员，在车间生产和加工纳米材料的工人，以及使用纳米产品的消费者，是否已经采取充分的防护措施，他感到担忧。他对技术应用中的伦理问题尤为关注。他是唯一一位对利用死刑犯器官进行移植公开质疑的中国生命伦理学家（见他发表的文章《利用死刑犯器官进行移植能否在伦理学上得到辩护?》）。尤其是在大规模开展所谓“干细胞治疗”的热潮中，几乎没有采取措施维护病人的权益，他感到不安。他加强了对干细胞研究及其应用伦理问题的研究，并在他作为副主任委员的卫生部伦理委员会上力主起草干细胞临床试验和应用的伦理准则，以对目前未得到证明、未受管理的干细胞治疗进行有效治理。

尤其值得一提的是1988年甘肃省人大通过《禁止痴呆傻人生育的规定》，1990

年辽宁省人大通过《防止劣生条例》后，他提出了三个问题：其一，智障人是“劣生”吗？其二，禁止智障人生育能减少智障人口吗？其三，应该禁止智障人生育吗？第一、三个问题是伦理问题，第二个问题是科学问题。智障是多种原因造成的，唯有遗传原因的智障才能通过禁止生育的办法减少其人口。他去甘肃调查，他们将社会经济落后怪罪于智障人口多，还说：“是可忍，孰不可忍？”那么甘肃经济落后是智障人口相对多的原因还是结果？另外他发现许多智障人是克汀病患者，那是先天性疾病但不是遗传病，那是母亲怀他时缺碘所致。最重要的是，称智障人为“劣生”，禁止智障人生育是歧视残疾人，严重违反残疾人权利的行为。当然为了减少智障人本人的痛苦，如果他们本人无行为能力，经过监护人同意可以行绝育术。但制定法律法规来规定禁止他们生育是歧视、是违反人权的。1994 年 4 月，国家卫生部长在向全国人大作“优生保护法”的报告，当天新华社用 Eugenic Law 向世界发布了新闻，顿时引起了轩然大波（Eugenic Law 是德国纳粹所谓的“优生”），许多国家的遗传学家和遗传研究机构纷纷致电或致函给我国驻外使领馆、我国遗传学家和遗传研究机构，表示抗议或不理解，要求解释。他们声称如中国人大通过这一法律，要中断与中国的合作，并抵制即将在 1998 年北京举行的世界遗传学大会。各国遗传学家抵制大会，历史上只发生过两次，一次是为了抗议纳粹的优生、种族歧视政策，另一次是抗议苏联压制孟德尔-摩根遗传学抬高米丘林和李森科的错误政策。在这千钧一发之际，邱仁宗给出了自己的意见：中国的优生优育政策，其实是帮助父母生出健康宝宝（healthy birth），而非带有纳粹色彩的强制优生做法，即国家强加于公民的歧视少数民族、歧视残障人的社会规划（eugenic）。但他批评了法律草案中第 10 条规定被认为有严重遗传病的结婚申请人必须采取绝育术或服用长效避孕药后方可结婚，认为既无必要，在许多情况下也不可能，尤其这一条是对严重遗传病患者的歧视，并与《残疾人权利保障法》相冲突。他认为，限制智障人或严重遗传病患者生育在科学上站不住脚，在伦理学上得不到辩护，在法律上与中国宪法和其他法律冲突。根据他的论述以及与政府部门以及国际人类基因组组织伦理委员会的沟通，最后大会取得圆满成功，来自世界各国 3000 余遗传学家参加大会。大会主席、遗传学家谈家祯也特别高兴，专门接见他表示感谢。后来在昆明，美国同行、芝加哥大学的 Mark Siegler 发现中国的科学家对邱仁宗很尊重，这种尊重是美国生命伦理学家享受不到的，问邱仁宗为什么？邱仁宗向他解释了世界遗传学大会这段轶事，Mark Siegler 对邱仁宗说：“你做了好事，人们是不会忘记的。”

他在生命伦理学工作上的一个特点是对新兴科学技术伦理问题的敏感性。20 世纪 80 年代的生命维持技术、辅助生育技术和器官移植技术、90 年代的基因治疗技术和异种移植技术、21世纪的克隆技术、干细胞研究、纳米技术、合成生物技术以及汇聚技术（NBIC、纳米、生物医学、信息和认知科学），在中国都是由他开了探讨其伦理问题的先河。尤其是他对人的克隆的论证和反论证，堪称中国生命伦理学的代表佳作。他认为，正是这些新兴的科学技术领域，才更需要伦理规范。

自从1959年英国学者斯诺提出两种文化之后，国内外学界有许多的评论，认为科学与人文之间缺乏沟通阻碍了世界上许多问题的解决。对此邱仁宗指出，正是在生命伦理学（或科学技术伦理学）之中，科学与人文在会聚。他指出，始终存在科学技术的创新、研发和应用与维护病人、受试者和公众的权利和福利这两个基本价值，而在生命伦理学体制化过程中可以看到斯诺所说的这两种文化有成效的合作和沟通，因此生命伦理学正在创造一种新的文化，在这种新文化中科学的价值和人文的价值是交融的。

他还认为，对人的关怀和脆弱性原则应该进一步推广到有感知的动物，他也是在中国倡导动物的权利的第一人。

4. 倡导生命伦理学的体制化

要将生命伦理学研究成果转化为行动，体制化是必由之路，这也就是将伦理学研究的成果落实在政策和管理的制订或改善上。体制化的意思是，尽可能及时将生命伦理学研究成果转化为相应的准则、规定或条例，并由相应的组织（例如伦理委员会）加以贯彻实施。生命伦理学是第一个，也是目前唯一的一门实现了体制化的伦理学学科。在1988年前，邱仁宗对生命伦理学的研究主要在象牙塔中，但1986年汉中的安乐死案和上海的人工授精案后，使他产生了一种紧迫感：生命伦理学的探究应该更多面对实际问题，通过体制化解决生命科学、生物技术和医疗卫生发展带来的道德困境。1988年他和卢光琇向国家计生委和卫生部提交人工授精和精子库管理办法的建议，1999年又再次建议卫生部加强人类辅助生殖技术管理，终于有了《人类辅助生殖技术管理办法》的出台；1993年，艾滋病防治问题开始不久，他就动手起草我国艾滋病防治政策的伦理框架；1999年干细胞研究刚进入公众视野，他已开始组织起草《人类胚胎干细胞研究的伦理原则和管理建议》；2002年他在担任中国基因组计划社会、伦理和法律委员会主席时起草了4点声明，即人类基因组的研究及其成果的应用应该集中于疾病的治疗和预防，而不应该用于“优生”（eugenics）；在人类基因组的研究及其成果的应用中应始终坚持知情同意或知情选择的原则；在人类基因组的研究及其成果的应用中应保护个人基因组的隐私，反对基因歧视；以及在人类基因组的研究及其成果的应用中应努力促进人人平等、民族和睦及国际和平。2004 年，他又开始协助卫生部起草《涉及人的生物医学研究伦理审查管理办法（试行）》，该办法于 2007 年 1 月颁布。邱仁宗的伦理研究触角紧紧跟随生命科学的发展，延伸到前沿的各个角落。

体制化意味着要对生物医学和生物技术研究和应用进行以伦理学研究成果为基础的管理（伦理管理），这方面无论是科学家，还是生命伦理学家都是有异议的：第一个问题是：这种伦理管理有无必要？是否合理？第二个问题是：即使有必要对生物医学和生物技术研究和应用进行伦理管理，是否应该根据中国文化传统来制订我们的行动准则，而不是根据那些主要是基于西方价值观的国际准则来制订我们的行动准则。对于这两个问题，邱仁宗坚持认为对生物医学的研究和应用进行伦理管理是必要和合理的，而制定管理的条例、规定和办法必须参照国际准则。因为一方面当代的生物医学或生物技术提供了先进的有效的诊断、治疗和预防疾病的方法，以拯救千百万人的生命；但另一方面在技术的发展和应用过程中又存在侵犯病人或受试者利益和权利的倾向。这是由于在它的发展和应用过程中，通常要涉及商业、市场、资本运作，这就有可能导致医生、科学家和企业之间的利益冲突成为问题，即为了自己的经济或非经济利益而损害其专业的使命：维护病人和受试者利益和权利的义务。对生物医学研究和应用进行管理的目的，一方面是为了顺利地发展科学技术，另一方面是为了保护病人和受试者的权利和利益。他对第二个问题的回答是：虽然中国有着独特的文化传统，但我们有必要信守有关涉及人的生物医学研究的国际准则，因为这些国际准则是包括中国在内的世界不同国家和不同文化专家们交流和协商的结果，得到了我国作为成员国的国际组织的批准。这些国际准则中所体现的基本价值不仅仅是西方的价值，而是不同国家、不同文化共同分享的价值或可以称为普遍性价值。我们在实施国际准则以及作为其基础的基本伦理原则时必须考虑到我国文化情境，或我们在制订我国的规范时要考虑我们文化特点，但没有理由以文化的特点拒绝国际准则的普遍适用性。

他强调，在体制化过程中，生命伦理学家应该向科学家、医生、社会学家和人类学家、心理学家、律师和法学家、管理专家和行政管理人员学习，并与他们通力合作，共同解决我们面临的实际问题。他也认为生命伦理学家应该维护科学家和医生的正当权益，少数中外人士利用手中资源制造所谓的“安徽—哈佛”合作研究违规不实案件时，他在国际场合仗义执言，才不致造成更大伤害，但他对至今其恶劣影响未能肃清而耿耿于怀。

5. 提出处理国际准则与本土文化之间张力的进路

邱仁宗积极参与生命伦理学研究的国际交流。他认为要提高我国研究水平，开展国际交流是不可或缺的。只有国际交流中才能看到自己的进步和差距。从1981年起，他先后到罗马尼亚、英国、美国、希腊、克罗地亚、塞尔维亚、日本、泰国、埃及、德国、俄罗斯、荷兰、瑞典、瑞士、加拿大、菲律宾、墨西哥、新西兰、法国、匈牙利、意大利、马耳他、印度、西班牙、澳大利亚、丹麦、越南、韩国、印度尼西亚、南非、比利时、芬兰、葡萄牙、立陶宛、哥斯达黎加、挪威等国以及中国的香港、澳门、台湾等地区参加学术会议或进行学术访问，并在境外发表了70余篇英文文章。他也许是当代中国在国外出席国际会议最多、到的国家也最多、发表的英文文章也最多的哲学家之一。在国际交流活动中他的学术成就逐渐得到了国际生命伦理学界的认可，因而被选为国际生命伦理学协会理事（1990～1992），联合国教科文组织国际生命伦理学委员会(1993～1997)，联合国世界卫生组织性别专家顾问委员会委员（1995～1998），东亚（亚洲）生命伦理学协会副会长（1995～2002），国际基因组组织伦理委员会委员（1996～2004），2002年度世界技术网络伦理学奖获奖人，亚洲生命伦理学协会会长（2002～2004），国际哲学研究院第一位中国院士(2002～)，国际单体型研究计划国际伦理、法律和社会问题委员会委员（2003～2005)，联合国艾滋病规划署艾滋病和人权专家委员会委员（2006～），2009年联合国教科文组织阿维森纳科学伦理学奖获奖人，美国 Henry Knowles Beecher 生命论理学获奖人。尤其值得一提的是，作为大会主席的他，与他周围的同事一起，于2006年成功举办第8届国际生命伦理学大会，来自49个国家和地区的代表共达601人，为历届大会之最。国际生命伦理学协会前任会长、哈佛大学教授 Wikler 说，这届大会树立了一个后继的大会难以逾越的标准。

然而在对外开放和国际交流过程中，他遇到一个如何处理国际准则与中国本土文化的关系问题。与别的学科不同，生命伦理学研究的成果，往往经各个国家、各个文化的代表共同协商讨论转化为若干国际准则，这些准则虽然对各国并无约束力，但对各国生命伦理学的实践有重要的指导作用。然而国际准则中有一些具体要求是会与本土文化发生冲突的。有一些同行强调，伦理学因文化而异，否认生命伦理学中有普遍性价值。邱仁宗认为，例如不伤害、有益、尊重和公正等这些基本价值是普遍性的，为不同文化所共有。虽然我们在执行这些准则及作为其基础的原则时必须考虑文化情境，但没有理由否认其普遍的适用性。反之，我们必须遵守这些国际伦理准则。然而在执行这些准则时我们应该通过权衡利益攸关者的价值来确定这些准则中规定的哪些初始义务是我们应予以履行的实际义务，而这种权衡依赖于社会文化情境。例如儒家的人的概念对中国的伦理学和社会生活有重大影响。儒家关于人的关系观（relational view）认为，不应该将人看作独立的个体，而应该看作为关系网络的一部分。这种人格概念也许成为实施知情同意原则的障碍。在临床情境中家庭给病人提供关怀以及情感和经济上的支持。因此，家庭（有时社群）参与知情同意过程。在这些情况下，同意的主体似乎不是个体，而是家长、族长、村长等。这种情况有时被称为“家庭同意”（“family consent”）或“社群同意”（“community consent”）。然而，这些术语是误导的。此外，即使未来的受试者理解了信息，同意参加研究，但他拒绝在同意书上签字。这可能由于他们认为口头同意比书面同意更为神圣，或者他们家庭过去有签字画押后上当受骗的惨痛教训。他主张在处理处理国际伦理准则与本土文化之间的张力时我们不应遵循否认国际准则和普遍性价值的传统主义进路以及否认传统文化的现代主义进路，而应该遵循协调（Reconciliation）的进路，即当应用国际伦理准则时我们应该尊重本土文化中的信念和价值，努力吸收积极元素于我们研究的程序之中。唯有这种进路使我们能够恰当地处理文化张力，有效地保护受试者的权利和福利。为了实现这个目标，例如我们必须把知情同意原则分为两部分：硬核和外周部分。知情同意原则的硬核是：忠实地告知充分的信息，没有歪曲、掩盖和欺骗，使受试者能够做出决定；积极帮助他们理解告知的信息；以及坚持自由的同意，没有不当的利诱和强迫。在所有文化中进行研究，硬核必须坚持，不能放弃。它的外周部分包括：信息告知的方式；表达同意的方式（书面还是有证人在场的口头同意）；同意书使用什么词（是否用“研究”或“实验”这样的术语）；家庭或社群是否参与知情同意过程等。外周部分是灵活的，可随不同文化而异。他认为，协调进路的结果将是恰如孔子所说的“和而不同”。

正如国家人类基因组南方研究中心伦理学部主任、上海社会科学院研究员沈铭贤所说：“在中国的生命伦理领域，邱仁宗是一座绕不开的丰碑。”对于他的观点，后来的学者可以赞成，或者反对，但他的书和文章，却是非读不可。

三、人才培养和为人

邱仁宗教书育人，诲人不倦。1986 年国家教委在东南大学开设助教培训班，请邱仁宗讲授生命伦理学，安排了整整一周的课时。后来人们称这期培训班为生命伦理学领域的“黄埔军校”，当时很多学员成了现在生命伦理研究的骨干。邱仁宗鉴于相当多老一辈的人文社会科学学者因不懂外语在学术上受到限制，在培养科技哲学（含生命伦理学方向）的硕士生和博士生中特别强调原著文献的阅读、翻译和英语写作。他认为在研究生培养阶段就应该创造机会让学生参加在国内或国外的国际学术会议。他对学生要求严格，要求他们尽可能地阅读原文文献，但各地大学的图书馆，除了少数的几所外，能有多少人文社会科学的外语原文图书供学生阅读？他特别担心生命伦理学后继乏人。就连他自己的研究生，有的虽然毕业、工作多年，还不能独立担当翻译和校对工作；有的仍然热衷于穿靴戴帽，“言必称希腊”，但对于所面对的伦理问题，常不知道怎么回答；有的出书只是资料汇编，并无自己研究成果和独立见解；有的无视中国生命伦理学发展30年的现实，还在构建理论体系，以此“建构中国的生命伦理学”。他屡屡批评现在一些做法，例如人文社会科学出版书籍无须同行评议，有钱就行，以及杂志收取版面费。这些做法导致学术水平下降，培养出一些不够格的教授或研究员，误导了青年学生。

邱仁宗还特别关注年轻学者的成长。上海社会科学研究员夏国美，称自己是邱仁宗的“编外博士生”。夏国美于1991年发表了一篇关于性病防治策略的文章，邱仁宗觉得写得很好，当时他正准备就性病艾滋病的社会、伦理和法律问题召开研讨会，便带了两位研究生助手先来找夏国美请教、讨论，并邀请她参加会议。这样就开始了长期的交流合作过程。通过他对年轻学者的支持和帮助，生命伦理学已从医学院校逐渐传播到综合大学或其他专业大学，除了北京协和医学院有生命伦理学研究中心外，例如华中科技大学等学校也建立了生命伦理学研究中心，中国农业大学已经建立与农业结合的生命伦理学研究中心，开展了一系列国际学术交流活动。

邱仁宗自己始终精力充沛，在实践中学习，在书本中学习，在国际交流活动中学习，因而他能跟上国际生命伦理学发展中健康的潮流，始终保持对新进展、新问题、新进路的敏感性。

邱仁宗为人正直，爱打抱不平。这种性格非常适合他的工作。他从小目睹妇女受性别歧视之害，因此他接受福特基金会的生殖健康与伦理学项目达8年之久，在伦理学探讨基础上向政府提出一个一个改善妇女健康、争取男女平权的建议。同样的，他为有感知动物遭受的残害鸣不平，于是倡导动物权利，虽然被人扣上“反人类的”罪名，但他坚持不懈，现在实验动物方面善待动物已经逐渐深入人心并已经体制化（包括善待动物的规范和审查涉及动物受试者的伦理委员会）。

世界卫生组织前副总干事、上海交通大学终身教授胡庆澧说，邱仁宗总是热情洋溢，非常勇敢地站在生命伦理研究的最前线。最可贵的是，尽管生命伦理学发端于西方，但他没有照搬西方的体系和条条，而是凭借自己扎实的文化功底，结合中国的传统文化和思维方法，在伦理学领域架起了一座中西交流的桥梁。

四、邱仁宗主要论著

邱仁宗．1987. 生命伦理学．上海：上海人民出版社．

Qiu R Z. 1992. Ethical Issues in Compulsory Sterilization of Severely Mentally Retarded. Proceedings of the International Conference on Improving Birth Quality and Child Upbringing，May 24-27，Beijing，China.

邱仁宗．1993. 艾滋病预防和行为改变：保护公众健康和维护个人权利．第一届全国预防和控制艾滋病学术会议日论文集，2 月 2 日：129-135.

Qiu R Z. 1993. What Bioethics Has to Offer the Developing Countries. Bioethics，(7)：108-125.

Qiu R Z. 1993. Tension between Modern Values and Chinese Culture. Ethics and Research on Human Subjects：International Guidelines，Z. Bankowski & R. J. Levine (eds.)，Geneva：CIOMS.

Qiu R Z. 1994. Conceptual Issues in Ethics of Science and Technology，in Logic. Methodology and Philosophy of Science XI，D. Prawitz et al. (eds.)，Elsevier Science B. V.：537-551.

邱仁宗．1997. 艾滋病、性和伦理学．北京：首都师范大学出版社．

Qiu R Z. 1997. Informed Consent in Developing Countries with Non-Western Culture. Proceedings of HGM'97 Human Genome Meeting，March 6-8，Toronto，Canada.

邱仁宗．1998. 论"人"的概念——生命伦理学的视角．哲学研究，(9)：26-35.

邱仁宗．1999. 利用死刑犯器官能否得到辩护．医学与哲学，(3)：22-24.

邱仁宗．2002. 动物权利是否可能．自然之友，(3)：14-18.

Qiu R Z. 2004. Does Eugenics Exist in China. Ethical Issues in the Law on Maternal and Infant Health Care. Bioethics：Asian Perspectives-A Quest for Moral Diversity Qiu Renzong (ed.)，Dordrecht：185-196.

Qiu R Z. 2005. Vulnerability-A principle of the ethics of science and technology. Logic，Methodology and Philosophy of Science，Proceedings of the Twelfth International Congress. King's College Publications：577-588.

邱仁宗．2005. 人的克隆：支持和反对的论证．华中科技大学学报，19 (3)：108-118.

邱仁宗．2005. 论卫生改革的改革．医学与哲学，26 (9)：2-6.

邱仁宗．2006. 公共卫生伦理学和传染病控制的伦理问题//曾光．中国公共卫生和健康新思维．北京：人民出版社：425-466.

邱仁宗．2007-10-14. 生命科学前沿的伦理问题：杂合体和嵌合体．文汇报．

邱仁宗．2010. 健康、人权和发展：以权利为基础的健康进路//夏国美．理性的诊断．上海：上海社会科学院出版社：90-98.

邱仁宗．2010. 促进负责任的研究，使研究成果服务于人民．中国医学伦理学，(2)：3-6.

Qiu R Z. 2011. Reflections on Bioethics in China：Interactions between Bioethics and Society. Bioethics Around the Globe. Oxford University Press.

参考文献

邱仁宗．1996. 生殖健康和伦理学（第 1 卷）．北京：北京协和医学院出版社．（第 2、3 卷分别于 2006 年和

2012 年出版）

翟晓梅，邱仁宗．2005. 生命伦理学导论．北京：清华大学出版社．

Qiu R Z. 2008. Bioethics in China (1990-2008): Attempts to Protect the Rights and Health of Patients, Human Subjects and the Public. Asian Bioethics Review, 1 (1): 47-54.

中国社会科学院老专家协会．2010. 邱仁宗．无穷的探索．//学问人生读——中国社会科学院名家谈．北京：中国社会科学出版社：674-684.

Catherine Myser. 2011. Bioethics around the Globe. Oxford University Press.

撰写者

翟晓梅（1956～），博士，北京协和医学院人文社会科学学院院长、教授、博士生导师，中国医学科学院/北京协和医学院生命伦理学研究中心执行主任。邱仁宗 1998 届博士生，在中国社会科学院研究生院招收的关门女弟子。

钱中文

钱中文（1932～），江苏无锡人。中国社会科学院荣誉学部委员，文学研究所研究员、博士生导师，中国中外文艺理论学会荣誉会长，中国作家协会全国委员会荣誉委员。多年从事文学基础理论、美学问题、外国文论研究。他在文学本质、文学观念、文学与文化问题、文学理论发展趋势等方面，进行了深入的研究，不脱离传统而又对传统的文学观念进行了独特的、辩证的阐释和改造，在逻辑与历史的发展中建构了审美意识、审美反映与审美意识形态的理论序列，使文学观念有所更新，对中国当代文学理论的阐发有所深入和创新。他提出的"新理性精神"文学论，使文学理论面向文化研究拓展，赋予了文学理论以人文的关怀，提高了文学理论的人文品格，对文学理论的研究有所推动，而取得了重要成绩。他的《文学原理——发展论》获1978～1991年中国社会科学院优秀科研成果奖，论文《论当前文艺理论中的现代主义思潮》获1985年《文学评论》一等奖，《文学理论现代性问题》获第二届鲁迅文学奖（1997～2000）。

一、成长经历

1932年11月15日，出生在江苏省无锡县东北塘乡的西浜村。父亲钱守仁少年时读过私塾，16岁时入县城一家纸店学生意，当过店员、账房，后与同行合伙开过纸店，新中国成立前散伙，后当过行商，随后家道中落，母亲在乡下务农。1937年秋，日军侵略中国，攻占上海；同年冬，日军杀向无锡。日本军进村后奸淫烧杀，钱中文躲在家里阁楼上，被日本军发现后，差一点被挑死，这时正好是他开始记事的5岁。次年钱中文入本村私塾，念过《百家姓》与《古文观止》中的一些文章，其中如苏轼的前后《赤壁赋》等，至今能背；后入邻村的洋学堂全旺小学，农忙时节，帮助母亲种田、养蚕、采桑，10岁前各种农活都干。1942年年底，全家搬到城里小娄巷居住，次年春天钱中文考入小娄巷的无锡县模范中心实验小学四年级读书，1945年考入无锡县中学。8年沦陷期间，目睹日军无数暴行，唤起了他心中强烈的爱国主义的民族感情。还在小学五年级时，他对"闲书"的阅读产生了浓厚的兴趣，先是一般儿童杂志，后来迷恋武侠小说，初中二年级时，在国文老师的启蒙教育下，抛开了武侠小说，而热衷阅读“五四”后的新文学作品，并且以后彻底告别了武侠小说。从这个时候起，他逐渐有了一个朦胧的想法，将来要当个作家，为劳苦大众说话。1948 年夏初中毕业后，由于总成绩在直升高中的标准线以上，钱中文利用暑假里的时间拼命阅读文学作品，同时进行写作练习。两年内密密麻麻地写了五个练习本的散文、速写随笔与小说一类的东西。后来尝试着向当地报纸两次投稿，文章都被发表了出来，这更加坚定了他将来当个作家的愿望。1949 年 4 月无锡解放，他积极参与各种公益活动；1951 年夏高中毕业，经推荐考入中国人民大学俄语系，在各种思想改造运动里，想当作家的念头作为个人主义每次都要受到批判，于是只好丢掉了心爱的作家梦。1955 年夏季，经学校推荐和考试，进入苏联莫斯科大学研究生院俄罗斯语言文学系，专攻 19 世纪俄罗斯文学。1959 年秋回国，被分配到中国科学院（1978 年改为中国社会科学院）文学研究所工作。

钱中文先在苏联东欧文学组、后入文学理论组做研究工作。“文化大革命”中受到冲击，至 1978 年才重获自由。1979 年晋升为副研究员，1985 年晋升为研究员，1986 年被聘为中国社会科学院研究生院教授与博士生导师。曾任文学理论与比较文学研究室主任，文学研究所学术委员会副主任，中国社会科学院学术委员会委员、学位委员会委员，《文学评论》主编，国际文学理论学会副主席，国务院学位委员会中国语言文学学科评议组成员、召集人，全国哲学社会科学规划小组成员，全国博士后流动站管委会专家组成员，中国作家协会全国委员会委员，中国文艺理论学会副会长，中国中外文艺理论学会会长。

20 世纪 80 年代，在改革开放的大好形势下，阻碍文学发展的原有的文学观念受到批判，反映论的文学观念被说成保守、教条，不由分说被否定，同时各种来自西方的文学新观念、新方法，极有新意，但又很片面。钱中文认为，文学观念应是多种多样的，但通过比较，最具涵盖意义的还是马克思主义的文学观。应当承认在整个经济基础、上层建筑与意识形态的社会结构中，文学是一种意识形态形式，但是将文学的本质特性仅仅停留在意识形态一般的阐释之上，而忽视文学自身另一本质特性即审美特性，或有意无意地把审美特性当作附属性的东西，正是过去文学本质观念上的简单化、机械论倾向的根源。必须综合研究文学所以为文学的本质特性，这就是文学“审美意识形态论”的提出。审美意识形态的观念能够比较完整地概括文学本质特性，具有较大的理论涵盖力，适应了新时期以来文艺多元发展的态势；“它体现了文学观念的突破和创新，是新时期文艺理论研究最重要理论成果之一”。

1990 年代中期，钱中文针对欲望化时代的社会，文化、哲学、文学中盛行的非理性、反理性思潮，阐释了中国文学理论的现代性、人文精神、对话精神、感性与文化等问题，提出了“新理性精神”文学论，作为理论、方法与当今人文知识分子面对的学术语境的立场与出发点，它得到文论界相当普遍的认同，提升了文学理论的人文品格，促进了文学理论的建设。

二、主要研究领域和学术成就

1.“审美反映”论

一切思想，都是以问题为中心，而问题的提出则是由于时代的需要。文艺理论的创新与进步，也是自身实际发展的要求。20 世纪 70 年代末 80 年代初，文艺界对过去被简化了的文学观念纷纷提出了质疑。不少学者因过去把文学刻板地从属于政治，于是对认识论、反映论进行了批判与否定。主体性、表现论受到推重。如何实事求是地寻求对于文学创作过程的新理解，是当时文艺理论界要解决的重要课题。

1984 年，钱中文提出了文学创作“审美反映”说，在《文艺理论研究》1986 年第 4 期发表了《最具体的和最主观的是最丰富的——论审美反映的创造性本质》长文。它评价了认识论、反映论在过去实践中被庸俗化、简单化的倾向，同时也批评了对反映论持完全否定态度的新的庸俗化现象。他指出，反映论所说的反映，是一种曲折的二重的反映，是一种有关主体能动性原则和改造现实的说明，这是它的本意。他提出的“审美反映论”，涉及人的精神心理的各个方面，具有强烈的感情色彩，结合心理学、语言学、符号学知识提出了审美反映的心理结构说。这是由心理层面、感性认识层面、语言结构与符号形式层面、实践功能层面融合而成的统一体。在审美反映的心理构成中，能动的主体复杂多样，主体渴望创造的活力，表现为对现实的审美的改造与审美再创造。现实存在着三种形态，即生活现实、心理现实与审美心理现实。它们在创作主体心理现实的酝酿过程中，可以使得客观因素内化为主观因素，导致主观可以消灭现实和观念之间的绝对界限，不断使之获得主观性的特征，内化为主观形式。同时在充满变幻的审美心理现实的实现过程中，原来的主观因素可以不断对象化，获得客观性特征，而原来已经获得了的主观形式、渗入了主观精神的客观因素，又可以进一步被主观化，呈现出不断双向转化的过程。审美反映中审美意识、潜意识与无意识的种种交错形态，造成了审美形式方面的不断转换与变形，展现出审美主体的能动的积极性来。主客观的双向转化，导致艺术幻想脱离现实，从而创造出新的审美心理现实，并保持了原有现实的内在的特征与精神。在这一过程中，表现与再现原是相互渗透、互为作用的，它们因不同的创作主体在创作中而各有侧重。思想是抽象的观念，在审美反映过程中，它却成了一种具象的、充满生活血肉的艺术的思想，即对现实生活事物的感性特征，在感悟、体验、认识中形成的总体把握，可以外化而为多样的具象形态。审美反映中对主观化的过分追求，常常会走向极端的审美倾斜，导致审美表现的晦涩、暧昧，引发审美接受中的种种不确定性或阅读的困难，这时成功与失败的机遇同在。审美反映的创造动力在于创作主体的审美心理定势，即创作主体原来所拥有的审美趣味、个人气质、观察才能、创作经验、艺术修养以及广泛的文化素养相互作用而形成的种种意向，随着感情、想象的变异和认识的活动不断演变，形成一种心理格局，进而不断要求按照它的预想模式，通过创作实践而得到满足。由于现实的无限性和主观性的不断内化作用与更新，积聚成了审美反映的动力源，并且呈现了审美反映无限的可能性与多样性。因此，审美反映是一种灌满生气、千殊万类的生命体的艺术创造过程，它具有实在的容量，巨大的自由，是一个无所不能的精灵；由于其自身的特殊性，较之反映论的原理在内涵方面丰富得不可比拟。凡是主观性不强的审美反映可能是审美创造的平庸表现。创作个性是主观性的最高要求，是创造的极致，因为最丰富的是最具体的和最主观的。“审美反映”论标举审美反映的创造性本质，创造主体的主导作用，又赋予了这一过程新的复杂内涵，大大深化了人们对于文学反映论的理解。

钱中文与童庆炳、王元骧等同行提出并进行阐释的“审美反映”论各有侧重，但一改以往沿袭的文学理论研究的模式，是新时期伊始的一个重要理论创获，它“几乎成了美学与文艺学界一个普遍用语”，有力推动了当时整个文学观念的变革，其意义极其深远。

2. 文学审美意识形态论

结合审美反映论，钱中文随之提出文学“审美意识形态论”，这是“审美反映”论必然要导出的结果。

在马克思关于经济基础、上层建筑与意识形态的社会结构中，文学艺术确实是一种意识形态形式。在以往的文学理论书籍中，人们往往用多种意识形态的共性来规定文学的本质特性，而文学的审美特性则往往被当成第二性特性，或附属于意识形态的特性。正是这种对文学艺术本质的理解，导致几十年里文学创作中的政治化与简单化倾向。20世纪80年代，在旧有的文学观念被批判、抛弃，各种西方文学观念在中国纷纷登场的情况下，钱中文从1982年起和以后几年的一系列论文中，提出了文学是审美意识形态的观念，并对它进行了历史的、辩证的深入论述。与以往凭借某种现成的学说来界定文学不同，他从发生学的角度切入问题，认为我们当今提出的各种意识形态形式的理论，都可以回溯其原生形态。意识形态的理论在19世纪才产生，而且有过复杂的演变过程，但正如马克思说的，我们完全可以“追溯它们产生的过程”，在历史演变过程中看到它们的来龙去脉，而探及它们的本质特性。因此，对于“文学审美意识形态”来说，它的逻辑起点是“审美意识”，而非后来的意识形态。

作为原始初民通过意识活动而认识世界的原始思维，既是神话思维，又是“诗性智慧”，它们都包含了审美特性，审美成了人的本质的确证。神话思维一方面具有感性的特征，这是一个想象充沛的感性系统，想象的拟人化原则在这里发生着重大的作用，在其操作中激发审美感情，构成审美意识与审美反映的最初形态。另一方面，它又具有认知的特征，是一个初级认识的概念系统，具有认识与理论的原初萌芽，所以这是一个混沌的统一结构。随着长期生活的实践活动，神话思维的统一结构不断走向瓦解与重构。一方面这是因人的劳动分工，生存经验的积累，而不断增强了理性因素，使神话思维的拟人化原则不断减弱，并且不断清除拟人化原则，独立出了以认识为主的原初的理论思维。另一方面，拟人化原则又保留了下来，并且在张扬非理性因素的同时，进一步增强了人的想象性，形成了同又不同的宗教思维与艺术思维，它们使审美意识发展到了一个新的水平。

人的长期劳动实践和生存的适应与改变，加上天赋、体力、偶然性等因素的影响，不断改造着自己的本性，而人的本性的演变，进一步促成了审美意识的心理的内在化。在这一过程中，人的五官进一步成了“人化的”五官，可以通过对象的人化，来复现自己的心灵，审美地观照自己，形成多种美感的样式。同时由于人们在生活实践、生存斗争、氏族征战中经验教训的不断积累，认识能力的不断加强，加上原初性的国家体制力量的催化，社会制度的进步、伦理关系的确立的影响下，于是出现了功利、价值的追求与评价的活动，逐渐产生了功利、价值、评价的观念。它们不断渗入美感，形成了含有多种价值取向的美感形式，提高了审美意识的文明程度。这时的审美意识既是充分感性的、诗意的，同时又具有不同的意义和价值，既显示了其感情的趋向，又反映了其意图与评价，两者融合一体。这样，审美意识通过人与自然、社会、人与人之间相互联系和作用，变得更加复杂，日益丰富起来。

人的审美意识原型的生成、演变与积淀，在人的心理中所构成的初始的审美意识的内形式，通过多种审美活动中语言的表述，外化而为原初的有声性的审美意识形式——前文学形式。那些具有多种美感样式的演唱、表述、传说、记事、带有某些哲理感悟的思考等，总源的分化并过渡到文学艺术形式的过程中，可以设想，其中必然存在着众多的中介环节，必然存在着与之融合一体的形式因素，例如节奏、音韵、歌唱、叙事、仪式程序等，而它们的萌芽无不显形于有声的巫唱、神话传说之中，存身于有关先祖、英雄、创世故事、祭祀、巫卜、舞蹈游乐之中，视听并举的故事叙事之中，演唱的活动之中。

审美意识发展中的重大的转折，表现为使用象征符号的自由创造的能力，表现为不断演变的审美意识，以及日趋精致的语言表述与逐步完善的文字的融合，表现为审美活动中的心理意识时时生成的审美意识的偶然性，逐渐走向有序化的表现形式——赋、比、兴。这使得在原始审美活动中产生的审美意识形式，获得了质的飞跃。人自觉地沟通了自然与社会，在心理感受中使之交融为意象的契合，形成多种意象符号的排比，与叙事、抒情等构成因素，促成了审美意识的更高层次的心理内形式的生成，通过语言、文字结构而逐渐外化，生成全新的可写可唱可听的话语结构，这就是流传下来的最早的抒情诗与叙事诗的形式。这些被记叙下来的原生形态的诗歌与故事，就是由前文学转向文学的硕果和见证，从而自然地、历史地生成了初始阶段的审美意识形态，这是美的规律的进一步生成与完美的实现。

这种初始阶段的审美意识形态的特性，一是它的审美诗意特性，即人已将人性的感觉、感情、感受、体悟，融入了被掌握了的有序化的审美表现形式的诗性结构；二是意义、价值、功能特性。这时人的“享受的感觉”，人的感性、感受，又受到人的初始阶段的生存状态、伦理关系、哲理意识、生存观念、日渐成熟的社会结构及制度与体制的影响，也即出现了被他所意识到的生存的意义和价值。这两个方面的特性，在具有象征符号意义的话语、汉语文字的构形之中融为一体而得到体现，从而显示了与生俱来的诗意审美与社会价值、意义、功能的复式构成的基本特性，和它们之间高度的张力与平衡，实现了人对美的规律的深入把握与自由自觉的美的创造。在社会的长期发展中，随着生活的变化，不同社会制度的变迁，人的生存感悟的多样，各类意义、价值的认同与反抗，不同人群、阶级审美意识与审美情趣的激变，促成了话语、文字构形的不断演变与更新，构成了多种多样的文学样式，自然地、历史地生成而为现代意义上的审美意识形态。

文学“审美意识形态论”的提出与阐释，只是一种对于文学的总体观照，它克服了有关文学本质阐释中的庸俗化与机械论倾向，也反对了对西方文学观念照搬照抄或挟洋自重的现象，提供了一种对于文学本质的新认识。这是中国学者的戛戛独造，代表了新时期以来文艺学研究所达到的新水平。几十年来，这一文学观念为几十种文学理论教材所采用。当然，这一文学观念自认是一家之说，而并未把自身绝对化，它主张文学观念可以有多种途径的研究，确信认识是不断进步的、无限的，从而推进了对于文学本质与文学观念的多元理解。

3. “新理性精神”文学论

20 世纪 90 年代以降，钱中文从大视野的历史唯物主义出发倡导“新理性精神”，以审视人的生存意义，并与文学理论研究结合起来，力图提升文学理论的人文品格。在他看来，中外文学艺术价值、精神的下滑，人文精神的淡化与贬抑，与 19 世纪中叶以来人的理想、价值、精神的失落密切相关。几百年来受思想家们推重的理性，并未带领人们走向美妙的千年王国，却日益偏向唯理性主义，极端化与工具化使它转向急功近利而不断走向没落。“上帝死了”，也即生活信仰崩溃了，使人道德沦丧，“百事可为”，无所顾忌。各种非理性主义不断孳生、更迭，逻辑实证主义远离人文精神，各种反理性主义哲学思潮不断蔓延。在唯理性主义、功利主义的打压下，人文理性遭到严重损伤。科学的发展为人类创造了巨大的物质财富，但是科学理性的绝对化倾向所带来的人为破坏，也使人类不断面临生存的困境。而且 20 世纪各种社会灾祸不断，人在战争与暴乱中大批死亡。这种种巨大的精神伤痛，促成一次又一次的人的精神危机、文化信仰危机。面对今天物欲泛滥、精神狂乱的时代，钱中文在《文学评论》1995 年第 5 期发表了《文学艺术价值、精神的重建：新理性精神》长文，回应了当时的人文精神讨论和时代的需求，寻找一个人文知识分子应有的立足点。其后，他就“新理性精神”又写了多篇论文，做了系统的阐发。新理性精神有其丰富的理论、思潮资源，有着历史发展的源流，有着深刻的社会动因，通过批判力图重建当今文学艺术的价值与精神，因此有着极大的现实针对性。

“新理性精神”的核心是新人文精神。一，针对人的生存挫折与困境，物、金钱与权力崇拜的全面挤压，反理性主义的哲学文学思潮的流播，低俗、恶俗的文学艺术导致人的娱乐至死、“愚乐”至死，钱中文主张通过新的人文精神的阐发，来召唤对民族、个人的生存意义与价值的追求与确认。他呼吁通过社会良知的呼唤和文学艺术的觉醒，来改造物化了的、平庸、扁平、空虚的人；恢复几千年来积聚起来人的血性与良心、怜悯与同情。他主张重建人与人、人与社会、人与自然、人与科技之间的新型关系，极大地发挥过去不被允许的个人自由进取的精神，以有别于当今使人概念化、公式化的种种说教，从而使人逐步获得自身全面发展的生存条件，这是以人为中心，为人营造生存的精神家园痛心疾首的呼喊。二，弘扬新的人文精神，需要以“现代性”即现代意识精神为指导，来进行当今的文化文学艺术的建设，重塑当代的人。当今现代性的阐释，随着阐释者的不同思想倾向而多种多样，有在理论上一成不变的现代性的阐释，有很多时髦的西化现代性的宣传。钱中文认为，中国的现代性，是在历史唯物主义思想指导下形成的现代性，是与现阶段的社会建设与发展需要相吻合的现代性。它是促进社会进入现代发展阶段，使社会不断走向科学、进步的一种理性精神、启蒙精神，就是高度发展、相互融合的科学精神和人文精神，表现为科学、人道、理性、民主、自由、平等、权利、法则的普遍原则。现代性自身是一个矛盾体，在其不断演变中会走向反面而变为思想的专断，所以现代性需要不断自我反思与自我批判。它不是什么反理性，不是后现代性，它是我们时代的历史的指向和未竟事业。三，为了达到上述目的，必须改变根深蒂固、非此即彼的思维方式和你死我活的斗争方式，需要清除存在于社会思想中的独断原则，提倡一种建立在平等对话基础上的交往对话精神，主张文化的多元共存。这种交往对话精神把人与人看成是一种相互平等、自有价值、各自独立又互相依附的个体，“我是他人的你”，在交往对话中相互切磋，求同存异而获得双赢。同时“要在历史现实文化遗产的评价中，提倡一种可以去蔽的、历史的整体性观念，一种走向宽容、对话、综合、创新包含了必要的非此即彼、一定的价值判断，总体上亦此亦彼的思维”。四，感性与文化。旧理性、唯理性主义以为理性万能，忽视与压抑人的感性，通过盲目的政治、个人迷信，或是宗教的信仰主义，遏止人的感性显现，扼杀人性的需求、个性的创造力，最终走向反面。其实，人的感性需求是人的现实的生存状态，其中，必然普遍地存在着非理性、反理性因素，它们是人的生命、生存的组成部分。但是在文艺表现中它们都应受到文化的制约，我们只能摄取其合理的方面，而不能像当今一味追求金钱的恶俗的文学和影视，以为人只有财欲、权欲与肉欲，对它们进行毫无掩饰的滥情主义的描写，狂喊这就是从所谓的“人学”。文艺批评与理论，应该予以强烈的批判，抵制这些思想的浊流。

上述几个方面，是文学艺术与文学理论中不断重复、反复出现、相互关联、互有制约的带有一定的规律性现象。“新理性精神”弘扬新的人文精神，以充实人的精神，在反文化、反艺术的氛围中，以正义与崇高来对抗人的精神堕落与平庸。要使人所以成为人的羞耻感，同情与怜悯，血性与良心，诚实与公正，不仅成为心理学、伦理学的课题，同时也应成为文学艺术严重关注的方面。新理性精神以审美的方式关心人的生存状态，重塑人的灵魂，使人成为人，通过重建文化艺术的价值与精神，建设人的健康的精神家园。钱中文“新理性精神”的提出，显示了具有忧患意识的高度责任感的人文知识分子，在面对当今目迷五色的社会文化潮流，在透视人的现实生存状态与文化、文学艺术和文学研究中，所持有的理论观念。“新理性精神”概括了一个时代的需求与理念，显示出宏大叙事的特征，它是属于中国的，是属于我们这个时代的理论，因此，它受到中国、外国文论界的积极响应。

4. 方法论特色

在文学理论创造中，钱中文的研究方法值得重视。一是他的方法论的自觉性。新时期开始，他积极反思过去的文学理论中存在的问题，不断提出文学观念的重建，研究方法的更新。同时组织力量，积极译介、出版多种外国文学理论著作，指出其中有不少新思想，新方法，值得吸取，但又清醒、准确地指出了它们存在的各种局限性。正是在文学观念发生激变，各种新方法令人目迷五色的理论态势中，他提出了主导、多样、综合的思想，随后又提出了主导、多样、鉴别、创新的原则。这既是针对他自己而言，但也是适合整个文学理论更新的需求。他认为人文学者要运用历史唯物主义的观点、方法，对文学艺术进行总体的把握；他强调文学是一种复杂的文化现象，即使是文学本质问题，也可以进行多层次的研究，因此理论应是多种多样的，多样的理论才能显出理论的丰富多彩。如果只讲一种主导思想，理论必然走向僵化。他的宏放的总体把握问题的能力，使他准确地指明了中外文论研究走向中的几次错位现象。二是治学的认真态度与敬畏之心。认真就是真诚，他不断自我批判，反省自己，深思熟虑，不随风而变，不违心说话。所以30多年来，钱中文的文艺思想不断更新，但保持了前后的一贯性。人文科学是一种积累的科学，对话的科学，对于前人的积累与成就，他总是抱有敬畏之心。建设有中国特色的文学理论，需要对中外文学理论遗产的批判与继承，既是纵向的，又是横向的，既不是全盘否定，也不是一切照搬，只能在深刻全面的把握中，融入新材料和新思想，才会形成新的理论综合，实现超越与创新。同时在自由思想与独立精神的观念鼓励下，他最终找到了自我，确立了自己的学术个性和学术风格。三是不断提高方法论的人文品格。钱中文是最早把“对话”思想引入文学理论的人，他先是积极介绍，后来不断进行阐发；他把交往对话提到了人的生存的形式，显示了自己的生命感悟，也融入了“新理性精神”文学论。“新理性精神”是以我为主导，对于人类一切有价值的东西实行兼容并包的、开放的实践理性，是一种文化、文学艺术的价值观，以求拓展文学创作和理论研究的视野。组成“新理性精神”的几个方面，也是人文科学中不断反复出现的一些规律性现象，通过它们可以识别、把握人文科学中的各种理论的新动向，而作出价值判断。因此，它是人文科学学者立足点的探索，方法论的探索，具有人文科学方法论的意义。

三、钱中文主要论著

钱中文．1987. 现实主义和现代主义．北京：人民文学出版社．

钱中文.1989. 文学原理—发展论. 北京：社会科学文献出版社.

钱中文.1993. 文学理论流派与民族文化精神. 长春：吉林教育出版社.

钱中文.1998. 文学发展论（增订本）. 北京：经济科学出版社.

钱中文.1998. 文学理论：走向交往对话的时代. 北京：北京大学出版社.

钱中文.2000. 钱中文学术文化随笔. 北京：中国青年出版社.

钱中文.2000. 新理性精神文学论. 武汉：华中师范大学出版社.

钱中文.2004. 文学新理性精神. 台北：洪业文化事业有限公司.

钱中文.2005. 文学发展论（修订三版）. 北京：高等教育出版社.

钱中文.2005. 钱中文文集（4卷集）. 韩国首尔：新星出版社（精装），首尔出版社（平装）.

钱中文等.2005. 自律与他律. 北京：北京大学出版社.

钱中文.2007. 文学发展论（第五版）. 北京：社会科学文献出版社.

钱中文.2008. 钱中文文集（4卷集）. 哈尔滨：黑龙江教育出版社.

钱中文.2008. 中国文学理论与美学审美现代性的发动——评梁启超的“新民”、“美术人”思想. 社会科学战线，7（157）：125-132.

钱中文.2009. 三十年间. 文学评论，（4）：5-14.

钱中文.2010. 理解的理解. 俄罗斯文化评论，（2）：3-12

钱中文，吴子林.2010. 新中国文学理论六十年. 社会科学战线，（3）：114-134，（4）：154-168.

主要参考文献

钱中文.2008. 钱中文文集（4卷集）. 哈尔滨：黑龙江教育出版社.

童庆炳.2004. 文学理论教程（修订二版）. 北京：高等教育出版社.

朱立元.2006. 新时期以来文学理论和批评发展概况的调查报告. 沈阳：春风文艺出版社.

张艺声.2006. 比较学理论—中西文论阐释大视角. 北京：中国社会科学出版社.

吴子林.2009. “中国审美学派”：理论与实践——以钱中文、童庆炳、王元骧为研究中心. 马克思主义美学研究，12（2）：217-241.

撰写者

吴子林（1969～），福建连城人，文学博士，中国社会科学院文学研究所《文学评论》副编审，主要从事文艺理论研究。

杨 适

杨适（1932～），安徽当涂人。北京大学哲学与宗教学系教授、博士生导师，中华全国外国哲学史学会东西原创文化研究专业委员会会长。长期致力于马克思、希腊哲学和中西文化的比较研究，是原创文化研究的倡导者。少年正值抗日战争时期，先后在湖南、江西、广西和重庆等地的流亡学校就学。抗战胜利后，目睹现实政治的黑暗和腐败，为追求进步和光明在南京参加中国共产党，成为一名中学生中共地下党员。1948 年年底，由组织安排撤离南京，在皖北加入中国人民解放军华东野战军先遣纵队独立支队。1957 年，考入北京大学哲学系，入学 1 年后转为教员，留校任教直至离休。杨适是研究希腊哲学的专家，著有《哲学的童年》、《伊壁鸠鲁》、《爱比克泰德》和《古希腊哲学探本》等专著。杨适也是一位求索者，他的求索体现在三个方面：一是对马克思的重新认识和反思，《马克思〈经济学—哲学手稿〉述评》和《人的解放——重读马克思》是其结晶；二是对中西文化的历史批判和比较研究，《中西人论的冲突——文化比较的一种新探求》是其代表；三是为寻求中国人新的精神空间的学术努力，这就是他所倡导的原创文化研究。自 2000 年提出原创文化研究以来，杨适先后召集四次原创文化国际学术研讨会，主编“原创文化研究论丛”第一至第四辑。他期望原创文化研究能够成为一个平台，在这个平台上聚集越来越多的学者和求索者，共同为建立和打造中国人新的精神空间而努力。

一、成长经历

1932 年 12 月 7 日，杨适出生在安徽当涂县一个诗书家庭。祖父是私塾先生，父亲师范毕业后做了国民政府的基层官员。杨适 2 岁丧母，1937 年南京沦陷后，父亲携继母及其子女和幼年的他逃难大后方，其童年可谓命运多舛。8 年抗战期间，他随父任职变迁辗转于湘赣桂渝各地，除了从父学习中国古典诗书外，还断断续续完成了小学和初中学业。胜利后回到家乡，杨适考入南京国立社会教育学院附属中学读高中。这个时期，杨适开始接触来自解放区的书籍，思想和情感上倾向中国共产党。他和几位志气相投的同学一道创办壁报《呐喊》，积极参加反内战、争民主的学生运动，是学校里思想活跃的分子。同情工农，憎恶现实社会的黑暗和苦难，向往民主自由的新中国，是那个时代热血青年的基本倾向，也是他们选择共产党和唾弃国民党的根本原因。在经历了1947年“五二〇”反内战、反饥饿、反迫害大游行之后，杨适和壁报《呐喊》的成员先后都成为中共地下党员。1948年年底，渡江战役前夕，杨适由组织安排撤离南京，在皖北加入中国人民解放军华东野战军先遣纵队独立支队。随部队重返南京后，一度为军管会工作人员。1950年，抗美援朝战争爆发，杨适再次参军。因赴朝参战未果，在华东军区后勤部政治部和后勤干校先后担任文化教员、宣传助理员和中级班理论教员。1956年，入南京军事学院理论教员培训班学习半年。这期间的教学生涯，使杨适得以较为系统地研读马克思主义经典著作并开始涉猎希腊哲学和德国古典哲学。1957年，怀着进一步深造的愿望，杨适考入北京大学哲学系。入学1年后，因北京大学公共理论课教师队伍亟须充实，杨适被抽调为教员，遂留北京大学哲学系任教，直至离休。

二、主要研究领域和学术成就

在北大，杨适和同时期的中国知识分子一样，经历了共和国自“反右”到“文化大革命”的风风雨雨。一个理想的新中国与30年中国社会主义实践的反差，及其所造成的困惑和苦恼，是中国知识界开始全面反思的根本原因。这种反思是从重新认识马克思和马克思主义开始的，杨适也不例外。

1980年，杨适在《中国社会科学》第5期发表论文《关于否定之否定的根据问题》，提出否定之否定不仅是黑格尔辩证法同时也是马克思唯物辩证法最重要的成果，是辩证法的最高发展。在当时，关于否定之否定的学术争论并不是一个无关紧要的枝节问题，而是关涉到如何正确理解或重新认识马克思和马克思主义的关键问题。因为，抓住否定之否定也就抓住了发展和自我发展，也就抓住了人和人的自我创造，也就抓住了人的自由。杨适写道：“建立在劳动的否定之否定辩证本性基础上的人类自我创造与发展，为理解人和自然之间、人和人之间，人的主体活动和这种活动所创造的对象之间、人的主观思维和外部客观存在之间、社会发展的必然规律性和人类取得自由之间的全部辩证关系和发展运动，提供了钥匙。”重新肯定人、人的自我创造、特别是人的自由和解放，是重新认识马克思和马克思主义的第一个和最重要的成果。对于杨适本人而言，这篇论文则可以看作是随后出版的《马克思〈经济学—哲学手稿〉述评》（以下简称《述评》）的一个要点和先声。

《述评》一书的篇幅并不大，12万字，只能算是一本小册子，但却对于理解马克思《经济学—哲学手稿》(以下简称《手稿》)的几乎所有理论要点和难点都有突破性和开创性的阐述，因此很快就引起学术理论界的关注和重视。1982 年，《中国社会科学》第 6 期发表王易的书评《用马克思主义方法研究马克思著作》，认为："《述评》的作者之所以能运用马克思主义的辩证思维方法研究《手稿》，最根本的一条就在于力求比较准确地把握马克思的原意。因为马克思本人在《手稿》中就是运用这个方法来解答历史之谜，攀上理论高峰的。"1983 年，《哲学研究》第 6 期发表史敏的评论文章《对马克思哲学诞生地的探索》，认为："《述评》对于马克思在《手稿》中的'科学的哲学创造'的真谛，有着比较深入的理解，从而能够从根本上把握住《手稿》是'马克思哲学的起源地和秘密'这个关键所在。"

对于这部虽然篇幅不大但却对当时的理论界产生了深远影响的力作，杨适自己在 10 多年后是这样评说的："它虽是献给读者的，但首先还是为自己搞清问题而作的一番研究。因为在以前我也念过不少关于马克思和其他马克思主义的书，却在收获之余总还有不少疑点和隔阂，觉得不够透彻。《手稿》的研究对我来说好像是一个突破口，不仅使我感到马克思讲道理亲切和深刻，而且开始了一种可以进行内心深处的对话。"之所以"是一个突破口"，是因为通过《手稿》的研究杨适不仅获得了对马克思的全新认识和理解，而且也找到了指导自己研究和求索的理论和方法。关于这个理论和方法，杨适做了这样的概括："人的真正现实的自我创造应当是这样的：人必须在实际上把自己的全部力量统统发挥出来，使之变成实际的对象性的现实(例如大工业等)，才能完成这一任务。而人要全部发挥出自己的力量、潜力，这绝不是个人的个别行为，它必定是全部人类的全部历史活动；并且必定是这全部历史活动的对象化，即成为客观对象性的成果才行。所以人的自我创造，就必须把人自己的力量当作对象来对待。而要把人自己的力量当作客观存在的对象来对待，也就是人把自己的主体方面当作客体去对待，在人类发展的一定阶段，这就包含着异化并且必然会产生异化。""对象化不等于异化，但它在一定条件下又必然形成着异化。在人类发展过程中，为了取得生产力和人类全部能力的发展，人曾不得不把人类自己的主体力量仅仅当作一个外在的对象去对待，去使用，如同使用一个物、一个牲畜那样，如同对待一个商品那样，这就是奴役制，就是异化。人必须通过这种从总体上说来是自我异化的行为(具体地说，则是一部分人同另一部分人的异化、分裂与对立)来发展和创造人类自己，这乃是历史的必然性。"

这是对马克思的诠释，也是杨适自己的历史观和哲学。但是，拿这个新的历史观和哲学来面对中国的现实，杨适却感到依然不能解决心中的困惑。20 多年后，杨适给自己做了这样的总结："追究原因，无非在两个方面，一是我还没有从源头上知道哲学究竟是什么；二是我对中国自身的文化和智慧还没有真切的重新认识。前者是我的工作的本分，后者是我作为中国人和中国学者的本分。这两方面我都存在很大差距，而这两种缺陷又是相互起作用的。从此我大力转向对希腊哲学的研究，同时也在中西文化比较方面下了些工夫。”

希腊哲学，是杨适下力最多的学术领域，先后出版有《哲学的童年》、《伊壁鸠鲁》、《爱比克泰德》和《古希腊哲学探本》等专著，这使他成为独树一帜的研究希腊哲学的专家。

1987年出版的《哲学的童年》，是一项没有完成的研究计划的第一编，这项研究计划就是书的副标题——“西方哲学发展线索研究”。作为第一编，《哲学的童年》的研究对象和内容一如它的编名所示：“西方哲学在古希腊从产生到作为一门独立学科的形成”。关于哲学的产生问题，杨适从亚里士多德关于哲学得以产生的三个条件“惊异”、“闲暇”和“自由”入手。在他看来，亚里士多德所谓三个条件，其实只有第三个条件也即“自由”才触及问题的实质，因为“自由思考对于哲学是件生命攸关的事情”。把自由视为希腊哲学得以产生和发展的条件和基础，着眼于对希腊人现实具体的自由进行分析批判，是贯穿《哲学的童年》全书的一条主线，也是《哲学的童年》最引人注目的一个特点。杨适写道：“希腊人的现实的自由是矛盾过程，它的第一个动作是分离，使新的因素从旧胞胎里分离，使个人同氏族分离，使私有财产从公社公有制分离，从而使新东西得到自由和解放。它的另一个动作则是结合，使分离开来的各种新因素按照新方式重新组合起来，使旧事物经过否定和瓦解后那些仍然有用有益的成分被吸取于自身作为有机的环节。这种现实的分离和结合的‘自由’，在哲学上就表现为思想上的分析和综合的思维自由运动；当对自然和社会的种种事物分别考察以后，重新加以联结也就成为必要的事情。于是思维逐渐深化细致起来，原始的浑然不分的思维方式和世界观就为不断分离和组合的思维方式和哲学研究所代替。人类思维史上的重大变革就这样开始了。”

《哲学的童年》另一个引人注目的特点，就是把希腊哲学的产生和形成看作是“一个圆圈式的发展过程”。杨适把希腊哲学的产生和形成划分为两个阶段：原始素朴哲学和古典时期的希腊哲学。原始素朴哲学从米利都学派的本原是感性事物及其质，到毕达哥拉斯的本原是数或量，再到赫拉克利特的本原是对立统一的火，呈现为两个发展圆圈的交错完成。第一个圆圈是“质——量——度”，第二个圆圈是“直接性的规定——间接性的规定——直接性规定和间接性规定的统一”。在这两个圆圈中，第二个圆圈是主圆圈，因为第一个圆圈作为直接性的规定被纳入第二个圆圈，从而达到质和本质的统一，并在终点上同时完成两个圆圈的发展。这是由赫拉克利特完成的。赫拉克利特继承了米利都学派和毕达哥拉斯的成果，同时又扬弃了他们，因此是一个否定之否定的过程。至于古典时期的希腊哲学，“也是一个有机整体的有内在生命运动的发展过程，并且也是一个圆圈。这个圆圈无论在基础和水平上都高出原始素朴哲学的那个圆圈，在深度、规模上也比前一个圆圈要大得多：它从巴门尼德的形式思维方式及其本体学说‘存在’论出发，最初是相当空洞的；因此必须再次从现象获得内容，走向现象，然后又从现象返回本质，取得具体的内容和相应的形式；最后，在普遍的形式规定中把本质和现象，原因和事实统一起来。这还是一个否定性的辩证运动过程，即否定之否定，使形式思维方式及其认识的最终成果——本体学说达到了自己的建立形成。”

《哲学的童年》关于希腊哲学圆圈式发展的见解，未必能为研究希腊哲学的学者所普遍接受，但它紧紧抓住自由，从希腊人现实自由的矛盾过程中发掘和发现希腊哲学发展的内在线索，却为中国人了解、学习西方哲学以及中国人自己的哲学研究和思考，开启一代新风，因此受到学界同仁的关注和尊重。1990 年，范明生在《中国社会科学》第 3 期发表书评《喜读杨适〈哲学的童年〉》，认为《哲学的童年》“在研究方法和叙述方法上别具一格，并在经过分析和论证而得出的理论观点上多有创建”，尤其在探索哲学史的内在联系和发展线索方面，《哲学的童年》“苦心孤诣地提出了一系列值得注意的见解，并用于具体分析，从而揭示出希腊哲学发展的一般线索”。《哲学的童年》以其富有创建的研究方法和学术见解，成为中国人研究西方哲学的一部经典之作。2011 年，中国社会科学出版社将《哲学的童年》列入“当代中国学者代表作文库”第一辑再版发行。

和《哲学的童年》相比，2003 年出版的《古希腊哲学探本》是一部相对更完整的研究希腊哲学的专著，它包括三个部分：原始素朴哲学、希腊古典时代的哲学和希腊化时期的哲学。但是，《古希腊哲学探本》不是《哲学的童年》的扩充或增补版，而是包含了新的研究成果和对希腊哲学新的认识和理解的一部新作。需要特别说明的是，《古希腊哲学探本》的写作是在杨适对“中西文化比较方面下了些工夫”之后，尤其是在他提出、倡导并力行原创文化研究之际，因此打上了他在这些方面求索的印记。

杨适对中西文化比较问题的关注，始于《哲学的童年》的写作之后。1988 年，杨适在《中国社会科学》第 4 期发表论文《中国传统人论的历史地位问题（论纲）》，从探求今天的中国人所需要的自我意识或新的人论出发，对中西传统人论进行比较分析，提出中国传统人论所讲的“人”是指由“人伦”形成的整体，重视“天人合一”而实际以“人伦”为核心；西方传统人论则重视人与自然的区别、灵魂与肉体的区别，在区别之后再力求达到新的统一。文章采取了论纲的形式，共25条，实际上是正在进行的中西人论比较研究的一份提纲。1991年，作为这项研究的成果，《中西人论的冲突——文化比较的一种新探求》（以下简称《冲突》）由中国人民大学出版社出版。《冲突》将中国传统的“人伦”与西方的“自由”对举，通过具体的历史分析，揭示出中国传统的“人伦”实质是“宗法人伦”，是一种异化的人伦；西方的“自由”，无论是古代的奴隶制还是近现代的资本主义制度，其实质都是不同形式的奴役制度，因此是一种异化的自由。如何在扬弃异化和保留人类原始的人伦和自由的基础上，实现人类整体与所有个人的自由主体性的有机统一，是未来新人论必须解决的根本问题。在《冲突》一书中，杨适明确提出一种观点：文化的中心在人，文化理论的中心在人论，而人和人论都是历史的、具体的。正是从这一观点出发，杨适为自己找到了一条求索的基本思路：首先要关注和研究创造文化的人本身，那些最初创造其文化的民族实际生活和历史是怎样的，然后就要着重研究他们是如何自觉其为人的，如何自觉地创造出关于做人和生活的各种文化制度和学说来的。前者是具体的历史分析，后者的核心就是人在精神上的自觉或自我意识。这种自我意识也即人论，奠定了一种文化的基础，规定了它的发展方向。这一基本思路，成为他日后提出并倡导的原创文化研究的滥觞。

所谓“原创文化”，在杨适是指“以往人类文化发展进程中几个在精神智慧上影响最重大深远的形态由以起源的创造原型”。关于原创文化研究的范围和对象、原创与传统的关系以及原创文化研究的现实意义和目的等问题，杨适从一开始就提出了自己的如下构想。

原创文化研究的范围和对象。大体上说，原创文化包括了西方文化由以起源的希腊文化、基督教和伊斯兰教由以起源的犹太文化、佛教由以起源的印度文化以及东亚文明由以起源的中国文化。这些原创文化表现为古代圣贤、先知、哲人的言行以及记述这些言行而形成的经典。它们对后世一直起着普遍的教化作用，从而广为流传，受到各有关民族和地区的广大人民的普遍尊崇。这种教化作用之所以可能，主要是因为这些原创文化中都包含着某些可以称作智慧的东西，这是一些在文化中属于精神层次，而在精神文化中又属于高级层次的东西，其核心乃是人类最初的自我意识觉醒以及与之相关的天道意识。

原创与传统的关系。原创文化不仅是一个历史性的概念，更是一个全然思想或精神的概念，它以一种与传统相对比的方式，显露了人类精神的本真。传统是从原创演化而来，因此传统才获得生命；但传统在发展原创的同时又使原创的精神智慧受到遮蔽或异化，并且它还总是掩盖这种异化。因此需要通过去蔽、返回原创，才能显明真理。这是问题的一个方面。另一方面，传统也是原创得以在历史上得到发展和保持的力量，传统和原创既对立也是统一的。通过寻求原创来重新审视传统，通过重新审视传统来再度发现原创的真实生命精义，从而为新时代重新发展人类的原创力提供可能的资源和思考。这是原创文化研究的基本方法和立场。

原创文化研究的现实意义和目的。原创文化研究应当有如下的两极性特点：用追根溯源的对于文化智慧最具学术性的（或书斋式的）研讨，为当代中国、中国人、中国文化的更新的最现实的需要服务。杨适写道："它的使命正如中国先贤所言'为天地立心，为生民立命，为往圣继绝学，为万世开太平'，而其资源则将大为扩展和深化。我们的目的并非只是对各种原创的文化智慧进行追溯和赞颂，而是要为现在生活在阳光普照下的所有人寻求天道和做人的本真；并以真诚的兄弟和朋友之心，进行几种原创文化之间的比较和对话。"

从中西比较的立场、尤其从原创文化研究的视野看，希腊哲学是人类最可珍贵的几种原创智慧之一。如何认识希腊原创智慧不同于其他几种原创智慧的特点及其特殊意义，就成为杨适写作《古希腊哲学探本》所关注的一个焦点和核心问题。

《古希腊哲学探本》写有长篇《绪论》，专门讨论希腊哲学的中心论题：όν（being，通译为"存在"）。通过检讨希腊哲学研究的历史，杨适把问题归结为：我们究竟应当如何理解和翻译希腊哲学和希腊语言中的όν，才有助于我们认清希腊哲学的原义和真正秘密？由于语言的差异，όν的翻译困扰了几代研究希腊哲学的中国学者。在杨适看来，όν的中文翻译之所以成为一个难题，其原因就在于对όν这个希腊哲学的中心论题缺乏真切的理解和认识，因此也未能对与之相关的希腊语词和汉语词做仔细深入的考察。为了破解这个难题，杨适不惜再次学习希腊文，进而探求与之同源、同属印欧语系的梵文语词原义，以及汉语言文字中相关词语的原义及其变迁，为此投入大量时间和精力。在《绪论》里，他通过对梵、希腊和汉语词的探源研究和语义辨析，揭示出：希腊古典时期哲学（所谓"第一哲学"或"形而上学"）的中心论题借以表现的όν，其实和原始素朴哲学借以表示的中心词φύσιζ（自然）原是一对可以互注互换的词根，两者均为表示存在的关键词；相比而言，表示动态的φύσιζ即"自然"一词，无论从本义和哲学思想发展史上说，其地位都更为根本和原初。基于这种认识，对如何用汉语词来表达和翻译希腊语词όν，杨适做了许多细密的考察，也发表了关于όν的中文翻译的重要见解。但杨适认为，不能孤立地考察όν的含义，也不能用对όν的日常语义考察代替对όν的哲学含义的考察。而所谓对όν的哲学含义的考察，从根本上说就是要考察όν在全部希腊哲学中的"位置"，考察它作为希腊哲学中心论题的地位和作用。他说："όν的哲学意义只有在同希腊哲学的其他各个重要概念的联系贯通之中，在希腊哲学全部发展即探索中，才能展示它本身的起源、萌芽、发展及其不断的论证和修正”。通过对 όv 的考察，杨适力求站在一种的新的视野和高度，从整体上把握希腊哲学及其发展和成就：

作为希腊哲学主要支柱的三个概念：φύσιζ（自然）、όv（存在）和“神”。在希腊哲学中，最先出现的主要哲学概念不是 όv（存在），而是 φύσιζ（自然）及其“本原”（άρή，principle）。杨适认为，希腊哲学不是从 όv 而是从 φύσιζ 开始，是有深刻原因的。因为，生生不已的“自然”不仅是哲学最深层的全面的考察对象，也是后来被亚里士多德称之为“第一哲学”的“存在论”或“本体论”（ontology）的深层基础。这表明，希腊哲学绝不是唯“本体论”的。希腊哲学从“自然学”开端，通过“数（哲）学”过渡到古典时代的“存在论”或“本体论”，最后又在晚期希腊哲学中返回以“自然（哲）学”为中心的形态。在这整个过程中，希腊哲学始终同神话和宗教的“神”观念密切关联。希腊哲学从神话和宗教而来又始终同它相关，一方面从中吸取智慧，另一方面又总是用新的哲学本原本体观念对“神”做新的诠释。φύσιζ（自然）、όv（存在）和“神”是支撑希腊哲学大夏的主要支柱，它们的互相联系和区别，互相作用、转化和互相诠释，构成了希腊哲学发展的主线。

从 φύσιζ-άρή（自然—本原）转换为 όv-ούσια（存在—本体）的意义：“求真”的严格逻辑思维方式的形成。从巴门尼德把 όv 作为主要问题提出来之后，希腊哲学的研究中心就从 φύσιζ-άρή（自然—本原）转换为 όύ-οισια（存在—本体）。这是希腊哲学和人类思维发展史上的一大转变。这个转变的实质是：希腊思想从生动感性自然的水平向着严格确定的理性逻辑水平，实现了一个伟大的飞跃。它的意义并不仅在于各个哲学家相继提出的学说中的那些结论，而主要在于原创了、确立了一种人类前所未有的严密的“求真”思维方法。直到亚里士多德把第一哲学定义为研究“όv 本身”（όv 之所以为 όv）即“ούσια”（本体）的学说，系统阐述了逻辑思维的原理和演绎法、归纳法和辩证法的推理学说，希腊哲学的“求真”精神和逻辑方法就达到了高峰和基本完成。

希腊哲学“求真”含义的更高层次是“求真善”。在如何理解和认识希腊化时期的哲学以及希腊哲学的最高成就的问题上，杨适不囿于中外研究希腊哲学的成见，认为在一定意义上柏拉图和亚里士多德并不代表希腊哲学的最高成就，而苏格拉底和爱比克泰德才是“比柏拉图和亚里士多德更伟大的导师”。在他看来，苏格拉底是“古典时期希腊哲学家中间最有原创性的中心人物或灵魂”。苏格拉底“把希腊哲学引向了认识人自身”，“认为哲学家最重要的使命就在于探求是否可能和如何可能把求真和求善统一起来”，由此把希腊哲学的“求真”推向更高层次的“求真善”。苏格拉底提出的问题，推动了古典时期的希腊哲学乃至全部希腊哲学的发展。因为，柏拉图和亚里士多德作为古典时期的希腊哲学家，主要是回答了苏格拉底问题的前一半——“求真”；苏格拉底问题的另一半——“求善”或“求真善”，这个更困难的任务，则是由希腊化时期的哲学家、特别是爱比克泰德来完成的。

爱比克泰德，一位奴隶出身的斯多葛派哲学家，当过奴隶的亲身经验使他永远追求自由，寻求做一个自由人的含义。在《古希腊哲学探本》中，杨适给予爱比克泰德最高的评价和尊重。在他心目中，爱比克泰德是和苏格拉底一样，真正配得上“哲学家”称号的人。爱比克泰德不仅在理论上给出了人有自由的论证，认为人的根本就在于他有自主的“权能”，这个“权能”根源于人的理性，凭着它每个人都能争得做人的权利，成为道德的人，自由的人；更重要的是，爱比克泰德是他自己的哲学的最忠实的实践者。在杨适看来，自由和必然，道德选择和决定论的深刻一致，只是到爱比克泰德才获得了正确和切实的阐发。正因为此，爱比克泰德才能够把自由精神的旗帜前所未有地高扬在斯多葛哲学的堡垒上。杨适之所以高度重视爱比克泰德和希腊化时期的哲学，还有一层原因，这就是他认为对于现时代努力追寻人的本真和自由的中国人来说，爱比克泰德尤其具有深刻的启示意义。他写道：“由于求真之中以求得真正的善为最重要，因此我们应当批评轻忽希腊化罗马时期的哲学的那些错误观点和倾向，对这段哲学史给予重新估价，开展研究。这对于以‘明明德’和‘止于至善’为‘大学之道’的中国人，尤其具有参照比较的益处。”

杨适的学术成就，主要在希腊哲学的研究方面。但是，杨适自觉到作为一个中国人和中国学者的责任，始终坚守“认识你自己”这个基本的哲学信念，为找寻人的本真和自由，为建立和打造中国人新的精神空间，生命不息，求索不止，其意义更加深远。

三、杨适主要论著

杨适．1980. 关于否定之否定的根据问题．中国社会科学，(5)：81-99.

杨适．1981. 关于评价马克思《一八四四年经济学哲学手稿》的一些问题．中国社会科学，(6)：67-82.

杨适．1982. 马克思《经济学—哲学手稿》述评．北京：人民出版社．

杨适．1982. 卢梭哲学是近代辩证法的开端．北京大学学报（哲学社会科学版），(5)：20-31.

杨适．1987. 西方哲学的开端问题．北京大学学报（哲学社会科学版），(1)：37-46.

杨适．1987. 哲学的童年．北京：中国社会科学出版社．

杨适．1988. 中国传统人论的历史地位问题（论纲）．中国社会科学，(4)：97-110.

杨适．1990. 中西文化的核心及其冲突与前景．学术月刊，(3)：28-32.

杨适．1991. 中西人论的冲突——文化比较的一种新探求．北京：中国人民大学出版社．

杨适．1991. 略说哲学史研究方法——读《陈康：论希腊哲学》．哲学研究，(4)：77-81.

杨适．1992. 人权观和中西文化传统差异．北京大学学报（哲学社会科学版），(3)：43-46.

杨适．1994. 孔子的人论兼评徐复观先生的孔孟研究．北京大学学报（哲学社会科学版），(3)：50-57，127-128.

杨适．1996. 人的解放——重读马克思．成都：四川人民出版社．

杨适．1996. 伊壁鸠鲁．台北：三民书局东大图书公司．

杨适．2000. 为了东亚的文化复兴我们该做些什么．北京社会科学，(2)．

杨适．2000. 爱比克泰德．台北：三民书局东大图书公司．

杨适．2002. 关于原创文化研究的一些思考．浙江学刊，(2)：107-110.

杨适．2002. 对于巴门尼德残篇的解读意见——兼论希腊哲学中的 óv 和 ontology. 复旦学报（社会科学版），(1)：71-80，92.

杨适．2003. 古希腊哲学探本．北京：商务印书馆．

杨适．2004. 哲学之为哲学的原义考察——兼谈中国原有智慧同哲学的关系问题．社会科学战线，(5)：228-240.

主要参考文献

王易．1982. 用马克思主义方法研究马克思著作——《马克思〈经济学-哲学手稿〉述评》．中国社会科学，(6)：106-107.

史敏．1983. 对马克思哲学诞生地的探索——读杨适《马克思〈经济学-哲学手稿〉述评》．哲学研究，(6)：77-80.

范明生．1990. 喜读杨适《哲学的童年》．中国社会科学，(3)：189-192.

杨适．2003. 原创文化与当代教育（“原创文化研究论丛”第一辑）．北京：社会科学文献出版社．(第二辑《希腊原创智慧》、第三辑《原创文化与经典》分别于 2005 年、2007 年出版）

杨适．2010. 世界视野下的中国原创文化（“原创文化研究论丛”第四辑）．西安：陕西师范大学出版总社有限公司．

撰写者

易志刚（1962～），青海藏文化馆馆长，主要从事中西文化比较研究。

王晓兴（1950～），兰州大学教授，主要从事中国哲学和中西文化比较研究。

方立天

方立天（1933～2014），浙江永康人。中国佛教研究专家、中国哲学史家，1984年经教育部特批破格晋升为教授，现为中国人民大学哲学院一级教授，宗教高等研究院院长，博士生导师。兼任教育部社会科学委员会哲学学部委员、中央文史研究馆馆员。曾任中国宗教学会副会长、中国哲学史学会常务副会长、《中国哲学史》杂志主编等。2005年获“全国先进工作者”称号，2007年获第五届“吴玉章优秀科研奖”。1961年毕业于北京大学哲学系，后一直在中国人民大学哲学系（院）从事教学和科研工作。学术研究领域涉及四个方面：第一是佛教思想文化的开拓研究，其中包括中国佛教思想家的个案研究、中国佛教重要典籍的整理、佛教哲学现代化研究的尝试、中国佛教文化研究的开拓和中国佛教哲学思想的系统研究五个互相联系的要项；第二是中国古典哲学智慧的阐扬；第三是中华文化精神的彰显；第四是宗教学理论的探讨。上述学术研究均取得相应的成果，其中《佛教哲学》获1986年中国图书荣誉奖、1995年国家教委首届人文社会科学优秀成果奖一等奖；《中国佛教哲学要义》获2003年第六届国家图书奖、2004年第八届北京市哲学社会科学优秀成果奖特等奖、首届中华传统文化优秀著作奖一等奖；论文《论中国化马克思主义宗教观》获2006年第九届北京市哲学社会科学优秀成果奖一等奖等。为教育部人文社会科学重点研究基地——中国人民大学佛教与宗教学理论研究所首任所长，对宗教学学科建设做出了一定贡献。2014年7月7日因病医治无效，在北京逝世。

一、学术经历

回顾方立天的学术研究历程，大体经历了以下几个不同阶段。

1. 起步（1962～1965）

方立天出生于浙江中部的农村，1949年永康县立初级中学毕业后，于1950年春赴上海华东财政系统的干部学校学习，不久留校工作。1956年，他响应党中央“向科学进军”的号召，以同等学力考入了北京大学哲学系。北大哲学系冯友兰、汤用彤、张岱年、任继愈、郑昕、洪谦、任华等导师的言传身教，使他得到一流的学术训练，养成良好的学风。在读期间，他特别喜爱中国哲学史和西方哲学史两门课程，并选择了中国哲学史作为学习的重点，这影响了他日后平生的志业。他还在北大养成了一个几乎影响终身的学习习惯，这就是泡图书馆。他充分利用北大图书馆的丰富藏书，阅读了大量中国文、史、哲的典籍，为以后从事中国哲学史的研究工作打下了初步的基础。

1961 年，方立天被分配到中国人民大学哲学系从事中国哲学史的教学与研究。在确立以后研究工作方向时，他确定以魏晋南北朝隋唐时期为重点。这一断代的最大特点是儒、道、佛三教格局的形成和互动。他把中国哲学和中国佛教作为自己的专业研究方向，并戏称为“双耕”。为了弥补佛教知识的不足，方立天争取到位于北京法源寺的中国佛学院进修了 8 个月，对佛教的历史和义理的基本认识有了初步了解，对佛教文化的精神有了一定的感受，还对佛教徒的修持实践有了直接的体察。

经过一系列的学术准备，方立天开始佛教的研究。佛教内涵丰富复杂，如何选择适当的切入点进行研究。经过反复思考，决定从中国佛教人物的个案研究入手，就魏晋南北朝佛教代表人物开展系列研究。经过两年多的集中研究，撰写了道安、慧远、僧肇的学术论文四篇，连同有关佛教书评两篇，发表在《新建设》、《哲学研究》和《人民日报》上，其中《试论慧远的佛教哲学思想》还被美国译成英文，刊载于该国的《中国哲学研究》。

但是，好景不长，1965 年方立天被指令参加京郊农村“四清”运动，随后是“文化大革命”，他的学术研究中断了。

2. 拓展（1978～1987）

“文化大革命”结束后，方立天继续对魏晋南北朝佛教代表人物展开研究，撰写支遁、僧肇、萧衍等人的专文。中华书局嘱他将已发表的相关学术论文结集《魏晋南北朝佛教论丛》出版（1982）。他还基于慧远在中国佛教历史上的重要地位和影响，又专门撰写了《慧远及其佛学》一书，于 1984 年由中国人民大学出版社出版。随着佛教研究的逐渐恢复，整理中国佛教典籍资料的重要性日益突出，方立天和几位师友一起整理编辑了《中国佛教思想资料选编》共四卷十余册，由中华书局于 1981 年开始陆续出版。他个人还撰写了《华严金师子章校释》一书，由中华书局于 1983 年出版。又鉴于当时的佛教研究著作以佛教通史或断代史居多，很少有介绍佛教基本思想的著作的情况，他转而从佛教追寻宇宙和人生的实相出发，即从宇宙论和人生论入手，对佛教哲学的基本思想内涵做了概括，撰成《佛教哲学》一书，由中国人民大学出版社于 1986 年出版。该书后又加上认识论部分，于 1991 年出版增订版。随着 20 世纪 80 年代中国文化研究热潮的兴起，方立天也关注佛教与中国文化的关系问题，也就是佛教的中国化问题，他撰写了《中国佛教与传统文化》一书，由上海人民出版社于 1988 年出版。

1983 年上半年，中国人民大学哲学系确定方立天为高校哲学原理进修班讲授“魏晋玄学和隋唐佛学”课程，他考虑到学员们从事哲学原理的教学和研究的需要，建议改为讲授“中国古代哲学问题”。后在讲稿的基础上，经过约一年半时间的修改加工、补充整理，成《中国古代哲学问题发展史》一书（上、下册），由中华书局于 1990 年出版。

3. 专攻（1988～2002）

在对佛教史料、中国佛教人物、佛教哲学基本体系、中国佛教文化基本内容以及中国古代哲学问题等有了比较充分研究和学术积累以后，方立天开始集中地研究中国佛教哲学思想，致力于中国佛教哲学体系的概括。研究中国佛教哲学是他学术研究的最大兴趣、最大愿望和最大追求。他大约花了 15 年时间，围绕这一题目，撰写和发表了百余篇相关研究论文，以吸取学术界和佛教界的反应和意见，最后撰成 90 余万字《中国佛教哲学要义》一书（上、下卷），2002 年由中国人民大学出版社出版。

4. 泛耕（2003～）

随着主客观条件的变化，方立天在完成《中国佛教哲学要义》之后，采取适应工作和课题的需要，结合参加学术会议的主题和关注现实问题来开展学术研究。在研究领域方面，除继续关注中国哲学和中国佛教以外，还拓展了两个领域：一是关注中华传统文化的弘扬，二是探讨宗教的理论和实践问题。同时，方立天还努力组建中国人民大学宗教学教学与科研学术团队，开展学术研究，并协助同仁积极推动当代宗教的实证科学研究，在这些方面，也取得了显著的进展。

二、主要研究领域和学术成就

方立天的学术旨趣集中在四个密切关联的领域：中国佛教、中国哲学、中华文化和宗教理论，他的学术研究成就也主要体现在这些方面。

1. 中国佛教的开拓研究

中国佛教是方立天长期来的研究重点，用心最劲，用力最多，其成果主要有以下五个方面。

（1）中国佛教思想家哲学思想的个案研究

佛教代表人物的思想研究是中国佛教思想研究的重要环节。方立天选取魏晋南北朝的道安、支遁、慧远、僧肇、竺道生和梁武帝萧衍等佛教重要人物作为研究对象。隋唐时代，中国佛教形成八大宗派，争奇斗艳，异彩纷呈。方立天认为，在隋唐佛教诸宗派中，对中国哲学思想影响最大的是华严宗和禅宗，他对这两宗的佛教思想极感兴趣，于是又选取这两宗的实际创始人法藏和慧能作为重点研究对象。

方立天比较注意从中国传统哲学文化思想和佛教思想的发展的广阔历史背景出发，去揭示佛教思想家的哲学内涵和思想特色，客观评价他们在中国佛教史、哲学史乃至思想史上的地位、作用和影响；同时又通过佛教思想家的典型思想，凸显当时的佛教思潮和整个佛教思想的发展脉络。在研究中，他注意努力挖掘佛教思想家的哲学意蕴，努力揭示中国佛教思想发展规律，并重视总结佛教理论思维的经验教训。

上述中国佛教思想家哲学思想个案研究成果，形成四本专著：《魏晋南北朝佛教论丛》、《慧远及其佛学》、《法藏》，和《法藏评传》。研究慧能则撰有和发表学术论文多篇。

（2）中国佛教典籍的整理

准确了解和充分把握佛教文献的内涵和意义，是佛教思想研究的基础，而认真做一点佛教典籍的整理工作，则是有助于提高阅读效果的一种极为重要的方法，因为它能逼使阅读者全神贯注地去弄读原著原意，并通过动手整理，收到非眼看口读所能收到的效果。基于此，方立天和几位师友就中国佛教的重要典籍进行了比较系统的整理、标点，出版了多卷本《中国佛教思想资料选编》，成为20世纪90年代以来中国国内最流行的中国佛教思想参考文献，影响颇大。

方立天个人撰写的《华严金师子章校释》一书，是在吸收和研究相关文献资料的基础上，用现代学术语言对原文做了简明的注释，同时又从现代哲学的高度对其思想源流做了分析评论，得到国务院古籍整理小组的重视和高度评价，被视为古籍整理的范本之一。时任国务院古籍整理小组组长李一氓为此专门写了书评，说：“可贵的是校释者在书前写了一篇长文章——《华严金师子章评述》，详述法藏生平和《金师子章》成书经过，并根据马克思主义的基本原则，剖析了《金师子章》的宗教哲学思想的客观唯心主义方面，更有助于读者深入地了解这篇讲话的内容和意义。现在搞古籍校注者流于烦琐者多，而能以马克思主义基本原则作出评析者则较少，我以为在治学方法上，校释者所采取的态度，是很严肃的。”

（3）佛教哲学现代化研究的尝试

如何推动佛教哲学研究的现代化，如何用现代哲学论题和现代术语介绍佛学的基本理论，提供一本学习佛教基本思想的入门书，是方立天长期积蓄心头的愿望。他的《佛教哲学》一书，就是佛教哲学现代化研究的一种努力和尝试。佛教哲学的现代化研究要求运用现代的语言表述、多元方法研究和科学评价。该书着力的，一是从佛教文献中筛选出现代读者应当了解的哲学思想诸层面，提炼出佛教哲学的三个主要成分：人生论、宇宙论和认识论。人生论主要包括人生学说和伦理学说，宇宙论包括宇宙要素论、结构论、生成论和本体论，认识论则包括禅观、逻辑、直觉、顿悟等认识方式方法，全书力求用现代汉语表述佛教哲学思想，如标题的现代化用语、佛教术语的现代化语言解说以及佛教哲学内容的现代化阐释等。二是综合运用现代的哲学、价值学、心理学、认识论、逻辑学，以及历史与逻辑相统一的方法，阐释佛教哲学的丰富思想内容，比较如实地反映了佛教哲学自身的特色。三是立足于新的时代和社会背景，运用现代科学观点发掘和评判佛教哲学的价值或弊端，贡献或缺陷，力求实事求是，辩证分析。《佛教哲学》问世后，北京大学周一良谓该书可以作为“了解佛教的入门书”。该书在佛教界乃至非专业读者中都产生了比较广泛的影响，是20世纪90年代以来中国大陆流行最广的一部佛教入门书。该书获1986年中国图书荣誉奖，1995年国家教委全国首届人文社会科学优秀成果一等奖。

（4）佛教中国化的探索

随着中国佛教思想家个案研究的展开，方立天日益意识到印度佛教中国化的过程与实质，并把探索佛教中国化作为其佛教学术研究的重要课题。他和石峻合作撰写了《论魏晋时代佛学与玄学的异同》、《论隋唐佛教宗派的形成》和《论隋唐佛教宗派的特点》，他个人则撰有《佛教与中国传统文化的冲突和融合》、《佛教中国化的历程》、《佛教中国化与中国化佛教——以汉传佛教为中心》等多篇论文，还撰有《中国佛教与传统文化》一书。

方立天认为，佛教中国化是印度佛教在中国的一种实现方式和现实追求。佛教中国化的必要性有三：中印两大国自然环境和社会结构的差别、佛教与中国儒、道文化的歧异和印度佛教一般义理与中国僧人具体实践的矛盾。佛教得以实现中国化，则在于佛教的三项努力：一是与中国世俗政治的协调。如东晋慧远的“政教离即”论，既强调僧侣独立于政治，又强调佛教的道德教化有助于世俗的政治统治，为佛教在中国的立足和发展奠定了社会政治基础。二是与中国固有文化的磨合。佛教与儒、道文化，虽有冲突，但从历史上看，相互融合是主要方面。佛教的禅宗、儒家的理学和道教的全真道，就是佛教与中国固有文化互动产生的三大硕果。在这一过程中，佛教也最终成为中国传统文化的有机组成部分。三是中国佛教的文化创新。佛教中国化的完成以独具特色的中国佛教系派的形成为标志，其中又以天台宗、华严宗、净土宗和禅宗为典型。唐代佛教的禅宗和近现代的人间佛教，更是中国佛教最突出、最重要的两大创造，对中国佛教和中国文化、社会都产生了重大而深远的影响。

方立天具体描述了中国化佛教形成的历史进程，这就是格义式佛教、玄学式佛教、学派化佛教、宗派化佛教和心性化佛教。同时他还相应地概括了佛教中国化的五个阶段：汉代——比附阶段，魏晋南北朝——磨合阶段，隋唐时代——创宗阶段，宋元明清时代——合流阶段，近现代——转型阶段。

在《中国佛教与传统文化》一书中，作者又从佛教与其他具体文化形态的关系上，多层次全方位地论述了佛教与中国文化的相互作用和影响，详细说明佛教与中国政治、伦理、哲学、文学、艺术、民俗的内在联系，藉以展现中国佛教的特殊品格，揭示外来印度佛教文化中国化的一般规律。方广锠认为，该书“标志着我们民族的文化反思进入了一个新层次。”“为佛教研究开出一条科学化的新路。”此书在上海人民出版社出版后，也受到社会重视和读者喜爱，又相继由台湾桂冠图书公司、长春出版社、中国人民大学出版社和香港商务印书馆分别出版，此外，GALE ASIA——CENGAGE Learning 和中国人民大学出版社还联合出版该书的英译本，推动了中外文化交流。

（5）中国佛教哲学体系的建立

《中国佛教哲学要义》是方立天的主要代表作。黄心川认为，这本书总结了新中国成立以后乃至近现代研究佛教义理的历史经验，从中国文化的宏观角度，探讨了中国佛教文化的精髓，继承和发扬了老一辈佛学研究专家汤用彤、吕澂、陈垣、任继愈等的优秀传统，“用历史比较的方法和角度对中国佛教哲学做了全新的解释，堪称我国佛学界具有里程碑意义的力作。”（《中国佛教哲学研究的重大进展——〈中国佛教哲学要义〉出版座谈会纪要》）该书从中国人的佛教著作出发，力图从中梳理出中国佛教的重要哲学问题——人生论、宇宙论和实践论，探讨构成这些论说的不同思想元素，分析这些元素在佛教哲学体系内部的相互联系与作用方式，以及与外部的儒、道等传统思想的相互联系与作用方式。在此基础上，又与印度佛教哲学思想以及中国固有的儒、道哲学思想加以比较，以凸现其独具的异彩。

依据中国佛教哲学的实际内涵，方立天从人生论、心性论、宇宙论和实践论四个方面进行论述。

人生论是对人的构成、人的本质、人的本性、人生价值、人生法则、人生理想等问题的综合探究和论说。结合中国佛教思想史的实际，他着重分析、论述了中国佛教的因果报应论、神不灭论、涅槃理论、佛的理念和净土观念，展现了中国佛教人生论学说的重点和特点，广度和深度。

心性论着重论述人的心性本质，探讨人觉悟成佛的内在根据，是中国佛教思想的核心内容，在中国佛教哲学体系中占有极为重要的地位。在《中国佛教哲学要义》一书中，作者用了近20万字的篇幅论述中国佛教的心性论思想，其主要成果是：第一，建构了中国佛教心性论的哲学范畴网络，在心的方面，主要论述真心与妄心、心与意识、心与神、心与物、心与理、心与佛的关系；在性方面，着重讨论心性与法性、凡性与佛性、性净与性觉、性善与性恶、性有与性无、性本有与性始有、性的体相用、性与情、性与理、性具与性起等范畴及其关系。第二，系统地阐述南北朝时期的心性思潮、天台宗、三论宗、华严宗、唯识宗、密宗的心性思想，又以较多的篇幅阐述禅宗的心性论，包括慧能以前、慧能、慧能以后的荷泽宗、石头宗、洪州宗和临济宗的心性思想，从而展现了中国佛教心性论哲学的丰富内涵和基本特色。第三，探讨了佛教心性论与儒、道两家心性论的互动关系，进而提出心性论是儒佛道三教合流的主要契合点的观点。方立天认为，从思想文化的旨趣上看，儒佛道三教都是生命哲学，都强调人要在生命过程中进行向内磨砺、完善心性修养，这成为三教合流的前提和基础。佛教作为一种外来文化，与中国文化传统有明显的差异，而其融入中国文化的立足点就是心性论思想。第四，总结了中印佛教心性论的异同，指出两者的最大共同点是都强调如来藏思想和佛性说，而提倡“平常心是道”、“本觉”说和返本归源修持方式则是中国佛教心性论区别于印度佛教心性论的最大差异点。

宇宙论是对人的生存环境和客观世界本质的研究。方立天从宇宙结构论、现象论和本体论三个向度，总结中国佛教哲学中不同时期不同佛教思想家、不同宗派的宇宙观，分析中国佛教宇宙论与印度佛教宇宙论的思想联系与显著区别。

实践论即修持论，探讨的是佛教解脱的途径和方法。方立天认为这是中国佛教哲学极富创造性的部分，他从中国佛教的伦理实践、禅法修持和智慧修学三个方面依次展开，重点分析佛教伦理实践的方式方法、直觉思维的内容和特色、语言观和真理观。

方立天认为，中国佛教哲学的特质是心性论和直觉论，心性和直觉是中国佛教哲学探讨论述的两大重点，也是中国佛教哲学最富创新、最富特色的部分。心性论已如上述，关于直觉论，方立天认为，佛教作为一种宗教，其终极归宿是解脱成佛，如何实现这一目的？佛教创立了独特的实践方式，这些方式的核心就是体验式的直觉。直觉是现代用语，是人类的一种普通心理现象，一种不需经过分析、推理，而对客观直接体察、整体把握的认识能力和思维方式。在佛教实践中，表现为观、照、证、悟四个概念和类别。中国佛教对直觉思维有丰富的实践经验和理论创造，汉魏两晋时期主要修持印度佛教所传的禅观和般若，东晋南北朝流行禅观与般若两者融合的直觉方式，隋唐以来，天台、华严和禅诸宗都创造出富有中国特色的直觉思维，特别是禅宗的顿悟式直觉，最为活泼灵动。中国佛教重视空观是区别于中国固有哲学直觉论的根本特点，而中国佛教重视把自心与真理、本体结合起来进行观照，以及鲜明的圆融直觉思维，则是有别于印度佛教直觉论的主要特色所在。方立天利用现代学术方法解析直觉这一具有浓郁宗教色彩的实践方式，有助于人们客观地了解佛教的解脱之道。

《中国佛教哲学要义》出版后，获得学术界的充分肯定。方广锠在《中国佛教哲学研究的里程碑》书评中说："方立天的《中国佛教哲学要义》在近百年来前人研究的基础上，进一步奠筑了中国佛教哲学的基础。可以说，以方立天的《中国佛教哲学要义》为标志，为中国佛教哲学奠筑基础的工作已经基本完成。"又说："首次从总体上构建起中国佛教哲学的完整体系。从这一点上讲，《中国佛教哲学要义》的出版，标志着中国佛教哲学研究一个旧时代的结束与一个新时代的开始。"蒙培元也说："这本书把握的不仅是佛学，而且是整个宗教的本质问题"，"这部书不仅作为学术著作有贡献，对我们的精神生活也会有很大作用。"该书还被誉为"十五"期间中国哲学社会科学领域四项重大标志性成果之一。

《中国佛教哲学要义》获2003年第六届国家图书奖，2004年北京市第八届哲学社会科学优秀成果奖特等奖和中华文化优秀著作奖一等奖等三大奖项。不久即列入"中国文库"和"经典中国"国际出版工程出版，并被译成韩文本于2006年出版，日文、英文译本将由日、美出版公司翻译出版。

2. 中国哲学智慧的阐发

中国哲学在中国独特的自然、社会环境中生成，有着漫长的历史发展过程，蕴藏着精湛的中华智慧，是世界哲学之林中颇具特色、影响深远的一个哲学类型。方立天认为，努力阐明中国传统哲学的思想价值，是我们人文学者的一项义不容辞的责任。他为此撰写了《中国古代哲学问题发展史》一书，该书继承了张岱年《中国哲学大纲》的理路，以问题为纲，将中国哲学的浩繁史料和诸多头绪，化约为12个问题：宇宙生成论、本体论、时空观、常变观、矛盾观、形神观、人性论、人生理想观、历史观、名实观、知行观、真理观。每个问题编为一章，每章分别由引言、基本内容和结语三部分组成。引言是对该专题的概念、范畴的界定，对有关哲学理论问题的介绍，以及与西方哲学关系的厘定。基本内容是依据历史发展顺序，选择有代表性的人物或重要哲学著作的观点，探求本源，阐明发展演变，给予客观描述和价值评判。结语是总结该专题的演变、类型、特点和理论思维的经验教训。全书取材于儒、道、墨、法、名、阴阳诸家的学说，以及玄学、道教和佛教的思想，提要钩玄，客观评述，力求做到博中见约、由约显博的史料梳理与理论提炼。张岱年在《喜闻〈中国古代哲学问题发展史〉再版》一文中说："方立天同志不仅对于儒学及先秦诸子有较深的研究，而且是中国佛教史的专家，故能会综论述中国古代哲学的丰富内容。"

3. 中华文化精神的彰显

阐扬中华文化的内涵，彰显中华文化的精神，是为了提高国民素质，建设中华民族共有精神家园。为此，方立天着重探求中华文化的传统和核心问题。在《民族精神的界定与中华民族精神的内涵》一文中，他对中华民族精神的界定、内涵和提升提出了独立的观点。他认为界定民族精神需要符合五个条件，其一，为本民族绝大多数成员所认同；其二，贯穿民族延续、发展的全过程；其三，在民族延续发展过程中居于主导地位；其四，维系民族间的和睦团结，促进民族繁荣；其五，推动民族的进步。根据这一逻辑前提，他概括中华民族的基本精神包括四个方面，这就是重德、自强、宽容、爱国，其中自强不息更是中华民族精神的精髓。他还强调中华民族的复兴需要中华民族精神的高扬和提升。

方立天认为中华文化的传统不是单一的，而复杂的，他提出了中华文化三大传统说，对共撑中华传统文化大厦的儒、道、佛三家进行比较研究，揭示了三家不同的文化传统。儒家思想以"人"为本位，侧重于从"人"的角度来关照人生、社会和自然，重视人的生命意义与价值，宣扬以道德为人生的最高价值，进而结构社会秩序，重视社会秩序的稳定，是为人本主义传统。道家则高唱自然主义传统，它以"自然"为本位，侧重于从"自然"出发来观照人生、社会和宇宙，强调自然是人生的根本，主张顺应自然，实现个体的主体自由，以回归自然。佛教则提倡解脱主义传统，它以"解脱"为本位，宣扬人类要通过修持，以求从迷惑、烦恼、痛苦和生死轮回中解脱出来，进入大自在大自由的"涅槃"理想境界。儒、道、佛三家的文化传统互动互补，形成中华文化传统的丰富内涵，支配了中国人的物质生活和精神生活。

方立天在《建设中华民族共有精神家园——国学之魂：中华人文精神》一文中，还提出中华人文精神是国学之魂的观点。“魂”即灵魂，灵魂指精神、思想，所谓国学之魂即国学的根本精神、主导思想。中国的国学之魂，即中国学术的根本精神、主导思想。中国学术主要由儒、道、佛三家学说构成，而三家学说的三大文化传统的基本精神就是人文精神：即关于人的精神生活的方式、态度、思想、观点，也就是精神生活的价值追求。由此又可以说，中国的价值观是中国国学的根本思想，也是中华人文精神的基本内涵。文章还从人类价值、人的自我价值、人的社会价值和人的自然价值四方面，论述了中国价值观的基本观点，并强调吸取中华传统人文精神的优秀成果，批判中华传统人文精神的缺陷，对于形成当代的人文精神和提高国民的素质有着重要意义。

4. 中国宗教理论的探讨

在中国宗教理论领域，方立天重视探讨宗教与社会的关系，重视研究中国传统宗教观、马克思主义宗教观和中国化马克思主义宗教观。他撰写了《论中国化马克思主义宗教观》，从宗教本质观、宗教价值观和宗教历史观等角度，归纳、总结中国化马克思主义观在十个方面新的突破，这就是：①宗教是一种社会历史现象，而不仅仅是一种意识形态；②宗教是人民内部的思想信仰，宗教是文化，是有神论的信仰文化；③宗教产生和存在的最深层根源，在于人们有不能解释和不能解决的思想问题；④宗教具有长期性，宗教的消亡在阶级和国家之后；⑤思想信仰和政治立场相区分；⑥信教群众与不信教群众在信仰上的差异是比较次要的差异，对不同思想信仰要互相尊重；⑦在正视宗教中存在消极因素的同时，重视挖掘、运用和发挥宗教中的积极因素；⑧信教与不信教以及信仰不同宗教的群众，在政治、经济的根本利益上是一致的，信教群众同样是社会主义建设的积极力量；⑨执行宗教信仰自由的政策，处理宗教问题的根本出发点和落脚点，是使全体信教和不信教的群众联合起来，集中建设现代化的社会主义强国这个共同目标；⑩积极引导宗教信众爱国爱教，与社会主义社会相适应。该文获北京市第九届哲学社会科学优秀成果奖一等奖，并为不少媒体转载，被视为2003～2007年全国高校基础性理论研究的标志性成果之一，在学术界产生了重要影响。

此外，方立天还重视教学与科研的良性互动，认为教学是推动科研的动力，科研是提高教学质量的保证。他在从事科研的同时，长期来一直坚持在教学第一线，先后讲授过中国哲学史、中国古代哲学问题、魏晋玄学与隋唐佛学、中国古典哲学原著选读、佛教哲学、佛教与中国文化、佛典选读等课程。他讲课概念明晰，逻辑严谨，深入浅出，颇受学生欢迎。

自20世纪80年代以来，方立天培养硕士生、博士生共40余人，其中大部分毕业后已成为所在单位教学和科研的骨干。根据人文学科的特点，他从不让学生承担自己的研究课题，而是强调学生要独立选题，精读原著，积累资料，学会分析，提高独立研究的能力。

为了推动学术交流，自1985年以来，方立天先后多次赴日本、美国、韩国、马来西亚、新加坡、英国、土耳其等国和港、澳、台等地区参加学术会议和访问，短期或长期讲学，期间赴台湾地区十多次，对国际学术交流和两岸学术交流作出了一定的贡献。

2000年，经过申报高校间的竞争和专家考察、评审，教育部决定在中国人民大学设立人文社会科学重点研究基地——中国人民大学佛教与宗教学理论研究所，任命方立天为所长。该所成为全国高校系统佛教与宗教学理论领域的国家级研究中心，对学校乃至全国的宗教学学科发展起到了推动作用。2007年，以佛教与宗教学理论研究所为主要依托，中国人民大学宗教学学科顺利通过专家评审，被正式批准为国家级重点学科，从而成为全国唯一的既拥有教育部重点研究基地、又拥有国家级重点学科，同时又具有本科、硕士、博士、博士后完整人才培养序列的宗教学教学与研究实体，标志着中国人民大学宗教学学科的发展迈上了一个新台阶。

三、学术研究的态度与方法

方立天秉持“立身有道，学有专长”的为人准则，在学术研究上推崇和实践“修辞立其诚”、“好学深思”和“静心专一”等原则。“修辞立其诚”，“诚”，就是真实。要求自己讲话、作文、治学等都应该坚持真实性，力求做到名实一致、言行一致和表里一致。“好学深思”，是要求自己虚心体会和反复琢磨古典著作探索宇宙奥秘、人生真谛的苦心深虑，以“心知其意”，理解其内在意蕴，力避望文生义、生吞活剥。“静心专一”是要求淡泊宁静，专心致志，心无旁骛，拒绝浮泛急躁，拒绝急功近利，拒绝片面追求数量。

在佛教学术研究的态度方面，方立天还秉持“中国本位”和“心性体会”两条原则。所谓“中国本位”的态度，是基于中国人是以先前本国文化结构即先入之见去理解佛教的，是以中国人的实际需要和精神需求去对待佛教的，是以中国儒、道本土文化去对待、改造佛教的。中国人这种对待外来佛教的文化立场，决定了他观察、研究佛教的视角和态度，认为外来佛教只有适应中国环境，才能在中国流传发展、开花结果，也就是外来佛教一定要与中国政治、经济、文化、社会实际相结合、相适应，接受中国环境的影响和改造，才能在中国产生持久的作用和影响。所谓“心性体会”，是由于佛教极富哲学思想，尤其是心性修养方面的内涵，因此要通过内在心性的修养，生命智慧的升华，精神品格的净化，去体会佛教哲学，感悟人生的真实。只有这样才能探骊得珠，把握佛教哲学的真谛，真正得到佛教哲学的思想精华。

在学术研究方法方面，方立天采用了文献研究法和历史研究法，但主要是采用哲学问题研究法，即以哲学问题为纲来叙述哲学重要问题的源流演变。此法能够比较清晰地阐明哲学问题的形成、争论、演变和解决的历史过程，比较容易体现历史与逻辑的统一。

方立天还就自己研究中国佛教哲学的方法总结为八条：结合现代哲学发展的要求，筛选、归结中国佛教的重大哲学问题，构筑中国佛教哲学的思想体系；运用现代语言，诠释中国佛教哲学的概念、范畴；寻究中国佛教哲学思想的原来意义；体会中国佛教某些哲学语言的言外之意；探索中国佛教哲学思想的发展规律；总结中国佛教哲学的理论思维成果；进行比较研究，以把握中国佛教哲学的思想特色；阐发中国佛教哲学的现代价值与意义。

“一生不争，福报自来”，2005年10月25日新加坡《联合晚报》以此八字标题刊文评价方立天。方立天深知自己是新中国培养起来的人文学者，他深切地感恩国家、人民的培养，他真诚地表示将继续为祖国的学术繁荣贡献绵薄之力。

四、方立天主要论著

方立天.1982.魏晋南北朝佛教论丛.北京：中华书局.

方立天.1983.华严金师子章校释.北京：中华书局.

方立天.1984.慧远及其佛学.北京：中国人民大学出版社.

方立天.1986.佛教哲学.北京：中国人民大学出版社.

方立天.1988.中国佛教与传统文化.上海：上海人民出版社.

方立天.1990.中国古代哲学问题发展史（上、下册）.北京：中华书局.

方立天.1990.华严金师子章今译.成都：巴蜀书社.

方立天.1991.法藏.台北：台湾东大图书公司.

方立天.1992.中国哲学研究.台北：新文丰出版公司.

方立天.1993.中国佛教研究.台北：新文丰出版公司.

方立天．1995. 法藏评传．北京：京华出版社．
方立天．2002. 中国佛教哲学要义（上、下卷）．北京：中国人民大学出版社．
方立天．2003. 中国佛教散论．北京：宗教文化出版社．
方立天．2006. 方立天文集（六卷本）．北京：中国人民大学出版社．
方立天．2007. 寻觅性灵——从文化到禅宗．北京：北京师范大学出版社．
方立天．2009. 仰望崇高——方立天自选集．北京：首都师范大学出版社．
方立天．2011. 禅宗概要．北京：中华书局．

主要参考文献

方立天．1999. 我和中国佛学及哲学研究//学林春秋（三编上册）．北京：朝华出版社．
魏德东．2003. 方立天教授学术思想述评．高校理论战线，(4)．
李艳辉．2004-4-3. 中国佛教哲学研究的重大进展——《中国佛教哲学要义》出版座谈会纪要．光明日报．
魏德东．2009. 精思穷微．著作传九州——方立天教授学案//哲学家．北京：人民出版社．
方立天．2010-8-17. 我的治学之路．光明日报，第 11 版．

撰写者

方立天

郑品安（1936～），出生于辽宁省沈阳市。1962 年毕业于吉林大学中文系。先后在北京第二十九中学、北京第三师范学校从事教学工作。1992 年退休。对方立天在佛教哲学、佛教中国化以及佛教与传统文化等诸方面的研究工作，给予了积极的协助与配合。

金宜久

金宜久（1933～），安徽寿县人。1961年毕业于北京大学哲学系并留校任教。1964年转入世界宗教研究所从事伊斯兰教研究。1978年恢复业务活动后，任伊斯兰教研究室主任。1979年当选中国宗教学学会理事；80年代初，当选中国中东学会理事，任学会伊斯兰研究中心主任。此后，在主持伊斯兰教研究的集体项目和学科建设方面，取得重要成果，是该学科的带头人；同时，在组织国内伊斯兰教研究方面，做出重要贡献。90年代初，逐渐从宗教研究，转入宗教与政治关系的跨学科研究。研究成果除工具书外，涉及伊斯兰教的历史、哲学、文化、宗教与政治关系等不同领域。2006年，任中国社会科学院荣誉学部委员。

一、成长经历

早年，听我的祖母说，我家是个大家族，世代中医药业。迄今，我的叔伯兄弟中仍有从医者。因祖父英年早逝，家父尚年幼，无法承继祖传医术，但他却继承了家族勤奋、务实的训示，只身辗转来沪谋生，就职于阜丰面粉厂。1994年，获《金氏支谱》。据“创修金氏支谱原序”：“吾家自兵燹后，谱牒失考……吾家原籍徽州。始祖为贸易至正阳关遂家焉。七世单传至德英公时，始有兄弟四人。而有后者，仅德英公一人而已……所幸先泽未湮，由德英公而下，宗支渐近繁昌。惜谱系不存，远者茫无所考……今即所及考者以修之……。”该谱“创修”于光绪壬寅年（1902）夏，它以德英公为始祖。据“英”之后的“五世孙如曜”撰写的序称：“嘱从侄家樑草创是谱”，在“如”字辈之下“增订字派”：“家毓宜敦本，世守惟宪章，宏起先泽远，善述祖功长”20字。至于先祖何时由徽州一迁正阳关，再迁“寿州”（寿县），则不得而知。其后遂以寿县为祖籍。

家父在沪成婚安家。先后育有兄弟姊妹七人。我出生于1933年10月25日，在家排行老三。就学于阜丰面粉厂子弟小学。小学老师陈莱元关于珍惜时间、积累知识的教诲，一直影响着我的成长。1946年，小学毕业后，考入离家最近的上海市立晋元中学。1949年春上海解放，由于学业优良而直升高中。1952年高中毕业后，被校领导选中，留校任教。

后来得知，市教育局在这一届的各校毕业生中，留有近百名学生。教育局除组织我们进修学习以提高政治和业务水平。同时，在各区组织学习组，每月聚会学习；我还有幸参加市中级党校的政治理论学习。

1955年夏，我和几位年轻教师，先后被调到教育局举办的师资训练班和教育行政干部学校工作。前者培训有文化知识而无业者，在他们学习结业后，分配到市属各中学任教；后者的对象是中小学的校长和教导主任，结业后，或回原校或派遣到他校任职。与中学不同，我们这批年轻教师没有教学任务，只是做一些辅助性的工作。在这段工作期间，我真正意识到“学无止境”的真实含义。

1956年春，国家发出向科学进军的号召。我报考了北京大学哲学系并被大学录取。1958年秋，系里派我参加国家民委组织的少数民族社会调查。我被编在朝鲜族调查组。经过半年在黑龙江的社会调查，再到吉林省延边朝鲜族自治州汇总调查资料并撰写调查报告。1960年春，参加市委党校哲学教科书的编写工作。这些活动都有助于以后的科研工作。

1961年，5年学业结束，我留系当教员，分配在东方哲学教研组，为开设阿拉伯哲学课程做准备。这时正值困难时期，曾下放到员工食堂任指导员。在准备阿拉伯哲学课程的数年间，除收集、翻译资料、准备讲稿外，我还到东语系学习阿拉伯语。1964年年初，继印度哲学、日本哲学等选修课之后，我开设了阿拉伯哲学课程。备课期间，受到朱谦之的很大帮助。同年5月，世界宗教研究所成立。东方哲学教研组的全体教员在任继愈的领导下，转到宗教所。

1964年秋，受教育部的派遣，到上海外国语学院留学生预备部，接受英语口语的强化训练。1965年9月，作为进修教师，赴埃及学习语言；在此期间，个人还收集有关伊斯兰教的资料。

1967年春，所有在外留学、进修人员，奉造反派之“命”，一律返回北京参加“文化大革命”。由于对前段活动了解不多，实际上处于逍遥状态。这段时间除了按时参加“文化大革命”和到“五七干校”劳动外，主要是浏览有关书籍。这段宝贵的逍遥时间，为学术研究作了重要的准备。可惜的是，我没有巩固在北大东语系和在埃及的学习成果，多少影响到我以后的研究活动。

1978年，“文化大革命”结束。任继愈安排我主持伊斯兰教研究室的工作。伊斯兰教与所内其他学科相比，研究基础和研究力量都极其薄弱，没有可读的书，没有可以借鉴的研究成果，没有学科领军人物。

这时，任继愈正主编国内第一本《宗教词典》。他指定我主持伊斯兰教栏目的编写工作。对伊斯兰教室的同仁来说，几乎是白手起家，从零开始起步。任继愈鼓励我“带领大家，在干中学”。从确定词目到收集资料、编写并反复修改词条，大致经过了一年左右的时间，终于完成了伊斯兰教栏目800余条词目的初稿（经过初审、复审、三审和终审）和定稿工作。

1979年与西北地区参加中国宗教学学会（80年代末更名为中国宗教学会）的代表商讨如何提高伊斯兰教研究水平，提议并参与组织西北五省（区）轮流举办的学术研讨会。这对推动国内伊斯兰教研究起到极其重要的作用。

任继愈受教育部的委托，为高校组织编写宗教参考书。他指定我组织室内同仁承担伊斯兰教史的编写任务，并于1983～1984年，派我到加拿大多伦多大学宗教研究中心访问进修，利用国外图书资料条件为编写高校教材做准备。

在随后的十余年间，我先后完成了伊斯兰教史、伊斯兰教辞典、伊斯兰教一般概论性的和通俗性著作的编写工作，取得丰硕的成果。其中，《伊斯兰教史》获得中国社会科学院第一届优秀成果奖；《伊斯兰教文化面面观》获得中国社会科学院第一届优秀通俗读物奖。从学科建设方面来说，伊斯兰教研究成为中国社会科学院的重点学科之一，在国内伊斯兰教研究领域起着领先的作用。期间，我还为北京大学宗教专业讲授伊斯兰教，指导硕士生和博士生的学习，为某些刊物和工具书撰写有关的论文和词条。我先后任助理研究员、副研究员、研究员，硕士、博士研究生导师，享受国务院颁发的政府特殊津贴。1996年退休后，我继续完成相关课题的研究工作。2007年年底，我参加国家清史工程典志组的相关工作。

二、主要研究领域和学术成就

我学的专业是哲学，学术研究主要是从收集阿拉伯哲学的资料起步。以后，又转向宗教研究。哲学，作为科学的世界观和方法论，为我个人的宗教研究、特别是伊斯兰教研究，奠定了重要的理论基础，也是我个人取得学术成就的前提。

哲学和宗教都是“更高地悬浮于空中的思想领域”，仅仅了解这一论断，并不足以开展有关哲学和宗教两个不同学科的研究。为此，有必要对哲学和宗教做出严格区分：即哲学作为世界观，对世界的解释可以是唯物主义或唯心主义的，但这与宗教是颠倒的世界观不同；哲学通常是睿智者思辨的宠儿，宗教则是群众的思想滋养、精神慰藉；哲学没有信仰、崇拜的对象，宗教则信仰、崇拜有形、无形的神明；哲学没有外在的标志、象征物或固定的活动场所，宗教则有它的外在标志、象征物（如十字架、新月、卐等）或固定的活动场所；哲学的表现往往是内在的，宗教虽有其内在的方面，但更多的表现则是外向的；哲学没有传承授业的机构，宗教有其培训从业者的院校；哲学的从业者没有等级制，宗教的教阶制使得人身依附于它的从业人员；哲学思想的流传并无界限，学派之争不会引发冲突和杀戮，宗教通常具有排他性，不同教派、宗派之争往往会激发冲突和杀戮；哲学并不直接导致社会政治运动，往往是运动的思想、理论基础，宗教则能直接组织、动员它的信众，掀起社会政治运动；哲学和宗教都会随着社会的发展而不断从事自我调节、自我更新，哲学作为时代精神，它的思想、论题总是前进、发展的，宗教的核心信仰则是不会变更的，如此等等。这还不算宗教有其固定节日、其信奉者应为之奉献实物或钱财、有其程式性的礼仪制度，而这些是哲学所没有的。

由于伊斯兰教是阿拉伯人的精神产品，它与阿拉伯哲学有着密切关系。确定相关研究的概念、范畴极其必要。那种把伊斯兰世界的哲学，仅仅视为只有阿拉伯哲学，甚至把伊斯兰世界不同民族、不同地区的哲学家，都说成是阿拉伯哲学家，是不确切的。事实上，就不同民族而言，在通常所说的阿拉伯哲学（或者说阿拉伯伊斯兰哲学）之外，还形成具有各自民族特色和文化传统的、多少不同于前者的波斯（或伊朗）伊斯兰哲学、印巴伊斯兰哲学、中亚伊斯兰哲学等。同样的，伊斯兰教在中国传播的结果，也就有了中国伊斯兰哲学。应该看到这些哲学虽然有其共同点：它们都不得背离伊斯兰信仰，并以伊斯兰意识形态来阐释各自的哲学，但它们之间仍基于各自民族的文化传统而存在着一定的差异。

伊斯兰哲学有其丰富的内涵。就伊斯兰世界的思想界、知识界来说，有以理性的表述形式为信仰辩护、论证的神学（或者说，它是宗教哲学），它包括早期（8～9世纪）经院哲学（“凯拉姆”）和后期（10～11世纪）的官方经院哲学；又有在不同程度上受到亚里士多德（更确切地说，受到古希腊罗马哲学，如新柏拉图主义）影响的世俗哲学；此外，还有神秘主义哲学（如苏非哲学）。因此，应该看到伊斯兰哲学思想渊源的多元性及其思想材料的兼容性，其中，伊斯兰意识形态居于核心地位，这就决定了伊斯兰哲学思想的一体性而参与哲学活动的民族的差异性，加之，各个不同民族成员有其传统文化的影响，对有关哲学问题讨论的范围及其理解的深度也就参差不齐，个个有别。开展对伊斯兰哲学的研究，使之与纯信仰的伊斯兰教做出严格区分，很有必要。具有哲学的理论根基，对伊斯兰哲学的研究活动，有着不可忽视的指导意义。

伊斯兰教是宗教革命和社会革命的产物。恩格斯把伊斯兰教的创立，称之为“穆罕默德的宗教革命”。穆罕默德反对偶像崇拜、传播一神信仰的同时，使分散的、无政府状态的氏族部落社会统一于穆斯林社团（“乌玛”）。创立伊斯兰教的过程，乃宗教革命与社会革命“毕其功于一役”的过程。伊斯兰教1300多年的历史发展，它的基本模式可以概括为四个方面：即伊斯兰教的地方化和民族化的发展，伊斯兰学派和教派的发展，伊斯兰思想发展的基本轨迹【即“塔格里德”（仿效）与“比达阿”（标新立异）相互作用】的发展，伊斯兰思想的社团化和物质化的发展。做此概括，为的是说明伊斯兰世界当今发生的种种社会现象，不过是伊斯兰思想、精神的物质化，从而在当代社会生活中，不时显现出它的政治活力。

伊斯兰教的信仰核心是对真主独一的信仰。它成为伊斯兰意识形态的基石。由此而有与真主独一信仰相关的其他信条，随之则有种种外在的礼仪、禁戒等行为，观念形态的教义、教理以及信众虔诚信仰并遵奉的教法，以文字形式表现的经籍著作等，进而会有种种物化形式的寺院、道堂、院校、陵墓（拱北、麻扎），由其信众组成的宗教社团或教团。以该信仰核心为中轴可以继续向外延伸，形成伊斯兰世界的整个图景。然而，在伊斯兰意识形态下形成的诸种复合概念（如伊斯兰政治、伊斯兰经济、伊斯兰文化、伊斯兰组织……），尽管都冠以“伊斯兰”的名目，但它们并非“伊斯兰教”自我。根据《古兰经》第五章第三节说：“今天，我已为你们成全你们的宗教，我已完成我所赐你们的恩典，我已选择伊斯兰做你们的宗教。”可见，在阿拉伯语中，“伊斯兰”（真正含义是“顺从”、是“和平”）与“宗教”是两个概念。“伊斯兰”是伊斯兰教信仰的真主“赐”予的“恩典”（即“顺从”、“和平”），如果说是“伊斯兰宗教”，可能更恰当些。只是在中国的语境中，已经习惯于“伊斯兰教”的说法。因此，在研究活动中，对“伊斯兰”一词作为复合概念情况下的确切含义，与作为一种宗教信仰的“伊斯兰教”，有必要予以厘清，做出严格区分。

伊斯兰教创立后不久就发生了教派分化，形成了不同的派别。这就要求研究工作不能囿于某一派别的立场，而应同等对待它的不同派别。不能因为逊尼派伊斯兰教的传播范围（或是因为中国穆斯林的主体属于该派），比之十叶派伊斯兰教要广泛得多，它的信徒人数居于多数地位，就忽视对十叶派的研究。1978年、1979年伊朗伊斯兰革命爆发后的很长一段时间，我们对十叶派的了解可以说仍是微乎其微。这就说明，只研究逊尼派伊斯兰教，不关注十叶派伊斯兰教，对伊斯兰教的了解就是不全面的。就伊斯兰教来说，值得研究的内容极其广泛，涉及历史、教义、教理、教法、礼仪、教派以及在现实生活中的活动等各个方面。特别是伊斯兰教与当代国际政治的密切关系，更是不能忽视的问题。同样的，只研究逊尼派和十叶派，而不关注苏非派（苏非主义），对伊斯兰教的了解，也会是不深刻的。因为苏非派具有其独特的神秘性，苏非主义的深邃思想，是伊斯兰教中最值得研究的内容之一。

伊斯兰教由阿拉伯人的民族宗教最终演变为世界宗教，形成诸多民族信仰的宗教，是它的地方化和民族化过程的体现。

从现有的汉文伊斯兰教著述来看，如果没有来华的苏非传教士的宣教布道活动，中国伊斯兰教可能是另外一种情景，这是可以设想的。苏非主义对中国伊斯兰教的经堂教育、汉文伊斯兰教著述、对西北地区具有相当群众基础的道门（门宦）以及在民间，都有着不可忽视的影响。例如，在西北地区形成的道门（门宦），它多少不同于遍及全国的教门。至于其影响的深度和广度，将会随着学界研究的不断深入和发展，而显现出来。通观中国伊斯兰教，可以发现，它并非划一不二的，有其地方化和民族化的特色；中国传统文化对不同民族、不同地区的影响，显现出民族的和地区的差异。在民间，信众更为重视的是日常生活的禁戒法规，特别是饮食方面的禁戒，而对伊斯兰教发展有着重要意义的教义、教理的关注却有所逊色。即便是注重日常生活的禁戒法规，民间对伊斯兰教法也缺乏系统研究。这可能是中国社会条件所使然的。

为反映苏非主义在汉文伊斯兰教著述的表现，个人先后就回族的两位穆斯林学者王岱舆和刘智的思想展开研究。实际上，在张中、马注、舍蕴善、马复初、伍遵契等其他穆斯林学者的著述（含翻译、编译、注释、创作等作品），都是值得研究的。他们著作中的一个重要内容，就是阐述苏非思想。这是研究中国伊斯兰教无法回避的问题。

为做到理论联系实际，在客观上要求伊斯兰教研究应与现实的政治问题、国际问题挂钩。我的研究活动中，有相当部分是关于现实问题的研究。

早在 20 世纪 60 年代中叶，在埃及进修期间，当地不时发生穆斯林兄弟会的暴力恐怖活动，埃及当局对穆斯林兄弟会的严厉镇压，给我留下深刻的印象。“文化大革命”期间，在一次与任继愈的谈话中，他就提出，“研究现实问题，如果没有深厚的历史知识和理论准备，想研究好也是很难的。研究应该透过事物的现象，抓住事物的本质，探讨它的发生、发展的规律。这样的研究才有深度和高度。”任继愈还指出，“当前的问题是，你应该做好这方面的准备，收集、积累、整理有关的资料，为研究打下坚实的基础。”任继愈的话直率中肯，切中要害。严格说来，当时我对伊斯兰教的了解还是极其皮毛的，对有关宗教与政治关系问题的认识和想法，也是极其肤浅的。尽管这次谈话是在“文化大革命”期间，但对我以后的研究，无疑具有指导性的意义。它开阔了我的视野，促使我思考与伊斯兰教有关的社会、政治、经济、文化等更大范围的问题。

20 世纪 70 年代以来的伊斯兰复兴为研究活动提供了大量素材。为研究现实问题，客观上要求占有更广泛的资料，以便将感性认识予以系统化、理论化。1992 年年初，我应邀先后到美国路德神学院（芝加哥）和哈德福特神学院（哈德福特）访问并收集有关资料。“9·11”恐怖袭击事件前后，三股势力（极端主义、恐怖主义、分裂主义）极其猖獗，更有必要从理论上探讨其影响和危害。有幸的是，前一阶段对伊斯兰教历史、哲学、文化等方面的研究，为步入现实问题，多少创造了一些条件。人们一般泛泛谈及的“伊斯兰政治化”、“政治伊斯兰化”问题，缺乏应有的说明，个人在研究过程中予以明确的阐释，有助于人们深化对该问题的认识。

关于宗教与政治关系问题的成就，主要有以下几个方面。

1. 梳理历史上伊斯兰教与政治关系

一般地说，宗教与政治是两码事。可是，一方面，由于伊斯兰教从创立之日起，它的创教活动、对外征服战争、内部的教派斗争、近现代伊斯兰社会思潮和社会运动等，都与政治密切相关。《古兰经》中有关政治问题的经文，更是历史上以至于当代某些穆斯林从事社会政治斗争的经典根据。很大一部分伊斯兰教学者认为，伊斯兰教无所不包。它既是一种政治制度、经济制度，又是一种意识形态、道德规范，还是一种文化体系、生活方式。至于人们在现实生活中的所见所闻，更可说明伊斯兰教与政治的关系非同一般。可以说，伊斯兰教是政治性的宗教。因而梳理历史上伊斯兰教与政治关系，是研究现实政教关系的起点。从历史上考察宗教与政治的关系，严格说来，这是重新探讨伊斯兰教史的一个过程。如上述，伊斯兰教的兴起本身是宗教革命与政治革命的产物。此外，它的经典、教派、学派、思潮、运动、以至于它的教界都与政治有一定关联；为说明问题，回顾第二次世界大战前伊斯兰世界的宗教与政治的关系，为其后的研究、论述都做了必要的铺垫。

2. 提出并重视“伊斯兰因素”问题

实际上，“伊斯兰因素”是对伊斯兰信仰核心及其向外扩展的不同层次、方面从政治视角予以再概括。“伊斯兰因素”除了伊斯兰教自我外，还包括伊斯兰意识形态，以伊斯兰为特征的民族传统文化，伊斯兰属性不一的社团组织，伊斯兰国家和伊斯兰世界，伊斯兰社会思潮和社会运动，伊斯兰物化形式的圣地、圣寺及其相应的建筑、器皿、标志等，这些因素都会对政治产生影响。与此同时，还对“伊斯兰因素”的体现者展开研究。“9·11”恐怖袭击事件后，进而提出研究国际政治问题，应重视“宗教因素”问题，并列举它的一些典型实例，说明、重视“宗教因素”在国际政治中的影响和作用。

3. 阐释“伊斯兰复兴”问题

从理论上将其区分为社会思潮与社会运动两个不同的发展阶段，表明两者有联系也有区别。20 世纪 60 年代末 70 年代初，伊斯兰世界的内外形势促使复兴思潮急剧演变为复兴运动。作为社会运动，它反对西方的意识形态、生活方式、价值观念、习俗风尚。然而，它不是单纯的宗教复兴，还包括政治、经济、文化、社会等不同领域以及民族的复兴。伊斯兰复兴在官方和民间都有所表现。伊斯兰国家的某些当政者实施伊斯兰化的政策，或是极力鼓励、支持伊斯兰复兴，这必然影响着广大民众投入复兴运动；在民间，既有纯宗教领域的、以温和形式表现的复兴，又存在暴力恐怖的、有着明显政治特性的极端形式（如伊斯兰主义等）的复兴；此外，还有官方倡导并有教界参与（如新泛伊斯兰主义）形式的复兴。它表现为三，本质上仍然为一。20 世纪 80 年代大批圣战者参与阿富汗抗苏战争，复兴运动出现国际化的复杂现象。加之 80 年代末 90 年代初，东欧剧变、两德统一、苏联解体、冷战结束，诱发新的民族主义高涨。通过对复兴运动的分析和表述，说明伊斯兰主义完全不同于伊斯兰教，它是具有明确政治目的的社会政治活动。

4. 概括伊斯兰国家政权更迭的基本形式

第二次世界大战以后，伊斯兰世界除了不断发生的政变外，20 世纪 50 年代突尼斯制宪会议废黜国王，60 年代沙特阿拉伯国王向其弟费萨尔移交政权，是比较罕见的政权更迭形式。根据 20 世纪 70～90 年代的实例，概括伊斯兰国家政权更迭（或是短暂的更迭）的基本形式有四：其一，伊朗模式——在宗教领袖的鼓动下，通过群众运动自下而上地夺取政权；其二，苏丹模式——宗教极端势力利用 1985 年和 1989 年的两次军事政变，在国家政治生活中处于重要地位，进而在国内推行伊斯兰教法统治；其三，阿富汗模式——先是“圣战者”通过战争组建伊斯兰政权，后是塔利班组建伊斯兰政权；其四，阿尔及利亚或土耳其模式——通过大选（或议会选举）的合法形式，组阁执政。阿尔及利亚的伊斯兰拯救阵线提供了失败的教训。而土耳其的繁荣党则提供了成功的经验。在政权更迭以后，伊斯兰主义者能否按其主张实施伊斯兰教法的统治，则取决于有关国家的具体情况而定。这为伊斯兰复兴提供了不可忽视的实例。

5. 深化对宗教极端主义的研究

阿富汗战争虽然告一段落，但“圣战者”在各地演变为雇佣军或职业杀手；而以本·拉登为首的“基地”组织（“伊斯兰反犹太人和十字军国际阵线”）及其派生的“伊斯兰圣地解放军”在更广泛的范围内从事暴力恐怖活动。事物由量变到质变，是它的发展的一般规律。政治、经济、文化等社会不同领域，都有可能产生极端主义，或是形成与之有关的外在于该领域的极端主义。宗教自我的异化，最终演变为宗教极端主义并不是不可能的事。宗教蜕变乃宗教信仰者的蜕变、蜕变为宗教极端势力（及其隶属的小社团、小组织）。宗教极端主义不过是社会领域中的极端主义的表现形式之一。它具体表现为信仰极端化、行为狂热化、宗教政治化、组织诡秘化。它的基本特征在于：它是冠以“宗教”之名的“极端主义”，它源自宗教，与所从出的宗教有一定的关系，又与宗教有本质的不同。它乐意使用所从出的宗教名义，甚至从不回避个人的虔诚信仰和宗教身份。表面上，它信奉神灵，按信奉的经典为行事准则，实际上一切则以其首领的言行、命令为转移。它具有明确、强烈的排他性，排斥一切异质信仰、异质文化。宗教极端主义从事的活动，不再是什么宗教活动，而是在宗教名义下的政治活动。那种认为“使用‘宗教极端主义’的说法，损害了宗教的名声”的观点，完全忽视了宗教极端主义在内容和形式上，都与宗教有着本质的区别。

6. 为深化研究，区分三种类型的宗教极端势力

宗教极端势力，是宗教极端主义的载体。根据当前宗教极端势力在不同国家的、地区的、或国际社会的活动特点，可以将其区分为布道宣教型、暴力恐怖型、民族分裂型三种类型的极端势力；在有的国家表现为一个整体，在有的国家只有前两者。他们各有所司、各司其职，有着不成文的内部分工。其中，布道宣教型极端势力只活跃于寺院、宗教院校，利用出版、报刊等媒体、甚至利用互联网从事宣教鼓动、传播极端主义的思想主张，他们虽不亲自参与并产生破坏活动，但他们却是宗教极端主义的灵魂和精神核心。暴力恐怖型和民族分裂型的极端势力，通常从事具体的破坏活动，必要时，也会传播其极端主义的思想主张。

7. 重视伊斯兰世界宗教与政治关系的发展趋势

在当代国际政治中，伊斯兰复兴仍会继续发挥作用并产生影响，因此，有必要深化对伊斯兰的认识，重视伊斯兰意识形态，关注伊斯兰世界的经济政治化、政治经济化问题，西方国家对伊斯兰世界的经济援助、军事援助的结果是反西方的伊斯兰因素的增长，同时应关注当代沙特的瓦哈比派在境外的活动，在阿富汗抗苏战争结束后，它的圣战者已演变为伊斯兰圣战主义者，伊斯兰名义下的暴力、恐怖活动

仍有发展的趋势，伊斯兰世界的政治民主化会究竟如何发展，还应考虑以美国为首的西方国家对伊斯兰的态度。

在宗教研究问题上，一个重要原则是，应将宗教作为客观对象进行研究。若是既把某一宗教作为主观信仰对象，又从事相关研究，只能是在畏首畏尾、诚惶诚恐的情况下进行这类研究，也就难以客观的、中肯的得出科学的结论。在研究活动中，既要坚持真理，根据资料说话，又必须尊重宗教信仰者的宗教信仰。研究宗教，不应违犯党和国家的宗教政策、民族政策、统战政策，以至于外事政策。研究没有禁区。但是，在伊斯兰教的研究上就有禁区。有关这方面的国内外的实例，实在不胜枚举，在国外有拉什迪的《撒旦诗篇》，在国内有“性风俗”和“脑筋急转弯”。这些都是我们的活生生的教材。鉴于宗教研究有其特殊性，特别是伊斯兰教研究极其敏感，因此，处处要给自己开绿灯。很重要的一条就是不要误入禁区、犯戒踩线。这可能在其他学科难以遇到的问题。

三、金宜久主要论著

金宜久 . 1983. 伊斯兰教十叶派 . 北京：中国社会科学出版社 .

金宜久 . 1987. 伊斯兰教概论 . 西宁：青海人民出版社 .

金宜久 . 1990. 伊斯兰教史 . 北京：中国社会科学出版社 .

中国社会科学院世界宗教研究所伊斯兰教研究室 . 1991. 伊斯兰教文化面面观 . 济南：齐鲁书社 .

金宜久 . 1995. 当代伊斯兰教 . 北京：东方出版社 .

金宜久 . 1995. 伊斯兰教的苏非神秘主义 . 北京：中国社会科学出版社 .

金宜久 . 1996. 伊斯兰教与世界政治 . 北京：社会科学文献出版社 .

金宜久 . 1997. 伊斯兰教 . 北京：宗教文化出版社 .

金宜久 . 1997. 伊斯兰教辞典 . 上海：上海辞书出版社 .

金宜久 . 1999. 中国伊斯兰探秘：刘智研究 . 北京：东方出版社 .

金宜久 . 2001. 伊斯兰教小辞典 . 上海：上海辞书出版社 .

金宜久 . 2004. 认识宗教 . 北京：中国青年出版社 .

金宜久 . 2004. 简明伊斯兰史 . 台北：台湾东大图书公司 .

金宜久 . 2006. 伊斯兰教文化 150 问 . 北京：东方出版社 .

金宜久 . 2008. 当代宗教与极端主义 . 北京：中国社会科学出版社 .

金宜久 . 2008. 伊斯兰教卷//当代中国宗教研究精选丛书 . 北京：民族出版社 .

金宜久 . 2008. 当代伊斯兰问题 . 北京：民族出版社 .

金宜久 . 2008. 王岱舆思想研究 . 北京：民族出版社 .

主要参考文献

金宜久 . 2010. 我的学术活动//中国伊斯兰探秘：刘智研究（当代中国人文大系）. 北京：中国人民大学出版社：280-287.

撰写者

金宜久

潘富恩

潘富恩（1933～），浙江温州人。中国哲学史专家。研究主要方向是先秦哲学和宋明理学。1955 年毕业于复旦大学中文系，留任哲学课助教，1963 年升为讲师，1985 年晋升教授，担任中国哲学史教研室主任，连任系学术委员会主任（1985～2000），1990 年被国务院批准为博士生导师，任校学位委员会委员。全国中国哲学史学会理事，国际儒学联合会理事、顾问、全国高校古籍整理研究工作委员会委员，《辞海》（第二版至第六版）编委，中国哲学史分科主编。潘富恩执教半个世纪来，曾先后开设中国哲学史（通史），先秦哲学，中国古代辩证法思想史，中国古代认识论史，宋明理学及程朱思想专题研究等课程，其授课不事声华，素重典籍史料的疏解考证等基本训练，由此阐幽索隐，再作义理的扶发，学风稳健。他的学术研究始终结合教学实践，是个“教”、“研”并行者。自 80 年代以来撰写出版了《中国哲学论稿》、《吕祖谦思想初探》、《程颢、程颐理学思想研究》、《吕祖谦评传》、《潘富恩自选集——上海著名学者文集》等，还主编《中国学术名著提要》（哲学卷）。《中国理学》（1-4 卷），对某些中国古代哲学命题与学派作了较深入的探讨，尤其对北宋二程（颢、颐）的洛学和南宋吕祖谦的婺学的研究，多有创获。

一

潘富恩于 1933 年 12 月 6 日，出生于浙江省温州市的一个知识分子家庭，父亲潘子章早年由美国人创办的教会学校——艺文学堂毕业后，又去上海三育神学院就读，以后为基督教浙南教区的牧师，擅长英语及古诗词，颇具辩才，然年甫四旬患肺结核病逝。潘富恩时值 6 岁，因避日军飞机轰炸，一家人随母亲由温州城内而迁居郊外，即原永嘉县上河乡，也正是南宋永嘉学派巨子叶适的故乡，现属温州市瓯海区。母亲徐淑良是产科医师，自开诊所，独自抚养子女。在乡下从事医务工作近 70 年，口碑甚佳，于 2004 年无疾而终，享年 101 岁。

潘富恩就读当地的中心小学，但是每逢寒暑假，母亲命他去邻村的一位姓丁的清末秀才处习读《三字经》、《幼学琼林》之类的童蒙读物。年渐长，母亲便要他背诵《古文观止》中的《桃花源记》、《陋室铭》、《卖柑者言》等。在母亲的监督之下，潘富恩接触到一点古文知识。

1948年秋，考入瓯海中学高中部，1949年，温州市解放，同学中参军、参干者甚多。1950年年初，潘富恩遵母命，转学往南京中华三育学校继续读完高中，这时该校有一位年已75岁的教师原是文史界的老前辈顾实，性情有点怪癖，给他们上第一课时，就要大家用文言文写自传，全班同学也只有潘富恩还能"之乎者也"地凑成一篇，于是受其赏识，亲授以《说文解字》、《昭明文选》，他对潘富恩说："文选烂，秀才半"。所以在这段时间里，他还是打下了一点国学的基础。

高中毕业，回上海姐姐家，考入上海学院中文系，读了一年，该年他参加了新民主主义青年团。1952年院系调整，按专业，他们并入复旦大学中文系，中文系的教师阵营非常强大，他们学习也较认真，全班32人，每个人也都有自己的兴趣，选择自己学业上的发展方向，他对先秦诸子感兴趣，阅读了《墨子间诂》后，写了《墨子散论》。潘富恩毕业后，被学校留为学校政治课的哲学助教，跟着哲学课的主讲教师，做点教学辅助性的工作，同时旁听苏联哲学专家的课，也逐渐攻读马列哲学的某些原著，以弥补往日在哲学知识上的贫乏。

1956年复旦大学筹建哲学系，并开始第一届招生，潘富恩作为哲学系的青年教师被派赴北京大学进修中国哲学史，当时北京大学哲学系是1952年院系调整后的全国唯一的哲学系，而1956年复旦大学、武汉大学等校筹建哲学系，师资缺乏，所以就派人到北京大学进修，欲"借鸡生蛋"。当时北京大学哲学系仅中国哲学史教研室就有十来位知名教授，冯友兰是室主任，张岱年为副主任，潘富恩被指定由张岱年指导。虽只短短一年多时间，但在张岱年的指导下，他更懂得为人治学的道理。张岱年是潘富恩中国哲学史研究的启蒙导师，由此也奠定了潘富恩一生从事这门学科的研究和教学的方向。潘富恩在张岱年的指导下，在1957年3月12日的《光明日报》上发表了他研究中国哲学史的处女作《叶适的唯物主义认识论》。之后，潘富恩向北京大学图书馆古籍珍藏室，借阅了有关宋明思想家的文集并摘录有关资料，准备再继续撰写有关宋明理学的论文时，反"右派"斗争开始了。潘富恩也只好中止在北京大学的进修，提前返回复旦大学。

1958年年初，潘富恩被派至上海远郊葑溪乡劳动锻炼，名之曰"下放干部"或称之"当新农民"，而哲学系的大部分师生则至浙江海宁"下乡办系"，宣称"锄头里出哲学"。时值"大跃进"，"人民公社"运动搞得热火朝天，潘富恩也很快地成为农民中的一员，往往"挑灯夜战"，甚至睡倒在田头过夜。潘富恩在农村期间，脑子里就是一个"熬"字，拼了命地干活。

1959 年夏，在农村当了 18 个月的“新农民”之后，潘富恩回复旦大学哲学系，协助严北溟主讲中国哲学史，帮忙上辅导课，同时潘富恩自己也逐渐上一些断代的中哲史课程，这时候有一个名叫季塔连科的苏联留学生，从北京大学哲学系转来复旦大学哲学系。季塔连科是新中国成立后复旦大学的第一个外国留学生，也是当时唯一的一个，所以在校里很显眼。

复旦大学校领导和哲学系系领导都很重视这位苏联留学生，生活上有特殊照顾。领导上指派潘富恩担任他的中国哲学史的辅导教师，根据他的要求，每星期 4 次（足足 12 小时），到季塔连科家里讲中国哲学原著，潘富恩一字一句地讲，他就认真地一字一句地译记。他非常用功、刻苦，日以继夜地攻读古汉语，后来他说话也常常“之乎者也”起来了。季塔连科毕业论文选定以《墨子思想研究》为题，所以潘富恩根据孙诒让《墨子间诂》来讲解。潘富恩整整花了两年半的时间辅导他，并因此摆脱了其他教学任务，直至季塔连科的《墨子思想研究》论文答辩结束归国为止，潘富恩才算完成了任务。

季塔连科归国后，中苏关系公开破裂，潘富恩与他从不通信息，“文化大革命”期间工宣队还为此专门询问潘富恩一番。可时隔 20 年的 1980 年，潘富恩又突然被学校外办通知说季塔连科作为苏联外交部的高级顾问，随团在北京谈判两国关系正常化问题，借此机会他个人要求来复旦大学看望他的老师——胡曲园和潘富恩。当时中苏关系虽稍有解冻，但潘富恩等人还是有一定顾忌。安排见面的那天上午，他热情地与潘富恩、与胡曲园拥抱后，说了一句：“我以为你们在‘文化大革命’中已经不在人世了，一直担心着”。后来潘富恩才知道，季塔连科担任苏联科学院远东研究所所长、全苏苏中友协第一副主席。20 年前他归国后，凭《墨子思想研究》获副博士学位，该书第一版印了 5 万册，后他又获科学博士、科学院院士的头衔。他曾是苏联戈尔巴乔夫的远东政策顾问，为苏中关系正常化作出过努力。1989 年年底至 1990 年年初，他邀请潘富恩以“苏联科学院的客人”身份去莫斯科访问。

自潘富恩 1959 年从“下放”回复旦大学，他担任的教学工作，主要是辅导季塔连科，同时也撰写点有关宋明理学的文章，他写过论朱熹、陆九渊思想异同问题探讨的文章《谈鹅湖之会》，在《学术月刊》1961 年 7 期上发表。他这时期也仔细阅读了《朱子语类》和《晦庵文集》，写了《论朱熹的哲学思想》，至 1981 年于《浙江学刊》复刊号上才改名为《论朱熹》发表。

潘富恩的同乡同学美学家施昌东（1931～1983），政治上历经坎坷，1960 年时在中文系资料室工作。潘富恩深知他的为人正派，好学深思，才华横溢，虽数次政治蒙冤，仍潜心研究美学。潘富恩并不由于施昌东身处逆境而疏远他，相反，潘富恩一直把他作好朋友而毫不顾忌地同情他，鼓励他，并经常同他在一起谈论学术问题。施昌东从研究美学理论转到研究中国美学史的时候，利用业余时间同潘富恩探讨中国哲学史上的问题，两人开始合作撰写中国哲学史方面的论文。当时“老子”哲学性质的问题，学界讨论正热，已发表达近一百篇文章，为此，他们两人，细读了老子的各种版本，要在逻辑结构上，找出一个结论，那就是：“道”是核心。而“道”即虚无。“道”既然是“无”，而天地万物为“有”，那么，“道”的变动的全部过程就是：“无—有—无”循环往复以至于无穷。这篇《论老子‘道’学说》发表于《文史哲》杂志1962年的第4期上，此文表后曾引起学术界的注意，《人民日报》和《文汇报》曾先后加以摘要报道。

60年代初，潘富恩注意到研究中国哲学史必须深入对中国哲学范畴和命题作专门探讨的重要性，于是试图开始作系列的专题研究。为此潘富恩的第一篇论范畴、命题的专文是《论格物致知》，作了较全面的历史性的探讨。此文发表于当时《新建设》杂志1963年3期，本来原计划还有：形与神；有与无；有对与无对；形上与形下等范畴，陆续撰写专文，但不久就接连下乡，参加了长达2年的“四清”运动，直至“文化大革命”。

“文化大革命”期间，多数知识分子都受到不同程度的冲击，而潘富恩却因1958年下放农村，与当地一个女青年产生爱情，而后结成夫妻（至今是已逾金婚纪念的终身伴侣）。因妻子家庭出身是三代贫农，且与相继出生的3个子女一直都在乡下的岳父家，“文化大革命”是讲阶级出身的，他由此沾光而得以免遭“造反派”的审查，省去了许多麻烦。在“文化大革命”期间以至1983年之前，每逢农忙季节和星期日，都要骑自行车往乡间参加劳动，含辛茹苦达20余年。葱花、酱油汤是家常菜。潘富恩的“农民教授”之雅号也由此而来。直至1984年落实高级知识分子政策，他才将家属农转非调入复旦大学。

1971年，复旦大学招收第一届“工农兵学员”，潘富恩被认为“可以当教师”，获准给学员们开设写作实习课，不久，毛泽东发出“学一点哲学史”的指示，于是，他又开设中国哲学史课，总算可以重温中国古代哲学典籍，而不致使自己喜爱的专业全然荒废。在此期间他围绕“知识才能是先天具有？还是后天才有?”的问题，写了一本有关中国古代认识论的通俗小册子读物《中国古代两种认识论的对立》，1972年由上海人民出版社出版，发行了70万册，当然，该书打上了明显的时代烙印，在介绍中国古代认识论时具有简单化的倾向。为了弥补这一缺陷，更明确地表达在“文化大革命”期间无法表达的观点，他在80年代初，对原书作了全面修改、增补，以《中国古代认识论史略》为书名，列为“复旦小丛书”并于1985年12月出版。

1978年，在山东济南的南郊宾馆，召开全国哲学规划会议，潘富恩也应邀参加中国哲学史学科组会议，大家认真地讨论中国哲学史如何拨乱反正，如何科学地重建这门课程。接着于1979年，在山西太原的迎泽宾馆，召开了关于中国哲学史方法论问题的全国性的研究会，他也在大会上作了“中国哲学史上如何贯彻实事求是的研究方法”的发言。在这次会议中正式成立的全国中国哲学学会，推选张岱年为会长，还有分布各省市地区的具有代表性的学者当选理事，潘富恩代表上海地区被列入理事名单中。

潘富恩根据他自己中国哲学史的教学和科研的需要，在70年代末、80年代初，发表的论文较多，其中也包括若干与施昌东合作的部分，论文以先秦哲学和宋明理学的居多。先秦的有《论春秋时代“物生有两”的朴素辩证法思想》、《简论·〈周易〉的“一阴一阳之谓道”的学说》、《论墨家的朴素辩证法思想》、《论孙武、孙膑“兵法”中的朴素辩证法思想》、《论名家从朴素辩证法走向诡辩》。此外还有与人商榷的文章，一篇是针对包遵信在《历史研究》1977年第4期上发表的《论荀况宇宙观的形而上学特征》的这篇文章，于是撰写《论荀况的朴素辩证法宇宙观——与包遵信商榷》另一篇是与丁宝兰商榷“关于柳宗元世界观的实质问题”。宋明部分发表了《论朱熹》、《论吕祖谦》、《论方以智的朴素辩证法宇宙观》。此外，也发表中国哲学史专题论文，如《略论中国古代关于量变与质变理论的历史发展》、《略论“理欲之辩”的历史发展》等。后将多年来关于中国哲学史文章编为一集名之《中国哲学论稿》，张岱年欣然为之序。

二

1980年高校正式恢复职称的评定，潘富恩被评为副教授，这时日本国立新泻大学派来一位助教授（即副教授）到复旦大学当高级进修生，名叫深泽助雄，他原是研究印欧比较哲学的，他来华主要的研究专题是宋明理学，学校就指定潘富恩当他的指导教师，这就成了副教授指导副教授了。潘富恩心里有点不自在，但他竭尽全力将自己20多年研究宋明理学的心得体会毫无保留地传授给他，深泽助雄非常谦虚、好学，两人共同切磋，兴之所至，常谈到深夜。潘富恩带着他到杭州等地参加学术会议，也特地介绍他到北京拜会张岱年。潘富恩辅导他用中文撰写两篇有较高学术价值的论文。一是《日本近代研究宋学的概况》，1981年发表于《浙江学刊》，另一篇则是《宋学与印欧哲学的比较》，此文达2万余字，经潘富恩与张立文的推荐，在《中国哲学史研究》上发表，这些成果颇引起中、日学界的重视。深泽助雄回国前夕为了表示感激之情，竟然向潘富恩行了三次五体投地式的叩拜礼。此事被中国哲学史界传为佳话。深泽助雄归国后不久升任教授，后曾为国立新泻大学副校长，成为推进日中友好和促进文化交流的热心者。1985年潘富恩随学术代表团赴日本筑波参加国际退溪学会会议，深泽助雄闻讯后，特从北海道千里迢迢赶来东京机场迎接，且用重金聘人代课，一连几天陪着代表团活动，这种重视师生之情的表现，令代表团内的同行感慨不已。

继深泽助雄之后，有来自比利时的尼古拉·司汤达，汉名为钟鸣旦，他来复旦是为了撰写博士论文，研究的课程是明清之际西学东渐的问题。潘富恩主要给他讲程朱陆王的理学与心学。他以明末杨廷筠思想为论文的选题，他阅读了有关的大量资料，除跑了上海图书馆、浙江图书馆外，也到南京、北京等地去查阅了资料。此外他注意实地考察，到杨廷筠故乡杭州一带找遗迹，为了了解明末海外交通以及西学东渐的窗口，潘富恩带他去福建厦门、泉州、福州等地参观实习。他写成论文《明末天主教儒者杨廷筠》回国后取得博士学位，论文用英文、中文二种文字出版，英文版是比利时鲁汶大学出版，中文版是香港出版，共50余万字。现他任职鲁汶大学汉学系系主任。此外，潘富恩还指导过德国的瞿开森（汉名），他研究中国古代时空观，现是德国的一位有点知名度的汉学家。

80年代初，潘富恩教学上的任务，较多的是指导外国高级进修生和国内的进修教师（或访问学者），国内的有来自昆明、厦门、广州、宁夏、拉萨、乌鲁木齐、重庆等地的高校。其中有回族、彝族、维吾尔族的教师，他们学中哲史，是想与他们的少数民族思想史相结合。他们同学于潘富恩，而潘富恩不敢以师长自居，完全以学友间关系共同切磋。现在这些当年来潘富恩处进修的，也几乎全是退休的教授了。

在科研方面，1980～1985年他发表近30多篇论文。在专著方面，他出版了与施昌东合作的论文集《中国哲学论稿》，另外由复旦大学出版社出版了《中国古代认识史略》，该书简要地记述了中国古代唯物主义和唯心主义两种认识论对立发展的历史，评析先秦至清代近40名有影响的哲学家以及他们所属的学派，从中引出古代理论思维发展的经验教训，是一本粗浅的简易读物。

潘富恩长期以来，酝酿着如何探讨南宋浙东学派的问题。对于叶适、陈亮，以往学界注意较多，而对浙东学派中另一代表人物吕东莱（祖谦）则研究不够，实际上吕东莱是调和朱、陆而又吸取永嘉“经世致用”的事功之学，他那兼收并蓄的“杂博”思想特点，正是南宋学术思潮的反映，于是潘富恩先发表了《论吕祖谦》的文章，在此基础上又写了《吕祖谦思想初探》。对南宋的浙东金华学派吕祖谦思想作了较全面的探讨，成为国内近40年来研究婺学的第一部著作，起了填补中哲史相关研究领域空白的作用。

1985 年，潘富恩晋升为教授，并担任中国哲学史教研室主任，亦被推选为哲学系学术委员会主任。潘富恩是复旦大学哲学系建系时的助教，至今 50 年，老一辈的都作了古人，与潘富恩同辈的都离、退休了，他也算是系里的一个“元老”。

潘富恩开设课程的内容和特点：80 年代以来，曾先后开设中国哲学史，先秦哲学、中国古代辩证法史、中国古代认识论史、宋明理学、程朱思想专题研究等课程，分别给本科生、硕士生、博士生讲授，但内容上分不同深浅层次。方法上亦因讲授对象的特点而不同，他较重视典籍史料的疏解考证等基本功训练，亦重义理上的阐发。潘富恩在 80 年代近 10 年的时间里，在教学上，除为本科生讲专题课和带硕士生之外，还指导外国来华进修中国哲学的高级进修生，如日本的深泽助雄、比利时钟鸣旦（汉名）、德国的瞿开森（汉名），德国的还有甘弗（女）和韩涛、法国的华岚、意大利的莫尼卡，此外还有攻读硕士学位课程的如日本的山本康雄，铃木敬子（女）、韩国的金京玉（后转攻博）、南美洲秘鲁的拉斐尔，后来还有一位非洲马里的。2002 年 9 月 3 日《人民日报》（海外版）以“执教半世纪 · 桃李遍五洲”为标题的报道，概括了他一生教学、科研的生涯。

在 80 年代的中后期，潘富恩主要的科研活动，集中于参加编写三部辞书和撰写一部专著。第一部是《哲学大辞典 · 中国哲学史卷》，严北溟为主编，潘富恩任副主编，负责撰写宋元明清部分的条目，第二部是《中国思想家传记汇诠》，王蘧常任主编，潘富恩为副主编之一，负责撰写宋明部分传记的诠释。第三部是《中国哲学三百题》，是与夏乃儒、祝瑞开、丁桢彦共同主编的，此书是以问答形式，分别解答中国哲学史有关学派事件、人物思想、概念命题、典籍名篇等几个部分，内容深入浅出，通俗明白，能为广大中等文化水平以上的读者所欢迎。由上海古籍出版社 1988 年出版，尔后又再版。

而此时潘富恩主要的精力，是在完成撰写《程颢程颐理学思想研究》。在此之前，即 1980～1981 年，他已开设《程朱理学研究》的课程，向硕士生讲授。逐渐形成一本略具规模的讲稿。1982 年，应邀赴兰州大学哲学系，专门为哲学系本科生讲授程朱理学课，是一个月左右。正因为有了《程朱理学》的讲稿基础，给潘富恩撰写二程带来不少方便。关于朱熹的思想研究，张立文已有专著在 1980 年出版，所以他就把重点放在程颢、程颐的研究上。潘富恩认为对二程的著作，必须仔细阅读，娴熟于胸，全面思考，一定要把文章做足。潘富恩的学生徐余庆在上海铁路局工作，他长期问学于潘富恩，且有相当的中国哲学功底，由他在业余时间协助潘富恩整理、摘录二程资料，订立篇目。

在此书的写作过程中，潘富恩先陆续撰写一些论文并发表，投石问路，欲以此请教学术界的意见。有关二程的论文在各杂志上先后发表了约8篇，如二程的认识论，程颐的辩证法思想，二程伦理学说、教育思想、人才观、政治观，对佛学的批判和吸取等。其中最具影响的是《论二程的变革理论和对熙宁新政的态度》，发表于《学术月刊》，而后《新华文摘》全文转载。文章的基本论点是：程氏兄弟对王安石的熙宁新政变法虽持反对态度，并提出种种责难。然而二程和王安石之间的分歧并不是历来所说的守旧派或顽固派与革新派之间的斗争。尽管他们在“治国之要”的看法上和做法上表现不同的政见，但二程仍然是属于历史上重视变革的政治思想家。这一反以往的因循旧见，引起学术界的重视。

《程颢程颐理学思想研究》（以下简称《研究》）一书，共37万字。全书共分八章，第二章和第五章是论述二程生平事迹和二程洛学与当时各学派的关系。其他章节分别论述二程经济、政治、哲学、人性修养、伦理、教育学说，几乎覆盖了二程的所有思想。出版大陆学术界公认为研究二程思想较为全面、系统的专著。香港中文大学王煜在书评中写道：“对二程本身的钻研，以潘著《研究》最全面和精详”。

80年代中后期，潘富恩第一次出国参加国际学术会议是在1985年8月份，他无意中收到国际退溪学会的邀请书，他本对退溪很陌生，李退溪是16世纪朝鲜李朝朝代，将中国朱子学传入朝鲜并发展成自己思想体系者。但《退溪全集》在国内找不到，便无法动笔写论文（大会要交论文），而不久却从汉城寄来了《退溪文集》（朝鲜于明清时代均用汉文）于是写了一篇《论退溪的教育思想》。他们一行11人由中国社会科学院哲学研究所和北京大学、复旦大学、中国人民大学等几所高校，组成代表团，在上海集中后去日本筑波大学。这次会议是韩国国际退溪学会—日本筑波大学共同举办的。与会的台湾学者也有10来位。还有美国费城大学的美籍华人学者傅伟勋、美国夏威夷大学的成中英，他们在两岸学者中穿针引线，促成两岸学者终于相聚，开了一个联欢会，交流了同胞间的情感，消除了长期隔阂的成见，建立了初步的友谊。

1987年在中国大陆召开了几次重要学术会议，潘富恩参加了曲阜的“儒学国际学术讨论会”和朱子学的讨论会。在曲阜的阙里宾舍举行的国际儒学会议上潘富恩报告了“儒家‘孝’观念的历史发展和影响”，后收入由齐鲁书社出版的《儒学国际学术讨论会论文集》中，日本学者金谷治还特为此次会议写了专题报告，其中对潘富恩这篇文章作了简约的内容报道。

1989年潘富恩应邀到苏联访问，访问期间到莫斯科大学哲学系、苏联科学院哲学研究所开了座谈会。季塔连科到潘富恩住处，商量其主编的《中国哲学辞典》（俄文版）选目和体例的问题，聘请潘富恩为该书顾问，审阅有关条目。季塔连科为当时全苏汉学研究会理事长，他主持的远东所出版了大量翻译中国早期马克思主义者的书籍如李大钊、瞿秋白等文集，还有每年一本的《中国哲学大事记》。季塔连科虽身居高官（总统顾问）兼院士，比潘富恩小两岁，但还是很讲究师生名分，重视尊师之道，他逢人便介绍“这位是我在中国留学时的导师”。

90年代初复旦大学由周谷城挂帅担任总主编，组织专家编纂的《中国学术名著提要》由复旦大学出版社出版。这套大型丛书，共分为文学、艺术、语言文学、历史、哲学、宗教、经学、经济、政治法律、教育、科技等卷，使之成为一部类似于《四库全书总目提要》的大型工具书。周谷城聘潘富恩为该丛书哲学卷的主编，他便与20多位作者共同完成这撰写任务，分为6编，共收录历代哲学名著274部（包括单篇），对上述的书名、卷数、年代、作者、版本、著述缘由，著作性质，章节篇目，内容大意，影响情况等，均予以精详的解说，具有较大的学术价值和文化积累价值。此书出版于1992年，受到读者的欢迎，一版而再版，此书亦被作为中国哲学专业博士生中国哲学史史料学的参考书之一。

1990年年初，南京大学名誉校长匡亚明主编的《中国思想家评传丛书》开始陆续出版，潘富恩被定为写其中的《吕祖谦评传》，此书是潘富恩自1984年撰写出版《吕祖谦思想初探》（以下简称《初探》）的基础上进行的，因为《初探》毕竟是初探，随着对吕祖谦思想研究的深入，愈来愈感到《初探》不尽如人意之处甚多，当匡亚时和中国思想家研究中心决定由潘富恩承担《吕祖谦评传》撰写任务时，便欣然从命，写作过程中三易其稿。该书于1992年1月出版，出版后评论家们认为《吕祖谦评传》成功之处“首先在于作者通过对传主深厚的家学渊源的追溯，进行对传主兼容并蓄而又自潘富恩一家的思想特征加以把握，并由此揭示出其在中国思想史上应有的地位”（《复旦学报》1992年6月刊）。有评论认为此书有以下几个特点：一，旁参广究，正本寻源；二，置于社会思潮的广阔视野之下；三，逻辑与历史的统一；四，看似平淡，读之，邃博。诚然，该书也存在不足之处，其一，对吕祖谦思想的历史影响论述过于简略，其二，对吕氏的文学思想略而未论。以上一些评论中一些赞誉之词，亦不免有名实难副之处，但此书确实填补了中国哲学史研究的“空白”。

1994年潘富恩接到“台湾联合报系文化基金会”的邀请，参加“两岸文化思想与社会学术研讨会”，住宿圆山饭店，开会的3天则往阳明山上的中国大饭店，大陆去的还有北京大学的汤一介、陈来。潘富恩在会议上讲的论文是《现代大陆文化思潮在社会变迁过程中的角色与影响》，论述了80年代大陆“文化”问题的讨论热，主题有一个明显的转向，即由文化史、文化学的纯学术研讨，转向与现实社会结合，转向怎样认识当代中国社会，于是研讨的重点转向近现代化，转向对中国传统文化的再估计，转向中西文化比较，转向传统文化与现代化的问题。虽然观点还存在某些分歧，这是由于认识问题、观察问题的角度和层次的不同而造成。但在传统文化的大讨论中，双方建立了共识，即中华民族具有悠久、丰富、灿烂的文化，这种文化是我们民族的生存和发展的出发点。

三

潘富恩自1990年由国务院批准为中国哲学专业博士生导师以来，主要任务是指导博士生。在当时上海，中国哲学这门学科的学术力量较为单薄、老一辈学者皆先后成为古人，而在50年代后期开始从事中国哲学史教学工作的潘富恩，在上海地区的同辈同行中算是比较早的一个，然学术底子单薄、成就不大。他颇有自知之明，讲究为人之道，看重学术道德和气节，极鄙视那种妄自标榜的文人恶习。他一生最钦佩的是张岱年，认为其道德风范和学问是后辈的楷模。潘富恩觉得有幸成为张岱年的入室弟子，虽学问上不及其之万一，但在为人的道德上，总不能有辱师门。潘富恩在一次与张岱年的通讯中，说起他们在上海的张门弟子（不论入室或私淑）都能团结合作，在学术上取长补短，与人为善，体现了“和为贵”的精神。张岱年复信中对此表示非常高兴。

潘富恩对自己的学生比较宽厚，认为他们一般都具独立科研的能力，不必用固定的框框加以束缚，各因其才而让其自由发展。按朱熹的话说：教师只能“作个见证人，作个引路底人，有疑难处共商量而已。”实际上，“师者，友也”，师生间当是朋友的关系，有的博士生，入学前已是学术界有点知名度的中青年学者，也会珍惜攻博时的这三年深造的机会。他不像程颐那样太重师道尊严，而却像程颢的“一团和气”、“如坐春风”，但他也不是让其放任自流，还注意那个“度”的原则。他们中国哲学的博士生之中才高者也往往产生傲气，潘富恩经常用具体的事例说明狂妄自大者必然失败的教训，要他们记住以谦虚为美德的古训。他们中国哲学博士生的生活也是比较清寒的，但是他们还是甘于坐冷板凳，将学问做实，珍惜三年宝贵的攻博时间，不外出兼职谋利，在义利的关系上处理得较好。他是不同意自己学生在攻博期间与从商沾边的。他认为博士生的培养应当是为学与做人的统一，且以立德为首位，培养德才兼备、品学兼优的人才，作为导师更应真正地为人师表，处处要严格地要求自己。

1994年12月26日是潘富恩参加中国共产党的日子，他已年过花甲，终于实现了他40余年来的夙愿。1997年被评为上海市教育系统优秀共产党员，勉励自己在晚年要始终坚持恪守师德和学术道德的原则。

1996年潘富恩出版了两部著作，一是《范缜评传》，二是《程颢、程颐评传》。《范缜评传》是继《吕祖谦评传》之后列入“中国思想家评传丛书”中出版。本书由潘富恩的尚在攻博中的学生马涛协助他完成。本书是从南朝佛教的盛行与士族门阀制度的联系中，阐明范缜反佛非一般意义上的“儒释道”三教论衡，而是有深刻的社会意义；其二，联系中国医学的成就，道家天道自然、生互气化观念以及在此观念影响下所形成的“薄葬”之风，并联系王弼“体用”概念的影响，既阐明了“神灭论”的科学性质和反对中国哲学“本体论化”的贡献，也说明“神灭论”产生于5世纪的中国，实为科学和哲学发展的必然；其三，联系中国无神论发展史，既论述了范缜以“刃利”喻“形神”的观点在中国思想史上的特殊贡献，也说明中国士人的无神论，要在反对统治阶级借“因果报应”实行愚民政治。

本书还提出一个新颖的论点：认为南朝竟陵王萧子良和梁武帝萧衍，他们对待“士人”的学术见解，有一定程度的尊重，允许各抒所见的自由争鸣，注重“善析名理”，提倡以理服人，对那些学术持“异论”者，不搞政治迫害，当然也偶有发生那种通过利诱的方式要对方放弃自己所持的学术而“卖论取官”之事。但总的说来，没有把学术问题和政治问题相混同，这无疑有利于中国文化的发展。如果范缜不生活在这种较为自由的学术氛围的环境条件下的话，他的《神灭论》思想也难能有如此淋漓尽致地超时代、超水平的发挥。他只有与强大高手相互论难中，受到启发，才使自己的理论更臻完善。这是潘富恩对萧衍评价上所持的“异论”，可供学术界讨论。

1996年《程颢、程颐评传》为“中华历史文化名人评传·儒家系列”，由广西教育出版社出版，此书的基本内容是在《程颢程颐理学思想研究》的基础上改写的，较通俗，深入浅出，能适合于中等文化水平以上的读者阅读，该书分为七个部分：生平轶事；为政之道；经济主张；哲学思想；人性修养；伦理道德，讲学兴教。该套丛书获第八届全国图书“金钥匙”奖一等奖。

1997年重庆出版社特专门拨款立项，要出版有文史哲方面的“著名学者文集”（自选集）。社长李书敏自任主编，暂先选定北京和上海两地的各五名学者。潘富恩被告之列入“上海著名学者文集”之一。《潘富恩自选集》于世纪之交的1999年8月出版，该书分“中国哲学史命题与学派研究”、“中国若干哲学的专题”、“学术争鸣与学术评论”三个部分，基本上反映了潘富恩的治学思想和学术轨迹。

1998年的5月，潘富恩应邀去日本九州地区的“中国学”研讨会，会议上安排他作特别演讲，题目是“中国大陆中国哲学史研究的现状与未来”，文稿共分三个部分：回顾，现状，展望。“回顾”部分，是介绍了中国大陆“文化大革命”结束后，1979年在山西太原第一次召开中国哲学史方法论研讨会重点讨论如何拨乱反正肃清“四人帮”影射史学的余毒，会后成立了全国中哲史学会。又叙述了之后经历了从“文化热”而至“国学热”。“现状”部分，介绍了近年主要环绕着几个前沿的中心问题：中国传统哲学的基本特征和核心精神；传统哲学在今天的价值和作用；中国传统哲学与西方哲学关系如何处理等。介绍了目前中国哲学史方面的代表性的多卷本“通史”著作以及有关各种断代哲学史的研究、哲学家、学派的研究。“展望”部分，认为学术的研究不宜太意识形态化，应破除学术等于政治的公式，在学术自由宽松、独立的氛围中，坚持历史主义的“实事求是”的方法。还认为中国传统哲学为核心的东方智慧与西方现代文明相互吸收和融合，这将是21世纪的重要文化走向。

2000年10月受特邀回温州老家参加“叶适诞辰850周年暨永嘉学术研讨会”。(潘富恩于1957年年初发表另一篇研究叶适的处女作，使他一生与中国哲学史的教学和研究结下了不解之缘。)会上作了“论叶适与浙东学派的事功之学”报告。

1998年的12月，如果按复旦原规定的博士生导师65岁应该退休，但潘富恩所在的博士点长期以来一直是他单打独斗（严北溟10年前病逝），先后留下门下的5位弟子，虽他们的学术才能已青出于蓝而胜于蓝，但尚暂无破格当博士生导师，在此青黄不接之际，潘富恩被延聘。2001年招了最后一届的关门弟子，办了退休手续，又返聘3年。截至2012年，潘富恩总共培养了34名博士生（含韩国3名），2名博士后。复旦大学中国哲学史博士点留下的5位潘门弟子，现都已是教授、博士生导师，也都先后招博士生了。他们在“孟子心性论研究”、“阳明后学研究”、“理学发生过程研究”、“刘蕺山哲学研究”等方面有重要的创新突破。其他学生分布在全国各地，有不少已成为学术精英，研究方向涉及“稷下学研究”、“郭店竹简与先秦哲学思想”、“浙江学术思想史”及“宋明道教思想研究”、“轴心时代的中国思想”等。这些学生也大都是所在高校、科研单位的学科带头人。

2002年，潘富恩与弟子徐洪兴主编的《中国理学》（1-4卷），由东方出版中心出版。通过该书能对中国理学发展的历史过程，重要的人物、著作、事件、典故、概念、范畴、命题等内容有一个基本的了解。为古典文史哲学习和研究者阅读的专业工具书，全套约100万字。从目前尚无一部中国理学较系统、完整且简明的工具书来说，此书可谓是草创补缺之作。参与编著的大都是复旦大学中国哲学史教研室的教师以及中国哲学专业的博士生和硕士生，可谓三代人合作的集体成果。

潘富恩带完最后的关门弟子时，已年逾七旬。中国哲学史博士点有潘氏门下的5位博士生导师，师资力量够充分的了，对博士点的发展他也就乐观其成。退休后的他偶然应约写点论文，一般谢绝外出的学术活动，但近几年出席了两次会议。2007年受邀赴韩国大田市举办的“同春堂（宋浚吉）礼学思想研讨会”，由潘富恩与弟子洪军（朝鲜族）同去。

同春堂（宋浚吉）是17世纪朝鲜李朝后期程朱学派的代表人物。潘富恩原对此也不熟悉，借此读了从韩国寄来的《同春堂集》。李朝时代都用汉文，易看懂，于是写了《同春堂的大儒品德和礼学思想》，会上作了报告，文章在韩国和中国发表。

2008年赴闽北明溪市参加“杨时诞辰955周年纪念暨学术研讨会”，这次潘富恩带了徒孙（再传弟子）去与会。2009年，潘富恩出版了通俗性的读物《吕祖谦》，他准备就此搁笔，安度晚年。

潘富恩总是记着1956年赴北京大学进修登门初见张岱年时，张岱年对他说的话：“学中国哲学史，有一条是头等重要的，这就首先要学会做人”。潘富恩为此铭刻在心，践行如何为人师表，如何“文以（品）行为先”。潘富恩淡泊名利，为人谦和乐观，生活上简朴低调，还带有浓重的“草根”气息。为教书育人事业而奋斗，为弟子们在学术成就上超越自己而无比欣慰。

四、潘富恩主要论著

潘富恩，施昌东．1984. 中国哲学论稿．重庆：重庆出版社．

潘富恩，徐余庆．1984. 吕祖谦思想初探．杭州：浙江人民出版社．

潘富恩，施昌东．1985. 中国古代认识论史略．上海：复旦大学出版社．

潘富恩，徐余庆．1988. 程颢程颐理学思想研究．上海：复旦大学出版社．

潘富恩．1992. 中国学术名著提要（哲学卷）．上海：复旦大学出版社．

徐余庆，潘富恩．1992. 吕祖谦评传．南京：南京大学出版社．

潘富恩，马涛．1996. 范缜评传．南京：南京大学出版社．

潘富恩．1996. 程颢、程颐评传．南宁：广西教育出版社．

潘富恩．1999. 潘富恩自选集．重庆：重庆出版社．

潘富恩．2000.《二程遗书》导读．上海：上海古籍出版社．

潘富恩，徐洪兴．2002. 中国理学（1-4卷）．上海：东方出版中心．

潘富恩．2009. 大家精要·吕祖谦．昆明：云南教育出版社。

潘富恩．2010. 中国哲学史分卷//辞海（第六版）．上海：上海辞书出版社．

张岱年，潘富恩等．2010. 中国哲学大辞典．上海：上海辞书出版社．

主要参考文献

潘富恩．1999. 潘富恩自选集·作者传略．重庆：重庆出版社．

双溪．1991-12-28. 诲人不倦的哲学导师．台北时报周刊（人物）．
段文明．2002-9-3. 执教半世纪·桃李遍五洲——记复旦大学教授潘富恩．人民日报（海外版）．
金辉．2006-10-26. 潘富恩——培养出三十六位博士的导师．温州都市报．

撰写者

潘富恩

靳辉明

靳辉明（1934～），出生于山西省曲沃县。1960年毕业于中国人民大学哲学系，留校从事哲学和马克思主义发展史的研究工作。1984年7月破格晋升为教授、同时被评为博士生导师。现为中国社会科学院学部委员，马克思主义哲学和科学社会主义专业博士生导师。2009年被评为全国杰出专业技术人才。曾任中国人民大学马克思主义发展史研究所所长、中共中央宣传部理论局局长、中国社会科学院马列所所长、《马克思主义研究》主编、国务院学位委员会评议组哲学学科成员、国务院学位委员会学科评议组政治学科召集人等。还兼任中国人民大学、清华大学、武汉大学、吉林大学、兰州大学、厦门大学和苏州大学等高校的客座教授。靳辉明多年来从事于马克思主义哲学、马克思主义发展史、科学社会主义和当代世界社会主义以及当代社会思潮的研究和教学工作。同时还担任该领域的领导工作，特别是在担任中共中央宣传部理论局局长期间，参与了一些党和国家重要理论活动的组织和领导，为中国的理论研究、理论教育和理论宣传作出了他自己的贡献。在这个过程中，发表了各类论文百余篇，出版专著十余部。代表作有《马克思在历史观上的伟大变革》、《马克思主义和人道主义》、《所有制关系在马克思社会形态理论形成中的基础意义》等论著。

一、学习和接受马克思主义哲学的历程

靳辉明出生于1934年1月24日，他的童年是在战火纷飞的年代度过的，那时不可能有正常的学习环境。新中国成立前夕，他才真正开始了学习生活。1949年到1950年夏他在山西省曲沃县第一完全小校读书，1950年秋升入曲沃中学深造，直到1956年夏毕业考入中国人民大学哲学系。靳辉明在回忆他的学习生活时，有这样的描述。

“每个人都会有自己的理想、信念和信仰，这些理想、信念和信仰就构成他的精神世界。但是，每个人的理想、信念和信仰又是有差异的，甚至有的不仅不相同，而且还可能相反。这取决于每个人所处的社会环境和生活的条件，以及个人对未来的选择和追求。我成长于这样的一个历史时代，那是解放战争时期和新中国成立后

的50年代，在这样的年代里，我度过了我整个学生时期，也是我世界观和人生观形成的一个最重要、最关键的时期。可以说，这是一个充满革命理想主义的时期。马克思主义理论与当时的社会实践完全相吻合，青年人朝气蓬勃，充满着理想和抱负，都想学习更多的专业知识，为百废待兴的新中国贡献自己的一份力量。这时，确实看不到社会腐败现象，甚至不知腐败为何物，没有个人主义、拜金主义和利己主义存在的土壤。半个多世纪过去了，这一切似乎都成为往事，但今天回想起来还有一种依依留恋之感！就我个人来讲，我的成长可谓是一帆风顺。小学时加入青年团，中学时加入中国共产党，并且一直担任学生干部，加之我从小就苦爱文史，作学生干部时又读过不少有关思想方法、工作方法和思想修养方面的书籍，深深领悟其中的哲理。可以说，这是我最初的哲学启蒙。当时我就读的山西省曲沃中学是晋南名校之一，我的中学文史老师大都是新中国成立前北京大学、燕京大学和辅仁大学毕业的学生，有的还参加过'一二·九'学生运动。他们的讲课不论是内容还是表述，都给我以很深的感染和启迪。不仅如此，老师们还教给我们如何做人的道理。我清楚地记得毕业于燕京大学的历史学老师毕尚纯，教导我们要树立远大的理想，讲解'预则立，不预则废'的道理。她给我们讲社会发展史，讲人类历史的发展趋势。所有这些对我的一生、特别是推动我学习马克思主义哲学，都发生了积极的、深刻的影响。50年代中期，我高中毕业的前一年，我所在的学校，决定派我去苏联留学，于是我改变专业，弃文学理。但是，此期间，中苏关系很快破裂，留学苏联已不可能，又激起我攻读文科的希望。1956年5月，中国人民大学提前招生，我便顺利地考取了中国人民大学哲学系。从此开启了我学习、研究和从教马克思主义哲学和马克思主义理论的漫漫征途。

大学的学习生活，奠定了我后来从事马克思主义理论教学和研究的基础。我的老师们的高水平的教学和谆谆教导，给了我们以极大的教育和思想启蒙，使我们获得了关于马克思主义的丰富的知识，学到了认识世界、处世做人的人生哲理。回忆在中国人民大学的学习生活，有两个特别突出的特点：一是要求学生读原著，学习马克思主义的经典著作；二是进行社会实践，接触群众生活。当时学校特别强调学习经典著作，要求通过学习原著把握马克思主义哲学的基本观点和基本原理。《德意志意识形态》、《反杜林论》、《路德维希·费尔巴哈与德国古典哲学终结》和《唯物主义和经验批判主义》，以及毛泽东的哲学著作，就成为我们必读的经典。对于年轻的本科学生来讲，读这些书籍简直就像读天书一样的难，尽管有老师讲解，但总还是不得要领。不仅对书中的理论观点和深刻内涵难以理解，就是对其所涉及的社会条件和精神环境也是不甚了了。在学习马克思主义基本原理和经典著作的初始阶段，的确遇到很大困难，经历了一个迷惘时期。但是，在当时社会环境影响和精神力量的推动下，我们知难而进，经过反复研读，刻苦钻研，逐渐找到了探求真理的入门之路，并且渐渐对我们所学专业产生了浓厚兴趣。同时，当时的大学学习，十分强调参加生产劳动和社会调查，尽管这种活动太多了一些，一定程度上影响了专业学习，但它确实使我们青年学生更多地接触到社会生活，了解到国情，培育了同工农群众的感情，这是十分难能可贵的。同时，也深化了我们对所学专业知识的理解。

在当时的历史条件下，加上理论和实践的紧密结合，使我们真正领悟到了马克思主义真谛，学习到了比较扎实的马克思主义理论知识，初步掌握了马克思主义的世界观和方法论。而且在那样的历史环境中，马克思主义真理比较容易地在我们这代人的脑子里扎根，可以说，马克思主义真理支配了我们一生的生活和行动。我记得，青年马克思在1842年《莱茵报》时期，共产主义思潮刚刚影响到德国，并在思想界引起不小的反响，针对这种情况，马克思发表了十分精彩、独到的见解，他说：'我们坚信，真正危险的并不是共产主义思想的实际试验，而是它的理论论证；要知道，如果实际试验会成为普遍性的，那么，只要它一成为危险的东西，就会得到大炮的回答；至于掌握着我们意识、支配着我们信仰的那种思想（理性把我们的良心牢附在它的身上），则是一种不撕裂自己的心就不能挣脱出来的枷锁；同时也是一种魔鬼，人们只有先服从它才能战胜它。'这里，马克思充分地强调了思想和信念的巨大作用，而这种思想和信念又是以正确理论为依据的。马克思主义的真理，就是这样的精神力量。离开这种精神力量，就不可能理解近百年来的历史变迁，就不可能解释20世纪激起广大群众热情的、波澜壮阔的社会主义革命运动。我们这一代人中的许多人都坚信马克思主义是科学真理，并且为此而奋斗终生。"

靳辉明除研究马克思主义哲学和马克思主义基本理论外，还注意培养青年一代，教育他们掌握马克思主义哲学的基本原理，提高马克思主义理论素养。他从20世纪80年代初开始，先是在中国社会科学院哲学研究所给硕士生们讲授马克思早期哲学著作，并指导其中有的人获得硕士学位。20世纪80～90年代上半期，又在中国人民大学马克思主义发展史研究所培养了一批哲学专业的硕士生和博士生，就是在任中共中央宣传部理论局局长期间（1987～1994），也没有间断对研究生的培养。调到中国社会科学院马列所后，又指导和培养了一批科学社会主义学科的博士研究生，并参与了博士后的培养工作。为有关学科的建设和研究生的培育作出了应有的贡献。

二、主要研究领域和学术成就

靳辉明主要从事马克思主义哲学及其发展史和国外学术思潮的研究，他早年的研究成果也主要属于这个领域。在后来的实践中，他逐渐意识到，在当代要把马克思主义理论和人文社会科学推向前进，就必须从理论上深入研究20世纪已经成为现实的社会主义，以及当代一些重大理论问题。所以，他运用已经掌握的哲学世界观和方法论，去探讨和研究所面临的这些重大理论和现实问题。立足中国，放眼世界；立足当代，面向未来；从历史与逻辑相统一、理论和实践相结合的视角和高度，研究科学社会主义的理论和实践，回答马克思主义在当代所遇到的重大问题。他强调，要结合新的实际，总结马克思主义发展的经验教训，研究马克思主义发展史和科学社会主义的基本原理，以及探讨当代资本主义现状和前景问题，不断开拓马克思主义理论研究的新领域和新境界。

1. 关于马克思早期思想和人道主义、异化问题研究

1964年，中国人民大学成立了马克思主义发展史研究所，靳辉明就从中国人民大学哲学研究所转入该所开始研究马克思主义发展史，特别是研究马克思早期思想和早期著作。他认为，20世纪30年代西方学者趁马克思《1844年经济学哲学手稿》发表之机，伪造"青年马克思"，利用马克思早期的一些不成熟思想和概念，比如"人"、抽象人道主义和"异化"概念来否定马克思主义；到20世纪70年代末，这股思潮也传入我国，社会上出现了抽象的人道主义和社会主义"异化"论，在学术思想上引起混乱。深入研究马克思早期思想，正确认识人道主义和异化问题，对于阐明马克思主义创始人在人类思想史上完成的伟大变革，把握马克思主义的基本原理和科学体系，具有非常重要的意义。于是，他在1979年《文史哲》第五期发表《列宁研究马克思早期思想发展的方法论原则》的文章，强调要用辩证的、发展的观点来看待马克思的思想发展。接着，他又与陈先达合作，撰写和出版了《马克思早期思想研究》一书，对马克思如何继承和批判费尔巴哈"人本学"，创立唯物史观的一系列问题进行全面的阐述。该书出版后受到了理论界的关注和好评，荣获中国人民大学优秀科研成果奖和国家优秀图书奖。这部著作可以说填补了国内研究马克思早期思想的空白，开辟了马克思主义历史和理论研究的新角度和新领域。

1983年3月12日，中共中央召开纪念马克思逝世100周年大会，靳辉明应邀在会上作了题为《马克思在历史观上的伟大变革》的发言。接着，他写作《马克思是怎样使用"异化"概念的》、《马克思是怎样理解和使用人道主义概念的》、《马克思主义和人道主义》等论文，参加人道主义和异化问题的大讨论，为正确对待人道主义和异化问题发挥了重要作用，作出了应有贡献。他当时明确提出："人"和"异化"是马克思早期思想发展中的"特定概念"；马克思从抽象的人转向现实的人，形

成“生产关系”概念，是唯物史观创立的两个理论前提；马克思主义是人道主义历史观的根本扬弃，不能把马克思主义归结为人道主义；宣传和实行社会主义的人道主义，不论是对完善意识形态和思想理论建设，还是对社会主义社会的实践，都具有重要的意义；社会主义的人道主义同抽象的人道主义有着根本的不同，两者不能同日而语。其中，有的文章还被作为党的十二届二中全会关于思想战线的材料印发。

后来，他主持完成了全国“七五”哲学社会科学基金项目“马克思主义关于人的发展问题研究”，在全面总结十多年人道主义和异化问题研究和讨论的理论成果和经验教训的基础上，对马克思主义人学和社会主义人道主义等一系列重大问题进行了理论的分析、概括和阐发。该项目的最终成果《人道主义与现代化》（与罗文东合著）一书，进一步探讨人道主义的历史演进、基本内涵、本质特征及其在西方现代化和中国现代化进程中所起的作用，阐述马克思主义对人道主义的批判、继承和超越的关系，论证社会主义人道主义的理论基础、现实意义及其在中国现代意识和社会主义精神文明建设中的重要地位。该书被誉为“弘扬社会主义人道主义的力作”，荣获中国社会科学院马列所优秀科研成果奖一等奖、华东地区优秀科研成果奖二等奖、中国社会科学院优秀成果奖三等奖。他关于马克思早期思想和人道主义、异化问题的论著虽然已过去 30 多年了，但在今天仍有参考价值。

2. 关于唯物史观的形成和基本理论的研究

靳辉明作为马克思主义发展史的学科带头人，对马克思主义哲学特别是历史唯物主义的形成及其基本理论进行了全面深入的研究和阐发。早在 1981 年，他就力图通过对《德意志意识形态》新版第一章的研究，揭示唯物史观的基本观点和完整结构。他认识到：马克思的历史唯物主义是以物质生产为前提，以历史过程观点为中心，以社会形态思想作基础，以共产主义为必然结论的完整的科学体系。社会形态及其发展过程的思想是唯物史观最基本的内容，贯穿其中的核心观点是生产力和生产关系的辩证法原理。围绕这条主线，就可以从理论和实践、历史和现实、科学性和革命性相统一的高度，阐明唯物史观的理论体系和精神实质。他在《马克思在历史观上的伟大变革》一文中，着重阐述了唯物史观的形成过程经历了萌芽、接近和全面制定三个既相区别、又相联系的阶段；这些阶段的划分，是以生产关系思想的成熟程度为标准的；唯物史观的形成不仅为马克思主义政治经济学奠定了哲学基础，而且为社会主义由空想到科学的发展创造了理论前提。他主编的《马克思主义哲学史》（8 卷本第 1 卷）进一步对马克思主义哲学的形成作了全面系统的梳理、分析和阐述。该书荣获 1997 年中共中央宣传部“五个一工程”奖、国家哲学社会科学规划项目优秀成果一等奖。

为纪念马克思逝世120周年，他又发表了《唯物史观的创立及其伟大意义》，强调唯物史观是马克思主义思想体系的理论基石，是指导当今社会主义运动的强大思想武器。文章从思想史的角度，探讨了人类历史观发展的几种形态，指出人类对自身历史的认识，经历了一个从“神”到“人”，再到用物质生产和社会关系去说明社会历史的漫长的、曲折的发展进程。马克思正是探讨了人的世界，人们生产活动赖以进行的社会关系和生产关系，揭示了人类社会生活的本质和发展规律，才实现了人类历史观的伟大变革。针对理论界存在的质疑马克思社会形态理论的科学性倾向，他撰写了《所有制关系在马克思社会形态理论形成中的基础意义》，发表在《中国社会科学》2011年第1期。文章集中阐明了马克思社会形态理论及其概念的形成、演进和成熟的过程，论证了作为历史唯物主义核心思想的社会形态理论的客观性和科学性，以及正确把握马克思社会形态理论的几个原则。上述著作在理论界引起好评。

3. 关于当代资本主义和世界社会主义的研究

联系当代资本主义的新变化探讨世界社会主义的新形势、新动向，是靳辉明研究马克思主义理论的一个显著特点。他认为，资本主义和社会主义两种思想体系和社会制度是在相互联系和斗争中发展的。如何认识当代资本主义新变化和世界社会主义面临的挑战与发展前景，是马克思主义在21世纪遇到的最大的理论难题。他主持完成的国家社科基金重大课题“当代资本主义新变化与世界社会主义面临的挑战和发展前景研究”最鲜明的特点，是把资本主义同社会主义结合起来进行研究。其主旨和主要内容是从探讨时代本质、时代阶段性主题和马克思主义发展新阶段的特点入手，研究当代资本主义在经济、政治、文化和对外关系等方面的新变化及其对社会主义的影响，并结合社会主义实践经验，从理论上对社会主义进行反思，对制约当今世界社会主义的全球化、新科技革命和东欧剧变等因素进行探讨，对当前各种类型和各个地区的社会主义力量作全面分析，力图揭示当代世界社会主义的本质特征和发展前景。他还明确提出：第二次世界大战后，在新科技革命和经济全球化的推动下，当代资本主义发生了很大的变化，它已经发展到国际垄断资本主义阶段。在这个阶段，资本主义的扩张性、掠夺性和寄生性表现得更为突出。它的这种特性，不仅影响着国际格局，造成了许多全球性的问题，而且对世界社会主义运动也发生了并将继续发生着深刻的影响。苏联、东欧社会主义制度的瓦解，固然主要是其内部原因造成的，是他们的党内出了问题，但就外因来说，是当代资本主义作用的结果。现有社会主义国家正在进行的改革和开放，从一定意义上讲，也是面对当代资本主义新变化而采取的正确举措。我们不是算命先生，对未来社会主义发展前景和态势的研究和预测，只能建立在对各方面因素和实际材料进行科学分析的基础上，特别是对阶级力量对比和主客观形势变化的正确把握上，这就需要我们进行持续和跟踪的研究。该课题的最终成果《当代资本主义与世界社会主义》被同行专家称为探究当今时代主题和社会发展趋势的“鸿篇巨著”，荣获2007年中国社会科学院优秀科研成果奖二等奖。

他还主持完成了中国社会科学院重大课题“当代资本主义新变化和发展趋势研究”，其成果《当代资本主义新论》一书于2005年问世。该书对国际垄断资本主义产生的历史条件和主要表现、它的本质特征和历史地位及其对世界社会主义的影响作出了全面深刻的阐述。他明确提出：国际垄断资本主义的实质是资本国际化或资本国际社会化，是资本在国际化运动中实现不断增殖。国际垄断资本主义的基本特征有：①垄断已经不是一般的垄断，而是高度集中的国际垄断；垄断组织也不再是最初的国际托拉斯，而是庞大的跨国公司以及触角伸向世界各个角落的子公司。②金融资本在当今经济全球化中起着决定性作用，在金融资本的推动下，资本和财富迅速集中，在世界上形成了空前巨大的财团、寡头和豪富。③资本输出已经成为国际垄断资本主义发展的主要形式。国际垄断资本主义是由私人垄断资本主义逐渐发展起来的，是垄断资本主义或帝国主义发展的新阶段。当代资本主义发生了很大变化，但它的本质并没有改变，列宁所指出的帝国主义的寄生性、腐朽性和垂死性这些特征，不仅没有改变，而且变本加厉，表现得更为突出，更为尖锐。国际垄断资本主义的新发展既给社会主义新社会准备着越来越充分的物质基础和历史条件，也给现有社会主义国家构成了巨大的压力和挑战。我们只有保持清醒的头脑，坚持独立自主的和平外交政策，积极开展对外合作与交流，又始终把国家的主权和安全放在首位，极力维护国家主权和人民群众的根本利益，才能在参与国际竞争和全球化的进程中始终立于不败之地，并争取社会主义的完全胜利与共产主义的最终实现。上述著作中提出的当代资本主义已经发展到国际垄断资本主义阶段的观点，已经为理论界大多数学者所接受。

4. 不断深化对社会主义理论和实践的研究

靳辉明认为，只有将科学社会主义作为一脉相承的思想体系，把社会主义的实践进程、历史经验和理论发展动态地、立体地统一起来进行研究和探讨，才能摆脱对社会主义理论的僵化理解，为社会主义实践提供正确的指导。他强调，要结合社会主义革命、建设和改革、开放的具体实践，正确总结社会主义的历史经验，不断推进社会主义重大理论和现实问题的研究。

（1）关于社会主义历史发展和历史经验的研究

靳辉明主持完成了全国“八五”哲学社会科学基金项目“科学社会主义与20世纪社会主义实践”研究，对社会主义的基本原理和历史发展进行了全面深刻的阐述。他认为150多年来马克思主义和社会主义大体经历了三个发展阶段，每个阶段大约50年。第一阶段从19世纪中叶到恩格斯逝世。在这半个世纪里，作为理论形态的马克思主义，从产生到丰富和发展，战胜了工人运动中的其他各种社会主义派别，成为工人阶级公认的指导思想。第二阶段从19世纪末到20世纪中叶。马克思主义战胜了第二国际机会主义，伴随十月革命的胜利，社会主义由理论变为实践，进而又由一国实践变为多国实践，马克思主义在世界上进行了真正的胜利长征。第三阶段从20世纪50年代初至今。社会主义国家在取得骄人的成绩的同时，也积累了诸多社会问题，纷纷探索社会主义的具体实现形式。在探索中有的取得了初步的成功，有的导致失败，演变为资本主义。在下一个50年，世界社会主义将迎来新的复兴、新的发展。该课题的最终成果《社会主义历史、理论与现实》一书受到了理论界的重视和好评，荣获2001年中共中央宣传部“五个一工程”奖。

靳辉明还从不同侧面和角度对社会主义的历史经验进行理论的分析和概括：①20世纪社会主义实践使人们对社会主义有了更具体、更符合实际的认识；②无产阶级政权对实现社会主义和共产主义具有极端重要性；③工人阶级取得政权后，必须全力发展生产力，为刚刚建立的社会主义制度的巩固奠定物质基础；④坚持计划与市场的内在统一，利用市场机制和手段发展社会主义经济；⑤社会主义必须建立高度的民主，没有民主就没有社会主义；⑥在意识形态领域坚持马克思主义主导地位，切实有效地防止国际敌对势力对社会主义的“和平演变”；⑦把共产党真正建设成为工人阶级的先锋队组织，建设成马克思主义政党；⑧正确处理社会主义国家的国与国、党与党之间的关系，加强世界社会主义力量的团结与合作。这些观点在2002年北京召开的“21世纪社会主义”国际学术研讨会上，受到国内外学者的好评和赞同。

（2）关于中国特色社会主义理论体系和实践问题的研究

靳辉明作为中国特色社会主义学科的带头人，主持完成了中国社会科学院重点课题“中国特色社会主义理论的形成及其科学体系研究”。在他看来，中国特色社会主义理论是中国社会主义建设的本质和规律的理论概括；它既遵循科学社会主义的一般原则，又具有中国特色，是马克思主义在当代中国具体条件下的创造性运用和发展。要完整、准确地掌握这一理论，就必须把握其内在的逻辑结构，即由一系列概念、范畴和原理相互联系所形成的理论体系。他将这一理论从思想内容上分为四个层次：①中国特色社会主义理论及其科学体系赖以存在的哲学基础；②中国特色社会主义理论的基本原理和基本观点，包括中国特色社会主义的理论基石和中国特色社会主义经济、政治、文化的基本观点；③以中国特色社会主义理论为依据的党的基本路线、基本政策；④中国特色社会主义理论体系的基本范畴。他认为，只有从中国特色社会主义理论产生的时代特征和历史条件出发，全面阐述我国社会主义初级阶段的基本理论、基本纲领、基本路线和基本政策，逻辑地再现在经济文化落后的中国，怎样认识社会主义和怎样建设社会主义这一根本问题，才能完整地揭示中国特色社会主义理论的丰富内涵、精神实质和理论意义、实践意义。该课题的最终成果《中国特色社会主义理论体系研究》于1998年出版，出版后受到理论界的高度重视和肯定，荣获1999年中共中央宣传部“五个一工程”奖。

坚持马克思主义立场、观点和方法，创造性地研究当今中国所面临的重大现实问题，是他研究中国特色社会主义的显著特点。在2007年3月召开的全国政协十届五次会议的联组会上，他专门作了题为“总结经验，进一步探讨社会主义市场经济的规律”的发言，明确提出：社会主义市场经济对于社会主义国家来说，是一个全新的事业，把社会主义同市场经济结合起来是一个“伟大的创举”。我国进行社会主义市场经济建设已经有十多年了，积累了许多经验，但也存在不少问题，需要在实践过程中，不断地进行研究和创新，探索它不同于其他市场经济运行的特殊规律和特殊运行方式，这对于我们完善社会主义市场经济体制是必不可缺少的。从市场经济发展过程来看，社会主义市场经济是市场经济的一种新的形态。它既不同于新自由主义市场经济，又不同于欧洲的社会市场经济，有着自己的特殊的本质和特殊的运行规律。对于社会主义市场经济的探讨，必须坚持以下几个原则：①社会主义市场经济是“社会主义的市场经济”，在建立社会主义市场经济体制中必须坚持社会主义的根本原则，也就是邓小平一再强调的：一是公有制为主体，二是共同富裕。在这里，公有制是“本”，市场经济是“用”，决不能削足适履。②在发展社会主义市场经济中必须坚持以按劳分配为主体、多种分配形式共存的分配制度，只有这样才能缩小贫富差距，防止两极分化。③加强宏观调控和计划管理。邓小平曾经讲到，要计划经济和市场经济相结合，这是很有道理的。社会主义市场经济在宏观调控和计划管理方面应当做得比资本主义更好，因为我们是在公有制为主体的基础上运行的市场经济。④市场经济与社会主义民主、法治相结合，使市场经济在民主与法治的轨道上运行。⑤市场经济要与社会主义精神文明相结合，建立诚信的、文明的、符合社会主义道德规范的市场经济。以上几个方面，是探讨和研究社会主义市场经济规律的几个最主要之点。只有将这几个方面有机统一起来，相互联系、相互渗透、彼此制约、互为作用，才能使市场经济在社会主义轨道上更好地运行，才能揭示社会主义市场经济的发展规律，为我国社会主义市场经济的实践提供可靠的理论根据。他的发言获得与会者的好评和积极反响。

5. 努力推进马克思主义理论一级学科的建立和建设

靳辉明不管在哪个岗位上工作，都立足于培养和扶持马克思主义研究、教学和宣传人才，提升马克思主义的学术地位，加强马克思主义的学科建设，巩固马克思主义的思想阵地。他在担任中国人民大学马克思主义发展史研究所所长、中国社会科学院马列所所长和国务院学科评议组成员期间，十分重视马克思主义学科建设，对马克思主义的理论研究、人才培养和科研管理殚精竭虑，取得了巨大的成绩。

（1）大力提倡建立马克思主义理论一级学科

在过去相当长的时期里，马克思主义都属于政治学科下面的分支学科。靳辉明多年来一直向理论界和有关部门呼吁建立马克思主义理论一级学科。在中央的指导和教育部、学位办的直接支持下，马克思主义理论一级学科于2005年终于建立起来了。在马克思主义理论一级学科建立中他发挥了重要作用。他认为，马克思主义特别是中国化的马克思主义，是我们国家的主流意识形态；提高马克思主义的学科地位，建立马克思主义理论一级学科，对于坚持和发展马克思主义理论、培养人民群众尤其是青年学生的社会主义精神和道德情操；对于中国共产党的思想理论建设、国家的长治久安和中国特色社会主义事业的顺利发展具有十分重要的意义。

第一，马克思主义理论同其他学科一样来建设，增强其科学性、理论性和学术性，不仅使我国高校一级学科体系更为合理、更为完整，而且有利于提高马克思主义理论研究的水平，提高马克思主义理论教育和思想政治教育的质量。

第二，马克思主义理论一级学科的建立，有利于稳定和补充马克思主义理论研究和教学队伍，有利于巩固和扩大高校马克思主义阵地。

第三，马克思主义理论一级学科的建立，不仅为培养马克思主义理论研究和教育人才提供了可靠保证，而且对坚持和发展马克思主义，巩固马克思主义在意识形态中的指导地位，产生广泛而深远的影响。

（2）建设马克思主义理论一级学科必须坚持的几个原则

在马克思主义理论一级学科的建设过程中，尤其要注意以下三方面的问题：

第一，要坚持和高扬马克思主义的科学性。马克思主义揭示了客观世界发展的一般规律，对人类社会发展已经并继续发生深刻的影响，它是已经为社会实践证明了的科学真理。马克思主义理论学科建设，就要突出其科学性，发掘马克思主义学说中的科学内涵，从而为我们的指导思想奠定坚实的理论基础。该学科的一个关键问题，就是要正确处理政治与学术、科学性和意识形态性的辩证关系，不能把两者完全割裂开来或简单等同起来。

第二，要从整体上把握马克思主义科学体系。整体性是马克思主义理论一级学科的重要特征和学科规定性，它不仅体现在马克思主义基本原理上，而且体现在马克思主义理论诸二级学科的有机联系上。过去我们注重对马克思主义三个组成部分进行分门别类的研究和教学，这样做也是对的。它深化了对马克思主义及其组成部分的研究，推动了有关学科的建设，但问题在于忽视了对马克思主义的整体研究。任何学科既要有分门别类的研究，又要有整体性研究。从整体上研究马克思主义，把握马克思主义科学体系，是马克思主义理论学科立足的关键和基础。这有利于更好地坚持和发展马克思主义，更是高校马克思主义理论教学所要求的。

第三，要处理好马克思主义理论五个二级学科之间的关系。马克思主义基本原理是基础性的学科，是贯穿于其他几个学科的一根红线，是纲领和核心。马克思主义发展史从形成、发展过程和在世界上传播的角度，讲解马克思主义的基本原理和理论内容。马克思主义中国化是马克思主义在中国的传播、发展和创造性运用，其中心内容是中国特色社会主义理论，它应该是我们研究和教学的重点，也是马克思主义理论一级学科建设的重点。国外马克思主义是马克思主义在世界其他国家和地区的发展和运用，它不仅有“西方马克思主义”，而且包括国外共产党及其理论家对马克思主义的研究和运用、国外广大学者特别是左翼学者对马克思学说的研究和诠释；“西方马克思主义”的多数流派，是资产阶级学者用自己的哲学观点去解释马克思主义或马克思主义某个方面的思想而形成的学说，他们以此为武器去研究当代现实问题，既批判当代资本主义，也批判现实社会主义，从这种意义上说它实质上是一种资产阶级社会思潮；国外马克思主义应重点研究后两个方面，而不应局限于“西方马克思主义”。思想政治理论教育是用马克思主义立场、观点和方法去教育学生，是马克思主义理论的一个应用学科，是马克思主义一级学科建设的落脚点和归宿。这五个二级学科既有区别，又有联系，是一个有机统一的整体。他的上述观点，在学科论证中得到大多数学者的赞同，为该学科建立提供了理论支撑。

（3）以科学态度对待马克思主义

马克思主义是一个完整严密的科学体系。他教导学生要以科学的态度对待马克思主义，要努力掌握真正而非虚假的、深刻而不肤浅的马克思主义专业知识，培养独立思考和科学创新的能力。除了勤奋学习、刻苦钻研和严谨治学等一般性要求之外，他认为对马克思主义理论工作者还有一个特殊性的要求，即必须坚持以科学的态度对待马克思主义。在1995年《马克思主义研究》复刊时，他针对“左”和右两种错误倾向，明确提出：马克思主义在当代的命运，很大程度取决于在坚持马克思主义基本原理的前提下，用新的实践经验去继续丰富和发展它。他用八个字来概括这一精神：坚持、发展、研究、创新。这应该是当前对待马克思主义的唯一正确的态度。

所谓坚持马克思主义，就是坚持马克思主义对于社会实践和科学研究的指导地位和作用，坚持马克思主义的科学世界观和方法论，坚持用马克思主义立场、观点和方法来观察、分析和解决实际问题。

所谓发展马克思主义，首先是指根据新情况、新问题，对新的实践经验进行理论的概括和提炼，并把这些内容增添到马克思主义理论宝库中去；其次是指纠正和完善那些马克思主义创始人依据当时条件作出的，或者只是初步提出，还需要进一步论证的那部分内容，使之更好地适应当前的实际；再次是指在马克思主义的运用中，把它与现实结合而具体化，自觉地实现理论向现实的转化和飞跃。

他强调，作为坚持和发展马克思主义的辩证统一，必然要求将马克思主义的研究和创新有机结合起来。对于像马克思主义这样博大精深的理论，不下苦功夫去研究是不能掌握的。那种对马克思主义本身知之不多或一知半解，便急匆匆地拿来片面发挥和妄下结论的错误态度，只会败坏马克思主义的声誉。当然，研究马克思主义不能停留在书本上，复述马克思主义经典作家的词句，而应该从现实出发，运用马克思主义的立场、观点和方法去分析和解决新的问题，得出新的理论，不断推进马克思主义的创新。马克思主义要克服艰难险阻，开拓新的航程，必须把坚持、发展、研究和创新有机统一起来，以真理和正义的力量去赢得人心，掌握群众。这不仅是马克思主义学科建设的现实需要，而且是当代社会主义实践的必然要求。他希望广大理论工作者，切实担负起坚持、发展、研究和创新马克思主义的神圣职责，为实现中华民族的崛起和世界社会主义的复兴作出应有的贡献。他的治学精神和对待马克思主义的态度，得到大多数理论工作者的赞同和支持。

三、靳辉明主要论著

靳辉明等．1983．马克思早期思想研究．北京：北京出版社．

靳辉明．1983．马克思在历史观上的伟大变革．红旗，(6)．

靳辉明．1984．马克思恩格斯论人性、人道主义和异化．北京：人民出版社．

靳辉明．1984．谈谈人道主义和异化问题．北京：北京出版社．

靳辉明．1991. 马克思主义哲学史（8 卷本第 1 卷）．北京：北京出版社．

靳辉明等．1997. 人道主义与现代化．合肥：安徽人民出版社．

靳辉明．1998. 中国特色社会主义理论体系研究．海口：海南出版社．

靳辉明．2000. 社会主义历史、理论与现实．合肥：安徽人民出版社．

靳辉明．2004. 当代资本主义与世界社会主义（上下卷）．海口：海南出版社．

靳辉明．2005. 靳辉明文集．上海：上海辞书出版社．

靳辉明．2006. 当代资本主义新论．成都：四川人民出版社．

靳辉明．2008. 靳辉明自选文集（“理论文库”丛书）．北京：学习出版社．

靳辉明．2011. 马克思主义若干重大问题研究．北京：社会科学文献出版社．

靳辉明．2013. 马克思主义原理及其当代价值研究．北京：中国社会科学出版社．

撰写者

罗文东（1967～），四川射洪人。1985～1992 年在北京师范大学攻读哲学学士和硕士学位，1992～1995 年在中国人民大学攻读哲学博士学位。现任中国社会科学院信息化管理办公室副主任，中国社会科学院研究生院教授、博士生导师。长期从事马克思主义基本理论，特别是当代资本主义和中国特色社会主义的研究和教学工作。

陈启伟

陈启伟（1934～）山东淄川人。西方哲学研究专家。1952年考入北京大学哲学系，1957～1960年在北京大学哲学系外国哲学史教研室攻读研究生，1961～1976年3月在北京大学哲学系外国哲学史教研室任助教，1976年转入北京大学外国哲学研究所，任助教、讲师、副教授，1986年任北京大学外国哲学研究所所长，1987年任教授，1990年任西方哲学博士生导师。学术团体任职有中华外国哲学史学会常务理事、中华现代外国哲学学会副理事长。80年代后多次出国访问研究，参加国际学术会议，进行学术访问和学术交流。2003年参加伊斯坦布尔第21届世界哲学大会，担任第四次全会（主题为："科技的新发展：伦理的和哲学的挑战"）的主席。陈启伟曾先后被邀为皮耳士学会会员，推进美国哲学学会会员，美国哲学协会会员。学术著作有《哲学史上的先验论》、《欧洲哲学史》（合著）、《西方哲学论集》；论述西方哲学和讨论现实理论问题的文章近百篇；其编著有《现代西方哲学论著选读》，译著有罗素、维特根斯坦、卡尔那普、蒯因等分析哲学大家的代表性名著及其他作品。

一、成长经历

陈启伟（曾用笔名：东耳、韦人、韦其余、伯康，曾用集体笔名：伍思玄、陆成一、朱启先），祖籍山东淄川，1934年3月22日生。

陈启伟幼时曾随父母客居辽宁。在本溪开始读小学，后返山东济南，曾就读于济南正谊中学附属小学、县西巷小学。1946年秋，入山东省立济南中学（现济南一中）。1948年秋，济南解放后，陈启伟积极参加校内外的学生活动，成为《青年文化》报和山东人民广播电台的通讯员，经常有机会参加有关社会科学和时事政治的报告会和讲座，并阅读了许多哲学社会科学方面的著作和文、史、哲杂志上的文章，因而对哲学发生了浓厚的兴趣。1952年夏中学毕业后，他决定报考哲学系，同年秋被录取进入院系调整后的北京大学哲学系。当时哲学系分为哲学和心理学两个专业，哲学专业又分为自然科学、社会科学和逻辑三个组，他选读哲学专业社会科学组。在大学时期他原本对历史唯物主义和中国哲学史这两门课最有兴趣，但是，大学毕业时由于班上很少有同学愿做西方哲学史方面的论文，他就选了“休谟不可知论批判”作为自己毕业论文的题目。论文的指导教师是洪谦。论文通过答辩后参加了1956年北京大学学生科学报告会，获一等奖。不料这篇论文的写作竟决定了陈启伟此后终生从事西方哲学教学和研究的学术道路。

1956年秋，陈启伟大学毕业后留校工作，先是在北大哲学系外国哲学史教研室任助教，后于1957年春由哲学系推荐为洪谦的研究生（当时名为“副博士研究生”，学制四年），研究方向为休谟哲学。洪谦治学严谨，对学生要求也极严格，他总强调做学问要一丝不苟，研究问题要在一个“细”字上下工夫，知识基础要像铁板钉钉一样打得扎扎实实，洪谦的教诲对陈启伟在学术上的成长发展无疑有最深刻的影响。

研究生学习期间（1957年年初～1960年年底）是陈启伟在学术上极为活跃的时期。他不仅撰写了多篇关于西方哲学的文章（洛克两种性质学说、黑格尔论真理与实践、培根唯物主义、维也纳学派的逻辑分析和证实方法等），而且非常关注现实理论问题的探讨，涉足当前学术界的争论。例如，1957年他曾就当时颇受热议的“人性”问题写了《关于人性》的文章，并几经增补，先后三次发表于报刊《思想战线》、《光明日报》哲学副刊、《社会主义教育论文选辑》等。1960年，出于对现实理论问题的兴趣，陈启伟积极投入哲学界关于思维和存在同一性问题的论战。他反对把“思维和存在的同一性”说成是唯心主义的命题，认为在思维和存在同一性问题上既有唯物主义和唯心主义之分，而且在唯物主义和唯心主义各自的内部还有辩证法和形而上学之争。由陈启伟执笔而以伍思玄的集体笔名发表的论思维和存在同一性与唯物主义、与辩证法、与主客同一性的关系的几篇长文都以大篇幅刊载于《光明日报》哲学副刊上。伍思玄是陈启伟和北大哲学系外国哲学史教研室几位年轻同事（朱德生、葛树先、杨祖陶、胡景钊）组成的一个读书写作集体的笔名。从1959年下半年到1961年年初，他们分别执笔撰写和发表了关于思维和存在同一性问题以及其他关于西方哲学问题的一系列的文章。

研究生毕业后，陈启伟仍留北大哲学系工作。从1961年至1964年，他先后为几届本科生讲授西方哲学史和西方哲学原著选读。同时他被抽调参加高教部文科教材《西方哲学史》的编写工作。编写组由北京大学、中国人民大学、北京师范大学十名教师组成，北京大学任华任主编。陈启伟负责撰写欧洲中世纪哲学、文艺复兴哲学、18世纪英国哲学部分，并担任简报、会议记录等秘书事宜。编写工作从1961年夏持续到1964年，凡三阅寒暑，几易其稿，全书约80余万字，其打印稿曾在以上三校作为试用教材。后因编写组人员以各种原因陆续调离，且1964年秋各高校师生纷纷下厂下乡参加社教运动，书稿被迫停笔，功亏一篑。

“文化大革命”期间，陈启伟大部分时间是在北大燕园中度过那风雨如晦的岁月的。唯于1970年秋曾被遣往江西鄱阳湖畔鲤鱼洲农场接受“工农兵再教育”。1971年10月返京，继续在校内劳动。1972年春始被放还哲学系，分在由原中外哲学史两教研室合而为一的哲学史组。根据毛主席“学点哲学史”的指示，哲学系领导要求哲学史组教师重新编写中、外哲学史教材。陈启伟参加《欧洲哲学史》编写组，分工撰写中世纪、文艺复兴、英国经验论（洛克、巴克莱、休谟）和自然神论等章节（全书于1977年由商务印书馆出版）。他还承担了重写由其他先生草成初稿的《哲学史上的先验论》一书的工作（此书于1972年由人民出版社出版），其中一项最大的改动是把讲巴克莱的一节完全删掉，因为他认为把一切唯心主义认识论包括巴克莱那样的唯心主义经验论，都说成是先验论，是根本错误的，尽管这种观点在那个年代曾风靡一时。

1976年10月，“文化大革命”结束。是年春，陈启伟由北京大学哲学系转入外国哲学研究所（简称“外哲所”）。1977～1978年，为了清算“文化大革命”时期作为“四人帮”理论喉舌的“梁效”（即北京大学、清华大学两校大批判组）在思想文化领域制造的混乱和谬论，陈启伟和其他同志合作连续撰写和发表了《评梁效某顾问》、《再评梁效某顾问》等批判文章。

陈启伟此前长期从事西方哲学史的教学和研究，70年代末由于外哲所工作的需要他开始转而主要致力于现代西方哲学，而以英美分析哲学为重点。1979年12月在太原举行“文化大革命”后也是新中国成立后第一次全国现代外国哲学会议，检讨和批判了过去几十年将现代西方哲学一律斥为“反动”、“荒谬”的“帝国主义资产阶级哲学”的极“左”思潮，陈启伟参加这次会议并就现代西方哲学的重新评价（《关于现代西方哲学研究的若干问题》）做了大会发言。1980年年底至1981年年底，陈启伟赴美，在加利福尼亚大学伯克利分校哲学系任客座研究员，从事第二次世界大战后美国哲学思潮的研究。这一年间，他近距离地接触了当代英美哲学的各种思潮、各个流派，踏入了过去在国内几无所知的若干研究领域（如语言哲学、科学哲学、心理哲学等），弥补了大量的知识上的空白，而尤其是对现代分析哲学的诸流派及其发展有了一个比较系统、深入、清晰的了解，为此后的研究和教学工作打下了扎实的基础。归国后，陈启伟在北大外哲所为研究生陆续开设了现代美国哲学思潮、现代西方哲学（英美部分）、分析哲学、罗素著作选读、维特根斯坦著作选读、卡尔那普著作选读、弗雷格著作选读等课程；发表关于现代西方哲学（关于罗素、穆尔、维特根斯坦、卡尔那普、蒯因、塞尔、马赫、布伦塔诺、皮耳士、杜威等哲学家）的论文多篇；组织选译现代西方各派哲学的代表作，主编《现代西方哲学论著选读》，翻译分析哲学的若干经典名著：罗素的《我们关于外间世界的知识》，维特根斯坦的《逻辑哲学论》，卡尔那普的《世界的逻辑构造》，蒯因的《从逻辑的观点看》（合译），蒯因的《语词和对象》（合译）等。陈启伟还多次出国参加国际学术会议，进行学术访问，与西方哲学家开展学术交流。1988 年 11 月他到洛杉矶参加第 17 届国际科学统一大会，在“生态哲学”分会上就中国传统哲学中关于人和自然的关系的思想做了发言；1989 年 9 月去哈佛大学参加纪念皮耳士诞辰一百五十周年国际大会，宣读论文《略论皮耳士认识论的若干问题》；1990 年 3 月到布法罗参加推进美国哲学学会主办的“美国哲学传统在其他国家的应用和解释”的国际会议，宣读论文《实用主义在中国》，会后又应邀到芝加哥罗约拉大学哲学系做学术讲演和讨论。1992 年 4 月在北京参加国际宗教学会议，宣读论文《维特根斯坦论宗教》；1992 年秋至 1993 年春，陈启伟赴英，在伦敦大学国王学院哲学系任客座研究员（关于罗素和早期维特根斯坦哲学研究），期间曾被邀在剑桥大学、里兹大学、埃塞克斯大学等校哲学系就维特根斯坦哲学做学术讲演和讨论；1995 年 9 月到汉城参加联合国教科文组织召开的亚太地区哲学教育专家会议，宣读论文《西方哲学在中国哲学教学研究中的历史和现状》；1996 年到汉城参加联合国教科文组织召开的亚太地区哲学网络会议，宣读论文《儒学、民主与人道主义》；2003 年 8 月到土耳其伊斯坦布尔，参加第 21 届世界哲学大会，担任主持第四次全会的主席，并就此全会的主题“科技的新发展：伦理的和哲学的挑战”做主席致词。20 世纪 70 年代末以后，陈启伟虽主要致力于现代西方哲学，但仍以相当的精力继续从事西方哲学史的研究。例如，对黑格尔哲学的研究，与张世英、杨祖陶诸先生合作，编著《黑格尔词典》，任副主编，并撰写众多词条；对狄德罗最初哲学思想的探究；对托兰德自然神论和唯物主义著作的翻译和研究；对毕希纳唯物主义哲学的论述和重新评价；对西方哲学中经验论思想的历史发展做概略的系统阐述；对西方哲学东渐史的研究等。

二、主要研究领域和学术成就

西方哲学是陈启伟整个学术生涯的主要领域，他在这个学术领域中所做的工作和成果大致可分为两个方面，一是西方哲学史即关于西方古典哲学的研究，二是关于现代西方哲学的研究。下面摘其研究的某些方面、问题或要点略做陈述。

1. 西方哲学史的研究

(1) 洛克哲学的研究

过去在教研室编写西方哲学史教材和论著时，陈启伟大都分工撰写英国经验论哲学部分，例如《欧洲哲学史》一书中洛克、巴克莱、休谟的章节就是他执笔的。但是，陈启伟对洛克哲学还有专文论述。1959年春中国科学院哲学社会科学学部哲学研究所举行一次西方哲学史座谈会，讨论英国哲学家洛克的两种性质学说，陈启伟参加并做了发言，会后他写成《对洛克两种性质学说的一些理解》，批评洛克把物体性质区分为“第一性质”和“第二性质”而否认“第二性质”的客观性的观点，同时也批评了有的学者为洛克的第二性质主观性的观点所做的辩护。之后在1963年末北京市哲学会年会上双方又各自提供一篇论文，并在西方哲学史组讨论会上，唇枪舌剑进行一场激烈的辩论。这场辩论在“文化大革命”后实际还在继续，吕大吉于1982年写了《洛克的物性理论》一书，陈启伟亦将昔日会议论文重印于《西方哲学论集》，作为当年对洛克哲学的研究和论辩的一个历史记录。

(2) 黑格尔哲学的研究

陈启伟对黑格尔哲学一直饶有兴趣。1959年他发表《黑格尔论真理与实践》，这是国内学者最早论及黑格尔实践观的文章之一，它指出是黑格尔第一个把实践作为一个必要的环节引入了认识论，黑格尔的实践概念是马克思主义实践观的一个重要思想来源。1979年陈启伟发表《黑格尔〈法哲学〉中的国家学说》，通过对黑格尔《法哲学原理》及近期西方学者所辑其法哲学讲稿几种稿本的深入细致的研究、分析、揭示了黑格尔社会政治学说的内在矛盾，既纠正了把黑格尔看做普鲁士专制制度辩护士的流行观点，也排斥了把黑格尔美化为具有自由主义乃至民主倾向的论调。1982～1986年陈启伟与张世英、杨祖陶等合作，编著《黑格尔词典》，担任副主编，撰写关于法哲学、历史哲学、精神哲学、宗教哲学、哲学史方面的众多词条，并负责审阅、修改他人所写词条数十条。他撰写每一词条时，都查阅了黑格尔在各个时期不同著作中的有关论述，其中大量的是迄今无中译的德文原著，而他对已有中译文也都从德文原著加以核对、订正或重译。他人撰写的词条，由于其外语知识的限制，未能利用黑格尔某些德文原著中的论述，陈启伟都做了补充，有些词条则修改极大，几至重写。

(3) 狄德罗哲学的研究

1980年代，陈启伟发表论文《狄德罗与百科全书》、《略述狄德罗早期的有神论思想》，特别是在后一文章中，他根据法文版《狄德罗全集》所载狄德罗早年翻译莎夫茨伯利《论功德》一书所写的一封信、一篇译者序和大量脚注发掘和梳理其鲜为人知（国内外文献亦少有触及者）的哲学思考，就其关于上帝与世界、信仰与理性、宗教与道德、宇宙的统一性等问题的观点，确定狄德罗哲学思想发展的起点不是人们通常认为的自然神论，而是一种有神论，虽然它反对传统基督教对上帝的盲目崇拜和宗教狂热。

（4）托兰德自然神论和唯物主义思想研究

托兰德是18世纪英国自然神论和唯物主义的最著名的代表。自然神论，尤其是具有唯物主义倾向的自然神论，在18世纪英、法、德诸国的启蒙运动中有很大的影响，起过重大的进步的作用，但是在过去的哲学史教学和研究中却往往被忽略或置而不论，自然神论者的著作国内长期并无译本，陈启伟在《欧洲哲学史》一书中虽有所论及，但篇幅很小，内容多从第二手材料得来，故而自20世纪90年代以来，他将从国内外搜求所得托兰德的两部名著（《给塞伦娜的信》、《泛神论要义》）陆续译竣出版，并写了长序，对托兰德哲学思想的基本内容及其演变发展的历程做了详细深入的介绍和阐释。

（5）毕希纳唯物主义的研究

毕希纳的哲学一向被人们作为“庸俗”唯物主义而不屑一顾。陈启伟根据对毕希纳的名著《力和物质》及其他一些著作的认真详尽的审视和研究，发现其无论在自然观还是在认识论上都表达了丰富而卓越的唯物主义思想乃至某些辩证法因素，例如关于物质不灭、物质无限、物质元素无限可分、物质和力或运动不可分的观点，毕希纳曾以整页篇幅引证恩格斯《反杜林论》中关于物质和运动统一的论述，表示赞同；关于精神和物质、心与身的关系问题，毕希纳恰恰反对福格特所谓大脑分泌思想犹如肝脏分泌胆汁之类的“很糟糕的说法”，认为思想不是物质的东西，不是什么分泌物，“而是以一定的方式在大脑中组织起来的物质或物质结合的一种活动、运动或性能”。在认识论上，毕希纳是唯物主义经验论者，而且他把进化论原则应用于认识论，企图从整个人类意识而非个人意识的发展去说明逻辑和数学公理的经验来源，用世代遗传来解释它们对于个人仿佛具有的先天自明的性质。这是经验主义认识论在19世纪的一个最有意义的也是最重要的发展。毕希纳的唯物主义是以当时自然科学的成就为直接依据的，属于19世纪下半叶欧洲自然科学唯物主义的思潮，毕希纳是其杰出代表，因而陈启伟连续撰文（《毕希纳的唯物主义》、《毕希纳是“庸俗”唯物主义者吗?》）为其“庸俗”的恶谥辩诬，以还历史的真实。

（6）经验论研究

陈启伟为《中国大百科全书·哲学》撰写“经验论”条目，是他系统地研究了西方哲学中经验论思想自古及今的发展而写成的一个纲要。文中对经验论从古希腊、中世纪、近代到现代各个时期各种形态的发展及其基本内容和特征做了系统的历史叙述，对经验论和先验论或唯理论两个认识论派别在知识来源、感性理性关系、认识方法、真理标准等问题上的对立做了概括的说明。文章指出，经验论内部不仅在哲学基本问题上有唯物唯心之分，而且在其他问题上也有分歧，最突出的是关于知识的经验来源问题上的分歧，由是而形成两种类型的经验论。一种认为一切知识的一切观念和一切命题都来自经验，没有先天的观念，也没有先天的命题；另一种认为，作为知识成分的观念都来源于经验，但并非所有由经验得来的观念组成的命题都是经验的命题，应当承认有两类命题：经验命题和先天命题（主要是逻辑和数学的命题）。从经验论的发展来看，后一种类型的经验论占上风，尤其在现代西方哲学中成为占主导地位的经验论形式。

2. 现代西方哲学研究

(1) 关于现代西方哲学的评价

陈启伟在1979年全国第一次现代外国哲学会议上，同许多同行学者一道，批评了过去将现代西方哲学各个流派一律斥为“帝国主义的反动的资产阶级哲学”而全盘否定的极“左”思潮，提出对现代西方哲学重新认识、重新研究、重新评价的问题。2002年他在《如何看待马克思、恩格斯对现代西方哲学的评价》一文中对长期以来全盘否定现代西方哲学倾向的来龙去脉做了历史的考察，认为这种“左”的倾向实则已滥觞于马克思、恩格斯时代，马恩对同时代的非马克思主义的哲学和其他社会科学学说都视为为资产阶级和现存国家进行辩护的意识形态工具，对马克思主义来说，它们都是错误的、荒谬的。这种思想文化上的“左”的倾向在国际共产主义运动史上长期存在，可以说时轻时重，时温时热，但始终没有根绝。苏联十月革命初期“无产阶级文化派”（拉普）高唱要批判和打倒“过去全部文化”即“资产阶级世界的文化和封建主义世界的文化”，极“左”思潮甚嚣尘上。列宁曾反对并力图制止“拉普”的活动，强调必须继承人类文化遗产才能建立共产主义的新文化。但是在对待现当代西方资产阶级文化（哲学、社会科学、文学、艺术等）的问题上，列宁显然没有也不可能脱离那个“左”的倾向，他早在十月革命前就说过，资产阶级教授虽然在物理、化学等具体科学的“专门领域内能够写出极有价值的作品”，但是“一旦谈到哲学问题的时候，他们中间任何一个人所说的任何一句话都不可相信”。照此说法，我们只能把全部现代西方哲学看做纯粹的谬误、简单的胡说而全盘否定了。过去苏联哲学界一直是根据这个论断来评价和对待现代西方哲学的，我国哲学界在“文化大革命”及其之前数十年间亦复如是，其源皆出于国际共产主义运动在思想文化战线上的那条源远流长的极“左”的倾向。

（2）实用主义研究

实用主义是现代西方哲学在旧中国学术界、思想界传播最广、影响甚大的一个流派，也是新中国成立后受批判和攻击最重最烈的一个流派。“文化大革命”后对实用主义的重新评价和研究讨论，较之其他一些西方流派，似亦显得更为审慎和迟缓。陈启伟1984年在总参政治部宣传部主办的“现代外国哲学思潮评论讲座”讲“实用主义评介”，对实用主义盛衰兴替的发展过程和几位主要代表人物的主要思想学说做了比较全面而简要的介绍和评述。嗣后，他写了专论皮耳士和杜威的文章。1989年他撰写《略论皮耳士认识论的若干问题》（为纪念皮耳士诞辰150周年国际大会而写，原文为英文，题为 Some Aspects of Peirce's Theory of Knowledge），指出皮耳士在认识论上是实在论者，对真理持符合论的观点，认为真理是知识与客观实在的符合一致，因而他不赞成詹姆士的“有用就是真理”的观点，认为一个正确的理论虽然可能直接或间接是有用的，但是其为真理绝不可能来自其有用性，反之，一个理论之可能有用，则正是因其为真。1988年陈启伟撰写《杜威关于语言和意义的理论》（为现代外国哲学学会年会提供的论文），对我国学界过去很少注意的杜威语言哲学的若干重要观点加以评述：一，杜威论语言为“社会的产物和活动”的“自然主义语言观”；二，杜威语言哲学的意义理论。杜威从人类社会活动及其结果来阐发语言的意义问题，即把实践的因素、人对事物的实践关系包括进语词、概念的意义之中；三，语词的意义和指称问题。杜威认为任何语词都既有意义亦有所指，有意义的词必有所指，无所指则无意义。杜威的这些观点对后世语言哲学有重要影响，值得进一步深入的研究。

（3）布伦塔诺哲学研究

布伦塔诺是19世纪末在德国、奥地利、英国诸国颇有势力的实在论思潮的一个重要代表人物，他的思想极有影响，20世纪初许多著名的哲学家都出其门下，如迈农、特瓦尔多夫斯基、现象学派创立者胡塞尔等。布伦塔诺最有名最重要的哲学理论就是他的意向性学说。2007年陈启伟在《布伦塔诺的意向性学说浅析》中指出，布伦塔诺意向性学说的思想渊源可上溯至古希腊亚里士多德和中世纪经院哲学，其要义在于强调意识（心理现象、心理活动）与对象的不可分离的关系，意识只有在对于对象的关涉、指向中才能产生和存在。就近代哲学而言，意向性学说可以说是对笛卡儿的独立自在的“我思”之为无所思的思的一种批判和否定，实际是继承了康德和黑格尔关于意识和对象的综合统一的学说。布伦塔诺意向性学说有其矛盾困难之处，特别是它的“对象的意向的内存在”的概念使得人们误认为他否定了对象的意识之外的存在。但这些困难为后世哲学家留下了更多思考的空间，激发和促进了后来的现象学思潮的产生和发展。

（4）分析哲学研究

分析哲学是20世纪西方最重要最有影响的哲学思潮或哲学运动之一。陈启伟在北大外哲所的主要学术工作就是讲授分析哲学课程，撰写关于分析哲学的文章，翻译分析哲学的名著（作为分析哲学教学研究的一项基本建设）。下面略述对几位分析哲学家的研究情况。

罗素研究。罗素在20世纪初就已经是享誉国际的分析哲学家，早在五四运动时期就曾应邀来华讲学，他的一些文章和著作被译成中文出版。其中一本是罗素逻辑原子论哲学的经典之作《我们关于外间世界的知识》，译者王星拱，中译书名为《哲学中的科学方法》，其译文虽尚可读，但术语、译名已然陈旧，且多有删节脱略，亦有讹误之处。因而陈启伟乃于80年代末重译此书，使其有了一个完整、准确的译本。陈启伟在2011年发表《重议罗素对布莱德雷否定关系的批评》，对罗素分析哲学的一个核心概念“外在关系说”及其对布莱德雷“内在关系说”的批评进行缜密过细的考察，指出罗素的批评是基于对布莱德雷思想的误解或曲解，是缺乏根据，不能令人信服的，而罗素主张的外在关系说倒恰恰是否定了关系之为关系的柏拉图主义实在论的翻版。陈启伟的这个评论可谓独发己见，道中外学者所不曾道。

维特根斯坦研究。陈启伟早在20世纪60年代初就接触了维特根斯坦哲学，曾译维特根斯坦《逻辑哲学论》部分节段。80年代后他在北大外哲所开设分析哲学课，多次为研究生讲授《逻辑哲学论》，并从德文原著重新全译此书（此前曾有从俄文本、英文本转译者）及作为此书之准备著作的《1914—1916年笔记》、《逻辑笔记》、《向穆尔口述的笔记》等。《〈逻辑哲学论〉中的形而上学》是陈启伟研究维特根斯坦哲学思想发表的作品之一，旨在澄清由维也纳学派肇始而在西方乃至中国学术界流传颇久且甚广的一个误解即把维特根斯坦解释成如维也纳学派一样的反形而上学的实证主义者。文章包含以下观点。①指出维特根斯坦和维也纳学派虽都讲逻辑分析，但二者大有不同。后者是以逻辑分析清除形而上学，前者却是把逻辑分析作为通向真正形而上学的阶梯。②指出维特根斯坦的形而上学观念有一个演变的过程，从1915年以前的笔记来看，他的形而上学是一个关于事实的或经验的形而上学。1915年以后维特根斯坦则提出了在世界和语言之外的神秘的东西，转向了超验的形而上学。③指出维特根斯坦如何通过语言批判为语言划界限亦即对语言和世界进行逻辑分析而导致关于不可说的神秘的东西的形而上学。

卡尔那普研究。卡尔那普的《世界的逻辑构造》是维也纳学派早期最重要的代表作，陈启伟从德文原著译出，1999 年由上海译文社出版。在 1959 年陈启伟与杨祖陶合写的《批判维也纳学派的逻辑分析和证实方法》一文中，虽曾谈到卡尔那普《宇宙的逻辑构造》中"概念构成理论"，但那时尚无该书的中译本。1990 年后陈启伟一面带领博士生研读此书，一面将其全部译出。陈启伟在中译本序言中就如下几点对卡尔那普《宇宙的逻辑构造》一书中的思想做详细的评述：一，构造的方法论原则；二，构造系统的基础和系统形式的选择；三，构造系统的基础：基本要素和基本关系；四，逻辑构造与反形而上学。

蒯因研究。蒯因是继罗素、维特根斯坦和卡尔那普之后的又一位分析哲学大家。他的两部代表作《从逻辑的观点看》和《语词和对象》已由陈启伟和其他学者合作翻译出版。陈启伟在《从逻辑的观点看》中译本序中指出，"从逻辑的观点看"这个书名可说鲜明地表现了蒯因哲学的渊源、路线和方向。此所谓"逻辑"乃指以现代数理逻辑为依据、为楷模的分析方法。这种方法为弗雷格、罗素所肇始，为维也纳学派所发挥，为蒯因所继承，不过蒯因又有别于罗素和维也纳学派，他同时还是美国实用主义传统的继承者。把逻辑分析方法运用于哲学，在罗素为逻辑原子主义，在维也纳学派为逻辑实证主义，在蒯因为逻辑实用主义。逻辑分析与实用主义的结合是贯穿《从逻辑的观点看》和蒯因其他著作的一条基线，是蒯因全部哲学的基本特征。文章从本体论问题、认识论问题、语言哲学问题和逻辑问题诸方面论述和阐释了蒯因的哲学思想，尤其对蒯因关于"本体论许诺"、"存在是约束变项的值"的观点，关于维也纳学派的分析-综合之分及证实主义还原论"两个教条"的批评，关于整体主义知识观以及关于意义和指称的理论等，做了深入的分析，也提出了某些批评。

塞尔研究。塞尔是牛津派日常语言哲学在美国的主要代表。日常语言分析是与罗素、卡尔那普为代表的逻辑分析并立的另一支派的分析哲学。陈启伟在《塞尔》一文中对塞尔的哲学观点做了比较全面的论述，指出塞尔的全部哲学研究都是围绕语言哲学这个中心展开的，而其语言哲学的基本理论就是言语行为的理论。言语行为理论是塞尔的老师、牛津哲学家奥斯汀提出来的，塞尔继承和做了修正。塞尔应用言语行为的理论说明语言哲学的两个基本概念：意义和指称及其关系问题，更具体地讨论了专名、摹状词问题，提出了一些与传统观点不同而引发争议的看法。《塞尔》一文指出，塞尔的哲学历程是从语言哲学进而深入到心的哲学，他认为要说明言语行为的各种范畴，必须追溯其心理基础即各种不同的心理状态或意向状态。但是塞尔对心的哲学的研究并不限于言语行为的心理基础的探讨，而是广泛地讨论了有关心的哲学的诸多方面的问题，特别是关于心身关系和心理现象的特征等具有根本性重大意义的问题。例如心身关系问题上，塞尔既反对主张有独立精神实体的二元论观点，也反对那种把心理现象归结为、消解为物理的东西、否认心理现象存在的所谓“唯物论”观点。实际上，他这里反对的是一种机械论的或“庸俗的”唯物论，他把这种谬误的观点等同于一般唯物论，而不知道还有一种同样反对机械论的庸俗的唯物论的唯物论，例如马克思主义的辩证唯物论。

陈启伟长期从事西方哲学的研究工作，其学术特质突出表现在总是以如下两点要求严以自律。一，一定要充分掌握第一手资料，就自己外语能力之所及，搜求和研读可能找到的哲学家的原著，力求言有所本，论必有据，绝不辗转相抄，空谈妄议；二，一定要有独立探索的精神，力求提出自己的见解，唯其如此，才能不为前人所囿，不被他人所蔽，才能有所开拓，阐发新意。陈启伟常说：“我是把西方哲学研究作为自己生死以之的事业对待的”，“我唯一的希求就是如荀子所说：‘真积力久则入，学至乎没而后止’。”

三、陈启伟主要论著

陈启伟.1959-6-21. 对洛克两种性质学说的一些理解. 光明日报，哲学专刊.

陈启伟.1959-11-15. 黑格尔论真理与实践. 光明日报，哲学专刊.

陈启伟.1960-3-20. 不能把思维与存在的同一和矛盾的同一对立起来. 光明日报，哲学专刊.

陈启伟.1965-10-29. 西方哲学史上真理观的发展. 光明日报，哲学专刊.

陈启伟等.1977. 欧洲哲学史. 北京：商务印书馆.

陈启伟等.1977. 评梁效某顾问. 历史研究，(4).

陈启伟等.1978. 再评梁效某顾问. 哲学研究，(3).

陈启伟.1981. 关于现代西方哲学研究的若干问题. 外国哲学，第1辑.

陈启伟.1979. 黑格尔《法哲学》中的国家学说//西方哲学史讨论集. 北京：生活·读书·新知三联书店

陈启伟.1986. 毕希纳的唯物主义. 文史哲，(3).

陈启伟.1986.《逻辑哲学论》中的形而上学. 德国哲学，第1辑.

蒯因.1987. 从逻辑的观点看. 陈启伟等译. 上海：上海译文出版社.

罗素.1990. 我们关于外间世界的知识. 陈启伟译. 上海：上海译文出版社.

陈启伟.1992. 现代西方哲学论著选读. 北京：北京大学出版社.

陈启伟.1998. 西方哲学论集. 沈阳：辽宁大学出版社.

卡尔那普.1999. 世界的逻辑构造. 陈启伟译. 上海：上海译文出版社.

陈启伟 . 2001. 重议罗素对布莱德雷否定关系的批评//分析哲学——回顾与反省 . 成都：四川教育出版社
陈启伟 . 2002. 如何看待马克思、恩格斯对现代西方哲学的评价 . 学术月刊，(8) .
维特根斯坦 . 2003. 逻辑哲学论 . 陈启伟译 . 石家庄：河北教育出版社 .
蒯因 . 2005. 语词和对象 . 陈启伟等译 . 北京：中国人民大学出版社 .

撰写者

陈启伟

刘放桐

刘放桐（1934～），出生于湖南省桃江县。哲学家。1950年入湖南大学经济系。1954年于中南财经学院经济系毕业后到财政经济出版社任助理编辑。1957年入中国人民大学哲学系做西方哲学史专业副博士研究生。1960年毕业后到复旦大学哲学系任教，1984年由教育部特批为教授，1986年被国务院学位办评为博士生导师，1996年由复旦大学授予首席教授称号，2004年成为新中国成立以来上海首批三位“学术贡献奖”获得者之一，2008年被评为复旦大学文科资深特聘教授。1979年中国现代外国哲学学会成立起即为理事，后任副理事长和顾问。1992年和1997年被聘为国务院学位委员会哲学学科评议组成员（第三、四届）。1997年任第一届高等学校哲学学科教学指导委员会副主任，同年起任国家社科基金哲学学科评议组成员。2004年他领衔的“现代西方哲学”课程被评为首批“国家精品课程”，同年他在复旦大学倡议成立杜威与美国哲学研究中心并任主任。他是新中国成立后在国内最早系统地开设现代西方哲学课程的教师之一；他最早编写了《现代西方哲学》教材、并连续适时修订，30年来在国内被采用最广，该教材多次获得国家级和教育部的优秀教材奖；在现代西方哲学整体研究、重新评价实用主义、现代西方哲学与马克思主义哲学的比较研究上，他提出的观点具有开拓性意义。他与俞吾金主编了国内高校系统第一部哲学史《西方哲学通史》，推动和深化中国的西方哲学研究；他还主持了《杜威全集》中文版的翻译工作，为系统深入地研究实用主义提供了可靠的经典读本；早在20世纪80年代，他就与“国际价值和哲学学会”建立并保持了20多年的学术交流和合作关系，每年举行学术讨论会，强调用发展中的马克思主义来评价西方哲学，有力地促进了中国马克思主义者与国际学界的学术交流和思想互动。

一、学术经历

刘放桐1934年5月2日出生于湖南省桃江县。大学学的是经济学，毕业后最初也是作经济方面的编辑工作。业余虽然阅读过不少哲学书籍，但促使他由经济转向哲学的主要是1955年那场批判胡适实用主义的运动。当时有关批判文章铺天盖地而来。其基本内容都是指责实用主义是十足的主观唯心主义和形而上学，是帝国主义反动哲学。但它们对实用主义的具体内容都语焉不详。刘放桐当时对这场批判的政治和理论含义并不理解，但却也促使他萌发了较具体地学一点包括实用主义在内的西方哲学的念头。他当时读了几本这方面的书，受其吸引，产生了对西方哲学有更多了解的意向。1956 年，中国共产党的八大召开，明确提出急风暴雨式的阶级斗争已经结束，党的中心工作转向经济建设；还提出了向科学技术进军的口号。当时教育部决定参照苏联模式在中国科学院和少数有条件的大学试招授予学位的四年制研究生（副博士研究生）。他正想进一步深造，决定报考。他没有按原来所学和所长报考经济学，而是由批判实用主义运动所激起的对西方哲学的兴趣改报了中国人民大学哲学系西方哲学史专业，被录取。这年年底他进入中国人民大学学习，导师是何思敬，由苗力田协助指导。

刘放桐在中国人民大学学习的重点最初是古希腊罗马哲学，尤其对亚里士多德哲学感兴趣。不久转向经验论和唯理论。他在这些领域的学习和研究都取得了一定成绩，发表了多篇论文。他很受鼓舞，特别是增强了从事这方面研究的信心。中国人民大学重视马克思主义的学术环境使他一开始走上西方哲学的研究道路就注意运用马克思主义观点来指导自己的学习和研究，并力图把对西方哲学的学习和研究与对马克思主义哲学的学习和研究结合起来。他始终觉得这是在以马克思主义为指导的中国从事西方哲学研究能否取得成功的重要条件。

1960 年年底，刘放桐从中国人民大学毕业后分配到了上海复旦大学哲学系。从此一直在复旦大学任教。他的主要学术成果都是在此做出的。

二、主要研究领域和学术成就

1. 现代西方哲学的课程建设和教材建设

刘放桐在复旦大学的主要工作是继全增嘏之后在国内率先系统地开设了现代西方哲学课程，最早编写了《现代西方哲学》教材并使之成为系列，这二者都具有开拓性的意义。

包含有现代西方哲学内容的课程在新中国成立前的中国大学哲学系是普遍开设的，只是大都未把它作为一门独立课程。新中国成立后，由于特殊的政治和意识形态环境，现代西方哲学被看成是与马克思主义哲学针锋相对的帝国主义反动哲学，讲授这方面的课程可能被看作是背离马克思主义、宣扬资产阶级反动思想，因此各大学哲学系都停开了。北京大学哲学系当时集中了全国绝大部分研究现代西方哲学的专家，他们最有条件开设这方面的课程，但他们受到的政治压力更大，反而难于开设。复旦大学哲学系的全增嘏曾先后在斯坦福大学和哈佛大学研究哲学，深谙现代西方哲学，长期担任英语系系主任的他在哲学界和有关部门并未引起很大关注。他反而得以巧妙地以“现代外国资产阶级哲学批判”的名义在1960年开设了这门课程。尽管他讲得很简单，但把现代西方哲学单独作为一门课程开设，在新中国成立后的中国他是第一位。1961年他第二次讲授时刘放桐已到复旦大学，被选为他的助手。这个学期结束后他把讲稿交给了刘放桐，要他接替自己承担整个课程的教学。复旦大学哲学系领导赞成全增嘏的安排。于是刘放桐自此便把系统、全面地建设这门课程当作其主要工作。

尽管有全增嘏开路，但刘放桐接受这项工作时还是感到困难重重。首先是他对现代西方哲学的内容还知之甚少。全增嘏的讲稿虽然可以参考，但过分简单。必须大量补充，而这在当时很不容易。尽管前辈学者早在新中国成立前就对现代西方哲学的一些流派都有过介绍，但大都较为零碎。更为重要的是：从20世纪50年代初起，由于“左”的干扰，极少有人再涉足这方面的研究，原有人员也大多转向哲学史等其他领域。除了因政治需要发表的批判文章及为充当批判的反面材料出版的少量西方哲学家的论著外，很难看到有深刻学术意义的材料。兄弟院校虽有许多造诣很深的学者，但他们都未能系统开设这方面的课程。要大量补充材料，就要深入研究各个哲学流派的原著，从中做出选择。对于一些较早的流派，可以找到部分原著，刘放桐就试图这样做。对于那些新起的哲学流派，由于材料大都短缺，他只好主要借鉴当时名义上还是用马克思主义研究现代西方哲学的苏联哲学家的有关论著。刘放桐对俄语相当娴熟，借鉴他们也较方便。他明知这种材料片面性很大，但也只好如此。

不过使刘放桐最感困难的还是政治和意识形态方面的限制。全增嘏面对的风险对他同样存在。而且由于他讲的内容更多一些，还给学生发讲义，存在的风险也更大一些。为了防避政治风险，他便刻意更多地利用了当时流行的马克思主义批判框架。

在20世纪60年代上半期，为了建设好现代西方哲学这门课程，刘放桐作出了一切可能的努力，也取得了较多成果。这门课程到1964年开设已较为完整，有完整的教学大纲和相当一部分哲学流派的讲义。个别部分还经过整理公开发表。当时一家出版社已明确表示愿意接受出版。然而这时国内政局骤变。1964年年底开始的“四清”运动再一次强调了以阶级斗争为纲，接着是史无前例的“文化大革命”。现代西方哲学这时更进一步被否定了。中国学术界几乎没有人再敢公开谈论它们。刘放桐在这方面的工作也被迫完全停止。

1978 年改革开放后，中国现代西方哲学获得了重新研究的条件，刘放桐也有了机会恢复本课程教材编写的工作。但原有的两个主要困难仍在不同程度上存在。

重新开始工作之初，同行专家们虽然大都恢复了本学科的研究，但尚无系统性的研究成果，第一手材料仍然更是奇缺。当时一些专家认为编写本学科教材的条件暂不具备，主张至少再等 5～6 年。如果对编写的水平要求较高，这些意见无疑是求实和中肯的。然而鉴于当时本学科处于百废待兴局面，许多人对它的基本内容还缺乏了解，许多兄弟院校计划开设本学科课程却又难于找到关于它的基本理论框架的材料。解决从无到有问题成了本学科重建中的首要问题，而编写出一部提出本学科的基本理论框架、较为全面和系统地介绍它的主要内容的教材或论著，又是解决从无到有过程中重中之重。刘放桐过去就已收集了不少材料并写成的部分初稿。如能较快地编写出一本相对系统的本学科教材来，那至少能适应短期的急需。于是他明知不可能编写得完善，还是决心尽最大努力将其完成。

在如何确定评价标准上他感到更加为难。简单否定的态度当然不能再继续下去了，应当按照马克思主义的求实原则作出具体分析。怎样才能做到这样呢？这就不易掌握了。在 1980 年召开的本书审稿会上，有两位老一辈专家建议刘放桐不要去进行批判，把各派哲学本身的理论讲清楚就可以了。刘放桐虽然认为他们言之有理，但未敢照办。因为他强烈感到“左”的影响在当时还明显存在。如果本书缺乏批判文字，很可能会被人指责为违背马克思主义，宣扬资产阶级腐朽思想。于是他基本上仍采用了流行已久的批判模式。只是在较有把握的地方作些肯定。在一些同行的合作下，刘放桐主编的《现代西方哲学》终于在 1980 年完成了，1981 年由人民出版社出版，经教育部批准为全国统编教材。它当然很不完善。主要缺点是对有些哲学流派的介绍还不够具体和细致，偏离了它们本身的实际所是，更重要的是未能摆脱左的批判模式。例如把它们的理论纳入世界观、认识论、方法论、社会历史观等预设的框架中必然产生削足适履之弊。但是，也许由于它是中国学者用马克思主义观点编写的该学科第一部较系统的论著，在国内本学科无其他较系统的论著或教材可供参考的情况下，它还是适应了广大读者的需要，受到他们的热烈欢迎。一些报刊把它当作中国现代西方哲学学科建设的重要事件之一，先后作了报道和评论，特别是强调它对推动和促进中国该学科的教学可能起到的积极作用。至于对本书的上述缺陷，大家似乎是以初创时期难以避免而表示谅解。在往后许多年内，它一直被多数兄弟院校采用。到 1989 年为止印刷了 10 多万册，比后来出版的本学科同类教材多出几倍、甚至几十倍。它也多次在不同场合获奖。包括教育部颁发的优秀教材奖一等奖。不过最使刘放桐感到欣慰的不是这些奖励，而是许多年轻同志至今仍不约而同地向他表示：他们正是在本书的激发下进一步去学习和研究现代西方哲学的。这表明本书在本学科的重建中起了一定的开拓作用。

需要提及的一点是，本书的出版也引起了一些持传统僵化观点的人士的不安。他们仍然认为现代西方哲学只能是资产阶级腐朽没落的哲学，关于这方面的书刊只能作为供批判的内部材料。将其公开出版、甚至成为畅销书，必然产生严重的消极后果。1983年前后，在反对资产阶级自由化思想的浪潮中，某些权威部门依据下属单位个别人的不切实际的汇报，把本书同另外两本书一道当作传播资产阶级精神污染的典型，并且通报全国。这不仅对刘放桐个人形成了沉重的政治压力，也使哲学界的许多人感到震惊。因为本书的最大特点之一在于它处处强调马克思主义的指导作用，而它的主要缺陷之一正在于没有摆脱左的批判框架。如果这样的书也被判定为是宣扬资产阶级反动世界观，那么又怎么能谈到在中国对现代西方哲学进行实事求是的、客观的研究呢？当然，80年代的中国毕竟已实行改革开放政策。经教育部和上海市领导部门的调查，有关部门后来改变了态度。这场风雨持续的时间不算长。此后，中国现代西方哲学研究还遇到过其他一些困难。但总的说来已经走上了更为健康的发展道路。现当代西方哲学名著被成批翻译出版，中国学者撰写的本学科论著（包括不同规格的教材）大量问世，其中不少在科学性和客观性上已有重大进步。

《现代西方哲学》尽管在学科初创期对学科建设起过一定的推动作用，但它毕竟显得粗糙。随着80年代中期以后本学科研究的重大发展和进步，本书已越来越显得过时。为此刘放桐在1984年时就已考虑对之加以修订，后在1990年出版了修订本。其主旨是克服或减轻初版中存在的缺陷，体现80年代以来学科研究的新进展，特别是摆脱左的批判模式。例如不单以唯物唯心来为各派哲学划界和定是非，而是尽可能对之作出具体分析。对于西方现代哲学与近代哲学及马克思主义哲学的关系，实际上已提出了与初版大不相同的看法。例如肯定现代哲学对近代哲学的许多进步、肯定其与马克思主义哲学在超越近代哲学上的同一性。不过，由于这些问题带有很大的政治敏感性，编者在这方面的研究也还不充分，因此修订本有关这方面的论述还不是很明确。总的说来，与初版相比，修订本在论述的科学性和评价的客观性方面都有较大提高。根据全国高校哲学教学指导委员会后来的调查，大部分兄弟院校在一些年内仍然以本书为教材或主要参考书。中央军委甚至一次购买了几万册，发至团以上干部作为参考资料。这至少说明本书依然受到读者的欢迎。

对修订本存在的不足，刘放桐在它出版时起就有较充分的意识，并准备在条件成熟时对其作新的修订。其中最重要的是如何正确处理好现代西方各派哲学与马克思主义哲学的关系问题。因此，从那时起他关注的中心就转向对这两种哲学的比较研究。修订本出版以前他对这两种哲学的关系问题的讨论主要还只是以实用主义等个别哲学流派作为例证；在此之后就转向整个现代西方哲学了。在比较研究的广度和深度上比修订本以前要前进得多。正是在这个基础上，他完成了《新编现代西方哲学》的编写并于2000年出版。

如果说1981年版《现代西方哲学》对恢复中国本学科的教学与研究起了某种“从无到有”的开拓性作用；1990年版的《现代西方哲学》修订本则在突破旧的评价模式、求实地介绍现代西方各派哲学上迈出了重要的一步；2000年版的《新编现代西方哲学》则力图把本学科的教学和研究提高到与马克思主义哲学研究相结合的新阶段。刘放桐的《新编现代西方哲学》与其后出版的《马克思主义与西方哲学的现当代走向》及《西方近现代过渡时期的哲学：马克思主义哲学和现代西方哲学比较研究》其实是一个整体。它们从不同方面体现了他将这两种哲学的研究结合起来的主旨。《新编现代西方哲学》出版后仍很流行，并再次获教育部一等奖。

三个版本的《现代西方哲学》都涉及与马克思主义哲学的关系，它们不仅体现了中国现代西方哲学研究的三个不同阶段，也在一定程度上体现了改革开放后中国马克思主义哲学研究发展的进程。这三个版本的编写耗费了刘放桐几十年的精力，也使他获得了很多奖励和荣誉。其中最为重要的是：在上海市为表彰1949以来对学科研究有全国性突出贡献而设立的“学术贡献奖”中，刘放桐以“现代西方哲学领域开拓性的持续研究及学科建设的重大贡献”荣幸地成为全市首届（2004）三位获奖者之一。

2. 重新评价实用主义

从“文化大革命”结束后恢复对现代西方哲学的研究以来，对实用主义的关注一直是刘放桐的学术活动的重要部分之一。早在1977年，他就酝酿着对实用主义进行较深入和系统的研究并争取写出一部论著来。这部分是由对“四人帮”的哲学基础的讨论引发的。

“四人帮”覆灭后，哲学界人士纷纷就其哲学基础发表意见，其中最为集中并似乎得到权威部门认可的是认为“四人帮”各种谬论的理论基础是资产阶级实用主义。刘放桐一直关注着这场讨论。开始时他也认可把实用主义当作这一基础，但后来越来越对此感到疑惑。因为他清楚地记得，“四人帮”当政时也曾大批实用主义，对此。往前推，在50年代反右、反修、批“右倾机会主义”时，也同样把被批者的理论基础说成是实用主义。再往前，在20世纪50年代上半期对电影《武训传》的批判、对《红楼梦》研究的批判以至对所谓“胡风反革命集团”的批判中，也无不把被批者的思想基础说成是实用主义。甚至可以说，在新中国成立以来的历次政治和思想批判运动中，被批判者几乎都被指责为实用主义的信奉者。一旦批判者成了被批判者，别人也照样指责他们贩卖实用主义。这样，在中国，几乎一切政治和思想批判在很大程度上都成了对实用主义的批判。实用主义果真成了这样一种可为一切反动势力辩护、从而应当受到一切批判者的批判的哲学么？他觉得应当重新研究。求实地弄清楚究竟什么是实用主义，无论从哲学或政治上来说都非常重要。基于此，他在准备编写《现代西方哲学》时，就特别关注其中的实用主义部分。除了阅读国内外专家的论述外，重点转向较全面而认真地阅读和研究主要实用主义哲学家、特别是在中国影响最大的杜威的原著，结果发觉实用主义的实际所是与以往几十年来人们所作的批判之间存在着很大的差别。

从实用主义的基本理论倾向来说，实用主义并不能归结为以反对唯物主义和辩证法为己任的十足的主观唯心主义和形而上学哲学。例如，实用主义哲学家的确大都认为哲学和科学所研究的世界是经验世界，这个世界的存在离不开人的经验。然而他们的意思并不是说客观世界本身就是由人的经验构成的，而只是说当事物和世界作为哲学和科学的对象时，它们就是作为与主体相对立的客体，就必然处于与人的认识关系中，也就是作为人所经验到的、或者说人化了的对象。至于唯心主义哲学家所主张的意识不以物质为转移而独立存在以及意识派生物质的观点，实用主义哲学家不仅不赞成，反而是竭力反对。詹姆士的意识流学说明确肯定意识只能是物质的意识，离开作为物质存在的大脑就不能存在。杜威更为明确地指出经验是关于自然的，是发生在自然之内的，而自然界本身作为一种自在的存在在人类及其意识出现以前早已存在了。实用主义哲学家对待辩证法、真理、社会历史等方面的观点虽然有片面性，但也都有其合理因素。

从实用主义的阶级属性和社会作用说，它也不能简单归结为帝国主义的反动哲学。尽管实用主义的确可能被某些反动势力所利用，但这往往是扭曲地利用。主要实用主义哲学家的理论本身并非如此。例如杜威的社会政治理论和他本人的政治倾向都与垄断资产阶级相左。从20世纪初起，他一直对美国在政治和经济上的垄断倾向、甚至整个垄断资本主义制度采取批判态度，认为它们只符合少数富人的要求和利益而损害广大中下层群众的要求和利益。他虽然一贯反对马克思主义的阶级斗争学说和无产阶级革命理论，但又一贯主张社会的革新和进步，甚至对当时苏俄的社会主义有所肯定，把它当作社会革新的一种有益的实验，以致一些美国右翼人士指责他过分赤化。作为他的社会理想的“民主共同体”是一种使全社会、特别是广大中下层群众都享有民主自由和幸福的社会，它既超越苏俄式的社会主义，又超越美国式的资本主义。值得注意的是：在 20 世纪 30 年代以前，无论是苏联官方还是以马克思主义为主导意识形态的知识界，在政治和理论上对杜威都是称赞的。只是到了 20 世纪 30 年代中期，当斯大林的至尊地位及其左倾路线确立以后，特别是以杜威为首的一批美国自由派人士对所谓莫斯科审判（对托洛茨基等人的审判）进行批评、从而直接冒犯了斯大林以后，杜威才突然一下变成了“帝国主义的反动哲学家”、“苏联人民的最凶恶的敌人”。苏联对杜威和实用主义的态度的这种急剧变化不久也影响到了中国，使之发生了类似的变化。

对实用主义评价上的简单否定必然影响到对其他西方哲学流派的评价。在现代西方哲学流派中，实用主义相对说来是一个要求革新和进步的哲学流派。尽管它与马克思主义哲学有着原则的区别，但在要求超越传统形而上学、反对具有各种保守倾向的社会政治制度和相关的理论上，它与马克思主义在某些方面有共同之处。如果因政治需要而对之全盘否定，又怎能对其他流派作出实事求是的评价呢？因此，克服这种不实事求是的偏向，对实用主义重新进行评价，对按照真正的马克思主义观点重新评价现代西方哲学各个流派将具有重要的推动作用。

正是基于这种认识，刘放桐把重新评价实用主义作为评价其他流派的先行步骤，1983 年出版了《实用主义述评》。本书在论述实用主义各个方面的理论时都避免对之简单否定。例如它在批判实用主义的唯心主义和形而上学的同时又对实用主义超越唯心主义和形而上学的积极方面有所肯定。本书虽然还没有完全摆脱旧的批判模式，但与以往在中国出版和发表的那些对实用主义全盘否定的论著已明显不同。值得一提的是：刘放桐 1987 年发表的《重新评价实用主义》一文在中国学术界产生了广泛而长远的影响。因为它在国内第一次明确而全面地对在马克思主义阵营中长期流行的对实用主义的批判模式公开提出了挑战。针对以往对实用主义的不实的评价。该文以作为小标题的形式明确提出：不能把实用主义归结为主观唯心主义，不能把实用主义归结为形而上学，不能把实用主义归结为是诡辩论，不能把实用主义归结为帝国主义哲学。刘放桐的这种观点在同行专家中引起了广泛的共鸣，中国现代外国哲学学会趁势于 1988 年在成都召开了一次全国实用主义讨论会，在对实用主义的评价上达成了与刘放桐的观点大体一致的共识。正因为如此，本文后来一再被许多研究实用主义的同行所引用，并被多本论述当代中国哲学发展的论著当作对实用主义的评价具有转折性意义的文章。

在重新评价实用主义上的成功对刘放桐是很大的鼓舞。由此在评价其他现代西方哲学流派时也越来越敢于抛弃传统的批判模式，采取马克思主义者本来应有的求实态度。1990年出版的《现代西方哲学》修订本正是在重新评价实用主义的成果的推动下改写成功的。最近几年来，刘放桐企图再次推动中国的实用主义研究。2004年在倡议在复旦大学成立了杜威和美国哲学研究中心。其第一项工作就是翻译出版37卷的《杜威全集》，其中早期著作5卷和中期著作15卷已分别于2010年和2012年出版，晚期著作17卷及全书索引、全书各卷导读、补遗各1卷将在2015年内出齐。

3. 现代西方哲学与马克思主义哲学比较研究

随着学界在现代西方哲学个案研究上的重大进步，特别是随着马克思主义哲学研究中教条主义倾向的克服和与求实学风的兴起，大家都越来越认识到必须抛弃旧的评价模式，建立以发展着的马克思主义为基础的新的评价模式。后者意味着对这两种哲学都应当按照其本来面目、从其现实和历史的发展来认识和评价。在新的条件下，用马克思主义指导现代西方哲学研究，必须重新认识这两种哲学的本来意义及其历史发展，并在此基础上对二者进行新的比较研究。

如果说在1990年以前编写《现代西方哲学》修订本时，刘放桐还只是停留于抛弃简单化的批判模式，在此之后他就越来越尝试自觉地对这两种哲学作比较研究。这不只是将它们作简单的对比，而是用求实的、发展着的观点，从研究它们共同的和各自独特的社会历史根源和理论根源出发，从对整个西方哲学从近代到现代的发展趋势的研究出发，从整体上和各种独特的表现形式上深入具体地研究这两种哲学的产生和发展的路线，既揭示它们的原则区别，又揭示它们可能存在的共同之处。在这个基础上借鉴现代西方哲学发展中的经验教训，为丰富和发展马克思主义哲学服务。

为了慎重，刘放桐没有急于发表自己的研究成果。一直到1995年才尝试性地在一家不起眼的刊物上发表了《从西方古典哲学到现代哲学的转折》，其中已大致表达了他其后几年更为明确表达的观点。此文虽由中国人民大学《复印报刊资料》《外国哲学》转载，但由于表达不够清晰，没有引起学界注意。他于是在此基础上另写了《西方哲学的近现代转型与马克思主义哲学和当代中国哲学的发展道路（论纲）》一文（以下简称《论纲》），其中明确地提出了如下两个主要观点。

第一，西方哲学由近代到现代的转向不能简单归结为从唯物主义到唯心主义、从辩证法到形而上学、从进步到反动的蜕化过程，而是西方哲学发展上一次具有思维方式的根本变更意义的转型，即由近代哲学思维方式转向现代哲学思维方式。这主要表现为多数现代西方哲学流派都以自己特有的方式力图超越以主客心物等二分为出发点，以建立关于世界的本源、本质的理论体系为目标，以基础主义、本质主义等为理论特征的近代哲学，使哲学研究在不同程度上从抽象化的自在的自然界或绝对化的观念世界返回到人的现实生活世界。他们企图以此摆脱近代哲学的困境，为哲学的进一步发展开辟新的道路。他们的哲学总的说来更能体现这一时期西方社会各个方面发展的状况，因而具有重要的进步意义。西方哲学由近代转向现代标志着西方哲学发展到了一个新的、更高的阶段。

第二，马克思主义在哲学上的所做的变更是哲学史上最具有进步性和革命性的事件。从批判和超越以二元分立、基础主义、本质主义等为特征、并已陷入困境的近代哲学思维方式来说，从建立一种以强调人的现实生活和实践以及人的自主能动性和创造性为特征、以适应现代社会的时代精神的要求的新的哲学思维方式来说，现代西方哲学和马克思主义哲学之间存在着类似之处，可谓殊途同归。二者均属于现代哲学思维方式。但是，二者之间又存在本质的区别。马克思主义哲学不仅比现代西方哲学更加彻底全面地超越了近代哲学的思维方式，而且为现当代哲学的发展指明了现实的道路。但马克思不是简单地扬弃一切旧哲学，而是力图彻底打破它们由以出发的前提。他所关注的不是建立关于整个世界的严密完整的理论体系，而是直面人的现实生活和实践。他由此把实践观点当作其哲学的首要的、基本的观点；主张通过实践来充分发挥人的能动性和创造性，促进人的自由和全面发展。马克思正是通过对人的实践的意义的深刻揭示和全面阐释彻底地实现了对近代哲学的超越，实现了哲学上的革命变革。如果说现代西方哲学是经过曲折的历史过程、综合各种不同哲学流派的积极方面才在一定程度上实现了对近代哲学的超越的话，马克思主义哲学则在其初创期就已用非常直接和自觉的方式超越了近代哲学，实现了哲学史上的革命性变更。

《论纲》在《天津社会科学》1996 年 3 期发表后，经《新华文摘》等刊物转载，很快引起了哲学界、特别是从事现代西方哲学研究和马克思主义哲学研究的专家们的高度关注。为了更加全面、具体和准确地阐释清楚上述观点，刘放桐在之后几年继续发表了 20 多篇论文，它们大都分别由《新华文摘》或《中国社会科学文摘》转载。他还出版了《马克思主义与西方哲学的现当代走向》、《西方近现代过渡时期的哲学：马克思主义哲学和现代西方哲学比较研究》，其中也着重阐发上述观点。

刘放桐所提出的观点得到哲学界绝大部分人的认可，被认为在对这两种哲学的比较研究上起了开拓和推动作用。2000 年由全国高校哲学学科教学指导委员会在上海举行的全国马哲和西哲对话会上，这些观点几乎成了与会专家的共识。但学界少数人一直存在疑虑，担心是否会混淆这两种哲学的界限。其实，刘放桐的观点是以划清这两种哲学的界限和前提的。不管怎样说，《论纲》一文最早明确提出的上述两个观点对在中国流行了几十年、并被冠以马克思主义名义的观点第一次进行了公开的挑战，如果它们能够成立，那大概可以说是现代西方哲学研究领域中的一种突破。

对马克思主义哲学和现代西方哲学的比较研究也促进了国际交流。刘放桐将一些相关的论文在国外发表，还编写了 *China's Contemporary Philosophical Journey: Western Philosophy & Marxism*（《中国当代哲学历程：西方哲学与马克思主义》）一书在美国出版，得到了美国同行的高度赞扬。国际形而上学学会、国际价值和哲学学会（RVP）负责人 G. McLean 在为本书写的序言中说：刘放桐"比其他许多人更像是在哲学上使中国真正开放的一把钥匙"；"如果说今天中国已是全球学术对话的主要参与者，那么刘放桐教授的深刻和持久的努力可以说比其他人都更有贡献"；"他力图证明一种更为开放、更有人道主义特色的马克思，他的确做到了；他力图揭示西方思想中的合理因素，同时又指出其局限性，他的确也做到了"。"他的名字和他的著作成了对待西方思想的公正、可以接受和创造性立场的同义语"。刘放桐认为这些褒扬的话明显言过其实，但毕竟可以看作是西方学者对中国哲学界这方面的研究的关注。

4. 推动复旦大学西方哲学学科建设、主编十卷本《西方哲学通史》

复旦大学西方哲学学科是1956年建系时由全增嘏建立的。由于复旦原来没有办过哲学系。当时西方哲学学科的成员都是从经济等学科转来的。与北京大学、中国人民大学、武汉大学等兄弟学校相比，复旦大学这方面的基础明显较弱。改革开放以后，刘放桐与黄颂杰、尹大贻、陈京璇等当时的一批中年教师一道决心改变面貌。他们的第一个措施就是编写由全增嘏主编的《西方哲学史》。这部教材尽管有种种不足，但它20多年来一直较为流行，至今仍在不断重印。刘放桐等人清醒地认识到，单靠两部教材（还有一部就是刘放桐主编的《现代西方哲学》）并不能从根本上改变复旦大学西方哲学学科不够强势的局面。于是刘放桐与其他教师、特别是先后加入本学科的年轻同志一道，开展了两方面的工作。一方面是建立现代哲学研究所，刘放桐担任第一任所长，强调要对现代西方哲学家的有代表性的原著进行深入具体的研究，真正做到在这方面有坚实的基础；同时提倡将现代西方哲学研究与马克思主义哲学结合起来，使之成为复旦这方面的研究的特色。考虑到西方马克思主义当时已开始有专家引入国内，刘放桐和黄颂杰等人觉得这方面的研究必将很有前途，于是决定在现代哲学研究所内建立由新进入学科的俞吾金和陈学明等人组成的国外马克思主义研究室。这是国内第一个这样的研究室。他们的工作很有成效，为后来建立在全国有重要影响的国外马克思主义与现代西方哲学研究基地奠定了基础。另一方面，要进一步加强对西方哲学史的基础性研究。一些青年教师对近代哲学、特别是德国古典哲学都有高水平的研究成果。

到90年代后期，复旦大学西方哲学学科已形成了一支研究方向涵盖从古到今的较为完整的队伍，取得了一些在国内有较大影响的学术成果，并先后评为上海市重点学科和国家重点学科（成为当时国内高校同类学科中的两个国家重点学科之一）。刘放桐时任该学科的带头人。他考虑到首届国家社科基金规划的多卷本西方哲学史课题由于参与单位过多、难于形成合力等原因而流产；而复旦大学西方哲学学科现在已有较强力量，也有较好条件集中这些力量，于是就建议由复旦大学单独来编写一套《西方哲学通史》。这既可弥补当时国内这方面的空缺，还可使复旦大学西方哲学学科的建设更为全面和坚实。这一建议得到了学科多数人的赞同，复旦大学哲学系和学校领导也极力支持，并将其列为教育部“211”第一期重点课题。由刘放桐任主编，黄颂杰、俞吾金、张汝伦任副主编，编写工作也从那时起正式启动。后来还申请到国家社科基金重点项目和教育部重点项目的资助。

这个课题启动后。他们就遇到了很大的困难。其中最主要的是参与成员除了都有繁重的教学工作外，各自又几乎都担负了必须先期完成的国家或省部级课题，有的人还担负了较多行政工作（例如黄颂杰除了教学科研，还是责任重大的《复旦学报》主编）。另外，多头分管同样难于形成合力，因而进度相当缓慢。学科内有的同事建议调整主编结构，不再设实际上未担负具体工作的副主编，增补俞吾金和刘放桐一道任主编，由他来负责一些具体工作，领导同意了这种调整。自此之后编写工作进展有所加快。尽管由于这个课题的确庞大，加上一些其他原因，致使完成期一再延迟。但这部包括十卷约600万字的《西方哲学通史》终究还是完成了。它除了坚实地立足于原著、争取尽可能具有较高的学术性外，还在如下三个方面作出了努力。一是打破了国内外出版的西方哲学史流行的结构。例如对德国古典哲学以前的近代哲学，不再按经验论、唯理论和法国唯物主义来划分，而按照马克思的有关论述将其划分为17世纪形而上学和18世纪启蒙哲学。二是它除了力图用马克思主义观点来指导编写外，还明确地将马克思在哲学上的革命变更和西方哲学从近代到现代的转型结合起来进行比较研究，提出和论证了一系列新的观点，为此特设了《西方近现代过渡时期的哲学》一卷，由刘放桐亲自主持编写。三是始终强调把西方哲学的基础问题与前沿问题和热点问题结合起来，保持与国外同行的密切学术交流，跟踪国际学界最新学术成果。为此加大了现代部分在《通史》中的比重（占了十卷中的五卷），除了有关20世纪英美、德、法各卷包含了一些当代最新内容外，还特设了《二十世纪西方马克思主义哲学》一卷。十卷本《西方哲学通史》究竟写得是否成功，还有待国内外哲学界的评价。但它毕竟是复旦大学西方哲学学科的最有标志性的成果，也在一定意义上体现了刘放桐在推动西方哲学研究上所作的努力以及他的一些主要观点。

刘放桐从教60余年，古道热肠，宽厚谦逊，春风化雨，桃李满天下，从20世纪80年代初至今，已培养了60多名研究生（主要是博士生）。这些学生大都已成为国内外许多高等院校和科研机构西方哲学教学和研究的中坚力量。

刚年届八旬的刘放桐至今仍活跃在教学科研的第一线，最近几年他仍与其他教授一起在为博士生主讲学位专业课："西方哲学专题研究"、"西方哲学经典研究"和"西方哲学前沿问题研究"，每年都招收和指导博士生，同时，刘放桐正在组织有关专家学者实施由他领衔的国家社科基金重大攻关项目"杜威全集的翻译和杜威思想的研究"。借用2013年复旦大学庆祝刘放桐从教60周年会议上的一句贺词来评价他是最恰当不过了："上善若水，学贯中西"。

三、刘放桐主要论著

刘放桐．1981. 现代西方哲学．北京：人民出版社．

刘放桐．1983. 实用主义述评．天津：天津人民出版社．

刘放桐．1987. 重新评价实用主义．现代外国哲学，(10)．

刘放桐．1990. 现代西方哲学修订本（上下册）．北京：人民出版社．

刘放桐．1996. 西方哲学的近现代转型与马克思主义哲学和当代中国哲学的发展道路（论纲）．天津社会科学，(3)：10-16.

刘放桐．1998. 西方哲学的近现代转型与道德和价值观念的变更——对个体本位和个人主义的超越．天津社会科学，(4)：5-11.

刘放桐．1999. "人本主义"与"人本主义哲学"思潮随想录．学术月刊，(10)：32-41.

刘放桐．1999. 当代哲学走向：马克思主义与现代西方哲学的比较研究．天津社会科学，(6)：4-10.

刘放桐．2000. 新编现代西方哲学．北京：人民出版社．

刘放桐．2000. 对西方哲学近现代转型的历史与理论分析——从近代哲学到现代哲学．学海，(5)：18-27.

刘放桐．2001. 马克思在哲学上的革命变更对西方现当代哲学的超越．哲学研究，(8)：13-19.

刘放桐．2002. 现代西方哲学的历史演变及发展趋势．求是，(2)：45-48；

刘放桐．2002. 马克思主义与西方哲学的现当代走向．北京：人民出版社．

刘放桐．2003. 对哲学上的革命变更和现代转型的认识．江海学刊，(5)：22-28.

刘放桐．2004. 从经典马克思主义到西方马克思主义．求是学刊，(5)：18-25.

Liu F T. 2004. China's Contemporary Philosophical Journey：Western Philosophy & Marxism. The council for research in value and philosophy. Washington D. C，USA.

刘放桐 . 2006. 西方哲学现代转型的科学背景 . 江海学刊，(3)：13-19，238.
刘放桐 . 2008. 重释马克思哲学变革的革命性意义——从西方哲学研究视角分析 . 河北学刊，(6)：12-17.
刘放桐 . 2009. 西方近现代过渡时期的哲学 . 北京：人民出版社 .
刘放桐 . 2010. 探索、争鸣和超越：马克思主义哲学和现代西方思潮比较研究 . 北京：北京师范大学出版社 .
刘放桐 . 2010. 再论如何看待马克思和恩格斯对同时代西方哲学的否定——对一种复旧性观点的回应 . 河南社会科学，(1)：49-54.

撰写者

莫伟民（1965～），浙江杭州萧山人，师从刘放桐攻读现代外国哲学专业硕士和博士学位，现为复旦大学哲学学院教授、博士生导师。

张立文

张立文（1935～），浙江温州人。哲学家，哲学史家。中国人民大学一级教授、博士生导师。1956年以优异成绩考入中国人民大学。1960年毕业留校至哲学系中国哲学史教研室工作至今。1984年国务院学术委员会特批教授。曾任和现任中国人民大学孔子研究院院长，中国传统文化研究中心主任，中国人民大学国学研究院院长，和合文化研究所所长等。兼任中国周易学会副会长，中国文化书院导师，国际儒学联合会顾问等。在50多年的中国哲学、中国文化的教学研究中，一方面教书育人，诲人不倦，培养了众多优秀的硕士生、博士生、博士后、留学生、访问学者及进修生，另一方面潜心治学，自20世纪80年代以来，先后提出了中国哲学逻辑结构论，建构了传统学、新人学的理论体系，并率先建构了和合学哲学理论体系。迄今为止，已出版学术专著24部，主编、合编著作38部，并在国内外报刊发表学术论文500多篇，2009年38辑《张立文文集》在韩国出版。著作曾获北京市、教育部、国家社科基金优秀成果奖，并获退溪学国际学术奖。

一、成长经历

1935年3月11日，张立文出生在浙江温州永嘉县永强三都普门桥北的家中。桥北张姓人家大都是明嘉靖初年首辅张璁的后裔，但至张立文的祖父张士福时，其家已穷困至靠下海打鱼糊口。后其家改做豆腐，兼营其他副食品，因其祖父、父亲做生意诚实可信、童叟无欺，张家店号在当地口碑甚好，生活也渐渐好转。

父亲张成枢读书广泛，四书五经，古今小说，《麻衣相命》，以至棋谱医药都有涉猎，而这些书也便成为了张立文小时候的伴侣。父亲家教甚严，张立文进学堂后，每至寒暑假，恐其荒废学业，都要求他去私塾念书读经。在私塾中，张立文依照传统蒙学之径，先读《三字经》、《幼学琼林》，后学《古文观止》、《论语》、《孟子》，如此坚持了6年的假期。在当时新式学堂盛行的情况下，这段私塾学习无疑为他奠定了初步的古学基础。

1940年，张立文五岁时被送至罗山小学校读书，后因成绩优异，在六年级时进入温州市三希小学学习。由于他学习刻苦，成绩名列前茅，最终提前考入温州瓯海中学。当时，瓯海中学人才济济，名师荟萃。在这样的环境中，张立文对国文、历史、算学、物理、地理、图画、书法等都兴趣浓厚，成绩门门出众。如他所言，瓯海中学老师们渊博的知识，使其感到世界上有无穷无尽的知识需要去探索，要像海绵一样不断地吸收，要像肠胃一样不断地消化。

1950年，张立文报名参加温州泰顺土改运动，投身到轰轰烈烈的社会主义建设中。随之又先后在泰顺文化馆、粮食局工作，1956年响应党中央向科学进军的号召，张立文报考了中国人民大学，并最终以优异的成绩被中国革命史专业录取，从此开始了他的学术之路。

当时的中国人民大学提前单独招考，因此竞争非常激烈，能够最终录取实属不易，而张立文工作数年后再入大学学习，更是格外珍惜这宝贵的机会。新学期一开始，张立文便沉潜于学习之中。他有记笔记的习惯，每次上课都无例外，因当时没有正式教科书，所以每次临到考试，他的笔记本便会辗转于全班同学手中，成为临时教材。当然，对初入学术之门的张立文来说，影响最深、启发最大的还是中国人民大学汇聚的众多名师。何干之、尚钺、孙家让、戴逸等学者，为他打开了一扇知识的天窗，使他的思想豁然洞开，从此自由遨游于学问的海洋中。随着学习的深入，张立文的兴趣逐渐转移到了哲学和中国通史上，他甚至将1949年之后的相关著作都通读了一遍。但他很快发现这些书都是以苏联教科书的模式撰写的，以至于了无新意。为此，他便寻找机会大量阅读1949年前的书籍，这些原本是不给学生看的。将这两类书比对之后，他愈发觉得中国古代哲学深邃幽奥，对人生都有着强烈关怀和启迪。但由于当时的“反右”运动，他也只能将这些深藏于心。就在张立文逐渐确立自己的学术方向时，1960年他幸运地被分配到了中国人民大学哲学系哲学史教研室，从事中国哲学史的教学和研究工作。而这也正是当时的他梦寐以求的学问路向，这一因缘便最终奠定了张立文今后50多年所致力的学术之路。

工作之后，在选定具体研究方向时，张立文按教研室的分配，研究宋元明清理学。因为当时冯友兰的“新理学”被批判，理学几乎成为中国哲学史的研究禁区，1949年之后便少有青年学人研究。选定好方向之后，又鉴于《周易》对宋明理学的重要性，张立文便首先利用文字、音韵、训诂等传统治学方法注译《周易》。在此基础上，张立文将研读《周易》过程中出现的问题以及对其的理解，再次细致整理出来，于是在毕业之后的短短三年后，便有了《周易思想研究》的初稿。在研究《周易》的同时，他有关宋明理学的思考也同时在继续。张立文为自己制定了明确的研究计划，首先要在教学上求通，做到通熟整个中国哲学史，而在科研上则求点，对于重点哲学家要深入研究。通过点面结合，由点到面，由面到通，从而达到“致广大”与“尽精微”的统一。而对于“点”的选择，张立文选择了最难点。朱熹是宋明理学研究中绝对躲避不开的关键人物，理清这一点便可以带动整个宋明理学的研究。为此，张立文继续运用“笨方法”，从《朱文公文集》、《朱子语类》一字字读起，并分概念、范畴做读书卡片。同时，因为教学的要求，关于其他方面的研究也从未放下，其中只在1964年便有6篇论文刊载于《光明日报》、《文汇报》等报刊上。特别是对于当时的研究热点——谭嗣同思想研究，张立文提出了“仁—通—平等”的逻辑结构，这一观点被学界广泛采用和认同。

在工作之后的短短数年时间中，尽管运动不断，但张立文仍然取得了相当可观的研究成果。然而，不幸的是，“文化大革命”运动很快开始，一切教学研究都不得不中断下来。对于那时候的学者而言，“文化大革命”的光阴，本应是学术绽放最为灿烂的时光，却只能在无休止的运动中耗去，更遑论学术的追求。在自传中，张立文将生命划分为两个阶段，即学术生命和生命学术。“文化大革命”终结之前，可称为学术的生命；之后，可称为生命的学术。而学术生命之所以为学术生命，正在于以生命投入学术中，在求生存中求学术。在运动不断的动荡年代，张立文经历了“炼狱般的煎熬，挤压状的批斗”，背负着“沉重的政治包袱，发臭的老九身份”，仍然义无反顾地以生命追求学术，致思之路从未停断。“文化大革命”结束之后，张立文逐渐开始了新的历程，这也便是学术与生命相和合的生命学术境界。

二、主要研究领域和学术成就

“文化大革命”结束后，包括教学科研在内的一切活动都逐渐步入正轨，张立文也由此开始了他的生命学术的新历程。自1980年出版《周易思想研究》之后，张立文步入了学术研究的高峰期，他不仅在哲学史研究上取得了巨大的成就，而且还不断提出新的研究方法，建构新的理论体系，先后提出了中国哲学逻辑结构论，传统学、新人学的理论体系，并率先建构了和合学哲学理论体系。总结起来，其学术成就大致可归为以下8个方面：

1.《周易》研究

1960年开始正式教学科研工作之后，张立文便选择了最为艰涩的《周易》作为研究重点。首先，张立文运用传统治经方法，如文字、音韵、训诂等研究工具疏释《周易》文本，力求排除后人附着其上的种种成见和误解，尽量贴近《周易》本真面目。在此基础之上，张立文继续追寻《周易》书中的诸多疑问，将阅读过程中逐渐形成的理解和看法整理出来，到 1963 年年初完成了《周易思想研究》初稿。这部著作新意迭见，而这主要得益于其摆脱传统窠臼的努力。在写作之初，张立文便提出了四点要求。第一，力求贴近《周易》的历史本来面目，尽量再现《周易》文本原意，清除后世学者以己意解经的附会和曲解。第二，明确区分《周易》的《经》与《传》，二者是不同历史时期及思想体系的著作，必须置入各自的历史环境中。第三，通过《易经》卦爻辞与甲骨卜辞的比较，弄清《易经》卦爻辞的时代、作者、性质和意义。第四，通过对《易经》思想体系的研究，明确中华民族哲学思维的起始，以及这种起始是怎样同宗教巫术思想相联系的。在当时的学术氛围中，上述指导思想无疑具有前瞻性。

这部书稿完成之后，不久"文化大革命"运动开始，研究工作不得不停滞下来。所幸经历动荡后书稿仍存，其间 1973 年湖南长沙马王堆汉墓帛书《周易》的出土更为张立文的研究带来了宝贵的新材料。1980 年《周易思想研究》出版之后，1984 年帛书《周易》释文公布，张立文便又着手完善《周易》的注释工作，于 1985 年撰成《周易帛书注译》。这部著作体例完善，其以校勘辨误为先，并加注释疏明文意，再以今文翻译，最后总释通解卦义。特别是由于新材料的运用，使得本书在校勘及注释方面屡有创获，成为扎实严谨而又创见迭出的一部著作，而且更是这一方面的首部著作。

关于《周易》研究，除了上述两部专著之外，张立文还撰写了多篇相关论文，包括分论朱熹易学、朝鲜李滉易学及二者比较的数篇论文，其中一些结集为《周易与儒道墨》、《周易的智慧和诠释》两书。

2. 宋明理学及儒学研究

1963 年，《周易》相关研究告一段落之后，张立文开始一心钻到朱熹思想研究之中，即使其后的十几年中运动不断，他仍然不为世事所撼，利用一切可能的时间和机会啃读原典。艰辛的付出终于换来了丰硕的成果，1979 年"文化大革命"刚刚结束，50 余万字的《朱熹思想研究》便已写定。但由于当时只有一份手稿，为请石峻、张岱年、任继愈等学者审阅，只得辗转其间，最后到 1981 年方才出版面世。这部凝结了张立文十几年心血与功力的著作，是 1949 年后国内首部详细论述朱熹的专著，因此一面世便引来国内外学者的赞誉。在书中，张立文抛弃了过去数十年来流行的唯物、唯心的分析框架，以及自然观、认识论、方法论、伦理论、历史观等"分门别类"的研究方法，而是切实还原至哲学家思想本身，运用中国哲学逻辑结构论的方法，深入揭示朱熹哲学思想中的哲学逻辑结构，依照朱熹思想中固有的范畴逻辑结构，解剖其整个思想体系。由此，《朱熹思想研究》不仅深入分析阐述了朱熹的哲学思想体系，其所树立的中国哲学史研究范式还为今后整个中国哲学史研究奠定了坚实的方法论基础。

1982年，在朱熹思想研究的基础之上，张立文完成了《宋明理学研究》一书。此书进一步强化了先前所运用的逻辑结构方法，详致疏释了理学各大家的哲学思想，同时对理学给予了重新定位——基于对汉唐以来僵化章句注疏之学的反动，宋明理学家开始了“疑经改经”的思潮，从而推动了思想的解放和各派学说的兴盛。另外，《宋明理学研究》一书还对理学各流派做了划分，认为王安石新学和苏轼、苏辙的蜀学属于理学中的非主流派，而非反理学派别，由此将理学分为主流派和反主流派，重新对理学流派做了定位。

在逐渐确立了独具特色的方法论之后，张立文开始逐步对宋明主要理学家展开研究，先后撰写了《朱熹评传》、《心学之路——陆九渊思想研究》、《戴震》、《正学与开新——王船山哲学思想研究》、《宋明学术略论》等专著以及众多的论文，论文后结集为《宋明理学逻辑结构的演化》、《儒学与人生》、《中国近代新学的展开》等书。

3. 朝鲜李退溪思想研究

理学形成并在中国占据主流地位之后，借助着文化的传播逐渐对朝鲜、日本、越南等东亚、东南亚地区产生了重大影响，并成为这些国家中一定时期内的主导意识形态。因此，对宋明理学的研究必须观照到周边国家和地区，否则便无法形成完整的理学研究领域。有鉴于此，张立文在研究宋明理学的同时，对朝鲜李朝朱子学大家李滉（号退溪）也进行了深入研究。1983年之后的几年间，他分别撰写了数篇长文。作为中国研究李退溪思想的先行者，张立文的研究受到了国际学界的关注和赞扬。随后，张立文完成了专著《李退溪思想研究》的写作。他充分肯定了李退溪的思想贡献，认为退溪将朱子学与朝鲜传统思想融合起来，创造、发展了朝鲜性理学，适应了当时朝鲜的社会需要，从而使朱子学在朝鲜李朝成为了主流思想。张立文还细致梳理了退溪的哲学逻辑结构，认为其最高范畴是“理”，或称之“太极”、“道”，其核心范畴是“理”与“气”。“理”既是最一般的规定，又是最具体的展现，其是整个逻辑结构的起点。由“理”、“太极”、“道”的动静流行，便从“天道”（圆）到“地道”（方），包括“人道”。同时，在书中，张立文还将退溪思想与朱熹思想以及李朝的李栗谷思想做了比较。通过前者的比较，理清了朝鲜从哪些方面吸收了朱子学，又从哪些方面对其进行了改造和创新；通过后者的比较，分梳了朝鲜同一时期不同思想家对朱子学所做的不同理解和解释。张立文另有《退溪哲学入门》一书在韩国出版，其他退溪思想研究论文结集为《朱熹与退溪思想比较研究》，并主编《退溪书节要》一书。

除此之外，张立文还对韩国儒学做了整体研究，撰写了《韩国儒学研究》一书。其中既有对韩国儒学宏观的精妙论述，又有微观的深入研究；既分阶段论述了韩国儒教实践经验伦理、理性经验伦理和性理逻辑思辨伦理等特点，又对韩国性理学家的生平、著作、思想作了细致、深入、全面的分析，包括退溪的性理学思想及其现代价值，南冥思想的逻辑结构，奇大升与退溪的四端七情之辩，栗谷的理气观与礼学说，郭再祐的《春秋》大义精神等。通过对韩国儒学的全面而深入的研究，张立文进一步扩充了自己的理学研究，并进而在整个东亚学界产生了重要影响。

4. 中国哲学逻辑结构论

从最初的研究工作开始，张立文便提出了范畴及逻辑结构的问题。1964 年，在探讨谭嗣同哲学思想时，张立文便通过梳理范畴及逻辑结构的方式，指出了谭嗣同哲学思想中“仁——通——平等”的体系特点。之后，在《朱熹思想研究》中明确提出了中国哲学逻辑结构论，并得到了具体的运用，产生了非常好的效果。随着张立文这一方法论的逐渐成熟，他最终于 1984 年写成《中国哲学逻辑结构论》一书。此书的写作是对中国哲学史照搬西方研究范式的一大否定，那种研究方法完全脱离了中国哲学的传统语境，削足适履、圆凿方枘，已经严重不适用于中国哲学研究。而中国哲学逻辑结构论如实贴近中国传统哲学思想的本真面目，承继源远流长的以《北溪字义》、《孟子字义疏证》为代表的中国传统范畴研究，同时又根据现代对哲学范畴的诠释对其进行了相应的改造，最终建构了中国哲学范畴结构系统。具体而言，中国哲学逻辑结构论根据中国哲学理论思维的实际性质、特点、内涵，度越西方哲学方法，独创性地提出了中国哲学研究方法论，以及不同于西方的中国哲学范畴分类法。张立文按照中国理论思维发展的进程，即中国哲学范畴的历史顺序和逻辑顺序，从低到高，从简单到复杂，从具体——抽象——具体的发展，将中国固有的哲学范畴分为象性范畴、实性范畴、虚性范畴三大类。随后他以这三类范畴为基础，以中国传统范畴演变为对象，运用纵横互补律、整体贯通律、浑沌对应律为方法，详尽考察了中国哲学的本质特征。

《中国哲学逻辑结构论》出版之后，在学界产生了广泛影响。在此方法指导下，张立文也先后撰写了《中国哲学范畴发展史》天道篇和人道篇，并主编了《中国范畴精粹丛书》中的《道》、《理》、《气》、《心》、《性》、《天》、《变》等，其中有的被翻译成韩文和越南文，成为学习中国文化的参考书。

5. 传统学

建构中国哲学逻辑结构论之后，张立文逐渐切入传统文化本身，开始了对传统文化的思考。而在20世纪80年代，传统文化也正成为讨论的焦点，中国传统文化有无价值、传统与现代关系如何等问题都被抛入论争之中。基于对这些问题的思考，张立文将传统学从文化学中分离出来，把传统作为一门独立学科建构，从而完成对传统的体认、继承、度越和创造，使传统重新焕发生命智慧，以适应现代化的合理性需要，化解传统与现代的冲突，最终完成传统的现代化转生。为此，1986年，张立文在《光明日报》发表《论传统和传统学》一文，首次提出“传统学”概念，标志着传统学的建立。到1989年，《传统学引论》一书出版，传统学体系最终建构起来。之后，张立文的相关论文又结集为《传统与现代》一书，并主编《传统文化与现代文化》丛书。

在书中，张立文首先区分了传统和文化。他将传统定义为人类创造的不同形态的特质经由历史凝聚而沿传着、流变着的诸文化因素构成的有机系统。而传统学则是关于研究传统发生、成长、发展的规则、原理与其各要素之间相互关系的学问，是传统的变异性与稳定性、内在性与外在性、殊相性与共相性的融突和合的学说。与文化学相比，传统学的特征非常明显。首先其是研究客体化的对象物是如何及怎样体现主体精神、风格、神韵、心理素质的；其次是研究各种文化现象如何凝聚、固化成传统，构成传统的有机系统的；最后是研究传统在各个历史时期的变异和契合，以及如何重新筛选、凝聚、固化，如何世代延续的。而从传统系统、传统模式、传统认知功能和传统无意识等角度来探讨传统学的对象和范围，其主要包含四个要素：传统的价值观念系统、传统的精神心气系统、传统的知识系统以及传统的语言符号系统。其中，传统价值观念系统是核心，其指向制约着传统的精神心气，知识系统则是传统的产物，而且是传统延续和再创造的工具，语言符号系统是价值系统和心气系统的外在表现，四者之间相依相存、不离不杂，共同构成了传统学的基本内涵。

传统学研究，张立文无疑是第一人。在《传统学引论》中，张立文对传统和传统学的系统而全面的分析研究，奠定了传统学的基本研究框架，对中西文化的比较，对中国传统文化与现代化的研究，都有着重大意义和理论价值。

6. 新人学

传统和文化终归是由人创造的，人创造了传统和文化，而传统和文化同时也创造了人，因此，传统学的实质其实就是人学。而现代化的中国需要现代化的中国人，新的时代急需重新规范人自身，重新发现人自身。由此，张立文开始从传统学研究进入到人学的探索之中，并最终完成了《新人学导论》，并主编了“传统人与现代人”丛书。

德国哲学家卡西尔曾提出过一个著名论断，“人是符号的动物”，但在21世纪的全球化、网络化进程中，这个论断显然已经过时。因此，张立文重新对人做了定义，即人是会自我创造的动物。之后，为了进一步化解新时代人类所面临的人与自然、社会、人际、心灵、文明五大冲突及生态、人文、道德、精神、价值五大危机，张立文又将定义修正为“人是会自我创造的和合存在”。这是对人在化解五大冲突和危机中所应有的作用、地位和价值的重新思考，也是继从自然发现人和从宗教神学发现人之后的第三次人的自我发现。在书中，张立文还探讨了人的自我塑造、自我规范、自我创造、自我关怀以及自我和合等问题。自我塑造探索了人的创造力的来源，批判了达尔文和梁漱溟关于人身、人心观点的缺陷，他随后又探讨了面临各种冲突和危机时，人如何自我规范的问题，其后又论及人的观念、思维、道德的自我创造，以及人对自身一些终极问题的自我关怀。而这一切其实都是为了达成自我和合论所塑造的和合型的人与优美型的人，最终实现真善美融合的和合优美境界，也就是自由境界。在此基础之上，张立文根据现代社会的状况和需要，建构出人生五大境界：生命超越境、知行合一境、情景互渗境、圣王一体境以及道体自由境，以此作为现代社会新人的价值导向，从而完成对人的重构。

张立文对新人学的建构，有着深厚的现实关怀，不仅是对中国传统现代化转生的深切关怀，也是对人的现代化的深挚关切。中国的现代化需要现代人，现代人的中国也需要现代化，通过对新人学的建构，张立文解决了这项哲学中的根本问题，同时也完善了自身的哲学体系，使其奠基在坚实的基础之上，充满了人本情怀。

7. “自己讲”、“讲自己”与三大游戏规则

在数十年探赜索隐、钩深致远的中国哲学研究中，张立文不断提出新的理论观点与研究方法，建构新的理论体系，其创新意识和意义就在于度越“照着讲”与“接着讲”。而得益于他对“自己讲”、“讲自己”的体悟和关注，与此相关的论文结集为《“自己讲”、“讲自己”——中国哲学的重建与传统现代的度越》一书。中国哲

学必须“自己讲”、“讲自己”，否则便无法创新、无法发展。张立文认为，要做到“自己讲”、“讲自己”，需要从两个方面考虑。

第一，从纵向而言，哲学是时代精神的精华，每一种哲学理论思维形态都是某个时代环境的产物，是与那个时代紧密相连的精神硕果。因此，哲学理论思维形态的创新也必是与时代的发展相联系的，这其中便蕴涵着哲学变迁的秘密。张立文在几十年的中国哲学史研究中，逐渐揭开了这个秘密，总结出了中国哲学理论思维形态创新的三大游戏规则，即核心话题的转向、人文语境的转移和诠释文本的转换。核心话题体现了特定时代的意义追寻和价值创造，是中国哲学创新的话语标志；人文语境是中华民族精神及其生命智慧历史变迁的集中体现；诠释文本是学术思想的符号踪迹，是智慧觉解的文字报告。这三者是依时变迁的，不存在千年不变的哲学问题，也没有万古常住的哲学范畴，更没有放之四海而皆准的真理文本。同样，中国哲学的创新也只有依据这三大游戏规则才能实现，否则只能是亦步亦趋、人云亦云。

第二，从横向而言，中国哲学绝不能照猫画虎式地“照着”西方所谓哲学讲，也不能秉承衣钵式地“接着”西方所谓哲学讲，而应该是智能创新式地“自己讲”。以往的研究方式基本上是以中国哲学注解西方哲学，而“自己讲”、“讲自己”则是以西方哲学注解中国哲学，其主体是中国哲学自身。这首先就需要中国哲学自我定义、自立标准，而不再以西方哲学定义为圭臬，必须扎根中国哲学沃土，梳理出自己的哲学定义，张立文把中国哲学定义为“哲学是指人对宇宙、社会、人生之道的道的体贴和名字体系”。其次，“讲”的方法也是非常重要的，必须采用六经注我、以中解中的方式，而不能以西解中。最后，“讲”的对象也必须是中国哲学话题本身，必须直面中国哲学生命本真，讲述中国哲学精神的价值。

“自己讲”、“讲自己”以及三大游戏规则是张立文数十年中国哲学研究所得，是深刻反思中国哲学自身问题的开悟，正是在此基础上，张立文完成了中国哲学理论思维形态在新时代的转生。

8. 和合学

新的时代之下，人文语境、核心话题以及诠释文本都面临着转换，这就要求新的哲学理论思维形态必须提出自己的创新之道。由此，张立文在和平与发展的人文语境之下，提出了“和合”的时代话题，并选取《国语》作为诠释文本，建构起了“自己讲”、“讲自己”的和合学理论体系。

在《新人学导论》中，张立文便提出了“和合型”人格的问题，同时伴随着他一直以来对现代社会种种问题的忧虑和思考，最终于1989年明确提出了和合学。中国文化不仅面临着人类共同的冲突与危机，而且还有着自己独特的问题，前者是现代社会人类所面临的人与自然、人与社会、人与人、人与心灵以及文明之间的五大冲突和由此而造成的生态、社会、道德、精神和价值等五大危机，后者则是中国文化如何面对西方文化、如何现代转生的困境。基于对上述种种问题的思考，张立文历经殚精竭虑地反思，从20世纪80年代末就发表多篇和合学文章，并于1996出版了《和合学概论——21世纪文化战略的构想》一书，最终建构起和合学理论体系。和合学的建构便是立足中国哲学“自己讲”、“讲自己”，度越传统形而上学和传统意识形态的网罗，从而化解上述种种冲突、危机、挑战，完成传统的现代化转生。随后他又陆续写成《和合与东亚意识——21世纪东亚和合哲学的价值共享》、《和合哲学论》、《中国和合文化导论》等专著，就不同方面深入阐发和合学理论。

在张立文看来，和合学是时代精神的召唤，是中国文化人文精神的精髓和中国文化的生命智慧，是中国传统哲学理论思维形态的现代转生，也是回应人类五大冲突和危机的最佳文化选择。和合学的核心范畴是“和合”，这一范畴源自《国语》，即“商契能和合五教，以保于百姓者也”。因此，作为和合学的核心范畴，和合是扎根于深厚的中国传统中，有着坚实的文献基础的。当然，和合虽然古已有之，但是和合学之和合却是张立文体贴出来的。依照张立文的定义，和合是指自然、社会、人际、心灵、文明中诸多形相、无形相相互冲突、融合，与在冲突、融合的动态变易过程中诸多形相、无形相和合为新结构方式、新事物、新生命的总和。建立在和合文化基础上的和合学，便是研究在自然、社会、人际、人自身心灵及不同文明中存在的和合现象，并以和合的义理为依归，是既涵摄又超越冲突、融合的学问。和合学体系恢弘博大，其中包括生存世界、意义世界、可能世界等和合三个世界，也包括和生、和处、和立、和达、和爱等五大原理。前者组成了完整的和合学模型，是和合学的理论支撑；后者则力求从文化战略层面化解人类冲突和危机。

和合学提出之后，引起了海内外学术界的广泛关注。同时，自1991年始，张立文多次到韩国、日本、新加坡、美国、葡萄牙等国，或讲授和合学课程，或做主题演讲，引起了学界的极大兴趣。

三、张立文主要论著

张立文.1980.周易思想研究.武汉：湖北人民出版社.

张立文.1981.朱熹思想研究.北京：中国社会科学出版社.

张立文.1988.中国哲学范畴发展史（天道篇）.北京：中国人民大学出版社.（“人道篇”于1995年出版）

张立文．1989. 传统学引论．北京：中国人民大学出版社．
张立文．1991. 周易与儒道墨．台北：东大图书公司．
张立文．1991. 中国近代新学的展开．台北：东大图书公司．
张立文．1991. 帛书周易注译．台北：台湾学生书局．
张立文．1992. 走向心学之路．北京：中华书局．
张立文．1993. 宋明理学逻辑结构的演化．台北：万卷楼图书有限公司．
张立文．1997. 李退溪思想研究．北京：东方出版社．
张立文．2000. 新人学导论．广州：广东人民出版社．
张立文．2001. 正学与开新．北京：人民出版社．
张立文．2001. 中国和合文化导论．北京：中共中央党校出版社．
张立文．2001. 和合与东亚意识——21世纪东亚和合哲学的价值共享．上海：华东师范大学出版社，
张立文．2002. 宋明理学研究．北京：人民出版社．
张立文．2002. 中国哲学逻辑结构论．北京：中国社会科学出版社．
张立文．2004. 和合哲学论．北京：人民出版社．
张立文．2006. 和合学（上下卷）．北京：中国人民大学出版社．
张立文．2007. “自己讲”、“讲自己”——中国哲学的重建与传统现代的度越．上海：华东师范大学出版社．
张立文．2009. 张立文文集（38辑）．首尔：韩国学术信息出版社．

主要参考文献

段文明．2006. 解读思想者张立文．社会科学评论，(4)：99-108.
刘景钊，韩进军．2006. 和合之路：中国哲学“自己讲”的努力与贡献．晋阳学刊，(3)：13-22.
张立文．2009. 学术生命与生命学术．首尔：韩国学术信息出版社．
张瑞涛．2010. 探赜索隐，开拓创新——张立文教授学术创新综述．哲学家2009. 北京：人民出版社．

撰写者

张永路（1982～ ），天津社会科学院助理研究员，2009年开始师从张立文攻读博士学位。

叶秀山

叶秀山（1935～），祖籍江苏扬中，出生于上海。1956年北京大学哲学系毕业后至哲学研究所工作至今。现为中国社会科学院学部委员，中国社会科学院哲学研究所研究员。主攻西方哲学，尤其在古希腊哲学、德国古典哲学、现象学和存在哲学等诸领域著述颇丰，但并不局限于此。兼及中国哲学和美学，爱好京剧、书法并有专著出版。

一、简　　历

1935年6月4日，叶秀山出生在上海。学生时代的叶秀山并不是用功的学生，不过也并不调皮，不用功的原因后来被他自己归咎为“不开窍”。受喜爱京剧和书法的父亲的影响，叶秀山从小就对这两种有代表性的中国传统艺术耳濡目染，且亲身实践。又因为生活在上海之故，家里从小对他的英语学习比较重视。在中学时代，叶秀山对平面几何发生了兴趣，常设想些问题去问老师，受到了老师的表扬。上高中时，他看到同班同学中几个年纪大的同学爱好写作，甚至有作品发表，因此萌生了写作的愿望，苦于没有“好词好句”。适逢吕叔湘、朱德熙的《语法修辞讲话》的单行本出版，于是就买来认认真真地学起来，读的时候每个例句都要跟前后讲的道理联系起来想通，直到弄懂为止。这本书不但使叶秀山学会了遣词造句，而且也培养了他对语言和逻辑的兴趣。或许就是这个原因，曾获德国哲学博士学位的解析几何老师刘檀贵注意到了叶秀山，刘檀贵组织学校教师学习《矛盾论》的时候，破例让他旁听，这段经历或许可以算是叶秀山与哲学最早的相遇。

1952年叶秀山考取了北京大学哲学系。时值全国院系调整，许多哲学家集中在北大，叶秀山得以聆听名师教导。大学时代的叶秀山在课堂上很少发言，毕业论文在郑昕指导下写了《批判康德的不可知论》，贺麟觉得不错，因此毕业时被分配到贺麟组建的中国科学院哲学研究所的西方哲学史组工作。初到哲学研究所的时候，叶秀山觉得对哲学没兴趣，因为喜欢艺术的缘故想转美学组，受到了贺麟的批评。贺麟明确告诉他，要研究美学必须要有哲学基础。于是在接下的日子里，叶秀山一直跟着贺麟学德国古典哲学。当时正值美学大讨论，他受了贺麟的影响，尝试着把古典哲学的学习与对艺术问题的思考结合起来，写了《论话剧的哲理性》一文，在《文汇报》上全文发表。或许正是这个原因，1961年他被抽调到王朝闻领导的《美学概论》高校教材编写组。没想到4年的编书工作不仅没有使叶秀山按原先预想的那样改换行当，相反却把他牢牢地钉在哲学这个基地。他感到，美学研究离开了哲学就深入不下去，许多具体的问题如果要追根寻源，都能追到哲学那里，哲学就是人类追根寻源精神的理论体系。悟到这个道理后，叶秀山比以前更加认真地读西方古典哲学，也开始对哲学问题产生了兴趣。他渐渐领悟到，哲学有着深厚的历史基础，无数有大智慧的人都对它作过研究和思考，它值得我们对它发生兴趣，去追求它、爱它，"哲学"本身就可以有"吸引力"。在这个信念的支撑下，叶秀山把哲学思考当成是"愉快的"活动，尤其是在打通一个理论环节、想明白一个道理的时候；而且这种兴趣是发自内心的，因为"哲学"本身就可以构成一个目的，而不是达到另一个目的的手段。

成长于20世纪50年代的知识分子无一例外地经历了太多的群众性政治运动。那是个疯狂的非理性的时代，叶秀山经受不起那种急剧的旋转，甘当"逍遥派"，结果把"文化大革命"转变成了一个自修的"空白时间"。1970年在河南信阳"干校"期间，在不劳动、不搞运动的日子里，叶秀山一般做两件事：一是练习书法——他明里用毛笔抄写大字报和毛主席诗词语录，暗里临旧字帖；另一件事就是学习英语、德语、法语——白天名正言顺地读英文和德文的毛主席语录，晚上在蚊帐里打着手电筒看《简·爱》、《傲慢与偏见》之类英文小说。后来他还自学起拉丁语、希腊语，而希腊语学习居然坚持下来了。在学习的过程中，他得到了同住干面胡同大院的希腊文学大家罗念生的主动帮助，取得了进步，后来能借助其他语种读柏拉图的对话。他当时只是觉得古希腊哲学专业性强，做这方面的工作可以避开政治锋芒。而且从更深的学理上讲，不仅哲学研究本源性的问题，哲学自身也是有本有源的，从欧洲哲学的源头入手，当能更清楚地看到欧洲哲学的发展脉络。凭借着"文化大革命"10年的暗中积累，伴随着"科学的春天"的到来，叶秀山的学术生涯才得以真正开始。再凭借着在德国古典哲学领域打下的坚实基础，叶秀山从古希腊哲学开始，历经现代哲学、后现代哲学的洗礼以及德国古典哲学的再造，终于得以在哲学这片追求"无限"与"自由"的王国里自由地驰骋。

二、主要研究领域和学术成就

1. 从古希腊哲学到现代哲学

1980 年，叶秀山怀着从事古希腊哲学研究的计划被派到美国进修两年。当时他进的是纽约州立大学奥柏尼分校，哲学系系主任恰好就是研究希腊哲学的教授。那个年代走出国门的人大都会有种“两眼一抹黑”的感觉，要花很多时间适应环境，在哲学方面更是如此。叶秀山很快就发现，国外希腊哲学研究的方法相当专门，学者们注重的是“学”，而他认为哲学研究应该从“思”上去做，因此不仅要从专门问题、专家那里去学，而且更要从真正的哲学家那里去学；不仅要学“学”，而且要学“思”。从古典哲学的训练程度来看，他觉得自己并不比美国学者差，对马克思主义以前的哲学已有了一个比较清楚的概念，只是对马克思主义之后的西方哲学的发展不甚了然。于是，他利用在美国的第二年时间，暂时“离开”希腊哲学，选听现代哲学的课程，从维特根斯坦入手，顺着新康德主义的路线一直走到了现象学。

回国后，叶秀山先是于 1982 年出版了专著《前苏格拉底哲学研究》，这是出国前已完成的著作；紧接着就是按计划从事《苏格拉底及其哲学思想》一书的研究和写作，该书于 1986 年首次出版。这两部篇幅不算很大的著作奠定了叶秀山在古希腊哲学研究领域的地位，它们不仅具有很强的学术性，而且开始显露出了思想性。尤其是在《苏格拉底及其哲学思想》当中，叶秀山尝试着从古今统一、历史和理论结合的角度出发阐述“辩证法”思想，上起苏格拉底，下至康德、黑格尔，提出了“辩证的思维方式”与“分析的思维方式”在西方哲学史中并置的观点，引起了学界的重视。

原来计划顺着柏拉图、亚里士多德一直写下去的叶秀山，却“出乎意料”地于 1988 年出版了一部研究现象学和存在哲学的书《思·史·诗》。这本书的出版对于叶秀山个人来说是标志性的，因为它是叶秀山学术生涯中第一部真正具有理论性和思想性的著作。“思、史、诗”不仅是对胡塞尔所开辟的现代现象学传统的绝妙总结，而且它还是一条理解现象学之后的“解释学”和“后现代派哲学”的主线。在书中叶秀山提出，现象学的思路早在黑格尔那里就很明显，只是“诗”在黑格尔绝对理念论的等级中处于最低的层次。西方哲学在经过了胡塞尔、尤其是海德格尔之后，“思”、“史”、“诗”被置于同一个层次，而将其统一起来的基础在于“历史”。传统西方哲学所理解的“存在”是抽象出来的“概念”，而海德格尔提出的 Dasein 虽然仍是 Sein，但它却是具体的、历史的。只是海德格尔的“历史性”思想是具有两面性的：一方面它是摧毁性的，它强调思想的具体性、有限性；另一方面它也有继承性，有限的思想逃不出历史的“命运”。前者发展出了法国的“后现代哲学”；后者则有伽达默尔的“解释学”。以德里达为代表的“后现代哲学”的态度比“解释学”要激进得多，他们认为“意义”本身就是断裂的，“意义”之间只有横向的关系，纵向的关系只是一种人为的假象，而哲学的任务正是要“解”掉这种人为的“结构”，还其本来面目。叶秀山认为，这些“后现代哲学家”的任务是要“超越”“思·史·诗”，或者说站在“思·史·诗”之外。《思·史·诗》的出版受到了学界的好评，多次再版，时隔数年，虽然叶秀山自己对现象学的理解早有推进，但该书至今仍然是研究现象学的入门书。从《思·史·诗》之后，叶秀山不再拘泥于古希腊哲学“专家”的身份，开始在“哲学”这片自由的天地里行走，并且开始更多地“讲述”自己的意思，朝着“读书明理”、“融会贯通”的境界靠拢。

2. 哲学在“思”的层面上的“融会贯通”

表面看，叶秀山从专业性很强的希腊哲学研究领域中抽身而退。从20世纪80年代末开始，叶秀山除了研究海德格尔、伽达默尔等德国哲学家之外，还撰写并发表了一些研读法国后现代哲学家如德里达、福柯和利科的论文，像《“画面”、“语言”和“诗”——读福柯的〈这不是烟斗〉》、《意义世界的埋藏——评隐晦哲学家德里达》、《哲学的希望和希望的哲学——利科对解释学的推进》等，这些论文至今仍然为诸多专门研究法国后现代哲学的学者所参考和引用。在“思”的层面上，叶秀山的工作从未“离开”过希腊哲学的问题，所不同只是在专业性方面没有那么细致。在经过了从古希腊哲学到现代哲学的洗礼之后，叶秀山渐渐认识到，整个西方哲学本身存在着问题的延续性，其中，不同时期、不同人物的哲学观点和理论可以是对立的、甚至是相互否定的，但讨论的“问题”却相当“同一”。从这个意义出发，只要是认真的、有水平的西方哲学，都是可以“相通”的，这种“相通”的范围甚至可以扩大到中西哲学和文化的范围。只是“相通”不等于“同一”，“相通”只有在“不同”的前提下才有可能，学术的任务就是要从“不同”中探究出“相通”的道路来。“哲学”是一门“活”的学问，它追问“生活”、“生命”中最深层的问题，虽然并不给出现成的、一劳永逸的答案。只要“生活”，就得“生活”在“大地”上，那么我们中国学者就离不开自己的文化传统。在这个兴趣和认识的引领之下，叶秀山从20世纪90年代开始还尝试着从西方哲学的问题域和视野出发重审中国哲学的问题，发表了一批受到哲学界普遍关注的论文，如《中西关于“形而上”问题方面的沟通》、《漫谈庄子的“自由”观》、《试读〈大学〉》及《试读〈中庸〉》

等，这些论文后来以《中西智慧的贯通》为题于2002年结集出版。

哲学在“思”的层面上的“融会贯通”的一个更为重要的方面，对于叶秀山个人而言是用中国人自己的眼光和视角来理解西方哲学和文明中的问题，做出“中国学术视野中的西方哲学”。正是在这个思想的指导下，21世纪伊始，叶秀山和王树人共同提出，以中国社会科学院哲学研究所西方哲学史研究室和现代西方哲学研究室为主体，集中国内西方哲学界的精英力量，出版一套既重视学术性、又重视思想性的学术版《西方哲学史》，全面总结和反映中国学者研究西方哲学的成果。叶秀山和王树人联合担任总主编，并在第1卷“总论”部分中联手，叶秀山承担了“西方哲学观念之变迁”的写作。在近30万字的篇幅中，叶秀山采用“以史带论”的方法，从西方哲学的问题入手，梳理了和探讨了西方哲学发展史上表现出来的三种主要“形态”：以希腊哲学为标志的古代观念，以德国古典哲学为代表的古典形态，以及从现象学到后现代派的当代哲学观念。在这本书中，叶秀山明确阐述了哲学作为“自由知识”和“科学”的观点，他还用其实践表明，只要从“思”的角度出发，哲学史就是哲学，而不仅仅是对前人成果的资料梳理和重述。哲学的“历史”虽然处于时间的长河当中，其间有着各个哲学体系之间的历史传承关系，但它更多表现出的是各个“哲学范式”之间的独特性和创造性，这些体系之间有着严格的不可替代性。因此，“哲学”的“历史”是一部永不消失的历史。这套8卷12册的学术版《西方哲学史》最终于2005年全部完成，该书获得了中国社会科学院第六届科研成果优秀奖。

在打通了西方哲学史上诸观念之间的连续、连贯甚至断裂的环节之后，叶秀山连续两年为北京大学哲学系一年级新生开设“哲学导论”一课，讲稿经整理后以《哲学要义》的标题于2006年出版。这一次，叶秀山采用了“以论带史”的方法，把西方哲学史上出现的理论问题，如哲学的危机和哲学的可能、哲学的权利、形而上学与哲学、存在论的历史变异、知识论与存在论等问题呈现出来，并且融会了他自己从事哲学研究半个世纪的心得体会。

除了在“大陆哲学”领域内不断推陈出新之外，叶秀山一直对西方哲学中的“科学”和“宗教”这两种思维方式萦怀不已。早在20世纪90年代，叶秀山就认识到了理解基督教思想对于西方哲学研究的意义，只是苦于受“宗教鸦片说”的束缚，在宗教思想领域中需要补很多功课。经过了近20年的积累，在发表了例如《“哲学”如何“解构”“宗教”》、《哲学的“未来”观念》等重要论文之后，叶秀山于2009年出版了专著《科学·宗教·哲学——西方哲学中科学与宗教两种思维方式研究》，系统地探讨了西方哲学中“科学”、“哲学”与“宗教”之间的关系，把他对西方哲学和文化的理解又向前推进了一步。叶秀山提出，“科学”是把“宗教”看作自身之外的对立物，它在对“宗教”的“否定”之中发展自身；而“哲学”是把“宗教”看作一个“被扬弃”的“对立物”，它在对“宗教”的“化解”之中发展自身。书中着力发掘出“哲学”对于“宗教”中那些被扭曲和被掩盖的理路的“化解”，有很多观点新颖且有说服力。例如，叶秀山从“时间”问题入手指出，西方哲学在经历了康德、柏格森、海德格尔和列维纳斯之后，终于把“时间”看待为“存在”的方式且被允许划分为“过去、现在和未来”。其中，“未来”具有“优越性”，这种“优越性”使哲学能够在两个方面“化解”宗教的问题。第一，人作为有限的存在者，不仅有回忆、思念，还有“希望”，“希望”就是对“未来”的自由信仰，是对“没有神”的“自由他者”的信仰，“希望”和“信仰”获得了理性的根据。基督教把“自由他者”推向极端，形成了“绝对他者—绝对存在”和天国；而哲学则始终关注“存在”这一人间、时间的事情，人们不一定需要天国也同样可以有“希望”和“信仰”。第二，列维纳斯对“他者”问题的哲学讨论使基督教“救赎论”在哲学层面上开显出了不同的意义。死亡虽然是“自我”不可逾越的界限，但是“自我”的“灵魂”却要“寄托”在“他者”那里，从而进入一个“我”并“不在场”的“未来”，“我”的意义、“命运”将由“他者”来决定。但是同时，“我”可以通过自己的“工作”和“贡献”来“解救”、“赎出”自己，这中间我需要“他者”的合作，但最终“我”是在自己“解放”自己，“我”得到的只是原本属于“我”的“自由”。书中这样的精辟论断还有很多，这里不一一列举。

耐人寻味的是，进入21世纪以来，叶秀山重新萌生了对德国古典哲学的兴趣。德国古典哲学是叶秀山学术的起点，但以前的阅读不可避免地受到诸种条条框框的束缚。如今，在经过了哲学的自由精神的洗礼之后，这个领域的问题重新焕发出了生命力。近10年来，叶秀山撰写了大量新读和重读康德、黑格尔著作的论文，其中关于康德哲学的分量尤重。在《康德的“批判哲学”与“形而上学”》长文中，叶秀山在深入理解康德“批判哲学”的任务在于厘定“理性”自身的“合法界限”这一学界共识的前提下，指出“理性”在康德那里已经具有了“僭越”自身的、因而也是“自由”的“自然倾向”，从而进一步确立了“自由”概念在康德哲学中的地位。在《“一切哲学的入门”——研读〈判断力批判〉的一些体会》当中，叶秀山不仅把《判断力批判》视为是构成《纯粹理性批判》和《实践理性批判》所涉及的两个独立“领域”的“桥梁”，而且还将《判断力批判》所涉及的世界看作是“人”作为“自由者”的真实的“生活场所”，是胡塞尔、海德格尔提到的“生活”的“世界”，从而打通了德国哲学从古典到现代的一个发展环节。这些康德哲学的论文结集为《启蒙与自由》于2013年出版。

三、京剧、书法和美的哲学

叶秀山曾撰文告诫有志于哲学的青年学子，学哲学的人应该有广阔的知识和广泛的兴趣，因为哲学不是一门技术，它要探讨的本源性问题都是渗透于万物之中的。叶秀山本人在京剧和书法两个领域中都受到过训练，他自谦为“业余”水平，因为他的兴趣在理论方面。叶秀山在青年时代一直怀着把“艺术”和“哲学”结合起来的愿望，一度对“艺术”和“美学”十分着迷，他关于这方面的论著都是青年时期的产品。刚出大学校门的时候，叶秀山想通过对一个或几个艺术部类的内部探索和把握，“总结”出一套“规律”来，将艺术“上升”到“哲学”的高度。因为有了这个“心”，叶秀山自20世纪60年代开始就撰写京剧艺术方面的论文，并陆续出版了《京剧流派欣赏》和《古中国的歌——京剧演唱艺术类析》两部小书。虽然叶秀山本人早已对这些“陈年之作”表示不满，但书中撷取的视角对于艺术界而言仍然新颖，时隔多年，这两部书仍然受到关注。2007年，它们连同叶秀山其他的论京剧艺术的文章一起以《古中国的歌——叶秀山论京剧》为标题再版，2013年再度印刷。

与京剧相比，叶秀山在书法的理论和实践方面的造诣都要胜出一筹。“文化大革命”期间，叶秀山不仅明着暗着地练习写毛笔字，1970年至1972年在河南信阳“干校”期间，他还利用早晨“天天读”的时间，“冒险”把对书法艺术的思绪和分析写在一张跟《毛泽东语录》差不多大小的纸片上，1972年回到北京后再贴到大稿纸上，并补充了一些材料，这些小纸片的字句后来成了1987年首版的《书法美学引论》一书的“分析篇”。这本小书不是对书法艺术所进行的经验性的总结，也不是用西方哲学的概念和理论对书法艺术所做的“包装”，而是从中西文化传统的差异的角度对书法艺术的“根”“源”所进行的探索。书里叶秀山提出了“西方文化重语言、重说，而中国文化重文字、重写”的观点，认为中国文化在深层次上是以“字学”为核心的，这一点实际上开启了中国文化与德里达对话的契机。

随着哲学功力的加深，叶秀山不再满足于对某种艺术形式的概念化、理论化的归纳和总结的美学研究方法，他想探求美学之“根”。1990年，叶秀山出版了《美的哲学》一书。这一次，叶秀山没有走从“经验—艺术”到“理论—哲学”的道路，而是直接从哲学的源头入手，因此他所论的重点也就在于“哲学”，而非“艺术”。他认识到，深入的美学研究就是哲学，只是这种哲学侧重于“美的哲学”，所关心的是人的感性而非知性生存的面向；“美的哲学”是“诗”而非“思”。

四、无尽的学与思

叶秀山曾为《读书》杂志撰写过一些生动有趣的学术随笔，很受学界和读者好评，他本人对这种训练思想的小文章也情有独钟。这些随笔后来被结集以《愉快的思》为题出版，这还是20世纪90年代的事。进入新世纪后，随着年事渐高，叶秀山不仅不再写随笔，甚至连很多青年学者殷切“呼求”的学术回忆文章也不肯写，这中间是大有深意的。叶秀山体会到，哲学是一门站在“未来”和“希望”的立场去看“过去”和“现在”的学科。他相信“未来”才是真实的存在，“未来”包括了“过去”和“现在”。即使哲学谈论经验性的体会也不是为了缅怀“过去”，而是为了面对“未来”，他本人更愿意面向“未来”。另一个原因在于他对传统中国的“文人”和现代科学视野下的“学者”之间的区分有了新的看法。中国传统向来崇尚“文人学士”，而轻视“专家学者”，甚至认为那是“百工之徒”。近代以来此风虽有所转变，但“文人”传统仍有其根基。叶秀山认为，“文人”常“领一代之风骚”，“文人”对于“思潮”的鼓动宣传之功盖莫大焉。但是，“学术”的工作是要进行深入探讨，使一切思潮在学理和资料上精益求精，成为一个学问系统，传之久远。从加强中国文化传统中的薄弱环节的角度出发，叶秀山“放弃”了自由抒发胸臆的随笔写作的乐趣，甘心“坐冷板凳”而乐在其中。除了继续写作那些觉得有话要说、非写不可的学术论文之外，叶秀山近几年的思考重心落在了“欧洲哲学的历史发展与中国哲学的机遇”之上。这个课题仍是着眼于不同哲学形态和体系之间在内在理路上的相通、沟通和对话，想以中国的视野考察西方哲学的历史发展，同时以西方的视野考察具有自我修复、兼受并蓄、融会贯通之特质的中国哲学，最终使二者携手并进，共同推动“哲学”的“历史”与“自由”。

从事哲学研究已达60载的叶秀山深切地体会到，哲学是一门散发着无穷魅力的、令人着迷的“科学”，它不断地向人提出问题，迫使人思考。哲学以“无”为对象，但却能从“无”看到“有”，从“有”看到“无”。“哲学”既能从“现在”看到“过去”和“未来”，又能从“过去”和“未来”的角度审视“现在”，更能站在“未来”的立场、“希望”的立场去看“过去”和“现在”。“哲学”是一门研究“无限”，研究“自由”的学问，因此“哲学”可以让我们以“自由”的态度来对待万事万物，在有限的事物中保持着“无限”，在功利和世界中保持着理性的、清醒的态度。至今，叶秀山仍然在无尽的学与思的境界之中遨游，体会着哲学所带来的无穷乐趣。

五、叶秀山主要论著

叶秀山.1982.前苏格拉底哲学研究.北京：生活·读书·新知三联书店.

叶秀山.1986.苏格拉底及其哲学思想.北京：人民出版社.

叶秀山.1987.书法美学引论.北京：宝文堂书店.

叶秀山.1988.思·史·诗——现象学和存在哲学研究.北京：人民出版社.

叶秀山.1991.美的哲学.北京：人民出版社.

叶秀山.1994.叶秀山哲学论文集.台北：台湾仰哲出版社.

叶秀山.1995.无尽的学与思——叶秀山哲学论文集.昆明：云南人民出版社.

叶秀山.1996.愉快的思.沈阳：辽宁教育出版社.

叶秀山.1999.当代学者自选文库·叶秀山卷.合肥：安徽教育出版社.

叶秀山.2000.叶秀山学术文化随笔.重庆：重庆出版社.

叶秀山.2000.叶秀山文集（四卷本）.重庆：重庆出版社.

叶秀山.2002.中西智慧的贯通——叶秀山中国哲学文化论集.南京：江苏人民出版社.

叶秀山.2003.哲学作为创造性的智慧——叶秀山西方哲学论集（1998～2002）.南京：江苏人民出版社.

叶秀山，王树人.2004.总论·上篇 西方哲学观念之变迁//叶秀山，王树人.西方哲学史（第1卷）.南京：凤凰出版集团、江苏人民出版社.

叶秀山.2005.中国社会科学院学术委员会文库·叶秀山文集.上海：上海辞书出版社.

叶秀山.2006.哲学要义.北京：世界图书出版公司.

叶秀山.2009.科学·宗教·哲学——西方哲学中科学与宗教两种思维方式研究.北京：社会科学文献出版社.

叶秀山.2009.学与思的轮回——叶秀山2003～2007年最新论文集.南京：凤凰出版集团、江苏人民出版社.

叶秀山.2013.启蒙与自由——叶秀山论康德.南京：凤凰出版集团、江苏人民出版社.

撰写者

王齐（1968～），出生于陕西西安，1996年获中国社会科学院研究生院哲学博士学位，现任中国社会科学院哲学研究所研究员。

葛荣晋

葛荣晋（1935～），河南济源人。哲学家。中国实学研究的开创者与中国管理哲学的奠基人之一。1956 年，山西省立临汾第一中学高中毕业后，即考入中国人民大学哲学系。1960 年，提前毕业、留校任教后，主要从事马克思主义哲学和中国哲学的教学与研究工作。1985 年评为副教授，1987 年在全校破格晋升为教授。1990 年，被评为博士生导师。1993 年被聘为有突出贡献的中青年专家，享受国务院颁发的政府特殊津贴。曾任中国人民大学东方文化研究所所长，现任中国人民大学哲学院教授，担任中国哲学和中国管理哲学博士生导师。兼任中国实学研究会会长，中华孔子学会副会长，中国老子道学文化研究会顾问，中国孔子基金会和国际儒学联合会顾问，新编《老子集成》学术顾问，香港中国文化研究院荣誉院士。同时，兼任日本老子学会顾问，韩国国际南冥学会副会长，香港大学、香港道教学院客座教授，马来西亚孔学研究会学术顾问和南方学院客座教授和校外考委等。在海内外学术机构和高等院校兼职 30 多项。自著与主编著作有《王廷相和明代气学》、《中国哲学范畴通论》、《中国实学文化导论》、《明清实学思潮史》、《中国实学思想史》、《中国管理哲学导论》等 28 部，其中自著、合著 18 部，主编 10 部，获奖著作 7 部。1965 年至 2010 年，在海内外重要报刊上发表学术论文 340 多篇，约 400 余万字。

一、成长经历

1935 年 8 月 14 日，我出生于河南省济源市北官庄一个贫苦农民的家庭。父亲葛居全是一位有胆有识、具有正义感、同情心的农民，他承担抚养家庭的主要责任，除了耕种几亩薄田外，闲暇时还得去山西晋城、阳城肩挑粮食、铁器贩卖，以养家糊口。母亲贾秀英是一位忠厚、勤劳、善良的家庭妇女，承担教育子女，操持家庭生活。1942 年，家乡发生了水灾、蝗灾，在颗粒无收和小妹饿死的情况下，举家逃荒到山西省襄陵县陶寺村。父亲肩挑文具走乡串校，以谋生计。幼小的我，每天都要到野外打柴，帮助母亲做家务，减轻家庭负担。在举目无亲的异乡，经常受到他人的欺侮、谩骂。有一年夏天，我到一家收割后的麦田里捡麦穗，他们竟从我手中抢去了这些麦穗，还臭骂了我一顿。我用眼睛瞪了他们几眼，心里暗暗下定决心：长大后，一定好好学习，不受人欺。1946年，八路军解放了陶寺村，我也背上书包，高高兴兴地走进了陶寺小学。1951年，以优异成绩小学毕业后，又考上了临汾第一中学，这是山西省的名牌中学。在全村人都向我祝贺时，家庭里发生了意见分歧：疼我爱我的母亲，认为逃荒在外，只有这么一个小儿子，还要送到几十里外读书，不放心，主张"不去"，深受社会欺压而有远见的父亲则支持我。于是，我和父亲之间达成了一项"君子协议"：父亲对我说：只要你好好学习，我两个肩膀压肿挑烂，也要赚钱供你上学。我对父亲保证说：我一定好好学习，改变家庭命运，为父母争光。最后，终于说服了母亲，走进了临汾一中。6年的中学生活，我酷爱社会科学。特别是玄妙的哲学，更令我神往。虽然生活很艰苦，但是"贫穷"磨炼了我的意志，明确了我的人生方向。1956年高中毕业后，我以优异成绩同时考上了南开大学历史系和中国人民大学哲学系。最后，我选择了中国人民大学哲学系。我的求学历程，使我懂得了一个人生道理：贫穷是逆境，也是人生的推动力。"逆境出人才"是一条千真万确的真理。

从1960年大学毕业至1978年"文化大革命"结束的18年中，我主要是在"饿肚皮"与"政治风雨"中度过的。1960～1963年，由于天灾人祸，中国大陆处于三年困难时期。年富力強的我和我的同事，几乎每天都拿着粮票、饭票走进食堂排队买饭，是在"瓜菜代"和"双蒸窝窝头"的生活中度过的。每人每月配给半斤糕点，总是如饥似渴地吃个精光。不少人饿得浮肿，只得早早去睡觉。在这种"饿肚皮"的情况下，除了完成基本教学任务外，科学研究几乎等于零。刚刚度过"饿肚皮"的年代，迎来的是一个接一个的政治运动：1965年，我被派去北京西山农场搞"四清"。还未结束，又迎来了急风暴雨式的"文化大革命"。就这样，我白白地浪费了18年的青春，既令人无奈，又令人心痛！

虽然浪费了我人生中最为宝贵的18年青春，但是也为我日后从事学术研究奠定了理论基础，积累了人生体验。这段时间虽然"饿肚皮"，但还有点时间读书。20世纪60年代初，我主要从事马克思主义哲学教学，为哲学系学生辅导与讲授"关于费尔巴哈的提纲"、"家庭、私有制和国家的起源"、"反杜林论"、"哥达纲领批判"、"哲学笔记"和"唯物主义和经验批判主义"等课程，系统地阅读和研究这些马克思主义经典著作，对于提高我的理论思维和分析能力很有帮助，使我受益终身。从事哲学研究没有较高的理论思维和分析能力，是很难取得理论创新成果的。同时，多年的政治运动，使我深刻地认识到人性的负面作用。没有18年的丰富的社会阅历与人生体验，对于中国古代玄妙哲学的精义也做不出正确的解读。理论思维能力和人生社会阅历，是从事哲学研究不可或缺的两大基石。只有立足于两大基石上，才有可能在哲学研究上有所创新、有所作为。

二、主要研究领域和学术成就

物极必反，否极泰来。1978年，随着“文化大革命”的结束和“三中全会”的召开，终于迎来了学术的春天。这对于每个学者来说，都是难得的历史机遇。人生就是一种选择，没有“舍”就没有“得”，“舍得”是成功人生的大智慧。根据18年的人生体认，我深刻地认识了自己：我不是“搞政治”的材料，做点学问或许还可以。于是，我坚定地选择了走寂寞、清贫的学术之路。为克制各种物欲对自己的诱惑，我给自己规定了“四不”要求：一不争权，二不争利，三不争名，四不闹人事纠纷，努力营造和谐的人文环境，以争取最大的学术时空，把失去了的18年青春寻找回来。除了应承担的教学科研任务和必要的社会活动外，我就躲进书房成一统，两耳不闻窗外事，“抛他难抛身外物，读我平生未读书。”在静静的书房里，以自己的思维分析能力和人生阅历去解读书中所阐述的哲学智慧和人生理念有所悟的时候，顿时就会将钱、权、名等“身外之物”抛到九霄云外，这正是我所追求的“世事浮躁唯拥书城而心静，人间烦嚣但闻墨香而气平”的人生境界。正如法国哲学家梅里特在《人是机器》一书中所指出的那样：“征服全世界也抵不上一个哲学家在他的书房里所尝到的那种快乐。”

“创新”是学术研究的生命。我的学术创新之路，是从研究明代著名哲学家王廷相开始的。

1. 明代哲学家王廷相研究

王廷相（1474～1544）在中国哲学史上，占有重要的历史地位。但是，从清初至1949年的几百年时间里，王廷相及其著作几乎被世人遗忘。张岱年以他独具的一双慧眼，在《明儒学案》中，发现了明代这位哲学巨星，并在《中国哲学大纲》、《中国唯物主义思想简史》和《宋元明清哲学史提纲》中简要地阐述了他的哲学思想体系，是现代中国研究王廷相及其哲学思想的开拓者。但是，正如张岱年所说：“我在30年代撰写的拙著《中国哲学大纲》对于王廷相的学说作过简略评述，但语焉不详，未及深论。50年代之初，我购得明版《王氏家藏集》，本拟细心阅读，撰写‘王浚川哲学’，而因故未能执笔，徒有空愿。”“有负宿愿，念之深愧。”1980年的一天，我前去拜访张岱年，向他请教后，他诚恳地对我说：“荣晋同志，我有一桩心愿，想给你说一说。从50年代初，我本想自己写一本《王廷相哲学》，可是，由于我被错划成右派，忙于教学，20多年白白过去了，我也老了，无力实现这一想法。王廷相是很值得研究的大哲学家，他的哲学及其历史地位，应该在学界得到公正的评价。你能不能花几年时间，写一本王廷相哲学?”由于我事先毫无思想准备，顿时，脑海里矛盾重重，沉默不语，心想：“不答应吧，有负张先生的委托和希望；答应吧，又恐怕自己学识浅薄，完不成任务。”张岱年可能看出了我的矛盾心理，就鼓励我说：“你年富力强，又是人大哲学系毕业，我看你能写好这部书。”在张岱年的殷切希望和热情鼓励下，我愉快地答应了。在向张岱年告辞时，他又拿出一本明版《王氏家藏集》送到我手里，说：“你回去好好读一读这部书，有什么问题可以找我。”回到家后，经过查阅资料和初步思考，我便制定了一个研究计划。一方面，我决定到王廷相故乡——河南省兰考县作实地考察，收集民间保存的有关王氏的珍贵资料；另一方面，我又到北京的各大图书馆查阅有关王氏的著作及其相关文献资料。在充分收集和掌握资料的基础上，按照“传论合一”的原则，拟撰写两本书：一是《王廷相生平学术编年》，这是王廷相研究的“传”的部分；二是《王廷相和明代气学》，这是王廷相研究的“论”的部分。张岱年完全同意我的想法，并在写作中，他随时给我以帮助和指导。

经过两年多的努力，《王廷相生平学术编年》终于1982年8月草成，即送张岱年审阅。张岱年初审后，高兴地为本书撰写了序言。在序言中，他肯定该书填补了明代学者编年的一个空白——“王廷相生平学术编年”，认为“这是前人没有做过的工作，是对于明代学术史上的一个重要贡献。”充分肯定“全书取材详博，叙述生动，基本上再现了王浚川的一生事迹，是一部有价值的著作。”根据张岱年的意见，我对书稿进行过多次修改，于1985年年初定稿，1987年1月，由河南人民出版社出版。这是我国系统研究王廷相的第一部学术专著。

《王廷相生平学术编年》草成后，我即将主要精力转移到《王廷相和明代气学》的撰写上。在张岱年的精心指导下，花了2年多时间，于1984年11月草成此书。书稿呈送张岱年审阅后，他欣然答应为本书撰写序言。经过多次修改，于1990年2月由中华书局出版。在序言中，他肯定“这确实是一本重要的学术史著作，是关于明代哲学史研究的新成果。”该书出版后，张岱年又亲手撰写了《喜读〈王廷相和明代气学〉》(1990年6月)书评。不但重申了此书序言中关于“王廷相是最伟大的哲学家”的论断，而且充分肯定该书是一部“具有重要学术价值的著作。”是“对于学术发展的重要贡献。”

张岱年在1985年1月撰写的《王廷相和明代气学·序》中，提出了一个重要学术观点，即他不同意“一般都认为王守仁是明代最大的思想家”的观点，独创地提出了“王廷相是明代最伟大的哲学家”或“当时理论水平最高的首推王廷相”的新看法。他简要地论证说：“王守仁的学说由于门弟子的广泛宣传，固然兴盛一时，但从理论思维的水平来看，阳明学说实在远远不如浚川哲学。浚川在本体论、认识论、历史观、道德论等方面都提出了自己的崭新见解，达到了当时最高水平。”张岱年的这一新看法，我在《王廷相和明代气学》中虽然作了较为详细的论证，但是没有从纵向和横向相结合的高度全面地评估王廷相的历史地位。于是，我在1992年1月台湾东大图书公司出版的《王廷相》一书中，进一步论证了张岱年对王廷相历史地位的评价。在该书的第十三章，我从“王廷相是明代最伟大的哲学家”、“王廷相是明代气论学派的主帅和奠基人之一”和“王廷相是从张载到王夫之的界碑式人物”三方面，系统地论证了“王廷相确实是明代最伟大的哲学家。”如果这一创新观点能为学界认可的话，明代哲学发展的理论格局就会发生根本性变化，明代哲学史就需要重新改写。

2. 中国哲学范畴史研究

“文化大革命”结束后，在“拨乱反正”的社会思潮影响下，面对以往中国哲学的“列传式”和“两军对垒式”的研究范式，人们提出种种怀疑和挑战，已不再满足于这种陈归的研究范式。因为研究中国哲学史的根本目的，并不是简单地罗列中国历史上出现的哲学家及其哲学著作的流水账，而是通过它们去揭示中国哲学发展的客观规律，总结人类理论思维的经验教训。从根本上说，哲学就是一种抽象的理论思维，而理论思维则是由一系列的概念、范畴以及由它们形成的命题和推理所构成。哲学史就是哲学概念、范畴的发展史，即哲学概念、范畴的提出以及它们的外延和内涵的不断修正、不断补充、不断发展的历史。只有通过范畴史的研究，才能真正揭示中国哲学思想的发展规律和内在逻辑，使中国哲学史研究走向科学化。正如列宁在《黑格尔“逻辑学”一书摘要》中所说：“从逻辑的一般概念和范畴的发展与运用的观点出发的思想史……这才是需要的东西。”所谓“两军对垒式”的研究模式，是指1949～1978年，按照苏联日丹诺夫关于哲学史的定义，把一部中国哲学史视为唯物论与唯心论、辩证法与形而上学两军对垒史，并把每一位哲学家的思想体系，不加区别地分成宇宙观、认识论、方法论和社会历史观四大块。这种“两条线、四大块”的研究范式，是一种“千人一面”的教条主义的做法。中国哲学的“核心话语”及其所反映的时代精神，根本上不同于西方哲学。所以，依照“两军对垒”的范式，去解读中国哲学，只能把中国哲学变成西方哲学的附庸，完全失去了它的独立品格。实践证明，这是一条走不通的道路。通过对以往中国哲学研究范式的深刻反省，使我认识到只有认真研究中国哲学概念、范畴的发展史，才是揭示中国哲学发展的客观规律和内在逻辑的根本途径。

中国哲学范畴史的研究成果，主要反映在我的《中国哲学范畴史》、《中国哲学范畴导论》和《中国哲学范畴通论》三部著作中。《中国哲学范畴史》是在我多年从事中国哲学史教学与研究成果的基础上，突破传统的“列传式”和“两军对垒式”的研究范式，以中国哲学范畴体系为框架，从历史与逻辑相结合的新角度撰写的。这是中国近几十年来出版的第一部较为系统的哲学范畴史的学术专著，从而填补了中国哲学史研究领域的一项空白。这部著作出版后虽然在国内外学术界受到热情的鼓励和较高的评价，但是我深知这部著作是不完备的，甚至还残留着“两军对垒式”研究模式的某些痕迹。1989 年，我在北京见到时任台湾《国文天地》杂志社社长林庆彰，他诚恳地建议我在台湾以繁体字出版这部著作。为了推动海峡两岸学术交流和增进两岸学者友谊，我欣然地接受了这一建议。经过一年多的补充、修改和调整，不仅在数量上增加了三分之一，而且在质量上也有较大的提高。以《中国哲学范畴导论》命名的新作于 1993 年 4 月在台湾出版，不仅得到台湾同仁的好评，而且还被不少大学选定为教学重要参考资料，甚至定为大学的教科书。但是，由于书价过高，当时两岸还未实现“三通”，所以大陆学者多次要求我在大陆出版该书。1998 年该书合同期已满，在首都师范大学出版社的热情鼓励和支持下，我即集中精力和时间，着手修改、补充这部著作，经过 9 个多月的辛勤耕耘，终于完成了这部 71 万多字的《中国哲学范畴通论》，并在 2001 年 4 月正式出版发行。这是我 40 余年从事中国哲学范畴研究成果的结晶。

在中国哲学范畴研究上，我提出了三个具有理论创新价值的学术观点：

第一，20 世纪 50～80 年代，在中国哲学史界，普遍地把 1886 年恩格斯在《路德维希·费尔巴哈和德国古典哲学的终结》一书中提出的“全部哲学，特别是近代哲学的重大的基本问题，是思维和存在的关系问题”的论点，不加分析地套用在中国哲学研究上，误认为中国哲学的基本问题也“是思维和存在的关系问题”。在“解放思想”的浪潮中，我突破了这一套用西方模式的教条主义观点。基于我多年对中国哲学的深入研究和反复思考，认为中国哲学的基本问题不是“思维和存在的关系问题”，而是“究天人之际”即研究天（道）与人（道）以及二者关系的问题。因为中国历代哲学家都是围绕着“究天人之际”这一基本问题而展开各种哲学论辩，并在论辩中构建自己的哲学体系。

根据中国传统哲学“究天人之际”这一基本问题，我初步地构建了一个中国哲学范畴思想体系，分为三部分。

（1）关于天（道）的哲学范畴，即标志世界本体或实体及其存在形式的范畴：①标志世界本体或实体及其无限性的范畴：气、元气、精气、太极、道、道和器、理和气、有和无、体和用等；②标志物质世界运动过程及其规律的范畴：动和静、一和两、渐和骤（变和化）等。

（2）关于人（道）的哲学范畴、即标志人的生命构成、人的认识过程、人的道德本质和价值观念以及人类社会发展的范畴：①标志人的生命构成的范畴：形和神；②标志人的认识和道德的范畴：心和物、名和实、知和行、格物和致知、效验（参验）和真知（真理）；③标志人的本质、价值观念和思想方法的范畴：性和情、义和利、公和私（人与己）、天理和人欲、中庸（中道、中和）等；④标志人类社会发展过程的范畴：古和今、理和势、经和权等。

（3）关于天人关系和理想境界的范畴：天和人、力和命、仁、和、无为等。

第二，系统地阐述了中国哲学概念、范畴发展的七大特点。

（1）中国哲学概念、范畴的客观性，即每对（个）哲学概念、范畴都有其确定的客观内容。

（2）中国哲学概念、范畴和社会思潮的统一性，即每一种社会思潮都有其特定的哲学范畴体系。

（3）中国哲学概念、范畴的层次性，即每对（个）哲学概念、范畴都有其多角度、多层次的丰富内涵。

（4）中国哲学概念、范畴的历史性，即它们都是不断发展、相互转化、往返流动的，都是历史的产物。

（5）中国哲学概念、范畴的两重性（矛盾性），即不同学派对同一概念、范畴有不同的理解，即使同一学派对它的解读也是自相矛盾的。

（6）中国哲学概念、范畴的延续和间断的统一性，即每个哲学概念、范畴有对前人的继承，又有所修正和补充，都是在肯定与否定中向前发展的。

（7）中国哲学概念、范畴的曲折性，即每个哲学概念、范畴的发展，都是一个否定之否定的曲折过程。

第三，在中国哲学概念、范畴研究的基础上，我为中国哲学史研究提出了一个新的研究范式——“哲学范畴研究模式”。研究中国哲学概念、范畴，必须遵循上述基本理念和原则，坚持唯物辩证法的科学分析方法。研究中国哲学概念和范畴，有助于揭示中国哲学发展的客观规律，有助于揭示中国哲学的固有特点，有助于总结人类理论思维的经验教训，有助于提高人的理论思维能力，有助于丰富和发展中国现代哲学。这一新的研究范式不仅富有强烈的时代精神，而且将中国哲学史研究提升到一个更高的理论层面，使其进一步走向现代化和科学化。中国哲学史研究范式的转变，为中国哲学史研究开辟了一条更加宽阔的创新之路。

关于中国哲学范畴史三部专著相继出版后，以它的独特视角和创新精神，在国内外学术界引起了强烈的反响和好评。张岱年在《中国哲学范畴史·序》中评价说："葛荣晋同志对于人所熟知的资料，能够提要钩玄、作出简明的诠释，同时又提出了一些前人未及注意的资料，这些努力都是值得称赞的。可以肯定，这本书对于有志学习哲学史的同志，是一个很好的向导。"在中国大陆许多报刊上也发表了热情洋溢的称赞和充分肯定的书评，肯定它是一次"成功的开拓"，"是一种高层次的综合的史论结合的研究"。称赞它是一部"带有方向性意义的力作，为中国哲学史园地又增添了一株奇葩异卉。"这三部著作出版后，很快地被介绍到世界各国，在海外也得到较高的评价。

3. 中国实学与东亚实学研究

1940 年嵇文甫虽写过一篇《陆象山的"实学"》一文，但和者甚寡，实学是一片无人问津的荒漠之地。中国实学与东亚实学研究的热潮，是在 20 世纪 80 年代初出现的。这是当时中国改革开放时代精神在中国哲学研究领域的反映。没有改革开放精神，中国学者就不可能对近百年以西方某种哲学范式或观念剪裁中国传统哲学的做法提出质疑，就不可能对 30 多年"两军对垒"的教条提出挑战，就不可能从封闭走向开放，发现中国实学，提出"明清实学思潮"的新观点。中国实学与东亚实学研究，是 20 世纪中国哲学研究领域中出现的一道最为亮丽的风景、最具理论创新意义的学科。

我从事中国实学研究，是从 1985 年春天集体编写《明清实学思潮史》开始，分为三个历史阶段：

（1）1985～1989 年，以《明清实学思潮史》为代表的明清实学研究阶段。该书由陈鼓应、辛冠洁和我任主编，负责拟定编写提纲，组织全国学者编写。在编写过程中，曾围绕"明清实学思潮是否存在"展开了激烈的争辩。大家都承认从明中叶至 1840 年鸦片战争在中国文化领域出现了一股社会进步思潮。但如何从理论上概括这一社会进步思潮，则发生了严重的意见分歧。我们针对"早期启蒙思潮"、"个性解放和人文主义思潮"、"地主阶级改革思潮"和"经世致用思潮"等传统说法，在肯定这些说法合理性的基础上，创造性地提出了"明清实学思潮"的新观点。它不仅全面地概括了这一历史时期"崇实黜虚"的社会思潮本质，而且采用了中国人喜闻乐见的“实学”概念的表达方式。在为多数学者采纳这一新观点的前提下，又进一步对明清实学思潮的对象、特点、范围、发展阶段和历史地位评价等展开了讨论，并取得了基本统一的看法。在张岱年、王明、石峻和丘汉生等人关心与指导下，经过5年的通力合作，反复讨论修改，《明清实学思潮史》一书于1989年由齐鲁书社出版。全书分上、中、下三卷，共计126万字。该书出版后，海内外重要报刊纷纷发表书评，得到普遍好评。

（2）1989～1994年，以《中国实学思想史》为代表的中国实学研究阶段。《明清实学思潮史》出版后，我由明清实学进一步转向中国实学思想研究。在明清实学思潮研究过程中，我发现明清实学家在批评程朱理学和陆王心学的“虚学”的同时，也肯定、继承了他们的“实学”思想。实际上，程朱理学和陆王心学都是“虚学”与“实学”的统一体，把程朱理学和陆王心学完全视为“虚学”的观点是不能成立的。同时，我在阅读宋明程朱理学和陆王心学的著作中，多次发现他们也把自己的理学与心学称之为“实学”，而且某些学者也都肯定他们的思想是“实学”。那么，如何正确解读他们所谓的“实学”呢？他们所谓“实学”与明清实学又有什么区别呢？这是中国实学研究必须回答的问题。在探讨和研究这些问题中，我逐步认识到中国实学就是一种“明体达用之学”。由于对“明体”的不同回答，中国实学有三种类型：以程、朱为代表的实理实学，以陆、王为代表的实心实学，以二王（王廷相、王夫之）、戴震为代表的实气实学。他们之间既有相同点，也有相异点，是一种对立统一的辩证关系，不能以形而上学观点去解读他们。基于我对中国实学的这一新认识，便着手组织同道者以专题为纲开始编写《中国实学思想史》。在编写《中国实学思想史》中，始终围绕着“什么是中国实学”这一问题展开了激烈的争论。我在反复思考和征求同道者意见基础上，列出编写大纲，不断修改和补充，经过五年的辛勤劳动，由我担任主编的《中国实学思想史》一书，终于在1994年由首都师大出版社出版，三卷本共计135.8万字。出版后，中国大陆和港、澳、台地区以及日本、韩国报刊，纷纷发表书评，认为它“是海内外第一部全面系统地论述中国实学思想史，填补中国学术史与东方实学研究空白之学术专著”，它既是“对中国十多年实学研究的一次总结，又为未来的实学研究开拓了新领域与方向。”“在中国实学研究领域树立了一个重要的里程碑”等，受到高度重视和普遍好评。张岱年、韩国学者柳承国等，也都给予充分的肯定，认为它“对于北宋以来实学思潮作了详细的论述，这是对于中国哲学史研究的一项新贡献，有重要的学术价值。”

（3）1994～2002年，以《韩国实学思想史》为代表的东亚实学研究阶段。《中国实学思想史》出版后，我之所以从中国实学扩展到东亚实学研究，是当时国际学术交流的需要。1996 年 7 月，在韩国教授安炳周的推荐下，我应韩国国际交流财团的邀请，赴汉城从事韩国学研究。其间，我阅读了大量朝鲜性理学和实学的著作，认识到朝鲜实学是朝鲜儒学发展的高峰阶段，含有“近代指向”的启蒙思想，具有重要的理论价值和现实意义。同时，随着东亚实学交流的扩大，发现中、日、韩三国学者在交流会上多是“各唱各的调”，难以沟通，使我认识到不懂得东亚实学，就等于失去了在这一领域的发言权。于是，我就萌发了研究朝鲜实学的念头。在韩国国际交流财团基金会的资助下，开始了《韩国实学思想史》的编写工作。经过多年的撰写和修改，由我主编的《韩国实学思想史》于 2002 年 1 月由首都师大出版社出版，全书 40.1 万字。这是中国人按自己的治学理念和方法撰写的第一部系统阐述朝鲜实学思想的学术专著。其创新之处主要有三点：（1）从朝鲜前期性理学与朝鲜后期实学是朝鲜儒学同一发展链条的不同环节的认识出发，肯定朝鲜前期性理学是“虚学”与“实学”的统一。它既是后期实学的批判对象，又是构建后期实学的重要文化资源。本书从思想渊源上系统地论述了李退溪、曹南冥和李栗谷理学体系中的实学思想，从而克服了前人片面地将性理学与实学完全对立的错误做法。（2）针对以往朝鲜实学研究中重“实用”轻“实体”的做法，我认为朝鲜实学家多数是进步社会改革家又是哲理深邃的思想家。所以，我从体用结合的高度，既探讨了朝鲜实学家的社会改革内容，也揭示了其社会改革的理论基础，全面地评价了他们的历史地位和作用。（3）从双向交流与优势互补角度，力求客观地阐述与评价中国明清实学与朝鲜实学的关系，力求还原历史的本来面目，增进与加强两国人民之间的友谊。

4. 中国管理哲学研究

21 世纪初以来，中国实学研究已逐步从历史层面转向理论层面研究，集中地探讨与研究如何构建反映时代精神的“新实学”思想体系。我除了对中国传统实学进行现代诠释、发掘其现代价值外，更多的精力是从构建中国管理哲学思想体系入手，逐步地探索中国“新实学”。针对目前管理界和企业界的“西化”倾向，充分展示中国管理哲学智慧，我先后于 2002 年出版《孙子兵法与企业经营谋略》、2006 年出版《中国哲学智慧与现代企业管理》、2007 年出版《中国管理哲学导论》、2011 年出版《老子的商道》等著作。此外，由中国人民大学出版社正式出版 DVD 光盘四盒，每盒六碟装：《道商：老子的水性管理》、《儒商：孔子的德性管理》、《法商：韩非子的刚性管理》、《兵商：孙子的智性管理》；由中国高教音响出版社出版发行《第一孝道》VCD 光盘一盒（四碟装）。著作和光盘出版后，被学术界和企业界誉为“中国管理哲学奠基之作”、“中国管理哲学第一人”。构建中国管理哲学思想体系，只是构建中国“新实学”思想体系的起点。2011年7月，我在第十一届东亚实学国际学术会议上，正式向实学研究者提出了构建“中国新实学”的研究课题。我坚信，中国学者不会辜负时代的期望，“新实学”的曙光必将在东方地平线上升起，成为未来世界哲学百花园中的一枝奇葩。

三、葛荣晋主要论著

葛荣晋．1987．王廷相生平学术编年．郑州：河南人民出版社．

葛荣晋．1987．中国哲学范畴史．哈尔滨：黑龙江人民出版社．

葛荣晋．1990．王廷相和明代气学．北京：中华书局．

葛荣晋．1991．王廷相．台北：台湾东大图书公司．

葛荣晋．1993．中国哲学范畴导论．台北：台湾万卷楼图书有限公司．

葛荣晋．1996．儒道智慧与当代社会．北京：中国三峡出版社．

葛荣晋．2001．中国哲学范畴通论．北京：首都师范大学出版社．

葛荣晋．2002．孙子兵法与企业经营谋略．香港：香港道教学院．

葛荣晋．2003．中国实学文化导论．北京：中央党校出版社．

葛荣晋．2006．中国哲学智慧与现代企业管理．北京：中国人民大学出版社．

葛荣晋．2007．中国管理哲学导论．北京：中国人民大学出版社．

葛荣晋．2011．老子的商道．沈阳：辽宁人民出版社．

葛荣晋．2012．中国管理哲学通论．北京：中国人民大学出版社．

葛荣晋．2014．葛荣晋学术论著自选集．北京：中国人民大学出版社．

葛荣晋．2014．葛荣晋文集．北京：社会科学文献出版社．

撰写者

葛荣晋

陈筠泉

陈筠泉（1935～），浙江海宁人。中国社会科学院荣誉学部委员。1959年7月苏联莫斯科大学哲学系毕业。回国后，在中国科学院哲学研究所（后改为中国社会科学院哲学研究所）工作至今。1981～1989年任《哲学研究》杂志副主编，1990～2003年任该刊的主编。1985年被评为编审。1983至1990年任中国社会科学院哲学研究所副所长，1991～1998年任哲学研究所所长。1999～2005年任中国社会科学院学术委员会委员、副秘书长。1990年至今，兼任全国社科基金哲学学科评审组副组长。1991年享受国务院颁发的政府特殊津贴。主要研究领域是马克思主义哲学、科学方法论、文化哲学和苏俄哲学等。主要代表作有：《文明发展战略》、《哲学与文化》、《新世纪文化走向——论市场经济与文化、伦理建设》、《历史观、真理观、价值观》、《科技革命与当代社会》、《邓小平理论的哲学基础》、《社会主义市场经济基本理论问题研究》和《陈筠泉文集》等。

一、成长经历

1935年9月5日，我出生在浙江海宁。抗战期间，随全家迁往上海。中学毕业那年我对哲学发生了浓厚兴趣，每天都到离我家不远的上海图书馆去，埋头读几个月哲学书后，从此就立志要学哲学了。我又赶上难得的机遇，正值那年国家选拔留苏学生，而且特别需要愿学哲学和人文社会科学的学生。1953年我经同济中学保送到北京，考入了北京俄语专修学校留苏预备部，学习中共党史和俄语一年。1954年夏被派往苏联留学，到莫斯科大学学习，实现了自己的志向攻读哲学专业。这样，我就在苏联度过了整整5年的学习生涯，1959年7月毕业于莫斯科大学哲学系。当年莫斯科大学哲学系教学力量很强，有一批著名的哲学教授讲学，我利用这种条件在那里勤奋学习，为日后的哲学研究打下了良好的基础。回国后便分配到中国科学院哲学研究所（后改为中国社会科学院哲学研究所），一直工作至今。

1959年我到中国科学院哲学研究所，最初是在辩证唯物主义和历史唯物主义组做研究工作。到了1960年，为了加强《哲学研究》杂志的编辑力量，组织上将我调到该刊编辑部工作。《哲学研究》是至今已有50多年历史的全国性哲学专业理论刊物。它创刊于1955年3月，“文化大革命”期间被迫停刊。1978年年初，在经历了“文化大革命”之后，《哲学研究》重新与广大读者见面。我参与了《哲学研究》复刊工作，同时也走上了编辑部的领导岗位，感到压在自己肩上的担子更重了。1981年后，我担任《哲学研究》副主编、常务编委。1990～2003年，担任该刊主编。这样，工作更加繁忙了，责任也更加重了。但我热爱编辑事业，愿为哲学百花园辛勤耕耘，总是努力把哲学专业研究与刊物编辑工作有机地结合起来。

顾名思义，《哲学研究》是个哲学方面的学术刊物，然而它也是党的思想理论战线的重要阵地。在《哲学研究》复刊不久，全国范围内展开了一场关于真理标准问题的讨论。这个讨论得到了邓小平的大力支持。在1978年6月党中央主持召开的全军政治工作会议上，邓小平就根据新的历史条件的需要，重新提出和精辟地阐述了实事求是、从实际出发、理论和实践相结合这个马克思主义的根本观点、根本方法。邓小平所讲的这个根本观点、根本方法，就是辩证唯物论的认识论和方法论，是指导我们认识世界和改造世界的唯一正确的思想路线。

根据邓小平这一讲话的精神，《哲学研究》杂志从1978年6月起就开展了关于真理标准的讨论。1978年6月20～21日，《哲学研究》编辑部召开北京地区哲学工作者关于实践是检验真理标准的讨论会。7月17～24日，中国社会科学院哲学研究所、《哲学研究》编辑部又邀请了全国各省、市、自治区的160多位哲学理论工作者和实际工作者到北京继续讨论真理标准。这两个讨论会对这场真理标准的讨论起了一定的促进作用。

在真理标准问题的讨论中，我与张岱、曹景元和《哲学研究》编辑部的其他同志一起，不仅认真组织和审定稿件，而且还拟定选题、组织讨论会、精心计划，引导讨论逐步走向深入，并组织撰写评论文章和答读者问，以群众喜闻乐见的形式来澄清理论是非，使《哲学研究》起到了一个全国性哲学理论刊物在这场重大的理论争论中应起的作用，为拨乱反正、端正思想路线做出了自己的贡献。

在真理标准讨论达到高潮期间，《哲学研究》杂志的发行量破了历史记录，急增至200多万份，可谓是盛况空前。这时，编辑部同志积极性也更高了，群策群议，还编辑出版了两本关于实践是检验真理标准的论文集，为广大读者提供了必要的学习和研究参考资料，受到了大家的欢迎和好评。

在长期的《哲学研究》的编辑工作中，我和编辑部同志深深体会到，必须以马克思主义为指导，坚持理论联系实际的原则，及时分析、研究国际国内形势和学术理论动向，对具有时代意义的重大现实问题保持敏锐的洞察力，注重以对现实问题的研究带动基础理论研究，并以基础理论研究促进对现实问题研究的深入。

为了办好《哲学研究》，提高刊物的质量，形成自己的特色，还必须重视刊物的评论工作，重视最新科学成果的哲学概括，重视对国内外各种社会思潮的研究和分析，重视对改革开放中的哲学和方法论问题的探讨。《哲学研究》发表的《反思有益于前进》等一系列评论文章，在交流学术思想、探索研究方向、改进研究方法、端正学风以及提高编辑出版工作的质量等方面发挥了良好的作用。

我和编辑部同志也深深懂得，哲学这个百花园地的繁荣，一是要靠党的“双百”方针，没有争鸣就不会有学术繁荣；二是要发现和扶植优秀人才，扩大哲学研究的专业理论队伍。在这两方面，我们坚持不懈地在努力，争取不断地有新的进展。

贯彻“双百”方针说起来容易，做起来难。因为有时学术问题和政治问题纠缠在一起，一时不易分清，开展重大哲学理论问题的争鸣难免会有些风险。我们对此都毫无怨言，甘心为哲学园地的繁荣而勇于承担责任。我经常阅读各种不同学术观点的文章，参加学术会议，了解和掌握理论界的各种情况。坚持让不同学术观点能在刊物上得到充分讨论，而且注意与作者协商，做到学术讨论平心静气，防止将讨论变成人身攻击。为此，我常出访作者，做思想工作，以保证学术讨论的顺利进行。我们在选定稿件过程中，不仅注意作者的广泛性，还特别注重对青年作者的扶植工作；强调刊物不仅要发表成果，更要发现和培养人才。

中国社会科学院哲学研究所创立于1955年9月，至今已有50多年的历史。50多年来，由于党和政府的正确领导和关怀，由于先是中国科学院、后是中国社会科学院历届领导的大力支持，由于哲学研究所各届领导、老一辈哲学家的精心策划和组织，由于全所职工的共同努力，哲学研究所已经成为学科齐全，力量雄厚，在国内外具有相当影响的学术研究机构，并在繁荣和发展我国的哲学事业方面发挥了重要的作用。

党的十一届三中全会以来，在思想解放、改革开放的大好形势下，哲学研究所在科研成果和人才培养方面，取得了显著成绩。从1977年至1996年的20年间，哲学研究所研究人员共出版829部著作，发表论文4486篇。其中，部分成果具有较高的学术价值和现实意义，或对学科建设有较大的推动作用。哲学研究所不仅出了许多科研成果，还培养了一批哲学专业人才。到1996年，哲学研究所已招收研究生259人，其中博士生76人，硕士生183人。除为本所补充了科研力量外，还为社会输送了一批素质良好的哲学专业人才。中青年科研人员迅速成长，不少人已成为本学科领域带头人或科研骨干。

建所20多年来，哲学研究所在科研方面所做的工作和取得的成果，不仅在国内学术界具有一定的影响，也得到了一些国际学术组织的重视。联合国教科文组织委托哲学研究所组织地区性专家学术研讨会，世界哲学团体联合会接受哲学研究所为团体会员。各国哲学研究机构与哲学研究所建立了学术交流关系，许多外国著名哲学家到哲学研究所进行学术访问。哲学研究所研究人员出访的有205批，约有320多人次。哲学研究所几次组团参加世界哲学大会，在此期间，还与港澳台地区的哲学界建立了广泛联系。哲学研究所主办了许多重要的国际学术会议和双边哲学讨论会，大大促进了对外学术交流。

我是从1983年起担任哲学研究所副所长的，在这个岗位上工作了8年；1991年被任命为哲学研究所所长，开始负责全所科研和行政管理工作。当时，哲学研究所是中国社会科学院中的大所之一。建立早，分支学科多，有开阔的专业覆盖面，同建设中国特色社会主义的宏伟事业密切相关。哲学研究所第一任所长是潘梓年，后来由许立群、邢贲思和汝信继任。无论是就政策理论水平和哲学素养来说，还是就工作经验和领导能力来说，我都无法与这几位前任相比。因此，当决定要我来负责哲学研究所的全面工作，真是感到诚惶诚恐。接受任命之后，思绪万千，但立刻想到今后必须努力做到以下两条：一条是发扬民主，依靠集体领导，充分调动全所职工的积极性；另一条是自己要认真负责，尽心尽力，任劳任怨，埋头苦干。哲学研究所的科研和行政管理工作十分繁忙，有时工作也很难做。但是，从1991年到1998年，在我任所长期间，始终坚持做到这两条。有同志说，如果陈筠泉单纯是在研究工作岗位上的话，毫无疑问，也会像某些研究员那样硕果累累。可是，他办事过于细致认真，将自己的精力全耗在哲学研究所和刊物的工作上了，影响他出更多的科研成果。当我听到这些话时，丝毫不觉得后悔。我为哲学研究所的建设和刊物质量的提高，尽心尽力地工作，也是心甘情愿的。

二、主要研究领域和学术成就

粉碎了“四人帮”，结束了“文化大革命”，我们祖国的各项事业迎来了春光明媚的季节。通过实践是检验真理的标准的讨论，思想理论界迅速打破了万马齐喑的局面。哲学恢复了它应有的尊严，获得了新的生机。我把1978年参加真理标准讨论的一篇文章，题目是《逻辑证明能否代替实践检验》，作为我的一部文集《陈筠泉文集》的开篇。虽然这篇文章很短，却标志着我的哲学研究工作的重新开始。同时，也可以表示这场讨论对我们哲学工作者影响之深。

我长期以来主要从事马克思主义哲学的研究。马克思主义哲学是主导性、基础性学科。加强对马克思主义哲学原理的研究，既是确保中国特色社会主义研究这一主攻方向走向深入的必然要求，也是马克思主义哲学这一学科本身进一步发展的需要。我在《哲学研究》上发表了《伟大的转变和历史唯物主义的重要课题》、《开创马克思主义哲学工作的新局面》等评论文章，提出要结合新的实践和科学成就，加强对马克思主义哲学的范畴和规律、体系和结构、理论和方法的研究。在《新时期哲学研究的回顾与展望》一文中，我强调指出：要“以马克思主义为指导，深入细致地研究在改革开放的新形势下不同社会层次的人们的活动方式、交往状况、利益需求、思维方式、价值观念等方面的变化；从现时代的高度，揭示当代人的问题的实质和文明发展的趋势，反映当今社会对人的深切关注，才能使我们的哲学研究工作跃上一个新的更高的层次。”（《中国社会科学院建院20周年纪念文集》）

20世纪80年代以来，文化问题已成为世界上各个思想流派、学术派别普遍关注的课题，进而成为哲学研究的“热点”，这可以说是我们这个时代的一个鲜明的特点。1993年，在加拿大的蒙特利尔召开了第十七届世界哲学大会。这一届大会的主题便是“哲学与文化”。会上，东西方各派哲学家虽然观点不同，争论激烈，但却在一个问题上达成了共识，因此他们在闭幕时一致宣称：从整个世界范围看，当代哲学研究的重心正在逐步地移向文化问题。

应当看到，文化问题在前所未有的程度上受到重视，哲学研究重心的这一重大转移，绝不是偶然的，而是有其深刻的历史的、现实的根源。国际格局的改变，资本主义矛盾的发展，社会主义运动面临挑战，科技革命的兴起和全球性问题出现等等，从各个不同的角度，把人本身的价值和命运、人类的生存和发展问题以十分尖锐的形式凸现出来。因此，归根到底文化问题的研究热潮，不过是集中地反映了对人的关注。哲学既是“时代精神的精华”，又是“文明的活的灵魂”。所以，我们感到有必要从哲学高度，反思我国的传统文化和各种外来的文化，透视未来文化的发展。

实践是马克思主义哲学的基本范畴。在《实践与文化》一文中，我特别强调，马克思主义哲学不仅把实践看作是人们所从事的变革现实的实践活动，而且赋予实践以范畴意义，把实践引入认识论，这导致了承认一切知识的社会历史制约性。在我和刘奔主编的《哲学与文化》一书中，我们认为，可以从人的规定界说文化，也可以从文化来规定人；但二者都需借助于实践概念作出最切近的规定。“只有在人类的实践中才能找到理解文化问题的钥匙”。因此，我们必须用马克思主义的实践观点来研究文化问题；同时，也要通过文化研究来重新认识实践范畴，丰富和发展马克思主义的实践论。

这些年来，我由于工作需要和个人的志趣，从繁忙的工作中挤出时间来，大量阅读了国内外有关文化和文明方面的论著，认真研究了当代文化问题，撰写和发表了《哲学与文化》（主编）、《新世纪文化走向——论市场经济与文化、伦理建设》（合著）、《文明与文化——论资本的文明作用及其文化的局限性》、《列宁论社会主义文化建设》、《毛泽东和邓小平的文化建设理论》、《正确地看待我们民族的文化及其传统》、《担负起东方哲学与文化的研究使命》、《研究东西方文化交汇的哲学意义》和《加强国际文化战略的研究》等著作和论文。在这些著作和论文中，我对当代文化问题做了较为深入的思考，发表了一系列自己的见解。

今天已进入21世纪，经济全球化和各国现代化的客观趋势以及经济和文化的互动关系，愈益为世人所关注。面对经济全球化和我国社会主义现代化建设的新形势，如何更好地弘扬中华文化的优良传统，积极地吸收、借鉴世界各国的优秀文化，建设中国特色的社会主义新文化，是一个值得深入研究的文化发展战略问题。当前，加强世界文明问题的研究，探讨经济全球化的条件下东西方文化冲突和交融的特点、规律，提出我们自己对文化的本质、结构和转变机制的系统看法，制定一套既能推动我国社会主义文化建设，又能同外来文化相互作用、积极应对的文化发展战略，已是一项迫在眉睫的重要任务。

我于2010年出版了《文明发展战略》这部专著，围绕对当代文明发展有长远影响的世界两大趋势（不断加快的经济全球化趋势和日益增强的民族国家现代化趋势），全面地探讨了我国的文明战略问题。我在该书中提出，要制定正确的、能规划和指导全局的文明发展战略，必须要以系统的科学的文明理论为基础，并且要深入了解当前所处的特定时代和环境。研究和制定中国的文明发展战略，不能脱离世界文明发展进程，必须树立世界眼光，把握时代发展的大势，善于在国际国内社会发展和文化变革的大背景下思考问题，深入分析世界各国文化发展的现状及其走过的道路和未来发展的前景。

哲学是文化的核心。哲学被称为智慧之学。人类在哲学探索中力求在整体上把真理与价值、知识与信仰、理性与非理性统一起来。真正的哲学作为人类智慧的集中体现，并非纯粹的知识体系，它还要在科学认识的基础上，为人们提供理想、信仰和价值导向。我这些年来常常思考这些问题，写了《人类文化中的理性和价值》、《唯物史观中真理与价值的统一》和《〈福乐智慧〉中知识与信仰、理性与价值的问题》等文章，谈了我的一些初步看法。

我认为，根据马克思主义哲学的观点，应当把科学认识和人文价值看作社会历史现象，看作主体和客体在实践上相互作用的因素。必须把人的全部实践作为检验真理（即思想正确与否）的标准，也作为价值关系的实际确定者。现代西方哲学中出现了两大思潮；一个是所谓的唯科学主义思潮，另一个是所谓人文主义思潮。在我看来，这两种思潮都是以割裂人类文化系统中的科学认识因素和人文价值因素的相互关系为特征的，其根本原因是不能掌握辩证唯物主义和历史唯物主义的实践观点，不能正确理解自然科学和社会科学相互渗透的实质。我在《自然科学和社会科学相互渗透的哲学意义》等文章中，对上述现象作了较为深入细致的分析。同时，我还在其他有关文章中指出，为了解决西方所谓的“两种文化”（即科学文化与人文文化）的对立问题，必须进一步探讨实践的要素和结构，研究实践作为检验真理的标准与作为价值关系的确定者这两方面如何才能统一起来的问题。

在当代哲学社会科学的发展中，伦理学问题变得十分突出。特别是与现实生活密切相关的应用伦理学更具有重要意义。例如，市场机制的经济活动需要伦理规范为之提供道德秩序；现代工业的迅猛发展需要对生态环境的珍惜保护；生物技术的高速发展提出了一系列令传统观念感到困惑的生命伦理问题；等等。这些方面的问题不是科学技术和经济本身所能解决的。各种应用伦理学的应运而生与蓬勃发展，正是为了要解决社会生活中产生的各种道德问题。的确，伦理学是一门古老而又常新的学科。难怪有人称它为当代的第一哲学。

这些年来，我也十分关注各种伦理学问题，撰写和发表了《经济利益与道德原则》、《进一步推动经济伦理的研究和发展》、《应当重视企业伦理研究》、《伦理传统中的“黄金规则”》、《从中国伦理传统看普遍伦理》和《制度伦理和公民道德建设》等文章。此外，还主编了一套经济伦理研究丛书，已出版了《经济秩序理论和伦理学》、《伦理经济学原理》和《跨文化管理》三部书。

市场经济不单纯是一种经济体制，也是一种文化现象。经济的市场化与经济的社会化、现代化是同一个过程，它不仅要求提高人们的科学文化水平，而且要求建立相应的价值观念和道德规范。社会主义市场经济的建立和发展，为我国的现代化建设带来了巨大的活力；但是，经济社会的一系列变动，也给我们思想道德文化建设提出了许多新课题，需要我们认真地去研究和回答。

现在人们都已经认识到市场经济是资源配置的有效手段，它能创造一个高效率的经济，但同时也都意识到，市场经济体现着各种利益之间的竞争，因而有人担心发展下去会不会造成经济上不平等。由于经济不平等，出现贫富两极分化、金钱侵犯权利等现象。因此，如何在市场经济条件下，把市场对资源配置的效率与实现共同富裕这一社会公平的目标结合起来，是当前社会主义市场经济发展中面临的重大理论和实践问题。

当前人们还特别关注：市场动机与我们的思想道德原则能否一致，在社会主义市场经济的条件下，应该形成怎样一个思想道德体系来指导和规范人们的行为。在这种情况下，以马克思主义价值观为指导，结合当前我国社会的实际，重新思考中国传统哲学中的“义”、“利”之辩，对照分析西方哲学中功利主义与义务论之争，将有助于我们正确评价传统价值观念和解决今天社会现实生活中日益增长的经济与道德之间的矛盾和冲突。

我和殷登祥共同主持国家社会科学规划重大项目“科技革命与当代经济社会发展和邓小平关于科学技术是第一生产力的理论”。我们课题组通过深入学习和理解邓小平关于科学技术是第一生产力的理论，并吸收国内外研究成果，从理论和实践两个层面，对科技革命与当代经济社会发展的关系进行深入系统的分析研究。本项目先取得了若干阶段性成果。我在《哲学研究》1998年第4期上发表的《马克思论科学在生产中的应用》这篇论文，就是其中之一。我在这篇论文中着重论述了科学转化为生产力的社会机制，如何理解科学是“最高意义上的革命力量”和工艺生产方式与社会生产方式的相互关系等问题，说明了马克思关于“科学劳动”的思想及其现实意义。该项目已经全部完成。最终研究成果是一部专著《科技革命与当代社会》(45万字)。2001年11月，已由人民出版社出版。我在这部专著中又对上述问题作了进一步的阐述。

有人提出，邓小平讲“科学技术是第一生产力”，而我们过去又常说“劳动者是生产力的首要因素”，这两个命题是否有矛盾？我在《正确理解科学技术是第一生产力》一文中指出，不能把“科学技术是第一生产力”与“劳动者是生产力的首要因素”这两个命题对立起来，应该用辩证的观点来揭示两者之间的内在统一性。这实际上就是科技进步与人本身发展的关系问题。当今时代科学和技术之间的相互关系日益密切，科学技术转化为生产力的过程加速和规模扩大，它们不仅在生产过程中起着先导作用，而且已成为提高劳动生产率的重要源泉。因此，邓小平作出了“科学技术是第一生产力”的论断。

但同时也必须看到，劳动者是生产力中人的因素，也是能动的因素。固然没有生产资料，任何财富、使用价值都生产不出来；但毕竟“劳动是生产的真正的灵魂”，是创造价值的唯一源泉。马克思的这一基本观点，已经接受了社会实践的检验。在当代，无论是劳动领域的拓展、劳动形态的变化，还是脑力劳动比重的增加，都没有改变这一本质。应该看到，人类劳动所独有的创造性，正是科学技术发展的源泉。而且，科学技术为劳动者所掌握，才会极大地提高他们进行生产的能力。就是说，在生产力系统的诸要素中，尽管科学技术具有第一位的变革作用，但不能因

此而否认劳动者的中心地位和创造作用。(《社会主义市场经济基本理论问题》)

全球生态危机的出现，是当代人类文明发展遇到的最大困境之一。我在2013年召开的太湖文化论坛第二届年会的发言中指出：随着科学技术和现代工业的迅猛发展，人类对自然界取得了一个又一个的胜利。但不要过分陶醉于人类对自然界的胜利。对自然界的内在复杂性的过低估计和对人类的认识和改造能力的过高估计，使得传统工业文明对自然的控制和征服过程，变成了对文明的根基——自然——的掠夺和破坏过程，变成了对人类的生存环境和自己家园的毁灭过程。21世纪的环境保护和可持续发展，既要依靠现代科学技术为基础建立的现代生态保护体系，又要充分挖掘世界各民族传统文化中的生态智慧，构建现代生态文明。生态文明建设不仅仅是生态恢复和环境治理，更是涉及物质文明、制度文明和精神文明的整个社会文明形态的变革。我们要加强生态文明的制度建设，迎接生态文明新时代的到来！

当今人类要摆脱生态危机，建设生态文明，必须有正确的理论指引。我在《实践概念与哲学基本问题》一文中已经指出：人类社会的发展是以自然界为基础和前提的。我们肯定实践活动中人的主体地位和主体性，决不能排斥、否定外部自然界的优先地位和客观性。如果没有这样一个前提，人就根本不可能从事实践活动，人的主体地位和主体性，就将失去赖以获得和表现其规定性的客观物质基础。我们认为，即使科学技术越来越发达，生产力水平越来越提高，也决不能否定自然界的优先地位和客观实在。应当珍惜和保护自然资源，合理利用和节约自然资源。如何在改造自然的活动中避免破坏性的后果，使万物各得其宜和大自然日益完美，已成为人类保持、巩固和发展自己的文化成果的当务之急。

人类的物质生产活动产生物化形态的文化(物质文明)，交往活动形成规范形态的文化(制度文明)，精神活动产生观念形态的文化(精神文明)。每一形态的文化都有自己的结构，并存在着贯通三者的内在联系，作为整体的文化系统应由这三者的互为媒介构成。制度文明在物质文明与精神文明之间有着承上启下的桥梁作用。但相对于物质文明与精神文明而言，我国学术界对制度文明的研究还很不够。我认为，社会交往不仅是人与人之间交换其活动、能力及其成果的过程，也是个体活动转化为社会活动的基本形式。人类文化中凝结的人的社会特性，正是从人们交往活动的媒介作用中形成和发展起来的。交往活动本身的对象化，形成以一定的制度和风俗习惯等为承担者的社会规范，如经济规范、法律规范、道德规范等。而这些社会规范又成为人们之间经济交往、政治交往、精神交往的手段，具有调节人们社会生活、塑造个人个性的重要功能。因此，必须加强对交往活动形成的规范形态文化(即制度文明)的研究。

哲学归根到底是来源于实践，应该而且能够回到实践中去。因此，在强调加强哲学理论本身的基础研究的同时，也需要有一些哲学工作者参与某些实践课题的研究，这既可为哲学研究汲取丰富的经验材料，又能为现实问题的解决提供研究和思考的正确方法，更好地实现哲学应有的改造世界的功能。本着这种精神，我撰写了《新中国哲学事业50年回顾与展望》、《社会主义初级阶段理论的哲学基础》、《从民本思想到人民民主思想的转变》和《宣传无神论，破除迷信邪说》等文章。在这些文章中，我力图用马克思主义哲学的观点来探讨一些具有理论价值的重要现实问题。

我们深信，哲学必将在现实问题的深刻思考和探索中证实自身的价值。作为当代的哲学家和哲学工作者，必须注重对现实问题的研究来带动基础理论研究，以基础理论研究促进对现实问题研究的深入。他们要善于梳理社会上、理论界出现的各种纷繁复杂的观点、思潮，勇于探索实践中产生的各种重大问题，创造性地提出前人未有的新思想、新理论。

我长期以来从事哲学编辑工作，由于编辑工作的需要写过一些评论文章，对哲学界的重要人物、重要活动和重要著作进行一些评论，目的是想推动哲学方面的学术评论工作和促进哲学研究的进一步发展。在党的发展社会科学事业的各项方针政策的推动下，近些年来，哲学研究工作取得了明显的进展，哲学著作的出版有了很大的发展。然而，我们的学术评论工作却显然与这种形势不相适应；人们普遍反映，哲学方面学术评论比较少，而高质量的评论则更少。评介活动是科研工作的不可或缺的重要组成部分。它在鉴定学术价值、交流学术思想、探索学术方向、改善研究方法、端正学风以及促进编辑、出版工作提高质量等方面，能够发挥良好的作用。为了促进哲学研究工作更快地前进，真正开创哲学研究的新局面，我们希望广大哲学工作者都来关心、重视评论工作。

哲学是理论思维的最高成果。重视哲学，提高理论思维能力，我们的民族和国家将大有希望。我们哲学工作者要有历史使命感和崇高责任感，要振奋精神，坚持不懈地工作，为哲学学科的繁荣和发展而奋斗！

三、陈筠泉主要论著

陈筠泉．1995．历史观、真理观、价值观．北京：北京出版社．

陈筠泉．1996．哲学与文化．北京：中国社会科学出版社．

陈筠泉．1999．经济秩序理论和伦理学．北京：中国社会科学出版社．

陈筠泉．1999．新世纪文化走向——论市场经济与文化、伦理建设．北京：社会科学文献出版社．

陈筠泉．2000．新中国成立以来哲学研究事业的回顾和展望//新中国社会科学五十年．北京：中国社会科学出版社．
陈筠泉．2001. 科技革命与当代社会．北京：人民出版社．
陈筠泉．2002. 邓小平理论的哲学基础．北京：北京出版社．
陈筠泉．2005. 陈筠泉文集．上海：世纪出版集团、上海辞书出版社．
陈筠泉．2006. 关于社会财富的创造及其分配问题//中国社会科学院学术咨询委员会集刊 2005（第 2 辑）．北京：社会科学文献出版社．
陈筠泉．2008. 社会主义市场经济基本理论问题研究．北京：经济科学出版社．
陈筠泉．2010. 文明发展战略．福州：海峡出版发行集团、福建教育出版社．
陈筠泉．2010. 实践概念与哲学基本问题．高校理论战线，(3)．

撰写者

陈筠泉

王树人

王树人（1935～），祖籍山东莒县，出生于吉林省东丰县。中国社会科学院哲学研究所研究员、博士生导师。从事黑格尔哲学研究以及中西思想文化比较研究，在梳理中国传统文化的基础上，提出了“象思维”的概念并与概念思维进行比较，认为“象思维”是中国传统文化的魂魄。“象思维”在中医界、管理界和教育界影响较大。1962年毕业于北京大学哲学系，1965年中国科学院哲学社会科学部哲学研究所西方哲学史专业研究生毕业，同年留所工作。1986年至1988年在联邦德国慕尼黑大学、波鸿大学、波恩大学作访问研究。20世纪80年代曾任哲学研究所学术委员会副主任，西方哲学史室主任。1996年至2006年间担任中华全国外国哲学史学会理事长，现为该学会名誉理事长。

一、简　历

1935年11月18日，王树人出生在吉林省东丰县。在出生地读完小学和初中一年级后，转学至沈阳一中，1955年高中毕业，同年考入北京俄语学院留苏预备部，进行留学苏联的语言准备。后因中苏关系恶化，王树人遂转入北京大学哲学系学习，1962年毕业。当年毕业分配有些困难，因此需要少数人攻读研究生，故王树人投考了当时的中国科学院哲学社会科学部哲学研究所的研究生，攻读西方哲学史专业。王树人原想师从贺麟研习他喜爱的黑格尔哲学，但因当年杨一之没有学生报考，因此所里劝王树人跟随杨一之研习康德哲学。杨一之早年留学德国，学贯中西，后来翻译了黑格尔的巨著《逻辑学》上下卷。他在治学方面对王树人严格要求，但课业之外却十分慈爱，常常与王树人交谈，两人建立起了亦师亦友的关系。3年中，王树人通过了外语、基础课和专业课等考试，通过了论文的评审（当时没有答辩制度），于1965年毕业。当时尚未设立学位制，所以未被授予学位。

研究生毕业后，王树人留哲学研究所从事研究工作。但是很快，“四清”运动和“文化大革命”接踵而至，致使研究工作完全终止。其时，王树人跟那个年代的所有知识分子一样，历经农村、工厂、兵营和“五七干校”等磨砺，直到20世纪70年代末“文化大革命”结束后，已步入“不惑之年”的王树人才得以真正开展西方哲学的研究工作。这时，有两件事对王树人的人生和学术追求产生了深远的影响。第一件是他参加了 1978 年 10 月在安徽芜湖召开的全国首届“外国哲学讨论会”。这次会议由中国科学院哲学研究所、北京大学、商务印书馆、人民出版社以及安徽劳动大学（后更名“安徽大学”）等单位联合举办，王树人就是会议的组织者之一。因为这是粉碎“四人帮”后的第一个全国性的学术讨论会，会议不仅吸引了大量的外国哲学研究者，包括贺麟、严群、苗力田等老一辈学者；很多其他哲学专业人士也闻讯赶来，可谓盛况空前。会上，学者们在思想解放的背景下，第一次在没有条条框框和压力的情况下自由讨论，对统治中国哲学界多年的苏联日丹诺夫以“唯物主义与唯心主义的斗争”为线索的哲学史的定义、对哲学的党性原则、对哲学史研究的方法论问题以及如何正确评价唯心主义哲学等问题展开了热烈的讨论。王树人亲身参与了会议的主持和讨论，感受到了自由讨论的学术氛围，在内心里唤起了一种学术进取和追求创造的新希望。

另一件对王树人触动较大的事件发生在 1979 年，当时他随以贺麟为团长的中国哲学家代表团出席在南斯拉夫贝尔格莱德召开的第 13 届国际黑格尔大会。在经过了长达十余年的群众运动和学术封闭之后，这次国际会议带给了王树人许多新鲜感，尤其突出的感受是外国学者对海德格尔和存在主义哲学的重视。虽然当时中国学界尚未将之纳入研究视野，但海德格尔和存在主义关心人的命运问题、力图回到人本身的视角引起了王树人的共鸣。这次会议开阔了王树人的学术眼界，使他在关注中国学界比较重视的德国古典哲学的同时，也将目光投向了现代西方哲学，特别是海德格尔和现象学运动。回国后，王树人就大会的情况先后在北京、西安、兰州等地做报告，以满足学界渴望了解外面的世界的心情。后来，王树人与汪子嵩、陈修斋、汝信、朱德生等先生一道发起、筹措，组建了一个专门研究外国哲学的民间学术团体，该学会于 1981 年正式成立，并定名为“中华全国外国哲学史学会”，王树人担任学会的首届秘书长。自 1996 年起至 2006 年，王树人任学会理事长，至今仍然担任学会的名誉理事长，为学术研究贡献着自己的力量。

二、主要研究领域和学术成就

1. 德国古典哲学研究

改革开放焕发了王树人的学术热情。中国哲学界一直比较关注德国古典哲学研究，而王树人研究生的方向就是德国古典哲学，因此，他的研究起点就是他所热爱的黑格尔哲学。1985年，王树人出版了专著《思辨哲学新探——黑格尔哲学体系研究》。在思想解放的氛围之下，王树人坚持从黑格尔原著出发，批判性地探讨了黑格尔哲学体系本身以及其中一些具体概念，包括历史主义、整体观等的合理内涵和价值，打破了国内长期以来从马列经典论述出发诠释黑格尔哲学的思想禁锢，为黑格尔哲学研究注入了新鲜的活力。此书一经出版即受到学界的欢迎。第一次印刷5000册很快售罄，后又加印两次。多年之后，该书还被收入人民出版社的文库。2012年，这本书经王树人亲自修订后收入人民大学出版社的“中国人文大系丛书”再版。

1986～1988年，王树人赴当时的联邦德国慕尼黑大学、波恩大学、波鸿黑格尔档案馆等地从事学术访问和研究，接触到了时任国际黑格尔哲学联合会主席、慕尼黑大学哲学系教授亨利希，还有费希特专家劳特，并与劳特结下了深厚的友谊。在联邦德国两年的生活和学习经历使王树人对联邦德国的自然、社会环境和风俗人情有了深入了解，增进了对西方文化的感性认识。他突出地感到德国学者在人际关系中的自主独立性，更对他们重视学术资料的全面性和系统性的学风留下了深刻的印象。王树人认识到，哲学虽然被说成处于高空的玄思，但它与社会底层并不完全脱节，二者甚至互为表里。

两年的访学经历使王树人在学业上有了较大的收获，他对西方学界从现代视角出发所进行的黑格尔研究有了更多的直接认识。1988年，王树人关于黑格尔的第二本专著《历史的哲学反思——黑格尔〈精神现象学〉研究》出版。《精神现象学》一书艰涩难懂，历来受到德国古典哲学研究者的重视。王树人从“人类关系”和人性的历史演变的角度，对这部作品所概括的内容进行了系统探讨和阐述，所涉内容涵盖了黑格尔所论述的主奴关系、恐惧与劳动、斯多葛主义、怀疑主义、苦恼意识、异化与个性解放、艺术与人的发展、基督教与人性等方面。同年，王树人还翻译出版了克劳斯·杜辛的《黑格尔与哲学史》一书，加深了对西方学界的黑格尔哲学研究的视角和成果的认识。

王树人在慕尼黑大学访问研究期间，曾应邀做过两次报告：一次讲黑格尔哲学研究；另一次讲中国哲学以及“思想解放”背景下对中国哲学的解放。结果，前一次反应平平，而后一场却得到了热烈的反响。这个结果促使王树人开始反思自己作为中国的西方哲学学者的使命，同时也使他意识到，与前辈学者相比，自己这辈学者在中国文化和中国哲学方面的基础不牢，急需补课。1987年，王树人在访问联邦德国哈根时，德国职业函授大学的一位教授友好地向他邀稿，希望他能为他们的大学撰写一本关于中国文化概论性质的讲义。王树人坚决地应承下来，决定利用这个机会补中国思想文化的课。接下来的三年时间中，他一边阅读，一边用中文写作，从中西文化比较的角度出发，从汉字到周易、到禅宗、到中国书法绘画艺术之美，一直写到儒道两家，三年间完成了哈根职业函授大学的中国文化教材，该书很快被译成德文。这个偶然的契机开启了王树人学术生涯中的一个新的方向。从此，在西方哲学研究领域之外，王树人又开辟出了中西哲学文化比较研究的新方向，而且他在这条道路上一走就是硕果累累的20年。

2. 回归中国经典与“西学东渐”

中西哲学文化比较是一条艰难之路，单凭兴趣和热情是远远不够的，它需要长时间的潜心钻研。在这条道路王树人走下来了，写作了不少有创意的著作，更收获了自我人格的塑造，正如《论语》所说的“为己”，在眼界和境界上都比以前提升了。

在为德国职业函授大学撰写教材期间，王树人的夫人、时任中国科学院心理研究所研究员的喻柏林正从认知心理学角度研究中国汉字的识别问题。因此这部教材中关于“汉字的智慧和魅力”的章节，就是王树人夫妇合作研究的成果。讲义写作完成后，王树人夫妇觉得意犹未尽，于是他们继续携手合作，针对讲义中已提出但并未深入展开的一些问题做深入的专题研究，以“十年磨一剑”的精神，终于在1996年出版了《传统智慧再发现》一书。全书分上下两卷，共50多万字。上卷着眼于汉字、《周易》、禅悟和中国艺术美所开显出的智慧，下卷则从儒道思想所体现的人文情怀入手考察中国传统思维的特征。正是在这本书中，王树人于20世纪80年代初就提出的“象思维”的观点在学界得到公认，并逐渐受到重视。这套书出版后好评如潮，多次重印，并获哲学研究所科研成果奖一等奖。直到2006年，书的上卷还以《中国传统智慧与艺魂》为标题由武汉出版社单独出版。

正值王树人思想创造的高峰期，天有不测之风云。1995年，夫人喻柏林经诊断发现患有肺癌，做了手术。在住院和术后养病期间，王树人承担起他人不能替代的陪护角色。在夫人生前的最后6年时间内，王树人无法从事系统的研究工作，只能挤时间撰写并发表了一些有价值的论文，对“西学东渐”问题做了梳理和研究。在2001年夫人不幸病逝后的5年时间里，王树人用学术研究和思想创造的努力化解了夫人离世的悲痛，再次迎来了研究和创作的一个高峰。这期间，他与叶秀山作为总主编，与各分卷主编通力合作，完成了学术版《西方哲学史》8卷11册的工作，全书共计500余万字。这是一部自“西学东渐”百年以来首部跨越古今、旨在全面反映“中国学术视野中的西方哲学”的学术巨著，它凝聚着三代中国西方哲学学者的心血。除了担当总主编的重任外，王树人还与叶秀山合作，完成了第1卷“总论”部分的写作：叶秀山着笔西方哲学的内在理路，王树人以西方哲学在中国的传播和接受入手，为“总论”部分增添了“西学东渐”的维度。其中，他关于思想文化之东西碰撞、会通、融合之说，别具新意。这套学术版多卷本《西方哲学史》获国家图书奖暨第六届中国社会科学院科研成果一等奖。

3. “象思维”

王树人个人认为，自己在学术生涯中真正有所收获的，是在进入了中西思想文化比较研究之后。2005年，步入耳顺之年的王树人出版了专著《回归原创之思——象思维视野下的中国智慧》，这是他在中西思想文化比较研究领域所取得成果的一次重要综合。早在《中国传统智慧再发现》一书中，王树人就已从中国传统文化的基本领域，诸如汉字、周易、老庄、禅宗、诗歌、书法、中国画等入手，对中国的“象思维”做了具体而深入的探索。这一次，“象思维”作为概念被系统地揭示出来，并且在与概念思维的比较视域当中被呈现，因此《回归原创之思——象思维视野下的中国智慧》是对“象思维”做质的深化研究的成果。在书中王树人提出，“象思维”是中国传统文化得以支撑的根基，是决定中国传统文化基本特征的魂魄。“象思维”不同于概念思维的本质，在于概念思维以“概念”为核心，是为理性思维；而“象思维”以“象”为核心，此“象”乃“无形之象”，故“象思维”是悟性思维。概念思维是对象性的思维，是诉诸主客二元的对象化思维模式；而“象思维”是非对象性的思维，是诉诸整体直观的非对象化思维模式，“象”在“象思”的流动转化中，使人能悟入事情本身。概念思维从亚里士多德的《工具论》到数理逻辑的公理系统，均有一套形式规则可循；而“象思维”的悟性本身则关乎个体的悟性高下，因此没有形式规则可循。如果说概念思维提供明晰的规定性思想，包括概念、判断推理、分析综合；那么“象思维”所提供的就是逼近事情本身的智慧。两者不同却并不对立，它们相辅相成，共同完成运思的创造。在书中王树人还指出，概念思维是人类不可或缺的思维方式，但“象思维”却比概念思维处于更本原、更基础的地位。“象思维”不仅最初是前语言前逻辑的思维，而且它还是创造语言逻辑思维的思维。“象思维”在语言逻辑等理性概念思维产生后，不仅一直伴随着人类文明的发展，而且它作为悟性的、智慧性的思维，在思的运行中起着基础的推动创新的作用。最后，王树人由“象思维”的原发创生性特点出发，进一步指出研习中国传统文化对于今天的中国文化发展、乃至世界文明发展的不可忽视的重要意义。

“象思维”的提出和系统阐述不仅引起了哲学界的广泛关注，书出版后，座谈会、讲学讲座的邀请纷至沓来；作为一种重要的理论创新的基础和方法论，“象思维”的影响还波及中医学界、管理学界和教育界等领域，尤其是在中医学界更为突出。中国科协曾在北京香山饭店召开过“象思维与经络学说”以及“中医原创思维的内涵与价值”研讨会。2010年春天，王树人应邀赴沈阳，在中国各医药大学研究成果大会上作“象思维”的专题报告。现在，中国中医学界已经明确把“象思维”作为中医学研究和创新的一条根本途径。

2006年，王树人再接再厉，与安徽合肥师范学院李明珠合作，出版了《感悟庄子——象思维视野下的庄子》一书，从“象思维”的视域出发研读《庄子》，把《庄子》诗意的、寓言式的表达作为“象思维”的体现。这一解读破除了从概念式思维方式解读《庄子》的阅读模式，力争回归经典的原创思维模式，更贴切地揭示出了《庄子》从隐喻之境象引人入“道”的形而上精神。更为重要的是，这本书不仅仅是一本“研究”专著，它还是对《庄子》进行亲身“感悟”的结果。王树人把中国文化传统中“性命双修”的理念贯穿于整个阅读和写作过程之中，因此他之“感悟庄子”也就不仅仅是为了准确把握《庄子》的思想内涵而选择的一条研究思路，而且是以庄子思想的本真陶冶自身。王树人在书中写道，在写作过程中，庄子追求理想的自由境界、追求超越的“大美”精神和原创精神不时激荡和敲打着自己的灵魂，提升着自己的境界。

多年从事“象思维”的研究深化了王树人对中西文化特点和得失的认识。他现在比以前更清楚地认识到，研究“象思维”比理性的概念思维研究更有难度。之所以如此，从历史的角度观之，皆因“新文化运动”以降，包括他自己这辈学人在内的几代人与传统文化的断裂，以至于对以“象思维”作为支撑点的传统文化的根基和魂魄感到陌生。而从客观的原因出发，中国传统文化确实有其弱点，表现在理性思维或逻辑概念思维的薄弱和缺失。因此，在这方面引进西方之长补我之短是完全必要的，只是这种“补差”不可走向另一个极端，把“象思维”应有的地位和价值完全遮蔽。王树人最终认为，如果不明了“象思维”乃中国传统文化的根基和魂魄的特点，而完全透过理性的逻辑概念思维的眼镜看待和领会中国传统文化，则很难真正把握中国传统文化的精髓。

4. 浸濡于中国文化之美

在完成《回归原创之思——象思维视野下的中国智慧》和《感悟庄子——象思维视野下的庄子》之后，尤其在经历了庄子自由精神对灵魂的激荡之后，王树人的研究兴趣很自然地扩展及宗教学。在展开对中国传统文化的研究之时，王树人就在佛学和禅宗方面下过工夫，后来又在比较研究中涉及以《圣经》为基础的犹太—基督教的研究，还有对中国本土产生的道教的研究。这些阅读和研究为王树人的哲学研究领域增添了重要的维度，使他心生一种发现新大陆的感觉。王树人认识到，从原始发生的角度来看，过去简单否定宗教的态度是荒唐的。宗教情感和意识是人类思想文化最早产生的意识，其中包含着后来文明发展中的哲学、艺术、宗教、伦理等广大领域的萌芽。正是在这种认识前提下，王树人对宗教的关注和研究，侧重于对不同宗教的文化底蕴的探索。2007年以后，王树人发表了多篇专题论文，例如在两届“全真道与庄子国际研讨会”上宣读的论文《体会全真道文化底蕴》和《全真道文化底蕴再探索》。因为有西方哲学研究的背景，王树人不可能不去思考如何克服尼采惊呼的“上帝死了”和海德格尔所揭示的“人生而被抛”的西方精神危机，以及这种危机在东方的蔓延问题。在长久的思考之后，王树人提出，这种危机的克服必须在中外传统和现代文化中寻求启迪，特别要在中国传统文化中的精华或正能量中寻找。这个观点体现在他的论文《上帝死了，道还在!》之中，该文在学界产生了一定的影响。

除了关注宗教问题外，王树人对历史哲学问题也表示了关注。近年来他相继在《世界哲学》、《文景》和《中国社会科学院研究生院学报》等刊物上发表《后现代话语和视野下的宗教问题》、《詹姆斯的经验主义宗教观》、《心存圣爱思出高境》、《历史的复活与历史研究》、《最高价值的失落与追寻》、《关于西方新史学的几点思考》等文章，有些被人民大学相关资料文集转载、有的被《中国社会科学文摘》、《新华文摘》转载，发生一定影响。另外，他还做过访谈、讲演录、艺术评论、散文，见诸《文景》、《人民政协报·学术家园》、《光明日报·文荟》等报刊，例如《散论黑格尔哲学与现代西方哲学——新春哲学访谈》、《为往圣继绝学》、《怀素狂草艺术的传承与开拓》、《散论中国传统艺术美的诗魂道心》、《触摸泗水圣源脉搏与泉林之美》、《胡秋原先生的人格魅力》、《一种生命本真的体验》等。

此外，王树人近年来还格外关注中青年学者的研究，兴趣盎然地阅读并写出不少书评，一方面予以激励，另一方面也借此向年轻学者学习，做到“活到老，学到老”。这些书评，例如《让文本自己说话——读“纯粹哲学丛书”》、《文化融通与方东美——评李安泽〈生命理境与形而上学〉》、《现象学开显的新思与新视野——读尚杰的〈从胡塞尔到德里达〉随感》、《文化融通的历史之境——评〈中国与欧洲早期宗教和哲学交流史〉》、《西方现代哲学的发动机——读张汝伦〈20世纪德国哲学〉》(上、下两篇)等，一经出版，即受到读者和学界的重视。

向80岁高龄迈进的王树人，仍借曹孟德的诗句“烈士暮年，壮心不已。老骥伏枥，志在千里”来激励自己，笔耕不辍，让学术生涯焕发出引人入胜的光彩。同时，生活中的王树人爱好诗词、书法、绘画，不时舞文弄墨，吟诗作画，生活显得格外精彩。他的《老树自画小像》的长诗中对此有生动的描写：

华发苍颜一老翁，边幅不修自轻松。
学思皆成乐心事，担子虚化不负重。
闲云野鹤多自在，口无遮拦骂害虫。
真情学理岂能忘，古贤宝典廓心胸。
贵能常省自己短，虚怀不骄方从容。
良友常聚多求索，唱和缘起为道通。
诗书画文吾所爱，吟唱挥毫难中庸。
少时最喜争高下，老来方悟大境空。
克己复礼礼何用？礼数后面大伪从。
不如返朴归自然，人我心通见飞龙。
我欲因之梦无待，会通正辨学鲲鹏。
来去赤条无牵挂，死生有命当认同。
悲喜正剧千万种，初试何人不脸红？
锋芒屡削除不尽，练就皮厚老顽童。

三、王树人主要论著

王树人．1985．思辨哲学新探——黑格尔哲学体系研究．北京：人民出版社．

王树人．1988．历史的哲学反思——黑格尔《精神现象学》研究．北京：中国社会科学出版社．

克劳斯·杜辛．1992．黑格尔与哲学史．王树人译．北京：中国社会科学出版社．

王树人，喻柏林．1996．传统智慧再发现（上下卷）．北京：作家出版社．

叶秀山，王树人．2004．总论//西方哲学史（第1卷）．南京：凤凰出版集团、江苏人民出版社．

王树人．2005．回归原创之思——象思维视野下的中国智慧．南京：凤凰出版集团、江苏人民出版社．

王树人，李明珠．2006．感悟庄子——象思维视野下的庄子．南京：凤凰出版集团、江苏人民出版社．

王树人．2006．中国的“象思维”及其原创性问题．学术月刊，(1)：51-57．

王树人．2006．庄子、海德格尔与“象思维”．江苏行政学院学报，(3)：5-11．

王树人．2006．“上帝死了，道还在！”——论精神危机和道思的魅力及其现代意义．中国社会科学院研究生院学报，(4)：19-27．

王树人．2007．后现代话语和视野下的宗教问题——读《宗教》．世界哲学，(3)：100-105．

王树人．2010．詹姆斯的经验主义宗教观．文景，(1)．

撰写者

王齐（1968～），出生于陕西西安，1996年获中国社会科学院研究生院哲学博士学位，现任中国社会科学院哲学研究所研究员。

崔清田

崔清田（1936～），河北容城人。逻辑史学家。1959年毕业于天津师范大学政治教育系并留校任教，1990年任南开大学哲学系教授，1993年任博士生导师。曾任中国逻辑学会副会长、中国逻辑史专业委员会副主任暨学术顾问、国家教委哲学学科教学指导委员会委员、南开大学教学指导委员会委员。他对中国逻辑史有如下研究和探索：其一，反思既往逻辑史研究中的逻辑观与方法论：评析“据西释中”方法的得与失；深入认识“逻辑与文化”和“逻辑的共同性与特殊性”；提出以“历史分析与文化诠释”为基础的比较法。其二，名学、辩学研究：厘清名学与辩学的对象、内容；明确二者不是等同于欧洲传统逻辑的学问。其三，墨家逻辑与亚里士多德逻辑比较研究：两种逻辑文化背景及两种逻辑自身的比较；提出以“推类”为主导推理类型是墨家逻辑的重要特征。上述研究受到国内外学术界的关注。2005年《亚非文集》（英文版）是以“中国传统逻辑中的中国逻辑与中国文化研究”为题的专刊，介绍并评价了“南开学派”的成果。此外，他还于20世纪80年代中期组建了中国首个逻辑学专业；于20世纪初开启了两岸逻辑学界的全面交流。他的多项研究成果获省部级优秀社科成果奖。

一、成长经历

我于1936年1月27日生于天津市河北区诗经村，祖籍河北省容城县西壍村。20世纪30年代初，父亲崔学章毕业于直隶公立法政专门学校，并开始了在津的律师生涯。好景不长，随着七七事变爆发和举家逃难到法租界，相对殷实的家道开始衰落，平静的生活也全然消失。童年的我，经历了天津的沦陷、光复和解放。1946年，濒临破产的父亲尽力送我进了一所既有西方基督教文化背景，又很重视中国文化传承的私立培才小学读四年级。这所小学自四年级起开设英语课，五年级有古文课，还在体育课中教习武术，举行演讲比赛，设立学生自治会。我因成绩优异被选任学生自治会主席，列席校务会议；参加演讲比赛也获了奖。1949年，伴随着新中国成立的礼炮声，开始了我在南开中学的6年学习生活。此时的南开中学仍为私立学校，一学年要收取相当于几袋洋面价款的学费。可是，我的家这时已完全破产，极度贫困，但父亲还是极力筹措送我进了南开中学。我家离南开中学很远，每天徒步往返，午餐常常是自己带的两个窝窝头。初中的我获得过奖学金，还被选为学生会副主席，也获得过市学联资助的作为优秀学生干部赴北戴河度假的机会。回想起来，小学、中学给予我的，有宝贵的知识，也有更为宝贵的，那就是我在日后赖以继续发展的能力。

1955 年高中毕业后，我遵照南开中学党组织的要求，进入了刚刚组建的天津师范学院政治教育系。就读大学的 4 年间，政治运动从未间断：1956 年下乡参与组建农业合作社；1957 年“反右”期间，作为一名非党员的校学生会副主席，我被安排主持全校辩论大会；1958 年投身“大跃进”；1959 年在校内参加“反右倾”；1959 年大学毕业的同时，我被留校任教。天津师范学院后改建为河北大学，政教系改建为经济系与哲学系。我被安排在哲学系，先是辅导哲学，后又改教逻辑学。如前所述，大学虽然上了 4 年，参加“运动”却占了相当一部分时间，一些专业课程或未能接触，或未能系统学习，逻辑学为其中之一。因此，我只能边自学，边讲课。我开始踏上高校讲台的日子，正是三年困难时期，全国人民的生活极为艰苦。记得有时在通宵准备逻辑学的讲稿后，我只能匆匆吃上两三根胡萝卜就去上课了。所幸，这种现囤现卖的讲课没有砸锅，而是获得了好评。后来，哲学系还推荐我为天津广播电视大学讲授“形式逻辑”，并编写相关教材。稍感遗憾的是，这种虽然十分艰难但却相对稳定的教学工作没能持续下去。从留校任教到“文化大革命”期间的 10 多年里，我在河北省先后经历了“整风整社”、“四清”、“文化大革命”，也进了“干校”，因此有许多年我是在农村度过的。“文化大革命”后的 1979 年我才知道，“反右”运动中我被定为“中右”。事实上，“文化大革命”前的我已经是政治上“另册”的人了。就在我奉命要举家迁往河北保定时，“文化大革命”爆发了。“文化大革命”后期，我请求从已迁往保定市的河北大学调回天津以照顾家庭时，只能进入一所天津市区属的职工业余大学。“文化大革命”结束后，我才有了重新进入普通高校任教的机会。在我从业余大学通过层层关口调入南开大学哲学系的过程中，温公颐曾专门致函天津市有关部门，提出要我做他的教学和科研助手，这使艰难的调动能够顺利进行。

进入南开大学后，温公颐为我指明了中国逻辑史的研究方向，介绍我去虞愚处学习因明。温公颐为我引路并奠定了我以后的发展基础。从此，我开始了中国逻辑史的学习、教学与研究。同时哲学系也为我提供了一个稳固的平台，使我能够在协助温公颐进行科学研究和指导博士生的同时，承担并展开其他的教学与研究工作。

我的夫人高善述不仅在我困难时始终支持着我，而且在诸多方面尽其所能地对我的教学与研究工作给予帮助。1984年，我开始招收并指导硕士研究生。同年，我接受了主持组建我国普通高校第一个逻辑学专业的任务。1985年，我受聘任中央广播电视大学逻辑学主讲教师，同年主持开办了研究生班（共2届），以应培养专业师资之需。1993年，我开始招收并指导博士研究生。1997年，我任国家教委第一届高等院校哲学学科教学指导委员会委员；1996～2004年，任中国逻辑学会副会长，兼任中国逻辑史专业委员会副主任暨学术顾问；1998年，任南开大学教学指导委员会（文科）委员；1999年，任台湾中原大学客座教授，赴台授课，并筹划推动两岸逻辑学届全面学术交流；2003年，任高级访问学者、卢布尔雅那大学亚非学系系主任罗亚娜的指导教师。在此期间，我主持的省部级科研项目有：墨家辩学研究、名辩学研究、中国现代时期逻辑学的发展状况及影响、逻辑在人文科学中的应用、《中国逻辑史教程》等；也主持了辅仁大学资助项目——墨家逻辑与亚里士多德逻辑比较研究。此外，我也参加了国家社科基金项目《中国逻辑史》（五卷本）及《中国逻辑史》、《中国逻辑史史料选》（多卷本）的编写。自1989年开始，受国家教委之聘，我连续主持了“八五”、“九五”和“十五”的普通高校“逻辑学研究规划及课题指南（草案）”的专项任务项目，相应的主要成果有《中国逻辑史教程》（“七五”规划教材，“九五”国家级重点教材）、“中国逻辑史研究世纪谈”、《名学与辩学》、《显学重光——近现代先秦墨家研究》、“墨家辩学与墨家辩学研究”、“20世纪逻辑学在中国的状况及影响”、“逻辑与文化”、《墨家逻辑与亚里士多德逻辑比较研究》、“‘中国逻辑’名称困难辨析——‘唯一的逻辑’引发的困惑与质疑”。上述与未列出的研究成果，包含了我在中国逻辑史研究上的一些新探索。

二、主要研究领域和学术成就

1. 中国逻辑史研究的新探索

当我开始中国逻辑史的教学与研究工作时，已是“文化大革命”结束之后了。相对而言，我是这一领域一些同龄人中的后来者。面对重重困难，要弥补不足并跻身学术研究的前列，我除了刻苦拼搏之外别无他途。我也正是这样做的。记得在我进入南开大学的第一年，即1980年的暑期，我几乎一天不落地泡在天津市图书馆（旧馆）的社科部，阅读当时能够找到的20世纪以来的所有有关中国逻辑史研究的资料，并编写出3万字的《有关中国逻辑史的对象、特点、研究原则及方法等问题的不同观点简介》。这不仅使我初步摸清了中国逻辑史研究的大致情况，心中有了底数，也为“文化大革命”结束后刚刚恢复学术工作的同仁们提供了一份有用的资料。所以，它立即引起第一届中国逻辑史广州研讨会（1980 年冬）的注意，并收入了会议文集《中国逻辑史研究》中。这次研讨会使我第一次来到了早已心仪的广州，但我还是放弃了休会时间逛广州、游珠江的机会，完成了我在离津前未及完稿的论文《关于中国逻辑史的研究对象和方法问题》，并发表在上述的文集中。2004 年 1 月 2 日，我在《墨家逻辑与亚里士多德逻辑比较研究》的出版后记中写道：在该书的写作过程中，“日趋严重的青光眼疾急性发作，不得不住院治疗。双眼术后未几，我又继续写作，终于如期结束书稿。现在想来虽然有些后怕，但完成写作任务的愉悦还是难以取代的。”我用这几个小例子说明，我始终不忘用“危机意识”和“成果意识”警醒自己，不能松懈，不忘进步。我的教学与研究之路，就是与这两种意识相伴而行的。

我借以自勉的治学精神是：学诸前贤，补其疏漏，贡已所得。学习，可使我们汲取前贤的宝贵成果；省思，可使我们发现并把握深化特定领域研究的关键问题。这些会帮助我们进一步独立地思考，寻求研究方法的完善或转换，研究思路的调整与清晰，学术新见的提出与阐发，从而使学术研究获得新进展。我的研究路径正是依照这种精神走过来的。

我的中国逻辑史研究工作与成果大致有如下五个方面：

（1）中国逻辑史研究中的逻辑观与方法论的反思

①近代中国逻辑史研究中的“据西释中”方法得失考

中国逻辑史研究主要是近代以来的事情。1840 年后的“西学东渐”不仅使以名学、辩学，尤其是以《墨辩》为重点的中国逻辑史研究被纳入了中西文化交汇的大潮中，同时也为这一研究提供了方法——“东渐之西学”。这就是梁启超所说：“以欧西新理比附中国旧学”（《子墨子学说》），“以欧美现代名物训释古书”（《先秦政治思想史》）。金岳霖也说过：“先秦诸子如果有一空架子论理，我们可以接下来问这种论理是否与欧洲空架子论理相似。现在的趋势是把欧洲的论理当作普遍的论理”（《冯友兰〈中国哲学史〉审查报告》）。我把这种思路与方法概括为“据西释中”，即以欧洲逻辑为标准和依据，对中国古代逻辑做出判定与解读。在特定历史条件下，这种方法有其必然性和积极意义：以发展相对成熟又与中国逻辑有共同性的欧洲逻辑作为研究之借鉴，是完全合理的；为名学、辩学研究注入了一种全新的思想，极大地开阔了人们的眼界与思路；有效地传播了西方逻辑学。但是作为科学方法来要求，“据西释中”有严重缺陷：其一，欧洲逻辑与中国逻辑不是异同比较中平等他者的关系，而是本出与派生、原本与复本、标准与判定对象之间的关系；其二，集中关注两者的具体对应点、相同点，并据之对中国逻辑做出诠释，使中国逻辑成为“在中国的欧洲逻辑”；其三，中国逻辑自身的内容、特性，及所由生成的根据——历史与文化条件的分析，不见了。这些表明，“据西释中”下的归并与认同不能完满解决正确认知中国逻辑的问题，研究中国逻辑的依据与方法仍需思考。于是，有了“逻辑与文化”的重新提出与再认识。

②“逻辑与文化”与“逻辑的共同性与特殊性”的再认识

20世纪40年代，张东荪率先提出“逻辑与文化”问题。其核心思想是：“把逻辑当作文化的产物，用文化来解释逻辑”，“不是逻辑左右文化”；“逻辑不是普遍的与根本的。并且没有‘唯一的逻辑’(logic as such)，而只有各种不同的逻辑”(《不同的逻辑与文化并论中国理学》)。上述看法回答了逻辑（包括中国逻辑）研究中的一个根本问题：依据什么去解释与认知逻辑？同时也明确指出了存在着具有不同特性的不同的逻辑。这些无疑是正确而深刻的。但是，上述看法中也存在着待补充与深化之处。就“逻辑与文化”而言，我们不仅要看到文化对逻辑的制约，也要看到逻辑对文化的影响。这是因为，文化是一个系统，逻辑是组成该系统的要素之一。系统与要素、要素与要素之间存在着相互依赖与制约的关系。这种关系不仅使系统制约下的要素会形成相应的特质，也会使要素对系统的形态、属性及变化产生影响。因此，逻辑研究要有文化的诠释，文化研究中应有逻辑的关注。对“逻辑与文化”的全面理解不仅是中国逻辑史研究的重要前提，同时也对中国传统文化的正确理解、继承与发扬，有重要的意义。就“逻辑的共同性与特殊性”而言，否定以欧洲逻辑为唯一合理的、普遍适用并存在于不同地域、民族与文化背景之中的“唯一的逻辑”，是完全正确的。但由此进而只承认“不同的逻辑”，不见了逻辑的普遍性与共同性的一面则有误。逻辑的共同性指的是决定逻辑之为逻辑的质的规定性——以推理形式而非内容为对象的学问。逻辑的特殊性主要指在不同的逻辑中，居主导地位的推理类型及其表现方式等不尽相同。有了共同性，即质的规定性，才会有逻辑，也才可能有不同逻辑类型所展现的特殊性；反之，就没有了逻辑，逻辑的特殊性也就无从谈起了。因此，我们不仅要看到“不同的逻辑”，即特殊性；更要看到逻辑的质的规定性，即共同性，否则中国逻辑史与比较逻辑研究就会步入歧途。

③建基于“历史分析与文化诠释”之上的比较法的明确提出

研究中国逻辑离不开对欧洲逻辑的借鉴与比较。“逻辑与文化”及“逻辑的共同性与特殊性”的讨论告诉我们，这种比较有别于“据西释中”，其关键有三：被比较的诸对象均视彼此为平等的他者，而不是对立者或规范者；在确认逻辑共同性的前提下，重在求异，以揭示彼此的差别和特性；对差别与特性给出制约因素的分析，即“历史分析与文化诠释”。“历史分析”是指，把不同的逻辑传统置于它们得以产生的具体历史环境之中，并对其时的社会生活状况、社会问题，以及这些因素对思想家提出并创建不同逻辑传统的影响，给予分析。“文化诠释”是指，把不同的逻辑传统视为其所依托的文化的有机组成部分，并参照相关的哲学、伦理学、政治学、语言学和科学技术等方面的思想，以及文化发展的总体特征，对不同逻辑传统给出有理有据的说明。

（2）先秦逻辑研究

①名学与辩学的梳理，以及名学、辩学与欧洲逻辑关系的厘清

中国逻辑史研究以名学、辩学，尤其是《墨辩》为重点。因此，什么是名学与辩学，它们的研究对象和基本内容是什么？它们与欧洲逻辑是怎样的关系？就成了中国逻辑史研究中具有根本性的先决问题。“据西释中”的名学与辩学研究，成了欧洲逻辑的中国型讲述。“历史分析与文化诠释”则帮助我们客观地认识名学与辩学。总的说来，名学是以名为对象，以名实关系为基本问题，以“正名”为核心内容的学问。名学涉及了名的界说、功用、形成、名与实、名的分类、正名、名的谬误、名与辩说等诸多问题。辩学的对象是谈说论辩，辩学的基本问题是谈说论辩的性质界定与功用分析。辩学的内容包括谈辩的种类、原则、方法以及语言形式的分析、言与意的关系等。名学与辩学虽然关注言与智，但不失政治伦理的追求，呈现多样态势。显然，这样的名学与辩学有别于欧洲逻辑，两者不能视为等同。这样的认识不仅有助于名学与辩学的客观阐释，也利于对名学、辩学所含中国逻辑思想的挖掘、整理与认识。

②墨家逻辑与亚里士多德逻辑的比较研究

此项研究注意了以下两点：一是以逻辑与文化的联系以及逻辑的共同性与特殊性为依据；二是强调在历史分析与文化诠释基础上，兼顾求同与求异、重在求异的比较法。

首先，是两种逻辑所由生成的历史文化背景的比较。墨家逻辑依托于先秦文化。先秦文化有重伦理与政治的总体特征。其主要内容是社会生活中伦理尺度与治国纲纪的建立与实践。与之相应，先秦时期形成了以人们的现实需要和实际经验为依托的思维取向。先秦的科学技术与数学也有着重应用、经验而轻理论的表现。这种情况使说明与说服的方法受到高度重视，却没有对严格有效和普遍适用的科学证明方法提出强烈的需求。亚里士多德逻辑（后文简称为亚氏逻辑）依托于古希腊文化。古希腊文化有爱智慧、尚思辨和求知识的总体特征。其主要内容是对世界及事物本原、本质、原因的探索与认知。与之相应，古希腊时期形成了寻求理性解释，而不仅限于以实用为

目的和以实际经验为依托的思维取向。古希腊的数学就不是只集中关注实用数学问题的算法，而是十分重视逻辑证明。古希腊文化使证明方法受到格外重视。

其次，是两种文化需求下的两种逻辑的比较。一是目的与任务不同。墨家逻辑主要包含在墨家辩学中，墨家辩学由总结“谈辩”方法而成。墨家的“谈辩”直接服务于宣扬己见、否定他说，以“明是非”和“取当求胜”为直接目的，以“审治乱之纪”为根本任务。墨家逻辑自然不能例外。制约亚氏逻辑的古希腊文化的核心是求知。因此，“求知”和“探索（求知方法）”就成了亚氏逻辑的目的和任务。二是主导推理类型不同。墨家逻辑的主导推理类型是推类。推类是以事物或现象间的类同关系为依据的推理，其结论没有必然性，推类没有对推理过程做出形式化方法的表述。亚氏逻辑的主导推理类型是三段论。三段论是公理方法的必然性推理。三段论撇开了推理的具体内容，专注于一般的逻辑形式，满足了严格有效和普遍适用的求知方法的要求。三是对推理成分的分析不同。墨家逻辑缺乏对推理成分明晰准确的逻辑分析。墨家逻辑的名、辞、说有类似词项、命题和推理的某种意义和其间的联系。但是，墨家逻辑并没有从建立推理或证明系统的需要出发，把名、辞、说作为推理成分给出逻辑的分析。亚氏逻辑的三段论有规范的推理形式，由三个命题和三个词项构成。作为词项逻辑，只有当三个不同的词项具备某种特定关系时，才能构成一个完善的三段论。因此，离开对推理成分的逻辑分析，三段论的建立是不可能的。四是逻辑特征不同。墨家逻辑有重内容、轻形式的特征。亚氏逻辑则是形式逻辑。五是后续发展状况不同。墨家逻辑始终没有获得独立的发展，汉代以后更是进入了沉寂与停滞，到了近代才受到学界的关注。亚氏逻辑虽在中世纪被服务于宗教，但未中绝。到了17～18世纪，亚氏逻辑的发展开出了新局面，并引出了今日的现代形式逻辑。

（3）对于逻辑影响文化发展的探索

前面谈的是我对文化制约下的逻辑的研究与认识。同时，我也关注了逻辑对文化发展的影响。首先关注的是先秦逻辑对中国传统文化的影响。在我的论著及我指导的博士学位论文中，较为广泛地讨论了诸如先秦逻辑的“推类”与《周易》和易学、中国传统政治思想、伦理思想、数学思想、中医理论、古代汉语等方面的关联。其次是20世纪西方逻辑在中国的传播状况及其对中国文化的影响，如对变革传统思维方式的影响，对推出新型中国哲学史和重建中国哲学的影响，对史学观念和方法的影响，对教育与科学的影响等。我指导的相关博士学位论文有《易学逻辑研究》、《中国逻辑与中国传统数学》、《中国逻辑与中国古代政治思想》、《古代汉语与中国古代逻辑》、《中国现代文化视野中的逻辑思潮》、《逻辑与文化——中国近代时期西方逻辑传播研究》等。

我的中国逻辑史研究成果在国内外学术界引起较大反响，有不同评价。在国内，一种看法认为：视名学、辩学与欧洲逻辑并不是对象、目的、内容全同的学问的说法，是对中国逻辑的完全否定；视墨家逻辑为服务于墨家“谈辩”之需，以“明是非”为目的，而非求取科学真理之工具的说法，是对墨家逻辑的贬低。也有评论认为：逻辑观与方法论的反思、“逻辑与文化”的再认识、“历史分析与文化诠释”的提出，以及相应的系统研究，使中国逻辑突破了欧洲逻辑摹本的框架，实现了自身体系的重建。这些“为中国逻辑史的研究提供了新的思路，引发了人们对墨家逻辑的重新思考，对以往的研究方法、研究结果进行重新审视”，“对当今中国逻辑史研究起了直接推动作用”，同时“也引起了人们对逻辑与文化之间关系的重视”。我的论著多次获省部级优秀成果奖，其中较为集中地反映相关成果的《中国逻辑史教程》（我任主编兼撰稿人），1997年被国家教委确认为“‘九五’普通高等教育国家级重点教材”，2000年被国务院学位办公室及国家教委研究生办公室遴选为6部哲学类研究生教学用书之一。该教程被大陆多所高校选作研究生用书，也被台湾大学、东吴大学选作大学部和研究生班教学用书。

2. 推进中国逻辑史研究的国际交流

中国逻辑是中国传统文化的重要组成部分。相关研究成果的国际交流和研讨，既可以使国外文化界更好地了解中国文化，也可以推进并深化中国逻辑史的研究。在这方面我做了两件事：帮助欧洲来华的访问学者了解并向国外介绍南开大学的中国逻辑史研究成果；推动对重要课题的合作研究。

2003年7月，斯洛文尼亚共和国国立卢布尔雅那大学亚非学系系主任、汉学家罗亚那（Jana S. Rosker），在走访并了解我的工作后，决定申请南开大学的高级访问学者，我任导师。在华期间罗亚那进一步了解了我们的中国逻辑史研究工作，并决定向国外汉学界进行介绍。2005年10月，罗亚那编辑出版了*Asian and African studies*（《亚非文集》）第9卷第2期“中国传统逻辑中的中国逻辑和中国文化研究”专刊（英文版），并在该文集发表专文《不同文化间相互理解的新桥梁：逻辑中的普遍性与文化的制约因素》，对我们的研究工作给予介绍和评说。罗亚那认为依据历史与文化的具体情况，对所论问题给予分析和解释是正确的方法。它不仅对中国逻辑研究，也对汉学和比较文化研究有重要意义。文章写到：“如果不注意考虑由不同的历史、语言和文化情境所决定的具体状况，我们极易对所论的问题做出错误的解释。不幸的是，在大多数情况下……即使是对于产生于不同环境、不同结构的社会、文化语境的内容的研究，情况也是如此。这一状况已被研究当代中国，并试图重新揭示中国传统哲学思想的理论家认识到。对这一基础的方法论和中国古典逻辑进行集中研究的当代最重要的学派之一在南开大学。这个学派由已故的温公颐建立，目前由他最著名的弟子崔清田教授所领导。本文集包括这个学术团队所创作的文章，该学术团队是中国知名的‘南开学派’。”罗亚那还认为，提出并正确阐释逻辑的共同性与特殊性，否定西方逻辑的“唯一性”，是对现实的理解，为更为丰富的文化研究带来了新希望。文章写到：“由于他们的研究，一个近百年前大多数‘西方的’理论家似乎无法想象的事实变得清晰起来了。以前的‘荒谬的’假设，即‘西方的’逻辑不是唯一的和仅有普遍有效的逻辑话语，现正在变成一个一般地被认可的，被现有的大多数文化共同体的代表人物所接受的事实。这个新近认识到的事实给更加丰富的研究带来了新的希望，它产生于对现实的理解、分析和传播的概念的与实质的自觉意识，该现实是在不同结构的社会——政治情境的基础上形成的。这样的丰富性对于后基督教文化的创新冲动是非常重要的，因为它代表了一种动态的自我反省的可能性。而这正是克服后现代时期的窒闷气氛所需要的。”“本文集提供给我们的思想和发展使我们能够超越某些由文化差异产生的误解，从而获得新的、更加一致的互相理解。”

2006 年卢布尔雅那大学亚非学系与南开大学哲学系，以“中国传统逻辑与欧洲传统逻辑比较研究”为题立项开展合作研究。2006 年与 2007 年，课题组分别在两校举行了研讨会。

3. 创建我国第一个逻辑学专业并进行逻辑学教学

1984 年，经教育部批准，南开大学哲学系建立我国第一个逻辑学专业。我任负责人，全面负责专业建设事宜。当时，我面临三大难题：一是底数不清。由于“文化大革命”前我国学术界受苏联影响而完全否定逻辑的现代发展，以及“文化大革命”期间逻辑学研究的中断，致使对本学科的发展现状和对专业人才的基本要求底数不清，而这些是专业课程设置和专业教师备配的依据。二是师资极为缺乏。三是缺少一些必备的其他条件。针对这种情况，在举办研究生班以培养急需的师资的同时，我主持编写了 57 万字的《今日逻辑科学》。这是我国首部对当代逻辑科学做出全面介绍、供教学与研究使用的参考书。其中涉及逻辑学的分支学科 55 种，逻辑学的中外专著、杂志、手册、文集等重要文献 140 余种，也介绍了国内外逻辑教学及研究情况，国际学术会议情况，以及知名的中外逻辑学家。此书涵盖面之广，内容之新，所引资料之具权威性，及其对我国逻辑学发展之意义等，均受到国内学界同仁的肯定及高度评价。因此，它被列为天津重点社科项目并获天津优秀社科成果奖。

在此基础上，我主持提出并实施了以“跟踪逻辑科学现代发展”为指导思想的专业建设及课程设置方案。同时，我先后执笔、主持和组织编写专业课程急需的教材6部，讲义及教学资料17种，保证了逻辑学专业教学工作的顺利展开和进行。1989年，由于高质量地创建并发展了我国第一个逻辑学专业，填补了逻辑学专业人才培养上的空白，我以“跟踪逻辑科学现代发展，搞好逻辑专业课程建设”获天津市高校教育成果奖二等奖、南开大学教学成果奖特等奖。

我的教学工作兼涉本科生与研究生。1982年温公颐由国务院学位办公室推选为首批逻辑学专业博士生导师，并于1986年招收首届博士生。由于学位点只有我一人协助温公颐工作，又由于20世纪80年代末至90年代初，温公颐病情日渐加重后卧床不起，直至1995年逝世。因此，这期间博士生的指导及学位点的建设工作，主要由我独立承担。我们多年来坚持连续招收并培养出了多位博士生，一些学位论文的成果受到了国内学者的关注并给出了积极评价。基于上述成绩，在1997年国家对全国逻辑学博士学位点评审中，我系博士点为唯一完全合格单位。1995年，我获得天津市普通高校教学楷模称号。

1985年我受中央广播电视大学（简称“电大”）之聘，任逻辑学课主讲教师，编写了电大教材《形式逻辑》。该书的初版和修订版共发行近80万册。该书出版后，受到各地任课教师及学员们的好评。1986年9月26日《人民日报》在报道中指出，这本教材“具有内容适度，解说简明，选例严谨，联系实际等特点。”本教材不仅为电大采用，也为其他院校用做教材。同时，《形式逻辑》也获得天津市第三届社科优秀成果奖“教材二等奖”。

4. 搭建两岸逻辑学界交流与合作的平台

1999年下半年我应邀赴台湾中原大学任教。1949年新中国成立后的50年内，中国的逻辑学研究一直处于分离状态之中：大陆逻辑学界与台湾地区逻辑学界完全隔断，大陆逻辑学界与港澳逻辑学界也鲜有联系。虽然自20世纪末期，逻辑学界学者有了初步交流，但其真正的全面交流仍未开启。有感于此，在台期间，我与台湾大学的哲学家与逻辑学家林正弘，共同提出举办两岸逻辑学学术研讨会的构想，以推动两岸逻辑学界的交流与合作。后经近两年的谋划准备，由台湾大学哲学系与中正大学哲学系联合主办的“两岸逻辑教学与学术会议”于2002年6月28日至30日在台湾大学成功举行。此次会议标志着两岸逻辑学界学术交流的全面开启。与会的大陆、港澳和台湾地区学者近70人。大家非常珍惜这次难得的机会，围绕逻辑教学与研究的历史、现状和前景，以及学者们的研究成果，展开了广泛深入的交流与研讨。会议融洽热烈，富有成效。此次会议极大地推升了逻辑学界的交流热情。自2006年至2012年，第二、三、四、五届“两岸逻辑教学学术会议”分别在南京大学、东吴大学、香港浸会大学与香港科技大学、西南大学等校举行，进一步加强了逻辑学界的交流与合作。

三、崔清田主要论著

崔清田．1982. 关于中国逻辑史的研究对象和方法问题//中国逻辑史研究．北京：中国社会科学出版社．

崔清田．1982.《小取》逻辑思想浅析．南开学报，(4)．

崔清田．1983. 关于认识《墨辨》逻辑的几个问题．中国哲学史研究，(4)．

崔清田．1984. 试析《墨辨》的“故”与因明的“因”、“喻”．南开学报，(6)．

崔清田，王道君．1986. 形式逻辑．北京：中央广播电视大学出版社．

温公颐，崔清田．1988. 中国逻辑史教程．上海：上海人民出版社．

崔清田，潘道江．1990. 今日逻辑科学．天津：天津教育出版社．

崔清田．1996. 中国逻辑史研究世纪谈．社会科学战线，(4)：7-11.

崔清田．1997. 名学与辩学．太原：陕西人民教育出版社．

崔清田．1997. 显学重光——近现代先秦墨家研究．沈阳：辽宁教育出版社．

崔清田．1997. 名学、辩学与逻辑．广东社会科学，(3)：62-67.

崔清田．1999. 逻辑的共同性与特殊性．社会科学，(2)：29-33.

崔清田，曾昭式，郭桥．1999. 20世纪逻辑在中国的状况及影响//二十世纪社会科学与中国社会．台北：台湾馨园文教基金会．

崔清田．2001. 逻辑与文化．云南社会科学，(5)：9-12.

崔清田．2003. 中国逻辑与中国传统伦理思想——儒家诚信思想解读．山东师范大学学报（人文社会科学版），(3)：3-6.

崔清田．2003. 中国逻辑的推类．（台）哲学与文化，(12)．

崔清田．2004. 墨家逻辑与亚里士多德逻辑比较研究——兼论逻辑与文化．北京：人民出版社．

崔清田．2009.“中国逻辑”名称困难的辨析——“唯一的逻辑”引发的困惑与质疑．逻辑学研究，(2)：86-96.

崔清田．2011. 关于中国逻辑史的五个问题．毕节学院学报，(9)：47-50.

主要参考文献

崔清田．2004. 墨家逻辑与亚里士多德逻辑比较研究——兼论逻辑与文化．北京：人民出版社．

崔清田．2004. 我的教学与科学研究经历//南开学人自述．天津：南开大学出版社．

撰写者

崔清田

曾昭式（1966～），博士，现任中山大学哲学系副主任，教授、博士生导师。

杨春贵

杨春贵（1936～），辽宁阜新人。1955 年至 1959 年先后就读于北京大学新闻专业和中国人民大学新闻系。1959 年至 1962 年就读于中国人民大学哲学系研究生班。1962 年至 1969 年在南开大学哲学系任教。1969 年年底至 1977 年 10 月，下放广西河池地区。1977 年 10 月至 1978 年 6 月调广西壮族自治区党委宣传部《思想解放》杂志社工作。1978 年 6 月调入中共中央党校哲学教研室任教，1983 年任副教授，1987 年破格晋升教授，1990 年 5 月任哲学教研部主任，1992 年获国务院政府特殊津贴，1993 年经国家学位委员会批准为马克思主义哲学学科博士生导师。1993 年 7 月任中央党校副教育长，8 月兼教务部主任。1994 年 2 月任中央党校校务委员会委员。1994 年 4 月至 2001 年 7 月，任中央党校副校长。2000 年至今任中央党校学术委员会委员。第九届全国政协委员，中国辩证唯物主义研究会名誉会长，中央马克思主义理论研究和建设工程“马克思主义哲学”课题组首席专家，教育部马克思主义理论研究和建设工程“马克思主义与社会科学方法论”教学大纲课题组首席专家，高等学校哲学社会科学重点教材编审委员会委员，教育部马克思主义理论研究和建设工程重点教材审议委员会委员，2004 年起任中国关心下一代工作委员会副主任。曾任中国辩证唯物主义研究会会长（1994～2009），毛泽东哲学思想研究会会长，邓小平理论研究会会长，中国统一战线理论研究会副会长，中国毛泽东军事思想研究会副会长等。

一、我从事哲学教学、研究工作的主要经历

转瞬间，我从事哲学教学与研究工作已经走过半个世纪的历程。抚今思夕，感慨良多，应本书编委会之邀，作如下简要回顾。

我从事哲学教学、研究工作，带有一定的偶然性。我在大学原本是学新闻的，先是在北京大学新闻专业读了三年，1958 年随专业合并转到中国人民大学新闻系，学制也由原来的五年改为四年，于 1959 年毕业于中国人民大学新闻系。正当我踌躇满志准备走上神往已久的新闻工作岗位的时候，系领导找我谈话，说根据中央精神，为了加强理论工作和理论队伍建设，学校决定从新闻系和法律系抽调几名应届本科

毕业生保送到哲学系读研究生（当时中国人民大学哲学系尚未有本科毕业生），希望我能愉快服从组织的决定。尽管我对此毫无思想准备，但那个时代大学毕业生的口号是“祖国的需要就是我们的志愿”，何况我还是班上为数不多的几名党员之一，更没有讨价还价之理，于是便无条件地到哲学系去报到了。

1959年到1962年，我在中国人民大学哲学系研究班读了三年书，主要是读马克思主义哲学经典著作，如马克思《关于费尔巴哈的提纲》，马克思和恩格斯《德意志意识形态（节选）》、《共产党宣言》，马克思《哥达纲领批判》，恩格斯《反杜林论》、《路德维希·费尔巴哈和德国古典哲学的总结》、《自然辩证法》，马克思和恩格斯1842～1859年的书信，列宁《唯物主义和经验批判主义》、《哲学笔记》、《国家与革命》，毛泽东《实践论》、《矛盾论》、《论持久战》等。当时正值国家三年困难时期，为了保证学生健康，学校大大减少了各种政治活动，使我们有了充足的读书时间。我们上课听讲，课后复习，逐句逐段推敲，勾勾画画，圈圈点点，在书上留下了各种颜色和符号的印记。我们不但听课和自学，还参加了一些研讨原著的科研活动。在老师的指导下，我和一些同学编写了一本《恩格斯〈自然辩证法〉简释》；结合俄文课学习，又和几位同学合译了一本苏联哲学家编著的《恩格斯〈反杜林论〉辅导》，这不仅提高了我们的理论思维能力，而且为哲学系的教学积累了参考资料。这三年是我一生中阅读马克思主义经典著作最集中、最系统、也是最有收获的时期，不但为以后从事哲学教学与研究打下了基础，而且使我在世界观、人生观、思维方式，乃至文风和话语系统上发生了重大变化，潜移默化地影响了我的一生，使我深深感到，经典的力量是无穷的。重视马克思主义经典著作的学习和研究，这是中国人民大学留给我的最深刻的记忆，也许这是它的优良传统之一吧，但愿这个传统在新的历史条件下不断发扬光大。

1962年研究生毕业后，我被分配到天津南开大学哲学系任教。我担负了两门课程的教学任务，一门是恩格斯《路德维希·费尔巴哈和德国古典哲学的终结》，一门是列宁《哲学笔记》。这是我哲学教学生涯的开端。为了准备这两门课，我系统地阅读了黑格尔的《小逻辑》，它深刻的辩证思维和丰富的思想资料，使我终身受益。我深切感到：不懂黑格尔，难以读懂马克思。1962年10月26日，《光明日报》哲学专刊发表我的带有论辩性质的哲学论文《总的质变过程中也有部分质变吗?》，这是我公开发表的第一篇哲学论文。可是好景不长，一场“以阶级斗争为纲”的城乡社会主义教育运动在全国开始了，学校停课，师生下乡，随后便是“文化大革命”的十年内乱，我刚刚开始的哲学教学与研究工作也就被打断了。

1969年12月，天津下放3000多名医务人员到广西安家落户，我的夫人名列其中。我和两个女儿（一个7岁，一个2岁多）陪同下放，来到大石山区河池地区河池县河池公社卫生院。我被安排到距离公社所在地50华里的地区革委会工作。先是在地区报道组当副组长，后来到理论教育科当副科长、科长。生活艰苦自不待言。我常常背着行李下乡采访，也曾经参加农村“社教”工作队，同农民同吃、同住、同劳动，有一段时间还同农民一起“学哲学、用哲学”。尽管当时也组织编写了一些学习马列和毛泽东著作的辅导资料，但由于一切活动都“以阶级斗争为纲”，这些东西也就谈不到有多少科学价值。七八年基层工作的最大收获，是使我对中国国情有了异常深刻的感受。农村的贫穷、落后，农民的艰辛、无望成为我刻骨铭心的记忆。这种记忆，后来都变成我人生最可宝贵的精神财富，使我在思考和谈论问题的时候，在进行理论研究和宣传的时候，变得较为实际而不那么空泛了。

1976年10月粉碎“四人帮”，改变了国家的命运，也改变了我个人的命运。天津下放人员只能落户基层的政策开始松动。1977年10月，我被调到广西自治区党委宣传部，参与创办区党委理论刊物《思想解放》。在1978年4月出版的该刊第四期上，我以笔名“秋实”发表《坚持理论与实践的统一——从考茨基脑袋里的木箱谈起》一文，批判林彪、“四人帮”利用片言只语歪曲马克思主义的恶劣行径。这是“文化大革命”之后我发表的第一篇理论文章。

1977年春天中央党校复校，胡耀邦任副校长主持全面工作。为加强党校师资队伍建设，当时从全国各地抽调大批理论工作者充实党校。在这种情况下，我在1978年6月被调到中央党校哲学教研室任教。适逢实践是检验真理唯一标准问题大讨论刚刚开始，我立即投入了这场事关党和国家前途命运的大讨论。这一年的11月，中央人民广播电台举办“理论与实践问题讲座”，共十三讲，我承担了其中的两讲，一讲是“坚持理论与实践的统一，才能真正高举毛主席的伟大旗帜”，一讲是“坚持实事求是，为实现新时期的总任务而奋斗”。这个讲座播出后，影响颇大，随即由湖南、山西等出版社分别结集出版。鉴于认识论问题的极端重要性和当时干部、群众学习的迫切需要，我在教学工作之余，突击赶写了一本通俗读物《认识与实践》，1980年5月由湖南、湖北、广东、广西四家人民出版社联合出版。这是我出版的第一本哲学小册子。随着真理标准问题大讨论的深入，对社会主义进行再认识问题鲜明地提到人们面前。在80年代上半期，我对这一课题进行了较为集中和系统的研究，连续发表《自觉地科学地对社会主义进行再认识》、《社会主义初级阶段理论是我党对社会主义和我国国情进行再认识的重大理论成果》、《辩证唯物主义认识论和对社会主义的再认识》、《五十年代中期至六十年代初期我党对社会主义矛盾理论的探索》、《五十年代后期至六十年代初期我国经济建设中的主观主义错误及其教训》

等。这些论文的主要内容都曾在中央党校的课堂上进行过讲授。80 年代末，我主编出版了两本著作，一本是《毛泽东哲学思想新论》，一本是《中国哲学四十年(1949～1989)》。前者所以称为“新论”，是因为本书根据党的十一届六中全会《关于建国以来党的若干历史问题的决议》对毛泽东哲学思想作了新的阐述，强调它是中国革命基本经验的哲学总结，即：它是对马列主义普遍真理同中国革命具体实践相结合的必要性的哲学论证，对否定这种“结合”的主观主义、特别是教条主义的哲学批判，对如何实现这种“结合”在方法论上的系统总结，从而在体系和内容上作出了新的探索。后者实际上是关于当代中国哲学的“新论”，即对新中国四十年哲学研究成果和哲学研究工作经验教训的总结，对新中国成立以来各个历史时期的重要哲学思潮、哲学论争、哲学论著和哲学家作出了新的评价，是改革开放以来的新版当代中国哲学史。

1990 年 5 月，我被任命为新组建的哲学教研部主任。这一时期，我除了担负一些专题课讲授任务之外，每个学期哲学课的开头均由我作“哲学引言”，结束时由我作“哲学串讲”。适应干部哲学教学需要，我和部里两位教授共同主编了《马克思主义哲学教程》一书。这本教材是根据中央党校教材审定委员会审定的教学大纲编写的，力求简明完整地体现马克思主义哲学的基本原理，注意从哲学高度总结社会主义的历史经验，重视对改革开放和现代化建设中重大问题的哲学分析，成为中央党校哲学教学中长期使用的一本比较稳定的哲学教材，1993 年出版，1997 年出了修订版，一直沿用至今。为了使哲学教学充分反映哲学研究的新成果，我主持编写了《马克思主义哲学论稿》一书，分十六个专题论述了有关主体性、系统观、人学等哲学前沿问题和热点问题。在研究生教材建设方面，我主编了一本《马克思主义哲学发展史教程》，被国家教育部研究生工作办公室推荐为全国研究生教学用书。

1993 年 7 月，我被任命为中央党校副教育长，8 月兼教务部主任。1994 年 4 月至 2001 年 7 月，担任中央党校主管教学工作的副校长。在这七八年间，我的教学、科研工作内容已不只是有关哲学问题，而是扩大到整个马克思主义理论，重点是建设有中国特色社会主义理论。开学时为全校学员作“学习引言”报告，先后讲过“学习邓小平同志对待马克思主义的科学态度”、“建设有中国特色社会主义理论的体系、精髓和主题”、“学习邓小平同志的马克思主义立场、观点和方法”、“把邓小平理论学习提高到新水平”、“邓小平理论与社会主义的历史命运”、“关于邓小平理论的几个问题”等。在专题教学阶段，我讲授过“关于建设社会主义的思想路线”、“学习毛泽东哲学思想”、“努力掌握社会主义现代化建设的辩证法”、“提高战略思维能力”等。在学员研讨阶段开始前，由我作“怎样搞好研讨”的动员报告。因此，我的讲课任务可以说贯穿于党校教学的全过程。中央党校十分重视关于中国特色社会主义理论的教材建设。1993 年 11 月，我主持编写了《〈邓小平文选〉第三卷辅导教材》；1995 年 2 月，我和苏星主持编写了《〈建设有中国特色社会主义理论〉教学大纲》；1996 年 3 月，我和苏星、龚育之主编了《建设有中国特色社会主义理论教程》。这几本教材，在当时都是出版较早和影响较大的教材。1998 年，中央党校校委根据中央关于党校教学工作的新布局，决定编写“三基本”（《马克思列宁主义基本问题》、《毛泽东思想基本问题》、《邓小平理论基本问题》）、“五当代”（《当代世界经济》、《当代世界科技》、《当代世界法制》、《当代世界军事和中国国防》、《当代世界思潮》）教材，我作为这套教材编委会的副主任参与其事，并负责具体组织实施，历时 3 年，全部出齐，在全党干部教育中发挥了较大的作用。1994 年我和李火林合作撰写的《哲学家毛泽东》出版，这本书是我们多年研究的结晶，既讲到了毛泽东哲学活动的独创性和贡献，也讲到他晚年失误的教训。1998 年我和张锋主编的国家社科基金项目《邓小平理论与社会主义的历史命运》一书出版，获第十二届国家图书奖。1999 年我和赵理文合作撰写的《毛泽东政策策略思想研究》出版，这是一本从哲学高度研究毛泽东政策策略思想的著作，有别于政治学的研究。

2001 年 7 月，我从中央党校副校长岗位退下来以后，繁忙的行政事务没有了，更加集中精力从事马克思主义理论研究、教育和宣传工作。这十几年我授课的主要讲题有：《科学对待马克思主义》、《学习毛泽东哲学思想》、《关于邓小平理论的几个问题》、《提高战略思维能力》、《努力掌握马克思主义思想方法》、《中国特色社会主义理论体系原著选讲》等。2001 年我参加了中央组织的第一次大型宣讲团，到山东、河南宣讲江泽民总书记“七一”重要讲话。2002 年我关于党校教学工作的论文集《论党校教学》出版。2004 年，为纪念邓小平同志 100 周年诞辰，我同龚育之、石仲泉、周小文合作撰写出版了《重读邓小平》一书。2005 年，应中央有关方面之约，编辑《杨春贵自选集》，作为大型丛书“理论学习文库”之一出版。2004～2009 年，参加中央实施的马克思主义理论研究和建设工程，被聘为《马克思主义哲学》教材课题组首席专家，该教材于 2009 年正式出版。2011～2012 年，参加教育部马克思主义理论研究和建设工程，被聘为重点教材《马克思主义与社会科学方法论》教学大纲课题组首席专家，该大纲于 2012 年出版，依据大纲我又主编出版了《马克思主义与社会科学方法论》教材。2011 年，继《党的思想路线研究》、《党校教学论》、《杨春贵自选集》之后，出版了第四本文集《论思想方法》。这四本文集大体上包括了我公开发表的主要理论文章。2013 年我主编出版了《中国特色社会主义理论体系原著十讲》，旨在提倡对中国特色社会主义理论原著的学习。同年中央党校出版社以《杨春贵讲稿》为题选编出版了我在中央党校课堂上具有代表性的十四篇讲稿。

二、我对若干重要哲学问题的探索

以中国革命和建设的实践为中心研究和宣传马克思主义，是我治学的根本指导思想和主要的理论风格。研究领域主要涉及马克思主义哲学、毛泽东哲学思想和中国特色社会主义理论，重视对中国革命经验的哲学思考，重视对改革开放和现代化建设中重大问题的哲学研究，重视结合全党全国工作大局和干部、群众的思想实际阐述科学的思想路线、思想方法和工作方法，重视马克思主义哲学的大众化、通俗化，重视探索和总结理论教育工作的规律和经验。

下面，我把自己对几个重要哲学问题的探索作一简要梳理。

1. 关于党的思想路线问题

这是我重点研究的领域。

我对“文化大革命”结束后党的实事求是思想路线重新确立的过程作了比较深入和系统的思考。我认为大体上经历了三个阶段：一是1977年2月至1978年5月，广大干部、群众对“两个凡是”的抵制和反对，拉开了当代中国解放思想的序幕。主要代表著作是邓小平的《“两个凡是”不符合马克思主义》和《完整准确地理解毛泽东思想》。二是1978年5月至1978年年底关于实践是检验真理唯一标准问题的大讨论，吹响了当代中国解放思想的号角。这场大讨论的策源地是中共中央党校，主要发动者是以胡耀邦为代表的一大批理论工作者和领导干部。邓小平等老一辈革命家对这场大讨论给予了坚强有力的支持，其中邓小平1978年6月2日《在全军政治工作会议上的讲话》和1978年9月16日《高举毛泽东思想旗帜，坚持实事求是的原则》的讲话，在推动这场大讨论中发挥了重大作用。三是1978年12月18日至22日召开的党的十一届三中全会，高度评价真理标准问题大讨论的重大意义，标志党的实事求是思想路线的重新确立。邓小平1978年12月13日在中央工作会议上的讲话《解放思想，实事求是，团结一致向前看》，实际上成为十一届三中全会的主题报告，成为开创中国社会主义建设新道路和新理论的解放思想、实事求是的宣言书。

“解放思想，实事求是”作为中国特色社会主义理论的精髓，我认为包括非常丰富的思想内容，其集中体现是五个“破除”、五个“坚持”，即：破除“两个凡是”的思想禁锢，坚持实践是检验真理的唯一标准；破除僵化的社会主义模式观念，坚持走自己的道路，建设中国特色社会主义；破除超阶段的思想、政策和做法，坚持一切从社会主义初级阶段的实际出发；破除离开发展生产力这个根本任务，抽象谈论姓“社”姓“资”的思维定式，坚持“三个有利于”的判断标准；破除把马克思主义教条化的思想方法，坚持根据现在的情况认识、继承和发展马克思主义。所谓精髓，就是说它贯穿于中国特色社会主义理论的各个方面，又贯穿于中国特色社会主义理论发展的全部过程。不了解它也就不能真正理解中国特色社会主义理论，更谈不到正确运用和发展这一理论。

坚持“解放思想，实事求是”，在中国是一个长期历史任务。这不但因为认识在任何时候都只能是一个过程，而且因为“两个凡是”的思想在中国根深蒂固，不是在短时间内就可以肃清的。中国是一个有两千多年封建传统的国家，封建社会占统治地位的思维方式是“两个凡是”，即：凡是皇帝讲的话都是真理，凡是圣人写的书都是真理，叫唯上、唯书、不唯实。辛亥革命推倒了皇帝，“五四”运动批判了“圣人”，是一次思想大解放，马克思主义在中国传播开来。但是，唯上、唯书的思维方式没有根本改变，在中国民主革命时期又产生了新的“两个凡是”，这就是：“凡是马恩列斯的话必须遵守，凡是共产国际的指示必须执行。”延安整风运动批判了这种新的“两个凡是”，实现了又一次思想大解放，形成和发展了毛泽东思想。但是，在社会主义时期又对毛泽东和毛泽东思想搞“两个凡是”：“凡是毛主席作出的决策，我们都坚决拥护，凡是毛主席的指示，我们都始终不渝地遵循。”十一届三中全会前后我们破除了这种“两个凡是”，再一次实现了思想大解放，形成和发展了中国特色社会主义理论。“两个凡是”屡反屡出，表明这种思维方式在中国有深厚的土壤，我们必须准备同它作长期的斗争。民主是解放思想的一个重要条件，解决思想路线的过程必然是一个民主政治建设不断推进的过程。

2. 关于实践范畴在马克思主义哲学体系中的地位问题

这是理解马克思主义哲学体系及其精神实质的一个关键问题，也是在国内外哲学界存在很大争议的一个问题。

一种观点认为，讲“实践观点是马克思主义哲学的基本观点”可以，但不能讲“实践观点是马克思主义哲学首要的基本观点”，因为唯物主义的观点才是马克思主义哲学的首要的基本的观点。这种看法坚持唯物主义立场，是正确的。但是，单单强调唯物主义并不能划清马克思主义哲学同旧哲学的界限；只有实践的观点才能真正理解马克思主义哲学产生的革命性意义。离开了实践去讲唯物主义，这种唯物主义不可能是科学和彻底的唯物主义。

又一种观点肯定“实践的观点是马克思主义哲学的首要的基本的观点”，但他们否定实践观点的唯物主义前提，主张实践本体论或唯实践主义，认为“实践唯物主义”中的“唯物主义”后缀应当去掉。这种离开唯物论讲实践论的观点，就不可避免地陷入唯心论。

那么，究竟在什么意义上可以说“实践的观点是马克思主义哲学的首要的基本的观点”呢？我以为在两个意义上可以这样说：一是从马克思主义哲学的根本任务上可以这样说。实践是人的存在的基本方式，是人的首要的基本活动，它不仅是认识的基础，而且是人类社会存在和发展的基础。马克思主义哲学的根本任务就是研究实践活动的一般规律，推动实践的发展，达到实践活动的目的，最终实现工人阶级和人类的解放。离开实践的哲学是繁琐哲学，对于工人阶级和人类解放事业来说，毫无意义。马克思主义哲学的所有观点都是为了指导实践，实践观点是马克思主义哲学的首要的基本观点，实践范畴是马克思主义哲学的中心范畴，实践线索是贯彻马克思主义哲学体系的主要线索。二是从马克思主义哲学的产生过程来看，科学实践观的形成对马克思主义哲学的创立具有决定性意义。旧唯物主义之“旧”，在于它不了解实践活动的意义，马克思主义唯物主义之“新”，在于它指明了实践在社会发展和认识活动中的决定性作用。马克思主义哲学的创立，以科学实践观的确立为历史起点，按照逻辑和历史相统一的原则，马克思主义哲学体系的阐述也应以实践观点为逻辑起点。没有科学实践观的确立，就没有整个马克思主义哲学。

从“实践的观点是马克思主义哲学的首先要的基本的观点”这一论断，能否得出结论，说马克思主义哲学只能称作实践的唯物主义，而不应当称作辩证唯物主义、历史唯物主义呢？我认为不能这样说。马克思、恩格斯没有给自己的哲学正式命名。他们在不同的场合分别使用过“新唯物主义”、“实践的唯物主义”、“现代唯物主义”、“唯物史观”等概念，以区别于旧唯物主义、直观唯物主义、“以往的唯物主义”、“唯心史观”等。狄慈根、普列汉诺夫正式使用过“辩证唯物主义”概念。列宁既使用过“辩证唯物主义”、又使用过“历史唯物主义”概念。但是，从马克思、恩格斯的著作看，他们始终坚持唯物主义、反对唯心主义，坚持辩证法、反对形而上学，坚持唯物史观、反对唯心史观。把这些思想概括起来，不就是辩证唯物主义、历史唯物主义吗？综上所述，马克思主义哲学体系是以工人阶级和人类解放为主题、以科学实践观为核心、包括辩证唯物主义、历史唯物主义在内的科学体系。也就是说，它是以科学实践观为基础的辩证唯物主义和历史唯物主义，约定俗成，简称也可以叫辩证唯物主义和历史唯物主义。以上内容主要体现在我的《唯物主义和主体能动性》、《几个重大哲学理论问题辨析》、《论实践范畴在马克思主义哲学体系中的地位》等几篇文章中。

3. 关于正确处理人民内部矛盾问题

我对这个问题的研究起源于30多年以前。1980年5月23日，我在《人民日报》发表《对人民内部矛盾要作具体分析》一文，提出："团结—批评—团结"的方法是解决人民内部矛盾的重要方法，但不是唯一的方法。因为人民内部矛盾中既有政治思想上的是非矛盾，又有物质利益上的得失矛盾，还有科学上的不同学派和艺术上的不同风格的矛盾等。毛泽东强调的"团结—批评—团结"的方法，讲的是处理党内和人民内部思想是非矛盾的方法，不应把它绝对化、认为它是解决人民内部矛盾的唯一方法。对于人民内部的利益矛盾，主要应当运用经济的方法去解决，同时配合以必要的思想政治工作。在以经济建设为中心的历史条件下，学会用经济的办法处理人民内部利益矛盾，具有特别重大的意义。有些人民内部矛盾，由于产生的原因比较复杂，解决的方法应当是综合的，而不是单一的。毛泽东说："艺术和科学中的是非问题应当通过艺术界科学界的自由讨论去解决，通过艺术和科学的实践去解决。"这里讲的就是讨论和实践两种方法，而不是一种方法。官僚主义者同人民群众的矛盾，固然需要通过"团结—批评—团结"的方法去解决；同时也需要通过政治、经济体制的改革，从制度上加以解决。《人民日报》理论部在发表我的这篇文章的同时，在他们的思想理论内参上同时予以刊登，引起理论界和高层领导的注意，此后党的文件、包括《关于建国以来党的若干历史问题的决议》都采取了本文的观点。《百科知识》和《文摘报》都对此文的观点进行了宣传。1987年《哲学研究》第1期发表我的《人民内部矛盾的再认识》一文，更为系统地论述了这样几个问题：用民主的方法处理人民内部的是非矛盾；主要用经济的方法处理人民内部的物质利益矛盾；用多种方法综合处理复杂的人民内部矛盾。

关于人民内部矛盾学说形成和发展的历史，我作了比较系统的梳理。我提出，毛泽东是人民内部矛盾学说的主要创立者和奠基者，同时许多老一辈革命家也对这一学说的形成和发展作出了贡献，特别是刘少奇作出了突出重大的贡献。我在1987年《现代哲学》第3期发表的《刘少奇对人民内部矛盾学说的贡献》一文中，从三个方面论述了刘少奇的贡献。一是比较早地提出了"人民内部矛盾"这一概念。这主要体现在1951年他所写的《国营工厂内部的矛盾和工会工作的基本任务》这篇笔记中。二是丰富了毛泽东《关于正确处理人民内部矛盾的问题》一文中的思想。这主要体现在1957年4月27日他的《如何正确处理人民内部矛盾》的讲话中。他明确提出"现在人民内部的矛盾已成为主要矛盾"，并对几种突出的人民内部矛盾作了科学阐述，指出：现在人民内部矛盾"大量地表现在人民群众同领导者之间的矛盾问题上。更确切地讲，是表现在领导上的官僚主义与人民群众的矛盾这个问题上。”“人民内部矛盾还特别表现在分配问题上面”，强调在分配问题上要克服和防止一部分领导干部的特殊化作风和特权思想。这些论述，同毛泽东的论述比较起来，显然是有他的独到之处的。三是对混淆两类不同性质矛盾的错误进行了批评和纠正。这主要体现在1962年5月23日他的《政法工作和正确处理人民内部矛盾》的讲话中。他指出：“这几年的错误，主要是用处理敌我问题的办法去处理人民内部矛盾。”他强调，必须加强社会主义法制建设，“不要提政法机关绝对服从各级党委领导。”综合上述，刘少奇提出的“人民内部矛盾”概念比较早；他关于人民内部矛盾突出表现在领导同群众的关系上和人民内部的分配问题上，很有针对性；他关于处理人民内部矛盾要加强法制建设等这些思想都是对中国共产党关于人民内部学说的重要贡献。

4. 关于战略思维方法问题

国内外研究战略问题的著作很多，但是，关于战略思维理论与方法的著作很少，系统的研究更少。从1999年起，我在中央党校的课堂上首开了“提高战略思维能力”这个专题课，一直持续到现在。由于国内没人讲过这个题目，校外许多单位请我讲授此课，至今我大约讲了百十来场，颇受欢迎。结合教学，我撰写了《关于战略思维》、《加强对全局性问题的研究》、《提高总揽和驾驭全局的能力》、《提高战略思维能力》等论文，有关这个问题的专著也正在撰写中。我还指导三位博士生分别撰写了《毛泽东战略思维研究》、《邓小平战略思维研究》、《江泽民战略思维研究》的博士生论文，其中有两本论文已正式出版。

关于什么是战略思维，国内外至今没有一个统一和成熟的定义。我认为，战略思维就是关于实践活动的全局性思维，它的根本任务就是研究如何正确处理实践活动中各个方面、各个阶段的关系，以达到整体和长远的最佳效果，即全局的最佳效果。它是一切实践活动、特别是复杂的实践活动必须遵循的思维方法，从而是领导干部必备的一种素质和能力。

战略思维的基本要求是一切着眼全局，即把全局作为考虑问题、处理问题的出发点、落脚点，以全局利益作为最高价值追求。为此，在实践活动中，对工作必须做全局的谋划，不可陷入事务主义；必须以全局利益作为衡量是非得失的根本标准，不可因小失大；必须在大局面前立场坚定、旗帜鲜明，不可模棱两可、随波逐流。

战略思维必须坚持的几个重要原则，一是突出重点，即把注意力的重心放在那些对全局有决定意义的问题上，包括主要矛盾所决定的中心任务，重大矛盾所决定的战略布局，关键薄弱环节所决定的工作着力点等；二是统筹兼顾，即协调好各方面工作、各方面利益，优化系统的比例结构、顺序结构、层次结构等；三是开阔视野，即在系统与环境的联系中研究系统、认识系统、激活系统，调动系统内外的一切积极因素为我所用，化消极因素为积极因素；四是照应阶段，即注意阶段之间的区别、联系和转化，立足当前，放眼长远，加强预见；五是抓住机遇，即多谋善断，乘势而上，去夺取胜利。

三、我对哲学大众化、通俗化的理解和追求

马克思主义哲学的生命力在于它同实践相结合、为工人阶级和人民大众所掌握。马克思说："哲学把无产阶级当作自己的物质武器，同样，无产阶级也把哲学当作自己的精神武器。"哲学与人民密不可分，大众化是马克思主义哲学的本质要求。而大众化又离不开通俗化，通俗化是大众化的一个必要条件。在我的哲学生涯中，致力于哲学大众化、通俗化，是一个始终不渝的追求。

广西人民出版社曾经为农民办过一个小刊物《政治文化夜校》，从 1978 年 1 月至 1980 年 4 月，我在上面连载《哲学常识讲话》16 讲，联系农村生产实际和农民思想实际讲授辩证唯物主义的基本原理。我所以能写出这些让农民大体上也能看得懂的哲学文章，同我在"文化大革命"中 7 年多的下放经历是分不开的。

1980 年上半年，湖南、湖北、广东、广西四省（区）出版社，为了推动思想理论的拨乱反正，完整准确地宣传马列主义、毛泽东思想，决定联合编辑出版《政治理论基础知识丛书》，作为具有中等文化水平的基层干部、群众学习政治理论的读物，我应邀撰写了其中的一本《认识与实践》。这本小册子不到 6 万字，但使用了大量古今中外、政治经济、天文地理诸方面的资料和名言警句、成语典故，力求深入浅出、引人入胜。这种写法，得益于长期以来我在看书看报过程中随手记下的大量资料卡片，它们被分门别类地保存在卡片盒中，用起来十分方便。

1978 年 3 月 30 日，邓小平在党的理论工作务虚会上的讲话中提出："思想理论战线的同志们一定要赶快组织力量，定好计划，在尽可能短的时间陆续写出并印出一批有新内容、新思想、新语言的有分量的论文、书籍、读本、教科书来"。响应这个号召，中央党校等 4 个单位承担了各自编写一本面向青年读者的哲学读本的任务。我作为主要撰稿人之一，参加了由韩树英主编的《通俗哲学》一书的编写工作。为了使各章书稿风格一致，大家决定由我先写出一章样稿，我写了《没有两片完全一样的树叶——个别和一般》这一章。我所撰写的《黑海风暴和天气预报的产生——

必然性和偶然性》这一章，引起语文专家的注意，被收入中等专业学校语文教材。《通俗哲学》从 1982 年到 2012 年累积印刷 250 万册，被译成维、朝、蒙、藏四种民族文字，1983 年获全国通俗政治理论读物一等奖。

我比较重视结合实际宣传马克思主义思想方法。我认为，思想方法是否正确对于我们事业的兴衰成败、一个人的成长进步，具有决定性的意义。思想方法不同，对理论的理解就不同，对形势的判断就不同，解决问题的思路和办法就不同，思想作风、工作作风就不同，从而实践的结果也就不同。在我发表的文章中，讲思想方法的内容占了相当大的比重。我的论文集《党的思想路线研究》和《论思想方法》的称谓反映了这种情况，也表明了我对这个问题的重视和强调。其中包括《努力掌握马克思主义思想方法》、《实事求是和主观主义是两种对立的思想方法》、《学习邓小平同志的马克思主义立场、观点和方法》、《努力掌握社会主义现代化建设的辩证法》、《科学对待马克思主义》、《科学的认识方法和领导方法》、《谈谈“条件”》、《谈谈“摸着石头过河”》、《谈谈“多谋善断”》等或长或短的文章数十篇。1986 年 4 月我在《学习与研究》杂志上发表的《在不断解决矛盾中开拓前进—正确认识和对待改革中出现的新矛盾》一文，论述了改革中完善与不够完善的矛盾、合理与不尽合理的矛盾、利与弊的矛盾等，回答了改革中人们思想上的一些疑虑和困惑，获得全国省级政治理论刊物优秀文章一等奖。

毛泽东曾经说过：“要举丰富的例子，搞几十个、百把个例子，来说明对立的统一和互相转化的概念，才能搞通思想，提高认识。”受此启发，2003 年我主编出版了四个“一百例”，即《马克思主义与时俱进一百例》、《中国共产党实事求是一百例》、《中国共产党艰苦奋斗一百例》、《中国共产党执政为民一百例》。这确实是理论联系实际、搞通思想方法的一个好办法，至今这几本书还是我经常翻阅的工具书。2013 年我又主编了《马克思、恩格斯、列宁经典名言》、《毛泽东经典名言》、《邓小平经典名言》，把他们的经典论述按其思想体系加以排列，各有几百句，使之成为干部、群众方便使用的口袋书、枕边书。四个一百例，三个几百句，无论何人，经常翻阅，持之以恒，我相信在思想理论上都会有所长进。

2011 年，中共中央宣传部、教育部决定在高等学校硕士生中开设思想政治理论课“马克思主义与社会科学方法论”，并决定由我做首席专家主持编写这门课程的教学大纲。这是一门新课，讲什么，怎么讲，完全没有经验，我们课题组的同志大胆探索，历时一年半，四易其稿，多次听取组外专家和一些高校师生的意见，终于在 2012 年 5 月正式出版了教学大纲，在此基础上又于年底出版了教材。我们认为，马克思主义社会科学方法是马克思主义世界观、历史观、价值观在方法论上的体现，它不仅集中体现在马克思主义哲学著作中，而且体现在马克思主义关于政治、经济、文化、军事、外交等各方面的著作中，是马克思主义者观察、研究和处理社会历史问题的立场、观点、方法的总和，具有非常丰富的思想内容。该教学大纲和教材择其要者讲了 7 条基本方法，即以实践为基础的研究方法、社会系统研究方法、社会矛盾研究方法、社会过程研究方法、社会主体研究方法、社会认知与评价方法以及社会科学研究的世界视野。这一体系尽管不一定是很成熟、很完善的，但毕竟是一个新探索，在本课题的研究上迈出了新的一步，为后人的研究提供了一个可资借鉴的基础。

四、杨春贵主要论著

杨春贵 . 1981. 认识与实践 . 南宁：广西人民出版社 .

杨春贵 . 1989. 毛泽东哲学思想新论 . 北京：中共中央党校出版社 .

杨春贵 . 1989. 中国哲学四十年（1949～1989）. 北京：中共中央党校出版社 .

杨春贵等 . 1991. 马克思主义哲学 . 北京：北京出版社 .

杨春贵等 . 1993. 马克思主义哲学教程 . 北京：中共中央党校出版社 .

杨春贵等 . 1993. 毛泽东哲学思想史 . 北京：中共中央党校出版社 .

杨春贵，李火林 . 1994. 哲学家毛泽东 . 北京 . 中共中央党校出版社 .

杨春贵，王伟光 . 1994. 谈谈新时期人民内部矛盾问题 . 北京：中共中央党新出版社 .

杨春贵 . 1995. 马克思主义哲学发展史教程 . 北京：中共中央党校出版社 .

杨春贵 . 1997. 党的思想路线研究 . 北京：中共中央党校出版社 .

杨春贵 . 1998. 邓小平理论纲要 . 北京：经济科学出版社 .

杨春贵等 . 1998. 邓小平理论与社会主义的历史命运 . 哈尔滨：黑龙江人民出版社 .

杨春贵、赵理文 . 1999. 毛泽东政策策略思想研究 . 北京中共中央党校出版社 .

杨春贵等 . 2001. 邓小平理论基本问题 . 北京：中共中央党校出版社、人民出版社 .

杨春贵 . 2002. 党校教学论 . 北京：中共中央党校出版社 .

龚育之，杨春贵等 . 2004. 重读邓小平 . 北京：中共中央党校出版社 .

杨春贵 . 2005. 杨春贵自选集 . 北京：学习出版社 .

杨春贵 . 2011. 论思想方法 . 北京：中共中央党校出版社 .

杨春贵 . 2012. 马克思主义与社会科学方法论 . 北京：高等教育出版社 .

杨春贵 . 2013. 中国特色社会主义理论体系原著十讲 . 北京：中共中央党校出版社 .

杨春贵 . 2013. 杨春贵讲稿 . 北京：中共中央党校出版社 .

撰写者

杨春贵

陈中立

陈中立（1936～），江苏南通人。马克思主义哲学家。中国社会科学院哲学研究所研究员，中国社会科学院研究生院教授，博士生导师，中国辩证唯物主义研究会顾问，认识论专业分会名誉会长。曾任中国社会科学院研究生院哲学系系主任，中国辩证唯物主义研究会副会长，中国认识论研究会执行会长。《中国大百科全书·哲学》编委会办公室主任、综合编写组主编。长期从事马克思主义哲学原理特别是认识论和真理论的研究工作。其学术成就主要集中在三个方面。第一，关于真理问题的研究。陈中立从真理为什么是一个过程，真理是一个怎样的过程两个方面对真理过程论进行了系统阐发，开创了真理问题研究的新局面。第二，思维方式问题。他提出解放思想的实质和核心内容，是改变和优化思维方式，在理论界产生了很大影响。第三，可持续发展问题。他从认识理念、哲学基础和思维方式等视角对可持续发展问题进行了深入研究，提出了一系列重要观点，在理论界引起强烈反响。

一、成长经历

陈中立于1936年9月22日出生于江苏省南通市郊区。父亲陈瑞棠、母亲吕桂英以种田织布（手工业）为生。全家6口人（父、母、祖母、姐、兄）耕种地主家土地7亩2分，另有一张织布机，一家人生活俭朴艰苦。陈中立原名陈进民，其兄名陈进安，父亲说取企盼国泰民安之意。“陈中立”是他上高小时自己取的名字，以表立志建设强大中国的决心。陈中立从小学习勤奋刻苦，经常在“两根灯草的菜油灯”下完成作业。1949年，他以优异成绩考取了人人向往的江苏省南通中学。家里既为此高兴，又为筹措学习费用而发愁。幸好1949年南通解放，从此上中学便有了助学金。1949年南通中学建队（少先队）时，陈中立第一批戴上红领巾，从1950年起，他担任2年多队部主席（下有4个大队）。高中时，他一直担任南通中学团的工作。在南通中学6年的学习生活中，陈中立既学到不少知识，又锻炼了一些组织工作能力，为其后来的成长打下了一定基础。

1955年，陈中立以优异成绩考取了北京大学哲学系。从1957年起政治运动连绵不断，使学生们较早进入社会。1958年哲学系开展向科学进军活动，他写了一篇《毛主席无神论思想的光辉胜利》的文章被系里推荐在《光明日报》上发表(后被两个小册子收入)。这是他有生以来第一次在报刊上发表文章，也是他探寻真理的第一篇习作。他从小见到家乡人求神拜佛的迷信活动，便寻思着怎样才能改变这种状况。

1960年，陈中立被分派到中国科学院哲学研究所工作。1962年与裴瑞敏女士结为伉俪。育有陈予、陈矛（先后毕业于清华大学）二女。他很感激夫人对他研究工作提供的种种帮助。

陈中立真正的研究工作是1978年以后开始的。1979年他被定为助理研究员，1983年被晋升为副研究员，1988年7月被晋升为研究员；1993年他被国务院学位委员会评审批准为博士生导师。在真理标准问题讨论中，陈中立发表了多篇文章，其中发表在《人民日报》上的《为马寅初的“新人口论”平反》和《我国的剥削阶级是什么时候消灭的?》等文，在国内外引起较强烈的反响，对推动真理探寻发挥了重要作用。《论联系在辩证法中的作用》等文对理论的正本清源工作，亦引起了较好反响。

从1981年起，陈中立参与了《中国大百科全书·哲学》（以下简称《哲学》）的筹备组织工作。这是1949年后中国第一部大型百科全书。《哲学》是社会学科方面的“带头卷”(姜椿芳语)，国家“六五”规划的重点项目之一。胡绳为该卷编委会主任，邢贲思为常务副主任。陈中立协助邢贲思，全身心地投入到该卷具体的筹备、组织和编纂工作之中，达四年多时间。1993年出版工作完成后，中华人民共和国新闻出版署授予他“荣誉证书”，以表彰他“在编纂出版《中国大百科全书》工作中做出的重要贡献”。

《中国大百科全书·哲学》的编写工作完成之后，陈中立又把研究的重点转到了他所钟爱的认识论研究上。对反映论在现时代的发展及遇到的挑战、可持续发展的哲学意蕴、思维方式与社会发展等问题等展开了研究。他牵头承担和主持完成了两项国家社科基金项目：《反映论新论》（1997）和《思维方式与社会发展》(2001)。

在长期的研究工作中，陈中立对自己和他的学生特别强调一个“新”字，尽量汲取科学研究的最新成就，回答时代（实践）提出的新问题，提出自己的新见解和新观点，绝不人云亦云。他的每篇文章都是自己独立思考的结晶，也都有自己的新意。

二、主要研究领域和学术成就

1. 真理问题

真理问题是陈中立最为重要的研究领域。他为之付出了30多年的心血，为推动我国关于真理问题的研究，做出了卓越的贡献。

（1）真理与谬误

研究真理问题，必然要遇到的是对于错误的认识。关于真理与错误的关系，很多人认为二者势同水火，互不相容。陈中立经过长期研究，指出真理中可能包含错误因素，错误中也可能包含真理因素，二者相互渗透、相互包含。那么，这是否就混淆了真理和错误的原则界限了呢？并非如此，陈中立指出所谓真理和错误，都是指认识，二者的原则区别只在于：真理是主观对客观的正确反映，它从精神方面体现着主观和客观矛盾双方的统一；错误是主观对客观的歪曲反映，它体现着主观和客观双方的分离。在这里，真理和错误的对立是绝对的；它们的界限不可混淆。

但需要特别注意的是，这种绝对对立，仅仅在这样一个非常狭隘的领域里，即仅仅在回答“什么是真理？什么是错误？”的时候，才有意义。一旦超出这个领域，它们的对立就仅仅具有相对的意义了。从根本上看，真理和错误是相比较而存在，相斗争而发展的。作为具体认识的真理和错误，往往是相互包含的。真理的发展过程，不仅是从相对真理向绝对真理逐渐接近的过程，也是真理和谬误相互斗争，并在斗争中逐渐排除谬误的过程。总的看来，发展真理和排除谬误不是两个过程，而是同一个过程。

（2）真理是过程

陈中立对于真理问题的研究主要体现在对真理过程论的建构之上。真理是过程虽然早已被马克思主义经典作家所肯定，但长期以来并未引起人们的足够重视，也没有得到很好的阐发。陈中立在其1984年出版的著作《真理过程论》一书中从真理为什么是一个过程，真理是一个怎样的过程两个方面对真理过程论进行了系统全面的阐发，从而开创了真理论研究的新格局。该书获得了学术界的高度评价，被认为“是我国第一部比较系统地专门论述真理过程的著作。她的可贵之处就在于打破了古老的静态格局，而从新的动态格局出发去探讨真理问题……这种转换，为把对真理问题的探讨放在真正科学的基础上来展开，提供了一个极其重要的先决条件。”（《哲学学术动态》，1985年第44期。）

陈中立认为马克思主义哲学的真理观是辩证唯物主义真理观。这种真理观既肯定真理的客观性，又强调真理的过程性。认为作为人的认识对客观事物及其规律正确反映的客观真理，乃是一个动态的过程。不懂得真理是一个动态的过程，就不可能真正懂得客观真理的本质含义。真理过程的客观基础在于真理对象和内容的客观性。客观事物永远处于运动变化发展过程之中，其本质和规律通过这个过程逐步显现出来；客观事物相互之间紧密联系彼此制约，构成一个全面整体的外部世界；客观世界是无限性和有限性、统一性和多样性的矛盾统一等。这就决定了人的认识对它全面正确的把握，必然是一个恒久的过程。真理过程的主体性环节，在于人的认识能力的至上性和非至上性的矛盾。而实践的二重性，则是真理过程的发生原因。

要获得真理，不仅需要实践的作用，而且需要理论思维的作用。具体真理和普遍真理是理论思维中体现真理是过程的一对范畴。真理是具体的，因为它是许多规定的综合，是多样性的统一。真理的具体性不仅在于它是感性具体的正确反映，而且在于它是对事物内在本质规律的正确反映，因而是理性具体。正因为真理是具体的，所以真理又有普遍性，在其相应的范围内，必然显示出自己的作用和力量。具体真理和普遍真理是一种辩证的关系，在理性把握它们时，显示出其过程性。

（3）真理是系统

陈中立在真理问题上的另一个重要贡献在于对真理系统论的阐发和建构。哲学与各门具体科学的发展，历来是相互启发、相互促进的。对于系统论研究而言，同样如此。马克思主义哲学为系统论研究作了哲学准备，现代系统科学则为马克思主义哲学关于客观世界、客观事物是系统的观点，做出了有力的佐证。陈中立受现代系统论的启发，对真理问题作了系统性的分析和探究。

符号论和融贯论是哲学史上最具影响力的真理理论。所谓符合论，即认为只有和认识对象相符合，正确地反映了认识对象的认识才是真理；融贯论则认为一个陈述的真理性在于它和它所在的那个陈述系统的无矛盾性。不少人认为符合论是唯物主义的真理学说，融贯论则是唯心主义的真理学说，陈中立对这种简单化的看法进行了质疑，并且提出了真理有两个尺度的观点。即真理不仅有一个和客观实际相符合的外在尺度，而且还有一个和其他正确认识之间相互协调、不矛盾的内在尺度。符合论和融贯论分别从不同的角度契合了真理的两个尺度。片面强调一个尺度的重要性而否定另一个尺度的意义，是违背真理本性的。只有从两个尺度的统一中，才能真正把握住真理。

真理是系统的知识，但系统的知识并不都是真理。其中的原则界限在于，这个系统的知识是否正确反映了客观事物的系统。从深层次看，真理之所以是系统，是由客观世界、客观事物的系统性所决定的。客观事物的系统是真理系统的基石和源泉。真理系统是认识对客观事物系统的再现。作为系统的真理，其主要特征在于整体性、层次性和过程性。

2. 思维方式问题

进入20世纪90年代以来，陈中立研究的重点逐渐转向了思维方式问题。这一转向乃是由理论研究的内在逻辑所推动的。对真理问题研究的日益深化使他认识到思维方式问题的重要性。因为思维方式作为一双“看不见的手”在很大程度上决定着达到真理的可能性。与思维方式的重要性相对应的是它的复杂性和隐蔽性。由于每个人都处于一定思维方式的作用之下，并且无法完全摆脱思维方式的作用，从而造成了“不识庐山真面目，只缘身在此山中”的困境。这就使对思维方式问题的研究长期得不到应有的重视。陈中立2001年出版的《思维方式与社会发展》一书是他多年来对思维方式问题研究的结晶，也是他所主持的国家社会科学基金重点项目“思维方式：社会发展问题的认识论研究”的最终成果。该书的出版切实推进了对于思维方式的研究，大大开阔了当代中国认识论研究的视野。

（1）思维方式的界定

通过考察比较关于思维方式的各种用法和定义，陈中立对思维方式提出了自己的界定，认为从认识论视角，可以把思维方式看做是人的认识定势和认识运行模式的总和。认识定势，是指认识活动开始前的一种认识态势，即主体先有的意识状态，如思维的功能结构，认识图式，认识的心灵状态等。认识运行模式，指认识运行中的方式、逻辑、线路、公式等。认识定势和认识运行模式是紧密相连的。也可以说，认识定势中已包含着、隐藏着或决定着认识运行模式，认识运行模式是认识定势的显现和展开。认识定势是有结构的。认识运行模式和认识定势的关系，就像功能和结构的关系那样，功能总是结构的显现。但它们又不完全相同。从一定意义上说，认识定势是思维方式的静态表现，是一种态势；认识运行模式乃是思维方式的动态表现，在这里，态势转变为动势。只有把静态方面和动态方面结合起来，才能完整地表现思维方式。

（2）思维方式与思想解放

解放思想是邓小平理论的出发点，也是邓小平理论的精髓。弄清解放思想的来龙去脉和理论底蕴，具有重要的意义。陈中立立足于自己多年来的研究，提出解放思想的实质和核心内容，是改变思维方式和优化思维方式这一命题，在理论界产生了很大的影响。在他看来，改变对某些具体问题的看法，改变某些具体的理论思想观点，自然也是思想解放的表现，也是思维方式的某些变革；但这只是低层次的思想解放。解放思想的高层次要求，是高层次（如哲学层面的世界观、方法论、社会发展理论等方面）思维方式的革新、变革。摈弃那些落后的、陈旧的、不符合甚至阻碍时代前进的东西，吸收人类文明的新成果，构建新的思维方式。一旦实现了高层次思维方式的变革，低层次意义上的思想认识问题，就会迎刃而解。

（3）思维方式与社会发展

在思维方式的基本性质问题上，陈中立坚持唯物主义的基本立场，认为思维方式不是先天的，而是以社会实践为基础的，是在先前的实践和认识的基础上形成的，是先前认识过程及其成果在头脑中最概括、最抽象的积淀。但他又不同意机械地简单化地对待这个问题。他认为人一旦成为认识主体，主体和客体同时构建时，主体便具有了某种思维方式。思维方式和社会发展之间存在着一种相互制约、相互促进的互动关系。一方面，社会发展的程度和特点，决定着思维方式的结构和状态。人类社会的发展经历了多个阶段，不同阶段各具特点，这些特点经过曲折复杂的过程，积淀下来形成与该阶段相对应的思维方式。透过这些思维方式，也可以看出各个社会阶段的状况。另一方面，思维方式对社会发展的进程具有巨大的反作用。这种反作用也表现在两个方面，其一，对社会发展发挥巨大的促进作用。一种和社会发展相适应的新的思维方式，能够推动社会不断向前发展。其二，对社会发展起阻滞作用。某种已经与社会发展不相适应的思维方式，将在一定程度上阻碍社会的向前发展。这时，变革既有的思维方式，就成为一项重要的历史任务。

（4）思维方式的变革

关于思维方式变革的具体形式，陈中立概括了两种形式。一种是某个具体思维方式已经千疮百孔，难以为继，而新的可以取代它的思维方式也已基本形成，这时新思维方式取代旧思维方式便采取比较激进、比较快速的形式。尽管开始时人们还不太适应，但随着时间推移也就慢慢习惯了。这种情况多发生在社会政治激烈变动的时期，在对待社会政治问题的思考上。另外一种情况就是旧思维方式已暴露出许多问题，已不能和社会实践的发展相适应，但新的思维方式还没有完全形成，还不完善。这时新思维方式取代旧思维方式便采取渐进的形式，旧思维方式逐渐退出人们的头脑，失去了它的市场；而新思维方式则逐渐从旧框架中突破出来，逐渐形成和完善自己特有的形式和特色，并逐渐被人们所接受，成为人们思考问题的普遍方式。这种情况比较普遍。在对待科学、技术、社会文化、伦理道德等问题上，新旧思维方式的更替，差不多都采取这种渐进的形式。

3. 可持续发展

可持续发展问题，是陈中立关注的另一个重要问题。这一问题最初是被自然科学和科学技术界所捕捉到的。有关学者从环境生态问题、科学技术的发展对社会的影响以及社会的全面发展等问题，进行了探讨。相比较而言，我国社会科学界对这个问题的敏感性，似乎远不如科技界。陈中立敏锐地认识到这一问题的重要意义，率先从哲学的角度对可持续发展问题进行了探究，发表了一些重要的论文。其中《可持续发展战略和思维方式》一文在学术界产生了强烈的反响，先后有10多家报刊（其中多数属于科技方面）转载、摘登，其观点也得到了诸多学者的肯定和推崇。下面我们择其要者分述如下。

（1）认识理念

从认识理念上看，可持续发展理念的提出，是人类认识上的一次巨大飞跃，是在被称为“20世纪最伟大的发现”——人类对自己生存危机的发现之后提出来的。人类的生存和发展，离不开所处的生存环境。今天人类生存环境已经恶化到了非常严峻的程度，以至于“如果让这种趋势继续发展，自然界将很快失去供养人类的能力。”面对这种情况，很多人将其归因于科技和生产的迅猛发展。陈中立则认为，造成人类生存环境恶化的根源，并不是科学技术本身，也不是生产实践本身，而是对科学技术和生产实践的发展起导向作用的传统的发展观。传统发展观将经济和生产的发展视为唯一的目标和尺度，从而使追求经济和生产的发展成为一切工作的中心，这就必然导致人类生存环境的恶化。因此，要根本解决环境问题，必须超越传统发展观。可持续发展观的提出就是对传统发展观的超越。

（2）哲学基础

从哲学基础上看，世界环境恶化到如今程度，其直接原因来自于传统的发展模式，其深层次原因则在于作为这种发展模式的哲学基础的人类中心论和主体性原则。可持续发展理念在扬弃传统发展模式的同时，也扬弃了其背后起支配作用的人类中心论，并试图建立人和环境新的相互协调、和谐相处、共生共荣的哲学。可持续发展理念的核心，是人和环境的协调、和谐、统一；是人应该从“类”的生存延续发展出发，考虑和安排当今的活动。只有人不再把自然当做开发利用的对象，当做征服和掠夺的对象，而是当做自己生存和生命的组成部分，把人和人的生存环境看做统一体，人和自然才能真正达到和谐。

（3）思维方式

从思维方式上看，可持续发展理念的提出，是人类思维方式的一次巨大变革。一是思维主体本位的变化。从传统的发展理念转变为可持续发展理念，不管人们自觉与否，都意味着在人们的思维方式中，发生了由个体本位、群体本位向类本位的转化。二是思维追求目标设定的变化。可持续发展与传统发展理念不同。它对人类社会发展目标的设定，并不单纯限于经济的增长。它强调的是经济增长和社会全面发展的协调、人和自然的和谐、人和生态环境的协调与共同进步。三是思维定势导向的变化。传统发展模式的思维定势导向是简单的、单向型的。可持续发展理念思维定势的导向，则是复杂的、多向型的。

（4）特殊性

从特殊性上看，可持续发展具有整体性和过程性的特点。可持续发展的合理性、必然性，都在于它的整体性。整体性是指它所包含的丰富内涵是一个不可割裂的统一体。离开了整体性，单纯强调某一种内涵，不可能真正实现可持续发展。可持续发展的过程性，是指可持续发展的实现是一个过程，而且是一个永远的过程。这是因为可持续发展作为社会发展的一种模式、一条道路，它的实现自然呈现为一个过程。更为重要的，在于可持续发展战略的制定和实践，会受到各种各样的自然和人为因素的干扰，从而使它呈现为更曲折的过程。这要求我们不能等闲视之，而要看到它的艰巨性、曲折性、长期性，更加不懈地为之努力。

陈中立的主要研究领域是真理问题，他对真理问题的研究取得了丰硕的成果，一直在国内学术界处于领先位置。对陈中立来说，真理不仅是一个研究领域，而且构成了他人生的主要目标。如果要用一个词来概括陈中立的学术人生的话，那么能够找到的最恰如其分的词汇将是：探寻真理。陈中立毕生都在为探寻真理而奋斗。正如他在《在“大写真理”面前应该谦逊》一文中所说的，“真理的获取需要奔放的热情和坚定不移地追求真理的精神，这种热情和精神来自哪里？来自对‘大写真理’的敬畏、珍重，在它面前的谦虚、冷静、谨慎和执著追求。”这段描述完全可以用在陈中立自己身上，是对其探寻真理的学术追求的形象写照。

对于学术研究，陈中立坚忍执著，态度严谨，独立思考，决不人云亦云，随波逐流。他具有深厚的学养，不仅对多门社会科学具有自己独到的见解，而且对于自然科学也具有深入的把握。这种广博的知识储备使其可以打破学科壁垒，从事跨学科研究，占据理论上的制高点，因此他往往可以在一些重大的理论难题面前挥洒自如，言他人所不能言。

作为一名博士生导师，他总是立足学科前沿，循循善诱，在关键的地方给学生指点迷津。他不仅在学术上对学生关怀备至，而且十分关心他们的道德人品，被誉为学生的良师益友。作为一个具有很高学术造诣的学者，他为人谦和，乐于助人。对于前来求教的青年学者总是热情接待，有求必应，每一个接触过他的人都强烈地感受到他的友善。

作为一个纯粹的学者，陈中立以学术为使命，为学术研究奉献了自己全部的心血。在进行自己研究的同时，他还承担了大量的学术组织工作。他积极投入，任劳任怨，尽职尽责，付出了巨大的精力，做出了突出的贡献，但却从不从中谋取一丝一毫的个人利益。面对世人所重的名利之事，他总是淡然处之。在这种难得的淡泊心中体现了中国知识分子最为可贵的品格。

三、陈中立主要论著

陈中立．1979. 论相对真理包含错误因素．社会科学辑刊，(4)：24-28.

陈中立．1980. 论联系在辩证法中的作用．学习与探索，(4)：4-10.

陈中立．1980. 再论相对真理包含错误因素．社会科学辑刊，(6)：23-27.

陈中立．1984. 关于相对真理和绝对真理的几个问题．江海学刊，(5)．

陈中立．1984. 真理过程论．北京：中国社会科学出版社．

陈中立．1986. 简论真理的两个尺度．人文杂志，(5)：16-18，5.

陈中立．1987. 论真理是系统．江西社会科学 (2)：57-63.

陈中立．1997. 可持续发展战略和思维方式．中国社会科学院研究生院学报，(2)：29-39.

陈中立等．1997. 反映论新论．北京：中国社会科学出版社．

陈中立．1998. 论解放思想的实质是变革思维方式——纪念真理标准讨论 20 周年．中国社会科学院研究生院学报，(3)：2-10.

陈中立．2001. 新时代呼唤新的思维方式．湘潭师范学院学报，(1)：5-8.

陈中立等．2001. 思维方式与社会发展．北京：社会科学文献出版社．

陈中立．2002. 论可持续发展的整体性．北京社会科学，(3)：139-144.

陈中立．2003. 社会发展与思维方式的优化．唯实，(1)：4-8.

陈中立．2003. 全面小康社会中“软维度”建设的重要性．学术研究，(6)：42-46.

陈中立．2005. 论可持续发展的过程性．中国社会科学院研究生院学报，(6)：57-65，144.

陈中立．2006. 和谐社会的构建和思维方式．中国人民大学学报，(6)：80-85.

主要参考文献

中国社会科学院研究生院教务处编．1998. 名师荟萃——中国社会科学院研究生院博士生导师简介（一）．北京：中国经济出版社．

陈中立．2010. 在“大写真理”面前应该谦逊．学术研究，(4)：37-39.

撰写者

崔唯航（1974～），山东菏泽人。哲学博士，副研究员，中国社会科学院哲学研究所马克思主义哲学原理研究室主任。

叶汝贤

叶汝贤（1936～2009），生于广东省合浦县。马克思主义哲学家。1951年进入合浦公馆中学读初中，1953年考入北海中学读高中，1956年进入武汉大学哲学系，毕业后任教于中山大学哲学系。1987年晋升为教授。长期从事马克思主义哲学的研究和教学工作，是中国马克思主义哲学史学科的奠基人之一。曾任《现代哲学》杂志主编、社长，广东哲学学会会长、马克思主义学会会长。1996年出任国家社会科学基金哲学学科评委。教育部人文社会科学重点研究基地“中山大学马克思主义哲学与中国现代化研究所”首任所长。1973年开始，他和同行在中国率先开设马克思主义哲学史课程。是中国第一本马克思主义哲学史统编教材《马克思主义哲学史稿》的主要作者、统稿和定稿者。1985年，他出版了中国第一部马克思主义哲学专门史专著《唯物史观发展史》，奠定了唯物史观著名研究专家的地位。同时，他在马克思主义唯物史观的基本问题研究、人道主义历史观研究和马克思主义哲学与中国现代化研究等多方面颇有建树。著有《叶汝贤文集》1-4卷。1995年、2009年荣获教育部科研优秀成果奖二、三等奖，2005年和2007年分获广东省哲学社会科学优秀成果奖一等奖。2003年他指导的博士生获得全国百篇优秀论文奖。2009年10月19日在广州逝世。

一、成长经历

1936年12月1日，广东（后属广西）的合浦县公馆区石嶺村的徐汝兰生下了她的第二个儿子，取名叶汝贤。此时，她的丈夫叶洲杨刚刚过世3月有余。家难与继之而来的国难叠加在一起，考验着这位年仅23岁的母亲，也等待着成长中的叶汝贤。好在叶汝贤有勤劳、坚强、有眼光的母亲和学识渊博的舅舅，母亲给他温暖的呵护，舅舅给他方向的引导。

虽家境艰难，母亲还是坚持让他和哥哥读书，即使在土改时被错划家庭成分（1981年才改正过来），这个一家之主再次面临抉择时，母亲也还是听从了舅舅的建议，让哥哥改读费用国家全包的农校，而他得以仍然继续读初中：两兄弟都不放弃读书是妈妈的基本原则和底线。在叶汝贤心中具有父亲般地位的舅舅徐汝宏，毕业于中山大学历史系，系中共地下党员，毕业后回老家从事革命工作，后在家乡担任中学校长。叶汝贤在小学和初中成绩优异，初中毕业时，如考上舅舅担任校长的中学完全可以凭成绩拿到助学金，但为避开可能的闲言碎语，他毅然报考了离家更远的广西北海中学，坦然地享受助学金。为此，往返于学校和家乡之间，他得具备更多的耐心，天不亮起床返回学校时，有很长时间享受星星的陪伴，随后还要头顶着那个越来越烤人的烈日再走上好久。

在北海中学，叶汝贤学习勤奋，成绩优异。别人算不出来的数学题，他能算得出来。当他在报纸上发表一篇文章后，很快被人认定为有文学天赋，适合学文学。他的文学梦也由此而生，直到晚年都没有忘记。他以勤奋写作、收藏文学书籍维系着这个文学梦，准备退休后完成。

写作要有思想支撑。一位中学老师提醒喜欢写作的叶汝贤，要写出好的作品，必须有思想，要站得高看得深，做到这一点的捷径就是学哲学。高中毕业后，他冲着既担任校长又兼任哲学系系主任的马克思主义哲学家李达之名，来到武汉大学哲学系就读。大学期间，他沉迷于琳琅满目的书海之中，忘记了生活的艰苦和烦恼。从大学一年级开始，他就被邀参加武汉大学校刊《新武大》的编辑工作，直到毕业。在此期间，李达曾亲自带领他们工作，开会、购置印刷工具等。他清楚地记得，李达把自己抽屉的钥匙交给他，让他到抽屉里取出自己的一些钱，去购置办刊所需物品。近距离的交往，老师的信任，不断的耳濡目染，李达的学问和品格都在他的心中留下了深刻的印象，成为他日后学术研究和教书育人模仿的楷模。他曾编辑过《新武大》的文艺副刊和理论副刊，并相继在该刊发表了一些散文和理论文章。大学期间，他还曾在武汉的《长江文艺》杂志发表过报告文学作品。1958 年，他随武汉大学哲学系全体师生到湖北红安县参加劳动锻炼长达一年之久，1960 年又到湖北新洲县参加“整风整社”。这些活动进一步增强了他对中国农村、农民的了解和情感，对他以后学术研究注重社会现实的风格起到了潜移默化的推动作用。从红安回校后，他曾兴奋地写出一篇《向农民学习》的文章并发表出来，充分反映了一个新中国青年知识分子的探索精神和风格追求。

1961 年夏天武汉大学毕业后，叶汝贤一直任教于中山大学哲学系，从事马克思主义哲学的教学和研究工作，历任助教、讲师、副教授，1987 年晋升为教授。在 60 年代和 70 年代初期，他发表的论著主要是一些文艺评论。在哲学上主要是探讨实践在认识过程中的作用问题。他认为，实践是正确思想的来源和真理性的标准；同时也应该看到，实践也与错误思想相关，即与实践的局限性、相对性有关。

叶汝贤哲学研究的成绩主要在马克思主义哲学史方面。1973 年，他同中山大学哲学系其他教师一起，在全国率先开设了“马克思主义哲学史”课程。1979 年，在教育部领导下，由中山大学哲学系、中国人民大学马列史所牵头，联合全国 20 多所高校的专业教师，编写了我国第一部马克思主义哲学史教材。叶汝贤参与了该书稿的撰写、统稿和定稿。此后，他转入马克思主义哲学史专题史研究，主攻唯物史观发展史，先后出版了《唯物史观发展史》、《唯物史观和人道主义异化问题》、《马克思的唯物史观》等专著和一系列论文，奠定了作为唯物史观著名研究专家的地位。他在马克思主义哲学史、唯物史观发展史方面的著作和论文，为中国马克思主义哲学史学科的创立与发展做出了开创性贡献。

1984～1993 年，叶汝贤担任中山大学哲学系副系主任。1984 年参与创办广东省《现代哲学》杂志，1988～1992 年任该杂志主编，2002 年后任该杂志社社长。1994 年任中山大学哲学研究所所长，1999 年任教育部重点研究基地“中山大学马克思主义哲学与中国现代化研究所”首任所长。从 1996 年开始任国家社科基金哲学学科评议组成员、广东哲学学会会长。从 1992 年开始享受国务院颁发的政府特殊津贴，2006 年先后获中山大学杰出教师和教学名师称号，1996 年和 2009 年，叶汝贤两次获得教育部人文社会科学优秀成果奖，2005 年和 2007 年两次获广东省人文社会科学优秀成果奖。2007 年担任国家马克思主义理论研究和建设工程《马克思主义哲学史》教材首席专家，2008 年担任广东省马克思主义研究会会长。

二、主要研究领域和学术成就

1. 唯物史观史研究

叶汝贤对马克思主义哲学史、唯物史观史的研究，始于“文化大革命”的动荡年代。1970 年，高校开始“复课闹革命”，1973 年叶汝贤和其他老师一起在全国率先讲授马克思主义哲学史。相继与人合作撰写中国第一部马克思主义哲学史教材《马克思主义哲学史稿》，独自撰写出版《唯物史观发展史》、《唯物史观和人道主义异化问题》、《马克思主义哲学发展史》、《马克思的唯物史观》等专著，以及发表《每个人的自由发展》、《现实的人及其历史发展的科学》等论文，他在马克思主义哲学史、唯物史观史领域辛勤耕耘 40 年，取得一系列成果。

（1）唯物史观在马克思主义哲学中的地位与意义

唯物史观是历史科学，具有明显的理性主义色彩，它不再以情感和道德评价历史人物和事件，而是客观、冷静、理性地，也就是最终根据生产力和生产关系的进步来看待历史。在马克思以前，人们只是在历史科学的门前徘徊，没有科学的历史观。直到马克思主义唯物史观的产生，才实现了社会历史观的革命变革。他认为，“人类历史上有许许多多的科学发现，但从来没有哪一项发现像唯物史观的发现那样，对人类的思维和实际生活发生如此巨大和深远的影响。”唯物史观致力于从历史本身出发去发现历史的规律。它的创立在人类思想史上开辟了一个新的时代，并为人们提供了一个研究、解释和评价历史，认识和干预社会生活的科学的方法。有学者把马克思主义哲学的范围限定在唯物史观上，叶汝贤认为这种看法缩小了马克思主义哲学的范围，并不确切，但却抓住了精髓。“没有唯物史观，也就没有彻底的马克思主义哲学。”唯物史观的创立标志着旧哲学的终结，一种新哲学的诞生。

对于有学者提出的“在马克思以前就有唯物史观”的论断，叶汝贤认为，应该承认在马克思以前的一些哲学家、历史学家的著作中，在某一个社会历史问题上表达过一些唯物主义的观点，但这些观点是个别的、孤立的，他们的历史观整体上还是唯心主义的，他们并没有建立起唯物史观的科学体系。整体上的、构成完整体系的唯物主义历史观，只有马克思和恩格斯才建立起来了。因而，唯物史观理论体系的确立，毫无疑问是马克思主义哲学同旧哲学相区别的根本标志。

(2) 关于实践范畴在马克思主义哲学中的地位

马克思在哲学上实现的一场革命，关键是提出以生产劳动为核心内容的实践范畴为其哲学观、历史观的核心范畴。叶汝贤在评论《关于费尔巴哈的提纲》时指出：“马克思在批判费尔巴哈和一切旧唯物主义中，提出并深刻地阐明了马克思主义的实践观，这就使马克思的哲学思想获得了全新的性质。”“在这里，马克思第一次旗帜鲜明地批判了费尔巴哈的唯物主义和一切旧唯物主义的根本缺陷，制定了对于辩证唯物主义和历史唯物主义来说具有全局意义的范畴——社会实践的范畴。这就奠定了马克思主义哲学的基础，第一次显示了马克思主义哲学是由社会实践这一基本范畴作为纽带而建立起来的有机统一的整体、一块‘整钢’。”过去，人们仅仅限于从认识论意义上理解马克思的实践概念，把“物质”当作马克思主义哲学最根本的范畴。叶汝贤认为，“物质”无疑是辩证唯物主义一个根本范畴，这是一切唯物主义所共同的。标志历史唯物主义特质的，却不是物质，而是“实践”。“实践”无疑也是唯物史观的核心概念，既是唯物史观理论体系的逻辑起点，也是其归宿。

(3) 关于《1844年经济学哲学手稿》在唯物史观形成史中的地位

唯物史观经历了一个从不成熟到成熟、从发现个别原理到形成理论体系的过程。《1844年经济学哲学手稿》包含了唯物史观思想的萌芽，代表着这个过程中的一个重要阶段。说它重要，是因为它“第一次试图阐明物质生产是社会历史发展的物质基础和动力”；说它仍然不成熟，是因为还不系统，而且仍然在沿用费尔巴哈的“自然主义”、“人道主义”、“类本质”、“异化”等一系列概念，具有浓重的费尔巴哈痕迹。与拔高该著作的很多见解不同，叶汝贤主张既“不能忽视它的重要意义，也不应把这种重要性估计过高，不应夸大它的成熟性”。

（4）关于马克思主义哲学体系创立的标志问题

怎样判定马克思的思想是否成熟？主要根据是马克思主义哲学体系的创立。而马克思主义哲学的精华是唯物史观，所以，唯物史观科学体系的确立就是成熟的标志。《德意志意识形态》才第一次全面地提出并论证了唯物史观的原理，初步揭示了这些原理之间的内在联系。因此，《德意志意识形态》标志着唯物史观的诞生，也标志着马克思主义哲学的诞生和马克思主义的诞生。但是，《关于费尔巴哈的提纲》、《德意志意识形态》在当时没有公开出版，没有发生应有的影响。当时公开出版的著作是马克思的《哲学的贫困》和《共产党宣言》，因此，可以把《哲学的贫困》和《共产党宣言》看作是唯物史观创立阶段的完成和总结。

2. 恩格斯与唯物史观

（1）恩格斯的独立地位及其与马克思在“人化自然”方面的一致性

叶汝贤不认同“恩格斯反对马克思”的说法，并认为这是一种十分有害的错误观点。这不只是牵涉对恩格斯的评论，而且牵涉对马克思主义的本质及其完整性的理解。他认为，恩格斯独自实现了世界观的转变，独自发现了唯物史观。他比马克思更早接触英国资本主义社会的阶级斗争和政党斗争，更早了解工人阶级状况，因而也比马克思更早发现物质利益在社会生活中的作用。后来马克思专注于《资本论》的创作，恩格斯则担负起继续阐发他们的哲学的任务。恩格斯对马克思主义哲学的阐释、发展作出了特殊贡献，构成了马克思主义哲学的最重要的组成部分，也是恩格斯留给我们的最珍贵的遗产之一。

“恩格斯反对马克思”论者认为，马克思主张“人化自然”，强调不同人相联系的自然是“无”，恩格斯则主张自然辩证法，强调的是自在自然；马克思主张“人的哲学”，恩格斯鼓吹“无人”的“机械唯物主义”。叶汝贤认为，这涉及两个相互联系和区别的问题：自然界自身是否不依赖于人存在，是否按照自身的规律发展变化？人类主体性背景下，人与自然的关系如何？恩格斯的自然辩证法重点回答了前一问题，马克思的“人化自然”着重回答后一问题。马克思并不否定前者；而恩格斯也不反对后者。马克思批评了黑格尔把不同人相联系的自然界视为“无”的错误（有些学者把马克思所批判黑格尔的错误观点栽到马克思头上，这是误读）。而恩格斯的特殊贡献之一就是在于解决了旧唯物主义无法解决的人类社会的产生以及阶级分化问题。“人化自然”是马克思恩格斯共同的主张。

恩格斯不仅对马克思的“人化自然”思想作了精彩的发挥，而且对人的主体性在人类生活中发挥过度提出警告：人类如果不按照自然的规律去“统治”和掠夺自然界，自然界也会报复人类。主体性哲学是有限度的，它与自然辩证法并不冲突，两者各有自己的适用范围和限度，两者不是相互否定，而是相互补充和支持。

（2）马克思恩格斯其他方面的一致性

在认识论问题上，有的西方学者攻击恩格斯的“反映论”背离马克思的“主体论”。叶汝贤指出，这些学者同样把两个不同角度的问题混在一起：一个是认识的结果，另一个是达到这一结果的认识活动及其过程。就认识的结果而言，不论是马克思还是恩格斯，都坚持认为认识是客观世界的反映。

在历史观上，针对有些学者批评恩格斯主张的是“无人的历史观”，叶汝贤指出，恩格斯强调历史规律的客观性，但他同马克思一样强调人类历史是人活动的历史。马克思强调人的主体地位，但同样坚持历史规律的客观性。在马克思主义哲学的一切根本原则问题上，恩格斯和马克思完全是一致的。他们的差别是在根本原则一致基础上的差别，所以，这种差别就构成他们相互补充的关系。叶汝贤认为，“马恩对立论”的鼓吹者不是全面地、历史地看问题，思想上的偏见、思想方法的片面性和僵化，是产生这种“对立论”的认识论根源。

3. 唯物史观的基础理论研究

（1）辩证唯物主义和历史唯物主义的关系

辩证唯物主义与历史唯物主义的关系问题是20世纪80年代学界讨论比较多的热点问题。关于马克思主义哲学，有辩证唯物主义派、实践唯物主义派、历史唯物主义派等多种观点。作为历史唯物主义研究专家，叶汝贤主张辩证唯物主义与历史唯物主义的统一，认为“马克思由于发现了社会实践在人们社会生活和认识中的决定作用，因而找到了一条由辩证唯物主义过渡到历史唯物主义的桥梁，找到了一条把马克思主义哲学的各个组成部分有机统一起来的杠杆。”在叶汝贤看来，无论是辩证唯物主义还是历史唯物主义，都是马克思主义不可或缺的组成部分，它们是内在统一的，而且统一于人类的实践活动。这种统一是一种历史的、具体的动态的统一过程，只有把这种统一放置在人类的生产活动中，才能得到确切的理解。

逻辑与历史并不一定完全一致。但唯物史观把唯物主义贯彻和推广运用于社会现象领域，但不能由此得出如下结论说，唯物史观是在社会领域应用辩证唯物主义推论得出的结果，是先有辩证唯物主义，然后才有历史唯物主义。马克思主义哲学理论统一体中的组成部分，其原理的阐发是有先后之分的。由于他们当时所面临的迫切问题是社会生活的实际问题，是无产阶级和人类解放的问题，这就决定了他们首先运用唯物辩证法来分析社会历史现象，重点是要解决社会历史观的问题，所以就有唯物史观基本原理的首先阐发，而后才是阐发辩证唯物主义的原理。

（2）唯物史观理论体系的逻辑起点

唯物史观理论体系的逻辑起点问题是一个直接关乎唯物史观理论性质的重大问题，也曾引发过热烈的讨论。叶汝贤不同意“人”是唯物史观逻辑起点的观点，他认为这一起点应是人的生产劳动。在他看来，对此首先要遵循马克思把研究方法和叙述方法、研究起点和逻辑起点作出区分。科学研究要从实际出发，从具体事物出发；而构建理论体系的逻辑，则是在研究结果的基础上进行。因此，现实的人是研究起点，而“作为唯物史观逻辑起点的应该是一个抽象，而不是具体；既不是现实的具体，也不是思维的具体。其次，这一抽象不是任意的抽象，而是反映对象本质的抽象，它应该具有所谓细胞的性质”。人是一个复杂的整体，是“许多规定的综合”，是“多样性的统一”。在人的众多属性、关系中，唯有“生产劳动”体现人的特质。“生产劳动”既是历史的起点，又是一个合理的抽象，具有所谓“细胞”的性质，所以“生产劳动”应该是唯物史观理论体系的逻辑起点。叶汝贤指出，马克思唯物史观的逻辑体系，运用从抽象上升到具体的逻辑方法，从“生产劳动”这一人的本质抽象出发，逐渐向比较复杂、比较具体的范畴过渡，从生产劳动进到生产方式，又从生产方式进到经济基础和上层建筑，揭示社会结构的一般特征和社会运动，即历史发展的规律，从而阐明整个社会纷繁复杂的关系、属性和特征，这样现实的、复杂的人类社会，现实的、活生生的、具体的人就成为唯物史观逻辑体系的终点。这一逻辑上升的过程，恰好反映了人类历史产生和发展的过程。

（3）社会历史规律及其作用特点

发现历史规律是马克思创立唯物史观的重要标志。但正是在这个问题上，由于理解失误，唯物史观被曲解为“机械决定论”、一般历史哲学。两种误解的关键都在于把历史规律等同于自然规律。他认为，任何社会历史规律都是同一定的社会历史条件相联系的，因此，社会历史规律具有不同层次、不同的作用范围：有的规律是在所有社会形态中都存在和起作用；另外一些规律只存在于一定的社会形态之中，抽象的一般社会历史规律是不存在的。其次，社会历史规律同自然规律一样，是客观存在的，其作用同样不以个人的意志为转移。但社会历史规律又有其特殊性。主观目的性、偶然性、复杂性等特点决定了历史发展总会有许多变数，常常因条件的变化而变化。马克思所揭示的社会规律就是在充满这些特性的实践活动中形成的。它通过人的实践活动而产生，并通过人的实践活动而发生作用。唯物史观就是这样解释历史变迁的，把它解释成机械决定论毫无根据。

（4）唯物史观与人道主义的关系

这是叶汝贤唯物史观研究的一大重点。在他看来，唯物史观和人道主义之间，是批判、继承和扬弃的关系。唯物史观和人道主义历史观，是性质根本不同的两种历史观。所谓性质根本不同，指前者是唯物主义历史观，后者是唯心主义历史观。这种不同，导致两者在一系列重大问题上的差别。

首先是“出发点”的不同。人道主义的研究起点和逻辑起点都是“人”，而历史唯物主义的研究起点是“人”，逻辑起点却不是“人”，而是生产劳动。人道主义认为人是自然产物，具有先验本质，否认人是在生产劳动中产生和发展的，它的出发点就是这样一个抽象的人。唯物史观则认为，人是在劳动实践中生成的，说明人是历史的结果，人的生产劳动就成为历史起点。根据逻辑同历史一致的原则，唯物史观明确把人的劳动实践作为其理论体系的逻辑起点。由此，唯物史观认为人的本质，“在其现实性上，是一切社会关系的总和”。而人道主义历史观正相反，把一种自然的、抽象的共同性当作人的本质。

唯物史观和人道主义历史观，虽是两种性质不同的历史观，但两者的关系也不是阿尔都塞所谓的“认识论的断裂”。实际上前者是在继承后者的基础上产生的，因而两者既有超越性，也有连续性。他的《唯物史观发展史》一书把人类历史观的发展归结为三种基本形态：神学历史观、人道主义历史观和唯物史观。这一概括，既为人道主义历史观作出确切的历史定位，又简单明了地阐明唯物史观与人道主义历史观继承与超越的关系。

在一系列论著中，他多次强调，马克思和恩格斯反对人道主义历史观，但并不是反对人道。只是，唯物史观所主张的“人”，不是抽象的人，而是具体历史的人，是根据具体历史条件实实在在的人。所以，只有唯物史观，才是真正关注人、真正讲人道的历史观。社会主义人道主义应该为具体的、历史的人构筑具体、历史的生存条件和发展条件，提高人的尊严与价值。

（5）唯物史观与历史决定论、实践唯物主义、人道主义的关系

历史决定论在唯物史观理论体系中的地位和作用是毋庸置疑的。然而，这个观点尽管很重要，也只是唯物史观的一个根本观点，因此，如果把唯物史观归结为历史决定论，就有陷入以偏概全、把历史过程简单化之虞。他并不反对对马克思主义哲学做实践唯物主义的解释。在他看来，如果说历史决定论表明历史唯物主义与历史

唯心主义的对立，那么实践观点则表明唯物史观根本区别于旧唯物主义历史观的本质特征。在唯物史观理论体系中，历史决定论、实践唯物主义是同等程度的概念，是唯物史观体系的两根支柱。它们都只是唯物史观一个方面的根本原理，其中任何一个原理都无法包容和表达作为整体的唯物史观。

至于人道主义，他认为，虽然唯物史观并不反对而是蕴含着对独立人格、主体精神的弘扬，但还是不能把唯物史观、马克思主义哲学归结为“人的哲学”，并等同于人道主义。人道主义属于前唯物史观理论，而唯物史观批判地继承了人道主义传统，又超越这一传统，是在更高的高度上面对和解决人道主义所无法解决的社会历史问题的理论。当今社会仍存在大量的反人道现象，人道主义对此仍有一定的解释力，但这种解释是直观的、表面的，达不到唯物史观的深度和水准。他主张立足于唯物史观来寻求对问题的正确解释和根本解决。

4. 唯物史观的发展趋势与当代发展

如何把唯物史观研究推向前进，也是叶汝贤非常关心的问题。他坚信哲学是时代精神的精华，马克思主义哲学尤其应该紧扣现实，把握时代的脉搏，从现实中提炼出问题来加以研究，而不是从书斋里讨生活，更不是刻意去营造马克思主义的体系。

（1）唯物史观的发展趋势

在他看来，唯物史观向何处去的问题，既是一个重大的理论问题，更是一个关系到如何定位建设中国特色社会主义实践的问题。他认为，“随着唯物史观愈来愈面向生活、面向实践，那种脱离群众的学风必然会改变。必然会出现这样的情况：唯物史观的发展，不论在内容上还是形式上，都能为群众所理解和接受；以哲学研究为职业的人不会很多，但理解和接受哲学的人肯定会很普遍。从哲学家的圈子中解放出来，变成群众认识和改造世界的武器，同样是唯物史观发展的大趋势。”处于世纪之交的他坚信，中国对于唯物史观的研究处于新中国成立以来最好的历史时期，主要原因就在于宽松的环境、实践提供的强大需求和呈现的问题。他分析了学术界就唯物史观创新所持有的三种见解，即接轨论、重构体系论和重读马克思论之后认为，三种见解都有一定道理，但都不是创新的根本之路。根本之路在于面向社会，立足实践，在批判旧世界中发现新世界。他认为，当代唯物史观应该重视研究经济全球化、信息化时代的社会历史发展的新规律。“研究这种规律和发展道路，将成为唯物史观研究的主攻方向。”

（2）发展哲学与发展观

他认为，发展问题是当代中国的核心问题，唯物史观应该对发展问题进行更多、更细致、更多方面的研究。围绕着研究新的发展规律这一总的主题，唯物史观的研究将会开辟更多的研究领域，将会更加丰富多彩，主题的统一性和多样性将会更加鲜明突出。发展是时代的主题，“也将是中国21世纪唯物史观的主题，发展哲学将会是中国21世纪唯物史观发展的主导的理论形态”。

在叶汝贤看来，改革开放30年来，中国的发展理论经历了生产力提高型发展观、制度创新型发展观、以人为本的科学发展观三种不同的形态。这三种发展观就是要解决社会发展中相互关联的三个问题：人和自然的关系问题（生产力的发展）、人和人之间的关系问题（制度的变革）以及人和他自身的关系问题（人自身的发展）。这三个方面的问题是密切相关的，但是社会发展过程又必须循序渐进地解决这些问题。改革开放的成功经验之一就是用发展着的发展观来逐步地解决这三个相互关联的问题。

（3）中国改革和发展的价值选择与目标定位

叶汝贤认为，中国社会主义建设正确的价值选择的作出，是基于历史唯物主义关于历史观与价值观的统一形成改革的指导思想。这一指导思想的本质就在于它是从广大人民的根本利益出发的价值选择。所以，他认为，在中国社会主义的改革中，要建设中国社会主义事业：第一，不能“全盘西化”，也不能“关门”搞建设，而是要“化西”；第二，改革开放的核心在于解决公平与效率的矛盾，追求效率与公平之间的具体的历史的统一；第三，改革选择中要坚持的标准和原则，就是坚持“三个有利于”标准、有序和创价最高代价最小等原则。

叶汝贤认为，“每个人的自由发展是一切人的自由发展的条件”，作为马克思恩格斯奋斗终生的主题，是对未来新时代精神的高度概括，体现着社会主义的最高目标和终极价值。现代科技和生产力的发展，展现了实现每个人自由发展的可能性，而以“以人为本”为核心的科学发展观的提出，则体现和发展了《共产党宣言》关于未来社会的核心思想。

（4）唯物史观研究与当代发展

叶汝贤的唯物史观研究，既重视基础理论问题的反复、多方位思考，又致力于从哲学上研究我国现代化进程中出现的问题，如市场经济中的“信用”、“企业行为合理性”、“贫富差别”、“发展不平衡问题”、“农民问题”等。通过对中国发展进程中的诸多问题的哲学思考，来丰富中国的唯物史观研究。晚年的他组建中山大学马克思主义哲学与中国现代化研究所，带领一批中青年教师成功申请获批为教育部百所重点研究基地，并出任首任所长。他到处物色中青年人才，被同行戏称，每到一处都带着一个小本本，记录着各种人才的详细资料。其实，他的记忆力很好，用不着小本本，那些优秀人才的资料，都被他记录在脑子里，时刻放在心上。在他担任所长期间，他先后引进了4位国内知名中青年教授。他们的加盟，不但增强了研究所的活力，丰富了研究路径，也与他钟情一生的唯物史观研究产生了一系列的链接，使该所的唯物史观研究得到进一步丰富和拓展。这些唯物史观研究包含社会哲学、历史哲学、实践哲学、政治哲学，都进一步继承和延续着他在中山大学开创的唯物史观研究。

叶汝贤为中国马克思主义哲学史学科的创立和发展，为唯物史观研究的理论突破和创新做出了重要贡献。

三、叶汝贤主要论著

叶汝贤.1980. 哲学入门. 长春：吉林人民出版社.

叶汝贤等.1981. 马克思主义哲学史稿. 北京：人民出版社.

叶汝贤.1985. 唯物史观发展史. 长春：吉林人民出版社.

叶汝贤.1985. 唯物史观和人道主义异化问题. 广州：中山大学出版社

叶汝贤.1992. 马克思的唯物史观. 台北：台湾森大图书公司.

叶汝贤.2001. 唯物史观的发展趋势. 马克思主义研究，(3)：54-61.

叶汝贤.2004. 唯物史观视域中的"以人为本". 哲学研究，(10)：23-27.

叶汝贤，张以明.2006. 马克思形而上学批判的实践基础. 吉林大学社会科学学报，(2)：25-32.

叶汝贤.2006. 每一个人的自由发展是一切人的自由发展的条件——《共产党宣言》关于未来社会的核心命题. 中国社会科学，(3)：4-14，204.

叶汝贤.2008. 辩证地历史地处理效率与公平的关系. 现代哲学，(1)：4-5.

叶汝贤.2008. 现实的人及其历史发展的科学——深入解读《德意志意识形态》所阐发的唯物史观. 哲学研究，(2)：10-18.

叶汝贤.2009. 叶汝贤自选集（1-4卷）. 北京：社会科学文献出版社.

主要参考文献

叶汝贤.2009. 叶汝贤自选集（1-4卷）. 北京：社会科学文献出版社.

旷三平，刘卓红，周峰等.2009. 唯物史观开创了人类思想史的新时代——为纪念恩师叶汝贤先生而作. 现代哲学，(6)：1-11.

撰写者

刘森林（1965～），山东昌乐人，中山大学哲学系教授。1998年9月～2001年6月在叶汝贤指导下在职获得博士学位，2003年获得全国百优论文奖。

张奎良

张奎良（1937～），辽宁新民人。哲学家，改革开放以来马克思主义哲学实践转向的推进者之一，马克思的东方社会理论与中国特色社会主义事业有机契合的倡始人之一。1956 年毕业于沈阳市第 27 中学，同年考入中国人民大学马列主义基础系，1960 年毕业被分配到黑龙江大学哲学系任教至今。长期从事马克思主义哲学史的教学与研究，历任中国马克思主义哲学史学会常务理事和顾问、中国人学学会常务理事、黑龙江省哲学学会会长和名誉会长。对马克思的早期哲学思想、实践哲学、东方社会理论和晚年人类学笔记等领域涉足较深。在哲学如何关注现实，回应实际需要等问题上曾就异化、政治文明和以人为本率先提出过一些创新见解，产生过一定的影响。从 1992 年起享受国务院颁发的政府特殊津贴。共 4 次获得国家社科基金资助项目，2 次获教育部全国高校人文社会科学研究优秀成果奖二、三等奖，2 次获得黑龙江省社会科学优秀研究成果奖一等奖，1 次特等奖。迄今共发表论文近 200 篇，其中，在《中国社会科学》上发表论文 7 篇，在《哲学研究》上发表论文 14 篇，被《新华文摘》全文转载的文章 13 篇。主要著作有《马克思的哲学历程》、《唯物主义：社会主义的思想来源和实践指引》、《马克思主义哲学中国化的基石和灵魂》、《时代呼唤的哲学回响》、《张奎良集》等。

一、成长历程

张奎良于 1937 年 6 月出生在辽宁省新民县佟庄子村一个较为复杂的农村家庭。其祖父，幼时一贫如洗，目不识丁，青年时代靠给县衙做官的一位远亲当差打杂役粗识几字，后升任建筑监管，逐渐攒下了一些积蓄。当时的情况是只有土地才是真正的财富，才能不断地升值。因此其祖父也就不断地攒钱，不断地将积蓄化为田产，以致到 1948 年土改时，他的土地拥有量正好可以使他被划入剥削者的行列。但其父亲在旧社会一生却十分凄苦，由于吸食鸦片，被撵出家门，曾两次到抚顺和漠河给日本人做劳工，人不人，鬼不鬼，九死一生才捡回一条命。他的这种遭遇也就决定了张奎良母子在大家庭中的寄人篱下的地位，母亲实际上是专职伙夫，成年喂猪做饭，受尽了歧视和白眼，张奎良在幼年就已体验到人世的苍凉，立下了自强不息的志向。

新中国成立后，张奎良依靠政府的全额助学金读完了中学，因此他对党和政府始终抱有感恩之心。中学阶段他思想进步，学习刻苦，长期担任班级团支部书记。尽管他并不十分了解马克思主义，但他凭借对党的指导思想的一腔质朴的情愫，坚决而又带有几分盲目地考取了中国人民大学马列主义基础系。入学后才知道，所谓马列主义基础，并不是他所理解的马列主义的基础部分，实际上是从延安学习马列沿袭下来的《联共（布）党史简明教材》，当时把它视为学习马列的捷径，故曰马列主义基础。这个事实虽也令他萌生几分憾意，但只不过是一闪念，并未阻挡他的学习的兴趣和热情。特别是后来学校把办系的方向定位于国际共产主义运动史，相应地又把《共产党宣言》、《路易·波拿巴的雾月 18 日》、《国家与革命》等著作列为主要的学习文献，这就使他产生一种莫大的荣誉感，总觉得自己与马克思主义更贴近了。自己不是在追逐一种低俗的谋生本事，而是在学习一种博大精深的理论，而这种理论正是对一种崇高事业的呼唤和澄明。为此，他如饥似渴、废寝忘食地阅读马列原著，马克思的深刻思想和那些精妙的绝句令他如醉如痴。他后来多次谈到，大学期间最大的收获是学习并熟读了马克思的原著，如果说自己还有什么学问的话，不过就是知道了马克思有什么思想和它的出处在哪里。这些原著虽然还不是真正意义上的哲学形而上学之思，但大多与历史唯物主义原著交叉，这也为他逐渐扩展自己的哲学视野打下了一定的基础。

大学毕业分被配到黑龙江大学以后，他先后讲授了政治学、历史唯物主义原著。对他个人的学术生涯来说，1978 年 11 月在桂林召开的马克思主义哲学史创建会议是一个重要的转折点。在中国，马克思主义哲学只限于作为横断面的逻辑或原理，而没有承载这些原理的纵线的马克思主义哲学发展史（简称“马哲史”），这就扭曲了史论关系，形成了原理一花独放的不正常局面。史与论的关系应该是以史带论，论从史出，没有史的论只能是无根的空洞的原理罗列，看不出它与什么样的历史时空相连接，因而也就不能确定它的确切含义。这次会议的召开是伴随着政治上的拨乱反正和正本清源而在哲学上的一次重大的突破，他积极拥护和参加马克思主义哲学史的创建工作，参与中国第一本《马克思主义哲学史稿》的讨论和写作。并在会后迅速在黑龙江大学哲学系开设马哲史课，成为该校首批马哲史课的宣讲者。

开设马哲史课对张奎良来说既是严峻的挑战，又是重新学习和深入理解马克思哲学思想的机会。经过将近 10 年的文本研读和教学实践，他不仅补上了过去对马哲认知的形而上学部分的缺环，而且与原有的历史唯物主义基础相结合，形成了自己对马克思主义哲学史的独到理解。继《马克思主义哲学史稿》之后，国内又相继出版了几部同类著作，客观地说这些著作虽有不同特点，但总体上大同小异，都没有超出北京大学黄枬森三卷本《马克思主义哲学史稿》的框架。张奎良凝练自己多年对马哲史教学和研究的沉思和和积淀，于 1993 年 5 月由上海人民出版社出版了他的马哲史系统研究巨著《马克思的哲学历程》（55 万字）（以下简称《历程》）。这本书是在其他马哲史专著已经对许多熟知的问题详尽阐述的基础上，另辟蹊径，绕过大路问题，把叙述的中心放在马哲史研究的重点、难点和创新上。实际上这是一部另类的马哲史，它与现在流行的马哲史相比具有如下几个特点：

一是突出马克思哲学主线，把马克思的哲学革命变革的成果实践唯物义作为全书的灵魂和统领。不仅要改变过去原著教学中只讲恩格斯和列宁著作的畸形状态，而且凸显马克思早期的三本书《1844 年经济学哲学手稿》、《关于费尔巴哈的提纲》和《德意志意识形态》在马哲史中的核心地位。强调只有真正领会这三本书的精髓，才能把全部马哲史奠定在正确的哲学基础之上。因此该书顾名思义，只写马克思的哲学贡献，认为马克思的哲学历程主要就表现为对实践唯物主义的形成和发展的演绎上。这种抛开恩格斯和列宁专门研究马克思的哲学思想，其用意在于突出重点，画龙点睛，同时也是对多年来马克思主义哲学轻慢马克思，偏重恩格斯和列宁所激起的一种回响和补偿。

二是在突出主线的同时，删繁就简，正确处理历史唯物主义和科学社会主义的关系。现行马哲史体系内容繁杂重复，历史唯物主义部分与科学社会主义严重交叉，不能凸显马克思实践哲学的内蕴和特色，尤其是 1848 年革命和巴黎公社革命这两部分缺少哲学思维，游离主线，好像是硬贴上去似的，与整个马克思哲学发展线索很不协调。《历程》一书回避了这些泛泛的论述，读者认为需要，可以随意到其他马哲著作中找到。这种只重实效，不追求体系的规范和完整的作法，也是该书另一个重要的特点。对于《资本论》的哲学思想也另起炉灶，不讲大家都熟知的辩证法范畴，而把重点放在其他论著很少涉及的历史观上。

三是拓宽视野，大力推进马克思哲学研究体系的创新。当时所有的马哲史著作的普遍缺憾是视野狭窄，漏掉了马克思许多极有价值的思想遗产，如马克思的东方社会理论、跨越卡夫丁峡谷设想、晚年人类学笔记等，这些内容闪烁着耀眼的人学光芒，是马克思哲学视野的新天地。然而过去它们一概被忽略了，这是时代的过错，是缺乏一以贯之的实践人学主线的必然后果。该书弥补了这些缺陷，对这些问题作了力所能及的科学说明，因而形成了与众不同的另一种全新的马哲史体系。

《马克思的哲学历程》标志着张奎良在自己成长的道路上，已经迈出了坚实的一步。与此同时，他在个人的发展中也不断进取，于 1986 年晋升为教授，这在黑龙江大学甚至全国都是比较早的。由于他的努力，1996 年黑龙江大学马哲学科在当年全国唯一一个哲学博士点的竞争中胜出，这在当时既是黑龙江大学也是黑龙江全省唯一一个社会科学博士点，从此开辟了地方性大学争取博士点的新时代。

招收博士生给了他教书育人的广阔天地。他自参加工作以来心无旁骛，把教好书育好人视为天经地义的头等大事。半个多世纪以来，他把自己的全身心都投入到黑龙江大学的哲学教学和研究中，中间虽也动摇过，想调到更好的地方，但一旦要真的调离，又觉得割舍不下这方沃土和这里的学生们。所以，他一辈子只有一个工作单位，还是一个工资不到北上广一半的地方性大学，在这里安心授业解惑，培养学生成才，这就成了他终生不懈的追求。他付出的努力得到了回报，多次被评为优秀教师和教学质量奖，还获得黑龙江省教学质量奖一等奖，省优秀研究生导师，直至国家级教学名师。以他为带头人的马克思主义哲学史是国家级精品课，这个团队还是国家级优秀教学团队。

作为一个教师光是授课、进行科学研究还很不够，还要讲育人和做人，用自己的一言一行给学生做表率。他从年轻的时候起就立下志向，讲马克思主义，行马克思主义，不仅言传，还要身教，绝不在学生眼中留下负面的印象和影响。《光明日报》2011 年 3 月 29 日在《学问人生》栏目中发表他的文章《人生治学两相济》，表明了他的心迹，就是要在马克思主义哲学的宣传和研究中，以身示范，把学生引导到健康而光明的道路上去。

张奎良与学生友好相处，亦师亦友，学业和政治上相互砥砺、切磋，生活上互相关心帮助，学生也给他带来了活力和生气，督促他老且益坚，壮心不已。张奎良在和学生们的互动中，培养了许多有出息的学生，他们之中有 7 名省级干部，一大批厅局级领导，而他直接身传言教的博士们，已有 8 名已晋升为博士生导师，有的已成为某一方面国内著名的专家学者，这也是对他的拳拳之心的一种慰藉。

二、主要研究领域与学术成就

张奎良从年轻时代就受到党的理论联系实际传统的熏陶，在他的内心深处，一直涌动一个纯朴而强烈的信念：哲学源于生活，应该回应生活，既指导现实，又说明实际。在他看来，闭锁在书本上的远离生活实际的哲学信条味同嚼蜡，没有任何实际价值。因此他的哲学研究领域和观点具有强烈的现实感，都是不同时期生活现实的哲学观照。这主要体现在以下几个方面：

1. 社会主义与异化

异化问题早在“文化大革命”前就有周扬等人涉猎。但在改革开放后的中国，异化被关注并成为一个时期的热点，是与张奎良的研究密切相关的。出于对“文化大革命”中人道主义危机的深刻反思和对人的令人发指的摧残和迫害的愤慨，他一直在沉思，中国能在朗朗的阳光世界下发生那么多花样翻新的暴行，其重要原因在于人的观念的缺失，没有对人的敬畏感。“文化大革命”中不仅谈人变色，而且人被妖魔化，直接与牛鬼蛇神联系在一起。在他看来，这就是人性的泯灭和丧失，用他掌握的哲学术语来说，也就是人和人的本质的异化。但是“异化”一词当时在国人心目中还相当的生僻，用异化概念来揭示中国社会发生的重大事件，其中包括“文化大革命”的发生、个人崇拜、公仆蜕变等，不能不说是一条可以试用的路径。但这需要进行异化的启蒙，首先，要把马克思的异化思想介绍给中国的公众。为此他找来刘丕之的《1844年经济学哲学手稿》的新译本，又参照西方马克思主义和东欧新马克思主义的若干译文，总算对异化问题有了一个概括的了解。经过一段时间的思考、消化、酝酿，终于写出2万字的《异化概念在马克思主义形成中的历史地位》一文，发表在1980年第1期《学习与探索》杂志上。这篇论文动机是想从异化入手探寻解决中国社会实际问题的可行路径，但是观点并不先进，基本上沿袭了苏联学者的见解。虽然承认异化概念在多方面孕育了马克思主义的产生，对阶级斗争学说、剩余价值理论和辩证法科学都起到了奠基的作用，但是仍然强调异化概念是对人的本质的抽象理解，是马克思思想不成熟的表现。

但是文章的缺陷却阻止不了媒体对它的热情，1980年《新华文摘》第5期封面重点全文转载，中国人民大学《复印报刊资料》等刊物也全文或摘要介绍，作者还以此为题到复旦大学哲学系做过演讲，加之他随后又相继发表了几篇类似的文章，一时间异化问题成了气候。但总的说来，还算稳健，没有出现更大的纰漏。按理说，见好就收，事情应该到此为止了。但天不遂人愿，促使他欲罢不能的是他参与了另一篇招惹是非的文章《社会主义社会的人的价值问题》的写作。出于情谊，他应邀为这篇文章写了马克思的观点部分，另两位作者则写了联系实际的部分，正是在这部分中谈到了社会主义社会还存在异化现象，列举了个人迷信、官僚主义、贫富分化等，结论是《1844年经济学者哲学手稿》中的那句名言：“物的世界的增值与人的世界的贬值成正比”。文章发表后，他读了心甚不安，觉得不加区分地、笼统地谈论社会主义社会与资本主义异化问题有失严谨。为了挽回影响，他立即写了一篇《社会主义异化与资本主义异化的区别》一文，发表在辽宁的《社会科学辑刊》上。

文章的主要观点是认为，社会主义的异化不是自生的，而是资本主义社会遗留下来的，社会主义的使命正是克服异化，实现人向人的本质回归。这篇文章也被《新华文摘》重点封面全文转载。

可是，他的补救措施还没有来得及生效，人的价值那篇文章中的社会主义异化论就在反对精神污染的运动中被抓住，被认为是全面疯狂地反党反社会主义，是中国不同政见者的纲领。而他由于是这篇文章的领衔作者，加之又发表了那么多有影响的异化文章，所以很自然地就将板子打在他身上。多亏龚育之在关键时刻仗义执言，挺身而出说了几句公道话，他才得以脱险，而龚育之和他素不相识，没有任何交往，这令他感激涕零。

时间已经过去30年，今天环境和条件都已发生巨大变化，再纠缠往事已经没有任何意义。但是这段历史不会白过，它带给我们许多有益的启示，将会在今后思想和文化建设中发挥重要作用。

2. 马克思的东方社会理论与邓小平理论的契合

在中国，张奎良可能不是提出马克思的东方社会理论的第一人，但他却是这一理论第一个完整系统的表达者。他在讲授马克思关于不列颠在印度的统治及其未来结果的两篇文章中，强烈地感受到，马克思心目中存在一个与西方不同的东方世界，再参照《资本论》中的资本主义以前的各种形式和《1857—1858年经济学手稿》中的有关论述，这个东方社会构成的各种要素及细节逐渐在脑海中形成了。东方社会与西方世界最大的不同在于，它存在着以土地公有制为基础的农村公社和专制国家的三位一体，马克思在1859年的《政治经济学批判序言》中称其为亚细亚生产方式，而这是由于气候和地理原因造成的。东方国家大多地处气候干燥的大漠流域，水利灌溉是农业的生命线。而兴修水利和灌溉本身就排除了土地私有的可能，执掌这一权利的只能是国家。国家把水利、财政和战争的权力集中到自己手中，形成了凌驾于社会之上的绝对专制。而每个农村的居民集中点，既是生产单位，又是社会的基层细胞，在印度称为村社，在俄国称为公社。村社道路奇缺，彼此缺乏联系，实行自给自足的农工结合，加之封闭落后的文化心态，使村社成为超稳定的“原子”。国家可以不断的改朝换代，但村社则打不破，摧不垮，在哪里被打破了，也就会在哪里重新恢复起来，这正是东方社会长期停滞落后的根源。对于这种前资本主义时代的亚细亚生产方式，马克思的态度很明确，要经过资本主义走向世界历史，在亚洲有一个重建“西方式的社会”的问题。正因为这样，马克思才对英国侵略印度及其结果持辩证态度，既坚决谴责英国的野蛮侵略，站在印度人民这一边，但又不对同时带来的资本主义因素一律棒杀，认为这些资本主义因素经过革命可以成为未来社会的物质基础。但后来特别是俄国已经具备革命形势，马克思又转换思路，认为可以在土地公有制为基础上，跨越资本主义发展阶段，直接进入社会主义。

上述这些就是张奎良经过自己的独立思考提出的马克思的东方社会理论，这个认识是马克思的真实思想，还是他强加给马克思的，这需要经过学界的检验和认同。1988年夏，《中国社会科学》杂志举办第二次全国哲学学术思想交流会，它实际上是个征稿会。张奎良曾参加第一次会议，并以《存在概念及其认识论意义》一文参与大会交流，被《中国社会科学》选中，发表在该刊1983年第1期上。这次他又如法炮制，把自己的上述思考成果以《马克思的东方社会理论》为题提交大会。在交流中，与会代表对该文予以高度的评价，这不仅是因为论题新鲜，而且言之成理，进一步加深了对马克思主义博大精深的理解。最后，该文又在60篇交流的论文中最后胜出，刊登在《中国社会科学》1989年第2期上。从此，马克思的东方社会理论在哲学界逐渐站稳了脚跟，复旦大学还专门召开了马克思的东方社会理论研讨会。

张奎良提出马克思的东方社会理论，并不只是为了挖掘马克思的学说中鲜为人知的精粹，他更着眼于当下正在进行的中国特色社会主义的伟大实践。一个时期来，对邓小平理论及其指导下的中国特色社会主义事业一直有人说三道四，什么有中国特色的资本主义、国家资本主义、实用主义等杂音不绝于耳。一句话，就是怀疑邓小平理论和中国特色社会主义的合法性。无疑，把它们和马克思对接，找出它们之间的传承关系，是论证其合法性的有效途径。为此，张奎良殚精竭虑，开动脑筋，终于在1994年第6期《中国社会科学》上又发表一篇长文《马克思晚年的设想与邓小平建设有中国特色社会主义理论》。这篇论文以当年马克思设想的俄国跨越资本主义"卡夫丁峡谷"为背景，从俄国所处的社会历史条件、革命胜利后所面临的发展社会生产力的任务以及必须借助国外资本主义的肯定成果等方面，与当今中国进行对比，得出结论认为，中国特色社会主义也就是跨越"卡夫丁峡谷"式的社会主义。邓小平与马克思虽然相距甚远，处于不同的历史时代，但英雄所见略同，共同的国情、共同的使命将他们连接起来，邓小平理论是对马克思东方社会理论的传承，具有天经地义的合法性。

张奎良在《中国社会科学》上所发表的这两篇文章立意新颖，在理论上具有开创性。同时又从传承马克思学说的视角，以深厚的理论功力辩护了邓小平理论和中国特色社会主义事业，真正起到了哲学回应现实的功用。

3. 以人为本的前奏

以人为本作为科学发展观的核心，与马克思主义哲学是什么关系？马克思主义哲学是不是以人为本的？这是改革开放以来搅动哲学全局的重大理论问题，在以人为本的命题的提出和内涵的揭示上，张奎良留下了浓重的一笔。

在中国，由于商品经济发育不健全，长时期没有形成以平等为内涵的人的观念。中国只有官与民之分，没有作为商品交换主体的平等的人的意识。没有平等的经济人，也就不会有平等的政治人。新中国成立，实现了人民当家做主。但在领导者眼中，人民还是有领导与被领导之分。领导的职责是调动广大被领导的积极性，被领导的天职就是服从领导，发挥最大的积极性，他们之间的这种关系很难说是平等的。一旦社会发生激变，国家秩序失衡，比如发生"文化大革命"，人的平等地位就可能彻底消失，人将非人，被妖魔化，彻底失去人的尊严。"文化大革命"不过是人的观念缺失的极致化，人处在这种无平等、无尊严的境地，什么积极性都不可能被调动起来，国家的进步和社会的发展也就无从谈起。所以，张奎良一向认为，确立人的观念，把人置于至高无上的地位，不是单纯地调动人的主动性和积极性，而是把这种主动性和积极性还给人之身，这是中华民族振兴的关键，不解决这个问题就不能从"文化大革命"及其之前的衰微破败中走出来。

但是，在中国不能空谈人，确立人的价值观念只能纳入马克思主义哲学的框架，首先从马克思的人学思想谈起，这才是真正切实可行的。有感于理论的积淀和现实的体悟，张奎良奋笔写出了一篇寓意深远的论文《试论马克思以人为本的哲学发展轨迹》，发表于1994年第2期《哲学研究》上。这篇文章的主旨就是宣告，马克思哲学是人为本的，并从本体论和价值论的意义上作了详尽的论证，得出的结论就是要敬畏人、尊重人、关心人，因为人是主体，对人的任何轻慢，都是对人之为本的否定。文章发表后，哲学界舆论大哗，张奎良竟敢冒天下之大不韪，违背马克思哲学以物为本的公认常识，提出什么以人为本，试问，这个作为本的人是什么人？这些责难如洪水涌来，首先发表该文的《哲学研究》承受极大压力，接到许多批评稿，不得不在该刊的第4、8期连续发表两篇商榷文章，其火力之猛，言辞之烈有过于大批判。其所持的理由除了重申马克思哲学以物为本之外，还有一位作者讲了一些道理，认为人的问题是唯物史观的核心，而唯物史观所讲的人是社会关系中的人，没有社会关系就没有所谓的人。看来人与社会关系的关系成为了焦点，所以，张奎良又在同年第12期《哲学研究》上作答，题目为《唯物史观的人学意蕴》。主要阐明社会关系是人的关系，而人是有生命的个体存在，没有生命需求，就不会有生产，因而也就不会有生产关系和社会关系，有生命的人是社会关系的起点。

这场争论在当时的环境下不可能有什么结果。时任《哲学研究》主编刘奔表示，不再拿出宝贵的篇幅争论下去了，还是留给历史去裁判吧！过了10年，2003年党的十六届三中全会提出以人为本的科学发展观，算是给这场争论画了一个句号。此后他又相继在《哲学研究》、《天津社会科学》和《求是学刊》等刊物上陆续发表了《以人为本的哲学意义》、《以人为本的世界历史意义》、《辨析以人为本的人》、《从民到人的历史切换》、《以人为本：社会主义实践探索的归程》等文章，从各个不同的侧面，对以人为本作了解读，讲了一些以人为本的人是什么人，为什么不讲以民为本和以人民为本的道理。他的这些成果为科学发展观的确立和展开做了哲学的铺垫，也策应了当时科学发展观的学习和宣传。

4. 唯物主义与社会主义的互动

社会主义是我们的根本制度，也是共产主义低级阶段的奋斗目标，如何建设社会主义是十月革命以来前仆后继不断探索的历史性课题。苏联的解体和剧变以其惨痛的代价昭示，社会主义的实践和探索还有待继续进行。而中国改革开放所取得举世公认的成就，又从另一个侧面为如何建设会社会主义提供了一系列成功的经验，有待凝练和提升。正是在这一大背景下，张奎良在学习和讲授马克思和恩格斯合著的《神圣家族》中，得到感悟，抓住灵感，提出了唯物主义和社会主义的互动问题。

《神圣家族》中有一节题为“对法国唯物主义的批判的战斗”，其中明确指出：“费尔巴哈在理论方面体现了和人道主义相吻合的唯物主义，而法国和英国的社会主义和共产主义则在实践方面体现了这种唯物主义。”“笛卡儿的唯物主义成为真正自然科学的财产，而法国唯物主义的另一派则直接成为社会主义和共产主义的财产。”结论就是18世纪的法国唯物主义的政治伦理学说如人性本善和智力平等、享乐合理和教育万能以及外部环境对人的影响等，“同共产主义和社会主义之间有着必然的联系”，只要把它们付诸实践，贯彻到底，就会直接导致社会主义和共产主义。所以《德意志意识形态》说：“实践的唯物主义者即共产主义者”。马克思恩格斯的这一见解给如何建设社会主义提供了广阔的想象空间，既然社会主义来源于唯物主义，那么社会主义在本性上就含有唯物主义的基因，在实践中就要向唯物主义回归，体现社会主义的本质和本性。而中国改革开放的经验又揭示，社会主义向唯物主义回归主要体现在两个方面，一是建设社会主义要从国情出发，实事求是，二是社会主义要重在实践，不是从书本上而是在实践中不断地探索社会主义的本真，社会主义的本质就是在实践探索中得出来的。

张奎良认为，这些宝贵的思想既为马克思恩格斯的理论所包含，又为中国社会主义实践所证明，不能使其封闭在书本中，必须公之于世，发扬光大。为此他悉心撰稿，写成《唯物主义的社会主义内蕴》和《唯物主义：社会主义的思想来源与实践指引》两篇长文，分别发表在《中国社会科学》2001 年第 2 期和《哲学研究》2001 年第 8 期上，后来又把这两篇文章的思想加以综汇，写成《社会主义向唯物主义的回归》一文，发表在 2004 年第 1 期《马克思主义研究》上。由于这些研究成果相继发表，得到社会和媒体的一致认同，他有了一定的理论自信，同时也激发了理论的自觉，觉得有责任把这个题目最大做强，以尽一个理论工作者的责任和良心。于是他于 2002 年以“唯物主义的社会主义内蕴和社会主义向唯物主义的回归”为题申报国家社会科学基金重点项目，并获得成功。

经过 5 年的努力，该重点项目于 2007 年结项，2009 年结项成果《唯物主义：社会主义的思想来源与实践指引》一书由人民出版社出版发行。该书不仅是项目阶段性成果的结集，为了成书的结构需要，还对当代的唯物主义和社会主义分别作了系统的解说。社会主义要想唯物主义回归，那么所要归向的唯物主义是什么样的唯物主义呢？不能归向旧唯物主义，也不能简单地归向马克思时代的唯物主义，必须归向现当代的唯物主义。这就要探索现当代唯物主义形态，该书在这方面缺口比较大，但还是进行了力所能及的研究。分别就当代的本体论、物质论、时空观和辩证法发表了一系列文章，其中《马克思时空观新论》一文引起强烈反响，被《新华文摘》、《中国社会科学文摘》、《高校文科学报文摘》全文转载，被引用多达 50 次。

既然主题是唯物主义向唯物主义的回归，那么讲清当代唯物主义就够了。但是当时正值以人为本的科学发展观提出和全党大力学习之际，这对社会主义向唯物主义回归的是一个极好的契机。社会主义不仅要回归唯物主义，还要回归以人为本，作为社会主义归向唯物主义的合理延伸。于是他又把此前以人为本的部分研究成果纳入到该书的结构中来，这样这本书就多多少少带有些体系的韵味。

特别值得一提的是，张奎良的师尊也是要好的朋友陈先达为这本书作序，他高度评价了这本书的价值和意义，指出：“张奎良这本书是哲学与社会主义交叉性课题，是我所见到的为数不多的关于唯物主义与社会主义相关性研究的重要著作。这种研究不论是对哲学还是社会主义学说而言都是有益的。这个课题能获得国家社会科学基金重点项目立项，既体现了作者在这个问题上的深沉思索和独到见解，也反映了我国学术界对唯物主义与社会主义内在关联研究深化的诉求。”该书出版后产生强烈反响，《光明日报》2011 年 8 月 24 日在《新书推介》栏目发表书评，题为“经典问题，前沿视角”，对该书予以肯定性评价，并向读者大力推荐。该书部分章节作为阶段性成果曾多次被《新华文摘》和中国人民大学《复印报刊资料》全文转载。该书共被引用 345 次，其中“以人为本的哲学意义”一节就被引用 203 次。

5. 马克思主义哲学中国化

马克思主义中国化是思想理论建设的最高纲领，中国革命和建设的一切成就都是在马克思主义中国化的旗帜下取得的。关注、研究马克思主义中国化是每一个理论工作者义不容辞的责任。张奎良密切关注马克思主义中国化的进展，从马克思主义中国化到马克思主义中国化、时代化、大众化的提法更新，都引起他深入的思考和共鸣。从2008年武汉大学和《中国社会科学》杂志联合举办的第八届马克思哲学论坛设立马克思主义哲学中国化主题伊始，中国哲学界正式打出马克思主义哲学中国化的旗帜，连续召开了几次马克思主义哲学中国化的研讨会，张奎良都热心参加，提供论文，并先后在《光明日报》、《江海学刊》上发表《马克思主义哲学中国化的当代起点》、《马克思主义哲学中国化的历史进程和当代形态》、《马克思主义中国化的一体两翼》等论文，表达了对马克思主义哲学中国化的认同和理解。

在张奎良看来，马克思主义中国化是总的题目，而马克思主义哲学的中国化是解读和演绎这个总的题目的切入口。哲学作为全部马克思主义的思想基础，其中国化是马克思主义中国化的前提和重中之重，没有马克思主义哲学的中国化，也就不会有整个马克思主义的中国化。毛泽东思想作为马克思主义与中国实际相结合的第一次历史性飞跃，就是从哲学唯物主义开始的，其成果就是一切从实际出发，实事求是，按客观规律办事。邓小平理论作为马克思主义与中国实际相结合的第二次历史性飞跃，也是打着解放思想实事求是的旗帜，凸显了对立面不仅斗争而且相互结合的哲学意蕴，如公有制与多种所有制形态相结合，多种分配方式相结合、社会主义与非社会主义相结合的一国两制以及和平发展是当代世界主题等。在上述认识和成果的基础上，为了进一步深入推进这个课题的研究，他于2005年以“马克思主义哲学中国化的基石与灵魂”为题申报国家社科基金一般项目，并获准立项资助。经过4年的努力，于2009年成功结项，鉴定等级为优，该成果于2010年7月由社会科学文献出版社出版。

这本书除了自序和导论交代了马克思主义哲学中国化的历史进程，全书主体部分集中论述马克思主义哲学中国化当代形态。张奎良认为，以胡锦涛为总书记的新一代中央领导集体，承接毛泽东思想和邓小平理论，实际上已经把马克思主义哲学中国化推进到第三个阶段。这个阶段的重要使命是积改革开放30年之经验，深入解决中国社会如何更好和更快的发展的问题。发展是硬道理，但今后的发展既不是黑猫白猫能抓住耗子就是好猫，也不是摸石头过河，而是科学发展，和谐发展，是在自觉的理论指引下的预期的发展。十六届四中全会提出的科学发展观从两个层面上展示了马克思主义哲学中国第三阶段的基本内涵，一个是以人为本，这是科学发展观的核心，一个是社会和谐和全面协调可持续，这是科学发展观的基本要求，也是科学发展的根本方法。这两个层面凝聚了马克思主义哲学中国化基石和灵魂。

在当代中国化的马克思主义哲学视野中，作为基石的早已不是什么抽象的物质本体，基石就是人，就是以人为本。这不仅是马克思的实践哲学的根本要义，即只有人及其实践才是现实世界的深刻基础，而且反映了当代哲学本体论的新风貌，抛弃追求终极的本体论思维方式，使哲学真正向生活和实践靠拢。该书依据现实生活中人的本体地位的实际显现，展开了以人为本的若干侧面，对从物本到人本的历史演进、马克思的以人为本的思想进程、以人为本的人的本体内涵、以人为本与世界历史同行等做了选择性的论述，最后得出结论认为，以人为本是当代马克思主义哲学中国化的基石。

如果说以人为本从唯物论的视角揭示了当代马克思主义哲学中国化的基石，那么，构建和谐社会就从辩证法的视角揭示了马克思主义哲学中国化的灵魂。长期来，辩证法一直囿于对立面的斗争中，把矛盾斗争视为发展的唯一路径。这在革命战争年代是可以理解的，但在建设新社会的斗争中，特别是人皆为本的条件下，就应该倡导人际和谐与社会和谐，这是社会主义社会的本质属性。因此，不仅是对立面的斗争，对立面的和谐合作也是事物发展的现实路径，并且有可能是低成本高效益的路径。中国改革开放的实践证明，互利共赢与对立斗争一起，构成事物发展的全面的动力和原因，彰显了新的时代精神和辩证法的灵魂。这样，用以人为本的唯物主义基石和社会和谐的辩证法灵魂相组合，就勾勒出现时代马克思主义哲学中国化的基本画面。

三、张奎良主要论著

张奎良 . 1955. 当代中国的马克思主义 . 哈尔滨：黑龙江教育出版社 .

张奎良 . 1983. 存在概念及其认识论意义 . 中国社会科学，(1)：49-60.

张奎良 . 1988. 张奎良集 . 哈尔滨：黑龙江教育出版社 .

张奎良 . 1989. 马克思的东方社会理论 . 中国社会科学，(2)：27-42.

张奎良 . 1993. 马列经典著作选读，释义 . 北京：中央电大出版社 .

张奎良 . 1993. 马克思的哲学历程 . 上海：上海人民出版社 .

张奎良 . 1993. 跨世纪的回响 . 哈尔滨：黑龙江教育出版社 .

张奎良 . 1994. 马克思晚年的设想与邓小平的有中国特色社会主义理论 . 中国社会科学，(6)：15-25.

张奎良 . 1994. 试论马克思以人为本的哲学发展轨迹 . 哲学研究，(2)：32-39.

张奎良 . 2000. 时代呼唤的哲学回响 . 哈尔滨：黑龙江人民出版社 .

张奎良．2001．唯物主义的社会主义内蕴．中国社会科学，(2)：49-52，205．

张奎良．2001．马克思哲学当代价值的逻辑前提与总体定位．中国社会科学，(5)．

张奎良．2003．作为“历史之谜”的异化及其评价尺度．中国社会科学，(4)：76-78．

张奎良．2006．马恩列经典著作选读释义．哈尔滨：黑龙江人民出版社．

张奎良．2008．马克思所理解的封建制．中国社会科学内刊，(2)．

张奎良．2009．唯物主义：社会主义的思想来源与实践指引．北京：人民出版社．

张奎良．2010．马克思主义哲学中国化的基石与灵魂．北京：社会科学文献出版社．

张奎良．2010．拾遗集．哈尔滨：黑龙江大学出版社．

张奎良．2011．马克思的哲学思想及其当代意义．哈尔滨：黑龙江教育出版社．

张奎良．2011．实践人学与以人为本．郑州：河南人民出版社．

主要参考文献

张奎良．1988．张奎良集．哈尔滨：黑龙江教育出版社．

2001．社会主义的哲学视野——访张奎良教授．哲学动态，(2)．

张奎良．2005-6-20．和谐辩证法：凝聚改革开放以来的新思维．北京日报，理论专刊．

2008-11-28．他的声音震撼中国学术界——记“龙江文化建设终身成就奖”获得者张奎良教授．黑龙江日报．

张奎良．2010．拾遗集．哈尔滨：黑龙江大学出版社．

撰写者

张奎良

陈村富

陈村富（1937～），出生于福建省龙岩县。1955年考取北京大学哲学系，1960年毕业后留校做研究生，师从任华学习希腊哲学史。1964年毕业后分配至中国社会科学院哲学研究所。1976年1月起在杭州大学哲学系任教，1986年破格提为教授后，由国家教委公派赴意大利那不勒斯大学哲学系研究古代哲学和早期基督教。回国后任杭州大学哲学系系主任，负责外国哲学博士点工作，同时于1991年3月组建中国高校第一个“基督教研究中心”。2004年任教育部“985”二期哲学社会科学创新基地浙江大学基督教与跨文化研究中心主任。多年来，陈村富形成自己的学术风格：质朴无华，根基夯实，厚积薄发，自己动手，不畏风险，一杆见底。体现在学科建设和人才培养上注重研究学术发展趋势，依托多年在海外多处交往的经历，捕捉机遇，培育希腊哲学和基督教研究两支队伍，搭建面向海外的超越校界的学术平台。体现在个人的著述上：其一是延绵28年承担汪子嵩主持的《希腊哲学史》前3卷的爱利亚学派、智者运动、亚里士多德自然哲学的撰写工作，并受委托主持第4卷的具体工作和全4卷再版工作。其二是及时开拓基督教研究领域，主编不定期论丛《宗教文化》，包括个人论集《转型期的中国基督教：浙江个案研究》。修订《希腊原创文化研究》，出版专著《陌生国度里的神人相遇：宗教与社会主义和谐社会建设研究》。

一、成长经历

在闽西一个群山环抱的小山村——东肖镇龙泉村有一户父母世代文盲的农家，五个儿子分别于1947年、1955年、1958年、1961年、1965年考上同济大学、北京大学、浙江大学、北京大学、天津大学，又先后都成了教授、研究员。这一家的老二，就是我。

我1937年10月1日出生于福建省龙岩市新罗区东肖镇龙泉村（原名白土镇龙聚村）。读完初小后，跟着教师的迁徙，转到本村龙泉小学读完高小。时值1949年7月，国民党三个军溃退龙岩转至漳州，9月1日龙岩解放。经历这两个月新旧交替的村民，亲身体验了“解放区的天是明朗的天”，从此，可以不交学费就上本镇的溪兜中学（后改名东肖中学、龙岩三中）。1952年初中毕业后我到县城读高中，1955年考上北京大学哲学系。1960年本科毕业后，我在该系继续做研究生，跟随任华主攻希腊哲学。1964年7月毕业后分配中国社会科学院（当时叫哲学社会科学部）哲学研究所现代外国哲学研究室的《哲学译丛》编辑部，1976年1月因照顾家庭关系，缓解妻子独自照顾11岁和2岁的两个儿子的困难，到杭州大学任教。1986年破格提升为教授。大儿子给我定性为“农民教授”。1998年浙江大学、杭州大学等四校合并后在浙江大学哲学系任教至今。

我一辈子以书为伴，以学者身份发表哲学、宗教学论著。一辈子无大的政治挫折，无求官之心、做官之术，只会伏案耕耘。这种特殊道路、特殊风格的形成，有家庭的社会历史背景。龙岩虽属山区，却有侨乡之称，历来重视教育。镇有中学，村有小学。父亲、祖父、曾祖父世代饱受文盲之苦，祖父早年为徒，跟着东家做米粉和面条，1929年后，自己在镇上经营小店。父亲排行第二，伯叔分家后，三叔接替祖父祖业，父亲种田种菜，同时加工米粉，家庭身份也从贫农转为上中农。当年同是一个家庭的陈少微（陈明）叔与邓子恢同学，尔后一起参加革命，在家乡桐岗小学创办“奇山书社”，出版进步刊物《岩声》。北伐时任东路军政治部组织科科长。抗日时任一一五师宣传部长，山东分局党校副校长兼运南支队政委，1941年日本扫荡时牺牲在沂蒙大青山，烈士墓有谷牧写的碑文和宋任穷的题词。母舅担任赤卫队长期间牺牲，父亲两次死里逃生。我们家利用做米粉赶集的机会，连续几年为游击队采购东西，放在舂米间交接，因而家族同共产党和新中国有特殊感情。同时，由于陈少微叔的四弟做过白土小学校长，被集体登记为国民党员，代理过半年镇长，新中国成立后错划为地主和反革命。我二姐夫参加中共地下党，做地下交通员，1950年被错划为“历史反革命”（以上两人都于20世纪80年代初才平反）。堂兄为逃避国民党抓壮丁跟随堂叔赴马来西亚当学徒，表兄1947年赴台北师范学习，以后长期失去联络（20世纪80年代回乡探亲），这样在过去讲究家庭成分和社会关系的背景下，从高中到大学，我从来不属于“积极分子”，却也不是“落后分子”。虽也随大流交了入党申请书，但不属党组织考虑之列，直至80年代才有改观。“文化大革命”中不属于“红五类”，却也不是“黑五类”（地、富、反、坏、右）。在学术生涯中，“官”至教研室主任、系主任、研究中心主任，却无心、也无力在“双肩挑”上爬坡，唯有在书斋和田野里显示其“英雄”本色。小学时代就是一边劳动，一边读书。父亲每五天一轮回赶两个集，天未亮就要起来做米粉、面条，我必须跟着做杂务。初二时连续七个多月大旱，平均三天就有两个晚上睡在山边田野看水（在场者按俗规瓜分水源，人一离开，别人就可依俗规截流）。高中时多年务农的嫂嫂由大哥接往厦门大学，家中只剩两老，我就成了主要劳动力，寒暑假成天泡在稻田和菜地。不过，劳动和读书两不误。当时的县级中学图书不多，民间和图书馆的旧小说和历史书都看完了，就看外国的，最后一本是联共党史，其中第四章第二节讲的是联共的指导思想“辩证唯物主义与历史唯物主义”，一下子吸引了我，从高二起读华岗的《辩证唯物主义》，亚历山大洛夫的《辩证唯物主义》及康士坦丁洛夫的《历史唯物主义》。龙岩一中校长蓝天见状，不仅借书于我，而且带我去听当地龙岩地委、专区举办的理论讲座。从此我决定了报考北京大学哲学系，走哲学研究的道路。可是这一抉择却苦了年近 60 的父母。8 月底的一天我刚从“内牛坑”田野归来，一进门就听到父亲的哀叹声：“哪有钱供他上北京呀，叫他读厦门的大学却不干!”我知道录取通知书到了。从这一时刻起我告别了至今回味无穷的田园诗般的山区农舍生活。

我带着一个花 2.6 元买的土制的藤箱（一直用到 80 年代），一条草席，一床被子和心爱的哲学书、历史书跨进了北京大学的大门，还带来了一时改不掉的赤脚的习惯。2010 年 8 月，我们北京大学哲学系 55 级毕业 50 周年欢聚，赵修义、李醒尘、宫静、卢俊忠还活灵活现刻画我的形象：一口人们听不懂的闽西普通话，吃饭吃“特区”（北京大学为大肚皮学生专设的，交 6.2 元管饱，菜自买），捞一碗免费供应的菜汤里的菜叶，省下钱买一套马克思的《资本论》。下乡劳动，同社员比赛割稻子（指 1958 年哲学系下放大兴县种水稻的鹅房村），我第 7 名，把许多男女社员甩在后头。同前面提到的家庭社会历史背景相关，历次政治运动中，我左派不沾边，右派也数不上。毕业鉴定上写的是“反右斗争中中派立场”。1958 年年初“拨白旗”批判“白专道路”时属被批判的对象。不过当时的党团支部还是公正而客观地看待我的。1959～1960 年最后一个学年，全班集体编写 1919～1959 年的“中国现代哲学史”时，令我担任 1949～1959 年阶段副组长（党支部书记夏剑豕任组长），负责新中国成立后阶段哲学史的业务工作。当时以大跃进形式挑灯夜战，虽然形势改变，书稿未能发表，但是这一年全班同学倒是读了许多书。所收集和编纂的资料，覆盖北京图书馆、北京大学各个图书馆，至今仍有学术价值。我 1979～1984 年在杭州大学兼开马克思主义哲学史课程期间，所引用和发表的“新中国成立前我国学术界三次大论战”的资料，以及新中国成立前我国研究希腊哲学、现代哲学状况的资料都出自这一套汇编。

北京大学哲学系 55 级是最幸运的。1956～1957 年人民大学、复旦大学、武汉大学才陆续成立哲学系，而且大学从这一届开始改为五年制，1959 年无毕业生，1958 年这一届恰逢批判“白专道路”和资产阶级教育路线，全班无一例外都分配至边疆省份。相反我们55级几乎三分之二留北京。朱亮、闫韬、张宝文和我四人留校做研究生。按当时的制度，翌年春季开始计时，先在北京大学马列教研室，冯定挂名指导。不久发布“高校六十条”，实行导师制，从此师从任华研读希腊哲学，重点研究亚里士多德。任华贵州遵义人氏，是当年清华大学高才生，哈佛大学获博士学位后回国，时任西方哲学史教研室主任。很可惜“文化大革命”后期夫人仙逝，他本人双眼失明，无缘利用改革开放后的好时光展现自己的才华。他对朱德生坦言：“平生最得意的著作是当年哈佛做的博士论文”。

研究生阶段恰逢三年困难时期。不过这三年却是关门读书的好时机，没有任何政治运动的干扰。北京大学天生就是做学问的地方，一种无形的力量和氛围激发你读书、思考、讨论、著书立说。农家养成的“闲不住”的习惯，穷学生的“穷优势”，二者同北京大学的学术氛围相契合。我五年大学生活就是1957年暑假回老家一次，第二次回家就是1961年暑假。我先到杭州同6岁相识，小学、初中同窗，高中同年级的恋人邓仁菊一起回乡结婚，之后又是一年半才见面，三年才回乡。单单寒暑假加起来，就相当于多读两年书。我在杭州大学、浙江大学讲课，从来不看稿子。古今主要哲学家的年代和著作，甚至引言出处，脱口而出，靠的主要就是北京大学九年半的功力。1992年浙江省《农村家庭教育》采访我和在浙江工商大学的老四陈荣富后，该刊发表了《五个名教授，出自一农家》。“名教授”不敢当，但是有一点对现代的教育和成才之路是有启发的：一个普通农家，无任何背景，家中无法为之创造任何学习条件。起早摸黑劳动之余靠一盏煤油灯看书。我九年半没穿过毛衣，冬天就两件绒衣，两条单裤，1958年哲学系下乡劳动时补贴过一件棉衣。1957年暑假回乡的订婚照穿的裤子两大补丁赫然在目。老四1961年高考时，一边还要上山挖笋挖野菜，却以全班最高分录取北京大学哲学系。当时只有一个月42元的研究生生活费，还要兼顾年迈的父母和刚上北京大学的弟弟，1964年4月后还有刚落地的儿子。这种质朴的、不畏艰辛的、踏实苦干的习惯加上九年半北京大学传统的学术精神熏陶，再加上长期希腊哲学研究中希腊哲人“求是”、“求真”精神的影响，锻造了下面展开的希腊哲学研究和基督教文化研究中本人的特殊风格。

二、主要研究领域和学术成就

1. 希腊哲学研究

我的学术生涯大体上分两个阶段：20世纪90年代前以希腊哲学为主，兼及现代外国哲学和马克思主义哲学；1990年以后客串宗教，希腊哲学与基督教文化并举。这同我国的政治文化语境有关。研究生毕业后分配至中国科学院哲学研究所，因《哲学译丛》英文译编人员缺，先安置在《哲学译丛》。才参加编了三期，译了三篇就赶上“四清”工作队轮换。一年未满，就爆发了“文化大革命”，从此到1975年12月底赴杭州大学任教为止，将近10年处于业务停滞状态，期间全靠个人自觉偷偷看些书，思考些问题。我本人趁“文化大革命”后期空余，学习了德语，之后天天赶王府井北口北京图书馆分馆阅读尼采、叔本华的著作。1980年《中国社会科学》创刊号第五期发表的长文《唯意志论批判》就是依据这个时期积累的资料写的。1983年浙江省首届评奖时评为一等奖。在当时的一片批判声中，本文列举鲁迅、茅盾、巴金多篇文章证明尼采对进步文化的影响，指出应该肯定叔本华、尼采提出的非理性因素（意志和情感）的地位，这些至今仍未过时。1979年教育部决定包括杭州大学在内的17所高校哲学系开设马哲史并编写教材，我又同时连续5年兼顾马哲史课程教学，并参加了1979年、1980年桂林和厦门召开的两次教材大纲讨论会，并授命以会务组副组长名义筹备在杭州召开的首届马克思主义哲学史讨论会，还参加1982年洛阳召开的第二届马哲史会议，以及1983年5月在中央党校召开的纪念马克思逝世100周年学术研讨会。之后到东郊酒仙桥参加《中国大百科全书·哲学》的编写工作，承担希腊哲学部分20多个条目。从此，逐步摆脱掉马哲史的教学工作，专志于自己心爱的希腊哲学研究。

这个转向发端于1978年7月在北京朝阳区党校召开的真理标准讨论会。会上巧遇人民日报理论部工作的、北京大学时期的老师汪子嵩，谈起重操旧业的意愿。1979～1980年我同北京大学进修教师李真一起向严群学习希腊语和拉丁语，此时汪子嵩邀我一起从事多卷本《希腊哲学史》的撰写，从此近30年主要工作就是4卷本近400万字的《希腊哲学史》，至2010年8月第4卷出版为止。关于这部书，《希腊哲学史》第4卷前言、后记中有详尽记述。负责人汪子嵩传记中有统一介绍，这里仅汇报本人参与的工作。

汪子嵩在北京大学时同我导师任华同住中关园，又同在西哲史教研室，多有来往。他知道我按导师安排钻研公元前4世纪城邦制衰落时的社会历史资料，因此汪子嵩决定4卷本中凡涉及社会历史问题都由我负责，第1、2、4卷绪论由我撰稿。正因为我多年来一直阅读些西亚、埃及、希腊、罗马的史书，所以较早发现西方学者关于地中海世界研究的动态。2005年在香港召开的第3届原创文化研讨会上我就提出用地中海文化圈概念，将古代地中海世界看作一个有共同质素的整体，考察古今争论不休的“雅典与耶路撒冷何干”问题。2007年在《中国社会科学》第一期发表《地中海文化圈概念的界定及其学术意义》一文，将晚期希腊哲学著作看作“地中海文化现象”来研究。当代人研究希腊文化时，不管是研究哲学、宗教、科学、政治、历史都必须顾及地中海语境。我们20多年考察希腊文化、希腊哲学的进路和视野，对后人也许有参考价值。

在分编撰稿时，汪子嵩考虑到我学过些希腊文和拉丁文，而且撰写过《中国大百科全书·哲学》爱利亚学派几个条目，推翻了黑格尔对巴门尼德残篇“思想与实是同一”的解释，因此令我负责第1卷爱利亚学派一编，以及第2卷涉及广泛社会历史背景的“智者运动”，第3卷涉及多学科的亚里士多德自然哲学。90年代末汪子嵩已离休，师兄范明生也已退休。考虑到浙江大学有一支中青年队伍，有图书资料和经费条件，我本人尚在主持外国哲学博士点和重点研究基地的工作，因此汪子嵩和原项目所在单位负责人姚介厚、人民出版社副总编兼哲学编辑室主任田士章共同签署委托书，委任我主持第4卷的具体工作。这样第4卷由我组织王晓朝、包利民、王来法一起撰写，后因“二王”工作变动，改由包利民、章雪富同我一起承担这项任务。2010年8月20日赶在汪子嵩九十华诞时机，由人民出版社和浙江大学联合在京召开了《希腊哲学史》第4卷发布会。120位同行学者参加了发布会，20多家媒体作了报导。9月10日《人民日报》理论版整版刊登了原中国社会科学院副院长汝信、北京大学杨适、清华大学王晓朝、复旦大学黄颂杰等的评论以及《人民日报》记者对汪子嵩的访谈和我本人的关于第4卷的介绍。《文汇报》、《深圳特区报》、上海社科院的《社会科学报》都用整版发了评论。本人提交发布会的《黄昏时起飞的猫头鹰：晚期希腊哲学》和《希腊哲学求是求真精神的践行者汪子嵩先生》分别介绍了第4卷及汪子嵩作为项目主持人的学术风范。我在发布会上提到，根据我和同事的查阅，作为多卷本希腊哲学的断代史，只有19世纪末20世纪初德国的爱德华·蔡勒（Edward Zeller）写完全过程，共三大卷七册。由于希腊哲学的重要地位，后来有几人想写完多卷本希哲史，但都未如愿以偿。例如英国剑桥大学的格思里（W. K. C. Guthrie）写到亚里士多德时就谢世了，由女儿代笔完成亚里士多德这一卷。阿姆斯庄（Amstrong）在《晚期希腊和中世纪早期哲学》序中说：本来，这部书是想继格思里完成晚期希腊部分，但是撰写过程中各写各的，最后只能作为独立著作问世。我们中国学者总算写完全过程，这并不是说，我们的水平有多高，我们同西方学者仍有很大的差距，谈不上什么国际水平大作，而是说明一个历史事实，发人深省。我们确是第二家跑到终点。也许第一、第二个到达终点者之间有相当大差距，但无法否认这个事实。它说明，中国学者有可能合作做几件大事。作为一个世界大国和文明古国，在全球化时代走向世界时，在国际哲学界交流中我们不仅要提供关于中国文化、中国哲学的研究成果，而且要提交关于世界文化研究的成果。对哲学而言，则要以中国文化为参照系，以汉字为载体解读和诠释影响世界文明的古代各种形态哲学。因为哲学同具体科学不同，这种诠释和解读本身就是一种跨文化研究的创造。例如印欧语系的 Being 哲学范畴与古汉语的“有”“无”范畴，老庄之“道”与希腊的“逻格斯”（logos）。从这一层面上说，以中西两种文化和文字为背景的学者只要占有资料，论述有据，方法对路，可以拿出独到的成果。而且通过这种大部头的著作可以彰显 20 世纪初以来我国学术界的学术情怀。汪子嵩带领的一个“团队”，先后 30 年如一日，一以贯之，这是不容易的。如今，受汪子嵩的委托，本人在人民出版社鼎力支持下，正在做附有英文目录和术语索引的更加规范化的第二版工作，已于 2014 年 1 月出版。我们先后 30 年积累了一大批资料，带出了一支队伍，心目中也思考过许多当初撰稿时未深思或未触及的课题。因此与再版《希腊哲学史》同时，修改和出版从另一个视角研究希腊的著作《希腊原创文化研究》，撰写些推进希腊哲学研究纵深发展的专题性论文，对“希腊哲学的终结与启示”（见《希腊哲学史》第 4 卷“小结”）中提出的若干问题作详尽的论述，出版《新版〈希腊哲学史〉补正》。

2. 客串基督教研究

1986 年 10 月在武夷山讨论《希腊哲学史》第 2 卷的大纲时，我们充满信心，认为按照当时的条件、进度和团契精神，有可能完成 4 卷希腊哲学史。同时我们也就预感到未来的挑战：亚里士多德为止的前 3 卷，无论是前期成果和资料，都有一定的基础。可是第 4 卷要面对的是晚期希腊哲学和早期基督教，对此我们都心中无数。晚期希腊哲学历来是学术界研究的薄弱环节，国内更缺乏起码的资料条件。至于基督教，自从 1952 年高校院系调整，撤销 1949 年前的新教 13 所教会大学和天主教系统的大学后，国内大学不设宗教系。1982 年才有中国社会科学院世界宗教研究所和北京大学哲学系合作，按教育部安排开办的一个宗教专业，旨在培养宗教管理干部，每年招收 10 名（1985 年后改为隔年招一届）。显然，我们必须依靠自己及早准备。由于第 2 卷我所承担的“智者运动”，国内资料奇缺，海外学者多人引用的著作是意大利文 Untersteiner 的四卷本《智者的资料汇编、翻译与注释》，所以我于 1987 年 9 月至 1988 年年初赴北京语言学院意大利语强化班学习意大利语，1988 年 12 月至 1989 年 12 月整整一年在意大利那不勒斯大学哲学系收集和研究希腊哲学和“两希文化”（希腊与希伯来）的文献。《希腊哲学史》第 2 卷中多处引用的资料，就出自 Untersteiner 的这一套汇编和注释。借助中国社会科学院世界宗教研究所吕大吉的帮忙，我同“意中经济文化交流协会”会长科隆博（Columbo）及顾问

Lazzarotto（中文名梁作禄）联络，争取文化交流协会渠道提供的哲学与宗教的人力物力资源。经过1990年一年时间的筹备，1991年3月由杭州大学发文正式挂牌成立杭州大学基督教研究中心。宗教界公认这是全国最早成立的高校系统的专门研究机构。在20世纪90年代初的国内外形势下，这是极其不易的。按邓小平南方谈话之前教育行政系统的不成文规定，高校不许成立宗教系、宗教专业或研究机构，人文社科类只许赴海外短期交流、进修，不得赴海外攻读学位。时任杭州大学校长的沈善洪是位有胆识、有作为的校长，他果断决策发文批准成立一批自筹经费的、民办性质的、行政编制外的研究机构，既调动了全校文理各学科一大批教师自主创新和海外开拓的积极性，又不违反当时的行政法规，又顺应了南方谈话之后新的形势。其他高校的基督教研究机构或宗教文化研究机构都是1994年后陆续成立的。我们多争取到3年时间，这很重要。1991年暑假，中国社会科学院哲学研究所研究员傅乐安，陪同香港学者陈剑光一行来杭。陈剑光连续两年组织华人学者来杭州大学系统讲授宗教学、神学、宗教典籍及宗教各学科，同时募集各学科大批文献和著作。因为当时在国内尚无法找到宗教类的原典和资料。依托杭州大学外国哲学博士点招收的博士生和硕士生，依托意中协会和华人学者的讲学和资源，至1992年10月1日，意中协会会长科隆博一行7人来杭参观基督教研究中心时已具相当规模。这样从20世纪90年代起，我也就走上了希腊哲学和宗教研究“两头使劲”的“不归路”。从某种意义上说，它反映了我国宗教学研究发展的特殊道路。由于新中国成立后无专门的宗教专业，其队伍大都出自高校哲学系、历史系和中文系。其弱点是缺乏宗教体验，宗教典籍和神学基础薄弱；其优势是知识面广，视野开阔，无信仰背景约束，能发表独到见解，形成“教界”（指教会人士）、“政界”（指宗教管理部门）之外独立的“学界”（学术界）。浙江大学的宗教研究也走过了大致相同的经历。在这个过程中，本人学术方面的工作可概括如下：

（1）担任杭州大学和1998年四校合并后的浙江大学基督教研究中心主任。2004年被评为“985”二期教育部哲学社会科学创新基地后任基地首席专家。基督教研究是个政策性强的敏感领域，将近20年本人和机构从未发生过违反政策的事，这是很费心思的。不仅如此，在国际学术交流中坚持了自己的原则立场，回应了一些错误言行。

（2）主编研究机构的不定期论集《宗教与文化》。继1994年在吉林人民出版社出版试刊集后，1995年、1997年、1998年、2001年、2005年、2009年由东方出版社出版了6辑。20世纪90年代初全国仅有中国社会科学院世界宗教研究所创办的《世界宗教研究》杂志。定期杂志有严格的限制，因此我们以论丛形式出版不定期的论辑，发表本机构成员及海内外同行学者的研究成果和调研报告，同时介绍海内外学术动态和研究机构。90 年代我们连续出版了 5 辑，反映了高校合并风之前杭州大学时期自主创新的开拓能力。之后几年成立的中国人民大学、复旦大学、山东大学等的宗教研究机构也都以这种论丛形式发表研究成果。

考虑到基督教与中国的关系，尤其是同当代中国的关系是海外学者关注的重点，同时也是我国学者以宗教研究成果服务于我国宗教研究和宗教管理的重要领域，因此除了因海内外学术会议和合作项目所提交的宗教理论和基督教史研究论文外，本人多年来以社会调查和基层考察为重点，研究宗教领域的现实问题。下列几项是海内外宗教学术界认同的：

在 1995 年冬，香港《时代论坛》发动关于“文化基督徒”的大辩论之前，我们于同年的 8 月份就完成了同加拿大唯真学院许志伟合作的“文化基督徒”研究项目，提交了关于“文化基督徒”的研究报告。该报告区分了“文化基督徒”（简称 CC）与“大陆从事基督教研究学者”（SMSC）两个不同的概念，论述了 SMSC 形成的社会背景、历史地位、发展趋势及其与 CC 的关系；反对海内外用文化基督徒指称大陆从事宗教研究的学者。

最早觉察到社会主义市场经济体制对于中国各宗教的影响，着手研究世俗化、现代化对中国各宗教的挑战。1995 年我们设计的课题“市场经济条件下当代中国各宗教的走向”，获得亚洲基督教高等教育联合董事会的立项资助，选择浙江经济发达地区做系统的研究，发表了调研论文。之后，选择典型地区发放问卷，进行量化分析。

在 1995 年研究课题的基础上，我发现在中国的基督新教和天主教中正在形成一个新的教徒群体，且命名为“老板基督徒”。之后，提出一个见解：中国的基督新教和天主教正在形成三个新的群体，即以私有经济为基础的、有经济实力的“老板基督徒”，以大学生、研究生、大学教师、医生、艺术家等为主的“知识精英基督徒”，以及教会内正在崛起的年轻的神职人员，这三个群体将影响未来基督教的面貌。

海外一些教会人士和学者历来对中国农村的教会和教徒寄予厚望，甚至认为农村教会是中国的主流教会，代表中国基督教的发展方向，中国可能出现基督教式的农村包围城市。我的研究恰恰相反，认为农村教会、农民教徒虽然目前在数量上占绝对多数，但是面对现代化市场经济和农村城市化的倾向，农村教会和农民教徒必然受制于城市，农村教会将面临新的挑战，农民教徒在世俗生活、宗教生活、价值取向、思想观念与神学观念方面发生了新的变化。在教会内起引导作用的不是农村教会和教徒，而是上面提到的三个新兴教会群体。

承担教育部2008年招标的重大项目“宗教与社会主义和谐社会建设研究”，独自撰写结题专著《陌生国度里的神人相遇：宗教与社会主义和谐社会建设研究》。本书在序言中对专著的主题和宗旨作了如下说明：“本书以‘神’代表现代中国境内各宗教，以‘人’代表俗世之个人与群体（家庭、社区、村落或国家），以现代哲学的‘自我’与‘他者’或“彼”与“此”表征二者在社会主义中国这一陌生国度里的关系。诚然，远古社会宗教产生之日起就存在二者的关系问题。历经几千年的‘相识’过程，应该说宗教同以往的社会总的说找到了一条彼此相适应的道路。但是，对于以马克思主义为指导的，提倡无神论的，以共产主义为最终奋斗目标的中国特色社会主义而言，应该说是一个‘陌生的国度’。在这个陌生国度里，二者的相识不过62年（1949～2011），必然要经历一个认知科学及传播学所揭示的，复杂的、曲折的过程”。本书共六章。第一章“以史为鉴”，提供读者一个广阔的时空视野和进入陌生国度前的“戒示”，犹如跨入德尔斐神庙前的提示“认识你自己”：这是一个新的国度，新的课题，不可忘自为大。第二章“陌生者相遇的‘指路神’：本课题的支撑性理论”，分别论述体现在全书各章节中的几个基本理论。第三章“质疑与解惑：直面理论难点”，以一位初涉世的学者的立场探讨宗教界和海外学者提出的难点问题。第四章和第五章具体探讨在经济、政治、文化、社会‘四大建设’中的宗教与社会的问题，以及现代社会处境下宗教的心理调适和精神治疗的功能，宗教在当今世界局势和国际关系中的正面、负面功能。第六章是妥善处理若干历史问题和敏感问题（不公开发表）。由于宗教研究类图书出版的审查程序，本书的正式出版尚需若干时间。

2009年《浙江大学报》记者来访，我以希腊文化中Sophia（智慧）与Chairos（机遇女神）的隐喻谈了求智与事业之道：作为一名西方哲学、西方文化的学者，应有古希腊哲人的“求实”、“求真”精神，如同柏拉图《会钦篇》所描绘的对知识的“热恋”（philos）、“迷狂”（mania）。泰勒士观天象，掉进粪坑，满不在乎；德谟克里特变卖家产赴西亚、埃及留学；苏格拉底站在屋檐下、军营的操场上思索一整夜；亚里士多德面临求真与尊师矛盾的抉择时，坦诚述怀，吾爱吾师，吾更爱真理。但是，我不赞成，也不欣赏将“求智”、“求真”与“求善”的公共生活、私人生活对立起来。似乎因“求真”就要咒骂自己的民族和国家，就与社会群体格格不入，连家庭也弄得鸡飞蛋打。特别是在当代社会，一个学科，一个机构，仅靠一个人，哪怕再能干也成不了气候，因此必须要有善于经营的本领。为此就要善于抓住机遇，创造良好的学术环境和私人生活空间。古希腊的机遇女神Chairos（凯罗斯），后脑勺是光秃秃的，前额一串毛，必须有超前的眼力，果断敏捷的行动才抓得住，抓得牢。本人业绩平平，但里里外外、方方面面非常圆满。学术上除了希腊哲学、宗教文化，在现代哲学、马克思主义哲学、原创文化研究、地中海世界研究方面都有成果。国外的 SSCI、国内的各大刊物都发过两篇以上，拿过浙江省政府人文学科一等奖 3 项，二等奖 4 项（除 1 项外，均为个人独著）。就学科建设来说，希腊哲学和基督教文化研究，两支队伍都是由我挑头，领导支持，众人齐心协力搞起来。就处理个人与国家、个人与公共生活的关系而言，本人曾赴美国、加拿大、欧洲七国、日本等，以及港澳台地区，参加过多次学术会议，开设学术讲座，将近 25 年，从不做有侮国格、人格的事。在校内和机构内勤于耕耘，从不在别人成果上署上自己的名字，还鼓励大家到海外扩展，并为之创造条件。在私人生活空间，老两口“青梅竹马”，白头偕老。大儿子、儿媳北京大学哲学系毕业，如今一家在美国。小儿子、儿媳在杭州事业有成。孙子、孙女活泼可爱。家内营造的“人伦之乐”，确保一家子专心于各自的事业。可以说，从一个侧面反映我们这一代的学术生涯与生活面貌。用哲学的语言说，一般存在于个别之中，通过个别而存在。若问：你的学术生涯的体验是什么？答曰：哲人一生以“求是”、“求真”为上，但要善于生活，快活过日子。

三、陈村富主要论著

汪子嵩，范明生，陈村富，姚介厚 . 1987. 希腊哲学史（第 1 卷）. 北京：人民出版社 .

陈村富，庞学铨，王晓朝等 . 1989. 古希腊名著精要 . 杭州：浙江人民出版社 .

汪子嵩，范明生，陈村富，姚介厚 . 1993. 希腊哲学史（第 2 卷）. 北京：人民出版社 .

陈村富 . 1993. 宗教与文化论丛（试刊辑）. 长春：吉林人民出版社 .

陈村富 . 1995. 宗教与文化论丛（1-6 辑）. 北京：东方出版社 .（分别在 1995 年、1997 年、1998 年、2001 年、2005 年、2009 年出版）

汪子嵩，范明生，陈村富，姚介厚 . 2003. 希腊哲学史（第 3 卷）. 北京：人民出版社 .

陈村富 . 2005. 转型期的中国基督教：浙江基督教个案研究 . 北京：东方出版社 .

汪子嵩，陈村富，包利民，章雪富 . 2010. 希腊哲学史（第 4 卷）. 北京：人民出版社 .

陈村富 . 2012. 陌生国度里的神人相遇：宗教与社会主义和谐社会建设研究（内部资料）

陈村富 . 2014. 希腊原创文化研究 . 北京：人民出版社 .

撰写者

陈村富

金吾伦

金吾伦（1937～），浙江萧山人。1964年毕业于中国科学技术大学，同年考入中国科学院哲学研究所自然辩证法专业研究员，师从于于光远、龚育之。1990年起任中国社会科学院哲学研究所研究员、博士生导师。1989～1990年，以高级访问学者身份赴美国波士顿大学、哈佛大学从事科学哲学研究。主要研究方向为科学哲学、科学技术与社会。先后出版有《生成哲学》、《物质可分性新论》、《科学变革论》等著作。参与国家中长期科技发展规划的研究制定工作，主要负责中国科技体制改革和国家创新体制建设研究。

一、成长经历

金吾伦，1937年11月出生于浙江萧山。1949年新中国成立后在工作组领导下参加儿童团，任团长。1950年进萧山县河上区中心小学读书，其间参加少年先锋队，曾任中国少年先锋队大队长兼大队旗手。1953年进杭州第二初级中学，参加青年团，任学校团总支委员，连年被评为三好学生；1956年初中毕业后被保送进浙江杭州一中读高中，其间任学校团委委员兼班团支部书记，参加过杭州市团代大会，被选为主席团成员；1959年毕业，同年考入中国科学技术大学近代化学系（校址：北京玉泉路）。1960年加入中国共产党，曾任学校团委委员、系团总支副书记。1962年7月5日在《中国青年报》头版发表过与人合作记述我国物理学家钱三强谈科学研究心得的文章，题为《应有所为而有所不为》。其基本思想是要学有专长，而不要求门门功课都得100分。此文在当时的青年学生中颇有影响。

1964年，我从中国科学技术大学毕业，考取当时的中国科学院哲学研究所于光远、龚育之的研究生，从事自然辩证法（科技哲学）研究。1964年年底到1965年年初，曾赴湖北襄阳参加“四清”运动半年。这年夏天，于光远要求我留在北京，协助他组织科学家戴文赛、张文佑、贝时章、沈炯、陈世骧、沈其震、吴汝康等编写《天文史》、《地球史》、《生物史》、《人类史》、《医学史》等工作，并邀请这些科学家在大连召开讨论会，其目的在于论证毛泽东当时提出的人类认识是从必然王国向自由王国进化。会前，我按照于光远的要求访问过许多中国著名科学家，包括物理学家严济慈、化学史家张子高、化工冶金学家叶渚沛、有机化学家傅鹰、时任中国医学科学院的副院长沈其震等。我多次访问严济慈后，写成《严济慈与居里一家的友谊》，发表于《中国科技资料》（梁成瑞编）。1965 年在整理技术史基础上写了《当时代的技术标准是什么》一文发表于 1965 年《自然辩证法研究通讯》杂志上。

“文化大革命”后，1976 年我回中国社会科学院哲学研究所继续从事自然辩证法（科技哲学）研究，有一段时期还负责过《自然科学哲学》杂志的编辑工作。

1987 年，我被邀赴莫斯科参加第八届国际科学哲学、逻辑和方法论会，在会上做了关于科学理论评价的发言。

1989 年我赴美国作高级访问学者，先后在波士顿大学、哈佛大学一年，期间与科学哲学家托马斯·库恩有一段交往，我在他的名著《科学革命的结构》一书中译本后记中有所提及。在美期间，还写有论文《现代化的主导意识与全球整体意识——关于中国现代化趋向的思考》，发表于台湾《当代》杂志。1990 年 6 月回国后任中国社会科学院跨学科研究组负责人，除组织院内专家研究讨论外，同时与中国科学院进行交流。我负责组织社科院的学者参加中国科学院于 1991 年召开的第一届复杂性科学讨论会，我在会上发表的论文刊于这次会议的文集中。1992 年开始从事信息高速公路研究，先后与时任中国社会科学院副院长刘吉一起赴日本、美国、英国、德国考察，回国后写过文章及著作；1996 年起，参与国家科技部知识经济与国家创新体系研究，期间赴德国、英国作过考察，会见过创新经济学家弗里曼等人，并与几位作者合作出版过有关知识经济的著作《知识经济：理论分析与国际比较》。2003～2004 年，参加国家中长期科技发展规划第 2 专题组：中国科技体制改革与国家创新体系建设（时任国家外国专家局局长马俊如任组长）。我个人在数年内，主持完成国家科技部、中国科学院、中国社会科学院等多项课题。2003 年兼任首都师范大学北京创新研究院副院长，从事创新研究，出版过著作和文章。著作有《信息高速公路通向新社会》、《物质可分性新论》、《生成哲学》和《创新的哲学探索》等。

二、主要研究领域和学术成就

自 80 年代开始，理论界开展了关于真理标准的讨论，人们开始解放思想，认真思考一些重大理论问题——社会变革呼唤哲学思考，哲学思考推动社会变革。在这样的背景下，经过几年的思考，我于 1986 年 10 月 6 日在《光明日报》发表了《对“物质无限可分论”的再认识》，根据自然科学的新进展（如夸克禁闭、量子力学的新进展、宇宙学、系统论、耗散结构理论等)，对“物质无限可分论”作出了深入的反思和批驳。我在文中，强调了“物质无限可分论”是一种机械论的还原论，是与科学发展的实践相背离的形而上学思辨，用它来指导社会实践是危险的，而且缺乏自然科学的根据。我在对“物质无限可分论”进行批判的同时，还意识到，只停留在对它的批判还不够，还必须提出了一个与其全然不同的，而又与当代科学发展相适应的新物质结构观。这是我经过认真学习、研究与思考，逐渐形成的一个新的物质结构观，我以《新物质结构观的诞生》为题的学术论文，发表在1986年1月的《天津社会科学》。该文以自然科学材料与理论为根据，指明了物质结构研究的新成果和新特征。从β射线是电子流，但这些从原子核中出来的电子与原子中实存的电子并不相同，它们不是原先就存在原子核中，而是在变化中生成的，它们并不是像核外电子那样原先就独立存在于原子中的，β蜕变放出的电子流，是从核中放射出来的，原先并不像核外电子与原子核相分离地构成，而是在原子核衰变过程中生成的。再例如，光子生成电子—与正电子对，恰如一个苹果变成两个西瓜，不是两个西瓜构成一个苹果，而是苹果在变化中生成了西瓜(这是因为能量转变成了物质)。

从哲学(而不从政治)的角度来说，我认为毛泽东所强调的“物质无限可分论”观点实质上是一种“构成论”观点(它必然是“还原论”的)，而概括β蜕变和光子生成电子对等新现象的理论观点则是与“构成论”观点完全不同，我将其命名为“生成论”(它是不可还原的)。实际上，只有构成论才可以不断地分割，而生成论表明，最初的物质是从无中生成的，甚至宇宙本身也是生成的。在它生成之前是没有关于是否可分的问题，更谈不上无限可分。总之，构成论是有局限的，必须以生成论替而代之。这就是我提出生成论理论的出发点和创新点。

在此基础上，我写成了一本书《物质可分性新论》，于1988年由中国社会科学出版社出版。这本书出版后，立即得到季羡林的支持与赞赏。季羡林于1990年12月4日在给我的来信中说：“你的观点：物质不是无限可分的，我认为是真理，我最近写了一篇短文《再谈东方文化》想引用你的一些话，希望得到你的允许。”季羡林信中提到的《再谈东方文化》一文发表在《群言》杂志1991年第5期上。现将季羡林文中提到有关我观点的内容转录如下：

“……那么，为什么我又很自信地认为，到了21世纪，西方文化就将让位于东方文化呢？我是从一种比较流行的、基本上为大家接受的看法出发的：东方的思维方式，东方文化的特点是综合，西方的思维方式，西方文化的特点是分析。从总体上来看，我认为这个看法是实事求是的。在西方，从伽利略以来的400年中，西方自然科学走的是一条分析的道路。越分越细，现在已经分析到层子(夸克)；有人认为，分析还没有到底，还能够分析下去的。

在这里，自然科学界和哲学界发生了一场争论：物质真是无限可分吗？赞成这个观点的人占绝大多数，他们相信庄子的话：'一尺之捶，日取其半，万世不竭。'如果真是这样的话，西方的分析方法，西方的思维方式，西方的文化就能永远存在下去，越分析越琐细，西方文化的光芒也就越辉煌，以至无穷。三十年河东，三十年河西，这一条人类历文发展启示的规律，就要被扬弃。反对这种物质无限可分性观点的人，只占极少数。金吾伦同志的新著《物质可分性新论》，可以作为代表。我自己是赞成这个看法的。最近金吾伦同志给我写了一封信，我现在就借用信中的一段话，这样的意见我自己写不出来：

'我认为，"物质无限可分论"，无论在哲学上还是科学上都缺乏根据。在哲学上不能用归纳法支持一个关于无限的命题，休谟对归纳法的批判是深刻的。

在科学上：(1) 夸克禁闭，即使夸克再可分，也不能证明物质粒子无限可分；(2) 宇宙学研究表明宇宙有起源，我们无法追溯到起源以前的东西；(3) 量子力学新进展否定了层层往下追索的隐变量理论。无限可分论玩的是一种"套层玩偶"。

分析方法曾对科学和哲学的繁荣做过极大的贡献，但决不能无限夸大，而且正日益显示它的局限。当代物理学和自然科学的新进展表明，宇宙是一个不可分割的整体，而无限分割的方法与整体论是相悖的。无限可分论是机械论的一种表现。'

金吾伦同志这一段话，言简意赅，用不着我加以解释了。"

《物质可分性新论》发表以后又引起了一场争论，受到了一些学者的批判与挑战。而我则力图进一步发展《物质可分性新论》中提出的观点，将构成论与生成论相对立的观点展开，充分揭示以机械论、还原论为特征的构成论（它是物质无限可分性的前提与基础）的局限性，通过运用复杂性科学研究的成果有力地论证了生成论的合理性与科学性，并在此基础上写成了新书《生成哲学》。按照生成哲学的观点，物质是生成的，生成之前是无，无当然谈不上可分与不可分的问题。于是物质无限可分的观点自然难以成立了。事实上，科学研究已经证明了整体宇宙本身就是从大爆炸开始的，它是从无到有生成的。

《生成哲学》立足于两个基本点：一是当代科学的成就，二是中国易学哲学。易学是中国的经典，是变易之学，是讲生成变化的。此书中阐述了不少重要观点，如生子、协同生成子、整体论与新物理学，整体论与中国传统哲学等。董光璧为此书写的序中说："当代世界正处于从经济社会向智力社会过渡的划时代的转折时期，世界科学处在从现代科学向后现代科学过渡的历史性转变关头，中国现代科学事业也正从'创业'问题向'创新'过渡的时代。这是一个充满着机遇和挑战的时代，为一切勇于应战者提供了后来居上的机会，中国未来的希望有赖于所有人的科学创造性的发挥。哲学思想的大样可以把知识的眼光转换为创造的智慧。历史上启蒙哲学之与法国科学和辩证法之与德国科学不失为范例，我们期待金教授的生成哲学有助于中国的复兴。”

生成论思想的提出，《生成哲学》一书的出版，在国内得到了学术界人士的支持。其中包括中山大学的物理学教授关洪的支持。他在《从现代物理学看生成论》一文中指出：“光子是在光同物质相互作用同时生成的。光子概念认识的历史，就是一部从构成论转变到生成论的历史。”他同时强调，“粒子也是生成的。”“粒子只是分别通过场的激发或者消干效应而生成的……于是，我们得到的结论就是：现代的物理学已经大踏步地从构成论转向生成论。”

南京大学哲学家李署华、北京师范大学刘孝廷和田松、中国科技情报所的张超中等都发表了以“从构成论走向生成论”为主题的文章。“生成论”一词正在被学术界日益广泛的接受和使用。

非常荣幸的是，生成论思想在国际学术界也开始提出和阐述，例如，美国圣塔菲复杂性研究中心的科学家约翰·霍兰（John Holland）在他1998年出版的*Emergence-From Chaos To Order*一书中讨论到自组织（Self-organization）和突现（Emergence）过程时提出了“受约束生成过程”的概念，强调了生成过程就是突现过程。很显然我的生成论观点与霍兰的观点是一致的。他是从复杂性科学研究中提出的，而我是从哲学思考探询研究中提出和阐发的。由此，霍兰的工作又引导我近年来对复杂性科学进行研究，已发表了10余篇论文。我把复杂性研究与生成论研究结合起来。复杂性科学研究自组织与突现，而我认为自组织与突现正是一种生成过程。混沌和有序的结合处叫混序，而自组织形成混序组织，是一种新型组织。在这样的组织中，非常有利于创新。我支持华南师范大学几位年轻学子翻译美国作家迪伊·霍克的《混序》一书，此书由我校勘，已经出版发行。生成论已经越来越得到人们的广泛重视，而且有人已经引入创新与创新系统的研究中。

1997年开始，我参加了当时国家科技领导小组办公室组织的“知识经济与国家创新系统”的研究，这个研究后来也有了一些成果，并且在中国社会科学出版社出版了相关专著。在创新研究中，我最满意的有两个内容：一是在《知识管理》一书提出了一种创新文化模式，二是发表于《学术研究》2006年第6期的文章《创新文化：意义与中国特色》。在创新文化模式中我提出了“以人为本”的三种模式。即人型模式、从型模式与众型模式。人形模式强调个人价值，发挥个人积极性，体现个人意志实现创造性；众型模式强调发挥群体智慧和积极性，群体创造知识，实现创新；而从型模式是“个体价值失落，群体价值意识浅薄”，造成创新动力不足，创新能力低下。中国目前还处于从型模式中，走出从型模式，吸收人型模式与众型模式的优势，应成为中国创新文化发展的一个努力方向。在这篇论文中，我论述了创新文化的内涵、意义以及体现中国特色的关键内容。我在创新文化方面的研究至今还在与中国科学院的专家合作，继续进行中。

三、金吾伦主要论著

(美) 卡尔·萨根 . 1986. 布鲁卡的脑 . 金吾伦等译 . 北京：生活·读书·新知三联书店 .

金吾伦 . 1987. 自然观与科学观 . 北京：知识出版社 .

贝弗里奇 . 1987. 发现的种子 . 金吾伦，李亚东译 . 北京：科学出版社 .

金吾伦 . 1988. 物质可分性新论 . 北京：中国社会科学出版社 .

金吾伦 . 1990. 科学变革论 . 北京：科学出版社 .

金吾伦 . 1991. 托马斯·库恩 . 香港：三联书店（香港）有限公司 .

金吾伦 . 1993. 科学发现的哲学 . 台北：水牛出版社 .

金吾伦 . 1997. 跨学科研究引论 . 北京：中央编译出版社 .

吴大猷 . 1997. 物理学的历史和哲学 . 金吾伦，胡新和译 . 北京：中国大百科全书出版社 .

金吾伦 . 1998. 塑造未来：信息高速公路通向新社会 . 武汉：武汉出版社 .

金吾伦 . 1999. 吴大猷文录 . 杭州：浙江文艺出版社 .

(美) 克罗宁 . 1999. 网络谋略：来自商业新前沿的报告 . 金吾伦，刘钢译 . 海口：海南出版社 .

金吾伦 . 2000. 生成哲学 . 保定：河北大学出版社 .

金吾伦 . 2001. 当代西方创新理论新词典 . 长春：吉林人民出版社 .

(美) 迈克尔·海姆 . 2001. 从界面到网络空间：虚拟实在的形而上学 . 金吾伦，刘钢译 . 上海：上海科教出版社 .

(美) T. 库恩 . 2003. 科学革命的结构 . 金吾伦，胡新和译 . 北京：北京大学出版社 .

(英) 蔡汀·沙达 . 2005. 库恩与科学战 . 金吾伦译 . 北京：北京大学出版社 .

金吾伦 . 2006. 科学哲学探询 . 北京：生活·读书·新知三联书店 .

金吾伦 . 2010. 创新的哲学探索 . 上海：上海东方出版中心 .

撰写者

金吾伦

蒙培元

蒙培元（1938～），甘肃庄浪人。哲学家、中国哲学史家。长期任职于中国社会科学院哲学研究所，任研究员、博士生导师。曾任中国社会科学院哲学研究所中国哲学教研室主任，中国哲学史学会副会长，《中国哲学史》杂志主编、顾问。美国哥伦比亚大学、哈佛大学、中国台湾“中央研究院”文哲所访问教授，香港中文大学客座教授。长期从事中国哲学史、中国哲学理论研究。出版专著10余部，发表论文200余篇。代表作有《理学的演变》、《理学范畴系统》、《中国哲学主体思维》、《中国心性论》、《心灵超越与境界》、《情感与理性》、《人与自然——中国哲学生态观》与《朱熹哲学十论》等。其中，《理学范畴系统》、《中国心性论》、《中国哲学主体思维》等专著均被译为韩文在韩国出版。蒙培元立足于中国哲学所特有的问题意识，力图突破中国哲学学科成立以来，以西释中的解释范式，在中西会通的视界中，彰显中国哲学的固有精神实质，对于儒家情感哲学、生态哲学有独到而深入的思想发掘。

一、成长经历

蒙培元于1938年2月9日生于甘肃庄浪的一个农村家庭，兄弟姐妹五人，他排行老三。上有两位兄长，下有一弟一妹。祖父是清朝末年的贡生，在县里设塾讲学，民国初年，曾任庄浪县女子学校第一任校长。父亲是一位读书人，毕业于兰州优级师范学校，曾在县中学里教国文课。母亲是出身于有一定文化背景的家庭妇女。父亲为人耿介，因得罪了当权者而丢了中学的教职，到附近乡村的一所私塾里教书。他8岁开始随父亲到私塾里去念书，但诵读的不是《三字经》、《百家姓》等蒙学之书，也不是“四书五经”之类的儒家经典，而是一些古典文学和历史书，在不知不觉中产生了对古书的兴趣，开始翻阅家里留存的一些线装书，隐约中希望做一个有学问的人。

蒙培元进入小学是直接从四年级读起的，在所有的课程中他最喜欢近于游戏的数学。进入初中，语文、历史、地理之类的课程使他获取不少人文方面的知识。高中时，教育体制和要求明显地发生了变化，理科成为主课，占了优势，而文科成为副课。在这种情况下，他也以理科为主攻方向，高考时也选择了理科，1957年被北京大学录取。1958年，由于色弱的原因，不适合学习地质学，转至哲学系。

他是带着对北京大学、对蔡元培的憧憬进入北京大学，入学之始，迎来了“反右”、“大跃进”一个接一个的政治运动，哲学系所受到的冲击也最大。到了“三年困难时期”，倒是能坐下来读些书了，但是，课堂上讲授的，是唯物主义与唯心主义的斗争。郑昕、冯友兰等知名教授的课，凡是能选的课，他都尝试选听。郑昕在课堂上要么是在讲康德之前，先对康德进行批判，要么就是痛哭流涕地自我批判。就是冯友兰撰写的《中国哲学史新编》（正式出版后改名《新编试稿》），也要表明是在“脱胎换骨”之后写成的。这就是说，无论西方哲学还是中国哲学，都只能在“唯物主义与唯心主义斗争”这一公式下讲授与写作。

在这样有限的读书学习过程中，蒙培元对哲学有了一点粗浅的了解。对西方哲学史，产生了兴趣，觉得里边不仅有思辨的理论知识，还有很强的逻辑推论的方法。中国哲学则让他感觉更亲切、更有情趣，这与从小受传统文化的熏陶有关系。而最终选择了中国哲学史作为主攻方向，冯友兰的影响是很大的。1963年本科毕业，他选择报考冯友兰的研究生，被录取。

冯友兰教育学生，学习期间就是如何“打基础”、“练基本功”，以及如何“扫清拦路虎”，学好外语和古汉语。并列出一个读书计划，从古到今一长串读书目录。冯友兰强调，在读古书时，首先不是批判，而是读懂，要站在古人的立场，“优游涵泳”理解古人的意思，理解之后再批判，这实际上就是“同情的理解”。同时强调要随时了解学术动态，了解学术研究的状况及其进展，全面了解别人的研究成果，做到“心中有数”。于是，蒙培元进入了研究生三年“打基础”的学习生活，比较系统地读了一些书。

1966年毕业，“文化大革命”开始，未予分配，蒙培元在思想上也陷入了完全的迷茫。1968，他被分配到天津教中学，被工宣队称为“修正主义苗子”，一面教书，一面接收改造。但他始终不愿意放弃所热爱的专业，决心重新回到中国哲学、文化的精神世界，白天给学生上课，晚上就一本书一本书地从头读起，书不够，就到市图书馆去借。他就这样一直坚持了整整10年，从未间断，并从中找到了乐趣，也为日后从事学术研究真正打下来坚实的基础。他于远离学术的地方，如一叶孤舟，在风雨中飘摇。在那个中国文化受到全面摧残的时代，他依然对其心存敬意，情有独钟，并且相信，中国哲学、文化不可能被彻底打倒。

这时候，蒙培元已在北京成家，直至1979年后，方得以由津返京。起初在北京大学出版社工作，第二年（1980年），转至中国社会科学院哲学研究所，得以专心从事学术研究。此时，中国迎来了改革开放，所谓开放，不仅仅是经济上的开放，首先是观念的开放、思想的解放，这对搞研究的人来说，尤其重要。随着学术交流的进一步开展，港台和海外新儒家的著作在大陆也能够看到了，蒙培元用极大热情读了他们的著作，开拓了研究视野。

在不断扩展研究视野的这样一个过程中，蒙培元逐渐形成了一个想法，就是既要了解西方哲学，又不能依傍西方哲学；既要相互比较，又不能相互比附；既要相互吸收，又不能相互替代。哲学中既有普遍性的问题，又有特殊性的问题。所谓普遍性的问题，是在不同民族、不同文化的特殊境遇中形成的，是有不同的提问方式和解决方法的，是用不同的语言表述的，这就是所谓多元化。研究中国哲学，首先要在比较的视野中揭示中国哲学的特殊的义涵和价值。前辈学者的贡献在于使中国哲学走进近代化、现代化，能够与西方哲学进行对话。但是，他们留给我们的任务也在这里，即我们如何摆脱西方哲学的影子，走出自己的发展道路？学术研究的生命力在于创新，在于标新立异，经过自己的独立思考而言之有据。

基于这样的认识，蒙培元于80年代出版了他研究宋明理学的代表作，《理学的演变》和《理学范畴系统》。《理学的演变》对于理学历史做出了不同于传统的解读，特别是在朱熹理学与阳明心学的关系问题上，提出新解。该书奠立了他在中国哲学史研究领域的学术地位。此后，蒙培元转入中国哲学本具的问题的思考，将研究视野集中于心灵哲学这一领域，《中国心性论》、《中国哲学主体思维》、《心灵超越与境界》、《情感与理性》等著作，都是从不同侧面对于相关问题的思考。生态哲学，则是蒙培元关切的另一个领域，《人与自然——中国哲学生态观》即为此而作。其中既有对于中国哲学观念的理解，也有强烈的现实关切。

2002年，蒙培元于哲学研究所退休。退休后仍密切关注学术研究动态，敏锐地捕捉着哲学领域相关问题，思考、笔耕不辍，《朱熹哲学十论》等专著，都是退休之后出版的。只要身体条件允许，他的这种思考就会一直进行下去。

二、主要研究领域和学术成就

蒙培元是一个哲学家，也是一个中国哲学史家。哲学思考离不开对于哲学史相关问题的梳理，蒙培元对于理学涉猎尤多，早期的《理学的演变》、《理学范畴系统》，近年的《朱熹哲学十论》，是他在理学研究领域的代表作。前两者是对于理学学派历史与理论体系的梳理，具有很高的学术价值。后者虽然是一个理学家的个案研究，却是以一个哲学家的视角，回到朱熹，对于古今、中西哲学的永恒话题，给出自己的理解。蒙培元始终在中西比较的视域中思考相关哲学问题，他提出中国哲学是境界形态的，而非实体论的。中国哲学的核心在于心灵哲学，心灵的核心问题是情感与理性的问题，二者在中国哲学这里是统一的。他既对哲学的理论问题有独到的理解，同时，也有强烈的现实关怀。中国哲学生态观相关问题的探讨，就是奠基于这一现实关怀之上的。

1. 宋明理学的思想梳理

《理学的演变》是蒙培元的第一部专著，是对于朱熹后理学历史演变的梳理。中国古代哲学成熟于宋明理学，对于理学研究而言，朱熹与王阳明是关键。当时学术界的主流观点认为，理学分程朱理学与陆王心学两大派，区分的根据是，程朱派主张“性即理”，陆王派主张“心即理”。按照前一说，理只能“具”于心而为性，但心并不是性，不是理；按照后一说，心便是性，便是理。前者以理为本体，后者以心为本体。被称为“新理学”代表的冯友兰，被称为“新心学”代表的牟宗三，对此均无异议。

蒙培元以为，朱熹确实主张“性即理”，而理是最高本体，可称之为理本论。但是朱熹也有明显的心学思想。这不仅是因为，朱熹很重视心的问题，对“心”有很多论述，而且因为，朱熹明确提出心本体的思想。这正是判定朱熹有心学思想的主要根据。朱熹不仅有“心具理说”，而且有源自程颐的“心体用说”，即以心之本体为性为理，而以心之作用为情为知。这里所说的“心体”，不是形体、体段之意，而是本体的意思。从这里可以得出一个结论，从本体的意义上说，心就是性，就是理，这是毫无疑问的。朱熹的“心即太极”、“唯心无对”之说，就是从这个意义上说的。

根究前人所探讨的理学与心学的对立，蒙培元以为它是以西方的主、客二分的思维方式来理解宋明理学，即认为理是客观的、外在的，心是主观的、内在的，因此有客观与主观、他律与自律之分。但是在中国哲学与宋明理学中并没有这种明显的主客二分。理学的根本宗旨，是心物、内外合一之学，是性无内外、理无内外，亦即内外一理的天人合一之学。这才是中国哲学的特质所在，也是朱熹哲学的特质所在。

在《理学的演变》一书中，蒙培元指出，从理学发展历史的角度看，王阳明思想是从朱子学演变而来的，更确切地说，是朱子学分化的结果。从理学发展的内在脉络看，阳明心学是为了解决朱子学中如何实现“心与理一”的内在矛盾而出现的。这对于以王阳明心学为直接源于陆九渊的传统说法是一个挑战，这种挑战是奠基于扎实的史料梳理之上的，体现了论者的学术工夫。该书出版于80年代初，某些思想仍有时代的烙印。但它对于朱子后理学历史的梳理，至今仍有很高的学术价值。同时，他对于朱子学与阳明学关系提出的新见，也逐渐被越来越多的研究者所接受。

如果说《理学的演变》是历史的纵向的研究，《理学范畴系统》则是对理学思想的横向研究。“范畴”是从西方哲学翻译过来的语言，有其自身的含义，中国哲学有没有西方哲学意义上的范畴？蒙培元认为，从最广泛的意义上说，中国哲学也有自己的范畴。但是，在使用这个概念的时候，要非常慎重，要意识到中西哲学之间的区别。其最大的区别，就是由范畴及其关系所代表的思维方式的不同。因此，他不仅仅是去解释每个范畴的含义，而是要揭示各范畴之间的有机联系，从思维方式的角度说明中国哲学的本质特征，重点于在范畴系统，而不是范畴本身。各个范畴都是在相互关系中存在的，并且形成一个有机系统，而不是一个个的孤立存在。这种联系正体现了中国哲学的最基本的思维特征，即“天人合一”的整体思维，这与西方的分析思维有很大的区别。

该书分为理气篇、心性篇、知行篇、天人篇四部分，将几十对重要范畴分置其中进行讨论，各篇乃至每篇的各对范畴之间，都有不可分割的相互联系。理气篇是讲所谓宇宙本体论的问题，但它又不能离开人的问题，它只是全部范畴系统中的一个基本前提，必须过渡到心性篇才算完成。而心性篇是讲人的问题的，关于人的问题的诸范畴处在全部范畴系统的中心地位，但它们又不是与理气篇诸范畴相互分离和对立的。知行篇范畴具有方法论的意义，是天人之间的过渡环节，但它们又不能被说成是纯粹的方法论，而是与人的存在问题密切相关的，其本身既是实践的，又是目的性的。最后，天人篇则是全部范畴体系的完成，即“天人合一”境界的实现，其中的诚、仁、乐代表了真、善、美，三者又是统一的。因此，整个范畴系统，最后以真、善、美统一的“天人合一”境界为其终结。这就是理学家们的共同诉求，没有例外，这也是理学范畴系统何以可能的原因和根据。

2. 心灵哲学与情感哲学

在完成《理学的演变》和《理学范畴系统》之后，蒙培元转入中国哲学的问题研究。他认为，天人关系问题是理学也是中国哲学的基本问题，而其核心问题则是心性问题。因为实现“天人合一”境界实际上是人自身的问题，靠人的心性修养。实践问题当然很重要，但是，实践的主体是人，而人的存在本质在于心性，心性问题确实是理学的核心问题。

在这个问题上他显然受到当代新儒家特别是牟宗三的启发，特别是《心体与性体》一书。他很早就从汤一介那里借到了这本书，认真阅读之后，觉得牟宗三以心性问题贯穿整个理学，单独进行研究，并提出系统判别，这是一个贡献。他虽然并不完全同意牟宗三的观点，但是以心性问题为解剖理学的关键问题，这一点正是在牟宗三的启发之下认识到的。接着而来的问题是，心性问题是不是仅仅受佛学的刺激或挑战而成为宋明理学的核心问题？它有没有一个自身发展的内在线索？于是，他完成了《中国心性论》一书。其中包括儒、道、佛三家的心性思想及其相互关系，本书填补了中国心性论研究的一个空白，彰显了中国哲学的特点。

这里又涉及一个中国哲学中的主体性问题，这是心性问题中不可回避的问题，又是当时中国哲学研究中争论的热点问题之一。在这个问题上，有对立的两种观点。一种观点认为，中国哲学有主体思想；另一种观点认为，中国哲学没有主体思想。两种观点针锋相对。蒙培元认为，两种观点虽然对立，但是有一个共同点，就是用西方哲学，特别是西方近现代哲学的主体论来衡量中国哲学，实际上是用西方的认识论观点讲主体思想。按照这种观点，主体与客体的界限是分明的，是对立的、二分的。所谓主体只是认识主体，主客关系是认识与对象的关系。

蒙培元认为，中国哲学有主体思想，但不是这种意义上的主体思想，于是又完成了《中国哲学主体思维》一书。他在“前言”中说：“我之所以提出主体思维的问题，并把它作为中国哲学最根本的思维去研究，并不是通常所谓认识论的意义上来理解的，我是从中国哲学的基本特点着眼来理解这个问题的。”“中国哲学的特点，恰恰在于它不是主张主客体的分离和对立，而是主张二者的统一或合一。在这样的统一中，人是占主导地位的。换句话说，它要解决人的问题，而不是客观对象的问题。”这样，实质的问题就变成：不是中国哲学有没有主体思想的问题，而是有什么样的主体思想这样一个问题了。这本书虽然只是一个小册子，但产生了较大的影响，多次再版、重印。

既然中国哲学与西方哲学有很多重要区别，那么，中国哲学究竟是一种什么形态的哲学？这就是蒙培元进一步要探讨的问题。研究中国哲学的人，几乎无不谈论本体论的问题；但是，很多人将本体与实体等同起来，认为本体就是实体，本体论就是实体论，换句话说，是在西方主流哲学的意义上讲中国哲学的。他在研究过程中逐渐发现，用西方的实体论讲中国哲学，会有很多困难。

那么，究竟如何理解中国哲学所说的“形而上”与“本体”的关系呢？蒙培元认为，“形而上形而下”与“体用”这两对范畴，不是在同一个层面上说的。前者是从逻辑认识的层面上说的，即“形而上者”是经过逻辑抽象之后的观念形态的东西；后者是从存在上说的，即“本体”是一切存在的根源。用现在的话说，“形而上者”是认识的问题，“本体”则是存在的问题。中国哲学并没有以认识中的观念为真实的“存在”，而是以“本体”为真实的存在，也就是说，“本体”才是“形而上者”据以存在的基础，而“本体”就是本根的意思，如同树之有根，木之有本。体用、本末本来是不分的，如同一棵树，自根至叶，连成一体。因此，“形而上”与“形而下”也是不分的。这也就解决了所谓“动”与“静”的关系问题。如果单从“形而上”的观点看，可以说“道”是静止不动的，但是从本体的角度看，就不能说“道”是不动的，而只能说“天道流行”、“道体流行”，即由功能而显其存在。总之，在中国哲学中，只有一个世界，没有两个世界，即没有西方哲学那种本体与现象的二元对立。

基于这样的认识，他完成了《心灵超越与境界》一书，提出中国哲学是境界形态的，不是实体论的。所谓“境界”，是指心灵存在的方式，从这个意义上说，中国哲学也可以说是心灵哲学。心灵不是身体之外的另一个东西，如“灵魂”之类，也不是某些人所说的“心智”问题。境界是心灵的自我超越，可以称之为“形而上”的世界，但并不是脱离现实世界的另一个世界，如“观念世界”之类。它是存在论的，不是观念论的。

此前，冯友兰与牟宗三都很重视中国哲学的境界问题，冯友兰以仁为最高境界，牟宗三也以“仁体流行”为既存有既境界的形态。这就出现了一个问题：所谓“存有”和“境界”，既是两种形态，又如何能够统一呢？问题就在于，“实在”也罢，“存有”也罢，是不是实体论的？如果是实体，就很难成为境界形态的哲学，而只能是西方式的“实有论”、“实在论”或“观念论”。如果中国哲学是非实体论的，就能够成为存在意义上的境界论，而不只是主观的精神或认识。中国哲学确实有所谓宇宙本体论的问题，有“实在”的问题，这是儒、佛、道共同的。而佛、道所说的“空”和“无”，并不是空无，也不是“不存在”，而是以负面形式所表述的无形迹的“存在”。儒家所说的“有”，也不是实体性的“实有”，而是以正面形式所表述的普遍的价值世界如仁与诚，它们是有存在论的基础的。正如朱子所说，理（即道）并不是“实有一物”，它也具有“无”的形式，是有与无的统一。

正是在这样的追问之下，蒙培元认为，儒、道、佛都是境界形态的，不只是佛、道两家或佛家才是境界形态的。既然这样，中国哲学是境界形态的哲学就可以成立，这是《心灵超越与境界》所解决的问题。但是，所谓“心灵存在”又是什么呢？这是进一层的追问。这个追问是实质性的，不是逻辑推论性的，正是在这样的追问与思考之下，他完成了《情感与理性》一书。

蒙培元所说的“存在”，是从生命意义上说的，是指生命存在，不是一般所谓“存在”。他认为，从生命存在的意义上谈中国哲学，可能更符合中国哲学的精神。这里有受到西方存在哲学的启发的因素，但是，他并没有用存在主义解释中国哲学。中国哲学并不仅仅是讲“存在”本身的问题，而是讲人的存在及其意义、价值的问题，存在与本质是不能分开的，既不是“本质先于存在”的本质主义，也不是“存在先于本质”的存在主义，而是“本质即存在”的生命哲学。

心灵是生命存在的最集中体现，因此，中国哲学家们都很重视心灵问题。在生命及其意义的问题上，完全可以谈心灵的存在问题。心灵首先是存在的，同时又是有意义的。人的存在亦即心灵存在的最基本方式不是别的，就是生命情感。情感是最原始、最基本的，同时又是最“形而上”的，它是可以“上下其说”的。谈生命问题而不谈情感，这就如同观花而不观蕊一样，是难以理解的。中国哲学特别是儒家哲学之所以重视情感，以情感为其全部学说的立足点，原因就在于此。

从孔子的仁学到孟子、荀子的人性学说，从宋儒的心性之学、性理之学到王夫之、戴震的性情、理欲之学，无不以情感为其基本内容。理学家都很重视“形而上”之性、之理，但是，如果离开了情感，所谓性，所谓理，便无从谈起。虽然在儒家哲学中，对心、性、情、理等的关系有不同的解释，但是，实现性与情、理与情的统一，则是他们的共同主张。为什么会如此？因为他们所说的性、理，都是以情感为内容的道德理性、价值理性。这也就从一个侧面说明，儒家所主张的理性，不是纯粹的认知理性，不是纯粹的形式，而是情感理性，是有内容的形式。不是概念式的抽象理性，而是不离“日用伦常”的具体理性。这也就与西方的理性主义区分开了。由此，蒙培元在提出中国哲学是境界形态的之后，又提出中国哲学特别是儒家哲学是情感型的，而非认知型的这一看法，并在《情感与理性》中进行了讨论。

中国哲学是情感型的，是诗性的，是追求艺术人生的，但是，他并不认为中国哲学是反理性的浪漫主义。浪漫主义是西方哲学中与理性主义相互对立而又依存的一个流派，它们有一个共同的背景，就是情感与理性的对立与二分。中国哲学则是情感与理性的统一。理性不是脱离情感，向外发展，以建立认识主体、获得客观知识为主要任务，而是与情感结合在一起，知情合一，反思自身行为之当与不当，以建立德性主体为主要任务。

3. 生态哲学与现实关怀

蒙培元特别关注生态问题和生命问题，《人与自然——中国哲学生态观》就是对这一问题的集中探讨，可以视为他研究中国哲学的一次总结。这里既有对中国哲学的“原问题”的探寻，也有强烈的现实关怀。他认为中国古代哲人们有一种伟大的生命意识、生命关怀，而这一点正是现代人所缺少的。这种意识并不必然地包含着对现代化的否定，而是关系到如何走现代化的道路的问题。但是，它对“现代性”所蕴涵的人类中心主义是有批判意义的。

蒙培元内心有一种生态情结，看见有人任意砍伐树木，残忍地杀害动物，随意浪费资源，制造垃圾，对自然界只有掠夺而不尽义务，只求满足欲望而无同情之心，以致造成沙漠化、空气污染、气候变暖等生存条件越来越恶化的情况，他会感到非常痛心，也很担忧。在当下环境问题日益凸显的今天，这不是什么发思古之幽情，也不是“杞人忧天”。

蒙培元认为，生态问题不仅具有实用意义，同时是一个深层次的理论问题。在他看来，中国古代哲人不仅关心当时的现实问题，而且从理论上解决了人与自然的关系问题，解决了人在自然界的地位及其作用的问题，从而也就解决了人类应当怎样生存，即“生存方式”的问题。这个问题对于现代人而言，不仅没有过时，而且具有更加特殊的现实意义。中国的“天人合一”论，具有非常丰富的内容，我们还远远没有认识清楚。如果仅仅从西方哲学的某种模式出发，对之进行解释，就更加难以认识清楚。中国的“天人合一”学说，既有历史层面的内容，又有超越历史的永久价值，这是需要人们认真反思的。

有鉴于此，蒙培元提出了“回到原点”的问题。所谓“回到原点”，绝不是回到过去，回到前现代甚至古老的农业社会，而是回到中国文化的根源问题，跨越历史的鸿沟，从而走向未来，认真克服现代化中出现的问题。他认为，我们在现代化的过程中之所以出现很多可悲的问题，不是由于背负了传统文化的太多包袱，而恰恰是由于丢弃了传统文化中的有价值的精神资源。对于中国哲学的“天人合一论”，毫无疑问需要做出现代的解释；但是，这种解释从根本上说，是使它深层的内在意蕴充分展开，从而发挥其应有的功能。

“天人之际”的问题，实质上是人与自然的关系问题，其核心是“生”的问题，即生命及其生命创造和价值的问题。自然界是有生命的，是一切生命及其价值的根源，哲学要回答“人从何而来，到何处去”的问题，就应当从这里寻找答案。自然界不仅有“内在价值”，它所创造的一切生命都有各自的价值，有其生存的权利。人固然是“天地之心”，是万物中之最贵最灵者，但是，人之所以贵，之所以灵，并不是凌驾于自然之上，对自然界的万物进行无情的掠夺，以满足无限膨胀的欲望，而是对自然界负有神圣的使命，关爱万物，保护自然，由此实现人与自然的和谐统一，这才是人类最理想的生存方式。人的创造性不在于征服自然，而在于“人文化成”、“参赞化育”，实现“天地万物一体”的仁的境界。这是中国哲学对人类做出的贡献，是国人所应有的自觉。

4．个案研究

完成《人与自然——中国哲学生态观》一书后，蒙培元应出版社邀约，撰写了两本小册子《蒙培元讲孔子》、《蒙培元讲孟子》。这两本书都是在“原问题”的思考之下写成的，就是说，是在“究天人之际”这一“轴心文化”的“原型”之下，重新对孔子、孟子其人其学进行解读。他认为，无论是孔子的仁学和敬畏天命之学，还是孟子的人性论及其所表现的主体思想，只有在这一“文化原型”之下才能说清楚。而孔子、孟子作为儒家创始人及其弘扬者，对现代人的最重要的贡献，也在这里。

蒙培元的最近一部专著，则回到了早年的理学研究领域，是对于理学的集大成者朱熹的个案研究，这就是《朱熹哲学十论》。在这本书中，他罗列了朱熹哲学的十个重要问题，同时也是中西哲学的永恒话题。比如，从朱熹的理气论探讨一个世界还是两个世界的问题，指出只有一个真实的世界而不是两个世界，改变了以往套用西方哲学解释朱熹，以他的理气论为二元论的流行观点。再如，通过阐释朱熹的“理一分殊”说，来解释世界的统一性与多样性问题，为“多元一体”的文化格局提供了重要的理论依据。通过对朱熹的“所以然”与“所当然”之理的分疏，来解决存在与价值的统一问题。

在蒙培元关于朱熹哲学的个案研究中，我们能够看到他对此前所提出的心灵哲学、情感哲学、生态哲学的相关问题的进一步思考。如对于朱熹心体用说、心统性情说、仁说、心与理一说等相关问题的诠释，都是此前思考的心灵哲学的整体性特征、中国哲学的境界形态、情感与理性的统一、中国哲学生态观等相关问题的进一步思考与深化。

5. 传道、授业、解惑

蒙培元是一个思想家，也是一个教育者。限于他所任职的中国社会科学院的性质，学生不多，10多年的时间，带过2个硕士生，4个博士生。退休后，在山东大学带过1个博士生。学生虽然不多，他总是于入学之初认真负责地做好每个学生的培养计划。硕士生是打基础的阶段，中国社会科学院没有统一的课程设置，专业课计划均由导师安排，专业课的老师也都是导师出面邀请。蒙培元利用哲学研究所的条件，想方设法聘请到相关领域的研究专家来为学生授课。培养计划之中，少不了一个涵盖广泛的书目，借此以培养学生独立学习、独立思考、独立研究的能力。

他给学生直接授课不多，培养学生的主要方式是以聊天形式探讨相关问题。借聊天，培养学生学术研究的问题意识，发现问题，思考问题。学生们读一本书，触动了思想的某处灵感，对某一问题有了新的思考，对有些问题不得其解，乃至于什么也读不下去，思想一片懵懂，都会在和老师的聊天中受到某种启迪、激发。在谈话过程中，蒙培元首先是一个足够好的倾听者。不管学生思考的问题多么零乱、不成熟，表述的语言如何难以达意，他总是能够敏锐地捕捉到学生言说、思考的问题的要害，或通过追问使相关问题清晰化，或引导学生在已有的思路上将问题进一步深化，或者让学生给出所思考问题的更多可能性。这就是循循善诱，是一种本真意义上的思想游戏。

对于学生来说，蒙培元也首先是一个最好的读者。学生们专业课的结课论文，以及平时写的文字，他总是认真阅读，文中的别字乃至误用的标点，总是代为更正。文章的好与坏，并不会给出结论性的评判，他关心的还是文章中的问题意识、思考问题的相关视角。至于评判文章好坏的标准，在于它所提出的问题有没有价值，有没有深入地思考，有没有足以触发人的思想灵光。所以，他的学生从事的研究领域或有不同，取得的学术成就有大有小，但同样在思想的道路上苦心孤诣地探索，努力尝试发现问题，思考问题，这就是思想上的薪火相传吧。

三、蒙培元主要论著

蒙培元.1984. 理学的演变. 福州：福建人民出版社.

蒙培元.1989. 理学范畴系统. 北京：人民出版社.

蒙培元.1990. 中国心性论. 台北：台湾学生书局.

蒙培元.1993. 中国哲学思维方式. 北京：人民出版社.

蒙培元.1993. 中国哲学主体思维. 北京：东方出版社.

蒙培元.1998. 心灵超越与境界. 北京：人民出版社.

蒙培元.2002. 情感与理性. 北京：中国社会科学出版社.

蒙培元等.2002. 国学举要·儒卷. 武汉：湖北教育出版社.

蒙培元.2004. 人与自然——中国哲学生态观. 北京：人民出版社.

蒙培元.2005. 蒙培元讲孔子. 北京：北京大学出版社.

蒙培元.2006. 蒙培元讲孟子. 北京：北京大学出版社.

蒙培元.2010. 朱熹哲学十论. 北京：中国人民大学出版社.

主要参考文献

蒙培元.2007. 我的中国哲学研究之路//中国哲学与文化（第2辑）. 南宁：广西师范大学出版社.

黄玉顺等.2008. 情与理——情感儒学与新理学研究. 北京：中央文献出版社.

撰写者

任文利（1972～），副研究员，1993～1999年在蒙培元指导下研究中国哲学，获哲学硕士、博士学位。

余源培

余源培（1938～），祖籍江苏泰兴，出生于湖南省桃源县。马克思主义哲学家。1961 年毕业于复旦大学哲学系，1967 年获哲学研究生（在职）学位，后一直在复旦大学哲学系从事教学和科研工作，1988 年任教授，1993 年批准为博士生导师，1988～1992 年任副系主任。上海市哲学社会科学“七五”、“八五”、“九五”、“十五”规划组成员任《辞海》分科主编，享受国务院颁发的政府特殊津贴。作为复旦大学哲学系的第一届毕业生，余源培的学术研究视野开阔，在马克思主义哲学史、马克思主义经典著作、经济哲学、中国化马克思主义等领域，都有比较深入的研究，在马克思主义哲学界具有一定的影响。

一、简　　历

余源培，1938 年 4 月出生于湖南省桃源县。其父余俊生，一生献身于我国地理学的教学和研究，新中国成立前一度工作于商务印书馆，后长期在四川大学、安徽师范大学等院校地理系任教授和系主任。母亲张叔宜节俭持家，心地善良。余源培兄弟姐妹六人，他排行第二。童年在抗日战争的风云变幻中度过，逃难生涯和重庆大轰炸等经历，使其从小就受到爱国思想的熏陶。

新中国诞生时，余源培正在读小学，但已经朦胧感受到国家命运发生的巨大改变。1950～1956 年，余源培就读安徽芜湖市第一中学，开始接触到艾思奇的《大众哲学》，萌发了对哲学的兴趣。1956～1961 年以第一志愿，就学于复旦大学哲学系。1956 年年初党中央向全国发出了“向科学进军”的号召，接着又提出了“双百”方针，“八大”也是在这年召开的。正是在这种形势下，复旦大学哲学系创立，胡曲园任系主任。胡曲园认为哲学对民族和国家来说，其重要性不是工具性知识的传授，而是帮助人们解决认识和改造世界的立场、观点和方法；任何时代的哲学发展都意味着人的思想解放。胡曲园还重视马克思主义的中国化，当时复旦大学请来三位苏联专家，分别担任马克思主义课程主讲，哲学方面的专家就是莫斯科大学哲学系的柯西切夫。当时办学强调向苏联学习，胡曲园却很注意学风建设，重视马克思主义的中国化，他亲自给学生讲授毛泽东的《矛盾论》和《实践论》。这些给余源培都留下深刻的印象，本科毕业后他成为胡曲园的在职研究生。

余源培走过的道路并不一帆风顺。当年考进复旦大学哲学系时，他年龄上属于小弟弟，因为班上绝大部分都是调干生。第二年就赶上了反右派斗争。在一次讨论中，他发言认为，胡风是文艺思想问题，不是反革命；加上在培养目标的辩论中主张培养专家，被认为主张走“白专道路”。由于这两条受到严厉批判。只是因为班上已经揪出了三个右派分子，完成了指标，他才逃过这一劫。反右斗争以后，余源培决心“脱胎换骨”改造自己，“夹着尾巴”做人。1958年哲学系下放农村办学。在浙江钱塘江畔，通过劳动向农民学习，受益匪浅。但也亲身经历了“大跃进”运动。记得有一天深夜，浙江省委有人来传达，宣布我国已经“跑步进入共产主义”。当时大家热血沸腾，向农民宣传这一喜讯。然而好景不长，“人民公社”社员的日子越来越不好过。农民私下里问：这就是共产主义？余源培无法回答。

“文化大革命”中，余源培作为“一张嘴、一支笔”走“白专”道路的典型，受到批判，成为清理阶级队伍的对象，审察、批斗、抄家、下放，身陷逆境。其实他那时刚刚毕业不久，只不过发表了几篇短小的论文。1976年当听到“四人帮”被粉碎的消息，他高兴极了，买了好几瓶啤酒，与几位知己痛饮。党的十一届三中全会后，马克思主义哲学在拨乱反正中发挥了积极作用。余源培受到很大鼓舞，参加到这场思想解放大讨论中去，立志做一名新时期合格的理论工作者。在教学和科研中，余源培逐渐对马克思主义哲学的社会功能有了深刻的认识，这就是“主义真”——确立正确的政治信仰；“品德正”——培养良好的个人和社会道德；“方法对”——掌握认识世界和改造世界的科学方法。无论是教书育人，还是著书立说，余源培都努力体现这种认识。1990年6月成为中国民主促进会会员，在以后15年的上海市政协舞台上，余源培一直做到“参政议政要以思考问题为抓手，以提出建议为重点，说真话，做诤友”。

二、主要研究领域与学术成就

余源培的学术成就主要是在改革开放的历史新时期取得的。他努力学习和研究马克思主义哲学的经典原著，重视理论联系实际，热心关注中国特色社会主义事业的发展，不断拓宽和深化研究领域，主要领域涉及马克思主义哲学发展史、马克思主义哲学经典著作、经济哲学、中国特色社会主义等。

1. 对马克思主义哲学发展史的研究

在真理标准大讨论的背景下，中国马克思主义哲学史研究会应运而生。余源培作为第一批成员，在黄枬森、庄福龄、林利等专家的带领下，积极参加这门学科的建设。这使他认识到：马克思主义哲学是一门历史的科学，有其萌芽、产生、形成和发展的过程，只有揭示马克思主义哲学发展的规律性，才能有利于全面正确地掌握这一学说的原理，做到解放思想、实事求是。

余源培参加的主要工作有：①编写国家重点教材《马克思主义哲学史稿》和面向 21 世纪教材《马克思主义哲学史》；合作主编《马克思主义哲学的理论与历史》。前两本教材分别获得国家优秀教材奖二等奖和教育部教学成果奖二等奖。②参加国家重点社会科学规划项目《马克思主义哲学史》（8 卷本）编写，任编委和第 5 卷主编。该成果获首届中国社会科学研究成果奖一等奖。③参加《中国大百科全书·哲学》有关条目撰写、任《辞海》分科主编、《哲学大辞典》常务编辑委员、《马克思主义哲学大辞典》副主编。

余源培对列宁哲学思想特别有研究心得，一些观点受到学术界的关注。①他在《重评斯大林的列宁主义定义》中指出，定义存在着明显的缺陷：在强调列宁主义的国际性和普遍性时，思维方法是形而上学的，没有正确反映出列宁主义是普遍性和特殊性的结合，助长了僵化和国际共产主义运动的不健康发展；片面地将列宁主义归结为“无产阶级革命的理论和策略，特别是无产阶级专政的理论和策略”，导致对列宁主义的简单化理解，忽视了以新经济政策为主体的落后国家社会主义建设思想，助长了“左”的错误的滋生和膨胀。②他在《理论由实践赋予活力》中指出，列宁在实践中经历了四大理论观点的变化：在无产阶级革命问题上，经历了从马克思恩格斯的“共同胜利”论，到提出帝国主义阶段“一国首先胜利”论的变化；在过渡时期问题上，经历了从马克思恩格斯的“资本主义向共产主义过渡”理论，到提出由俄国落后国情决定的“资本主义向社会主义过渡”理论；在社会主义建设问题上，经历了从“战时共产主义政策”向新经济政策的转变；在无产阶级国家学说问题上，经历了从主张实行巴黎公社式的直接民主，到改变实行由无产阶级政党代表人民实行间接民主。③他在《列宁论哲学上的中间路线》中指出，列宁在《唯物主义与经验批判主义》一书中，坚持哲学的党性原则，是把马赫主义当做哲学上的中间路线典型进行剖析的，认为它存在着三种动摇：动摇于唯心主义和自然科学唯物主义之间；动摇于贝克莱主义和休谟主义之间；动摇于唯心主义和辩证唯物主义之间。中间路线普遍出现的原因，首先同哲学基本问题的表现形式发生变化有关，其次同旧唯物主义的缺陷日益暴露出来有关，再次同唯物主义和唯心主义两个哲学基本派别的斗争发展到新的水平有关。

2. 对马克思主义哲学经典著作的研究

师承导师胡曲园的治学理念，余源培特别重视马克思主义哲学经典著作的学习和研究，主张“入门需正，取法要高”，掌握马克思主义最好的途径就是学习和研究它的原著，而不是根据第二手材料。他在《返本开新，服务好社会主义现代化主题》中认为，正确处理马克思主义经典著作与社会主义实践的关系，至关重要。可以把这种关系简要地概括为“返本开新”。“返本”的基本含义就是邓小平强调的“老祖宗不能丢”，要拨乱反正重新回归马克思主义。否则我们的事业就会迷失方向。但是这种“返本”研究绝对不是简单回归经典，更不是倡导“本本主义”；它要求创造性地以马克思主义为指导，在实践中不断与时俱进，研究新情况，解决新问题，否则它的生命力就会丧失。

余源培在这方面的主要著作有：合作主编《马克思主义哲学经典文本导读》两卷本，属普通高等教育“十五”国家级教材，该教材多次再版；主编《时代精神的精华——马克思主义哲学原著导读》共三册；参加马克思主义理论研究和建设工程重点教材《马克思恩格斯列宁哲学经典著作导读》的编写，任首席专家之一；合作出版《新世界观的公开问世——〈哲学的贫困〉当代导读》等；撰写发表了一批学习和研究经典著作的论文。

在对马克思主义哲学经典著作的研究中，余源培提出了一些得到学术界重视的观点：①唯物史观是马克思的伟大贡献，马克思创立唯物主义历史观的大思路是，在哲学与经济学的结合中走向历史的深处，揭示人类社会发展的大趋势；整体性是马克思方法的最重要特征。②在《马克思主义的主题是人的全面发展》中，在对马克思主义的主题是无产阶级革命、是关于社会主义建设的理论、是人的解放的科学等三种观点进行分析后，指出无论是革命或者建设，都只是实现无产阶级和人类解放的途径，如果淡忘或是离开了这一目的，革命和建设都有可能变味；对“人类解放”和“人的全面发展”的关系进行了辨析。③重视对马克思的研究很有必要，但不赞成将马克思与恩格斯相分离甚至对立起来。在《要正确评价恩格斯的理论贡献》等中认为，马克思主义是一个严整的科学体系，马克思和恩格斯之间是创造性的分工和合作关系，但不是分家，更不是对立，不能在形式上分工的地方，完全看不到合作的实质，这种卓有成效的合作绝不是一人简单重复另一人的观点，而是相互切磋、补充、吸取、促进。④所著《新世界观的公开问世》，被专家评论为国内第一本深入系统研究马克思《哲学的贫困》的专著。该书研究视阈有突破，一是结合对蒲鲁东的思想和政治主张有整体的把握，二是联系马克思对蒲鲁东之关系演变的真实历史过程，三是注意正确把握新世界观的“创立”与“公开问世”的关系，紧密联系以新世界观创立为中心的“著作群”研究《哲学的贫困》，防止孤立地进行解读。同时对新世界观的主要内容进行了界定和系统阐述。

3. 对经济哲学的研究

经济哲学从20世纪80年代开始，逐渐受到重视。余源培是我国经济哲学研究的第一批研究开拓者之一。他完成了国家和上海市的有关立项课题，在《中国社会科学》、《哲学研究》、《学术月刊》、《复旦学报》等报纸杂志上撰写了一批论文其中不少为《新华文摘》、中国人民大学《复印报刊资料》转载。专著有《寻找新的学苑——经济哲学成为新的学科生长点》、《马克思主义经济哲学及其当代意义》。后一本专著曾获教育部颁发的第六届高等学校科学研究优秀成果奖（人文社会科学著作类二等奖），《中国社会科学报》推荐认为：本书主要联系马克思主义与我国经济建设中的现实问题，通过对马克思主义经典著作的阐释，以及对我国社会主义市场经济建设实践中遇到的问题的探讨，全面系统地论述了经济哲学着重揭示了马克思主义经济哲学与现实的相关性，展示了马克思主义经济哲学的当代意义，并对当代西方的某些主要思潮进行了批判。《文汇报》的推荐认为：全书注意问题域、论述框架与核心观念的前沿性、研究的系统性和深度，具有独特的理论价值与现实意义。

余源培对我国经济哲学学科建设和发展的主要观点是：①分析了经济哲学成为新学科生长点的原因和根据。它既是传统经济学和哲学发展变革的要求，又是适应当代人类全球发展，特别是满足我国社会主义改革开放和现代化建设的需要。理论范式变革的需要和社会实践的需要，这两者的结合，如同一个强大的引力场使哲学和经济学相互渗透，促成经济哲学应运而生。②经济哲学的建设和研究，应当自觉地以马克思为榜样，继承和发扬马克思在哲学批判与政治经济学批判的结合中走向历史深处的传统。《资本论》是马克思这种双向批判和建构的结晶。哲学需要关注社会的经济运动，以经济学为中介走向现实的社会生活；经济学只有进行深层次的哲学思考，才能摆脱表面繁荣下的“肤浅”。③对经济哲学的学科性质进行了界定，它是哲学与经济学的跨学科的结合，这种结合不是线性的，不是把某一学科的原理简单运动到另一学科，而是结构性的跨学科，是通过经济学与哲学创造性结合而产生的学科。这种结合不是外在的，不是简单相加，而是内在的，是哲学和经济学发展融合和变革的产物。经济哲学的研究对象是作为整体的社会经济运动。经济哲学中的哲学思想，不是既定哲学原理的简单移植和推广，不是外在于经济学的先验原则，而是对重大社会经济问题的哲学思考；经济哲学中的经济思想，也不是经济学中的实证知识，不是经济领域中实例的总和，而是建立和不断完善经济学的哲学前提基础。④提出了经济哲学研究的一般大思路。应当坚持“以问题为中心”，而不是从体系和原则出发。要从思想史角度梳理经济学与哲学的关系，从发展趋势揭示哲学与经济学结合的历史必然性；要研究当代理论经济学中的重大问题，如经济活动中的人的问题、经济活动中的理性与非理性问题、经济学的价值评价问题等；要研究当代全球性涉及哲学与经济学的重大问题，如开展经济与文化关系之研究、开展经济全球化研究、开展知识经济研究、开展可持续发展研究，特别是中国特色社会主义建设中遇到的重大问题，如社会主义市场经济问题、抓住机遇问题、公平与效率问题、发展观转型问题等。⑤开展经济哲学研究的基本途径，首先是建立经济学家与哲学家的联盟。要反对和防止两种不好的倾向，一种主要发生在哲学家身上，即以“形而上”自居，并以“形而下”为由，轻视或贬低经济学；另一种主要发生在经济学家身上，即过分强调经济学的实证性质，并以拒斥“形而上学”为由，轻视甚至否认哲学的作用。建立联盟哲学家不能从先验原则出发，经济学家要克服越来越“数学化”、缺少人文精神。其次是建立理论工作者与企业家的联盟，主要可以开展企业文化、企业道德和企业管理研究。

4. 对马克思主义中国化的研究

毛泽东思想和中国特色社会主义理论是马克思主义中国化的两大成果。余源培一直主张用科学的态度对待马克思主义中国化，努力学习、研究和宣传两大成果。在毛泽东思想的研究上，他曾担任《毛泽东思想研究大系·哲学卷》副主编、《二十世纪中国社会科学·马克思主义卷》主编，合作撰写《辩证法的奇葩——〈矛盾论〉》等。在中国特色社会主义理论的研究上，曾主编《邓小平理论辞典》，独著《马克思主义在中国发展的新阶段》等。

余源培还发表了一批论文，其中多篇获得上海市邓小平理论研究和宣传优秀成果奖。主要有《对“科学技术是第一生产力”的深层次思考》、《试论邓小平的世界历史眼光》、《对我国现代化进程中精神文明建设的思考》、《论哲学意义上的可持续发展》、《邓小平理论指引我们胜利前进——纪念党的十一届三中全会二十周年》、《贯彻“三个代表”要求本质在坚持执政为民》、《对加强和改进思想政治工作的几点思考》、《论提高构建社会主义和谐社会的能力》、《开放条件下巩固和加强社会主义意识形态研究》、《立足现时代加强对列宁主义的研究》等。

研究中余源培理论联系实际地进行独立思考，提出了一些前沿性的观点。如1988年就提出“国情”与“世情”的关系问题，指出既不能离开“国情”抽象地讲“世情”，也不能脱离“世情”封闭地讲“国情”；认识“国情”是为了立足中国把自己的事情办好，认识“世情”是为了把握历史发展的大趋势，更好地把握住中国特色社会主义事业发展的规律性。1995年他提出：“我们应当倡导以‘人’的全面发展为中心的现代化发展观”，并在多篇论文中加以阐述，指出“应当懂得，经济发展的中心是‘物’（生产力的提高），社会发展的中心是‘人’（人的自由、全面的发展）；社会发展必须以经济发展为基础，经济发展又必须服务于社会的健康发展”。2000年他针对“效率优先、兼顾公平”他撰文提出，“社会主义市场经济具有两位一体的任务：提高生产效益、保证社会公平；要保证两者之间的双向良性互动”，并认为社会主义市场经济条件下的意识形态和道德构建，需要处理好“经济人”、“道德人”、“自由人”的关系。2008年针对转变经济发展方式提出，不仅要重视生产领域，还应当重视消费领域，从我国基本国情出发，“消费不够”和“消费不当”都要重视，努力做到“生存消费保证、享受消费适度、发展消费引导”……这些观点经受了时间的考验，发挥了积极的社会作用。

5. 做一个有责任感的理论工作者

余源培虽然是一个民主党派成员，但对马克思主义的信仰坚定，对中国特色社会主义事业满怀热情，将强烈的责任感当做精神动力，自律努力做一个新时期合格的理论工作者。

余源培献身教育事业，教书育人。讲授各门哲学课程充满理性的激情，不只是知识的传授，更重视转化为信仰、智慧、德性、能力。对学生他具有亲和力和感染力，做到教学相长。2001年他获得“上海市优秀教育工作者奖”。

余源培十分关注现实问题。他在中国新闻名专栏“文汇时评”上发表文章20多篇，具有针对性和可读性，产生比较好的社会效果。他还将自己的研究成果尽力转化为党和政府的决策服务，多年来为“上海市马克思主义理论研究和建设工程专报”提供了10多篇稿件。

余源培是从读《大众哲学》开始对哲学产生兴趣的，他也为马克思主义哲学通俗化做了一些工作。他与人合作撰写了《怎样才能获得真理?》，被推荐为全国读书活动书目；为上海书店出版社出版的“领导干部学习哲学丛书”编写了《效率与公平》、《偶然性崇拜与神秘主义》两本小册子。

余源培在人民政协的舞台上，发挥哲学专长，积极参政议政。作为课题的主要负责人或者执笔者，他完成了“市政协如何进一步做好新时期的宗教工作”、“关于特大城市政协工作规律性研究”、“应当重视新时期文化统一战线工作”、“统一战线：中国特色的包容性政治”等，受到中央统战部和上海市统战部的嘉奖。2012年他荣获“上海市统一战线（工作）先进个人”称号。

三、余源培主要论著

余源培，张家骏，王华良．1983. 怎样才能获得真理．上海：复旦大学出版社．

余源培，虞伟人．1990. 马克思主义哲学的理论与历史．上海：复旦大学出版社．

余源培．1992. 时代精神的精华——马克思主义哲学原著导读（上中下）．上海：复旦大学出版社．

冯契，余源培．1993. 毛泽东思想研究大系——哲学卷．上海：上海人民出版社．

余源培等．1996. 马克思主义哲学史第5卷．北京：北京出版社．

余源培．1998. 马克思主义在中国发展的新阶段．上海：上海人民出版社．

余源培，荆忠．2001. 寻找新的学苑——经济哲学成为新的学科生长点．上海：上海社会科学院出版社．

余源培．2003. 余源培文集．上海：上海人民出版社．

金炳华，余源培等．2004. 马克思主义哲学大辞典．上海：上海辞书出版社．

余源培．2004. 邓小平理论辞典．2004年．上海：上海辞书出版社．

余源培，吴晓明．2005. 马克思主义哲学经典文本导读（上下卷）．北京：高等教育出版社．

奚洁人，余源培．2005. 二十世纪中国社会科学——马克思主义卷．上海：上海人民出版社．

余源培．2010. 马克思主义经济哲学及其当代意义．上海：复旦大学出版社．

余源培，付畅一．2012. 新世界观的公开问世——《哲学的贫困》当代导读．上海：复旦大学出版社．

余源培．2013. 政治是一种艺术——重读列宁《共产主义运动中的“左派”幼稚病》．北京：人民出版社．

主要参考文献

余源培．2003. 自序//余源培文集．上海：上海人民出版社．

裴高．2007-12-7. 一个智者的答卷——记八届九届十届政协委员余源培．联合时报

冯蓓．2009-7-31. 余源培先进事迹．民进申城月报

余源培．2009-9-2. 说真话，做诤友．人民日报

撰写者

余源培

张家龙

张家龙（1938～），江苏江都人。逻辑学家。中国社会科学院哲学研究所研究员、博士生导师。1965 年 2 月北京大学哲学系数理逻辑专业研究生毕业。现任中国逻辑学会名誉会长。主要研究领域是现代逻辑、西方逻辑史和逻辑哲学。他用现代逻辑的技术研究西方逻辑史，重新构建了亚里士多德的直言三段论和模态三段论系统，用现代逻辑观点对亚里士多德的模态命题逻辑、关系理论和偏好理论作了解释，将欧洲中世纪逻辑的成果构建成类似模态逻辑 S_3 的系统。全面系统地研究了从莱布尼茨到哥德尔的数理逻辑发展史。他在中国逻辑史研究方面，从数理逻辑观点构造了《周易》的形式公理系统，用现代逻辑方法将“侔”式推理概括为两类共 6 种有效式。他研究了艾耶尔、布拉德雷和罗素的哲学，提出一些新见解。在逻辑哲学研究方面，他分析了国内外已有的悖论定义，提出了不同的定义；提出了关于可能世界的“模态结构论”；对本质主义的观点作了新的辩护。1993 年获中国社会科学院第一届优秀科研成果奖，1997 年获中国社会科学院第二届优秀科研成果奖，1999 年获国家社会科学基金第一届优秀科研成果奖三等奖，2004 年获中国逻辑学会首届优秀科研成果奖，2005 年获金岳霖学术奖一等奖，2008 年获中国逻辑学会优秀科研成果奖二等奖。

一、简　历

1938 年 6 月张家龙生于江苏省江都县浦头村。1956 年 7 月高中他毕业于江苏省重点中学之一的镇江中学，在毕业典礼大会上被评为优秀高中毕业生；后考入北京大学哲学系，1961 年毕业；后留校师从王宪均，攻读哲学系数理逻辑专业研究生，1965 年 2 月毕业；1965 年 8 月到中国科学院哲学研究所（今中国社会科学院哲学研究所）工作。1979 年后他历任哲学研究所助理研究员、副研究员和研究员，1993 年被国务院学位委员会批准为博士生导师。他曾任哲学研究所逻辑室主任、哲学研究所学位委员会副主席、哲学研究所职称评审委员会副主任、中国社会科学院正高级专业技术职务评委会委员、国家社会科学基金哲学评审组专家、西南大学兼职教授、中山大学逻辑与认知研究所学术委员会主任、燕山大学特聘教授。1992年他任中国逻辑学会秘书长，后任副会长、会长，现任名誉会长。

1987年8月张家龙赴莫斯科出席第8届“国际逻辑学、方法论和科学哲学”大会，在第13组会上宣读了《论亚里士多德的直言三段论》和《论罗素的归纳逻辑》的两篇论文。1988～1989年，他受国家教委派遣以高级访问学者身份，赴加拿大阿尔贝塔大学哲学系从事访问研究，并应邀在该系作了关于中国逻辑和亚里士多德模态逻辑的两次讲演。1993年8月他赴莫斯科出席第19届世界哲学大会，在数学哲学组宣读了《论直觉主义的数学哲学》的论文。

1997年张家龙参加澳门中国哲学会召开的“逻辑学与方法论”研讨会，应邀致开会辞，并在会上宣读《论〈墨经〉中“侔”式推理的有效式》的论文。2002年他参加在台湾大学举行的第一届海峡两岸逻辑教学学术会议，在会上发表主题演讲“大陆地区的逻辑教学与研究”，并在会上宣读论文《论罗素的逻辑主义》。2006年他参加在南京举行的第二届海峡两岸逻辑教学学术会议，应邀致开会辞，并提交论文《亚里士多德模态命题理论的现代解析》。2008年他参加在台湾东吴大学举行的第三届海峡两岸逻辑教学学术会议，发表了主题演讲“论沈有鼎悖论在数理逻辑史上的地位”。2009年他参加在香港科技大学举行的第四届海峡两岸逻辑教学学术会议，发表了主题演讲“论偶然模态”。

30年来，张家龙在人才培养方面倾注了大量心血，除了在中国社会科学院哲学研究所培养硕士生和博士生以外，还为中国科学院研究生院、北京大学、中山大学、南开大学、西南大学、湖南师范大学、燕山大学等院校的逻辑学硕士生讲授西方逻辑史、数理逻辑发展史和数理逻辑等学位课程；他审阅了一些高校的硕士生和博士生的毕业论文，并参加答辩；他还进行了一系列讲学活动，除了到过以上高校讲学之外，还到过北京师范大学、首都师范大学、中国政法大学、南京大学、南京信息工程大学、浙江大学、华南师范大学、河北大学、河南大学、广西大学、兰州大学、新疆师范大学和国家图书馆等单位进行讲学。他的主要研究领域是现代逻辑、西方逻辑史和逻辑哲学。1993年获中国社会科学院第一届优秀科研成果奖，1997年获中国社会科学院第二届优秀科研成果奖，1999年获国家社会科学基金第一届优秀科研成果奖三等奖，2004年获中国逻辑学会首届优秀科研成果奖，2005年获金岳霖学术奖一等奖，2008年获中国逻辑学会优秀科研成果奖二等奖。

二、主要研究领域和学术成就

1. 西方逻辑史和数理逻辑史

张家龙首先在逻辑史研究领域提出一条方法论原则："人体解剖法"。马克思在研究经济学说史时说："人体解剖对于猴体解剖是一把钥匙。低等动物身上表露的高等动物的征兆，反而只有在高等动物本身已被认识之后才能被理解。因此，资产阶级经济为古代经济等提供了钥匙。"他认为，研究逻辑史必须要站在今天逻辑学所取得的成果的高度，这样才能深刻地认识以往的逻辑成果表露出来的当代成果的征兆，才能对逻辑学理论的发展做出中肯的概括。用"人体解剖"去研究"猴体解剖"，并不是把"人体"与"猴体"等同起来，而是为了更好地理解猴体的结构、猴体身上表露的人体的某些特征。他还提出了另一条方法论原则即逻辑与历史相统一的原则。他用这些方法对世界三大逻辑史的一些课题作了创新的研究。

张家龙主编了《逻辑学思想史》一书（撰写其中的西方逻辑部分），这是国际国内第一部从逻辑思想的层面上论述世界三大逻辑学的基本理论和基本概念演进历史的专著。全书分三编：中国名辩学、印度正理-因明和西方逻辑，采用了逻辑与历史统一的论述方法。各编的第一章是概述，第一节论述各大逻辑学产生的历史背景，第二节论述各大逻辑学的发展时期，将各个时期主要逻辑学家和逻辑学派的基本学说作一个历史的鸟瞰。各编的其余各章从世界三大逻辑学的历史发展中概括出各自的基本理论和基本概念，构成一个体系，然后按历史的发展来论述这些基本理论和基本概念的演进。第一编的主要内容有：名、辞、说、辩以及名辩与因明、逻辑；第二编的主要内容有：论证式、因三相规则和过失论；第三编的主要内容有：直言三段论学说、词项理论、命题逻辑、模态逻辑、逻辑基本规律、归纳法和古典归纳逻辑以及逻辑演算。

张家龙搜集了国际上研究亚里士多德的逻辑理论的资料，运用现代逻辑观点对亚里士多德的逻辑理论进行了全面的研究，取得了一系列新成果。他构造了亚里士多德直言三段论和模态三段论的树枝形自然演绎系统。他把"S 是 P"当成复合的原子谓词，用符号表示为"S—P"，在前面加上全称号和特称号。采用这种处理办法，就可使三段论系统成为一种特殊的一元谓词逻辑系统，符合四种直言命题预设主词存在的要求，在此基础上构造了一个树枝形的直言三段论自然演绎系统，这个系统恢复了亚里士多德原来的三个格，证明了 36 个有效式，建立了一个公理化排斥系统，排斥了 348 个无效式，解决了整个系统的判定问题：存在一种机械程序，在有穷步骤内对任意给定的Γ_1，Γ_2，Γ_3, $\cdots\Gamma_n\vdash$(推出)Γ_{n+1}(Γ_i 是直言公式)， 可以判定它或是被证明，或是被排斥。

张家龙构建的必然模态三段论的树枝形自然演绎系统，克服了亚里士多德系统原来的不精确性，取消了亚里士多德原来列出的单独的□□□系统（两个前提和结论均为必然的)，把它纳入新系统之中，揭示了亚里士多德所不知道的□□□式和□○□式（前提是必然、实然的，结论是必然的）之间的联系，证明了70个有效式，并构造了公理化排斥系统，排斥了38个无效式，在系统中加上关于可能的定义，得出亚里士多德没有研究过的包含可能前提的模态三段论式，解决了必然模态三段论系统的判定问题：存在一种机械程序，在有穷步骤内对任意给定的Γ_1，Γ_2，Γ_3, $\cdots\Gamma_n\vdash$(推出)Γ_{n+1}(Γ_i 是必然、实然或可能的)， 可以判定它或是被证明，或是被排斥；并且应用可能世界语义学构建了这个系统的语义模型。

张家龙论证了亚里士多德的“偶然”定义（即把偶然 p 定义为可能 p 并且可能非 p)是正确的，符合可能世界语义学，但是这个定义与亚里士多德的偶然模态三段论的两条补转换律是冲突的，应当抛弃这两条补转换律。他提出两条“新补转换律”取而代之，同时证明了亚里士多德提出的偶然全称肯定命题可以换位、偶然全称否定命题不能换位、偶然特称否定命题可以换位等观点都是错误的。张家龙提出，偶然命题的换位律有两条，即偶然特称肯定命题和偶然全称否定命题的换位律。在此基础上，他本着“坚持真理，修正错误”的精神，根据自己的新研究成果，勾画了重新构建偶然模态三段论系统的大纲，修正了他以前构造的偶然模态三段论系统的错误。

张家龙全面研究了亚里士多德的模态命题逻辑思想，认为亚里士多德提出了模态对当方阵，提出了现代模态逻辑的T公理和D公理。他还反驳了那种认为亚里士多德没有关系理论的流行观点，用现代逻辑的工具对亚里士多德的关系理论作了新的解释，指出亚里士多德是关系逻辑的开拓者，亚里士多德已经考察了性质和关系的不同，提出了关系、逆关系、偏好、较大、较小、同一、关系的相似、关系之间的包含等概念，亚里士多德还提出了一些关系推理。张家龙对亚里士多德的偏好理论作了全面的研究，分析了亚里士多德提出的与现代偏好逻辑类似的20条原理。他还指出亚里士多德是归纳逻辑的创始人，分析了亚里士多德的归纳三段论的正确形式是一种完全归纳法，分析了亚里士多德的例证法与类比法的同异。

张家龙指出，在欧洲中世纪逻辑中蕴涵着现代逻辑的胚芽，将欧洲中世纪逻辑学家的成果进行综合，构建成类似路易斯创建的现代模态逻辑 S_3 的系统，并与 S_3 系统进行了比较研究。

张家龙根据现代的科学材料对穆勒归纳法作了推广，提出了五种新的归纳方法：比较实验法、求异比较并用法、统计求同求异并用法、抽样求异并用法和抽样比较并用法。

张家龙的《数理逻辑发展史——从莱布尼茨到哥德尔》是中国第一部全面系统地论述从莱布尼茨到哥德尔的数理逻辑史专著，内容丰富，史料翔实。本书首先提出了研究数理逻辑史的方法论原则：①数理逻辑理论的发生和发展同社会实践的辩证关系，一方面承认数理逻辑的概念和理论的产生从本源来说是由实践决定的，另一方面也要承认其相对独立性；②观点和材料的统一；③逻辑方法和历史方法的统一；④严格区别逻辑学家的哲学世界观和具体的逻辑学说。他将数理逻辑发展分为前史、初创、奠基、发展初期等 4 个时期，采用逻辑方法与历史方法相统一的原则加以论述，总结出数理逻辑发展的外部动因和内在的规律，深刻地阐明了实践和数理逻辑理论的辩证关系。本书对数理逻辑重大成果的论述侧重于逻辑方法的分析，对一些重大成果的哲学意义作了总结和概括。在前史时期，他指出，亚里士多德的三段论和中世纪的形式逻辑是数理逻辑的思想来源。在初创时期，他论述了数理逻辑产生的时代背景，指出数理逻辑具有深刻的社会历史基础、自然科学基础和逻辑学本身发展的基础；论述了莱布尼茨的数理逻辑思想、布尔的逻辑代数、德摩根和皮尔士的关系逻辑。在奠基时期，考察了逻辑演算的建立和发展，详尽分析了弗雷格、皮亚诺和罗素的逻辑演算，简要考察了非经典逻辑的产生；论述了从素朴集合论到公理集合论的发展历程；重点论述了在第三次数学危机之后数理逻辑的发展，科学地评价了逻辑主义、直觉主义和形式主义三大学派的贡献。在发展初期，详尽阐述了哥德尔的伟大贡献，哥德尔完全性定理和不完全性定理的划时代意义；考察了在哥德尔不完全性定理之后，数理逻辑取得的重大成果，包括塔尔斯基的逻辑语义学、一般递归函数论、λ 转换演算和丘吉论题、图灵机和可机算函数、波斯特的符号处理系统、塔尔斯基证明不可判定性的一般方法等。

2. 中国逻辑史和因明

在中国逻辑史的研究方面，张家龙善于借鉴现代逻辑的观点和方法，取得了以下成果：

(1) 从数理逻辑观点构造了《周易》的形式化系统。从逻辑的角度看，《周易》的两个组成部分——《易经》和《易传》是统一的，构成一个逻辑系统，而且有丰富的语义解释。

《易经》是由八卦、从八卦派生的六十四卦、卦名、卦辞和爻辞组成的。在《易经》中，构成八卦或六十四卦的基本符号是阳爻—和阴爻- -。从—和- -只能组成八个三画形，由八个三画形的卦通过每两卦的重叠，可组合成六十四个六画形。由此可看出，八卦和六十四卦是从—和- -通过同一种逻辑运算产生的，这种运算就是并置。八卦和六十四卦的卦形是一种由基本符号—和- -组成的形式公式。《易传》发展了《易经》的形式化的逻辑思想，使《周易》构成了一个形式系统，并有丰富的语义解释。《周易·系辞传上》说："一阴一阳之谓道。""易有太极，是生两仪，两仪生四象，四象生八卦，八卦定吉凶，吉凶生大业。"太极是宇宙本体，两仪就是阴和阳，其符号是- -和—。由两仪生成四个两画形即四象，在四象上面分别加上- -和—，即得八卦。在八卦上用"因而重之"的方法即产生出六十四卦。这里使用了并置运算。《周易·说卦传》说："乾，天也，故称乎父。坤，地也，故称乎母。震一索而得男，故谓之长男，巽一索而得女，故谓之长女。坎再索而得男，故谓之中男。离再索而得女，故谓之中女。艮三索而得男，故谓之少男。兑三索而得女，故谓之少女。"震是从坤中以阳爻- -代第一个阴爻而产生的，这就是所谓"震一索而得男"。巽是从乾中以阴爻- -代第一个阳爻而产生的，这就是所谓"巽一索而得女"。其他四卦的解释类似。这些产生过程都使用了同一种代入运算。

六十四卦构成一个系统，阳爻—和阴爻- -是初始符号，通过并置得到乾 ☰ 和坤 ☷，乾和坤仿佛两条公理，通过代入可得到其他六卦，再由八个三画形的卦进行并置可得六十四卦。

张家龙认为，《易传》明确地提出了语义学的重要概念。《易传》是一个由象组成的系统。象分为卦象和爻象。卦象包括卦形和卦辞，爻象包括爻形和爻辞。它们有极其丰富的语义解释。例如，八卦代表事物的八种性质，这是确定的，但代表什么具体事物，则是不确定的。"乾，健也。坤，顺也。""健"和"顺"分别是乾和坤的性质，但乾可以为天，为马，为君，为父，为玉，为金，等等；坤可以为地，为牛，为母，为布，为釜，等等。《周易》的八卦和六十四卦也可以解释成二进制数。

张家龙还指出，《周易》在世界逻辑史上最早提出了"类"这个逻辑概念，这是逻辑学产生的一个标志。

（2）对韩非的"矛盾之说"做了新的分析，"不可陷之盾"与"无不陷之矛"可写成公式 $\forall x \neg R(x, b)$ 与 $\forall x R(a, x)$（R 表示关系"陷"，b 表示"我的盾"，a 表示"我的矛"），它们"不可同世而立"。$\forall x \neg R(x, b)$ 与 $\forall x R(a, x)$ 是一对具有反对关系的关系命题，绝不是互相矛盾的命题，它们不能同真，但可同假；根据全称量词消去律，从它们可推出一对互相矛盾的单称关系命题：

$$\neg R(a, b) \text{ 和 } R(a, b)$$

韩非知道这种推出关系，因为他在揭露楚人的自相矛盾时写道："或曰：'以子之矛陷子之盾何如?' 其人弗能应也。"由此可见，韩非实际上是说，从楚人作出的一对反对的关系命题可以得出一对矛盾的关系命题："吾矛陷吾盾"和"吾矛不陷吾盾"（$R(a, b)$ 和 $\neg R(a, b)$），它们不能同真，必有一假。韩非的"矛盾之说"的重要意义在于它把矛盾律应用于一对单称的关系命题之中。

（3）把《墨经》中著名的"侔"式推理概括为两类共6种有效式，用一阶逻辑公式作了表述并作了严格的证明。第一类"是而然"，有五种，代表性的例子是"白马，马也；乘白马，乘马也。""获，人也；爱获，爱人也。""狗，犬也；杀狗，杀犬也。""白马，马也；不乘马，不乘白马也。""是璜也，是玉也。"（《大取》）（即"璜，玉也；是璜也，是玉也"）第二类"不是而不然"："人之鬼，非人也；祭人之鬼，非祭人也。"其中五种是关系推理，一种是直言推理。

（4）沈有鼎提出"两个公孙龙"的假说，认为一个是历史上的公孙龙，生活在战国末期，是一个辩者，一个诡辩家，材料几乎没有了，另一个是经过晋代人改造过的公孙龙，今本《公孙龙子》6篇不是辩者公孙龙的著作，而是晋代人的集体创作。张家龙对沈有鼎的"两个公孙龙"假说的方法论意义和学术意义作了深刻的分析，对沈有鼎认为《迹府》是晋代作品的观点补充了两个论据，对沈有鼎认为《通变论》和《名实论》不是公孙龙所著的观点补充了两个例证。此外，张家龙研究了沈有鼎的广义模态思想，据此构建了一个兼容"知道"和"相信"的认知模态逻辑系统。

因明学者们把新因明的三支论式与西方逻辑比较，提出四种观点：三段论AAA说、充分条件假言推理说、转化说和外设三段论说。这些观点有的对这种推理适合，对另一种推理却不适合。综合它们的长处和不足，张家龙与张忠义合作，认为三支论式的形式应为四种：①形式蕴涵的肯定式；②全称量词消去后的充分条件假言推理肯定前件式；③形式蕴涵的否定式；④全称量词消去后的充分条件假言推理否定后件式。

3. 西方哲学和逻辑哲学

张家龙全面系统地研究了艾耶尔的分析哲学，论述了艾耶尔哲学思想的发展过程，勾画出艾耶尔在逻辑实证论时期、现象论时期、知识论时期和构造论时期的哲学特点，分析、评论了艾耶尔所取得的成就及面临的困难。在此基础上，对艾耶尔的哲学同英国经验论传统和维也纳学派的现象论分析传统的关系作了比较分析，指出艾耶尔的哲学是这两种传统的综合，同时也是这两种传统的终结，赋予经验论以一种最新的形式，从而确定了艾耶尔在西方哲学史上的地位。

他全面系统地研究了新黑格尔主义代表人物布拉德雷的由本体论、逻辑学和伦理学组成的绝对唯心主义体系，对布拉德雷的哲学同黑格尔的哲学进行比较研究，阐明了两者的异同，认为布拉德雷的哲学是对黑格尔哲学的“片断复兴”，在逻辑学和伦理学方面有所发挥，做了创造性贡献；但总的说来，布拉德雷的哲学体系比起黑格尔的哲学体系来要逊色得多，其影响也小得多，可是其缺陷却大得多，从而确定了布拉德雷在西方哲学史上的地位。

金岳霖的《罗素哲学》一书完稿于20世纪60年代初，1988年由上海人民出版社出版，1995年收入《金岳霖文集》第四卷，由甘肃人民出版社出版。金岳霖受时代的影响，对罗素哲学的评论主要是批评，有全盘否定的倾向。张家龙在《罗素哲学论》中，本着追求真理的精神，基本上不同意前辈金岳霖的观点，对罗素哲学提出了与金岳霖的评价有所不同的观点，甚或是批评意见。张家龙说：“按照金岳霖一贯崇尚学术民主的好学风，如果他的在天之灵得知他的后辈与他进行争鸣，他一定是会感到无比欣慰的。”张家龙认为，罗素的逻辑构造论是一种复杂的哲学理论，决不能简单地用唯心或唯物的二分法来定性。它总的倾向是唯心主义的，如主张剃掉客观事物，以“服从物理学定律的方面系列”或“方面的类”取而代之，不肯定物质第一性等。但是，在逻辑构造论中有许多既具有唯物主义因素又具有辩证法因素的合理内核，如两种空间三个地点的理论、事物的定义等。张家龙还提出，罗素的中立一元论是一个复杂的哲学体系，总的倾向是唯心的，但其中也有不少合理内核，有不少唯物主义因素、辩证法因素和自然科学因素，不能全盘否定。罗素的中立一元论是含有唯物主义和辩证法因素的因果实在论。吸取这些合理内核，对于丰富和发展马克思主义的认识论具有重要意义。

在逻辑哲学研究方面，张家龙取得以下成果：

（1）提出可能世界的模态结构论，其论题是：可能世界不具有本体论的地位，在直观上可以作各种具体理解（事态、命题集、时期等），其一般的抽象的理解是：各种可能状态；但在模态逻辑的形式语义中，可能世界只是框架$\langle W, R\rangle$或模型$\langle W, R, D, V\rangle$中一个组成部分即集合$W$的抽象元素。对可能世界之间的可达关系$R$也应作这种抽象的理解。框架或模型是一种形式结构，是分析和解释模态命题及其推理形式的工具。模态逻辑的各系统不需要对可能世界作出本体论承诺，量化不是施加在世界之上的；但是，各种量化模态逻辑理论也需要一种本体论承诺，这是由该理论内部的个体变元的值来决定的，量化是施加在个体变元之上的，也就是说，各种量化模态逻辑理论在本体论上都承诺了一个非空的个体域，即模型结构

〈W, R, D, V〉中的第三个组成部分。

（2）对克里普克的指示词理论作了补充论证。假定我们使用罗素的逻辑专名“这”在现实世界 w_1 和其他可能世界（比如 w_2）中指着一个人下实指定义，说：“这是亚里士多德”。对这个实指定义，应作如下解释：对一切可能世界 w 和 w 中的一切个体 x，x 是亚里士多德当且仅当 x 与现实世界 w_1 中是“这”的所指的那个个体具有相同的人的关系。在这样的解释下，“这”的所指不受那个量化的世界变元“w”的约束，这一所指属于现实世界 w_1，但是通过跨世界的“相同的人的关系”，实指定义中的“这”是固定的，因此，“亚里士多德”这个专名就是固定指示词。如果在现实世界 w_1 中确定某个人是亚里士多德，那么他在其他可能世界也都是亚里士多德，在可能世界 w_2 以及其他可能世界中，不可能出现一个不是亚里士多德的人成为亚里士多德。这是因为当我们在可能世界 w_2 中指着某个人说：“这是亚里士多德”时，意思是说：在可能世界 w_2 中，x 是亚里士多德当且仅当 x 与现实世界 w_1 中是“这”的所指的那个人有相同的人的关系。

专名是固定指示词也可以不用实指定义方法，另作如下解释：x 在任一可能世界 w 中是亚里士多德，当且仅当 x 与现实世界 w_1 中被称为“亚里士多德”的人具有相同的人的关系。

对于非固定指示词的摹状词（以实指定义“这是亚历山大大帝的老师”为例）应作如下解释：

对一切可能世界 w 和 w 中的一切个体 x 而言，x 是亚历山大大帝的老师，当且仅当 x 与在 w 中是“这”的所指的那个个体具有相同的人的关系。

根据这样的解释，“这”在全称量词“对一切可能世界 w”的辖域中，因此，“这”的所指受这个量化的世界变元的约束。这样一来，“这”就不是固定的，从而，“亚历山大大帝的老师”也就不是固定的，要受可能世界的制约，在不同的可能世界可以指不同的人。在现实世界 w_1 中，“亚历山大大帝的老师”指称亚里士多德；在另外的可能世界 w_2 中，它不指称亚里士多德，而可以指称柏拉图。摹状词是与可能世界相关联的指示词，在不同的可能世界可以指称不同的对象，因而是一种非固定的指示词。

（3）马克思主义哲学包含本质主义，克里普克和普特南的本质主义思想对发展马克思主义哲学的本质主义具有重要意义。张家龙考察了克里普克和普特南的本质主义思想，纠正了其中的不足（如没有考察社会种类的本质，没有区分自然个体和社会个体，把社会个体的个人本质单纯归结为自然起源），批评了维特根斯坦的反本质主义纲领，提出以下几点捍卫本质主义的新论证：

第一，世界上的万事万物形形色色，但是它们都形成各个不同的种类，主要有两个大的种类，自然种类和社会种类（人）。各个种类都有表达它们的名称，自然种类的名称有："猫"、"虎"、"黄金"、"水"、"热"、"光"等，它们都是"种名"。一个种类就自身而言总有其"是其所是"的东西，这就是本质；说得详细一点就是，一个种类的本质是该种类所有、其他种类所没有、并在一切可能世界所具有的性质。

第二，种类的本质主要是该种类的内部结构特征。以自然种类的水为例，水的本质就是 H_2O，也就是说，水在一切可能世界中都是 H_2O。假定我们用实指的方法给"水"在现实世界 w_1 和其他可能世界（比如说 w_2）中下定义，指着这个杯子里的液体说："这是水"。对这个实指定义的解释应该是：

对一切可能世界 w 和 w 中一切个体 x 而言，x 是水当且仅当 x 与现实世界 w_1 中是"这"的所指的那个东西有相同液体关系。这里，"这"一词的所指属于现实世界 w_1，不受元语言量词"一切可能世界 w"的约束。因此，在上述实指定义中的"这"是固定的。实指定义中的种名"水"，是"这"所指的种类之名，因而是一个固定指示词。一旦发现水在现实世界 w_1 中是 H_2O，它在其他可能世界也都是 H_2O，在可能世界 w_2 中，不可能出现水不是 H_2O 的情形。这是因为当我们在可能世界 w_2 中指着这个杯子里的液体说："这是水"时，意思是说：在可能世界 w_2 中，x 是水当且仅当 x 与现实世界 w_1 中是"这"的所指的那个东西有相同液体关系。假定在可能世界 w_2（比如说孪生地球）中，那里的人所说的"水"是由 XYZ 组成的，他们可以给"水"下实指定义："这是水"，但是，这种"水"与现实世界 w_1 中是"这"的所指的那个东西没有相同液体关系，因此，它不是水，而是假水。由于相同液体关系是一种跨世界的关系，因而可以把上述的说明重新表述为：x 在任一可能世界中是水，当且仅当 x 与现实世界中被称为"水"的物质有相同液体关系。一旦我们发现现实世界中的水是 H_2O，那就不存在一个其中水不是 H_2O 的可能世界。这就是说，"水是 H_2O"是一个必然真理，H_2O 是水的本质。

克里普克没有研究作为社会种类的人的本质。马克思主义哲学认为，人的本质在其现实性上是一切社会关系的总和。作为社会种类的人的本质就是包括劳动、社会关系和实践在内的社会结构。人具有社会结构是必然的，也就是说，在一切可能世界中，人都具有社会结构。设想在一种可能世界，有一些外形像人的动物，比如比类人猿更像人的动物，但是不具有如上所说的社会结构，这样，这些动物就不是人。我们用"人"这个语词指示一个具有社会结构的社会种类，不属于这个社会种类的任何动物，即使它看上去像人，事实上也不是人。

第三，克里普克在考察个体本质时，没有区分自然个体和社会个体，把社会个体的个人，例如英国伊丽莎白女王，同自然个体的一张桌子混为一谈，把英国伊丽莎白女王的单纯的自然起源（“伊丽莎白二世是由她父母的一对特定的精子和卵子发育成的”）作为她的本质，这是错误的。个人的本质是在社会关系结构中的起源，英国伊丽莎白女王的本质是由处于英国社会关系结构中的双亲所生的。个人在社会关系结构中的起源在一切可能世界中是不变的。

第四，谈论单独个体的本质，实际上是把它同以它为唯一分子的单元种类联系在一起的。如果两个个体不能有同样的起源，那么它们就分属于不同的单元种类。假设这张桌子 B 是由那块木料 A 制成的，B 是一个专名，“由那块木料 A 制成的（东西）”是一个固定的摹状词，与一般的非固定的摹状词不同，唯一地确定了一个单元种类，由那块木料 A 制成的（东西）＝｛B：B 是由那块木料 A 制成的东西｝。假定我们在现实世界 w_1 和其他任一可能世界 w_2 中，指着我们房间里的这张桌子 B 说：“这是由那块木料 A 制成的（东西）”，对这个实指定义应如下解释：

对一切可能世界 w 和 w 中的一切个体 x 而言，x 是由那块木料 A 制成的（东西）当且仅当 x 与现实世界 w_1 中是“这”的所指的那个东西有相同材料关系。

以上通过实指定义中的“这”的固定性和跨世界的“相同材料关系”，论证了“由那块木料 A 制成的（东西）”的固定性。

当发现我们房间里的这张桌子 B 是由那块木料 A 制成的，这样，“这张桌子 B 是由那块木料 A 制成的”这个命题就在一切可能世界成立，就是一个必然真理，即这张桌子 B 的起源是 B 的必然特性，也就是本质。对于克里普克所举的另一个例子：“伊丽莎白二世是由她父母的一对特定的精子和卵子发育成的”，要从社会性的起源进行分析。

第五，现代的模态集合论是建立在本质主义之上的，它的公理中有一条“成员资格固定性原理”，规定了一个集合的成员资格在集合存在的每一可能世界是同样的；还有一条“跨世界外延性原理”，规定了如果两个集合具有同样的成员，而它们在不同的可能世界中，那么他们就是同样的集合。这两条公理描述了每一集合都具有本质而且具有特有的本质。每一自然种类和社会种类（人）都可以处理为集合或类。现代的模态集合论有一个结果：如果带个体变元的 ZF 集合论是一致的，那么模态集合论也是一致的。即模态集合论具有相对一致性，是科学的理论，如果它不一致，那么带个体变元的 ZF 集合论就是不一致的，这在现在是不可能的。现代的模态集合论为本质主义提供了强有力的辩护。

（4）张家龙考察了国内外的 5 个悖论定义，分析了它们存在的问题，提出了一个新定义：悖论是某些知识领域中的一种论证，从对某概念的定义或一个基本语句

（或命题）出发，在有关领域的一些合理假定之下，按照有效的逻辑推理规则，推出一对自相矛盾的语句或两个互相矛盾的语句的等价式。在这个定义中，包含 4 个要素：

第一，悖论是一种论证，也就是说，是一个完整的逻辑推导过程。悖论同作为出发点的基本语句不同，后者可称为“悖论语句”，两者不可混为一谈。

第二，悖论的出发点，包括对某一概念的定义或给定的基本语句，以及有关的假定。

第三，有效的逻辑推理规则。

第四，得到逻辑矛盾，或两个互相矛盾语句的等价式。

张家龙指出，悖论的产生是自我指称、否定和总体三个因素有机化合的结果。化合决不同于混合，三个因素的化合从量变产生了质变，综合形成了一个悖论命题，由此不可避免地陷入悖论。悖论研究具有极其重要的方法论意义，第三次数学危机——集合论悖论的出现，是数理逻辑的一些重要分支得以创建的最伟大的动力，构成数理逻辑发展史上的重要基础。这个危机不但是推动建立公理集合论的内在动力，而且是促进逻辑主义、形式主义和直觉主义三大学派创建新理论的动力。悖论还有一个很重要的方法论意义，就是直接利用或改造悖论建立新理论，哥德尔从说谎者悖论得到启发，领悟到真实性与可证性是两种不同的概念，他巧妙地用可证性来代替真实性，构造了不可判定的命题。哥德尔的不可判定命题与理查德悖论也有联系。哥德尔受理查德悖论中所使用的对角线方法的启发，在构造不可判定命题的过程中使用了这种方法。

中国逻辑学家沈有鼎发现了“所有有根类的类的悖论”和“两个语义悖论”，在国际上引起很大反响，张家龙对沈有鼎悖论进行了深入研究，指出沈有鼎悖论在数理逻辑发展史上具有十分重要的地位，这些悖论深刻地揭示了直观集合论的缺陷，推进了对集合论悖论和语义悖论的研究，深化了人们对公理集合论特别是正则公理和分离公理的认识，加强了人们对哥德尔不完全性定理特别是对不可判定命题及其对偶命题的理解，丰富了数理逻辑的内容。沈有鼎对数理逻辑的发展做出了不可磨灭的贡献。

张家龙研究了国际逻辑界的有关文献，澄清了悖论研究历史上的一个事实，认为第一次提出“有根性”概念的逻辑学家是沈有鼎。克里普克说：“‘有根性’这个名称似乎是在赫兹博格的著作《语义学中的有根性悖论》中第一次被明确引进的。”张家龙指出，克里普克的说法有误，赫兹博格的“有根性”概念应来源于沈有鼎，赫兹博格的论文发表在 1970 年，而沈有鼎的《所有有根类的类的悖论》是在 1953

年发表的，比赫兹博格的论文早 17 年。

（5）张家龙在现代正规模态逻辑系统中引进亚里士多德的偶然定义（偶然 p 定义为可能 p 并且可能非 p），证明了关于偶然命题同必然命题和可能命题之间关系的 30 多条定理，在此基础上，从哲学方面讨论了偶然性同必然性、可能性之间的关系，丰富了马克思主义哲学关于偶然性和必然性的辩证关系的原理。

此外，张家龙还做了大量的翻译和译校工作，为中国逻辑工作者和哲学工作者的研究工作提供了资料。

综上所述，张家龙在 30 多年的研究工作中，以他的研究成果为国际国内的同类研究成果宝库中增添了新的颗粒，为全面实现中国逻辑研究的现代化、与国际逻辑研究水平全面接轨的事业做出了重要贡献。他的学生对他的评价是："张家龙教授博览众采，学识渊博，读书精细，治学严谨，工作认真，一丝不苟。他在学术研究方面具有的开阔的视野和深邃的见识为同仁们所钦佩。张家龙教授十分重视对人才的培养，对他门下的研究生，总是循循善诱，言传身教，堪为师表。他要求学生多阅读外文原文资料，不仅要知其然，而且要知其所以然。他常激励学生奋发向上，在学业上向国际水平看齐，为国争光。"

三、张家龙主要论著

张家龙等 . 1982. 形式逻辑原理 . 北京：人民出版社 .

Zhang J L. 1987. On Aristotle's Catagorical Syllogistic. Studies in Logic , Grammar and Rhetoric, Warsaw University , Bialystok Branch. Abstracts, vol. 3, LMPS' 87 (The 8 th International Congress of Logic, Methodology and Philosophy of Science, Moscow) .

张家龙 . 1989. 从数理逻辑观点看《周易》. 哲学动态，(11) .

张家龙 . 1990. 亚里士多德模态逻辑的现代解释 . 哲学研究，(1) .

张家龙 . 1993. 数理逻辑发展史——从莱布尼茨到哥德尔 . 北京：社会科学文献出版社 .

张家龙 . 1995. 艾耶尔（世界哲学家丛书）. 台北：台湾东大图书公司 .

张家龙 . 1996. 亚里士多的关系理论探究 . 哲学研究，(1) .

张家龙 . 1997. 布拉德雷（世界哲学家丛书）. 台北：台湾东大图书公司 .

Zhang J L. 1997. Logic and Language in Chinese Philosophy. Companion Encyclopedia of Asian Philosophy, Routledge, London and New York.

张家龙 . 1998. 论沈有鼎的两个公孙龙假说 . 哲学研究，(9) .

张家龙 . 1998. 论《墨经》中"侔"式推理的有效式 . 哲学研究，增刊 .

张家龙 . 2002. 中国逻辑学的发展及特点//逻辑与方法论 . 香港：香港公开大学 .

张家龙 . 2003. 模态逻辑与哲学 . 北京：中国社会出版社 .

张家龙 . 2004. 逻辑学思想史 . 长沙：湖南教育出版社 .

张家龙等 . 2004. 逻辑哲学九章 . 南京：江苏人民出版社 .

张家龙等 . 2004. 金岳霖思想研究 . 北京：中国社会科学出版社 .

张家龙 . 2008. 亚里士多德对“偏好”如是说 . 逻辑学研究，(2) .

张家龙 . 2008. 论沈有鼎悖论在数理逻辑史上的地位 . 哲学研究，(9)

张家龙 . 2009. 论偶然模态 . 哲学研究，增刊（第四届海峡两岸逻辑教学学术会议专辑）.

Zhang Z Y，Zhang J L. 2009. The three-form reasoning of new Hetu-vidya in Indian logic from the perspective of modern logic. Frontiers of Philosophy in China，4 (4)，December.

主要参考文献

张家龙 . 1993. 数理逻辑发展史——从莱布尼茨到哥德尔 . 北京：社会科学文献出版社 .

张家龙 . 2002. 中国逻辑学的发展及特点//逻辑与方法论 . 香港公开大学 .

张家龙 . 2003. 模态逻辑与哲学 . 北京：中国社会出版社 .

张家龙 . 2004. 逻辑学思想史 . 长沙：湖南教育出版社 .

中国社会科学院研究生院教务处 . 2005. 名师荟萃 . 北京：中国经济出版社 .

撰写者

杜国平（1965～），哲学博士和工学博士，现任中国社会科学院哲学研究所研究员、博士生导师，中国逻辑学会秘书长。在读哲学博士期间，张家龙担任博士生指导小组老师和学位课程授课老师。

陈晏清

陈晏清（1938～）湖南新化人。马克思主义哲学家。1962年于中国人民大学哲学系毕业后即分配至南开大学哲学系任教。1985年晋升为教授，1986年任博士生导师。1985～1997年任南开大学哲学系系主任，1995～2000年任南开大学人文学院院长，1997年创办南开大学社会哲学研究所并任所长。"文化大革命"结束后，他以巨大的热情投入了哲学理论上拨乱反正、正本清源的工作，撰写了系统批判林彪、"四人帮"哲学以及清理新中国成立以来主要哲学思潮（唯意志论和"斗争哲学"）的系列论著。20世纪80年代初期以后，他作为主要成员参与和推动了中国马克思主义哲学体系改革的研究，主张建构一个将实践观点贯通到底的马克思主义哲学的解释体系，并为此做出了富有成效的努力。20世纪80年代中期，他以哲学的现实关怀为宗旨，率先倡导以中国社会转型过程中的重大问题为基本内容的社会哲学研究，90年代后半期以来又将社会哲学研究的视野聚焦于政治哲学，致力于建构中国马克思主义政治哲学的探索。他的多项研究成果获省部级优秀社会科学成果奖一、二等奖。

一、成长经历

陈晏清1938年6月16日出生于湖南省新化县孟公桥一个贫苦的农民家庭。1949年，他小学毕业时，家乡解放了，又幸好当地的月塘曾家于1944年在孟公桥创办了一所私立中学——维新中学，因此，他可以就近上学，省去了许多费用。从1951年开始他又有了人民助学金，连吃饭都基本上由国家管了。如果他的家乡不是恰好在这个时候解放，又如果家乡没有这样一所中学，以陈晏清当时的家境来说，是肯定要辍学的。1953年初中毕业后，他考入了湖南省邵阳市第一中学。这所学校的前身是湖南省立六中。他在这所中学受到了很好的教育。毕业前夕，即1956年5月，他在这所学校加入了中国共产党。同时，以其品学兼优的条件，被推荐为留苏预备生的人选。1956年8月至1957年6月，他在北京俄语学院留苏预备部学习了一年俄语，但后来情况发生了变化，国家不再向苏联和东欧国家大规模地派遣留学生，这批预备生留在国内培养，由他们任选学校和专业。陈晏清本来是作为理工类考生考入留苏预备部的，他的许多同伴都去了北京大学和清华大学，而他却选择了中国人民大学的哲学系。其实，他的理科成绩很好，尤其是数学。在读中学时，他觉得功课轻松，所以课外阅读的时间较多，而课外阅读的兴趣却是在政治理论读物上。那时候，国家总有一些新的事情发生，他希望理解这些变化。他由对于一般政治理论的兴趣，逐渐转向了对于哲学的兴趣。当然，在当时一个中学生的视野里，哲学主要是指马克思主义的哲学。因此，陈晏清喜欢哲学，也无疑同他的政治信仰、价值观念有直接的关联。1988 年，他的母校中国人民大学派出记者对他做过专访，在访谈中，当问到他为什么选择哲学专业时，他是这样说的：新中国成立初期，党风、民风很好，国家一派兴旺景象，充分显示了马克思主义改造社会的威力。他觉得“对于国家民族的振兴，哲学比什么都重要。”但他当时不会想到，哲学的道路竟也是一条荆棘丛生的道路。

在中国人民大学的 5 年，正赶上 1957 年的反右派斗争、1958 年的“大跃进”、1959 年的批判右倾机会主义以及从 1959 年到 1962 年的困难时期，正常的教学秩序被打乱，几乎一半的时间是在政治运动、生产劳动中度过的。但陈晏清仍然认为，在中国人民大学 5 年的教育，其积极的方面还是主要的，这包括两个方面：一是强调精读马列原著，二是强调哲学的现实关怀。对于前一个方面人们没有争议，都认为这是一种应当提倡的优良学风，而对后一个方面则是褒贬不一。有不少人对于那时的“理论联系实际”是持基本否定的态度的，但陈晏清不这样看。他认为，那个年代国家的政治生活、理论生活多不正常，一些本来符合马克思主义的正确原则在其运用过程中常被扭曲，对于这种情况应当联系其时代背景加以具体分析，而不应当错误地总结历史教训，不能因为理论曾对实际生活做过不正当的干预就否定理论联系实际这个原则本身。他至今认为，让哲学系的学生思考一些现实生活中的问题，适当地参加一些实际工作，这有利于深化、活化对基本理论的理解，培养分析、解决问题的能力，更重要的是有助于树立起一种同马克思主义哲学的实践批判本性相符合的学术观念、学术信念。还是在 1988 年中国人民大学记者对他的访谈中，他说：“理论联系实际，哲学为现实实践服务，哲学家要关心民族和人类的命运。这是我的母校的传统学风，是母校给我培育的基本精神。它成了我治学的基本原则。”他始终认为，哲学必须扎根于现实生活，只有现实生活才是哲学这棵大树生长的厚土。因此，他不喜欢搞“书斋哲学”，不写无病呻吟的文章。但是他同时也强调，哲学应当以哲学的方式关注现实，而反对在为现实服务的旗号下把哲学实证化甚至庸俗化的倾向。哲学具有总体性、反思性，哲学的总体性、反思性靠哲学思维所具有的思辨性才能达到，没有思辨就没有哲学。事实上，陈晏清也是很喜欢思辨且善于思辨的。

二、主要研究领域和学术成就

陈晏清的真正意义上的学术活动是从“文化大革命”结束以后才开始的。他曾借用新儒家常用的“返本开新”这个词来概括他30多年来的学术活动历程。所谓“返本”就是恢复马克思主义哲学的真精神，所谓“开新”就是开创马克思主义哲学研究的新局面。这里，按照“返本开新”这个基本线索，将他的学术活动及其成就，顺序概述如下：

1. 对林彪、“四人帮”哲学的系统批判

“返本”的第一步是拨乱反正，首先是颠倒被“文化大革命”颠倒了的理论是非。“文化大革命”结束不久，即1977年年初，他就萌动了对林彪、“四人帮”哲学进行系统批判的念头，认为这是理论工作者义不容辞的历史责任，并很快就着手《“四人帮”哲学批判》一书的写作。

“四人帮”不是什么著作家，更不是哲学家，他们的哲学思想是通过一些零散的哲学言论或同哲学相关的言论表达出来的。陈晏清下了很大的气力，用了近半年的时间，尽可能详尽地搜集了“四人帮”及其余党的哲学言论，也包括林彪一伙的言论。这些言论有的带点理论色彩，有的则是信口雌黄，直观地看就是一个大杂烩。因此，必须把对他们的哲学言论的分析和对他们的政治实践的分析结合起来，并以政治实践的分析为主。陈晏清在研究中采取这种方法，把握住了“四人帮”哲学的主要内容是唯心论的先验论、斗争哲学和上层建筑决定论，而其整个世界观的核心则是权力意志决定论。应当说，这种把握是相当准确的。在他的这部著作中，除了紧紧抓住这些主要的东西进行深入系统的批判以外，对于作为“四人帮”理论活动的手段并最能表现他们的作风、人品的东西如实用主义、唯我论、诡辩论、流氓史观等等也作了淋漓尽致的揭露和批判，这不仅使批判工作做得更加完整，也大大有助于人们认识“四人帮”的丑恶面目。

《“四人帮”哲学批判》的写作非常艰苦。从1977年春开始，到1978年8月定稿，用了一年半的时间。在书稿写作的关键时段，他几乎每天工作15小时以上。1979年1月，该书由人民出版社出版面世。这是我国第一部系统批判林彪、“四人帮”哲学的著作，在理论界和社会上产生了广泛的积极影响。

2. 清理新中国成立以来的主要哲学思潮

“文化大革命”的发生不是偶然的，从思想根源来说，它的发生是长时期背离马克思主义的思想路线的结果，林彪、“四人帮”是借势将已经发生的错误推向了极端。因此，陈晏清认为，真正实现拨乱反正的任务，还必须结合总结新中国成立以来的理论教训，在理论和学术的深层上推进。

当年毛泽东针对某种现象说过“唯心主义盛行，形而上学猖獗”这样的话。固然毛泽东所指向的和后来人们所观察和体悟到的不完全是一回事，但借他的话作为对于我们国家一个时期里哲学状况的总体描述是再恰当不过了。“唯心主义盛行”的突出表现是唯意志论盛行，忽视和藐视客观规律；“形而上学猖獗”的最主要的表现是“斗争哲学”的猖獗，即在对立面的斗争和同一这两个方面中，只讲斗争不讲同一。陈晏清在写完《“四人帮”哲学批判》之后两三年时间里，对于哲学理论问题的思考也都是集中在这两个问题上。

（1）清理唯意志论思潮

新中国成立以后，在一个时期里，“发挥主观能动性”不只是一种哲学言论，而且成了一个十分响亮的政治性口号。在“发挥主观能动性”的名义下，不按经济规律办事，不按阶级斗争的规律办事，不按各个领域自身的运行规律办事，而是凭人们的主观意志行事，甚至是只凭某一个人或几个人的意志行事。这种唯意志论的狂热性、盲动性不仅有理论的论证，而且有反保守、反右倾、反修正主义的政治运动助推，以至在1958年的“大跃进”中和1966年开始的“文化大革命”中达到了登峰造极的地步。这股唯意志论思潮是披着马克思主义的主观能动性理论的外衣出场的。因此，陈晏清决定撰写《论自觉的能动性》一书，对这种哲学思潮进行系统的清理。

这部著作集中阐述了主观能动性与客观规律性的关系问题，即人们改造客观世界的活动同客观世界本身固有的规律性之间的关系问题。针对曾经出现过的对于所谓“条件论”的批判，该书用较大篇幅阐明了辩证唯物论的条件论。针对那种认为社会主义时期在一切方面都进入了“自由王国”的论点，还着重阐述了自由与必然的关系问题。颇具新意的是，作者发现我们过去关于“自由王国”的概念，包括毛泽东在那段关于“人类的历史，就是一个不断地从必然王国向自由王国发展的历史”的著名论述里使用的概念，同马克思的“自由王国”概念并不是一回事。马克思关于“自由王国”的经典论述是见于《资本论》第3卷第926～927页里的一段话。马克思讲的“自由王国”的基本内涵是人类能力的发展成为目的本身，是指的一种社会状态。作者认为，在认识论的意义上无所谓“自由王国”。“必然性变成自由时并没有消失”（列宁语），而自由一旦违背必然性却随时可以消失。人们处在自由状态或不自由状态，只是必然制约自由的两种表现形态而已。

把作为认识论范畴的必然与自由，同作为社会历史范畴的必然王国与自由王国加以区分，是陈晏清在写作这部著作时获得的对于马克思主义理论的一个最重要的新理解。这种区分是十分重要的，如将它们混淆，则一方面会造成思想理论上的迷误，另一方面会遮蔽马克思主义关于“自由王国”理论的真实意义。联系到马克思、恩格斯在《共产主义信条草案》、《共产主义原理》、《共产党宣言》和《资本论》第1卷等著作中的一系列相关论述，陈晏清认为，马克思关于“自由王国”的理论，正是他对于共产主义的一种哲学表述，应当对这一理论做专门的深入的研究。

《论自觉的能动性》的写作时间主要是在1980年。1981年7月把书稿交给上海人民出版社，整整2年之后，即1983年7月出版面世。这本著作出版之后，也就是20世纪80年代中期以后，关于社会规律客观性问题的讨论日趋活跃。因此，陈晏清又主持了国家社会科学规划重点课题“社会客观规律与人的自觉活动”的研究。这一课题的最终成果是他和闫孟伟合著的《辩证的历史决定论》。此书曾三易其稿，于2007年才由中国社会科学出版社出版。这本著作是《论自觉的能动性》的继续，它将对于这一问题的研究大大地向前推进了。

（2）批判“斗争哲学”

在一个时期里，辩证法被归结为一个“斗”字、一个“分”字。最响亮的口号是“斗则进，不斗则退”，认为只有斗争才是事物前进发展的动力，一切对于斗争的限制都是对于事物发展的限制。只能讲“分”，不能讲“合”。讲“分”是革命辩证法，是马列主义；讲“合”则是矛盾调和论，是修正主义。这种哲学在实践上的表现就是无限制的斗争、不停顿的“革命”。“文化大革命”登峰造极，以至人民四分五裂，国民经济也被“斗争”推向了崩溃的边缘。为了清理这种哲学思潮，陈晏清在写作《论自觉的能动性》的同时，也用了很多的时间和精力去思考和研究辩证法特别是对立统一的学说。

针对这种“斗争哲学”，陈晏清首先思考的是矛盾同一性的作用问题，并在1979年发表了《论矛盾同一性在事物发展中的作用》的论文。他认为，关于矛盾同一性的作用可以列出许多方面，但按照对立统一的观点，同一性的最重要的作用是它对斗争性的制约作用，即矛盾的具体的同一性制约着矛盾斗争的形式和界限。颇具新意的是，他初次阐述了恩格斯关于辩证法也有保守的方面的重要论断。在事物有其存在的历史理由的时候，也就是矛盾双方相互依存的同一性在一定条件下仍然有利于事物的发展、有利于各种积极因素的作用充分发挥的时候，就应当保持矛盾双方的相互依存，使矛盾统一体不破裂，这就是辩证法承认的保守的方面。这也是具体的同一性制约斗争界限的最重要的方面。在“斗争哲学”猖獗多年、辩证法的革命性被片面地膨胀多年之后，从辩证法学说的核心——对立统一规律上阐明辩证法也有它的保守的方面，显然是有重要的拨乱反正的意义的。

为了正确地阐明同一性的作用和整个对立统一规律，陈晏清继而和吴启文合作写了《矛盾同一性的含义及其与矛盾斗争性的关系》和《必须用对立统一的观点理解同一性的含义》等论文，提出重新规定“同一性”的范畴，不赞成多年沿袭的将同一性规定为“矛盾双方相互依存和相互转化”的观点，而主张将其规定为“矛盾双方的相互依存”。他们的基本观点是：不能把对立面的相互转化包括在同一性的含义之内。对于对立面的相互转化与同一性的关系，要区分转化的原因、过程和结果而加以分析。从其原因和结果看，对立面的转化表现着同一性，但它本身并不是同一性，同一性和同一性的表现不是一回事。从对立面相互转化的过程看，在这个过程中矛盾的一方既要排除对方的某种规定性，也要获得对方的某种规定性。获得对方的某种规定性可视为相互依存的同一性的转化形式。因此，对立面转化的过程是一个矛盾双方又斗争又同一的过程。但就其主要倾向来说，它是一个斗争性得以贯彻的过程，因为即使获得对方的某种规定性也是以排除对方的某种规定性为前提的。转化和斗争在基本倾向上是一致的，它们之间没有相互制约的关系，这二者结合在一起，不可能有事物的矛盾运动和正常发展。中国的“文化大革命”就是把斗争和转化紧紧地缚在一起这样一种理论的实践，这正是导致人们重新思考同一性含义的契机之一。

最后，陈晏清还大胆地提出改变以往哲学教科书按照《矛盾论》的框架表述对立统一规律的方式，以便突出对立统一规律本身的内容，展开地阐述矛盾斗争性和同一性的关系。

陈晏清在这个时期对于“斗争哲学”的批判和思考所取得的理论成果，包括关于同一性的作用、同一性的范畴规定以及对立统一规律的重新阐释等，都由他作为撰稿人写进了权威教科书和辞典。萧前等主编的教育部统编教材《辩证唯物主义原理》的“对立统一规律”一章由他执笔，《中国大百科全书·哲学》的“对立统一规律”、“矛盾”、“矛盾的斗争性”、“矛盾的同一性”等词条释文由他撰写。

3. 推进马克思主义哲学解释体系的改革

20世纪80年代中期，哲学体系改革的呼声越来越高。1985年国家教委设立了

“马克思主义哲学原理体系改革”的重点课题，翌年又被提升为国家社科规划的重点课题，由萧前、黄枬森主持，由全国高校马克思主义哲学专业博士点共同承担。陈晏清作为南开大学博士点的带头人参加了课题组，并发挥了重要的作用。

哲学体系改革的基本目标，是消除苏联教科书的消极影响。陈晏清认为，改革旧的哲学体系也是一种“返本”的工作，而且是真正意义上的“返本”。返本就是要返回到学说的创始人那里去，返回到原创性学说去，这样才有可能有效地剔除后人附加于它的东西而把它的真精神剥显出来，释放出来，并进而根据变化了的现实生活予以发挥和发展。

这个课题组的活动长达8年之久，在全国哲学体系改革研究中起到了核心的作用。这一课题研究的最终成果是新编哲学教科书《马克思主义哲学原理》（上下册，中国人民大学出版社1994年出版）。该书由萧前任主编，黄枬森和陈晏清任副主编，陈晏清还是全书的主要统稿人。但课题组在许多问题上，乃至在哲学体系改革的基本思路上分歧甚大。陈晏清觉得自己的观点和意图很难在课题的最终成果里充分体现，因而他在积极参加课题组工作的同时，又在南开大学组织队伍，独立开展研究。他带领他指导的首届博士生王南湜、李淑梅，撰著了《现代唯物主义导引》一书，表达了南开大学学术团队对于马克思主义哲学体系改革的基本观点。其主要之点概述如下：

①把握马克思主义哲学的实质，首先要理解马克思所实现的哲学变革的实质。马克思的哲学变革的实质是哲学思维方式或哲学范式的变革。古代哲学是本体论的思维范式，近代哲学是认识论的思维范式，马克思开创的是人类活动论（或实践论）的思维范式。“哲学家们只是用不同的方式解释世界，问题在于改变世界。”（马克思语）这宣示新的哲学思维范式的创立。

②哲学范式的变更，首先是哲学思维出发点的变更。在人类活动论的哲学范式中，出发点既不是抽象的自然，也不是抽象的精神，而是现实的人。现实的人是从事现实活动的人，是对象性的存在物。哲学从现实的人出发，它所关注的便是人的对象世界，即同人发生对象性关系的世界。

③哲学思考指向现实的人，也就是指向人的现实活动，它是对于人类自身活动的反思。必然和自由的关系构成了人类活动的本原性矛盾，它与人类共存亡。因此，必然与自由的关系便是理解和解释全部哲学特别是马克思主义哲学的基本线索。思维与存在的关系是自由与必然的关系的最抽象的表达，也是解决自由与必然之关系问题的理论前提。

④必然与自由的矛盾是人类生活所独具的，它只有在人类实践活动中才能发生，

也只有在人类实践活动中才能解决。因此，实践的观点是理解必然与自由之关系的基本观点，也是进而理解和解释马克思主义哲学体系的基本观点。

⑤人类活动论（或实践论）的哲学思维方式，就是把对象、现实、感性“当作人的感性活动，当做实践去理解”（马克思语）。这样，就可以建立起实践论的自然观念、社会观念、历史观念、知识观念及作为这全部观念之综合的自由观念，将实践的观点贯通于马克思主义哲学的整个体系。

《现代唯物主义导引》一书，立足于实践的观点，对马克思主义哲学的基本特征、基本形态（包括其唯物主义的形态和辩证法的形态）以及马克思哲学的一系列“大观念”，都做出了不同于以往教科书的新解释，并较为全面地涉及了自然哲学、社会理论、认识论、伦理学、美学、辩证逻辑、西方哲学等各分支学科的基础理论问题。此书后来又改编为教科书《马克思主义哲学高级教程》（普通高等教育“九五”国家教委重点教材，供研究生用），于2001年出版，颇受读者的欢迎。

4. 率先倡导社会哲学的研究

哲学体系改革的研究于20世纪90年代初告一段落，也就是陈晏清所说的“返本”工作告一段落。返本和开新不是截然分开的。“告一段落”不是已经到头，同时，返本中也包含了开新。返本不是目的，返本是为了开新。陈晏清认为，“开新”应是一种原创性的研究，它包括新的研究领域的开拓，包括马克思主义哲学某些理论原理的更新甚至是理论形态的更新。这就必须探寻哲学的新的生长点。这个生长点不在任何别的地方，而只能存在于我们时代的现实生活的土壤中。因此，哲学的创新，其基础性和前提性的工作是寻找哲学走向现实生活的通道。他认为，社会哲学就是哲学与现实社会生活会通的最佳渠道之一。

早在20世纪80年代中期，陈晏清就开始了社会哲学的研究，并于1990年出版了由他主编的《当代中国社会哲学》一书。但那时，这只是为了探索理论联系实际的途径，即作为哲学改革的任务提出来的，而没有从学科角度去关注它。90年代初期以后，他开始从学科角度去关注社会哲学，并将其纳入教学科研体制。社会哲学被确定为南开大学马克思主义哲学专业的博士研究方向，1997年建立了由他任所长的南开大学社会哲学研究所。此期间他和他领导的学术团队的社会哲学研究所取得的成果主要在以下几个方面：

第一，初步形成了马克思主义社会哲学的学科观念，这主要是明确了马克思主义的社会历史理论中历史哲学与社会哲学两个维度的关系。历史哲学的维度即一般历史观的维度，它研究人类历史的客观的、辩证的本性及历史发展的一般规律。唯物史观即是历史哲学的维度。社会哲学的维度则是直接关注现实社会生活的维度，它从具体社会形态的社会结构切入研究人们的现实社会生活过程。这两个哲学维度的关系，实质上是唯物史观与现实历史的关系。明确了这两个哲学维度的区分和联系，就既为马克思主义社会哲学的建立找到了基本的理论依据，又有助于理解唯物史观的真正的理论价值所在，防止将马克思主义的社会历史理论抽象化。

第二，找到了社会哲学研究的切入点，这实际上是研究对象的具体化。社会哲学作为一种哲学形式固然也是对于社会生活的总体性把握，但社会生活总体是有着多种可能的存在样态的，即是说，社会哲学面对的是一个庞大的包含着多方面的研究对象，因此，必须选定合适的切入点。而理论研究的切入点归根结底是由研究者生活于其中的社会实践背景所限定的。当代中国社会正在发生的巨变，既要求从哲学层面上提供一种总体性的观念，以实现对于这种巨变的观念引导，又为这种研究提供了最丰富、最直接的鲜活素材。所以，当代中国社会哲学的研究，最为适宜的切入点就应是当代中国社会结构的转型。

第三，确立了以问题为中心的研究方法。这就是以当代中国社会转型过程中提出的重大问题为中心，反对体系先行，反对从概念、原理出发。按照这种方法，陈晏清和他领导的学术团队，对当前中国社会转型的若干重大问题展开了系统的研究，发表了一系列有理论深度的论文，并于 1998 年、1999 年出版了由他主编的“社会哲学研究丛书”，含《当代中国社会转型论》、《从领域合一到领域分离》、《社会转型控制论》、《社会转型与信仰重建》、《社会转型的文化约束》、《社会转型代价论》、《市场经济的伦理基础》、《效率与公平：社会哲学的分析》、《可持续发展——新的文明观》以及《社会转型与人的现代重塑》等共十种。其中，《当代中国社会转型论》作为丛书的总论，由陈晏清直接主持撰写。在这些论文和著作中，提出和论证了一系列对于理解当代中国的社会转型具有重要意义的新观念，例如关于社会转型过程中社会结构变化的基本趋势的观念，关于社会转型过程中两种类型的代价的观念，关于文化的层面性结构的观念，关于市场经济条件下公平和效率之间具有三重关系的观念以及关于现代市民社会的观念等。

5. 致力于构建马克思主义政治哲学的探索

广义的社会哲学就包含了政治哲学。事实上，陈晏清和他领导的学术群体早已在社会哲学的框架下研究了若干属于政治哲学的问题。将研究精力更加集中于政治哲学，是在 1996 年年底他参加总结天津市和平区社区文明建设经验的理论研讨会之后。他在研讨会上提出，真正意义上的城市社区的形成、社区功能的强化，是同市民社会的兴起密切相关的。在市场经济条件下市民社会的兴起，使国家和社会的关系发生了重大的变化，即由计划经济体制下国家与社会一体转变到国家与社会相对分离。这正是社会结构的一种转型，它将广泛而深刻地影响社会的政治生活。正是对于天津市和平区社区文明建设的思考，引起了他对市民社会理论的关注，并进而促进了他对于政治哲学的关注和研究。

自罗尔斯的《正义论》问世之后，政治哲学在西方日渐复兴。受其影响，我国学界也有越来越多的人给予关注，近几年已成热点。但陈晏清认为，国内出现的政治哲学热还基本上是一种西方哲学热，而我们的责任则是研究和构建马克思主义的政治哲学。当然，他也认为，在一个时期里把精力放在对于当代西方政治哲学的思考和研究上是完全必要的。一方面，西方政治哲学研究的积极成果应当借鉴；另一方面，中国马克思主义政治哲学的研究也不可脱离政治哲学在世界范围内复兴的学术背景。因此，他在重点转向政治哲学研究的前期发表的论文也多是涉及这些方面的问题，如关于市民社会理论的当代形态，关于政治哲学在当代复兴的背景、原因和意义，关于当代政治思维方式的特点及其同哲学思维方式变化的关系等。但他把这些工作都视为建构马克思主义政治哲学的准备性工作。

政治哲学不同于政治科学，它探寻政治事务的内在本性，关注政治事务的价值指向和政治活动的应然规范，是一种关于人类应当怎样生活的智慧，着重于政治事务的价值论研究。当然，任何一种政治哲学都是要求在理论上达成价值性与事实性的统一的，但就其知识形式来说，无疑是属于规范理论。以往的研究者们，由于排除了唯物史观的价值论维度，因而或者认为马克思主义没有政治哲学，即没有作为规范理论的政治哲学，或者认为马克思主义有政治哲学，那就是把作为认知理论的政治理论视为政治哲学，只不过它的普遍性程度比之一般政治理论更高一些罢了。这样，在涉及公平、正义、平等、自由等基本社会价值的地道的政治哲学问题时，几乎由自由主义独占了话语权，马克思主义哲学却长时期处于一种失语状态。陈晏清认为，这个带有根本性质的问题亟须澄清，亟须依据政治哲学的学术传统，对于马克思主义的政治哲学予以重新解释和建构。

陈晏清认为，马克思创立了自己的政治哲学，这是毫无疑问的。马克思看到工业革命后，资本主义在促进生产力高度发展的基础上开放了一种人类解放的可能性。这是一种代表历史发展趋势的事实性，是一种有着现实根据的理想的事实性。马克思正是据此创立了以人类解放为价值目标的政治哲学。因为它是建立在这种理想的事实性与价值性之统一的基础上的，所以是一种理想性的政治哲学。只是一百多年来，历史事实发生了巨大的变化。特别20世纪末期，这种理想的事实性与价值性的统一受到了严重的挑战。因此，当代的马克思主义者应当在承续理想性政治哲学的同时，致力于建构一种基于现实的事实性与价值性之统一的政治哲学。这种现实性的马克思主义政治哲学，应以全球化背景下和社会主义市场经济条件下社会秩序的政治建构为主题。对于构建现实性马克思主义政治哲学的探索，陈晏清和他领导的学术群体正在积极推进之中。

陈晏清也是一位颇有影响的哲学教育家。半个世纪来，他一直没有离开哲学教育第一线。他的哲学研究工作有两个明显的特点：一是密切相关于现实生活，二是密切相关于哲学教育。他善于将研究成果转化为教学内容，他在研究中获得的对于马克思主义哲学的新理解，许多都被稳妥地纳入了由他主持或参与编写的几部重要的有影响的哲学教科书。陈晏清从 1986 年开始指导博士生，迄今已培养 50 余名博士生。他培养的博士生已有近 30 人成为教授、博士生导师，有的成为优秀的学术带头人，还有不少人担任了党政军和文化教育部门的重要领导职务。20 世纪 80 年代，他曾受聘为中央广播电视大学的首任哲学主讲，他编写的教科书《马克思主义哲学纲要》及其修订本印刷约 20 次，发行 200 余万册，为普及马克思主义哲学的基本理论和基本知识，推进马克思主义哲学的大众化作出了贡献。

三、陈晏清主要论著

陈晏清．1979．“四人帮”哲学批判．北京：人民出版社

陈晏清．1979．论矛盾同一性在事物发展中的作用．南开学报，(4)．

陈晏清，吴启文．1982．矛盾同一性的含义及其与矛盾斗争性的关系．唯物辩证法讨论集．南宁：广西人民出版社

陈晏清．1983．论自觉的能动性．上海：上海人民出版社

陈晏清，李淑梅．1986．应着重从社会历史角度理解马克思主义关于“自由王国”的理论．哲学研究，(8)．

陈晏清．1989．理论应以理论的方式为改革服务．求是，(5)．

陈晏清主编．1990．当代中国社会哲学．天津：天津人民出版社

陈晏清，王南湜，闫孟伟．1994．关于建立社会主义市场经济的代价问题．求是，(23)．

陈晏清，王南湜，李淑梅．1996．现代唯物主义导引．天津：南开大学出版社

陈晏清，石楠．1997．哲学应是植根于现实生活的终极关怀．南开学报，(3)．

陈晏清．1998．当代中国社会转型论．太原：山西教育出版社

陈晏清．1998．关于社会哲学研究的几个问题．湘潭大学学报，(4)．

陈晏清，闫孟伟．2003．历史规律．历史趋势．历史预见——评波普《历史决定论的贫困》．求是，(18)：41-44．

陈晏清．2004．将实践观点贯通于整个马克思主义哲学体系//新世纪的哲学与中国——中国哲学大会（2004）文集（上卷）．北京：中国社会科学出版社

陈晏清，王新生．2005. 政治哲学的当代复兴及其意义．哲学研究，(6)．

陈晏清，赵前苗．2006. 后形而上学转向与政治思维方式的变更．天津社会科学，(1)．

陈晏清．2006. 政治哲学的兴起与当代中国马克思主义政治哲学的建构．中国社会科学，(6)．

陈晏清，杨谦．2006. 马克思主义哲学中国化的实践版本和理论版本．哲学研究，(2)．

陈晏清，闫孟伟．2007. 辩证的历史决定论．北京：中国社会科学出版社

陈晏清，王新生．2010. 当前我国马克思主义政治哲学研究的几个问题．哲学研究，(7)．

主要参考文献

中国人民大学校刊编辑部．1992. 人民共和国的建设者．北京：中国人民大学出版社

陈晏清．2007. 陈晏清文集．天津：天津人民出版社

撰写者

王新生（1962～），河南新乡人。南开大学哲学院院长，教授，博士生导师。曾师从陈晏清攻读硕士学位和博士学位。

方克立

方克立（1938～），湖南湘潭人。中国哲学与文化研究学者，马克思主义哲学家、教育家。1962年毕业于中国人民大学哲学系，先后在中国人民大学、南开大学、中国社会科学院研究生院任教。曾任南开大学研究生院副院长、天津市社会科学界联合会副主席、中国社会科学院研究生院院长、北京市学位委员会副主任委员、国务院学位委员会哲学评议组成员和召集人、国家社科基金哲学学科评审组成员、全国高等教育自学考试指导委员会哲学专业委员会委员、全国博士后管理委员会哲学专家组成员、中国哲学史学会会长、国际中国哲学会（ISCP）会长、中华炎黄文化研究会副会长等职务，还曾兼任中国科技大学人文学院院长（2000～2005）、湘潭大学湘学研究所所长（2002～2012）。长期从事中国哲学史的教学与研究工作，已指导培养硕士生、博士生、博士后研究人员、外国留学生、国内进修生和访问学者数十人。主要著作有《中国哲学史上的知行观》、《现代新儒学与中国现代化》、《中国文化的综合创新之路》、《方克立文集》等。1984年被评为天津市劳动模范，1988年获人事部授予的“国家有突出贡献中青年专家”称号，2006年当选为中国社会科学院学部委员。

一、成长经历

1938年6月28日，方克立生于湖南省湘潭县十四都森梅村梅家冲思古堂。当时正值抗日战争时期，武汉大学内迁四川乐山，其父方壮猷是武汉大学历史系教授并担任迁校委员，武汉失守前，先将家属送回湖南湘潭原籍。思古堂是武汉大学同事赵家寰（前清进士赵启霖之子）家的祖屋，借给方氏回乡家属暂住，方克立就出生在那里。1940年5月，母亲和两个哥哥由人护送经长江水路入川，因随时有日机轰炸之险，故将不足2岁的方克立留在湘潭原籍由祖父母抚养，直到抗战胜利。1946年5月，父母将他接到从四川迁回武昌珞珈山的武汉大学，9月入读武汉大学附属小学（简称“武大附小”）。此前他已在湘潭原籍的栗山公祠小学堂发蒙读书，读到了二年级。父母担心农村教育质量差，要他到武大附小重读二年级，他不从，非要报考三年级，结果考了第一名。他的母亲曾在一篇文章中讲到这个孩子：“因为日寇的侵略，这个孩子还在2岁的时候，我带领他的两个哥哥离开湖南到四川去，而把他留在祖父母身边。由于祖父母的溺爱，他自小养成了自由散漫的习惯。虽然他的天资很高，但不肯用功，很好玩，所以我和他的爸爸平日对他的管教比对他的哥哥妹妹都要严格一些。”一个带有“野性”的农村孩子，要融入有教养的家庭、学校和城市生活，自然需要一个过程，但也很难完全改变他爱自由思想和行动的根性。

1950年方克立从武大附小毕业，考上湖北省立武昌实验中学，开始了以后6年的独立住校生活。这是湖北省的一所重点中学，教育质量较高，同时注重学生德智体美全面发展，他在这里受到了良好的基础知识教育和人格养成教育。新中国成立初政治运动频繁，学校组织的支援抗美援朝、三反五反、1954年武汉防汛、农业合作化等活动，他都积极参加了，一直是少先队和共青团的干部。有人问到他的家学渊源时，他很实事求是地回答说：“我出身于知识分子家庭，在知识和教养方面自然要受到家庭的影响，但在我成长过程中，给我影响更大的是历史时代、学校的集体生活、老师和党团组织的教育。”

学校老师的影响比家长更大的一个例子是，1956年高中毕业时，他本来准备按照家长的要求报考理工科，统考前一周班主任老师动员他报考提前招生的中国人民大学，他抱着试一下的心情参加了考试，结果在对哲学缺乏基本了解的情况下成了中国人民大学哲学系的学生。以后的学习使他对这门居于人类知识核心地位的关于世界观和方法论的学问很感兴趣，但当时的中学教育确实没有提供各门学科与哲学的知识衔接，以及哲学在整个知识体系中的地位和作用的基本概念。

方克立入读中国人民大学不久就赶上了整风“反右”运动，他在这场大风大浪中稀里糊涂就犯了错误，受到严厉批评和团内警告处分。处分虽然在1979年平反纠错时撤销了，但他仍然认为这段曲折的人生经历对自己政治上的成熟很有好处，并力图从积极方面去总结经验教训。他在谈到自己的这次挫折时说：“我开始懂得，作为一个社会的人，没有正确的政治观点就等于没有灵魂。一个人要‘先立乎其大者’，就是首先要树立正确的世界观、人生观和价值观。从此开始了我漫长的思想改造过程。这个过程是通过相互联系的三个环节来实现的：一是读书学习。中国人民大学哲学系系统的马克思主义哲学经典著作教育使我受益很大，使我诚心地服膺它所阐明的正确认识宇宙、社会、人生本质及其发展规律的科学真理。二是社会实践。1958年我们就下放到京郊农村劳动锻炼半年，参加大炼钢铁、深翻土地和人民公社化运动；1964～1965年我连续参加了两期农村社会主义教育（‘四清’）运动；1969～1972年又到江西省余江县中国人民大学‘五七干校’劳动锻炼3年。中间还有多次短期接触社会的机会。通过社会实践，使我对中国的国情和社会的主体劳动人民有了最基本的了解，补上了哲学社会科学工作者不可缺少的这门功课。三是自觉地改造主观世界。知识分子有了一点知识，往往自以为是，从不自以为非，所以难以超越自我。我在人生的起点上就摔了跟斗，十几岁的小孩子就要去妄谈什么‘三害’（官僚主义、宗派主义、主观主义）的根源问题，从概念到概念地抽象推演，完全不了解问题的本质及其社会现实意义。这说明我没有起码的知识，有什么资格自以为是呢？承认自己不论学识还是经验都很欠缺，都有弱点，勇于自以为非，这样才有不断学习进步的动力。”

22 年青春岁月，大部分时间在政治运动中度过，而且一直背着政治处分的原罪记录。他没有被个人患得患失情绪所左右，也不在乎别人怎样评价，而是力图理解时代潮流的正确走向，在严格解剖自己的同时，把个人的努力目标与历史前进方向，与党和人民的要求一致起来，走自己认为应该走的路。这 22 年他主要是以受教育者的身份在中国社会这个大课堂里学习，生活辩证法教会他如何区分本质与现象、主流与支流、必然与偶然、整体与部分、共性与个性，学会怎样做人和“观”世界的正确思想方法。他深切感受到哲学是一门有大用的学问。在哲学学科领域里，经过比较和探索，他也找到了自己的专攻方向，就是力图站在马克思主义哲学这个“一览众山小”的人类思想制高点上，来清理、总结中国五千年丰富的哲学和文化遗产，激活其中的优质思想资源，为社会主义现代化建设事业服务。

方克立大学没毕业就在《光明日报》上发表了关于《周易》哲学研究的文章，引起学界的注意。他这个带着政治处分的人居然被留在中国人民大学任教，“文化大革命”初期又被作为走资派招降纳叛、“培养修正主义黑苗子”的罪证拿出来批斗。“文化大革命”使国家受难，大家都做不了什么事情，1973 年年初他以解决家属两地分居为由调到了天津南开大学。在新单位个人的政治处境并没有改变，曾受处分之名就足以把你划入“另册”。还是后来整个国家发生了拨乱反正的历史性变化，才使每一个人都得到了政治上的新生。

此时方克立已年过 40 岁，在学校里正是承上启下的年龄，自然要承担起较为繁重的教学、科研任务。1978～1979 学年，他在南开大学哲学系首次完整地讲了一遍中国哲学史，连续授课 150 学时，显示了较为深厚的学术积累，得到学生和校内外听课人员的广泛好评。1981 年他被评为副教授，第二年就开始招收培养中国哲学专业硕士生。在科研方面，他的《中国哲学史上的知行观》一书荣获天津市首届哲学社会科学优秀成果专著奖一等奖，他的《论中国哲学中的体用范畴》一文又获得天津市第二届哲学社会科学优秀成果论文奖一等奖。他于 1984 年被教育部特批为教授，成为全国哲学界五个“特批教授”之一。这一年他还当选为南开大学校务委员会委员、天津市社联副主席，并荣获“天津市劳动模范”称号。

方克立于1983年加入中国共产党，1986年成为南开大学校党委委员。90年代他在南开大学和中国社会科学院做了10年研究生教育管理工作，同时担任多项社会兼职。一方面客观上有此需要形势逼人，另一方面主观上也有时不我待的紧迫感，因此这个时期他经常处于超负荷工作的状态，不善于珍惜身体，先后得了糖尿病、冠心病和慢性肾衰竭等疾病。他的主要学术成果大都是80年代以后在教学和行政管理工作之余做出来的。

二、主要研究领域和学术成就

1. 中国哲学范畴研究

20世纪80年代初，一部分中国哲学史工作者不满足于过去那种“列传体”、“四大块”、“两军对战”的简单化哲学史研究模式，力图按照列宁关于“哲学史就是认识史”、“从逻辑的一般概念和范畴的发展与运用的观点出发的思想史，这才是需要的东西”的指示，开展对中国哲学范畴的研究。方克立积极参与了这一工作。1981年10月，在杭州召开的全国宋明理学讨论会上，他配合《中国社会科学》副总编辑丁伟志组织了一次关于中国哲学范畴研究的专题讨论会，会后用笔名“岳华”写了一篇会议纪要，发表在《中国社会科学》1982年第1期。后来他又应《人民日报》汪子嵩之约写了《开展中国哲学史范畴的研究》一文，发表于1982年9月3日《人民日报》。他的《中国哲学史上的知行观》一书于1982年3月由人民出版社出版，被认为是国内第一部中国哲学范畴研究专著。此外他还发表了关于体用、道器、理气等范畴研究的多篇重要论文。方克立在南开大学首先招收以“中国哲学范畴研究”为专业方向的研究生，曾先后邀请杨柳桥、卢育三、石峻、方立天、张岱年、蒙培元等学者，分别讲《周易》、《老子》、《肇论》、《华严金师子章》、《正蒙》、《北溪字义》的哲学范畴体系，请江西师范大学谢庆绵来讲西方哲学范畴史。1983年11月，他带5名研究生出席在西安召开的全国中国哲学范畴讨论会，每个人都提交了论文，得到学界前辈的鼓励。此外他还主编了以范畴词条数量多和内容翔实为特点的《中国哲学大辞典》，1994年由中国社会科学出版社出版。

方克立认为开展中国哲学范畴研究要以马克思主义关于逻辑的与历史的一致原理为指导，同时又强调要重视中国哲学思维方式和语言表达形式的民族特点，不能用西方哲学范畴或现代哲学语言的涵义去了解中国古代哲学范畴。要从中国哲学自己的文本、问题意识和话语系统出发，“把中国哲学发展各个阶段依次出现过哪些重要的概念和范畴，它们的涵义由抽象到具体、由简单到复杂、由贫乏到丰富的发展过程，以及它们之间的联系、对立、依存和转化，前后递进和继承、扬弃的关系都搞清楚了，中国哲学发展的内在逻辑和规律性也就揭示出来了”。范畴研究的目的是总结认识发展规律和理论思维的经验教训，提高中华民族的理论思维水平，同时为丰富和发展马克思主义的辩证逻辑作出贡献。

在中国哲学范畴研究中，方克立注意到用简约之“名”表达的中国传统哲学范畴具有多义性的特点，一些很容易造成认识混乱的同名歧义现象至今仍存在于中国哲学语言中。他强调一定要对传统哲学范畴的多种涵义，包括本义和衍生义进行具体的考察和说明，弄清其在特定哲学命题中的准确涵义。比如“体”与“用”是中国传统哲学本体论的一对重要范畴，人们通常将其了解为本体与现象的关系。方克立指出，这并非“体”、“用”之本义，其本义是指有形质的物质实体与其作用、功能、属性的关系。“凡天地万物，皆有形质，就形质之中，有体有用。体者，即形质也；用者，即形质之妙用也。”（崔憬：《周易探玄》）正是由于体用范畴有这样两种主要的不同涵义，所以古代就有“道体器用”与“器体道用”之异，近代以来又有“中体西用”与“西体中用”之争。我们在充分肯定体用范畴对中华民族理论思维发展的贡献之同时，还要看到它的局限性，认识到思维方式创新与科学化的必要性。

2. 现代新儒学研究

80年代中期，现代新儒学研究在“文化热”中勃然兴起，在哲学史、思想史研究领域里被认为是“一枝独秀”。方克立是这一研究的主要推动者和领军人物之一。1986年3月，他在国家教委召开的科研咨询会上作了题为《要重视对现代新儒家的研究》的发言。同年11月，他和李锦全共同主持的“现代新儒学思潮研究”课题被确立为国家社科基金“七五”规划重点项目，1992年又延续为“八五”规划重点项目。他们领导了一个由20多名中青年学者组成的课题组，分工合作进行了颇为活跃而又富有成效的研究工作，10年间完成了包括《现代新儒家学案》、《现代新儒学研究丛书》（分“专人”和“专题”两个系列）、《现代新儒学辑要丛书》、《现代新儒学研究论集》在内的系列研究成果，共计30余册。方克立的论文集《现代新儒学与中国现代化》也于1997年由天津人民出版社出版。该课题研究在海内外产生了广泛而深远的影响。

方克立清楚地意识到，作为国家课题一定要坚持正确的学术理论方向。“课题组始终十分强调两点：一是要详细占有资料，准确理解原意，这是实事求是地进行科学研究的基础和前提；二是要运用马克思主义的立场、观点和方法，对现代新儒学进行一分为二的分析评论，既不盲目崇扬，也不抹煞它的贡献和历史地位。”他在组织、领导这一课题研究中更多地关注的是一些宏观的、涉及方向性的问题，一开始就现代新儒学的概念界定、基本特征、发展阶段、得失评价、研究态度和方法等发表了自己的意见。他提出的在中国现代三大思潮对立互动中把握现代新儒学的基本特征和内在问题的研究思路，他提出的“同情地理解、客观地评价、批判地超越”的研究态度和方法，得到了课题组成员的广泛认同，也得到海内外学界的理解和支持。

现代新儒学思潮研究课题的规模开展和推进，不仅使中国现代思想史上的这一重要思潮和学派，在中国大陆从 30 多年无人问津的“绝学”变成人们耳熟能详的“显学”，而且有着巨大的思想解放的意义和繁荣学术的重要作用。在此之前，港台海外新儒学完全不在大陆学界的研究视野之内，梁漱溟、熊十力、冯友兰等第一代现代新儒家也基本上是被作为学术批判的对象，不可能把现代新儒学作为一个整体提到中国现代三大思潮之一的地位，肯定它为中国的现代化也作出了一定的贡献。对现代新儒学进行实事求是、一分为二的分析和评价，有助于人们正确认识以儒学为主流的中国传统文化的现代意义和价值，对后来的“儒学热”、“国学热”实际上起了导引和推动的作用。现代新儒学研究是在开放的环境下开展的，课题组成员有机会出席各种国际学术会议，与作为研究对象的港台海外新儒家，包括第三代新儒家代表人物杜维明、刘述先、余英时、成中英等人进行直接的交流对话，我们的理论立场、研究方法、问题意识和交往态度也在交流与交锋中受到了严峻考验。课题组在儒学和现代新儒学研究中所持的一分为二、扬精弃糟、批判继承、综合创新的理论立场和方法，实际上对港台海外新儒家学者也产生了重要影响，比如其中一些人逐渐改变了绝对排斥马克思主义的态度，杜维明、成中英后来都主张儒学与马列、西学三者“良性互动”，他们现在已是大陆高校的教授或兼职教授。开展现代新儒学研究的另一重要成果是培养了大批优秀人才，课题组成员绝大多数都是青年学者，有的加入课题组时还是在读研究生。经过 10 年扎实的研究工作，他们中的郭齐勇、李维武、李宗桂、陈少明、景海峰、宋志明、李翔海、李毅、武东生、颜炳罡、张祥浩、蒋国保、余秉颐等人都已成为我国哲学界有成就的学者，郭齐勇、宋志明、李翔海、陈少明四人现在都是中国哲学史学会的副会长。现代新儒学研究的开展也产生了一些负面效应，就是有少数大陆学者从现代新儒学的研究者变成了追随者，出现了所谓“大陆新儒家”。这是我国意识形态领域里思想斗争复杂性的表现，到新世纪方克立又不得不站出来同崇儒反马的“大陆新儒家”进行思想论战。

3. 综合创新文化观研究

在80年代的“文化热”中，“全盘西化”、“复兴儒学”、“西体中用”、“新启蒙”等各种文化主张接踵登场，众声喧哗，而实际上为多数大陆学者所认同的马克思主义文化观却没有打出一面鲜明的文化旗帜，有人认为“批判继承”等不过是老生常谈而已。1987年张岱年在一次学术会议上提出了“文化综合创新论”，国内坚持马克思主义的文化学者迅速地集合在这面文化旗帜下。方克立是张岱年“综合创新”文化观最坚决的支持者和阐释、发挥者之一。1990年春，他在一次访谈中把马克思主义综合创新文化观概括为“古为今用，洋为中用，批判继承，综合创新”4句话16个字，并且指出：自由主义的“全盘西化”派、保守主义的“儒学复兴”派和马克思主义的“综合创新”派，“是80年代文化讨论中三个最主要的思想派别，它们之间的对立斗争和统一关系，仍然没有超出‘五四’时期业已形成的思想格局，是70年来文化论争在新的历史条件下的继续和延伸”。后来他又说明：“我之所以把‘综合创新’与‘批判继承’、‘古为今用，洋为中用’结合在一起，主要是想把这种文化观同我们党一贯倡导的文化方针联系起来，就中国近现代文化论争的主题，给予一个比较完整、明确的回答。”由此可见，他是把综合创新文化观与中国现当代文化发展道路之争，与党的文化建设指导方针紧密联系在一起的，表现出了高度的道路自觉和理论自信。

1991年张岱年曾在给方克立的一封信中表示“希望您大力宣传‘综合创新’之义”，此后他就更加自觉地把研究、宣传、阐扬、发展“综合创新”文化观当做自己的责任，20多年来一直高擎这面文化旗帜，在深化和拓展综合创新文化观研究方面做了一些探索和尝试：一，主要从16世纪以来先进的中国人是怎样处理中西文化关系的，和回顾、总结中国共产党的文化建设指导方针两个角度，论证综合创新文化观产生的历史必然性。二，用中外文化史、学术史的大量历史资料，说明综合创新是学术文化发展的必然规律，认为中国古代思想家讲的“异以贞同”、“杂以成文”、“推故而别致其新”就是综合创新。三，从综合创新的对象和时空视野、综合创新的目的和主体要求、综合创新的方法论特征和基本要素、环节之间的关系，将综合创新文化观的基本内容概括为四个要点，后来有的学者又将其概括为开放性、主体性、辩证性、创新性“四性”。四，以张岱年提出的“兼容多端而相互和谐”、“兼赅众异而得其平衡”的“兼和”学说为综合创新文化观的哲学理论基础，进而指出其实质就是“和而不同”，即在多样性统一中促成新事物的产生。五，强调在文化综合创新中要正确处理“一元主导”与“兼容多元”的关系，主导意识即指导思想不能多元化，要用主导意识引领多元化的社会思潮，吸收其中与主导意识能够相容且有助益的部分内容作为支援意识，即“一以统多，多以成一”。六，当代中国文化综合创新的核心问题是要正确处理马克思主义与中国文化的关系。二者不是体用关系，而是相需互补关系。在某种意义上说，二者都处于“体”的地位，不过一个是主导性之“体”，一个是主体性之“体”。前者亦可称之为“魂”，只有“魂体相依、强魂健体才能成大用”。七，要深入研究文化综合创新的具体方法、途径和可操作程序，探索多种方法综合运用和互动互补的可能性，认为有可能在此基础上建立一门“综合创新思维学”这样的逻辑科学。八，要研究综合创新的基本理论、方法、规则、规律在各个学术领域和思想文化建设各方面的具体运用及其个性表现，在个性与共性的统一中深化对综合创新文化观的认识。九，通过对张岱年、冯友兰、冯契、张世英等学者的个案研究，可以看出他们都有中、西、马三个方面的学术根底，自觉地走综合创新之路是他们成为学术大家的共同经验。十，综合创新论是科学发展观的理论基础，对做好实际工作、开创各方面事业新局面也有重要的指导意义。方克立认为，“在一定意义上说，综合创新就是充分发挥认识和实践的能动性，促使事物朝着符合人的需要的方向发展的一种科学发展观”。除了以上十个方面之外，方克立对综合创新文化观的最大贡献是提出了被称为中国文化发展道路之“定盘针”的“马魂、中体、西用”论。

4. 从“三大思潮对立互动”说到“马魂、中体、西用”论

自从接受了现代新儒学研究课题任务后，方克立的主要研究方向就转向了中国现当代哲学和思想文化。“三大思潮对立互动”说是他在认识中国现当代各派思想走向及其相互关系时提出来的。1988年8月，在新加坡召开的“儒学发展的问题及前景”学术讨论会上，方克立在“略论现代新儒家之得失”的大会发言中，首次把现代新儒家看成是足以与中国的马克思主义派、自由主义的西化派“鼎足为三”的一个重要思想派别。他认为，这三派都是主张中国要现代化的，不过各自选择的道路不同：马克思主义者坚持社会主义现代化的方向和道路，并在实践探索中把“中国特色”放到了越来越重要的地位；自由主义者主张照抄照搬西方经验，走西方工业文明即西方发达资本主义国家曾经走过的老路；现代新儒家则批判了“现代化即等于西化”的口号，向往一条东方式工业文明即“儒家资本主义”的道路。方克立的看法首先引起了与会的港台海外新儒家学者的注意，并且作出了不同的回应。1989年1月，杜维明在《大陆儒学新动向的涵意》一文中说：“大陆的学坛，特别是中国哲学史界，已对儒家传统形成了新理解、新共识：五四运动后的这70年，除了西化

思潮和马列主义之外，还有‘儒学复兴’这派学说也必须列入考虑。较平实的提法是把儒学、西化及马列看作三个鼎立的、互相抗衡的价值系统。”与杜维明肯定三大思潮说是“较平实的提法”不同，台湾东海大学教授蔡仁厚则仍坚持思想上的“夷夏之防”，他说：“近年来，大陆学界有一个说法，认为当代中国的思潮有三：一是马列唯物主义，二是西化派的思想，三是新儒家的哲学。其实，前二者并不属于中国，不是‘中国的’慧命。只有当代新儒学，才是顺通中华民族的文化生命而开显出来的中国的智慧方向。”后来方克立又在《现代新儒学与中国现代化》等多篇文章中系统深入地阐述了三大思潮对立互动的观点，认为除了社会道路选择不同和意识形态的分歧之外，三派之间也有“局部的一致、联盟关系”，在思想资源上可以互相借鉴，因此有必要同时建立一种“互动”和“互补”的关系。这种观点得到了大陆学界较普遍的认同，也有越来越多的港台海外学者认为是符合20世纪中国思想文化发展实际的，当然对三派的地位和相互关系的看法不可能完全相同。近20年出版的中国现当代思想文化史论著，有许多都采用了“三大思潮对立互动”的解释框架。

三大思潮的分野主要在于对“中国向何处去”、“中国文化向何处去”的看法不同，即对中国社会和文化发展道路的选择不同。其中一个关键问题是如何处理中、西、马三种文化资源或三大文化传统的关系。方克立经过长期思考和探索，在2006年提出了“马学为魂，中学为体，西学为用，三流合一，综合创新”的新思路。他解释说：“马学为魂”即以马克思主义和社会主义的思想体系为指导原则；“中学为体”即以有着数千年历史积淀的自强不息、变化日新、厚德载物、有容乃大的中华民族文化为生命主体、创造主体和接受主体；“西学为用”即以西方文化和其他民族文化中的一切积极成果、合理成分为学习、借鉴的对象。他说明这种看法继承了张岱年的文化体用观而又对其有所变通和发展，主要是将体用二元模式改造成“魂、体、用”三元模式，这样就能对当代中国文化中的马、中、西三者关系作出更加准确的定位。早在1988年，方克立在新加坡儒学讨论会上就提出了“接受主体”这个概念，指出“马克思主义作为一种外来文化，要在中国生根，不能没有中国文化这个接受主体。在肯定民族文化主体性这一点上，马克思主义和现代新儒家并没有根本的分歧”。他的这种理论立场在“马魂、中体、西用”论中得到了更加系统明确的阐述。

5. 其他研究领域

除了中国现当代哲学和文化之外，方克立还关注到其他一些研究领域。比如2001年，他主持了在北京召开的以“中国哲学与21世纪文明走向”为主题的第十二届国际中国哲学大会，针对困扰当今人类的两大难题——生态破坏与文明冲突，他给会议确定了两个中心议题，集中阐扬中国哲学中的“天人合一”与“和而不同”智慧。他本人也就这两个论题分别写了《“天人合一”与中国古代的生态智慧》、《“和而不同”：作为一种文化观的意义和价值》等论文，受到学界的较高评价。又如，1998年他在参加湘潭大学四十周年校庆活动时建议开展湘学研究作为该校中国哲学学科的特色，以后又发表《湘学研究的对象、范围和意义》、《千年湘学的历史意义和现代价值》等论文阐述湘学研究中的一系列基本问题，是20世纪40年代李肖聃著《湘学略》一书后对这一学术领域最重要的推动。从2002年湘潭大学成立湘学研究所到2012年湖南省成立湘学研究院，他一直为推动这一研究尽心尽力，毫无保留地发表自己的学术见解。再如，我国学术界曾就中医的存废问题发生长久争论，2007年1月，时任中国哲学史学会长的方克立支持哲学界和中医学界“挺中医”派的学者，在中国哲学史学会下面注册成立了中医哲学专业委员会。该委员会7年来在中医哲学和文化研究，以及有关国情调研等方面做了大量富有成效的工作，使人们对祖国传统医学的价值和未来发展方向有了越来越明确、深刻的认识。在此期间方克立也发表了《中医哲学研究的时代使命》、《中医哲学的“返本”与“开新”》、《关于中医思维模式研究之我见》等论文，积极参与研究和讨论。他关于开展《中华医藏》编纂工作的建议也被有关主管部门采纳并已开始组织实施。

方克立从事哲学教学和研究工作已逾半个世纪，改革开放后有了比较正常的工作环境，也为他脱颖而出创造了条件。在一次中国社会科学院组织的“学问有道”系列讲座中，方克立给青年人讲的题目是“我把自己主要定位于一名教师”，而不敢以有成就的学者自居。学术研究工作与教书育人工作紧密结合确实是他治学的一个特点，实事求是地说，他的学术成就在同辈人中也是令人瞩目的。方克立治学的最大特点是一方面对马克思主义有坚定的理论信仰，一方面对本民族的历史文化怀有深厚感情，正如他自己所说的：“如何把马克思主义的革命和科学精神与中国哲学和文化的精华相结合是我的终生职志。”他的学生周可真则把“以马克思主义之理为指导来弘扬中国文化之道”看作是他的“中和心性”的表现。有的学者非常赞赏方克立的学术识见，认为80年代以来他一直是本学科引领潮流的人物，无论是中国哲学范畴研究和现代新儒学研究，还是综合创新文化观研究和“马魂、中体、西用”论的提出，乃至兼及的湘学研究和中医哲学研究，他都能把准时代脉搏和学术走向，提出创新性的见解，走在潮流的前面。有关主管部门对他的理论立场、学术根底和工作态度也是非常了解的，90年代教育部委托他配合张岱年主编了全国公用教材

《中国文化概论》和教学参考用书《中国哲学与辩证唯物主义》；到新世纪，他又是中共中央宣传部组织的马克思主义理论研究和建设工程重点教材《中国哲学史》的首席专家之一。教材建设是教师工作的应有之义，在这方面他也为国家作出了重要贡献。方克立的成长轨迹和学术成就，反映了一个新中国培养的知识分子在并非一帆风顺的境遇下努力发挥正能量的自觉奋斗过程。

三、方克立主要论著

方克立．1982. 中国哲学史上的知行观．北京：人民出版社．

方克立．1984. 从孔夫子到孙中山——中国哲学小史．北京：中国青年出版社．

方克立．1994. 中国哲学大辞典．北京：中国社会科学出版社．

张岱年，方克立．1994. 中国文化概论．北京：北京师范大学出版社．

方克立，李锦全．1995. 现代新儒家学案（上、中、下三册）．北京：中国社会科学出版社．

方克立，王其水．1995. 二十世纪中国哲学·人物志（上、下卷）．北京：华夏出版社．

方克立，王其水．1997. 二十世纪中国哲学·论著述评（上、下卷）．北京：华夏出版社．

方克立．1997. 现代新儒学与中国现代化．天津：天津人民出版社．

方克立．1998. 中国哲学与辩证唯物主义．北京：高等教育出版社．

方克立．2005. 方克立文集．上海：上海辞书出版社．

方克立，陈代湘．2007. 湘学史（第一、二卷）．长沙：湖南人民出版社．

方克立．2012. 中国文化的综合创新之路．北京：中国社会科学出版社．

主要参考文献

高湛．1985. 乐在开拓研究、教书育人中——记南开大学中国哲学研究室主任方克立．高教战线，（9）．

何海清．2000. 方克立：尽师之天职，立帅之风范．中华英才，（21）．

曹娟．2003. 方克立教授学术思想述要．高校理论战线，（5）：13-25.

李翔海．2003. 在综合创新中实现中华文化的现代复兴——记方克立教授的中国哲学与文化研究．社会科学战线，（4）：218-225.

张天行．2007. 方克立：为人治学崇平实//学问有道——学部委员访谈录（上册）．北京：方志出版社．

撰写者

曹娟（1943～），当过大学教师、出版社编辑，副教授职称，现已退休。

叶　朗

叶朗（1938～），浙江衢州人。北京大学资深教授、博士生导师，教育部艺术教育委员会主任委员。曾任北京大学哲学系系主任，兼任宗教学系、艺术学系系主任，之后担任北京大学艺术学院院长。曾任国务院学位委员会哲学学科评议组召集人，教育部高等学校哲学学科教学指导委员会主任委员，北京市哲学会会长。九届、十届全国政协常委。叶朗的《中国小说美学》是中国第一部从美学角度系统整理和研究中国古典小说理论的专著，《中国美学史大纲》是第一部完整的中国美学史论著。叶朗结合中国古典和西方当代哲学的核心思想，以“意象”、“感兴”等富有包孕性的概念概括中国美学史的理论特点。在此基础上，叶朗结合中国哲学的境界思想，在《美在意象》一书中提出了以“感兴”、“意象”、“人生境界”为核心概念的美学基本理论体系。

一、主要经历与学术成就

叶朗1938年10月出生，于1955年考入北京大学哲学系哲学专业本科学习。在大学期间，正逢50年代的美学大讨论，那场大讨论的中心人物朱光潜又是北大的教授，这使叶朗（以及许多文科学生）对那场大讨论十分关注，并因此对美学这门学科产生浓厚的兴趣。美学学科有其自身的特点。一方面，美学属于哲学学科，具有较强的理论色彩，另一方面，美学研究又不能脱离丰富多彩的文艺现象、历史材料，有关美学问题的讨论会涉及很多学科。所以，对于从事美学研究的学者而言，既需要有理论的视野，又要有多学科的修养和文学艺术的鉴赏力，理论感和艺术感缺一不可。

1960年大学毕业，叶朗留在本校工作。当时哲学系新成立了一个美学教研室，因为系里的领导知道叶朗对美学有兴趣，就把他安排在这个美学教研室工作。由此，叶朗有机会接触到邓以蛰、朱光潜、宗白华等几位前辈学者。

在理论思考的同时，叶朗也同时进行着资料收集的工作。当时教研室分配叶朗选编了一本《西方美学家论美和美感》，接着又和另一位教师于民一起选编了上下两本《中国美学史资料选编》。这两种资料当时印出来都是作为内部参考。与此同时，叶朗开始做一些中国美学史方面的专题研究。

1966 年至 1976 年“文化大革命”，叶朗和大多数人一样，学术研究中断了十年。

1978 年开始的改革开放使中国的知识分子迎来了学术研究的春天，叶朗首先想到的是继续其在中国美学史方面的研究，第一步是对明清小说评点的资料进行整理和研究。

明清小说评点是中国小说美学的宝库，过去没有被人们发现，至少是被多数学者忽略了。叶朗集中几个月时间每天到北大图书馆的善本阅览室去一本一本阅读（当时那些书多数还没有整理出版），一边读，一边把重要内容抄录下来。有了这些研究成果，叶朗在全校开了一门选修课，课名是“中国小说美学”，受到学生们热烈的欢迎。接着叶朗出版了《中国小说美学》一书，第一次印了 5 万册，第二次印了 3 万册，都很快售完。一些老作家给叶朗来信，报刊上也连续发表书评，对这本书加以赞扬。

《中国小说美学》出版后，叶朗继续做中国美学史的研究。经过三年夜以继日的努力，他写出了《中国美学史大纲》一书。该书在 1985 年由上海人民出版社出版。此书出版的前一年，李泽厚、刘纲纪出版了《中国美学史》第一卷，是讲先秦美学。从中国美学史通史的意义上说，叶朗的《中国美学史大纲》是第一本。这本书的出版也受到欢迎，后来也不断重印。

《中国美学史大纲》一书，虽然是建立在丰富的材料基础上，但最突出的贡献却是在理论创新方面。在写作该书的过程中，叶朗深深感到中国美学发展的一个瓶颈：当时国内学术界通用的美学基本理论的框架过于狭窄和陈旧。这个理论框架是在 50 年代“美学大讨论”中形成的。那次“大讨论”从批判朱光潜过去的美学思想发端，对西方近现代美学采取了全盘否定的态度，使得中国现代美学和自己本民族的美学传统脱节，也与世界美学的潮流脱节。这次“大讨论”的理论局限一直影响着 60 年代以后中国美学的发展，迫切需要突破。由此，叶朗开始在经典文献和前辈学者的理论基础上用力，致力于将中国古典美学的精神提炼为今人可触摸的平实的语言，同时又不失典雅的韵致。他从中国古典美学的经典表述中拈出“意象”和“感兴”两个概念，作为其中国美学研究的一以贯之的线索。这个理论核心显示出了一种统摄力，它不仅能够贯穿古代的材料，也能跟 20 世纪以来的西方哲学思潮（尤其是现象学思潮）相呼应，还能够启发今人的进一步的思考。

叶朗特别强调“理论感”对美学研究的重要性。所谓“理论感”，就是一种“理论的直觉”。有了这种直觉，研究者会敏锐地把握到（自己或别人）思想中的最有价值的部分。在后来出版的文集《胸中之竹》中，叶朗有一篇文章专门讨论柳宗元的“美不自美，因人而彰”的命题。这是运用“理论感”的一个例子。叶朗指出，柳宗元的这句话揭示了一个美学理论问题：“美”不能脱离人的精神心灵而独立存在。“彰”用西方哲学的语言就是“呈现”，美通过人的存在活动而呈现于人的心灵世界。“彰”用叶朗的话来说则是“照亮”。“彰”也是叶朗对于审美活动的理解：用审美意象去照亮一个审美的人生，人的生活才会精彩。这个富有东方哲学色彩的词语突出了意义呈现的正面价值，既是当今学者的理论上的发现，也是进一步的理论创造的产物。

为了更全面地展开理论建设，叶朗在完成了《中国美学史大纲》的写作后，立即转入到理论体系的建构当中。从1985年开始，叶朗组织了一批年轻学者（都是他指导的硕士生）进行现代美学体系的研究，并把研究的初步成果写成《现代美学体系》一书，由北京大学出版社于1988年出版。这是一部带有鲜明的思想解放特点的著作。它突破了在50年代美学讨论的基础上形成的美学基本理论的框架，比较多地吸收了中国传统美学的一些成果，也比较多地吸收了西方近现代美学的一些成果，在美学基本理论的建设方面向前跨出了一步。

20世纪90年代，整个社会的“文化热”逐渐消退，美学研究也进入到了一个在沉寂中积累的阶段。1991年，叶朗邀请和组织北京和外地的30多所大学和学术机构的近150名专家学者，前后花了12年时间，编注了一部《中国历代美学文库》，由高等教育出版社2003年出版。全书共10卷19册，1050万字。这个文库可以称得上是中国美学和中国文学艺术理论的一座巨型的思想库、资料库。

叶朗不是一个书斋型的学者，他对现实人生有着强烈的关注。从20世纪90年代初开始，叶朗在人文学科、人文教育、艺术教育和文化领域有了全方位的观察、反思，陆续写了一些文章，也做了一些实事。

从1993年开始，叶朗担任北京大学哲学系的系主任。1995年和1997年，叶朗受命组建宗教学系和艺术学系，并兼任系主任。哲学系和宗教学系的系主任，叶朗连任了两届，一直到2001年。艺术学系的系主任一直做到2006年，那一年在艺术学系的基础上成立北京大学艺术学院，由叶朗担任院长，一直到2010年。这样，从1993年到2010年，叶朗在北大做系主任和院长，加起来一共18年。同时，他还连续担任了第九届、十届两届全国政协的常委。这个时期，叶朗在美学研究方面投入的时间减少了，研究的进度也显著放慢，但这些社会工作和社会活动使叶朗的学术眼界从哲学、美学扩大到整个人文学科领域和文化领域。

叶朗从国家教育文化的宏观发展的角度强调了审美教育的意义。针对教育界长期以来忽视审美教育，将审美教育作为思想品德教育的一部分的状况，叶朗指出了德育与美育的区别和联系。他认为，德育是“礼”的教育，它的内容是“序”，也就是维护社会秩序、社会规范；美育是“乐”的教育，它的内容是“和”，也就是调和性情，使人的精神保持和谐快乐的状态，生动活泼，充满活力和创造力，进一步达到人际关系的和谐以及人与整个大自然的和谐（“大乐与天地同和”）。德育和美育是互相补充、互相配合的关系，也就是“礼乐相济”。但是，德育和美育不能互相代替，不能只有“礼”而没有“乐”，也不能只有“乐”而没有“礼”。叶朗还从创造能力、境界胸襟等方面提出如下的观点：加强美育是培育创新人才的需要，也是21世纪经济发展的直接要求。1998年，叶朗将反映这个观点的文章作为建议送呈中央领导。其后，“美育”写入了国家的文件，正式列入了我国的教育方针中。十余年后的今天，党中央将“文化大发展、大繁荣”作为国家发展战略的重要方面，全社会普遍重视“自主创新”、“创意经济”，人们没有忘记这位为提高美育的地位而积极奔走的学者。

艺术的熏陶、艺术学理的研究与审美教育的实践和理论息息相关。与提倡美育的思想一致，叶朗还在国内较早地认识到了艺术教育和艺术学理论研究的重要性。为此，他在担任北京大学艺术学系主任期间，积极争取学校各方的支持，成立了艺术学院。这使得北京大学成为国内较早具备艺术学院的综合性大学。叶朗在北京大学艺术学院成立大会的讲话中指出在综合性大学中成立艺术学院的特殊意义。他说，培养艺术家，特别是培养大艺术家和艺术理论家，一方面需要专业知识和专业技巧，另一方面还需要深厚的文化、哲学、文学和科学的修养，需要有多学科的支持。就前一方面来说，专业的艺术院校占有优势，就后一方面来说，综合大学则具有专业艺术院校所没有的优势。他还引用钱学森的话指出，要创建世界一流大学，一个重要的努力方向，就是要推动文理交融，推动科学与人文、科学与艺术的结合。这对于培养高素质的创新人才是极其重要的。

从20世纪90年代中期开始，叶朗就已经注意到在很多发达国家中文化产业已成为重要的支柱产业，而国人尚未对此趋势有足够的重视。叶朗在北大校内呼吁大家重视文化产业的研究，并在学校领导的支持下于1999年成立了北京大学文化产业研究所（2006年更名为北京大学文化产业研究院）。在北京大学成立文化产业研究机构的用意，正是为了在文化产业的理论和政策研究、学科建设和人才培养方面做出应有的贡献。

21世纪的第一个十年，是中国经济加速度发展、物质生活开始走向极大繁荣的时期。在经济发展的同时，收藏、演出、旅游、娱乐也逐渐升温，一时间，文化似乎又重新“热”了起来。然而，文化积累的不足，使得市场经济条件下的“文化热”乱象横生。在浮躁喧哗的空气中，人文的精神仍未得到彰显，距离审美教育的理想仍然遥远。针对这种现状，许多人文学者不遗余力地批评、呼吁。叶朗也在各种场合批判低俗的文化现象，强调人文素养的重要性，但他没有止步于简单的批评和呼吁。叶朗注意到，2008年的北京奥运会是一个展示中国形象的难得机遇，中国的人文学者应该抓住这个机遇，写出既有学术高度，又能为国内外公众广泛接受的作品，为继承和传播中国文化做一些贡献。叶朗与研究中国美学、艺术的朱良志合作，用了一年的时间，合作写就了《中国文化读本》，并在北京外国语学院领导的鼎力支持下，组织国内一流的翻译力量，将该书翻译成英、法、德、西班牙、俄、阿拉伯、日、韩等语言向海外推广。这部厚积薄发、深入浅出之作受到广泛的好评。时任国务院总理温家宝专门就该书给叶朗写了一封亲笔信，信中说：“这是一部有特色的介绍中国文化的力作，通过丰富翔实生动的材料，吸引世界人民把目光投向中国。对这部书的出版谨致祝贺。”

叶朗清醒地意识到，如果没有一个面向当今时代问题的理论建设，关于文化的思考就会流于泛泛而论的随笔，对于传统思想文化的继承也会流于形式。所以，在众多文化人热情地投向热闹的时代舞台的时候，叶朗又逐步把时间和精力重新放回到美学理论研究的领域。

从2006年开始，叶朗用三年多的时间写成了《美学原理》一书，于2009年出版（2010年出版了这本书的彩色插图版，书名《美在意象》）。这本书把《现代美学体系》开始的工作往前推进，提出了一个“美在意象”的理论框架。这个理论框架，由意象、感兴、人生境界这三个概念构成一个理论核心。这个理论核心，较多地吸收了冯友兰、张世英有关人生境界的思想，突出了心灵世界和精神价值，突出人生境界的提升。叶朗在这部著作里强调，审美活动的价值在于提升人的境界，造成一种宽广的“胸襟”和光风霁月的“气象”，使人追求一种更有意义、更有价值、更有情趣的人生。这是美育的最终意义，也是所有人文教育的目标。这本书出版后引起学界的普遍关注和大学生的欢迎，4年内12次印刷，共印了10多万册。

2010年8月11日至13日，北京大学与国际美学协会共同主办了第18届世界美学大会，北京大学美学与美育研究中心承办此次会议。本届国际会议规模空前，与会学者1028人，其中有来自39个国家和地区的外国学者331人。叶朗在这次大会上做了一个讲演，题为“中国美学在21世纪如何‘接着讲’”，在讲演中，叶朗提出，中国美学在21世纪的建设，关键是要在美学理论的核心层进行新的理论创造，要有一个稳定的理论核心。在叶朗的美学思想里，这个理论核心就是在《中国美学史大纲》、《现代美学体系》和《美在意象》里作为一以贯之的主线的“意象”。这个概念本身就是由中国古典美学和朱光潜、宗白华等现代美学的前辈学者“接着讲”的产物，同时也为未来进一步的“接着讲”提供了空间。叶朗认为，在“接着讲”的过程当中，每个时代都根据不同的时代问题、理论资源而会各有不同的面貌，但同时又有着一以贯之的基本观念和基本精神。这个基本观念和精神就是中国人对于心灵的重视，对于提升人生境界的自觉诉求。

叶朗把治学、文风与人格陶冶打通一片，概括为中国古代理学家常常讲的“气象”、“格局”。叶朗十分向往中国古代儒者“光风霁月”、“春风化雨”的气象。他时常引用程颐对程颢的评语：“视其色，其接物也，如春阳之温；听其言，其入人也，如时雨之润。”他还经常引用冯友兰的一段回忆：在北大当学生的时候，冯友兰第一次到校长办公室去见蔡元培，一进去就感觉到蔡元培有一种“光风霁月”的气象，而且满屋子都是这种气象。

叶朗也从涵养气象、提升格局的角度关心着青年学生的成长。1999 年，叶朗作为教师代表，在本科新生的开学典礼上发表了一次广为师生传诵的讲话。他说，“我们古代的哲人都强调，一个学者，不仅要注重提高自己的学问，而且要特别注重提升自己的境界，要拓宽自己的心胸，要涵养自己的气象。我自己当了将近 40 年的教师，有时会看到这样的同学，他学习很努力，人也聪明，但是他追求的东西很小，就是格局太小。在这种时候，我就感到非常惋惜。因为历史经验告诉我们，格局小的人，绝对做不了大的学问，也绝对成不了大的事业……‘胸襟要宽，格局要大’这八个字可以说是我当了 40 年教师，特别是指导过近百名研究生而得到的一种体验。今天在座的同学刚刚跨入北大的校门，我也想用这八个字赠给你们：胸襟要宽，格局要大。”这段话给 1999 级北大本科生留下了深刻的印象，以至于在这些学生中形成了一个说法：“追求民主科学，扩宽胸襟格局”。

叶朗认为，涵养气象的一个方法就是读书。他指出，一个人要提高文化修养，打下做人做学问的根底，必须精读几本书。精读，用古人的话说就是“熟读玩味”，也就是放慢速度，反复咀嚼，读懂，读通，读透。经得住反复精读的书，就是经典。叶朗认为，经典包括了中国古代经典、中国现代经典，还有国外的经典。他先从学习写文章的角度给学生开列了一个最精简的书单。书单上有如下的 12 部经典：《论语》、《庄子》、《史记》、《世说新语》、《红楼梦》、《古文观止》、《人间词话》（王国维）、《新世训》（冯友兰）、《文艺心理学》（朱光潜）、《傅雷家书》（傅雷）、《美学》（黑格尔）、《十九世纪文学主流》（勃兰兑斯）。这个书单，叶朗早在 20 多年前就开始酝酿、调整，其宗旨是提倡一种文风，提倡一种趣味，用朱光潜的话来说，是要“造成一种新风气”。通过这个工作，帮助读者加深加厚文化修养和艺术修养，引导读者去追求那种简洁、干净、明白、通畅、有思想、有学养、有情趣的文风，注重拓宽自己的胸襟，涵养自己的气象，提升自己的精神境界。

出于同样的宗旨，从2011年起，叶朗把大部分的精力投入到《文章选读》的编选工作中。这部书由华文出版社于2012年出版。在编者前言《造成一种风气——我为什么编一本〈文章选读〉》中，叶朗回顾了自己思路的一种变化。他编选这部书的最初目的，就是要给学生推荐好文章。因为他自己在长期的教学过程中，深感现在的大学生、研究生不太会写文章，文字上不简洁、不准确、不通畅，内容上不善于提炼思想，没有情趣。自己平时发现有的文章写得很好，就想把这些文章推荐给同学们去读。时间长了，就产生了编一本《文章选读》的想法。然而，一旦真正开始面对古往今来的那些经典文章，尤其是面对写就这些文章的作者的时候，叶朗的关注又回到了对于气象、格局的提升：“他们的文章的格局和气象都非一般人能及，有一种超越时代的美。我相信，他们的笼罩百家的胸襟，光风霁月的气象，高远平和的精神境界，一定会给读者朋友留下不可磨灭的印象。”于是，编选工作的目的就有了一种升华，不仅仅是引导读者去追求写出一手好文章，更在于引导读者去拓宽自己的胸襟，涵养自己的气象，提升自己的精神境界，远离当下某些人传播的装腔作势、义瘠辞肥、自吹自擂、存心卖弄、艰深晦涩、空洞无物，以及武断、骄横、偏狭、刻薄、油滑、谩骂等低级趣味和鄙俗文风。

从进入北京大学读书开始计算，叶朗从事文化学术工作已近60年了。这近60年的时间都在北京大学度过，叶朗将这所名为燕园的大学作为可以安身立命的家园。北大自“五四”以来，一直引导学生有一种更高的精神追求，同时也引导整个社会有一种更高的精神追求。一所大学，特别是北大这样的大学，一个重要的历史使命，就是要引导学生，同时也引导整个社会，有一种更高的精神追求，追求高尚的精神生活。从哲学上看，正是这种精神生活给我们的人生注入了一种严肃性和神圣性。这两年，叶朗在燕南园不定期地举办“美学散步文化沙龙”，就是想进一步在北大营造一种更浓厚的文化氛围、艺术氛围，这种文化氛围、艺术氛围的特色是钱学森、季羡林一再提倡的科学与艺术、人文的交融，而它的灵魂就是一种更高的精神追求。例如2014年春节前举办了一次博物学沙龙，“观天地生意，赏博物之美”，请了三位学者讲演：生命科学院一位教授讲他们从事野生大熊猫和雪豹的保护，影像生物多样性调查所的一位所长讲他们用摄影、摄像艺术从事生物多样性的调查，还有哲学系一位教授讲俄裔美国文学家纳博科夫在蝴蝶分类方面的贡献。参加沙龙的朋友们都感到，在这些讲演后面，闪耀着一种精神的光芒，一种对高尚的精神境界的追求。他们都说，在别的地方，见不到这样的美学沙龙，也没有这样的文化氛围，在这里他们感受到一种人生的神圣性。这也许是北大的一种特色，一种传统，就是对一种高尚的精神境界的追求，对人生意义的神圣性的追求。叶朗常说，能够扎根在这样的大学中，是人生的幸运，也是一种责任。

在纪念朱光潜的一篇文章中，叶朗提到他童年时代临摹过的丰子恺的一幅画，作为对朱光潜的生命力、创造力和人生境界的一种描绘。这幅画的画面上是一棵极大的树，被拦腰砍断，但从树的四周抽出很多的枝条，枝条上萌发出嫩芽。树旁站有一位小姑娘，正把这棵大树指给她的小弟弟看。画的右上方题了一首诗："大树被斩伐，生机并不息。春来怒抽条，气象何蓬勃!"

二、叶朗主要论著

叶朗．1982. 中国小说美学．北京：北京大学出版社．

叶朗．1985. 中国美学史大纲．上海：上海人民出版社．

叶朗．1988. 现代美学体系．北京：北京大学出版社．

叶朗．1998. 胸中之竹——走向现代之中国美学．合肥：安徽教育出版社．

叶朗．2004. 欲罢不能．哈尔滨：黑龙江人民出版社．

叶朗，朱良志．2008. 中国文化读本．北京：外语教学与研究出版社．

叶朗．2009. 美学原理．北京：北京大学出版社．

叶朗．2010. 美在意象．北京：北京大学出版社．

叶朗．2011. 意象照亮人生（自选集）．北京：首都师范大学出版社．

叶朗．2012. 文章选读．北京：华文出版社．

撰写者

孙焘（1979～），山东青岛人，北京大学哲学博士，北京大学美学与美育研究中心兼职研究员。现为中国戏曲学院国际文化交流系讲师，主讲中西美学、美学与当代文化等课程，研究方向为美学原理、中国美学、价值观与信仰、跨文化交流等。著有《中国美学通史·先秦卷》。传主叶朗系撰写者孙焘的博士生导师。

黄颂杰

黄颂杰（1938～），上海市人。西方哲学专家。复旦大学哲学学院教授，博士生导师。1965年复旦大学哲学系研究生毕业。中华外国哲学史学会理事、中国现代外国哲学学会荣誉理事、上海市哲学学会荣誉理事、全国高校文科学报研究会副理事长。曾任复旦大学哲学系的副系主任、系主任（1986～1995）、《复旦学报》（社会科学版）主编（1995～2012）、校学术委员会委员（2001～2010）。曾任美国俄亥俄大学访问教授、英国利兹大学访问研究员。长期从事西方哲学教学与科研，发表论著百万余字、译著百万余字。承担并完成国家、教育部和上海市哲学社会科学多项重点科研项目并获奖。师承全增嘏，在西方哲学领域多有建树。助刘放桐共同开拓现代西方哲学学科，取得显著成绩。潜心研究西方哲学，提出诸多有创意的见解，有关西方哲学的神性基础的观点影响很大。主张全方位、多维度、多进路解读西方哲学。认为科学与神学、逻辑与政治构成西方哲学四大要素二大张力。界定了思辨哲学与实践哲学。提出以思辨与实践作为解读西方哲学的重要进路。认为现当代西方哲学家对传统哲学的批判并未超越柏拉图和亚里士多德的概念范畴体系，哲学变革或转向的进程至今尚未完成。

一、成长经历

黄颂杰，1938年11月19日生于上海。祖籍上海川沙。祖父黄寒林于20世纪20年代初从川沙来到现今上海延安东路浙江路一带，凭借手艺经营与建筑相关的行业。当时的上海正处于迅速而短暂的工商业发展时期。在积累一笔财富后，祖父在紧挨黄浦江的浦东歇浦路与浦东大道交汇处买地建房，营造了一座小康家园。不幸的是，祖父于1936年因患伤寒去世。1949年5月，一批败退的国民党军，将那一带的民房付之一炬，祖父一生心血留下的家园未能幸免。

黄颂杰的父亲黄祥麒与民国同年，1924年跟随母亲从川沙移居到上海祖父创业处，接受新式的学校教育。成年后进上海肥皂厂当职员。20世纪30年代中至40年代末，父亲处于间断性的就业与失业之中。新中国成立后父亲在上海市轮渡公司任职员，直至退休，曾担任上海市杨浦区人民代表、政协委员。黄颂杰的母亲则是一位典型的贤妻良母。1949年夏，由于家园被毁，黄颂杰和兄弟姐妹跟随母亲迁居到浦东川沙高行镇外婆家。这是一座明清时代的古建筑。黄颂杰在这座古镇古宅里度过了小学、初中。1953年9月，母亲因大出血抢救无效去世，时年仅40岁，而黄颂杰当时还是初三学生，不足15周岁。

黄颂杰童年时代接受过天主教教育，那完全是由于家庭环境使然。祖父祖母的家乡都是当时天主教传教成功的地区，祖父后来在浦东黄浦江畔建的家园也是天主教传教活跃区，附近就有一座天主教堂。50年代起由于接受了马克思主义的政治思想和无神论思想的教育，黄颂杰的宗教意识逐渐消退。黄颂杰从中学时代起就有强烈的求知欲。在班级里除了各门课成绩优良，名列前茅之外，还大量阅读各种中外文史名著。文理各科成绩都好，但慢慢地偏向文科。1957年高中毕业时正值“反右”风暴席卷全国，大学招生数跌至历年来的最低。黄颂杰以优良成绩考取复旦大学哲学系。之所以选择哲学专业，一方面是出于想对各门知识作出概括和总结的少年壮志，一方面是因为对国内外各种理论问题和思潮充满着疑问和好奇。起关键作用的则是1956年暑期开始的对《毛泽东选集》（第一卷）的学习。这是完全出于对理论的渴求而自觉自愿进行的自学，不仅认真地阅读，还一篇篇做笔记。这本笔记的第一句话是这样的：“我试图着从中国人民领袖的著作里寻找出我底世界观。”这本距今半个多世纪的中学生的笔记比60年代中期掀起的全国学习毛泽东著作运动早了近十年，至今还被珍藏着。

大学时代黄颂杰比较系统地接受了哲学专业的教育，其核心是苏联模式和版本的马克思主义哲学。不过，黄颂杰并没有局限于这样的专业学习。中学时代形成的求知欲更加旺盛了，图书馆、阅览室里琳琅满目的图书不断地激发起阅读热情。除了哲学类书籍，还广泛地阅读文学、史学、文艺理论、心理学、生物学、天文学、物理学和科学概论等。阅读这些图书所花的时间和精力并不少于哲学类图书，至今还保存着一部分当年阅读这些图书所做的笔记。这是因为在黄颂杰看来，哲学必须以人文社会科学和自然科学的知识为基础，没有广博丰富的各类学科知识，哲学必定是无根的，空洞的。这种广博的阅读方式和习惯不仅拓展了知识领域，而且养成了广阔的思维视域，培育了高尚的思想情操。更加巧合的是，这仿佛是在为30多年后黄颂杰担任《复旦学报》（社会科学版）主编时所需要具备各类学科知识的评判力打基础。

黄颂杰的大学生时代充满着政治风云，学习计划不断地被各种运动所中断。最不能适应的则是斗争哲学。揭发、批判、整人、批斗，喊口号、发誓言、表决心，这些都是黄颂杰最害怕做、最不愿做、最不会做的事，在这些方面表现得很差。不过，在那个时代实施的下农村下工厂的实践中黄颂杰的表现倒是很不错。他在工厂农村搞过哲学普及，写过这方面的文章。当然，他更学会了在各种不同环境、场合抓住一切时机读书学习。那是一个物品匮乏的时代，也是思想理论受限的年代。但是，黄颂杰班上的同学却都思想活跃，学术问题、理论问题常常争得不可开交。渐渐地，黄颂杰对西方哲学的兴趣越来越浓。1962 年本科毕业之际，正好碰上高教部研究生培养制度出台，他毫不犹豫地报考西方哲学研究生，走上了西方哲学治学之路。

黄颂杰的导师全增嘏学识渊博，学风十分严谨、认真、踏实。写文章和讲课都特别讲究逻辑严格，思路清楚，深入浅出。这一切都对黄颂杰产生了极其深刻的影响。他拼命读书，几乎到了废寝忘食的地步，并且养成了他称之为“地毯式”和“深井式”的阅读习惯。那时复旦大学有一个专对教师和研究生开放的图书阅览室，里面的书库，读者可以随意取阅，他充分利用了这种便捷自由阅读的机会，广泛地翻阅了大量中外文图书，尤其是专业外文图书，几乎是挨着图书序号一批一批地浏览式阅读。这就是所谓的地毯式阅读。而所谓深井式阅读则是指对哲学经典和相关文献深入细致地精读。他勤奋努力，手不释卷，为日后的西方哲学研究之路打下了扎实的基础。

由于受“文化大革命”影响，黄颂杰直至 1968 年 5 月才到位于西安的西北大学伊斯兰研究所工作。该研究所的建立源于毛泽东 1963 年、1964 年关于加强外国问题研究和加强世界三大宗教研究的批示。但该研究所当时的具体工作目标、任务并不明确，实际上主要从事中东阿以冲突，特别是巴勒斯坦问题研究。在高校停课闹革命的大环境中，在这个研究所里还能看资料、读书、翻译、研究。研究人员大多来自全国名牌大学不同专业的毕业研究生，思想活跃，形成了一个很好的学术群体。黄颂杰在这里阅读了大量国际问题方面的图书资料，以集体名义翻译出版了《以色列，巴勒斯坦和阿拉伯人》，编写出版了一本关于巴勒斯坦问题历史的书。1975 年年初，他调回复旦大学哲学系。一年多以后，“文化大革命”结束，黄颂杰正式走上了西方哲学教学研究之路。

二、主要研究领域和成就

黄颂杰的主要研究领域是西方哲学史和现当代西方哲学。20 世纪 70 年代末 80 年代初，高校刚恢复正常教学秩序，教材建设成了最紧迫的事。1978 年复旦大学哲学系组成了以全增嘏为主编的西方哲学史编写组，由于全增嘏健康状况不好，黄颂杰不仅执笔古希腊罗马哲学和其他部分章节，而且负责组织协调以及全书的统稿定稿工作。1983 年 10 月《西方哲学史》上卷（53 万字）由上海人民出版社出版，下卷（59 万字）则于 1985 年 5 月出版，此时距全增嘏去世已有一年半。这部教材分量重影响大，曾获教育部优秀教材奖，在后来的 20 多年中，不断重印达 14 次，被全国高校哲学专业广泛采用。这部教材的成功，黄颂杰起了主要作用。

20 世纪 80 年代改革开放初期，为适应高校和社会各界了解和理解西方学术文化的迫切需要，复旦大学哲学系成立现代西方哲学研究室。在编写西方哲学史教材的同时，黄颂杰又与刘放桐一起走上现代西方哲学学科建设之路，从那时起他一直任现代西方哲学研究室主任，承担起负责该学科建设的重任，这是填补国内学科空白的重要而艰难的事业。改革开放前的近 30 年间，我国的西方哲学研究集中于前黑格尔哲学，后黑格尔哲学即现代西方哲学被划入禁区，被看作反面教材。全增嘏在 20 世纪 60 年代初开设过“现代西方资产阶级哲学批判”课程，在当时高校是绝无仅有的“首创”。改革开放后现代西方哲学成了高校渴求的课程和学术领域中一块急待开发的热土。全增嘏的讲课和笔记提供了一条路径，但尚未成为一门系统完整的课程。刘放桐在当研究生时就立志研究现代西方哲学，此时他全身心地投入现代西方哲学教材的编写，并且得到一批青年学者的支持和参与，1980 年这部教材问世，填补了哲学教学和研究的一大空白。黄颂杰作为该学科的负责人，一方面积极支持和参与这部教材的编写，另一方面则致力于现代西方哲学这门课程的教学。他潜心研究，呕心沥血，把这门课程建设成全系最受欢迎的课，也是全校出名的优秀课程，慕名而来的听课者不仅有校内还有外地外校的。1985 年首届教师节，黄颂杰因现代西方哲学课程荣获优秀教师奖，后来还获优秀教学一等奖。80 年代他还负责多次举办全国性现代西方哲学培训班并在班上讲课。他应邀去安徽大学、江西师范大学、广西自治区委党校、陕西省委党校、南京解放军政治学院等地讲授现代西方哲学。90 年代全国高校普遍开设了现代西方哲学课，黄颂杰在该课程建设中发挥的作用并不局限于复旦大学。

20 世纪 80～90 年代，在现代西方哲学课程建设中，黄颂杰重点研究了 20 世纪英美新实在论、胡塞尔现象学、萨特和海德格尔的存在主义、马里坦的新托马斯主义、列维-施特劳斯的结构主义、罗素和维特根斯坦、尼采和柏格森、弗洛姆以及与现代西方哲学关系密切的康德哲学，并在这些领域取得有影响的优秀成果。对 20 世纪新实在论的研究主要是应刘放桐编著现代西方哲学教材的需要，属于补缺。当时，对国内思想文化乃至社会产生较大影响的西方思想家是尼采、萨特和弗洛伊德，尤其是萨特的存在主义，形成一股强劲的思潮。但许多人并不真正理解这些西方思想家们的哲学，存在着许多误区、误解。黄颂杰依据萨特的著作（英译本）从理论和历史两个维度对萨特的存在主义哲学作了全面而深入的分析，1984年他在《中国社会科学》发表了《萨特存在主义哲学的逻辑的考察》，1986年出版（1987年又两次重印）《萨特其人及其人学》（与吴晓明、安延明合作）。他又研究了另一个存在主义大师海德格尔和现象学创始人胡塞尔，将存在主义置于西方哲学演变的境况之中，从“人学”的角度剖析存在主义哲学的基本观点和前景，又从本体论、自由观、时间观等不同角度剖析海德格尔和萨特的存在主义，在重要核心期刊发表一系列论文。这些论著在学术界产生了很大影响，在帮助人们正确理解存在主义、纠正错误观点、澄清模糊思想方面发挥了重要作用。许多论著被转载和获奖。他还与尹伯成、王沪宁、林骧华合作，将当代西方经济、政治、文学与哲学思潮融汇一体，出版了《当代西方学术思潮》，使人们对西方学术思潮有一个综合性的整体的了解。针对当时流行的人本主义思想家弗洛姆，他组织编译出版了《弗洛姆著作精选》，并从“人性、社会、拯救”的视角在学术期刊上分析弗洛姆哲学，赢得学术界的关注和好评。

20世纪90年代中期起，黄颂杰致力于将西方哲学史与现代西方哲学联结起来，考察研究当代哲学界所关注的一系列重大的整体性综合性的问题。诸如：西方形而上学的产生发展及其在现当代的命运（或柏拉图主义及其历史命运），本体论与知识论，本体论与辩证法，哲学与科学，哲学与宗教（基督教），哲学与伦理学，科学与民主，物性、人性与神性，思辨哲学与实践哲学等。他发表了大量论著、译著，论文被转载，多次获奖。他重返古希腊哲学，从源头上重新理解西方哲学，又从现当代哲学的视角重读柏拉图、亚里士多德的经典，2009年出版了《古希腊哲学》。在古今互动的过程中他对西方哲学重大问题形成了新的认识。他梳理了西方哲学从古至今演化发展的理路和问题，揭示并分析了西方传统形而上学、本体论、知识论的来龙去脉及其演化过程中形成的实体主义、本质主义、理性主义等概念的涵义和在当代的遭遇，厘清了西方哲学发展进程中出现的各种“变革”、“转向”，提出了自己的看法。他对西方哲学因自身追求的目标、路径、方法而形成的物性、人性和神性所作的论述和分析尤为深刻独到。他对柏拉图、亚里士多德的本体论、辩证法和政治学、伦理学作了深入的剖析，并与现当代西方哲学家关于思辨哲学和实践哲学的论述联系起来，提出了他自己对思辨哲学和实践哲学的一系列独到见解。他还试图用“思辨”和“实践”的视角来解读西方哲学，开辟对西方哲学研究的新的路径。因此，道德哲学（伦理学）、政治哲学、宗教哲学等实践哲学学科以及西方马克思主义的实践哲学也成了他所关注的领域，并在宗教伦理、宗教哲学方面发表了一些有独特见解的文章。他认为，宗教在当代社会中的价值趋向主要有两方面：艺术的和伦理道德的，即宗教艺术和宗教伦理；无论是西方还是中国，宗教与社会发展相适应都不是去强化它的政治性，而是发挥它的伦理道德功能。他坚定地主张宗教伦理化。他还指出，西方哲学无论是本体论知识论还是政治伦理学说，不管是思辨哲学还是实践哲学，都离不开灵魂学说；灵魂说是西方哲学的诞生地和秘密，是人性和神性、人论和神论的交汇地。20 世纪 80 年代起黄颂杰还积极参与《中国大百科全书·哲学》、《辞海》等著名的大型辞书的编写和组织，他是《辞海》（1999 年版、2009 年版）和《大辞海》的外国哲学分科主编，《哲学大辞典》常务编委、《外国哲学辞典》副主编。他为编写这些辞书的西方哲学类条目作出了贡献。近年他又主编“哈佛教学用书哲学译丛”、“国外思潮译丛：聚焦当代哲学”等丛书，审校多本译著。

黄颂杰从 1979 年起任复旦大学哲学系现代西方哲学研究室主任长达 25 年。1986 年起任哲学系副系主任、系主任达 10 年之久，经历了哲学系办学最困难时期。他不仅为现代西方哲学学科建设作出重大贡献，也为复旦大学宗教专业的建立发挥重要作用。1995 年起他任复旦大学《复旦学报》（社会科学版）主编至今长达 17 年。他在这些工作职位上不仅处理了大量的行政事务，还从学术上理论上思考探索如何做好这些工作，在这方面发表过大量文章。他在学术期刊和报纸上发表关于如何搞好西方哲学课程建设、如何办好哲学系的文章，其中 1994 年 4 月 27 日发表在《中国教育报》上的《综合性大学为什么要办哲学系》和 1993 年 3 月 5 日《文汇报》上的《哲学要赶上时代的步伐》等文章在当时曾产生巨大影响。他在学术期刊高层论坛和各种研讨会及报刊上发表的关于如何办好学术期刊的文章，引起学术期刊界的高度关注，成为人文社科期刊界有影响的主编。

黄颂杰从中学时代起就养成了勤奋努力、好学不倦的习惯。读书思考成了他生活方式的重要方面，古稀之年依然笔耕不辍。他谦虚谨慎，从不骄傲自满，始终抱着初学者的态度不断求索，不断进取。他不赞成“学术权威”这个概念，主张学术问题不应该用“权威话语”做定论，而应通过自由争鸣、讨论，由长期的实践来检验真伪对错。他治学严谨踏实，不故弄玄虚，不装腔作势，写文章重论证，重证据，重逻辑，力求深入浅出，力戒晦涩难懂。他为人正直正派，待人真诚宽厚，恪守“责己严，待人宽”的家训，不争名夺利，不损人利己。几十年如一日。他一步一个脚印地前进。他在学术研究中十分注意学术群体的形成和作用。他在集体和合作研究中总是顾全大局，服从整体，踏实奉献，不挂空名。他以长期积累形成的学识、素养、品质教育和感染学生。他从 1986 年起招收硕士生，迄今共招收 24 人，全都已获得硕士学位。1993年通过国务院学科评议组评审，成为博士生指导教师。1994年起招收博士生，截至2011年共招收36名，有34人获博士学位。他的博士生大多任职于高校和科研机构，成为西方哲学和当代天主教哲学方面的教学科研的骨干，其中已有13人获正高职称，12人获副高职称。

三、主要学术观点

黄颂杰在研究中十分注重历史的视域和方法，认为任何哲学问题和哲学家都必须置于历史的演变和境域之中进行考察；他也注重在历史的境况之中探求哲学思想的内在逻辑，讲究逻辑论证的严密，力戒逻辑跳跃；他主张对哲学思想的解释和重构必须尊重历史，尊重哲学思想自身的逻辑，研究者自身的立场、视角、成见不可避免，但断章取义、为己服务不可取，客观的评价分析不应被排斥或否定。历史的方法、逻辑的方法、解释重构的方法、客观的方法是他在哲学研究中坚持使用的方法。在长期的教学和研究中他所累积形成的学术思想观点简述如下。

黄颂杰认为，西方哲学历史悠久，源远流长，应从多种角度、多重关系、多维视野进行剖析，才能达到真实而全面深入的理解；局限于一种视角、一种关系，一种进路，甚至将其与意识形态、政治斗争紧密而又简单化地捆绑在一起，就必定会导致误解、曲解或至少是片面的理解。因此，主张全方位、多维度、多进路(Approach)解读西方哲学。他认为，西方哲学的内涵其核心是本体论和知识论，其外延应包括社会政治伦理和宗教，其构成要素则是神学、科学、逻辑和政治四个方面。这四大要素综合起来构成了西方哲学的形而上追求与形而下努力之间的张力，形成了思辨哲学与实践哲学之分。长期以来他不断地探索从这一路径切入，分析、理解西方哲学，并且提出了一系列有创意的思想观点。

他认为，西方哲学的本体论（Ontology）学说是建立在可感知世界与超感知世界划分的基础之上的。它从超感觉世界中寻求真实的存在，即求存在的终极原因、终极（最高）实体，最终必定导致对绝对者的追求，导致“神”、“上帝”的观念。这种追求是一个求知的过程，即通过不断认知的路径来达到，并且主要通过理性，用逻辑的方法建构起概念范畴体系，达到最高真理。也就是说，西方哲学以求知求真为导向，追求形而上的本体、本质、同一性、普遍性，以达到绝对圆满的终极的存在（是），即以真、善、美的统一为终极目的。因此，本体论与知识论是绞合在一起的，最高最终的真理与终极的存在、原因、本体、目的是同一的。本体论和知识论既导致神学，也引导人们从对万物所持的传统的信仰的态度走向理性的态度，体现出科学的理性精神。数学自然科学是西方哲学研究的起点和基地、根据。数学的确定性明晰性一直为哲学家们所推崇。哲学形态的变化和哲学观的变革与数学自然科学的发展密切相关。西方哲学是在神学和科学的张力中演进的。科学理性精神和宗教神学的品性一直伴随着西方哲学的进程，显示了西方哲学演进中的二重性，并且在西方人的心中积淀成为深厚的传统观念和思维方式。

黄颂杰指出，运用逻辑、构造概念范畴体系是西方哲学家进行研究的基本方法和表达自己思想的基本方式。西方哲学是一套成熟的逻辑体系和概念范畴体系。不仅本体论、知识论、辩证法是运用逻辑在概念范畴的演绎中发展起来的，就是社会政治论、伦理道德论也都离不开逻辑论证。他又指出，西方哲学一方面引导人们超越感性世界追求存在的原理和真理，另一方面又引导人们积极投身现实的社会政治，它既“出世”又“入世”。哲学家不仅是社会的精神领袖、导师，而且也是社会政治活动家，位居社会政治舞台的中心。他们的伦理道德和政治学说与他们的本体论知识论是相互渗透融汇一起的。逻辑是超时空超经验超现实的，伦理道德和社会政治则是时空的经验的现实的。它们之间也构成一种张力，西方哲学的演进也离不开这种张力。

黄颂杰认为，上述四大要素和张力构成了西方哲学中的思辨（理论）和实践两方面。从柏拉图到黑格尔，西方哲学重思辨、重认识，主流是思辨或理论哲学，但包含丰富的实践哲学的内容。他对思辨哲学的特征作了这样的概括：追求超感觉的终极存在、最高实体、终极原因、终极真理，即追求超感觉的绝对者；将超感觉的存在（世界）看作高于优于感觉的存在（世界）；超感觉的东西必须借助理性的功能，理性的突显以致成为独立的实体，重理性或理性主义；运用逻辑方法是思辨哲学达到其追求目标的根本手段；建构概念范畴体系，并力求圆满完全（大而全），囊括宇宙万物，对世界作出完整圆通的解释说明。作为学科知识的名称思辨哲学主要表现为第一哲学、本体论、知识论等。

他认为，黑格尔之后，西方哲学展开对传统的批判，其矛头首先和主要指向思辨哲学，并走向实践哲学，成为哲学发展的趋势，但仍具有浓厚的思辨哲学的特性，而且并非所有的哲学都走向实践哲学。他明确主张实践哲学具有两重含义：一是作为哲学的性质，与思辨哲学、理论哲学相对；二是作为知识学科的名称与第一哲学、本体论、知识论相对，在哲学史上主要表现为伦理学、政治学、宗教哲学等。黑格尔之后，实践哲学逐渐由知识学科的名称演化为哲学的性质，它否定思辨哲学的追求目标，反对将超感觉世界看作是真实的存在；它以“意义论”取代“终极论”；强调面向“事物本身”，返回“生活世界”，取代超感知世界；不再致力于建构大而全的概念范畴体系，强调行为、实践的首要性。他还指出，实践哲学有两类形态。一是作为一般原理的实践哲学，一是分门别类的实践哲学。实践哲学也谈论本体论、知识论，但其问题和话语、形式和内容、目标和思路都与传统不同，已经发生了变革或转型。传统思辨哲学是该到“终结”的时候了，但并不是抛弃，而是扬弃。实践哲学并非不要思辨、不要理论。实践、行动不应该是盲目的。实践哲学还是应当要有形而上的追求，要有超越性，超越个体、经验、感性等。哲学既要返回生活世界、常识世界，又不能局限于生活和常识，而必须超越生活世界和常识世界。传统的理性主义、本质主义、绝对主义、基础主义、唯智主义等可以批判，但理性、本质、绝对、基础、知识等还是要的。将规律神秘化、绝对化、宿命化是不对的，但否定、抛弃规律也是不对的。重视差异性、不确定性、流变性是对的，但不能因此而否定同一性、确定性、稳定性。应当（也可以）超越和克服实践哲学与思辨哲学的对立，实现实践与思辨、理论的综合、统一。这些观点在学术上都是很有新意有见地的。

黄颂杰上述对于西方哲学的理解和解释的框架和路径是通过对西方哲学从古到今演化的考察之中提炼出来的，在许多关节点上他都有自己独到的看法。他认为，柏拉图和亚里士多德在思辨和实践两方面都为西方哲学奠定了基础。现当代西方哲学家对柏拉图主义的批判并未超出柏拉图和亚里士多德的概念范畴体系，诸如是与非是（存在与非存在），一与多，同与异，动与静，等等，区别在于两者强调的重心不同，从而形成的路径、目标不同。中世纪西方哲学与基督教合为一体。经院哲学内部的唯实论和唯名论之争，不仅包容柏拉图的理念论和亚里士多德的实体论，而且与近代的唯理论和经验论直接相关，也与现当代的许多哲学理论一脉相通。他主张对于近代哲学的理解不要局限于唯理论与经验论之争，而更应看到形而上学与对形而上学的怀疑、反对之争。17世纪、18世纪是建构形而上学体系的时代，唯理论是通达这一目标的方法、途径，经验论则是通达怀疑论、不可知论以否定传统形而上学的途径。有洛克对人类理智的考察批判和休谟的怀疑论，才会有康德的批判哲学。

黄颂杰认为，康德在哲学上的创新和突破从根本上改变了西方哲学传统的路径，是理解西方哲学最重要的关键。康德通过对理性的批判，指出传统本体论的探求思路必定陷入矛盾、悖谬的困境，因为传统本体论问题不属于人类认识范围，不能通过求知的路径来解决，从而转向实践领域，将路径从认识、求知转变为实践、行为。也就是说，康德将哲学从寻求宇宙万物的终极存在、最高实体，从寻求知识的基础和根据，进一步引向为文明社会的人寻求如何做人（行为）的基础和根据。康德看到理性的思（认识）的一面，更看到了理性的行（实践）的一面。他把传统本体论和知识论所追求的终极目标看作人类行为、实践所必需的公设，看作实践问题而不是认知问题。康德还力图消除笛卡儿以来哲学家们所说的主体、自我的个体心理成分，赋之予先验性。个体心理意义上的主体、自我的最大的问题是缺乏普遍性、必然性，由此去解决存在和知识问题必会陷入困境；先验性的主体所具有的认识形式和道德律则独立于任何经验，不依个体为转移，是永恒的又是普遍的必然的，它们正是人类知识和行为的基础和根据。

康德为西方哲学的发展指出了新的路向。但康德所谓的实践是指道德和宗教。而且，康德将理论与实践、知识与信仰（信念）、现象界与本体界截然分割为对立的两面。黑格尔则运用辩证思维，把矛盾看作宇宙万物的真正内容和本质，看作事物及对事物认识的根本原则。他把康德所留下的道道鸿沟都填平了，知性与理性、有限与无限、现象与本体、理论与实践都是辩证的统一。黑格尔主张，思维与存在、主体与客体不是彼此割裂的两个实体，它们不过是同一实体（即主体，绝对理念，绝对精神）展开自身、经历了一番辩证运动又返回自身的过程，因此，它们是同一的（实体即主体）。在他看来，人类理性的力量是无穷无限的，完全可以达到传统哲学所追求的终极的绝对的目标，本体论在他那里又成了对最高最终的存在和知识、真理的追求，这一目标仍属人类认识范围，而且在他的体系中得以实现。因此，从哲学体系、形态上讲，黑格尔把传统思辨哲学带向了高峰。

但是，黄颂杰认为，对黑格尔哲学的理解不能止于此。因为黑格尔突破了传统哲学家在本体论等问题上的思维方式和观点，代之以辩证法、辩证逻辑的思维方法。应当重视和利用黑格尔形而上学体系中蕴藏着的推进哲学变革的动力资源。除了上述辩证法之外，黑格尔的法哲学、政治哲学、道德哲学、伦理学、历史哲学、艺术哲学、宗教哲学等实践哲学也是极有价值的资源。但黑格尔的辩证法与他的体系在逻辑上是内在地联结在一起的，表现为一系列概念范畴的辩证运动，只求逻辑上的圆满完成，而正是这种圆满性封死了他的辩证法，使其整个哲学失去了生命力。因此，他也不赞成称黑格尔为实践哲学家，认为黑格尔哲学体系总体而言是属于思辨性质的。

黑格尔之后即19世纪中叶以来的西方哲学是学术界的热点，黄颂杰在这方面也提出了许多引人注目的看法。他指出，19世纪中叶以来哲学家们一直是在对以往的传统哲学进行批判中寻求新的道路。两千多年来哲学家们力图通过认知的途径建立一个圆满的知识和真理的体系，给本体论知识论问题以最终解决，也为社会经济政治的发展制定理想的统一模式，即为人类复杂繁多的生存实践活动制造一个统一的思想框架，这条路已走到了尽头。西方哲学无疑发生了变革和转向。他特别分析了其中的两种形态：语言学转向和生存实践路向。

但是，黄颂杰认为，西方哲学变革或转向的进程至今尚未完成。一方面许多哲学家依然沿袭着传统的哲学模式和思维方式，另一方面，新的哲学模式和思维方式遭到诸多质疑、批评和争论。对传统的批判和新哲学的建立需要经历一个漫长的过程。哲学家们为寻求新的道路作出了巨大努力，取得了丰硕成果，但是他们又面临许多难题。比如，西方哲学植根于人性，但进入人性的深处，对于理性和非理性、实践性和社会性等，看法不一。又如，西方哲学具有浓厚的神学品性，要彻底消除它，就必然会动摇瓦解基督教这根西方社会的精神支柱，要想保留巩固这根精神支柱，西方哲学的神性就不可能被彻底清除。西方哲学的变革和转型是以各种方式与人类生存实践相互关联的，同时，也是不可能丢弃它的形而上的本性的。

四、黄颂杰主要论著

全增嘏．1983. 西方哲学史（上、下册）．上海：上海人民出版社。

黄颂杰．1984. 萨特存在主义哲学的逻辑的考察．中国社会科学，(6)．

黄颂杰，吴晓明，安延明．1986. 萨特其人及其人学．上海：复旦大学出版社．

黄颂杰，尹伯成，王沪宁，林骧华．1987. 当代西方学术思潮．杭州：浙江人民出版社．

黄颂杰．1988. 人性·社会·拯救——弗洛姆社会哲学述评．学术月刊，(4)．

黄颂杰．1991. 人学是否哲学发展之路——从存在主义谈起．复旦学报（社会科学版），(5)．

黄颂杰，1993. 文化与心灵——评列维-施特劳斯的结构人类学．学术月刊，(2)．

黄颂杰．1994. 西方哲学出路何在——评罗蒂的后哲学文化．复旦学报（社会科学版），(1)．

黄颂杰．2000. 论西方哲学的宗教和神学之品性．哲学研究，(9)：55-61.

黄颂杰．2001. 西方哲学的人性与神性之历史演化．文史哲，(5)．

黄颂杰．2002. 西方哲学名著提要．南昌：江西人民出版社．

黄颂杰，宋宽锋，吴新文，朱晓红．2002. 西方哲学多维透视．上海：上海人民出版社．

黄颂杰．2003. 论西方哲学演进的思路和问题．河北学刊，(4)：80-87.

黄颂杰．2004. 论西方哲学的转向．浙江学刊，(1)：70-78.

黄颂杰．2004-09-05. 走向实践哲学．文汇报．

黄颂杰．2006. 灵魂说：西方哲学的诞生地和秘密——柏拉图和亚里士多德灵魂说研究．学术月刊，(8)．

黄颂杰．2006. 论柏拉图的辩证法．云南大学学报（社会科学），(5)．

黄颂杰．2008. 从幸福论与德性论走向神论——亚里士多德伦理学说评析．陕西师范大学学报（哲学社会科学），37 (3)．

黄颂杰．2008. 实体、本质与神．哲学研究，(8)．

黄颂杰，章雪富．2009. 古希腊哲学．北京：人民出版社．

撰写者

黄颂杰

王新生（1963～）哲学博士。复旦大学哲学学院教授、博士生导师，复旦大学哲学学院副院长。

牟钟鉴

牟钟鉴（1939～），山东烟台人。哲学家、哲学史家、宗教学家，民族宗教学学科、“新仁学”理论体系创建者。1965年北京大学哲学系中国哲学史专业研究生毕业。1966年起在中国社会科学院世界宗教研究所工作。1987年调转到中央民族大学，为该校哲学与宗教学学院教授、博士生导师，学术带头人。1992年起享受国务院颁发的政府特殊津贴。兼任国家社会科学基金项目评审组专家、中国宗教学会顾问、中国孔子基金会学术委员会主任、国际儒学联合会顾问、中国人民大学孔子研究院学术委员、尼山圣源书院荣誉院长、香港全真道研究中心顾问、国家行政学院兼职教授、国家宗教事务局培训中心兼职教授等。主要学术领域为中国传统哲学、中国宗教史、宗教学理论。他首次提出“宗法性传统宗教”概念并做出了系统的理论阐释，用以说明中国人的基础性信仰；首次提出“温和无神论”概念，用以表述中国特色社会主义宗教观；首次提出中华文化的“多元通和模式”，倡导建立良性的文化生态；创立民族宗教学，为中国特色宗教学增添了一个新的分支学科；提出中华大道的特色和本质是“中和之道”，构建了“新仁学”理论体系，以阐明中华文化的历史内涵和现代价值。曾获全国优秀教师、全国民族团结进步模范个人称号，北京市高等学校教学名师奖，第三届中国高校人文社会科学优秀成果奖一等奖，第五届吴玉章人文社会科学奖一等奖，2012年度孔子文化奖等。

一、成长经历

牟钟鉴于1939年9月出生在山东烟台一个耕读代传的小康之家。当时正值抗日最艰苦时期，幼年的他在烟台乡下经历过日军的残暴，亲族中有长辈惨死于日军刺刀之下。他小学4年生活在国民党统治下的青岛，目睹过美国大兵的耀武扬威和街头大批流浪的难民与乞丐，并亲身经历了青岛解放的重要时刻。新中国成立后，开始和平建设，他随母亲回到烟台读高小，从此在新社会下成长。牟钟鉴的祖父是当地有名的善人，以接济贫苦为乐，受到乡里敬重。父亲为人忠厚，终生笃信孔子之道，写有不少相关诗文，享年93岁。牟钟鉴曾写了一首《悼父诗》，其中感念父亲：

“尊孔读经，褒扬先贤”，“关切黎庶，时弊是耽”，并称父亲为“民间儒者，林野文渊”。母亲是远近赞誉的贤妻良母，德寿双兼，而今已有百岁高龄，仍然神清体健。牟钟鉴为母亲祝寿而写的《慈母颂》称道她：“巍峨如山仁，柔和似水亲。数代皆仰赖，不积亦不矜……功德何其多，亲疏皆沾恩”，“家教温而雅，家风和且淳”。牟钟鉴生长在这样一个道德家庭里，以父母为启蒙之师，从小养成了温和好善的品格和热衷文化的志趣。

1951 年牟钟鉴考入久负盛名的烟台二中。当时的烟台二中蓬勃而有朝气，教师尽职敬业，学生尊师苦学，德智体全面发展。高中《文学》课本从《诗经》开始依次介绍古典诗文，老师一字一句讲解，学生一首一篇背诵，就此在牟钟鉴心中植下了经典文化的种子。牟钟鉴从中小学时代即习惯思索，遇到问题喜欢连问几个为什么，总想刨根究底，包括宇宙之际、社会之变、生命之谜，形成了探讨根源性问题的兴趣，想学点哲学。高中学业成绩文理兼优的他，不顾当时“学会数理化，走遍天下都不怕”的舆论压力，自主报考了北京大学哲学系并被录取，从此走上只有极少数人才选择的以“思想”为主业的人生道路。

1957 年牟钟鉴进入北京大学哲学系读书，本科修完又续读中国哲学史专业的研究生，前后 8 年。那是一个充满崇高理想、革命热情的年代。风气所致，破旧立新成为课程内容的主调。当时的校园并不平静，一入学便赶上“反右”斗争，而后政治运动频繁开展，“教育革命”冲击教学，学生不能安心学习，经常陷于苦闷和困惑。好在北大有浓厚的读书风气和求索奋进传统，加以赶上三年困难时期，社会批判运动出现间歇，“文化大革命”风暴到来之前尚有一段平静，同学们终于能够潜心读书，顺利完成学业。1952 年院系调整后的北京大学哲学系，集中了一大批来自全国各大学从事中国哲学和西方哲学研究的著名教授和学者。中国哲学史学科有：冯友兰、汤用彤、朱谦之、黄子通、张岱年、宗白华、周辅成、任继愈、朱伯崑等。西方哲学史学科有：洪谦、朱光潜、郑昕、熊伟、任华、王宪钧、张世英、汪子嵩、吴允增等。初期老教授被强调要改造思想，不受重用，1956 年以后开始陆续走上讲台，与学生有较多接触。牟钟鉴恰恰在这个时期入学学习哲学，这对他和他的同学们可说是天赐良机，使他们能够就近接受学术名家的教诲，有了一个高起点。当时学生与老教授接触存有疑虑，却又被他们的学术和气象所吸引，自觉不自觉学到不少知识和治学之道。牟钟鉴听过冯友兰的中国哲学史，张岱年的宋明理学，朱光潜的西方美学史，任华、张世英的西方哲学史，朱伯崑的中国哲学史史料学，黄枬森的列宁《哲学笔记》，汪子嵩的毛泽东哲学思想，这些都是一年或一学期的课。此外还有专题讲座，如郑昕讲康德哲学，熊伟讲存在主义，任继愈讲佛学。研究生期间选修了中文系朱德熙、周祖谟的课，历史系田余庆、许大龄的课。牟钟鉴在北大求学期间也听过众多名人的讲座，这些人中有政治家陈毅、彭真，文史学家郭沫若、周扬，美学家王朝闻，哲学家王若水等。牟钟鉴也常到校外听学术讲座，包括吴则虞讲训诂，贺麟讲黑格尔哲学，方华讲逻辑学等。当时北大哲学系教学以马克思主义哲学为主轴，虽然受苏联影响，教条主义比较严重，但牟钟鉴通过学习掌握了一些辩证唯物论的理论方法，特别是其中强调用社会生活尤其是生产方式解释文化事象的唯物史观，和透过现象抓住本质以及认识是一个无止境发展过程的辩证观点，对于他后来用以观察社会问题、进行学术研究和克服教条主义，是有很大帮助的。老一辈学者中对牟钟鉴影响最大的是冯友兰，从本科生到研究生，他有 8 年之久生活在冯友兰身边，虽说不是嫡传弟子，但在治中国哲学应具备中华神韵，兼综中西的理路、态度、方法乃至通达明快的话语表述等方面，他从冯友兰那里获得的教益却是最多的。

研究生毕业后，牟钟鉴进入中国社会科学院（前身为中国科学院哲学社会科学部）世界宗教研究所工作。在这里，他经历了“文化大革命”和改革开放两个截然不同的历史时期。他的人生也同国家民族的命运一样跌宕起伏，遭遇了和平时期生存环境中意想不到的复杂多变，特别是经受了“文化大革命”灾难的煎熬，曾经在生死边缘上走过。恰恰是这些磨难，锤炼了他的学人心性，打掉了稚气，促其在学术与人生上走向成熟。“文化大革命”后期，他开始有机会做一些专业工作；改革开放后，才真正获得了从事学术研究工作的良好环境。这一阶段他的学术研究以中国传统哲学为重心，兼及宗教学理论和宗教史。

1987 年牟钟鉴转入中央民族学院哲学系（现发展为中央民族大学哲学与宗教学学院）从事教学和研究，一直到今天。在中央民族大学工作的 20 多年，既是牟钟鉴的学术收获期，又是他旺盛的学术创造期。他的学术领域进一步拓展，在中国宗教史、宗教学理论特别是社会主义宗教问题、民族宗教学的研究上不断耕耘、探索，做出了开拓性贡献，在海内外产生了较大影响。

二、主要研究领域与学术成就

牟钟鉴大半生的学术历程是一个不断探索与反思、不断实现自我超越的过程。他以哲学和宗教学的研究为职志，去探索宇宙、社会、人生的奥秘。但他在经过了曲折艰辛的求索之后感到，宇宙之谜的谜底是永远不可知的，社会与人生并没有一条确定不移的道路，人们只能在漫漫人生之旅中上下求索，不断地获得一些有益于社会和人生的启示，使自己和周围的人安心受用，改善生活质量，而无法勾画出可以令所有人满意的清晰的终点。他给自己的定位是：中华文化的探索者。要在探索中不断反思，在反思中继续探索，摔倒了再爬起来走，不能停步，更不应倒退。

1. 学术理念

在学术探索的曲折道路上，牟钟鉴经过系统的反思，实现了两次大的理念性的转变与突破。第一次是摆脱“苏联模式”和“五四”文化激进派的束缚，回归中华文化前后相续、有因有革的传统。从大学直到“文化大革命”结束，他处在一个矛盾状态：在内层性情上保持着温和理性的气质，在外层认识上追随着革命激进的反传统的潮流，想努力学习做一名批判旧世界的斗士式的学者，却总是达不到当时社会主流的要求。“文化大革命”的教训，促使他深刻反思并幡然醒悟。他认识到，“文化大革命”把反传统主义推向极致，也充分暴露了民族虚无主义的莫大弊害。文化偏激主义的破坏，较之文化保守主义的落后，其对国家民族的危害要甚于百倍。保守文化也许会延缓新陈代谢，然而可以慢慢加以改良；扫荡文化则会断裂传统，使整个民族精神上无家可归，还可能倒退到野蛮。文化是维系民族的纽带，文化亡则民族亡，而这正是当年殖民主义和帝国主义在中国实行文化殖民所希望达到的目的。“五四”激进人物喜欢讲“礼教吃人”，殊不知“左”倾狂热也可以“吃人”，以致连文化的根系一同吃掉。凡经历过“文化大革命”浩劫的人，莫不为此而痛心疾首。牟钟鉴认为，中华文化厚重久远，乃是人类一大精神宝库。如同所有的文化一样，其发展过程有起有伏，不能因其一时之衰，而判其毫无前途，我们不能“抛却自家无尽藏，沿街持钵效贫儿”（王阳明语）。从80年代初起，牟钟鉴以理性和温情走近中华文化，走上文化改良的道路。有人把他划归“文化保守主义”群体，他则自称“文化改良主义者”，因为“文化改良”既包含坚守优良传统，又包含剔除陈腐成分，还包含不断创新。他主张，学术工作的重点要放在推陈出新上面，这比简单化地批判要难得多，却最能有效地推进文化建设事业。他在反思中找回了当初的“真我”，一个温良中和的人，性情与认知终于取得统一。从他的哲学史、宗教史的一系列著作中，以及有关文化、文明讨论的文章中，能够看出其思想观念转变的轨迹，看到他阐扬中华文化价值、接续民族文化命脉的艰苦努力。

第二次突破是20世纪90年代以来，在多元文化和中西比较中摆脱西方话语的支配，寻找中国模式，探索中国特色之路。改革开放以来，中国哲学与宗教学的研究，由于广泛吸收西方的学术成果，视野拓宽，方法多样，出现新的气象，中华学术有了新的生机，逐渐进入国际交流平台。同时，主导的话语权仍在西方，影响所及，以致中国学人判定中华文化的优劣，也要以西方价值观为标准。有些中国学者不自觉地照搬西方理念，以及文、史、哲、宗的学科分类标准，套用在中国人文学术研究与学科分类上，扭曲或肢解了中华传统学术，甚至不承认国学的正当性。有鉴于此，牟钟鉴提出，必须重新审视中、西文化的优长与不足，正确处理二者关系。在他看来，西方近现代文化具有两重性，其人文学术的优点是理性主义和个性解放，它所提供的民主、自由、法治、理性、人权等普世价值，以及它的学术成果、教育理念、学科分类、教育体制和教学方式，许多内容已成为全人类的财富，我们必须认真吸纳，用中国特色的形态加以体现，不如此中国就无法进入现代文明行列。可是西方近现代文化又有明显的不足，就是欧洲中心论和斗争哲学，其主导世界潮流的结果，往往造成族群冲突加剧，地区流血战争不断，军备竞赛继续进行，经济与生态危机转嫁给不发达国家，人类前途堪可忧虑。牟钟鉴认为，虽然西方学术文化占据国际学界中心舞台及其忽略与贬低东方和中国文化的局面不会在短期内改变，但中华文化博大精深，历史悠久，其天人一体、天下一家、仁爱忠恕、和而不同的精神，其在涵养人性品德、协调人际关系、兼顾各方利益、柔化族群矛盾、爱护自然方面所具有的超前的大智慧，正可以纠正西方文化的偏失，成为国际通行的公共规则和当代文明转型期普世价值的重要补充。同时，中华学术的传统与成果也是今日中国发展新学术的必备要素和资源。我们今日的研究工作，应当有国际的视野、战略的眼光，又要有民族文化的自觉和自信，在中西文化互释互补、平等对话中，主动掌握话语权。

2. 学术使命

摆脱了“苏联模式”、“反传统”思潮的束缚和西方话语霸权的影响，牟钟鉴明确地把自己的学术事业定位于中华文化兴衰沿革的历史中，自觉承担起继往开来、综合创新的学术使命。

（1）尊师重道，承接前辈学者的学术统绪

牟钟鉴说，当代学人必须承接前辈学者的学术统绪，吸取老一代学者的学术营养，才能真正有所创新。他有幸在北大学习时得到了上一辈大师级学者们的教诲，而这些大学者经历了中国千古以来之巨变，开拓出贯通古今、融汇中西的现代学术之路。他们的所思所得、所问所答，皆关乎整个时代和社会的走向，文化的出路。他们的学问堪称精深，成就令人敬慕，已达到的高度尚须今人努力攀登。如不能认真继承这份丰厚遗产，我们这一代无法继续前行。牟钟鉴主张，我们研究中华思想文化，除了根植于先秦孔孟老庄古典，还要返回近现代思想大家，包括：严复、康有为、梁启超、谭嗣同、孙中山、章太炎、熊十力、梁漱溟、贺麟、冯友兰、钱穆、张岱年、方东美、牟宗三、唐君毅、徐复观等人的思想，涵泳其学，有所觉解。尊师是由于重道，重道必须尊师。学者的工作应当是：原其道而得其魂，吐其故而纳众新，明其体而达世用。因此，他曾专门著文《儒学继承与创新的三种途径》，主张按照“返本开新”、“综合创新”、“推陈出新”的三新之方，把中国的学术传统接续起来，把新统发展下去。

（2）旧邦新命，以复兴中华文化为己任

冯友兰家里有一副对联：“阐旧邦以辅新命，极高明而道中庸”。这是冯友兰自己一生的写照，表达了一个哲学家强烈的社会责任感，他的学术研究就是要阐发中国古典哲学的精神和具有永恒价值的思想，为新时代哲学的发展和社会进步提供文化营养。牟钟鉴受冯友兰的影响，不愿做考据之学和辞章之学，也不热衷为学术而学术，而喜欢做义理之学和经世之学，研究中国哲学总是带着强烈的现实关切，努力跟上时代的步伐，力图把历史与当代贯通起来，通过自己对古典的觉解，使中国哲学具有真实的活的生命，能帮助当代青年吸收一些先哲的智能，更好地思考现实问题，共同推动中华文明的当代转型。他提出，研究中华文化的学者，有责任阐扬中华精神，致力于道德理性的提倡，改变当代社会信仰与道德普遍缺失的状态，为重建中华主流文化和礼仪之邦，为增强中华民族的凝聚力、创造力做出自己的贡献。他自己所写的《儒学价值的新探索》、《走近中国精神》等书，就是在前行路上留下的一些印迹。他的《重建诚的哲学》、《儒家仁学的演变与重建》、《弘扬儒家仁爱通和之学》、《儒家朋友论与新人际关系》、《儒道互补与安身立命》等文章，集中体现了他的文化理想，引起学界的反响和社会的共鸣。

（3）比较中西，提炼中国模式和经验

牟钟鉴认为，民国时期人文大师的主要历史贡献就在于“融汇中西、贯通古今”八个大字。中国学界长期以来曾被西方话语所笼罩，有些中国学人用所谓“西方模式”来否定中华文化，中华历史文化研究被曲解、变形，其民族性和现代意义被抹杀，乃至中国哲学和宗教的合法性也成了问题。中国大陆还曾长期使用苏联斯大林、日丹诺夫话语来解释中国哲学发展史，简单划分出唯物主义与唯心主义两大阵营、两条路线，把孔、孟、程朱、陆王作为唯心主义来批判。有鉴于此，牟钟鉴提出，中国学者应当有跨文化的视野，同时主动向世界提供文明发展的中国模式和中国经验，不能只做西方学术的传译者。他认为，中国人文学术与西方人文学术进路不同，需要平等对话和互补。就哲学而言，中国哲学与西方哲学的侧重点不同，中国哲学的中心在人生哲学不在认知哲学，不是以思维与存在的关系、主体与客体的关系为主题，因此知识论、逻辑学不发达；而以人格养成、境界提升为主题，因此人性论、修身论发达。80年代，他曾组织学界朋友合写过《中国传统人生哲学纵横谈》一书，列出“价值观”、“人性论”、“人格论”、“命运观”、“生死观”、“苦乐观”、“朋友论”、“修身论”、“善恶论”、“忠孝观”、“婚姻观”、“养生论”、“解脱论”十三个专题，进行研讨，以体现中国哲学的特质、优势和现代价值。他还认为，中国历史上并没有如西方历史上那样相对独立发展的哲学史传统，而有包含哲学在内的综合性的思想史传统，因此中国哲学史最好能够写成中国思想史，而冯友兰晚年的《中国哲学史新编》就是朝这个方向拓展的代表作。

在宗教学方面，20多年来，他借鉴西方宗教学成果，从中国宗教和世界宗教的实际出发，在比较中思考中国宗教文化模式问题。他将世界文明概括为四大主流模式：一是以基督教为底色的欧美模式，二是以伊斯兰教为覆盖的阿拉伯模式，三是以印度教为主导的印度模式，四是以儒学为底色、儒道互补为基脉、儒佛道三教合流为核心的中国模式。而西方学者撰写的世界宗教史和论中国宗教的著作，以基督教为背景框架，与中国文化有很大隔膜，论及中国宗教，或曰中国宗教是个大杂烩，或曰中国只有世俗迷信而无宗教，或曰儒学是宗教，或曰儒学无超越性，是现代化的阻力等，皆不得其要领。他提出，中华民族的文化自有其统绪和结构，是多元化的有机整体，又是绵延不绝的流动长河。中华宗教文化乃至整个中华文化的模式是“多元通和”，它是建立在中华民族多元一体格局基础之上的、以中和之道为精神方向的文化模式，其特点是具有较鲜明的综合性、融通性和人文理性；人道引导神道，政教关系是政主教辅；宗教自古就是多教、多神、兼信，包纳各民族民间信仰，没有一神教的传统；哲学与宗教、宗教与宗教之间的关系，和谐是主旋律，而且渐行渐近，通而不同；以敬天法祖为基础性信仰，以人本主义儒学为主轴，向外开放，不断吸收外来的宗教和哲学，包括一神教，并使之中国化，成为多元和谐的因素。温和主义是主流，信仰之间的矛盾不易引起冲突与对抗，外来一神教受仁和精神的影响，逐渐减弱其排他性，成为其他信仰的好邻居。中华文化多元通和模式是我们应当继承和发扬的优良传统，也会为建设多民族多宗教的和谐世界提供中国的智慧和经验。他的著作《探索宗教》、《走近中国精神》，以及他主持撰写的《民族宗教学导论》、《中国宗教通史》等，都体现了他思考和提炼中国宗教文化模式的努力，这一学术贡献也得到学界越来越多的认同。

3. 治学方法

“涵泳古典，入其内而后有觉解”是牟钟鉴最主要的治学态度和治学方法。他在北大读书时，以冯友兰、张岱年、朱伯崑为代表的中国哲学研究传统，是历史与理论兼治、资料与观点并重。他们是一流的哲学史家兼哲学家，对中国文化史和哲学史史料备熟于心，如数家珍，同时有深刻理解，精于提炼。这对牟钟鉴影响至深，他始终牢记、一直品味并受用至今的是，他在研究生学习期间冯友兰指导他和同学们，学习古典要“涵泳”。“涵泳”本义是水中潜游，引申到做学问，就是要求学者深入到研究对象和原典之中，潜心品味体会，尔后达到在其中自由穿行。朱熹曾谓研讨古义要“涵泳玩索，久之当自有见”（《朱子语类》）。冯友兰不同意带着成见去读书，要学生顺着古人的思路去想，弄清本义，然后再作评论，这是一种“入其内而后觉解”的功夫。汤用彤曾提出研究佛教的十字训：“同情之默应”、“心性之体会”，正是涵泳的精神。牟钟鉴后来在学生和青少年中也努力倡导涵泳古典，在课堂上、媒体上和其他场合，不断地强调研读原典的重要意义，可谓循循善诱、语重心长。他提示青年人：经典需要终身阅读，每读一次都会有新的体会。阅读古典要抱有敬意，塌下心来细读、熟读、体味，不急于评判，要借其辞而悟其意，以便增加今人的涵养，激发出更大的创造力，这是治学的着力点。他在 90 年代初曾会同张岱年提出国学书目 85 部，编成《中国思想文化典籍导引》一书向社会推广；他还著文《谈谈“读经”》，对青年一代提出研读中华文化经典的殷切希望，众多网站予以转载，产生了广泛的社会影响。

牟钟鉴说，冯友兰在指导他学习时，不一味灌输知识，而强调态度和方法，就好比“点石成金”，学生不必热心索要现成的金子，而要学会点石的本领，即所谓“授人以渔”。这让他受益无穷，并在后来成为他自己的施教方法。关于读书方法，牟钟鉴提出，读书有两种：精读与泛读，经典作品精读，一般作品泛读；原创性作品精读，介绍性作品泛读；代表性作品精读，流行性作品泛读。一篇好文章，一个好观点，抓住不放；故弄玄虚、陈陈相因的论著不读。这样才能把有限的时间用在刀刃上。关于广博与专精的关系，他认为，为了适应综合研究的需要，中华人文学者需要专精与广博相结合，在诸多学科之中，以本学科为主，兼顾他科（如人类学、文化学、政治学、社会学等）；在儒、佛、道三教中，以一教为主，兼顾二教；在一教之中，以专题为主，兼顾通论；在经典文化研究的同时，还要兼顾民俗文化；在面向汉族主流文化的同时，还要兼顾各少数民族的文化，这可以用季羡林提出的“大国学”的概念来理解。有人称牟钟鉴为杂家，但实际上他是在杂多之中坚守主攻方向，用己之长，避己之短，而非驰心旁骛。

他指出，经学史上常有两派之争，义理派斥训诂派为“支离”，训诂派斥义理派为“空疏”，实则可以互补，相得而益彰。朱熹的《四书集注》就是训诂与义理统一的成功典范。所以牟钟鉴主张，治中国思想史必须训诂与义理并重，不迷信权威，善于选择和推出新解，成一家之言。

4. 学术成就

在综合创新的基础上，牟钟鉴以陈寅恪提倡的“独立之精神，自由之思想”为座右铭，尊重而不依傍他人，保持学者的独立人格和自由空间，努力开拓个性化的学术之路。他认为，创新是学者的责任，否则研究没有意义。牟钟鉴著述等身，学术成果丰硕，而他的著作和文章绝少教条化、公式化和人云亦云的东西，都是自己思想和体验的传达，都蕴含着时代的问题和精神。他在学术上有着诸多开创性的贡献，择其要者，可以分述如下：

（1）提出“宗法性传统宗教”概念

他依据中国文化发展史，运用丰富的文献、民俗和考古资料，打破文化史研究的定论，在90年代初提出，中国历史上存在一种为社会大众普遍接受并绵延数千年而不绝的正统大教，即宗法性传统宗教。这个以敬天法祖为核心的宗教，在中国历史上作为基础性信仰而存在，佛教、道教以及其他外来的宗教都是在与宗法性传统宗教的融合、调适中得以立足和发展的。“宗法性传统宗教”的提出，使得中国宗教史乃至文化史从整体上得到了合理的解释，有利于人们更好地把握中华民族的性格特征和文化特征。它也特别说明了敬天法祖是宗教，儒学则是带有宗教性的人学，两者有交叉，但统绪有别，从而澄清了“儒学宗教说”造成的理论混乱。

（2）提出中华文化的“多元通和模式”

中华文化从结构上看，儒学是主干，儒道互补是基脉，儒佛道三教是核心，其他宗教是外层，形成以人道为本，以神道设教，人文哲学与宗教信仰并立互动的格局，造成儒家、道家与佛教、道教相须互摄的态势。“多元通和”也是一种文化生态，它是多元的又是和谐互渗和开放的，内部形成有中心有层次的结构。这一生态模式是良性的，符合自由平等和平友爱的精神，符合人类文明前进的方向。

（3）提出中华大道的特色和本质是“中和之道”

其在儒家，为大中中和之道；其在道家，为阴阳中和之道；其在佛家，为因缘中和之道。“中”是以人为本，顺乎潮流，合乎民心，不走极端，无过与不及之失，谓之“时中”；“和”是承认事物的多样性、平等性和共生互补性，促其协调发展，谓之“兼和”。

（4）提出“新仁学”初步构想

他上承孔子、孟子，中接朱熹、王阳明，下续谭嗣同、熊十力、冯友兰，提炼出“新仁学”的六句要义：“以仁为体，以和为用；以生为本，以诚为魂；以道为归，以通为路”；把仁学历史演进的不同阶段中所包含的“仁爱”与“和合”、“生命”与“真实”、“道源”与“通达”的内涵揭示出来。

（5）提出“温和无神论”概念

以此表述中国特色社会主义宗教观，划清与法国战斗无神论的界限，超越苏联的“宗教鸦片论”和“与宗教斗争论”的激进主义。它是无神论的，又能尊重他者的信仰，包括有神论的宗教，形成和谐关系；它维护人们选择信仰的基本人权，并以开放的心态吸收各种宗教与非宗教文化的思想营养。宗教学者对待宗教的态度，既不是信仰宗教，也不是反对宗教，而是用理性去说明宗教。多年来他在宗教理论方面的工作，就是致力于破除歧视，提倡包容，发挥宗教文化的正面功能。

（6）创立民族宗教学

将以往平行发展的民族学与宗教学从理论上结合起来，为中国特色宗教学增添了一个新的分支学科。作为这个新学科的标志性成果，《民族宗教学导论》一书已由宗教文化出版社于2009年出版。作为创建民族宗教学学科的领军人物，牟钟鉴所做的工作是：第一，确定这个学科的宗旨与核心理念是“族教和谐，多元互补”；第二，追寻它的中外历史学术渊源；第三，承接中国学者积累的学术成果；第四，明确它的研究对象、范围和方法；第五，阐释它的主要概念之内涵和外延；第六，围绕民族与宗教互动关系的主轴提出它的主要议题和思路；第七，提炼中国宗教文化的“多元通和”模式。民族宗教学的框架结构已经初步搭建起来，开始用于大学教学实践，在社会上也产生良好影响。《中国民族报》对这个学科及其成果的评论是：幼苗虽小，却有远大前程。

三、在学术研究中提升人生境界

儒、道、佛的学问都是生命的学问。中国哲人历来就有“以身载道”的传统，知识和德性在他身上统一而不可分。牟钟鉴就是这样一位具有典型中国哲学气质的当代学者。无论是学界的同仁、他的学生，还是社会各界的朋友，大家谈起牟钟鉴，无不对他的道德文章表现出高度的敬仰和称颂。大家与他接触，不仅能感受他是一个学养深厚的学者，更觉得他是一个兼具儒者风范和道家气象的真人，一个温厚谦和的朋友和长者。

冯友兰认为哲学的功用不在增加实际的知识，而在于提高心灵的境界，并发挥中国传统哲学的精神而提出人生“四境界”（自然境界、功利境界、道德境界、天地境界）说。牟钟鉴很认同中国传统的境界哲学，并以“知行合一”为人生追求。他曾自述：在探索哲学的理论发展时，不忘记与自身的人生价值追求、心态优化相结合，不忘记“明体达用”的目标，使研究不游离于社会现实之外。如此去做，既可以自家受用，据以安身立命，把圣贤和大师的智慧部分地转成自己的智慧，在人生旅途上发挥帮助作用，又可以把所思所悟融入著书立说、研讨讲学之中，与他人分享，与读者发生共鸣，从而回报于社会。他又说，如果有人问我：你的信仰如何？我可以明白地告诉他：在政治方向上相信社会主义，向往普遍实现社会公平、正义，共同富裕，人民都过上幸福而有尊严的生活。在人生态度上，以儒道互补为价值取向。儒家是进取的哲学，它使我有社会责任心，关心国家民族和人类的命运，努力参与社会的文明建设，有敬业乐群的精神。道家是内敛的哲学，它使我恬淡豁达，在进取时不忘舍弃，在入世中能够超脱，进退自如，从容自在，不丧失自我，努力开拓属于自己的精神空间。这就是今天的真我，过得充实而愉快。

在当今个人功利主义大行其道的时代，儒学面临着被工具化的危险。针对这一问题，牟钟鉴明确地提出自己的主张：儒学研究不是普通的职业工作，乃是安顿心灵、理顺中华民族文化生命的神圣事业。他对自己的要求是：“用儒家的精神做儒学的事业”。儒学如不能感动自己，亦不能经由自己感动他人。他说，按照冯友兰“四境界说”的要求，做人应当不断提升精神境界。对多数人而言，关键的一步是从功利境界上升为道德境界，不再以名利权势为最高追求和快乐，而觉解到应承担的社会责任，以利益社群、创造开拓为最大幸福，在精神和事业中寻找乐地，这样，人生就有了超出个人的意义。中华人文学者尤其应当率先进入道德境界，以自身的人格和气象展示中华文化的魅力。

四、学为人师，行为世范

牟钟鉴常说他以从事教师职业为人生之大乐。他不仅以为学与为人的统一来要求自己，也以之来教书育人。他认为当代的中国哲学讲坛，师的第一位责任是原道和传道。

在别人看来，牟钟鉴以自己的学术积累来从事教学，完全可以轻松发挥、材料可以信手拈来，但他从来都不是这样“轻松”。每次讲课前他都认真备课，重新取舍材料，并把他自己研究的新成果和新体会融入教学中。他注重培养学生的独立思考能力，重视对学生进行读书方法和从事研究的方法训练，常对学生说，既要夯实基础，又要发挥青年人的优势，勇于创新，希望你们将来都能超过我。他在中央民族大学任教20多年，多次获得过国家级和市级的优秀教师奖，被评为教学名师，他谈到自己的从教体会时，令人印象最深的一句话就是："全国各民族的家长把孩子送给我们来教育，是对我们的信任，我们要对人家负责任。"最朴素的语言，透露的却是一位名师的厚重和大气。

牟钟鉴对学生在学业上的要求是认真严格的，但他极少用严厉的态度和语言来要求学生，而是注重在教学中及与学生的交往中用自己的治学态度来影响学生。他指导的硕士生、博士生们在下面交流时都有共同的感受：跟牟老师学习，由不得自己不勤奋、踏实，因为从心底里怕对不起老师。

他注重学生的人格养成，总是结合教学，用人生哲学的道理教育学生，要求他们做一个真诚的人、一个心灵健康的对社会有益的人。在"传道、授业"之外，牟钟鉴更是学生的"解惑"者，学生们在成长中遇到问题总喜欢找他谈心，他也特别善于发现和体会现在的青年人在生存和发展的矛盾中面临的压力，不仅在思想上帮他们疏通困惑，而且只要力所能及，都尽力帮助他们去解决实际困难。他的家常常成为学生们切磋学业、交流思想的场所，更是他们慰藉心灵的港湾。对于亦友亦父的牟老师，学生们不仅尊敬他，更是在内心深处爱戴他。一届届的学生毕业后，不管身处何地，在什么岗位工作，常常会把自己工作、学习和生活的情况向他汇报，每次听到学生们事业有成、生活幸福的消息，他都由衷地感到欣慰和满足。他认为，教师从事的是"树人"的事业，能够体会到其他职业所不能有的成就感。

牟钟鉴如今已年逾七旬，有时还受到健康状况的困扰，但作为一个以复兴中华文化为己任的探索者，他没有停下脚步，仍然在进行着思考、进行着学术创作，并尽己所能支持公益性学术机构做传播儒学的工作。他说："我的人生和为学仍然是进行式，继续走在探索的道路上，我会在探索中不断反思，乐学不厌，过则勿惮改，使思想尽可能保持活跃状态。"

五、牟钟鉴主要论著

牟钟鉴．1987.《吕氏春秋》与《淮南子》思想研究．济南：齐鲁书社．

牟钟鉴等．1991. 道教通论——兼论道家学说．济南：齐鲁书社．

牟钟鉴等．1992. 中国传统人生哲学纵横谈．济南：齐鲁书社．

张岱年，牟钟鉴．1994. 中国思想文化典籍导引．北京：中央党校出版社．

牟钟鉴．1995. 中国宗教与文化．台北：唐山出版社．

牟钟鉴．1996. 中国道教．广州：广东人民出版社．

牟钟鉴．1999. 走近中国精神．北京：华文出版社．

牟钟鉴，张践．2000. 中国宗教通史．北京：社会科学文献出版社．

牟钟鉴.2001. 儒学价值的新探索.济南：齐鲁书社出版.

牟钟鉴.2005. 宗教·文艺·民俗.北京：中国社会科学出版社.

吕大吉，牟钟鉴.2005. 概说中国宗教与传统文化.北京：中国社会科学出版社.

牟钟鉴等.2005. 全真七子与齐鲁文化.济南：齐鲁书社.

牟钟鉴.2008. 探索宗教.北京：宗教文化出版社.

牟钟鉴等.2009. 民族宗教学导论.北京：宗教文化出版社.

牟钟鉴.2009. 老子新说.北京：金城出版社.

牟钟鉴.2011. 涵泳儒学.北京：中央民族大学出版社.

牟钟鉴.2011. 在国学的路上.北京：中国物资出版社.

牟钟鉴.2013. 当代中国特色宗教理论探讨.兰州.甘肃民族出版社.

牟钟鉴.2013. 新仁学构想.北京：人民出版社.

撰写者

王志捷（1965～），北京市委党校/北京行政学院教授，曾在牟钟鉴指导下攻读并获得硕士、博士学位，主要从事中国思想史的研究和教学。

杨曾文

杨曾文（1939～），山东即墨人。佛教史研究专家。1964年毕业于北京大学历史系中国古代史专业。同年9月至今，在中国社会科学院（1977年前为中国科学院哲学社会科学部）世界宗教研究所工作。1979年为世界宗教研究所助理研究员；1985年升为副研究员，担任佛教研究室主任；1988年被评为研究员，兼任研究生院教授、博士生导师；1998～2004年兼任中国社会科学院佛教研究中心主任；2006年8月被评为中国社会科学院荣誉学部委员；2003年4月至2010年4月兼任中国佛教协会佛教文化研究所所长。多次到日本研修考察，为中日佛教学术会议的中方主要组织者，先后受聘为日本东京大学东洋文化研究所客座研究员、日本京都大学文学部招聘教授、日本驹泽大学研究员等。1999年5月，荣获日本“东方哲学学术奖”，以表彰他致力“哲学、思想、学术”研究所作出的贡献。他在佛学研究方法上坚持史论结合，重视历史、文献与思想的统一，尤以历史考辨见长，在中国佛教史、禅宗史和日本佛教史等研究领域颇多建树。30多年来锲而不舍致力佛学研究，勤于笔耕，著述宏富，独立完成的著作有《日本佛教史》、《唐五代禅宗史》、《宋元禅宗史》等7部，参与撰写任继愈主编的《中国佛教史》（第一至三卷），主编并参与撰写、翻译以及文献整理等著作有20部，研究论文200余篇。

一、成长经历

1939年12月7日，杨曾文出生于山东省即墨城西郭里于家胡同，老家在县城北的南林村，离北边的灵山有七八里地。即墨现已称市，属青岛市管辖。在南林村北边是北林村，二村本为一个村，相隔一条发源于金家湾的小河，现统称林戈庄，属于即墨城区北安街道。在林戈庄的西边有三泉庄，东边有邹家疃，东北有萧家疃、程家疃、谭家疃等村。往东越过不高的丘陵地带有小寨村，是他祖母、母亲的故里，小的时候曾在姥娘（外祖母）家住过。

即墨历史悠久，文化积淀深厚，远古文明可追溯至六千年以前，迄今已发现新石器时代大汶口文化、龙山文化遗址19处。在《战国策》、《国语》、《史记》等历史典籍中已出现“即墨”的名称。春秋战国时期为著名的通都大邑，《战国策》称“即墨之饶”，与齐国的都城临淄“并夸殷盛”。历史上田单破燕的火牛阵、田横五百壮士等事迹均发生在此境内。即墨民风朴实，人民勤苦耐劳，刚劲不挠，历史上涌现出许多彪炳青史的人物，如战国时刚正不阿、廉洁勤政的即墨大夫，汉宣帝时以忠言进谏著称的谏大夫王吉（书圣王羲之即是他的后人）。至明清时期更是英杰代出，如明代先后出任朝廷御史的蓝章、蓝田父子，万历时“以文章名天下”的国子监祭酒周如砥，清康熙朝官至左都御史、湖广总督的郭琇等，均崛起于科举，扬名于仕宦，以刚正直言、才思敏捷而著称。

杨氏是林戈庄的大姓，与即墨五大族姓“周、黄、蓝、杨、郭”中的杨氏是同族。据明万历十九年（1591）始修，清道光二十八年（1848）续修的《即墨杨氏族谱》载，杨家始祖来自浙江秀水，“宋神宗时为胶水教授，遭乱未南归，因卜居即墨灵山之阳。子孙忘失名讳，称胶水公。”秀水在今浙江省嘉兴市北，明清二代是属于嘉兴府的县。胶水，在今青岛市胶州市。杨氏族人后分为两支，一支在即墨，一支在河北省东光县，往昔曾彼此往来。过去南林村祠堂“务本堂”的大门上有一副对联，写着：“来秀水仕胶水卜居墨水，依灵山面崂山仰止泰山”；在屋门对联上写着：“一本连双枝奕奕然不分南北，千儿与万孙诜诜兮何论东西”，表述的就是此事。

杨曾文的曾祖父杨孝珍（字宝鼎），终生务农，但是能识字读书。祖父杨友端（字砚溪），曾考取清末秀才，在济南办过报，后因中风回到老家，办私塾教学，颇有声望。大伯父杨乃鑫（字祖荫，号宝孙）、二伯父杨乃钝（字祖泽，号筱溪）在青岛大陆银行当职员。父亲杨乃鏐（字祖培）在青岛商业银号当会计。在祖父去世后，全家从南林村迁到即墨城北郭里于家胡同居住。1946年大伯父去世后，大家庭分家。杨曾文的母亲与兄弟妹妹依父亲薪金生活，1946年秋随父亲迁居青岛。

杨曾文从5岁开始在即墨老家上小学，到青岛后，曾在沧口的教会学校“圣功小学”读初小。1949年夏，父亲杨乃鏐从青岛市内回沧口住处的路途中被国民党军队抓去当兵，全家生活无依，舅刘成泊将母亲和兄妹接回老家南林村。当年冬天，父亲从南方辗转逃回老家务农，第二年经朋友介绍到北京钢锉厂当会计。杨曾文与兄妹随母亲在老家种地，读完小学，1952年秋与母亲兄妹一起迁来北京。

1953年9月至1959年9月，在北京第二十六中学（现为汇文中学）读初中、高中。从高二起文理分科，进文科班，直到毕业。1959年9月，考进北京大学历史系，学习中国古代史，最后2年专攻秦汉史。在大学期间，杨曾文酷爱读书，兴趣广泛，曾选修过为哲学系学生开设的专业课中国哲学史，并且爱读先秦诸子之书，寒暑假中大部分时间都不回家，留在学校中潜心读书，这对他后来从事佛教研究打下了很好的中国历史与传统文化基础。

1964 年年初各个研究机构和大学正在开始招收研究生。开始杨曾文想报考中国科学院历史研究所侯外庐的“中国政治思想通史”专业的研究生，经系领导和指导教师田余庆的动员，便改报考汤用彤的研究生。然而在考试结束不久，尚未发榜的时候，汤用彤因病与世长辞。此时正逢中国科学院落实毛泽东主席提出的设立世界宗教研究所的指示，以北京大学哲学系东方哲学研究室为基础成立了世界宗教研究所。9 月，因曾报考佛教学研究生的关系，杨曾文毕业后便被直接分配到世界宗教研究所，从此便与佛教研究结下了不解之缘。此后，除了参加“四清”以及“文化大革命”的时间之外，一直从事佛教的研究。

二、主要研究领域和学术成就

1. 中国佛教史研究

中国佛教史的研究一直是新中国成立以后大陆学者研究的强项，从 1978 年开始的十多年时间中，在任继愈主持下，杨曾文参与撰写了多卷本《中国佛教史》，是这一时期中国大陆最具代表性也是最高水平的成果，被誉为我国佛教史研究的“重大进展”。

“文化大革命”结束以后，时任世界宗教研究所所长的任继愈决定着手主编筹划已久的《中国佛教史》，约请杨曾文参加。全书计划分八卷，从佛教传入中国一直写到中华人民共和国成立之前，第一卷东汉至三国的佛教，第二卷两晋及十六国佛教，第三卷南北朝佛教，第四和第五两卷隋唐佛教，第六卷宋元佛教，第七卷明清佛教，第八卷近现代佛教。

在此书正式编写之前，杨曾文按照任继愈的建议，认真读完原始佛教基本经典之一的《中阿含经》，而且通读了其他三部汉译《阿含经》（《长阿含经》、《杂阿含经》、《增一阿含经》），以及有部论书和大乘经论、佛教史传等，然后阅读《资治通鉴》及其他史书，将其中部分资料分门别类地编写了有关原始佛教、部派佛教的资料汇编及佛教传入中国等资料汇编。其间还阅读了大量中日两国的佛教研究著作，为参加《中国佛教史》的编写工作打下了坚实的基础。

开始编写组只有任继愈、杜继文和杨曾文三人，杨曾文负责佛教历史、社会思潮和部分宗派等，杜继文主要负责哲学思想和经典分析。《中国佛教史》第一卷完成后，经过申请和评定被列为中国社会科学基金“七五”规划中的重点项目。从 1982 年至 1988 年相继由中国社会科学出版社出版了《中国佛教史》前三卷。到 1990 年，

第四卷隋唐前期佛教初稿亦已完成，尚未出版。编写组成员陆续有增加，第三卷时增加丁明夷，负责写佛教石窟和艺术部分；第四卷时增加李斌城、张弓两位，分别撰写隋唐佛道二教关系和寺院经济。

《中国佛教史》以马克思主义的唯物史观为全书总的指导思想，将佛教置于中国历代社会环境中进行考察，强调佛教的产生和发展，有它的社会根源、思想根源，所以应该从社会历史中去寻找佛教兴衰变迁的原因，而不能只在佛教内部去寻找佛教变迁的原因。佛经翻译、佛教理论的传播和发展，受到历代中国社会经济、政治、文化和习俗的影响和制约。佛教作为中国传统思想的组成部分，对中国哲学、思想和文学、音乐、舞蹈、绘画、建筑等文化形态产生过巨大影响。源自印度的佛教在中国传播发展进程中，经与中国儒、道等传统文化思想会通、融合而不断充实丰富自己，逐渐实现民族化。中国封建社会的主要思想支柱是“儒家及后来转化成的儒教”，佛教对中国纲常名教起着“夹辅作用”，处于以儒家为正统的“传统文化的附属地位”(《中国佛教史》第一卷序)。杨曾文在撰写过程中特别重视中国自古以来丰富的文史资料和佛教文献、考古资料，并且积极参考和吸收国内外的重要研究成果。

《中国佛教史》前三卷出版后，获得海内外学术界的高度评价，不仅成为各地宗教研究机构的重要参考书，而且也成为高等院校的重要教材。东邻日本百年来在对中国佛教的研究方面取得令世人瞩目的成绩，对《中国佛教史》也给予高度的评价。1982年日本学者镰田茂雄发表了《两种中国佛教史》文章，对中日几乎同时出版的镰田茂雄编撰的版本和任继愈主编的《中国佛教史》第一卷进行了介绍，指出任继愈主编的《中国佛教史》贯彻“将中国佛教史置于思想、社会的发展中进行考察的社会科学的观点，将是新中国的佛教史的决定版”。在任继愈版《中国佛教史》前三卷出版之后，从1992年至1994年，由丘山新、小川隆、河野训、中条道昭等多位日本年轻学者相继翻译成日文，以《定本·中国佛教史》的书名由东京柏书房出版，这是当代中日佛教文化交流史上的一大盛事。

从1978年开始，直到1990年写完《中国佛教史》第四卷初稿，杨曾文一直将主要精力放在此书的编写工作上，在这期间也参加了编写《宗教词典》，并且协助任继愈辅导佛教专业研究生等。参加撰写《中国佛教史》的过程，既是学习和研究中国佛教史的过程，也是提高佛学研究能力的过程，为以后研究日本佛教史、禅宗史等积累了学术研究的经验。杨曾文最大的特点就是勤奋，肯下苦功夫，他在讲课时常向研究生强调要有掘井及泉的精神。确定课题好像选定打井的位置，只有将一口井打出水来才打第二口、第三口，如此日积月累才会取得成绩。当然选井的位置需要眼光，但一旦选定，就需要下工夫，持之以恒坚持下去。在撰写《中国佛教史》

过程中，每接受一个专题，就以此为中心读书、查找和积累资料，然后梳理综合，完成撰写。例如，在写第一卷的关于佛教传入中国内地的章节时，利用对两汉史熟悉的条件，对两汉与古印度、西域的交通作了详细的考察。对于《三国志·魏书·东夷传》裴松之注所引《魏略·西戎传》所载的西汉哀帝元寿元年（公元前2年）"博士弟子景宪受大月氏使伊存口授《浮屠经》"的记载，及以此作为佛教传入中国之始的可信性；东汉明帝遣使求法说的基本情节虽可信，但只表示是佛教的继续传入等，做出明确论证。在完成一个又一个专题的写作之后，就会逐渐取得进步，研究能力就会不断得以提高。

2. 日本佛教史研究

杨曾文对日本佛教史的研究持续时间最长，研究成果最为系统、全面，填补了该领域研究的空白。他对日本佛教的研究有一种使命感，认为中国是日本的近邻，在古代与日本发生过密切的佛教文化交流，所以应当对日本佛教史及中日佛教文化交流加强研究。几十年时间中，始终对日本佛教的研究有着极大兴趣，尤其是"文化大革命"以后，每年都坚持日本佛教史的研究，撰写文章。

1964年9月，杨曾文被分配到世界宗教研究所时，全所主要是学习马克思主义关于宗教的理论，同时着手编写反映世界各国宗教现状的"世界宗教动态"。由于他在大学学的第二外语是日语，按照单位的学术分工，此时的主要工作是阅读日文报刊，对日本佛教现状进行调查，给中央提供有关日本宗教状况的材料。这是此后从事日本佛教史研究的最初因缘。

作为第一批分配到世界宗教研究所的科研人员，他经常想到该所是毛泽东亲自批示的，所以怀有一种强烈的使命感，满怀着热切希望和强烈的求知欲，认为绝不能辜负党和国家的期望，也不能辜负北京大学对他的培养，应当在研究所做出成绩来。他对佛学研究的劲头一直很大，即使是经历"文化大革命"下"干校"的时期，遭遇到很大的困难，但却没有失去学术研究的信心和希望，总觉得研究所是不会停办的，应该尽可能多读一些人文历史的书。他到宗教所不久，全所成员与北京大学的师生一起下乡参加"社会主义教育运动"（"四清"），接着经历"文化大革命"，学术研究不得不全面停顿，但是对日语的学习却没有停止。在下河南"干校"期间，别人送给他的结婚礼物是日语版《毛泽东文选》，在劳动之余坚持通过此书来学习日语，所以"文化大革命"结束后他的日语水平不但没有降低，反而提高了。

1972年夏，他从"干校"回到北京。此时他虽然没有专门的佛教老师，但是利用宗教研究所图书馆半开放的时机，反复地研读汤用彤的《汉魏两晋南北朝佛教史》、梁启超的《佛学十八篇》等佛学著作，学习日本佛教方面的辞书和研究成果。他接受黄心川建议，趁此机会开始着手翻译日本近代佛教研究的奠基者之一村上专精的《日本佛教史纲》，大约两年后完成。其间参阅了不少中日两国的佛教著作，为以后从事佛教研究打下了基础。此后运动又趋激烈，只得将译稿藏于床下。直到"文化大革命"结束，才将书稿送到商务印书馆，于 1981 年出版。

从 1990 年年底开始杨曾文将主要精力投入到《日本佛教史》的撰写，其间到日本研修一年，回国后集中力量将此书完成，于 1995 年出版。《日本佛教史》是杨曾文有生以来下工夫最大的一部著作，以论述日本的民族佛教格局基本形成为重点，全面、系统地介绍了中国佛教传入日本 1500 年来佛教在日本传播、盛行和发展的全过程，同时介绍为中日文化交流做出重要贡献的两国僧人，揭示佛教这一文化纽带在中日两国源远流长的文化交流史上的重要地位和巨大作用。

《日本佛教史》是第一部由中国学者撰著的研究日本佛教史的学术专著，填补了该领域的学术空白，直到今天仍然是最权威的著作。该书密切结合日本社会历史的背景来考察佛教在日本的传播和发展演变，对佛教传入日本后的民族化过程作了全面考察与论述，指出佛教从中国传到日本，经过漫长的民族化过程与日本传统文化思想和习俗相结合而演变为日本民族的宗教。本书从整体上将古代日本佛教归纳出五个民族特色，即：强烈的佛法护国的观念、神佛同体和一致论思想、鲜明的宗派意识、盛行念佛和唱题、显著的世俗化倾向。

除《日本佛教史》外，杨曾文还与张大柘、高洪合作写出《日本近现代佛教史》，与日本源了圆合编，约请两国学者合作编写了《中日文化交流史大系——宗教卷》，三部书于 1995～1996 年由浙江人民出版社出版。《日本近现代佛教史》论述了从明治维新以来的日本佛教的历史，其中经历明治（1868～1912）、大正（1912～1926）、昭和（1926～1988）三个时期，并涉及始于 1989 年的平成时期。因为日本近现代的佛教与社会政治、经济、思想的历史有着密切关系，所以在编写中把佛教置于各个历史时期之中，并密切结合社会上所发生的重要事件和历史变革来加以考察论述。《中日文化交流史大系·宗教卷》由多位中日两国学者分工撰写，以考察中国、日本的佛教以及神道、早期基督教等主要宗教的交流、相互关系为中心，并且广泛涉及两国的文化思想、政治、民俗等领域，侧重揭示中国宗教文化思想对古代日本社会和文化的影响。该书列入了国家出版"八五"规划的重点项目，并获亚洲太平洋出版协会 1996 年学术类图书金奖。此外他还曾主编《中日文化交流事典》的佛教部分。

从 1982 年至今，杨曾文多次出国考察，先后任日本京都大学人文科学研究所、日本东京大学东洋文化研究所、美国康乃尔大学、日本京都大学文学部、日本驹泽大学等学校或研究所的“访问学者”或“招聘教授”等。1985 年 11 月，日本《中外日报》社为纪念创刊 90 周年，经与中国社会科学院世界宗教研究所协商，在日本京都举办了第一次中日佛教学术会议，取得了圆满成功。此后，日本《中外日报》社同中国社会科学院世界宗教研究所商定，每两年轮流在两国合作召开会议一次，至 2003 年 10 月已成功召开过 10 次，他作为会议的中方主要组织者，为促进两国佛教研究成果的交流和学术发展做出了重大贡献。1999 年 5 月，荣获日本东洋哲学研究所颁发的“东洋哲学学术奖”，以表彰他致力“哲学、思想、学术”研究所作出的贡献。

3. 中国禅宗史研究

从 1995 年开始，在基本结束对日本佛教史的研究以后，杨曾文便集中力量研究中国禅宗史。首先是禅宗文献整理和研究工作。1982 年到京都大学考察了三个月时间，参加了柳田圣山的中国佛学研究班，回国后发表了《中国佛教在日本佛教初期的流传情况》一文，对日本禅宗史研究的细密开始有了注意。1985 年第二次到日本，这次是去东京大学，认识了镰田茂雄。在东京大学集中考察日本的禅宗研究，并且认真读完了各种版本的《六祖坛经》和神会禅师语录等，回国时还复制了不少日本的禅学研究著作，计划把日本的这些成果介绍出来。

回国前，柳田圣山给他复印了向达的《唐代长安以西的文明》一文，文中向达首次报道了任子宜版《六祖坛经》。柳田圣山托他回国打听一下这个版本的下落。回国后不久，周绍良给他一些敦煌《六祖坛经》照片，巧合的是这正是任子宜本。于是就暂时搁下介绍日本禅宗研究成果的计划，先集中精力整理任子宜本《六祖坛经》和神会的语录。1986～1990 年先后利用周绍良提供的敦煌写本照片，并参考胡适和日本学者研究成果和整理的资料，编校出《敦煌新本·六祖坛经》和《神会和尚禅话录》，分别由上海古籍出版社和中华书局在 1993 年和 1996 年出版，其中皆载有长篇研究论文。敦煌新本《六祖坛经》比旧敦煌本《六祖坛经》误写少了很多，《神会和尚禅话录》收集的资料非常完全，它们都是现今最好的版本，杨曾文整理的这些禅宗文献为研究中国禅宗提供了便利。

1995 年以后，他把全部精力放在中国禅宗史的研究上，1999 年出版的《唐五代禅宗史》是第一阶段禅宗史研究的总结。《唐五代禅宗史》除利用传统资料外，还重视国内外新发现的珍贵史料，其中包括敦煌禅籍、碑文、地方志、考古发掘文物等，同时参考和有选择地吸收中日学者的研究成果，对禅宗在唐五代时期的成立和迅速兴起的历史脉络和禅法思想作了全面系统的考察和论述。第一章着重介绍禅宗正式形成之前的禅经翻译和主要禅法；第二章介绍禅宗“史前”酝酿期从菩提达摩至僧璨的事迹和对后世禅宗有较大影响的禅法思想。此后各章介绍中国禅宗的初创期、南北宗并立期和南宗独盛期、禅门五宗（临济宗、沩仰宗、曹洞宗、云门宗、法眼宗）形成及它们早期传播的历史。本书作为国内第一部禅宗断代史专著，2002年9月获第四届中国社会科学院优秀科研成果奖二等奖。

《唐五代禅宗史》注意结合社会环境对禅宗的形成和发展进行考察，强调“禅宗的兴起是佛教中国化深入的表现”，并重视考察唐五代禅宗的地理分布及其“外护”问题，这是本书一个重要特色。他认为禅宗在形成与发展过程中，尤其是南宗有名的宗派的兴起，都得到藩镇节度使、中央委派的流动性的观察使、州刺史为首的地方军政官员的支持，五代时得到某些割据王国的优遇。如黄檗希运禅师以及沩仰宗创始人灵祐禅师都与洪州刺史裴休关系密切；希运的弟子义玄在河北创立临济宗的过程中，得到了“河朔三镇”之一的成德镇节度使王绍懿的支持；曹洞宗实际创始人曹山本寂在江西传法，多次受洪州节度使、镇南节度使钟传得迎请说法；云门宗的创始人文偃禅师受到南汉政权的大力支持；法眼宗创始人文益禅师及其弟子德韶分别得到南唐诸王及吴越王的尊崇，曾在南方盛极一时。此外，唐五代时禅宗寺院具有地方文化中心的功能，很多禅僧具有较高的文化素养，有的禅师本身就是儒者出身，如庞蕴和天然一起去赶考，天然听人说到“选官不如选佛”时，就立即放弃仕途而出家了。由于禅师的不同身份和阅历及其独特的禅法思想，儒者常常从禅宗里面找到和自己意趣相通的地方，所以出现了儒者士大夫与禅僧之间交游密切的现象。

继《唐五代禅宗史》之后，他从1999年又开始了《宋元禅宗史》的资料收集和撰写工作，次年通过评审得以列为国家社科基金项目。经过5年的潜心研究，最终于2006年出版。全书80万字，是全面系统地论述两宋和元代禅宗传播和发展的禅宗断代史，对这个时期禅宗各个流派的重要代表人物、事件、禅法思想和著述，以及禅宗与儒、道二教的关系等进行深入研究。宋代是继唐之后的又一个思想文化高度繁荣的时代，宋代禅宗进入鼎盛时期，逐渐发展成为中国佛教中的主流派别，对中国思想文化和历史产生了极为深远的影响，正如杨曾文在自序中所言，“考察和研究禅宗对深刻理解和把握中国佛教史、思想文化史具有特殊重要的意义。”

经过多年的辛勤耕耘，杨曾文在中国禅宗史研究和禅宗文献的整理方面，取得了丰硕成果，广受好评。在文献整理方面，除了20世纪90年代整理的《敦煌新本·六祖坛经》和《神会和尚禅话录》外，后来还编校了《临济录》、《菩提达摩四行论》，嘉惠学林。禅宗断代史研究的《唐五代禅宗史》、《宋元禅宗史》两部著作，史料丰富，考辨精微，是海内外学术界公认的权威著作。

在30多年时间中，杨曾文勤于笔耕，著述宏富，独立完成的著作有7部，其中《日本佛教史》、《唐五代禅宗史》、《宋元禅宗史》等3部著作便有180多万字。其他主编并参与撰写、翻译以及文献整理等著作有20部，研究论文达200余篇。杨曾文为人豪爽耿直，学风严谨，锲而不舍沉浸于学术研究之中，对待学生晚辈热心提携，诲人不倦，广受尊敬。他在2003年4月至2010年4月，受聘担任中国佛教协会佛教文化研究所所长，任职期间，在健全规章制度、组织佛教学术研究和会议、开展对外学术交流、培养佛教人才等方面成绩突出，成果斐然。中国佛教协会的《感谢状》中对于他的贡献给予了高度赞扬，此处以其中的一段评价作为结语："先生品格端方、为人正直，工作负责、一丝不苟，学风严谨求实、精益求精，既是学养深厚的学者，又是众所尊敬的长者。"

三、杨曾文主要论著

(日)村上专精.1981. 日本佛教史纲. 杨曾文译. 北京：商务印书馆.

任继愈，杜继文，杨曾文.1982. 中国佛教史（第一卷）. 北京：中国社会科学出版社.

任继愈，杜继文，杨曾文.1985. 中国佛教史（第二卷）. 北京：中国社会科学出版社.

任继愈，杜继文，杨曾文等.1988. 中国佛教史（第三卷）. 北京：中国社会科学出版社.

杨曾文.1989. 佛教文化面面观. 济南：齐鲁书社.

(日)佐佐木教悟等.1989. 印度佛教史概说. 杨曾文、姚长寿译. 上海：复旦大学出版社.

杨曾文.1991. 佛教的起源. 台北：佛光出版社.

杨曾文.1993. 当代佛教. 上海：东方出版社.

杨曾文.1993. 敦煌新本·六祖坛经. 上海：上海古籍出版社.

杨曾文.1995. 日本佛教史. 杭州：浙江人民出版社.

杨曾文.1996. 日本近现代佛教史. 杭州：浙江人民出版社.

杨曾文，(日)源了圆.1996. 中日文化交流史大系——宗教卷. 杭州：浙江人民出版社.

杨曾文.1996. 神会和尚禅话录. 北京：中华书局.

杨曾文.1999. 唐五代禅宗史. 北京：中国社会科学出版社.

杨曾文.1999. 中国佛教基础知识. 北京：宗教文化出版社.

杨曾文，方广锠.2000. 佛教与历史文化. 北京：宗教文化出版社.

杨曾文.2001. 佛教知识读本. 北京：宗教文化出版社.

杨曾文.2002. 中国佛教史论. 北京：中国社会科学出版社.

杨曾文.2006. 宋元禅宗史. 北京：中国社会科学出版社.

杨曾文.2009. 当代佛教与社会. 北京：宗教文化出版社.

主要参考文献

杨曾文.1998.我的佛教研究.北京：世界宗教文化，(2)：8-9.

杨曾文.2007.在学习中研究，在研究中写书——参加任继愈教授主编的《中国佛教史》编写组的几点回忆.中国社会科学院院报，3（20）：7.

纪华传.2007.岁月不居，时节如流——荣誉学部委员杨曾文先生访谈//学问有道——学部委员访谈录（下）.北京：方志出版社：1013-1022.

撰写者

纪华传（1970～），山东即墨人，副研究员。2001年开始师从杨曾文先生学习佛教研究，2004年获博士学位。

陈　瑛

陈瑛（1939～），河北省深县人。中国社会科学院哲学研究所伦理学研究室研究员，博士生导师。曾任中国伦理学会会长，《道德与文明》杂志主编，中国社会科学院应用伦理研究中心名誉主任等。主要研究中国伦理思想史、应用伦理学，主编了《中国伦理思想史》、《中国伦理大词典》、《人生幸福论》、《中国古代道德生活史》和《中国传统伦理与社会主义先进文化》等多种著作。

一

我这一生最大的幸福，是生活在一个伟大的时代，而又找到了中国伦理学这个最恰当的研究对象，先后攻读并研究过伦理学原理、应用伦理学，尤其是能够在中国伦理学史这个园地里耕耘，收获着忧愁和慰藉、痛苦和快乐，实现了个人的理想。而在这里的每份收获里，都凝结着祖国和人民的恩惠，以及父母师友的教导和帮助。

我从事伦理学的学习和研究是在“文化大革命”之后的1978年，进入中国社会科学院研究生院哲学系攻读研究生之后。那一年我年近40岁，正是俗语所说的“不惑之年”。在此之前，我所做的只是研究前的预备工作。

1939年12月，我出生于一个知识分子的家庭，那是中国人民正处于水深火热的时代。父亲20年代有幸毕业于北洋大学采矿冶金专业，却又极其不幸：一颗实业救国之心，毕业后却发现旧中国无矿可采、无金可冶；满腔爱国之情，却逃避不了当亡国奴的命运。只得投身于教育事业，从东北到河南，再携家辗转于湖北到豫西，到处逃难。幼年时期，我亲眼看到过日本兵的耀武扬威，欺侮中国人，亲耳听母亲讲过1942年河南的那场灾难，当时连我们这样的家庭，全家过年也只有半棵白菜，只能吃花生皮。即日军投降的1945年，我在河南禹州的禹师附小开始读书。不久，国民党的腐败全面暴露，内战爆发物价一日数涨，我家只得随着父亲从河南禹县来到卫辉（当时叫汲县），继续读小学，并在那里迎来了解放。虽然我当时还不懂得什么政治，但是，街上跳着的秧歌舞，广场上演出的《白毛女》、《赤叶河》和《兄妹开荒》，特别是父亲在新中国成立之时，激动地发出“再也不打仗了”的感叹，使我受到了鼓舞，对于新生活有了深切感受。从此，我就开始了幸福的和平生活，从小学升初中、高中，并于1957年顺利地考上中国人民大学哲学系。

也许是从小学高年级开始，我就知道了道德，并且迷上了中国历史，父母关于道德的各种告诫叮咛声声入耳，课堂内外老师们对于中国历史的讲授句句入心。尤其是有关的书籍读物，像一个个磁场，强烈地吸引着我，为我后来研究中国伦理学史播撒下了种子。那些年，我像个饥饿的孩子，可以说抓住什么读什么，父亲床头上的鲁迅、郭沫若著作，在老师宿舍里发现的范文澜的《中国通史简编》，从同学那里借来的《瓦岗寨》，我都囫囵吞枣地看过。在新乡师院附中读高中时的几位老先生，像教历史的郑震鹏、教文学的杨旭初、吴茨明等，他们的讲课仿佛给我的生命开辟了一个个新天地，我开始自觉地背诵儒家经典、唐诗宋词，至今我还能背诵的一些名篇佳句，大都是那个时候打下的基础。

然而真正打下后来研究伦理学基础的，是难忘的大学时代。入学不久的哲学原理课，开始就啃“硬骨头”，要求读列宁的《唯物主义和经验批判主义》（简称《唯批》）。那时根本不懂什么叫哲学，分不清唯物和唯心，更不懂谁叫马赫、阿万那留斯，书读得很苦：第一遍是一片茫然；第二遍懵懵懂懂，读不懂就听老师讲，找有关的参考书看，一字字地抠，一句句地钻；直到读完第三遍、第四遍，稍稍明白了一点；到读完第五遍、第六遍，方才恍然大悟。事实证明，这样的读书方法其实进步很快。读完《唯批》之后，再读恩格斯的《反杜林论》、《费尔巴哈与德国古典哲学的终结》，甚至列宁的《哲学笔记》之时，就不再感到困难，而是兴致勃勃，认真地读了许多马克思主义的经典名著。后来在毕业和参加工作之后，我又给学生讲授过马克思主义的一些经典著作，讲授过毛主席的《矛盾论》、《实践论》等。这一切，都给我打下了比较扎实的马克思主义理论基础，也是我在以后的哲学、伦理学研究中，能够取得一点成绩的主要原因。

更重要的是，当时的中国人民大学领导高屋建瓴，解放思想，为我们广聘名师，极大地提升了我们的学术眼界。尤其是1959年秋季以后，在党中央关于“教育大跃进”的精神指示下，中国人民大学哲学系实行了开门办学，与北京大学、北京师范大学、中央党校、中国科学院等单位打通，“请最合适的老师，讲最合适的课”。当时我们的课堂上名师云集，除了本校的如吴江、萧前、石峻、苗力田、王方名等之外，还邀请艾思奇、潘梓年、孙定国讲哲学原理；中国哲学史课则请了侯外庐、冯友兰、张岱年、任继愈；西方哲学请了贺麟、杨一之、熊伟等；至于心理学，从社会科学角度讲授的是北京师范大学的彭飞和张厚灿，从自然科学角度讲授的是北京大学的赵以柄；连高等数学课也请了当时中国科学院数学研究所的关肇直、张素诚等大家。另外，关锋、吴传启等也给我们讲过辩证逻辑。那时，我们经常能够看到全国第一流专家的身影，聆听他们的授课，广泛接触学术界的前沿问题，真是幸福极了。虽然老师们当时所讲的，我们未必完全懂得，许多内容后来也忘了，但是那种大师的风度和情怀却留在了我们的心里。与此同时，学校的图书馆也向我们开架开放，可以自由阅览一切感兴趣的参考资料，通过像鲁迅所说的那样“翻一翻”，也使我们接触到大量新的学术成果。这些都教育和鼓舞着我们努力学习，发展创造，勇攀高峰。“文化大革命”以后我到中国社会科学院研究生院学习时，又一次广泛接触名家，体验了类似经历，眼界开阔，力争站在时代和理论的前沿，从最高的角度上看问题。这一点虽然我至今没有做好，但是我一直自觉地朝着这个方向努力。

这里也须提及，我在大学期间和毕业以后，正是各种政治运动开展的时代，从1957年到1977年，我先后参加过“反右”、1958年3月“双反（反浪费，反保守）交心”、“红专辩论”、“三面红旗”（大跃进、总路线、人民公社），1959年的反击“右倾翻案风”等运动。在这些运动中，我虽然没有直接当过被批判的“对象”，却都表现被动，只能算是“中中”（“中派”之中等）。大学毕业之后参加“四清”运动和“文化大革命”也是这样。当然这不是出于“高度觉悟的自觉抵制”，而是一种“欲进不能的无奈”。现在看来，这些“运动”虽有不少负面影响，伤了许多人，给党和国家造成巨大损失，却又是前进过程中的探索。至于从我个人的层面看，我却以为是得大于失，受益良多：少读了一些书，却使我懂得自己的世界观、人生观应当改造，必须清除自己身上那些知识分子的自命清高、个人主义、自由散漫等毛病，应当到实践中去，向广大群众学习，真心实意地为人民服务。至今我之所以仍然能够坚信马克思主义和社会主义道路，坚持为人民服务，都是当时坚持学习、认真改造的结果。而每当回忆起当年组织上和同学们对我帮助的真诚，就连自己被过分“批评”时的种种尴尬，都感到特别的亲切和温馨。

改革开放初期，是我们的伦理学最困难、却又最富生机的时代。一方面，林彪、“四人帮”的“极左”思潮尚未肃清，需要批判清理，尤其是客观形势的发展，提出了许多新问题，迫切地需要伦理学的正确指导；另一方面，是我们伦理学的队伍太小，力量薄弱，研究者只有冯定、李奇、周原冰、张岱年、周辅成、石峻、罗国杰等先生，全国不过十来个人，有分量的研究成果更是屈指可数。正是在这种情况下，党和国家特别重视伦理学建设，一批研究单位和学校开始重新组织和培养伦理学队伍，并且开始招收研究生，举办各种培训班。那真是个热情洋溢、极富创造力的幸福时代。我就是在这种情况下进入中国社会科学院研究生院，并开始学习和研究伦理学的。在研究生院那几年里，我听了许多老师讲课，读了不少书，特别是在李奇的教育下，比较系统地学习了马克思主义的伦理学理论，并且尝试进行理论研究，为尔后的学习和研究，又一次打下了基础。

难忘的5年大学生活，以及后来的一段工作和学习，尤其是后来的三年研究生学习，使我懂得：做学问，尤其是搞哲学，除了丰富的知识、高远的学术视野之外，最重要的是要坚持马克思主义的指导和深入联系实际，我将这两条称之为“顶天立地”。“顶天”就是尊崇马克思主义，特别是历史唯物主义和辩证法，它们是当今世界上最科学、最正确的指导思想；“立地”就是深入实际、深入群众，这是我们一切工作的出发点和终结点。带着这样的认识，我在伦理学的领域里辛勤劳作。

从1981年至今的30多年，是我正式从事伦理学研究的时期，在这段时间里，除了带研究生、担负中国伦理学会的种种事务性工作之外，我在伦理学的原理、应用伦理学和中国伦理学史三个方面都做了一些工作，写过多篇文章，主编和撰写过多部著作，提出了一些新观点、新看法。

二

进入伦理学领域，我的第一个工作就是跟随我国马克思主义伦理学者的前辈，研究伦理学原理，后来又开始研究应用伦理学。这些方面虽然我用力不多，成绩不大，但是由于正处在中国人民的命运发生着翻天覆地的改革开放时期，我们的工作很有意义。

还在拨乱反正、批判“林彪、四人帮”和“极左”的时候，我们就面对着两种理论倾向：一是“极左”的、教条式态度所宣传的“马克思主义”；二是传播种种西方资产阶级的“理论”，公然怀疑并否定马克思主义。后者在当时尤其活跃，他们脱离人的社会性，避开人的社会关系和阶级关系，抽象地宣扬“人的价值”、“人的尊严”、“人的自由”和“人的自然欲望”，说什么“人是马克思主义的出发点”，“从本质上说，道德是人自我肯定自我实现和自我发展的一种特殊形式。”保卫和发展马克思主义伦理学成为当务之急。我国伦理学界的老前辈，例如李奇、周原冰，以及罗国杰等同志迎难而上，他们以强烈的责任感和雄厚的学术根底，率先研究并且撰写了一批著作，为我国的马克思主义伦理学奠定了基础。此时刚刚进入伦理学领域的我，也在一些理论问题上学步，1981年针对当时人们热议的道德的阶级性问题，我发表了《略论道德的阶级性》一文。分析了人们对于道德阶级性的种种误解：有人以道德的复杂性为由，否定道德的阶级性；也有人以简单的、教条式的方法坚持真理道德的阶级性。他们的共同毛病是“现象化地理解道德的阶级性”，认为“同一阶级的道德必然相同，不同阶级的道德必然不同”。针对这个倾向，我论述了道德阶级性的正确含义，并从现象和本质关系的角度分析了它的复杂性，指出由于阶级经济关系的复杂情况，“同一阶级在不同时期和不同阶层之间道德观念并不尽然相同，有时还会有很大的差异；不同的阶级之间，却可能产生相似的道德观念。这些事实不但不违背道德的阶级性这一原则，恰恰是这个原则在特殊条件下的特殊表现。”更由于社会经济状况对于道德状况的决定方式的曲折和复杂，其间的许多重要因素，例如政治法律制度和意识形态的影响，使道德的阶级性，“在现象上显示出无穷无尽的变异和程度差别”，例如会有时代道德、行业道德、社会公德等。该文章还提出要辩证地、历史地看待剥削阶级道德，肯定其在一定历史时期内存在是有必然性，承认它们有过的进步作用，对于无产阶级道德需要继承历史上的优秀道德作了理论上的论证。此外，对于20世纪70年代末和80年代出现的资产阶级自由化思潮，例如有人借提倡“新伦理学”之名，提倡所谓“重构论”、“重建论”，强调“个人的进取性”，从而排斥和否定马克思主义伦理学的倾向，我也写了《“新伦理学”并不新》、《“张扬个性”的提法不科学》等文章，揭露这些所谓的“新伦理学”，不过是历史上资产阶级学者们一直宣扬的陈货，并且缺乏真理性，它们不能否定和代替马克思主义伦理学。

随着20世纪80年代的改革开放，党中央提出了建设社会主义市场经济的伟大决策，市场经济与道德建设的关系便成为伦理学界关注的核心，这既是个理论问题，又是个现实性很强的问题，多年来我也一直关注着它。在那以后不久，我就写了《商品生产与道德进步之我见》(1987)、《商品生产必将推动道德进步》(1988) 等文章，试图全面论述市场经济与社会主义道德建设的关系，批评那些怀疑甚至否定市场经济对于社会主义道德建设是有积极作用的观点，指出市场经济对于道德的“双刃剑”作用；探讨了社会主义初级阶段道德领域里矛盾斗争的长期性、复杂性和曲折性，主张应当从纷繁复杂的社会现象的分析中，肯定社会主义市场经济必将推动道德进步的基本趋势，坚定信心，提高自觉。

改革开放的初期，社会大变动和各种思潮的剧烈冲撞，使许多人感到迷惘，迫切需要道德和人生观理论的正确指导。记得当时的《中国青年》杂志上曾经开展过《人生的道路，为什么这么狭窄》等讨论，就是典型的代表。还有一些人主张“一切向钱看”，或者“抬头向前看，低头向钱看，只有向钱看，才能向前看”的拜金主义。在这些理论与现实联系最为密切的领域，我写过多篇文章，坚持爱国主义、集体主义、社会主义、反对利己主义、拜金主义、享乐主义，如《人权：从集体主义角度看》(2003)、《一曲集体主义的赞歌》(2003)、《以集体主义原则构建和谐社会》

(2005)、《“极端个人主义”与罗多弼先生的失误》(2010) 等。另外，我也认为必须重视千百年来小农经济的道德对于社会主义精神文明建设的消极影响，例如2006年我写了《改造和提升小农伦理》等文，文章认为，农民群众是革命和建设的主力军，在思想道德上他们也有不少优秀品质，然而也有另外一面，我们在当前进行的社会主义思想道德建设中，不仅存在着对市场经济的困惑，还背负着农业社会的沉重道德包袱。正如马克思在1867年谈到欧洲大陆诸国情况时所说：“不仅苦于资本主义生产的发展，而且苦于资本主义生产的不发展。除了现代的灾难而外，压迫着我们的还有许多遗留下来的灾难，这些灾难的产生，是由于古老的陈旧的生产方式以及伴随着它们的过时的社会关系和政治关系还在苟延残喘。不仅活人使我们受苦，而且死人也会使我们受苦。死人抓住活人。”几千年留给我们的固然有许多传统美德，但是精华与糟粕并存，也有更多的自私散漫、狭隘保守等，阻碍着我们前进，对此我们要有足够的思想准备，足够的决心和耐心。

直到今天，我还是一如既往地关注着围绕各种价值观问题的讨论，包括批判西方的“普世价值论”，建设我们的社会主义价值核心价值体系和社会主义核心价值观。在这一方面的研究，我着重运用唯物辩证法去进行分析。

例如，在对于西方“普世或普适价值观”的批判中，我写了《西方“普适”价值观的虚妄》等文，指出某些人士大肆推销西方的“普适或普世价值”，其实并不是人类的基本价值或普遍价值。“只不过是把他们自己那些相对的、特殊的价值，夸大成为，或者假冒成为人类基本的和普遍的价值，向世界硬行推销”。目的还是欺骗人民，为少数资产阶级服务，推行自己的霸权主义。他们的理论，“从哲学和思想方法上讲，乃是割裂普遍与特殊、绝对与相对，只讲普遍和绝对，否定特殊和相对。而实际上，他们是把自己的相对和特殊，吹嘘成为唯一的绝对和普遍，这是典型的唯心主义和形而上学的产物。”当然在批判西方普适和普世价值观时，我也肯定它曾经有过积极意义，部分地反映过人民群众的利益，推动过历史进步，在反对封建主义的独裁专制过程中有过历史功绩。但是“历史的光荣已经成为今天的尴尬”，它现在已经落后了，更加暴露出其固有的缺陷和谬误。现今世界上已经出现了更科学、更正确、更进步，真正代表着最广大人民群众的利益，同时包含着更多的人类基本、普遍价值成分的价值观体系。

对于社会主义核心价值体系研究，我在《把握“一”、“多”辩证关系，搞好社会主义文化建设》、《社会主义核心价值体系：社会主义意识形态的本质表现》《自觉地高举社会主义核心价值体系的旗帜》等文章中，都着重从哲学的角度，反复强调“每个时代、每个国家或民族，甚至每个人的价值观，都是由多种因素、多方面的价值成分构成的一个完整的系统，是一个价值体系。这个体系之中不但要包括有各个重要的部分，而且各个价值彼此间也要形成和保持一定的次序和关系，其中有主有从，有重有轻，有核心有边缘，构成一套稳定的体系结构，以凸显其社会本质，符合其价值主体的需要。我们的社会主义核心价值体系也是这样的一块“整钢”，强调它要与一般的道德规范、与社会主义荣辱观结合，指导我们的社会主义思想道德建设。直到近几年，我还为《光明日报》等报刊，写了《公民道德建设的春天》和《是“滑坡”，还是“爬坡”》等文章，试图运用马克思主义的辩证法，科学理性地分析人类道德发展的规律和趋势，特别是在社会转型之时，人们所要遭受的“道德的阵痛”。指出“道德滑坡论”的错误，应当坚信“道德只是社会的上层建筑，归根到底要受社会关系决定。不是道德决定社会发展，而是社会发展决定着社会道德的发展，决定着它的水平和高下。一个坏的社会，怎么也不会提升起好的社会道德水平；同样，一个健康发展的社会，也绝不会允许其道德水平长期跌落到它所允许的标准之下，它会采取必要的措施和手段，改善其道德状况，提升人们的道德水平。”“十年树木，百年树人，要有耐心、有信心，下大气力抓好社会主义的思想道德建设。”

在道德和人生观领域，我最重要的工作之一，是在1994年主编了我国第一部从幸福的角度探讨人生观的著作《人生幸福论》。这本书原是要写一般的人生观，由中国青年出版社向刘启林约稿，后来因为他工作太忙推荐我写的。当时我考虑人生观的领域太宽，难以下笔，思索再三，忽然想到小时候读过一本书叫做《人望幸福树望春》的书，觉得“幸福问题是人生哲理，乃至人生科学的集中处、枢纽点”，从人生幸福这个角度探讨人生观最为合适。出版社同意了我的意见。在这本书中，首先考察了古今中外人们关于幸福的思考，然后回答了什么是幸福，它的主客观因素；幸福与人生，包括事业、家庭、友谊、休闲、健康等各个方面的体现，最后讨论了实现幸福的途径，即创造与奋斗，还有自我的不断调整。全书始终贯彻马克思主义的唯物史观，力求联系实际，活泼生动。当时我住在紫竹院旁昌运宫的宿舍楼，参加写作的同志们，包括陈升、朱勇辉、孙春晨、苑立强等人，经常聚集在我所居的东窗之下讨论稿子，品茗闲聊，中午就吃我煮的捞面条。回忆起那些难忘的日子，感到非常幸福。《人生幸福论》一书出版后还制成光盘在社会上广泛传播，曾经荣获过中共中央宣传部颁发的“五个一”工程奖。

在我的伦理学研究工作中，还有一个重要方面需要提及，就是对于应用伦理学的研究。我国以前的伦理学只是关于伦理学原理的研究和中西伦理学史，其在实际方面的应用最多也只是关于人生价值观教育等领域，并不懂得还有什么应用伦理学。

但是改革开放的形势和西方伦理学的进入，开阔了我们的眼界。从1986年到1996年先后举行的10次中日实践伦理学讨论会，开启了我国应用伦理学发展的序幕。在与日本伦理学工作者交往过程中，我们发现，商业伦理、政治伦理、科技伦理、教育伦理，特别是环境生态伦理都非常重要，而几乎每个学科、每个社会生活领域，都有与之相应的应用伦理，应用伦理学是个更大的、与实际联系更为密切的领域。起初，我们将其称作“实践伦理”，后来才正式命名为应用伦理学，并且开展了相关的研究。为此，我和日本的丸本征雄主编了《中日实践伦理学讨论实录》、《应用伦理学的发轫》两本书，促进了这项工作的进展。1995年年末到1996年春，我应邀到香港浸会大学做访问学者之时，利用有关资料，写了约4万多字的《中国古代商业道德》，既是访学的答卷，也是对于应用伦理学研究的尝试。非常感谢当时哲学研究所的领导陈筠泉、姚介厚等同志，他们以敏锐的眼光，迅速的行动，全力支持我们的工作，首先在哲学研究所建立了全国第一个应用伦理研究中心，即中国社会科学院应用伦理研究中心。我们研究室的几乎每位同志，除了研究原理和史之外，也都主动关注一、两个领域的应用伦理研究。然后以我室为中心，组织带动全国的伦理学工作者，开展应用伦理学研究。尔后，我们在海内外多处组织了多次应用伦理学讨论会，就各个应用伦理学的专题进行讨论，每次会议之后都要编辑出版一部文集，记录讨论会的情况和学术进展，直到今天。当然，随着应用伦理学的迅猛发展，我们研究中心的地位和影响也日渐减小，对此，我们不仅不介意，而且感到十分高兴。这正是“待到山花烂漫时，她在丛中笑”的意境。

改革开放的时代，给了我许多宝贵机会，参与了许多学术界的盛会，出访了许多国家和地区，结识了许多名师。例如编写和修订《中国大百科全书·哲学》的工作，无论是在养蜂夹道、还是后来在中央党校的那段日子里，许多师友云集，我们跟着张岱年、周辅成、石峻，跟着李奇、周原冰，还有罗国杰等，日夜切磋讨论，学到了许多宝贵的东西，留下了非常美好的回忆。另外，参与李奇领导的1993年的西双版纳民族道德调查，以及我自己在1994年做的延安调查，也使我从书斋里走出来，能够较长时间生活在群众和实践中，了解和学习了许多东西，这些对于我以后的伦理学研究工作，都起到了积极作用。

三

古代的中国一向最重视伦理道德，伦理学成果累累，然而五四运动以来，传统伦理文化却受到了冷落，研究成果寥寥，真正的中国伦理学史著作，只有蔡元培写过一部，其他的就是日本人写的。改革开放以来的实践、中华民族的伟大复兴，都亟须我们整理民族文化，传承中华美德，正是在这种形势下，我们开展了中国伦理学史的研究工作。从20世纪80年代初，在数十年的伦理学研究生涯中，我用力最勤的是中国伦理学史。这是时代需要，也是个人的兴趣。我自幼喜欢学习文史，还在大学读书期间，就写过《龚自珍的改良思想》等文章，当时的老师孙长江还曾认真地帮助我推敲修改过，投稿到当时的《新建设》。虽然文章没有发表，但是编辑部却热情回信鼓励我，使我受益极大，开始懂得什么叫文章，如何写文章。

我在中国伦理学史领域做的第一件事，是于1979年与刘启林合作《反对旧道德、提倡新道德》，该文是为了纪念“五四运动”而写，文章全面地论述了五四时期道德战线上的斗争及其意义，总结了那场斗争的经验教训。为了这篇两万多字的长文，我曾多次路远迢迢地奔波于研究生院与院图书馆之间，几乎翻阅了五四前后的所有的《新青年》杂志，寻找第一手资料。论文后来入选“社会科学院纪念五四运动六十周年学术讨论会论文选”。

1981年，在张岱年和李奇的指导下，我修完了硕士研究生学业，毕业论文是《孟轲的伦理学说》，原稿10万字左右。之所以选择孟子，一方面是由于孟子伦理学说的重要地位，他在儒家中是“亚圣”，对于后世影响巨大；一方面也是由于当时研究孟子伦理思想的著作不多，发挥的余地较大。后来这篇硕士论文以摘要形式，刊发在《中国哲学》第12辑上，只保留了其中的性善论、修养论、仁政论等三个部分。这是我研究中国伦理学史的一次全面试水，尝试如何运用马克思主义的唯物史论进行指导，把握和解剖当时的一个伦理学说，一位思想家：从收集各种直接和间接的资料开始，深入理解那个时代的社会主题，伦理思想发展的形势特点，分析探讨该学派或该学者思想的主要内容和发展演变过程，挖掘其中的规律性内含，揭示其历史意义及其在今日的价值。

参与《中国传统道德·理论卷》一书的写作，是我学习和研究中国伦理学史的又一次宝贵机会。20世纪末，在党中央、特别是李岚清的直接关怀下，罗国杰主持编写了一套大型的文献资料库《中国传统道德》，包括理论卷、名言卷、规范卷、教育修养卷等，我和清华大学人文学院的钱逊一起，负责编写其中的《中国传统道德·理论卷》。书中收录了中国古代的伦理学理论方面的有关论述，区分为德刑论、天人论、人性论、义务论、理欲论、公私论、人生论、知行论等八个部分。记得当时参加工作的理论队伍非常强大，是从全国各地调来的精兵强将，包括钱逊、宋希仁、许抗生、张锡勤、朱贻庭、杨丙安、唐凯麟、焦国成、陈来、夏伟东等人。当时教育部的负责人朱开轩、林炎志也参加了工作。那是一次伦理学者的盛会，我们多日集聚在中国人民大学的招待所里，整天看书学习，讨论琢磨，收获巨大，期间还几次去中南海，在李岚清的办公室里开会。该书出版时，江泽民曾经亲笔题字："弘扬中国古代优良道德传统和革命道德传统，吸取人类一切优秀道德成就，努力创建人类先进的精神文明"，时任国务院总理李鹏也题了字，足见中央和各级领导对于传承中华古代优秀道德文化的重视，使我们深受鼓舞。

与许启贤主编《中国古代伦理学大辞典》，也是我在80年代末的一项工作，当时也是在出版社同志的努力下，集合了很多同志，尤其是青年同志，研究讨论，群策群力才完成。为此我曾几次去沈阳撰写和修改稿子，最后一次的修改编排是在成都。记得那套书曾经出过两版，也许今天看起来它显得有点稚嫩，但在当时却是填补了这类辞书的空白之作，而且锻炼了伦理学史的研究队伍，还是值得欣慰的。

我在中国伦理学史研究领域的最大工作，是两次编写《中国伦理思想史》。第一次是20世纪80年代初，应贵州人民出版社之邀，补新中国成立以来无人撰写之缺。在撰写时，我们按照侯外庐《中国思想通史》的成例，把中国的伦理思想的发展分成五个时期，即先秦、两汉至唐前期、唐中叶到明中叶、明中至鸦片战争、鸦片战争至五四运动等，并以此为经线；至于纬线，则是以中国伦理思想史的基本内容——道德的社会作用；道德的本质和起源；道德评价，包括道德选择、善恶责任，动机与效果；以及道德的原则与规范；道德修养与道德教育等5个部分——为依据，分别由我和刘启林、温克勤、唐凯麟、徐少锦诸同志撰写，并且进行了认真的讨论修改。由于我们5个人是大学时期的同窗好友，大家见解一致，合作得非常愉快。记得在统稿的1982年年底那个隆冬日子里，我们住在长沙岳麓书院原来的招待所里，日夜奋战。当时的书院还未进行修缮，条件比较简陋，但是这一切还是由湖南师范大学出资支持的，对于他们的热情接待，我们特别感谢。最后由我执笔写出《前言》和《后记》，介绍了中国伦理思想史的研究范围和内容、中国伦理思想发展的几个基本阶段、基本特征、中国伦理思想史的研究方法和意义等内容，阐明了我们关于中国伦理学史的基本认识和学术主张。这些是我们的共识，也是指导我们研究的基本路径。我后来所进行的中国伦理学史研究，大体上延续了这些思想和主张。

谈到编写这一本《中国伦理学史》，我们不禁想起张岱年、李奇和虞愚等各位师长的亲切关怀。那时我多次登门拜访他们，他们也都尽心指教。张岱年几乎通读了全书稿，并为作序，他肯定了这本书"考察了历史上各家的伦理学说的社会背景和阶级意义"，"对历代思想家的名词及理论命题都进行了比较深入地考察，避免望文生义和浅尝辄止的偏失"。李奇也作了序，肯定这本书"按照道德的起源、道德的本质、道德的评价、道德的修养和教育等问题，去分析研究中国伦理思想史上的各种不同学说，并且提出个人的独立见解。分析得比较深入细致，其发展线索能给人以历史感。”“力求从马克思主义唯物史观的立场、观点出发，去分析评价我国历史上的道德学说，材料比较丰富，能从大量的材料中理出比较清楚的头绪，对历代伦理学家的思想概貌，能形成明确的概念。”虞愚审读了书中部分章节的稿子，并为封面题字。在当时，他们的所有劳动都是义务性的，没有分文酬谢。另外，贵州人民出版社的艾汝贤对此书也付出了巨大的劳动。如今他们都已作古，想起他们当日的音容笑貌，他们对于中国伦理学史研究的强烈期盼，无限亲切、不胜感慨。

第二次编写《中国伦理学史》，是在20世纪末到21世纪初，参加由汝信主编的、湖南人民出版社出版的《学科思想史丛书·哲学社会科学系列》丛书，这一部湖南版的《中国伦理学史》由我主编，共分三编：我撰写第一编先秦部分；徐少锦、杨明等负责第二卷，从秦汉写到明清；张怀承负责第三编，从鸦片战争写到新中国建立。除了更加精炼，更加准确之外，与贵州版相比，这本新的《中国伦理学史》还有两个最显著的特点：一是视野更开阔，内容更完整，加入了从鸦片战争到新中国建立的近现代时期中国伦理思想发展的内容；二是打破了以往思想史只是按照学派和人物为线索的局限，采取了以问题为核心线索，进行分析研究的路径。我们概括了中国伦理学史上讨论的六个主要问题，即伦理道德的重要性及其在社会生活和理论上的地位；伦理道德的哲学基础；道德规范和行为准则；伦理精神与道德原则；人生观；道德教育和道德修养等，全书大体上按照以上六个方面进行撰写。例如第一编先秦时期的伦理思想，除了开始简单介绍一下先秦时期伦理道德发展的大势之后，就不再是依时间和学派，区分什么儒家、墨家、道家、法家等次序，而是按照这一时期伦理思想讨论的内容为线索撰写。先讲德治与法治，论述伦理道德的地位和作用。然后在“伦理思想的理论基础”一章里，围绕着天、道、人性、心和物等等问题，讲述当时各家各派进行的辩论和斗争。在“伦理精神和道德原则”一章里，论述了儒、墨、道、法各家的“仁义”、“兼爱”、“无为”、“去私立公”等宗旨；在“道德规范”部分，则是论述先秦各家在“孝慈悌友、敬忠惠正、勤俭智勇、谦信实诚”等方面的主张；在“人生观”一章里，介绍了各家各派围绕着“生死观”、“苦乐观”和“荣辱观”问题的争论；在“道德教育与修养”一章里，介绍了先秦各家关于“修身为本”、“好学慎思”、“节欲去已”、“存养集义”和“慎言笃行”等方面的观点。以这种方式写中国伦理思想史，对于我们来说是一次大胆地尝试，效果如何，尚待读者判定。

研究和撰写中国道德生活史，是我从事伦理学研究不久就萌生了的一个梦想，尔后，我还曾经申请过一次“国家社科基金”，却又因种种原因而宣告失败。直到

2007年，承接了教育部人文社会科学重点研究基地中国人民大学伦理与道德建设研究中心重大课题“中国古代伦理生活史”之后，命运才又给了我一次实现梦想的宝贵机会。此时我已正式退休，没有其他工作干扰，时间有了保障。于是我立即构思提纲，收集资料，组织队伍，邀请多年从事伦理学史研究的陕西宝鸡文理学院的王磊、王世荣、王渭清等教授，还有熟悉少数民族伦理的中央民族大学的熊坤新，以及我的两位博士生谢军、于树贵参加，开始干了起来。

在我看来，自从进入文明社会以来，人们的伦理道德就呈现为两种形态：现实生活的形态（即道德生活形态）和思想观念、学术理论的形态。二者之中，道德生活是更根本的，它体现在人们的几乎所有言语行为中，从朝廷到民间、从通都大邑到穷乡僻壤，从高官显贵到普通百姓，无所不在；大到国家民族，经济政治，小到个人的婚丧节庆、衣食住行，无处不有；它是伦理思想和道德理论的现实基础。现在有些学者热心于从生活习惯、饮食起居、节日庆典，甚至衣物妆饰等角度着眼研究道德生活，这些研究和探索虽然也有其意义和价值，但是在我们看来，人类的道德生活的基本内容，毕竟主要表现在各个阶级、各个阶层里人们围绕着道德规范和行为准则所进行的道德行为上，体现在人们日常的道德观念、道德行为、道德修养、道德评价之中。改革开放30年来至今，我国出版的伦理学史著作已有多种，但是关于道德生活史方面的研究著作却为数甚少，而且这些著作中，或者是片断的、专就某个历史时期的道德生活进行研究，或者是局部的、只从道德生活的某些层面进行论述，迄今尚未有一部对中国古代社会的各个历史时期、各个领域里的道德生活，进行了综合的、系统的研究之著作。因此，编写一部《中国古代道德生活史》，实在是填补中国古代伦理道德研究的空白之举，具有创新意义。

鉴此，我们编写这本《中国古代道德生活史》时，就以唯物史观为指导，努力继承郭沫若、侯外庐、白寿彝等人为代表的马克思主义史学研究传统，以古代中国各个社会历史时期为“主要经线”，以家庭婚姻道德、政治行政道德、士农工商行业以及不同阶层的道德为“主要纬线”，全面考察中国人民从原始社会至鸦片战争前后期间的道德生活，以及渗透于其中的行为准则及道德规范，努力展现我国古代道德生活的原貌和它的历史演变，揭示其中的本质和发展变化的规律。全书具体包括封建社会之前的先秦时期道德生活，以及封建社会的道德生活，即秦汉时期、魏晋南北朝时期、隋唐五代时期，直到宋元明时期、明中叶至清前期的道德生活。此外，还专题论述了中国一些少数民族不同历史时期的道德生活。经过多年努力，终于在2012年年底写成了这部大约80多万字的著作，超出原定计划的一半以上。如果说这本书取得了一点点成绩，应当说是集体的功劳。

从开始研究中国伦理学史的那一天起，我的目的就很明确，在这里不是发抒个人的思古之幽情，而是要努力建设一门科学的、先进的中国伦理学史，使人们正确认识中华民族伦理道德发生发展的历史，科学地总结我们民族伦理道德发展的规律，以便自觉地指导今天的社会主义精神文明建设。在我的研究工作中，必须自觉地坚持了马克思主义的指导，坚持社会主义先进文化的方向。这里要申明，我不反对"国学"这个提法，也许它会有助于中华美德的传承；但是我也不赞成盲目提倡并且崇拜"国学"。中华民族的传统文化、传统伦理道德中，有优有劣，有精华也有糟粕，必须以社会主义核心价值体系为标准，批判地进行改造和继承。我写过不少文章讲述这个观点，例如在《国学的生命力》一文中，我以孔子的"恩怨观"为例，指出其中虽然包含着合理因素，但是也有许多缺陷和不足，需要用马克思主义作指导，注入时代精神，进行改造和提升，使其成为社会主义先进文化的一个部分。这是我研究中国伦理道德的一贯立场，今后也会努力坚持 。

就是这样，我在与中国伦理学结缘的过程中，找到了自己实现个人理想，也是为人民服务的最好岗位。

四、陈瑛主要论著

陈瑛．1980. 反对旧道德，提倡新道德——回顾五四时期道德领域上的一场斗争//纪念五四运动六十周年学术讨论会论文选．北京：中国社会科学出版社．

陈瑛．1985. 中国伦理思想史．贵阳：贵州人民出版社．

陈瑛，朱勇辉．1987. 商品生产与道德进步之我见．哲学研究，(9)．

陈瑛．1989. 中国伦理大辞典．沈阳：辽宁人民出版社．

陈瑛，廖申白．1990. 现代伦理学．重庆：重庆出版社．

陈瑛．1991. 中国伦理学史研究的正确道路//纪念侯外庐文集．西安：陕西人民教育出版社．

陈瑛．1992. 中国古代哲学精华·伦理篇．兰州：甘肃人民出版社．

陈瑛．1993. 中日实践伦理学讨论实录．北京：社会科学文献出版社．

陈瑛，钱逊．1995. 中国传统道德·理论卷．北京：中国人民大学出版社．

陈瑛．1996. 人生幸福论．北京：中国青年出版社．

陈瑛．1996. 应用伦理学的发轫．北京：中国书店出版社．

陈瑛．1996. 仁以济世 敬业乐群——谈职业道德//传统与选择．北京：中国人民大学出版社．

陈瑛．1996-11-16. 谈科技伦理．人民日报．

陈瑛．1997. 中国传统道德和社会主义道德规范体系的建立//中国传统道德与社会主义精神文明建设．北京：中国青年出版社．

陈瑛．1999. 新中国伦理学事业及其方向．高校理论战线，(10)．

陈瑛．2002. 关于中国伦理学史研究．哲学研究，(3)．

陈瑛．2002. 怎样看待儒家家庭伦理在当今的作用．高校理论战线，(9)．

陈瑛．2002. 西部开发话公正．道德与文明，(5)．

陈瑛．2012. 中国传统伦理与社会主义先进文化．北京：中国社会科学出版社．

陈瑛．2012. 中国古代道德生活史．北京：中国社会科学出版社．

撰写者

陈瑛

杜维明

杜维明（1940～），祖籍广东南海，出生于云南昆明。儒家学者和思想家，儒学第三期发展的重要推动者。1968年获哈佛大学历史与东亚语言学博士学位，先后执教于普林斯顿大学、加利福尼亚大学伯克利分校、哈佛大学，历任哈佛大学宗教研究委员会主席、哈佛大学东亚语言与文明系系主任、夏威夷东西中心文化与传播研究所所长、哈佛燕京学社主任等职。2010年出任北京大学高等人文研究院院长。杜维明长期从事儒学与中西文化的比较研究，已先后出版学术专著、文集、对话集等20余部，主编或与他人合编著作10余部，研究领域涵盖儒学价值探索、儒家传统的创造性转化、启蒙反思、文化中国、文明对话和世界伦理六个方面，将儒家传统置于世界多元文化的背景之中，探讨、比较、阐释、交流，为儒学第三期发展开拓了广阔的理论和实践空间。杜维明的学术成就与推进世界文明对话的贡献，得到了国际学术界和国际社会的广泛认可。1988年当选美国人文与科学院院士，2007年获美国人文学者协会颁发的“杰出人文学者终身成就奖”，2008年当选国际哲学团体联合会常务会员，2010年代表中国当选国际哲学学院院士。

一、学思历程

杜维明祖籍广东南海，1940年2月出生于云南昆明，1945年随全家迁至上海，1949年再经广州迁台北。父亲杜寿俊毕业于金陵大学，主修英文和经济，对中国诗词深有兴趣，并发表过诗作，还喜爱西洋古典音乐。母亲欧阳淑丽是大力支持过孙中山革命的民国名士欧阳耀如的第六女，肄业于金陵女子大学艺术系。杜维明排行第二，他有一兄、一妹、一弟。幼年虽因战乱不免有颠沛之苦，但杜维明仍然得到了良好的家教，受父亲的熏陶养成了良好的“听德”，在母亲的辅导下背诵中西文经典。这种幼时的生活与家教，对杜维明后来的人生选择与发展有着深刻而持久的潜在影响。

1951年秋，杜维明入台北建国中学读初中，时习孔孟之道。1954年赴菲律宾参加第九届“世界童子军大会”。同年秋，继续在建国中学读高中，并在周文杰的指导下精读四书。正是受了周文杰老师的启蒙，杜维明走上了诠释儒家传统的学术道路。1955年暑假，旁听牟宗三讲授“中国哲学”，同年认识徐复观。1956年5月，四书课毕。8月，在台北市郊淡水竹林初识唐君毅，时已读唐君毅《心物与人生》、《人生之体验》等论著。1957年秋，杜维明以第一名的成绩考入台中东海大学外文系，次年则转入中文系随徐复观研习儒学。亲炙牟宗三、徐复观，杜维明开始体悟探究儒家人文精神的本质。大学期间，他先后问学于鲁实先、孙克宽、梁容若等，并由梁容若指导完成学位论文《王充与葛洪文学理论的比较研究》。1961年夏，他从东海大学中文系本科毕业。

1962年9月，杜维明获美国哈佛燕京学社全额奖学金赴哈佛大学留学。1963年，他获哈佛大学东亚研究硕士学位，继续在哈佛大学攻读历史与东亚语言学博士。在哈佛读书期间，他得到了史华慈（Benjamin I. Schwartz）、杨联升、史密斯（Wilfred Cantwell Smith）、帕森斯（Talcott Parsons）、贝拉（Robert Bellah）、休斯（Stuart Hughes）等学者的指导，并以比较思想史为范围，集中探索儒家传统的核心价值。杜维明研究视域开阔，交游十分广泛，例如：他与坚持以哲学为智慧之学的艾肯（H. Aiken）成为谈友，与“哈佛大学宗教研究之父”史密斯成为忘年交，选修了帕森斯的“宗教社会学”、艾律克森（Erik H. Erikson）的“深度心理学”，研修“欧洲及美国现代思想史”、“西方哲学”等。1966年，杜维明修完研究院课程并通过博士口试。同年6月，在美国伊利诺伊州香槟“明代思想会议”上初晤冈田武彦与牟复礼（Frederick W. Mote）。7月，到荷兰莱顿大学访学，并游历奥地利维也纳，在丹麦哥本哈根凭吊克尔凯郭尔（Soren Aabye Kierkegaard）墓。随后，返回台湾任东海大学人文学讲师，讲授“文化认同与社会变迁”，开始撰写博士论文。其间适逢哈耶克（Friedrich August von Hayek）二次到台湾讲学，杜维明担任他的翻译，朝夕与共旬日。1967年，他游历香港从牟宗三、徐复观问学，在日本京都人文科学研究所又会唐君毅，到首尔拜访韩国大儒李相殷，参观奎章阁藏书。同年秋，他返回美国任普林斯顿大学东亚系任兼职讲师。1968年，杜维明完成博士论文《宋明儒学思想之旅——青年王阳明（1472～1509）》，获得哈佛大学历史与东亚语言学博士学位，升任普林斯顿大学东亚系助理教授。

1971年，杜维明转任美国加利福尼亚大学伯克利分校任历史系助理教授。1977年，升任加利福尼亚大学伯克利分校历史系教授。1981年，转任哈佛大学东亚语言与文明系中国历史及哲学教授，兼任“哈佛儒学研讨会”主持人。1982年，应邀到新加坡研究推动儒家伦理教育。1984～1987年，任哈佛大学宗教研究委员会主席。1986～1989年，任哈佛大学东亚语言与文明系系主任。1988年，当选美国人文与科学学院（AAAS，American Academy of Arts and Sciences）院士。1990年，借调到夏威夷的美国东西中心（East-West Center）任文化与传播研究所所长，主持“文化中国”与“文明对话”研究项目。1991～1992年，复任哈佛大学东亚语言与文明系系主任。1995年，应邀主持印度5大城市及16个院校组办的“国家讲座”，兼任“中央研究院”中国文哲研究所筹备处学术咨询委员会召集人。1996～2008年，任哈佛燕京学社主任。1998年起，任新加坡国立大学文理学院国际咨询委员会委员。1998～2001年，任美国哲学会东方部项目委员会咨询委员。1999年起，任“哈佛—燕京中国历史及哲学与儒家研究”讲座教授。2000年，获第三届“托马斯·伯利奖”（the Thomas Berry Award），并受邀参加联合国“推动文明对话杰出人士小组”（Group of Eminent Persons for the Dialogue among Civilizations）。2001年，获第九届“退溪学国际学术奖”。2007年，获哈佛人文教堂和美国人文学者协会颁发的“杰出人文学者终身成就奖”。2008年当选国际哲学团体联合会（FISP，International Federation of Philosophical Societies）常务会员。2009年，获首届“孔子文化奖”。2010年，当选国际哲学学院（IIP，International Institute of Philosophy）院士（代表中国）。

2010年，杜维明从哈佛大学到北京大学出任高等人文研究院院长，并继续担任哈佛大学研究教授和亚洲中心资深研究员，“中央研究院”中国文哲研究所学术咨询委员会委员和召集人，长江商学院名誉教授和人文委员会主席。2012年，杜维明被评为首届“中华之光——传播中华文化年度人物”。同年11月，他又主持在北京大学高等人文研究院成立世界伦理中心，推动世界伦理的研究。2013年8月赴雅典参加第23届“世界哲学大会”，力争2018年第24届“世界哲学大会”在北京召开，中文成为大会的官方语言。

二、主要研究领域和学术成就

杜维明学识渊博，融贯中西，他自15岁便有志于儒家传统的诠释，数十年如一日地为儒学的第三期发展艰苦探索，积极与世界各大文明和宗教对话交流，推动儒学的现代转化与创新。所谓儒学的第三期发展，是近代儒家学者为回应西方文化的剧烈冲击而提出的重大课题。儒学的第一期发展是指先秦两汉时期，儒家成功回应了诸子百家的挑战从曲阜走向整个华夏大地；儒学的第二期发展是指唐宋元明清时期，儒家又成功回应了佛教、道教的挑战从华夏大地走向东亚；儒学第三期发展，则是为了回应近代西方文明的冲击和挑战而提出的课题，19世纪中叶以来中国因受西方现代文明的剧烈冲击而被迫走上一条曲折坎坷的现代化道路是其重要背景。杜维明认为，儒学有无第三期发展关键取决于它能否对近代西方文明的挑战有一个创造性回应，既包括哲学层面的创造性回应，也包括超越层面、社会政治经济层面、深度心理学层面的创造性回应。也就是说，儒学的进一步发展，既须接受西方化的考验，又须经历一番转化创新的工作，只有通过知识分子群体的、批判的自我意识，儒学才有创新和进一步发展的可能。杜维明主要在六个论域对儒学的第三期发展问题进行了深入的研究，推动儒学的创造性转化，做出了卓越的贡献。这六个论域包括：价值探索、现代转化、启蒙反思、文化中国、文明对话和世界伦理。

1. 价值探索

杜维明对儒学价值的探索，集中于儒家的“做人”之道。儒家极力倡导“为己之学”，这个“为己之学”就是学习做人的道理。学习做人，是儒家价值体系的核心要求，它的根本依据就是对于实现自己天性中潜在美德的信念。儒家的学习做人，是一个永无止境的、能动的自我发展过程，是一个需要竭尽全力的过程，它不仅需要掌握专业的技巧或寻求特殊的知识，还意味着对于不断展开的人性之诸多层次的整体理解。这是一个自知（self-knowledge）的问题，中心的关切是自我的课题。儒家传统中的“自我”不是一个孤立的个人，也不是一个可以孤立的实体，而是一个各种关系网络的中心，是一个能动的发展中心。他的发展过程可以用逐渐扩展的人际关系或逐渐扩大的圆圈来表达，圆圈的外缘永远不能封闭。所以，在理想的层面，人要超越自己，超越家族、种族、国家，甚至超越人类中心的世界观，才能充分完成自己的人格，才能体现“天人合一”的境界。从本质上来说，就是要成为“仁”，它象征着人性在其最普通的也是最高的完善状态中的整体表现。

自我需要通过身、心、灵、神四个层面逐渐完成，儒家做人的终极关切，不仅有道德实践的意义，还有很深刻的宗教意义。不过儒家的宗教性并不建立在人格上帝的神秘气氛中，而是表现在个人人格发展的庄严性、超越性与无限性上。也就是说，儒家没有去塑造一个作为“全然他者”的超越偶像，但儒家对终极自我转化的承诺却必然包含着超越的层面。超越作为存在状况之自我的通常界限，从而使人能与天所赋予的本性相符。儒家的这一观点，必然引发人去从事不断超越眼前经验的转化性活动，这就是所谓的“变化气质”。这种转化性活动，是以下面的超越观为基础，即从本体论意义上讲，我们确实可以比我们的现状无限地更好，因而更有价值。儒家认为，人在其终极意义上同天、地构成三位一体。从上述超越观出发，可得出一个结论，即任何特定的社会关系模式，仅仅具有工具意义上的重要性，而不具有终极性。因此，儒家的宗教性是由人的主体性的不断深化和人的感受性连续扩展的双重过程构成的。或者说，儒家的宗教性就是要在这个凡俗的世界体现其神圣性，把它的限制转化成个人乃至群体超升的助缘。它的超越，不是超离，而是扩展、提升，是一个能够逐渐扩展与突破限制的观念。既内在又超越，这是儒家思想的特色。

儒家传统体现了“第二序反思”（second order thinking）的文明范式，即对人本身的反思。如上所述，这种反思考虑到四个层面的问题：一是个人，二是个人与群体的关系，三是人和自然的关系，四是人和天的关系。人和天的关系涉及的即是宗教性的问题。儒家将宇宙看成连续的创造活动的展开，所以不可能接受犹太——基督教无中生有、无所不在、无所不知、无所不能的上帝观。儒家认为宇宙是一个连续体，它的一切组成部分都存在内在关联，这也就等于说，它是一个在复杂程度各不相同的层次上都完全整合化的有机统一体。中国思想家对自发的自我生成之生命过程的构想，不仅仅在于它具有内在联系性和相互依存性，而且还在于它具有无限的发展潜能和开放性。简言之，存有的连续性，是中国本体论的一个基调。

2. 现代转化

杜维明评价儒学第三期发展的前景时指出：儒家传统能否超脱保守主义、权威主义和因循苟且的习俗而成为有志青年的价值泉源，是其能否进一步发展的必要条件；能否摆脱政治化的枷锁和狭隘的实用观点，站在更高的思想水平，以更广的文化视野来探究儒学传统的价值取向，是其能否进一步发展的先决条件；能否对今天国际思潮中提出的大问题有创建性的回应，是决定其能否在国际学术界做出贡献的重大因素。所以，儒家传统的进一步发展必须经历一个现代转化的过程，必须吸收现代文明中自由、理性、平等、人权、法治、个人尊严等基本价值。只有与现代启蒙心态所代表的普世价值配合，儒家传统才具备对现代西方文明的弊端和困境进行批判的权利和能力。杜维明对儒学超越性与存有连续性的诠释，对儒家人文精神与自由、民主之关系的探讨，皆蕴含着他创造性转化儒家传统的努力。他探讨了儒家“德性之知”的涵义，指出“德性之知”可以成为科学理性必备的人文关怀。他还认为可以从儒家对知识精英和政治精英的责任要求开发出人民权利的观念——不只是政治权利，还包括生存的权利、文化发展的权利和集体的权利。知识精英、政治精英对自己的行为负责，对民众的诉求负责，其运作方式和人权绝无矛盾，而且可以培养一般人的权利意识与权利实践的能力，这和孟子“先知觉后知，先觉觉后觉”的人本思想一脉相承。

儒家传统的现代转化不只是一种理论上的想象，20 世纪 80 年代工业东亚的兴起为它提供了直接见证。东亚社会中的儒家因素体现在政治文化、知识分子自我认同的精神资源、企业伦理、民间社会的“心灵积习”和生命形态的价值取向诸多方面。韦伯认为新教伦理是西方资本主义兴起的精神根源，而儒家伦理则因为缺乏个人主义、进取精神和知识积累的效率，抑制了一种实业精神的发展，从而也抑制了资本主义在中国和东亚的发展。工业东亚的兴起——儒家传统在塑造这个发展模式中所起的作用显而易见，冲击了韦伯建构的典范。杜维明指出，工业东亚是一种不同于欧美和苏联的发展模式，强调自我是各种关系的中心，强调义务、自我约束、修身、取得一致意见和合作，高度重视教育和礼仪，注重信用社区和政府的领导。其经营的风格，涉及既学习一整套实际技能又学习如何工作的一种程序和仪式。这一切称作儒家伦理，但它是一种新型的儒家伦理，已经把一些被想当然地认为是西方的价值糅合到它的伦理结构中去。它并不反对西方关于权利、个人尊严、自主或者积极意义上的竞争性之类的观念。这种新伦理已不再是中国独有，或者甚至也不是儒家所独有。从实质上来说，工业东亚是西方现代文明与包括儒家在内的东亚传统互动的结果。工业东亚所代表的企业精神及东亚社会组织所导引的特殊政治发展路线，加上以儒家为主的文化价值，创造了一种不同于现代西方的生命形态。

3. 启蒙反思

工业东亚的成功和现代西方社会出现的问题，客观上提出了反思近代西方启蒙、超越启蒙心态的必要性。所谓启蒙心态，是指创造现代文明的所有价值领域中最重大而且影响力最全面、以现代西方为主的一种思潮。启蒙心态的生命力有两个方面：其一，现代所有全球化的“利益领域”都与此息息相关，如科学技术、市场经济、民主政治、大众传播、跨国公司和研究性大学等；其二，对这些“利益领域”的注解——彰显的自由、平等、人权、私有产权、隐私和法治也同样根植于启蒙心态。但是这种启蒙心态也存在着严重的缺陷：它是一种不考虑宗教和自然的人类中心主义，它主要考虑个人和社会、个人和群体、个人和国家、社会之间的一些大的课题，人定胜天，精神世界被消解了，只有物质世界，自然便是纯物质的世界；从工具理性（instrumental rationality）发展出来一种宰制性的科学主义；极端个人主义导致一种带有侵略性的“经济人”的出现。它的这些缺陷，使现代社会的发展面临着核战争威胁、生态破坏、贫富不均、人口爆炸和社会解体等种种问题，若想从根源着手来探讨解决这些问题，实现人类长久共生之道，就必须改变人类社会以启蒙心态为基础的游戏规则。

超越启蒙心态，就需要重新反思中国文化，尤其是儒家传统中的资源。近代以来的中国知识分子在“救亡图存”的压力下，接受了西方的启蒙心态，认同理性主义、科学主义、实用主义，在比较文化学上采取“矮人政策”，以突显西方文化的优越，制造抛弃摧毁中国传统文化的必要性。这样做的结果适得其反：一心要学习西方，但真正学到的不是西方的现代精神，而是欧风美雨等十分片面的东西；一心要彻底摧毁中国的封建遗毒，与传统割绝，但实质上真正优秀的价值被彻底摧毁了，而糟粕的习气却泛滥成灾。西化的道路没有走通，自己的传统又无法继承，发展面临严重的问题。杜维明认为扬弃、继承、引进、排拒四个问题是一个立体的结构，须同时解决，既要发扬代表中华民族文化认同的优良精神传统，又要彻底扬弃在中国为害甚深的封建遗毒，既要引进西方文化中最精彩、深刻的东西，同时也要认清与之俱来的一些浮泛现象。我们能否以开放的心灵来了解自己的传统，和我们能否对西方文化的复杂性作广泛而深入的照察有密切的关系。对传统的认识越深刻，就越能以一个正常的心态面对西方的挑战；对传统理解得越肤浅，就越要走盲目的全盘西化的老路。而后一种情况，则会造成一种恶性循环，即全盘西化必然会导致狭隘的义和团精神，义和团精神又会更进一步地激起全盘西化的情绪。

超越启蒙心态，不是全面否定启蒙运动。杜维明亦指出，具有儒家特性的东亚现代性和体现西方现代精神的启蒙，不仅有历史因缘，而且在结构上也有不期而遇的相似之处。在这一复杂的关系中，儒家本身的现代转化即与启蒙难分难解，因而呈现出曲折多样的景观。越是掌握和理解西方现代文明的复杂形象，就越能如实认识中国传统的发展趋向。儒学的创新必须培养自我批判的智慧和能力，以充分吸取西方现代文明为发展的渠道。

4. 文化中国

杜维明指出儒学进一步发展有三个相当不同的环境：一个是中国大陆，一个是工业东亚，一个是更加广泛的世界，特别是欧美地区。儒学的第三期发展实质上就是要走出东亚，走向世界。儒学在第二期已成为东亚文明的体现，由于东亚社群已遍布世界不同角落，且儒学的影响不必局限于华人或东亚社群，所以儒学的第三期发展必然是面向整个世界，它可以在美洲、南亚、西亚、欧洲甚至在非洲发展。这个儒学第三期发展的设想，可能孕育着“文化中国”的三个意义世界。“文化中国”体现着20世纪80年代以来世界华人知识分子追寻文化根源，投身人道主义的自觉。杜维明赋予这个概念以更广泛的内涵，提出了“文化中国”的三个意义世界：

第一个意义世界是中国（包括大陆和港澳台地区）和新加坡，主要是由华人组成的世界，不仅是一个政治文化的概念，也是一个精神意义世界的概念。

第二个意义世界包括日本、韩国、越南以及分布于东南亚、南亚、太平洋地带、北美、欧洲、拉美、非洲等各地的华人社会。

第三个意义世界包括所有在国际上从事中国研究以及关切中国文化的学者、知识分子、自由作家、媒体从业人员，乃至一般读者和听众。

“文化中国”具有的超越性，使不同背景的人容易找到共同点。第一意义世界中的几个地区拥有共同的族性、语言、历史和世界观。第二意义世界体现了离散华裔社群的文化心理和意识结构。提出第三个意义世界的意义乃在于文化必须通过自觉主动的努力才能争取到，许多外国人因兴趣而进入学习研究中国文化的领域，他们力求从思想上理解中国，并将这份理解带入各自不同语系的社会，对中国文化当然有贡献，所以必须包含在“文化中国”之中。与“文化中国”关系密切的课题有四个：一是建立主体性，二是扩展社会实践，三是开发公民社会，四是保持一种强烈的批判精神。“文化中国”的兴起意味着狭隘的国家主义和民族主义已不能主宰论说的基本方向，也意味着一种在知识分子群体之中具有批判意义的“自我意识”的涌现。

从“文化中国”的三个意义世界考察，它的范围显然超出儒家传统，而从儒家的多元文化形态来看，东亚的儒家传统即“儒教文化圈”，又要超出“文化中国”。工业东亚的兴起，对从“文化中国”的角度去理解“中国性”的问题十分重要。“文化中国”的课题和全球化、本土化有非常紧密的联系。

5. 文明对话

20世纪90年代初，美国学者福山（Francis Fukuyama）和亨廷顿（Samuel Huntington）分别提出了“历史终结”论和“文明冲突”论，这两种理论皆建构在西方和西方之外的二分模式之上，有着西方中心主义的共同底色。杜维明明确反对这种狭隘的观点，主张“文明对话”。杜维明认为全球化不等于西方化，全球化与地方化、多样性是一个同步的过程，有全球化就一定有地方化和多样性，二者是互动的关系。全球化和地方化皆可能带来不同的后果，为了使全球化成为生命共同体而不是宰制性的霸权，使地方化提供一种归属感而不是变成一种排他性的狭隘的民族主义，唯一的办法就是进行“文明对话”。通过对话，我们将学会最大限度地欣赏他者的独特性，将真正理解一个由不同的人和文化融合而成的绝妙的多样性整体能够丰富关于自我的认识，推动实现一个真正的包含所有人的共同体。对话意味着承认平等和差别，对话的目的不是要说服对方接受自己的观点和主张，而是在于增进相互了解和自我反思，实现共存和相互尊重。杜维明认同孔汉思（Hans Kueng）提出的“文明对话”的两个基本原则：一是“己所不欲勿施于人”；二是“己欲立而立人，己欲达而达人”。或者借用费孝通的话说，就是变“各美其美”为“美人之美”，进而再到“美美与共”。

儒家传统提供了“文明对话”的两条基本原则，但它虽然是一个波澜壮阔的思想大流，也不能涵盖世界上所有的问题，它有自己的内在逻辑性，也有自己的客观局限性。儒学必须从不探求价值、不深扣哲理、不研究宗教的传统汉学实证和实用主义范式下解脱出来，以开放的心灵和西方的社会学家、哲学家、神学家以及比较宗教学家进行长期而全面的对话。“文化中国”三个意义世界的存在与儒家传统“和而不同”的内在品质，决定了与其他文明之间进行对话的可能。杜维明认为儒家的人文精神可以争取到对话的权利，同时在对话的中间也能够发展儒家对许多问题理解反思的能力，扩大儒家的象征资源。杜维明不仅是“文明对话”的倡导者，还是积极的行动者，他的努力已为儒家争取到了与其他宗教文明在世界上平等对话的权利，扩大了儒家的象征资源。

6. 世界伦理

全球化和寻根意识之间的紧张，使得现代西方文明面临危机。现代西方文明事实上已成为人类共同的传统，它一方面把人类带到从未有过的光辉世界，另一方面也把人类带到核战争、生态破坏、贫富不均、人口爆炸、社会解体等自我毁灭的边缘。杜维明认为若想从根源上着手解决这些严肃的重大问题，谋求人类长久共生之道，就必须改变人类社会以启蒙心态为基础的游戏规则，建立全球伦理。启蒙心态体现一种世俗的人类中心主义，明显缺乏群体意识和全球社群意识。建立全球伦理，不仅需要对启蒙心态的局限进行创造性的转化，更需要从另外三类精神资源中汲取养分：第一类是现代西方的伦理宗教传统，尤其是希腊哲学、犹太教、基督教的传统；第二类是来自轴心时代的其他文化传统，包括印度教、耆那教、佛教、儒家、道家和伊斯兰教；第三类是全球各地土著部落的原始宗教传统。

儒家传统把人的自我转化看作一项共同的事业，追求人与自然的和谐、天人合一，代表一种涵盖性极强的人文精神。儒家人文精神具有丰富的资源，能够对西方所代表的强势的或比较狭隘的、排斥的人文主义做一种深刻的反思，对于今天世界面临的共同问题，提供独特的解决之道。这种人文精神体现的四个侧面——个人、群体、自然和天道，通过个人与社群的健康互动，人类与自然的持久和谐，人心与天道的相辅相成三个基本坐标而整合，培育出一种内涵宽广，以互利互惠为基础而不是以“零和游戏”为基础的社群理念。体现这种人文精神的核心价值就是“仁”，体现“仁”之精神的恕道，正是创建和平共存的生命形态所不可或缺的基本德性。

“仁”之精神作为全球伦理的根本原则，已落实于《地球大宪章》、《全球伦理宣言》等世界性文件之中。儒家不是“游魂”，正因为它碰到的是人类共同面对的困境，所以它不必借尸还魂，一切世间的组织、结构、理念、行为、运动都可以成为它发挥法力的道场，因为它所关注的是人类存活、发展和充分的自我实现。它尊重宗教，敬畏神灵，体悟终极关怀的真谛，同时要和自然保持和谐。今天已出现了儒家式的基督教知识分子，儒家式的犹太教知识分子，儒家式的佛教知识分子和儒家式的伊斯兰知识分子，他们都与儒家所体现的人文精神密切相关，特别是代表文化认同的那种塑造中国知识分子性格的大丈夫精神，在他们的生命中更是荡漾着活力。

上述六个论域，基本上涵盖了杜维明走上学术道路以来对儒学第三期发展的整体关切，六个论域之间也存在着深度的内在联系。当然，对这六个论域的开拓与探讨并不是同时并行，而是在不同时期各有偏重。大致来说，到目前为止杜维明的研究可以划分为四个阶段：第一阶段是20世纪60年代中期到70年代后期，主要偏重于对儒家传统价值的探讨；第二阶段是70年代后期到80年代，因工业东亚的崛起而特别关注儒家传统的创造性转化问题；第三个阶段是80年代末到21世纪初，特别重视启蒙反思与文化中国之意义世界的阐发；第四个阶段是21世纪初以来，除继续上述各论域的开展之外，更多致力于文明对话与构建世界伦理。杜维明是学者，也是落实生活世界的行动知识分子，他为儒家传统的继承和发展不懈陈辞，积极推动文明对话和世界伦理建设，为中国文化的传播和世界和平都做出了贡献。杜维明对儒学第三期发展的探讨与推动还在继续和深化，近年来他多次论述儒家“道统”谱系的意义，强调开展经学和儒家政治学研究的重要性，探讨21世纪儒学面临的重大课题，并开出“精神性人文主义”的新论域。杜维明对儒学第三期发展的终极关切，在于为人类社会的持续健康发展寻找价值与路径。

杜维明除了学术研究，还十分重视对人才的培养。在他任教的数十年间，已培养了30余名博士生，其中许多人在各自岗位上已经取得可观的成就。尤其在1996～2008年出任哈佛燕京学社主任期间，他扩大了中国合作高校的范围与访问学者的规模，为中国的人文社会学科培养了一批中坚力量。目前，他仍在北京大学高等人文研究院招收博士生和博士后人员。

三、杜维明主要论著

杜维明.1970. 三年的畜艾. 台北：志文出版社.

Tu Wei-ming. 1989. Centrality and Commonality：An Essay on Confucian Religiousness. Albany，N. Y.：State University of New York Press.

杜维明 . 1976. 人文心灵的震荡 . 台北：时报文化出版事业有限公司 .

Tu Wei-ming. 1976. Neo-Confucian Thought in Action：Wang Yang-ming's Youth（1472-1509）. Berkeley：University of California Press.

Tu Wei-ming. 1979. Humanity and Self-Cultivation：Essays in Confucian Thought. Berkeley：Asian Humanities Press.

Tu Wei-ming. 1984. Confucian Ethics Today：The Singapore Challenge. Singapore：Federal Publications.

Tu Wei-ming. 1985. Confucian Thought：Selfhood as Creative Transformation. Albany：State University of New York Press.

杜维明 . 1989. 儒学第三期发展的前景问题：大陆讲学，问难和讨论 . 台北：联经出版事业公司 .

杜维明 . 1990. 儒家自我意识的反思 . 台北：联经出版事业公司 .

Tu Wei-ming. 1989. Way，Learning and Politics：Essays on the Confucian Intellectual. Singapore：Institute of East Asian Philosophies.

杜维明 . 1996. 现代精神与儒家传统 . 台北：联经出版事业公司 .

杜维明 . 1997. 一阳来复 . 上海：上海文艺出版社 .

杜维明 . 1999. 文化中国的认知与关怀 . 台北：稻乡出版社 .

杜维明 . 1999. 杜维明学术文化随笔 . 北京：中国青年出版社 .

杜维明 . 2001. 东亚价值与多元现代性 . 北京：中国社会科学出版社 .

杜维明 . 2002. 杜维明文集（共 5 卷）. 武汉：武汉出版社 .

杜维明 . 2005. 对话与创新 . 桂林：广西师范大学出版社 .

杜维明 . 2010. 儒家传统与文明对话 . 石家庄：河北人民出版社；北京：人民出版社 .

Tu Wei-ming. 2010. Confucian Encounter with the Enlightenment Mentality of the Modern West. Oriens Extremus，(49)：249-308.

杜维明 . 2012. 体知儒学：儒家当代价值的九次对话 . 杭州：浙江大学出版社 .

主要参考文献

杜维明 . 2002. 杜维明文集（共 5 卷）. 武汉：武汉出版社 .

杜维明 . 2010. 儒家传统与文明对话 . 石家庄：河北人民出版社；北京：人民出版社 .

Tu Wei-ming. 2010. Confucian Encounter with the Enlightenment Mentality of the Modern West. Oriens Extremus，(49)：249-308.

杜维明 . 2012. 体知儒学：儒家当代价值的九次对话 . 杭州：浙江大学出版社 .

撰写者

孔祥来（1978～），历史学博士，2007 年以来一直参与杜维明主持的项目和学术活动，得到杜维明的指导研习儒学。

霍韬晦

霍韬晦（1940～），广东南海人。佛学家、新儒家、思想家、教育家。1957年从广州到了香港，早年从学于罗时宪研究唯识，1964年进入香港新亚书院师从唐君毅，1966年以毕业论文《佛教的知识哲学》获硕士学位，被唐君毅推荐考取美国哈佛大学燕京学社奖学金，1969年被派往日本京都大谷大学专攻佛学，1972年回香港后起任教于香港中文大学哲学系，首开大学之佛教哲学、梵文等专业。自70年代起，霍韬晦致力于推动“佛教思想现代化”工作，除提出新研究方法外，还创造出许多思想上和工作上的成果，1982年在香港创办“法住机构”，进一步把现代化的佛教及儒家思想带进社会，影响深远。

一、学术经历

佛教是一个十分古老的宗教，与现代人的思维方式，已存在极大差距。历史显示，中国佛教思想发展自明代之后即停滞不前，外来经典翻译与经义研究基本中断，佛教界对社会参与渐少，在学统与道统长期双失下，佛教已逐步下降成为一个低层次的民间宗教。

时代需要新佛教。霍韬晦认为，佛教既当守着自身的宗旨，复活其精神，又应恰当调节自己，帮助拯救人类的精神陷落，进而参与对现代文化的讨论和批判工作。这在佛教来说，是衰落千年之后，重新复兴的新契机。时代正呼唤着这古老的东方智慧。霍韬晦深感佛教界积淀太深，佛教要现代化，首先必是佛教的思想先要现代化；若不翻新佛教思想，注入新生命，不但一切教内的改革缺乏资源，佛教亦将永远被人误解，甚至将被时代所淘汰。有见及此，1973年，霍韬晦即提出“佛教思想现代化”的公开号召，指出中国当前佛学研究水平的严重落后，必须重新培养有志之士和引进新研究方法，开出“佛学研究的新风气”。霍韬晦说：“所谓现代化，意思就是说，要凸显佛学在现代思想中的意义，并且要用现代的学术观念来处理，好让现代人接受。我们不要再陷在佛家的许多‘法数’的解释上，过去隋唐时代的解经方法，很容易使佛家的精神隐而不见。今天我们应该根据佛家教义中讲相应、讲方便的观念，而重新整理佛学中的主要问题。”

佛家的义理世界由一系列的核心观念撑起，把这些观念范畴化后即成“法数”，佛教思想法数极多，要作新诠释，就要有新的诠释原则和方法；佛教自身本有的“相应”观念，即可作为现代化的诠释原则，能“相应”即能方便接引。如何“相应”？霍韬晦在1978年应星云法师之邀请，到台湾讲学时指出，“相应”是相应于四大方面：①相应于传统的学佛精神：此即不能纯走知识理论之路，佛学必落入生命之受用上言；②相应于现代中国人的研究能力：此即建立文献学、语言学（梵、巴、藏语）的新研究方法，以接上现代学术；③相应于世界佛学研究的水准：此即引进国际性佛学研究成果以扩大视野，提供现代性的参考数据；④相应于现代人类的性灵：此即如实了解现代人的心灵，运用佛教思想提升现代人的生命素质。

这须具有四种训练，第一是文献学、语言学的训练；第二是思维能力，即哲学分析力的训练；第三是历史学的训练，了解历史文化的背景和源流；第四是时代感，即包括如现代社会学、心理学、教育学、政治学等多维学科的基本训练。霍韬晦认为，佛教思想现代化须要具足这四方面的学术条件。至于对佛教概念的处理原则，就必须区分本质概念与衍生概念，前者指那些为佛教所独有或作为立教前提者，如“如实观”、“空”、“缘起”等，此类概念不必新造，直接作现代诠释即可；后者则指那些并非为佛教所独有或非作为立教的最高前提者，如“识变”、“种子”、“三自性”等，则可视需要而作新译，然后再作新诠释。总之，诠释也好、新译也好，一方面是思想学养问题，同时亦是精神修养问题，缺一不可。

霍韬晦在儒学研究方面也做了很多工作，霍韬晦承继了自梁漱溟、熊十力、唐君毅、牟宗三等开创的当代新儒家的血脉，在唐君毅于1978逝世后，霍韬晦组织同门，并担任主编，编成《唐君毅全集》凡三十卷，近千万言，先后召开三次唐君毅思想学术会议，以期将唐君毅的学问发扬光大。在理论上，霍韬晦于90年代提出“生命儒学”作为当代儒学发展之应然方向，主张“文化要回归生命”，希望把不自觉偏向了理论思辨的儒学带回传统，带回生命内部。他把儒家研究提升至出方法论层面，提出“体会方法”，指出儒学的核心是“生命成长”，而“生命成长”则立根于“性情”，顺是再发展出“性情教育”、“新六艺”等体系。他立足于中国文化立场，提出“优质民主”响应现代社会政治的纠结，又对当代奉为普世价值的自由、平等、理性主义等西方观念作出深刻的批判。他继唐君毅、牟宗三、徐复观、张君劢于1958年发表《中国文化宣言》后50年，在2009年草拟及发起联署《中国文化的转折与开新——百年儒学会议宣言》，学术界反应热烈；宣言检视儒学历史，并明确厘清了今后儒学发展的方向。霍韬晦主张学术观念必须与行动结合，才不致流于空言。他在90年代起即在各地开办学校，实践儒家的教育理念，学生性情美、志气高、学业佳，30年无间断推动文化教育工作，无论在理论和实践均为儒学的现代复兴带来了新气象。台湾韦政通称誉之为“现代孔子”。霍韬晦的新儒学思想、著作及具体成果相当丰富，唯本文篇幅所限，暂时从略。

二、主要研究领域和学术成就

（一）主要学术成果

霍韬晦在20世纪70年代初标举“佛教思想现代化”的旗帜以来，身体力行，70～80年代之间创造出一系列重要成果。

1. 进行佛学原典之研究，开出新研究方法和成果

霍韬晦主张依据梵本，再结合哲学与思想史方法，重译重要经典。他即依此重译唯识古学，于1980年出版《安慧“三十唯识释”原典译注》，此书是汉语学界第一本运用近代原典学及哲学方法重译的佛教经典，突破近数百年来中国唯识学只能依赖汉译资料的局限，在厘清唯识学之原貌外，更在方法论上展示了文献、语言多维结合的现代佛学研究新进路。

2. 编写佛学教科书，提供坚实的印度、中国佛学入门训练

霍韬晦分别依据印、中佛教的思想发展，编成《佛学》二册，在1982年交香港中文大学出版社出版，自此即成为中国主要佛学院及各大学宗教研究院之必读书，一直不断再版，通行至今。《佛学》每篇以代表性的原典为骨干，之前配以解题，详述该经典出现之思想背景、然后为原典详作现代注释，每每先引述梵文原语，再解其意，然后给以整体分析以作思想定位，最后提供可供学者反思的讨论问题；若经论尚存梵本，则直接依梵本作现代汉译，书中即收入霍韬晦现代汉译梵本之《般若波罗蜜多心经》、现代汉译梵本之《中论·观有无品》、及现代汉译梵本之《唯识三十颂》（1至17颂），为汉语学界佛学教材编定的一大突破。

3. 编写佛学核心观念之思想辞典，展示佛教核心观念之发展主脉

霍韬晦从梵文、巴利文原语入手，配合思想史方法、哲学问题的分析方法，详述印、中佛学38个主要观念，例如：“一切法”、“三自性”、“不相应行法”、“心意

识”、“色”、“因明”、“真如”、“种子”、“转依”等，清晰陈述出佛教核心观念的思想义理的发展蓝图。1983年出版，收入韦政通主编《中国哲学辞典大全》。

4. 翻译学术工具、入门书，为接上世界研究搭建桥梁

霍韬晦于1981年提出“世界佛学名著译丛”计划，发起对当代国际佛学名著进行大规模的翻译工作，霍韬晦的心愿其实是希望通过引进国际佛学研究成果，以开阔中国学者的眼界，培养佛学研究的新人才，霍韬晦在本译丛的序言中说：“希望在不久之将来，佛学水准提高之后，能够有由中国学者自己编写的佛学研究入门书、文法书、辞典及各种参考数据工具书、基础书出现，全面改进佛学研究的落后情形，好让年轻的学者容易起步。有了人才，中国佛教的现代化之路还怕不能完成吗?”这是霍韬晦的心愿，而霍韬晦自己亦先后译出了《欧美佛学研究小史》（J. W. de Jong）及《佛教哲学——一个历史的分析》（D. J. Kalupahana）两本书，分别于1983年及1984年交香港法住出版社出版。

5. 成立“佛教法住学会”，全面推动佛教思想现代化及佛教文化教育的多维发展

霍韬晦除长期在香港中文大学教授佛学外，1975年开始在香港中文大学的校外进修部向社会人士开设“佛学文凭班”，把现代化的佛学教育带给现代人，大开新风；1982年在香港成立“佛教法住学会”，这是一个全新形式的佛教文化事业。“法住”的创立，为贯彻霍韬晦推动佛教思想现代化之工作，以培养佛教人才，弘扬佛教思想智慧，救助现代心灵为宗旨；在霍韬晦那里，佛学从来都不只是理论概念的东西，他说：“知识却不可以远离人生……没有这方面的要求提醒学术研究工作，或制约研究工作，则学术不能有充实人生的意义……没有照顾到佛家学说对人生有什么帮助，那么这种学问就不是活的。”“我们研究佛学，最后亦当然要把它用到今日世界，而不能只是文字游戏，或成为少数学者的古董。一种宗教智慧如果不能与现代人结合，它是不会活下去的。”“除了讲学、出版之外，更宜参与社会，把佛法与现代人的各种活动结合起来……我们要贡献自己的力量，只有投身其中，别无他法。佛教‘出世’的时代已经过去，现在让我们来考虑如何应用佛教的智能来‘入世’吧。现实人生不安顿，是不能建设佛国土的”。事实上，法住学会所从事的弘法工作、文化工作、教育工作，层次十分广泛，且具开创性，可说在社会开出一股佛教文化的新风，成果甚多，影响也是深远的。

1994年，霍韬晦在香港法住文化书院召开“佛教的现代挑战国际会议”，他在

发表主题演讲时指出，当前佛教发展必须有新的突破，包括：对佛教经典语言障碍的突破、对过去旧有诠释的突破、对义理规模的突破和对实践形式的突破，以迎接新时代对佛教的新挑战，为佛教的现代化路向提供出发展的蓝图。霍韬晦不会空讲口号，或者被动地等待客观环境的改变，他是一位十分务实、有行动力、有悲情的学者。

（二）霍韬晦佛教思想新诠释略举

1. 对佛教精神和宗旨的抉择性判分：整体性定位

（1）如实观：佛教精神的整体定位

众所周知，佛教经论繁多，历来宗派依经论立教，造成各家义趣不同，说无常、苦、空、无我是佛教，说常、乐、我、净亦是佛教，大家都统一在“佛教”名下，但见解却发生如此分歧。究竟佛教的根本精神在哪里？过去，一般认为佛教的精神在解脱、在因果轮回、讲无我、讲涅槃、讲缘起，今天了解印度文化背景，知道解脱、因果轮回这些观念都非佛教独有，难以表出佛教思想的特质；至于无我，则偏于否定一面；涅槃则只是象征语，意亦偏重自我烦恼的消解，对客观存在了解不足；至于“缘起”，确为佛教思想所独主，然而强调存在法则一面，忽略生命主体（如“觉”、“般若”、“佛性”）及主体创造性（如禅宗之“自性”），不免有偏。霍韬晦指出，佛教经论和宗派虽多，从最高的层次笼罩，其实均以“如实观”为根本精神，整个佛教均以“如实观”为归趣、为理想、为指引、为标准、为前提。

“如实观”是原始佛教的核心观念，意思是对事物能有一如其所如的把握。“如实观”，梵语 yathābhūtadarsána，本为原始经教中的重要观念。在经典中的含意，一方面是佛之正觉境界；另一方面是对无明烦恼的洞察与洁净，也是佛陀设教的根据，佛弟子证入法印（苦、无常、无我、涅槃）之关键，同时亦是佛陀回应当时时代文化的历史创造。

如实者即不增一分，不减一毫，生命与真实彻底相通、相应、相入。从佛之觉悟看，佛之觉悟即进入如实观之最高境界，所谓：“如实观诸法实相”，经典又称为“等正觉”，佛陀则名为“如来”，都表明“如实观”内这种超越的统一关系，如霍韬晦言：“得‘如实观’，亦即得‘法眼’。在原始佛教之概念中，‘法’与‘实’同一外延。法即实，实即法，知法即知实，知实即知法。”

所以“如实观”用此“观”字，显示此非“所知境”，后世说之为“证真如”、“圆成实”、“入不二法门”、“无住涅槃”等，皆一脉相承。从设教上看，教法的设立必以“相应”为原则，即一方面要相应于真实，另一方面要相应于众生，“如实观”即成为佛陀施设教法的根据。各宗虽各自申述，实则只是在立教过程中观法不一、进路互异而致，对“实相”体会自然有别。观法入路不同，但立教之进路无绝对性，反而佛家之究竟理想，总是求修行者如实观照诸法境界，以层层升进，使这些不同理境可以在“如实观”之宗教理想下互贯互通。这种互贯互通开辟经验，但又不囿于经验，依据理性，但又超越理性，关键在于对“法”或“实”的切入的层次和向度；而更重要的是人的思维与智慧的升进与之相随，最终目的在于“生命成长”。

总之，“如实观”含有多重含义，它作为“真理的判准”、“解脱的关键”、“实践的指导原则”、“知识的进步原则”，足以清晰标出佛教的精神取向。由此可见，霍韬晦提出“如实观”作为佛教精神特质，大大廓清了佛教思想的整体图像，清晰地确立了佛教思想的立足原点。

（2）“绝对”与“圆融”：印、中佛教定位

“如实观”确立佛教精神的整体性，“绝对”与“圆融”则是对印、中佛教的精神取向的定位。过去我国佛教研究，一方面限于汉传资料，另一方面限于传统，对印度佛教及印度文化了解不多，对印、中佛教思想的义理区分依然相当模糊，霍韬晦于1982年发表《绝对与圆融——中国佛教思想的特质》一文，指出印度佛教追求的哲学理念是“绝对”，中国佛教追求的哲学理念则是“圆融”。印度哲学追求“绝对”的精神传统早自《吠陀》、《奥义书》开始，佛教的出现并没有脱离这个宏大脉络。佛陀在菩提树下的“如实观”便是对“绝对”的最高体证；如“绝对”一词所界定，此中并无言语，亦不容思辨，唯佛能尽。就算是唯识宗，虽然讨论的起点在经验界，要为现象的生起寻根，但这只是反思的过程而非目的，唯识的立场最后还是离不开“转识成智”，对“超过一切寻思境相”（《解深密经·胜义谛相品》）的“胜义谛相”如实观之，“超过一切寻思境相”即显其“绝对”。至于“如来藏”一系经论，则是在穷究客观升进之路后转而从超越主体之路入，为了确保成佛的根据，实现圆满的宗教人格，使无尽功德尽未来际而立“如来藏”，成为绝对善的主体之源。至于中国佛教则受儒、道思想制约，更重视生活、重视日用、重视整体、重视直下感悟，把高明藏于现实，亦更重视对心性的反省。这一文化因素使中国佛教向“圆融”之路而趋。中观般若通过“双遣”（非A非非A）以达于绝对真谛，同一议题在僧肇手上则表之为“非离真而立处，立处即真也”（《肇论》）。霍韬晦指出，依此思路，方能发展出中国佛教独有的“圆教”思想、和禅宗重视生活、教外别传的宗风。中国佛教中的三论、天台、华严、禅，逐步开出了它们各种不同的圆融形态。在详加分析之后，霍韬晦总结说：“绝对，无疑是他们（按：指中国佛教）所设定的

最高境界，但这个境界并不孤离，最后仍然回归于现实，在现实的基础上消解一切对立，以成一超世间而在世间的智慧。唯一可分别的是他们的圆融表现，由于思想的入路不同而各有所向。此中，三论宗是言教运用上的圆融，天台宗是体相上的圆融，华严宗是事相上的圆融，至于禅宗，则预取了前三者的教相，而化为行道上的表现。所以禅宗不是‘说’圆融，而是‘行’圆融；不是‘教上’圆融，而是‘教外’的圆融了。”

经此定位，令人看到佛教思想由印度发展到中国的理路主线。从后设的角度看，即为不同之“判教”更判其教，为不同之“圆教”更审其圆，不可谓不深刻。

(3)“宗”与“教”

近代人对中国文化了解不足，遂依西方启示宗教的标准，尝言中国传统文化无超越之启示者、无创造主，故无“宗教”。实质上这是对中国传统文化了解不足所致。中国传统文化不但有“宗教”，而且在佛教那里，“宗”与“教”早有明晰区分。《碧岩录》云：“大凡扶竖宗教，须是英灵底汉”，又如法藏《华严一乘教义分齐章》分判“四宗教”、“六宗教”，《瑜伽师地论》中亦有“观自宗教，观他宗教”之说。总之，“宗教”一词并非近代人新造，而更重要的是，以佛教为代表的东方“宗教”，有它自身非常独特的特质。

从哲学的观点看，“宗”与“教”之分非隋唐开始，实质上由佛陀觉悟后说法开始，“宗”与“教”的分别就出现了。佛陀在菩提树下的“如实观”是佛陀的自证境界，本与众生无关；据经中言后因佛陀慈悲心动而住世说法，“佛教”之“教”于此方生。现在的问题是，“宗”与“教”的关系应该怎样了解？佛教既非西方式的启示宗教，则佛教之“教”有没有权威性可言？若有，依何而立？若无，则众生如何起信？“教”的内容又是否可改？如何可立、如何可改？霍韬晦指出，“如实观”中无语言，语言只能传递概念，不能传递真实，因此佛之说法，只能作为一施设(prajñapti)，此即《法华经·方便品》中所说之“方便”；换言之，即不能将之绝对化。但不能绝对化并不等于全无标准，佛之教化的确可以发挥巨大作用，它必以“相应”为原则而为佛所施设。据此，霍韬晦明确指出，佛陀施教，必依四大原则：①超越的轨约原则：此即佛之如实观，佛陀施教以佛之如实观作超越根据；②创造原则：此即佛之慈悲纯善与创造的智慧，以保证经教的素质；③构造原则：此指对语言或其他表达形式的运用能力，以作为经教得以客观表达的根据；④相应原则：此指佛施设经教时必充分思及受教者的主观条件，以相应之，例如思维能力，而后施行；扩大而言，即须相应于对方的文化背景、历史背景。

经此抉择，则不独“宗”与“教”之位格井然，亦发现佛教之“教”的意义的广大性、开放性、层次性。霍韬晦很有信心地指出："佛教能够把'教'的意义如此开发，在世界各大宗教及哲学体系中，可谓罕有其匹……它是一个充分彰显了'教'的意义的宗教。不像其他宗教，把'教'的内容绝对化，成为圣经，不管什么人都要接受，这就失去了'教'的灵活性与施设性。所以我认为：唯有佛教，方可称'教'。"

霍韬晦从诠释佛教经典或发展佛教思想的角度看佛教，并同时在佛教思想内部找到了可促使佛教思想现代化及持续发展的义理根据。今天从事佛教思想现代化的工作，则应根据此四大原则，至少将其作为方向性的规范原则，方能保证佛教思想在现代化过程中不被变质。

(4) 从"知识佛学"到"生命佛学"：佛学研究的层次定位

霍韬晦提出"生命佛学"与"知识佛学"的对比，凸显出"佛学"的精神本位，并站在整体学术研究的大趋势上，对今后佛学研究所可能出现的偏差，提出规范性的修正。尤其是霍韬晦在90年代中期以后从事了大量"生命教育"的工作之后，令他更确信佛学研究的健康发展，不可能亦不应该离开"生命佛学"。

霍韬晦指出，学术研究虽有它自身须要尊重的独立价值，但真正的佛学总是应以"生命"或"生命成长"为中心的"佛学"，而不仅仅是以资料或知识为中心。用霍韬晦自己的话来说，即："佛学研究必须回归生命"。"生命佛学"植根于生命主体，特别植根于对众生的慈悲心；无慈悲之心，即无真正之"佛学"可言。然而，今天现实的情况是，研究佛学的人有多少是从"悲众生苦"的存在实感出发的呢？霍韬晦指出，印度佛教在印度的衰亡，其中一个原因就是唯识宗之后走进了纯知识讨论的死胡同，今天复兴佛学研究，必须深思此问题。

2. 佛教若干核心观念的新诠释：创造性诠释

除了对佛教精神和宗旨作整体标志性的抉择判分之外，霍韬晦对许多佛教核心观念做过创造性的诠释，见解深刻，对当代佛学研究水平提高大有贡献。

(1) 归溯：对佛家逻辑（因明学）的新诠释

霍韬晦对佛家逻辑（因明学）的新诠释，于20世纪60年代开始，于70年代初已基本完成，写成《佛家逻辑研究》一书，于1978年出版。因明向被佛学研究者视为畏途，主要原因是因为文献艰涩，缺乏现代逻辑解析的处理。霍韬晦是汉语学界中对因明进行现代逻辑解析的早期代表，克服了古人以文字表达论式中抽象逻辑关系的艰涩问题，廓清了因明论式的基本理路。在诠释方法以外，涉及对因明的义理定位，霍韬晦进一步提出，因明与演绎逻辑之同与不同：因明的论证方法并不就是演绎法，也就是说，在因明三支中，因、喻二支与宗支之间的关系并不是套套逻辑（tautology）的关系，因为因明的论证法是一种“由果溯因”的方法：“先宗后因”及“宗主因从”，这是由于佛教哲学精神以立宗（如实观）为根本目的所致。因此，对因明论式的符号化工作，在因明的定位问题上，其实只能作有限度的处理。另外，以俄国学者 Stcherbatsky 为代表，认为因明是归纳与演绎之结合。实质上这仍然是把西方逻辑中的演绎法与归纳法平面结合然后硬套因明，霍韬晦认为这种讲法虽已比单纯用演绎法格义因明更接近于事实，但因明的特质依然不只如此。

为了厘清因明的特质，指出其有别于演绎与归纳，霍韬晦将因明之所以为因明的特质定性为“归证”形态，以作简别。“归证”分“归”与“证”两段，先“归”后“证”，无“归”则无“证”。盖从宗望因，有宗而无因，故当先作溯因，以供下一步寻出正因，此步名为“归溯”（而不是归纳）；然后从因望宗，溯出正因，兼举喻作证，此过程名为“回证”。先“归溯”后“回证”，故名“归证”。霍韬晦指出，因明的特质更多地表现在“归溯”段而非“回证”段。经此分析，因明的特质立即清楚呈现。

此外，霍韬晦亦进一步分析“因三相”（遍是宗法性、同品定有性、异品遍无性）中，特别是因后二相（同品定有、异品遍无）的逻辑含意及哲学含意，主要指出因三相之间的动态关系，因此不能只作形式处理。近年，霍韬晦在课堂讲授因明时，进一步通过与当代西方科学哲学的比较扩充了他的观点，指出：“因三相”是“溯因的操作原则”、“因第二相”是“知识发现的起点”和“合理猜测的条件”、“因第三相”则是“防证伪原则”，和因明在本质上的“先验综合取向”等，都极具启发性，足以开出因明研究的新页。

（2）唯表：对“唯识”的新诠释

唐代慈恩宗把“唯识”解释为“唯谓简别，遮无外境；识谓能了，诠有内心”、“唯遮境有，执有者丧其真；识简心空，滞空者乖其实”（《成唯识论述记》卷1），即外境并不存在，只有心识存在。历来中国佛教界都是如此了解“唯识”的。这样了解有什么问题？在哲学上，此即把“唯识”解成唯心，唯识思想变成一（极端的）唯心论，这显然违反佛教的客观精神，至少极易给人误解。这涉及唯识哲学的立足基础，为解决这一问题，霍韬晦直接从原典入手，发现问题出于翻译。“唯识”原语为 vijñaptimatra，当中“识”字的原语为 vijñapti，原意是“表”义，即指有所表、或有所呈显之境，而不是指心识，即不是作主体观念解；“心”的梵语应为 vijñāna，而不是 vijñapti。这也就是说，世亲所谓 vijñaptimātra 者，是要把所知世界收归为“表”的世界，而“表”是心（vijñāna）转化而来，所以，所知世界并不是不存在，只是它的存在并无独立性，心（vijñāna）才是所知世界的根；从主体一面看境相生起之原，方有唯（心）识之义可说。

玄奘却把 vijñapti 译为“识”，把 vijñapti 与 vijñāna 相混，同译作“识”，把问题从境上转为心上，从哲学问题看，显然有误，至少太快。此一改动玄奘并非不知，在别处玄奘亦把 vijñapti 作“表”，如 vijñapti-rūpa 即译作“表色”。玄奘宗于护法，受其影响亦未可知。但这一误译，却大大影响了中国学者一千多年以来对唯识思想的了解，造成许多时候把问题的重心转移而导致识、境不分之谬。今据原典重译 Vijñaptimātra 为“唯表”，厘清许多唯识哲学中争论千年未有定论的难题。

（3）识转化：对“识变”的新诠释

世亲把心识转化出外境的活动称为 vijñāna-pariṇāma，旧译“识变”、“识所变”、“识转变”，这种译法容易使人产生错觉，觉得识是“能变者”，从无中“变出”外境。依此意，就会引致偏差；第一，误以为识有境无，成（极端）唯心论之误；第二，误以为识与境为二，成一对立关系，而非由识自身之转化为境，无法说明唯识哲学中心识与外境之间互相转化的动态缘起关系。总之，依此运思，不但是识真境妄，而且识有境无，只有主体，而且是近乎实体性之主体，造成许多理念上的偏差。

面对这些问题，霍韬晦认为有必要把唯识思想中“识变”这一重要观念作新译。考虑到世亲的哲学理念，及其用语 pariṇāma 极有可能受印度数论哲学影响，霍韬晦把 vijñāna-pariṇāma 改译为“识转化”。这一译法能够更把存在状态的转换的意义恰当翻出，学者循此了解唯识思想，当可获得一更清晰准确之图像。

3. 如实观研究法：佛教研究的新方法

霍韬晦对佛教思想现代化的创见首先出自霍韬晦数十年的佛学涵养和功力，同时亦与霍韬晦的研究方法大有关系。霍韬晦主张运用语言学、文献学、历史、哲学等多层进路进行佛教思想现代化的诠释工作，这套研究方法在 70 年代已经成形，后来在 1998 年他再次总结其佛学研究方法时，把它更有系统地陈述出来，霍韬晦称之为“如实观的研究法”。

“如实观的研究法”包括四大层次，其总原则则在“如实”。从“如实”出发，通于二重，一是“如最高存在之实”、二是“如众生之实”，前者要求彻入、后者要求相应，即在大精神上与佛教完全一致。然后将其运用为研究方法时则再开为四大层次，各有不同的要求及训练：①“如语言、文字之实”：从梵、巴、藏语言学出发，重新厘清佛教主要观念，审视古译得失，以求作现代化佛教思想时语语有据；②“如历史、文化之实”：从历史学、人类学出发，立足文献、立足材料，把研究立足于坚实的历史基础上；③“如思想、义理之实”：从思想、义理入手，发掘义理世界之不同向度与层层升进之可能、次第与根据，及其不可易之处；④“如生命成长之实”：以上为客观之研究进路，然学术研究，特别是佛学，绝不能离开人的眼光素养，因此在知识进步之外更须人自身的成长以提升知识之深度，体会更深之意义世界。所以霍韬晦特重“生命成长的学问”以作为佛教思想现代化之基石。

前三者需要客观训练，最后一点需要实践体会。四个层次是互相支持而无隔别的。学者亦可单取其一，亦足以成一家之言。当然若能通贯四层，彻上彻下则更佳。

除此之外，霍韬晦30年来公开讲经，最重要的大乘经都已宣讲过，如《阿含》、《法华》、《维摩》、《金刚》、《胜鬘》、《坛经》、《解深密》、《华严》、《涅槃》、《楞严》等在香港及海外华人地区大开新时代的佛学风气。近年这些讲经内容陆续整理出版，充满新观念，值得佛学研究者留意。

（三）走出传统宗教的思想局限：走向文化、走向时代、走向生命

佛教虽有大乘、小乘之别，但千百年来学佛人士的基本要求，还是大多由个人的离苦出发。一般人学佛，往往是因失学、失业、离婚、失恋等，总之因失败而学佛。固然，这未尝不是人之常情，许多时候也是人们进入宗教世界的诱因。但问题是：人除了感受个人之苦外，会否也看到别人之苦，看到无数家庭之苦、社会沉沦之苦、历史之苦、民族之苦、人类之苦？学佛，到底是为谁而学？除了个人的苦业意识外，能否更有“文化的苦业意识”。对此，霍韬晦有深刻体会，他指出：真正的宗教意识与文化意识最后必相统一；他认为：要帮助众生离苦，首先要帮助文化离苦。

霍韬晦认为，由个人的宗教意识扩大到文化意识的自觉承担，这意味着对“佛教”的含意必须有重新的反省，以接上多元开放社会中现代性的需要。不能再停留在过去，只在宗教内的立场或信仰层次了解“佛教”。在今天的多元开放社会中，一切均可以理相见，然而，佛教要参与其中而又不陷于现代文化相对主义的虚假和平面化的窠臼之中，就要有一种以超越精神所支撑的文化意识。事实上，佛教本身即具有这种超越形式主义的超越精神，《金刚经》说：“知我说法如筏喻者，法尚应舍，何况非法？”正是这种超越精神使佛教具有“总持”（dharani）一切义理的能力，而其中所蕴含的开放精神与重理精神，亦使佛教比其他古老的宗教更具持续发展的可能。落入内容层次，建立一种超越语言符号、超越宗派门户、具有涵盖性的历史文化意识，驱使佛教的现代性发展必须重新审视“佛教”之“教”的内容与外延。什么是“教”？在现代脉络下，就不能只界定为“三十七道品”、“六度四摄”等，而必

须有更广阔的外延和更深刻的对应。佛陀说法以“相应”为原则，因此“佛教”之“教”亦必求相应于时代的需要和众生的需要，在现代社会就要与现代社会的文化脉络和现代人的精神状态相应，而不能局限在佛教经论固有的名相之内；即是说：必须通出去。真正的佛学研究者必须具有广度而又不失深度、立体而通贯的文化意识，以涵摄人类各大文化。

佛教何去何从呢？霍韬晦认为：首先要抛弃偏狭的宗派观念；佛教徒固然要以佛教为念，不过更重要的也要以中国文化和世界人类为念，如此才能放开心胸，真诚地吸收其他文化的优点。

正是这个原因，霍韬晦把他所创立的“法住”机构的“法”字定义为一切对生命成长有价值的文化，而“法住”则以守护发扬一切对生命成长有价值的文化为己任，胸襟不可谓不大。事实上，自从法住机构在80年代成立至今，即无间断地从事多层次的文化返本开新和文化教育的工作，努力走向文化、走向时代、走向生命，成果为教内、外有目共睹，其开放性与现代性确与“法住”一名互相呼应。

霍韬晦认为，从宗教意识过渡到宏大的文化意识，这是大乘菩萨精神的必然归结。这种对文化意识的自觉承担，一直是过去中国佛教传统所忽略的，而今后佛教发展的当然方向，必须在这一点上作出突破。顺是，佛教的发展就应该有更广阔的视野，不能只着眼于佛教内运思，而必须扩大至对人类文化及其危机的整体关怀。可以这样说，佛教的发展不是为了佛教而是为了一切对生命成长有价值的文化的重建，一切对生命成长有价值的文化的重建不是为了什么，只是为了人的精神生命可以回归正位与正道。这不是消解佛教自身，反而是寻回佛教自身、发展佛教自身和建设更广大的佛教的未来。《金刚经》不是说：“若见诸相非相，则见如来”，原来这句话对今天佛学研究者如何走出自我局限的空间具有如斯的启发。

由此说到霍韬晦实践多年的体验，霍韬晦认为，佛教的现代化工作，其实归根究底都不是“方法”的问题，而是人的成长问题。方法可以很多，但不能只作工具性的思考；无法期待那些仅有个人知识上的兴趣或空说不行的人来承担佛教的运命。霍韬晦从事的法住文化事业，正是在这个信念下生长出来的佛教思想和文化事业的新创造。霍韬晦是“佛教思想现代化的开创者”，当非过誉，其数十年来的努力，成果丰硕，正有待于佛学研究者珍惜和开发。

三、霍韬晦主要论著

霍韬晦．1979．佛家逻辑研究．台北：台湾佛光出版社．

霍韬晦．1980．安慧“三十唯识释”原典译注．香港：香港中文大学出版社．

霍韬晦.1982.佛教的现代智慧.香港：法住出版社.
霍韬晦.1982.佛学（上册）.香港：香港中文大学出版社.
霍韬晦.1983.佛学（下册）.香港：香港中文大学出版社.
霍韬晦.1983.佛学部分//韦政通.中国哲学辞典大全.台北：水牛出版社.
狄雍.1983.欧美佛学研究小史.霍韬晦译.香港：法住出版社
加鲁帕赫那（D.J，Kalupahana）.1984.佛教哲学.霍韬晦译.香港：法住出版社
霍韬晦.1986.绝对与圆融.台北：台湾东大图书公司.
霍韬晦.1988.如实观的哲学.香港：法住出版社.
霍韬晦.1997.学佛之门.香港：法住出版社.
霍韬晦.1997.心经奥秘.香港：法住出版社.
霍韬晦.1999.法住于世（四册）.香港：法住出版社.
霍韬晦.2003.现代佛学.北京：中国社会科学出版社.
霍韬晦.2003.禅——创造者的哲学.香港：法住出版社.
霍韬晦.2004.霍韬晦讲《六祖坛经》.香港：法住出版社.
霍韬晦.2004.当代文化批判——一个东方人文学者的回应.香港：法住出版社.
霍韬晦.2008.霍韬晦讲《论语》.香港：法住出版社.
霍韬晦.2009.从反传统到回归传统——纪念“五四”、完成“五四”.香港：法住出版社.
霍韬晦.2010.孔子知命之旅体验行.香港：法住出版社.
霍韬晦.2013.成长的锻炼.香港：法住出版社.
霍韬晦.2013.优质民主.香港：法住出版社.
霍韬晦.2014.本来面目——禅宗思想探迹之旅.香港：法住出版社.

撰写者

袁尚华（1970～），广东东莞人。现任香港法住文化学院教授，中国哲学博士，专攻佛学、哲学，身兼新加坡“喜耀文化学会”总干事、马来西亚“喜耀文化学会”总干事、中国广东罗定市喜耀粤西学校校董、马来西亚喜耀国际学校校董、“喜耀生命”课程主导师等。师从霍韬晦25年。

姚介厚

姚介厚（1940～），浙江杭州人。西方哲学与文明研究专家。2006年被授予中国社会科学院荣誉学部委员。1965年研究生毕业于上海复旦大学哲学系。曾任中国社会科学院哲学研究所副所长、学术委员会主任，中国现代外国哲学学会理事长，中华全国外国哲学史学会常务理事，国际哲学团体联合会指导委员会委员。他的主要学术贡献为两个方面：一是古、今西方哲学研究。会同其他有关前辈与同辈学者，在中国完成了希腊哲学史的系统研究，有助于促进古代希腊与罗马哲学的学科建设与发展；较早投入当代欧美哲学的研究，对一些流派的哲学率先评介、论述，对当代美国哲学则有较早的系统研究。二是从哲学高度，致力于研究国际社会和国际学术界非常关注的“文明”这一重大课题。参与完成了“世界文明大系”中的两卷本《西欧文明》，对这一西方文明中历史最为悠久的主干部分做出较为细致、深入的研究，在传播西欧文明知识、推进文明问题研究方面有一定的价值；继而深化研究文明理论，参与完成了对西方古代、近代、现代与当代一系列重要思想家的文明理论研究，所出版的两卷本《国外文明理论研究》填补了国内的空白，起到了开拓西方文明思想史研究的作用。1992年起获国务院颁发的政府特殊津贴。参与完成的《西欧文明》和多卷本《西方哲学史》（独著第2卷《古代希腊与罗马哲学》）先后获中国社会科学院优秀成果奖的三等奖和一等奖。

一、成长经历

姚介厚1940年4月5日出生于浙江省杭州市，祖籍是其郊县余杭。父亲姚程九在两浙师范学校（杭州高级中学前身）毕业后考入邮局，一直从事着比较稳定的工作。他常讲述其同乡章太炎发奋治学、成一代名家的故事，来激励子女。抗战胜利后姚介厚才上了小学。1951年7月他考入杭州第一中学，其前身是江南名校杭州高级中学（现已改回原校名），曾是浙江新文化运动的一个中心，有很多名人在此校执教，如鲁迅、沈钧儒、李叔同、叶圣陶、夏丏尊等。他在杭州第一中学连续读完初中、高中6年，当时有一支很强的师资队伍执教，如教育家崔东伯校长亲自教数学，鲁迅的弟子许钦文教语文。他一直非常感谢母校名师给他在文、理各课程上打下的坚实基础，这使他后来在学习、研究哲学中受益无穷。在中学时代，他本来爱好文学，读了古今中外的大量文学作品，在报刊上也发表过作品，出席过浙江省业余文学创作代表会议。到高三，他读了些哲学书，觉得哲学兼容文理科知识，就有志趣学它了。

1957年他考进复旦大学哲学系，本科学习5年。1958年1月全系师生在全国高校中最早去浙江海宁下乡劳动锻炼、搞普及哲学，与农民“同吃同住同劳动”长达10个月，使一直在城市、年方18岁的他，直面农村生活实践，经受磨砺。1960年4月他加入中国共产党，随后作为预备教师进上海市委党校的理论班学习一年，读了不少马列经典著作，对国内外形势与大政方针有较多了解，如中苏分歧在党校内部挑开，使学员备感震惊，而后对苏联模式的哲学教育有所反思。复旦大学哲学系的课程设置比较齐全，学校规定，教授都必须到第一线，给本科生开课。系主任胡曲园讲哲学原理，很强调哲学和自然科学不一样，一定要学好哲学史才能学好哲学原理。他的夫人陈硅如讲马列经典著作，逐句逐段地讲，很仔细。中国哲学史的老师是严北溟，文献典籍功底深厚、思想活泼。全增嘏开设现代外国资产阶级哲学批判的课程，实际上是在国内最早系统讲授现代西方哲学。自然科学基础这门课也很吸引人，有卢于道、周同庆、谭家振等老教授讲近代物理、遗传学等。马兵开的逻辑课也使他获益匪浅，当时他们师生一起参与编写、出版了文科教材《形式逻辑》(胡曲园主编)，他还去数学系旁听数理逻辑课，这些对他后来研究分析哲学很有用，他深感逻辑学对哲学乃至全部科学研究至关重要。他学了3年俄语，但没有放弃自学英语。复旦大学哲学系培育人才，倡导主动活泼地学习，造就较为开阔的知识结构，这对研究哲学甚为必要。

1962年本科毕业，姚介厚和同班的黄颂杰考上本系西方哲学专业的研究生，导师是全增嘏。他是清代浙东学派名家全祖望的后人，13岁进清华留美预备学堂，和贺麟同学，也差不多同时赴美国留学。1923年至1927年，他先去斯坦福大学念本科，然后在哈佛大学取得哲学硕士学位。他的英语非常好，做过复旦外文系的主任，和他的夫人胡文淑合译、出版了狄更斯的小说名著《艰难时世》，1956年复旦大学哲学系建立，才调到哲学系任西方哲学教研室主任。60年代初恢复招研究生至“文化大革命”，他只招了黄、姚两位研究生，极为认真培养，当做自己的事业倾注心血。他对黄、姚二人满腔热情又严格要求，为他们精心设计培养方案。两人几乎每两周都要到他家去，上专业课与专业英语课。他关注两人上的公共英语课，两人口试时这位原外文系系主任竟也临场听考，主考老师和学生都甚为感动。他亲自训练专业英语，经常指定英文原著中某部分让两位研究生当场口译，他给予校正；还让他们审校某大学外文系副教授的哲学译文，用以提高他们的专业英语。在专业课程方面，他要他们必须阅读重要哲学家的英文原著，每个月要交一篇文章或读书报告。他特别强调古希腊哲学，认为它是西方哲学的奠基性环节，和后来的西方哲学有割不断的联系；如果不了解古希腊哲学，对后世哲学的研究也就不容易深入。在课程安排方面，古希腊哲学原著占的比重较高，当时两位研究生甚至已读了柏拉图的后期著作，如《巴门尼德篇》、《蒂迈欧篇》等，还有亚里士多德《形而上学》的一些篇章。他又亲自带两位研究生参加上海哲学学会的学术会议，并让研究生有机会在专家面前敢于宣读所撰写的论文，使他们及早经受学术锻炼。全增嘏对现代西方哲学也很关注，他抓两头，贯通古今。他对罗素、维特根斯坦、逻辑实证主义、存在主义都有研究，发表了颇有深度、见地的学术论文。他还有整个现代西方哲学的讲义，复旦大学校方曾布置青年教师和两位研究生帮助整理，以供作为文科教材出版，可惜“文化大革命”一来化为泡影。师从全增嘏完成研究生学业，在专业功底和严谨治学上都为黄、姚二位后来研究西方哲学打下好基础，毕生受益。2005 年姚介厚在多卷本《西方哲学史》第 2 卷《古代希腊与罗马哲学》的后记中写道：“年迈花甲，终于完成此书写作之时，心中不禁涌起缅怀导师全增嘏教授的感恩之情……先师仙逝已逾 20 年，此书虽非硕果，也是献给他的一瓣心香。”

姚介厚研究生毕业后分配去教育部工作。“文化大革命”中下乡到“五七干校”，在安徽凤阳待了一年半；1971 年冬从干校回到教育部，一直工作到 1980 年。1980 年 9 月份他经申请调入中国社会科学院，就“专业归队”了，得以长期走在西方哲学的治学之途。“文化大革命”后中国社会科学院正欣欣向荣发展，为他的治学提供了优越条件。

姚介厚 1981 年通过国家英语考试，1982 年 6 月至 1984 年 6 月作为访问学者，赴美国从事访问研究与进修。当时一些名校皆接受他去，他选择了耶鲁大学，因为耶鲁大学兼容分析哲学和欧洲大陆哲学，而且很重视古典哲学。他在耶鲁大学哲学系的宗旨是多学多了解，多听各种课，重点放在古希腊哲学和当代欧美哲学（特别是美国哲学史、分析哲学和解释学），既有利于提高专业外语，也可开阔了解西方的各种新哲学流派和新研究成果。两年的留学生涯获益良多，对他以后的研究颇有影响。

早在 1981 年他和同事李凤鸣合写并于 1982 年出版一部《十八世纪法国启蒙运动》，这是重返科研的热身之作。回国后他在哲学研究所担任较长时期的科研管理工作，3 年科研处处长、10 年副所长，努力提高时间利用效率，坚持西方哲学研究。

他以希腊哲学史研究为主，兼顾当代欧美哲学的研究。当时阅读了叶秀山刚出版的《前苏格拉底哲学研究》一书，深受启发，觉得可获一种全新的深化研究希腊哲学的方法。他曾受命协助组织撰写“六五”项目多卷本《西方哲学史》，因此有幸结识汪子嵩。汪子嵩负责主持撰写《希腊哲学史》，邀他参加，他遂和范明生（上海社会科学院哲学研究所）、陈村富（杭州大学哲学系）随汪子嵩做这个重要项目研究，长达近30年，颇受教益。汪子嵩继承了他在西南联大、北大时的导师陈康治学严谨的风格，强调从原著出发，论从史出、论必有据。他不以老前辈自居，平和相处、宽厚待人，不将自己的想法强加于别人，尊重学术自由。在汪子嵩带领下，分散在三地的四位学者一直是和谐的治学集体，合作得很好。姚介厚参与了前3卷《希腊哲学史》的撰写，第1卷承担的写作部分，基本上是在耶鲁大学访问研究时利用大学图书馆丰富的资料完成的，第2、3卷的写作部分相继在20世纪80年代后期至90年代完成，共约近80万字。参与这3卷的撰写，使他的希腊哲学史研究有比较厚重的学术积累。同时，他回国后较早在80年代中期就介绍当代西方哲学新流派，如译介了海德格尔的后期名作《艺术作品的本源》，并发表论文《海德格尔的艺术哲学》和《解释学述评》。在耶鲁大学期间他就比较关注当代美国哲学的新进展，1996年他出版专著《当代美国哲学》，对当今国际哲学舞台上已愈益起有重要作用的美国哲学，在国内首次完成了一种整体性的追踪研究。

2000年年底姚介厚退休了，但学术生命未退休，依然老有所学、学无止境。时间比过去充裕了，相当部分学术成果正是在退休后取得的，使他的晚年生活充实而有意义。作为完成一项院重点项目，哲学研究所叶秀山、王树人主持的8卷本《西方哲学史》（学术版）于2005年年底出版，这是推进国内西方哲学史学科体系建设的一个硕果；姚介厚参与其中，完成了此书第2卷《古代希腊与罗马哲学》（上、下册）约103万字的撰写，独立完成一种自具新意的断代研究。凝聚他的研究心得的著作《柏拉图〈国家篇〉导读》也是在退休后完成的。在当代欧美哲学方面，他参与撰写中央党校一本教材，即邢贲思主编的《当代世界思潮》，写了“当代西方哲学思潮”的主要部分。另一方面他跨入新研究领域，即世界文明这一已备受国际学术界关注的新兴跨学科研究领域。中国社会科学院成立世界文明比较研究中心，组织跨所的专家学者，开拓和推进此领域的研究；该中心承担国家社会科学基金重大课题，撰写、出版了12卷《世界文明大系》，为我国第一部全面系统地论述世界各主要文明的跨学科研究成果。姚介厚作为此中心的成员，和同事李鹏程、杨深合著其中的《西欧文明》（上、下卷，修订本103万字），获益匪浅。他继而投身对世界文明从理论上的深化研究，参与了中心承担的国家社会科学基金委托项目、中国社会科学院重大项目“世界文明通论”，和同事王逢振、杨深合著了2010年出版的《国外文明理论研究》（上、下卷，共79万字）。此书努力以马克思主义文明观为指导，择要论述西方古代、近代、现代与当代的一些有重要影响的思想家或流派的文明理论，联系现实作综合论评；它实为一种西方文明思想史的片段性尝试研究，有助于开拓这一新学科领域。

此外，他长期负责研究所的外事工作，组织过多次国际学术会议，也多次参加世界哲学大会和国外的有关学术会议（包括联合国教科文组织的专家会议），并且在担任国际哲学团体联合会指导委员会中方委员5年间，多次参加此世界上最大的国际哲学组织的工作会议（包括筹备世界哲学大会）与学术会议。他深感参与重要国际学术组织的活动和国际学术交流，是学术上走向世界的一条重要之途，从中可获取大量学术成果、动向与信息，又可促进自身学术研究和学科建设。

二、主要研究领域和学术成就

姚介厚的学术成果，表现在他的四个主要研究领域，即古代希腊与罗马哲学、当代欧美哲学、西欧文明、西方文明理论。

1. 深化中国学术视野中的古代希腊与罗马哲学研究

西方哲学有2500余年的历史，而古希腊罗马哲学就长达1100余年，历时比重几近一半。它是西方哲学之源，奠立了西方哲学与文化的传统，历来是在各历史阶段激发西方文化活力的智慧火种。它产生的地域与影响范围并不只限于希腊、罗马本土，而是遍及整个地中海域，不仅持久影响西方文明，而且对犹太文明、基督教文明与伊斯兰文明的辽阔地域都有深远影响。要理解西方文化传统的演进，总要回溯研究希腊罗马哲学，它至今仍在深刻影响西方哲学与文化的演变，研究它仍有多重现实意义。就西学东渐而言，古希腊罗马哲学在明末就最早进入中国，对它的系统介绍、研究则较后在20世纪前期才展开。改革开放后古希腊罗马哲学的教学与研究逐步得到蓬勃开展，从一般译介、专题研究进向以中国学术视野综合、系统地做创新研究。汪子嵩等的4卷本《希腊哲学史》可谓一个代表。

至2010年《希腊哲学史》第4卷出版，历时30年，汪子嵩已年届90高龄，其他三人均已年过80或70。4卷出齐、完成一大工程后，受到哲学界与媒体广泛好评。《希腊哲学史》第1～4卷，总计5335页。它从希腊神话一直写到晚期希腊与罗马哲学告终，共约400多万字，这样完整、厚重的希腊哲学史著作，在国外也很少见。4卷内容系统丰富：第1卷为希腊哲学总论与早期希腊自然哲学；第2卷论智者、苏格拉底、小苏格拉底学派和柏拉图的哲学，第3卷专论亚里士多德的哲学，第4卷论晚期希腊与罗马哲学。这部多卷本著作总体上有四个显著的优点：一是引入、运用了大量第一手的原著材料与其他史料，内容系统详致，资料丰富厚实；二是吸取、论评了国外的有关学术成果，将国外有些研究方法介绍进来；三是填补、充实了国内以往希腊哲学研究中的不少空白或薄弱环节，包括整个晚期希腊与罗马哲学；四是以中国学术视野实事求是地论评众多希腊与罗马哲学家，有中国学者自身的新见识。这部鸿篇巨作对国内西方哲学史的学科建设做出了重要贡献。姚介厚参与前3卷的撰写，对此事业也做出特定的贡献。他写了近80万字，内容包括第1卷的第五编“公元前五世纪后半叶的自然哲学家”部分，第2卷的第二编“苏格拉底”（包括小苏格拉底学派）部分，第3卷的第一编亚里士多德的“逻辑和哲学”和第四编“实践哲学”中的亚里士多德的“艺术哲学”部分，也都体现以上创新特色。这使他获益良多，给他进而深入做古希腊罗马哲学与文明的研究，打下较为坚实的基础。

他独自完成的多卷本《西方哲学史》第2卷《古代希腊与罗马哲学》（共103万字）分上、中、下三篇，深入研究了希腊罗马哲学的三个演进阶段：希腊古典文明兴起时期的早期希腊哲学，希腊古典文明由盛趋衰时期的希腊古典哲学，希腊化文明和罗马文明中共和制末期至帝制时期的晚期希腊和罗马哲学。这实为一种在国内较完整、有深度、富有新意的断代研究。总体上它有如下一些新特点：第一，以历史主义的视野，将希腊罗马哲学纳入希腊古典文明、希腊化文明与罗马文明等各个阶段性文明的开阔历史背景中，考察它们形成与演变的社会历史根据和在文明进化中的历史作用。第二，从研究原著出发，并研读国内外的有关成果，力求掌握丰富、确实的史料，作出历史主义的、实事求是的考察与分析，就是力求以马克思主义研究哲学史的态度，做到论从史出、开出新意。第三，马克思、恩格斯的经典著作中对希腊文明和希腊罗马哲学多有论述，本卷也着力引用与分析，深化了本书的研究。第四，研究方法的综合创新。该书重在运用马克思主义的历史主义研究方法，但对近现代以来西方学者研究希腊罗马哲学的研究方法并不排斥，也不拘泥于袭用某一种，而是博采众长，综合运用，吸纳合理内容或成果，为我所用，从而形成该书的研究特色。如注意吸收与运用发生学方法、分析学派方法、解释学方法、“我注六经”的古典学式研究方法和“六经注我”式的研究方法中的合理因素。第五，探究希腊罗马哲学自身演变的内在逻辑，把握每阶段哲学思想演进的基本特征与内在逻辑，看出它的发展是环环相扣的有机整体。第六，加强国内有关研究的薄弱环节，如对希腊化与罗马时代的哲学作了系统论述，有不少独到之见。第七，对古代希腊与罗马哲学的诸流派与哲学家的思想的具体论述中，在比较、论评国内外学者的论述之基础上，多处有作者自己的新见解。此书对于深化西方哲学史研究与教学、对于广大读者深入理解西方哲学与文化传统，都有现实的参考价值。

2. 开展当代欧美哲学研究

他于1996年在香港三联书店出版一部专著《当代美国哲学》（在大陆、台湾地区也有发行、出版），后发表一系列有关的论文。他较早重视对当代美国哲学开展整体性研究。

他认为：从历史上看，美国哲学长期生长在欧洲文化的边缘，真正具有本土特色的实用主义哲学在19世纪末叶才产生。第二次世界大战以后的当代美国哲学，则已壮大成为世界哲学舞台的主角之一。美国哲学活跃在当代西方哲学的主流之中，对新科技革命成果不断有理论概括，对西方社会矛盾有灵敏的哲学反应，大量吸纳外部世界的哲学与文化，机巧地保持、调整本国哲学传统的精神，产生了不少有世界影响的哲学家和哲学学说。若不了解、研究当代美国哲学，就难以追踪研究当代西方哲学与文化的全貌。改革开放以来，我国哲学界从不同分支学科或专题，对当代美国哲学分散的、局部性的介绍与研究也不少，但对它作为整体、特别是对世界哲学深有影响的主要哲学思潮的进程进行系统研究，尚不足，仍应重视深化探究。

他揭示当代美国哲学的总特征：当代美国哲学的学派林林总总，呈现出多元性，当代西方哲学中科学主义和人文主义对峙的格局也有明显表现。就哲学的基本态势而言，它有四个总体特点：第一，美国是当代分析哲学的一个大本营，分析哲学思潮包括语言哲学、科学哲学处于主导地位，但它已演变成为学说多样、很有分歧的后分析哲学。第二，20世纪60年代以来西欧大陆的现象学、存在主义、解释学、后结构主义与后现代主义等人文哲学，在美国得到广为传播、研究，形成一些注入美国文化因素的新变种。第三，实用主义曾被分析哲学挤出中心地位而局处一隅，但它作为体现美国特色的本土哲学精神，在当代主要以渗透入分析哲学和美国化的欧陆人文哲学的方式，表现出很强的复兴势头。第四，由于当代西方社会矛盾突出，美国哲学界注重研究社会伦理及相关的社会政治哲学，反思社会体制和道德价值体系问题，产生了一些颇有国际影响的学说。

他的这部专著概要梳理、论述了当代美国哲学的丰实内容。它根据对第一手原著和有关成果的研究，从后分析哲学、科学哲学、现象学与存在哲学等欧陆哲学在美国的变种、社会伦理学与社会哲学等四大方面，对当代美国18位主要代表性哲学家的理论，作了客观、明晰而深入的论评，多有作者自己的独到之见。如论述：美国本土实用主义和后分析哲学、现象学与存在哲学既互相排斥又互相交融的微妙关系，美国科学哲学与分析哲学在互动中不断演进的思想关系与特色，当代美国社会伦理学与社会哲学中不同流派（如罗尔斯的正义论、诺齐克的新自由放任主义、麦金太尔的社群主义与德性论）各有不同的理论特色与政治倾向等。他在有的论文中并展望当代美国哲学发展的总趋向：在进入21世纪的近期未来，当代美国哲学在保持多元化的格局中，科学主义和人文主义思潮会有局部交流、沟通，但难以完全消除对峙状态。美国崇尚科学和经验，讲究功利性实用效益，美国哲学界会在哲学各分支学科领域加强同科技、经济、政治、文化的社会现实密切相关的基本理论研究和应用理论研究。美国是当今西方的超级大国，它的哲学在西方文化中实已居有举足轻重的地位。所以，他认为：以往我国对西方哲学的研究偏重在西欧，对当代美国哲学做了不少零敲碎打的局部性研究，缺乏整体性的系统、深入研究。重视、加强对当代美国哲学的整体性研究，这对于我们深入追踪研究当今西方哲学与文化的现实动向，借鉴有价值的文明成果，有重要意义。

他回国后在80年代中期就较早地介绍当代西方哲学新流派，如译介了海德格尔后期名作《艺术作品的本源》，并发表论文《海德格尔的艺术哲学》和《解释学述评》，后来又为联合国教科文组织的刊物《第欧根尼》译介了多篇当代欧美的关于历史哲学、社会生物学、文化哲学的论文。他参与撰写、邢贲思主编的《当代世界思潮》中的“当代西方哲学思潮”的主要部分，此书2003年由中共中央党校出版社出版，作为中央党校“五当代”教材之一，既供党校系统使用，也面向社会公众。他撰写的当代西方哲学思潮概述，人本主义哲学（存在主义、哲学解释学、人道主义社会哲学），后现代主义思潮，社会伦理学说，分析哲学和科学哲学，这些篇章凝聚了他多年研究当代欧陆哲学及美国哲学的心得，有不少自己的新见识。

3. 探究西欧文明

“文明”问题事关世界的和平与发展，是国际社会和国际学术界正愈益关注的重大课题。当今，世界多极化和经济全球化在曲折中进展，文化与文明要素在国际关系和社会发展中的重要作用在突显出来。多样性是世界文明的基本特征。研究、了解世界各种文明的历史与现状，是把握“世界历史”的重要方面，对于我们树立“世界眼光”、观察世界格局、开展中外交往，以及通过借鉴外部文明的经验教训以利做好国内物质文明、政治文明和精神文明方面的工作，都有重要意义。由汝信总主编、中国社会科学院和其他单位的一些学者撰写的12卷本《世界文明大系》，比较完整、系统、深入地论述世界历史上的12种主要文明。它在2002年由中国社会科学出版社出版后，获学界和社会公众广泛好评。姚介厚和其哲学研究所同事李鹏程、杨深合著了其中的《西欧文明》（上、下卷）。三位本来都研究西方哲学史，转入文明研究新领域，是新的起步。而哲学研究与文明研究是密切关联的。哲学是时代精神的精华，是文明的活的灵魂、文化的理论核心。文明研究可丰富、深化对西方哲学史的理解，从哲学高度、联系西方哲学研究西欧文明，则能使文明史研究有理论深度与新意。国内之前尚无专论西欧文明的著作，三位深感西欧文明有重要的历史、理论与现实价值，很值得专门探究。

西欧文明是西方文明中历史最为悠久的主干部分，历经4000余年，是世界历史中古老又得到持续发展的一种文明。至今处于强势地位的西方文明起源于西欧，以西欧为重心而演进。它历史跨度大，覆盖地域广，众多地区与国家曾参与创造这种文明，内容相当丰富。《西欧文明》（插图修订版）全书约105万字，继绪论后，按照各阶段性文明的历史演进论述，有西欧古典文明、西欧中世纪文明、西欧文艺复兴文明、西欧近代文明、西欧现代文明，共21章。姚介厚撰写了绪论、西欧古典文明、西欧中世纪文明部分，约30万字。此书力求深入浅出地展示西欧文明演进的历史画面，同时探讨一些有关的重要理论问题。

就其总体理论特征而言，此书注重从以下四个方面理解与把握西欧文明：第一，以合理的文明观，探究西欧文明的本质与特征。此书绪论提出："文明"不单纯是地理、种族、宗教、语言意义上的范畴，而是指人类在实践中实现自身的本质力量，所创造的物质文化、制度文化与精神文化的总和，是特定历史阶段的经济结构、政治结构和文化精神的综合形态。它并批评了西方学者的"地理环境决定论"、"逆境生成"说、"文化决定论"等的文明观，强调西欧文明持续发展的根本动因存在于西欧社会历史的内在构成和发展规律之中，并阐释它所表现的四个基本特征，指出西欧中心论就西欧文明自身发展而言，也不能成立。第二，将西欧各阶段性文明作为经济结构、政治结构与文化精神的有机整体来剖析它们的总体特征，而又更着重于从哲学高度展开对各种精神文化的论述，展示它们的基本文化精神。第三，以历史主义观点，既论评西欧文明以其独特的社会发展成就与精神文化成果，对人类文明与进步作出重大贡献，也注重分析各阶段性文明所包含的复杂的社会与文化矛盾，总结历史教训，这对观察与研究当今世界文明可起"史鉴垂训"的作用。第四，探究西欧文明的一些历史、理论和现实问题，以求深化对西欧文明和世界文明理论的认识。如关于文明的起源、生长与衰落问题，罗马文明盛衰的原因，如何评价早期基督教和罗马文明衰亡的关系，如何评价长达千年的中世纪文明等。对当今世界文明理论研究中的重要问题，也发表自己的论评。如：从西欧文明自身的历史研究角度，论评文明冲突论，指出不同文明的合理交往才能推动文明的进步，在当今经济全球化背景中，西欧文明融入人类和平与发展的主流，则会有良好的发展前景。

当今世界全球性交往日益密切，又展现文明、文化与发展的多样性，此书可供学界和社会各界了解与研究西欧文明，有重要的理论价值与现实意义：有助于深化认识西方社会历史与文化传统，从而在经济、政治、文化的各个领域的实际工作中开展合理的中西交往；有助于有分析地吸取与借鉴西方文明中的优秀成果；有助于正确观察、认识在当今世界文明多样化的国际政治格局中西欧文明的地位、作用和发展前景，理解“文明冲突论”不能成立，西方文明亦须融入当今世界和平与发展的主流。此书已被不少高校列为本科生、研究生的必读参考书。

4. 拓展西方文明理论研究

紧密联系世界和中国的实际，全面系统地从理论上深化研究世界文明和中国文明的历史、现状与前景，建立科学的文明理论体系，是学术界的一项迫切任务，有重要的理论价值与现实意义。作为国家社会科学基金委托项目和中国社会科学院重大项目，历时5载、20余位学者参与，于2010年完成并出版了汝信总主编的7卷本（10册）《世界文明通论》。姚介厚和同事王逢振、杨深通力协作，合著了其中的《国外文明理论研究》一书。此书努力以马克思主义文明观为指导，择要论述西方古代、近代、现代与当代的一些有重要影响的思想家或流派的文明理论（个别篇章涉及日本的有关学说），探讨一些重要的文明理论问题，实为一种文明思想史的片段性尝试研究。全书除“前言”概论文明、文明思想和开拓文明思想史研究的价值外，有四篇23章：古代篇6章，近代篇4章，现代篇7章，当代篇6章。姚介厚撰写了前言、古代篇、近代篇和现代篇中的2章（汤因比、布罗代尔），约30余万字。

此书的“前言”深化认识文明观，并提出一种文明思想观。它以唯物史观为指导来理解，认为文明中固然包含着宗教、语言、习俗等多重文化要素，但最重要的是指一种社会整体与人的进步与发展状态，它是特定历史阶段的经济结构、政治结构和基本文化精神的有机综合形态，有物质文明、制度文明、政治文明、精神文明等的丰富内涵，有长时段的深层历史结构。文明理论和社会发展理论紧密关联。文明思想或理论并非在20世纪汤因比、亨廷顿等学者的著述中才突现。历史上每种文明都会伴随产生反思文明的思想，文明思想本身就是一个时代精神文明的组成部分，它表现在哲学、历史、宗教、政治等各种人文社会知识中，对当时和后世的文明进程会有影响。文明思想史是有待开拓的跨学科研究领域，有现实的借鉴意义。文明思想与理论，指谓双重含义：一种是指对人类文明总体演进较系统的研究与探索，如霍布斯、洛克、卢梭研究“自然状态”到文明社会与国家状态的转变，直至现代汤因比、布罗代尔对文明总体的历史与理论研究；另一种指思想家对自身所处阶段性文明及其前景的反思，那也是一种对有关时代社会整体进程的研究，那可以说是自西方文明发生不久就有生发的。所以文明思想或理论是开阔的研究领域，有丰富的内涵，有重要的学术价值与现实意义。

此书多有学术创新：①它虽尚非系统、完整的西方文明思想史，但有助于拓建这新学科领域，此领域在国内外都还是空白，还没有开展自成学科的研究，所以此书有促进学科创新意义。②国外文明理论既然涉及不同时代对社会整体与人的进步与发展状态的研究，就和历史学与史学史、哲学史、经济思想史、政治思想史、文化史、宗教思想史等学科既相关联，又相区别，此书有跨学科研究方法的创新。③此书注重以马克思主义文明观为指导，立足于钻研思想家第一手原著和国内外的有关研究成果，以历史主义视野和翔实丰富的资料，剖析各时代、地区与国家的文明进程和文明理论的内在联系，从文明理论的新角度和哲学的深度论述一些重要思想家的理论体系及其演变的内在逻辑，各章都提出不少新的学术观点与见识。诸如：论述早期希腊文明思想的孕育与萌发，柏拉图和亚里士多德的城邦文明理论，伊壁鸠鲁学派的文明进步观与素朴的社会契约思想，斯多葛学派的自然法与世界主义思想，奥古斯丁关于上帝之城与世俗之城的“两城”说与基督教文明观，近代霍布斯、孟德斯鸠、卢梭、孔多塞的文明社会起源说、制度文明（特别是政制文明）论、倡导启蒙的精神文明论，汤因比的系统的文明形态史论（包括他晚年对当代世界文明前景的展望)，布罗代尔的总体史观的文明理论（包括他的长时段理论，地中海史研究中的文明论，世界文明史研究的特色，关于市场经济、资本主义与经济世界的论说）等。

此书有三方面的现实意义：①各时代的文明与文明理论是密切关联的，通过了解国外历史上的文明理论，深化理解文明与世界文明史。②历史上的文明理论既然都关涉社会整体的进步与发展，而“过去”与“现时”又是既有连续性、也有变革的间断性的历史整体。对文明理论的历史研究，可以史为鉴，从正反面总结文明理论的历史经验与教训，借鉴其中有益的合理文明思想成果，也就会在不同程度与方面，有利于研究当今中国社会的科学发展与建设中国特色社会主义的重大文明创新，探究当今中国文明发展的理论、实践与战略，以利建树和谐社会与和谐世界。③了解西方古今的文明理论，有助于我们考察当今世界文明的特征、进程和各种文明理论或思潮，并批判地认识“文明冲突论”等的错误论调，有利于研究我国各领域对外交往的理论与战略。

姚介厚在西方哲学与文明研究中，有四点体会：一是要从研究原著出发，力求掌握丰富、确实的史料，做到论从史出，史论结合。二是坚持马克思主义的历史主义观点，根据历史背景与实际史料，对历史上的思想家实事求是地考察与分析，做出客观、合理的评价。三是力求较开阔地研读国内外的有关研究成果，可使自身的研究有较高、新的起点，并可汲取其中的合理思想养分，激活自己的思想，在独立思考中得出新见解。四是贯通古今，古为今用。研究西方哲学史和文明史、文明思想史并非同当今世界和中国的现实无关，可吸取其合理文明成果、借鉴其经验教训，使之有益于中国现代化大业和学科建设。

三、姚介厚主要论著

李风鸣，姚介厚．1982. 十八世纪法国启蒙运动．北京：北京出版社．

姚介厚．1986. 解释学述评．现代外国哲学，(9)．

汪子嵩，范明生，陈村富，姚介厚．1987、1993、2003. 希腊哲学史（第1、2、3卷）．北京：人民出版社．

姚介厚．1996. 当代美国哲学．香港：三联书店（香港）有限公司．

Yao J H. 1998. The Teaching Philosophy in the Chinese Construction of Modernization. Essays of FISP：The Teaching Philosophy in the Eve of Twenty-first Century. Ankara，Turkey.

姚介厚．1999. 苏格拉底和孔子的伦理思想．中国社会科学院研究生院学报，(2)：25-31.

姚介厚．1999. 当代美国社会伦理学说述评．哲学研究，(4)：59-66.

姚介厚．2001. 回眸20世纪西方的分析哲学和相关的科学哲学．国外社会科学，(3)：2-8.

姚介厚．2001. 论亚里士多德的《诗学》．中国社会科学院研究生院学报，(5)：15-28，109.

姚介厚．2001. “后现代”问题和后现代主义哲学与文化．国外社会科学，(5)：10-17.

姚介厚．2002. 柏拉图的《国家篇》导读．成都：四川教育出版社．

姚介厚，李鹏程，杨深．2002. 西欧文明（上、下卷）．北京：中国社会科学出版社．

Yao J H. 2002. Social Ethics and Chinese Modernization. Chinese Ethics in a Global Context，Moral Bases of Contemporary Societies. Brill，Leiden·Boston.

邢贲思，姚介厚等．2003. 当代世界思潮．北京：中共中央党校出版社．

姚介厚．2004. 奠立分析理性——论亚里士多德的逻辑学和形而上学的内在联系//复旦哲学评论（第一辑）．上海：上海辞书出版社．

姚介厚．2005. 古代希腊与罗马哲学（上、下册）．南京：江苏人民出版社．

Yao J H. 2005. Philosophical Tradition and Education of Civilization History. Essays of FISP：History in

Education. Copenhagen：Danish University of Education Press.
姚介厚 . 2006. 法伯的自然主义现象学 . 江苏行政学院学报，(6)：18-23.
姚介厚，王逢振，杨深 . 2010. 国外文明理论研究 . 福州：福建教育出版社 .
姚介厚 . 2011. 深化中国学术视野中的古代希腊与罗马哲学研究 . 世界哲学，(2)：7-18.

撰写者

姚介厚

曾繁仁

曾繁仁（1941～），安徽泾县人。美学家，文艺理论家，当代中国生态美学的倡导者。1964年山东大学中文系毕业后留校任教。曾繁仁的学术事业起步于改革开放之后，30余年来在西方美学、审美教育、文艺美学、生态美学研究等方面卓有建树。主持马克思主义理论研究与建设工程项目、教育部哲学社会科学研究重大课题攻关项目、国家社会科学基金重点项目、教育部人文社会科学重点研究基地重大项目等多项科研项目，获全国百篇优秀博士论文指导教师奖、山东省社会科学优秀成果奖一等奖等多项科研奖项，在《人民日报》、《光明日报》、《文学评论》、《文艺研究》、《文史哲》等重要报刊上发表学术论文180余篇。代表论著有《西方美学论纲》、《美学之思》、《现代美育理论》、《转型期的中国美学》、《生态存在论美学论稿》与《生态美学导论》等。现任山东大学国家重点学科文艺学学科带头人，教育部人文社会科学重点研究基地山东大学文艺美学研究中心主任，全国哲学社会科学规划委员会中文学科评审组成员、教育部社会科学委员会委员和文学语言新闻艺术学部召集人、教育部艺术教育委员会常委。2010年被评为山东大学终身教授。

一、学术生涯

1941年1月11日，曾繁仁出生于安徽省泾县一个名叫溪头堵的山村。祖父是位乡村教师，父亲从事工程技术工作。当时正值抗战烽火连天的岁月，曾繁仁的父母到重庆等大后方工作，他在外祖父家长大。抗战胜利后，随外祖父家迁居南陵县，直到小学毕业。1953年，曾繁仁到芜湖读中学，因父母在上海工作，不得不独立生活。1954年他因芜湖大水灾而转学到上海位育中学插班就读。1959年，18岁的曾繁仁从上海第五十一中学（原位育中学）高中毕业，考入山东大学中文系。位于齐鲁文化之邦的山东大学素以文史见长，中文系更是荟萃了冯沅君、陆侃如、高亨、萧涤非、殷孟伦、殷焕先等。大学期间，曾繁仁接受过陆侃如、高亨、殷孟伦、殷焕先等名师的亲炙。山东大学有相当长久的文艺学与美学研究传统，早在20世纪50年代就在国内外享有崇高的学术声誉，曾出现过吕莹、华岗、吴富恒、孙昌熙等众多一流学者。在山东大学浓郁的学术氛围中，曾繁仁培养了对于文艺学与美学的浓厚兴趣。1964 年，曾繁仁大学毕业，留山东大学中文系文艺理论教研室任教，1964 年至 1977 年间先后开设过“毛泽东文艺思想”、“文学原理”等课程。

“文化大革命”结束后，曾繁仁以饱满的热情投入到教学、科研工作之中。从 1977 年起，他开始在《文史哲》等杂志上发表讨论杜甫诗的政治倾向、文艺与政治的关系等问题的学术论文。“文化大革命”之后第一批大学生入学后，曾繁仁在孙昌熙与狄其聪的鼓励下经过近三年时间艰苦钻研，于 1982 年开出了“西方美学”课程。这是山东大学历史上首次开设“西方美学”课程，山东大学也是新时期全国较早开设这一课程的高校之一。1983 年，这门课的讲稿经过整理、修订，以《西方美学简论》为题在山东人民出版社出版。1981 年，山东大学举办山东省高教干部培训班，曾繁仁主讲了“审美教育专题”课，因为这个机缘，他开始走上美育研究之路。1985 年出版了《美育十讲》一书。总的来说，曾繁仁前期的学术建树主要集中在西方美学和审美教育研究上。1990 年他主编了《现代西方美学思潮》，1992 年出版了《西方美学论纲》，1997 年出版了与人合著的《审美教育新论》。2000 年他出版的《走向二十一世纪的审美教育》彰显了对美育现代性的重视。

因为工作认真而又为人谦和，曾繁仁很早就被推荐到教学行政岗位。他的众多学术论著都是在长期兼任纷杂繁忙的教学行政事务的同时完成的。从 1978 年起，他曾先后担任山东大学教务长、副校长、党委书记与校长，同时还兼任一些重要的社会职务。

2000 年 7 月，曾繁仁离开高校行政岗位，开始潜心学术研究。在他的领导下，山东大学文艺学学科成为国家重点学科，他领导组建的山东大学文艺美学研究中心 2000 年被批准成为教育部人文社会科学重点研究基地。2000 年以来的 10 年，是曾繁仁学术生涯的“黄金时期”。除了仍然坚持西方美学、审美教育研究外，他还在文艺美学、生态美学研究方面取得令人瞩目的学术成就。他主持编写的《文艺美学教程》2005 年出版后被定为“普通高等教育‘十五’规划教材”向全国推广。他是“生态存在论美学观”的首倡者，以此为中心发表了近 50 篇研究论文，出版了《生态存在论美学论稿》、《生态美学导论》两部专著，不仅在国内引起很大反响，而且受到以环境美学研究为主的西方学界关注，被誉为“我国生态美学的领军人物”。

2010 年，曾繁仁以其卓越的学术贡献被评为山东大学终身教授。现在，他作为首席专家主持马克思主义理论研究与建设工程“西方文学理论”项目，作为负责人主持教育部人文社科重点研究基地重大项目“生态美学基本理论问题研究”。

二、主要研究领域和学术成就

曾繁仁的学术研究起步于新时期，30余年的学思历程基本上是在西方美学、审美教育、文艺美学、生态美学等四个领域展开，他的主要的学术建树也集中在这四个方面。

1. 西方美学研究

曾繁仁是新时期较早开始研究西方美学的学者之一，他1983年出版的《西方美学简论》对古希腊时期的柏拉图和亚里士多德、启蒙主义时期的狄德罗和莱辛、德国古典美学时期的康德、席勒和黑格尔，以及俄国革命民主主义美学家车尔尼雪夫斯基的美学思想进行了比较系统全面的专题论述，体现了他运用马克思主义思想方法探讨美学问题的自觉性和恰当适中的品格。《西方美学简论》虽然篇幅不长，但析理深透、评论中肯，有很高的学术价值，是20世纪80年代初我国西方美学史研究的重要成果之一。曾繁仁在1990年主编了《现代西方美学思潮》，将他的西方美学研究延伸到对西方现代美学的思考。1992年出版的《西方美学论纲》不仅在《西方美学简论》的基础上对西方古典美学做了更全面的探讨，而且增设了“西方现代美学”编，对里普斯、克罗齐、弗洛伊德、荣格、阿恩海姆等的美学思想进行了深入探讨。

曾繁仁很早就确立起从事西方美学研究的价值立场，认为“当代美学的发展既需要继承中国美学传统，也需要借鉴西方美学智慧”，因此，“首先就是要坚持马克思主义历史唯物主义的原则，将一切美学现象都放到一定的社会历史中进行实事求是的分析评价。而且应该从中国的具体国情出发，坚持批判地继承与洋为中用的方针。西方美学有其特殊的思想智慧，对于建设发展当代中国美学意义重大”。从这一价值立场出发，曾繁仁对于古希腊美学、德国古典美学和西方现代美学给予了充分的重视。这是因为在他看来，西方古代美学是以感性与理性的矛盾关系作为基本理论出发点和发展线索的，从古希腊罗马的感性与理性的朦胧统一，发展到启蒙主义时期的二分对立，再到德国古典美学实现了唯心主义的统一，但只有到马克思那里才在唯物实践论的基础上完成了真正的统一。因此，通过对西方古典美学的研究，可以“更好地理解和把握马克思主义美学”。而西方现代美学则由于西方现代经济、科技的先进性和社会发展的“现代性”与复杂性而呈现出局限与前瞻、腐朽与进步并存的特点，“借鉴西方现代美学成为我国现代美学发展的重要的不可缺少的方面”。

也正是基于这一价值立场，曾繁仁对西方美学的重要问题提出了迥异于前人的独到见解。他既坚持社会存在对于社会意识的决定作用，同时又重视社会意识的相对独立性，一反那种政治反动、思想唯心其美学思想必然腐朽的立论，坚持对西方美学家进行实事求是的评价。他对康德美论与艺术论、黑格尔的艺术典型论、艺术类型说等的探讨，都曾在学术界产生较大反响。他关于以古希腊罗马美学为代表的西方古代"和谐美"、关于德国古典美学的核心在"自由"等的看法，关于康德与黑格尔的美学史地位的辨析，关于荣格"原型论"美学的探究，也都发前人之所未发，引人深思和关注。

2001 年以来，曾繁仁对西方美学的思考愈加深化。一方面，他仍结合当代美学发展不断反思着西方美学的传统命题，如 2007 年对康德著名的"判断优先于快感"命题的重新阐释，2010 年对鲍姆嘉通"感性教育"命题的重评、提出"走出德国古典美学"的看法等；另一方面，他对西方美学的思考，尤其是对西方现代美学意义的反思已经成为他的当代审美教育、文艺美学、生态美学研究的思想资源和智慧支撑之一。如他在美育研究领域提出并探讨西方现代美学的"美育转向"问题时就包括对康德、席勒以后叔本华、尼采的"人生艺术化"、"生存状态诗意化"、西方马克思主义的"艺术生产力"、杜威的"艺术生活化"以及晚近法国学者福柯的"生存美学"等的考察，他所提出的"生态存在论美学"更得益于海德格尔的"家园意识"、"天地神人四方游戏"说、"诗意栖居"观，胡塞尔以来的现象学研究方法，以及西方现代生态哲学、生态伦理学、环境美学研究。就这一意义来说，曾繁仁的西方美学研究可以说是他整个美学研究的重要理论支持和智慧来源之一。

2. 审美教育研究

曾繁仁是新时期较早对美育问题进行系统研究的美学家，对美育学科建设的规划、现代意义的揭示、现代发展的思考等问题做出了卓越贡献。他 1985 年出版的《美育十讲》，运用社会学、心理学、系统科学等方法对美育的本质、任务、作用、学科属性、实施途径、研究方法等问题做了系统论述，是当时国内鲜见的美育理论专著。他所提出的美育的本质是"情感教育"，美育的目的"在于培养人们的审美力"、培养"生活的艺术家"等重要观点至今仍深受学界关注。1985 年发表的《试论美育的本质》更被多次引用和介绍。曾繁仁的美育研究，源于他作为美学学者对于美学、文艺学对于造就人的健康审美力的意义的重视和作为教育工作者对审美力在人的培养和完美人格塑造中重要作用的深切关怀。1992 年，曾繁仁主持召开了全国高校美育研究会年会，发表了《论美育的现代意义》一文，深入阐释了美育在社会主义市场经济下进行人文教育的重要作用。

20世纪90年代以后，曾繁仁的美育研究主要在四个方面展开：第一，美育的学科建设。曾繁仁在2000年出版的《走向21世纪的审美教育》的《前言》中提出了“美育学”的概念，指出“美育学的基本范畴或者说逻辑起点是审美力”，因此美育学科建设应该“以审美力这一范畴为基点生发开去，建立美育学的理论体系”。同时，他对美育理论体系建构的时代性、科学性给予了更多关注，提出：“应根据新的时代要求建设新的美育理论体系，吸收当代教育学、美学、心理学、社会学等各个学科的研究成果，使之具有强烈的时代性与现实性。只有深入认识美育的现代意义，并由此出发建立具有时代特点的美育理论体系，才能采取更有力的实施审美教育的措施，使美育在新的时代发挥出新的作用”。他在这方面做了很多探索，其中最受人瞩目的是借鉴当代脑科学发展成果、美国学者加德纳的“多元智能”理论、戈尔曼的“情商”理论探讨美育学科的“普泛化、实践化与科学化”，对美育在素质教育、人才培养方面的重要作用也做了很多重要论述。第二，对美育的现代意义和当代发展的探讨。世纪之交，面对知识经济、全球化、后现代、大众文化等时代问题，中国社会经济、文化、教育以及文艺、美学观念都存在着如何转向的问题。曾繁仁感应着时代发展的呼唤，很早就提出审美教育如何走向21世纪的课题。他通过对西方现代美学发展的考察，在国内学界首次提出了“美育转向”问题，指出“20世纪西方现代美学由古典形态的对美的抽象思考转为对美与人生关系的探索、由哲学美学转到人生美学”，而对于当代中国社会发展、文化建设、人性追求来说，美育的现代意义尤为显著：它已经“走到社会与学科前沿”，成为“中国与西方当代学术与社会热点”，具有沟通理性与感性、德育与智育、科学主义与人文主义的“不可替代”的“综合中介”作用。因此，曾繁仁反复强调，中国当代美育使命在于：在马克思主义人学理论指导下“通过美育着重培养人的具有超越性的审美的态度，并使之成为学会审美的生存的一代新人”，培养以审美的态度对待自然、社会、他人与自身的“生活的艺术家”。第三，对中西传统美育思想资源的借鉴与融通。“美育”来源于西方，但是中国传统文艺、美学思想中本就包含着非常丰富、值得珍视的美育思想资源。曾繁仁早期的美育论著就颇重视挖掘中国传统美育智慧，2002年还主编出版了两卷本的《中外美育思想家评传》。他运用马克思主义人学理论和席勒以来的西方美育理论审视中国传统美学，指出“中国古典的美育思想是不同于西方的独立体系”，“中国古代美育就是人生美学，实际上就是美育”。借助于中国传统美育思想智慧的启发，曾繁仁发展了他关于美育本质的“情感教育论”，提出了更具综合性的“中和美育论”，指出“美育的地位和作用应从其‘中和美育论’本质派生出来。从‘中和美育论’出发，美育在各育中的地位和作用应是一种‘综合’、‘中介’、‘协调’的地位和作用”，因此，“美育的本质是通过培养协调和谐的情感，进而塑造协调和谐的人格，达到人与自然和社会和协调和谐”。不仅如此，曾繁仁还根据他对中西现代美学的“美育转向”的认识，提出以审美教育作为当代中西美育交流与对话的出发点和切入点，“有了这样的出发点与切入点，中西美育的交流与对话就超越了学科本身的意义，而同新世纪人的素质的提高紧密相连，同人类的解放紧密相连”。第四，现当代中西艺术教育的比较研究。曾繁仁很早就意识到，美学、美育研究的真正意义是落实到对人的培养之上，美育研究必须充分重视艺术教育的具体实践。2002 年起，他担任教育部艺术教育委员会常委、高校组组长，着力指导高等院校领域内的艺术教育实践，主持并参与编定了《高等学校公共艺术课程指导方案》。2004 年，曾繁仁承担了教育部哲学社会科学研究重大课题攻关项目“现当代中西艺术教育比较研究”，2009 年出版了结项成果《现代中西高校公共艺术教育比较研究》。该书不仅详细梳理、比较了现代中西艺术教育基本观念，而且用相当大的篇幅对中国清华大学、日本东京大学、美国哈佛大学、英国伯明翰大学的艺术教育进行专题研究。而且，这些研究都是在学者们的亲身考察所获得的第一手资料的基础上完成的。这在我国美育领域带有“填补空白性质”，对于改变国内美育研究重理论轻实践倾向、将美育研究引向实践、充分发挥当代美育的人文精神和“综合中介”作用，具有重要意义。

3. 文艺美学研究

对文艺内在审美规律的研究是曾繁仁学术事业的起点。从 1977 年起，他就从反思“文化大革命”的极“左”文艺思潮入手探讨文艺与政治、文艺与阶级斗争、艺术典型的本质、形象思维、审美心理等问题，力图清理“左”的思潮的影响，树立正确的文艺美学观念。此后长期从事西方美学研究，使曾繁仁深化了对文艺美学基本问题的认识。新时期以来，随着市场经济的日趋深化、消费文化的流行、现代传媒的勃兴、大众文化和文化产业的兴起，传统文学艺术受到巨大冲击，文艺的界线愈来愈加模糊，文艺美学面临着“转型”的新的课题。曾繁仁始终坚持将社会文化转型与文艺美学学科建设结合起来思考，2004 年，他指出新时期以来的中国当代文艺美学存在着“以西方古典形态的主客二分思维模式和僵化教条理论模式误解马克思恩格斯基本理论的现象”，在新形势下，文艺美学学科要实现自觉转型，突破主客二分的传统认识论，代之以现代形态的有机整体哲学，发掘马克思主义唯物实践哲学的当代存在论思想内涵，以重新阐释的实践哲学指导文艺美学学科建设。2007

年，他提出了当代美学、文艺学的人文学科回归问题，指出当代中国学术界将美学与文艺学定位为“社会科学的学科”是受西方主客二分思维模式影响的本质主义失误，美学与文艺学应该回归到其人文学科的本性，在马克思主义人学理论指导下，转向对人性、人的生态状态的关注，以人与对象世界的审美关系、人的鲜活的艺术审美活动和审美经验为研究对象。为了总结新时期以来文艺学与美学的历史发展，2001年，曾繁仁主持承担了国家社科基金重点项目“新时期西方文论影响下的我国文论发展与有中国特色文学理论体系建构”，2008年出版了他主编的结项成果《新时期文艺学史论》。该书在总结新时期以来西方文论影响下的中国当代文艺学与美学建设的成败得失基础上，明确提出了中国当代文艺学与美学应由认识论向存在论转型的看法，这一转型具体表现为“由文艺的机械反映论到审美反映论，由单纯的认识论文艺观到审美存在论文艺观，由人类中心的主体性文艺观到生态整体的生态审美观”。尽管这一转型尚未完成，但曾繁仁认为，审美存在论或当代生态存在论文艺观代表着中国当代文艺学的发展方向，并且是与构建和谐社会的国家大政方针完全统一的：“构建和谐社会与人的自由发展最重要的就是应以审美的态度对待社会、他人、自然与人自身。这不仅将审美提高到了本体的高度，而且将审美教育也提高到当代美学和文艺学学科建设的中心地位，将培养‘学会审美地生存’的一代新人作为美学与文艺学学科建设的重要任务之一”。

2000年年底，教育部批准曾繁仁领导组建的山东大学文艺美学研究中心为人文社会科学重点研究基地。这是文艺美学发展的历史性事件，它“标志着文艺美学的学科合法性身份终于得到了国家教学与科研权威机构的正式确认”，“把文艺美学研究推向一个全新的发展阶段”。曾繁仁也以此为契机深化自己长期以来对文艺美学的思考，先后发表了《中国文艺美学学科的产生及其发展》、《社会文化转型与文艺学研究》、《试论文艺美学学科建设》、《回顾与反思——文艺美学30年》等论文，详细阐述了文艺美学的发展历程、现实意义、学科定位、研究对象、基本范畴等重要问题。曾繁仁将文艺美学定位为具有明显建构性、交叉性、跨学科性和开放性的具有中国特色的新兴学科，“文艺美学学科产生在新时期中国思想文化的土壤之上，具有鲜明的中国特色”，它是文艺学、美学从认识论转向存在论的必然产物，“这一学科的发展是挣脱传统的主客二元对立的旧的认识论束缚的需要，也是我国新时期学术研究中冲破旧的僵化理论紧箍的重要成果；是中国美学在新时期发扬光大与现实艺术发展的需要，也是学科自身的一种内在要求”。2008年，曾繁仁以上述研究所形成的基本观念为基础主持编写了普通高等学校“十五”规划教材《文艺美学教程》。《文艺美学教程》明确提出将艺术的审美经验作为文艺美学的研究对象，主张采取以马克思主义为指导的审美经验现象学研究方法，构建以艺术的审美经验为理论出发点和核心范畴的文艺美学理论体系。这标志着我国文艺美学研究由文艺的审美本质到审美活动再到文艺的审美经验的重大转型，从而更加贴近审美实际与中国古代美学传统。同时，曾繁仁也着重指出，文艺美学在功能定位上“不能再仅仅局限于纯粹的审美，而应在审美的前提下弘扬一种新的人文精神”，“对人类的人文关怀是新世纪的永恒主题，应成为文艺美学的思想基石”。

作为新兴学科，文艺美学还在不断发展之中。但是，曾繁仁对文艺美学的学科定位、研究对象、研究方法、学科发展等重要问题的界定，以及对其人文学科本性的强调，都无疑具有理论开拓性。以山东大学文艺美学研究中心成立为标志，作为中心主任的曾繁仁实际上已经承担起新世纪文艺美学学科建设和学术发展的引领责任。2005 年，他主持承担了教育部人文社科重点研究基地重大项目“中国文艺美学学术史”，并在 2010 年主编出版了结项成果《中国文艺美学学术史》。

4. 生态美学研究

生态美学研究可以说是曾繁仁对新世纪中国美学的最重要的学术贡献。他从 2001 年起接触生态美学，此时距中国学者最早提出“生态美学”概念的 1994 年已过去 7 年时间了，7 年间生态美学研究论著不多，影响不大。从 2002 年起至今，曾繁仁的生态美学研究论文大多是在《文学评论》、《文艺研究》、《文史哲》等重要学术杂志上刊发的，其中《生态美学：后现代语境下的生态存在论审美观》、《当代生态文明视野中的生态美学观》发表后被国内相关刊物全文转载多次。这无疑扩大了生态美学的影响、奠定了生态美学在当代中国美学学科谱系中的重要地位。可以说，曾繁仁对生态美学研究的介入，在一定程度上改变了生态美学研究的现状，使之发展壮大并迅速成为中国美学在新世纪强有力的生长点之一。2010 年，生态美学以及其他生态文化研究被《光明日报》、《学术月刊》列为当年十大“学术热点”之一。

曾繁仁的生态美学研究最令人瞩目的是他的“生态存在论美学观”的提出与阐发。“生态存在论美学观”包含着存在论美学和生态美学相统一的重要意蕴，是两者融通和综合而产生的新创见。“当代存在论美学”是曾繁仁在反思当代中国文艺学和美学的发展走向时提出的一种新的美学形态。他提出，“当代美学学科建设应在综合比较方法的指导下，以当代存在论美学为基点，对各种美学见解加以综合吸收，在此基础上创建以马克思主义实践观为指导的符合中国国情的当代存在论美学观，实现由认识论到存在论的过渡”，“这种美学理论针对当代社会现实，吸收中国实践美学与西方当代生态存在论哲学的有价值成分，对传统存在论美学加以改造。它是一种正在形成的新的美学理论形态”。曾繁仁的当代存在论美学的提出受到了西方当代生态存在论哲学的积极启示，同时也继承和弘扬了中国传统文化生态存在论和生态人文主义精神，并紧密结合中国当代社会经济文化发展的实际，因而成为具有鲜明中国特色的美学形态。其内涵可以概括为以下方面：以社会实践为理论基础，以马克思主义实践观存在论为指导；吸收西方当代生态存在论哲学的理论精华，以当代存在论的“此在与世界”的在世关系取代传统认识论“主观与客观”的在世关系；以积极的建设性态度克服西方传统存在论的灰色被动的消极面；吸收中国传统文化“天人合一”的生态智慧精华；包含着一种极具当代性的人与自然生态共生的生态人文主义精神，是对人类命运的一种终极关怀。

2009年，曾繁仁将他2003年出版的《生态存在论美学论稿》增订再版。增订版《生态存在论美学》将他2002年至2009年发表的39篇研究论文分为“生态美学发生论”、“生态美学基本内涵论”、“生态美学资源论”、“生态美学基础论”等部分，这从总体上呈现出曾繁仁生态存在论美学研究的总体轮廓和基本理论构架，表明曾繁仁已经建构起由研究对象、主要范畴、思想资源、理论基础、现实意义等要素构成的较为完整的生态存在论美学理论体系。

曾繁仁从当代美学发展、转向的角度揭示出生态美学产生与发展的历史必然性，指出生态美学是中国当代美学富有生命力的新的理论形态和新的生长点，其重要意义在于：体现出当代美学由人类中心到生态整体、由主客二分思维模式到有机整体思维模式、由主体性到主体间性、由认识论审美观到存在论审美观、由对自然的轻视到绿色原则的引入、由自然的祛魅到部分复魅、由欧洲中心到中西平等对话等一系列重大转化。这一系列转化的核心在于生态审美观的建构。

与狭义的生态美学不同，曾繁仁提倡一种“广义的生态美学”，强调“广义的生态美学则包括人与自然、社会以及自身的生态审美关系，是一种符合生态规律的存在论美学观”，“它是在后现代语境下，以崭新的生态世界观为指导，以探索人与自然的审美关系为出发点，涉及人与社会、人与宇宙以及人与自身等多重审美关系，最后落脚到改变人类当下的非美的存在状态，建立起一种符合生态规律的审美的存在状态”。这种意义上的生态美学有其独具的逻辑起点和理论范畴，曾繁仁概括、提炼出生态美学的“生态存在论”、“四方游戏说”、“诗意的栖居”、“家园意识”、“场所意识”、“参与美学”、“生态批评”与“生态美育”八个基本范畴。曾繁仁反复强调，对生态美学的界定应该提到当代存在论的高度，生态美学实际上是一种在新时代经济文化背景下产生的有关人类美好生存的崭新的存在观，是一种人与自然、社会达到动态平衡、和谐一致的处于生态审美状态下的存在观，是一种新时代的审美的人生、“绿色的人生”。生态存在论审美观的提出，意味着对新中国成立以来影响甚大的实践美学的超越与突破：其一，在哲学基础上即在人与自然这一最根本的哲学关系上，实现了由存在论到认识论、由人类中心主义到生态整体论的突破；其二，在美学研究对象上，由“美学即艺术哲学”到“美学必然包含自然生态维度”的突破；其三，在对自然美的理解上，由以自然美为“人化的自然”到主张自然美是“人与自然平等共生亲和关系”的突破；其四，在审美属性上，由提倡非功利的静观美学到强调身心整体介入的“参与美学”的突破；其五，在美学范式上，由传统的追求比例、对称、整一等的浅层次的形式美到更深层次的“家园意识”与“诗意栖居”等生存美的的突破；其六，在中西美学关系上，由传统的“欧洲中心主义”到中西平等对话的突破；其七，在方法论上，由主客二分对立的工具理性到生态现象学方法的突破。

曾繁仁的生态美学研究，坚持以马克思主义为指导，通过重新阐释马克思主义的哲学生态观和西方现代哲学、美学的生态存在论意蕴来汲取思想智慧，以充实生态美学的丰富理论内涵。他指出，马克思主义唯物实践论包含着浓郁的生态审美意识，完全可以成为建构生态审美观的理论指导；马克思关于“异化”问题的思考及其提出的解决途径，马克思对“美的规律”两个尺度的论述，均对当代生态审美观建构有深刻启示；而恩格斯所创立的辩证唯物主义自然观则直接成为生态审美观的哲学基础。曾繁仁重视阐发西方现代哲学、美学中海德格尔的现象学美学和大卫·雷·格里芬的“后现代”建设性生态存在论哲学意蕴。在他看来，海德格尔在哲学观上运用现象学方法构筑了一个“人在世界之中”的生态整体观点，在语言观上对大地与语言的关系的思考构筑了大地是人的生态的根基的重要观点，在审美观上以“艺术是真理的自行置入”观点建立了人与自然平等游戏的家园意识。因此，海德格尔的现象学美学是真正的生态审美观的体现。曾繁仁提出生态存在论美学观，受到了大卫·雷·格里芬基于后现代精神所提出的生态存在论的影响，他多次明确提出“美国哲学家大卫·雷·格里芬提出‘生态论的存在观’这种哲学思想。这和‘生态论存在观’实际上就是当代存在论哲学的组成部分，以其为理论基础的生态存在论美学实际上也就是当代存在论美学观的组成部分，而且丰富了当代存在论美学观的内涵”。曾繁仁还提出“人的生态本性”问题，试图解决生态存在论美学观的人类学基础。在他看来，人具有生态本性，表现为人的生态本原性、人的生态环链性、人的生态自觉性。这种生态本性内在构成了人的生态审美本性，表现为人对自然万物蓬勃生态力的审美经验，其内涵包括人对自然本源的亲和性、人与自然须臾不可分的共生性、人对自然生命律动的感受性和人在改造自然中与自然的交融性等。曾繁仁指出，只有从当代生态存在论哲学视角，我们才能充分认识到人所具有的生态本性，并由此产生一种基于人的生态本性的、包含着生态维度与生态存在论审美观的新的人文精神。

从促进生态美学的深化发展出发，曾繁仁对中西传统思想所包含的生态审美智慧进行了广泛的挖掘与阐发，为当代生态美学建设提供了丰富的传统思想资源。中国传统文化以“天人合一”观念为核心，在曾繁仁看来，这本身就体现出一种古典的生态存在论思想、生态人文主义观念。以老庄为代表的道家的“道法自然”观、“万物齐一”论、“天倪”与“天钧”说等思想作为古典生态存在论审美智慧已经达到相当高的理论水平；而以“生生之为易”、“天地之大德曰生”、“保合太和”为核心观念的《周易》更体现出一种典型的、东方式的生态审美智慧；以孔子为代表的儒家的“和而不同”的“共生”思想、“不违农时”的生态智慧、“仁者乐山，知者乐水”的自然亲和情怀、“仁者爱人”“仁民爱物”和“民胞物与”的生态人文主义观念等都是当代生态美学建设的可资借鉴的珍贵思想资源。曾繁仁对西方传统文化生态审美智慧的考察以《圣经》研究为中心，他从神学存在论的角度探讨了《圣经》以及当代生态神学所包含的生态审美智慧。他还对西方哲学、文化与文学中的生态审美智慧进行了深入的发掘和阐发。

2006年以来，曾繁仁运用生态存在论美学观解读了《诗经》、中国传统绘画艺术、美国作家梅尔维尔的小说《白鲸》、生态学者亨利·梭罗的《瓦尔登湖》以及中国当代作家迟子建的小说《额尔古纳河右岸》等。这意味着曾繁仁已开始将生态存在论美学研究延伸到生态文学、生态批评领域。同样，对于流行于西方的生态文学、生态批评，尤其是环境美学，曾繁仁也给予了充分重视。2009年10月，曾繁仁主持召开了“全球视野中的生态美学与环境美学”国际学术研讨会，邀请多位当前西方重要环境美学学者就生态美学与环境美学关系问题与中国学者进行平等的交流、对话。同年11月，曾繁仁在香港参与主持了国际生态美学研讨会，并先后在日本、韩国、法国、香港与澳门等地发表有关生态美学的学术演讲。在2010年北京大学主办的第十八届国际美学大会上，曾繁仁主持了“生态美学专场”讨论会，发表了“生态存在论美学视野中自然之美”演讲。中国生态美学研究成就和曾繁仁的“生态存在论美学观”受到了西方学者的高度关注。

曾繁仁在面对诸多西方生态哲学与美学资源时坚持从当代中国的实际出发进行批判地继承，特别是对于西方存在论哲学与美学全面否定科技和现代性的倾向，以及生态中心论所力主的“自然全美”观点，均以中国当代的“生态文明”理论为指导进行了必要的分析批判，结合中国实际倡导一种人与自然共生、发展与环保双赢的“和谐论生态观”，并以此为其生态美学研究的重要指导思想。

对曾繁仁的美学研究来说，“生态存在论美学观”的提出，既是他的西方美学、审美教育、文艺美学研究的必然的逻辑延伸，也是这些理论研究的一次整合、统领和提升。对于中国当代美学发展来说，“生态存在论美学观”的提出也为突破“实践美学”与“后实践美学”的论争所形成的发展僵局提供了新的发展契机和新的理论生长点。

三、曾繁仁主要论著

曾繁仁．1983. 西方美学简论．济南：山东人民出版社．

曾繁仁．1985. 试论美育的本质．文史哲，(1)：53-60.

曾繁仁．1985. 美育十讲．济南：山东教育出版社．

曾繁仁．1992. 现代西方美学思潮．济南：山东文艺出版社．

曾繁仁．1992. 西方美学论纲．济南：山东人民出版社．

曾繁仁，高旭东．1997. 审美教育新论．北京：北京大学出版社．

曾繁仁．1999. 论美育的现代意义．山东大学学报，(3)：27-31.

曾繁仁．2000. 走向二十一世纪的审美教育．西安：陕西师范大学出版社．

曾繁仁．2002. 生态美学：后现代语境下崭新的生态存在论美学观．陕西师范大学学报，(3)：5-16.

曾繁仁．2003. 生态存在论美学论稿．长春：吉林人民出版社．

曾繁仁．2003. 美学之思．济南：山东大学出版社．

曾繁仁．2003. 试论当代存在论美学观．文学评论，(3)：57-68.

曾繁仁．2005. 文艺美学教程．北京：高等教育出版社．

曾繁仁．2005. 当代生态文明视野中的生态美学观．文学评论，(4)：48-55.

曾繁仁．2006. 现代美育理论．郑州：河南人民出版社．

曾繁仁．2007. 转型期的中国美学．北京：商务印书馆．

曾繁仁．2008. 中国新时期文艺学史论．北京：北京大学出版社．

曾繁仁．2009. 现代中西高校公共艺术教育比较研究．北京：经济科学出版社．

曾繁仁．2010. 生态美学导论．北京：商务印书馆．

曾繁仁．2010. 中国文艺美学学术史．长春：长春出版社．

参考文献

曾繁仁．2003. 美学之思．济南：山东大学出版社．

曾繁仁．2007. 转型期的中国美学．北京：商务印书馆．

曾繁仁．2009. 生态存在论美学论稿．长春：吉林人民出版社．

王德胜．2009. 问题与转型：多维视野中的当代中国美学．济南：山东美术出版社．

山东大学文艺美学研究中心．2011. 人文情怀，学术探求：纪念曾繁仁教授从教 45 年．郑州：河南人民出版社．

撰写者

祁海文（1965～），山东大学文学与新闻传播学院教授。1996年在曾繁仁指导下攻读博士学位，2000年毕业后从事中国传统美学研究。2010年起做曾繁仁助手工作。

俞吾金

俞吾金（1948～），浙江萧山人。哲学家。1977年考入复旦大学哲学系，1984年留系任教，1988～1990年作为联合培养博士生在德国法兰克福大学哲学系留学，1992年在复旦大学获哲学博士学位，1993年晋升为教授并被国务院学位办批准为外国哲学博士生导师。1995～1999年担任复旦大学哲学系系主任，1997～1998年任哈佛大学哲学系客座教授，1999年5～6月应邀赴台湾地区的辅仁大学、台湾大学、新竹清华大学讲学，2000年4月作为富布莱特资深教授应邀在美国夏威夷大学等7所大学用英语讲学。2004年被评为全国哲学界第一位长江特聘教授。现为国务院哲学评议组成员、教育部社会科学委员、中华现代外国哲学学会副理事长等职。俞吾金学贯中外，自出机杼，在其涉足的研究领域——哲学基础理论、西方哲学、马克思主义哲学、中国哲学、美学和比较哲学——均有建树，他不仅提出了“重新理解马克思”、“要使哲学讲汉语”等振聋发聩的口号，而且通过“哲学发生学”、“问题际性”、“康德是自然辩证法概念的创制者”、“黑格尔的辩证法≠黑格尔的方法论”、“马克思主义的第四个来源和第四个组成部分”、“作为实践诠释学的马克思哲学”、“广义历史唯物主义概念”、“人在天中、天由人成”、“喜剧美学”等观念，阐发了自己对诸多哲学问题的新思索，被哲学界誉为“最富原创性的理论家之一”。迄今已出版个人学术著作20余种，在国内外刊物上发表学术论文200余篇，在教学和科研上获得了23个奖项，其中包括11个省部级以上（含省部级）一等奖。

一、成长历程

1948年6月21日，俞吾金出生于浙江省萧山县临浦镇下门村。当时家里有祖母、母亲和姐姐。祖父和父亲分别在上海华元染料化工厂和中国照相馆工作。据母亲楼芝芬的回忆，俞吾金生下来时重达9斤，是在家里二楼的地板上接生的。刚生下他，母亲就晕过去了。等到她被救醒时，他却不见了。原来，他嘴里吮着自己的小拳头，滚到床底下去了。俞吾金小时候非常顽皮。新年里，母亲带他去外婆家，他骑在牛背上死活不肯下来。一年冬天，在自己家门口玩耍时，小伙伴的竹竿掉进了井里。俞吾金伸手去取，结果一个倒栽葱掉进了井里。小伙伴吓得逃走了，井水深得没过了他的脑袋，也不知他怎么从水中挣扎出来，像壁虎一样趴在井壁上喊“救命”，幸亏被他姐姐听到了，搬来了救兵。生下弟弟后，母亲更管不住俞吾金了，决定把刚满6岁的他送到私塾里去读书。有趣的是，他生下来就是左撇子，但当母亲告诫他：“写字一定要用右手”，他竟然听进去了，从第二天起就改用右手，至今仍然用右手写字。进了私塾，俞吾金仍然很顽皮。或是上课做小动作，或是利用午休，和其他同学一起爬山采野杨梅。

1957年，母亲带着姐弟三个迁居上海，入住黄浦区的牯岭路103弄22号。10岁的俞吾金对大城市里的一切都感到好奇。晚上，他经常独自来到国际饭店门口，长久地注视着在灯光闪烁的南京路上行驶的川流不息的小汽车。俞吾金被安排在成都路小学读四年级。在学校里，同学们给他取的绰号是“乡下人”，因为他满口都是浙江土话。尽管乡音难改，但他不久就学会了普通话和上海话。后来，他又转到凤阳路第二小学读书。在参加六年级毕业考时，他去攀爬学校里的葡萄架，结果摔了下来，右手手腕骨折，上了石膏。他只好用左手完成了所有的考试课目。有趣的是，语文考试的试题是撰写一篇记叙文，记自己熟悉的一个人。正好牯岭路上住着一个送牛奶的复员军人，俞吾金和伙伴们经常到他住的木棚里去听他讲故事。于是，俞吾金把他的事迹写成了记叙文。毕业考试结束后，有一天，语文老师把他叫进了办公室，直截了当地问他：“你的考试作文是从哪里抄来的?”俞吾金回答说是自己写的，并绘声绘色地讲了那位复员军人的故事。语文老师这才夸他道：“你的作文写得非常好。”在考中学时，尽管俞吾金的数学只考了40多分，但语文却得了90多分。

在进入上海市第六十二中学的第一个学期中，俞吾金的全部成绩都是优秀，但从第二个学期开始，他又恢复了贪玩的本性，成绩急剧下降。在初三的最后一个学期，他突然迷上了数学。数学老师有什么难题，总是先交给他去破解。这种信任激发了他学习的自信心和上进心，各门功课的成绩又恢复到优秀。不久，俞吾金顺利地考入了以文科教学见长的重点中学——光明中学。这所学校的语文教师常常看着手表，要学生准确地、熟练地背诵古文。这种有趣的教学方式不仅使他对传统文化和历史发生了兴趣，也熟读并记住了《古文观止》中的许多篇章。俞吾金的“心”收起来了，变得越来越喜欢读书了。尤其令他难忘的是李致远撰写的小册子《马克思的学习方法》。正是这本小册子引发了他对哲学的兴趣，他开始把自己的零用钱节省下来，到福州路旧书店去淘哲学书。

1966年6月，全国各个大学的招生宣传广告贴满了光明中学高三年级的走廊。虽然俞吾金萌发了对哲学的兴趣，但考虑到家里七口人（又添了两个弟弟），只有父亲工作，他决定学医，为父母分忧。然而，“文化大革命”的爆发改变了一切。开始时，他对一切都觉得新奇，作为红卫兵，他到天安门广场前去接受毛泽东的检阅，到北大、清华去看大字报，但随着派系争斗和武斗的加剧，他渐渐对“文化大革命”失去了信心，成了逍遥派。1968 年 9 月，俞吾金被分配到上海电力建设公司第一工程处工作，刚进单位就奔赴四川攀枝花，参与 502 电站的建设。住在金沙江边上简易的集体宿舍里，他无书可读，只好读《新华字典》。一年后，俞吾金返回上海，又参与了高桥地下热电站的建设。1973 年年初，他右手手腕再度在工伤中骨折，在病休的 4 个月中，他整天“泡”在上海图书馆里，浏览了《马克思恩格斯全集》，做下了厚厚的札记。随后，他又参与了江苏望亭电站、闵行发电厂、金山电厂的建设，在工作之暇做着自己的“大学梦”。

1977 年，高考招生制度恢复，俞吾金考入了复旦大学哲学系。他躲在文科阅览室里，如饥似渴地阅读哲学、文学和历史著作。那时候，读书的氛围特别好，俞吾金回忆说：“不管哪位同学手里有什么书，只要我还没有读过，就觉得自惭形秽。”他的学士论文《试论柏拉图哲学的基本特征》发表在《复旦学报》1982 年第 2 期上。随后，他又师从尹大贻，攻读外国哲学硕士学位，其硕士论文全文收入《俞吾金集》（1995）。1984 年 12 月，他留在哲学系现代西方哲学教研室任教。第二年，西方马克思主义教研室成立，系里让他担任教研室主任。尽管教学任务十分繁重，但他的学习生涯并未中止。

1986 年，俞吾金师从老系主任胡曲园，开始在职攻读马克思主义哲学博士学位。1987 年，他从助教破格晋升为副教授；1988～1990 年，他作为联合培养博士生赴德国法兰克福大学哲学系留学，师从伊林·费切尔；1992 年，他在复旦大学获得哲学博士学位。1993 年，他的博士论文《意识形态论》出版，费切尔写了长篇序言，该书随后获上海市哲学社会科学优秀著作奖（1886～1993）一等奖（1994）和国家教委首届人文社科优秀著作奖一等奖（1995）。1999 年，俞吾金被人事部评为“全国有突出贡献中青年专家”；2000 年起，担任复旦大学特聘教授暨复旦大学当代国外马克思主义研究中心（教育部重点研究基地）主任；从 2001 年起担任复旦大学学术委员会副主任暨人文学术委员会主任；2007 年起兼任复旦大学国外马克思主义与国外思潮研究中心（985 国家级重点基地）主任；2008 年，俞吾金领衔的外国哲学史课程入选“全国精品课程”；2009 年被评为全国优秀教师；2011 年被评为全国教学名师。俞吾金还先后被北京大学、清华大学、中央党校等十余所大学聘为兼职教授，被聘为《世界哲学》、《哲学动态》、*Frontiers of Philosophy in China* 等十余家刊物的编委，并担任国际上著名的学术团体 RVP（Council for Research in Values and Philosophy）的顾问。

二、主要研究领域和学术成就

俞吾金的研究涉及哲学基础理论、外国哲学、马克思主义哲学、中国哲学、美学和比较文化研究等诸多领域，他主要提出了如下的新见解。

1. 哲学基础理论研究

在对哲学基础理论研究上，俞吾金首先颠覆了元哲学研究的传统进路——询问 What is philosophy（什么是哲学）？他认为，从提问方式上看，What is philosophy? 源自日常谈话中的 What is this（这是什么）？然而，What is this? 的提问方式已经蕴含着两个不言自明的前提：一是在提问前，this 所指称的对象，如一只杯子，已经现成地摆放在那里；二是提问者是以传统的、静观的方式提问的。这就使 What is philosophy? 的解答被纳入到知识论哲学的范围内，而 philosophy 在本体论上的意义则被遮蔽了。从疑问词上看，What 关注的是"什么"，而 Why 关注的则是"意义"。为此，俞吾金引入了一个新问题：Why does human being need philosophy（为什么人类需要哲学）？从而组成了"问题际性"（inter-question），即通过连字符号，把以下两个问题关联起来：Why does human being need philosophy? -What is philosophy? 用第一个问题来规定第二个问题的解答进路，以便在本体论基础上充分彰显出哲学对人类生活的意义。这样一来，哲学不再是现成的、静观的对象，它源于人类改变周围世界的活动。俞吾金进而认为，元哲学这样的提法就是错误的，因为它试图站在哲学之上来解答 What is philosophy? 从而造成了"元元哲学"、"元元元哲学"等无穷后溯的形式。为此，俞吾金主张废除"元哲学"（meta-philosophy）的提法，启用"哲学的第一问题"（the first question in philosophy）的概念，以便不在哲学之外，而在哲学自身内解答哲学之谜。

其次，俞吾金又对思维与存在的关系作为"哲学基本问题"的传统见解进行了前提性的反思，并提出了自己的新见解：思维与存在的关系并不是一切哲学理论的基本问题，而只是知识论哲学（作为哲学的一种特殊的类型）的基本问题。哲学理论是划分为不同类型的，不同类型的哲学理论有着不同的基本问题。要言之，世界上并不存在统一的"哲学基本问题"。比如，维特根斯坦把哲学理解为语言和逻辑上的分析、批判活动。这种类型的哲学理论就根本不可能把思维与存在的关系作为自己的基本问题。这一见解从根本上解放了哲学界对哲学基本问题的探索。

再次，俞吾金探索了哲学学科本身的分类问题。他认为，目前哲学旗下有八个二级学科，其中马克思主义哲学是按照学派来划分的，中国哲学是按照国家来划分的，西方哲学是按照地域来划分的，而科技哲学又是按照学科的交叉来划分的，缺乏统一的划分标准。俞吾金主张打破现行的分类方式，把哲学划分为两大领域：一是确定的核心领域，由形而上学（包括本体论）、认识论（包括心灵哲学）和方法论（包括逻辑学）构成；二是开放性的交叉领域，由科技哲学、道德哲学、艺术哲学、宗教哲学、政治哲学、文化哲学、管理哲学等构成。

第四，在皮亚杰的发生认识论的启发下，俞吾金率先提出了建立“哲学发生学”的新观念，并进一步区分出探讨人类哲学思想起源的“宏观哲学发生学”和探讨每个哲学家的哲学思想起源的“微观哲学发生学”。

第五，俞吾金通过对海德格尔的形而上学见解的深入研究，对迄今为止的西方形而上学发展史做出了自己的总结，他认为，在形而上学发展史上存在着“三个翻转”：一是以笛卡儿、康德为代表的“主体形而上学”对以柏拉图主义为代表的“在场形而上学”的翻转；二是在主体形而上学内部，以叔本华、尼采为代表的“意志形而上学”对以笛卡儿、康德为代表的“理性形而上学”的翻转；三是晚期海德格尔的“世界之四重整体的形而上学”对他早期的“此在形而上学”的翻转。

2. 西方哲学研究

在对西方哲学研究中，俞吾金首先批评了那种把哲学史简化为“唯物主义和唯心主义斗争史”的传统观念，肯定哲学史可以从不同的角度加以审视，并从自己的研究出发，把哲学史定义为“绝对主义与相对主义互动的历史”。

其次，几乎所有的西方哲学史著作都把泰利士视为西方哲学史的开端。俞吾金对这一传统观念提出了挑战。他认为，不同的哲学观决定着对哲学开端的不同的理解。哲学史家们之所以无例外地选择泰利士作为开端，因为他们是从 17 世纪以来的、以自然科学思维为出发点的、科学主义的哲学观出发去研究哲学史的。而泰利士乃是第一个把自然界从传统的神秘观念中分离出来的哲学家，所以在这种科学主义的哲学观中，泰利士必定会被尊为西方哲学的开端。俞吾金主张用当代西方哲学的最新研究成果之一——生存论作为新的哲学观重新透视西方哲学史，从而提出了如下的新见解，即西方哲学史的开端早于泰利士时代，它应该在公元前 12 世纪～公元前 7 世纪形成起来的希腊神话中，因为泰坦罗斯、西绪弗斯和潘多拉盒子的故事中涉及的饥、渴、死亡、疾病、罪恶、劳作乃是以神话的方式对人类生存之谜所做的最初的探索。

再次，俞吾金花大力气研究了康德哲学，对康德哲学的性质做出了新的说明。他认为，从形式上看，康德哲学贯彻了他自己所说的“哥白尼革命”（即把传统的研究思路颠倒过来）；但从内容上看，康德哲学贯彻的又恰恰是“反哥白尼革命”的思路，因为托勒密的“地心说”主张以观察者（人）所在的地球为中心，让太阳围绕地球而旋转，而哥白尼的“日心说”则主张，以太阳为中心，让地球（包括作为观察者的人）围绕太阳而旋转。仔细考量就会发现，康德主张以“人”这个观察者和思考者作为主体和中心（所谓知性为自然立法、理性为自由立法），让周围世界围绕人而旋转，实际上这正是托勒密坚持的立场。要言之，从内容上看，康德哲学实际上策动的是“反哥白尼革命”。俞吾金还提出，“自然辩证法”概念最早是由康德提出的，但康德所说的“自然”不是自然界，而是指理性的本性，因而康德的 eine natüliche Dialektik 不该被译为“自然辩证法”（迄今为止国内康德哲学的汉译本仍然这么翻译），而应被译为“（理性）本性的辩证法”。在康德哲学研究的逻辑起点问题上，俞吾金也提出了自己的新见解，即《纯粹理性批判》中的第三个二背反乃是康德哲学研究的真正起点。俞吾金还深入地研究了康德关于“两种因果观”的学说，肯定“自由的因果性”比“自然的因果性”更重要。

第四，在黑格尔哲学的研究上，俞吾金也提出了自己的独到见解。在关于“究竟什么是黑格尔哲学的秘密?”的讨论中，国际国内哲学界的主导性见解是：黑格尔哲学的秘密即他的“否定的辩证法”，俞吾金则认为，上述见解是错误的。通过对马克思早期著作，尤其是《1844年经济学哲学手稿》的深入研究，他指出，黑格尔哲学的秘密应该是指他的哲学思想的“非批判性或虚假的批判性”。在对黑格尔方法论的探索中，俞吾金批评了哲学界长期以来对黑格尔方法论的误解，他提出了“黑格尔的方法论”≠“黑格尔的辩证法”的新观点，强调黑格尔的方法论是由以下三个环节构成的：抽象的知性、辩证的理性（即辩证法）、思辨的理性。也就是说，辩证法只是黑格尔方法论中的第二个环节。尽管作为革命者和变革者，马克思最注重的是黑格尔方法论中的辩证法环节，但我们却不能据此而把黑格尔的方法论简单化。俞吾金还系统地探讨了马克思与黑格尔之间的错综复杂的理论关系，并超越各种传统的观点，提出：马克思与黑格尔的理论关系不应该从具体的问题上去论定，而应该从他们各自代表的不同的“问题域”的高度上去理解。只有全面地比较他们各自所持的问题域之间的差异，整个研究才不会迷失方向。

3. 马克思主义哲学研究

马克思主义哲学是俞吾金用力最多的领域，在对这个领域的探讨中，他发表了一系列新见解。

第一，超越了列宁关于马克思主义的三个来源和三个组成部分的传统观念，认为这一观念把马克思主义局限在“欧洲中心”论的框架内。俞吾金提出，英、美、德、俄的人类学乃是马克思主义的第四个来源和第四个组成部分。尽管英、美、德、俄的人类学家都是欧洲人，但他们的研究对象却是非欧社会。正是借助于这第四个来源，马克思主义才超越了欧洲中心主义的视野，升格为一种世界主义的学说。

第二，对马克思与德国古典哲学遗产之间的关系做出了新的阐释。传统的马克思主义哲学教科书对德国古典哲学的遗产做了“两个归结”：一是把整个德国古典哲学的遗产归结为黑格尔哲学，二是把黑格尔哲学的遗产进一步归结为他的辩证法。显然，这种传统的阐释方式把德国古典哲学遗产简单化、贫乏化了。俞吾金认为，马克思对德国古典哲学遗产的理解比所谓“两个归结”远为丰富，也远为深入。除了黑格尔的辩证法，实践、市民社会、人、自在之物、历史意识和自由都是德国古典哲学留下来的宝贵思想遗产。

第三，区分了“狭义的历史唯物主义概念”和“广义的历史唯物主义概念”。对于前者来说，“自然”在“社会历史”之外，所以这种历史唯物主义只研究社会历史，因而必须另有一个所谓“辩证唯物主义”来研究自然；对于后者来说，“自然”作为“人化自然”或“历史的自然”只是“社会历史”的一个有机的组成部分。俞吾金认为，马克思主义哲学就是广义的历史唯物主义，因为马克思把社会历史理解为人与自然的本质上的统一。也就是说，马克思主义哲学就是广义的历史唯物主义，成熟时期的马克思从未提出过广义历史唯物主义以外的任何其他的哲学理论。显而易见，俞吾金的阐释方式克服了传统的马克思主义哲学教科书体系对马克思主义哲学的二元论。

第四，通过博士论文的写作，对马克思主义的意识形态理论进行了系统的研究，并提出了“元批判”、“去蔽”、“意识意识形态”等新观念，对哲学界产生了重要的影响。

第五，对马克思的异化理论做出了新的阐释。在以往的研究中，关于马克思的异化理论存在着两种对立的观点：一种观点认为，异化是马克思青年时期提出的不成熟的理论，成熟时期的马克思完全抛弃了这一理论；另一种观点认为，马克思一生都坚持异化理论。俞吾金提出了第三种代表性的观点，即马克思一生都坚持异化理论，但他成熟时期对异化概念含义的理解与其青年时期存在着根本性的差别。马克思青年时期的异化概念强调道德评价优先，成熟时期的异化概念则强调历史评价优先。显然，在马克思异化理论的发展中存在着“视角转换”，但以往的研究者们都没有注意到这一点。

第六，对“人的全面发展”的理论做出了新的阐释。俞吾金认为，马克思从来没有提出过“人的全面发展”理论，他提出的是“个人全面发展”的理论。在德语中，“个人”（Individuum）与“人”（Mensch）是两个含义不同的概念。后者可以指称一切社会形态中的人，前者则只能指称从 18 世纪的市民社会中发展出来的“个人”，而马克思指的正是个人的全面发展。这充分表明，马克思关于个人全面发展的理论并不是没有前提的，而是以 18 世纪的启蒙运动作为背景的。

第七，批判传统的哲学教科书把马克思主义哲学的实质理解为“物质本体论”，提出马克思哲学的实质是“实践—社会生产关系本体论”。俞吾金认为，马克思的本体论具有两个不同的层面：一个是经验的层面，体现在“实践”上；另一个是超感觉经验的层面，体现在看不见、摸不着的“社会生产关系”上。正是通过“实践-社会生产关系”这一新概念，马克思本体论的全幅内涵得以揭示。

第八，从诠释学的视野出发，提出了“实践诠释学”、“批判的权力诠释学”和“资本诠释学”的新观念，对马克思主义哲学在诠释学发展史上的重要地位和贡献做出了新的探讨。

第九，对马克思主义哲学中的一系列基本概念——实践、人、世界、物质、自然、时空、资本、全面生产、主体、权力、价值、自由等含义做出了新的解释，并主张抓住核心概念——物、价值、时间和自由来重建马克思主义哲学体系。

第十，把西方马克思主义概念出现的时间提前了 25 年。在徐崇温等专家的研究中，“西方马克思主义”的概念最早出现在梅劳-庞蒂 1955 年出版的著作《辩证法的历险》中，俞吾金在自己的研究中发现，“西方马克思主义”（Western Marxism）概念最早出现在柯尔施于 1930 年出版的《马克思主义和哲学：一个反批评》中。

4. 中国哲学研究

在对中国哲学的研究中，俞吾金的新思考主要沿着以下五个方向展开：

一是中国哲学学科的合法性问题。俞吾金认为，这是一个虚假而有意义的问题。这个问题之所以是虚假的，因为文明总是由以下四大板块——宗教、艺术、科学和哲学构成的。西方人称为“哲学”（philosophy）的板块，中国人原来称作玄学、道学、理学、元学、格致学等。其实，只要这个板块存在，怎么称呼它无关紧要，完全与合法性问题无涉。比如，被中国人称为“水”的液体，英国人叫 water，德国人叫 Wasser，法国人叫 eau，能说中国人的叫法是不合法的吗？由此可见，中国哲学学科是否具有合法性的问题完全是一个似是而非的假问题。但为什么俞吾金又肯定这个问题是有意义的呢？俞吾金认为，就中国哲学科学的研究成果来说，如果它们达不到下面两个形式上的要求，它们就是不合法的。这两个形式上的要求是：A. 研究成果必须符合国际上通行的学术规范；B. 研究成果的关键词的含义必须得到明晰的界定。

二是对中国哲学的核心观念“天人合一”做出了颠覆性的阐释。俞吾金认为，天人合一这个说法就是有问题的，因为它的前提是把“天”与“人”打成二截，所以才会强调“合一”。许慎在《说文解字》中说：“天，颠也。至高无上，从一、大。”也就是说，“天”由“一”与“大”构成。他又说：“大象人形。”在甲骨文中，“大”就是一个分开双脚、张开双手站着的人。这充分表明，“人”非但不在“天”之外，相反，它正是“天”的不可或缺的组成部分。也就是说，根本无需“天人合一”，“人”本身就是“天”的有机的组成部分。谈“天”包含着谈“人”。

三是对中国传统的人性理论做出了新的探索。在中国传统社会中，存在着性善（孟子）、性恶（荀子）、性无善无恶（告子）、性有善有恶（世硕）四种主要的理论，相互之间争论不休，莫衷一是。俞吾金区分了“人性”（human nature）和“人的本质”（human essence）这两个概念，从而提出了以下三点新的看法：A.（人）性不可以言善恶，因为它是先天的、与生俱来的，而善恶概念则是后天的、在社会生活中形成并发展起来的，因而不能用后天的善恶去论定先天的（人）性。事实上，几千年来关于人性善恶的讨论都是错误的。B. 人的本质是后天的、在社会生活中形成并发展起来的，因而人的本质可以言善恶，但抽象地、笼统地谈论人的本质的善恶又是无意义的。C. 在确定的文化、历史语境中，人们只能就某个人（或某个团体）的某个行为来谈论善恶。只有在这样的条件下谈论的善恶才是有意义的。

四是探讨了毛泽东、邓小平的哲学思想，对他们共同使用的“实事求是”的原则做出了新的解释：在毛泽东那里，“实事”指阶级斗争，“实事求是”就是在阶级斗争中找规律；在邓小平那里，“实事”则指经济建设，“实事求是”就是在经济建设中找规律。

五是对科学发展观新阐释。俞吾金认为，要使“以人为本”成为科学发展观的核心观念，首先必须准确地理解科学概念，而英国人使用的 science、法国人使用的 science 都指自然科学，只有德国人使用的 Wissenschaft 才兼指自然科学和人文社会科学。因此，应该从 Wissenschaft 的含义上去解释科学发展观中的“科学”概念。一旦人文社会科学被引入了科学概念中，“以人为本”的核心观念才可能在科学发展观中被安顿下来。

5. 美学研究

在对美学的研究中，俞吾金激烈地批评了当前中国美学研究中出现的两种主导性的倾向：一种是把美学作为认识论的附庸，热衷于探讨审美中的“认知范畴”之类的问题；另一种是把美学作为伦理学的附庸，热衷于谈论审美中的道德意识。显然，这两种倾向都使美学失去了作为一门学科的应有的独立性。与其说人们在张扬美学，不如说他们在消解美学。俞吾金认为，当代美学研究深受知识论哲学的影响，因而把 What is beauty（什么是美）？或 What is the essence of beauty（什么是美的本质）？视为美学研究的根本问题。美学研究必须改弦更张，把自己奠基于生存论哲学，它追问的根本问题应该是：Why does human being need beauty（为什么人类需要美）？从而表明，在人类的生存活动中，美学与认识论和伦理学一样，是不可或缺的。

俞吾金还认为，在我们这个时代中，王朔的“痞子文学”的流行、《编辑部的故事》的走俏、《围城》热的兴起等现象表明：以悲剧意识作为主导的美学精神正在让位于以喜剧意识为主导的美学精神，而喜剧意识的核心观念则是滑稽、轻松、幽默和调侃。

6. 比较文化研究

在比较文化研究中，俞吾金首先肯定，比较从来就不是盲目的，而是奠基于生存论哲学的基础之上的。为什么比较研究的主要方向是中西比较，而不是中国文化与索马里文化的比较？因为比较的驱动力就是寻找更好的生存方式。

其次，俞吾金尖锐地批判了比较研究中的“无政府主义状态”，即比较研究者常常从文化 A 中抽取出一个对象，又从文化 B 中抽取出另一个对象，就开始进行比较了。至于这两种文化、这两个对象究竟是否具有可比性，他们从未加以认真的反思。于是，整个比较研究领域处于无政府主义状态下。

再次，俞吾金指出，比较研究要从任意走向科学，就要探索时间（包括时代）这个母题。在马克思、斯宾格勒和汤因比的理论的启发下，俞吾金提出了“社会形态时间”（time of social formation）的新概念，强调只有在社会形态时间的基础上，比较研究才有可能真正上升为科学。

三、俞吾金主要论著

俞吾金．1986. 思考与超越：哲学对话录．上海：上海人民出版社．

俞吾金 . 1988. 问题域外的问题：现代西方哲学方法论探要 . 上海：上海人民出版社 .

俞吾金 . 1995. 寻找新的价值坐标 . 上海：复旦大学出版社 .

俞吾金 . 2001. 实践诠释学，昆明：云南人民出版社 .

俞吾金 . 2001. 存在、自然存在与社会存在——海德格尔、卢卡奇和马克思本体论思想的比较研究 . 中国社会科学，(2)：54-65，205.

俞吾金 . 2001. 马克思对西方哲学传统的扬弃——兼论马克思的实践、自由概念与康德的关系 . 中国社会科学，(3)：18-24.

俞吾金 . 2003. 从“道德评价优先”到“历史评价优先”——马克思异化理论发展中的视角转换 . 中国社会科学，(2)：95-105，206.

俞吾金 . 2004. 从科学技术的双重功能看历史唯物主义叙述体系的改变 . 中国社会科学，(1)：132-143，208.

俞吾金 . 2004. 从康德到马克思 . 桂林：广西师范大学出版社 .

俞吾金 . 2005. 马克思对现代性的诊断及其启示 . 中国社会科学，(1)：4-10，205.

俞吾金 . 2005. 重新理解马克思 . 北京：北京师范大学出版社 .

俞吾金 . 2006. 论马克思对德国古典哲学遗产的解读 . 中国社会科学，(2)：11-22，205.

Yu W J. 2007. Declaration of the Aesthetics of Comedy. Social Sciences in China，Spring .

俞吾金 . 2007. 问题域的转换 . 北京：人民出版社 .

Yu W J. 2008. Two Kantian Notions of Causality：An Analytic Enquiry. Social Sciences in China，(3)：5-15.

俞吾金 . 2009. 意识形态论（修订版）. 北京：人民出版社 .

俞吾金等 . 2009. 德国古典哲学 . 北京：人民出版社 .

俞吾金 . 2010. 实践与自由 . 武汉：武汉大学出版社 .

俞吾金 . 2010. 创造性地推进马克思哲学的研究 . 中国社会科学，(6)：4-10，220-221.

Yu W J. 2011. Three Reversals in the Development of Metaphysics：Reflections on Heidegger's Theory of Metaphysics. Social Sciences in China，(2)：5-18.

主要参考文献

韩民青等 . 1994. 我的哲学思想：当代中国部分哲学家的学术自述 . 南宁：广西人民出版社 .

文林等 . 1998. 中国新一代思想家自白 . 北京：九州图书出版公司 .

俞吾金 . 2004. 散沙集 . 北京：人民出版社 .

俞吾金 . 2011. 生活与思考 . 上海：复旦大学出版社 .

俞吾金 . 2011. 俞吾金讲演录 . 长春：长春出版社 .

撰写者

俞吾金（1948～），浙江萧山人，教育部长江特聘教授。

20 世纪中国哲学大事记

1900 年 · 章炳麟作《客帝匡缪》，并割发辫，公开宣布反清革命。

1901 年 · 康有为发表《中庸注》、《孟子微》，宣传渐进，反对革命。

· 蔡元培在《哲学总论》中首次引入“美育”概念。

1902 年 · 严复译亚当·斯密《原富》（即《论国家的财富的性质和原因》）出版。

· 康有为发表《论语注》、《大学注》。

· 梁启超在日本创刊《新民丛报》，始著《论中国学术思想变迁之大势》，并在《新民丛报》上发表《进化论革命者颉德之学说》，提到马克思和社会主义。

· 田吴炤译日本十时弥《论理学纲要》出版，第一次把“逻辑学”汉译为“论理学”。杨荫杭根据日文西方逻辑学著作编译《名学》，汪荣宝译日本高山林次郎《论理学》、林祖同译日本清野勉《论理学达旨》（原名《归纳法论理学》）出版。

· 王国维译桑木严翼《哲学概论》，论述了作为哲学学科的“美学”。

1903 年 · 马君武在《译书汇编》第 11 期发表《社会主义与进化论比较——附社会党巨子所著书论》，介绍唯物史观。该文附有《英国工人阶级状况》、《哲学的贫困》、《共产党宣言》、《政治经济学批判》、《资本论》等书目。

· 中国达识译社译日本幸德秋水《社会主义神髓》出版，较系统地介绍马克思学说及其著作。

· 赵必振译日本福井准造《近世社会主义》出版，较系统地介绍马克思、恩格斯生平及其社会主义学说。

· 章炳麟发表《驳康有为论革命书》，并为邹容《革命军》作序。

· 邹容发表《革命军》。

· 陈天华发表《猛回头》、《警世钟》。

· 蔡元培译德国科培尔《哲学要领》，最早介绍“美学”的词源及其原初意义。

· 王国维著《汉德像赞》，介绍康德哲学。

1904 年 · 梁启超发表《子墨子学说》与《墨子之论理学》。
· 张之洞等组织制定了《奏定大学堂章程》，首次针对建筑专业的学生设置了“美学”课程，“美学”正式进入中国大学课堂。

1905 年 · 孙中山发表《民报发刊词》。《民报》与《新民丛报》开始为期三年的关于革命与保皇问题的大论战。
· 蛰伸（即朱执信）在《民报》发表《德意志社会革命家小传》，介绍马克思、恩格斯生平和《共产党宣言》的基本内容，全译“十大纲领”，概述《资本论》主要观点。
· 《国粹学报》创刊。
· 严复译《穆勒名学》出版。

1906 年 · 孙中山发表《三民主义与中国前途》。
· 章炳麟发表《无神论》、《俱分进化论》、《建立宗教论》、《论诸子学》。
· 严复发表《述黑格尔唯心论》。
· 梁启超发表《开明专制论》。
· 刘师培编著《伦理教科书》出版。
· 胡茂如译日本大西祝《论理学》、汤祖武编译《论理论学解剖图说》出版。

1907 年 · 世界社出版《近世六十名人》，首次刊登了马克思 1875 年在英国伦敦拍摄的肖像，这是中国最早见到的马克思的肖像。
· 中国无政府主义者的刊物《新世纪》、《天义报》于法国、日本创刊。
· 陈焕章在美国成立“孔教会”，宣扬孔教，反对革命。
· 刘师培在《天义报》发表《无政府主义之平等观》和《论种族革命与无政府革命之得失》（与何震合著）。
· 张君劢译《耶方斯氏论理学》出版。

1908 年 · 民鸣译《共产党宣言·序言》（即恩格斯《共产党宣言》1888 年英文版“序”，）、《共产党宣言》第 1 章在《天义报》第 15 卷刊载。
· 王国维译耶方斯《辨学》出版，原名《逻辑学基础教程》；《人间词话》载于《国粹学报》。

1909 年 · 严复译耶方斯《名学浅说》出版，原名《逻辑初级读本》。
· 容闳《西学东渐记》在纽约出版。
· 林克培《论理学通义》出版，为中国学者最早编著的逻辑教科书。
· 过耀根《最新论理学纲要》出版。

• 蔡元培译德国泡尔生（F. Paulsen）《伦理学原理》出版。

1910年 • 章炳麟发表《秦政记》、《秦献记》、《齐物论释》。

• 蔡元培《中国伦理学史》出版，为中国学者运用西方学术研究方法研究中国伦理学史的第一部著作。

• 陈文《名学释例》出版。

1912年 • 北京大学设立“哲学门”，哲学从此成为中国现代大学的独立学科。

• 上海成立“孔教会”，攻击辛亥革命。

• 袁世凯发布《崇孔伦常文》，宣称中国以孝、悌、忠、信、礼、义、廉、耻为人道之“大经”。

• 施仁荣译《理想社会主义和实行社会主义》（即恩格斯《社会主义从空想到科学的发展》第1～2节和第3节的一部分），在中国社会党绍兴支部刊物《新世界》上连载。

• 蔡元培编著《中学修身教科书》出版。

• 王延直编著《普通应用论理学》出版。

• 蒋维乔编《论理学教科书》出版。

1913年 • 康有为办《不忍》杂志，提倡尊孔读经，发表《以孔教为国教配天地之义》，主张以孔子配天配上帝，将定孔教为国教的宣传推向极端。

• 袁世凯发布《通令尊崇孔圣文》，称孔子为“万世师表”。

• 陈焕章发表《孔教会序》，提倡尊孔读经，以孔教为国教。

• 严复、梁启超等上书参政两院，提出“请定孔教为国教”的请愿书。

1914年 • 毛泽东开始参加杨昌济组织的哲学研究小组活动，记录、整理听课笔记《讲堂录》近万余言。

• 北京大学“哲学门”正式招生。

• 张子和《新论理学》出版。

• 邢伯南《论理学》出版。

• 樊炳清《论理学要领》出版。

1915年 • 陈独秀创办《青年杂志》（后改名《新青年》），并发表《抵抗力》，标志新文化运动开始。

• 刘师培发表《君政复古论》，拥护袁世凯称帝。

• 孙中山发表《讨袁檄文》。

• 易白沙在《新青年》连续发文，宣传反封建思想，批判“利用孔子为傀儡，垄断天下之思想”（《孔子平议》）。

- 徐大纯在《东方杂志》发表《述美学》，有意识地进行美学学科建构。
- 武昌私立中华大学设立中国哲学门，是中国南方最早出现的现代大学哲学系。
- 中国科学社成立，并主办《科学》杂志。任鸿隽为首任社长，是近代中国第一个民间学术团体，提倡科学，鼓吹实业，审定名词，传播知识。

1916 年
- 谢无量《中国哲学史》出版。
- 姚建《论理学》出版。

1917 年
- 蔡元培发表《以美育代宗教说》。
- 胡适回国，任北京大学教授，参加“新文化运动”，提倡文字改革，并发表《文学改良刍议》。
- 梁漱溟在北京大学首开印度哲学课程。
- 欧阳渐刻成《瑜伽师地论》。

1918 年
- 《劳动》杂志刊文介绍列宁生平。
- 毛泽东与蔡和森等成立新民学会。
- 李大钊在《言治》季刊发表《法俄革命之比较观》，在中国首次论述十月革命。
- 李大钊（署名守常）在《新青年》发表《庶民的胜利》和《布尔什维主义的胜利》，指出中国应走十月革命的道路。
- 李大钊和陈独秀等人创办的《每周评论》在北京出版，提倡新文化和宣传马克思主义。
- 李大钊在北京大学组织“马尔格斯学说研究会”，秘密研究马克思主义。
- 梁漱溟《印度哲学概论》出版。
- 北京大学开设“科学概论”，是近代中国最早的科学哲学课程。

1919 年
- 五四运动爆发。
- 无政府主义刊物《进化》月刊创刊，由无政府主义小团体进化社出版。
- 北京大学哲学研究会成立，毛泽东加入该会。
- 北京大学“哲学门”改称“哲学系”。
- 南开大学建校，在文科部设立“哲学学门”。
- 胡适主编《每周评论》，发表《多研究些问题，少谈些“主义”!》，以改良主义对抗马克思主义。
- 李大钊在《每周评论》发表《再论问题与主义》批驳胡适。“问题与主义论战”开始。

- 《新青年》出版“马克思主义研究专号”，刊有李大钊的《我的马克思主义观》、顾兆熊的《马克思学说》等。
- 李大钊发表《物质和精神》、《物质变动与道德变动》、《由经济上解释中国近代思想变动的原因》等文章，宣传马克思主义。
- 李大钊主持下的北京《晨报》副刊开辟“马克思研究”专栏，发表食力据日文转译《劳动与资本》（即马克思《雇佣劳动和资本》的部分内容）、陈博贤译日本河上肇《马克思的唯物史观》等。
- 上海《民国日报》副刊“觉悟”刊载《马氏唯物史观概要》、《马克思逸语》等。
- 毛泽东主编《湘江评论》创刊号出版，发表《民众的大联合》，并发起组织“问题研究会”。
- 李泽彰译《马克思恩格斯共产党宣言》（即《共产党宣言》第1章）出版。
- 胡适发表“实验主义”演讲，《中国哲学史大纲》（上卷）出版。
- 刘师培组织“国故月刊社”，任《国故月刊》总编辑，对抗“五四”新文化运动。
- 章炳麟《国故论衡·原名》出版，以印度因明为标准，开展中国名学、西方逻辑和印度因明的比较研究。
- 李石岑发表《挽近哲学之新倾向》，介绍詹姆斯的实用主义和柏格森的直觉主义。
- 美国实用主义者杜威来华讲学，历时2年2个月。
- 张东荪译柏格森《创化论》出版。
- “中华美育会”在上海成立，由上海专科师范学校校长吴梦飞及教师刘质平、丰子恺等发起，会员有刘海粟、吕澂、姜丹书、萧蜕、胡怀琛等，是中国第一个美学学术团体。

1920年
- 《觉悟》杂志创刊，周恩来任主编，由天津觉悟社出版。
- 江春（李达）在《共产党》月刊发表《社会革命底商榷》。
- 李大钊在《新青年》发表《唯物史观在现代史学上的价值》，相继在北京大学经济系、历史系、法律系与北京女子高师开设了“唯物史观”、“史学思想史”等课程。
- 陈独秀在《新青年》发表《谈政治》、《关于社会主义的讨论》。
- 陈望道译《共产党宣言》出版，是该书第一个中文全译本。

- 郑次川译《科学的社会主义》（即恩格斯《社会主义从空想到科学的发展》第3节）出版。
- 费觉天译《马克思资本论自叙》（即马克思《〈资本论〉初版序言》）发表。
- 恽代英译《英哲尔士论家庭的起源》（即恩格斯《家庭、私有制和国家的起源》第2章部分内容）在上海《东方杂志》连载。
- 戴季陶译威廉·李卜克内西《马克斯传》在《星期评论》刊载。
- 苏中译《科学的社会主义与唯物史观》（即恩格斯《反杜林论》第3编部分内容）在上海《建设》杂志刊载。
- 在李大钊倡导下，邓中夏、罗章龙等人发起成立北京大学马克思学说研究会。
- 陈独秀、沈雁冰、李汉俊、陈望道等人在上海成立“马克思主义研究会”。
- 恽代英、林育南等在武汉组织成立马克思主义研究会。
- 王尽美、邓恩铭等在济南成立马克思主义研究会。
- 毛泽东在长沙组织马克思主义学习小组。
- 蔡和森在给毛泽东的信中介绍国际共运情况和他对马克思主义的理解。
- 邓中夏在保定直隶高等师范开设“介绍唯物史观的大意”课程。
- 梁启超发表《欧游心影录》。
- 恽代英发表《怀疑论》，批评古代皮浪的怀疑论和近代康德的不可知论。
- 《少年中国》出版“新唯实主义”专号，介绍美国思想界的实验主义和新实在主义两大学派。
- “杜威五大演讲”中译本出版，包括《社会哲学与政治哲学》、《教育哲学》、《思想之派别》、《现代的三个哲学家》、《伦理讲演纪略》。
- 《新潮》刊载唐俟译尼采《察拉图斯忒拉的序言》及汪敬熙《心理学之最近的趋势》。
- 罗素应邀访华讲学，历时8个多月。
- 《新青年》刊载张崧年（张申府）《罗素》，以及罗素著作的译文：《梦与事实》、《民主与革命》、《哲学里的科学法》等。
- 黄凌霜译罗素《哲学问题》出版。
- 中央大学哲学系（南京大学哲学系前身）成立。
- 朱谦之主编的《奋斗》创刊，为新虚无主义“奋斗社”之刊物。

- 中国第一本美育学术刊物《美育》杂志创刊。
- 王星拱《科学概论》上卷《科学方法论》出版，是近代中国第一部科学哲学著作。

1921年
- 毛泽东给正在法国勤工俭学的蔡和森复信，指出："唯物史观是吾党哲学的根据"。
- 李达在《新青年》发表《讨论社会主义并质梁任公》、《马克思还原》，批判梁启超和张东荪的唯心史观，阐述唯物史观基本原理；其在《共产党》月刊刊载的《无政府主义之解剖》（江春），是马克思主义同无政府主义论战的重要代表作。
- 李大钊在《少年中国》发表《自由与秩序》，继续批判无政府主义。
- 范寿康译《马克思的唯物史观》（即马克思《〈政治经济学批判〉序言》的部分内容）在《东方杂志》刊载。
- 袁让译《工钱劳动与资本》作为"马克思全书"第2种出版，是马克思《雇佣劳动与资本》的第一个中文译本。
- 《新青年》刊载蔡和森与陈独秀讨论唯物史观的通信：《马克思学说与中国无产阶级》。
- 中国共产党在上海成立，以马克思主义为指导思想，从此中国革命进入了新的历史阶段。
- 中国共产党在上海创办人民出版社，由李达主持。计划出版"马克思全书"、"列宁全书"等，年内出丛刊有：《俄国共产党党纲》、《资本论入门》、《俄国革命纪实》等。
- 不定期《哲学》杂志创刊，由北京哲学社编辑出版。创刊号刊载吴康《柏格森哲学》、傅铜《罗素的创而不有主义》等。
- 罗素在北京大学作"物之分析"讲演，姚文林根据讲演记录整理出版《物之分析》一书。
- 《罗素月刊》创刊，主要刊载罗素的著作、演讲及对罗素和罗素思想的介绍文章。共出4期，1921年10月休刊。
- 《新潮》刊载王星拱的《物和我》及冯友兰的《柏格森的哲学方法》等。
- 《民铎》第3卷第1号为"柏格森号"，刊载了李石岑的《柏格森哲学之解释与批判》、梁漱溟的《唯识家与柏格森》等文章。
- 杨正宇译柏格森《形而上学序论》出版。

- 梁漱溟《东西文化及其哲学》出版。
- 刘伯明《近代西洋哲学史大纲》由中华书局出版。
- 梁启超《墨子学案》出版，对墨辩、因明、西方逻辑进行比较研究。
- 蔡元培在北京大学哲学系亲自讲授美学。
- 《胡适文存》第1集出版。

1922年
- 毛泽东创办湖南自修大学《新时代》月刊，李达任主编。
- 陈独秀在《新青年》发表《马克思学说》。
- 李大钊、李达、沈雁冰、陈望道、陈独秀、周作人、夏丏尊等人组织创办新时代丛书社，出版包括马克思主义哲学在内的社会科学书籍。
- 中国劳动组合书记部在上海举行纪念马克思诞生104周年纪念会，出版《马克思纪念册》。
- 《今日》发表《马克思著作史》，列举马克思1842～1875年的著作18种。
- 熊得山译马克思《哥达纲领批判》全文刊载于《今日》月刊“马克斯特号”上。
- 《社会主义讨论集》出版，收录陈独秀、李达、周佛海、李季、李汉俊等7人的文章共25篇。
- 张东荪译柏格森《物质与记忆》出版。
- 《新潮》“一九二〇年名著介绍特号”刊登了杜威的《哲学改造》（罗家伦译）、柏格森的《心力》（冯友兰译）、罗素的《布尔塞维克主义》（何思源译）等译作。
- 胡适、丁文江合办的《努力》周报创刊，宣传“好人政府”的改良主义。
- 傅钟孙、张邦铭译《罗素算理哲学》（今译《数理哲学导论》）作为“罗素丛书之一”出版。
- 汤澈、叶芬可合译法国李洛蒙《柏格森》出版。
- 胡适《先秦名学史》英文本出版，是中国第一本系统研究先秦逻辑思想史的著作，也是用外国语言介绍古代中国名学派的第一本书。
- 梁启超发表《先秦政治思想史》和《墨经校释》。
- 欧阳渐创立支那内学院，讲《唯识抉择谈》。
- 德国哲学家杜里舒来华讲学。
- 武昌高等师范学校教育哲学系（今武汉大学哲学学院前身）成立。

1923 年 · 李达发表《马克思学说与中国》，阐明生产力与生产关系的矛盾运动是社会革命发生的原因。

· 李大钊发表《桑西门的历史观》，说明空想社会主义与科学社会主义的区别。

· 熊得山译恩格斯《家庭、私有制和国家的起源》第 4、5、9 章分别以《历史以前的文化阶段》、《国家的起源》、《未开与文明》为题刊于《今日》月刊。

· 张君劢在清华大学作“人生观”演讲，讲稿发表于《清华周刊》第 272 期。

· 丁文江发表《玄学与科学》，标志“玄学与科学”论战开始。

· 瞿秋白发表《自由世界与必然世界》，对“玄学与科学”论战作出深刻分析，指明论战的实质。

· 陈独秀作《答适之》，批判胡适“心”、“物”二元论；又应邀为“科学与人生观”讨论集作序。

· 中国共产党成立上海书店，出版《向导》、《新青年》、《前锋》等理论刊物和《马克思主义浅说》、《唯物史观》、《社会科学讲义》等著作。

· 蔡元培《五十年来中国之哲学》、胡适著《五十年来之世界哲学》刊于申报馆编印出版的《最近之五十年》一书中。

· 邹蕴真发表《现代西洋哲学之概观》，介绍自 19 世纪中叶至当时的西方哲学思想。

· 东方杂志社编《马克思主义与唯物史观》出版。

· 刘益之《唯物史观浅释》出版。

· 吴稚晖《一个新信仰的宇宙观及人生观》出版。

· 胡国钰译柏格森《心力》出版。

· 《杜威三大演讲》出版，收入杜威的《教育哲学》、《试验论理学》和《哲学史》三个讲演稿。

· 陆懋德《东周哲学史》出版。

· 吕澂《美学概论》出版，是中国第一部美学概论。

1924 年 · 瞿秋白《社会哲学概论》、《社会科学概论》出版，并发表《实验主义与革命哲学》。

· 蔡元培著《哲学纲要》出版。

· 陈独秀发表《答张君劢及梁任公》。

- 巴克译《德意志观念论体系》（即马克思、恩格斯合著《德意志意识形态》）出版。
- 中国青年党机关刊物《醒狮》周报在上海创刊。
- 朱谦之《一个唯情论者的宇宙观及人生观》出版。
- 《学艺》出版“康德诞辰二百年纪念号”，刊载近20篇论文。
- 张廷英译马赫《感觉之分析》出版。
- 玄默发表《新康德派学说概要》，介绍新康德主义。
- 孟宪承译詹姆斯《实用主义》出版。
- 张东荪《科学与哲学》出版。
- 杜儒《中国伦理学史》出版。
- 中山大学哲学系成立。

1925年
- 毛泽东发表《中国社会各阶级的分析》。
- 《新青年》出版“列宁号”，刊载瞿秋白译斯大林的《列宁主义概论》。
- 谷二译《列宁主义的理论及实际》（即斯大林《论列宁主义基础》的部分内容）发表。
- 丽英译《空想的及科学的社会主义》（即恩格斯《社会主义从空想到科学的发展》）发表。
- 任弼时（署名辟世）发表《马克思主义概略》。
- 戴季陶发表《三民主义之哲学的基础》（又名《孙文主义之哲学的基础》）。
- 瞿秋白发表《中国国民革命与戴季陶主义》，批判戴季陶的哲学。
- 恽代英发表《读〈孙文主义之哲学的基础〉》等文章，批判戴季陶主义。
- 梁启超《中国古代学术思想变迁史》出版。
- 赵兰坪译日本高濑武次郎的《中国哲学史》出版。
- 胡适编《胡适论学近著》出版。
- 张颐《黑格尔论理学》出版。

1926年
- 李达著《现代社会学》出版。
- 李春蕃即柯柏年译《唯物史观与马克思》（即列宁《卡尔·马克思》的部分内容）发表。
- 马云译《列宁主义的革命战术》（即《共产主义运动中的左派幼稚病》的部分内容）发表。

- 梁启超《中国近三百年学术史》出版。
- 潘梓年译柏格森《时间与自由意志》出版。
- 冯友兰《人生哲学》出版。
- 李石岑《人生哲学》出版。
- 吕徵《因明纲要》出版。
- 熊十力《因明大疏删注》出版。
- 梅光羲《因明入正理论疏节录集注》出版。
- 刘侃元译日本渡边秀方《中国哲学史概论》出版。
- 清华大学哲学系成立。
- 《哲学月刊》创刊，由北平中国大学教育系主编（从2卷2号起改为中国大学哲学读书会主编），中国大学出版部出版。创刊号刊有张崧年的《詹姆士的彻底经验论》等文。
- 张君劢与青年党人物李璜合办《新路》杂志。

1927年
- 毛泽东《湖南农民运动考察报告》发表。
- 述之发表《列宁主义是否不适合中国的所谓"国情"?》。
- 瞿秋白译苏联哥列夫的《无产阶级哲学——唯物论》（后改名为《新哲学——唯物论》）出版。书后附有瞿秋白的《唯物论的宇宙观概况》和《马克思主义之概念》二文。
- 李春蕃译列宁《国家与革命》发表。
- 吴凉译列宁《共产主义运动中的"左派"幼稚病》全译本出版。
- 董亦湘译考茨基《伦理与唯物史观》出版。
- 《哲学评论》（双月刊）创刊，由瞿世英（菊农）、张东荪、黄子通、林宰平（志钧）等人主办积极介绍西方现代哲学，1936年起成为中国哲学会机关刊物。
- 汪奠基《逻辑与数理逻辑论》出版，为中国最早介绍和研究数理逻辑的著作之一。
- 陈望道《美学概论》出版，被一些艺术学校选用为教材。
- 罗志希《科学与玄学》出版。
- 研究佛教唯识法相的学术团体"三时学会"在北京成立，韩德清任会长。

1928年
- 李一氓编译的《唯物史观原文》发表，辑录马克思《〈政治经济学批判〉序言》、《神圣家族》等著作中有关唯物主义的论述。

- 李铁声译《哲学的贫困拔粹》（即马克思《哲学的贫困》第1—2章）发表。
- 陆一远译《马克思主义的人种由来说》（即恩格斯《劳动在从猿到人转变过程中的作用》）出版。
- 林超真编译《宗教、哲学、社会主义》出版，包括恩格斯的《论早期基督教的历史》、《社会主义从空想到科学的发展》、《路德维希·费尔巴哈与德国古典哲学的终结》等著作。
- 李达与邓初民等人在上海创办昆仑书店，相继出版许多马克思主义哲学方面的著作。
- 上海泰东图书局开始陆续发行“马克斯丛书”。
- 《哲学评论》出版“休谟”专号，刊登的主要文章有：金岳霖的《休谟知识论的批评》、张东荪的《休谟哲学与近代思潮》、黄子通的《从洛克到休谟》等。
- 萧赣译孔德《实证主义概观》出版。
- 郑太朴《科学概论》出版。

1929年

- 李达《社会之基础知识》出版。
- 李扬译恩格斯《家庭、私有财产及国家之起源》（第一个中文全译本）出版。
- 冯雪峰译列宁《科学的社会主义之梗概》（即《卡尔·马克思》）出版。
- 杜竹君（即李一氓）译《哲学之贫困》出版，这是马克思《哲学的贫困》第一个中文全译本。
- 彭嘉生译恩格斯《费尔巴哈论》出版。书后附有补遗（即《自然辩证法》札记和论断）、《法兰西唯物论史》（《神圣家族》第6章）。
- 林自修译德波林《唯物辩证法与自然科学》出版。德波林在书中简述了恩格斯《自然辩证法》手稿的命运，并对其内容进行了论述。
- 陆章译摩陵（即梅林）《历史的唯物主义》出版。
- 杨东蓴译狄慈根《新唯物论的认识论》、柯伯年译狄慈根《辩证法的逻辑》、杨东蓴译狄慈根《辩证法的唯物论》出版。
- 张东荪《新哲学论丛》、《哲学ABC》、《精神分析学ABC》出版。
- 瞿世英《教育哲学ABC》出版。
- 王平陵编《西洋哲学概论》出版。
- 谢扶雅《中国伦理思想述要》出版。

• 钟泰著《中国哲学史》出版。
• 蒋维乔《中国佛教史》出版。
• 李翌灼《西藏佛教史》出版。
• 《哲学评论》社与燕京大学哲学系在燕京大学联合举办“哲学年会”。美国哈佛大学哲学系系主任吴兹、博晨光，清华大学校长罗家伦均到会宣读论文。

1930年
• 陈启修（即陈豹隐）译《资本论》第1卷第1分册出版。
• 刘曼译《经济学批判》（包括马克思《政治经济学批判》）出版。
• 陈仲涛译《拿破仑第三政变记》（即马克思《路易·波拿巴的雾月十八日》）出版。
• 笛秋、朱铁笙译列宁《唯物论和经验批判论》（即《唯物主义和经验批判主义》）出版。
• 吴黎平译恩格斯《反杜林论》出版，为中国第一个全译本。
• 成嵩译恩格斯《从猿到人》（即《劳动在从猿到人转变过程中的作用》）出版。
• 章子健译普列汉诺夫《马克思主义的哲学问题》（又名《马克思主义的基本问题》）出版。书后附有马克思的《费尔巴哈论纲》和列宁的《关于辩证法问题》（即《哲学笔记》中的部分内容）。
• 王若水译普赖汉诺夫《近代唯物论史》（即《唯物主义史论丛》）出版。
• 郭沫若《中国古代社会研究》出版。
• 青锐译沙尔列·拉波播尔《历史哲学》出版。
• 陶伯译布哈林《唯物史观》（上、中、下）出版。
• 张如心《苏俄哲学潮流概论》、《辩证法学说概论》出版。
• 范寿康《哲学及其根本问题》出版。
• 马哲民《精神科学概论》出版。
• 王星拱《科学概论》出版。
• 王季同《因明入正理论摸象》出版。
• 中国社会科学家联盟（简称“社联”）在上海成立，《世界文化》创刊号发表《中国社会科学家联盟纲领》。

1931年
• 钱穆《国学概论》出版。
• 李石岑《现代哲学小引》出版。
• 张东荪《哲学》、《道德哲学》出版。

- 方东美《生命情调与美感》出版。
- 《读书杂志》出版“黑格尔百年祭”专号。
- 詹文浒译威尔·杜伦《哲学概论》出版。
- 张东荪等以《大公报》的“现代思潮”栏目和《再生》杂志为据点，叶青以《二十世纪》、《研究与批判》为阵地，开始“唯物辩证法论战”。艾思奇、邓天特（邓拓）等在此期间对双方都进行了批判。
- 梁漱溟发表《中国民族自救运动之最后觉悟》和《乡村建设理论》。
- 胡适创办《独立评论》，发表“全盘西化”主张。
- 陈望道《因明学》出版，为中国第一本用现代汉语写成的因明著作。
- 胡明复《科学方法》出版。

1932 年
- 张申府译马克思《关于费尔巴哈的提纲》刊于《大公报》，译题为《佛耶巴赫论纲》。王慎明、侯外庐译《资本论》第 1 卷第 3 篇、潘冬舟译第 2、4 篇出版。
- 许德珩译《哲学之贫乏》（即马克思《哲学的贫困》）出版。
- 杜畏之译恩格斯《自然辩证法》出版。
- 青骊译恩格斯《费尔巴哈论》（英汉对照）出版。
- 李达、雷仲坚译苏联西洛可夫和爱森堡《辩证法唯物论教程》出版。
- 蒋介石发表“力行哲学”讲演，后于 1939 年出版。
- 张君劢和张东荪创办《再生》杂志宣传“国家社会主义”，并筹建国家社会党。
- 《哲学与教育》（半年刊）创刊，由武汉大学哲学教育学会主办。
- 蒋维乔《中国近三百年哲学史》出版。
- 陈大齐《哲学概论》出版。
- 熊十力《新唯识论》（文言文本）出版。
- 郭湛波《先秦辩学史》出版。

1933 年
- 张申府译《自白》（即《卡尔·马克思自白》）发表。
- 艾思奇发表《抽象作用和辩证法》和《二十二年来之中国哲学思潮》。
- 冯友兰《中国哲学史》（上、下）出版。
- 瞿世英《西洋哲学的发展》出版。
- 邓均吾译汤姆生《科学概论》出版。
- 《哲学评论》出版“黑格尔哲学”专号，刊登的主要文章有：张君劢的《黑格尔之哲学系统及其国家哲学历史哲学》、朱光潜的《黑格尔哲学的基本原理》、贺麟译罗伊斯（Josiah Royce）著《黑格尔的精神现象》等。

- 赵一萍《社会哲学概论》出版。
- 朱谦之《文化哲学》出版。
- 沈志远《新哲学辞典》出版。

1934年
- 《读书生活》在上海创刊。艾思奇开始在《读书生活》杂志上连载《哲学讲话》。
- 张东荪发表《思想论坛上几个时髦问题》，对辩证法和唯物史观进行讨伐，并编辑出版《唯物辩证法论战》。
- 叶青《张东荪哲学批判》（上、下）、《哲学到何处去》出版。
- 冯友兰《中国哲学史》（两卷本）由商务印书馆出版。
- 温健公《现代哲学概论》出版。
- 全增嘏《西洋哲学小史》出版。
- 由张君劢、张东荪组织的中国国家社会党（后为民主社会党）成立。

1935年
- 艾思奇发表《从新哲学所见的人生观》、《生产力与生产关系的交互作用》、《抽象名词和事实》、《论黑格尔哲学的颠倒》。
- 柳若水编译《黑格尔哲学批判》（即马克思恩格斯论述黑格尔哲学的几部重要著作的部分内容）出版。
- 北平法商学院首次铅印李达《社会学大纲》作为讲义。
- “中国哲学会”第1届哲学年会在北京大学召开，冯友兰担任会议主席。
- 范寿康《哲学通论》出版。
- 郭湛波《近五十年中国思想史》出版。
- 钱穆《先秦诸子系年考辨》出版。
- 蒋维乔和杨大膺编著的《中国哲学史纲要》出版。
- 李石岑《中国哲学十讲》出版。
- 邹谦《哲学概论》出版。
- 叶青编《哲学论战》出版。

1936年
- 毛泽东发表《中国革命战争的战略问题》，论述战争中的辩证法和认识论，并开始研读《辩证法唯物论教程》。
- 毛泽东第一次提出“军事辩证法”概念，并以此为题，在陕北红军大学作讲演。

- 艾思奇《哲学讲话》（第 4 版改名为《大众哲学》）、《新哲学论集》出版。
- 侯外庐、罗克汀《新哲学教程》出版。
- 尼科莱（即刘及辰）译《黑格尔〈论理学〉大纲》（即列宁《黑格尔〈逻辑学〉一书摘要》第一部分）出版。
- 中国哲学会成立，选举汤用彤、金岳霖、冯友兰为学会常务理事，定《哲学评论》为学会刊物，冯友兰任主编。
- 艾思奇在上海发起成立秘密的新哲学研究会和自然科学研究会。
- 贾丰臻《中国理学史》出版。
- 沈志远《现代哲学的基本问题》出版。
- 陈唯实《通俗辩证法讲话》、《通俗唯物论讲话》出版。
- 范寿康《中国哲学史通论》出版。
- 叶青编辑《新哲学论战集》宣扬反马克思主义哲学观点。
- 沈志远译苏联米丁主编《辩证唯物论和历史唯物论》（上册）出版。
- 黄忏华《印度哲学史纲》出版。

1937 年

- 毛泽东在抗大讲授马克思主义哲学，著《辩证法唯物论提纲》，全面阐发对马克思主义哲学的理解和他自己的哲学思想。《实践论》和《矛盾论》分别为这一提纲的第 2 章第 11 节和第 3 章第 1 节。
- 毛泽东在杨家岭召集哲学座谈会，漫谈马列主义新哲学。
- 《解放》周刊创刊，是延安时期学习和研究马克思主义的重要读物。
- 延安解放出版社成立，重印翻译出版大量介绍马克思主义哲学的读物。
- 艾思奇《现代哲学读本》、《哲学与生活》出版。
- 李达《社会学大纲》出版。毛泽东称之为“中国人自己写的第一本马列主义的哲学教科书”。
- 陈唯实《新哲学世界观》、《新哲学体系讲话》出版。
- 温公颐编译《哲学概论》出版。
- 陈元德《中国古代哲学史》出版。
- 钱穆《中国近三百年学术史》作为“大学丛书”出版。
- 胡绳《新哲学的人生观》出版。
- 贺麟、金岳霖等人发起组织“逻辑学研究会”。
- 金岳霖《逻辑》出版。
- 张岱年《中国哲学大纲》出版。

- 方授楚《墨学源流》出版。
- 汪奠基《现代逻辑》出版。
- 潘梓年《逻辑与逻辑学》出版。
- 方东美《科学哲学与人生》出版。

1938年

- 毛泽东在中共六届六中全会上作“论新阶段”报告，提出马克思主义在中国具体化的主张。
- 毛泽东在延安抗日战争研究会上作“论持久战”报告。
- 艾思奇译《马克思恩格斯关于唯物史观的书信》发表。
- 郭沫若译《德意志意识形态》出版。
- 王亚南、郭大力译《资本论》第1～3卷全译本出版。
- 吴黎平译恩格斯《社会主义从空想到科学的发展》出版。
- 中译斯大林《论辩证唯物主义与历史唯物主义》（即《联共（布）党史简明教程》第4章第2节）出版。
- 艾思奇发表《哲学的现状与任务》，明确提出“现在需要来一个哲学研究的中国化、现实化的运动”，并作了详细论证。
- 马克思列宁学院（简称“马列学院”）在延安成立，院长由洛甫（张闻天）兼任，设有编译马列主义经典的编译部。
- 西南联合大学成立哲学心理学系。
- 翦伯赞《历史哲学教程》出版。
- 汤用彤《汉魏两晋南北朝佛教史》出版。

1939年

- 中共中央发起全党干部学习运动，马克思主义哲学作为高级干部学习的主要内容之一。
- 毛泽东致信陈伯达，讨论陈伯达所著《墨子哲学思想》，就事物的属性与质，因果性与必然性、偶然性，中庸问题等发表意见；还致信张闻天，讨论陈伯达《孔子哲学》一书。
- 毛泽东发表《〈共产党人〉发刊词》，第一次提出“马克思列宁主义的理论和中国革命实践相结合”的论断。
- 艾思奇、黎平（即吴黎平）合著《唯物史观》（又名《科学历史观教程》）出版。该书成为延安学习运动的重要教材之一。
- 艾思奇编《哲学选辑》出版。
- 刘少奇在延安马列学院作“论共产党员的修养”演讲，后发表于《解放》周刊。

- 郭和译马克思《法兰西内战》出版。
- 艾思奇《实践与理论》出版。
- 延安新哲学会成立，由艾思奇、何思敬主持。
- 范文澜在延安讲述“中国经学史的演变”，并将提纲发表于《中国文化》杂志。
- 虞愚《中国名学》出版。
- 冯友兰《新理学》、《新事论》出版。
- 马一浮在四川创办复性书院。

1940 年

- 大型学术刊物《中国文化》在延安创刊，艾思奇任主编，创刊号上刊登毛泽东 1 月 9 日在陕甘宁边区文化协会第一次代表大会上发表的讲话“新民主主义政治与新民主主义文化”（即《新民主主义论》）。
- 新哲学会第一届年会在延安举行，毛泽东、朱德、茅盾、周扬、张闻天、艾思奇等人出席。
- 陕甘宁边区自然科学研究会在延安成立。
- 解放社出版柯伯年译《列宁选集》第 2 卷。
- 《哲学杂志》在上海创刊，由哲学研究社编辑，读书生活出版社出版，共出两期。
- 《哲学》月刊创刊，由上海哲学月刊社编辑出版。
- 陈铨创办《战国策》刊物。
- 冯友兰《新世训》出版。
- 金岳霖《论道》出版。
- 周辅成编著《哲学大纲》出版。
- 牟宗三《逻辑典范》出版。

1941 年

- 毛泽东在延安组织高级干部学习马列主义，拉开延安整风的序幕。
- 毛泽东作“改造我们的学习”报告，论述“实事求是”的马克思主义认识路线。
- 马列学院改组为马列研究院，后改名为中共中央研究院，1943 年并入中共中央党校，为该校的第三部。
- 刘少奇在华中党校作“人为什么犯错误”的讲演。
- 博古编译《辩证唯物论与历史唯物论基本问题》出版。
- 艾思奇发表《抗战以来几种重要哲学思想的评述》，介绍辩证唯物论研究和发展、马克思主义中国化等问题，分析批判“唯生论”、“力行哲学”、“‘中’的哲学”等哲学派别。

- 中国哲学会成立西洋哲学名著编译委员会，贺麟任主任；同时还成立了中国哲学研究委员会，冯友兰任主任。
- 陕甘宁边区自然科学研究会召开第一届年会，张闻天、朱德分别作“自然科学与社会科学”、“科学与抗战结合”报告。
- 张如心发表《论布尔什维克的教育家》，提出“毛泽东同志的思想”概念。
- 解放社出版《论马恩列斯》一书。

1942年

- 毛泽东在延安中共中央党校开学典礼上作“整顿党的作风”报告，在延安干部会议上作“反对党八股”讲演，在延安文艺座谈会上发表讲话。
- 解放社出版“干部必读”书《马恩列斯思想方法论》，汇编马恩列斯有关论述。
- 贺麟《近代唯心论简释》出版。
- 侯外庐《中国古代思想学说史》出版。
- 胡绳发表《一个唯心论者的文化观——评贺麟先生著〈近代唯心论简释〉》。

1943年

- 刘少奇发表《清算党内的孟什维主义思想》，号召“用毛泽东同志的思想来武装自己，并以毛泽东同志的思想体系去清算党内的孟什维主义思想”。
- 王稼祥发表《中国共产党与中国民族解放的道路》，第一次使用“毛泽东思想”这一概念。
- 博古译马克思恩格斯《共产党宣言》（校正本）和列宁《卡尔·马克思》（校正本）出版。
- 周恩来作《论中国的法西斯主义——新专制主义》，该文第二部分全面剖析了蒋介石的“力行哲学”。
- 艾思奇发表《〈中国之命运〉——极端唯心论的愚民哲学》，批判蒋介石的“力行哲学”。
- 胡绳发表《论“诚”》，对蒋介石的“诚”的哲学进行批判。
- 赵纪彬发表《理学的本质》、《“依照说”与“道器论”》批判冯友兰哲学思想。
- 陈家康发表《真际与实际——冯友兰先生〈新理学〉商兑之一》、《物与理——冯友兰先生〈新理学〉商兑之二》、《物与气——冯友兰先生〈新理学〉商兑之三》。

· 冯友兰《新原人》出版。

· 章士钊《逻辑指要》出版。

1944年 · 黄建中《比较伦理学》出版，是中国第一本比较伦理学论著。

· 陈立夫《生之原理》（又名《唯生论》下）出版。

· 熊十力《新唯识论》语体文本全部成书出版。

· 陈安化《中国先哲之伦理思想》出版。

1945年 · 中共六届七中全会通过《关于若干历史问题的决议》，指出毛泽东关于中国革命的理论和实践是马克思列宁主义的普遍真理和中国革命的具体实践相结合的代表。

· “七大”通过新党章，“总纲”规定：“中国共产党，以马克思列宁主义的理论与中国革命实践之统一的思想——毛泽东思想，作为自己一切工作的指针”。

· 毛泽东发表《论联合政府》。

· 邓小平在关于形势问题的一次报告中，首次将马列主义与毛泽东思想并提。

· 冯友兰《新原道——中国哲学之精神》出版。

· 洪谦《维也纳学派哲学》出版。

· 郭沫若《十批判书》出版。

· 侯外庐《中国近世界思想学说史》出版。

· 汤用彤《印度哲学史略》出版。

· 陈大齐《因明大疏蠡测》出版。

· 傅统先著《哲学与人生》出版。

1946年 · 毛泽东发表《和美国记者安娜·路易斯·斯特朗的谈话》，提出一切事物无不具有两重性的思想。

· 罗稷南译梅林《马克思传》出版。

· 《北方文化》辟专栏刊发介绍马克思生平、学说及其在中国的运用和发展的文章，纪念马克思诞辰。

· 胡绳《理性与自由——文化思想批评论文集》出版，批判当时国内流行的种种非马克思主义哲学思潮。

· 冯友兰《新知言》出版。

· 侯外庐、罗克汀《新哲学教程》出版。

- 沈志远《近代辩证法史》出版。
- 陈铨《从叔本华到尼采》出版。
- 郑昕《康德学述》出版。
- 张东荪《知识与文化》、《思想与社会》、《理性与民主》出版。
- 蔡仪《新美学》出版。

1947年
- 毛泽东作“目前形势和我们的任务”的报告，提出十大军事原则，反映了毛泽东军事辩证法思想。
- 郭大力译迈耶尔《恩格斯传》出版。
- 曹葆华译斯大林《无政府主义还是社会主义》、列宁《唯物论与经验批判论》（上、下）出版。
- 博古编译《辩证唯物论与历史唯物论基本问题》（共4册）出版。
- 西洋哲学名著编译委员会及中国哲学研究委员会在北京大学召开会议，研究两会工作及编辑出版学术著作、接待来华访问学者等事宜。
- 樊南星、顾寿观译费希特《人的天职》出版。
- 贺麟《当代中国哲学》、《文化与人生》出版。
- 李相显《哲学概论》出版。
- 侯外庐、杜守素、纪玄冰《中国思想通史·卷一·古代思想编》出版。
- 方乐天《中国伦理政治大纲》出版。

1948年
- 艾思奇《大众哲学》（重改本）出版。
- 晋冀鲁豫中央局编《毛泽东选集》（上、下）出版。
- 周建人译《新哲学手册》出版。该书是马恩有关哲学著作的摘录本，据英国E. 朋司选辑的《马恩哲学》译出。
- 瞿菊农译美国哲学家霍金《哲学大纲》（原名《哲学之派别》）出版，张崧年（申府）作序。
- 金岳霖著成《知识论》，1983年11月由商务印书馆正式出版。
- 冯友兰《中国哲学简史》（英文本）由美国麦克米伦公司出版发行。
- 胡绳《辩证唯物论入门》出版。
- 吴恩裕《唯物史观精义》出版。
- 谢幼伟编著《现代哲学名著述评》出版。
- 罗克汀《自然哲学概论》出版。
- 竺可桢《科学概论新篇》出版。

1949年
- 4月，陈晓时译恩格斯《自然辩证法》出版。

- 7月，中国哲学会成立，李达任主席，艾思奇、郑昕任副主席。
- 9月，《学习》杂志创刊，创刊号上艾思奇发表《从头学起》；张仲实译恩格斯《费尔巴哈与德国古典哲学的终结》出版。
- 11月，何思敬译马克思《哲学底贫困》出版；梁漱溟《中国文化要义》出版。

1950年
- 4月，艾思奇《历史唯物论、社会发展史讲义》在中央人民广播电台播讲。
- 12月，《人民日报》重新发表毛泽东重要哲学著作《实践论》。

1951年
- 1月，《人民日报》发表社论《学习毛泽东同志的〈实践论〉》。
- 5月，《人民日报》发表社论《应当重视电影〈武训传〉的谈论》，引发哲学界对唯心史观的批判。
- 7月，李达《〈实践论〉解说》（单行本）出版。
- 10月，《毛泽东选集》第1卷出版。

1952年
- 4月，《人民日报》重新发表毛泽东重要哲学著作《矛盾论》。
- 6月，冯定《关于掌握中国资产阶级的性格并和中国资产阶级的错误思想进行斗争的问题》（单行本）出版。
- 秋季高校院系大调整，全国各大学哲学系皆并入北京大学哲学系。
- 马坚译《古兰经》（全译本）出版。

1953年
- 1月，中共中央马恩列斯著作编译局成立，任务是有计划地系统翻译《马克思恩格斯全集》、《列宁全集》和《斯大林全集》。
- 7月，李达《〈矛盾论〉解说》（单行本）出版。

1954年
- 3月，《光明日报》"哲学研究"专刊创刊，后改名为"哲学"专刊。
- 5月，杨荣国《中国古代思想史》出版。
- 7月，贺麟译黑格尔《小逻辑》出版。
- 12月，中国科学院院务会议和中国作家协会主席团召开联席会议批判胡适思想；中国科学院哲学研究所筹备委员会成立，同时筹备出版哲学专业刊物《哲学研究》。
- 全国哲学界围绕着如何正确理解和完整表达辩证法的核心即对立统一规律问题而展开"一分为二"与"合二而一"大讨论。

1955年
- 1月，中共中央发出《关于在干部和知识分子中组织宣传唯物主义思想批判资产阶级唯心主义思想演讲工作的通知》，对胡适思想的批判运动全面展开。

• 3 月，《哲学研究》创刊。
• 7 月，哲学界展开对梁漱溟唯心主义哲学观和历史观的批判。
• 10 月，杜国庠《先秦诸子的若干研究》出版。
• 11 月，中国科学院哲学研究所成立。
• 中共中央编译局开始编译出版《马克思恩格斯全集》。

1956 年
• 3 月，国务院科学规划委员会制定了哲学科学研究工作 12 年（1956～1967）远景规划和自然辩证法（数学和自然科学中的哲学问题）(1956～1967)12 年研究规划草案。
• 4 月，毛泽东在中共中央政治局扩大会议上作“论十大关系”重要报告。《斯大林全集》中文版（全 13 卷）出齐。
• 5 月，毛泽东在最高国务会议上提出，在文学艺术和学术研究中应该实行“百花齐放，百家争鸣”的方针。
• 6 月，在中国社会科学院哲学研究所成立自然辩证法研究组，于光远任组长。
• 8 月，侯外庐《中国早期启蒙思想史》出版。
• 9 月，何思敬、宗白华译马克思《经济学-哲学手稿》出版。
• 10 月，中国科学院哲学研究所与《哲学研究》编辑部组织讨论关于中国过渡时期资产阶级与工人阶级矛盾性质的问题。
• 10 月，《自然辩证法研究通讯》（1978 年复刊时改名《自然辩证法通讯》）创刊。《哲学译丛》(2002 年更名为《世界哲学》）创刊。
• 复旦大学哲学系成立。
• 中国人民大学哲学系成立。
• 武汉大学哲学系（前身为武昌高等师范学校教育哲学系）重建。

1957 年
• 1 月，北京大学哲学系举办中国哲学史问题座谈会，反对哲学研究中的教条主义，编辑出版《中国哲学史问题讨论专辑》。
• 2 月，毛泽东作“关于正确处理人民内部矛盾的问题”报告。
• 3 月，艾思奇《辩证唯物主义纲要》出版；张岱年《中国唯物主义思想简史》出版。
• 6 月，汤用彤《魏晋玄学论稿》出版。
• 7 月北京大学哲学系外国哲学史教研室编译《西方古典哲学原著选辑》，开始出版第 1 卷《古希腊罗马哲学》。
• 11 月，蓝公武译康德《纯粹理性批判》出版。

1958年 • 1月，毛泽东在《工作方法六十条》中提出“为了从理论上批判经验主义，我们必须读哲学”。
• 4月，张岱年《中国哲学大纲》（上、下）出版。
• 8月，侯外庐《中国哲学史略》出版。
• 10月，朱光潜《美学批判论文集》出版。

1959年 • 5月，为纪念“五四”运动40周年，中国哲学会在北京开展系列讨论会。

1960年 • 3月，关文运译康德《实践理性批判》出版。
• 4月，历经20余年编著、修订的《中国思想通史》（全5卷）出齐。
• 9月，《毛泽东选集》（全4卷）出齐。
• 中山大学哲学系重建。
• 《列宁选集》（全4卷）出版。

1961年 • 11月，艾思奇主编哲学教科书《辩证唯物主义 历史唯物主义》出版，这是新中国成立后第一本中国人自己编写的马克思主义哲学教科书。
• 由中共中央宣传部和高等教育部联合组织、领导，艾思奇主持编写哲学教科书。

1962年 • 南开大学哲学系重建。
• 9月，冯友兰《中国哲学史新编》（全2册）出版。
• 年底刘潇然译马克思《政治经济学批判大纲》出版；中共中央编译局译马克思《黑格尔法哲学批判》出版。

1963年 • 商务印书馆陈翰伯主持拟订《翻译和出版外国哲学社会科学重要著作十年规划（1963—1972）》，翻译出版西方学术名著。
• 7月，朱光潜主编《西方美学史》陆续出版。
• 10月，中国科学院哲学社会科学部委员会讨论在目前国内外形势下哲学社会科学的任务。

1964年 • 1月，宗白华、韦卓民译康德《判断力批判》出版。
• 11月，中国科学院哲学研究所中国哲学史研究组选辑、注释和有部分今译的《中国哲学史资料选辑》出齐。

1965年 • 毛泽东发表关于哲学问题的系列讲话。
• 李达主编《马克思主义哲学大纲》（上卷）。
• 3月，中共中央编译局译马克思《哥达纲领批判》出版。

1966年 • 《哲学研究》停刊。

- 人民出版社《马克思恩格斯选集》(全4卷)出版。
- 5月，中共中央政治局扩大会议在北京通过了指导“文化大革命”的纲领性文件《中国共产党中央委员会通知》(即“五一六”通知)，重新设立“中央文化革命小组”，“文化大革命”正式开始。

1970年 · 中共中央编译局重新译校《共产党宣言》、《哥达纲领批判》、《法兰西内战》、《反杜林论》、《唯物主义和经验批判主义》、《国家与革命》出版。

1972年 · 中共中央编译局重新编译《马克思恩格斯选集》(第1版，全4卷)出版。

1973年 · 马王堆汉墓帛书《老子甲本及卷前古佚书》和《老子甲本及卷后古佚书》出版。

1975年 ·“中国哲学学会”(1978年更名为“国际中国哲学会”)在美国夏威夷成立。

1976年 · 5月，马王堆汉墓帛书《经法》出版。
- 10月，“文化大革命”宣告结束。哲学界掀起批判“四人帮”的群众运动，揭发批判林彪、江青反革命集团歪曲、篡改马克思主义哲学的种种罪行。
- 杨一之译黑格尔《逻辑学》出版。

1977年 · 2月，中共中央“两报一刊”发表社论《学好文件抓好纲》，提出“两个凡是”观点，之后邓小平三次致信中共中央，表达要求准确理解马克思列宁主义毛泽东思想的意见。
- 4月，《毛泽东选集》(5卷本)出齐。
- 9月，陈云《坚持实事求是的革命作风》发表；中国社会科学院在北京举行纪念毛泽东《实践论》、《矛盾论》发表40周年座谈会。
- 南京大学哲学系复办。

1978年 · 1月，《哲学研究》复刊。
- 3月全国科技大会在北京召开，邓小平在讲话中指出“科学技术是生产力，这是马克思主义历来的观点”。
- 4月中国社会科学院成立。
- 5月，《光明日报》发表《实践是检验真理的唯一标准》，引起学界大讨论；中国社会科学院哲学研究所、《哲学研究》编辑部召开全国逻辑学讨论会。
- 6月，邓小平在全军政治工作会议上对“实事求是是毛泽东思想的出发点和根本点”的问题作精辟阐述；《哲学研究》编辑部在北京举办真理标准讨论会；李达主编《唯物辩证法大纲》出版。

· 7 月，中国社会科学院哲学研究所、《哲学研究》编辑部在北京发起召开理论和实践问题讨论会。

· 10 月，新中国成立以来第一次关于西方哲学的全国大会在芜湖召开。

· 12 月，中共十一届三中全会在北京召开，邓小平作“解放思想，实事求是，团结一致向前看”重要讲话，确立改革开放时期党的思想路线与指导方针；中国无神论学术讨论会召开。

1979 年 · 1 月，《国内哲学动态》（1987 年更名为《哲学动态》）创刊；全国理论工作务虚会在北京召开，胡耀邦在会上指出理论工作者当前的根本任务是把马列主义、毛泽东思想的普遍真理同实现四个现代化的伟大实践相结合。

· 2 月，为纪念爱因斯坦诞辰 100 周年，《自然辩证法通讯》编辑部召开了爱因斯坦的科学成就和哲学思想讨论会。

· 3 月，任继愈主编《中国哲学史》（全 4 册）出齐；李泽厚《批判哲学的批判》出版。

· 4 月，全国哲学学科规划会议在济南召开；范文澜《唐代佛教》出版。

· 6 月，贺麟、王玖兴译黑格尔《精神现象学》出版。

· 8 月，中国逻辑学会成立；邓小平指出要在全国开展真理标准问题讨论的补课；吕澂《中国佛教源流略讲》出版。

· 9 月，汪奠基《中国逻辑思想史》出版。

· 10 月，中国哲学史学会成立；金岳霖《形式逻辑》出版；吕澂《印度佛学源流略讲》出版。

· 11 月，全国现代外国哲学研究和批判的方法论问题讨论会在太原召开，中国现代外国哲学研究会成立；朱光潜译黑格尔《美学》（全 3 卷共 4 册）出版；《李达文集》陆续出版。

· 12 月，纪念斯大林诞辰 100 周年的斯大林哲学思想讨论会在长春召开；周文英《中国逻辑思想史稿》出版。

1980 年 · 4 月，古希腊罗马哲学讨论会在杭州召开。

· 6 月，中华全国美学学会成立；全国党校第 1 届哲学讨论会在庐山召开；蒋孔阳《德国古典美学》出版。

· 7 月，李泽厚《美学论集》出版。

- 8 月，首次日本哲学史学术讨论会在延吉召开。
- 11 月，《中国哲学史研究》（季刊）创刊；全国第一次自然科学方法论学术讨论会在北京召开。
- 10 月，中国科学技术史学会成立；全国人工智能学术讨论会在北京召开。

1981 年
- 1 月，中国历史唯物主义研究会（1991 年改名“中国历史唯物主义学会”）成立。
- 4 月，中国社会科学院哲学研究所代表应邀参加第 5 届国际康德大会。
- 5 月，萧前、李秀林等主编《辩证唯物主义原理》出版。
- 6 月，中国外国哲学史研究会成立（后于 1991 年更名为中华全国外国哲学史学会）成立；王朝闻主编《美学概论》出版；刘放桐主编《现代西方哲学》出版；这是新中国成立后中国学者编写的第一部本学科较系统的现代西方哲学教材。
- 7 月，《艾思奇文集》出版。
- 9 月，纪念康德《纯粹理性批判》出版 200 周年和黑格尔逝世 150 周年学术讨论会在北京召开。
- 10 月中国自然辩证法研究会成立；全国首次毛泽东哲学思想讨论会在桂林召开；首次全国宋明理学讨论会在杭州召开。
- 11 月，国务院学位委员会公布首批哲学博士学位授予单位及专业和指导教师名单。

1982 年
- 1 月，韩树英编《通俗哲学》出版。
- 2 月，刘培育等编《因明论文集》出版；罗国杰主编《马克思主义伦理学》出版。
- 4 月，纪念达尔文逝世 100 周年活动在北京举行。
- 5 月，徐崇温《西方马克思主义》出版；洪谦主编《逻辑经验主义》出版
- 6 月，中国辩证唯物主义研究会成立。
- 7 月，冯友兰、任继愈等赴夏威夷参加朱熹思想国际讨论会。
- 8 月，全国哲学问题学术讨论会在成都召开；汤用彤《隋唐佛教史稿》出版；任继愈主持的《中华大藏经》出版工程启动，于 1994 年年底编纂完成。
- 9 月，胡乔木发表《关于共产主义思想的实践》，回答实践标准问题讨论

中的重大理论问题。

- 11 月，《中国哲学年鉴》创刊；《伦理学与精神文明》（1985 年更名为《道德与文明》）创刊。

1983 年

- 1 月，国内首次美学讨论会在西安召开。
- 3 月，中共中央召开纪念马克思逝世 100 周年万人大会。
- 4 月，陈修斋、杨祖陶《欧洲哲学史》出版。
- 6 月，全国首届地学辩证法学术讨论会在福州召开。
- 7 月，《邓小平文选（一九七五—一九八二年）》（第 1 卷）出版。
- 8 月，中国社会科学院代表团参加第 17 届世界哲学大会，这是中国哲学界首次参加世界哲学大会活动；全国首届因明学术讨论会在酒泉召开；《马克思、恩格斯、列宁、斯大林论人性、异化、人道主义》出版。
- 10 月，任继愈主编《中国哲学发展史》陆续出版；全增嘏主编《西方哲学史》出版。
- 11 月，哲学家、佛教史专家汤用彤诞生 90 周年纪念会、学术座谈会在北京召开；首次国外研究毛泽东哲学思想学术情报交流会在北京召开；首届全国中国思想史学术讨论会在西安举行。
- 12 月，纪念毛泽东诞辰 90 周年全国毛泽东哲学思想讨论会召开；毛泽东《自由是必然的认识和世界的改造》首次公开发表；《毛泽东思想研究》创刊；《朱光潜美学文集》（3 卷本）出齐。

1984 年

- 1 月，胡乔木《关于人道主义与异化问题》发表；徐梵澄译《五十奥义书》出版，是中国首部汉译奥义书。
- 2 月，全国列宁哲学思想学术讨论会在北京召开。
- 3 月，全国关于人道主义和异化问题讨论会在肇庆召开。
- 4 月，全国物理学中的哲学问题座谈会在洛阳召开。
- 5 月，纪念狄德罗逝世 200 周年、费尔巴哈诞辰 180 周年学术讨论会在成都召开；中国《周易》学术讨论会在武汉召开。
- 6 月，全国存在主义哲学讨论会在镇江召开。
- 7 月，全国系统科学辩证法与中国科学技术发展战略讨论会在西安召开。
- 8 月，首次傅山学术思想讨论会在太原召开；全国首届苏联自然科学与哲学学术讨论会在哈尔滨召开。
- 9 月，中国孔子基金会在曲阜成立。
- 10 月，任继愈、吴晓玲、巫白慧应邀赴印度参加第一届佛教和民族文化国际会议；汝信等编《西方著名哲学家评传》（1～8卷）陆续出版。

- 12月，全国管理哲学讨论会在苏州召开；全国婚姻家庭问题学术讨论会在北京召开；《中华大藏经》（全106册）首批第1～5册出版。

1985年
- 3月，《自然辩证法研究》创刊；李泽厚《中国古代思想史论》出版。
- 4月全国应用哲学讨论会在武汉召开；姜丕之、汝信主编《康德黑格尔研究》（第1辑）出版。
- 5月，中国近现代哲学史学术讨论会在广州召开。
- 6月，全国苏联哲学讨论会在南宁召开。
- 7月，中国哲学专家小组应邀赴美参加主题为“自然·人性与文化”的第4次中国哲学国际讨论会。
- 8月，中国学者代表团应邀赴日参加第8届国际新儒学退溪学派讨论会。
- 9月，冒从虎等主编《欧洲哲学通史》出版。
- 10月，中国社会科学院哲学研究所成为世界哲学协会联合会正式会员。
- 11月，叶朗《中国美学史大纲》出版；夏基松《现代西方哲学教程》出版。
- 12月，《马克思恩格斯全集》中文版50卷出齐；纪念熊十力先生诞辰100周年学术讨论会召开；冯契主编《哲学大辞典》陆续出版。

1986年
- 中共中央编译局计划编译出版《马克思恩格斯全集》第2版。
- 3月，《孔子研究》创刊。
- 5月，认识与价值讨论会在杭州召开。
- 6月，国际哲学团体联合会主席、加拿大蒙特利尔大学哲学系柯希应邀来华访问。
- 7月，钱学森主编《关于思维科学》出版。
- 8月，《毛泽东著作选读》（上、下）出版；钱穆《朱子新学案》（全3册）出版。
- 9月，全国首次董仲舒哲学思想讨论会在石家庄召开。
- 10月，全国首次唐甄学术思想讨论会在召开；贺麟学术思想讨论会在北京召开；首次全国社会科学方法论讨论会在上海召开。

1987年
- 1月，全国首次军事辩证法讨论会在北京召开。
- 4月，国际波普尔哲学讨论会在武汉召开。
- 6月，李泽厚《中国现代思想史论》出版。
- 8月，儒学国际学术讨论会在曲阜召开；周辅成主编《西方著名伦理学家评传》出版。

- 10月，中国共产党第十三次全国代表大会提出了社会主义初级阶段的理论；《中国大百科全书·哲学》出版；全国首届数学哲学讨论会在新乡召开。
- 11月，中央文献研究室编《建国以来毛泽东文稿》陆续出版。
- 12月，中国现代哲学史首届全国学术讨论会在北京召开。

1988年
- 《世界哲学年鉴》创刊。
- 3月，中央文献研究室编《毛泽东哲学批注集》出版。
- 4月，任继愈主编《中国哲学发展史·魏晋南北朝卷》出版。
- 5月，社会主义初级阶段与历史唯物主义理论讨论会在西安召开；第一次全国实用主义专题讨论会在成都召开。
- 6月，武夷山朱熹研究中心成立；全国首届中西科学思想研讨会在厦门召开。
- 7月，全国安乐死社会伦理和法律问题学术讨论会在上海召开。
- 8月，中英暑期哲学学院成立，第1期“分析的哲学与哲学的分析”在清华大学举办，哲学家、牛津学派的代表人物斯特劳森领衔授课。
- 9月，邓小平提出“科学技术是第一生产力”。
- 12月，西方哲学名著研究编译会成立。

1989年
- 2月，宋希仁等主编《伦理学大辞典》出版。
- 3月，中国社会科学院哲学研究所与民主德国科学院哲学研究所联合主办的中国和民主德国首次哲学讨论会在北京召开。
- 4月，全国首次社会认识论学术讨论会在乐山召开。
- 5月，由北京大学哲学系、中国社会科学院哲学研究所与台湾淡江大学中文系联合举办的“海峡两岸纪念五四运动七十周年”学术讨论会在北京召开，这是两岸学者共同举办的第一次学术研讨会，标志两岸学术交流的开始；《邓小平文选（一九三八—一九六五年）》（第2卷）出版。
- 7月，冯契主编《中国近代哲学史》（上、下）出版；中国大陆学者汤一介、陈来等应邀参加第6届国际中国哲学讨论会和第6次东西方哲学家会议，标志着中美两国在中国哲学方面的交流进入新阶段。
- 8月，马克思主义哲学与中国社会主义实践讲习班在中共中央党校举办。
- 9月，杨春贵主编《中国哲学四十年》出版。
- 10月，孔子诞辰2540周年学术讨论会在北京、曲阜两地召开；苏联科学院哲学研究所代表团访问中国社会科学院哲学研究所。

- 11月，李匡武主编《中国逻辑史》（全5卷）出版。
- 12月，陈瑛等主编《中国伦理大辞典》出版。

1990年

- 4月，纪念列宁诞辰120周年理论讨论会在北京召开。
- 5月，哲学与当代教育发展学术讨论会在北京召开。
- 6月，任继愈主编《中国道教史》出版。
- 7月，十年来伦理学研究和道德建设的回顾与展望研讨会暨中国伦理学会成立十周年纪念大会在长春召开；中央文献研究室编《毛泽东早期文稿》出版。
- 9月，陈康《论希腊哲学》出版。
- 10月，首届荀子学术思想讨论会在临沂召开；纪念朱熹诞辰860周年国际学术讨论会在武夷山召开；易经逻辑方法讨论会在上海召开；纪念李达诞辰100周年座谈会在北京召开。
- 11月，中苏双边哲学讨论会在北京召开。

1991年

- 3月，全国首届广义进化与自组织理论研讨会在广州召开；第一届全国科学技术哲学（自然辩证法）史学术讨论会在北京召开。
- 5月，当前中国美学研究前景展望研讨会在厦门召开；难题·挑战·哲学的任务理论讨论会在北京召开。
- 6月，首届墨子学术讨论会在滕州召开。
- 9月，首届全国社会科学院系统哲学年会在敦煌召开。
- 10月，海峡两岸首次儒学学术讨论会在曲阜召开。
- 11月，纪念王艮逝世450周年暨王艮和泰州学派学术讨论会召开。
- 《列宁文集》60卷出齐。

1992年

- 1月，邓小平《在武昌、深圳、珠海、上海等地的谈话要点》发表。
- 6月，国际科学哲学学术会议在北京召开；陈鼓应创办《道家文化研究》。
- 7月，全国恩格斯思想学术研讨会在张家界召开。
- 10月，首届墨学国际研讨会暨中国墨子学会成立大会在滕州召开；以郭正谊为团长的中国学术代表团赴美参加CSICOP组织第16届国际学术年会。
- 11月，全国首届胡适学术思想研讨会在黄山召开；纪念王船山逝世300周年国际学术讨论会在衡阳召开；建设有中国特色的社会主义道德研讨会在杭州召开。

- 12月，哲学与社会发展研讨会在澳门召开。

1993年
- 3月，纪念马克思逝世110周年理论座谈会在北京召开；张奎良《马克思的哲学历程》出版。
- 4月，宋代哲学与中华文化国际学术研讨会在开封召开；新形势下人民内部矛盾问题研讨会在北京召开。
- 5月，毛泽东思想与邓小平理论贡献学术研讨会在韶山召开；东方传统伦理道德与当代青少年教育国际研讨会在北京召开；全国首届科学技术哲学史研讨会在厦门召开。
- 8月，首届海峡两岸《周易》学术讨论会在济南召开。
- 10月，《福乐智慧》国际学术讨论会在北京召开；《邓小平文选（第三卷）》出版。
- 11月，"把握时代主题，推动哲学发展：《哲学动态》创刊15周年座谈会"在北京召开；纪念毛泽东诞辰100周年系列研讨会在各地召开。
- 郭店楚简在湖北荆门出土，包括《老子》甲、乙、丙三组及《太一生水》等道家著作，《缁衣》、《五行》、《成之闻之》等儒家著作。

1994年
- 2月，"生育、性、伦理学和妇女权益：女权主义观点讨论会"在北京召开；周礼全主编《逻辑百科辞典》出版。
- 5月，后现代主义与当代中国学术研讨会在西安召开；纪念列宁《唯物主义和经验批判主义》发表85周年学术讨论会在北京召开。
- 6～8月，全国邓小平思想系列研讨会召开。
- 8月，全国首届环境伦理学研讨会在北京召开，会上成立中国环境伦理学研究会。
- 10月，"纪念洪谦：维也纳学派与当代科学和哲学国际会议"在北京召开；国际儒学联合会在北京成立。
- 12月，马克思主义哲学史研究15年回顾与展望研讨会在北京召开。

1995年
- 2月，海峡两岸孙逸仙思想与伦理社会之重构学术研讨会在武汉召开。
- 5月，《自然辩证法百科全书》出版；纪念恩格斯逝世100周年学术研讨会在南昌召开。
- 7月，邓小平理论与走向21世纪的中国哲学研讨会在黄山召开。
- 8月，金岳霖百年诞辰纪念大会及学术讨论会在北京召开。
- 10月，中德合办"老子：影响与解释"国际学术研讨会在西安召开。

· 11 月，中国主办的第一次国际美学美育会议在深圳召开，标志着美学研究的国际化与全球化。

1996 年 · 5 月，东方哲学与文化研讨会在北京召开。

· 7 月，海峡两岸弘扬中华传统文化学术研讨会在曲阜召开；分析哲学与语言哲学研讨会在太原召开。

· 8 月，全国外国哲学与中国文化建设学术研讨会在北京召开；道家文化国际学术研讨会在北京召开。

· 9 月，新实用主义讨论会在桂林召开。

· 11 月，当代马克思主义与中国跨世纪发展战略研讨会在珠海召开。

· 12 月，道家与西方学术研讨会在澳门召开；刘蔚华等主编《中国儒家学术思想史》出版；黄枬森等主编《马克思主义哲学史》（全 8 卷）出齐。

1997 年 · 2 月，克隆技术对社会发展和伦理道德的影响学术讨论会在北京召开。

· 4 月，全国高校哲学教学指导委员会成立；审美文化与美学史学术讨论会在扬州召开；人学与建设有中国特色社会主义研讨会在北京召开。

· 5 月，21 世纪中国哲学的走向学术研讨会在湘潭召开。

· 6 月，纪念《哲学的贫困》发表 150 周年学术研讨会在南京召开。

· 7 月，中国社会科学院东方文化研究中心成立。

· 8 月，海峡两岸谭嗣同思想学术研讨会在北京召开。

· 10 月，现象学与解释学国际研讨会在上海召开；晚期希腊哲学研讨会在宁波召开；冯友兰与中国传统文化国际学术研讨会在郑州召开。

· 纪念《实践论》《矛盾论》发表 60 周年、《关于正确处理人民内部矛盾》发表 40 周年系列学术研讨会召开。

1998 年 · 2 月，"北京哲学论坛"首次学术座谈会在北京举行。

· 4 月，百年中国美学学术讨论会在贵阳召开。

· 6 月，当代国外马克思主义理论研讨会在北京召开；全球化问题和中国文化的认同国际讨论会在上海召开；联合国教科文组织与中国社会科学院哲学研究所联合举办"从中国传统伦理看普遍伦理"学术讨论会在北京召开。

· 11 月，邓小平改革开放与现代化建设辩证法研讨会在武汉召开。

· 纪念《共产党宣言》发表 150 周年学术研讨会在各地召开。

· 纪念十一届三中全会和真理标准讨论 20 周年系列理论研讨会在各地召开。

1999 年 · 6 月，马克思主义与儒学学术研讨会在北京召开。

· 8 月，环境伦理与环境教育学术研讨会在广州召开；全国首届分析哲学与中国哲学研讨会在昆明召开；“人与自然——迈向二十一世纪”学术研讨会在昆明召开；面向新世纪马克思主义理论研讨会在昆明召开。

· 9 月，“科技创新：思想与环境”理论研讨会在上海召开。

· 10 月，郭店楚简国际学术研讨会在武汉召开；新世纪伦理学发展展望理论研讨会在济南与文登召开；新中国哲学 50 年学术研讨会在北京召开；东方文化国际学术研讨会在开封召开。

· 11 月，蒋孔阳等主编《西方美学通史》（全 7 卷）出版。

· 12 月，“百年论坛”哲学、逻辑学专场学术研讨会在北京召开。

2000 年 · 2 月，江泽民提出“三个代表”重要思想。

· 5 月，《哲学门》创刊；清华大学哲学系复系；全国第一次经济伦理学讨论会在南京召开。

· 6 月，第一次全国应用伦理学讨论会在无锡召开。

· 7 月，中日韩科学、技术与社会比较研究国际学术研讨会在北京召开；首届东方美学国际学术会议在呼和浩特召开；高校哲学教育改革座谈会在北京召开；马克思主义哲学和现代西方哲学研讨会在上海举行；冯契主编《外国哲学大辞典》出版。

· 10 月，纪念朱子诞辰 870 周年国际学术讨论会在武夷山召开；2000 年世界易经大会在南京召开。

· 11 月，纪念叶适诞辰 850 周年暨永嘉学派国际学术研讨会在温州召开；纪念《大众哲学》出版 66 周年研讨会在石家庄召开。

注：由于著作较多，本“大事记”未将所有代表作收录，更多学科代表作参见学科发展史与各位传主的主要论著目录。

《20 世纪中国知名科学家学术成就概览 · 哲学卷》
学科发展史和大事记编写组*

* 《20 世纪中国知名科学家学术成就概览 · 哲学卷》学科发展史和大事记，经哲学卷编委会研究决定，在中国社会科学院哲学研究所支持下成立了专门的编写组进行撰写，编写组组长为谢地坤。大事记部分为冯瑞梅、孙婧一撰写，由谢地坤统稿。在撰写过程中，编委召开了会议进行审议和讨论。在撰写和修改过程中得到了中国社会科学院哲学研究所各研究室和专家的支持和帮助。

(B-0288.01)

ISBN 978-7-03-041768-8